Max-Planck-Institut für ausländisches öffentliches Recht und Völkerrecht

Beiträge zum ausländischen öffentlichen Recht und Völkerrecht

Begründet von Viktor Bruns

Herausgegeben von
Jochen Abr. Frowein · Helmut Steinberger
Rüdiger Wolfrum

Band 119

Werner Meng

Extraterritoriale Jurisdiktion im öffentlichen Wirtschaftsrecht

Extraterritorial Jurisdiction in Public Economic Law

(English Summary)

Springer-Verlag
Berlin Heidelberg New York London Paris
Tokyo Hong Kong Barcelona Budapest

ISBN-13:978-3-642-79213-7 e-ISBN-13:978-3-642-79212-0
DOI: 10.1007/978-3-642-79212-0

Die Deutsche Bibliothek – CIP-Einheitsaufnahme
Meng, Werner: Extraterritoriale Jurisdiktion im öffentlichen Wirtschaftsrecht = Extraterritorial jurisdiction in public economic law / Werner Meng. [Max-Planck-Institut für Ausländisches Öffentliches Recht und Völkerrecht]. – Berlin ; Heidelberg ; New York ; London ; Paris ; Tokyo ; Hong Kong ; Barcelona ; Budapest : Springer, 1994
(Beiträge zum ausländischen öffentlichen Recht und Völkerrecht ; Bd. 119)
Zugl.: Mainz, Univ., Habil.-Schr., 1993
ISBN-13:978-3-642-79213-7
NE: GT

Softcover reprint of the hardcover 1st edition 1994

Satz: Reproduktionsfertige Vorlagen vom Autor
SPIN: 10478077 42/3130 – 5 4 3 2 1 0 – Gedruckt auf säurefreiem Papier

Vorwort

Diese Arbeit befaßt sich mit einem Thema, welches nicht nur gewichtige Rechtsprobleme des Völkerrechts, des internationalen Verwaltungsrechts und des nationalen öffentlichen Rechts aufwirft, die zur Zeit weltweit intensiv diskutiert werden, sondern auch durch eine schier unübersehbare Fülle von Praxismaterial aus dem - nach deutscher Rechtssystematik so bezeichneten - öffentlichen Wirtschaftsrecht gekennzeichnet ist. Hier mußte eine Auswahl der, wie ich meine, wichtigsten Sachbereiche getroffen werden.

Wie sich zeigt, sind die Hilfestellungen des Völkerrechts bei der Bewältigung der aufgezeigten Staatenkonflikte zwar bisher in der Praxis noch nicht voll ausgeschöpft worden, aber sie sind in jedem Fall für sachgerechte Lösungen unzureichend. Problemlösungen können nur von einem öffentlichrechtlichen Kollisionsrecht erwartet werden, das aber bei der gegenwärtigen Rechtslage in der Bundesrepublik Deutschland noch zu wenig entwickelt ist. Hier können nur - sicherlich nicht erschöpfende - Ansätze aufgezeigt werden, welche als Beginn von Überlegungen für eine Weiterentwicklung der nationalen wie internationalen Rechtsordnungen zu verstehen sind.

Mein besonderer Dank gilt meinem verehrten akademischen Lehrer, Herrn Prof. Dr. *Walter Rudolf,* der mir mit seinem Rat zur Seite stand und aufgrund dessen langjähriger wissenschaftlicher Förderung diese Arbeit entstand. Die Arbeit wurde im Oktober 1992 abgeschlossen. Sie wurde im Sommersemester 1993 vom Fachbereich Rechts- und Wirtschaftswissenschaften der Johannes Gutenberg-Universität in Mainz als Habilitationsschrift angenommen. Mein Dank gilt auch Herrn Prof. Dr. *Eckart Klein* als Zweitkorrektor.

Weiterhin danke ich den Direktoren des Max-Planck-Instituts für ausländisches öffentliches Recht und Völkerrecht in Heidelberg, den Herren Prof. Dr. Dr. h.c. *Rudolf Bernhardt*, Prof. Dr. Dr. h.c. *Karl Doehring*, Prof. Dr. Dr. h.c. *Jochen Abr. Frowein*, Prof. Dr. *Helmut Steinberger*, während deren Amtszeit ich im Institut tätig war, die mir mit manchem Rat in der Diskussion bei der Bearbeitung des Themas weitergeholfen haben. Die Herren Professoren *Frowein, Steinberger* und *Prof. Dr. Rüdiger Wolfrum* waren so freundlich, die Arbeit in die Reihe der "Beiträge" des Instituts aufzunehmen. Herr *Stephen Less* war mir in dankenswerter Weise bei der Anfertigung des Summary behilflich.

Nicht zuletzt danke ich sehr herzlich meiner Frau und meinem Sohn sowie allen Personen in meiner Umgebung, welche die Anfertigung dieser Arbeit mit Rat, Ermunterung und Geduld gefördert haben.

Halle, im Mai 1994 Werner Meng

Inhaltsverzeichnis

Abkürzungen

a.a.O.	am angegebenen Ort
A.C.	Appeal Cases
A.E.	Am Ende
ABlEG	Amtsblatt der Europäischen Gemeinschaften
Abs.	Absatz
AG	Aktiengesellschaft
AJIL	American Journal of International Law
AllER	All England Law Reports
Anh.	Anhang
Anm.	Anmerkung
Annual Digest	Annual Digest of Public International Law Cases
AO	Abgabenordnung vom 16.3.1976 (BGBl. 1976, 613; 1977 I, 269), zuletzt geändert durch Gesetz vom 25.2.1992 (BGBl. 1992 I, 297)
ArchVR	Archiv des Völkerrechts
Art.	Artikel
AS	Amtliche Sammlung
Aufl.	Auflage
AWD	Außenwirtschaftsdienst des Betriebsberaters
AWG	Außenwirtschaftsgesetz vom 28.4.1961 (BGBl. III 7400-1), zuletzt geändert durch Gesetz vom 28.2.1992 (BGBl. 1992 I, 372)
AWV	Verordnung zur Durchführung des Außenwirtschaftsgesetzes vom 18.12.1986 (BGBl. 1986 I, S. 2671), zuletzt geändert durch Verordnung vom 18.7.1991 (BAnz Nr. 133 vom 20.7.1991, S. 4741
Bay RS	Bayerische Rechtssammlung
BayObLGZ	Entscheidungssammlung des Bayerischen Obersten Landesgerichts in Zivilsachen
BB	Der Betriebsberater

Bd.	Band
Bde.	Bände
BFH	Bundesfinanzhof
BFHE	Entscheidungssammlung des Bundesfinanzhofs
BGB	Bürgerliches Gesetzbuch (BGB) vom 18.August 1896 (RGBl. S. 195) (BGBl. III 400-2). Zuletzt geändert durch Gesetz vom 31.07.1991 (BGBl. I S. 1606)
BGBl.	Bundesgesetzblatt
BGE	Entscheidungen des Schweizerischen Bundesgerichts
BGH	Bundesgerichtshof
BGHSt	Entscheidungen des Bundesgerichtshofs in Strafsachen
BGHZ	Entscheidungen des Bundesgerichtshofs in Zivilsachen
BKartA	Bundeskartellamt
BNA	Bureau of National Affairs
BS	Sammlung des bereingten Landesrechts Rheinland - Pfalz
BSGE	Entscheidungssammlung des Bundessozialgerichts
Burr.	Burrow
BVerfG	Bundesverfassungsgericht
BVerfGE	Entscheidungssammlung des Bundesverfassungsgerichts
BVerwGE	Entscheidungssammlung des Bundesverwaltungsgerichts
BYIL	British Yearbook of International Law
bzw.	beziehungsweise
C.A.	Court of Appeal
C.C.	Circuit Court (old federal)
C.C.A.N.Y.	Circuit Court of Appeal New York
C.C.H.Fed.Sec.L.Rep.	Commerce Clearing House Federal Securities Law Reports
C.F.R.	Code of Federal Regulations
Can.	Canada
can.	canon
Can. Rev. Stat.	Revised Statutes of Canada
Can. Stat.	Statutes of Canada

cap.	capitulum
CCH	Commerce Clearing House
cert.	certiorari
Ch.	Chapter
Cir.	Circuit Court of Appeals (federal)
CMLR	Common Market Law Report
CMLRev	Common Market Law Review
Co.	Company
Corr.	Corrigendum
Cowp.	Cowper
CPIJ	Cour Permanente Internationale de Justice
Cr. App. R.	Criminal Appeal Reports
D.C.	District Court
D.C.Cir.	United States Court of Appeals for the District of Columbia Circuit
D.C.D.C.	District Court for the District of Columbia
D.L.R.	Dominion Law Reports
Dall.	Dallas
ders.	derselbe
Doc.	Document
DVBl.	Deutsches Verwaltungsblatt
EAGV	Vertrag zur Gründung der Europäischen Atomgemeinschaft
ed.	editor
EEC	European Economic Community
EFTA	European Free Trade Association
EG	Europäische Gemeinschaften
EGBGB	Einführungsgesetz zum Bürgerlichen Gesetzbuch vom 18.9.1896 (RGBl. 1896, S.604) zuletzt geändert durch Gesetz vom 5.4.1991 (BGBl. III 400-1)
EGKSV	Vertrag zur Gründung der Europäischen Gemeinschaft für Kohle und Stahl
Einl.	Einleitung
EMRK	Europäische Kommission zum Schutze der Menschenrecht und Grundfreiheiten

Engl. Rep.	English Reports
EStG	Einkommensteuergesetz in der Fassung der Bekanntmachung vom 7.9.1990 (BGBl. 1990 I, 1898; 1991 I, 808), zuletzt geändert durch gesetz vom 25.2.1992 (BGBl. 1992 I, 297)
EuGH	Gerichtshof der Europäischen Gemeinschaften
EuGRZ	Europäische Grundrechte - Zeitschrift
EuGVÜ	Übereinkommen über die gerichtliche Zuständigkeit und die Vollstreckung gerichtliche Enscheidungen in Zivil- und Handelssachen vom 27. 9. 1968 (BGBl. 1972 II, S. 774) in der Fassung des dritten Beitrittsabkommens vom 26.5.1989 (ABl. EG 1989 L 285)
EuZW	Europäische Zeitschrift für Wirtschaftsrecht
EWGV	Vertrag zur Gründung der Europäischen Wirtschaftsgemeinschaft
f.	folgende
F.	Federal Reporter
Fed.Reg.	Federal Register
F.R.D.	Federal Rules Decisions
ff.	fortfolgende
Fn	Fußnote
GAOR	Official Records of the General Assembly
GATT	General Agreement on Tariffs and Trade, GATT
Geo.	George
GG	Grundgesetz für die Bundesrepublik Deutschland vom 23. 5. 1949 (BGBl. 1949, S. 1), , zuletzt geändert durch Gesetz vom 14. 7.1992 (BGBl. III 100-1)
GRUR	Gewerblicher Rechtsschutz und Urheberrecht
GVBl.	Gesetz- und Verordnungsblatt
GVG	Gerichtsverfassungsgesetz vom 27.1.1877 in der Fassung der Bekanntmachung vom 9.5.1975 (BGBl. I S. 1077), zuletzt geändert durch Gesetz vom 17.12.1990 (BGBl. I. S. 2847)
GWB	Gesetz gegen Wettbewerbsbeschränkungen, in der Fassung der Bekanntmachung vom 20.2.1990 (BGBl. 1990, S. 235), zuletzt geändert durch Gesetz vom 17.12.1990 (BGBl. III 703-1)
GYIL	German Yearbook of International Law

H.C.	House of Commons
H.L.	House of Lords
H.L.C.	House of Lords Cases
h.M.	herrschende Meinung
HGB	Handelsgesetzbuch
Hrsg.	Herausgeber
i. V. m.	in Verbindung mit
ICJRep.	International Court of Justice. Reports of Judgments, Advisory Opinions and Orders
ICLQ	International and Comparative Law Quarterly
IGH	Internationaler Gerichtshof
ILA	International Law Association
ILC	International Law Commission
ILM	International Legal Materials
ILR	International Law Reports
Inc.	Incorporated
IPR	Internationales Privatrecht
IPrax	Praxis des Internationalen Privat- und Verfahrensrechts
JDI	Journal de Droit International
JW	Juristische Wochenschrift
JWTL	Journal of World Trade Law
JZ	Juristenzeitung
K.B.	King's Bench
Kap.	Kapitel
KG	Kammergericht
KO	Konkursordnung vom 10.2.1877 (RGBl. 1898, 612) zuletzt geändert durch Gesetz vom 17.12.1990 (BGBl. 1990 I, 2847)
KOM	Dokument der Kommission der EG
KSZE	Konferenz für Sicherheit und Zusammenarbeit in Europa
L.T.	Law Times Reports
LG	Landgericht
lib.	liber
lit.	Buchstabe

LMBG	Gesetz über den Verkehr mit Lebensmitteln, Tabakerzeugnissen, kosmetischen Mitteln und sonstigen Bedarfsgegenständen vom 15.8.1974 (BGBl. 1974 I, S. 1946), zuletzt geändert durch Gesetz vom 22.1.1991 (BGBl. 1991 I, S. 121)
LNTS	League of Nations Treaty Series
Ltd.	Limited Partnership
MDR	Monatsschrift für Deutsches Recht
m.w.N.	mit weiteren Nachweisen
N.D.	Northern District
N.S.W.	New South Wales
N.Y.S.	New York Supplement
NATO	North Atlantic Treaty Organization
NILR	Netherlands International Law Review
NJW	Neue Juristische Wochenschrift
N.M.	New Mexico Reports
no.	number
Nr.	Nummer
NTIR	Nederlands Tijdschrift voor International Recht
NVwZ	Neue Zeitschrift für Verwaltungsrecht
o.	oben
O.R.	Ontario Reports
OAS	Organisation der Amerikanischen Staaten
OAU	Organisation für Afrikanische Einheit
OECD	Organization for Economic Co-Operation and Development
OGH	Österreichischer Oberster Gerichtshof
OLG	Oberlandesgericht
Ont. Rev. Stat.	Ontario Revised Statutes
Ont.H.C.J.	Ontario High Court of Justice
OVG	Oberverwaltungsgericht
OWiG	Gesetz über Ordnungswidrigkeiten, in der Fassung der Bekanntmachung vom 19.2.1987 (BGBl. 1987 I, S. 602), zuletzt geändert durch Gesetz vom 28.2.1992 (BGBl. 1992 I, S. 372)

PCIJ	Permanent Court of International Justice
Q.B.	Queen's Bench
Q.L.J.	Queensland Law Journal
Que. Rev. Stat.	Quebec Revised Statutes
RabelsZ	Rabels Zeitschrift für ausländisches und internationales Privatrecht
RAG	Reichsarbeitsgericht
RAGE	Entscheidungssammlung des Reichsarbeitsgerichts
RdC	Recueil des Cours
Res.	Resolution
Rev.	Revision, revised
RGBl.	Reichsgesetzblatt
RGDIP	Revue Générale de Droit International Public
RGRK	Reichsgerichtsräte - Kommentar zum BGB
RGZ	Entscheidungen des Reichsgerichts in Zivilsachen
RIAA	Reports of International Arbitrary Awards
RIW	Recht der internationalen Wirtschaft
RMC	Revue du Marché Commun
Rn.	Randnummer
RSC	Rules of the Supreme Court
S.	Seite
S.Ct.	Supreme Court Reporter
S.D.	Southern District
S.E.	South - Eastern Reporter
SCR	Canada Law Reports, Supreme Court
SEC	Securities and Exchange Commission
sec.	section
Sér.	Série
Ser.	Series
Slg.	Sammlung der Entscheidungen des Europäischen Gerichtshofs
sog.	sogenannt (en)
Sp.	Spalte

Stat.	Statute
StGB	Strafgesetzbuch vom 15.5.1871 (RGBl. 1871 S. 127). In der Fassung der Bekanntmachung vom 10.3.1987 (BGBl. 1987 I S. 945, berichtigt S. 1160), zuletzt geändert durch Gesetz vom 12.9.90 (BGBl.1990 I S. 2002)
StIGH	Ständiger Internationaler Gerichtshof
StIGHE	Entscheidungen des Ständigen Internationalen Gerichtshofs
StPO	In der Fassung der Bekanntmachung vom 7. April 1987 (BGBl. 1987 I S. 1074, ber. S. 1319), zuletzt geändert durch das Gesetz vom 17.12.1990 (BGBl. 1990 I S. 2847)
StVZO	Straßenverkehrszulassungsordnung in der Fassung der Bekanntmachung vom 28.9.1988 (BGBl. 1988 I, S. 1793), zuletzt geändert durch Gesetz vom 16.5.1991 (BGBl. 1991 I, S. 1134)
Suppl.	Supplement
SVN	Satzung der Vereinten Nationen
Swab.	Swabey
TIAS	Treaties and Other International Acts Series
Trade Cas.	Trade Cases
u.a.	unter anderem
U.S.	United States Reports
U.S.C.	United States Code
U.S.C.A.	United States Code Annotated
Übers.	Übersetzung
UCLA	University of California in Los Angeles
UN	Vereinte Nationen
UN-Doc.	UN - Dokument
UNCTAD	United Nations Conference on Trade and Development
UNCTC	United Nations Centre on Transnational Corporations
UNESCO	United Nations Educational, Scientific and Cultural Organization
UNO	United Nations Organization
UNTS	United Nations Treaty Series
US	United States

UWG	Gesetz gegen unlauteren Wettbewerb vom 7.6.1909 (RGBl. 1909, 499), zuletzt geändert durch Gesetz vom 17.12.1990 (BGBl. 1990 I, 2840)
v.	versus (against)
VG	Verwaltungsgericht
vgl.	vergleiche
VO	Verordnung
Vol.	volume
VR	Völkerrecht
VwGO	Verwaltungsgerichtsordnung vom 21. Januar 1960 in der Fassung der Bekanntmachung vom 19.3.1991 (BGBl 1991 I S. 686), zuletzt geändert durch Gesetz vom 17.12.1990 (BGBl. 1990 I S. 2809, 2847))
VwVfG	Verwaltungsverfahrensgesetz vom 25. Mai 1976 (BGBl. 1976 I S. 1253), Zuletzt geändert durch Gesetz vom 12.9.1990 (BGBl. 1990 I S. 2002)
W. Bl.	William Blackstone
W.D.	Western District
W.L.R.	Weekly Law Reports
W.N. (N.S.W.)	New South Wales Weekly Notes
WRP	Wettbewerb in Recht und Praxis
WuW	Wirtschaft und Wettbewerb
z. B.	zum Beispiel
ZaöRV	Zeitschrift für ausländisches öffentliches Recht und Völkerrecht
ZfRV	Zeitschrift für Rechtsvergleichung
Ziff.	Ziffer
ZPO	Zivilprozeßordnung vom 30.1.1877, In der Fassung von 12. September 1950 (BGBl. 1950 S. 533), zuletzt geändert durch Gesetz vom 17.12.1990 (BGBl. 1990 I S. 2809, 2847)

I. Umrisse der Thematik

A. Jurisdiktion

1. Begriff

Jurisdiktion ist die Befugnis zur Ausübung von Hoheitsgewalt durch Setzung und Durchsetzung von Recht. Anders als im englischen Sprachgebrauch hat eine so weite Verwendung dieses Begriffes in der deutschen Sprache aber keine Tradition. Auch seiner lateinischen Herkunft nach bezieht er sich hauptsächlich auf die Gerichtsbarkeit. Eine Betrachtung der Genese des Begriffs in der Rechtswirklichkeit zeigt aber, daß die richterliche Tätigkeit bereits im alten Rom über die reine Rechtsprechung hinausging.

Das Wort "Jurisdiktion" basiert auf dem römischrechtlichen Begriff der "iurisdictio"[1], welcher die Befugnis staatlicher Organe zur Rechtspflege bezeichnete[2]. Dazu gehörte die echte Gerichtsbarkeit ebenso wie das Recht des Prätors zum Erlaß eines Edikts, was bereits eine Form von - zunächst zeitlich begrenzter - Gesetzgebung war[3]. War ursprünglich das Edikt eine Verkündung der zugelassenen actiones und des Programms der Amtsführung während der Amtszeit des Prätors, an das dieser spätestens seit der lex Cornelia de iurisdictione aus dem Jahre 67 v. Chr. selbst gebunden war, so wurde im Jahre 130 n. Chr. auf Befehl des Kaisers von Salvius Julianus ein edictum perpetuum auf der Grundlage der bisherigen Edikte erarbeitet, welches nur noch zur Disposition des Kaisers stand[4]. "Iurisdictio" umfaßte die Rechtsprechung sowie die Rechtsetzung durch den Prätor. In der späteren Rechtsentwicklung wurde "iurisdictio" nie ausschließlich für die Rechtsprechung im Sinne

---

1 Wörtlich übersetzen könnte man es mit "sagen, was Recht ist", womit deutlich wird, daß es sich um Rechtsetzung wie um Rechtsanwendung handelt, vgl. McDougal, M.S., Jurisdiction, in: U.S. Naval War College, International Law Studies 62 (1980), S. 634 - 645, 634

2 Heumann, H.G. / Seckel, E., Handlexikon zu den Quellen des römischen Rechts, Bd.1 (1906), "Iurisdictio" (S. 299 f.)

3 Dulckeit, G. / Schwarz, F. / Waldstein, W., Römische Rechtsgeschichte, 8. Aufl. (1989), S. 153. In diesem Sinne versteht Walter Jellinek, Die zweiseitigen Staatsverträge über Anerkennung ausländischer Zivilurteile (1953), Bd.1, S. 25 Jurisdiktion als rechtsetzende Gewalt auf dem Gebiete der Justiz, was jedoch wegen seines Bezugs auf das prätorische Recht kein Gegensatz zur hier geäußerten Auffassung ist.

4 Dulckeit, G. / Schwarz, F. / Waldstein, W., Römische Rechtsgeschichte, 8. Aufl. (1989), S. 154 f.

der Dritten Gewalt verwendet. Baldus sagte: "... statuta condere est iurisdictionis: quia qui statuit, ius dicit"[5]. Auch im 17. Jahrhundert bezeichnete der Begriff der "jurisdictio" nicht nur die Gerichtsbarkeit, sondern die Staatsgewalt allgemein[6].

Im englischen Sprachgebrauch[7] sind dem Begriff der "jurisdiction" ebenfalls mehrere Begriffsinhalte zugeordnet. Zum einen bezeichnet er die Gerichtsbarkeit im eigentlichen Sinne. Weiter wird er verkürzend gleichgesetzt mit dem Territorium eines Hoheitsträgers (der räumlichen Erstreckung von jurisdiction) oder mit der Regierungsgewalt über Territorien (mit der Gewalt, jurisdiction auszuüben). Schließlich bezeichnet jurisdiction auch die Gewalt, Rechtsnormen zu setzen, auszulegen und auszuführen, sie durchzusetzen und auf ihrer Grundlage Gerichtsbarkeit auszuüben[8]. So definiert O'Connell jurisdiction als "the power of a sovereign to affect the rights of persons, whether by legislation, by executive decree, or by the judgement of a court"[9].

Im amerikanischen Restatement[10] (Second) on Foreign Relations Law wird "jurisdiction" definiert als "the capacity of a state under international law to prescribe or to enforce a rule of law"[11]. Das Restatement (Third)

---

[5] Zitiert nach Stolleis, M., Staat und Staatsräson in der frühen Neuzeit (1990), S.184

[6] Krüger, H., Allgemeine Staatslehre (1964), S. 863

[7] Corpus Iuris Secundum Bd. 50 Stichwort "Jurisdiction"

[8] Brownlie,I., Principles of Public International Law, 2.Aufl. (1973), S. 291

[9] O`Connell, D.P., International Law, 2 Bde., 2.Aufl. (1970), S. 599

[10] Restatements werden vom American Law Institute herausgegeben. Sie sind durch seine Mitglieder, welche eine breite Palette von juristischen Berufen in Regierung, Rechtspflege Unternehmen und Wissenschaft vertreten, aufgrund intensiver Vorarbeiten von hervorragenden Spezialisten der verschiedenen Sachbereiche beschlossen. Die völkerrechtlichen Restatements geben teils Völkerrecht, teils aber auch das inneramerikanische Recht mit völkerrechtlichen Bezügen wieder. Eine Trennung zwischen lex ferenda und lex lata wird nicht immer deutlich. Beim Restatement of the Law, Third, The Foreign Relations Law of the United States (1987) wurde eingangs bemerkt: "... the Institute has sought to express the law as it would be pronounced by a disinterested tribunal, whether of the United States or some other national state or an international tribunal" (S. XI). Andererseits wird aber klargestellt, daß es sich nicht um ein offizielles Dokument der USA handele, also nicht unbedingt die Regierungsauffassung wiedergebe. Gerade beim Restatement (Third) hat es etwa in Fragen der Enteignung engagierten Widerspruch der Regierung in Washington gegeben, der jedoch nicht vollständig berücksichtigt wurde. Trotzdem sind die Restatements von erheblicher Bedeutung für die Rechtsfindung und auch für die Bildung von Übung und Rechtsüberzeugung für Völkergewohnheitsrecht der USA, weil sich häufig Regierung und Gerichte auf seine Formulierungen berufen. Vgl. insgesamt hierzu Meng, W., Regeln über die Jurisdiktion der Staaten im amerikanischen Restatement (Third) of Foreign Relations Law, Archiv des Völkerrechts 27(1989), S. 156-194, 156 - 159

[11] Restatement (Second) of the Foreign Relations Law (1965) § 406

ergänzt dies noch um die Kategorie der "jurisdiction to adjudicate"[12], der Gerichtshoheit im engeren Sinne.

Im deutschen Sprachgebrauch wird der Begriff der Jurisdiktion häufig im Hinblick auf die Gerichtsbarkeit verwendet[13]. Auch im Kirchenrecht bezeichnet er die richterliche Zuständigkeit[14]. Aber man kann diesen Begriff heute auch im Deutschen immer öfter in der Bedeutung der Hoheitsausübung durch die drei Staatsgewalten finden, also Rechtsetzung, Verwaltung und Gerichtsbarkeit[15]. Insoweit ist seine Bedeutung dann deckungsgleich mit dem englischen Begriff "jurisdiction".

Die Verwendung des Begriffes "Jurisdiktion" für die Befugnis eines Hoheitsträgers, Recht zu setzen oder durchzusetzen, ist also auch in der deutschen Sprache weder eine Neuschöpfung noch eine falsche Verwendung eines bereits im Sprachgebrauch eindeutig zugeordneten Worts. Der hier gebrauchte weite Begriff schlägt die Brücke zum englischen Sprachgebrauch, ohne den deutschen neu zu definieren. Andererseits ist in der deutschen Sprache kein anderer prägnanter Begriff ersichtlich, der die hier angesprochenen Bereiche umfaßt. Es geht nämlich nicht um Hoheitsgewalt schlechthin, sondern speziell um Rechtsetzung und um Rechtsdurchsetzung. Beide Facetten spielen bei der folgenden Erörterung des Themas eine entscheidende Rolle. Sie werden von der hier gewählten Bedeutung des Begriffes "Jurisdiktion" gleichberechtigt umfaßt. Die Rechtsprechung gehört je nach ihren staatsrechtlich zugewiesenen Kompetenzen zu beiden Bereichen.

Jurisdiktion als Begriff bezieht sich also auf Hoheitsgewalt. In erster Linie ist damit staatliche Hoheitsgewalt gemeint, daneben gibt es etwa - historisch gewachsen - auch Jurisdiktion im Kirchenrecht. Da Jurisdiktion eine Hoheitsgewalt, also ein Subordinationsverhältnis voraussetzt, gibt es sie nicht in reinen Koordinationsrechtsordnungen wie dem klassischen Völkerrecht, dem Inbegriff jener Normen, die Recht und Pflichten der zur internationalen Staatengemeinschaft gehörenden Staaten und der von

---

[12] American Law Institute, Restatement of the Law, Third, The Foreign Relations Law of the United States (1987) § 401 (b)

[13] Vgl. hierzu Hasford, H., Die Jurisdiktion der Europäischen Gemeinschaften. Zur extraterritorialen Wirkung des Gemeinschaftsrechts (1977), S. 26 ff.

[14] Codex Iuris Canonici, can 1417 § 2; can. 1469 § 1; can. 1512 no. 3 und 4

[15] So etwa Dahm, G./Delbrück, J./Wolfrum, R., Völkerrecht Bd.I/1 (1989), S. 280, 324, 453, 491; ebenso Immenga, U., Extraterritoriale Rechtsanwendung zwischen Recht und Politik, in: Barfuß, W. u.a. (Hrsg.), Festschrift für Karl H. Neumayer (1985), S. 323-335; vgl. die Hinweise auf Walter Jellinek und Nußbaum bei König, K., Die Anerkennung ausländischer Verwaltungsakte (1965), S. 43 ff., der selbst den Begriff "völkerrechtliche Kompetenz" vorzieht. Aus der Gerichtspraxis: KG WuW/E OLG 3051 - Morris/Rothmans

diesen als gleichberechtigt Anerkannten festlegen[16]. Hier setzen allein die Staaten gemeinsam sich selbst das Recht[17]. Neben den Staaten haben sich aber in neuerer Zeit im Völkerrecht von diesen geschaffene und mit eigener Hoheitsgewalt ausgestattete überstaatliche Einheiten herausgebildet, welche Gewalt im Sinne von Jurisdiktion für den Hoheitsbereich aller Mitgliedstaaten ausüben[18]. Das am weitesten entwickelte Beispiel hierfür sind die Europäischen Gemeinschaften als supranationale Organisationen[19].

Staaten können sich auch der Jurisdiktion internationaler Organe unterwerfen, welche dann für sie Recht mit Bindungswirkung setzen oder anwenden können, wie dies etwa nach Art. 25 SVN in Verbindung etwa mit den Art. 39 ff. SVN dem Weltsicherheitsrat der Vereinten Nationen zukommt. Jurisdiktion im Sinne von verbindlicher Streitentscheidung üben auch die internationalen Gerichte aus, wie dies Art. 94 SVN für den Internationalen Gerichtshof, die Art. 164 ff. EWGV für den Gerichtshof der Europäischen Gemeinschaften oder Art. 53 der Europäischen Menschenrechtskonvention für den Europäischen Gerichtshof für Menschenrechte bestimmen. In diesem Sinne wird die Völkerrechtsordnung punktuell umgestaltet von einer reinen Koordinationsrechtsordnung hin zur Herausbildung einer Subordination in Teilbereichen - durch freiwillige Unterwerfung - unter die Jurisdiktion von Streitentscheidungsorganen. Auch die Rechtsetzung in internationalen Organisationen bedeutet, soweit sie verbindlich ist, eine solche neue Entwicklungsstufe des Völkerrechts[20].

Diese Beispiele aus dem Völkerrecht zeigen, daß Jurisdiktion nicht auf originärer Hoheitsgewalt beruhen muß sondern auch, wie insbesondere im Falle der internationalen Gerichte, auf freiwilliger Unterwerfung beruhen kann[21]. Allerdings wird man differenzieren müssen. Wenn sich Staaten der Jurisdiktion einer internationalen Organisation oder eines internationalen Gerichts unterwerfen, so betrifft dies nur ihre eigenen Rechte und Pflichten. Die Jurisdiktion über Individuen aber betrifft, falls

---

16 Rudolf, W., Völkerrecht und deutsches Recht (1967), S. 59

17 Auch Naturrecht wäre nicht Ausfluß einer Jurisdiktion. Geht man von göttlichem Naturrecht aus, dann spräche man insoweit nicht von Jurisdiktion, geht man aber von vernunftrechtlichem Naturrecht aus, so fließt dies aus keiner Hoheitsgewalt, sondern aus der Natur des Menschen selbst.

18 Vgl. Meng, W., Das Recht Internationaler Organisationen - Eine Entwicklungsstufe des Völkerrechts (1979)

19 Vgl. hierzu allgemein etwa Zuleeg, M., in: Groeben, H.v.; Thiesing, J.; Ehlermann, C.-D., Kommentar zum EWG - Vertrag, 4. Aufl. (1991), Art. 1 passim

20 Vgl. hierzu Meng, a.a.O. (Anm. 18)

21 So etwa nach Art. 86 des IGH - Statuts, nach Art. 46 der Europäischen Menschenrechtskonvention, nicht aber im Falle des EuGH

diese auch der Hoheitsgewalt eines anderen Staates unterliegen, die Hoheitsrechte dieses Staates. Die Möglichkeit der Begründung von Jurisdiktion durch die Unterwerfung von Personen gegenüber einem Staat muß in Kapitel IV ausführlicher erörtert werden.

Hier soll jedoch vereinfachend, wenn nicht ausdrücklich etwas anderes gesagt ist, nur von der Jurisdiktion der Staaten die Rede sein, die originär, nicht abgeleitet ist, auf einem hoheitlichen Subordinationsverhältnis beruht, und sich grundsätzlich - wie noch näher zu erörtern sein wird - auf ein Territorium, auf die Gemeinschaft der Staatsangehörigen und auf die Lebensordnung eines Staates bezieht. Denn nur dann ist "extra - territoriale" Jurisdiktion überhaupt ein Problem. Den Staaten gleichgestellt sind supranationale Organisationen, welche sich in bestimmten Hoheitsbereichen an deren Stelle treten und Hoheitsakte für das Territorium der beteiligten Staaten erlassen können, wie dies für die Europäische Gemeinschaft der Fall ist[22]. Wenn also im folgenden von Staaten die Rede ist, so gilt dies, wenn nichts anderes gesagt ist, auch für solche supranationalen Gemeinschaften, selbstverständlich mutatis mutandis.

Jurisdiktion als die Befugnis zur Ausübung von Hoheitsgewalt durch das Recht ist inhaltlich einmal gerichtet auf die Gestaltung von Institutionen, wie dies etwa im Staatsorganisationsrecht, aber auch im Vereins- und Gesellschaftsrecht geschieht. Sie umfaßt weiter Rechtsnormen, welche Wertgrundsätze einer Rechtsordnung festlegen[23] so etwa der Grundrechtsteil einer Verfassung, aber auch Normen wie Treu und Glauben[24], die Beachtung der guten Sitten[25] etc., welche auf die Sozialmoral der Gesellschaft im regelnden Staat verweisen.

Weiter begründen Rechtsnormen Pflichten (zum Tun oder Unterlassen von Personen) oder Rechtsverhältnisse von Personen (Rechts- und Geschäftsfähigkeit, Personenstand) und an Sachen (Eigentum, Besitz). Solche Rechtsnormen können der Konkretisierung im Einzelfall bedürfen , also entweder der Feststellung konkreter Folgerungen aus den Rechtsnormen durch Verwaltung und Gerichte oder, im Anschluß daran, der Durchsetzung mit Hoheitsgewalt, mit Zwang, wie er etwa bei der Zwangsvollstreckung einschließlich der Anwendung unmittelbaren Zwanges ausgeübt wird. Der Begriff Jurisdiktion umfaßt also Hoheitsakte aller drei Staatsgewalten: Legislative, Exekutive und Judikative[26]. Sie

---

[22] Nicht unter den Begriff der Jurisdiktion fällt die Normsetzung in privatrechtlichen Gesellschaften und Vereinen, welche nur aufgrund staatlicher Hoheit rechtsverbindlich ist.

[23] Vgl. z. B. etwa BVerfGE 34,269,287

[24] § 242 BGB

[25] § 138 BGB

[26] O'Connell, a.a.O. (Anm. 9), S. 599

setzt sich weiter aus zwei Teilaspekten zusammen: der Regelung und der Durchsetzung einer solchen Regelung.

2. Regelungshoheit

Unter dem Begriff "Regelung" wird hier sowohl die abstrakte und generelle Rechtsetzung verstanden wie auch die Konkretisierung der Rechtsnormen für den Einzelfall durch gerichtliche Entscheidungen und Verwaltungsakte (Rechtsanwendung). Regelung in diesem Sinne ist gleichbedeutend mit dem Setzen von Rechtsnormen und durchführenden Einzelakten in der ganzen Bandbreite der vorstehend umrißhaft skizzierten Norminhalte. Dem Begriff der Regelung entspricht also die "jurisdiction to prescribe" nach der Definition des Restatement (Third), die Gewalt

> "to make its law applicable to the activities, relations, or status of persons, or the interests of persons in things, whether by legislation, by executive act or order, by administrative rule or regulation, or by determination of a court"[27].

So ist Regelung in diesem Sinne beispielsweise ebenso der Erlaß eines Kartellgesetzes wie die Entscheidung der Kartellbehörde, daß ein Verhalten eines Marktteilnehmers als mißbräuchlich angesehen wird[28] oder daß wegen Verletzung des Kartellgesetzes Bußgelder gezahlt werden oder verbotene Fusionen wieder entflochten werden müssen[29]. Regelung ist auch die Entscheidung eines Gerichts, daß die so verhängten Bußgelder herabgesetzt werden oder daß sonstige behördliche Anordnungen rechtmäßig sind. Regelungen sind also Gesetze und untergesetzliche Rechtsnormen ebenso wie Verwaltungsakte und gerichtliche Entscheidungen.

Die Regelung als Komponente der Jurisdiktion besteht in der Verknüpfung von Sachverhalt und Rechtsfolge. Die Regelung von Rechten und Pflichten als Rechtsfolge sowie von Rechts- oder Statusverhältnissen knüpft an einen Sachverhalt an, der in der Handlung oder Unterlassung von Personen besteht, der aber auch sonstige natürliche Tatsachen wie Geburt und Tod, oder die tatsächlichen Voraussetzungen eines rechtlichen Status wie Zeugeneigenschaft, Ehe, Beamteneigenschaft, Staatsangehörigkeit erfassen kann. Dabei geht es um den Status von Personen. Wenn das Recht das Eigentum an beweglichen oder unbeweglichen

---

[27] American Law Institute, Restatement of the Law, Third, The Foreign Relations Law of the United States (1987) § 401 (a)

[28] Vgl. § 22 GWB oder Art. 86 EWGV

[29] § 24 Abs. 7 Nr. 4 GWB

Sachen regelt, so ordnet es die Rechtsbeziehung zwischen Personen und Sachen. Schließlich umfaßt die Regelung auch die Organisation der Institutionen des Staates. Dieser Bereich kann aber für die vorliegende Fragestellung außer Betracht bleiben.

Bei der Rechtsetzung werden Sachverhalte einmal abstrakt mit Rechtsfolgen verknüpft im Sinne eines Konditionalprogramms, bei der Rechtsanwendung wird dieses Programm auf die konkrete Sachverhaltsgestaltung angewendet. Rechtssätze, welche eine finale Struktur für die Konkretisierung vorgeben, brauchen im vorliegenden Themenzusammenhang nicht näher betrachtet zu werden. Man kann weiter auch zwischen Primärregeln unterscheiden, welche die oben umrissenen materiellen Rechtsinhalte festlegen und Sekundärregeln, welche Sanktionen für den Fall der Rechts- oder Pflichtverletzung festlegen.

Die Grenzen zwischen Rechtsetzung und Rechtsanwendung sind nicht parallel mit der Abgrenzung zwischen den Staatsgewalten. Verwaltungsorgane können Rechtsverordnungen, also Rechtsnormen erlassen, wie dies etwa in Art. 80 GG vorgesehen ist. Gerichte treffen aufgrund der von ihnen anzuwendenden Normen konkrete Entscheidungen über Rechte und Pflichten in einem bestimmten Rechtsfall und wenden damit Recht an. In manchen Ländern können Gerichte auch Normen setzen, indem sie nämlich etwa ihr Verfahrensrecht als "rules of the court" beschließen[30] oder Entscheidungen zur Ausfüllung von Gesetzeslücken erlassen.

Für die völkerrechtliche Problemstellung dieser Untersuchung macht es keinen Unterschied, ob es sich bei der Regelung um Rechtsetzung oder Rechtsanwendung handelt. Auch kommt es nicht auf das handelnde Staatsorgan an. Entscheidend ist, daß eine Regelung von Rechten und Pflichten oder von Rechtsverhältnissen vorliegt durch die Verknüpfung eines Sachverhalts mit einer Rechtsfolge, durch die Verknüpfung von Personen untereinander oder von Personen mit Sachen durch Rechtsverhältnisse.

3. Durchsetzung

Die Durchsetzung einer Rechtsnorm setzt eine Regelung durch die Norm voraus. Der Inhalt dieser Regelung kann etwa in einer Pflicht des Bürgers bestehen. Diese kann durch staatlichen Zwang durchgesetzt werden, durch Pfändung, Vorführung des Verpflichteten oder auch durch die

---

[30] So etwa die Judicial Conference of the United States nach 28 U.S.C. § 331

Beugewirkung einer Bestrafung. Durchsetzung ist aber nicht nur in der Anwendung von physischem Zwang zu sehen[31].

§ 401 (c) des Restatement (Third) definiert die "jurisdiction to enforce" als Gewalt "to induce or compel compliance or to punish noncompliance with its laws or regulations, whether through the courts or by use of executive, administrative, police, or other nonjudicial action". Hier ist der Begriff enforcement weiter verwendet, als derjenige der Durchsetzung, wie er vorstehend definiert wurde. Der Verweis auf die Rolle der Gerichte im Zusammenhang mit der Formel "to induce" zeigt, daß hierunter auch die Konkretisierung von Regeln im Sinne der Androhung oder des Ausspruchs von Strafen oder sonstigen Sanktionen zu verstehen ist. Dieser letztere Bereich gehört nach den hier gebrauchten Definitionen nicht zur Durchsetzung von Recht, sondern noch zur Regelung. Durch die zitierte Formulierung wird aber ein sehr wichtiger Gesichtspunkt der Regelung angesprochen: Persuasion als Mittel der Durchsetzung auf Grund der Einsicht in die Notwendigkeit oder des Willens zur Vermeidung von Nachteilen durch den Normadressaten. Dieser Aspekt wird noch zu erörtern sein.

Die Androhung und die Verhängung von Strafen und Sanktionen ist noch keine Durchsetzung. Auch solche Sanktions - Aussprüche befinden sich noch im Stadium der Regelung. Hier wird eine abstrakte Rechtsregel konkret angewendet. Wenn § 38 GWB feststellt, daß die Zuwiderhandlung gegen das Kartellverbot des § 1 GWB eine Ordnungswidrigkeit ist, die mit einer Geldbuße bis zu 1 Million DM, in besonderen Fällen auch mehr, geahndet werden kann, so mag die Verurteilung zu einer Buße wegen einer solchen Ordnungswidrigkeit unter dem Gesichtspunkt der Persuasion den Adressaten stärker zu einer Befolgung anhalten können, ist aber selbst immer noch Regelung. Erst ihre Zwangsvollstreckung durch Pfändung und Zwangsversteigerung wäre Durchsetzung.

Persuasion und Ermächtigung an andere Rechtssubjekte zur Selbsthilfe sind wichtige Vorstufen der eigentlichen Durchsetzung von Recht durch staatliche Gewalt. Sie erfolgt durch die Zwangsvollstreckung, welche teils mit physischem Zwang einhergeht, teils durch rechtliche Gestaltungswirkung den regelgerechten Zustand ipso iure herstellt. Unter Durchsetzung soll hier - etwas verkürzend - die physische Anwendung von staatlicher Gewalt zur Durchsetzung einer Regelung verstanden werden. Durchsetzung eines Urteils, welches auf Freiheitsstrafe lautet, ist die Inhaftierung des Verurteilten, Durchsetzung eines Zahlungsurteils oder eines verwaltungsrechtlichen Steuerbescheides ist etwa die

[31] Jellinek, G., Allgemeine Staatslehre, 3.Aufl. (1914), S. 333 ff.

Pfändung von beweglichen Gegenständen durch den Gerichtsvollzieher. Damit wird der immaterielle Bereich der Regelung und der Durchsetzung durch Persuasion verlassen. Zur Anwendung physischen Zwangs bedarf es besonderer Voraussetzungen, der Durchsetzungshoheit.

Die völkerrechtliche Zulässigkeit der Regelung durch einen Staat wird hier Regelungshoheit genannt. Dieser Begriff sagt noch nichts darüber aus, ob diese Hoheit vom Völkerrecht verliehen oder nur begrenzt wird. Dieser Problemkreis wird noch gesondert erörtert werden. Die Regelungshoheit ist auch zu unterscheiden von der Frage nach der völkerrechtlichen Zulässigkeit der Durchsetzung einer Regelung. Die Durchsetzungshoheit wird getrennt zu betrachten sein. Sie ist aber notwendig daran gebunden, daß für den durchzusetzenden Hoheitsakt die Regelungshoheit vorliegt[32].

4. Gerichtsbarkeit als eigenständiges Problem?

Im neuesten amerikanischen "Restatement (Third) of Foreign Relations Law" ist die "jurisdiction to adjudicate", die "Gerichtsbarkeit" - anders als im Restatement (Second)[33] als eigene Fallgruppe aus den beiden vorgenannten Gruppen der Regelungshoheit und der Durchsetzungshoheit ausgegliedert worden. Sie wird definiert als die Gewalt

> "to subject persons or things to the process of its courts or administrative tribunals, whether in civil or in criminal proceedings, whether or not the state is a party to the proceedings" [34].

Damit wird die gerichtliche Zuständigkeit zum Verfahren und zur Entscheidung während und zum Abschluß des Verfahrens angesprochen. Die Frage lautet: dürfen die Gerichte eines Staates überhaupt über einen Fall oder über Personen zu Gericht sitzen? Bejaht man dies, so dürfen sie im Rahmen des Verfahrens alle zulässigen Entscheidungen erlassen und damit im Sinne der bereits erörterten Regelungshoheit ausüben, denn Gerichtsentscheidungen bleiben noch im Bereich der materiellen Regelung.

Damit kann man die Gerichtshoheit unter den Begriff der Regelungshoheit, der "jurisdiction to prescribe" fassen. Eine gesonderte Behandlung wäre nur dann angemessen, wenn für diesen Fall von Jurisdiktion nicht

---

[32] American Law Institute, Restatement of the Law (Second), Foreign Relations Law of the United States (1965) § 7; Restatement (Third), a.a.O. (Anm. 12) § 431 (1)

[33] American Law Institute, Restatement of the Law (Second), Foreign Relations Law of the United States (1965)

[34] Restatement (Third), a.a.O. (Anm. 12) § 401 (b)

die allgemeinen Regeln gelten würden wie für diejenige der anderen beiden Staatsgewalten. Dies ist aber nicht der Fall. Daß es für den Sachbereich der Gerichtsbarkeit neben den allgemeinen Grundsätzen möglicherweise auch sektorale Sonderregelungen gibt, rechtfertigt nicht ihre Sonderbehandlung. Denn auch bei der Jurisdiktion der anderen Staatsgewalten gibt es solche sektoralen Regeln als Sondergut, wie sich bei der Erörterung einzelner sachlicher Regelungsmaterien zeigen wird.

Die Sonderbehandlung der Gerichtsbarkeit durch das Restatement (Third) ist wohl motiviert durch die dort angenommene Zwitterstellung der Gerichte als Organe, welche Regeln erlassen und gleichzeitig im Bereich des "enforcement" tätig werden[35]. Gerichte sind aber nicht im Bereich der Durchsetzung durch physische Gewalt tätig[36]. Soweit sie unmittelbar Rechte und Rechtsverhältnisse gestalten, bleibt dies im Bereich der Regelung. Deshalb ist die Notwendigkeit eigener völkerrechtlicher Regeln für die Gerichtsbarkeit nicht ersichtlich.

Allerdings sollte man bereits jetzt hervorheben, daß die Hoheit, materielle Rechtsnormen zu erlassen und diejenige, Gerichtsbarkeit auszuüben, sich in einem konkreten Fall nicht decken müssen. Eine Prorogation durch die Parteien etwa mag einem Zivilgericht die Gerichtsbarkeit über einen Fall geben, für den sein Staat materiell keine Regelungshoheit hätte.

5. Geltungsbereich und Regelungsbereich

Das Regelungsgebiet von Jurisdiktion, also der räumliche Bereich, für den die Regelung getroffen wurde, hat zwei Aspekte: den Regelungsbereich und den Geltungsbereich. Der räumliche Regelungsbereich wird bestimmt durch die Regelung selbst: durch die Belegenheit der Tatbestände, an die sie anknüpft (Anknüpfungsbereich) und durch den räumlichen Bereich, für den sie ihren immateriellen Befolgungsanspruch formuliert, also den Bereich, in dem die angeordneten Rechtsfolgen eintreten sollen (Rechtsfolgenbereich). Der Regelungsbereich wird durch den Willen des regelnden Hoheitsträgers festgelegt, seine zulässige Erstreckung ist aber zu prüfen einerseits intern an der Ermächtigungsnorm, extern aber anhand den Normen des Völkerrechts.

Der Geltungsbereich staatlichen Rechts bestimmt sich dagegen hinsichtlich seiner maximalen Ausdehnung durch die Erstreckung der

---

[35] A.a.O., § 401 (b) und (c)

[36] Ausnahme hiervon ist lediglich die Sitzungspolizei, im deutschen Recht etwa nach §§ 176 ff. GVG

Hoheitsgewalt eines Staates[37]. Geltungsbereich eines Hoheitsakts ist derjenige Bereich, in dem er vom regelnden Staat auch selbst, aus eigenem, autonomem Vermögen durchgesetzt werden kann. Dieser Bereich muß im übrigen, wie noch zu zeigen sein wird, nicht mit dem Staatsgebiet deckungsgleich sein. Der Geltungsbereich staatlichen Rechts[38] bezeichnet, in welchem Gebiet dieses Recht Gegenstand der staatlichen physischen Rechtsdurchsetzung sein kann.

Der Begriff des Geltungsbereiches in diesem Sinne ist in der deutschen Rechtsterminologie fest verankert[39]. Art. 23 GG sprach, bevor er im Zuge der deutschen Vereinigung aufgehoben wurde, vom Geltungsbereich des Grundgesetzes. Der Begriff der "unmittelbaren Geltung" von Recht findet sich bereits in Art. 1 Abs. 3 GG. Geltung ist das, was die "verfassunggebende Gewalt" nach der Präambel anordnet, ein Ausfluß dieser Gewalt und damit des souveränen Hoheitsträgers im Bundesgebiet. Geltung von nationalem Recht ist Teil der unabgeleiteten Hoheitsgewalt des Staates, welcher das Territorium beherrscht. Auch im Recht der Europäischen Wirtschaftsgemeinschaft findet sich in Art. 227 EWGV der Begriff des Geltungsbereiches des Gemeinschaftsrechts, der - mit Modifikationen - mit den Territorien der Mitgliedstaaten identisch ist. Also ist der Geltungsbereich immer mit der Territorialhoheit eines Staates verbunden.

In der Literatur wird statt des hier gebrauchten Begriffes des "Regelungsbereichs" auch vom "Anwendungsbereich" einer Rechtsnorm gesprochen, bei dem es um die "Umgrenzung der Sachverhalte" geht, auf

---

[37] Zitelmann, E. Internationales Privatrecht, Bd. 1 (1897) S. 121 definiert den Geltungsbereich als den Herrschaftsbereich des Staates

[38] Andererseits ergibt sich bereits aus dem Vorstehenden, daß man bei einer Koordinationsrechtsordnung wie dem Völkerrecht nicht vom Geltungsbereich reden sollten. Eine gewaltsame Rechtsdurchsetzung durch den verletzten Staat, wie sie früher zulässig war, ist keine hoheitliche Durchsetzung. Nachdem heute allgemein die Anwendung von Gewalt zur Durchsetzung von Völkerrecht verboten ist (insbesondere nach Art. 2 Abs. 4 SVN, vgl allgemein Randelzhofer, A., Use of Force, in: Bernhardt,R. (ed.), Encyclopedia of Public International Law, Instalment 4, S. 265 - 275), bleibt als einzige Zwangsdurchsetzung nur diejenige aufgrund der Beschlüsse des Weltsicherheitsrats nach Art. 41, 42 und 48 SVN in Fällen der Bedrohung und Verletzung des Weltfriedens oder nach Art. 94 Abs. 2 SVN zur Durchsetzung eines Urteils des Internationalen Gerichtshofs. Hier davon zu reden, daß dem Sicherheitsrat Durchsetzungshoheit wie einer Staatsgewalt zustünde und daß deswegen auch dem Völkerrecht ein Geltungsbereich zukäme, würde Unvergleichbares gleichsetzen und sollte deshalb nicht postuliert werden.

[39] Vgl. auch die Beispiele bei Meessen, K.M., Völkerrechtliche Grundsätze des internationalen Kartellrechts (1975), S. 15, dort Anm. 2

die staatliche Hoheitsakte anwendbar sind[40]. Man findet den Begriff des Anwendungsbereichs auch zur Bezeichnung des Bereichs, der hier Geltungsbereich genannt wird. Rudolf[41] bestimmt den Geltungsbereich sachverhaltsbezogen, setzt dagegen das räumliche Anwendungsgebiet gleich mit dem hier so genannten Geltungsbereich. Guggenheim bezeichnet den Regelungsbereich als "Wirkungsraum", den Geltungsbereich als "Geltungsraum"[42]. Vogel[43] spricht vom intransitiven Anwendungsbereich, dem Erzwingungsbereich, der grundsätzlich auf das Staatsgebiet beschränkt ist, und dem transitiven Anwendungsbereich, der den Regelungsbereich im hier gebrauchten Wortsinn erfaßt, also über das Staatsgebiet hinausgehen kann.

Der Begriff des "Regelungsbereichs" wird hier demjenigen des "Anwendungsbereichs" einer Rechtsnorm vorgezogen. Dies dient dazu, mögliche Mißverständnisse, welche durch die Differenzen in der Terminologie in Lehre und Praxis entstehen könnten, zu vermeiden. Anwendung weist durchaus sprachlich nicht eindeutig auf die rein normative Regelung ohne Durchsetzung hin. Auch ist dieser Begriff in der Rechtspraxis nicht konsistent verwendet worden. Art. 79 EGKSV spricht von "Anwendungsbereich" des Vertrages in dem gleichen Sinne wie Art. 227 EWGV vom "Geltungsbereich". Art. 198 EAGV verwendet die Wendung "findet Anwendung" bezogen auf den Geltungsbereich. Die Wendung "Dieses Gesetz findet Anwendung" ist übrigens auch im § 98 Abs. 2 GWB zu finden, bezieht sich aber dort wiederum auf den Regelungsbereich.

Um dieser Inkonsistenz in der Terminologie zu entgehen, wird nachfolgend der Begriff "Regelungsbereich" verwendet werden. Der Regelungsbereich wird bestimmt durch die Regelung selbst. Er bezeichnet die Personen, welche durch die Regelung berechtigt oder verpflichtet werden sollen und die Sachverhalte und Rechtsverhältnisse, welche durch die Regelung erfaßt werden sollen. Der Regelungsbereich kann durch verschiedene Kriterien bestimmt werden. Zunächst kann die Belegenheit von Sachen und Rechtsverhältnissen und der Aufenthalt, Sitz oder

---

[40] Meessen, a.a.O. (Anm. 39), S. 15; Neuhaus, P. H., Die Grundbegriffe des internationalen Privatrechts (1962) S. 118

[41] Rudolf, W., Territoriale Grenzen der staatlichen Rechtsetzung, Berichte der Deutschen Gesellschaft für Völkerrecht, Heft 11 (1973), S. 7 - 45, 9 f.

[42] Guggenheim, P., Lehrbuch des Völkerrechts Bd. 1 (1948), S. 331 f., 369 f.

[43] Vogel, K., Der räumliche Anwendungsbereich der Verwaltungsrechtsnorm (1965), S. 2. Den "räumlichen Anwendungsbereich" bezeichnet er auch als "Feld", a.a.O., S. 3. Vgl. auch Vogel, K., Administrative Law, International Aspects, in: Bernhardt,R. (ed.), Encyclopedia of Public International Law, Instalment 9, S. 2 - 7, 5

Wohnsitz von Personen ein solches bereichsbestimmende Kriterium sein. Auch der Ort der Handlung ist ein solches Kriterium.

Weiter kann der Regelungsbereich aber auch durch die Adressaten bestimmt werden. Der Wehrdienst kann für alle Staatsangehörigen angeordnet werden. Das Familienrecht des Islam kann für alle Muslime in einem Staat anwendbar sein, dasjenige des Christentums für die Christen. Das Völkerrecht richtet sich an bestimmte Adressaten, die Völkerrechtssubjekte und - soweit es bilateral, partikulär oder regional ist, an einen Ausschnitt aus diesem Kreis. Das Kirchenrecht der katholischen Kirche bindet alle Angehörigen dieser Kirche[44]. Schließlich kann der Regelungsbereich bestimmt werden durch die Materie. Es kann alles geregelt werden, das zur Lebensordnung eines Staates, zu seiner Wirtschaft, zu seiner Bestandserhaltung, Sicherheit gehört.

Der Regelungsbereich wird also durch örtliche, personelle oder materielle Anknüpfungspunkte bestimmt. In allen drei Fällen liegt ein Bezug zu einem Staat vor, zu seinem Territorium, zu seiner Staatsangehörigkeit oder zu der von ihm geregelten Lebensordnung. Dies ist hier zunächst eine rein deskriptive Aussage, welche noch nichts über die zulässige Erstreckung des Regelungsbereichs staatlichen Rechts nach dem Völkerrecht aussagt.

6. Teilergebnis

Jurisdiktion ist die Befugnis zur Ausübung von Hoheitsgewalt durch alle drei Staatsgewalten in der Form von Setzung und Durchsetzung von Recht. Sie kann originär sein, aber auch auf freiwilliger Unterwerfung beruhen. Sie wird einmal durch die Regelung, die Verknüpfung von Sachverhalt und Rechtsfolge durch abstrakt - generelle Rechtsetzung und durch konkret - individuelle Rechtsanwendung ausgeübt. Zum anderen geschieht sie durch die physische Durchsetzung von Rechtsbefehlen.

Das Regelungsgebiet von Jurisdiktion im territorialen Sinne ist nach Geltungsbereich und Regelungsbereich zu unterscheiden. Geltungsbereich ist der Bereich, in dem Recht durch einen Staat oder sonstigen Hoheitsträger autonom durchgesetzt werden kann. Der Regelungsbereich wird umschrieben durch das Gebiet, auf dem die Sachverhalte, Personen und Rechtsverhältnisse belegen sind, an welche die rechtliche Regelung anknüpft und / oder auf dem die Rechtsfolgen der Regelung eintreten sollen.

---

[44] Canon 11 des Codex Iuris Canonici: "Durch rein kirchliche Gesetze werden diejenigen verpflichtet, die in der katholischen Kirche getauft oder in diese aufgenommen worden sind,....."

B. Öffentliches Wirtschaftsrecht

1. Wirtschaftsordnung und Recht

Die Wirtschaft dient dazu, Menschen mit knappen Gütern und Dienstleistungen zu versorgen[45]. Sie umfaßt Herstellung und Verteilung von Gütern[46] und die Erbringung von Dienstleistungen sowie den Einsatz von Kapital[47]. Wirtschaftssubjekte sind die Privatpersonen, natürliche und juristische sowie der Staat selbst, soweit sie wirtschaftlich tätig sind. Wirtschaft besteht aus einer Vielzahl von Handlungen und Transaktionen der Wirtschaftssubjekte. Diese können dezentral erfolgen, sie können aber auch vom Staat in unterschiedlicher Intensität begrenzt und geregelt werden.

Erste Ansätze zu einem planvollen Eingriff des Staates in Deutschland gab es im Absolutismus, insbesondere auf Grund der Entwicklung des merkantilistischen Denkens[48]. Der Staat griff durch Ordnungen der Zünfte und des Handwerks, aber auch punktuell durch Subventionen und Konzessionen in die Wirtschaft ein, um die staatliche Wohlfahrt zu fördern. Im 19. Jahrhundert wurde dieser Interventionismus durch liberale Reformen nur teilweise zurückgedrängt[49]. Im ersten Weltkrieg wurde die Wirtschaft dirigistisch in den Dienst des Kriegsziels gestellt. Die Wirtschaft in der Weimarer Republik war geprägt von einem wenig systematischen Dualismus von Freiheit und Intervention. Im zweiten Weltkrieg herrschte wieder der Interventionismus einer Kriegswirtschaft, überhöht durch die nationalsozialistische Vorstellung einer umfassenden Unterordnung der Wirtschaft unter das Führerprinzip zugunsten der Gemeinschaft.

Nach dem zweiten Weltkrieg wurde zunächst auf alliierten Einfluß hin die Wirtschaft dereguliert und marktwirtschaftlich liberalisiert. Die Väter des Grundgesetzes waren sich jedoch über die Grundsätze des Wirtschaftslebens im Nachkriegsdeutschland uneins und unterließen deswegen eine verfassungsrechtliche Vorgabe einer neuen Wirtschaftsordnung. Die Entwicklung des Wirtschaftslebens blieb der politischen Vorgabe durch die regierenden Parteien vorgegeben. Insbesondere durch

---

[45] Schmidt, R., Öffentliches Wirtschaftsrecht. Allgemeiner Teil (1990), S. 38 m. w. N.

[46] BVerfG NVwZ 1982, 306

[47] Kolb, E., Zur Systematik des Wirtschaftsverwaltungsrechts, in: Um Recht und Freiheit. Festschrift für F. A. Frhr. v. d. Heydte (Hrsg. Kipp, H. u.a.) (1977), S. 981 - 1004, 982

[48] Zur Geschichte des Wirtschaftsrechts in Deutschland allgemein Schmidt, a.a.O. (Anm. 45), S. 4 - 33

[49] So etwa durch die Reformen von Stein und Hardenberg in Preußen

Ludwig Erhard und Alfred Müller - Armack wurde nach den Grundsätzen des Ordo - Liberalismus die soziale Marktwirtschaft als Wirtschaftsordnung entwickelt[50].

Die Freiburger Schule des Ordo - Liberalismus[51], deren hervorragendste Vertreter Walter Eucken und Franz Böhm waren, geht von der Notwendigkeit der Lenkung des gesamtwirtschaftlichen Prozesses durch eine Wirtschaftsordnung aus, durch eine "ordnende Ratio" des Staates[52], der die Erwirtschaftung und Verteilung der knappen Güter lenkt. Diese Wirtschaftsordnung steht in engem Zusammenhang mit den übrigen Lebensordnungen im Staat. Sie wird ausgeformt etwa durch Währungs-, Agrar-, Kartell-, Handels- und Steuerpolitik[53].

Die Wirtschaftsordnung besteht nach der Definition von Eucken "in der Gesamtheit der jeweils realisierten Formen, in denen Betriebe und Haushalte miteinander verbunden sind, in denen also der Wirtschaftsprozeß in concreto abläuft"[54]. Als Grundformen werden unterschieden die Zentralverwaltungswirtschaft einerseits und die Verkehrswirtschaft andererseits, welche durch den Automatismus der Märkte koordiniert wird[55]. Die staatliche Lenkung des Wirtschaftsprozesses in einer Verkehrswirtschaft muß die Zentralprobleme des Wirtschaftsprozesses lösen: den Hang zur Monopolbildung, die Problematik der Verteilung und der sozialen Sicherheit und Anerkennung und den Schutz der Freiheits- und Rechtssphäre der einzelnen Bürger[56].

Dem Recht kommt also eine zentrale Funktion bei der Ausgestaltung und Lenkung der Wirtschaftsordnung durch den Staat zu. Dabei darf er nicht in einem einseitigen Freiheitspostulat die Wirtschaft sich selbst überlassen. "Der Rechtsstaat kann sich nur dort vollständig durchsetzen, wo zugleich mit seiner rechtlich - staatliche Ordnung eine "adäquate" Wirtschaftsordnung verwirklicht ist"[57]. Wirtschaftsordnung und Rechtsordnung stehen damit in einem dialektischen Verhältnis zueinander.

---

[50] Hierzu Schmidt, a.a.O. (Anm. 45), S. 68 f.

[51] Vgl. zum folgenden Eucken, W., Grundsätze der Wirtschaftspolitik, 6. Aufl. (1990); Welter, E., Walter Eucken, in: Geschichte der politischen Ökonomie (Hrsg. Recktenwald, H. C.) (1971), S. 568 - 580; Jöhr, W. A., Walter Eucken, in: Geschichte der politischen Ökonomie (Hrsg. Recktenwald, H. C.) (1971), S. 580 - 598

[52] Eucken, a.a.O. (Anm. 51), S. 7

[53] A.a.O., S. 15

[54] A.a.O., S. 23

[55] A.a.O., S. 21 f.

[56] A.a.O., S. 30 - 53

[57] A.a.O., S. 52

Die staatliche Lenkung der Wirtschaft hat, je nach Wirtschaftsordnung, verschiedene Zielrichtungen. In einer Zentralverwaltungswirtschaft müssen die Produktionsfaktoren und die Produktionsergebnisse zugewiesen werden. In einer Verkehrswirtschaft erfüllt diese Aufgabe der Markt mit seinen Tauschrelationen[58]. Muß der Staat im ersteren Modell die Freiheit zu seinen Gunsten einschränken, so muß er im zweiten Modell die Freiheit des Marktes im Sinne der ungehinderten Bildung dieser Tauschrelationen garantieren und vor der Monopolisierung schützen. Der Wettbewerb muß "Leistungswettbewerb" sein[59].

Am Anfang der Gestaltung einer Wirtschaftsordnung steht eine ordnungspolitische Grundentscheidung, welche die weiteren Schritte der staatlichen Wirtschaftspolitik determiniert[60]. In einer Verkehrswirtschaft müssen dann unter anderem eine Wettbewerbsordnung zur Herstellung und Aufrechterhaltung der Funktionsfähigkeit des Wettbewerbs, eine Währungsordnung zur Sicherung der möglichen Stabilität des Geldwertes, eine Eigentumsordnung und eine Ordnung der Vertragsbeziehungen als Subsysteme der gesamtwirtschaftlichen Ordnung entwickelt werden. Der Staat muß seine Wirtschaftskraft zur Förderung der Investitionen einsetzen und Konjunkturpolitik betreiben[61]. Er muß die Verteilung der wirtschaftlichen Ergebnisse durch eine Sozialpolitik absichern[62].

Hinsichtlich der staatlichen Intervention in die Wirtschaft geht Eucken von der zentralen Aussage aus: "Die wirtschaftspolitische Tätigkeit des Staates sollte auf die Gestaltung der Ordnungsformen der Wirtschaft gerichtet sein, nicht auf die Lenkung des Wirtschaftsprozesses."[63] Dies geschieht unter anderem durch das Wirtschaftsrecht, welches den Ordnungsrahmen für die Wirtschaft festlegt[64]. Die Gemeinschaft in Gestalt des Staates gibt diesen Rahmen vor, sie interveniert - so umstritten dies im einzelnen auch sein mag - in das wirtschaftliche Geschehen, um die Wirtschaftsziele zu erreichen, welche etwa durch das "magische Viereck" nach § 1 des Stabilitätsgesetzes[65] rechtlich festgelegt werden.

---

[58] A.a.O., S. 101

[59] A.a.O., S. 247

[60] A.a.O., S. 250

[61] A.a.O., S. 286. An dieser Stelle folgt Eucken ausdrücklich der Konzeption von Keynes

[62] A.a.O., S. 312 ff.

[63] A.a.O., S. 336

[64] Vgl. auch Schmidt, a.a.O. (Anm. 45), S. 71

[65] Gesetz zur Förderung der Stabilität und des Wachstums der Wirtschaft vom 8.6.1967, zuletzt geändert durch Gesetz vom 18.3.1975, BGBl. III 707 - 3: Stabilität des

Auch die Frage, in welchem Umfang der Staat regulierend in das Marktgeschehen intervenieren sollte, ist eine Frage der Gestaltung der Wirtschaftsordnung. Daß diese Ordnung nicht nur im Spannungsfeld von Freiheit und Intervention existiert, sondern daß auch die rechtliche Zuordnung von Verfügungs- und Handlungsrechten wie etwa des Eigentums ordnungsbildend ist, hierauf hat die Diskussion um die "Ökonomische Analyse des Rechts" und die "Property Rights" - Theorien besonders deutlich hingewiesen[66]. Es handelt sich hierbei um Rahmenbedingungen der Effizienz und der optimalen Allokation wirtschaftlicher Ressourcen.

Die verschiedenartigen Vorstellungen der Staaten über die effektivste Wirtschaftsordnung führen zu teilweise erheblichen Differenzen zwischen den Wirtschaftsrechten in der Welt. Was in einem Staat erlaubt ist oder gar angeordnet ist, kann im anderen verboten sein. So können Strukturkrisenkartelle, welche zur Sicherung der Überlebensfähigkeit einer Branche in einem Staat angeordnet oder jedenfalls erlaubt sind, wie dies etwa nach § 4 GWB der Fall ist, in einem anderen Staat kartellrechtswidrig sein.

Grundlegende Divergenzen werden auch dadurch herbeigeführt, daß die Staaten mit ihren Volkswirtschaften international nicht nur Partner, sondern auch Konkurrenten sind. Sie wollen den Anteil ihrer Unternehmen am Weltmarkt durch ihre Wirtschaftspolitik vergrößern oder jedenfalls nicht negativ beeinflussen etwa durch zusätzliche Kostenbelastungen. Auch im Kartellrecht können staatliche Regelungen Unternehmensgrößen zulassen, welche auf dem Weltmarkt eine überlegene Wettbewerbsposition erlauben und andere Staaten können die Operation solcher Unternehmen in ihrem Wirtschaftsgebiet zur Sicherung des Binnenwettbewerbs dem Fusionskontrollrecht unterwerfen mit dem Nebeneffekt, daß ausländische Wettbewerber ihrer eigenen Unternehmen in ihrer Wettbewerbsfähigkeit beeinträchtigt werden. Bezeichnend ist der Satz, den Lord Wilberforce in der Entscheidung des Rio Tinto Zinc - Falles[67] geprägt hat: "It is axiomatic that in antitrust - matters the policy of one state may be to defend what is the policy of another state to attack".

Preisniveaus, hoher Beschäftigungsstand, außenwirtschaftliches Gleichgewicht, stetiges und angemessenes Wirtschaftswachstum

[66] Vgl. hierzu Schmidt, a.a.O. (Anm. 45), S. 45 - 51; Behrens, P., Die ökonomischen Grundlagen des Rechts (1986)

[67] Rio Tinto Zinc Corporation and others v. Westinghouse Electric Corporation, [1978] 1 AllER 434 (H.L.)

2. Wirtschaftsrecht

Die Schwierigkeit der Definition des Wirtschaftsrechts als Teilbereich der staatlichen Rechtsordnung[68] besteht darin, daß die Wirtschaft eingebettet ist in die Gesamt - Rechtsordnung eines Staates und von vielen Normen dieser Rechtsordnung beeinflußt wird, die nicht speziell auf die Wirtschaft abzielen, wie etwa durch das allgemeine Zivilrecht. Wenn man nicht bei der wenig konturierten Formel stehenbleiben will, daß das Wirtschaftsrecht in diesem Sinne alles Recht ist, welches auf das Wirtschaften einen Einfluß hat[69], braucht man weitere Kriterien zur Identifikation.

Nach Rittner[70] faßt das Wirtschaftsrecht Rechtssätze und Institute zusammen, soweit spezifische gesamtwirtschaftliche Wertungen maßgebend sind, also insbesondere die möglichst gerechte Ordnung des Wirtschaftslebens. Schmidt - Rimpler[71] sieht das Wirtschaftsrecht als "alle die Wirtschaft gestaltenden und dabei bewußt die Selbstbestimmungs- und hoheitliche Ordnung als Gestaltungsformen berücksichtigenden Rechtssätze, deren Richtigkeitsgrad ein gesamtwirtschaftlicher, sich nicht auf das isoliert gedachte wirtschaftliche Verhältnis beschränkender, ist".

Fikentscher definiert Wirtschaftsrecht als "Inbegriff der rechtserheblichen Normen, die die Freiheit des Zuordnungswechsels und die Zuordnung wirtschaftlicher Güter in allgemeinen Grundsätzen und durch globale oder spezielle Eingriffe regeln, um eine nach den Maßstäben der wirtschaftlichen Gerechtigkeit ausgewogene Selbstentfaltung und Versorgung der Wirtschaftsbürger im Rahmen einer gesetzten Wirtschaftsverfassung zu gewährleisten"[72]. Steindorff [73] sieht Wirtschaftsrecht als

---

[68] Nach Rinck, G./ Schwarck, E., Wirtschaftsrecht, 6. Aufl. (1986) S. 9 ff. soll es überhaupt keine allgemein akzeptable Definition des Wirtschaftsrechts geben, sondern die gesamtwirtschaftliche Funktion des Rechts soll Rechtsnormen entsprechend qualifzieren. Tilmann, W., Wirtschaftsrecht (1986) S. 5-7 bezweifelt die Fruchtbarkeit der Diskussion um einen Begriff des Wirtschaftsrechts

[69] Schmidt, a.a.O. (Anm. 45), S. 44 definiert Wirtschaftsrecht als "die Summe der Rechtsregeln, die für das Wirtschaften bedeutend sind..... unabhängig von dem intentionalen Bezug einer Norm auf das Wirtschaften". Die Bedeutung hänge von der Intensität der Wirkung auf die Wirtschaft ab.

[70] Rittner, F., Wirtschaftsrecht (1979), S.14. ders., Wirtschaftsrecht, in: Staatslexikon Bd.8, Sp. 819 ff. faßt unter dem Begriff des Wirtschaftsrechts Verfasssungs-, Verwaltungs- und Privatrecht zusammen ("Sinnzusammenhang aller Normen, welche die Wirtschaft gestalten und ihre Abläufe regeln sollen")

[71] Schmidt-Rimpler, W., Wirtschaftsrecht, in: Handwörterbuch der Sozialwissenschaften Bd. 12, S. 686 - 731, 693. Auch hierzu gehören das öffentliche Recht und wohl auch das Recht der Selbstbestimmungsordnung, das Zivilrecht

[72] Fikentscher, W., Wirtschaftsrecht Bd. I (1983), S. 1. Hierzu gehören aber nicht die Normen des Zivil- und Arbeitsrechts

Steuerungsinstrument zur Gestaltung einer marktwirtschaftlichen Ordnung.

Alle diese Definitionen verbinden den empirischen Befund mit einem ordnungspolitischen Inhaltskriterium, welches an der ökonomischen Richtigkeit oder an einer bestimmten Rechtsordnung, der Marktwirtschaft festgemacht ist. Dies verengt aber den Begriff des Wirtschaftsrechts unnötig[74]. Ob die Wirtschaftsordnungen ökonomisch sinnvoll sind, ob sie gerecht sind, macht den Unterschied zwischen gutem und schlechtem Wirtschaftsrecht aus, es bleibt aber in jedem Falle Wirtschaftsrecht.

Wenn man den gemeinsamen Gesichtspunkt sucht, nach denen Normen zum "Wirtschaftsrecht"[75] zusammengeordnet werden, so ist die Gestaltung der Wirtschaftsordnung ihr Regelungsziel: die Rahmenbedingungen der Wirtschaftsordnung[76], die Regelung der Rechtsverhältnisse und der Rechte und Pflichten der Personen, welche wirtschaftlich tätig sind, die also Waren produzieren oder vertreiben, Dienstleistungen erbringen, Kapital investieren, Finanzgeschäfte tätigen etc. Diese Personen unterliegen bei ihrer Tätigkeit daneben auch solchen Rechtsnormen, welche nicht nur für die Wirtschaft, sondern auch für andere Sachbereiche menschlicher Aktivitäten anwendbar sind: das Bürgerliche Recht oder das öffentliche Baurecht seien beispielhaft genannt.

Solche Normen sind Wirtschaftsrecht, wenn sie zwar auch andere Personen als die Wirtschaftssubjekte in dieser Eigenschaft erfassen, wenn aber ihr Ziel die Gestaltung des Wirtschaftens ist. Erbrechtliche Vorschriften, welche auch den Erbgang an Unternehmen und Unternehmensanteilen regeln und zu erheblichem Aufwand an gesellschaftsrechtlichen Gestaltungen führen, zielen nicht auf die Gestaltung der Wirtschaftsordnung, sondern wirken sich lediglich auf sie aus, gehören also nicht zum Wirtschaftsrecht. Das Recht des Umweltschutzes aber etwa, welches die Gestaltung einer lebenswerten Umwelt für alle Menschen bezweckt, will dies insbesondere durch die Regulierung umwelt-

---

[73] Steindorff, E., Einführung in das Wirtschaftsrecht der Bundesrepublik Deutschland 2. Aufl. (1985) S. 5 f. Ähnlich Schluep, W.R., Was ist Wirtschaftsrecht ?, in: Festschrift für Walter Hug (1968), S. 25 - 95, 69 (Wirtschaftsrecht ist das Recht der Wirtschaft), der wohl nur zwingendes Wirtschaftsrecht neben dem öffentlichen Recht unter diesen Begriff faßt

[74] Schmidt, a.a.O. (Anm. 45), S. 40 f.

[75] Zur Diskussion um diesen Begriff ausführlich Tettinger, P.J., Rechtsanwendung und gerichtliche Kontrolle im Wirtschaftsverwaltungsrecht (1980) S. 116 - 122; Brohm, W., Wirtschaftsrecht - Anrecht und Aufgabe, Die Öffentliche Verwaltung 32 (1979), S. 18 - 2,

[76] Vgl. auch Siehr, a.a.O. (Anm. 2572), S. 45; Brohm, W., Wirtschaftsrecht - Anrecht und Aufgabe, Die Öffentliche Verwaltung 32 (1979), S. 18 - 27, 23; Schluep, W.R., Was ist Wirtschaftsrecht ?, in: Festschrift für Walter Hug (1968), S. 25 - 9, 74

belastender wirtschaftlicher Aktivitäten erreichen und gehört damit zum Wirtschaftsrecht.

Wirtschaftsrecht ist damit final determiniert, wobei die Regelung der Wirtschaft nicht unbedingt das einzige oder das Endziel sein muß. Es eröffnet die Freiheitsspielräume der Wirtschaftssubjekte und begrenzt sie wiederum durch Verbote, Genehmigungs-, Anzeige- und Erlaubnisanforderungen. Es setzt Rahmenbedingungen für die Kosten- und Ertragssituation durch Steuerforderungen und Subventionen. Die Einhaltung der Grenzen muß überwacht, Interessengegensätze von Privaten müssen - soweit dies im Allgemeininteresse liegt - zu einem friedlichen und für alle wirtschaftlich nützlichen Ausgleich gebracht werden, soweit sie nicht - wie der Wettbewerb - gerade zu den Systembedingungen einer Wirtschaftsordnung gehören. Hierfür müssen auch Mechanismen der Streitschlichtung bereitgestellt werden, welche den besonderen Bedürfnissen der Wirtschaft angepaßt sind.

Wirtschaftsrecht muß auch die Interessen von Staat und Privaten ausgleichen. Der Staat hat ein Interesse, selbst wirtschaftlich tätig zu sein und damit seine Finanzierung zu verbessern sowie notwendige Dienst- und Versorgungsleistungen sicherzustellen. Andererseits ist er von seiner Finanzkraft und politischen Überordnungsgewalt her ein - möglicherweise übermäßig dominanter - Wettbewerber. Alle diese Gesichtspunkte des Rahmens und der Steuerung von Wirtschaft sind Inhalte des Wirtschaftsrechts.

Das Wirtschaftsrecht umfaßt Zivilrecht, Strafrecht und öffentliches Recht. Wenn man von öffentlichem Wirtschaftsrecht in einem internationalen Zusammenhang redet, so muß man jedoch mit berücksichtigen, daß diese Betrachtung von der deutschen Rechtsordnung ausgeht. Die Qualifikation von Rechtsnormen als solche des öffentlichen Rechts ist geprägt von der Systematik des deutschen Rechts und anderer kontinentaleurpäischer Rechtsordnungen. Die Zuordnung von Normen zum öffentlichen und zum Privatrecht ist bereits im Bereich dieser Rechtsordnungen nicht einheitlich[77].

Sie wird vollends problematisch im Vergleich dieser Rechtsordnungen mit denjenigen des angelsächsischen Rechtskreises[78]. Diese Diskrepanzen brauchen im einzelnen hier nicht ausgearbeitet zu werden. Der Begriff des öffentlichen Rechts wird hier im Sinne des deutschen Rechts angewandt. Öffentliches Recht ist danach die Gesamtheit der Rechts-

---

[77] Frank, R., Öffentlich-rechtliche Ansprüche fremder Staaten vor inländischen Gerichten, RabelsZ 34 (1970), S. 56-75, 71

[78] Hierzu Frank, a.a.O.

normen, bei denen mindestens ein Zuordnungssubjekt ein Träger von Staatsgewalt gerade in seiner Eigenschaft als Hoheitsträger ist[79]. Entscheidend ist, daß das öffentliche Recht der unmittelbaren Anordnung und Durchsetzung staatlicher Regelungsziele durch den Staat selbst dient.

Gerade die noch zu erörternde Duplizität der Existenz zwingender Vorschriften im zivilen und öffentlichen Wirtschaftsrecht und die Tatsache, daß dieser Unterschied etwa in den angelsächsischen Rechtsordnungen nicht bekannt ist, haben zu der Forderung geführt, das Wirtschaftsrecht als eine beide Kategorien überspannende Materie zu verstehen[80]. Die methodischen Probleme einer solchen Vereinheitlichung bedürften eingehender Untersuchung, um den Erkenntniswert dieses Vorschlags bewerten zu können. Jedenfalls sind etwa die unterschiedliche Einwirkung des Verfassungsrechts auf das Zivilrecht und das öffentliche Recht, das unterschiedliche Verfahrensrecht und auch die unterschiedlichen Regeln über die Dispositionsfreiheit und die Bedeutung der Gerechtigkeit Grund genug dafür, beide Rechtsgebiete immer noch unterschiedlich zu behandeln, wobei sich gerade für die vorliegende Untersuchung hinsichtlich des Kollisionsrechts die Frage nach den Bezügen und Parallelen von zivilem und öffentlichem Recht stellen werden.

a) Ziviles Wirtschaftsrecht

Das Zivilrecht setzt den Rahmen für die Rechtsbeziehungen der Wirtschaftssubjekte zueinander. Es gestaltet ihn ganz überwiegend dispositiv, kennt aber auch im öffentlichen Interesse zwingende Normen, etwa zum Schutz der Arbeitnehmer oder der Verbraucher. Die Privatautonomie als zentrales Prinzip des Zivilrechts stößt hier an Grenzen. Dabei gibt es zwei Arten zwingender Normen, solche die im Interesse des Schutzes Privater erlassen sind, und solche zum Schutze oder zur Gewährleistung öffentlicher Ordnungsinteressen. Letztere bezeichnet man in der neueren kollisionsrechtlichen Terminologie als zivilrechtliche Eingriffsnormen[81]. Auf diese Abgrenzung wird später noch genauer einzugehen sein.

---

[79] Ehlers, D., Verwaltung und Verwaltungsrecht, in: Erichsen / Martens, Allgemeines Verwaltungsrecht, 9. Aufl. (1992), S. 23

[80] Vgl. hierzu Schmidt, a.a.O. (Anm. 45), S. 56 f. m. w. N. Lowenfeld, A. F., Public Law in the International Arena, RdC 128 (1969 III), S. 315 - 445, 326 sieht die Unterscheidung zwischen öffentlichem und privatem Recht für transnationale Aktivitäten als überholt an

[81] Der Begriff wurde von Neuhaus, P.H., Grundbegriffe des internationalen Privatrechts (1962) § 4 II geprägt. Dazu Kropholler, J., Internationales Privatrecht (1990), S. 16 ff., 417 ff., Sonnenberger, in: Münchener Kommentar. Bürgerliches Gesetzbuch. Einfüh-

Zum zivilen Wirtschaftsrecht gehören zum Beispiel das Handelsrecht, das Gesellschaftsrecht, das Arbeitsrecht, das Recht des gewerblichen Rechtsschutzes einschließlich des Rechts des unlauteren Wettbewerbs, aber auch das Recht des Verbraucherschutzes.

b) Wirtschaftsstrafrecht

Das Wirtschaftsstrafrecht stellt bestimmte Verhaltensweisen im Wirtschaftsverkehr unter Strafe, um sie dadurch zu unterdrücken. Das allgemeine Strafrecht hat schon immer wirtschaftliche Vorgänge mit umfaßt, wie dies etwa beim Betrugstatbestand des § 263 StGB der Fall war. Besondere Entwicklungen in der Wirtschaft haben aber die Normierung von wirtschaftsstrafrechtlichen Sondertatbeständen notwendig gemacht. So wurden etwa der Subventionsbetrug (§ 264 StGB), der Kapitalanlagebetrug (§ 264 a), der Versicherungsbetrug (§ 265), der Kreditbetrug (§ 265 b) und das Vorenthalten und Veruntreuen von Arbeitsentgelt (§ 266 a) neben den allgemeinen Tatbeständen von Betrug und Untreue besonders geregelt.

Eine ganze Reihe von wirtschaftsstrafrechtlichen oder ordnungswidrigkeitenrechtlichen Vorschriften finden sich in den entsprechenden wirtschaftsrechtlichen Gesetzen selbst. So stellt etwa § 12 UWG die Bestechung von Angestellten, § 15 die geschäftliche Verleumdung, § 17 den Verrat von Geschäfts- oder Betriebsgeheimnissen unter Strafe. Zahlreich sind die Vorschriften über Ordnungswidrigkeiten im Wirtschaftsrecht. Als Beispiel sei nur das GWB mit seiner umfangreichen Norm des § 38 genannt.

c) Öffentliches Wirtschaftsrecht

Das öffentliche Wirtschaftsrecht regelt die Rechtsbeziehungen des Staates zu den Wirtschaftsteilnehmern. Es enthält die Rechtssätze des Wirtschaftsrechts, welche mindestens einem Träger öffentlicher Gewalt gerade in dieser Eigenschaft zugeordnet sind[82]. Es steht generell nicht zur Disposition Privater[83]. Es erlegt ihnen bestimmte Pflichten auf, räumt ihnen Rechte ein, steuert ihr Verhalten unter anderem auch durch geld-

---

rungsgesetz, Internationales Privatrecht, 2. Aufl. (1990), Einleitung, Rn. 34. In der Doktrin wird auch von "lois d'application immédiate" gesprochen, dieser Begriff ist aber nicht vollständig deckungsgleich mit demjenigen der Eingriffsnormen, vgl. dazu Kropholler, a.a.O, S. 88 f. m.w.N.

[82] Vgl. auch Schmidt, a.a.O. (Anm. 45), S. 57

[83] Pestalozza, C., Öffentliches Recht als zwingendes Sonderrecht für den Staat, DÖV 1974, S. 188-193

und zinspolitische Interventionen sowie durch öffentliche Abgaben[84]. Es konstituiert und umgrenzt den Handlungsspielraum der Wirtschaft im Sinne einer Ordnung und es regelt die Teilnahme des Staates selbst am Wirtschaftsleben. Weiter regelt es die Überwachung wirtschaftlicher Tätigkeiten durch den Staat und die institutionellen Voraussetzung des Staates dabei. Das öffentliche Wirtschaftsrecht besteht aus Normen des Verfassungsrechts und des Verwaltungsrechts.

(1) Wirtschaftsverfassungsrecht

Die Volkswirtschaft eines Staates wird zunächst in ihren Struktur- und Tätigkeitsmerkmalen geregelt durch die Wirtschaftsverfassung[85], die beispielsweise die Bedeutung des Marktes oder des Wettbewerbs auf einem Markt als Strukturmerkmal einer Wirtschaft festlegen kann. Sie existiert im jeweiligen Verfassungsrecht eines Staates etwa in Form der grundrechtlich geschützten Freiheiten des Eigentums, des Unternehmers und des Wettbewerbs. Die Wirtschaftsverfassung kann auch spezielle Vorschriften über die Wirtschaftsordnung enthalten, wie diese etwa in Art. 151 der Weimarer Reichsverfassung, in Art. 51 68 der rheinland - pfälzischen Verfassung[86] und in Art. 151 - 157 der bayerischen Verfassung[87] zu finden sind.

Um die Wirtschaftsverfassung des Grundgesetzes hat es in der Anfangszeit der Bundesrepublik viele Diskussionen gegeben[88]. Nipperdey etwa[89] sah im Grundgesetz die soziale Marktwirtschaft garantiert. Huber[90] entnahm ihm jedenfalls einen Vorrang der Unternehmens- und Wettbewerbsfreiheit in einer gemischten Wirtschaftsverfassung. Das Bundesverfassungsgericht hat dagegen in seinem Investitionshilfeurteil[91] die auch durch die Entstehungsgeschichte naheliegende wirtschaftspolitische Neutralität der Verfassung herausgestellt und dies im Mitbestimmungsurteil[92] bestätigt. Wenn es auch in diesem Sinne keine

---

[84] Stober, R., Wirtschaftsverwaltungsrecht, Bd. I, 5. Aufl. (1987), S. 10 f.

[85] Vgl. hierzu Fikentscher, W., Wirtschaftsrecht Bd. I (1983) S. 1 - 3; Schmidt, a.a.O. (Anm. 45), S. 68 - 79. Der Begriff wird hier im normativen Sinne verwendet, also nicht als Synonym für die Deskription des tatsächlichen Zustandes der Wirtschaft. Er wird auch im strikt verfassungsrechtlichen Sinne gebraucht. Gesetzliche Rahmenbedingungen der Wirtschaft gehören nicht hierzu

[86] Vom 18.5.1947, zuletzt geändert durch Gesetz vom 15.3.1991, BS 100-1

[87] Vom 2.12.1946, zuletzt geändert durch Gesetz vom 20.6.1984, BayRS 100-1 - S

[88] Schmidt, a.a.O. (Anm. 45), S. 71 f.

[89] Nipperdey, H., Soziale Marktwirtschaft und Grundgesetz, 2. Aufl. (1961), S. 44

[90] Huber, E. R., Wirtschaftsverwaltungsrecht, Bd. 1, 2. Aufl. (1953), S. 18 f., 30 f.

[91] BVerfGE 4, 7

[92] BVerfGE 50, 290

Wirtschaftsverfassung in der Bundesrepublik gibt, so ist doch durch die Rechtsprechung des Gerichts zu wirtschaftsrelevanten Grundrechten wie insbesondere der Eigentumsgarantie des Art. 14 GG und der Berufsfreiheit des Art. 12, aber auch der allgemeinen Handlungsfreiheit nach Art. 2 Abs. 1 ein Bedingungsrahmen des Wirtschaftens herausgearbeitet worden, der zum Grundgerüst der Wirtschaftsordnung gehört.

Durch diese Rechtsprechung ist gewährleistet, daß nicht die Wirtschaft zu einem Bereich wird, in dem die Freiheiten des Einzelnen immanent eingeschränkt sind, sondern daß alle Beschränkungen der Grundrechte am Recht des Individuums gerechtfertigt müssen. Diese Rechte bleiben der Maßstab, nicht die wirtschaftliche Effizienz. Auch wenn das Bundesverfassungsgericht in ständiger Rechtsprechung dem Gesetzgeber in wirtschaftspolitischen Angelegenheiten einen weiten Ermessensspielraum eingeräumt[93] und den ordnenden und lenkenden Eingriff des Staates in die Wirtschaft für zulässig gehalten hat[94], so ist doch die Verhältnismäßigkeit eines Grundrechtseingriffs in Abwägung zur Bedeutung des Grundrechts zu beachten. Daraus entsteht ein grundsätzlicher Vorrang für freie wirtschaftliche Tätigkeit[95] und den angemessenen Spielraum der Unternehmerinitiative[96]. Im Grundgesetz ist durch die Änderung des Art. 109 die gesamtwirtschaftliche Verantwortung staatlicher Finanzpolitik verankert worden. Aber auch nach dieser Ergänzung bleibt das Wirtschaftsrecht in der deutschen Bundesverfassung ansonsten mit Ausnahme der Kompetenznorm für die Gesetzgebung[97] ungeregelt. Allerdings haben die Grundrechte auf die Wirtschaftsordnung des einfachen Gesetzesrechts einen hervorragenden Einfluß.

Die Grundrechte binden die deutsche Hoheitsgewalt in allen ihren Tätigkeiten[98]. Diese Bindung gilt auch für die Fälle extraterritorialer Jurisdiktion durch diese Hoheitsgewalt[99]. Dies hat auch das Bundesverfassungsgericht für das Gleichheitsgebot und den Eigentumsschutz entschieden[100]. Da die Grundrechte an das Handeln der Hoheitsgewalt anknüpfen, ist ihr extraterritorialer Regelungsbereich gleichbedeutend

---

[93] So etwa BVerfGE 4,7; 7, 377; 12, 341; 14, 19; 25, 1; 29, 260; 30, 292; 50, 290

[94] BVerfGE 4, 13; 29, 409

[95] BVerfGE 25, 1, 23; 50, 290, 366

[96] BVerfGE 29, 260, 267; 50, 290, 366

[97] Art. 74 Nr. 11 GG

[98] Zur Problematik im amerikanischen Verfassungsrecht Hunter, R., The Extraterritorial Application of the Constitution - Unalienable Rights?, Virginia Law Review 72 (1986), S. 649-676

[99] Rudolf, W., Territoriale Grenzen der staatlichen Rechtsetzung, Berichte der Deutschen Gesellschaft für Völkerrecht, Heft 11 (1973), S. 7 - 45, 13

[100] BVerfGE 6, 294

mit dem Regelungsbereich dieses gesetzlichen oder untergesetzlichen Handelns. Da sie potentiell für Personen im Ausland nur Rechte begründen, welche im Inland wahrgenommen werden müssen, besteht in dieser Hinsicht kein völkerrechtliches Problem.

(2) Wirtschaftsverwaltungsrecht

Die Wirtschaftstätigkeit wird vom Staat unmittelbar gesteuert durch das Wirtschaftsverwaltungsrecht[101], welches die Voraussetzung der Tätigkeiten, ihre erlaubten Grenzen und die administrative Kontrolle regelt. Hierzu gehört etwa die Gewerbeordnung als klassisches Wirtschaftsverwaltungsrecht[102], aber auch das erst nach dem zweiten Weltkrieg unter amerikanischem Einfluß entstandene Gesetz gegen Wettbewerbsbeschränkungen[103], welches Kartelle und Fusionen untersagt bzw. unter die Kontrolle der Kartellbehörde stellt. Wirtschaftsverwaltungsrecht dient der globalen wie auch der konkreten Steuerung der Volkswirtschaft, der Öffnung von Märkten, der Sicherung von Wettbewerb, der Begrenzung oder Öffnung des Außenhandels, der Regelung der Voraussetzungen wirtschaftlicher Tätigkeit durch Mindestanforderungen hinsichtlich der persönlichen Qualifikation. Es beginnt, die Umweltverträglichkeit wirtschaftlicher Tätigkeiten zu regeln.

Wirtschaftsverwaltungsrecht regelt die Intervention des Staates in den Wettbewerb durch Subventionen einerseits, durch Abgabenbelastung wie etwa Steuern andererseits. Es ist weiterhin eine Grundlage für eine staatliche Konjunkturpolitik, wie sie insbesondere im bereits erwähnten Stabilitätsgesetz, aber auch im staatlichen Haushaltsrecht auf der Grundlage von Art. 109 GG grundgelegt ist. Weitere Regelungsbereiche sind die Preise, die Währung und das Recht der öffentlichen Unternehmen. Eine Vielzahl von sektoralen Vorschriften etwa in den Bereichen Verkehr, Versicherungen, Energie und Kreditwesen rundet das Bild des breiten Regelungsbereichs von Wirtschaftsverwaltungsrecht, der rechtlichen Wirtschaftsordnung, ab.

---

101 Vgl. hierzu allgemein etwa Badura, P., Wirtschaftsverwaltungsrecht, in: von Münch, I. / Schmidt - Aßmann, E. (Hrsg.), Besonderes Wirtschaftsverwaltungsrecht (9.Aufl. 1992), S. 179 - 264; Huber, E.R., Wirtschaftsverwaltungsrecht (2. Aufl. 1953/54); Arndt, H.W., Wirtschaftsverwaltungsrecht, in: Steiner, U. (Hrsg.), Besonderes Verwaltungsrecht (3.Aufl. 1988), S. 705 - 812; Püttner, G., Wirtschaftsverwaltungsrecht (1989); Stober, R., Wirtschafsverwaltungsrecht (7.Aufl. 1991); Schmidt, R., Öffentliches Wirtschaftsrecht. Allgemeiner Teil (1990)

102 In der Fassung der Bekanntmachung vom 1.1.1987, zuletzt geändert durch Gesetz v. 17.12.1990 (BGBl. III 7100-1)

103 In der Fassung der Bekanntmachung vom 20.2.1990, zuletzt geändert durch Gesetz vom 17.12.1990 (BGBl. III 703-1)

Für den vorliegenden Problemkreis der extraterritorialen Jurisdiktion sind hauptsächlich Regelungen des Wirtschaftsverwaltungsrechts von Bedeutung. Da diese jedoch immer überformt bleiben durch die Grundrechte, die gleichsam immer zu den verwaltungsrechtlichen Regelungen hinzugelesen werden müssen, ist im folgenden ganz allgemein vom öffentlichen Wirtschaftsrecht die Rede.

3. Teilergebnis

Das Wirtschaftsrecht zielt auf die Gestaltung und Lenkung der staatlichen Wirtschaftsordnung ab. Es umfaßt zivil-, straf- und öffentlichrechtliche Normen. Das öffentliche Wirtschaftsrecht, Verfassungsrecht und Wirtschaftsverwaltungsrecht, umfaßt alle Rechtsnormen des Wirtschaftsrechts, welche mindestens einem Träger öffentlicher Gewalt gerade in dieser Eigenschaft zugeordnet sind. Das Wirtschaftsverwaltungsrecht, welches die staatlichen Eingriffe in die Wirtschaft regelt, wird von den Individualgrundrechten der Verfassung begrenzt.

C. Jurisdiktion und Staatlichkeit

1. Staat und Recht

Jurisdiktion ist Setzung und Durchsetzung von Recht. Recht ist zwar, wenn man den Staatsbegriff deskriptiv soziologisch verwendet[104], nicht denknotwendig ein Konstitutivum eines Staates[105]. Aber auch Platon, welcher in seiner "Politeia" einen Idealstaat entwarf, der nicht vom Recht, sondern von der Weisheit, Tapferkeit und Mäßigung der Herrscher lebt,[106] bekannte, daß der Gesetzesstaat jedenfalls die zweitbeste

---

[104] Zum Unterschied beider Betrachtungsweisen vgl. Radbruch, G., Rechtsphilosophie, 8. Aufl. (1973), S.281. Luhmann, N., Soziale Systeme (1987), S. 627 sieht im Staatsbegriff nur ein semantisches Artefakt, eine Selbstbeschreibung des politischen Systems. Der so beschriebene Staat müsse aber als rechtsfähig, als juristische Zurechnungseinheit konstituiert werden.

[105] Auch im folgenden muß man immer dann, wenn vom Staat die Rede ist, voraussetzen, daß man diese Überlegungen mutatis mutandis auf eine supranationale internationale Organisation übertragen kann, welche in den Gebieten ihrer Mitgliedstaaten Hoheitsgewalt ausübt, wie dies bei den Europäischen Gemeinschaften der Fall ist

[106] In "Nomoi" 710 c f. wird der beste Staat definiert als Tyrannis mit einem wohlgearteten Tyrannen ("jung, besonnen, von leichter Fassungsgabe und starkem Gedächtnis") (Übersetzung von F. Schleiermacher, F. Susemihl u.a., Ausgabe 1991)

Staatsform ist[107]. Auch der empirische Befund zeigt, daß zwar nicht alle Staaten Rechtsstaaten im Sinne des deutschen Grundgesetzes sind[108], daß aber jedenfalls alle zeitgenössischen Staaten eine Rechtsordnung haben. Insoweit ist Jurisdiktion ein konstitutiver Bestandteil der Staatsgewalt[109].

So findet sich in Rechtsphilosophie und Staatstheorie der verschiedensten Richtungen ebenso wie in der Realität der Staat regelmäßig mit dem Recht verbunden, das seine Grundlage und eine seiner herausragenden Aufgaben ist. Recht konstituiert und legitimiert den Staat und seine Hoheitsgewalt. Rechtssetzung, Rechtsanwendung oder die Durchsetzung von Recht sind es, was in erster Linie aus der Betätigung dieser Hoheitsgewalt fließt[110]. Staat und Recht sind, wie Zippelius bemerkt[111] zwei Seiten der gleichen Medaille, wobei aber etwa das Beispiel einiger Religionsgemeinschaften zeigt, daß Recht nicht nur in Staaten existiert[112].

Aristoteles, der den Menschen als nach staatlicher Gemeinschaft strebendes Wesen bezeichnet[113], sagt: " Die Gerechtigkeit[114] aber stammt erst vom Staate her, denn das Recht ist die Ordnung der staatlichen Gemeinschaft; das Recht[115] aber ist die Entscheidung darüber, was gerecht ist."[116]. Cicero[117] sieht als Gemeinwesen die res publica, "aber nicht jede irgendwie zusammengescharte Ansammlung von Menschen, sondern die Ansammlung einer Menge, die in der Anerkennung des Rechtes und der Gemeinsamkeit des Nutzens vereinigt ist." Und er fragt:

---

107 In Nomoi 874 f. legt Platon dar: " Die Menschen müssen notwendig Gesetze haben und unter Gesetzen leben, oder aber sie werden sich in Nichts von den allerwildesten Tieren unterscheiden"

108 Im Sinne von Art. 28 Abs. 1 GG. Allgemeiner zum Begriff Dreier, R., Der Rechtsstaat im Spannungsverhältnis zwischen Gesetz und Recht, in: Recht - Staat - Vernunft (1991), S. 73 - 94 und Böckenförde, E.-W., Entstehung und Wandel des Rechtsstaatsbegriffs, in: Recht, Staat, Freiheit (1991), S. 143 - 169

109 Stuyt, A.M., The General Principles of Law as applied by International Tribunals to Disputes on Attribution and Exercise of State Jurisdiction (1946) S. 262 ff.

110 Heller, H., Staatslehre (Bearbeitung G. Niemeyer) 6.Aufl. (1983) S. 228 ff. spricht vom Staat als einer rechtlich organisierten Wirkungseinheit. Zippelius, R., Allgemeine Staatslehre, 11.Aufl. (1991) S. 47 weist auf den etymologischen Zusammenhang des Wortes Staat mit "status", der "Verfaßtheit" hin.

111 a.a.O., S. 48

112 Vg. auch Amira, K. von, Vom Wesen des Rechts, in: Maihofer, W.(Hrsg.), Begriff und Wesen des Rechts (1973), S. 69 - 84, 78 f.

113 ζωον πολιτικον, Politik 1253 (Übersetzung von F. Susemihl, bearbeitet von N. Touyopoulos und E. Grassi, 1965)

114 δικαιοσυνη

115 δικη

116 a.a.O. 1253 a.E.

117 De re publica (Übersetzung K. Büchner, Ausgabe 1979) 25 [39]

"Was ist denn der Staat, wenn nicht die Rechtsgemeinschaft der Bürger?"[118].

Nach der Lehre vom Gesellschaftsvertrag bei Thomas Hobbes enthält die "Souveränität kraft Einsetzung durch den Vertrag" die gesamte Zuständigkeit zum Erlaß von Rechtsregeln und zur Rechtsprechung[119]. John Locke[120] nennt die Begründung der legislativen Gewalt "das erste und grundlegende positive Gesetz aller Staaten". Kant definiert den Staat als "Vereinigung einer Menge von Menschen unter Rechtsgesetzen"[121]. Nach Hegel beinhaltet die Idee des Staates inneres und äußeres Staatsrecht[122].

Kelsen sieht den Staat schlechthin als "eine relativ zentralisierte Rechtsordnung"[123]. Ein Sozial - Gebilde ohne Recht, welches auf reine Macht oder alleine auf die Akzeptanz der Mitglieder der Gesellschaft gegründet wäre, wäre kein Staat. Kelsen exemplifiziert dies an einer Räuberbande, zeigt aber am Beispiel der Seeräuberstaaten vom 16. bis zum 19. Jahrhundert mit ihrer auf einem Gebiet exklusiv etablierten Rechtsordnung, daß der Staat nicht nur bei Verfolgung erlaubter Zwecke besteht[124]. Nach der insbesondere von Maurice Hauriou und Santi Romano vertretenen Institutionenlehre ist der Staat eine Institution, in dem die Rechtsidee die Leitidee ist[125]. Gustav Radbruch[126] sieht im Staat als Rechtswirklichkeit nichts anderes als das Substrat, an dem sich das Recht [127] und insbesondere das Staatsrecht verwirklichen sollte[127]. H.L.A. Hart sieht im Begriff "Staat" zwei Fakten impliziert: daß eine Bevölkerung auf einem Gebiet durch ein Rechtssystem geordnet zusammenlebt und daß die Regierung in gewissem Umfang unabhängig ist[128].

Alle diese Äußerungen und der empirische Befund weisen Jurisdiktion als unmittelbaren Ausdruck von Staatsgewalt aus, die ordnend die Gesellschaft auf ihrem Territorium gestaltet und diese Ordnung auch

---

[118] a.a.O. I 32 [49]

[119] Hobbes, Th., Leviathan (1651), 18. Kap.

[120] Locke, J., Zwei Abhandlungen über die Regierung (Übers. H.J. Hoffmann, 4. Aufl. 1989) II § 134

[121] Kant, I. Die Metaphysik der Sitten, Teil 1: Metaphysische Anfangsgründe der Rechtslehre (1797 / 1798), § 45

[122] Hegel, G. F.W., Grundlinien der Philosophie des Rechts oder Naturrecht und Staatswissenschaft im Grundrisse (1821), § 259

[123] Kelsen, H., Reine Rechtslehre, 2. Aufl. (1960) S. 289

[124] A.a.O., S. 48 f.

[125] Burdeau, G., Der Staat als Institution, in: Institution und Recht (Schnur, R., Hrsg.) (1968), S. 294 - 311, 302 f.

[126] Radbruch,G. Rechtsphilosophie, 8.Aufl. (1973) S. 281

[127] Er fügt hinzu: "aber keineswegs verwirklicht zu haben braucht", a.a.O.

[128] Hart, H.L.A., The Concept of Law (1961), S. 216

durchsetzt. Alle drei Elemente, die Georg Jellinek dem Staatsbegriff zuordnet[129], spielen dabei eine entscheidende Rolle: der Raum, in dem diese Ordnung errichtet ist und fortgestaltet wird, die Gruppe von Menschen, mit denen und für die diese Ordnung konstituiert wird und die sie konstituierende Staatsgewalt. Durch Jurisdiktion konkretisiert der Staat seine freigewählte Ordnung, weist den Rechtsunterworfenen Rechte und Pflichten zu und legt das Verfahren der Jurisdiktion und die Willensbildung fest, welche die Jurisdiktionsakte entstehen läßt.

Entsprechend den Komponenten der Jurisdiktion, der Rechtsetzung, Rechtsanwendung und der Rechtsdurchsetzung kann man zwei Staatsfunktionen unterscheiden: die Festlegung und Gestaltung einer Ordnung einerseits und den das Recht durchsetzenden Zwang andererseits. Ordnung und Zwang sind die entscheidenden Gesichtspunkte bei der staatstheoretischen und völkerrechtlichen Beurteilung der Probleme staatlicher Jurisdiktion. Zunächst ist zu untersuchen, welche Bedeutung das Territorium eines Staates für diese Funktionen hat.

2. Aspekte staatlicher Hoheitsgewalt

a) Territorialhoheit

(1) Staat und Staatsgebiet

Die Bedeutung des Staatsgebiets für den Staat ist Gegenstand unterschiedlicher Theorien. Mit Ausnahme der "Patrimonialtheorie" und der "Objekttheorie", welche das Staatsgebiet als sachenrechtlichen Gegenstand[130] der Staatsgewalt, des "dominium", also als Eigentumsgegenstand ansah[131], hat die Staatslehre immer die besondere Bedeutung des Territoriums für die Individualisierung und Abgrenzung der Staatsge-

---

[129] Jellinek, G., Allgemeine Staatslehre, 3.Aufl. (1914) S. 394 ff.; vgl. dazu auch Doehring, K., Allgemeine Staatslehre (1991) S. 22 ff.

[130] Nach der Patrimonialtheorie handelte es sich um ein zivilrechtliches, nach der Objekttheorie um ein öffentlichrechtliches Sachenrecht, vgl. Doehring, K., Allgemeine Staatslehre (1991) S. 32

[131] Vgl. hierzu Giese, F., Gebiet und Gebietshoheit, in: Anschütz, G./ Thoma, R. (Hrsg.), Handbuch des Deutschen Staatsrechts, Bd.1 (1930), § 19, S. 225-234, 225. Der Hauptvertreter dieser Theorie war wohl Gerber. Vgl. auch Zippelius, R., Allgemeine Staatslehre, 11.Aufl. (1991) S. 83 f. Dominium ist der Begriff des römischen Zivilrechts für Eigentum, vgl. Dulckeit, G. / Schwarz, F. / Waldstein, W., Römische Rechtsgeschichte, 8. Aufl. (1989), S. 154

walt betont[132]. Nach der "Eigenschaftstheorie" oder "Raumtheorie"[133] ist das Staatsgebiet der Herrschaftsraum der Staatsgewalt, des "imperium"[134]. Imperium ist, im Gegensatz zum dominium, Herrschaft über Menschen[135].

Die "Kompetenztheorie", welche insbesondere von Hans Kelsen vertreten wurde, versteht das Staatsgebiet als Geltungsbereich der Rechtsordnung, die man Staat nenne[136]. Radnitzky[137] nennt das Staatsgebiet "die örtliche Kompetenzsphäre des Staates". Nach der Kompetenztheorie ist das Staatsgebiet identisch mit dem größtmöglichen Geltungsbereich von staatlichem Recht, auf dem nämlich autonome Durchsetzung erfolgen kann. Bei allen Unterschieden basieren diese Theorien[138] doch gemeinsam auf der Annahme, daß Staatsgewalt - die Geltung der Rechtsordnung - als Herrschaft, als unwiderstehliche Gewalt, als eigene Zwangsgewalt Souveränität besitzt, weil dem Normensystem ihrer Rechtsordnung ausschließliche Geltung auf dem Staatsgebiet zukommt[139].

Die genannten Theorien erklären Teil - Aspekte der Funktion des Territoriums für die Staatlichkeit. Keine von ihnen ist für sich genommen abschließend oder ausreichend[140]. Für den Teilaspekt der Jurisdiktion

---

132 Doehring, K., Allgemeine Staatslehre (1991), S. 31 f. zweifelt zu Recht, ob die historisch entwickelten Theorien zum Staatsgebiet funktional heute noch eine ausreichende Erklärung geben können

133 Siehe insbesondere Fricker, C.V., Gebiet und Gebietshoheit (1901), S. 100 ff.

134 Vgl hierzu Suy, E., Réflexions sur la distinction entre la souveraineté et la compétence territoriale, Internationale Festschrift für Alfred Verdross (1971), S. 493-508, 493 f. Suy definiert das Staatsgebiet umfassend als "partie du globe où s'exercent totalement les pouvoirs étatiques sur les personnes, les choses et les faits ainsi que sur le sol." (a.a.O., S.508)

135 Zippelius, R., Allgemeine Staatslehre, 11.Aufl. (1991) S. 84. Im römischen Recht bezeichnet imperium die Regierungsgewalt der Konsuln und des Prätors als des obersten Rechtspflegeorgans, vgl. Dulckeit, G. / Schwarz, F. / Waldstein, W., Römische Rechtsgeschichte, 8. Aufl. (1989), S. 86

136 Kelsen, H., Allgemeine Staatslehre (1925), S. 138; Radnitzky, E., Die rechtliche Natur des Staatsgebietes, Archiv für öffentliches Recht 20 (1914), S. 313 - 355; ähnlich Zippelius, R., Allgemeine Staatslehre, 6.Aufl. (1982), S. 56 ff., 81

137 Radnitzky, E., Die rechtliche Natur des Staatsgebietes, Archiv für öffentliches Recht 20 (1914), S. 313 - 355, 339 f.; Radnitzky, E., Zur Lehre von der Gebietshoheit und der Exterritorialität, Archiv für öffentliches Recht 28 (1914), S. 454 - 480, 454.

138 Auch eine Kombination von Raum- (oder Eigenschafts-) und Kompetenztheorie (Giese, F., Gebiet und Gebietshoheit, in: Anschütz, G./ Thoma, R. (Hrsg.), Handbuch des Deutschen Staatsrechts, Bd.1 (1930), § 19, S. 225-234, 226 f.), wonach das Staatsgebiet zunächst die natürliche räumliche Grundlage für das Dasein eines Staates und für die Wirksamkeit einer Staatsgewalt ist, darüber hinaus aber der räumliche Bereich für die verschiedengestaltige Betätigung der örtlich zuständigen Staatsgewalt, hebt die Verbindung von Staatsgewalt und Territorium hervor.

139 Kelsen, a.a.O., S. 97-105 für die Kompetenztheorie

140 Vgl. hierzu Doehring, K., Allgemeine Staatslehre (1991) S. 30 ff.

aber ist entscheidend, daß das Staatsgebiet der Schauplatz ist, auf dem eine Staatsgewalt selbst eine Ordnung der Lebensverhältnisse errichten und sie auch durchsetzen kann. Über dieses Territorium hat der regelnde Staat die Gebietshoheit, es ist der Geltungsbereich staatlichen Rechts. Das Gebiet ist also - von speziellen Regeln über die Zuordnung des Territoriums und Rechten daran abgesehen - nicht Gegenstand des Rechts, sondern räumliche Grenze der autonomen Geltungskraft des Rechts, das auf diesem Territorium durchgesetzt werden kann.

Der Bezug zwischen Jurisdiktion und Territorium wurde bereits im Altertum betont. Am Anfang der überlieferten Rechtszeugnisse steht insoweit wohl der berühmte Satz des römischen Juristen Paulus, wonach man einem Richter, der außerhalb seines Gerichtsbezirks urteilt, nicht gehorchen muß[141]. Dies betrifft also die Vornahme richterlicher Handlungen außerhalb des Gerichtsbezirks.

In seinen Hispanicae advocationis libri duo[142] erörtert Alberico Gentili unter anderem die Frage, ob man auf fremdem Territorium einen Feind festnehmen dürfe[143]. Im Grundsatz verneint er eine - von anderen Autoren gezogene - Analogie zum Recht der Verfolgung von Tieren auf fremdem Gebiet , wie es bei der Jagd anerkannt sei. Fremdes Staatsgebiet biete Sicherheit vor ausländischer Staatsgewalt. Denn wenn man in ein anderes Staatsgebiet komme, dann unterliege man einer anderen Staatsgewalt.

Bei der Erörterung, ob man einen gefangenen Feind durch fremdes Territorium führen dürfe, lehnt Gentili die körperliche Hoheitsausübung auf fremdem Territorium ab[144]. Er verwendet dabei den Begriff "terrere". Dieses Wortspiel, welches dem Begriff "territorium" eine zweite Ableitung gibt, weist darauf hin, daß nicht nur gewaltsame Durchsetzung gemeint ist, sondern auch jede Androhung davon. Andererseits wird hierdurch das Territorium als die Sphäre der staatlichen Zwangsgewalt angesprochen. Es wird in enge Beziehung gesetzt mit der jurisdictio, die

---

141 "Extra territorium jus dicenti impune non paretur", D. 2, 1, 20. Vgl. auch den Grundsatz aus dem Codex Justinianus, wonach der Richter außerhalb seines Bezirks Privatmann ist: "Judex extra territorium est privatus", C. 10, 32, 53. Sic. Flaccus wendet den gleichen Gedanken ins Positive: " Territorium dixerunt inter quos fines ius dicendi (ius) esset", De cond.agr. 138, 7, zitiert nach Rudolph, H., Stadt und Staat im Römischen Italien (1935), S. 224

142 Gentili,A., Hispanicae advocationis libri duo (1661), Reproduktion und englische Übersetzung in The Classics of International Law (Hrsg. J.B.Scott)(2 Bde.,1921)

143 Liber 1 cap.5

144 "At vero interest territorii, non conspici alium, qui illic terreat, nisi dominum territorii, non videre alium, qui in suo terreat territorio quemvis. Interest, non videre capi, captos teneri, aut trahi quosvis, praeterquam per dominum territorii. Nam haec sunt jurisdictionis, & jurisdictio non est ullius externi in territorio Regis nostri" (liber1 cap.6)

ihrerseits wiederum nicht nur die Gerichtsbarkeit, sondern die Hoheitsgewalt insgesamt bezeichnet[145].

Die Anbindung der Hoheitsgewalt an das Staatsgebiet ist allerdings nicht zwingend, sondern, wie der geschichtliche Überblick gezeigt hat, ein Ergebnis der Bildung moderner Territorialstaaten.[146] Die Veränderung zeichnet Rousseau im "Contrat Social" nach[147]. Früher hätten die Könige ein Volk und hierdurch das Land beherrscht, in dem dieses wohnte. Heute dagegen beherrschten die Könige Territorien mit allen Personen darin und nennten sich Könige von Frankreich oder England.

In der Konsequenz der Herausbildung des Souveränitätsgedankens der Territorialstaaten wurde das Territorialitätsprinzip immer stärker betont und kulminierte zu Anfang des 18. Jahrhunderts in der bekannten Formel von Ulricus Huber, wonach die Gesetze nur innerhalb des Gebiets eines Staates gelten, nicht darüber hinaus[148]. Hierauf fußte auch Savigny, welcher zwar das Souveränitätsdenken für das privatrechtliche Kollisionsrecht zu überwinden lehrte, aber trotzdem von zwei Grundprinzipien der territorialen Souveränität ausging, die den axiomata von Ulricus Huber entsprachen[149]: "Jeder Staat kann fordern, daß innerhalb seiner Gränzen lediglich sein Gesetz gelte. Kein Staat kann die Geltung seines Gesetzes außer seinen Gränzen fordern."

Daraus wird die zweite Komponente der Beziehung von Staatsgebiet und Jurisdiktion deutlich: die Exklusivität der Geltung und der Durchsetzung von Recht auf einem Territorium. Häufig wird der Staat in seiner räumlichen Ausdehnung deshalb als "impermeabel" bezeichnet, um damit seine innere Souveränität zu kennzeichnen[150]. Dies ist nach außen hin die Grundlage für die Annahme eines völkerrechtlichen Interventionsverbots als Komponente der äußeren Souveränität. Heller definierte die Souveränität als die oberste und ausschließliche Gebietsordnungsgewalt, wobei der Staat gleichzeitig oberster Normsetzer sei und das Monopol legitimer physischer Zwangsgewalt habe[151]. Dieses Gewaltmonopol impliziert zugleich auch, daß nur ein Staat die letztentscheidende Norm-

---

145 Krüger, H., Allgemeine Staatslehre (1964), S. 863

146 Zippelius, R., Allgemeine Staatslehre, 11.Aufl. (1991), S. 80 spricht unter Berufung auf Th. Mayer vom "institutionellen Flächenstaat"

147 Rousseau, J.J., Du contrat social, I 9

148 Praelectionum Juris Civilis Tomi Tres, Ausgabe Leipzig (1707), Pars II (liber I tit.III "De conflictu legum diversarum in diversis imperiis")

149 Savigny, F.C.von, System des heutigen Römischen Rechts, Bd.8 (1849), S. 24 f.

150 Zippelius, R., Allgemeine Staatslehre, 11. Aufl. (1991), S. 65, 83; Krüger, H., Allgemeine Staatslehre (1964), S. 862; Berber, F., Lehrbuch des Völkerrechts, Bd. 1, 2. Aufl. (1975) S. 250

151 Heller, H., Staatslehre (Bearbeitung G. Niemeyer), 6. Aufl. (1983), S. 278

setzungsinstanz auf einem Territorium sein kann. Georg Jellinek[152] nannte das Staatsgebiet die räumliche Grundlage der Herrschaftsentfaltung über sämtliche Menschen, die in dem Staat weilen, gleich ob Staatsbürger oder Fremde, eine öffentlichrechtliche Herrschaft, ein "imperium" im Gegensatz zum "dominium", der rein sachenrechtlichen Herrschaft[153].

Die einzigartige Stellung des Staates auf seinem eigenen Staatsgebiet wird auch deutlich in einer Formulierung von Nawiasky[154]: der Staat ist Träger einer Rechtsordnung, die sachlich "unbegrenzt, omnipotent, omnikompetent" ist und durch die Grenzen des Staatsgebiets regelmäßig auf das Territorium beschränkt bleibt, soweit nicht die Personalhoheit eingreift. Als Staatsgebiet sei "jenes Stück der Erdoberfläche anzusehen, in dem die Organe des Staates, die Behörden, ihre Tätigkeit kraft eigenen Willens des Staates, unabhängig vom Willen anderer Staaten, ausüben"[155].

Das Territorium kennzeichnet also ein Monopolgebiet eines Staates: den räumlichen Bereich, auf dem er das Ordnungsmonopol - die alleinige Befugnis zur Errichtung, Erhaltung und Fortentwicklung einer Ordnung für die Lebensverhältnisse aller Menschen auf diesem Territorium - und das Zwangsmonopol hat, die alleinige Befugnis zur Benutzung physischer Zwangsgewalt zur Durchsetzung des Rechts und damit dieser Ordnung[156].

Spezielle Regeln gelten für die Zuordnung von Schiffen[157], Flugzeugen und Raumfahrzeugen[158] zu Staaten, die hier nicht im einzelnen zu erörtern sind. Hier geht es nicht um eine Erweiterung staatlichen Territoriums, sondern um eine funktionale Ausdehnung der Jurisdiktion im Sinne des Geltungsbereichs staatlicher Rechtsordnung und zugleich um

---

[152] Jellinek, G., Allgemeine Staatslehre, 3.Aufl. (1914), S. 399 ff.

[153] Liszt, F.v., Das Völkerrecht, 11.Aufl. (1918), S. 66. Eine ähnlich begriffliche Unterscheidung wird übrigens von Goldman B., Les effets juridiques extra-territoriaux de la politique de concurrence, RMC 15(1972), 612-623, 614 auf die Rechtsfragen extraterritorialer Jurisdiktion dergestalt angewendet, daß für ihn imperium gleichgesetzt wird mit der Rechtsgeltung, iurisdictio aber mit der Rechtsanwendung

[154] Nawiasky, H., Allgemeine Staatslehre (1956), S. 44 f.

[155] Nawiasky, H., Allgemeine Rechtslehre, 2.Aufl. (1948), S. 86

[156] Kranz, J., Notion de souveraineté et le droit international, Archiv des Völkerrechts 1992, S. 144 - 173, 146

[157] Hierzu Fedozzi, P., De l'efficacité extraterritoriale des lois et des actes de droit public, RdC 27 (1929 II), S. 141-242, 173 f.

[158] Verdross, A. / Simma, B. Universelles Völkerrecht, 3. Aufl. (1984) § 1206

eine haftungsrechtliche Zuordnung dieser Fahrzeuge zum Registrierungsstaat[159].

(2) Territorium und Rechtsordnung

Jurisdiktion als Befugnis zur Ausübung von Hoheitsgewalt eines Staates betrifft zunächst die Ausübung von Staatsgewalt auf dem Staatsgebiet. Dies umreißt den hoheitlichen Herrschaftsbereich[160]. Das Territorium ist die räumliche Dimension der Geltung von Hoheitsakten. Die exklusive Beziehung zwischen Jurisdiktion und Gebietshoheit ist ein grundlegender Aspekt der Territorialhoheit. Die Gebietshoheit schließt die autonome, d.h. rechtmäßig selbst durchsetzbare Geltung des Rechts anderer Staaten auf dem gleichen Gebiet aus[161].

Das Territorium ist aber auch der räumliche Bereich der Ordnung der Lebensverhältnisse, wie sie vom Staat durch Rechtsetzung geschaffen wurde und durchgesetzt wird. Deswegen ist regelmäßig jedenfalls das gesamte Staatsgebiet der Regelungsbereich staatlicher Hoheitsakte. Allerdings kann der Staat dies auch einschränken, wie etwa durch den Ausschluß bestimmter Gebiete aus dem Zollgebiet. Nach § 2 Abs. 2 Nr. 3 des deutschen Zollgesetzes[162] gehört etwa die Insel Helgoland nicht zum deutschen Zollgebiet[163].

Daß der Geltungsbereich einer staatlichen Rechtsordnung in aller Regel exklusiv mit dem Staatsgebiet zusammenfällt, wurde bereits gesagt. Entsprechend stellt sich die Frage, ob auch der Regelungsbereich dieses Rechts sich auf das Staatsgebiet beschränkt oder gar beschränken muß. Man spricht insoweit vom "Territorialitätsprinzip" der staatlichen Rechtsordnung[164]. Dieser Begriff bezeichnet in dieser Bedeutung eine Begrenzung des räumlichen Jurisdiktionsbereichs. In den weiteren Erörterungen wird deutlich werden, daß er darüber hinaus auch benutzt wird, um die Anknüpfung staatlicher Jurisdiktion an Personen, Sachen und

---

159 Randelzhofer in: Bernhardt,R. (ed.), Encyclopedia of Public International Law, Instalment 8, S. 416 - 424, 424

160 Zippelius, R., Allgemeine Staatslehre, 11.Aufl. (1991) S. 83 f.

161 Liszt, F.v., Das Völkerrecht, 11.Aufl. (1918), S. 68: Rousseau, C., L'indépendence de l'état dans l'ordre international, RdC 73(1948 II), S. 171-252, 220 f.; Berber, F., Lehrbuch des Völkerrechts, Bd. 1, 2. Aufl. (1975) S. 306 f.; Brownlie,I., Principles of Public International Law, 2.Aufl. (1973) S. 280; Dahm / Delbrück / Wolfrum, a.a.O. (Anm. 15), S. 318

162 Vom 29. 11. 1961 (BGBl. 1961 I, S. 737)

163 Der Zollausschluß wurde bereits durch Reichsgesetz vom 15. 12. 1890 (RGBl. 1890, S. 207) vollzogen.

164 Diese ganz herrschende Ausdrucksweise wird hier übernommen. Vogel, a.a.O. (Anm. 43), etwa S. 13 ff. spricht vom "Territorialprinzip"

Sachverhalte auf dem Staatsgebiet zu bezeichnen, also einen Bezug, der neben anderen steht. Da diese doppelte Bedeutung der ganz herrschenden Terminologie entstammt und eine Verwechselung im jeweiligen Kontext nicht möglich ist, soll sie hier beibehalten werden.

Hinsichtlich des Geltungsbereichs ist das Territorialitätsprinzip seit jeher uneingeschränkt gültig. Wenn auf einem Territorium nur das Recht des territorialen Souveräns gilt, dann heißt dies im übrigen nicht, daß nur dieses Recht dort anzuwenden ist. Denn der Territorialstaat selbst kann das Recht eines anderen Staates für anwendbar erklären, im Wege des kollisionsrechtlichen Anwendungsbefehls oder der Anerkennung[165]. Nur sind diese Verweisungen gültig aufgrund der Jurisdiktion des verweisenden Staates. Wenn in Deutschland englisches Recht kollisionsrechtlich angewendet wird, dann aufgrund deutscher, nicht aufgrund englischer Hoheitsgewalt. Im Geltungsbereich des deutschen Rechts wird dann auf dessen Grundlage die englische Regelung angewendet.

Das Territorialitätsprinzip ist seit den Zeiten des Ulricus Huber zwar als Terminus im juristischen Sprachgebrauch fest verankert. Dabei wird jedoch häufig nicht klar zwischen Geltungsbereich und Regelungsbereich unterschieden, weiter auch nicht zwischen der Frage einer kollisionsrechtlichen oder einer völkerrechtlichen Beschränkung der staatlichen Jurisdiktion. Feststellen kann man aber, daß in der Tendenz das Territorialitätsprinzip im Sinne der exklusiven Begrenzung des Regelungsbereichs in der Rechtspraxis - wie noch im einzelnen näher zu zeigen sein wird - nur selten als Grundprinzip des Völkerrechts oder des Staatsrechts angesehen wurde und daß auch in der Theorie eine völkerrechtliche Beschränkung des Regelungsbereichs auf das Staatsgebiet nur selten behauptet wurde.

In einer Leitentscheidung des US Supreme Court aus dem Jahre 1877[166] finden sich grundlegende Bemerkungen zum Verhältnis zwischen Jurisdiktion und Territorium. Jeder Staat habe ausschließliche Jurisdiktion und Souveränität über Personen und Eigentum auf seinem Territorium. Er könne deshalb selbständig über alle Rechtsverhältnisse und Statusverhältnisse auf diesem Territorium entscheiden. Die Kehrseite dieses Grundsatzes ist: "No state can exercise direct jurisdiction and authority over persons or property without its territory". Es sei ein elementares Prinzip[167], daß das Recht eines Staates außerhalb seines Territoriums

---

165 Kaiser, J.H., Internationale und nationale Zuständigkeit im Völkerrecht der Gegenwart, Berichte der deutschen Gesellschaft für Völkerrecht 7 (1967), S. 1- 23, 22

166 Pennoyer v. Neff 95 U.S. 7114

167 "Laid down by jurists"

keine Anwendung finde außer in dem Umfang, in dem es von der "Comity" zugelassen werde[168].

Allerdings schränkt der Supreme Court diese Regel dahingehend ein, daß nicht jede Beeinträchtigung von Personen und Eigentum[169] im Ausland ausgeschlossen sei. Dies sei etwa die Konsequenz der Tatsache, daß Verträge, welche in einem Staat geschlossen worden seien, möglicherweise nur in einem anderen durchgesetzt werden könnten, oder daß Eigentum in Inland auch durch Ausländer erworben werden könne. Diese Auswirkung staatlicher Hoheitsgewalt sei im Gegensatz zur "direct exertion of authority", ein "attempt to give exterritorial operation to its laws, or to enforce an ex-territorial jurisdiction by its tribunals". Es handele sich nicht um eine Verletzung ausländischer Souveränität.

Aus dem Zwangsmonopol des Staates auf seinem Territorium folgt auch, daß er sein Recht nach dem Völkerrecht dort durchsetzen darf. Dies setzt voraus, daß dieses Recht nicht gegen Völkerrecht verstößt. Extraterritoriale Regelungen dürfen im Inland demgemäß durchgesetzt werden, etwa durch Vollstreckung in das Grundstück eines Ausländers im Inland, wenn die materielle Regelung im völkerrechtlichen Rahmen der Jurisdiktionshoheit der Staaten liegt. Das Restatement (Third) bindet folgerichtig die "jurisdiction to enforce" an die "jurisdiction to prescribe" an[170].

Dies zeigt, daß das vom Völkerrecht geschützte Gewaltmonopol des Staates keine Exklave bedeutet, sondern einen durch dieses Recht geregelten Bereich staatlicher Tätigkeit. Da Territorialhoheit und Personalhoheit bereits seit langer Zeit nebeneinander rechtmäßige und konfliktsträchtige Anknüpfungen für Jurisdiktion ermöglichen, ist zwar immer die Territorialhoheit als exklusiv im Sinne des Gewaltmonopols, also auch für die Abgrenzung des Geltungsbereichs angesehen worden, nicht dagegen für den Regelungsbereich[171]. Ob das Völkerrecht hierdurch

---

[168] Das Gericht beruft sich dabei auf Story, J., Conflict of Laws, der seinerseits wiederum, wie früher dargelegt, auf die Lehren von Ulricus Huber Bezug nimmt.

[169] Affect persons or property

[170] A.a.O. (Anm. 12), § 431 Abs. 1: "A state may employ judicial or nonjudicial measures to induce or compel compliance or punish non - compliance with its laws or regulations, provided it has jurisdiction to prescribe in accordance with §§ 402 and 403".

[171] Weitere Nachweise und Wertung bei Vogel, a.a.O. (Anm. 43), S. 21 ff.. Von der Gegenmeinung seien beispielhaft nur Neumeyer, K., Internationales Verwaltungsrecht, Bd.4 (1936), S. 121 ff. Forsthoff, E., Lehrbuch des Verwaltungsrechts, Bd. 1, 8. Aufl. (1961), S. 143 und Kelsen, H., Reine Rechtslehre, 2. Aufl. (1960) S. 12 erwähnt. Vgl. Vogel, a.a.O. (Anm. 43), S. 89 ff. m.w.N., der von einem "Verfall" des apriorischen Territorialprinzips spricht. Es ist aber zweifelhaft, ob dieses Prinzip jemals eine solche Qualität wirklich hatte.

entstehende Konflikte aufzulösen vermag, wird noch ausführlich zu erörtern sein.

(3) Innere Souveränität

Souveränität und Jurisdiktion hängen eng miteinander zusammen. Jurisdiktion ist Staatshandeln, gegründet auf die Souveränität des Staates. Jennings nennt Jurisdiktion " a manifestation of State sovereignty"[172]. Souveränität leitet sich vom lateinischen Wort "supra" ab, welches im mittelalterlichen Latein die Grundlage für den Begriff "superanus" war[173]. Dieser bezeichnet die Hoheitsgewalt in ihren verschiedenen Ausprägungen[174]. Ihr erstes - nach innen gerichtetes - Attribut ist die völlige Unabhängigkeit des Souveräns von jeder anderen weltlichen Gewalt in den Grenzen seines Territoriums[175]. Bodin betonte, daß diese Unabhängigkeit als positiven Aspekt die Gewalt zur Rechtsetzung beinhaltet: "Machtvollkommenheit, Gesetze für alle und für jeden einzelnen zu erlassen"[176], "allen Untertanen ohne deren Zustimmung Gesetze auferlegen zu können", "die Gesetze nach seinem Ermessen und gemäß den jeweiligen Umständen ändern zu können"[177]. Das zweite - nach außen gerichtete - Merkmal ist die Gleichheit aller Souveräne im Verhältnis zueinander[178].

Man unterscheidet deshalb zwischen der inneren und der äußeren Souveränität, auch wenn beide Aspekte dergestalt miteinander verbunden sind, daß die innere Souveränität der äußeren bedarf[179]. Die innere Souveränität weist den Staat als höchste Gewalt im Inneren seines Gebiets aus, auf dem er kraft seiner äußeren Souveränität exklusiv Hoheitsakte

---

[172] Jennings, R.Y., The Limits of State Jurisdiction, Nordisk Tidsskrift for International Ret 32 (1962), S. 209-229, 209

[173] Zur Entwicklung des Begriffs der Souveränität Quaritsch, H., Staat und Souveränität, Bd.1 (1970) S.249 ff.

[174] Wildhaber, Sovereignty and International Law, in: Mc Donald,R.St.J. S; Johnson, D.M., The Structure and Process of International Law (1983), S. 425-452, 425

[175] Jean Bodin hatte dies mit der berühmten Formulierung ausgedrückt: "Diximus iura maiestatis eum habere, qui post Deum immortalem subditus sit nemini", zitiert nach Quaritsch, a.a.O. (Anm. 173), S. 252, dort Anm. 36

[176] Bodin, J., Les Six Livres de la République (1583), deutsche Übersetzung von G. Niedhart (1976), Buch I, Kap. 8 (S. 221)

[177] A.a.O., S. 142

[178] Quaritsch, a.a.O. (Anm. 173), S. 252 ff.

[179] Randelzhofer, A., Staatsgewalt und Souveränität, in: Handbuch des Staatsrechts (Hrsg. Isensee, J. / Kirchhof, P.) (1987), S. 691 - 707, 700; Rousseau, C., L'indépendence de l'état dans l'ordre international, RdC 73(1948 II), S. 171-252, 175 ff.

setzen darf[180]. Diese Gewalt ist grundsätzlich nur durch das Völkerrecht begrenzt[181]. Das Territorium ist aber nur ein Aspekt staatlicher Hoheit. Die Souveränität bezieht sich ebenso auf das Staatsvolk und auf die staatliche Ordnung, die durch die Staatsgewalt festgelegt und durchgesetzt wird[182].

Im erstarkenden Absolutismus wurde die Verbindung zwischen der souveränen Autorität des Königs und seiner Rechtsetzungsbefugnis zu den entscheidenden Merkmalen dieser Gewalt gerechnet. So heißt es im Danske Lov von 1683: "leges et constitutiones condere pariter atque interpretari, eisdem abrogare, surrogare, derogare...."[183]. Die Betonung der Rechtssetzungsgewalt bezieht sich auch in den verwendeten Formulierungen auf die absolute Jurisdiktionsgewalt des Papstes in der katholischen Kirche, wie sie in diesem Umfang im Hochmittelalter anerkannt wurde[184] und bereits im Decretum Gratiani gegen 1140 mit dem Satz formuliert worden war: "Habet enim ius condendi canones"[185]. Bereits früh danach hatte die Lehre[186] und hatten auch etwa die Kaiser Friedrich Barbarossa und Friedrich II die Formel "iura condere" bzw. "leges condere" als Attribut weltlicher Herrschaftsgewalt verwendet[187] und sich dabei auf entsprechende Stellen im Codex Justinians berufen[188]. Im Zeitalter des Absolutismus wurde die Stellung des Fürsten durch seine Macht, Recht zu kodifizieren, damit festzulegen und die Neuschöpfung oder Veränderung von positivem Recht zusätzlich gestärkt.

---

180 Rechtsgutachten des Ständigen Internationalen Gerichtshofs in der Frage der Nationalitätendekrete in Tunis und Marokko PCIJ Série B 3, S. 7, 23; Oppenheim, L. / Lauterpacht, H., International Law, 8. Aufl. (1955), S. 325; Randelzhofer, A., Staatsgewalt und Souveränität, in: Handbuch des Staatsrechts (Hrsg. Isensee, J. / Kirchhof, P.) (1987), S. 691 - 707, 705. Nach Maier, H.G., The Principles of Sovereignty, Sovereign Equality, and National Self-determination, in: International Law and International Security (Stephan III, P.B. / Klimenko, B.M. Hrsg.) (1990), S.251 - 246, 241 entsteht Souveränität aus einer Kombination der internen Anerkennung der Regierungsgewalt durch die regierte Gruppe und durch externe Anerkennung durch die anderen Staaten

181 Schwarzenberger, G. / Brown, E. D., A Manual of International Law, 6. Aufl. (1976), S. 76

182 Maier, H.G., The principles of sovereignty, sovereign Equality, and national self-determination, in: International Law and International Security (Stephan III, P.B.; Klimenko, B.M. Hrsg.) (1990), S.251 - 246, 241

183 Zitiert nach Stolleis, M., Staat und Staatsräson in der frühen Neuzeit (1990) S.167.

184 Vgl. Stolleis, a.a.O, S. 173

185 Zitiert nach Stolleis, a.a.O., S. 173

186 So etwa Marsilius von Padua in Buch I Kap. XII § 3 seines Defensor Pacis, vgl. Stolleis, a.a.O., S. 173

187 Stolleis, a.a.O., S. 173 f.

Die Setzung und Durchsetzung von Recht als fundamentaler Aspekt der Souveränität der Staaten muß aber zunächst in Relation zum Staatsgebiet gesetzt werden. Zwar ist das Gebiet in der Mehrzahl der Fälle nicht der Gegenstand solcher Rechtsetzung, aber es ist der Raum, in dem die Ordnung eines Lebensbereiches durch den staatlichen Souverän errichtet wird, in dem die Menschen sich unter Drohung der Zwangsgewalt entsprechend der rechtlichen Anordnung des Staates verhalten müssen, aber auch als Subjekte und Objekte dieser Ordnung im betreffenden Staat von allen anderen Personen im Territorium eine Einhaltung dieser rechtlichen Regeln erwarten.

Das Völkerrecht schützt die Souveränität, es begrenzt sie aber auch[189]. Die Souveränität ist also nicht ein Gegensatz zur Unterwerfung des Staates unter das Völkerrecht. Vielmehr geht gerade das Völkerrecht auch in heutiger Zeit vom Grundsatz der Souveränität der Staaten, von ihrer Unabhängigkeit voneinander und vom Verbot der Einmischung in die inneren Angelegenheiten eines anderen Staates aus.[190]

(4) Zwangsmonopol

Die Durchsetzung des Rechts durch Zwang ist eine der Grundfunktionen des Staates. Der Staat ist nur deshalb ein Instrument der Friedensstiftung und -erhaltung in der Gesellschaft, weil er das Gewaltmonopol besitzt, das ausschließlich ihm die Gewaltanwendung gestattet, sie von ihm zur Wahrung des Friedens aber auch verlangt[191]. Hierdurch schafft der Staat mit dem Recht den Frieden und die Sicherheit bei den Menschen, die diesem Rechte unterworfen sind[192]. Nicht die Gewalt oder der Zwang schaffen den Staat im Rechtssinne, sondern dieses Zusammenwirken von Schutz und Unterwerfung. Der Zwang alleine könnte den Bestand einer Staatsgewalt und damit des Staates nicht sicherstellen[193] Die Befolgung des Rechts hängt von der Erwartung aller Adressaten ab, daß sie mehr

---

[188] C I. 17. 21. spricht von der auctoritas leges et condere et interpretari; I. 14.12. sagt: "tam conditor quam interpres legum solus imperator iuste existimabitur"

[189] Dahm / Delbrück / Wolfrum, a.a.O. (Anm. 15), S. 318

[190] Dahm / Delbrück / Wolfrum, a.a.O. (Anm. 15), S. 216 ff.

[191] Hobbes, Th., Leviathan (1651) § 21: "Die Verpflichtung der Untertanen gegen den Souverän dauert nur so lange, wie er sie auf Grund seiner Macht schützen kann, und nicht länger". Vgl. auch Luhmann, N., Rechtssoziologie, 3. Aufl. (1987), S. 106 - 115

[192] Zur Friedensfunktion s. etwa Coing, H., Grundzüge der Rechtsphilosophie, 4. Aufl. (1985), S. 142 ff.; Radbruch,G. Rechtsphilosophie, 8.Aufl. (1973) S. 165

[193] Locke, J., Two Treatises of Government (Ausgabe P. Laslett, 1960) II § 224; Rousseau, J.J., Du contrat social (1762), édition Garnier Flammarion (1966) liv. I ch. III: " Le plus fort n'est jamais assez fort pour être le maître, s'il ne transforme sa force en droit et l'obéissance en devoir"

Nutzen bietet als die Nichtbefolgung. Wenn das rechtmäßige Verhalten aller für alle einen Gewinn an Berechenbarkeit und Sicherheit bietet, wenn die Kosten rechtswidrigen Verhaltens größer sind als sein Nutzen, dann kann das Recht seine Friedensfunktion auch erfüllen[194].

Die Einlösung solcher Erwartungen der Menschen gegenüber dem Rechtssystem kann der Staat nur dann mit dem notwendigen Maß an Sicherheit garantieren, wenn er rechtliche Anordnungen notfalls mit Zwangsgewalt durchzusetzen bereit und in der Lage ist[195]. Rechtswidriges Verhalten, mit dem sich Rechtsbrecher einseitige Vorteile verschaffen könnten, ist nur dann nach einer Kosten - Nutzen - Analyse nicht erstrebenswert, wenn die Konfrontation mit staatlicher Zwangsgewalt mutmaßlich kostspieliger ist als diese Vorteile. Dies bedeutet nicht, daß die Rechtsbefolgung immer durch eine Kosten - Nutzen - Analyse motiviert werden muß, es impliziert auch nicht, daß die zwangsweise Durchsetzung zu den Konstitutiva des Rechts gehört.

Man wird allerdings in den meisten Fällen sagen können, daß die Adressaten einer Rechtsnorm diese wegen einer Kosten - Nutzen - Analyse befolgen. Die Analyse hinsichtlich der Rechtsbefolgung, welche ein Normadressat in der Regel anstellen wird, ist nicht kurzsichtiges Vorteilsstreben. Denn der langfristige Vorteil der Garantiewirkung einer Rechtsordnung ist bei sorgfältiger Entscheidung meistens als Nutzen attraktiver als kurzfristige Vorteile durch Rechtsbruch, welche das Vertrauen in die Rechtsordnung erschüttern und mit ihrer Effektivität auch ihre Schutzwirkung schwächen[196].

Die Möglichkeit zwangsweiser Rechtsdurchsetzung gehört zum Mindestbestand effektiver Staatsgewalt, ohne daß in jedem Fall solcher Zwang eingesetzt werden müßte. Menschen können auch aus ethischen oder sozialen Grundüberlegungen heraus grundsätzlich Recht befolgen

---

194 Vgl. hierzu etwa Zippelius, R., Allgemeine Staatslehre, 11.Aufl. (1991) S. 52 f.; Hart, H.L.A., The Concept of Law (1961), S. 189 weist darauf hin, daß Recht einen überlebensorientierten Minimalgehalt haben müsse, um überhaupt freiwillig befolgt zu werden: ".....without a minimum of co-operation given voluntarily by those who find that it is in their interest to submit to and maintain the rules, coercion of others who would not necessarily conform would be impossible". Hart anerkennt aber auch, daß Zwang eines der Motive zur Rechtsbefolgung sein kann, a.a.O. S. 194

195 Oliver Wendell Holmes formulierte: "The foundation of jurisdiction is physical power" (McDonald v. Mabee, 243 U.S. 90), Richter Harlan relativierte diesen Befund: "but jurisdiction is not synonymous with naked power. It is a combination of power and policy" (U.S. v. First National City Bank, 379 U.S. 402)

196 Vgl. Hart, H.L.A., Legal and Moral Obligations, in: Melden, A. (Hrsg.), Essay in Moral Philosophy (1983), S. 87 - 93, zitiert nach Hoerster, N. (Hrsg.), Recht und Moral (1987), S. 50 - 55 und Hoerster, N., Die moralische Pflicht zum Rechtsgehorsam, zitiert nach Hoerster, N. (Hrsg.), Recht und Moral (1987), S. 129 - 141, 137

wollen. So betont etwa Kant die "Idee der Pflicht", wonach Rechtspflichten auch ohne Zwang zu befolgen sind[197]. Auch beruht die Rechtsbefolgung in weitem Umfang auf einer nicht notwendigerweise tiefer reflektierten Akzeptanz[198].

Wo aber eine solche Befolgung nicht aus freier Einsicht erfolgt, gehört es zum Wesen des Staates, daß er sie notfalls erzwingen kann. Dies bedeutet zwar nicht, daß Recht überhaupt nur in einer solchen Zwangsordnung entstehen kann[199]. Das zeigt sich vordergründig bereits daran, daß die Existenz von Recht nicht an den Staat gebunden ist. Zwischen den Staaten im Völkerrecht, aber auch innerhalb von Kirchen, besteht Recht ohne ein Zwangsmonopol[200]. Man muß aber hier zwischen den Voraussetzungen der Staatlichkeit und denjenigen der Rechtsqualität von Normen unterschieden. Recht ist ohne staatlichen Zwang denkbar, der Staat aber nicht ohne die mögliche Erzwingung des Rechts.

Allerdings haben insbesondere die Imperativen - Theorie, deren wohl bekanntester Vertreter John Austin ist, und die Reine Rechtslehre Hans Kelsens die erzwingende Sanktion als konstitutiven Bestandteil des Rechts an sich angesehen. Austin definierte die Rechtsnorm als Befehl eines Monarchen oder einer souveränen Personengruppe, dessen Befolgung durch die Androhung der Zufügung eines Übels erzwungen werde[201]. Kelsen hat diese Rechtsbegründung als unzulässige Vermischung von Sein und Sollen zurückgewiesen, seinerseits aber die Erzwingbarkeit der Sollensnormen als wesentlichen Faktor ihrer Rechtsqualität angenommen[202]. Nur durch Zwang unterscheide sich das Recht von jeder anderen Gesellschaftsordnung[203].

---

197 Kant, I. Die Metaphysik der Sitten, Teil 1: Metaphysische Anfangsgründe der Rechtslehre (1797 / 1798) S. 16: "Die Ethik lehrt hernach nur, daß, wenn die Triebfeder, welche die juridische Gesetzgebung mit jener Pflicht verbindet, nämlich der äußere Zwang, auch weggelassen wird, die Idee der Pflicht allein schon zur Triebfeder hinreichend sei".

198 Hierzu Zippelius, R., Allgemeine Staatslehre, 11.Aufl. (1991) S. 53 f.

199 Allgemein zu den Zwangstheorien Fastenrath, U., Lücken im Völkerrecht (1991), S. 45 - 52.

200 Vgl. zu diesem Argument Jellinek, G., Allgemeine Staatslehre, 3.Aufl. (1914) S. 336 f.

201 Austin, J., The Province of Justice Determined (Ausgabe 1955), S. 13 - 16, 132

202 Kelsen, H., Reine Rechtslehre, 2. Aufl. (1960) S. 4 ff, insbesondere 34 ff.: "Das Recht: Eine Zwangsordnung"

203 A.a.O., S. 55

Demgegenüber hat jedoch Verdross[204] zu Recht eingewendet, daß die Normen, welche die Zwangsanwendung erlauben, letztlich ihrerseits von einer hierarchisch höheren Norm abhängen müssen, die nicht zwangsbewehrt sein kann, weil sie vom obersten "Grenzorgan" anzuwenden ist, das keiner höheren Gewalt mehr unterliegt. Das Sollen nach dieser Norm sei "nicht durch die Androhung einer Unrechtsfolge, sondern durch einen Appell an das Gewissen des Grenzorgans, also durch die Verweisung auf die Moral begründet." Auch ist es nicht einzusehen, warum sich ein Sollen auf den Zwang stützen soll, der doch Ausdruck einer faktischen Macht ist[205]. Die Normbefolgung ist nicht monokausal mit dem Zwang zu erklären[206]. Sie beruht auf einem komplexen Geflecht sozialer Tatsachen, der generellen Anerkennung einer Norm als Rechtsnorm, als Grund für die Befolgungspflicht und auch als Rechtfertigung für Sanktionen. Und sie beruht auf einer Mehrheit von Motivationen, welche getrennt oder zusammen die Normbefolgung begründen können: Furcht, Trägheit, Tradition, moralische Überzeugung oder langfristige Interessenabwägung[207].

Obgleich also Recht nicht nur dort existiert, wo es auch erzwingbar ist und erzwungen werden darf und soll, so ist doch gleichwohl die Tatsache, daß der Staat auf seinem Territorium seinem Recht durch sein Zwangsmonopol Geltung verschaffen kann, ein wesentliches Merkmal des Rechtes, welches vom Staat garantiert ist[208].

Das Zwangsmonopol ist es, welches den Geltungsbereich staatlichen Rechts festlegt. Dort, wo ein Staat dieses Monopol hat, kann er sein Recht autonom setzen und durchsetzen. Dies gilt überall da, wo er die Gebietshoheit hat. Darüber hinaus können auch fremde Gebiete durch Gestattung des territorialen Souveräns in diesen Geltungsbereich einbezogen werden ebenso wie Fahrzeuge in staatenlosen Gebieten wie Schiffe, Flugzeuge und Raumfahrzeuge. Dieses Zwangsmonopol ist seinerseits

---

[204] Verdross, A., Die systematische Verknüpfung von Recht und Moral, in: Sauer, E. (Hrsg.), Forum der Rechtsphilosophie (1950), zitiert nach: Hoerster, N., Recht und Moral (1987), S. 42 - 46

[205] Vgl. Radbruch,G. Rechtsphilosophie, 8.Aufl. (1973) S. 344; Jellinek, G., Allgemeine Staatslehre, 3.Aufl. (1914) S. 337; Coing, H., Grundzüge der Rechtsphilosophie, 4. Aufl. (1985) S. 284 ff.

[206] Vgl. auch Ellscheid, G., Das Naturrechtsproblem. Eine systematische Orientierung, in: Kaufmann, A. / W. Hassemer (Hrsg.), Einführung in Rechtsphilosophie und Rechtstheorie der Gegenwart, 5. Aufl. (1989), S. 143 - 211

[207] Hart, H.L.A., Legal and Moral Obligations, in: Melden, A. (Hrsg.), Essay in Moral Philosophy (1983), S. 87 - 93, zitiert nach Hoerster, N. (Hrsg.), Recht und Moral (1987)

[208] Deswegen ist staatliches Recht nach Zippelius, R., Rechtsphilosophie, 2. Aufl. (1989) S.30- 33 "eine durch einen spezifischen Geltungsmodus ausgezeichnete besondere Normenart"

aber nur ein Teilbereich eines umfassenderen Monopols des Staates, nämlich der exklusiven Befugnis zur Vornahme einer hoheitlichen Handlung auf dem Staatsgebiet überhaupt. Diese Fragen werden im Zusammenhang mit der Vornahme von Hoheitsakten im Ausland noch erörtert werden.

(5) Anwesenheit im Territorium

Auch Ausländer sind der Rechtsordnung eines Staates unterworfen , wenn sie sich auf seinem Territorium befinden. Dies gilt, gleich ob man die Unterwerfung als Selbstunterwerfung oder als Machtunterworfenheit ansieht. John Locke, welcher den Grund staatlicher Herrschaft über Menschen überhaupt in deren Selbst - Unterwerfung sah, sah alle territorialen Anknüpfungspunkte als Konsequenz einer Unterwerfung[209]: wer Eigentum oder Vermögen in einem Staat hat, unterwirft sich damit stillschweigend dessen Jurisdiktion, ebenso wer sich dort - wenn auch nur kurz - aufhält. Emer de Vattel ging davon aus, daß jeder Fremde der einreist, damit die stillschweigende Bedingung dieser Einreise akzeptiert, wonach er den Gesetzen des Staates unterliegt, dessen Territorium er betritt[210].

Das Territorium ist die Sphäre, in der ein Staat Macht ausübt. Diese Macht, auch wenn sie rechtlich gebunden ist, begründet die Unterwerfung[211]. Sie ist willentliche Unterwerfung, die Person begibt sich im Regelfall bewußt in den Zwangsbereich einer staatlichen Macht. Unterwerfung bedarf in diesem Sinne also nicht der sachlichen Anerkennung, das Betreten des Territoriums genügt. Dies weist wieder darauf hin, daß die Territorialhoheit auf tatsächlicher, wenn auch rechtlich gebundener Staatsgewalt beruht. Dies gilt auch, wenn diese Person trotz bestehender Ausreisefreiheit[212] in einem Territorium bleibt. Wird sie, ob rechtmäßig oder völkerrechtswidrig, an dieser Ausreise gehindert, so ist diese Unterwerfung allerdings nur noch auf die Durchsetzungsmacht des Staates in seinem Territorium gegründet[213].

---

[209] Locke, J., Zwei Abhandlungen über die Regierung (Übers. H.J. Hoffmann, 4. Aufl. 1989) II § 119

[210] Vattel, E. de, Le droit de gens ou Principes de la loi naturelle (1758) Übers. W. Euler (1959) lib. II cap. VIII § 101

[211] Vgl. auch Zitelmann, E. Internationales Privatrecht, Bd.1 (1897) S. 84 ff.

[212] Nach Art. 12 Abs. 2 des Internationalen Paktes über bürgerliche und politische Recht hat der Mensch ein Recht, jedes, auch sein eigenes Land zu verlassen.

[213] Vgl Zitelmann, E. Internationales Privatrecht, Bd. 1 (1897) S. 87 f.

b) Ordnungshoheit

(1) Staat und Lebensordnung

Die Betonung des territorialen Aspekts der Jurisdiktion droht den Blick dafür zu verstellen, daß final gesehen nicht das Territorium der primäre Aspekt staatlicher Hoheitsgewalt ist - wenngleich es auch Recht gibt, welches sich direkt auf Status und Zuordnung des Staatsgebietes bezieht -, sondern daß das Staatsgebiet der Raum ist, in dem sich die staatliche Ordnung durch die Jurisdiktion und sonstiges Staatshandeln ebenso wie durch die Kooperation der zur Gesellschaft auf diesem Staatsgebiet gehörenden Personen entfaltet.

Aus diesem Grunde hat Neumeyer[214] die Gebietshoheit als Grundlage des räumlichen Anwendungsbereichs der Rechtsordnung abgelehnt - als "juristische Mythologie". Die vom Völkerrecht geschützte Gebietshoheit gebe dem Staat die Möglichkeit, das Staatsgebiet für die verschiedensten Zwecke nutzbar zu machen: Verwendung der Natur - Reichtümer, Durchführung der Rechtsordnung etc. Die Rechtsordnung habe aber mit der Gebietshoheit gar nichts zu tun, sondern ihre Exklusivität im Territorium werde durch diese Hoheit gewährleistet.

Diese Bewertung dürfte zwar für den Bereich des staatlichen Zwangsmonopols nicht zutreffen, weil dieses gerade durch die Gebietshoheit vermittelt ist, sie zeigt aber, daß man Zwang und Ordnung nicht als identisch betrachten darf. Die Ordnung der Lebensbedingungen in einem Staat bezieht sich zunächst auf Menschen, nicht auf ein Territorium. Nur äußerlich ist die Ordnung mit dem Territorium verbunden, denn zum einen kann sie nur dort aus eigenem Recht des Staates (autonom) durchgesetzt werden und zum anderen weist das Völkerrecht jedem Staat sein Territorium als Bereich zu, auf dem die Ordnung ohne störenden Einfluß aus dem Ausland errichtet und fortentwickelt werden darf. Dies geschieht aber nicht etwa deshalb, weil das Territorium für diese Ordnung entscheidend wäre. Es stellt nur den Raum dar, die Ordnung aber ist der materielle Inhalt.

Ordnung ist vielgestaltig. Die Wirtschaftsordnung wurde bereits früher erörtert. Aber auch in allen anderen Lebensbereichen gestaltet der Staat Ordnungen mit den Mitteln des Rechts. Es legt die Freiheitsräume der Menschen fest, es enthält Modellregeln für die zivilrechtliche Koordination zwischen den Menschen und es ist - heute in immer stärkerem

---

214 Neumeyer, a.a.O. (Anm. 171), S. 121 ff.

Maße[215] - auch geprägt von staatlichen Eingriffen in das menschliche Verhalten, sei es planend, präventiv regelnd im Sinne von Anordnungen oder Verboten, oder auch repressiv. Freiheit und ihre Schranken werden durch das Recht gestaltet.

Die Lebensordnung in einem Staat betrifft zunächst ganz allgemein das Verhalten der Menschen in der Öffentlichkeit, wie dies etwa durch polizeirechtliche Normen und durch das Strafrecht erfaßt wird. Weiter wird das rechtliche Zusammenleben der Menschen im Zivilrecht weitgehend als modellhafter Rahmen, aber zum Teil auch durch zwingendes Zivilrecht geregelt. Auch das öffentliche Recht ist Teil des Rahmens für die Lebensverhältnisse in einem Staat. Das Recht kanalisiert Aktivitäten zur Nutzung natürlicher Ressourcen. Der Staat fördert soziale und kulturelle Aktivitäten, regelt das Gesundheits-, Erziehungs- und Verkehrswesen. Er stellt die Institutionen für Verwaltung und Rechtspflege und regelt ihre Benutzung durch den Bürger. Diese Aufzählung kann die Vielfalt der rechtlichen Normen und Institutionen, welche das Leben in einem Staat prägen und ordnen, auch nicht annähernd erschöpfen. Festzuhalten bleibt aber, daß das Recht in vielen Bereichen eine Ordnung für das Zusammenleben der Menschen konstituiert und bewahrt.

Die rechtliche Konstitution der Lebensordnung ist an vorrechtlichen Ordnungen orientiert, wie etwa das Strafrecht in Teilbereichen an der Sittenordnung der Gesellschaft, die Grundrechte an der Menschenwürde, das Wirtschaftsrecht an den Verhaltensweisen der wirtschaftenden Menschen. Die Rechtsordnung steht generell in einem dialektischen Spannungsverhältnis zu den Lebensordnungen der Gesellschaft: sie orientiert sich an diesen Vorgaben und gibt ihnen doch ihrerseits auch einen Ordnungsrahmen vor. Sie zielt auf ein friedliches Zusammenleben der Menschen, auf die Gewährleistung der Bedingungen für eine erfolgreiche Lebensgestaltung, auf den Schutz ihrer Person, ihrer Entfaltungsmöglichkeiten und des von ihnen Erworbenen ab.

Da sich die Gesellschaftsordnungen in den Staaten historisch unterschiedlich und häufig voneinander getrennt entwickelt haben, haben auch die durch das Recht überformten Teil - Ordnungen des Lebens in diesen Staaten eine durchaus unterschiedliche Gestaltung. Das Staatsvolk nimmt nach seinen Ordnungsvorstellungen in demokratischen Staaten Einfluß auf diese rechtliche Gestaltung. Es regelt damit die Lebensordnung in seinem Lebensraum, über den es autonom verfügen kann, im Gebiet seines Staates. Auch angesichts immer stärker werdender Ströme von Menschen über Grenzen hinweg gilt dieser Befund auch heute noch.

---

[215] Über diese Tendenz im "regelungsintensiven Industriestaat" vgl. Zippelius, R., Allgemeine Staatslehre, 11.Aufl. (1991) S. 336 ff.

Gerade die Probleme der Eingliederung von Ausländern in modernen Staaten zeigt die fortexistierende Urkraft des psychischen Zusammenhängigkeitsgefühls der Staatsbürger als Gruppe.

Der Staat setzt also die Bedingung der Entstehung und der Existenz von Ordnungen des Lebens auf seinem Staatsgebiet. Dieses ist nur der "Schauplatz" dieser Ordnungen, nicht der Gegenstand und das Ziel der Ordnungspolitik und des Ordnungsrechts. Es erscheint unangemessen, diese ordnende Tätigkeit dem Gewaltmonopol des Staates auf seinem Territorium zuzuordnen. Gewalt wird bei der Durchsetzung der ordnenden Rechtsvorschriften benötigt, aber dies ist nur ein Aspekt der Ordnung. Diese hat darüber hinaus andere - positive - Aspekte: den Rahmen des Lebens, des Verhaltens und der Erwartungen von Menschen.

(2) Beziehung zwischen Territorium und Ordnung

Der Staat gestaltet die Ordnung regelmäßig in dem Bereich, in dem er auch die Macht hat, sie durchzusetzen, also regelmäßig in seinem eigenen Territorium. Daß staatlich gestaltete Ordnung der Lebensverhältnisse aber auch über das eigene Staatsgebiet hinausreichen kann, zeigt sich etwa an den Fällen, in denen Staaten auf fremdem Staatsgebiet die Gebietshoheit ausüben. Territoriale Souveränität als Herrschaft über ein Territorium im Sinne der eigenständigen Verfügungsgewalt darüber[216] umfaßt zwar in aller Regel auch die Gebietshoheit, die Ausübung tatsächlicher Herrschaft über Personen und Sachen auf diesem Gebiet[217]. Auch kann territoriale Souveränität originär nur durch die Ausübung von Gebietshoheit entstehen[218]. Aufgrund willentlicher Abtretung oder aufgrund Völkerrechts kann aber die Gebietshoheit auch von der territorialen Souveränität getrennt sein[219].

Derjenige Staat, welcher nur die territoriale Souveränität hat, nicht aber die Gebietshoheit, kann dann zwar über das Staatsgebiet rechtmäßig

[216] Verdross / Simma, a.a.O. (Anm. 158), §§ 1038 ff.; Verdross, A./Simma, B./Geiger, R., Territoriale Souveränität und Gebietshoheit (1980), S. 223 ff.; Dahm / Delbrück / Wolfrum, a.a.O. (Anm. 15), S. 318 f.

[217] Dahm / Delbrück / Wolfrum, a.a.O. (Anm. 15), S. 318 unterscheiden treffend die Gebietshoheit als Herrschaft über Personen und Güter in einem Raum von der territorialen Souveränität als Herrschaft über den Raum selbst.

[218] Verdross, A., Völkerrecht, 5. Aufl. (1964), S. 269 bemerkt, " daß das VR bei der Begründung der territorialen Souveränität ursprünglich von der Tatsache der Gebietshoheit ausgeht, indem es den tatsächlichen Herrscher zum territorialen Souverän erhebt."

[219] Klein, E., Statusverträge im Völkerrecht (1980), S. 85 ff.; Suy, E., Réflexions sur la distinction entre la souveraineté et la compétence territoriale, Internationale Festschrift für Alfred Verdross (1971), S. 493-508, 496 ff.

verfügen, es aber nicht hoheitlich beherrschen. Der Staat aber, welcher nur die Gebietshoheit hat, kann zwar die ihm überlassene Hoheitsgewalt ausüben, aber über das Territorium nicht verfügen, also etwa Teile davon abtreten. Während also die territoriale Souveränität dem Eigentum nähersteht, beinhaltet die Gebietshoheit auch die Jurisdiktion. Die Gebietshoheit ist also der eigentliche Machtfaktor, welcher auch die Errichtung einer rechtlichen Lebensordnung mit den Mitteln des Rechts, und damit auch einer Wirtschaftsordnung gestattet. Trotzdem soll im weiteren allgemein - und etwas verkürzend - vom Territorium als dem Schauplatz staatlicher Hoheit die Rede sein.

Die staatliche Ordnung hat, möglicherweise und in moderner Zeit auch regelmäßig, Bezüge über das Territorium hinaus. Personen und Unternehmen aus dem Ausland können an ihr teilnehmen durch grenzüberschreitende Warenlieferungen und Dienstleistungen, durch Investitionen und durch die Ausübung gesellschaftsrechtlicher Kontrolle über Inlandsunternehmen. Das gleiche gilt für Inländer, welche im Inland wirtschaften, aber auch exportieren oder Tochtergesellschaften im Ausland haben. Auch in diesen Fällen besteht die Ordnungshoheit des Staates über alles, was im Inland geschieht, wo auch immer es seinen Ausgang oder seine letztliche Bestimmung hat. In diesem Fall überschneidet sich die Ordnung mit derjenigen anderer Staaten.

Die Ordnungshoheit ist nicht ausschließlich ein Aspekt der Territorialhoheit, sondern beide sind gleichberechtigte Faktoren der Staatlichkeit. Das Territorium ist nicht um seiner selbst willen ein entscheidender Faktor der Jurisdiktion[220]. Der Staat konstituiert sich durch die Herrschaft über ein bestimmtes Territorium. Herrschaft bedeutet die Möglichkeit zu autonomer Entfaltung seiner hoheitlichen Aktivitäten. Diese Aktivitäten, zu denen auch die Regelung der Lebensordnung seiner Staatsangehörigen und aller Ausländer im Inland gehört, dürfen autonom nur auf seinem Staatsgebiet stattfinden. Ordnung durch Recht aber bedarf im Staat, wie bereits dargelegt, der Durchsetzung, und diese Durchsetzung ist wiederum autonom nur auf dem eigenen Territorium möglich. Da kein anderer Staat auf diesem Gebiet Durchsetzungsgewalt hat, führt die Ordnungshoheit zu einem Ordnungsmonopol des Staates auf seinem Staatsgebiet.

Auf dem Territorium sind alle Handlungen von Personen sowie Rechtsverhältnissen der Territorialhoheit unterworfen. Es erscheint daher auf den ersten Blick unnötig, hiervon den Begriff der Ordnungshoheit zu

---

[220] Sieht man einmal davon ab, daß es selbst Gegenstand dieser Jurisdiktion sein kann, etwa hinsichtlich seiner staatsrechtlichen Ein- und Aufteilung, hinsichtlich seiner Zuordnung zu privater Verfügungsgewalt u. ä.

differenzieren. Wie sich später zeigen wird, ist es aber durchaus ein Unterschied, ob ausländische Interventionen dem Territorium oder der darauf bestehenden Lebens- und Rechtsordnung gelten. Das Territorium ist der äußere Rahmen dieser Ordnung, aber im Zuge des grenzüberschreitenden Verkehrs und der modernen Kommunikationsverbindungen kann jemand an dieser Ordnung teilnehmen, ohne das Territorium des betreffenden Staates jemals zu betreten.

(3) Jurisdiktion und souveräne Gleichheit der Staaten

Die bereits erörterte innere Souveränität hat ihr Pendant in der äußeren Souveränität, welche eine völkerrechtliche Rechtsstellung gegenüber anderen Staaten ist. Keiner darf einen anderen Staat in der Ausübung seiner souveränen Rechte an und in seinem Territorium stören, jeder Staat ist, soweit er nicht durch allgemeines Völkerrecht gebunden ist oder freiwillig zustimmt, bei dieser Ausübung völlig frei[221]. Souveränität ist also relativiert durch die Völkerrechtsbindung der Staaten und durch die Souveränität anderer Staaten[222]. Auch kann ein Staat durch die Eingehung völkervertragsrechtlicher Bindungen seine in diesem Rahmen souveräne Freiheit weiter einschränken, was im Zuge der Internationalisierung vieler Bereiche, insbesondere auch der Wirtschaft, heute immer häufiger geschieht.

Trotzdem wäre es eine unzulässige Verallgemeinerung davon auszugehen, daß die Souveränität heute ihre Bedeutung als struktureller Grundsatz des Völkerrechts verloren hätte[223]. Ihre Einschränkung durch das Völkerrecht ist systematisch eine Ausnahme, welche den Rechtsetzungswillen der Staaten voraussetzt, so daß die Souveränität als Ausgangspunkt der Überlegungen weiter grundlegende Bedeutung im Völkerrecht hat. So sehr sich auch die Grenzen für Personen-, Kapital- und Wirtschaftsverkehr geöffnet haben, so intensiv ist gleichzeitig in der internationalen Staatengemeinschaft der Gesichtspunkt der souveränen Gleichheit der Staaten betont worden[224].

---

[221] Vgl. etwa Zippelius, R., Allgemeine Staatslehre, 11.Aufl. (1991) S. 64 ff.

[222] Dahm / Delbrück / Wolfrum, a.a.O. (Anm. 15), S. 215 f.

[223] Dahm / Delbrück / Wolfrum, a.a.O. (Anm. 15), S. 218 ff.

[224] Wildhaber, L., Sovereignty and International Law, in: McDonald, R.St.J. / Johnson, D.M., The Structure and Process of International Law (1983), S. 425-452, 438

Die parallele Souveränität der Staaten als Mitglieder der Völkerrechtsgemeinschaft ist mit dem Begriff der souveränen Gleichheit der Staaten[225] verbunden, der natürlich nicht die realen Unterschiede der Staaten an Größe, Bevölkerung, politischer und wirtschaftlicher Macht leugnen kann. Dies wird etwa in Art. 2 Ziff. 1 SVN[226], in der "Friendly Relations" - Deklaration der UN - Generalversammlung[227] oder durch Prinzip I der Helsinki - Schlußakte der KSZE[228] bestätigt.

Ein wesentlicher Inhalt dieses Begriffes wird durch die Interdependenz zwischen Gleichheit und Souveränität bestimmt. Im Bereich ihrer Souveränität sind alle Staaten gleich unantastbar geschützt gegenüber Ein- und Übergriffen anderer Staaten gegen ihren Willen. Souveräne Gleichheit bekommt überhaupt nur als Inbegriff der Überordnung des Schutzes und der Garantie der Souveränität durch das Völkerrecht einen normativen Inhalt. Die Staatengemeinschaft ist kein loses Nebeneinander von Staaten, sondern eine rechtliche Ordnung. Die souveräne Gleichheit ist als fundamentales Strukturprinzip dieser Ordnung selbst Rechtsnorm und beeinflußt die Auslegung aller Völkerrechtsnormen in Konformität mit diesem Prinzip. Verdross und Simma[229] zählen sie zu den "Grundrechten der Staaten".

Dieses Prinzip der souveränen Gleichheit, der Leitgedanke der äußeren Souveränität, welcher heute wie auch schon früher - seit dem Westfälischen Frieden im Jahre 1648 - der Organisation der internationalen Staatengemeinschaft zugrundeliegt, steht in dialektischer Spannung zur Einbindung der Staaten in die internationale Rechtsgemeinschaft einerseits, welche sich insbesondere in den Vereinten Nationen und anderen internationalen Organisationen konstituiert hat, und zur Funktionalität grenzüberschreitender Aktivitäten wie etwa einer internationalisierten Wirtschaft andererseits.

Die souveräne Gleichheit ist ein wichtiges Element der Friedenswahrung durch Konfliktreduzierung. Dies zeigt sich beispielhaft durch einige ihrer Konsequenzen: etwa das Verbot der Einmischung in die inneren Angelegenheiten eines Staates, das Prinzip der Unverletzlichkeit des Staatsgebiets, das Recht auf freie Gestaltung der Ordnungsfaktoren des Staates (Wirtschaft etc.). Nur die hierdurch gewährleistete

---

[225] Vgl. hierzu Dahm / Delbrück / Wolfrum, a.a.O. (Anm. 15), S. 234 - 240; Castro Rial, J.M., in: Bernhardt,R. (ed.), Encyclopedia of Public International Law, Instalment 10, S. 477 - 481

[226] Sinngemäß vergleiche auch Art. 6 der OAS - Satzung, UNTS 119, 48

[227] Res. 2526 (XXV),GAOR 25th Session, Resolutions, Supplement, No. 28, S. 121, Präambel Prinzip f

[228] vom 1.8.1975, ILM 14 (1975), S. 1292

[229] Verdross/Simma, a.a.O. (Anm. 158), S. 274

Unabhängigkeit der Staaten kann ständige Konflikte über die Ordnungsvorstellungen für ein bestimmtes Gebiet und ein dort ansässiges Staatsvolk mit anderen Staaten vermeiden.

Hieraus ergibt sich, daß Souveränität nicht nur rein negativ ein Recht zur Ausschließung anderer Staaten von der Herrschaft über ein Territorium, zur Freiheit von Fremdbestimmung ist, sondern daß die souveräne Gleichheit materielle Inhalte hat: das Recht der Selbstbestimmung der Staaten über die inneren Angelegenheiten, welche grob umrissen werden können durch die Haupt - Aspekte der Staatlichkeit: Staatsgebiet, Staatsvolk und staatliche Ordnung. Gerade die Jurisdiktion gehört zur positiven Seite der Souveränität[230]. Sie ist ein Mittel zur Errichtung und Steuerung einer exklusiven Lebensordnung auf dem Staatsgebiet.

(4) Souveräne Bestimmung der inneren Ordnung

Die Exklusivität der staatlichen Ordnung auf einem bestimmten Staatsgebiet ist kein formales Prinzip, sie wird vom Völkerrecht geschützt, um die Selbstbestimmung im Inneren der Staaten zu gewährleisten. Das Souveränitätsprinzip wurde von einem nach außen hin formalen Abwehrrecht gerade in der UN - Praxis immer mehr zum umfassenden Selbstbestimmungsprinzip in allen denkbaren staatlichen Angelegenheiten akzentuiert und entwickelt[231]. Dies ist eine Reaktion auf die stärkeren tatsächlichen Verflechtungen der Staaten und die Abhängigkeiten, welche im Kontext des Nebeneinanders von industrialisierten Staaten und Entwicklungsländern insbesondere nach der Dekolonialisierung entstanden sind. Sie sollen durch die Betonung der Selbstbestimmung ein rechtliches Gegengewicht erhalten.

Die institutionelle Seite der Selbstbestimmungsfreiheit der Staaten wird durch den Grundsatz der politischen Unabhängigkeit gesichert, welcher in Art. 2 Abs. 4 SVN gleichberechtigt mit der territorialen Integrität der Staaten als Grundprinzip des Völkerrechts genannt wird. Er wurde in der Präambel der "Friendly Relations" - Deklaration bestätigt[232] und ist auch in den regionalen Abkommen der Arabischen Liga, der OAS und der OAU enthalten[233]. Grundsatz I der KSZE - Schlußakte[234] erklärt das Recht aller Staaten auf Freiheit und politische Unabhängigkeit sowie die

---

[230] Schwarzenberger, G. / Brown, E. D., A Manual of International Law, 6. Aufl. (1976) S. 72; 21; Brownlie,I., Principles of Public International Law, 2.Aufl. (1973), S. 280

[231] Vgl. Doehring, K., Allgemeine Staatslehre (1991) S. 38 f.

[232] A.a.O. (Anm. 227)

[233] Vgl. hierzu Rozakis, C.L., Territorial Integrity and Political Independence, in: Bernhardt,R. (ed.), Encyclopedia of Public International Law, Instalment 10, 481 - 487, 485

[234] A.a.O. (Anm. 228)

Verpflichtung, das Recht anderer Staaten auf freie Wahl und Entwicklung des politischen, sozialen, wirtschaftlichen und kulturellen Systems zu achten und auf die Freiheit, die eigene Rechtsordnung selbst zu bestimmen.

Das Recht zur Selbstbestimmung der staatlichen Ordnung ist aber nicht nur ein Prinzip, welches denn Innenbereich der Staaten abschirmt, es wirkt auch auf diesen Innenbereich zurück, indem es menschenrechtlich verankert wird. Die beiden UN - Menschenrechtspakte[235] bestimmen gleichlautend in ihren Art. 1 Abs. 1: "Alle Völker haben das Recht auf Selbstbestimmung. Kraft dieses Rechts entscheiden sie frei über ihren politischen Status und gestalten in Freiheit ihre wirtschaftliche, soziale und kulturelle Entwicklung." Auch das Prinzip VIII der Schlußakte von Helsinki erklärt die freie Wahl des politischen Systems und das selbständige "political, economic, social and cultural development" zu einem Recht der Völker[236]Damit wird dieses Recht als ein Personenrecht ebenso wie als ein institutionelles Recht grundlegend völkerrechtlich abgesichert. Die Ordnungshoheit der Staaten ist nicht mehr nur Teil der Souveränität, sondern auch Gewährleistung für die Selbstbestimmung der Völker[237].

Man kann speziell hinsichtlich der Freiheit der Selbstbestimmung einer Wirtschaftsordnung in einem Staat von einer wirtschaftlichen Souveränität sprechen[238]. Dieses Konzept wird insbesondere durch grundlegende UN - Resolutionen erhellt. Die Resolution der Vollversammlung vom 1.5.1974, welche die "Erklärung über die Errichtung einer neuen Weltwirtschaftsordnung" enthält[239], nennt unter den Prinzipien dieser Ordnung "The right of every country to adopt the economic and social system that it deems the most appropriate for its own development and

---

[235] Internationaler Pakt über bürgerliche und politische Rechte vom 19. 12. 1966, UNTS 999, 171; BGBl. 1973 II, 1534; Internationaler Pakt über wirtschaftliche, soziale und kulturelle Rechte vom 19. 12. 1966; UNTS 992, 3; BGBl. 1973 II, 1570

[236] A.a.O. (Anm. 228)

[237] Hierzu Thürer, D., in: Bernhardt, R. (ed.), Encyclopedia of Public International Law, Instalment 8, S. 470 - 476

[238] Waller, S. W./ Simon, A.M., Analysing Claims of Sovereignty in International Economic Disputes, Northwestern Journal of International Law and Business 7 (1985), S. 1-11, 7 ff. Wenn dort aber (S. 8) vorgeschlagen wird, daß bei entwickelten Staaten Jurisdiktionskonflikte dieses Konzept in der Regel nicht verletzten, weil hier nur Individuen beeinträchtigt werden, so kann dem nicht gefolgt werden. Der Adressatenkreis kann durch extraterritorialen Jurisdiktion zu einem Verhalten beeinflußt werden, was dem Aufenthaltsstaat aus ordnungspolitischer Grundsatzentscheidung heraus nicht akzeptabel ist. Der Grad der Irritation eines fremden Wirtschaftssystems kann bei der Abwägung der Interessen berücksichtigt werden. Er ist aber kein Gesichtspunkt für die Bewertung, ob überhaupt ein Jurisdiktionskonflikt vorliegt.

[239] Res. A 3201 (S-VI), in: Kunig, P. / Lau, N. / Meng, W. (Hrsg.), International Economic Law. Basic Documents, 2. Aufl. (1993), Doc. 22

not to be subjected to discrimination of any kind as a result" und "Full permanent sovereignty of every State over its natural resources and all economic activities... ".

Art. 1 der "Charter of Economic Rights and Duties of States" der Generalversammlung[240] spricht vom "sovereign and inalienable right" eines Staates "to choose its economic system ". Wenn man aufgrund der Abstimmungsergebnisse auch aus beiden Resolutionen nicht den Stand der Rechtsüberzeugung aller Staaten hinsichtlich dieser Standards ableiten kann, so ist in dieser Hinsicht die "Declaration on Principles of International Law concerning Friendly Relations and Co-operation among States in accordance with the Charter of the United Nations" eine stärkere Quelle, welche im Jahre 1970 ohne Gegenstimme von der UNO - Generalversammlung angenommen wurde[241]. Dort heißt es, die "sovereign equality of States " garantiere unter anderem auch "the right freely to choose and develop its political, social, economic and cultural system". Die menschenrechtliche Seite wird wiederum als Recht der Völker auf Selbstbestimmung mit fast gleichem Wortlaut ausgeführt mit einem Hinweis darauf, daß alle Staaten dieses Recht in Übereinstimmung mit der UN - Charta zu respektieren hätten.

Zwar ist auch diese Deklaration per se keine Völkerrechtsquelle[242], sie interpretiert aber die Prinzipien der Satzung der Vereinten Nationen und ist Hinweis auf eine opinio iuris der Mitgliedstaaten[243], welche zusammen mit einer entsprechenden Rechtspraxis zum Entstehen von Völkergewohnheitsrecht führen kann oder dessen bereits erfolgtes Entstehen bestätigt[244].

Die wirtschaftliche Souveränität, das Recht, autonom ein Wirtschaftssystem zu wählen, es zu errichten und fortzuentwickeln sowie es zu regulieren und zu verteidigen, ist universelles Völkerrecht. Ihr korrespondiert die Pflicht der Staaten, nicht in das Wirtschaftssystem anderer Staaten hineinzuregieren, weder mit Drohung, mit Gewalt, noch

---

240 vom 12.12.1974, Res. A/3281 (XXIX), in: Kunig, P. / Lau, N. / Meng, W. (Hrsg.), International Economic Law. Basic Documents, 2. Aufl. (1993), Doc.23

241 A.a.O. (Anm. 227)

242 Arangio-Ruiz, G., Friendly Relations Resolution, in: Bernhardt,R. (ed.), Encyclopedia of Public international Law, Instalment 9, S. 135

243 Die Deklaration sagt selbst in Ziff. 3 des General Part: "The principles of the Charter which are embodied in this Declaration constitute basic principles of international law...."

244 Vgl. hierzu Verdross / Simma, a.a.O. (Anm. 158) § 451 - 453, 634 - 639; man kann die Deklaration jedenfalls zu einem Teil als eine authentische Interpretation der UN - Satzung ansehen, so Ipsen, K. Völkerrecht, 3. Aufl. (1990), S. 333. Hierfür spricht auch Ziff. 2 des General Part der Deklaration

mit Einflußnahme jedweder anderen Art. Dies verweist dann wieder auf das völkerrechtliche Interventionsverbot.

c) Personalhoheit

Während die Territorialhoheit an den Aufenthalt von Personen, an die Belegenheit von Sachen, Rechten und von Sachverhalten anknüpft, die Ordnungshoheit an die Einordnung von Sachverhalten in eine staatliche Lebensordnung, bezieht sich die Personalhoheit auf die Eigenschaft von Adressaten. Dies ist zunächst unstreitig der Fall bei der Jurisdiktion gegenüber eigenen Staatsangehörigen, die zur Gesamtheit des Staatsvolks gehören und damit für den Staat konstitutiv sind.

(1) Zugehörigkeit zum Staatsvolk

Das Staatsvolk ist eine der Grundbedingungen für die Staatlichkeit. Die Zugehörigkeit zu diesem Staatsvolk wird durch die Staatsangehörigkeit vermittelt[245]. Im Nottebohm - Fall hat der IGH die besonders enge Verbindung von Staat und Staatsangehörigen betont, welche sich in speziellen Rechten und Pflichten niederschlägt[246]. Zwischen Staat und Staatsbürger besteht eine gegenseitige Treuepflicht[247] im Sinne des Schutzes und der Unterwerfung[248].

Der Staat gewährt dem Staatsbürger einerseits den Schutz seiner Rechtsordnung einschließlich des diplomatischen Schutzes gegenüber ausländischen Staaten, er gewährt ihm Leistungen wie etwa die Sozialhilfe, die Bereitstellung einer Infrastruktur für seine Wirtschaftstätigkeit und sein Privatleben. In einer Demokratie ist die Gesamtheit der Staatsbürger der Träger der politischen Willensbildung[249]. Der einzelne Bürger hat die staatsbürgerlichen Mitwirkungsrechte an den Entschei-

---

245 Mangoldt, H. von, Anerkennung der Staatsangehörigkeit und effektive Staatsangehörigkeit natürlicher Personen im Völkerrecht und im internationalen Privatrecht, Berichte der deutschen Gesellschaft für Völkerrecht Heft 20(1988), S. 37-98, 63

246 IGH Nottebohm: Second Phase, ICJRep. 1955, S. 4, 22 f.; Verdross/Simma, a.a.O. (Anm. 158) § 1191; Zippelius, R., Allgemeine Staatslehre (11. Aufl. 1991), S.78 f

247 Hamel, W., Das Wesen des Staatsgebietes (1933) S.258; Schwarzenberger, G. / Brown, E. D., A Manual of International Law, 6. Aufl. (1976), S. 74; Stuyt, A.M., The General Principles of Law as applied by International Tribunals to Disputes on Attribution and Exercise of State Jurisdiction (1946), S. 96

248 "protectio et subiectio", s. Thomas Hobbes, Elementa philosophica III: de cive, Kap. 5, 12. Hobbes unterscheidet dort den natürlichen Staat, bei dem sich die Bürger aus Furcht vor der Gewalt unterwerfen, und den institutiven Staat, dem sich die Bürger unterwerfen, weil sie sich Schutz erhoffen. Ebenso Hobbes, Th., Leviathan (1651) (Übers. W. Euchner, 4. Aufl. 1991) § 21: "Der Zweck des Gehorsams ist der Schutz"

249 Art. 20 Abs. 2 S. 1 GG: "Alle Staatsgewalt geht vom Volke aus"

dungen des Staates, wie etwa das Wahlrecht[250]. Auch hat er ein Einreiserecht jedenfalls in den Grenzen des Art. 12 Abs. 2 des Internationalen Paktes über bürgerliche und politische Rechte[251].

Der Bürger ist andererseits der Rechtsordnung seines Staates unterworfen, er muß im Rahmen dieser Rechtsordnung dem Staat, das heißt: der Gemeinschaft aller Staatsangehörigen, Dienste leisten, er muß durch öffentliche Abgaben zur finanziellen Ausstattung des Gemeinwesens beitragen. Er trägt in dieser Gemeinschaft zur Willensbildung im demokratischen Staat bei, kann öffentliche Ämter übernehmen und ist aktiv in die Erhaltung der Funktionen eines Staates eingeschaltet.

Die Staatsangehörigkeit verleiht den Status, welcher aufgrund von weiteren gesetzlichen Regelungen zu diesen Rechten und Pflichten führt[252]. Sie ist aber in der Demokratie nicht nur ein einseitig verliehener Status, nicht nur ein Austausch von Unterwerfung gegen Schutz, sondern ein gegenseitiges Rechtsverhältnis mit darüber hinausgehenden Rechten und Pflichten für Staat und Staatsbürger[253]. In demokratischen Rechtsstaaten kann ihre einseitige Entziehung durch den Staat innerstaatlich beschränkt sein, weil der Staatsbürger Mit - Träger der Staatsgewalt ist[254]. Insoweit ist die Staatsangehörigkeit heute auch nicht

---

[250] Ipsen, a.a.O. (Anm. 244), S. 299

[251] Vom 19.12.1966, BGBl. 1973 II, S. 1534: "Niemandem darf willkürlich das Recht entzogen werden, in sein eigenes Land einzureisen". Art. 13 Abs. 2 der Allgemeinen Erklärung der Menschenrechte (GAOR, III, Resolutions (UN-Doc. A/810), S. 71) formuliert noch weitergehend: "Jeder Mensch hat das Recht, jedes Land, einschließlich seines eigenen, zu verlassen sowie in sein Land zurückzukehren". Die Erklärung ist aber per se nicht verbindlich und die Formulierung des nachfolgenden Paktes läßt es jedenfalls zweifelhaft erscheinen, ob das Einreiserecht vom Völkerrecht her wirklich schrankenlos gewährt wird, vgl. hierzu Randelzhofer, a.a.O. (Anm. 159), S. 422. Ein unbedingtes Einreiserecht steht den Bürgern zu, welche sich auf Art. 3 Abs. 2 des 4. Zusatzprotokolls zur Europäischen Menschenrechtskonvention (BGBl. 1968 II, S. 423) berufen können

[252] Randelzhofer, a.a.O. (Anm. 159), S. 416; Mangoldt, H. von, Anerkennung der Staatsangehörigkeit und effektive Staatsangehörigkeit natürlicher Personen im Völkerrecht und im internationalen Privatrecht, Berichte der deutschen Gesellschaft für Völkerrecht Heft 20(1988), S. 37-98, 41 ff. Nach Sonnenberger, H.J., a.a.O., S. 9 - 36, 13 ist für die internationalprivatrechtliche Anknüpfung die Staatsangehörigkeit nicht als öffentlicher Status, sondern als Bezug der Person zu einer Rechtsordnung und damit als Problem der privatrechtlichen Gerechtigkeit zu sehen.

[253] Böckenförde, H., Die Teilung Deutschlands und die deutsche Staatsangehörigkeit, in: Epirrhosis. Festgabe für Carl Schmitt (1968), S. 423 - 463, 431 f.

[254] Vgl. BVerfGE 37, 217

mehr ausschließlich entweder als Status oder als Rechtsverhältnis zu bezeichnen, sondern enthält beide Elemente[255].

Staatsangehörige behalten grundsätzlich ihre Rechts- und Pflichtenstellung aus ihrer Staatsangehörigkeit heraus auch im Ausland, denn sie ist nicht ausschließlich auf den Aufenthalt im Territorium bezogen[256]. Die Geschichte des Kollisionsrechts zeigt, daß die personale Verbindung zwischen Stamm und Stammesangehörigem und später zwischen Staat und Staatsbürger historisch älter ist als der Aspekt der territorialen Unterwerfung unter staatliches Recht. Diese "Personalhoheit" hat auch die Entwicklung souveräner Territorialstaaten ungeachtet der möglichen Konflikte zwischen Heimatrecht und Territorialrecht überdauert und wird als eine der tragenden Säulen staatlicher Jurisdiktionshoheit gleichberechtigt neben der Territorialhoheit von allen Staaten anerkannt[257].

Die staatsbürgerlichen Mitwirkungsrechte etwa können, auch wenn sie ohne Zustimmung von Drittstaaten nur auf dem Territorium des Heimatstaates ausgeübt werden können, dem Staatsbürger unabhängig vom Aufenthaltsort zustehen. Dies gilt insbesondere für das Wahlrecht. Andrerseits können Auslandsbürger auch staatsbürgerliche Pflichten wie etwa den Wehrdienst haben, auch wenn sie zu seiner Ableistung erst in ihren Heimatstaat zurückkehren müssen.

Ein Staat hat auch gegenüber anderen Staaten hinsichtlich seiner Staatsangehörigen bestimmte Rechte und Pflichten. Jeder Staat muß nach Völkerrecht seine Staatsangehörigen in sein Staatsgebiet aufnehmen, wenn andere Staaten ihn dahin zurückschicken[258]. Jeder Staat hat das Recht, für seine Staatsbürger diplomatischen Schutz auszuüben[259]. Die Staatsangehörigkeit verbindet den Staatsbürger mit der Rechtsordnung seines Heimatstaates, er unterliegt dessen Jurisdiktion. Dies läuft bei Aufenthalt im Heimatstaat mit dessen Territorialhoheit parallel, bei Aufenthalt im Ausland konkurriert es mit der Territorialhoheit des

---

[255] Mangoldt, H. von, Anerkennung der Staatsangehörigkeit und effektive Staatsangehörigkeit natürlicher Personen im Völkerrecht und im internationalen Privatrecht, Berichte der deutschen Gesellschaft für Völkerrecht Heft 20(1988), S. 37-98, 41 ff.

[256] Oppenheim, L. / Lauterpacht, H., International Law, 8. Aufl. (1955), s. 330

[257] Hamel, W., Das Wesen des Staatsgebietes (1933) S. 340; Curtius, F., Ueber Staatsgebiet und Staatsangehörigkeit, Archiv des öffentlichen Rechts 9 (1894), S. 1 - 22 verweist darauf, daß in früheren Zeiten die Staatsangehörigkeit in Bezug gesetzt wurde zum Territorium

[258] Randelzhofer, a.a.O. (Anm. 159), S. 422

[259] Vgl. hierzu die Nottebohm - Entscheidung des IGH, a.a.O. (Anm. 246); Randelzhofer, a.a.O. (Anm. 159), S. 420 ff.; Geck, W.K., Diplomatic Protection, in: Bernhardt,R. (ed.), Encyclopedia of Public International Law, Instalment 10, S. 99 - 121; Doehring, K., Die Pflicht des Staates zur Gewährung diplomatischen Schutzes (1959).

Aufenthaltsstaats. Da letztere heute alle Fälle von Jurisdiktion im eigenen Staatsgebiet abdeckt, ist die Anknüpfung an die Personalhoheit nur notwendig bei extraterritorialer Jurisdiktion[260].

Die Personalhoheit ist insbesondere im strafrechtlichen Bereich von Bedeutung, wird aber auch im Wirtschaftsrecht als mögliche Anknüpfung von Regelungen durchaus zunehmend verwendet. Sie ist, anders als die Territorialhoheit, rein immaterieller Natur[261], denn der Staat kann sich im Ausland nicht durchsetzen. Hier liegt also ein im Völkerrecht seit langem bekannter Fall vor, in dem Regelungsbereich und Geltungsbereich einer Rechtsordnung auseinanderfallen[262], eines der Hauptprobleme extraterritorialer Jurisdiktion.

Ein Staat kann in den noch zu erörternden Grenzen seinen Bürgern auch im Ausland Rechte geben oder Pflichten auferlegen. Nur kann er diese Pflichten vor der Rückkehr des Staatsbürgers selbst nicht durchsetzen, wenn nicht Vollstreckungsgegenstände, an denen dieser Interesse hat, also etwa Eigentum, auf seinem Gebiet vorhanden sind. Er hat zwar Befehlsgewalt, aber keine Durchsetzungsgewalt[263].

(2) Juristische Personen

Die nationalen Rechtsordnungen kennen neben natürlichen Personen auch juristische Personen. Diese rechtliche Fiktion einer Personenstellung dient der Selbständigkeit im Rechtsverkehr hinsichtlich der Eingehung von Rechten und Pflichten ebenso wie der Parteistellung in hoheitlichen Verfahren. Ein personales Treueband kann hierdurch nicht fingiert werden, denn dieses setzt Individualität voraus. Trotzdem wird die extraterritoriale Jurisdiktion auch mit der "Staatsangehörigkeit"

---

260 Man könnte zwar daran denken, ob man nicht um des Gegenstandes der Treuebeziehung willen auch dann die Rechte und Pflichten, die aus ihr fließen, an die Personalhoheit anknüpft, wenn sich die Staatsbürger auf dem eigenen Staatsgebiet befinden. Dies würde jedoch eine rein systematische Ausnahme vom Grundsatz der Territorialhoheit bedeuten, die praktisch ersichtlich zu keinerlei unterschiedlichem Ergebnis führen würde und deshalb nicht zu problematisiert werden braucht. Es handelt sich um eine reine Zuordnungsfrage, die hier im Sinne des Vorranges der Territorialhoheit entschieden wird, weil diese damit ohne Ausnahme als Jurisdiktionsgrundlage auf eigenem Gebiet herangezogen werden kann.

261 Zitelmann, E. Internationales Privatrecht, Bd. 1 (1897) S. 86 spricht von der Befehlsgewalt aufgrund der Personalhoheit im Unterschied zur unmittelbaren Machtausübung aufgrund der Territorialhoheit

262 Vgl. etwa The Zollverein (1856) 1 Swab.Adm. 96, 98: " The laws of Great Britain affect her own subjects everywhere - foreigners only within her own jurisdiction."; O'Connell, a.a.O. (Anm. 9), S. 602

263 Hierzu Zitelmann, E. Internationales Privatrecht, Bd.1 (1897) S. 90 ff.

juristischer Personen gerechtfertigt[264]. Man kann ohne sachwidrige Verkürzung von einer solchen Staatsangehörigkeit reden[265], wenn man dabei immer im Auge behält, daß es sich nicht um einen staatsrechtlichen Begriff handelt, sondern um die Frage nach dem "Personalstatut", also nach dem Recht, welches die Rechtsfähigkeit und die Struktur juristischer Personen regelt.

Das Personalstatut dieser Personen ist nicht nur in der Literatur umstritten[266], es wird auch in der Staatenpraxis unterschiedlich bestimmt. In der Bundesrepublik Deutschland wird die Sitztheorie angewandt, wonach das Recht desjenigen Staates entscheidend ist, in dem die Hauptverwaltung ihren Sitz hat[267]. In den USA gilt dagegen die Gründungstheorie, wonach es auf den Staat ankommt, nach dessen Recht die juristische Person gegründet wurde[268]. Nach der Kontrolltheorie, welche in der Schweiz angewendet wird, soll es auf die Staatsangehörigkeit der Mehrheit der Kapitaleigner ankommen[269]. Im Rahmen des vorliegenden Themas können die in diesem Zusammenhang aufgeworfenen Probleme nicht näher erörtert werden. Sie sind Gegenstand einer Reihe von völkerrechtlichen Verträgen, ansonsten aber ist die Staatenpraxis inhomogen[270].

Die Personalhoheit über eine juristische Person ist beruht auf der Konstitution dieser Person durch die Rechtsordnung des Heimatstaates. Sie ist völkerrechtlich anerkannt dadurch, daß der Heimatstaat der Gesellschaft für diese diplomatischen Schutz ausüben darf. Dies hat der

---

264 Restatement (Third), a.a.O. (Anm. 12), § 402 Comment e

265 So ist etwa § 213 des Restatement (Third), a.a.O. (Anm. 12) überschrieben: "Nationality of Corporations"

266 Vgl. den umfassenden Überblick bei Ebenroth in: Münchener Kommentar. Bürgerliches Gesetzbuch. Einführungsgesetz, Internationales Privatrecht, 2. Aufl. (1990), nach Art. 10, Rn. 139 ff., Fikentscher, a.a.O. (Anm. 85), S. 139 ff.; Neumayer, K.H., Betrachtungen zum internationalen Konzernrecht, Zeitschrift für Vergleichende Rechtswissenschaft 83 (1984), S. 129 - 177; Großfeld, B., Internationales Unternehmensrecht (1986)

267 Vgl. etwa BGHZ 51, 27, 28; 51, 57; 53, 181, 183; 53, 383, 385; 78, 318, 334; 97, 269

268 § 213 des Restatement (Third), a.a.O. (Anm. 12): "For purposes of international law, a corporation has the nationality of the state under the laws of which the corporation is organized". Dies gilt auch für die kollisionsrechtliche Anknüpfung für die Fragen der korporationsrechtlichen Struktur und Regeln der internen Entscheidungsbildung, vgl. Hausmann v. Buckley, 299 F.2d 696 (2d Cir. 1962)

269 Vgl. auch Ipsen, a.a.O. (Anm. 244), S. 307; Großfeld, B., Internationales Unternehmensrecht (1986) S. 113 - 122

270 Übersicht für Deutschland bei Ebenroth in: Münchener Kommentar. Bürgerliches Gesetzbuch. Einführungsgesetz, Internationales Privatrecht, 2. Aufl. (1990), nach Art. 10, Rn. 124 ff.

Internationale Gerichtshof im Barcelona Traction - Fall festgestellt[271], obwohl er dort in sorgfältiger Abwägung des Einzelfalls einen diplomatischen Schutz für die Anteilseigner durch deren Heimatstaat, der nicht der Gründungs- oder Sitzstaat war, verneinte.

(3) Erweiterung des Adressatenkreises

Personale Anknüpfungen der Jurisdiktion über Personen im Ausland wurden im Laufe der zunehmenden Öffnung der Grenzen teilweise über den Kreis der Staatsangehörigen im staatsrechtlichen Sinne hinaus angewendet auf Personen, welche eine dauernde Verbindung mit einem Staat haben, etwa durch Wohnsitz oder Geschäftstätigkeit, im Ausland dem Recht dieses Staates unterworfen werden können.

Bereits Alberico Gentili hat den Akzent des Unterwerfungsverhältnisses weniger in der Herkunft, sondern in dem Wohnsitz eines Menschen gesehen[272]. Isay wies darauf hin, daß auch ein Ausländer im Territorium eines anderen Staates an den Vorteilen der dortigen Gemeinschaft teilnehmen kann, Nutznießer des Staates ist und damit "die staatlichen Vorteile einheimst". Auch dadurch entstünde dem Staat ein bestimmter "Förderungsanspruch" gegenüber Ausländern[273].

Während § 402 Abs. 2 des Restatement (Third) nur die Staatsangehörigkeit als Anknüpfungspunkt für extraterritoriale personale Jurisdiktion nennt, wird im Kommentar hierzu festgestellt, daß auch die Anknüpfung an dauernde Aufenthaltsrechte ("domicile, residence") vom Völkerrecht zunehmend als zulässig angesehen wird[274]. Dies entspricht auch der Staatenpraxis insbesondere in England und den USA. Bei der Darstellung des amerikanischen Außenwirtschaftsrechts insbesondere wird der Rechtsbegriff der "United States persons" erörtert werden, welcher die Personalhoheit unter anderem auch in diesem Sinne ausdehnt.

---

[271] Barcelona Traction, Light and Power Company (Second Phase), ICJ Rep. (1970), S. 3, 42: "the traditional rule attributes the right of diplomatic protection of a corporate entity to the State under the laws of which it is incorporated and in whose territory it has its registered office.". Vgl. hierzu Wallace, C.D., Barcelona Traction Case, in: Bernhardt, R. (ed.), Encyclopedia of Public International Law, Instalment 2, S. 30 - 33

[272] Gentili, A., De iure belli libri tres (1612) (Hanoviae apud Haeredes Guilielmi Antonii), Lib. II, Cap. XXII

[273] Isay, E., Internationales Verwaltungsrecht, in: Stier-Somlo, F. / Elster, A. (Hrsg.), Handwörterbuch der Rechtswissenschaft, Bd.3 (1928), S. 344-356, 350

[274] A.a.O. (Anm. 12), Comment e zu § 402

d) Völkerrechtlicher Schutz des staatlichen Hoheitsbereichs

(1) Schutz der territorialen Integrität

Die Territorialhoheit der Staaten ist völkerrechtlich dadurch geschützt, daß andere Staaten in fremdem Territorium keine Hoheit ausüben dürfen. Sie dürfen dort nicht gewaltsam militärisch eindringen, sie dürfen aber auch nicht zur punktuellen Vornahme eines Hoheitsakts ihre Amtswalter auf fremdes Territorium entsenden. Dies ist in Staatenpraxis und in der Rechtslehre seit langem einhellig anerkannt[275]. Es handelt sich um die physische Komponente des völkerrechtlichen Schutzes staatlicher Territorialhoheit, den Schutz der territorialen Integrität der Staaten.

Das Recht der Staaten auf territoriale Integrität war in Art. 10 des Völkerbundspaktes[276] geschützt. Die Mitglieder mußten sie wahren und gegen jeden äußeren Angriff schützen. Art. 2 Abs. 4 der Satzung der Vereinten Nationen[277] untersagt Androhung oder Anwendung von Gewalt gegen die territoriale Unversehrtheit eines Staates. In der "Friendly Relations" - Deklaration von 1970[278] wird dies feierlich bestätigt und näher ausgeführt. Auch außerhalb der Vereinten Nationen wird der Schutz der territorialen Integrität der Staaten als ein Grundpfeiler der Völkerrechtsordnung angesehen[279]. Prinzip I der KSZE - Schlußakte von Helsinki[280] erklärt feierlich das Recht aller Staaten auf territoriale

---

[275] Steindorff, E., Verwaltungsrecht, Internationales, Strupp-Schlochauer, Wörterbuch des Völkerrechts, Bd.3 (1962), S. 581 - 584, 582; Grof, A., Zum "Internationalen Verwaltungsrecht", Juristische Blätter 108 (1986), S. 209 - 216, 211; American Law Institute, Restatement of the Law (Second), Foreign Relations Law of the United States (1965), § 44; Rousseau, C., L'indépendence de l'état dans l'ordre international, RdC 73(1948 II), S. 171-252, 220 - 233; Rheinstein, M., The Constitutional Basis of Jurisdiction, University of Chile Law Report 22 (1955), S. 775 - 824; Avis de droit de la Direction du droit international public du Département fédéral des affaires étrangères du 19 octobre 1979, Annuaire Suisse de Droit International Bd. XXXVII (1981), S. 247 - 253, 248; Brownlie,I., Principles of Public International Law, 2.Aufl. (1973), S. 299; Wengler, W., Völkerrecht, Bd. 2 (1964), S. 962; Schwarzenberger, G. / Brown, E. D., A Manual of International Law, 6. Aufl. (1976), S. 77; Stern, B., Quelques observations sur les règles internationales relatives à l`application extraterritoriale du droit, Annuaire Français du Droit International 32 (1986), S. 7 - 52, 13 f.; Rudolf, W., Territoriale Grenzen der staatlichen Rechtsetzung, Berichte der Deutschen Gesellschaft für Völkerrecht, Heft 11 (1973), S. 7 - 45, 33 ff.; Oppenheim, L. / Lauterpacht, H., International Law, 8. Aufl. (1955), S. 328 f.

[276] Martens, Nouveau Recueil Général 3e sér. XI, 331; RGBl 1919, 717

[277] United Nations Conference on International Organization Documents, XV (1945), 335; BGBl. 1980 II, 1252

[278] A.a.O. (Anm. 227)

[279] Rozakis, C.L., Territorial Integrity and Political Independence, in: Bernhardt,R. (ed.), Encyclopedia of Public International Law, Instalment 10, 481 - 487

[280] A.a.O. (Anm. 228)

Integrität. Alle diese Bestätigungen eines völkerrechtlichen Grundsatzes, der - vorbehaltlich des damals noch existierenden Rechts zum Kriege - auch bereits früher geltendes Völkerrecht war, beziehen sich zunächst primär auf den Schutz des Territoriums vor militärischer Aggression und der Drohung damit. Ihre Formulierung weist aber darüber hinaus, wenn von der "Unversehrtheit des Gebietes" gesprochen wird und gleichberechtigt auch die Pflicht zur Achtung der politischen Unabhängigkeit der Staaten genannt wird.

Die Exklusivität staatlicher Jurisdiktion, die durch das Verbot der Verletzung der territorialen Integrität eines Staates gewährleistet wird, ist wesensmäßig ein zum Staat gehöriges Phänomen, sie wird deswegen auch vom Völkerrecht geschützt[281]. Hiervon geht das Lotus - Urteil des Ständigen Internationalen Gerichtshofs[282], insoweit völlig ununmstritten, aus. In seinem Palmas - Schiedsspruch[283] stellte Max Huber im Jahre 1928 fest, die ausschließliche Hoheit eines Staates auf seinem Gebiet sei vom Völkerrecht positiv als räumliches Verteilungsprinzip geschützt. Im Korfu - Kanal - Fall hat der Internationale Gerichtshof festgestellt[284], daß der Respekt für die territoriale Souveränität der Staaten eine wesentliche Grundlage des Völkerrechts ist.

Im Einzelfall ist es aber fraglich geworden, ob das Verbot der Vornahme von Hoheitsakten im Ausland nur für Zwangsakte gilt oder für jeden Hoheitsakt. Wegen des Zwangsmonopols eines Staates auf seinem Staatsgebiet könnte man annehmen, daß nur die zwangsweise Vornahme von Hoheitsakten im Ausland grundsätzlich verboten wäre. Die Staatenpraxis, getragen von einer allgemeinen Rechtsüberzeugung zeigt aber ein anderes Ergebnis: grundsätzlich sind alle Hoheitsakte ohne Zustimmung des Territorialstaats im Ausland unzulässig[285].

---

[281] Vgl. hierzu etwa McDougal, M.S., Jurisdiction, International Law Documents 62 (1980), S. 634-645, 639; Radnitzky, E., Zur Lehre von der Gebietshoheit und der Exterritorialität, Archiv für öffentliches Recht 28 (1914), S. 454 - 480, 462 formuliert: "Wenn auf einem gewissen Teil der Erdoberfläche der Staat A kompetent ist, Hoheitsakte vorzunehmen, so folgt ja daraus von selbst, daß alle anderen Staaten hiezu inkompetent sind." Dies trifft aber auf die gemeinsame Hoheitsausübung wie etwa das Kondominium nicht zu. Dahm, G.,/ Delbrück,J./ Wolfrum,R., Völkerrecht, (2. Aufl.), Bd. I/1 (1989), S. 318

[282] CPJI, Sér.A, No.10 (1927), S. 3

[283] RIAA II, S. 838

[284] ICJ Rep. 1949, S. 35

[285] Geck, W. K., Hoheitsakte auf fremdem Staatsgebiet, in: Strupp-Schlochauer, Wörterbuch des Völkerrechts, Bd.1 (1960), S. 795 - 796, 795; Okresek, W., Hoheitsakte auf fremdem Staatsgebiet. Eine Betrachtung anhand praktischer Fälle, Österreichische Zeitschrift für öffentliches Recht und Völkerrecht 35 (1985), S. 325 - 344, 343; Heise, C.J., Die Vorlage im Ausland belegener Geschäftsunterlagen (Diss. Göttingen 1975), S. 86;

(2) Haftung als Kehrseite der Souveränität

Die Exklusivität des Geltungsbereiches staatlichen Rechts auf dem Staatsgebiet formuliert aber nicht nur ein Recht, sondern auch eine Pflicht und somit eine Voraussetzung für die Haftung der Staaten.

In der Literatur wird teilweise vertreten, daß ein Staat grundsätzlich für alle Vorkommnisse hafte, welche von seinem Territorium ausgehen[286]. Diese Aussage muß aber zusätzlich qualifiziert werden. Er haftet nämlich nur dann, wenn er eine völkerrechtliche Pflicht hat, schädigende Erfolge im Ausland, welche von seinem Staatsgebiet ausgehen, zu verhindern. Dies ist nach bisherigem Völkergewohnheitsrecht aber nur in begrenztem Umfang der Fall[287]. Ein Staat muß Vorsorge treffen, daß von Operationsbasen auf seinem Territorium aus keine Aufständische in fremdes Gebiet eindringen, daß nicht von seinem Territorium aus Propaganda in einen fremden Staat gelangt, welche zum Umsturz aufruft oder diesen Staat beleidigt, er muß auch verhindern, daß lebens- und gesundheitsgefährdende Immissionen in den Nachbarstaat gelangen[288] oder daß natürliche Wasserläufe künstlich verändert werden. Eine grundsätzliche Haftung für schädigendes Verhalten Privater zu Lasten anderer Staaten trifft den Aufenthaltsstaat aber nach herrschender Auffassung nicht.

Die Immissionsproblematik hat aber im Laufe zunehmender Aufmerksamkeit auf Umweltschäden eine Bedeutung erlangt, welche weit über die Grundsätze der früheren Leitfälle Trail Smelter[289] und Lac Lanoux[290]

Isay, E., Internationales Verwaltungsrecht, in: Stier-Somlo, F. / Elster, A. (Hrsg.), Handwörterbuch der Rechtswissenschaft, Bd.3 (1928), S. 344-356, 352; Avis de droit de la Direction du droit international public du Département fédéral des affaires étrangères, du 19 octobre 1979, Annuaire suisse de droit international Bd. XXXVII (1981), S. 247 - 253, 248. Verdross / Simma, a.a.O. (Anm. 158), § 456 - 458; Mann, F.A., The Doctrine of Jurisdiction in International Law, RdC 111 (1964 I), S. 7 - 162, 129 ff.. Für Rheinstein, M., The Constitutional Basis of Jurisdiction, University of Chile Law Report 22 (1955), S. 775 - 824, 796 ff. ist dies die einzige völkerrechtliche Grenze von Jurisdiktion, während ansonsten nur staatliche Selbstbeschränkung regiert

[286] Dahm / Delbrück / Wolfrum, a.a.O. (Anm. 15), S. 316 f.; Berber, F., Lehrbuch des Völkerrechts, Bd. 1, 2. Aufl. (1975), S. 309

[287] Vgl. hierzu Verdross / Simma, a.a.O. (Anm. 158), S. 278; Wengler, W., Völkerrecht, Bd. 2 (1964), S. 1000

[288] Wengler, a.a.O., S. 101 f; 1054 f.; Verdross / Simma, a.a.O., S. 278, welche Propaganda aber grundsätzlich als erlaubt ansehen

[289] RIAA III, 1911, 1938. Hier war das Gericht von dem weiten Grundsatz ausgegangen: ".... a State owes at all times a duty to protect other States against injurious acts by individuals from within its jurisdiction ... ", die zu weit ist, aber der Fall ist hinsichtlich von Luft - Immissionen generell als frühes Präjudiz eines völkerrechtlichen Umweltschutzes angesehen worden

[290] RIAA XII, 281

hinausgehen, insbesondere durch spezielle vertragsrechtliche Regeln[291]. Weit darüber hinaus geht auch die Problematik der Gefährdungshaftung für Schäden, welche durch gefährliche Aktivitäten im Ausland entstehen. Soweit eine generelle Pflicht zur Vermeidung solcher Schäden angenommen wird, handelt es sich um ein Problem des völkerrechtlichen Deliktsrechts[292]. Andere Autoren gehen von einer Sorgfaltspflicht der Staaten zur Verhinderung wesentlicher Schäden im Nachbarstaat aus[293]. Teilweise wird auch eine Gefährdungshaftung für rechtmäßiges Handeln gefordert, was in der International Law Commission dazu führte, daß ein Projekt über "International Liability for Injurious Consequences out of Acts not Prohibited by International Law" mit Berichten von Quentin Baxter[294] und Julio Barboza[295] von den Kodifikationsarbeiten über das völkerrechtliche Deliktsrecht abgetrennt wurde. Wenn dies zu einem allgemein anerkannten Text über die in Zukunft geltenden Haftungsgrundsätze würde, wären die heute noch bestehenden weitgehenden Unsicherheiten über den Umfang der Haftung von Schäden von fremdem Staatsgebiet aus in erheblichem Maße beseitigt.

Aber auch angesichts dieser Unsicherheiten über den Haftungsstandard des Völkerrechts[296] - auf die im vorliegenden Zusammenhang nicht näher eingegangen werden kann - kann man grundsätzlich sagen, daß jedenfalls in gewissem Umfang auch schon heute die völkerrechtliche Haftung der Staaten für die Nicht - Verhinderung oder sogar für aktive Förderung von schädigenden Handlungen Privater anerkannt ist. Dies ist die Konsequenz der Territorialhoheit, daß nämlich der Staat alleine solche grenzübergreifenden Schäden verhindern kann, weil er das Gewaltmonopol auf diesem Gebiet hat[297]. Auf diese Problematik wird bei den Regeln über die Auflösung von Kollisionen bei extraterritorialer Jurisdiktion zurückzukommen sein.

---

291 Allgemein hierzu Dahm / Delbrück / Wolfrum, a.a.O. (Anm. 15), S. 441 - 452; Verdross / Simma, a.a.O. (Anm. 158), S. 643 - 649; Ipsen, a.a.O. (Anm. 244), S. 806 ff.

292 Ipsen, a.a.O. (Anm. 244), S. 506 f.

293 Vgl. Beyerlin, U., Grenzüberschreitender Umweltschutz und allgemeines Völkerrecht, in: Staat und Völkerrechtsordnung. Festschrift für Karl Doehring (1989), S. 37 - 61, 39 - 43

294 Hierzu Rudolf, W., Haftung für rechtmäßiges Verhalten im Völkerrecht, in: Festschrift für Otto Mühl (1981), S. 535 - 552

295 Text in ZaöRV 51 (1991), S. 132; dazu Erichsen, S., Das Liability - Projekt der ILC, ZaöRV 51 (1991), S. 94 - 129

296 Vgl. Zemanek, K., Responsibility of States, General Principles, in: Bernhardt,R. (ed.), Encyclopedia of Public International Law, Instalment 10, S. 362 - 372, insbesondere S. 364 f.

297 Lenoble, J., Responsabilité internationale des états et contrôle territorial, Revue Belge de Droit International 16 (1981/82), S. 95 - 110

(3) Interventionsverbot

Die Souveränität muß aufgrund des Völkerrechts von allen anderen Staaten geachtet werden. Eine grundlegende Ausformung dieser Pflicht wird im Interventionsverbot vorgenommen. Das Interventionsverbot, das Verbot, sich in die "inneren Angelegenheiten" eines anderen Staats einzumischen, ist ein zentraler Aspekt auch des modernen Völkerrechts, welcher die Souveränität als negatives Abwehrrecht und die Freiheit der Selbstbestimmung stützt und flankiert[298]. Das Interventionsverbot ist seit langer Zeit im Völkerrecht auch über das Verbot physischer, insbesondere militärischer Gewaltanwendung und ihrer Androhung hinaus[299] anerkannt.

In Art. 15 Abs. 8 der Völkerbunds - Satzung findet sich der Hinweis auf "eine Frage .... die nach internationalem Recht zur ausschließlichen Zuständigkeit" einer Partei gehört. Während die UN - Charta in Art. 2 Abs. 4 nur die gewaltsame Intervention der Staaten verbietet und in Art. 2 Abs. 7 lediglich die Intervention der Organisation in die inneren

---

[298] Allgemein hierzu etwa Gerlach, A., Die Intervention (1987); Verdross, A., Le principe de la non-intervention dans les affaires relevant de la compétence nationale d'un Etat et l'Article 2(7) de la Charte des Nations Unies, Mélanges offerts à Charles Rousseau (1974), S.267-276; Ouchakov, N., La compétence interne des Etats et la non-intervention dans le droit international contemporain, Recueil des Cours, 141 (1974 I), S.5-85; Verdross, A., Die ausschließliche Zuständigkeit der Staaten nach der Satzung der Vereinten Nationen, Scritti in onore T.Perassi, Bd.2(1957), S.379-387; ders., Le Domaine réservé des États en Droit International, Schriftenreihe der Deutschen Gruppe der AAA 1(1957), S. 25-35; ders., Le Principe de la non intervention dans les affaires relevant de la compétence nationale d'un état et l'article 2 (7) de la Charte des Nations Unies, in: Mélanges Offerts a Charles Rousseau (1974), S. 267 - 276; Oppermann, T., Nichteinmischung in innere Angelegenheiten - Zur Abgrenzung der Nichteinmischung gegenüber Intervention und Interzession, Archiv des Völkerrechts 14(1970), S.321-342 ders., Intervention, in: Bernhardt, R. (ed.), Encyclopedia of Public International Law, Instalment 3, S. 233 - 236; Verzijl, J.H.W., Le domaine réservé de la compétence nationale exclusive, Scritti in onore T.Perassi, Bd.2(1957), S.389-403; Ustor, E., The Content of the Legal Rule of Non-Intervention in the International Affairs of Other States, Questions of International Law 2(1964), S.189-204; Wehser, E., Die Intervention nach gegenwärtigem Völkerrecht, in: Zwischen Intervention und Zusammenarbeit (1979), S.23-54; Dicke, D., Die Intervention mit wirtschaftlichen Mitteln im Völkerrecht, 1978. Wildhaber, a.a.O., S. 4; Verdross / Simma, a.a.O. (Anm. 158), S. 300 ff.; Ipsen, a.a.O. (Anm. 244), S. 869 ff.; Wengler, W., Völkerrecht, Bd.2 (1964), S. 1039 ff.; Vincent, R.J., Non-intervention and International Order (1974); Bockslaff, Das völkerrechtliche Interventionsverbot als Schranke außenpolitisch motivierter Handelsbeschränkungen (1987); Waldock, C.H.M, The Plea of Domestic Jurisdiction before International Legal Tribunals, BYIL 31(1954), S. 96 - 142; Thadden, E. von, Der vorbehaltene Betätigungsbereich der Staaten (1934)

[299] Siehe schon Vattel, E.de, Les droits des gens ou principe de la loi naturelle appliqué à la conduite et aux affairs des nations et des souverains (1758), deutsche Übersetzung von W. Euler (1958) Buch II Kap. IV §§ 54, 57

Angelegenheiten der Mitgliedstaaten ausschließt, haben nachfolgende Resolutionen auch das allgemeine Interventionsverbot als Staatenpflicht bestätigt. Am 21.12.1965 beschloß die Generalversammlung der Vereinten Nationen die "Declaration on the inadmissibility of intervention in the domestic affairs of states and the protection of their independents and sovereignty"[300]. Dort heißt es, daß kein Staat das Recht hat, direkt oder indirekt, aus welchem Grunde auch immer, in die internen oder externen Angelegenheiten irgendeines anderen Staates zu intervenieren. Erfaßt sind die bewaffnete Intervention ebenso wie alle anderen Formen der Interferenz oder der versuchten Drohungen gegen den Bestand eines Staates oder gegen seine politischen, wirtschaftlichen oder kulturellen Elemente[301]. Eine der Konsequenzen dieses Interventionsverbots ist das Verbot, einen anderen Staat mit wirtschaftlichen, politischen oder anderen Mitteln zu zwingen, damit er die Ausübung seiner souveränen Rechte nach dem Willen des zwingenden Staates gestaltet[302]. Dies ist eine Folge des unveräußerlichen Rechts eines Staates, sein politisches, wirtschaftliches, soziales und kulturelles System ohne Einmischung jedweder Form durch einen anderen Staat selber zu wählen[303].

In der "Friendly Relations - Deklaration"[304] wird die Intervention mit Gewalt, Zwang oder Drohung in das freigewählte politische, wirtschaftliche und kulturelle System eines Staates verurteilt. Das Interventionsverbot ist in dieser generellen Form auch in der OAS - und in der OAU - Satzung enthalten[305]. Prinzip VI der Schlußakte von Helsinki[306] verbietet den Staaten jeden Form direkter oder indirekter, individueller oder kollektiver Einmischung in die inneren Angelegenheiten anderer Staaten. Der IGH hat ein allgemeines Interventionsverbot neben dem Gewaltverbot als völkergewohnheitsrechtlichen Grundsatz bestätigt[307].

---

300 Res. 2131(XX), UN-Doc. GAOR 20th Session, Suppl. No. 14, 11. Diese Resolution wurde von 109 Mitgliedern angenommen ohne Gegenstimme, bei einer Enthaltung und sieben abwesenden Staaten. Vergleiche auch die - allerdings umstrittene - Resolution 36/103 vom 9.12.1981, Vereinte Nationen 30 (1982), S. 182

301 Ziff. 1

302 Ziff. 2

303 Ziff. 5

304 A.a.O. (Anm. 227)

305 Art. 16, 18, 19 OAS; Art. 3 OAU. Vgl. hierzu Kunig, P., Das völkerrechtliche Nichteinmischungsprinzip (1981)

306 A.a.O. (Anm. 228)

307 Military Activities (Nicaragua / USA) ICJRep. 1984, 169, 424; ICJRep. 1986, 108

(a) Innere Angelegenheiten

Innere Angelegenheiten, der domaine réservé[308], sind nach allgemein anerkannter Definition solche Angelegenheiten, welche nicht vom Völkerrecht geregelt sind[309]. Der domaine réservé ist mithin nicht unveränderlich. Er wird vielmehr durch das Völkerrecht begrenzt und durch diejenigen Vorbehaltsbereiche, welche das Völkerrecht anderen Staaten oder sonstigen Völkerrechtssubjekten zuweist[310]. Diese negative Definition ist aber nicht zureichend. Eine positive Komponente muß notwendig zur Definition hinzugenommen werden. Sie wird vom Völkerrecht bestimmt[311], wie auch Art. 15 Abs. 8 der Völkerbundssatzung davon ausging, daß das Völkerrecht die inneren Angelegenheiten konstituiert. Es grenzt die Zuständigkeitsbereiche der Staaten gegenüber anderen Staaten und gegenüber dem Völkerrecht ab.

Das Interventionsverbot im modernen Völkerrecht ist nicht nur Schutz der territorialen Integrität und Schutz der nicht vom Völkerrecht geregelten staatlichen Aktivitäten, sondern positiv Schutz der freigewählten staatlichen Ordnung, also auch der Wirtschaftsordnung[312]. Der Staat kann sie selbst bestimmen und andere Staaten dürfen sich in diese Ordnung nicht mittelbar oder unmittelbar durch eigene Hoheitsakte dergestalt einmischen, daß die Selbstbestimmung konterkariert wird[313].

Der IGH hat dies im Nicaragua - Fall[314] bestätigt: "A prohibited intervention must accordingly be one bearing on matters in which each State is permitted, by the principle of State sovereignty, to decide freely. One of these is the choice of a political, economic, social and cultural system, and the formulation of foreign policy. Intervention is wrongful when it uses

---

308 Rousseau, C., L'indépendence de l'état dans l'ordre international, RdC 73(1948 II), S. 171-252, 243; Kranz, J., Notion de souveraineté et le droit international, Archiv des Völkerrechts 1992, S. 144 - 173, 158 ff.

309 Brownlie,I., Principles of Public International Law, 2.Aufl. (1973), S. 284

310 Kaiser, J.H., Internationale und nationale Zuständigkeit im Völkerrecht der Gegenwart, Berichte der deutschen Gesellschaft für Völkerrecht 7 (1967), S. 1- 23, 1. vgl. das Gutachten des Ständigen Internationalen Gerichtshofs über die "Nationality Decrees issued in Tunis and Morocco (French Zone)", PCIJ Series B No.4 (1923), S. 23 ff.

311 Rousseau, C., L'indépendence de l'état dans l'ordre international, RdC 73(1948 II), S. 171-252, 247; Verdross / Simma, a.a.O. (Anm. 158), S. 164

312 Rousseau, C.,a.a.O., S. 171-252, 243; Bockslaff, Das völkerrechtliche Interventionsverbot als Schranke außenpolitisch motivierter Handelsbeschränkungen (1987) , S. 37, 10; Schröder, M., Non - Intervention, Principle of, in: Bernhardt, R. (ed.), Encyclopedia of Public International Law, Instalment 7, S. 358 - 360;

313 Ähnlich Kaffanke, J., Nationales Wirtschaftsrecht und internationale Wirtschaftsordnung (1990), S. 315 f.

314 ICJRep. 1986, 108

methods of coercion in regard to such choices, which must remain free ones."

Die innere Angelegenheit ist danach zwar allgemein eine Angelegenheit, welche nicht vom Völkerrecht geregelt wird, wobei in neuerer Zeit eine Tendenz in der Literatur zu beobachten ist, die exklusive Zone des Staates zugunsten einer Befassung der Staatengemeinschaft mit innerstaatlichen Problemen dahin zu verengen, daß das Interventionsverbot auch dann nicht angewendet werden soll, wenn eine Angelegenheit noch nicht vom Völkerrecht geregelt wurde, aber wegen ihrer internationalen Implikationen von ihm geregelt werden müßte[315]. Dies betrifft aber nicht die Abgrenzung der staatlichen Exklusivitätsbereiche, sondern die Abgrenzung zwischen Staaten und Völkergemeinschaft, insbesondere gegenüber den Vereinten Nationen.

Die innere Angelegenheit ist aber auch der Schutzbereich eines Staates gegenüber den anderen Staaten, ein Bereich eigener Entwicklung des Staates, welche seine Identität durch seine selbstgewählte und ihm eigene Lebensordnung ausmacht. Geschützt sind die Hoheitsbereiche des Staates, seine Territorial-, Personal- und Ordnungshoheit. In diesen Bereich darf sich kein anderer Staat einmischen, weil es sich um Monopolbereiche handelt.

In diesem Lichte gewinnt die negative Abgrenzung der inneren Angelegenheit - alles, was vom Völkerrecht nicht geregelt ist - eine neue Bedeutung. Andere Staaten können aus dem Völkerrecht heraus nur Rechte auf ein bestimmtes Staatenverhalten haben. Existieren solche Rechte nicht, so handelt es sich um eine innere Angelegenheit, die zu regeln ein Staat frei ist. Er kann sich dieser Freiheit begeben, indem er eine innere Angelegenheit vertrags- oder gewohnheitsrechtlich völkerrechtlichen Bindungen unterwirft. Dies liegt etwa bei Verträgen über den Abbau von Zöllen oder gar über die Gründung einer Wirtschaftsgemeinschaft mit Souveränitätsübertragung vor, wie dies im Falle der Europäischen Gemeinschaften geschehen ist.

---

315 Verdross / Simma, a.a.O. (Anm. 158), S. 163, die zwischen völkerrechtlich geregelten Angelegenheiten, "Matters of international concern", die bereits grundsätzlich aus der innerstaatlichen Zuständigkeit ausgeschieden sind, und Angelegenheiten unterscheiden, welche der staatlichen Selbstbestimmung voll unterliegen. Verzijl, J.H.W., Le domaine réservé de la compétence nationale exclusive, Scritti in onore T.Perassi, Bd.2 (1957), S. 391 - 403, 393 spricht von Angelegenheiten, welche vom Völkerrecht noch nicht geregelt worden sind, aber nach einer Regelung verlangen. Dies soll auch in den Bereichen gelten, in denen das Völkerrecht konkurrierende Handlungssphären der Staat voneinander abgrenzen müsse

In diesem Umfang können dann die berechtigten anderen Völkerrechtssubjekte ihre begründeten Rechte einfordern, ohne eine verbotene Intervention vorzunehmen. Gehen sie aber darüber hinaus, so verstoßen sie gegen das Interventionsverbot, denn sie mischen sich in den noch verbliebenen hoheitlichen Monopolbereich anderer Staaten ein. Dies ist aber nur ein Teilaspekt der Problematik. Denn Interventionsverbot bedeutet darüber hinaus auch, daß die Staaten keine Regelungen in Angelegenheiten treffen dürfen, welche ausschließlich fremder staatlicher Hoheit unterliegen. Sie dürfen nicht die rechtliche Zuordnung an fremdem Territorium regeln, sie dürfen nicht das Wahlrecht eines Bürgers in seinem Heimatstaat regeln und sie dürfen auch nicht das Wirtschaftsgebaren von Personen und Unternehmen ausschließlich in einer fremden Wirtschaftsordnung regeln.

Wenn ein Staat eine innere Angelegenheit exklusiv regeln darf, so heißt dies nicht, daß diese Angelegenheit dann diesen exklusiven Charakter verliert, wenn diese Regelungen Rückwirkung auf das Ausland hat[316]. Denn der internationale Handel und der internationale Kapitalverkehr, aber auch der Reiseverkehr bringen es mit sich, daß oft das, was in einem Staat geschieht, rein faktische Auswirkungen im anderen Staat hat. Häufig können sich Staaten gegenüber solchen Auswirkungen zur Wehr setzen. Ob die Gesichtspunkte des Rechtsmißbrauchs oder des Verbots der Einmischung in fremde innere Angelegenheiten hier eine Grenze setzen können, bleibt noch zu erörtern.

Dieser Befund zeigt die Verbindung von Souveränität, Interventionsverbot und Jurisdiktion. Denn diese Feststellung besagt nichts anderes, als daß Staaten ohne eigene Anknüpfung nichts regeln dürfen, was - deswegen - zum domaine réservé anderer Staaten gehört. Wenn sich auch das Interventionsverbot nicht nur auf Jurisdiktionsmaßnahmen erstreckt, so liegt hier doch ein zentrales Anliegen seines Schutzes. Umgekehrt dürfen Staaten alles regeln, was zu ihrem eigenen domaine réservé gehört. Dies betrifft die Regelungshoheit. Aber auch die exklusive Durchsetzungshoheit auf eigenem Territorium ist durch das Interventionsverbot geschützt, in der Regel sogar durch das Gewaltverbot als seinen speziellen Aspekt.

(b) Einmischung

Nicht jede staatliche Handlung mit Bezug auf innere Angelegenheiten anderer Staaten ist eine verbotene Einmischung. Dies ist durch die potentielle Weite des Interventionsbegriffs bedingt, welcher durch den Satz

[316] Wengler, W., Völkerrecht, Bd.2 (1964), S. 1045

Winfields verdeutlicht wird, eine Intervention "may be anything from a speech of Lord Palmerston in the House of Commons to the partition of Poland"[317]. Unstreitig fällt hierunter jedoch die Anwendung militärischen oder sonstigen physischen Zwanges gegen einen anderen Staat und die Drohung hiermit[318]. Unterhalb dieses Gewaltverbots ist jedoch in neuerer Zeit, in der die vermehrten internationalen Verflechtungen der Staaten auch die Einwirkungsmöglichkeiten der Staaten in andere Staaten vergrößert haben[319], erheblicher Streit darüber entstanden, wo die Grenze zwischen erlaubtem Verhalten und verbotener Intervention verläuft.

(i) Mittel der Einmischung

Eine klassische Definition stammt von Lauterpacht[320]: Intervention sei "dictatorial interference by a state in the affairs of another state for the purpose of maintaining or altering the actual condition of things". Dies umfaßt vis absoluta und vis compulsiva, einen physischer Zwang, dem man nur durch die gewünschte Handlung entrinnen kann. Diese Umschreibung ist aber zu eng[321], wie auch die bereits nachfolgende deklaratorische Praxis der Staaten insbesondere in den Vereinten Nationen, aber auch regional zeigt.

Einigkeit besteht darin, daß es sich um eine Intervention durch Zwang oder Drohung damit handeln muß[322], daß also eine rein politische Einflußnahme nicht ausreicht[323]. Kernpunkt der Diskussionen ist der wirtschaftliche Zwang gegenüber Staaten[324]. Er ist im vorliegenden Zusammenhang nur insoweit von Bedeutung, als es um die erforderlichen

---

317 Winfield,P. H., The History of Intervention in International Law, BYIL (3) 1922/23, S. 130

318 Art. 2 Abs. 4 der UN - Charta

319 Wehser, E., Die Intervention nach gegenwärtigem Völkerrecht, in: Zwischen Intervention und Zusammenarbeit (1979) , S. 38

320 Oppenheim, L. / Lauterpacht, H., International Law, Bd. 1, 8. Aufl. (1955), S. 305

321 Vgl. Kelsen, H./ Tucker, R.W., Principles of International Law, 2. Aufl. (1966), S. 64

322 Vincent, R.J., Non-intervention and International Order (1974), S. 8: "coercive interference"; Haedrich, H., Intervention, in: Strupp-Schlochauer, Wörterbuch des Völkerrechts, Bd.2 (1961), S. 144, 145: "Androhung oder Anwendung von Zwang"; weiter wohl Ustor, E., The Content of the Legal Rule of Non-Intervention in the International Affairs of Other States, Questions of International Law 2 (1964), S. 189 -204

323 Wengler, W., Völkerrecht, Bd.2 (1964), S. 1041

324 Vgl. insoweit Ipsen, a.a.O., S. 900 f.; Gerlach, A., Die Intervention (1987), S. 169; Paschos, G., Die wirtschaftliche Intervention im Völkerrecht der Gegenwart. Diss. Heidelberg 1974 (1974); Dicke, D.C., Economic Coercion, in: Bernhardt, R. (ed.), Encyclopedia of Public International Law, Instalment 8, S. 147 - 149; ders., Die Intervention mit wirtschaftlichen Mitteln im Völkerrecht (1978)

Qualifikationen des Zwanges nach dem Interventionsverbot geht. Die "Charta der wirtschaftlichen Rechte und Pflichten der Staaten", welche die UN - Generalversammlung 1974 verabschiedete[325], bestimmt in Art. 32, ein Staat dürfe keine wirtschaftlichen, politischen oder sonstigen Zwangsmaßnahmen gegen einen anderen Staat anwenden oder ihre Anwendung begünstigen, um von ihm die Unterordnung bei der Ausübung seiner souveränen Rechte zu erlangen. Wichtige Industrieländer[326] stimmten gegen die Resolution, so daß man sie nicht als autoritative Quelle der völkerrechtlichen Auffassung aller UN - Mitglieder bewerten darf. Der finale Gesichtspunkt des wirtschaftlichen Zwanges, die Unterordnung des anderen Staates, weist jedoch auf die "dictatorial interference" von Lauterpacht und ist somit als Definitionselement ein Hinweis auf das, was den klassischen und den wirtschaftlichen Interventionsbegriff verbinden kann[327].

Die Intervention mit wirtschaftlichem Zwang ist deswegen so umstritten, weil hierunter eine ganze Bandbreite von Verhaltensweisen mit ganz unterschiedlicher Ingerenz fallen können. Ein Staat kann durch ihm günstige Kredite zur Verfolgung einer bestimmten Wirtschaftspolitik bewegt werden. Dies ist heute insbesondere bei der sogenannten "Konditionalität" der Kredite der Weltbank umstritten[328]. Dies kann ihn aber in ganz verschiedenen Situationen treffen. Er kann die Kredite für einen wirtschaftlichen Aufschwung aus einer allgemeinen wirtschaftlichen Stagnation benötigen und die Bedingungen aus rein wirtschaftlicher Vernunft akzeptieren. Dies ist die gewöhnliche Kosten - Nutzen - Analyse, welche frei bleibt und den eigenen Vorteil wählt. Er kann aber auch kurz vor dem Zusammenbruch durch eine drohende Revolution stehen, so daß die Erhaltung seines Bestandes ihn bereit sein läßt, wegen des erwarteten Kredits alles zu akzeptieren.

Aber auch dies wäre noch kein ausreichender Grund, um eine verbotene Intervention anzunehmen. Denn ein Staat oder eine internationale Organisation ist, mangels vertraglicher Bindungen, nicht verpflichtet, Kredite an einen Schuldner zu vergeben, dessen mangelnde Bonität keine Rückzahlung erwarten lassen kann, weil sein Wirtschaftssystem nicht geeignet ist, die notwendigen Tilgungen zu generieren. Intervention liegt erst dann vor, wenn ein Staat in einer solchen Notsituation einen anderen

---

325 Res. 3281 (XXIX), in: Vereinte Nationen 1975, S. 117

326 Neben der Bundesrepublik Deutschland Belgien, Dänemark, Großbritannien, Luxemburg und die USA, vgl. Bundestags - Drucksache 7/4293, S. 76

327 Vgl. ebenso Schröder, M., Non - Intervention, Principle of), in: Bernhardt, R. (ed.), Encyclopedia of Public International Law, Instalment 7, S. 358 - 360, 360

328 Vgl. hierzu Meng, W., Conditionality of IMF and World Bank Loans: Tutelage Over Sovereign States, Verfassung und Recht in Übersee 21 (1988), S.263-277

Staat in Verbindung mit dem Angebot eines Kredits ultimativ vor Forderungen stellt, welche nichts mit dem wirtschaftlichen Zweck des Kredits zu tun haben, wenn er etwa die Abtretung eines Gebiets - nicht zur Sicherung, sondern permanent - verlangt, den Verzicht auf militärische Bewaffnung oder ähnliches.

Aber selbst in diesen Fällen wird man nicht pauschal eine verbotene Intervention feststellen können, sondern die konkrete Situation bewerten müssen. Abrüstungsforderungen an einen erklärten militärischen Gegner mit Kreditzusagen zu verbinden, ist keine verbotene Intervention, weil die militärische Stärke in diesem Fall eine Bedrohung darstellt, welche nicht durch die Zahlung eines Kredits aufrechterhalten werden muß.

Dies zeigt, daß die Koppelung eines wirtschaftlichen Angebots oder die Drohung mit der Reduzierung von Warenlieferungen nur in ganz konkret zu begründenden Ausnahmefällen den Tatbestand einer vom Völkerrecht verbotenen Intervention darstellen[329]. In der Regel wird die Persuasionswirkung eines vorteilhaften Angebots, das mit der Forderung von Gegenleistungen verbunden ist, nicht mehr bedeuten als den Appell, einen für beide Seiten vorteilhaften Austausch vorzunehmen. Der Druck auf die Entscheidungsfreiheit, welcher hier im Einzelfall vorliegen kann, ist noch kein Zwang im Sinne des Interventionsverbots[330]. Dies ist jedenfalls der Befund nach bisher geltendem Völkerrecht, wobei Vorschläge für eine Weiterentwicklung de lege ferenda zu bedenken sind[331].

Hieraus ergibt sich auch, daß rein nachteilige Einwirkungen, welche die wirtschaftliche Entscheidung eines Staates aufgrund des Reaktionszusammenhangs in der Wirtschaftsordnung eines anderen Staates hat, keine verbotene Intervention sein können[332]. Denn das Erfordernisses des Zwangs oder der Drohung damit verlangt eine finale Handlung. Nicht zielgerichtete Auswirkungen können keine Intervention sein.

---

[329] Vgl. auch Oppermann, T., Nichteinmischung in die inneren Angelegenheiten, ArchVR 14 (1968/70), S. 321- 342, 334 f.

[330] Kewenig, W.A., Die Anwendung wirtschaftlicher Zwangsmaßnahmen im Völkerrecht, Berichte der Deutschen Gesellschaft für Völkerrecht 22 (1982), S. 7-35; Scheuner, Intervention und Interventionsverbot, Vereinte Nationen 1980, S. 149 - 156, 153 f.

[331] Dicke, D.C., Economic Coercion, in: Bernhardt, R. (ed.), Encyclopedia of Public International Law, Instalment 8, S. 147 - 149; ders., Die Intervention mit wirtschaftlichen Mitteln im Völkerrecht (1978)

[332] Abbott, K.W., Collective Goods, Mobile Resources, and Extraterritorial Trade Controls, Law and Contemporary Problems 50 (1987),S. 117 - 152, 141

(ii) Adressat

Eine unzulässige Einmischung in die inneren Angelegenheiten eines Staates kann zunächst dem Staat selbst gegenüber erfolgen, in militärischen Aktionen, aber auch in Erklärungen, Protesten, Drohungen und ähnlichem gegenüber seinen Organen. Nicht nur der Staat selbst kann unmittelbarer Adressat der Intervention sein, sondern auch diejenigen, welche der durch das Interventionsverbot geschützten Sphäre unterworfen sind, in dem der Staat das Zwangsmonopol und das Ordnungsmonopol ausübt[333]. Allerdings darf dies nicht dahin mißverstanden werden, daß dadurch das Interventionsverbot auf Private ausgedehnt würde. Schutzziel bleibt die Entscheidungsfreiheit des Staates. Diese ist aber nicht punktuell auf einzelne Entscheidungen begrenzt, auch die generellen Ordnungsentscheidungen sind geschützt. Die Territorialhoheit, die Personalhoheit und die Ordnungshoheit beinhalten auch die Entscheidungsfreiheit des Staates über den Rahmen und die Grundsätze einer Lebensordnung. Er kann aufgrund seines Gewaltmonopols auf eine Durchsetzung dieser Ordnung bei den seiner Hoheit unterworfenen Personen rechnen. Ihre Kooperation im Angesicht möglichen Zwanges ist Voraussetzung der Ordnung.

Wenn ein anderer Staat diese Kooperationsbedingungen zu beeinflussen sucht, indem er unter Drohung rechtlichen Zwanges im Inland ein Verhalten von Personen im Ausland bewirken will, so kann dies eine Einmischung in die inneren Angelegenheiten des Staates sein, in dem sich der Adressat dieses Einmischungsversuches aufhält. Dies ist es, was man als ein "Hineinregieren in andere Staaten" bezeichnen kann und was den Schutzbereich des Interventionsverbots, die Territorial-, Personal- und Ordnungshoheit des Staates tangiert.

Auch dieses "Hineinregieren" muß näher qualifiziert werden. Hierzu kann auf die obigen Erörterungen zur Intensität der Einmischungsmittel verwiesen werden. Nicht jede psychische Beeinflussung von Personen genügt dem Interventionsbegriff. Vielmehr ist die reine Kosten - Nutzen - Analyse immer noch Gegenstand der Willensfreiheit. Insoweit kann auch nicht jede Persuasion einer staatlichen Regelung verbotene Intervention sein. Nur die Aufforderung unter Drohung mit Zwang im Inland an Private, Gesetze ihres Aufenthaltsstaats zu verletzen, welche rein innere Angelegenheiten regeln, verstößt gegen das völkerrechtliche Interventionsverbot[334].

---

[333] Haedrich, H., Intervention, in: Strupp-Schlochauer, Wörterbuch des Völkerrechts, Bd.2 (1961), S. 144, 145

[334] Wengler, W., Völkerrecht, Bd. 2 (1964), S. 1042

Jurisdiktion ist in aller Regel mit der Androhung der zwangsweisen Durchsetzung im Territorium des regelnden Staates verbunden. Nur wenn sie aber Rechte und Pflichten im Ausland regeln will und damit ein Verhalten beeinflussen will oder wenn sie an Sachverhalte im Ausland anknüpfen will, kann sie final auf innere Angelegenheiten anderer Staaten ausgerichtet sein und damit gegen das Interventionsverbot verstoßen. Extraterritoriale Jurisdiktion verstößt damit gegen das Interventionsverbot, wenn sie Regelungen trifft, die eine exklusive innere Angelegenheit eines anderen Staates betreffen.

3. Teilergebnis

Jurisdiktion ist unmittelbarer und konstitutiver Ausdruck von Staatsgewalt, die ordnend die Gesellschaft auf ihrem Territorium gestaltet und diese Ordnung auch durchsetzt. Diese Staatsgewalt ist souveräne Gewalt nach innen. Nach außen ist sie als souveräne Gleichheit im Völkerrecht geschützt. Sie umfaßt mehrere Teilbereiche. Die Territorialhoheit ist die Hoheit des Staates über das Territorium und im Territorium. Dort besitzt der Staat das Zwangsmonopol, kein anderer Staat darf dort Hoheitsakte vornehmen. Er haftet aber auch unter gewissen Voraussetzungen völkerrechtlich für Schäden, die von seinem Territorium aus verursacht werden. Auf dem Territorium errichtet der Staat in freier Selbstbestimmung aufgrund seiner Ordnungshoheit eine Lebensordnung mit den Mitteln des Rechts, darunter auch eine Wirtschaftsordnung. Er hat dort das Ordnungsmonopol, die Ordnung kann aber Bezüge über das Territorium hinaus haben. Gleiches gilt von der Personalhoheit, welche ein besonderes Treueverhältnis zwischen Staat und Staatsbürgern, wozu auch juristische Personen zählen, bzw. dauernd in einem Staat Aufenthaltsberechtigten voraussetzt.

Die staatlichen Hoheitsbereiche sind durch das Recht auf territoriale Integrität und durch das Verbot der Einmischung in die inneren Angelegenheiten anderer Staaten, das Recht auf eine selbstbestimmte Ordnung und das Selbstbestimmungsrecht der Völker geschützt. Eine Intervention in die inneren Angelegenheiten kann auch durch Zwang oder Drohung damit gegen Private vorgenommen werden. Dies ist bei extraterritorialer Jurisdiktion der Fall, wenn ein Sachverhalt geregelt wird, der exklusiv zu den inneren Angelegenheiten eines anderen Staates gehört.

D. Extraterritoriale Jurisdiktion

1. Begriff

Extraterritorial bedeutet "außerhalb des eigenen Territoriums eines Staates". Negativ heißt das: auf dem Territorium eines anderen Staates oder auf staatsfreiem Territorium wie etwa der Hohen See und nicht auf dem Territorium des regelnden Staates. Hier spielt, wie bereits gesagt, der Unterschied zwischen territorialer Souveränität und Gebietshoheit eine Rolle[335]. Die Kompetenztheorie, welche das Staatsgebiet als Geltungsbereich der staatlichen Rechtsordnung ansieht[336], müßte konsequenterweise das Staatsgebiet nicht als den lokalen Bezugspunkt zur territorialen Souveränität, sondern als denjenigen zur Gebietshoheit ansehen. Dann kann das Staatsgebiet sich auch in das Ausland erstrecken, sofern ein Staat dort Gebietshoheit ausüben darf[337]. Andererseits könnte man den Begriff der extraterritorialen Jurisdiktion strikt an die territoriale Souveränität binden.

Da aber in Fällen, in denen ein Staat auf fremdem Gebiet rechtmäßig die Gebietshoheit ausübt, immer entweder eine völkerrechtliche Ermächtigung hierzu oder die Zustimmung des territorialen Souveräns vorliegt, ist er berechtigt, auch für dieses Gebiet Recht zu setzen und auch dort durchzusetzen. Die Probleme extraterritorialer Jurisdiktion, die Kollision zweier Hoheitsgewalten, können in diesem Falle genauso wenig auftreten wie auf eigenem Staatsgebiet. Obwohl das Problem eher terminologischer Natur ist, soll der Begriff des Territoriums für diesen Themenkreis auf den Bereich der Gebietshoheit bezogen werden.

Im Unterschied zur Extraterritorialität im hier gebrauchten Sinne verwendet man den Begriff der "Exterritorialität" für das Phänomen der "Nichtzugehörigkeit zum Territorium eines gewissen Staates", der "Befreiung von seiner Gebietshoheit"[338]. Dies ist eine etwas irreführende, auf die Exterritorialitätstheorie von Grotius, welche inzwischen überwunden ist, zurückgehende Bezeichnung für die Immunitäten etwa von Staatsoberhäuptern, Diplomaten, Staatsschiffen und Truppenteilen auf fremdem Territorium, denn hier geht es nicht um das Territorium, auf

---

335 Verdross/Simma, a.a.O. (Anm. 158) §§ 1038 ff.; Verdross, A./Simma, B./Geiger, R., Territoriale Souveränität und Gebietshoheit (1980), S. 223 ff.; Dahm / Delbrück / Wolfrum, a.a.O. (Anm. 15), S. 318 f

336 Kelsen, H., Allgemeine Staatslehre (1925), S. 97 ff.

337 So etwa Radnitzky, E., Zur Lehre von der Gebietshoheit und der Exterritorialität, Archiv für öffentliches Recht 28 (1914), S. 454 - 480, 456

338 Radnitzky, a.a.O., S. 454 - 480, 470; Ipsen, a.a.O. (Anm. 244), S. 448

dem sich die genannten Personen und Einheiten physisch befinden, sondern um die Beschränkung der Staatsgewalt aufgrund Völkerrechts[339].

Extraterritoriale Jurisdiktion[340] ist also einerseits die Vornahme von Hoheitsakten im Ausland. Hierunter fallen Vollstreckungsakte mit physischer Gewalt, die hoheitliche Zustellung von Dokumenten, die Vornahme von Hoheitsakten wie der Erlaß von Rechtsnormen und Verwaltungsakten und die Vornahme gerichtlicher Handlungen im Ausland, das heißt auf fremdem Staatsgebiet, in staatsfreien Räumen sowie in Fahrzeugen mit dem Hoheitszeichen des Auslands.

Neben dieser Vornahme von Hoheitsakten im Ausland umschreibt der Begriff extraterritoriale Jurisdiktion - im weiteren Sinne - die Ausübung von Hoheitsgewalt mit Auslandsbezug[341]. Dieser weite Begriff bedarf aber zusätzlicher Konturen. Insoweit muß zunächst die Ausübung von Hoheitsgewalt weiter differenziert werden nach Anknüpfung und Anordnung. Anknüpfung ist der personelle oder sachliche Bezug der Regelung. Angeknüpft werden kann an die Qualifikation einer Person, ihre Staatsangehörigkeit, ihren Sitz oder Wohnsitz, ihren Aufenthalt. Angeknüpft werden kann auch an einen Sachverhalt, etwa den Betrieb eines Kraftfahrzeugs. Weiter kann angeknüpft werden an Sachen und

339 Vgl. Dahm / Delbrück / Wolfrum, a.a.O. (Anm. 15), S. 281; Wengler, W., Völkerrecht, Bd. 2 (1964), S. 949, 960 f.

340 Der Interim Report on extra-territorial Jurisdiction in Export Control Law des ILA - Komitees über die rechtlichen Aspekte extraterritorialer Jurisdiktion ILA Report of the 64th Conference, Broadbeach (1990), S. 318 definiert "extraterritoriality" "as meaning the adoption of rules of law (including their adjudication and enforcement) that control conduct abroad, thereby undercutting or purporting to override the control exercised or exercisable by the foreign territorial sovereign."

341 Schlochauer, H.J., Die extraterritoriale Wirkung von Hoheitsakten nach dem öffentlichen Recht der Bundesrepublik Deutschland und nach internationalem Recht (1962), S. 10 f. definiert extraterritoriale Hoheitsakte durch ihre unmittelbare oder mittelbare Auswirkung auf fremdes Territorium. Kaffanke, J., Nationales Wirtschaftsrecht und internationale Wirtschaftsordnung (1990), S. 65 will von den extraterritorialen Wirkungen intraterritorialen Rechtsanwendung sprechen. Gegen den Begriff der extraterritorialen Jurisdiktion in dieser breiten Bedeutung ist Wengler, W., Internationales Privatrecht, in: Das Bürgerliche Gesetzbuch, Kommentar (hrsg. von Mitgliedern des Bundesgerichtshofs - BGB-RGRK) (12.Aufl.1981), 6, 1. Teilband, S. 13, 21, der ihn nur bei extraterritorialer Rechtsdurchsetzung verwenden will. Jacquet, J.-M., La norme juridique extraterritoriale dans le commerce international, Journal du Droit International 112 (1985), S. 327-405, 360 ff. definiert Extraterritorialität der Jurisdiktion durch die Wirkungen außerhalb des Territoriums, unterscheidet aber zwischen primärer Wirkung, die auf Auslandsregelung abzielt und sekundärer Wirkung, die im Ausland aufgrund einer Inlandsregelung eintritt. Nach Beitzke, G. Extraterritoriale Wirkung von Hoheitsakten, in: Strupp-Schlochauer, Wörterbuch des Völkerrechts, Bd.1 (1960), S.504 f. gelten Hoheitsakte grundsätzlich nur im eigenen Staatsgebiet und haben nur rein tatsächliche extraterritoriale Auswirkungen

Vermögensgegenstände und schließlich an ein Rechtsverhältnis wie etwa die Ehe. Eine Anknüpfung ist extraterritorial, wenn sich Personen, Sachverhalte, Sachen, Vermögensgegenstände oder Rechtsverhältnisse im Ausland befinden. Im folgenden soll hier also, wenn der Anknüpfungsbereich im Ausland liegt, von Auslandsanknüpfung gesprochen werden.

Neben der Anknüpfung kann extraterritoriale Jurisdiktion auch durch den Regelungsinhalt des Hoheitsaktes vorliegen. Dieser kann in einer Handlungs- oder Unterlassungspflicht, in einer Ermächtigung, Berechtigung oder in der Herstellung einer Rechtslage bestehen. Soll eine Handlung im Ausland vorgenommen werden, soll eine Handlung im Ausland unterlassen werden, soll ein Recht oder eine Ermächtigung im Ausland wahrgenommen werden oder soll eine Rechtslage im Ausland entstehen oder verändert werden, liegt also der Rechtsfolgenbereich im Ausland, so handelt es sich um extraterritoriale Jurisdiktion im Sinne einer Auslandsregelung.

Auslandsanknüpfung und Auslandsregelung können zusammenkommen, so etwa wenn ein wettbewerbsbeschränkendes Verhalten von Personen im Ausland verboten wird oder wenn Personen im Ausland der Export von Waren in Drittländer untersagt wird. Straftaten von Personen im Ausland können mit Sanktionen im Inland belegt und damit das strafbare Verhalten im Ausland untersagt werden. Unternehmen, welche im Ausland fusionieren, kann die Verpflichtung auferlegt werden, dies bei einer zuständigen Behörde im Inland zu melden. Eigenen Staatsangehörigen im Ausland kann das Wahlrecht zur Wahrnehmung in der Auslandsvertretung im Aufenthaltsland zuerkannt werden, wenngleich es auch dort nur mit Zustimmung dieses Landes ausgeübt werden darf. Ausländern im Ausland kann die Staatsangehörigkeit verliehen werden.

Die Auslandsanknüpfung kann aber auch eine Inlandsregelung nach sich ziehen. Personen im Inland können aufgrund ihrer Tätigkeit oder ihres Vermögens im Ausland der Steuerpflicht im Inland unterliegen, die gleiche Pflicht kann aber auch Personen treffen, die im Ausland sind. Personen im Ausland können vor eine inländische Behörde oder ein Gericht geladen werden, sie können verpflichtet werden, dort bestimmte Informationen oder Dokumente vorzulegen, welche in ihrem Aufenthaltsstaat belegen sind. Staatsangehörige im Ausland können zum Antritt des Wehrdienstes im Heimatstaat verpflichtet werden.

Diese Beispiele zeigen bereits, daß es, wie bei der Besteuerung von Personen im Inland wegen Einkommen oder Vermögen im Ausland reine Auslandsanknüpfungen gibt, die nur eine Verpflichtung im Inland nach sich ziehen, aber auch solche, die zwar auch Inlandsregelungen begründen, bei denen aber Personen im Ausland zu einer grenzüberschreitenden Tätigkeit verpflichtet werden: Einreise, Überweisung oder Verbringung von Geldbeträgen, Übersendung von Dokumenten aus dem Ausland. Im letzteren Falle enthält der Hoheitsakt beides: eine Inlands- und eine Auslandsregelung.

Schließlich können Auslandsregelungen auch auf rein intraterritorialen Anknüpfungen beruhen. Dies ist etwa bei der Besteuerung von Ausländern wegen Grundeigentum im Inland der Fall. Die Steuerzahlung muß aus dem Ausland erfolgen, der Gegenstand der Steuer ist im Inland. Das gleiche gilt bei einer Verpflichtung, Importwaren nach bestimmten Standards etwa des Gesundheitsschutzes oder der Sicherheit im Ausland zu produzieren und vor Einfuhr Muster zur Überprüfung bereitzustellen.

Hieraus ergeben sich die Konfliktsituationen bei extraterritorialer Jurisdiktion. Bei einer Auslandsregelung liegen sie auf der Hand. Das Handlungsverbot eines Staates kann mit der Handlungsanordnung eines anderen Staates kollidieren, so etwa ein Reexportverbot mit einer gerichtlich angeordneten Lieferungspflicht oder ein Fusionsverbot mit einer angeordneten Zwangsfusion. Eine angeordnete Zahlung ins Inland kann mit einer Devisenverkehrsbeschränkung kollidieren. Aber auch reine Auslandsanknüpfungen können eine nachteilige Auswirkung auf das Ausland haben, etwa im Falle von Doppelbesteuerung oder bei Besteuerung aller selbständigen Auslandstöchter eines inländischen Mutterunternehmens.

Diese für andere Staaten nachteiligen Folgen rechtfertigen die Frage, ob es auch Grenzen für eine solche reine Auslandsanknüpfung gibt. Kollisionsrechtlich fragt sich, ob die Interessen der individuell Betroffenen oder der ausländischen Staaten aus Gründen wirtschaftlicher Rationalität berücksichtigt werden sollten. Diese Fragestellungen sind der Grund, warum es sinnvoll ist, diese an sich rein innerstaatlichen Regelungen in den weiteren Begriff extraterritorialer Jurisdiktion einzubeziehen. Man muß hier aber eine Grenze ziehen zwischen extraterritorialer Jurisdiktion einerseits und intraterritorialer Jurisdiktion mit extraterritorialen Folgen.

Nicht mehr zur extraterritorialen Jurisdiktion gehören alle innerstaatlichen Regelungen, welche lediglich innerstaatliche Anknüpfungspunkte und Rechtsfolgen, aber faktische Auswirkungen auf das Ausland haben. Das Verbot etwa der Einfuhr von Waren, welche unter Verletzung ökologischer Standards produziert oder gewonnen wurden, kann einen ausländischen Exporterlös erheblich beeinflussen[342]. Ein Exportverbot für Kriegswaffen kann durchaus erhebliche militärische Auswirkungen im Ausland haben, indem es die militärische Schlagkraft anderer Staaten reduziert. Eine Diskontsatzerhöhung durch die Deutsche Bundesbank kann Kapital aus dem Ausland wegen der erwarteten Zinserhöhung anziehen und damit Investitionsströme von anderen Staaten ablenken. Jede inländische Subvention kann die Wettbewerbsfähigkeit der Empfänger auf den Weltmärkten zu Lasten ausländischer Unternehmen verbessern. Inländisches Steuerrecht kann einen Unternehmer dazu bewegen, sein Produktivvermögen aus dem Ausland ins Inland zu verlegen, wodurch Arbeitsplätze und Einkommensquellen im Ausland verloren gehen können.

All dies sind Auslandsauswirkungen territorialer Jurisdiktion. Sie entstehen zwar ebenfalls durch die zunehmenden grenzüberschreitenden Verflechtungen staatlicher Ordnungen, insbesondere der Wirtschaftsordnung. Sie sind aber, abgesehen von vertraglichen Verpflichtungen, keine völkerrechtliches Problem, sondern Ergebnis einer Kausalkette, welche durch die tatsächliche Verflechtung von Lebensbereichen über die Grenze begründet ist. Solche Auswirkungen mögen geradezu das Regelungsziel einer bestimmten Jurisdiktions - Maßnahme sein, andererseits können sie auch ein nicht beabsichtigter und vielleicht nicht einmal vorhergesehener Effekt der Regelung sein. Jeder Staat kann in seinem Territorium die Lebensordnung selbst regeln. Erst wenn er in seiner Regelung oder gar in ihrer Durchsetzung über seine territorialen Grenzen hinausgeht, entsteht ein völkerrechtliches Problem.

Der Unterschied zwischen Auslandsregelung und reiner Auslandsanknüpfung läßt sich im internationalen Konkursrecht beispielhaft aufzeigen. Nach § 1 KO erfaßt die Konkurseröffnung das Vermögen des Gemeinschuldners, gleich wo es belegen ist, also auch im Ausland. Die angeordnete Rechtsfolge ist eine extraterritoriale Verfügungsbeschränkung. Nach deutschem Recht ist eine Einzelzwangsvollstreckung in das Vermögen des Gemeinschuldners im Ausland unwirksam (§ 237 KO) und der Vollstreckungsgläubiger kann im Inland zur Herausgabe des so im Ausland zwar rechtmäßig, im Inland aber rechtsunwirksam Erlangten gezwungen werden[343].

---

342 Vergleiche dazu Bogdandy, A. v., Internationaler Handel und nationaler Umweltschutz: Eine Abgrenzung im Lichte des GATT, EuZW 3 (1992), S. 243 - 248 zur Thunfisch - Entscheidung eines GATT - Panels nach Art. XXIII GATT, der das amerikanische Exportverbot auf S. 247 allerdings zu Unrecht eine "Frage der Extraterritorialität" nennt

343 BGHZ 88, 147

Die Norm des § 1 KO ordnet also Rechtsfolgen im Ausland an. Sie kann zwar nicht im Ausland direkt durch deutsche Gerichte und Konkursverwalter durchgesetzt werden, aber im Inland, was auf einen potentiellen Vollstreckungsgläubiger eine entscheidende Wirkung ausüben kann, wenn er Sitz und Vermögen im Inland hat. Dann nämlich ist eine Auslandsvollstreckung normalerweise sinnlos und verursacht nur Kosten, weil er das im Ausland Erlangte im Inland wieder herausgeben muß. Es handelt sich um eine Auslandsregelung.

Die Norm des § 237 KO ordnet dagegen eine reine inländische Rechtsfolge an, weil sie die Auslands - Zwangsvollstreckung im Inland nicht anerkennt. Sie knüpft aber an einen Auslands - Sachverhalt an. Da sie aber den Zweck des ausländischen Hoheitsakts - die Befriedigung des Einzelgläubigers - durch die Rückzahlungsklage im Inland wieder zunichte macht, stellt sich hier die Frage, ob diese Einwirkung auf ausländische Hoheitsakte nicht vom Völkerrecht begrenzt wird. Denn wenn diese Klage droht, wird die Kosten - Nutzen - Analyse des Gläubigers, ob er im Ausland die Einzelzwangsvollstreckung betreiben will, nicht nur seine dortige Rechtsposition berücksichtigen, sondern auch die Folgen im Inland.

2. Beispiel: Extraterritoriale Jurisdiktion im britischen Empire

Eine bedeutsame Rolle spielte der Begriff der extraterritorialen Jurisdiktion im britischen Empire. Hier ging es um die Abgrenzung der Hoheitssphären im überstaatlichen Commonwealth - Bereich[344]. Allerdings wurde in diesem Fall niemals klar artikuliert, ob es sich bei den Kriterien einer solchen Abgrenzung um die Konsequenz aus einer völkerrechtlichen Schranke oder um eine selbständige partikularrechtliche Beschränkung der Rechtsverhältnisse innerhalb der Staatenfamilie des Empires handelte[345]. Immerhin war auch hier wie im öffentlichen Wirtschaftsrecht der gleiche Katalysator am Werk, um das Problem extra-

---

[344] Allgemein hierzu O'Connell, D.P., The Doctrine of Colonial Extra-Territorial Legislative Incompetence, Law Quarterly Review 75 (1959), S. 318-332

[345] In der Entscheidung The Zollverein (1856) 1 Swab. Adm. 96 ff. heißt es: "In endeavouring to put a construction on a statute, it must be borne in mind how far the power of the British Legislature extends, for unless the words are so clear that a contrary construction can in no way be avoided, I must presume that the legislature did not intend to go beyond this power". Vgl. auch Jefferys v. Boosey (1854) 4 H.L.C. 815, 939: "The statutes of this realm have no power, are of no force, beyond the Dominions of Her Majesty, not even to bind the subjects of the realm, unless they are expressly mentioned, or can be necessarily implied." Vgl. O'Connell, D S. The Doctrine of Colonial Extra-Territorial Legislative Incompetence, Law Quarterly Review 75 (1959), S. 318-332 und Keith, A.B., Responsible Government in the Dominions, Bd.1 (1928), 331

territorialer Jurisdiktion überhaupt zu problematisieren: die besondere Verflechtung der staatlichen Binnenbereiche durch Verkehr über die Grenzen.

Jedenfalls nahm man in der englischen Lehre an, daß grundsätzlich der Staat erlaubterweise den Regelungsbereich seiner Jurisdiktion in das Ausland erweitern dürfe. Dies wurde allerdings zunächst nur für das vom britischen Parlament gesetzte Recht so gesehen[346], während für die Kolonien weitgehend eine strikte Begrenzung auf das Territorium angenommen wurde[347]. So wurde etwa die Bestrafung von Bigamie eigener Bürger im Ausland aufgrund eines britischen Parlamentsgesetzes für zulässig erachtet[348], während ein Gesetz von New South Wales mit gleichem Inhalt als unwirksam angesehen wurde[349].

Allerdings zeigte die Reaktion auf diese Rechtsprechung auch, daß die Beschränkung von Staaten auf rein territoriale Jurisdiktion nicht bedeutet, daß nicht die Ziele, welche mit extraterritorialer Jurisdiktion erreicht werden sollten, auf anderem Wege erreicht werden können. So wurde es als rechtmäßig erachtet, Personen auf Schiffen, welche nach dem Öffnen von Zollverschlüssen in die Gewässer von Commonwealth-Staaten einliefen, wegen des Einlaufens mit geöffneten Zollverschlüssen zu bestrafen[350]. Das Öffnen selbst zu bestrafen, wäre verbotene extraterritoriale Jurisdiktion gewesen. Auch in den Bigamie-Fällen fand Kanada den Ausweg, Personen zu bestrafen, welche Kanada verließen, um im Ausland eine bigame Ehe zu schließen[351].

In Section 9 des British North America Act von 1867 war die volle Jurisdiktion einschließlich dem Recht zu extraterritorialer Jurisdiktion als Recht zur Rechtsetzung für "peace, order and good Government" umschrieben worden. Dies war von der Rechtsprechung anerkannt worden[352] Die Rechtsprechung, welche den Dominions extraterritoriale Jurisdiktion verbot, wurde später immer mehr zugunsten einer Annäherung der Kompetenz von englischem Parlament und den Parlamenten

---

[346] Vgl. etwa House of Lords [1901] A.C. 446

[347] Dies bedeutete auch eine Nichtanwendbarkeit des Personalitätsprinzips auf das Ausland. Siehe MacLeod v. Attorney General for New South Wales [1891] A.C. 455 (Privy Council)

[348] Earl Russell [1901] A.C. 446

[349] MacLeod v. Attorney General for New South Wales [1891] A.C. 455 (Privy Council)

[350] P. & O. Steam Navigation Co. v. Kinston, [1903] A.C. 471

[351] R. v. Brinkley (1907), 12 Can. C.C. 454, vgl. dazu Keith, A.B., Responsible Government in the Dominions, Bd.1 (1928), S. 332

[352] Croft v. Dunphy (1933) A.C. 156

der Dominions abgeschwächt[353]. Die Formel "peace, order and good government" spielte dabei eine zentrale Rolle.

Schließlich beseitigte die "Conference on the Operation of Dominion Legislation and Merchant Shipping Legislation" von 1929 das Problem der extraterritorialen Jurisdiktion der Dominions[354], indem sie feststellte, daß auch Kolonialparlamente extraterritoriale Jurisdiktion hätten. Ihr Bericht umreißt noch einmal die Probleme. Ausgangspunkt war die Tatsache, daß alle Gesetzgebung gewisse territoriale Grenzen hinsichtlich ihrer Anwendbarkeit hat. Diese Grenzen stammten entweder aus der Formulierung von Gesetzen oder aus der Annahme eines Willens des Gesetzgebers, wie ihn die Gerichte formulieren. Letzteres wird immer als Gesichtspunkt der Comity of Nations oder anderer "considerations" angesehen. Was aber die Gesetzgebung der Parlamente der Dominions angehe, so gebe es "constitutional limitations". Es heißt weiter, das ganze Sachgebiet sei "full of obscurity". Im Prinzip gebe es eigentlich nur eine Lösung von Fall zu Fall. Diese Unklarheiten führten gerade dazu, daß vorgeschlagen wurde, gesetzlich festzustellen, daß diese Beschränkungen nicht mehr existieren.

Unter Ziff. 3 des Statute of Westminster vom 11. Dezember 1931[355] heißt es ausdrücklich: "It is hereby declared and enacted that the Parliament of a Dominion has full power to make laws having extra-territorial operation". Ob dadurch den Dominions aber ein Recht neu verliehen wurde, ist umstritten. In einer Rede im irischen Parlament[356] am 16.7.1931 legte der Abgeordnete McGilligan Wert auf die Feststellung, daß die Vorschrift über die extra - territoriale Kompetenz der Gesetzesorgane der Dominions rein deklaratorisch sei, indem er feststellte: "The Power of this Parliament having extra-territorial operation has nowhere been denied, because it is undeniable"[357].

Im Zusammenhang damit wurden im Spezialbereich der Schiffahrt mögliche Unzuträglichkeiten extraterritorialer Jurisdiktion durch einen Vertrag ausgeschlossen, das "Agreement as to British Commonwealth Merchant Shipping" vom 10.12.1931[358]. Dort heißt es in Art. 9, daß mangels gegenteiliger Regelung Rechtsnormen über die Handelsschiff-

---

353 Croft v. Dunphy, a.a.O.

354 Hierzu A.B. Keith (Hrsg.), Speeches and Documents of the British Dominions 1918-1931 from Self-Government to National Sovereignty (1961) S. 173,181 ff.

355 22 Geo.5, c.4

356 im sog. Dail Eireann

357 Abgedruckt bei Keith, A.B., Responsible Government in the Dominions, Bd.1 (1928) S. 231,236

358 der von allen Dominions außer Indien akzeptierte Entwurf findet sich bei Keith, A.B., Responsible Government in the Dominions, Bd.1 (1928), S. 222

fahrt nicht ohne vorherige Zustimmung des Flaggenstaates extraterritorial angewendet werden sollten[359]. In der Folgezeit nahm die Rechtsprechung des englischen High Court und des Privy Council an, daß extraterritoriale Jurisdiktion der Staaten des Commonwealth nur dann rechtmäßig war, wenn es eine genügende Verbindung zwischen dem Regelungsgegenstand und dem regelnden Staat gab[360].

Im Zusammenhang damit ist es zu sehen, wenn es im Australia Act 1986 (U.K.)[361] in section 2 heißt, die Rechtsetzungsbefugnis des Parlaments umfasse auch Recht mit extraterritorialem Regelungsbereich "for the peace, order and good government"[362]. Dieser Gesichtspunkt ist deckungsgleich mit dem Begriff der Ordnungshoheit. In der englischen Praxis ist demnach die extraterritoriale Jurisdiktion aufgrund dieser Hoheit anerkannt. Sie geht über die Terrritorialhoheit hinaus.

3. Effekte extraterritorialer Jurisdiktion

Wenn der Regelungsbereich des staatlichen Rechts weiter sein kann als sein Geltungsbereich, so zeigt dies bereits, daß die Staaten eine Durchsetzung ihrer Rechtsnormen gegenüber Personen im Ausland selbst dann für möglich ansehen, wenn sie dieses Recht nicht hoheitlich selbst mit Zwangsmaßnahmen durchsetzen können. Auch wenn das Sprichwort: "Die Nürnberger hängen keinen, sie hätten ihn denn" den Kern der Inkongruenz von Regelungsbereich und Durchsetzung durchaus treffend beschriebt, so gilt doch auch, daß Zwang nicht nur physischer Natur sein kann. Auch ist die Wertschätzung von Vermögen und Eigentum möglicherweise so stark, daß ein Inhaber Gefahren für seine Güter im Ausland dadurch abwenden will, daß er das Recht des Belegenheitsstaates nicht verletzt.

---

[359] "Safe as otherwise specially provided in this agreement, the laws relating to Merchant Shipping in force in one part of the Commonwealth shall not be made to apply with extra-territorial effect to ships registered in another part unless the consent of that other part of the Commonwealth has been previously obtained...".

[360] The Commissioner of Stamp Duties (N.S.W.) v. Millar and Anor (1932) 48 C.L.R. 618, 632; Johnson v. Commissioner of Stamp Duties (1956) A.C. 331; (1969) 1 A.C. 320; Pearce v. Florenca (1976) 135 C.L.R. 507

[361] Hierzu Moshinsky, M., State Extraterritorial Legislation and the Australia Act 1986, Australian Law Journal 61 (1987), S. 779-785

[362] "It is hereby declared and enacted that the legislative powers of the Parliament of the State include full power to make laws for the peace, order and good government of that State, that have extra-territorial operation."

Die faktische Durchsetzung ist dann das Ergebnis einer Kosten - Nutzen - Analyse beim Adressaten. Wenn der Nachteil etwa einer Verurteilung[363] in einem Staat, in dem sich der Verurteilte nicht aufhält, größer ist als der Vorteil des Rechtsverstoßes, so wird er das Recht befolgen, auch wenn er sich außerhalb von dessen Geltungsbereich befindet. Dieser Nachteil kann in einer aktuellen Vollstreckung in Vermögen bestehen, welches im ausländischen Staat belegen ist, er kann aber auch in sonstigen unerwünschten und aufgrund der analytischen Abwägung untragbaren Folgen liegen.

a) Persuasion

Jurisdiktion soll das Verhalten von Menschen steuern. Sie gebietet ein Tun oder Unterlassen, sie regelt Rechte und Pflichten zwischen Personen oder zwischen Personen und Staat. Die Regelung formuliert den Rechtsbefehl. Soweit sie ein Verhalten herbeiführen oder verhindern will, ist ihre Steuerungsfunktion deutlich. Das Kartellverbot des § 1 GWB soll die Unternehmen zu Wettbewerb anhalten und ihnen Wettbewerbsbeschränkungen verbieten. Aber auch die Regelung von Rechtsverhältnissen induziert oder verhindert ein bestimmtes Verhalten der Rechtsgenossen.

Extraterritoriale Jurisdiktion kann Durchsetzungskraft nicht nur durch Vollstreckungszwang, sondern auch durch die Ausübung psychischer Wirkung haben[364]. Dieser mag zum einen darin bestehen, daß eine Person aus ethischer Überzeugung rechtmäßig handeln will. Zum anderen aber wird hier der Gedanke der Kosten - Nutzen - Analyse bei der Wahl von Verhaltensalternativen durch Menschen eingreifen. Persuasion ist die motivierende Kraft, welchen ein Rechtsbefehl auf das Verhalten von Menschen ausübt. Jede Rechtsregel, die Pflichten auferlegt intendiert eine persuasive Wirkung. Sie will befolgt werden, will das Verhalten der Adressaten lenken. Diese Wirkung besteht zunächst einmal im Appell an den Willen zu rechtmäßigem Verhalten beim Adressaten, in der Einforderung von Akzeptanz, dann in der Ankündigung negativer materiellrechtlicher Konsequenzen und schließlich in der Zwangsandrohung.

Das Recht kann etwa androhen, daß es eine Handlung, wenn sie vom Adressaten nicht vorgenommen wird, selbst als geschehen fingiert und

---

363 Dies sei nur beispielhaft angeführt, der Gedanke trifft aber auf alle Rechtsakte zu, welche Vollstreckungstitel sind.

364 Meessen, a.a.O. (Anm. 39), S. 17 f. Zur Frage der Bedeutung von Zwang für das Recht und den Staat vgl. oben Seite 39

damit die Rechtslage entsprechend umgestaltet, wie dies etwa § 894 ZPO für den Fall vorsieht, daß jemand zur Abgabe einer Willenserklärung, etwa der Einigung über den Eigentumsübergang einer Sache, verurteilt wurde: mit Rechtskraft des Urteils gilt die Erklärung als abgegeben, das Eigentum an einer bereits übergebenen Sache wird zum Beispiel durch das Urteil selbst dem Besitzer übertragen.

Weiter kann das Recht dem Adressaten vor Augen führen, daß die Nichtbefolgung möglicherweise eine gleichartige rechtswidrige Verhaltensweise bei den anderen Rechtsgenossen nach sich zieht. Dadurch wird einmal der Nachteil angedroht, welcher durch die Nichtbefolgung von Recht für dessen allgemeine Steuerungsfunktion und insbesondere für die Rechtssicherheit entstehen kann. Darüber hinaus kann die Rechtsordnung selbst den verletzten Rechtsgenossen das Recht geben, rechtswidriges Verhalten eines anderen durch seinerseits an sich rechtswidriges, aber eben durch diesen Umstand gerechtfertigtes Verhalten zu beantworten. Ein Beispiel hierfür ist das Rechtsinstitut der Repressalie im Völkerrecht, der Erzwingung rechtmäßigen Verhaltens durch die Androhung und möglicherweise auch Durchführung einer an sich rechtswidrigen Vergeltung durch andere Völkerrechtssubjekte[365]. Im innerstaatlichen Recht mag etwa die Androhung eines Zurückbehaltungsrechts[366] der Gegenleistung bei Nichterfüllung eines vertraglichen Anspruchs eine zusätzliche Motivation bieten, die Leistung zu erbringen. Daß im Strafrecht Notwehr droht, kann möglicherweise den Angriff auf das Rechtsgut zu riskant oder kostspielig machen.

Die Durchsetzung von eigenem Recht kann, neben der Persuasionswirkung einer drohenden Inlandsvollstreckung, auch dadurch effektiviert werden, daß sich die Staaten Rechtshilfe leisten. In diesem Fall leiht ein Staat einem anderen seine Hoheitsgewalt zur Durchsetzung von fremdem Recht auf eigenem Staatsgebiet. Wo eine solche Durchsetzung droht, steht der Adressat einer Norm unter der Androhung einer unmittelbaren Durchsetzung im Ausland. Dies erhöht die Persuasionswirkung einer rechtlichen Anordnung wesentlich.

Die erfolgreiche persuasive Wirkung extraterritorialer Jurisdiktion besteht darin, daß sie die Rechtsverletzung für den Verletzer so kostspielig macht, daß er es vorzieht, dem Rechtsbefehl Folge zu leisten. Dabei ist die Präferenzstruktur jedes einzelnen Adressaten nicht exakt im Voraus zu bestimmen. Wie die Kosten - Nutzen - Analyse bei jedem Adressaten ausfällt, kann man erst ex post wissen. Das ist aber kein

---

[365] Allgemein hierzu Partsch, K.J., Reprisals, in: Bernhardt,R. (ed.), Encyclopedia of Public International Law, Instalment 9, S. 330 - 335 m. w. N.

[366] Vgl. z.B. § 273 BGB

besonderes Merkmal extraterritorialer Jurisdiktion, denn auch Individuen im anordnenden Staat müssen die Befolgung des Rechts in einer Verhaltensanalyse je nach ihren Verhaltensmaximen möglicherweise gegen andere Präferenzen abwägen. Antigone entschied sich gegen das von Kreon gesetzte positive Recht für ihre ethische Pflicht, als sie ihren Bruder Orestes begrub.

Der Nachteil einer Nichtbefolgung im Ausland kann auch darin bestehen, daß der Adressat einer Rechtsnorm während deren Vollstreckbarkeitsdauer nicht mehr in den Gerichtsstaat einreisen kann, ohne eine Vollstreckungsmaßnahme gegen seine Person befürchten zu müssen[367]. Dies gilt für eine Person, welche im Ausland in Abwesenheit bereits strafrechtlich verurteilt wurde, ebenso wie für jemanden, welcher Strafverfolgung befürchten muß. Es gilt auch für Zeugen, welche wegen Nichterscheinens zu Ordnungshaft verurteilt wurden. Im Zivilprozeß gibt es durchaus auch noch andere Fälle des Zwangs gegenüber Personen durch Freiheitsentziehung[368].

Ein faktisches Einreisehindernis in einen Staat mit expandierender Wirtschaft und attraktiven Arbeitsplätzen kann die Berufsausübung und Erwerbschancen wesentlich behindern, wobei hier deutlich wird, daß Staaten mit erfolgversprechenden Märkten wohl hier eher einen psychischen Druck ausüben können als Staaten, an denen eher ein touristisches Interesse besteht.

Der gleiche Gesichtspunkt weist auf eine weitere Quelle der Persuasion hin: das faktische Hindernis für Neuinvestitionen und Warenlieferungen in dem Gerichtsstaat zur Vermeidung von Beschlagnahmen und Vermögensverlusten nach Erlaß oder Anerkennung eines Vollstreckungstitels dort. Auch hier ist die wirtschaftliche Bedeutung eines Staates maßgebend. Wenn ein solches Hindernis zu erheblichen Vermögenseinbußen führen könnte, so ist dies ein wesentliches Argument für die Entscheidung einer Person, nicht mit dem extraterritorial anzuwendenden Recht dieses Staates in Konflikt zu kommen.

Und schließlich ist die wirtschaftliche Position eines Staates auch von Bedeutung, wenn er droht, bei Nichtachtung seiner rechtlichen Ge- oder

---

[367] So lange die britischen Kolonien ausdrücklich keine extraterritoriale Jurisdiktion haben durften, behalf man sich damit, daß man es bei Strafe verbot, daß jemand nach einem bestimmten Ereignis im Ausland in die Kolonie einreiste, siehe P. & O. Co. v. Kingston [1903] A.C. 471. Umgekehrt wurde es etwa unter Strafe gestellt, eine Kolonie zu verlassen, um in Ausland Bigamie zu begründen, siehe O'Connell, D.P., The Doctrine of Colonial Extra-Territorial Legislative Incompetence, Law Quarterly Review 75 (1959), S. 318-332, 329

[368] §§ 909, 910 ZPO oder auch die Beugehaft nach §§ 390 und 890 ZPO

Verbote auch im Ausland die Belieferung des Adressaten von seinem Territorium aus zu verbieten. Wenn der Adressat auf diese Güter angewiesen ist, weil ihre Technologie nur in diesem Staat vorhanden ist, wenn er Waren aus diesem Staat benötigt, weil sie nur dort überhaupt oder jedenfalls zu akzeptablen Preisen angeboten werden, so ist eine angedrohte Ausfuhrsperre ein wesentlicher Gesichtspunkt für die Kosten - Nutzen - Analyse des Normadressaten, der nicht dem direkten Zugriff des anordnenden Staates unterliegt. Daß Recht Persuasion ausübt, auch wenn es nicht vollstreckt werden kann, nimmt ihm im übrigen nicht seine Rechtsqualität, denn Zwang ist nicht die Voraussetzung der Rechtsqualität von Normen (wohl aber, wie bereits dargetan, eine notwendige Staatsfunktion[369]).

Persuasion betrifft den präventiven Aspekt einer Rechtsnorm. Wenn eine Rechtsnorm den Eintritt eines unerwünschten Erfolges zur Anknüpfung für eine Sanktion nimmt, so will die Ankündigung dieser Sanktion doch zunächst diesen Erfolg verhindern. Diese erstrebte Steuerung menschlichen Verhaltens ist auch die primäre Aufgabe einer Sanktionsnorm. Sie ist extraterritoriale Jurisdiktion, wenn das zu regelnde Verhalten zumindest auch außerhalb des Territoriums stattfinden oder verboten werden soll.

Solche Persuasionswirkung wird auch nicht dadurch neutralisiert, daß staatliches Recht im Ausland nicht aus eigenem Recht durchgesetzt werden kann, daß der Aufenthaltsstaat des Adressaten diesem Recht die Anerkennung versagen oder gar seine Befolgung durch Zwang verhindern könne[370]. Denn man muß in Rechnung stellen, daß der Aufenthaltsstaat hiervon nicht immer ex ante Kenntnis haben muß. Im wirtschaftlichen Bereich etwa ist ein rechtswidriges Verhalten wegen seiner wirtschaftlichen Folgen, welche vor Entdeckung und Ahndung eintreten können, per se unerwünscht.

Wenn ein anderer Staat durch seine Vollstreckungsdrohung eine Person im Ausland zu einem solchen Verhalten aufgrund einer rationalen Kosten - Nutzen - Analyse bringen will, so beeinflußt er willentlich deren Verhalten in der Wirtschaftsordnung des anderen Staates. Dieser aber ist auf die Befolgung seiner Wirtschaftsordnung durch alle in ihr tätigen Wirtschaftssubjekte angewiesen und hat ein Recht darauf. Nichtbefolgung durch Einzelne birgt eine Gefahr durch mögliche Nachahmer. Diese Konsequenzen sind oft unüberschaubar. Die

---

[369] Vgl. oben Seite 39

[370] So aber Schlochauer, H.J., Die extraterritoriale Wirkung von Hoheitsakten nach dem öffentlichen Recht der Bundesrepublik Deutschland und nach internationalem Recht (1962), S. 40 ff

Formulierung und Durchsetzung der Regeln der eigenen Ordnung muß alleine dem betroffenen Staat selbst vorbehalten sein. Jede extraterritoriale Jurisdiktion mit Persuasionswirkung auf das Ausland ist deshalb eine Beeinflussung der ausländischen Wirtschaftsordnung.

Die Persuasionswirkung muß differenziert werden von einer sonstigen Auswirkung. Jede Auslandsregelung will Persuasionswirkung im Ausland haben. Reine Auslandsanknüpfungen sind dagegen nicht notwendig von diesem Willen getragen. Persuasion ist bewußt darauf ausgerichtet, den Adressaten zum gewünschten Verhalten oder Unterlassen zu bewegen. Der Begriff ist zwar weiter als der des Zwanges oder der Drohung damit im Rahmen des völkerrechtlichen Interventionsverbotes. Persuasion ist deswegen auch nicht automatisch ein ausreichendes Mittel der Einmischung nach diesem Verbot. Persuasion muß aber bewußt und gewollt ausgeübt werden. Alle anderen tatsächlichen Auswirkungen einer Maßnahme sind keine extraterritoriale Jurisdiktion.

Ein praktisches Beispiel für intendierte Persuasionswirkung bietet ein Schreiben, das die Antitrust Division des Department of Justice in Washington an Personen im Ausland richtete, welche um freiwillige Auskunft gebeten wurde: "We wish to emphasize that this letter is only a request for a voluntary submission of documents and information and is not a subpoena... While our requests were and are voluntary in nature, we believe that there are excellent reasons why your firm should cooperate fully with our investigation... In many cases firms have voluntary responded to our requests in order not to jeopardize their optimal future utilization of business opportunities in the United States"[371].

Eine wesentliche Quelle der Persuasionswirkung ist die Androhung einer Vollstreckung in Sachen und Vermögenswerte, welche im Territorium des regelnden Staates belegen sind. Hier kann, wo ein kontradiktorisches Verfahren erforderlich ist, dieses nach Maßgabe des nationalen Rechts auch in Abwesenheit des Adressaten durchgeführt werden, so etwa im Zivilrecht durch ein Versäumnisverfahren oder im Strafrecht durch eine Verurteilung zu einer Geldstrafe in Abwesenheit.

Nur wenn ein Staat ein Durchsetzungsinteresse an einer Rechtsnorm hat, entfaltet sie Persuasionswirkung im hier gebrauchten Sinne des Wortes. Das Durchsetzungsinteresse zeigt sich an zweierlei: das materielle Recht steht nicht zur Disposition der Adressaten und sie haben auch keine

---

[371] Zitiert nach Mozet, P., Internationale Zusammenarbeit der Kartellbehörden (1991), S. 9

Verfügung über dessen verfahrensmäßige Durchsetzung im Inland. Diese Voraussetzungen liegen im Strafrecht und im öffentlichen Recht immer vor. Im Zivilrecht haben die Parteien zwar weitgehend Dispositionsfreiheit, es gibt aber auch dort zwingendes Recht etwa bei Verbraucherverträgen[372] oder im Arbeitsrecht[373]. Aber nur wenn im Zusammenhang damit auch die Prorogationsfreiheit der Parteien hinsichtlich des Gerichtsstandes eingeschränkt wird, kann zwingendes Zivilrecht und vom Zivilgericht anzuwendendes öffentliches Recht[374] wegen seiner intendierten Persuasionswirkung zu einem Problem extraterritorialer Jurisdiktion werden.

b) Eingriff in die fremde Staatsordnung

Extraterritoriale Jurisdiktion wird dadurch zu einem völkerrechtlichen Problem, daß sie auf das Territorium oder in die Lebensordnung eines fremden Staates wirkt. Soweit es sich um die Vornahme von Hoheitsakten im Ausland handelt, ist dies ohne Zustimmung des betreffenden Staates unzweifelhaft eine Verletzung seiner Territorialhoheit. Bei Auslandsregelungen will der regelnde Staat mit Hilfe der Persuasionswirkung Personen zu Handlungen oder Unterlassungen im Ausland verpflichten. Die Steuerung des Verhaltens auf seinem Territorium ist aber regelmäßig Teil der Ordnungshoheit eines Staates. Eine Auslandsregelung greift notwendig in diesen Bereich ein. Da es sich um einen Teilbereich staatlicher Souveränität handelt, welche vom Völkerrecht geschützt ist, muß das Völkerrecht befragt werden, ob und in welchem Umfang es solche Eingriffe zuläßt. Eine Schranke wurde bereits im Interventionsverbot festgestellt, wenn es sich um die innere Angelegenheit eines anderen Staates handelt.

---

[372] Art. 29 EGBGB

[373] Art. 30 EGBGB. Vgl. zum interntationalen Arbeitsrecht Däubler, W., Grundprobleme des internationalen Arbeitsrechts, AWD 18 (1972), S. 1-12. Zur Rechtslage im Ausland O'Brien, K.A., Cleary v. United States Lines, Inc. The Protections of the ADEA Held not to Apply to American Citizens Employed Abroad, North Carolina Journal of International Law and Commerce Regulation 9 (1983), S. 173-186,; Lowe, A.V., Extraterritorial Jurisdiction (1983), S. 173 f.; Barbash, David M., Same boss, different rules: an argument for extraterritorial extension of Title VII to protect U.S. citizen employed abroad by U.S. multinational corporations, Virginia Journal of International Law 30 (1990) S. 479-515; McWhorter, J., Hands across the water: should Title VII of the civil Rights Act of 1694 have extraterritorial application, Houston Journal of International Law 12 (1989), S. 125 - 142; Schlosstein, J. B., Title VII, FCN treaties, and U.S. branches of foreign business enterprises: limited discrimination "of their choice". Wisconsin International Law Journal 8 (1989), S. 189 - 250

[374] So gemäß § 34 EGBGB

Die entstehenden Konflikte sind keine echten Normenkonflikte. Diese können nur zwischen den Normen der gleichen Rechtsordnung auftreten und werden dort entweder nach allgemeinen Vorrangregeln, also den Sätzen von der lex posterior, der lex superior oder der lex specialis [375] oder nach speziellen Rechtsregeln aufgelöst[376]. Eine Rechtsordnung kann auch Normen einer anderen Rechtsordnung anwenden oder transformieren und dabei eine Normenhierarchie statuieren, wie dies etwa im deutschen Grundgesetz in Art. 25 für die allgemeinen Regeln des Völkerrechts bestimmt ist[377]. Konflikte bei extraterritorialer Jurisdiktion involvieren aber voneinander getrennte Rechtsordnungen.

Vielmehr handelt es sich um Konflikte staatlicher Interessen. Der regelnde Staat will etwa eine Handlungspflicht durchsetzen, deren Erfüllung im anderen Staat verboten ist. Oder er verbietet ein Verhalten im Ausland, dem der andere Staat bewußt - etwa aus ordnungspolitischen Gründen - einen Freiraum der auf seinem Gebiet tätigen Personen offengelassen hat. Bei reiner Auslandsanknüpfung ohne Auslandsregelung kann es dagegen nicht zu einem Jurisdiktionskonflikt kommen. Hier stellt sich nur die völkerrechtliche Frage, ob diese Inlandsregelung im konkreten Fall möglicherweise wegen ihrer tatsächlichen Auslandswirkung völkerrechtlichen Schranken unterliegt[378].

Die Verflechtung der Staatsgebiete durch Verkehrs- und Kommunikationseinrichtungen, sowie durch die grenzüberschreitenden persönlichen Beziehungen zwischen Angehörigen verschiedener Staaten machen heute aus benachbarten Staaten kommunizierende Röhren[379], bei denen die Veränderung im einen Staat eine direkte Reaktion beim Verhalten der Menschen im anderen Staat erzeugt. Deshalb ist bei den Rechtsbehauptungen über die Zulässigkeit oder Unzulässigkeit extraterritorialer Jurisdiktion zunächst mit der notwendigen Trennschärfe zu unterscheiden, ob überhaupt ein solcher Fall vorliegt, also ein Hoheitsakt im Ausland, eine Auslandsregelung oder eine Auslandsanknüpfung einer Inlandsregelung mit bewußter Persuasionswirkung auf das Verhalten von Personen im Ausland. Eine rein tatsächliche Auswirkung genügt nicht.

---

[375] Vgl. hierzu etwa Engisch, K., Einführung in das juristische Denken, 8. Aufl. (1989), S. 162 f.

[376] So etwa, wenn Art. 31 GG bestimmt, daß Bundesrecht Landesrecht bricht

[377] Vgl. hierzu Rudolf, W., Völkerrecht und deutsches Recht (1967), S. 240 ff.

[378] Vgl. auch Jennings, R., The Proper Reach of Territorial Jurisdiction: A Case Study of Divergent Attitudes, Georgia Journal of International and Comparative Law 2 (1972), S. 35-42, 41

[379] Meessen, a.a.O. (Anm. 39), S. 17

c) Auswirkungen auf die Adressaten

Extraterritoriale Jurisdiktion bringt für den Adressaten einen Befolgungskonflikt mit sich, wenn er sich widersprechenden Anordnungen des ausländischen und seines Aufenthaltsstaats gegenübersieht. Abgesehen von diesem materiellen Konflikt ist aber noch ein weiterer Aspekt zu beachten. Während im Inland jedermann das auf ihn anwendbare Recht zu kennen hat, wird dies bei extraterritorialer Jurisdiktion fraglich. Das Recht mag Persuasionswirkung bezwecken, ob es aber zur Kenntnis von Personen im Ausland kommt, ist fraglich. Dabei muß man differenzieren, ob jemand im regelnden Staat etwa investieren oder sonstige geschäftliche Tätigkeiten ausüben will oder ob er sich unversehens dem Produkthaftungsrecht eines Staates gegenübersieht, in den sein Produkt auf dem Umweg über viele nicht überschaubare Wege des Handels gelangt ist.

Selbst Personen im Inland des regelnden Staates können Probleme mit extraterritorialer Jurisdiktion haben. Daß eine Handlung im Ausland vom Inland geregelt wird, ist nicht von vornherein zu erwarten. Jeder Bürger weiß, daß seine Inlandshandlungen von inländischem Recht geregelt sind und seine Handlungen im Ausland vom Recht des ausländischen Staates. Daß aber das Recht seines eigenen Staates ins Ausland hinübergreift, dessen kann er sich jedenfalls bei mangelhafter Publizität nicht notwendigerweise versehen.

Die skizzierten Probleme Privater mit extraterritorialer Jurisdiktion werden daraufhin zu prüfen sein, ob sie von völkerrechtlichen Regeln erfaßt werden. Jedenfalls aber können sie zum Anlaß kollisionsrechtlicher Regeln gemacht werden. Auch wenn es hier um die Probleme des öffentlichen Wirtschaftsrechts geht, so sind doch die Kriterien des Zivilrechts modellhaft zu berücksichtigen, welches ein seit langem etabliertes und methodisch ausgeformtes Kollisionsrecht kennt. Kollisionsrechtlich spricht man hier von der Frage der gerechtfertigten Erwartungen oder "justified expectations" hinsichtlich des anwendbaren Rechts.

4. Reaktionen anderer Staaten

Ein von extraterritorialer Jurisdiktion betroffener ausländischer Staat kann verschieden auf eine solche Maßnahme reagieren, so etwa positiv durch Rechtshilfe, Anerkennung fremden Rechts, Begrenzung der Anwendung eigenen Rechts oder Anwendung fremden Rechts. Er kann auch einen eigenen Hoheitsakt erlassen, welcher dem Adressaten eine Befolgung des ausländischen Aktes verbietet. Er kann auf völkerrechtlicher Ebene bei dem ausländischen Staat gegen eine völkerrechtswidrige extraterritoriale Jurisdiktion protestieren oder hiergegen im Rahmen des Völkerrechts Repressalien greifen.

Auf Seiten des Staates, welcher den extraterritorialen Jurisdiktionsakt erläßt, kann in den Fällen, in denen eine Kollision mit der Hoheit eines anderen Staates entsteht oder in denen dieser Akt für die Adressaten aufgrund des Auslandsbezuges zu ungerechten oder unsachgemäßen Ergebnissen führt, eine Zurücknahme des eigenen Durchsetzungsanspruchs erfolgen. Dies kann entweder auf Grund einer völkerrechtlichen Verpflichtung oder auf Grund kollisionsrechtlich motivierter Selbstbeschränkung der Fall sein.

Diese Reaktionsmöglichkeiten werden in ihrer völkerrechtlichen Problematik später noch genauer betrachtet werden müssen. Hier sollen vorab zunächst die allgemeinen Fragen der Anerkennung fremder Hoheitsakte und der Anwendung fremden Rechts erörtert werden.

a) Anerkennung fremder Hoheitsakte

Wenn ein Staat Hoheitsakte eines anderen Staates durchsetzen will, so kann er sie zu diesem Zwecke allgemein oder in einem speziellen Verfahren anerkennen. Dies gilt nicht nur, aber auch für Hoheitsakte extraterritorialer Jurisdiktion. Insoweit hat dann die Anerkennung die gleiche Funktion wie bei der Durchsetzung fremder territorialer Jurisdiktion im Inland, die etwa den Normalfall der Anerkennung und Vollstreckung ausländischer Zivilurteile im Inland darstellt. Die Anerkennung kann aber auch der Gerechtigkeit gegenüber Privaten dienen, etwa bei der Anerkennung der ausländischen Rechts- und Geschäftsfähigkeit, der Eheschließung oder der Erbfolge. Man kann hier von fremdnütziger Anerkennung reden.

Anerkennung kann aber auch eigennützig sein. Ein Staat kann etwa eine ausländische Sicherheitsüberprüfung einer eingeführten Ware oder eine Prüfungsleistung bzw. einen akademischen Grad eines Ausländers anerkennen, um auf diese Weise den grenzüberschreitenden Verkehr zu erleichtern und die Kosten einer erneuten Überprüfung zu ersparen. Gerade Anerkennung von ausländischen Qualifikationen der Ausländer im Inland kann aber auch zugleich deren Integration in das inländische Leben dienen und somit gleichzeitig fremd- und eigennützig sein.

Anerkennung ist die Annahme einer durch fremdes Recht geschaffenen Rechtslage, als sei sie durch einen vergleichbaren eigenen Akt geschaffen worden[380]. Anerkennung ist also nicht gleichbedeutend mit der Feststellung, daß ein ausländischer Staat durch seinen Hoheitsakt kein Völkerrecht verletzt. So muß ein Staat dann, wenn ein anderer Staat ihm gegenüber diplomatischen Schutz für einen Staatsangehörigen ausübt, zunächst darüber entscheiden, ob er den ausländischen Verleihungsakt der Staatsangehörigkeit als völkerrechtsgemäß ansieht. Dies ist aber keine Anerkennung im hier gebrauchten Wortsinn. Anerkennung setzt vielmehr eine aktive Mitwirkung eines anderen Staates in seinem Inland voraus. Diese kann natürlich die völkerrechtliche Beurteilung des fremden Staatsakts berücksichtigen, muß es aber nicht.

Die eigennützige Anerkennung stützt sich auf die faktische Grundlage eines ausländischen Hoheitsakts und legt sie einem eigenen Hoheitsakt zugrunde. Hier geht es nicht um die Durchsetzung ausländischen Rechts, sondern um die Vermeidung doppelter Sachverhaltsfeststellungen im staatlichen oder im Privatinteresse. Ausländische Berufsabschlüsse werden dahingehend anerkannt, daß sie die Aufnahme dieses Berufs in der Bundesrepublik Deutschland erlauben[381]. Akademische Grade des Auslands müssen im Inland anerkannt werden, um geführt werden zu können[382]. Ausländische Studienbefähigungen müssen anerkannt werden, um zum Studium an inländischen Hochschulen zu berechtigen[383].

---

[380] Meng, W., Recognition of Foreign Legislative and Administrative Acts, in: Bernhardt,R. (ed.), Encyclopedia of Public international Law, Instalment 10, S.348-352; Geck, W. K., Anerkennung fremder Hoheitsakte, in: Strupp-Schlochauer, Wörterbuch des Völkerrechts, Bd.1 (1960), S. 55 - 57; Bleckmann, A., Zur Anerkennung ausländischer Verwaltungsakte im Europäischen Gemeinschaftsrecht, Juristenzeitung1985, S. 1072 - 1077; König, K., Die Anerkennung ausländischer Verwaltungsakte (1965); Weiß, K., Die Anerkennung ausländischer Verwaltungsakte (1932); Geck, W. K., Anerkennung, in: Strupp-Schlochauer, Wörterbuch des Völkerrechts, Bd.1 (1960), S. 55

[381] Vgl. etwa das Gesetz vom 6.7.1990 zur Umsetzung der Richtlinie des Rates vom 21.12.1988 über eine allgemeine Regelung zur Anerkennung der Hochschuldiplome, die eine mindestens dreijährige Berufsausbildung abschließen, für die Berufe des Rechtsanwalts und des Patentanwalts, BGBl. 1990 I, S. 1349. Ebenso die Anerkennungsvorschriften für Ärzte und Angehörige anderer Heilberufe in § 3 und 10 a der Bundesärzteordnung (BGBl. III 2122-1), § 2 des Gesetzes über die Ausübung der Zahnheilkunde (BGBl. III 2123-1), § 4 Bundes - Tierärzteordnung (BGBl. III 7830-1), § 2 Hebammengesetz (BGBl. III 2124-14), § 2 Krankenpflegegesetz (BGBl. III 2124-15), § 4 Bundes - Apothekerordnung (BGBl. III 2121-1). Diese Vorschriften dienen der Umsetzung von entsprechenden Angleichungsrichtlinien der EWG, vgl. das Gesetz zur Änderung der Bundesärzteordnung und weiter Bundesgesetze für Heilberufe vom 23.3.1992 (BGBl. 1992 I, 719)

[382] So das Gesetz über die Führung akademischer Grade vom 7.6.1939, RGBl. 1939 I, 985; geändert durch Gesetz vom 2.3.1974, BGBl. 1974 I, 469

[383] Vgl. etwa § 61 Abs. 3 des rheinland - pfälzischen Hochschulgesetzes in der Fassung vom 9.9. 1987 (GVBl. 1987, 249)

Bei der fremdnützigen Anerkennung wird dagegen die im Ausland geschaffene Rechtslage im Inland allem weiteren staatlichen Handeln zugrundegelegt. Ausländische Vollstreckungstitel können von deutschen Gerichten nach § 723 ZPO anerkannt werden, um im Inland vollstreckungsfähig zu sein. Entstandene Rechtstitel oder Rechtsverhältnisse wie etwa Eheschließung, Scheidung, Ehelicherklärung von Kindern oder auch die Enteignung oder die Verfügungsbeschränkung des Schuldners im Konkurs werden ohne weitere Nachprüfung, allerdings unter dem Vorbehalt des ordre public, akzeptiert. Eine wichtige Komponente der Anerkennung ist die Feststellung der Existenz und des Inhalts des anzuerkennenden ausländischen Aktes[384].

Anerkennung unterscheidet sich von der kollisionsrechtlichen Anwendung fremden Rechts dadurch, daß der anerkennende Staat das Ergebnis des Jurisdiktionsprozesses des ausländischen Staates übernimmt. Karl Neumeyer bezeichnet deswegen die Anerkennung als Wissenserklärung[385], als Zustimmung zu Aussagen einer fremden Hoheitsgewalt über die Wirklichkeit und über die rechtliche Bewertung von Vorgängen und Zuständen. Er stellt fest, daß eine Anerkennung rechtsbegründende, feststellende und entscheidende Staatsakte des Auslands betrifft.

Anerkennung und Rechtsanwendung können aber nicht immer klar voneinander unterschieden werden. Soweit nämlich eine Rechtslage anerkannt wird, welche direkt aufgrund eines Gesetzes oder einer Verordnung besteht, etwa die Rechtsfähigkeit nach § 1 BGB, müssen die tatsächlichen Voraussetzungen dieses Rechts festgestellt werden. In diesem Falle verlangt die Anerkennung der Rechtslage die Feststellung des Vorliegens der gesetzlichen Voraussetzungen, also Rechtsanwendung.

Anerkennung ist demnach bei konkret - speziellen Einzelakten ein Akt nach inländischem Recht, dem ein ausländischer Rechtsanwendungsakt als "res iudicata" zugrundegelegt wird[386], bei dem also der Rechtsan-

---

[384] Fedozzi, P., De l'efficacité extraterritoriale des lois et des actes de droit public, RdC 27 (1929 II), S. 141-242, 206 versteht Anerkennung weiter, sodaß nach seiner Auffassung jeder anerkannte Akt grundsätzlich voller richterlicher Nachprüfung unterliegt. Damit wird aber die Anerkennung identisch mit der Anwendung ausländischen Rechts. Auch Kegel, G., Internationales Privatrecht (6.Aufl.1987), S. 721 sieht in der Anerkennung eine Rechtsanwendung. Dies kann, wie nachfolgend ausgeführt, der Fall sein bei unmittelbarer Gestaltung einer Rechtslage durch ausländisches Recht, ist es jedoch dann nicht, wenn das Ergebnis eines fremden Hoheitsakts per se anerkannt wird

[385] Neumeyer, a.a.O. (Anm. 171), S. 295 ff.

[386] Fedozzi, P., De l'efficacité extraterritoriale des lois et des actes de droit public, RdC 27 (1929 II), S. 141-242, 183; Meng, W., Recognition of Foreign Legislative and Administrative Acts, in: Bernhardt,R. (ed.), Encyclopedia of Public International Law, Instalment 10, S. 348 - 352, 348

wendungsvorgang nicht mehr wiederholt wird, bei abstrakt - generellen Rechtsnormen aber ein Akt der Rechtsanwendung. Aus diesem Grunde ist die Unterscheidung von Anerkennung und Rechtsanwendung nur systematisch, nicht aber hinsichtlich der Rechtsfolgen von Bedeutung. Man sollte sie nicht zur Begründung irgendwelcher relevanter Unterscheidungen beider methodischer Aspekte heranziehen.

In der Regel ist fremdnützige Anerkennung motiviert durch die Erwartung der Gegenseitigkeit oder durch das Bestreben, den internationalen Personen- und Wirtschaftsverkehr nicht durch Rechtsunsicherheit, Unberechenbarkeit und Widersprüchlichkeit der Rechtslagen zu gefährden oder in seiner Effektivität zu beeinträchtigen. Staaten haben ein übereinstimmendes Interesse daran , daß eigene Hoheitsakte auch im Ausland die Rechtslage gestalten oder das Verhalten der Adressaten bestimmen, wie dies etwa bei der Anerkennung von Scheidungen oder Konkursen deutlich wird. Alle Staaten sind sich in gewissem Umfang einig, daß bestimmte Regelungen nur dann einen Sinn haben, wenn sie nicht an der Grenze ihre Wirksamkeit verlieren. Wollte jeder Staat einem Fremden einen neuen Namen verleihen oder einen neuen Personenstand, so wäre der Grenzübertritt damit verbunden, daß sich die Spur eines Individuums verliert und daß seine Familienverhältnisse zum unentwirrbaren Dschungel werden.

Wenn also das angesprochene gemeinsame Staateninteresse besteht, dann kann es im Laufe der Zeit zu einer multilateralen vertraglichen Regelung führen. Bis es dazu kommt, wird aber bereits der Eigennutz die Staaten zur gegenseitigen Anerkennung von Hoheitsakten jedenfalls in einem gewissen Umfang bewegen. Dieser Eigennutz wird zur Triebfeder des Reziprozitätsprinzips. Wer eigene Hoheitsakte im fremden Staat anerkannt wissen will, der muß diejenigen des fremden Staates auch bei sich anerkennen.

Anerkennung betrifft in den meisten Fällen eine im Ausland durch Hoheitsakt geregelte Rechtslage. Dies kann auch durch Zivilrechtsnormen ipso iure geschehen wie etwa durch die Verleihung von Rechts- und Geschäftsfähigkeit nach §§ 1 und 104 ff. BGB. Überwiegend geht es dabei aber um ausländische öffentlichrechtliche Akte wie etwa die Verleihung der Staatsangehörigkeit. Während im Privatrechtsbereich die Anerkennung der Gleichwertigkeit aller nationalen Regelungen in der Regel nicht auf Schwierigkeiten stößt, muß dies für das öffentliche Recht erheblich differenziert werden. Entgegengesetzte Staateninteressen werden eine Anerkennung regelmäßig ausschließen.

Aber auch dort, wo der fremde Hoheitsakt ausschließlich der Regelung der Rechte und Pflichten im Privatrechtsverkehr dient, werden in der

Regel Reziprozitätsinteressen in genügender Stärke vorliegen müssen, um eine Anerkennung vernünftig erscheinen zu lassen. Dies schließt auch praktisch den Fall aus, daß ein Staat einen fremden Hoheitsakt anerkennt, welcher nach dem Willen des erlassenden Staates bereits gar nicht über dessen Territorium hinaus wirken soll. So müssen bei der Frage nach der sinnvollen Funktion einer Anerkennung ausländischen öffentlichen Rechts immer die Funktion des Rechtssatzes, das Reziprozitätsinteresse, das respektive Interesse beider Staaten an dem Inhalt eines bestimmten Hoheitsakts und der Gesichtspunkt der Sachnähe eines Staates berücksichtigt werden.

Die Anerkennung kann durch einen Staat einseitig vorgenommen werden, sie kann aber auch aufgrund einer völkerrechtlichen Verpflichtung gegenüber anderen Staaten erfolgen. In der Europäischen Gemeinschaft gibt es weitgehende Anerkennungspflichten. Aufgrund der Vorschrift des Art. 30 EWGV sind Mitgliedstaaten etwa zu einer beschränkten Anerkennung ausländischer Waren - Zertifikate verpflichtet[387]. Aufgrund Art. 57 EWGV hat der Rat der EWG eine Reihe von Richtlinien über die gegenseitige Anerkennung der Diplome, Prüfungszeugnisse und sonstiger Befähigungsnachweise von Gemeinschaftsbürgern in den Mitgliedstaaten erlassen[388]. Art. 100 b Abs.1 S.2 sieht vor, daß der Ministerrat beschließen kann, "daß die in einem Mitgliedstaat geltenden Vorschriften als den Vorschriften eines anderen Mitgliedstaates gleichwertig anerkannt werden müssen". Eine erhebliche Bedeutung innerhalb der EG kommt dem Übereinkommen über die gerichtliche Zuständigkeit und die Vollstreckung gerichtlicher Entscheidung in Zivil- und Handelssachen vom 27. September 1968[389] hinsichtlich der Anerkennung von Gerichtsentscheidungen zu, das unter anderem die Anerkennung von Vollstreckungstiteln aus anderen Vertragsstaaten regelt. Ein weitgehend gleiches Parallelübereinkommen wurde 1988 in Lugano zwischen den EG - und den EFTA - Mitgliedstaaten abgeschlossen[390].

Daneben gibt es eine ganze Reihe von Anerkennungspflichten nach bilateralen oder multilateralen völkerrechtlichen Verträgen. Ein Beispiel ist etwa die staatsvertragliche Pflicht, im internationalen Kraftfahrverkehr jedenfalls für vorübergehenden Aufenthalt Kraftfahrzeugzulassung und

---

[387] EuGH 11.05.1989 - Wurmser, 25/88 - Slg. 1989, 1124. Vgl. generell hierzu P. C. Müller - Graf, in: Groeben - Thiesing - Ehlermann, Kommentar zum EWG - Vertrag, 4.Aufl. (1991), Bd. 1, Art. 30, Rn. 77 ff., insbesondere zu den Konsequenzen der Rechtsprechung des EuGH zu Art. 30 EWGV für die Anerkennung ausländischer Vorschriften

[388] Hierzu P. Troberg in: Groeben - Thiesing - Ehlermann, Kommentar zum EWG - Vertrag, 4.Aufl. (1991), Bd. 1, Art. 57, Rn. 1 ff

[389] BGBl.1972 II, S.774. Die neueste Fassung findet sich in ABlEG. 1990 C 189

[390] ABlEG 1988 L 319, S.9

Führerschein eines fremden Staates anzuerkennen[391]. Eine Anerkennungspflicht hinsichtlich völkerrechtsgemäß verliehener Staatsangehörigkeit[392] ergibt sich aus dem Haager Abkommen über gewisse Fragen der Kollision von Staatsangehörigkeitsgesetzen[393]. Obwohl die Konvention nicht weltweit gilt, gibt sie wohl doch den Stand des Völkergewohnheitsrechts wieder[394]. Dies ist auch in der deutschen Rechtsprechung anerkannt[395].

Fragen der Anerkennung ausländischer Hoheitsakte treten häufig bei der Enteignung auf. Unter der Voraussetzung, daß diese den allgemeinen Regeln des Völkergewohnheitsrechts oder speziellen vertraglichen Voraussetzungen entspricht[396], können ausländische Staaten sie anerkennen, sie müssen es aber nicht. Sie können die Anerkennung auch auf die Enteignung von Sachen und Vermögen beschränken, welche sich auf dem Territorium des enteignenden Staates befinden, teilweise werden aber auch extraterritoriale Enteignungen anerkannt, was zeigt, daß sie nicht per se als völkerrechtswidrig angesehen werden[397]. Auch völkerrechtswidrige Enteignungen sind der Anerkennung fähig, wenn hierin keine Einmischung in die inneren Angelegenheiten eines anderen Staates und kein Verstoß gegen zwingendes Völkerrecht liegt[398].

---

[391] Internationales Abkommen über Kraftfahrzeugverkehr vom 24.4.1926(RGBl. 1930 II, 1233) und Übereinkommen über den Straßenverkehr vom 8.11.1968 (BGBl. 1977 I, 811).

[392] Vgl. hierzu insbesondere die Nottebohm - Entscheidung des IGH, a.a.O. (Anm. 246)

[393] vom 21.4.1930, LNTS, Vol. 179, S. 89, Art. 1

[394] Randelzhofer, a.a.O. (Anm. 159), S. 417; Verdross / Simma, a.a.O. (Anm. 158) § 1192

[395] BVerfGE 37, 317; BVerwGE 23, 274; 66, 277; OVG Koblenz AS 15, 418; BayObLGZ 1971, 90; VG Frankfurt DVBl. 1968, 472

[396] Vgl. hierzu etwa Dolzer, R., Eigentum, Enteignung und Entschädigung im geltenden Völkerrecht (1985); Seidl - Hohenveldern, I., International Economic Law (1989) S.137 ff.; Verdross / Simma, a.a.O. (Anm. 158), § 1216 ff.; Dolzer, R., Expropriation and Nationalization, in: Bernhardt,R. (ed.), Encyclopedia of Public International Law, Instalment 8, S. 214 - 221 m.w.N.

[397] Seidl-Hohenveldern, I., Spaltungstheorie und Bundesverfassungsgericht, JZ 30 (1975), S. 80 - 83, 83. Zu den internationalprivatrechtlichen Fragen des Internationalen Enteignungsrechts vgl. Kreuzer, K., in: Münchener Kommentar zum Bürgerlichen Gesetzbuch, Bd. 7, 2.Aufl. (1990), Nach Art. 38 Anh. II Rn. 12 ff. Der Oberste Gerichtshof Lettlands entschied am 21.12.1931 (Innenministerium gegen Asov-Don Company, Annual Digest 1931/32, Nr. 7), daß dann, wenn eine Gesellschaft Rußland nicht enteignet wurde, sondern vollständig aufgelöst wurde, auch das Auslandsvermögen dem Rechtsnachfolger zusteht.

[398] Ipsen, a.a.O. (Anm. 244), S. 619 m.w.N.; Seidl - Hohenveldern, I., Völkerrecht (6.Aufl. 1987 Rn. 1125; Verdross/Simma, a.a.O. (Anm. 158) § 1179; Kegel, a.a.O. (Anm. 384), S. 723; Meng, W., Recognition of Foreign Legislative and Administrative Acts, in:

Teilweise wird angenommen, Staaten müßten Enteignungen anerkennen, welche im Enteignungsstaat bereits vollzogen sind oder jedenfalls Gegenstände und Vermögen beträfen, die dort belegen sind[399]. Der Bundesgerichtshof hat seine Rechtsprechung zugunsten der Anerkennung von Auslandsenteignungen generell auf den Gesichtspunkt gestützt, ob ein Staat seine Anordnung auch auf seinem Territorium durchsetzen kann[400]. Danach ist also die Durchsetzungsmacht, nicht das Faktum des fait accompli der entscheidende Gesichtspunkt. Diese Auffassung ist auch folgerichtig sowohl von ihrem Ausgangspunkt her, dem Territorialitätsprinzip, wie auch von dem kollisionsrechtlichen Interesse an einer realen Entscheidung. Denn gegen eine ausländische Durchsetzungsgewalt zu judizieren kann nur dort sinnvoll und notwendig sein, wo anders der eigene ordre public verletzt würde. Aber die Begründung mit dem Territorialitätsprinzip führt in die Irre, da hier der Gesichtspunkt des Geltungsbereichs staatlichen Rechts mit demjenigen des Regelungsbereichs unzulässig vermischt würde[401].

In den Staaten des kontinentalen Rechtskreises wird normalerweise eine Enteignung auf dem Territorium des enteignenden Staates anerkannt, während extraterritoriale Anwendung nicht anerkannt wird[402]. Auch die

---

Bernhardt,R. (ed.), Encyclopedia of Public International Law, Instalment 10, S. 348 - 352, 349; Seidl-Hohenveldern, I., Die Verstaatlichung von Kupferbergbaubetrieben in Chile, AWD 20 (1974), S. 421 - 428, 426. Stern, B., Quelques observations sur les règles internationales relatives à l`application extraterritoriale du droit, Annuaire Français du Droit International 32 (1986), S. 7 - 52, 51. Ebenso für den Fall der völkerrechtswidrigen extraterritorialen Jurisdiktion Rudolf, W., Territoriale Grenzen der staatlichen Rechtsetzung, Berichte der Deutschen Gesellschaft für Völkerrecht, Heft 11 (1973), S. 7 - 45, 38. A. A. Mann, F.A., Völkerrechtswidrige Enteignungen vor nationalen Gerichten, NJW 14 (1961), S. 705 - 710, der davon ausgeht, daß einer völkerrechtswidrigen Enteignung die Anerkennung bereits nach Völkerrecht auch im nationalen Recht zu versagen ist. Ein positiver Völkerrechtssatz dahingehend ist nach der Staatenpraxis nicht festzustellen. Mann dagegen geht von einem naturrechtlichen Ansatz aus. Auch insoweit ist seine Auffassung aber nicht generell überzeugend, da die Völkerrechtswidrigkeit zunächst nur dem enteignenden Staat zur Last zu legen ist. Nur insoweit, als der anerkennende Staat selbst eine Völkerrechtswidrigkeit begehen würde, ist auch die Anerkennung völkerrechtswidrig.

399 So etwa Ipsen, a.a.O. (Anm. 244), S. 618; Happe, C.-M., Die grenzüberschreitende Wirkung von nationalen Verwaltungsakten (1987), S. 68 ff.

400 BGHZ 25, 134; 32, 99; 32, 256; 39, 220; LG Hamburg AWD 1973, 163; Kegel, a.a.O. (Anm. 384), S. 724

401 Ebenso Rigaux, F. / Verhoeven, J., Nationalisations et relation internationales - à propos de la loi française no.82/155 du 11 février 1982, Journal des Tribunaux 101 (1982), S. 489-498, 497

402 Fonteyne, J.-P., Acts of State, in: Bernhardt,R. (ed.), Encyclopedia of Public International Law, Instalment 10, S. 1 - 4, 3. Wuppermann, M., Internationale Enteignung im Brennpunkt nationaler richterlicher Nachprüfung, AWD 19 (1973), S. 505-509, 509 sieht in der Anerkennung von Enteignungen im enteigneten Staat nur eine Hinnahme, keine

Anerkennung von Auslands - Enteignungen im Inland wurde unter den Vorbehalt des ordre public der lex fori gestellt und in Fällen, in denen sie entschädigungslos und damit völkerrechtswidrig erfolgte, überhaupt nicht anerkannt. In der Bundesrepublik Deutschland etwa werden Enteignungen auf dem Territorium des enteignenden Staates, soweit sie völkerrechtsgemäß sind, grundsätzlich anerkannt[403]. Bei Forderungen wird die Belegenheit am Wohnsitz des Schuldners für die territoriale Zuordnung als maßgebend angesehen[404].

Die Anerkennung einer ausländischen Enteignung steht in der Staatenpraxis immer unter dem Vorbehalt des nationalen ordre public.

Anerkennung im technischen Sinne. Kritisch zur Anwendung des Territorialitätsprinzips Fickel, F., Zur Entwicklung des Enteignungskollisionsrechts, AWD 20 (1974), S. 584-587. Zur Rechtslage in Belgien Houtte, H. van, Jugement sur les effets en Belgique des nationalisations françaises, Revue belgique de droit international 16 (1986), S. 652-653; Deutschland: KG JZ 6 (1951) S. 367; OLG Hamburg JZ 6 (1951), S. 444; Österreich: Oberster Gerichtshof 31.05.1931 - Lederer-Ponzer, ILR 1951, Nr. 47; Oberster Gerichtshof 29.06.1976 ILR 77, S. 447; Niederlande: Berufungsgericht Amsterdam 03.11.1925 - Deutsches Reich gegen offene Handelsgesellschaft, Annual Digest 1925 - 1926 Nr. 103; Oberster Gerichtshof 17.10.1969 ILR 74, S. 150; Schweden: Oberster Gerichtshof 13.04.1944 - Russian Trade Delegation, Annual Digest 1944 - 1945, Nr. 15; Oberster Gerichtshof 25.09.1944 - Hopf Products, Annual Digest 1944 - 1945, Nr. 16; Schweiz: Kantonalgericht Zürich 26.08.1949 - I.G. Farben, Annual Digest 1949, Nr. 31; Frankreich: Cour d'Appel d'Aix en Provence 02.12.1965 - B.N.C.I.A. ILR 47, S. 120; Cour d'Appel de Paris 14.03.1967 - Cohen, ILR 48, S. 82; Cour d'Appel de Bordeaux 28.03.1938 - Lafuente, Annual Digest 1938 - 1940, Nr. 55; Frankreich: Cour de Cassation 15.03.1966 - Carl Zeiss Stiftung ILR 47, S. 129; Cour de Cassation 15.03.1961 - Sidney - Merlind, ILR 45, S. 47. Für eine Nichtanerkennung wegen der Modalitäten der Enteignung Tribunal Commercial de Marseille 25.05.1937 - Moulin v. Volatron, Annual Digest 1935 - 1937, Nr. 68, wegen entschädigungsloser Enteignung Cour de Cassation 14.03.1939 - Société Potasas Ibericas v. Nathan Bloch, Annual Digest 1938 - 1940, Nr. 54. Die Aufspaltung der Anerkennung führt im Gesellschaftsrecht zu "Spaltgesellschaften", vgl. Z. B. BGHZ 20,4; 25, 134; 33, 199; 43,55; 56, 66, 69; 62, 340, 343. Siehe hierzu Seidl-Hohenveldern, I., Spaltungstheorie und Bundesverfassungsgericht, JZ 30 (1975), S. 80-83; Paulick, H., Territorialitätsprinzip und Spaltungstheorie (dargestellt am Beispiel der ehemaligen sudetendeutschen Genossenschaften), Studien zum Staats- und Völkerrecht, S. 181-200; Teich, U., Internationales Enteignungsrecht: Kann die deutsche Souveränität eine Frage der Belegenheit von Vermögenswerten oder des Prozentsatzes von Gesellschaftsanteilen sein?, RIW/AWD 24 (1978), S. 11-14; Fischer, P., Multinationale Unternehmen und das Völkerrecht, Die Vereinten Nationen und Österreich 23 (1974), S. 24-29, 31 - 40. Fraglich ist, ob diese Aufspaltung auch bei Enteignungen mit Entschädigung zur Anwendung kommt, vgl. Einsele, D., Rest- bzw. Spaltgesellschaft auch bei Entschädigung? Ein Problem des internationalen Enteignungsrechts im Spiegel des Art.14 Abs.3 GG, RabelsZ 51(1987), S. 603-631

[403] BGHZ 25, 134; 32, 99; 32, 256; 39, 220; LG Hamburg AWD 1973, 163; Kegel, .a.a.O. (Anm. 384), S. 724

[404] BGHZ 5, 35, 25, 139; a.A. Kegel, a.a.O. (Anm. 384), S. 725 f., der die Lage des Schuldnervermögens als entscheidend ansieht

Auch der vollzogenen Enteignung kann im Einzelfall die Anerkennung unter dem Gesichtspunkt des eigenen ordre public oder der Völkerrechtswidrigkeit versagt werden. Im Bremer Tabak-Fall[405] lehnte es das OLG Bremen allerdings ab, in der völkerrechtswidrigen Enteignung von Tabakplantagen von Niederländern in Indonesien einen Verstoß gegen den deutschen ordre public zu sehen. Auch im Chilenischen Kupfer - Fall[406] entschied das Landgericht Hamburg über eine Enteignung von Kupferminen in Chile zu Lasten einer chilenischen Gesellschaft, daß diese zwar nach deutschen Maßstäben sittenwidrig sei, daß aber der deutsche ordre public nicht verletzt sei, weil die Enteignung in Chile auch durch das spätere Verbringen von Kupfer aus diesen Minen auf deutsches Hoheitsgebiet keine "enge Beziehung mit deutschen Interessen" aufweise.

Eine opinio iuris hinsichtlich einer völkerrechtlichen Pflicht zur Anerkennung ist auch nicht die Grundlage der in England[407] und in den USA[408] angewendeten "act of state" - Doktrin[409]. Denn diese ist anerkanntermaßen in ihrer heutigen Form ein Problem der Gewaltenteilung und damit ein solches des innerstaatlichen Rechts. Der Gesichtspunkt, daß die Doktrin nicht völkerrechtlicher Verpflichtung entspringt, sondern einer Zurückhaltung der Gerichte gegenüber der außenpolitischen Kompetenz der Bundesregierung, wurde betont etwa in Texas Trading & Milling Corp. v. Federal Republic of Nigeria[410]. Auch der Supreme Court selbst hat festgestellt, daß die Doktrin richterliche Selbstbeschränkung beinhaltet, nicht die Reaktion auf eine völkerrechtliche Pflicht oder eine Norm des amerikanischen Verfassungsrechts[411].

---

[405] Archiv des Völkerrechts 9 (1961/62), S.318

[406] Sociedad Miniera El Teniente S.A../. Norddeutsche Affinerie A.G., Rabels Zeitschrift 37 (1973), S.579 (ILM 13 (1974), 1115. Hierzu etwa Seidl-Hohenveldern, I., Die Verstaatlichung von Kupferbergbaubetrieben in Chile, AWD 20 (1974), S. 421 - 428

[407] Vgl. etwa Buttes Gas and Oil Co. v. Hammer, ILM 21 (1982), S. 92 (House of Lords)

[408] Etwa Underhill v. Fernandez 168 U.S. 250, 252 (1897); Banco Nacional de Cuba v. Sabbatino, 376 U.S. 398 (1964); Alfred Dunhill of London, Inc. v. Republic of Cuba, 425 U.S. 682 (1976); Bernstein v. N.V. Nederlandsche - Americaanische Stoomvaart-Maatschappij 210 F..2d 375 (2d Cir.1953)

[409] Folz, Die Geltungskraft fremder Hoheitsäusserungen (1975); Fonteyne, J.P., Acts of State, in: Bernhardt,R. (ed.), Encyclopedia of Public International Law, Instalment 10 (1987), S.1-3 m.w.N.

[410] 647 F.2d 300 (2d Cir. 1981). Vgl. auch Tchacosh Co. v. Rockwell International Corp (766 F.2d 1333 ((9th Cir. 1085)

[411] Banco Nacional de Cuba v. Sabbatino, 376 U.S. 398 (1964)

Die Anerkennungs - Praxis der europäischen Staaten ist sehr unterschiedlich[412]. Hoheitsakte fremder Staaten werden teilweise ohne Überprüfung hingenommen, teils werden sie rechtlich oder als Fakten in Betracht gezogen. Ihre Anwendung steht aber unter dem Vorbehalt ihrer Übereinstimmung mit dem Völkerrecht, ihrer Vereinbarkeit mit dem ordre public der staatlichen Rechtsordnung und damit, weil dessen Bestimmung durch den Staat selbst erfolgt, im Ermessen der Staaten selbst[413]. Auch Meessen[414], der eine völkerrechtliche Pflicht zur Anerkennung vollzogener Rechtsakte im Ausland annimmt, um die Effektivität dieser souveränen Maßnahme zu gewährleisten, macht einen Vorbehalt zugunsten des ordre public.

Angesichts der allgemeinen Staatenpraxis kann man im Einklang mit der ganz herrschenden Lehre den Schluß ziehen, daß es keine allgemeine völkerrechtliche Pflicht zur Anerkennung fremder Hoheitsakte gibt[415]. Sie folgt insbesondere nicht aus der Anerkennung eines fremden Staates. Die Anerkennung von Hoheitsakten ist grundsätzlich eine einseitige staatliche Entscheidung, wenn sie nicht durch völkerrechtliche Verträge gegenseitig verpflichtend festgelegt wurde[416].

---

412 Vgl. hierzu die rechtsvergleichenden Darlegungen von Sauveplanne, J.G., Recognition and Acts of State in the Conflict of Laws, NTIR 7 (1960), S. 17 - 58

413 Doehring, K., Allgemeine Staatslehre (1991) S. 31; Sauveplanne, a.a.O., S. 33; Lipstein, K., Principles of the Conflict of Laws, National and International (1981), S. 65

414 Meessen, a.a.O. (Anm. 39), S. 178

415 Heise, C.J., Die Vorlage im Ausland belegener Geschäftsunterlagen (Diss. Göttingen 1975), S. 95 ff.; Sonnenberger, a.a.O. (Anm. 81), Rn. 265; Ehrenzweig, A.A., Private International Law (1967) S. 31; Rigaux, F., Droit économique et conflits de souveraineté, RabelsZ 52 (1988), S. 104-155, 138; König, K., Die Anerkennung ausländischer Verwaltungsakte (1965) S. 61 f.; Folz, H.E., Die Geltungskraft fremder Hoheitsäusserungen (1975) S. 271; Neumeyer, a.a.O. (Anm. 171), S. 299; Vogel, a.a.O. (Anm. 43), S. 335; Schlochauer, H.J., Die extraterritoriale Wirkung von Hoheitsakten nach dem öffentlichen Recht der Bundesrepublik Deutschland und nach internationalem Recht (1962) S. 40, 56; Geck, W. K., Anerkennung, in: Strupp-Schlochauer, Wörterbuch des Völkerrechts, Bd.1 (1960), S. 55ff.; Verdross/Simma, a.a.O. (Anm. 158) § 1021; Schwander, I., Lois d'application immédiate, Sonderanknüpfung, IPR-Sachnormen und andere Ausnahmen von der gewöhnlichen Anknüpfung im internationalen Privatrecht (1975) S. 85 ff.; Schulze, J., Das öffentliche Recht im internationalen Privatrecht (1972) S. 47 ff. ; vorsichtig ebenso Sauveplanne, J.G., Recognition and Acts of State in the Conflict of Laws, NTIR 7 (1960), S. 17 - 58, 34; differenzierter Makarov, A.N., Internationales Privatrecht und Völkerrecht, in: Strupp-Schlochauer, Wörterbuch des Völkerrechts, Bd. 2 (1961), S. 129 ff.; a.A. Livermore, S., Dissertations on The Questions which arise from the Contrariety of the Positive Laws of Different States and Nations (1828), 171; Zitelmann, E. Internationales Privatrecht, Bd.1 (1897) S. 92 f.; Heiz, R., Das fremde öffentliche Recht im internationalen Kollisionsrecht (1959) S. 163 ff.

416 Fedozzi, P., De l'efficacité extraterritoriale des lois et des actes de droit public, RdC 27 (1929 II), S. 141-242, 200

Der grundsätzliche Befund, wonach die Staaten bei der Anerkennung fremder Hoheitsakte frei sind, bedeutet jedoch nicht, daß sie auf den im Ausland geregelten Sachverhalt eigenes Recht anwenden dürfen[417]. Denn sie dürfen dieses Recht nur in den Grenzen ihrer eigenen Jurisdiktion anwenden[418]. Geiger nimmt deshalb an, daß ein Staat Hoheitsakte eines anderen Staates "respektieren" müsse, unter Vorbehalt seines eigenen ordre public, wenn dieser völkerrechtlich die ausschließliche Jurisdiktion habe[419].

Hat ein Staat zwar keine materiellrechtliche, aber aufgrund der Parteivereinbarung verfahrensrechtliche Jurisdiktion und will er den ausländischen Hoheitsakt nicht anerkennen, so bleibt ihm nur entweder eine Abweisung des hierauf gegründeten Anspruchs oder das non liquet. Diese Konsequenz wurde im Falle Buttes Gas & Oil Co. v. Hammer and others[420] vom englischen House of Lords folgerichtig gezogen. Denn die Frage des Gebietserwerbs eines Anrainerstaates im Persischen Golf lag in der Tat außerhalb der Jurisdiktion britischer Staatsorgane. Es gibt keinerlei zulässigen Anknüpfungspunkt hierfür, denn das Problem ist ausschließlich eine Frage der inneren oder gemeinsamen Angelegenheiten dritter Staaten. Die Konsequenz des House of Lords zeigt im übrigen auch die Alternative zur Anerkennung. Denn das Gericht beendete den Fall, weil er nicht justiziabel sei, mit einem non liquet, was nach den vorstehenden Erörterungen durchaus richtig ist und zeigt, daß eine echte Anerkennungspflicht bezüglich ausländischer Hoheitsakte auch dann nicht vorliegt, wenn man eine eigene Jurisdiktion des um Entscheidung angerufenen Staats mangels zulässigen Anknüpfungspunkts verneint.

Ein Staat darf ebenso keine Ehe rechtlich regeln, welche Ausländer ohne jeden Bezug zum Inland in ihrem Heimatstaat geschlossen haben[421]. Wenn ein Staat einen eigenen Staatsangehörigen auf seinem Gebiet ohne Verletzung der Menschenrechte enteignet, so kann ein anderer Staat nicht

---

[417] Meng, W., Recognition of Foreign Legislative and Administrative Acts, in: Bernhardt,R. (ed.), Encyclopedia of Public international Law, Instalment 10, S. 348-352, 349

[418] Nicht erforderlich ist, daß ein fremder Staat ausschließlich zuständig ist, so aber Verdross./Simma, a.a.O. (Anm. 158) § 1021. Andere Staaten können mehrfach konkurrierend zuständig sein. Entscheidend ist, daß der zur Entscheidung aufgerufene Staat überhaupt nicht zuständig ist

[419] Geiger, R., Grundgesetz und Völkerrecht (1985) S. 328 ff.; ebenso Grof, A., Zum "Internationalen Verwaltungsrecht", Juristische Blätter 108 (1986), S. 209 - 216, 211 f.

[420] 3 All ER 619

[421] Dahm / Delbrück / Wolfrum, a.a.O. (Anm. 15), 485 gehen davon aus, daß eine Anerkennungspflicht die Gebietshoheit einschränken würde. Diese Hoheit gibt aber nie das Recht, Völkerrecht zu brechen und Jurisdiktion ohne genügende Anknüpfung auszuüben.

etwa in einem Zivilverfahren diese Enteignung zugunsten des früheren Rechtszustandes außer Acht lassen, weil er dann selbst die Eigentumssituation abweichend vom alleine kompetenten Enteigungsstaat regeln würde. Er muß die entsprechenden ausländischen Hoheitsakte nicht anerkennen, aber er darf auch nicht sein eigenes Recht an deren Stelle setzen, wenn er keine Jurisdiktionshoheit nach den völkerrechtlichen Prinzipien hat, die in Kapitel IV zu erörtern sein werden.

Die Anerkennung fremder Staatsakte beruht also auf der "comitas gentium", der "comity of nations". Generell wird "comity" nicht als völkerrechtliche Verpflichtungen begründend oder als Ergebnis eine solchen Verpflichtung gesehen[422]. Im Völkerrecht ist die "courtoisie" gerade das Gegenteil einer rechtlichen Verpflichtung[423]. Ihre Nichtbeachtung ist keine Völkerrechtswidrigkeit, sondern ein unfreundlicher Akt. Er kann nicht mit einer Repressalie, also einer Völkerrechtswidrigkeit, beantwortet werden, sondern nur mit einem anderen unfreundlichen Akt, einer Retorsion.

Die "comity" spielt in der deutschen Rechtsprechung kaum eine Rolle[424], ist aber seit Ulricus Huber und Savigny die stillschweigende Grundlage des nationalen Kollisionsrechts. Dagegen wird sie in der amerikanischen Rechtsprechung häufig thematisiert[425]. Die klassische Formulierung des

---

[422] Kreuzer, K., Ausländisches Wirtschaftsrecht vor deutschen Gerichten: zum Einfluß fremdstaatlicher Eingriffsnormen auf private Rechtsgeschäfte (1986), S. 77; Dahm / Delbrück / Wolfrum, a.a.O. (Anm. 15), S. 74 f.; Dahm, G., Völkerrecht, Bd. 1 (1958), S. 33. Verzijl, J.H.W., The Controversy Regarding the So-Called Extraterritorial Effect of the American Antitrust Laws, NTIR 8 (1961), S. 3 - 30, 10 nennt comity eine "mythical conception". Allgemein zur Comity vgl. Maier, H.G., Extraterritorial Jurisdiction at a Crossroads: an Intersection Between Public and Private International Law, AJIL 82 (1982), S. 280 - 320 und zur Geschichte dieses Konzepts Livermore, S., Dissertations on The Questions which arise from the Contrariety of the Positive Laws of Different States and Nations (1828)

[423] Allgemein hierzu Macalister - Smith, P., Comity, in: Bernhardt,R. (ed.), Encyclopedia of Public International Law, Instalment 7, S. 41 - 44 m. w. N.

[424] Einige Entscheidungen erwähnen die völkerrechtliche Courtoisie zwischen den Staaten, vgl.BVerfGE 66, 39; BVerwGE 37, 116; NJW 1984, 574; NJW 1989, 678; BFHE 95, 132; OLG Frankfurt RIW 1982, 439

[425] Vgl. bereits Emory v. Grenough, 3 U.S. (3 Dall.) 369 (1797); Mitsubishi v. Soler, 105 S.Ct. 3346 (1985); Sociéte Nationale Industrielle Aérospatiale v. U.S. District Court, 107 S.Ct. 2542 (1987), ILM 25 (1986), S.519 ff. und ILM 26 (1987), S.1021 ff.; Mast v. Stover Mfg. Co., 20 S.Ct.708, 177 U.S. 485, 488; vgl. auch U.S. v. Bank of New York & Trust Co., D.C.N.Y., 10 F. Supp. 269, 271; McFarland v. McFarland, 19 S.E.2d 77, 83, 179 Va. 418, Pringle v. Gibson, 195 A. 695, 698, 135 Me. 297; U.S. v. Marrin, 227 F.314, 318 (D.C. Pa.); Watts & Co. v. Unione austriaca di navigazione, 224 F. 188, 192 (D.C.N.Y.), vgl. auch Anderson v. N. V. Transandine Handelsmaatschapij, 28 N.Y.S. 2d 547, 552, 553, 560; Second Russian Ins. Co. v. Miller, 297 F. 404, 409 (C.C.A.N.Y.) Vgl. aus der Literatur etwa 15 Corpus iuris secundum, "comity"; Small, D.H., Managing Extraterritorial Jurisdiction

Supreme Court zur Comity findet sich in der Entscheidung Hilton v. Guyot[426]:

> "Comity, in the legal sense is neither a matter of absolute obligation, on the one hand, nor of mere courtesy and goodwill upon the other. But it is the recognition which one nation allows within its territory to the legislative, executive or judicial acts of another nation, having due regard both to international duty and convenience, and to the rights of its own citizens or of other persons who are under the protection of its laws".

Insgesamt wird man feststellen können, daß comity eine freiwillige Selbstbeschränkung eines Staates bezeichnet[427], die aber notwendig ist auf Grund der Struktur der internationalen Gemeinschaft. Es handelt sich um die Höflichkeit einer Nation gegenüber der anderen Nation, nicht lediglich um die Höflichkeit zwischen Staatsorganen. Comity deckt sich mit dem Gedanken, daß ausländische Gesetze häufig anerkannt und durchgesetzt werden, unter dem Vorbehalt des ordre public des Inlandes[428]. Wenn aber comity kein Völkerrecht ist, so kann sie nur in Staaten berücksichtigt werden, in denen den Behörden und Gerichten dies verfassungsrechtlich und verwaltungsrechtlich gestattet ist. Wo eine strikte Gesetzes- und Rechtsbindung vorliegt, muß die Rechtsordnung die Anerkennung ausländischer Hoheitsakte selbst gestatten. Die direkte Berufung auf comity ist dort nicht zulässig.

Auch wenn keine Verpflichtung zur Anerkennung besteht, so kann sie im eigenen wohlverstandenen Interesse der Staaten, insbesondere auch demjenigen an einer Reziprozität der Anerkennung und an einer sachgerechten grenzüberschreitenden Harmonisierung liegen. Die Betonung des Territorialitätsprinzips etwa ist hierdurch motiviert. Denn

---

Problems: The United States Government Approach, Law and Contemporary Problems 50 (1987), S. 283 - 302; Kadish, S. A., Comity and the International Application of the Sherman Act: Encouraging the Courts to Enter the Political Arena, Northwestern Journal of International Law and Business 4 (1982), S. 130-171; Berber, F., Lehrbuch des Völkerrechts, Bd. 1, 2. Aufl. (1975), S. 73. O'Connell, a.a.O. (Anm. 9), S. 21 nennt comity einen Stimulus für die Entstehung von Völkerrecht. Ähnlich Oppenheim, L. / Lauterpacht, H., International Law, 8. Aufl. (1955), S. 34. A.A. Maier, H.G., Extraterritorial Jurisdiction at a Crossroads: an Intersection Between Public and Private International Law, AJIL (1982), S. 280 - 320, 281

[426] Hilton v. Guyot,16 S. Ct.139, 159 (1895)

[427] Akehurst, M., Jurisdiction in International Law, British Yearbook of International Law 46 (1972/73), S. 145-257, 214 - 216;

[428] Vgl. 21 Corpus iuris secundum, "courts" § 545 (general rules of comity). U.S. v. Belmont, 85 F.2d 542 (C.C.A.N.Y.); In re Chase 141 S.E. 471; In re Ampicillin Antitrust Litigation, 81 F.R.D. 377, 391 (D.C. 1978); Sumitomo Corp. v. Parakopi Compania Maritima, SA., 477 F. Supp. 737 (D.C.N.Y. 1979)

jeder Staat will die Anerkennung seiner Hoheitsakte auf seinem Territorium durch die anderen Staaten erreichen und muß seinerseits deshalb das gleiche tun.

Die Staaten müssen die Frage der Anerkennung unter dem Gesichtspunkt ihres eigenen Interesses an dem Fall und insbesondere auch der gerade für die Wirtschaft so notwendigen Rechtssicherheit beurteilen. Dieses Interesse zeigt sich im internationalen Konkursrecht der Bundesrepublik Deutschland[429]. Trotz der Vorschriften der §§ 1 und 237 KO befand der Bundesgerichtshof im Jahre 1985 im Wege vorsichtiger Rechtsschöpfung, daß Auslandskonkurse unter bestimmten Bedingungen auch in der Bundesrepublik anerkannt werden können[430]. Dies beruht auf Vernunft und Einsicht in die größere Effektivität des Schutzes der Gläubiger.

Der BGH maß Sinn und Zweck des § 237 Abs.1 KO auch "an der Wirklichkeit des Wirtschaftslebens unserer Zeit", um die Möglichkeiten zu bekämpfen, dem nationalen Konkursrecht durch die Verschiebung von Vermögen über die Staatsgrenzen hinaus die Effektivität des Schutzes zu nehmen. Hier stützt sich die Anerkennung eines fremden Hoheitsakts auch in seinem extraterritorialen Regelungsbereich auf ein sachliches Interesse, welches zunächst dem anerkennenden Staat eigen ist, aber auch von anderen Staaten so gesehen wird und somit einem gemeinsamen Interesse gleichkommt[431].

b) Anwendung fremden Rechts

Ein Staat kann auf ausländische extraterritoriale Jurisdiktion auch mit einer Selbstbeschränkung im Sinne einer Modifikation seiner eigenen Jurisdiktion über den gleichen Sachverhalt reagieren. Er kann der frem-

---

[429] Aus der älteren Rechtsprechung vgl. LG Köln, Rechtssprechung auf dem Gebiete des internationalen Privatrechts, 1932, Nr. 161; OLG München, Rechtssprechung auf dem Gebiete des internationalen Privatrechts, 1932, Nr. 160; LG Königsberg JW 1932, S. 207

[430] BGHZ 59, 256 unter Aufgabe der gegenteiligen Entscheidung BGH NJW 13 (1960), S.774. Vgl. hierzu Moltrecht, E., Inlandsfolgen des ausländischen Konkursverfahrens, RIW 1986, S. 93-95; weitergehend noch OLG Karlsruhe RIW 39 (1992), S. 940

[431] Für die USA vgl. Wielebinski, J.J., Extending Extraterritorial Accommodations in Foreign Insolvency Proceedings, Syracuse Journal of International Law and Commerce 14 (1987), S. 1 - 20, für Kanada und Australien Grace, A.D., Law of Liquidations: The Recognition and Enforcement of Foreign Liquidation Orders in Canada and Australia - a critical comparison, ICLQ 35 (1986), S. 664-703, für die Schweiz Moltrecht, E., Inlandsfolgen des ausländischen Konkursverfahrens, RIW 1986, S. 93-95; Hanisch, H., Aktuelle Probleme des internationalen Insolvenzrechts, Schweizerisches Jahrbuch für internationales Recht 36 (1980), S. 109-136; Nussbaum, W., Das internationale Konkursrecht der Schweiz (1980)

den Regelung den Vortritt lassen und seine eigene dahinter subsidiär zurücktreten lassen. Dies geschieht entweder durch eine Zurücknahme des Anwendungsbereiches eigenen Rechts oder - zusätzlich - durch Anwendung fremden Rechts. Dies ist eine kollisionsrechtliche Problematik. Sie tritt bisher nur im Zivilrecht auf, während im öffentlichen Recht die Anerkennung vorherrscht.

Die Anwendung fremden Rechts kann theoretisch auf verschiedene Weise gesehen werden: durch vollständige Transformation in eigenes Recht, durch Übernahme ohne inhaltliche Veränderung (Adoption) oder durch einen formellen Vollzugsbefehl, der den Geltungsgrund, die Adressaten und den Systemzusammenhang des ausländischen Rechts nicht ändert[432].

Aus der Grundlegung des Kollisionsrechts in der "comity of nations" in den USA entwickelte sich die "vested rights theory", welche in den Worten ihres Haupt - Vertreters, Joseph H. Beale, aus dem Jahre 1901 den Grundsatz vertrat:

> "A right having been created by the appropriate law, the recognition of its existence should follow everywhere. Thus an act valid where done cannot be called in question anywhere"[433].

Gegen diese bis in die fünfziger Jahre des 20. Jahrhunderts in der amerikanischen Rechtsprechung einflußreiche Theorie, welche fremdem Recht extraterritoriale Wirkung mit Bindung für das Inland zuschrieb, wendete sich die "local law theory", welche davon ausgeht, daß Kollisionsrecht nicht die Anwendung fremden Rechts im Ausland bedeutet, sondern die Rezeption ausländischen Rechts in nationales Recht[434]. Die gleiche Auffassung wurde in Italien unter dem Einfluß der Rechtsordnungslehre Santi Romanos vertreten, wonach wegen der Ausschließlichkeit der Rechtsordnung auf einem Territorium fremdes Recht nur - formell oder materiell - rezipiert werden könne[435].

---

432 Zum Parallelproblem des Verhältnisses von Völkerrecht und innerstaatlichem Recht vgl. Rudolf, W., Völkerrecht und deutsches Recht (1967), S. 150 - 171, der aber zu Recht darauf hinweist, daß der Geltungsgrund des fremden Rechts im internen Recht auch bei Zugrundelegung der Vollzugslehre eben doch notwendigerweise der Vollzugsbefehl ist (a.a.O., S. 166). Damit ist die Vollzugslehre nicht verschieden von der Adoptionstheorie (a.a.O., S. 165)

433 Zitiert nach Scoles, E.F. / Hay,P., Conflict of Laws (1982), S. 13 f.

434 So W.W. Cook, E.G. Lorenzen und der Richter Learned Hand, welcher später durch seine Entscheidung im Alcoa - Fall die Grundlage für extraterritoriale Anknüpfung im Kartellrecht legte, vgl. Kegel, a.a.O. (Anm. 384), S. 124 f. und Scoles / Hay, a.a.O. (Anm. 433), S.12 - 16

435 So insbesondere auch Ago, vgl. Kegel, a.a.O. (Anm. 384), S. 125

Nach anderer, heute wohl überwiegend herrschender Auffassung wird das von der zivilrechtlichen Kollisionsnorm berufene Recht nicht in die Rechtsordnung der Kollisionsnorm rezipiert oder parallel dort neu geschaffen, sondern als fremdes Recht in seinem Zusammenhang mit der Gesamtheit der fremden Rechtsordnung angewendet[436]. Da Kollisionsrecht auf nationalem Recht beruht, wird der Anwendungsbefehl durch dieses Recht gegeben und beruht der Geltungsgrund des ausländischen Rechts im Inland auf diesem Befehl in dem Umfang und mit den Bedingungen, unter denen er erteilt ist.

Das Problem kann deswegen dahinstehen, weil es lediglich für die methodischen Fragen der Anwendung des ausländischen Rechts von Bedeutung ist. Unbestritten ist seit Savigny, daß der Geltungsgrund des ausländischen Rechts in der inländischen Kollisionsnorm liegt[437]. Diese Anwendung ist also die Entscheidung der lex fori, welche allerdings durch Staatsverträge völkerrechtlich gebunden sein kann[438]. Völkergewohnheitsrechtliche Pflichten zur Anwendung bestimmter ausländischer Rechtsnormen gibt es im Zivilrecht jedenfalls nicht[439].

Soweit eine völkergewohnheitsrechtliche Pflicht postuliert wird, jeder Staat müsse überhaupt ein Kollisionsrecht haben[440], handelt es sich um eine Leerformel, deren Rechtsqualität mangels eines konkretisierbaren Inhalts verneint werden muß[441]. Makarov[442] hat darüber hinaus positiv ausgeführt, das Völkergewohnheitsrecht gebiete es, daß ein Staat auf einen Sachverhalt eigenes Recht anwenden müsse, der keine Verknüpfung mit einer anderen Rechtsordnung habe und umgekehrt fremdes Recht, wenn keine Verknüpfung mit der eigenen Rechtsordnung vorliege. Dem ersteren kann der Verfasser nicht zustimmen, denn wenn ein Staat den Inhalt seines Rechts bei einer Anknüpfung des Falles an die eigene Rechtsordnung selbst bestimmen kann, so kann er auch die Regelungen

---

[436] Vgl. Kropholler, J., Internationales Privatrecht (1990), S. 187

[437] Kropholler, a.a.O.

[438] Siehe hierzu Kegel, a.a.O. (Anm. 384), S. 7 ff.

[439] Kegel, a.a.O. (Anm. 384), S. 10 ff.; Lipstein, a.a.O. (Anm. 413), s. 63 f.

[440] So etwa Rabel, E, The Conflict of Laws Bd.I, 2.Aufl. (1958), 44; Ferid, M., Internationales Privatrecht, 3. Aufl. (1986), S. 65; Raape, L./Sturm, F., Internationales Privatrecht Bd. 1 (1977) S. 44

[441] So auch Drobnig, U., Private International Law, in: Bernhardt,R. (ed.), Encyclopedia of Public International Law, Instalment 10, S. 330 - 335, 334; Keller, M. / Siehr, K., Allgemeine Lehren des internationalen Privatrechts (1986), S. 186. Anders Kropholler, a.a.O. (Anm. 436), S. 46 f. Dies gibt auch Ferid, a.a.O. zu

[442] Makarov,A.N., Internationales Privatrecht und Völkerrecht, in: Strupp-Schlochauer, Wörterbuch des Völkerrechts, Bd. 2 (1961), S. 129 ff., 130; ders., Grundriß des Internationalen Privatrechts (1970), S. 33

einer anderen Rechtsordnung hierfür wählen. Jedenfalls ist aus dem Völkerrecht nichts Gegenteiliges zu entnehmen.

Der zweite Gesichtspunkt ist unter dem Aspekt dem Privatrecht eigen, daß Parteien ein inländisches Gericht im Wege der Prorogation anrufen können, ohne auch inländisches materielles Recht für anwendbar zu erklären. Dies ist eine Frage der Jurisdiktionshoheit des Gerichtsstaats über den ihm unterbreiteten Sachverhalt. Inhaltliche Regeln über das Kollisionsrecht, seine Anknüpfungsmomente und seine sonstigen konkreten Anwendungsbedingungen sind dem Völkerrecht nicht zu entnehmen[443].

Rechtsanwendung bedeutet ebenso, daß eine Rechtsnorm auf ihre Tatbestands - Voraussetzungen geprüft wird wie auch, daß die in ihr enthaltenen Rechtsfolgen ausgesprochen werden[444]. Die Norm wird auf einen Sachverhalt angewendet, ihr allgemeiner Regelcharakter wird verdichtet zur Einzelfallregel oder, je nach Norminhalt, zu einem konkreten Rechtsbefehl. Soweit die Rechtsnorm eine Rechtslage selbst gestaltet, also einen Status verleiht, wie dies etwa bei der Verleihung der Staatsangehörigkeit der Fall ist, oder wenn originär Eigentum begründet wird aufgrund eines Hoheitsakts[445], folgt aus der Rechtsanwendung ein neugestaltetes Rechtsverhältnis zwischen Personen oder Personen und Sachen.

Kollisionsrechtlich angeordnete Anwendung fremden Rechts bedeutet, daß der inländische Richter das Recht anwendet, wie es auch der ausländische Richter tun würde, erweitert um die Anwendungsbedingungen, welche sein eigenes Recht ihm auferlegt, etwa die Beachtung des inländischen ordre public oder des eigenen öffentlichen Rechts. Wenn allerdings ausländisches Recht nur als Tatsache für die Ausfüllung materiellrechtlicher Tatbestandsmerkmale inländischen Rechts eine Rolle spielt, wie etwa die Frage, ob ein ausländisches Ausfuhrverbot eine

---

[443] Fischer, O., Die Methode der Rechtsfindung im Internationalen Recht, Jherings, Jahrbücher für die Dogmatik des Bürgerlichen Rechts 65 (1915), S. 125ff.; Rundstein, S., La structure du droit international privé et ses apports avec le droit des gens, Revue du droit international 36 (1936), S. 314ff., 512ff.; Makarov, A.N., Grundriß des Internationalen Privatrechts (1970), S. 33; Bar, C. von, Internationales Privatrecht, 1. Band (1987), S. 130 ff.; Akehurst, M., Jurisdiction in International Law, British Yearbook of International Law 46 (1972/73), S. 145-257, S. 216 ff. A.A. Bleckmann, A., Die völkerrechtlichen Grundlagen des internationalen Kollisionsrechts (1992), S. 35 ff., 60 f., der unmittelbar aus den Zuständigkeitsregeln des Völkerrechts ableitet, daß die Staaten im Rahmen der Zuständigkeit ergangene Rechtsbefehle des Privatrechts - nicht des öffentlichen Rechts - bei ihrer kollisionsrechtlichen Entscheidung beachten müßten

[444] Sonnenberger, a.a.O. (Anm. 81), Rn. 263

[445] So etwa bei einer Enteignung oder bei einer öffentlichen Zwangsversteigerung durch den Zuschlag

Unmöglichkeit der Leistung zur Folge hat, so wendet der inländische Richter nur eigenes Recht an. Insbesondere die Rechtsfolgen leiten sich in diesem Fall nur aus der angewendeten inländischen Rechtsnorm ab.

5. Politische und ökonomische Bedeutung extraterritorialer Jurisdiktion im öffentlichen Wirtschaftsrecht

Extraterritoriale Jurisdiktion im öffentlichen Wirtschaftsrecht ist erst in der zweiten Hälfte unseres Jahrhunderts zum streitigen Rechtsproblem geworden. Dies reflektiert die Entwicklung der internationalen Wirtschaftsordnung. Denn in zunehmendem Umfang werden die Grenzen geöffnet, Handelshindernisse abgebaut, Personenverkehr erleichtert, Investitionen im Ausland oder aus dem Ausland ermutigt. So ist es nicht verwunderlich, wenn der internationale Wirtschaftsverkehr mit dem nach wie vor im Völkerrecht grundlegenden Strukturprinzip souveräner Gleichheit der Staaten, mit der Parzellierung der Welt in Geltungsbereiche nationaler Rechtsordnungen in ein Spannungsverhältnis gerät[446].

Aus diesem Grunde haben sich auch die rechtlichen und politischen Fragen extraterritorialer Jurisdiktion erst dann immer drängender gestellt, als die grenzüberschreitenden Wirtschaftssachverhalte den Staaten vor Augen führten, daß sie nur noch teilweise im Geltungsbereich der nationalen Rechtsordnung und damit in Reichweite der Durchsetzung staatlicher Hoheit gelegen waren. Das öffentliche Wirtschaftsrecht wurde durch diese politisch brisante Entwicklung in einen Gärungsprozeß versetzt, welcher durch den Willen der Staaten fermentiert wurde, sich trotz begrenzten Geltungsbereiches ihrer Rechtsordnung nicht der Option ausgesetzt zu sehen, sich den wirtschaftlichen Einflüssen aus Gebieten außerhalb dieses Bereiches entweder nur durch wirtschaftlich verlustreiche Schließung ihrer Grenzen entziehen zu können oder ihnen ohne Regelungsgewalt ausgeliefert zu sein.

So wurde denn der Problemkreis extraterritorialer Jurisdiktion zu "cause célèbre" des öffentlichen Wirtschaftsrechts, des Völkerrechts und auch des Kollisionsrechts[447] durch eine stetige Erweiterung des Konfliktpotentials

---

[446] Vgl. hierzu etwa Schmidt-Trenz, H.J., Außenhandel und Territorialität des Rechts (1990)

[447] Vgl. allgemein etwa Grossfeld, B., Praxis des internationalen Privat- und Wirtschaftsrechts (1975), S. 102 - 122; Meessen, a.a.O. (Anm. 39); Akehurst, M., Jurisdiction in International Law, British Yearbook of International Law 46 (1972/73), S. 145-257; Mann, F.A., Conflict of Laws and Public Law, RdC 132 (1971 I), S. 107 - 196; Mann, F.A., The Doctrine of Jurisdiction in International Law, RdC 111 (1964 I), S. 7 - 162; Mann, F.A., The Doctrine of International Jurisdiction Revisited after 20 Years, RdC 186 (1984 III), S. 9

extraterritorialer Jurisdiktion im öffentlichen Wirtschaftsrecht[448]. Dabei sind die Interessen der Staaten und der internationalen Wirtschaft teils gleichgerichtet, teils aber auch im Einzelfall gegensätzlich.

Kein Staat wird arbiträr extraterritoriale Jurisdiktion ausüben[449]. Vielmehr wird sie funktional verwendet als eine Möglichkeit zum flankierenden Außenschutz der staatlichen Ordnung und ihrer Rechtsgüter. Das Motiv extraterritorialer Jurisdiktion ist abhängig von der Zielsetzung der Regelung. Positiv sollen Auswirkungen von Handlungen, Unterlassungen oder Rechtslagen im Ausland auf das Inland normativ gesteuert werden. Weiter kann ein Staat bestimmte Personen, in die Pflicht nehmen wollen, um seine eigenen Ziele zu fördern, indem er ihnen ein Handeln oder Unterlassen im Ausland vorschreibt. Negativ ist es denkbar, daß ein Staat extraterritoriale Jurisdiktion ausübt, um seine eigenen Ziele zu Lasten ausländischer Staaten zu verfolgen.

Die grenzüberschreitende Wirtschaft erfordert extraterritoriale Jurisdiktion[450]. Dies gilt ebenso wegen der Internationalität der Wirtschaftsvorgänge in der heutigen Zeit wie wegen der internationalen Unternehmensverflechtungen, welche die Unternehmenstätigkeit von der Zuordnung zu einem bestimmten Heimatstaat zunehmend ablösen. Multinationale Unternehmungen können mit der Territorialhoheit nicht mehr ausreichend regelnd erfaßt werden.

Wenn ein Staat Handlungen extraterritorial nicht erfassen könnte, wäre er einem Ausweichen von Unternehmen in ein Ausland ausgeliefert, in dem

---

- 116; Schlochauer, H.J., Die extraterritoriale Wirkung von Hoheitsakten nach dem öffentlichen Recht der Bundesrepublik Deutschland und nach internationalem Recht (1962); Rudolf, W. / Habscheid,W.J., Territoriale Grenzen der staatlichen Rechtsetzung, Berichte der Deutschen Gesellschaft für Völkerrecht, Heft 11 (1973); Hermanns, F., Völkerrechtliche Grenzen für die Anwendung kartellrechtlicher Verbotsnormen (1969); Lowenfeld, A. F., Public Law in the International Arena, RdC 128 (1969 III), S. 315 - 445; Meng, W., Völkerrechtliche Zulässigkeit und Grenzen wirtschaftsverwaltungsrechtlicher Hoheitsakte mit Auslandswirkung, ZaöRV 44 (1984), S. 675 - 783; Rehbinder, E., Extraterritoriale Wirkungen des deutschen Kartellrechts (1965); Rosenthal, D.E. / W.Knighton, National Laws and International Commerce (1982); Kaiser, J.H./ von Münch, I., Internationale und nationale Zuständigkeit im Völkerrecht der Gegenwart, Berichte der deutschen Gesellschaft für Völkerrecht 7 (1967), S. 1- 23; Stuyt, A.M., The General Principles of Law as applied by International Tribunals to Disputes on Attribution and Exercise of State Jurisdiction (1946)

448 Hermann, A.H., Conflicts of National Laws with International Business Activity: Issues of Extraterritoriality (1982), S. 18

449 Vgl. Rigaux, F., Droit économique et conflits de souveraineté, RabelsZ 52 (1988), S. 104-155, 125

450 Rigaux, a.a.O., S. 114; Mestmäcker, E.J., Staatliche Souveränität und offene Märkte, Konflikte bei der extraterritorialen Anwendung von Wirtschaftsrecht, RabelsZ 52 (1988), S. 205-251, 207

sie zum einen Dinge tun könnten, welche ihnen im Inland nicht erlaubt sind, aber andererseits aufgrund der Liberalisierung des Waren-, Personen- und Kapitalverkehrs über die Grenzen hinweg ihren Inlandsmarkt nicht aufgeben müßten. Anforderungen an die Wettbewerbsstruktur der Wirtschaft wären nur im Inland gültig, Auslandsunternehmen könnten freier und damit auch ohne die Kosten des Wettbewerbs eine günstigere Stellung auf dem Binnenmarkt einnehmen.

Ein Staat kann nicht erwarten, daß die anderen Staaten eine Wirtschaftsordnung haben, welche auch im Ausland eine Konformität des Gebarens der Wirtschaftssubjekte mit den Mindestanforderungen der inländischen Wirtschaftsordnung sicherstellt. Denn die Gestaltung der Wirtschaftsordnung ist zum Teil auch zwischen Staaten verwandter Gesellschaftsordnung durchaus divergent[451]. Die wirtschaftliche Rationalität von Interventionen in die Freiheit der Wirtschaftssubjekte wird unterschiedlich beurteilt. Dies gilt insbesondere auch für grenzüberschreitende Wirtschaftsvorgänge.

Abgesehen davon sind die Staaten mit ihren Wirtschaftsordnungen auch Konkurrenten[452]. Der Verlust des einen kann der Gewinn des anderen sein. Jeder Staat muß zunächst seine eigene Wirtschaftsordnung mit eigenen Mitteln gestalten und sichern, auch vor schädlichen Auswirkungen aus dem Ausland. Dies zeigt im Detail etwa die Behandlung von Exportkartellen in einzelnen Rechtsordnungen. Das Kartellverbot des § 1 GWB gilt nach § 6 nicht für Verträge und Beschlüsse, die der Sicherung und Förderung der Ausfuhr dienen, sofern sie sich auf die Regelung des Wettbewerbs auf Märkten außerhalb des Geltungsbereichs des Gesetzes beziehen. Auslandsmärkte werden nicht geschützt. Nur wenn sich Rückwirkungen im Inland ergeben oder internationale Verträge verletzt würden, ist eine Genehmigung zu versagen. Erst nach der Einführung des § 98 Abs. 2 S. 2 GWB ist das Kartellrecht auch auf solche Exportkartelle anwendbar geworden, an denen inländische Unternehmen beteiligt sind. Art. 85 und 86 EWGV betreffen nur Wettbewerbsbeschränkungen, die sich in der Gemeinschaft auswirken, stellen also reine Exportkartelle, die nur den Wettbewerb im Ausland einschränken, völlig frei.

Ähnliches galt bereits seit längere Zeit nach dem Webb Pomerene Act in den USA[453]. Der Foreign Trade Antitrust Improvements Act 1982[454]

---

[451] Ordover, J.A., Conflicts of Jurisdiction: Antitrust and Industrial Policy, Law and Contemporary Problems 50 (1987), S. 165-178, 169 ff.

[452] Rigaux, F., Droit économique et conflits de souveraineté, RabelsZ 52 (1988), S. 104-155, 131 ff.

[453] Ch.50, 40 Stat.516; 15 USC §§ 61-65.

befreite amerikanische Exporteure von ihren Verpflichtungen nach dem amerikanischen Antitrust-Recht, soweit nicht Wettbewerbsbeschränkungen im Export wettbewerbsbeschränkende Rückwirkungen auf den amerikanischen Markt haben[455]. Die Staaten schützen also einerseits den Wettbewerb auf ihrem eigenen Markt, haben aber gegen seine Beschränkung im Ausland durch Unternehmen aus dem Inland nichts einzuwenden[456].

Nun könnte man sagen, daß die Schließung der Grenzen oder die Auferlegung von Strafzöllen, welche ausländische Kostenvorteile an der Grenze neutralisieren, den Staaten immer zu Gebote steht und daher extraterritoriale Jurisdiktion ein unnötiges "Hineinregieren" in andere Staaten ist. Ein Beispiel für die Lösung wettbewerbspolitischer Probleme an der Grenze könnte das Vorbild des Antidumping - Rechts und des Antisubventions - Rechts nach dem Vorbild der nationalen Gesetze und der entsprechenden GATT - Regeln sein[457]. Sie verbieten in der Regel Dumping und interne Subventionen nicht, mit Ausnahme von Exportsubventionen, lassen aber eine Abschöpfung des wettbewerbsverzerrenden Effekts bei der Einfuhr in andere Staaten zu.

Das Modell des Antidumping- und Antisubventionsrechts ist jedoch nicht auf wettbewerbsrechtliche Fälle übertragbar in dem Sinne, daß man eine Preisabschöpfung an der Grenze als mildestes Mittel ansehen könnte, welches nicht die Souveränität anderer Staaten verletzt. Denn zum einen sind bei den Wettbewerbsbeschränkungen in vielen Fallgruppen solche Grenzmaßnahmen nicht möglich. Bei Marktaufteilungen etwa, in denen ausländische Unternehmen einen fremden Markt überhaupt nicht

---

[454] 15 U.S.C. §§ 6 a, 45 (a) = ILM 22 (1983), S. 363. Vgl hierzu Garvey, G.E., The Foreign Trade Antitrust Improvements Act of 1981, Law and Policy in International Business 14 (1982), S. 1-46

[455] Garvey, G.E., American Retreat from Extraterritorial Antitrust Enforcement, Consequences of new Legislative Policies for an International Competitive Economy, RabelsZ 51 (1987), S. 401-436, insbesondere S. 423 f.

[456] Atwood, J.R., Conflicts of Jurisdiction in the Antitrust Fields: The Example of Export Cartels, Law and Contemporary Problems 50 (1987), S. 153-164; Davidow, J., Extraterritorial Antitrust and the Concept of Comity, Journal of World Trade Law 15 (1981), S. 500 - 520, 358 - 363. Vgl. nunmehr hierzu die OECD - Empfehlung vom 23.10.1986 ILM 26 (1987), 858

[457] Antidumping - Law: Agreement on Implementation of Article VI of the GATT of April 12, 1979 (GATT, Geneva 1979) = Kunig, P. / Lau, N. / Meng, W. (Hrsg.), International Economic Law. Basic Documents, 2. Aufl. (1993), Doc. 26; Subsidies and Countervailing Duties: Agreement on Interpretation and Application of Articles VI, XVI And XXIII of the GATT of April 12, 1979 (GATT, Geneva 1979 = TIAS 9161) = Kunig / Lau / Meng, a.a.O., Doc. 27. Vgl. hierzu allgemein etwa Hufbauer, G. / J. S. Erb, Subsidies in International Trade (1984); Beseler, J.F. / Williams, A.N., Anti-Dumping and Anti-Subsidy Law (London 1986)

beliefern, sondern ihn anderen Unternehmen auf diesem Markt überlassen, ist eine Grenzmaßnahme gegen den abstinenten Partner bereits logisch nicht denkbar.

Soweit es die Waren oder Dienstleistungen selbst sind, welche etwa in ihrer Preisgestaltung den Wettbewerbsverstoß sozusagen ins Inland tragen, wäre ein Einfuhrverbot oder ein Schutzzoll zur Abhilfe denkbar. Wenn es nicht gegen Vorschriften des GATT verstößt, weil sie zum Beispiel diskriminierend angewendet wird oder sich speziell gegen Importe richtet, könnte eine solche Regelung auch zwischen GATT - Partnern nach Art. XX lit. d GATT zulässig sein, weil sie der Durchsetzung der Rechtsordnung des Einfuhrlandes dient. Dies ist jedoch nur ein Mittel der Wahl, wenn Prävention wegen einer bereits bekannten Rechtswidrigkeit betrieben werden soll. Generell kann man aber nicht erwarten, daß eine Wettbewerbsbeschränkung bereits vor oder bei der Einfuhr manifest ist. Dann kann die Repression nur an bereits erfolgtes Auslandsverhalten, etwa eine Kartellabsprache, angeknüpft werden.

Diese beispielhaften Überlegungen gelten aber nicht nur für das Wettbewerbsrecht, sondern für den gesamten Bereich extraterritorialer Jurisdiktion im öffentlichen Wirtschaftsrecht. Verhaltensweisen im Ausland, welche mit dem inländischen öffentlichen Wirtschaftsrecht nicht konform gehen, sind nicht regelmäßig bereits bei der Einfuhr von Waren oder Kapital offensichtlich. Öffentlichrechtliche Sanktionen müssen gerade auch bereits geschehene Verstöße erfassen können. Der Hinweis darauf, man könne die entsprechenden Einfuhren für die Zukunft untersagen, würde den Verstoß gegen Grundsätze der inländischen Wirtschaftsordnung aus dem Ausland zu einem Bereich machen, in dem Unternehmer jedenfalls aus dem Ausland ein geringeres Risiko hätten als solche im Inland. Das Ausweichen von Rechtsbrechern ins Ausland wäre vorherzusehen, der Schutz der staatlichen Wirtschaftsordnung würde hierdurch weniger effektiv. Nur wenn sich ein Staat völlig gegen Importe abschotten würde, könnte er dem begegnen. Dies ist aber angesichts der weltweiten vertraglichen Liberalisierungsverpflichtungen keine Option mehr.

Darüber hinaus gibt es auch eine ganze Reihe wichtiger Fallgestaltungen extraterritorialer Jurisdiktion, in denen überhaupt keine Grenzmaßnahme zur Verhinderung möglich wäre. Hier kann die Anordnung von Reexportverboten aus anderen Staaten in Drittstaaten als Beispiel dienen. Weiter gilt dies auch, wenn die Anordnung gerade darauf gerichtet ist, daß Personen im Ausland Informationen ins Inland geben, etwa für ein Gerichtsverfahren oder selbst im Inland als Zeugen erscheinen. Soweit allerdings eine Abhilfe durch eine Grenzmaßnahme tatsächlich möglich wäre, wird dies bei den Fragen einer Konfliktlösung zu beachten sein.

Extraterritoriale Jurisdiktion ist nicht nur eine Angelegenheit des staatlichen Regelungsinteresses, sie kann auch sachnotwendig sein, um grenzüberschreitende Wirtschaft überhaupt sinnvoll zu ermöglichen. Wenn etwa devisenrechtliche Beschränkungen nur bis zur Staatsgrenze Gültigkeit hätten, wäre der internationale Zahlungsverkehr völlig unberechenbar und würden Geschäfte über die Grenze zum Risiko für die Geschäftspartner, denen solche Geschäfte bei wirtschaftlicher Vernunft wohl nicht mehr anzuraten wären[458].

Staaten haben aber auch ein Interesse daran, die grenzüberschreitende Wirtschaftstätigkeit zu steuern, zu fördern oder zu beschränken. Die Besteuerung von Auslandstätigkeiten oder -Rechtsverhältnissen etwa kann und soll oft auch bewußt die Tätigkeit von Inländern im Ausland oder umgekehrt ermutigen oder abschrecken, sie hat in diesem Sinne ordnungspolitischen Steuerungseffekt. Das Außenwirtschaftsrecht kann grenzüberschreitenden Waren- und Kapitalverkehr erleichtern, es kann ihn aber auch regulieren, um inländische Unternehmen zu schützen oder die Lieferung strategisch wichtiger Güter an potentielle Feindstaaten zu verhindern.

Ein weiteres Motiv für extraterritoriale Jurisdiktion ist ebenfalls wichtig. Öffentliches Wirtschaftsrecht hat in vielen Fällen einen Schutzcharakter für Inländer und der erreichte Schutzstandard, etwa beim Schutz der Wettbewerber, Verbraucher, bestimmter Schichten von Unternehmen (z.B. des Mittelstandes) oder Anleger an den Börsen wird häufig als politische Errungenschaft und als eine Art "Besitzstand" der Geschützten angesehen. Deshalb kann es nicht verwundern, wenn die entsprechenden Schutznormen als ein Mindeststandard angesehen werden, der einerseits im Inland nicht unterschritten werden darf und der andererseits so weit wie möglich auch extraterritorial durchgesetzt werden soll, wenn es um die Wirtschaftsordnung und die Wirtschaftssubjekte im Inland geht. Justice William Douglas vom U.S. Supreme Court hat mit Bezug auf die amerikanischen Schutzgesetze für Investoren insoweit mit großer Offenheit bemerkt: "It is important, that American Standards of Fairness govern the destinies of American investors"[459].

Schließlich ist extraterritoriale Jurisdiktion der Versuch, international tätige Unternehmen effektiv zu steuern, welche sich aufgrund ihrer transnationalen Stellung dieser Steuerung zu entziehen versuchen

---

[458] Siehr, K., Ausländische Eingriffsnormen im inländischen Wirtschaftskollisionsrecht, RabelsZ 52 (1988), S. 86

[459] Scherk v. Alberto Culver Co., 417 U.S. 506 (1974)

könnten[460]. Ein multinationales Unternehmen entzieht sich leicht dem Regelungswillen eines seiner Gaststaaten durch Verlagerung von Aktivitäten in ein ausländisches Konzernunternehmen. Extraterritoriale Jurisdiktion ist allerdings nur in begrenztem Umfang ein Mittel hiergegen. Solange sich jedoch die Staaten noch nicht über die Grundsätze der Kontrolle solcher Unternehmen grenzüberschreitend einigen können, ist sie wenigstens ein Ansatz dafür, um die Prinzipien der freigewählten Wirtschaftsordnung eines Staates gegen grenzüberschreitende Einflüsse mit oft erheblichem wirtschaftlichem Gewicht trotzdem auch gegenüber solchen Unternehmen zum Tragen zu bringen.

Dies birgt dann aber wieder die Gefahr von Jurisdiktionskonflikten wegen möglicher unterschiedlicher Interessenlagen der Staaten. So können Staaten wegen der Steuerzahlungs - Kraft von Unternehmen deren Interessen mit Privilegien schützen, während andere zum Schutze ihrer Wettbewerbsordnung oder ihrer staatlichen Sicherheit deren Freiheitsspielräume einschränken wollen. Dies zeigt wieder, daß die Frage nach der Formulierung gemeinsamer Staateninteressen in der internationalen Wirtschaftsordnung von heute dringender ist denn je. Sie fordert auch zur Überprüfung herkömmlicher Auffassungen über die Rolle von kollisionsrechtlichen Überlegungen im öffentlichen Recht, speziell im Wirtschaftsverwaltungsrecht, auf.

Die internationale Verflechtung der Wirtschaft schafft nicht nur ein Bedürfnis nach extraterritorialer Jurisdiktion, sie erhöht auch deren Persuasionswirkung[461]. Denn die direkten und indirekten Durchsetzungsmöglichkeiten im Inland, von denen bereits die Rede war, werden unter dieser Bedingung zahlreicher, und die internationalen Interessen der Wirtschaft lassen es häufig nicht mehr zu, daß sich ein Akteur hinter den Grenzen eines Staates versteckt. Dies bewirkt aber auch, daß die Effektivität extraterritorialer Jurisdiktion abhängig wird von der wirtschaftlichen Position der Staaten.

Wenn ein Staat auf Investitionen und Waren aus dem Ausland angewiesen ist, dann muß er unter Umständen bereit sein, unerwünschte Wettbewerbs- oder Handelsstrukturen aus dem Ausland in sein Land einwirken zu lassen, während die Exportstaaten zwar ihre eigene Wirtschaftsordnung, nicht aber die des Importstaates vor diesen Einflüssen schützen, wie sich am Beispiel der Exportkartelle zeigt. Andererseits kann ein Staat, in dem wegen seiner wirtschaftlichen Bedeutung viel Kapital

---

[460] Rigaux, F., Droit économique et conflits de souveraineté, RabelsZ 52 (1988), S. 104-155, 150 f.

[461] Meessen, K. M., Zu den Grundlagen des internationalen Wirtschaftsrechts, Archiv des öffentlichen Rechts 110 (1985), S. 398 - 418, 399

oder Eigentum von Wirtschaftssubjekten belegen ist, extraterritoriale Jurisdiktion zum Schutz seiner eigenen Wirtschaftsordnung effektiv durchsetzen, während ein Staat in schwacher wirtschaftlicher Position kein solches Durchsetzungspotential besitzt[462].

Dem stehen die Interessen der internationalen Wirtschaft gegenüber[463]. Eine Arbeitsgruppe der Internationalen Handelskammer hat sie untersucht[464] und kam zu dem Ergebnis, daß extraterritoriale Jurisdiktion zusätzliche Kostenbelastungen, Rechtsunsicherheit und eine Umleitung der Investitions- und Handelsströme verursacht. Der Gesichtspunkt der Kostenbelastung wurde insbesondere im Hinblick auf die mögliche Doppelbesteuerung angeführt. Die Rechtsunsicherheit[465] bestehe insbesondere mit Hinblick auf das Wettbewerbsrecht und das Börsenrecht, aber auch auf das Außenhandelsrecht bezüglich möglicher Regeln der Ursprungsstaaten von Waren. Unsicherheit hinsichtlich der Kontrolle ausländischer Investitionen führe zur deren Umleitung in Länder mit niedrigem Kontrollniveau, bei den Handelsströmen würden Länder möglichst umgangen, welche strenge Außenhandelskontrollen haben[466]. Hierdurch werde die Produktivität wirtschaftlicher Tätigkeit verringert, Arbeitsplätze reduziert und das Einkommen der Wirtschaft und der Staaten geschmälert.

Jurisdiktionskonflikte mit gegensätzlichen rechtlichen Anordnungen aus verschiedenen Staaten brächten die Wirtschaft in unauflösbare Befolgungskonflikte und zögen strafrechtliche Verantwortlichkeit nach sich. Auch eine Abwehrgesetzgebung behindere außenwirtschaftliche Aktivitäten. Internationale Kooperationen würden durch gegensätzliche wettbewerbsrechtliche Regeln behindert. Die zusätzlichen Verwaltungskosten und Kosten für Rechtsstreitigkeiten verringerten die Rentabilität internationaler Wirtschaftsvorgänge.

---

[462] Hierzu Picciotto, S. , Jurisdictional Conflicts, International Law and the International State System, International Journal of the Sociology of Law 11 (1983), S. 11 - 40

[463] Vgl. allgemein Lange, D. / Born, G. (Hrsg.), The Extraterritorial Application of National Laws (1987); Rosenthal, D.E. / W.Knighton, National Laws and International Commerce (1982) , S. 42 - 52; 81 - 87; Kaiser, G., Conflict of Laws and the Extraterritorial Effect of Commercial Regulation, Queen`s Law Journal 1 (1972), S. 384-440

[464] Report of the International Chamber of Commerce Committee on the Extraterritorial Application of National Laws, Doc.IME (86) 24

[465] Vgl. hierzu auch Note, Predictability and Comity: Towards Common Principles of Extraterritorial Jurisdiction, Harvard Law Review 98 (1985), S. 1310 - 1330, 1321 - 1332

[466] Hierzu auch April, S./ Fried, J.T., Compelling Discovery and Disclosure in Transnational Criminal Litigation - A Canadian View, New York University Journal of International Law and Politics 16 (1984), S. 961-972, 963

An diesem Katalog der Gravamina der internationalen Wirtschaft zeigt sich der mögliche Konflikt mit staatlichen Interessen[467]. Denn Staaten können aufgrund ihrer selbstbestimmten Entscheidung über eine Wirtschaftsordnung daran interessiert sein, ausländische Investitionen zu kontrollieren, ausländischen negativen Einflüssen auf ihre Wettbewerbsordnung gegenzusteuern, zusätzliche Einnahmequellen zu schaffen sowie Importe und Exporte aus wirtschaftlichen oder sicherheitspolitschen Erwägungen zu steuern. Die ökonomische Vernunft solcher Maßnahmen mag umstritten sein, aber die Entscheidung hierfür steht den Staaten frei, die ja auch häufig ökonomische Gesichtspunkte gegen andere politische Interessen abwägen müssen.

Die Unterschiede der Wirtschaftsordnungen verschiedener Staaten können sie zu einem Eingreifen zwingen, um nicht die als unverzichtbar empfundenen Ordnungsparameter der eigenen Ordnung wie etwa auch eine soziale Verteilungspolitik zu gefährden. Unternehmen dagegen suchen ihren wirtschaftlichen Vorteil, sie werden sich, soweit ihnen dies möglich ist, soweit wie möglich staatlichen Einflüssen, welche diesen Vorteil reduzieren, zu entziehen versuchen.

Die Interessen der Staaten und der Wirtschaftssubjekte sind aber nicht notwendig gegenläufig. Staaten sind häufig wegen der Entwicklung ihrer eigenen auslandsorientierten Wirtschaft an einer möglichst effektiven Abwicklung des Außenwirtschaftsverkehrs interessiert. Staaten sind auch nicht daran interessiert, daß die heimische Wirtschaft, die Arbeitsplatzsituation und ihr Steueraufkommen durch Abwanderung von Unternehmen geschädigt wird. Hier bieten sich Ansatzpunkte für eine Bereinigung von Konfliktsituationen und ganz allgemein für eine Harmonisierung der Regeln des öffentlichen Wirtschaftsrechts, um überhaupt die Konfliktbereiche zu minimieren. Dies hilft einerseits der Beseitigung von Effektivitätshemmnissen und Rechtsunsicherheiten für die Unternehmen. Zum anderen können Staaten durch eine Kooperation und Harmonisierung auch Disparitäten beseitigen, welche eine Abwanderung von Unternehmen bewirken. Auch die Solidarität mit wirtschaftlich schwachen Staaten kann eine solche Harmonisierung und damit auch den Schutz ausländischer Wirtschaftsordnungen gebieten.

Allerdings sollte man sich hier keinen übermäßigen Hoffnungen für die Zukunft hingeben. Denn die Konkurrenzsituation der Staaten wird immer auch einen Wettbewerb der Wirtschaftssysteme bedeuten. Sie

---

[467] Basedow, J., Entwicklungslinien des internationalen Kartellrechts, NJW 42 (1989), S. 627 - 638 , 638 weist auf diesen Aspekt hin, wenn er die Gunst einer stärkeren Betonung des Territorialitätsprinzips für die Wirtschaft dem Regelungsinteresse der Staaten entgegenstellt.

werden unternehmerische Aktivitäten und Investitionen aus dem Ausland anziehen und damit von dort abziehen wollen. Ein solcher Wettbewerb der Wirtschaftssysteme ist auch auf Grund der marktwirtschaftlichen Prinzipien wünschenswert[468]. Da aber Staaten keine Wirtschaftsunternehmen sind und wohl allgemein ihre Politik nicht ausschließlich wirtschaftlichen Gesichtspunkten unterordnen wollen, müssen sie versuchen, einen Ausgleich der verschiedenen Interessen zu finden und die gegenseitige Konkurrenz im Lichte dieser Interessen zu bewerten.

6. Hoheitsakte im Ausland

Die erste Fallgruppe extraterritorialer Jurisdiktion, die Vornahme von Hoheitsakten auf fremden Staatsgebiet, unterliegt - anders als die beiden anderen Gruppen - relativ klaren völkerrechtlichen Regeln, nur in der Subsumtion von Detailfragen tauchen hier Probleme auf. Die rechtlichen Probleme unterscheiden sich von denen der Auslandsregelung und der reinen Auslandsanknüpfung. Deshalb soll diese erste Fallgruppe vorab erörtert werden.

a) Grundsätze

Hoheitsakte werden regelmäßig im Inland vorgenommen, können aber ausnahmsweise auch im Ausland gesetzt werden. Gerichte können im Ausland einen Ortstermin durchführen, sie können eine Zeugenvernehmung im fremden Staat durchführen, Zöllner können an gemeinsamen Grenzabfertigungsstellen im Ausland Zoll nach inländischem Recht erheben und hierfür Kontrollen vornehmen. Hoheitliche Schreiben können im Ausland zugestellt, polizeiliche Untersuchungsmaßnahmen können im Ausland durchgeführt, Verhaftungen dort vorgenommen werden. Verwaltungsakte können innerhalb von im Ausland stationierten Truppenteilen oder von Konsularbeamten an ihrem Dienstort erlassen werden[469]. All dies sind Hoheitsakte im Ausland. Wegen des Zwangsmonopols eines Staates auf seinem Territorium sind sie ohne Zustimmung des ausländischen Staates nicht zulässig[470].

---

[468] Für das Wettbewerbsrecht vgl. Meessen, K. M., Competition of Competition Laws, Northwestern Journal of International Law and Business 10 (1989), S. 17 - 30

[469] Geck, W. K., Hoheitsakte auf fremdem Staatsgebiet, in: Strupp-Schlochauer, Wörterbuch des Völkerrechts, Bd.1 (1960), S. 795 - 796, 796

[470] Vgl. auch Akehurst, M., Jurisdiction in International Law, British Yearbook of International Law 46 (1972/73), S. 145-257, S. 145 - 151. Aus der Praxis etwa Berufungsgericht Brüssel 23.10.1929 - Lohest, Annual Digest 1928/29, Nr. 64 : Ein belgischer Bahn-

Das Verbot der eigenmächtigen Vornahme von Hoheitsakten im Ausland schützt die Territorialhoheit der betroffenen Staaten. Die Zustimmung liegt in ihrem Belieben. Sie kann etwa bei der Vornahme von Untersuchungen im Ausland auch nicht durch die Zustimmung einer Privatperson etwa zur Durchsuchung ihres Grundstückes oder ihrer Gebäude ersetzt werden. Privatpersonen können nicht über die Hoheitsrechte des Staates, auf dessen Gebiet sie sich befinden, verfügen. Auch mit einer solchen Zustimmung bleibt also der Hoheitsakt völkerrechtswidrig.

Wo generell oder partiell Gebietshoheit auf dem Territorium eines fremden territorialen Souveräns ausgeübt wird, wird der Geltungsbereich der staatlichen Jurisdiktion im gleichen Umfang ins Ausland ausgedehnt[471]. Das gleiche gilt, wenn sich die Adressaten von Jurisdiktion in einem Raum befinden, der nicht unter der Souveränität eines anderen Staates steht[472], wie etwa auf Hoher See[473]. Schiffe unter der Flagge eines Staates gehören zwar auf Hoher See zum Geltungsbereich von dessen Rechtsordnung, nicht aber zu dessen Territorium[474]. Gleiches gilt etwa für Flugzeuge während des Fluges[475] und für Raumfahrzeuge im All[476].

Das Völkerrecht kennt eine Reihe von Ausnahmefällen von dem Verbot der Vornahme von Hoheitsakten, die teilweise geschichtliche Besonder-

---

polizist kann auf französischem Gebiet in einem belgischen Zug nicht hoheitlich tätig werden.Italien: Berufungsgericht Rom 24.05.1969 ILR 70, S. 222: Beweisaufnahmen durch italienische Gerichte im Ausland sind völkerrechtswidrig und nichtig.

[471] Kelsen, H., Allgemeine Staatslehre (1925), S. 139, der aber insoweit von der Geltung der Rechtsordnung auf dem Staatsgebiet "im engeren Sinne" eines anderen Staats spricht. Wenn Giese, F., Gebiet und Gebietshoheit, in: Anschütz, G./ Thoma, R. (Hrsg.), Handbuch des Deutschen Staatsrechts, Bd.1 (1930), § 19, S. 225-234, S.228 darlegt, in diesem Fall werde die Gebietshoheit des handelnden Staates zwar nicht ausgedehnt, diejenige des betroffenen Staates aber beschränkt, so beruht dies wohl zunächst auf einer unterschiedlichen Definition des Begriffs der Gebietshoheit. Aber wenn man unterstellt, daß Giese hiermit die territoriale Souveränität meinte, so trifft der zweite Teil seiner Formulierung nicht zu, denn diese wird durch extraterritoriale Ausübung der Gebietshoheit durch einen anderen Staat nicht per se beschränkt.

[472] Stuyt, A.M., The General Principles of Law as applied by International Tribunals to Disputes on Attribution and Exercise of State Jurisdiction (1946), S. 228 ff., 272ff.

[473] Die Sonderprobleme beim Festlandsockel, der Anschlußzone und der Wirtschaftszone werden hier nicht erörtert

[474] Vgl. hierzu allgemein Caron, D. D., Ships, Nationality and Status, in: Bernhardt,R. (ed.), Encyclopedia of Public International Law, Instalment 11, S. 289 - 296 m. w. N.

[475] Milde, M., Aircraft, in: Bernhardt,R. (ed.), Encyclopedia of Public International Law, Instalment 11, S. 22 ff. m. w. N.

[476] Bin Cheng, Spacecraft, Satellites and Space Objects, in: Bernhardt,R. (ed.), Encyclopedia of Public International Law, Instalment 11, S. 309 - 317 m. w. N.

heiten waren, teilweise aber auch noch heute vorkommen[477]. Die nachfolgende Aufzählung soll nicht abschließend sein, aber einen Überblick über die speziellen Phänomene der Vornahme von Hoheitsakten im Ausland geben. Eine Reihe von Staaten ließen sich im Mittelalter bis in die Neuzeit hinein durch "Kapitulationen" das Recht einräumen, in anderen Staaten, deren Entwicklungsstandard als nicht ausreichend eingeschätzt wurde oder deren Recht - wie bei den Muslimen - auf Christen nicht angewendet werden sollte, eine eigene "Konsulargerichtsbarkeit" über ihre eigenen Staatsbürger auszuüben[478].

Auch heute noch dürfen Konsuln und Diplomaten nach völkerrechtlichem Gewohnheits- und Vertragsrecht bestimmte Hoheitsakte in ihrem Empfangsstaat ausüben[479]. Die Zustimmung liegt in der Aufnahme diplomatischer und konsularischer Beziehungen. In manchen Fällen übten mehrere Staaten gemeinschaftlich die Gebietshoheit über ein fremdes Territorium aus, so etwa beim Kondominium. Ob es heute noch ein Kondominium gibt, ist in den Fällen Andorra und Bodensee - Obersee umstritten[480].

Es gibt Territorien im Ausland, in denen ein Staat aufgrund einer Verwaltungszession ganz oder partiell Jurisdiktion ausüben darf[481]. Umgekehrt gehört ein solchermaßen zur Verwaltung abgetretenes Gebiet noch zum Territorium des Zedenten, ohne aber - so weit die Zession reicht - zum

---

[477] Vgl. Berber, F., Lehrbuch des Völkerrechts, Bd. 1, 2. Aufl. (1975), S. 251 - 254, 310 - 313; Dahm, G.,/ Delbrück,J./ Wolfrum,R., Völkerrecht, (2. Aufl.), Bd. I/1 (1989), S. 332 - 335; Stuyt, A.M., The General Principles of Law as applied by International Tribunals to Disputes on Attribution and Exercise of State Jurisdiction (1946), S. 241 ff.

[478] Münch, F., Consular Jurisdiction, in: Bernhardt,R. (ed.), Encyclopedia of Public International Law, Instalment 9, S. 31 - 33 m. w. N.; Schwarzenberger, G. / Brown, E. D., A Manual of International Law, 6. Aufl. (1976), S. 74 Vgl. hierzu etwa Mixed commercial tribunal of Cairo 01.03.1921 - Menasce Roussos, Annual Digest 1919 - 1922, Nr. 110; Ägyptisches Berufungsgericht 27.05.1936 - Crédit Agricole D'Egypte, Annual Digest 1935 - 1937; Nr. 107; Griechenland: Kassationsgerichtshof 1953 ILR 1953, S. 195; Italien: Corte di Cassatione 11.11.1958 - Verri, Annual Digest 26 (1958 II) S. 234

[479] Economides, C., Consuls, in: Bernhardt,R. (ed.), Encyclopedia of Public International Law, Instalment 9, S. 40 - 45 m. w. N.; Blum, Y. Z., Diplomatic Agents and Missions, in: Bernhardt,R. (ed.), Encyclopedia of Public International Law, Instalment 9, S. 89 - 94 m. w. N.; Fedozzi, P., De l'efficacité extraterritoriale des lois et des actes de droit public, RdC 27 (1929 II), S. 141-242, 166. Art. 3 Abs. 2 Wiener Übereinkommen über diplomatische Beziehungen vom 18.4.1961, BGBl. 1964 II, 958; UNTS 500, S. 95; Art. 5, 70 Wiener Übereinkommen über konsularische Beziehungen vom 24. 4. 1963, BGBl. 1969 II, 1585; UNTS 596, 261

[480] Vgl. allgemein zum Kondominium Schneider, P., Condominium, in: Bernhardt,R. (ed.), Encyclopedia of Public International Law, Instalment 10, S. 58 - 60

[481] Allgemein Grabitz, E., Administrative, Judicial and Legislative Activities on Foreign Territories, in: R. Bernhardt (ed.), Encyclopedia of Public International Law, Instalment 10 (1987), S. 4 - 6 m. w. N.

Geltungsbereich seiner Rechtsordnung zu gehören. Begrenzte Jurisdiktionsrechte können durch Servituten mit positivem Inhalt begründet werden[482]. Dies kann beschränkt sein auf einen bestimmten Aspekt der Verwaltung, wie etwa bei der Überlassung eines Bahnhofs für staatliche Eisenbahngesellschaften auf fremdem Staatsgebiet[483]. Ein Beispiel ist der Badische Bahnhof in Basel. Weiter fallen in diese Kategorie die Abtretung der Zollhoheit in bestimmten Grenzgebieten durch Zollanschlüsse bzw. Zollausschlüsse[484]. So gehört etwa das österreichische Kleine Walsertal zum deutschen Zollgebiet[485]. Die deutsche Gemeinde Büsingen gehört zum schweizerischen Zollgebiet[486]. Liechtenstein gehört aufgrund eines Vertrages vom 23. 3. 1923[487] zum schweizerischen Zollgebiet.

Ein weiterer Fall der Zulassung von Hoheitsakten im Ausland ist die Ausübung der Gebietshoheit aufgrund eines Pachtvertrages[488]. China verpachtete 1898 Port Arthur und Talienwan für 25 Jahre an Rußland[489] und Kiantchou für 99 Jahre an Deutschland[490]. In beiden Fällen wurde ausdrücklich bestimmt, daß die Ausübung der Hoheitsgewalt an den pachtenden Staat überlassen, daß aber die territoriale Souveränität bei China verbleiben werde. Der Panama - Kanal war im Jahre 1903 im Hay - Bunau - Varilla - Vertrag den Vereinigten Staaten "in perpetuity of the use, occupation and control" überlassen worden[491]. Die Rechtsnatur

---

482 Fastenrath, U., Servitutes, in: Bernhardt,R. (ed.), Encyclopedia of Public International Law, Instalment 10, S. 389 - 392

483 Mutz, G., Railway Stations on Foreign Territory, in: Bernhardt,R. (ed.), Encyclopedia of Public International Law, Instalment 10, S. 339 f.

484 Vgl. etwa § 2 Abs. 2 Zollgesetz vom 29. 11. 1961 (BGBl. 1961 I, S. 737), vgl.

485 Der Staatsvertrag über Mittelberg / Jungholz vom 2. 12. 1890 (RGBl. 1891, S. 59 wurde nach dem zweiten Weltkrieg etwa durch das Abkommen vom 11. 10. 1972 (BGBl. 1973 II, S. 1281) bestätigt

486 Vertrag vom 23. 11. 1964 (BGBl. 1967 II, S. 2029)

487 LNTS, Vol. 21, S. 231. Vgl. Schindler, D., Liechtenstein, in: Bernhardt,R. (ed.), Encyclopedia of Public International Law, Instalment 12, S. 220 - 222

488 Rumpf, C., Territory, Lease, in: Bernhardt,R. (ed.), Encyclopedia of Public International Law, Instalment 10, S. 507 - 509

489 Vertrag von Peking vom 27.3.1898, vgl. hierzu Suy, E., Réflexions sur la distinction entre la souveraineté et la compétence territoriale, Internationale Festschrift für Alfred Verdross (1971), S. 493-508, 497

490 Vertrag vom 6.3. 1898, vgl. Suy, E., Réflexions sur la distinction entre la souveraineté et la compétence territoriale, Internationale Festschrift für Alfred Verdross (1971), S. 493-508, 497

491 Martens, Nouveau Recueil Général de Traités, 2 ème série, Vol. 31, S. 599. Vgl. allgemein Hartwig, M., Panama Canal, in: Bernhardt,R. (ed.), Encyclopedia of Public International Law, Instalment 12, S. 282 - 289

dieses Vertrages als Pacht oder volle Souveränitätsübertragung[492] war umstritten. Der Panama - Kanal - Vertrag von 1977[493] bestätigte die Souveränität der Republik Panama über den Kanal, beließ seine Verwaltung aber bei der Panama Canal Commission, einer US - Behörde.

Militärische Einrichtungen im Ausland können durch Vertrag der alleinigen Hoheitsgewalt des Entsendestaats unterstellt werden. Das gilt insbesondere für Militärbasen[494]. Dies geschah etwa bei der Überlassung von Guantanamo an die USA im Jahre 1903 durch Kuba[495]. Auch ohne eine solche Totalüberlassung können ausländische Staaten bei einvernehmlichen Truppenstationierungen im Ausland zur Ausübung eigener Hoheitsgewalt innerhalb dieser Truppen berechtigt sein, etwa zu Disziplinarmaßnahmen oder Personalmaßnahmen[496]. Diese Befugnis wird normalerweise im Stationierungsvertrag geregelt[497]. Ob sie durch die Genehmigung der Stationierung immer implizit erteilt wird, ist streitig[498].

Der High Court of England[499] entschied, daß Rechtsakte der Niederlande gegenüber niederländischen Truppen in England zulässig seien und auch deshalb durch die inländischen Behörden vollstreckt werden könnten. Im gleichen Sinne entschied der Supreme Court of British Colombia in Kanada im Jahre 1941[500]. Der Militärgerichtshof von Rom entschied

---

492 Der amerikanische Supreme Court hatte 1906 entschieden, daß die Kanalzone zum Territorium der USA gehörten, Wilson v. Shaw, 204 U. S. 24 (1906)

493 ILM 16 (1977), S. 1022

494 Rumpf, H., Military Bases on Foreign Territory, in: Bernhardt,R. (ed.), Encyclopedia of Public International Law, Instalment 3, S. 260 - 266

495 Hierzu Suy, E., Réflexions sur la distinction entre la souveraineté et la compétence territoriale, Internationale Festschrift für Alfred Verdross (1971), S. 493-508, 497

496 Bowett, D. W., Military Forces Abroad, in: Bernhardt,R. (ed.), Encyclopedia of Public International Law, Instalment 3, S. 266 - 269

497 Vgl. etwa das NATO - Truppenstatut vom 19. 6. 1951 (BGBl. 1961 II, S. 1190; UNTS Vol. 199, S. 67), insbesondere Art. VII

498 Vgl. Bowett, a.a.O, S. 266 f. Bejahend der US Supreme Court in The Schooner Exchange v. McFaddon, 11 U.S. (7 Cranch) 116 (1812). Nach § 55 des Restatement (Second) (American Law Institute, Restatement of the Law (Second), Foreign Relations Law of the United States (1965)) begibt sich ein Staat mit der Zustimmung, daß eine fremde Streitmacht sein Staatsgebiet betreten kann, seines Rechtes zur Vollstreckung gegenüber Angehörigen dieser Streitmacht. Gleichzeitig beinhaltet es eine Zustimmung zur Ausübung von Vollstreckungshoheit durch den Entsendestaat (§ 55 Abs. 1 (b)). Gleichzeitig beinhaltet diese Zustimmung auch diejenige zur Ausübung von Jurisdiktion über die Disziplin und die interne Verwaltung (§ 56).

499 King's Bench Division, Divisional Court 23.05.1941 - in re Amand, Annual Digest 1941 - 1942, Nr. 28

500 19.12.1941 - Re de Bruijn, Annual Digest 1941 - 1942; vgl. auch Supreme Court of South Africa Appellate Division 22.05.1942 - Haak & others, Annual Digest 1941 - 1942, Nr. 30

1935[501], daß ausländische Truppen im Territorium eines anderen Staates extra-territorial seien. Hier handelt es sich um eine Fiktion, die auf der Souveränität ihres Entsendestaates beruht. Sie trügen ihre Gesetze und ihre Gerichte mit sich. Insoweit könnten italienische Soldaten im Ausland auch nur nach italienischem Strafrecht strafbar sein.

Ein anderer Fall der Erstreckung der eigenen Gebietshoheit auf fremdes Territorium, welcher vom Völkerrecht legitimiert wird, und der darauf folgenden Ausübung von Hoheitsgewalt dort ist die militärische Besetzung eines anderen Staates[502] oder gar seine debellatio[503]. Der Besetzerstaat kann, aber er muß in diesem Fall nicht die Ausübung der Hoheitsgewalt in vollem Umfang jedenfalls bis zur Beendigung der Besetzung übernehmen.

Ein Fall von extraterritorialer Jurisdiktion ist die gemeinsame Ausübung von Hoheitsgewalt mit Organen eines anderen Staates auf fremdem Territorium. Dies ist historisch beim Kondominium von Bedeutung gewesen. Heute geschieht bei befreundeten Staaten in Westeuropa häufig bereits die Grenzabfertigung durch gemeinsame Zollkontrollstellen, bei denen die Zollorgane eines Staates auf dem Territorium eines anderen Staates mit den Zöllnern des Nachbarstaates gemeinsam kontrollieren[504]. Dies ist durch völkerrechtliche Übereinkunft geregelt. Es kann auch vorkommen, daß die Grenzkontrollstelle eines Staates die Kontrolle für den anderen Staat mit übernimmt[505].

---

[501] 15.04.1935 - in Re Polimeni, Annual Digest 1935 - 1937, Nr. 101

[502] Vgl. Bothe, M., Occupation after Armistice, in: Bernhardt,R. (ed.), Encyclopedia of Public International Law, Instalment 4, S. 63 f.; ders., Occupation, Belligerent, a.a.O., S. 64 - 67; ders., Occupation, Belligerent, a.a.O., S. 67 - 69; Stuyt, A.M., The General Principles of Law as applied by International Tribunals to Disputes on Attribution and Exercise of State Jurisdiction (1946), S. 241 - 261

[503] Suy, E., Réflexions sur la distinction entre la souveraineté et la compétence territoriale, Internationale Festschrift für Alfred Verdross (1971), S. 493-508, 496. Vgl. allgemein Meyn, K. U., Debellatio, in: Bernhardt,R. (ed.), Encyclopedia of Public International Law, Instalment 3, S. 145 - 147, der zu Recht bezweifelt, daß eine debellatio nach dem modernen Völkerrecht, insbesondere der UN - Satzung noch zulässig ist.

[504] Kirchhof, E., Die gemeinsamen Grenzabfertigungsstellen der Bundesrepublik mit Nachbarstaaten (Diss. Heidelberg 1986)

[505] Hieraus können sich auch materiellrechtliche Probleme ergeben. Nach einem Vertrag zwischen Österreich und der Tschechoslowakei durften österreichische Grenzbeamte in Gmünd auf tschechoslowakischem Territorium Kontrollen vornehmen. Sie entdeckten dort einen gefälschten Paß. Der Österreichische Oberste Gerichtshof entschied Annual Digest 1928/29, Nr. 65, daß aufgrund des Vertrages die Straftat als auf österreichischem Territorium begangen anzusehen sei.

b) Überprüfende Hoheitsakte im Ausland

In der heutigen internationalen Wirtschaftsordnung ist es gar nicht mehr so selten, daß wirtschaftliche Sachverhalte wie Produktionsprozesse, Sicherheitsstandards oder ähnliches im Ausland vor Ort von Inspektoren des Staates verifziert werden, wozu die betroffenen Staaten zustimmen, um ihrer Wirtschaft die Exportchancen zu erhalten. Gleiches gilt für die geschäftlichen Unterlagen von Firmen, welche im Verdacht eines Dumping oder einer Subventionierung stehen.

In Art. 5 des Antidumping - Kodex der GATT - Tokio - Runde[506] sind für Antidumping - Untersuchungen ausdrücklich Maßnahmen im Ausland vorgesehen, wenn der Gebietsstaat zustimmt. Art. 2 Abs. 8 des Agreement on Interpretation and Application of Articles VI, XVI and XXIII of the GATT[507] trifft eine vergleichbare Regelung für den Bereich der Subventionen und Schutzzölle[508].

Eine Besonderheit sind Preiskontrollen im Ausfuhrland, welche teilweise von Staaten gefordert und im Ausland vorgenommen werden, bevor die devisenrechtliche Genehmigung für den Transfer des Kaufpreises gegeben wird[509]. Es handelt sich dabei um die Vornahme eines Hoheitsakts im Ausland, der ohne Zustimmung des betroffenen Exportstaats unzulässig wäre[510]. Eine Zustimmung des Exporteurs alleine genügt nicht, da dieser nicht über die territoriale Souveränität seines Sitzstaates verfügen kann. In der Bundesrepublik Deutschland ist eine Genehmigung des Bundesamts für (gewerbliche) Wirtschaft nach § 44 a der AWiVO für solche Verträge insoweit erforderlich, "als Gegenstand der Verträge oder der Geschäftsbesorgung die ständige Prüfung der Preise von Waren oder Dienstleistungen ist, die für fremde Wirtschaftsgebiete bestimmt sind."

---

506 Agreement on Implementation of Article VI of the GATT, in: Kunig, P. / Lau, N. / Meng, W., International Economic Law. Basic Documents, 2. Aufl. (1993), Doc. 26; ILM 28 (1979), S. 621

507 in: Kunig, P. / Lau, N. / Meng, W., International Economic Law. Basic Documents, 2. Aufl. (1993), Doc. 27, ABl. EG 1980 L 71, 72

508 Vgl. hierzu Art. 7 Abs. 2 lit. b Verordnung (EWG) Nr. 2423/88 des Rates vom 11.7.1988 über den Schutz gegen gedumpte oder subventionierte Einfuhren aus nicht zur Europäischen Wirtschaftsgemeinschaft gehörenden Ländern, ABl. 1988, L 209, S.1; in: Kunig, P. / Lau, N. / Meng, W., International Economic Law. Basic Documents, 2. Aufl. (1993), Doc. 34

509 Graf von Westphalen, F., Preiskontrollen von Drittstaaten auf dem Territorium der Bundesrepublik Deutschland und ihre rechtliche Zulässigkeit, RIW/AWD 26 (1980), S. 88 - 98

510 Hierzu Adomeit, K., Exportpreiskontrollen im Auftrag fremder Staaten auf deutschem Territorium, Der Betrieb 1986, S. 2527-2530

Im Zuge der Abrüstungsbemühungen zwischen Ost und West haben die Staaten erstmals hoheitliche Kontrollen auf fremdem Territorium im Militärbereich vereinbart. Nach dem Vertrag über konventionelle Streitkräfte in Europa (KSE - Vertrag) vom 19. 10. 1990 dürfen die Vertragsstaaten Kontrollen der versprochenen Abrüstungsmaßnahmen durch Inspektionsgruppen überprüfen lassen. Die Rechte diese Gruppen und die Pflichten von innerstaatlichen Rechtssubjekten, namentlich zur Duldung von Inspektionen werden in Deutschland durch ein Ausführungsgesetz vom 24.1.1992[511] festgelegt.

c) Zustellungsakte

(1) Allgemeines

Die Auslandszustellung hoheitlicher Schriftstücke, also etwa die Zustellung von Klageschriften, Ladungen, von Verwaltungsentscheidungen berechtigender oder verpflichtender Natur ist im Völkerrecht hinsichtlich ihrer Voraussetzungen heute umstrittener denn je. Dabei ist zunächst klarzustellen, daß unter dem Begriff der "hoheitlichen Schriftstücke" solche zu verstehen sind, die ein Träger hoheitlicher Gewalt im Sinne des nationalen Rechts in Ausübung seiner amtlichen Tätigkeit erstellt hat. Problematisch ist dies dann, wenn der Adressat dieses Schriftstücks sich im Ausland aufhält und wenn es nicht durch die vermittelnde Rechtshilfe des Aufenthaltsstaats des Empfängers zugestellt werden soll, sondern durch Beauftragte des erlassenden Hoheitsträgers oder durch die Post.

Zustellungen erfolgen zur Einleitung oder im Rahmen von hoheitlichen Verfahren der Verwaltung beziehungsweise der Gerichte zur Durchsetzung materiellen Rechts. Soweit dieses Recht nicht wegen eines exorbitanten Inhalts oder wegen fehlender Jurisdiktion des Staates von anderen Staaten abgelehnt wird, kam es nur selten zu völkerrechtlichen Streitigkeiten, wenn ein Staat eine Verletzung seiner Territorialhoheit durch ausländische Hoheitsakte geltend machte. Im Zuge des zunehmenden Streits um die Zulässigkeit extraterritorialer Jurisdiktion im öffentlichen Wirtschaftsrecht sind aber Zustellungsfragen immer häufiger Konfliktstoff. Formal geht es auch hier um die Territorialhoheit[512],

---

[511] BGBl. 1992 I, S. 181

[512] Dies berücksichtigte der United States Supreme Court in Blackmer v. United States 284 U.S. 421 (1932) nicht: Es ging um die Zeugenladung eines Amerikaners in Paris, die dieser nicht befolgt hatte. Der Oberste Gerichtshof befand, daß die Amerikaner auch im Ausland aufgrund ihrer Staatsangehörigkeit solche Ladungen befolgen müßten. Die Ladung war durch den amerikanischen Konsul ohne Mitwirkung Frankreichs

dahinter stehen aber Streitigkeiten über die Zulässigkeit extraterritorialer Regelungen durch Staaten. Denn Zustellungen sind häufig die Voraussetzung für Inlandsdurchsetzung. Somit sind Zustellungsfragen einer der Brennpunkte der Diskussion geworden.

Die Staaten versuchen, diese zu vermeiden, indem sie Zustellungssurrogate dadurch schaffen, daß sie Ausländern im Inland etwa öffentlich, durch Aufgabe zur Post oder an Bevollmächtigte oder Tochtergesellschaften zustellen und so die rechtliche Wirkung der Zustellung, wie etwa die Rechtshängigkeit oder der Beginn des Laufs einer Rechtsbehelfsfrist, herbeiführen. Dies ist keine extraterritoriale Jurisdiktion, sondern territoriale Jurisdiktion mit Auslandsauswirkung, weil sie wegen ihrer hoheitlichen Konsequenzen Persuasionswirkung besitzt. Sie soll die Person im Ausland zur Teilnahme an dem Verfahren im Inland zur Vermeidung nachteiliger rechtlicher Folgen bewegen. Die rechtlichen Probleme werden in Zusammenhang mit dem internationalen Zivilprozeß und dem internationalen Verwaltungsverfahren erörtert werden.

(2) Zustellung durch ein Hoheitsorgan und Rechtshilfe

Zustellungen durch eigene Staatsorgane im Ausland sind ein Hoheitsakt, der ohne Zustimmung des betroffenen Staates völkerrechtswidrig ist[513]. Im Jahre 1919 entschied ein amerikanisches Bundesgericht[514], daß die Gerichtsgewalt eines mexikanischen Gerichts nur innerhalb Mexikos gelte und daß ein amerikanisches Gericht nicht durch Zustellung von zwingenden Auskunftsanordnungen Jurisdiktion über Ausländer begründe. Der Oberste Gerichtshof Hollands entschied[515], die Zustellung einer Klageschrift in Belgien durch niederländische Beamte ohne Rechtshilfe sei unwirksam, weil keine niederländische Hoheitsgewalt im Ausland ausgeübt werden darf.

Würde etwa ein Gerichtsvollzieher ein Schriftstück im Ausland zustellen mit der Folge, daß diese Zustellung innerstaatlich die Rechtsfolgen der

---

zugestellt worden. Der Gerichtshof befand, daß in der bloßen Zustellung einer solchen Ladung keine Souveränitätsverletzung des Aufenthaltsstaats vorliege und daß insbesondere der Geladene sich nicht auf Rechte ausländischer Staaten berufen dürfe. Bei der völkerrechtlichen Beurteilung der Zustellung kommt es aber nicht auf den Status des Adressaten, sondern alleine auf seinen Aufenthalt an

513 Vgl. etwa Restatement (Third), a.a.O. (Anm. 12), Introductory Note zu Kapitel 7, Unterkapitel A.

514 In re Letters Rogatory (Mexiko) 261 Fed. 652 (1919)

515 22.01.1952 - van H. ILR 1952, Nr. 49 Ebenso in Kanada: British Colombia Court of Appeal 09.01.1975 - re Shulman ILR 69, S. 92

Zustellung wie etwa die Rechtshängigkeit nach § 261 Abs. 1 ZPO nach sich zieht, so wäre dies ein Hoheitsakt auf fremdem Staatsgebiet und ohne Zustimmung unzulässig. Wenn ein Amtsträger im Urlaub im Ausland einen Brief einer Behörde, der er nicht angehört, mit rein informativem Inhalt übergibt, so ist dies nicht anders zu werten als eine Zustellung mit der Post. Wenn die Zustellung keine hoheitlichen Wirkungen auslöst, ist sie völkerrechtlich unproblematisch. Kann die Zustellung dagegen nachteilige Folgen auslösen und ist der Brief von der Behörde des Amtsträgers erlassen oder wird er für eine andere Behörde tätig, so handelt es sich um einen Hoheitsakt.

Auch wenn § 201 ZPO bestimmt, daß eine im Ausland zu bewirkende Zustellung mittels Ersuchens der zuständigen Behörde des fremden Staates oder des in diesem Staate residierenden Konsuls oder Gesandten des Bundes erfolgt, so ist letzteres nur dann zulässig, wenn der ausländische Staat dem zustimmt. Art. 5 lit. j der Wiener Konsularkonvention[516] begrenzt die konsularische Aufgabe, gerichtliche und außergerichtliche Urkunden zu übermitteln und Rechtshilfeersuchen zu erledigen durch die Bedingung: "soweit dies geltenden internationalen Übereinkünften entspricht oder, in Ermangelung solcher, mit den Gesetzen und sonstigen Rechtsvorschriften des Empfangsstaats vereinbar ist".

Somit ist entscheidend, ob ein Staat die Zustellung durch ausländische Hoheitsträger im Inland durch eigenes Recht zuläßt oder Partner eines entsprechenden Vertrages ist. Konsularische Zustellung ist vorgesehen im Haager Zivilprozeßübereinkommen (Art. 1 - 7)[517], allerdings nicht direkt, sondern durch Übermittlung und Zustellung an die im Empfangsstaat zuständige Behörde. Das Haager Zustellungsübereinkommen[518] für Zivil - und Handelssachen sieht die Rechtshilfe durch Zustellung über Zentralbehörden vor, läßt aber auch den konsularischen Weg des Zivilprozeßübereinkommens offen[519]. Weitere Methoden sind nur dann zulässig, wenn ein Vertragsstaat nicht widersprochen hat: die direkte diplomatische oder konsularische Zustellung an den Empfänger[520], die

---

516 Wiener Übereinkommen über konsularische Beziehungen vom 24. 4. 1963, BGBl. 1969 II, 1585; UNTS 596, 261

517 Haager Übereinkommen über den Zivilprozeß vom 1.3.1954 (BGBl. 1958 II, 577)

518 Haager Übereinkommen über die Zustellung gerichtlicher und außergerichtlicher Schriftstücke im Ausland in Zivil- und Handelssachen vom 15.11.1965 (BGBl.1977 II, S.1453)

519 Art. 9

520 Art. 8. Neben einigen anderen Staaten hat auch die Bundesrepublik in § 6 des Ausführungsgesetzes vom 22.12.1977 (BGBl. 1977 I, 3105) dem widersprochen

Postzustellung, Zustellung durch Amtsträger des Absenderstaates oder des Bestimmungsstaates[521].

Zivil- und Handelssachen nach den beiden Haager Übereinkommen sind nach dem Recht des ersuchten Staates zu qualifizieren[522]. Dies bedeutet, daß sie nach dem Recht der Bundesrepublik Deutschland und der meisten anderen Staaten, welche ein solches Recht haben, auch für Kartellrechtsstreitigkeiten einschließlich der verwaltungsrechtlichen Kontrolle anwendbar sind. Nach Art. 4 des Zivilprozeßrechtsabkommens und Art. 13 Abs. 1 des Zustellungsabkommens kann der Antrag jedoch abgelehnt werden, wenn er die Hoheitsrechte oder die Sicherheit des ersuchten Staates gefährden kann. In Deutschland wird zwar hier in der Literatur[523] vertreten, daß der Mangel der Jurisdiktion des ersuchenden Staates noch nicht die Voraussetzungen dieser Klausel erfülle. Das OLG München hat entschieden[524], daß eine Ablehnung nur dann in Frage kommt, wenn der Antrag "besonders schwere Beeinträchtigungen der Wertungsgrundslagen der Rechtsordnung des ersuchten Staates mit sich brächte". Dies bezog sich jedoch auf "punitive damages" nach amerikanischem Recht.

Wenn ein Staat der Auffassung ist, der fremde Staat verstoße wegen einer Überschreitung seiner Jurisdiktion gegen Völkerrecht, so verstößt dies jedoch durchaus gegen die Wertungsgrundlagen einer Rechtsordnung, welche nach Art. 25 GG die allgemeinen Grundsätze des Völkerrechts im Rang über den einfachen Gesetzen inkorporiert, so daß ein Rechtshilfeersuchen in einem solchen Verfahren abgelehnt werden dürfte. Dies entspricht auch der Auffassung des englischen House of Lords, welches im Westinghouse - Fall[525] eine Rechtshilfe auch wegen beanstandeten der extraterritorialen Jurisdiktion der amerikanischen Kartellbehörden ablehnte. Gerade in Jurisdiktionsstreitigkeiten verspricht also die Möglichkeit der Rechtshilfe keinen Erfolg.

Bilaterale Rechtshilfeverträge können die vorgenannten Verträge als leges speciales überlagern und etwa eine direkte Rechtshilfe vorsehen oder sie

---

521 Art. 10. Auch dem hat die Bundesrepublik neben anderen Staaten durch § 6 des Ausführungsgesetzes, a.a.O. widersprochen

522 OLG München NJW 1989, 3102; Immenga, U. / Mestmäcker, E.-J., GWB. Gesetz gegen Wettbewerbsbeschränkungen. Kommentar (1992), § 98 Abs. 2, Rn. 280

523 Vgl Immenga / Mestmäcker, a.a.O., Rn. 281 m. w. N.

524 NJW 1989, 3102

525 Rio Tinto Zinc Corporation and others v. Westinghouse Electric Corporation, [1978] 1 AllER 434 (H.L.)

begründen eine selbständige Rechtshilfeverpflichtung[526]. Wo kein solcher Vertrag vorliegt, müssen die Staaten die Zustellungsmethode im Wege der vertragslosen Rechtshilfe ad hoc festlegen[527].

In Strafsachen gilt ebenfalls die Regel, daß Zustellungen im Ausland entweder durch den Absendestaat mit Zustimmung des Empfängerstaates oder im Wege der Rechtshilfe ausgeführt werden müssen. Die speziellen Regeln, welche sich in der Praxis und in einer Reihe von Verträgen hierfür herausgebildet haben, können in diesem Zusammenhang nicht erörtert werden. Sie sind jedoch leges speciales zu dem genannten allgemeinen völkerrechtlichen Grundsatz[528].

Auch in Verwaltungsangelegenheiten gelten die für Zivilsachen erörterten Grundsätze[529]. § 24 des deutschen Verwaltungsvollstreckungsgesetzes[530] sieht vor, daß eine Zustellung im Ausland mittels Ersuchens der zuständigen Behörde des fremden Staates oder der in diesem Staate befindlichen konsularischen oder diplomatischen Vertretungen des Bundes zugestellt wird. Allerdings ist in diesem Bereich die vertragliche Rechtshilfe seltener. Insbesondere ist zu erwähnen das Europäische Übereinkommen vom 24. 11. 1977 über die Zustellung von Schriftstücken in Verwaltungssachen im Ausland[531]. Danach erfolgt die Zustellung über Zentralbehörden[532], sie steht unter einem ordre public - Vorbehalt[533], der gerade in Streitfällen über extraterritoriale Jurisdiktion eine Zustellung in der Regel unmöglich machen wird. Sonderverträge gibt es etwa im Kartellrechtsbereich. Sie werden noch zu erörtern sein. Die Bundesregierung hat dem Bundeskartellamt die Möglichkeit eingeräumt,

---

526 Vgl. die Vereinbarung mit Frankreich vom 6.5.1961 (BGBl. 1961 II, 1041) und die bei Jayme, E. / Hausmann, R., Internationales Privat- und Verfahrensrecht, 6. Aufl. (1992) auf S. 471 zu Nr. 110 in Anm. 1 aufgezählten weiteren Abkommen

527 Vgl. Schack, H., Internationales Zivilverfahrensrecht (1991), S. 223; allgemein zur Rechtshilfe in Zivilsachen Geiger, R., Legal Assistance between States in Civil Matters, in: Bernhardt,R. (ed.), Encyclopedia of Public International Law, Instalment 8, S. 241 - 248

528 Vgl. allgemein Geiger, a.a.O., S. 248 - 255

529 Vgl. allgemein Geiger, a.a.O., S. 235 - 241

530 Verwaltungsvollstreckungsgesetz vom 27. 4. 1953, zuletzt geändert durch Gesetz vom 14.12.1976 (BGBl. III 201 - 4)

531 BGBl. 1981 II, 533; ILM 17 (1978), S. 265 - 273. Die Konvention erfaßt nicht straf- und steuerrechtliche Verfahren

532 Art. 2

533 Art. 14

durch den normalen Postverkehr direkten Kontakt mit ausländischen Kartellbehörden aufzunehmen[534].

(3) Zustellung durch Privatpersonen

Im amerikanischen pre - trial - discovery - Verfahren können auch Privatpersonen Dokumente zustellen, wodurch das rechtliche Gehör nach der due process clause der Verfassung sichergestellt wird[535]. Auch solche Zustellungen sind aber als Hoheitsakte anzusehen. Dies gilt zum einen deswegen, weil die Zustellung die hoheitliche Folge auslöst, daß nunmehr das rechtliche Gehör als erteilt gilt. Sie erfolgt im Rahmen der Aufgabenverteilung der amerikanischen Zivilprozeßrechte, welche Private mit ansonsten hoheitlich wahrzunehmenden Aufgaben betraut.

Zum anderen kann sich ein Staat nicht dadurch, daß er ansonsten öffentlich wahrzunehmende Aufgaben Privaten anvertraut, von seinen Verpflichtungen zur Achtung fremder Territorialhoheit lösen. Er handelt durch Personen im Rahmen eines staatlichen Verfahrens, welche Funktionen im Rahmen der hoheitlichen Ausgestaltung des Verfahrens übernommen haben. Diese Funktion muß, wie die Ausgestaltung in vielen anderen Rechtsordnungen der Welt zeigt, ansonsten das Gericht selbst übernehmen. Der Private handelt hier also für das Gericht, seine Handlung muß als hoheitliche Maßnahme mit hoheitlichen Konsequenzen angesehen werden.

(4) Zustellung durch die Post

Die Postzustellung[536] wird dann zu einem völkerrechtlichen Problem, wenn sie hoheitliche Folgen auslöst, also wenn sie die Rechtshängigkeit begründet, eine Pflicht zum Erscheinen bei Gericht nach sich zieht, ein gesetzlich zu gewährendes Anhörungsrecht durch Ladung konsumieren kann oder eine Abwesenheitsfolge begründet wie die Drohung eines Versäumnisurteils oder des Verlustes eines Einspruchsrechts. In all diesen Fällen kann die Zustellung einen Nachteil des Empfängers, etwa aufgrund der Regelung etwa der Nichtbefolgung einer Ladung begründen. Dies gilt im übrigen auch bei einer Zustellung zur Gewährung formellen rechtlichen Gehörs, weil dies innerstaatlich eine Voraus-

---

[534] Mitteilungblatt des Auswärtigen Amtes Nr. 3 vom 30.4.1965. Hierzu Markert, K., Die Anwendung des Gesetzes gegen Wettbewerbsbeschränkungen auf internationale Wettbewerbsbeschränkungen, in: Zehn Jahre Bundeskartellamt (1968), S. 205 - 229, 227

[535] Schack, a.a.O. (Anm. 527), S. 218

[536] Schack, a.a.O. (Anm. 527), S. 217 ff.

setzung etwa der rechtmäßigen Verurteilung ist. Solche konstitutiven Zustellungen sind, auch wenn sie durch die Post im Ausland geschehen, Hoheitsakte, die ohne Zustimmung rechtswidrig sind[537]. Daß hier die nachteilige Rechtsfolge nur im Inland des absendenden Staates eintritt, also nicht extraterritorial, steht dem nicht entgegen. Denn die Zustellung ist unabdingbare Voraussetzung dieser hoheitlichen Rechtsfolge und damit selbst ein Hoheitsakt[538].

Die Androhung von Zwang ist immer hoheitlicher Natur, wenn sie die Zwangsanwendung nach innerstaatlichem Recht zulässig macht. Die Zustellung solcher Androhungen im Ausland ist deshalb ein Hoheitsakt und ohne Zustimmung völkerrechtswidrig[539]. Die Auffassung, wonach auch Zwangsandrohungen oder sonstige rechtliche Nachteile durch den Erhalt der Zustellung völkerrechtlich unbedenklich seien, weil die eigentliche Zwangsanwendung nur im Gerichtsstaat vorgenommen werde[540], berücksichtigt dies nicht ausreichend.

Teilweise wird die Androhung von Zwangsmitteln aufgrund der Personalhoheit gegenüber eigenen Staatsangehörigen im Ausland auch ohne Rechtshilfe für zulässig gehalten[541]. Dies verkennt aber die Natur der Territorialhoheit des Aufenthaltsstaats. Dieser muß einen Hoheitsakt - und einen solchen würde eine solche Androhung darstellen - auf seinem Gebiet auch gegenüber Ausländern ausdrücklich zulassen. Tut er dies nicht, so muß auch der Heimatstaat des Adressaten den Weg der Rechtshilfe beschreiten. Personalhoheit kann Regelungshoheit begründen, nie aber Durchsetzunghoheit im Ausland.

Nach Art. 6 des Haager Zivilprozeßübereinkommens[542] ist vorgesehen, daß Staaten aufgrund gesonderter Abkommen eine Postzustellung zulassen können. Die Postzustellung von gerichtlichen Schriftstücken ist in Art. 10 lit. a des Haager Übereinkommens über die Zustellung gerichtlicher und außergerichtlicher Schriftstücke im Ausland in Zivil- und Handelssachen vom 15.11.1965[543] ausdrücklich vorgesehen, die

---

537 Vogel, a.a.O. (Anm. 43), S. 347; BVerfGE 63, 343, 372. Wenn § 471 (1) (d) eine Postzustellung im Ausland für amerikanische Dokumente vorsieht, so widerspricht dies dem nicht, weil dies nur als "Law of the United States" bezeichnet wird. Über Völkerrecht sagt diese Regel nichts aus

538 Vogel, a.a.O. (Anm. 43), S. 347 will hier möglicherweise eine Zustimmungspflichtigkeit des Aufenthaltsstaats nach Völkerrecht annehmen

539 Vogel, a.a.O. (Anm. 43), S. 342

540 Geimer, R., Internationales Zivilprozeßrecht (1987), S. 86 f.

541 Geimer,a.a.O., S. 29

542 Haager Übereinkommen über den Zivilprozeß vom 1.3.1954 (BGBl. 1958, 577)

543 BGBl. 1977 II, 1453; ILM 4 (1965), S. 341; hierzu Böckstiegel, K.H./ Schlafen, D., Die Haager Übereinkommen über die Zustellung und die Beweisaufnahme im Ausland, NJW 1978. S. 1073 - 1077

Bundesrepublik Deutschland hat hiergegen jedoch, wie auch einige andere Staaten, in Art. 6 des Ausführungsgesetzes[544] einen nach dem Übereinkommen zulässigen Widerspruch erklärt. Das gleiche gilt auch für die private Parteizustellung im Ausland[545].

Die Problematik ist aber nicht nur für gerichtliche Schriftstücke, sondern auch für Verwaltungsschreiben mit daran geknüpften Reaktionsfolgen wie etwa Widerspruchsfristen oder Klagefristen bedeutsam. Das Bundesverfassungsgericht hat in seiner Entscheidung zum deutsch - österreichischen Rechtshilfevertrag die Zustellung von ausländischen Steuerbescheiden durch das Zollamt Innsbruck per Einschreiben in Deutschland als konkret zustimmungsbedürftige Hoheitsakte angesehen[546], weil zu diesem Zeitpunkt eine unmittelbare Postzustellung zwischen den beteiligten Staaten noch nicht vereinbart war. Hinsichtlich der Zustimmung wies das Bundesverfassungsgericht darauf hin, daß diese nach dem Völkerrecht nicht durch die kompetenzwidrige Kenntnis und das Schweigen oder die aktive Zustellung subalterner Behörden als erteilt gelten könne[547].

Die völkerrechtliche Beurteilung der Zustellung durch die Post ist in dem Maße heute immer umstrittener, in dem sehr formale, auf den Grundsatz der Souveränität und territorialen Unverletzlichkeit der Staaten gestützte Rechtspositionen mit modernen Kommunikationsentwicklungen zusammentreffen. Die klassische Position jedenfalls in der europäischen Doktrin[548] sieht jede Zustellung eines Schriftstücks mit hoheitlichem Inhalt als Hoheitsakt an. Auch die Vornahme der Zustellung durch die Post des Aufenthaltsstaats des Empfängers ändert hieran nichts. Allerdings kann dieser Staat seine Zustimmung erteilen. Das Unbehagen an dieser streng formalen Position wird bereits an der Handhabung dieser Ausnahme deutlich. Denn teilweise wird vertreten, daß diese Zustimmung bei der Zustellung rein informativer Schriftstücke ohne Rechtsfolge für den Empfänger implizit angenommen wird, wenn der Staat nicht ausdrücklich hiergegen protestiert hat[549].

---

544 vom 22.12.1977, BGBl. 1977 I, 3150

545 Art. 10 lit. c des Haager Übereinkommens und der Widerspruch der Bundesregierung in § 6 des Ausführungsgesetzes

546 BVerfGE 63, 343, 372

547 a.a.O., 343

548 Vgl. hierzu etwa Siegrist, D., Hoheitsakte auf fremdem Staatsgebiet (1987) S. 168 ff; Kuyper, P.J., European Community Law and Extraterritoriality: some Trends and New Developments, ICLQ 33 (1984), S. 1013-1021, 1018 f.; Mann, F.A., The Doctrine of International Jurisdiction Revisited after 20 Years, RdC 186 (1984 III), S. 9 - 116, 39 f.

549 Dies hält Verdross, A., Völkerrecht, 5. Aufl. (1964), S. 237 für völkerrechtlich grundsätzlich erlaubt. Ebenso BVerfGE 63, 343, 372, das aber darauf hinweist, daß diese

Diese Auffassung ist von der Staatenpraxis gedeckt. Ersichtlich haben nur die Schweiz[550] und Japan sich jeder Postzustellung von Hoheitsakten, sei sie belastend oder begünstigend in ihrem Staatsgebiet ausdrücklich als Verletzung ihrer Gebietshoheit widersetzt[551]. Die Kommission der EG etwa hat dies respektiert und im Gegenzug von schweizerischen und japanischen Unternehmen verlangt, daß sie eine Zustellungsadresse innerhalb der Gemeinschaft begründeten[552]. Art. 6 des Haager Zivilprozeßübereinkommens macht diese Zustellungsart von einem ausdrücklichen Vertrag abhängig. Auch der Widerspruch der Bundesrepublik und anderer Staaten gegen Art. 10 lit. a des Haager Zustellungsübereinkommens ist als Verwahrung gegen die Benutzung der Post in diesen Staaten für hoheitliche Zustellungen zu werten.

Für diese Staaten und für andere Staaten, welche der Postzustellung ausdrücklich widersprochen haben, gilt das völkerrechtliche Verbot der Vornahme von Hoheitsakten im Ausland strikt. In allen anderen Fällen gilt die Zustimmung als erteilt. Sie kann aber, wenn es sich nicht um eine vertragliche Bindung, wie nach dem Haager Beweisübereinkommen, handelt, jederzeit widerrufen werden.

d) Verfahrensakte im Ausland

(1) Handlungen von Hoheitsträgern und Rechtshilfe

Handlungen im Rahmen eines Gerichts- oder Verwaltungsverfahrens sind hoheitliche Akte eines Staates. Sie dürfen nach den erörterten allgemeinen Grundsätzen des Völkerrechts im Ausland nicht vorgenommen werden. Da Gerichte und Verwaltungen im Regelfall im Inland ihr Verfahren durchführen, betrifft diese Problematik nur die Beweisaufnahme im Ausland, also Ortstermine, Zeugenvernehmungen und

---

Zustimmung von den auswärtigen Organen eines Staates, nicht von untergeordneten Verwaltungsbehörden oder Gerichten erteilt werden muß

[550] Verwaltungsentscheide der Bundesbehörden 26 (1956), Nr.5, S. 26 ff. Hierzu Alder, C., Zur Rechtsstellung schweizerischer Unternehmen vor den EWG-Behörden, Basler Juristische Mitteilungen 1969, S. 48-72, 57; Frei, L., The Service of Process and the Taking of Evidence on Behalf of U.S. Proceedings - the Problem of Granting Assistance, Regulations, Wirtschaft und Recht 35 (1983), S. 196 - 210

[551] Im Ergebnis kann dies für die Individuen kontraproduktiv sein, weil ihr Recht auf Verfahrensbeteiligung und insbesondere rechtliches Gehör vermehrt durch öffentliche Zustellung beeinträchtigt wird

[552] Kuyper, P.J., European Community Law and Extraterritoriality: some Trends and New Developments, ICLQ 33 (1984), S. 1013-1021, 1019; Alder, C., Zur Rechtsstellung schweizerischer Unternehmen vor den EWG-Behörden, Basler Juristische Mitteilungen 1969, S. 48-72, 57.

Zustellungen. Letztere werden gesondert behandelt. Weiter kann es sich um Maßnahmen im Rahmen einer strafrechtlichen Untersuchung handeln und um Nachprüfungen der Verwaltung, etwa um Durchsuchungen einer Firmenverwaltung, Einholung von Auskünften und Zeugeneinvernahmen. Alle diese Akte sind völkerrechtlich als hoheitliche Maßnahmen im Ausland nur mit Zustimmung des Inhabers der Gebietshoheit zulässig.

Soll die Beweisaufnahme im Ausland erfolgen, so hat nach § 363 ZPO der Vorsitzende des Gerichts die zuständige Behörde um Aufnahme des Beweises zu ersuchen. Kann die Beweisaufnahme durch einen Bundeskonsul erfolgen, so ist das Ersuchen an diesen zu richten. Auch insoweit ist aber eine ausdrückliche Zustimmung des Empfangsstaates notwendig. Ohne Zustimmung sind auch Ortstermine von Gerichten im Ausland völkerrechtswidrig. Die Entsendung von Beauftragten des Gerichts zur Vornahme des Augenscheins oder zur Einsichtnahme in Urkunden könnte ebenfalls völkerrechtswidrig sein, wenn dies prozessual als Augenscheinseinnahme zu verwerten ist. Nach deutschem Zivilprozeßrecht ist dies jedoch nicht möglich, weil es dem Grundsatz der Unmittelbarkeit der Beweisaufnahme widerspricht. Ein solcher Augenschein durch Dritte kann nur als Zeugenbeweis verwertet werden. Zeugen und Sachverständige aber sind Privatpersonen, deren Aussagen vom Gericht als solche zu würdigen sind[553].

In der Regel aber erfolgt die Beweisaufnahme im Ausland im Wege der Rechtshilfe. Am weitesten sind die Regeln hierfür entwickelt im Bereich des Zivilprozesses[554]. Das Haager Zivilprozeßübereinkommen (Art. 8 - 16)[555] sieht die Zustellung der Urkunde vom Konsul des ersuchenden Staates an die zuständige Behörde des ersuchten Staates zur Weiterleitung an das ersuchte Gericht erfolgen. Dieses kann nach Art. 11 Abs. 3 Ziff. 3 die Erledigung dann ablehnen, "wenn der Staat, in dessen Hoheitsgebiet das Ersuchen durchgeführt werden soll, die Erledigung für geeignet hält, seine Hoheitsrechte oder seine Sicherheit zu gefährden". Den gleichen Vorbehalt kennt Art. 5 des Zivilprozeßabkommens. Bereits bei der Zustellungs - Rechtshilfe wurde erörtert, daß diese Vorbehalte gerade bei Jurisdiktionsstreitigkeiten den Effekt haben, daß ein Rechtshilfeersuchen wenig Erfolg versprechen wird.

---

553 Ebenso für den Sachverständigenbeweis Schack, a.a.O. (Anm. 527), S. 264

554 Geiger, R., Legal Assistance between States in Civil Matters, in: Bernhardt,R. (ed.), Encyclopedia of Public International Law, Instalment 8, S. 241 - 248

555 Haager Übereinkommen über den Zivilprozeß vom 1.3.1954 (BGBl. 1958 II, 577)

Das Haager Beweisübereinkommen[556] sieht Rechtshilfeersuchen über Zentralbehörden vor. Weiter können danach (Art. 15 - 22) auch diplomatische und konsularische Vertreter sowie gerichtliche Beauftragte ohne Zwang in gewissen Grenzen Beweise im Ausland erheben. Dies ist nur von Singapur und Argentinien ausgeschlossen worden. Wesentlich für das vorliegende Thema ist Art. 23 des Übereinkommens, der einen Ausschluß der Rechtshilfe für die amerikanische "pre - trial discovery of documents" vorsieht. Hierauf wird noch ausführlicher einzugehen sein. Daneben gibt es, wie bereits beim Thema der Auslandszustellungen erörtert wurde, eine Reihe von überlagernden oder selbständigen bilateralen Rechtshilfeabkommen und die vertragslose Rechtshilfe[557].

Auch im strafrechtlichen Bereich gibt es für das Gerichts- wie für das Untersuchungsverfahren Rechtshilferegeln, auf die hier nicht genauer eingegangen werden kann[558]. Eine selbständige Vornahme von Untersuchungs-, Verfolgungs- und Gerichtsmaßnahmen ohne Zustimmung des betreffenden Staates ist unzulässig. Es hat immer wieder spektakuläre Fälle gegeben, bei denen Strafverfolgungsorgane eines Staates einen Tatverdächtigen im Ausland festnahmen, um ihn dann in ihren, in den Gerichtsstaat zu verbringen[559]. Dies ist aber völkerrechtswidrig[560].

---

[556] Haager Übereinkommen über die Beweisaufnahme im Ausland in Zivil- oder Handelssachen vom 18.3.1970 (BGBl 1977 II, S. 1472)

[557] Hierzu Schack, a.a.O. (Anm. 527), S. 267 f.

[558] Vgl. dazu Geiger, R., Legal Assistance between States in Criminal Matters, in: Bernhardt,R. (ed.), Encyclopedia of Public International Law, Instalment 8, S. 248 - 255. Multilateral etwa das Europäische Übereinkommen über Rechtshilfe in Strafsachen vom 20.4.1959 (BGBl. 1964 II, 1369; 1966 II, 1799

[559] So im Falle des Obersten Argoud und bei der Festnahme von Adolf Eichmann; vgl. zu diesen Rechtsfragen und den Verfassungsgarantien in den USA Lowenfeld, A. F., U.S. law enforcement abroad: the Constitution and international law, continued, AJIL 84 (1990), S. 444 - 493

[560] So auch § 433 Abs. 1 des Restatement (Third), a.a.O. (Anm. 12). Vgl. ebenso Research in International Law (under the auspices of the Faculty of the Harvard Law School). II. Jurisdiction with Respect to Crime, AJIL 29 (1935), Supplement, S. 439 - 635, 623 ff. Die sich daran anknüpfende Problematik des "male captus, bene detentus" kann hier nicht näher erörtert werden, vgl. etwa die Kommentare und Reporter's Notes im Restatement (Third) zu § 433, a.a.O.; Barack, B., The Application of the Competition Rules (Antritrust Law) of the European Economic Community to Enterprises and Arrangements External to the Common Market, (1981), S. 13.

Fraglich ist, ob es völkerrechtswidrig ist, wenn der Festzunehmende aufgrund Täuschung in das Territorium des Gerichtsstaats gelockt wird, ebenfalls vom Völkerrecht verboten wird. Man könnte hierfür anführen, daß damit ja das Verbot der Hoheitsausübung im Ausland umgangen wird. Weiter könnte man die Täuschungshandlung auf fremdem Territorium bereits als Hoheitsakt ansehen, welcher ohne Zustimmung des Aufenthaltsstaats unzulässig ist. Andererseits aber könnte der Täuschungsakt (etwa das Versprechen des Zugangs zu einer Quelle für Rauschgift oder das Anlocken mit sexuel-

Im Falle von Verwaltungsverfahren und verwaltungsgerichtlichen Verfahren muß die Rechtshilfe oder die Zustimmung zur Vornahme von Handlungen im Ausland regelmäßig ad hoc im vertragslosen Verfahren vorgenommen werden[561]. Auch hier gibt es aber wiederum in Europa eine multilaterale Vereinbarung, das Europäische Übereinkommen über die Erlangung von Auskünften und Beweisen in Verwaltungssachen vom 15. 3. 1978[562], welches eine Rechtshilfe über Zentralbehörden vorsieht. Auch diese Rechtshilfe wird bei Jurisdiktionsstreitigkeiten wegen des ordre public - Vorbehalts in Art. 7 Abs. 1 lit b wenig erfolgversprechend sein.

Die verwaltungsrechtliche Rechtshilfe ist nur im Steuerbereich weiter entwickelt[563]. § 117 Abs. 2 der deutschen AO sieht eine vertragliche Rechtshilfe, Abs. 3 eine vertragslose vor. In den Doppelbesteuerungsabkommen ist häufig entweder der kleine Auskunftsverkehr bezüglich der Durchführung der Abkommen oder der große Auskunftsverkehr über alle unter das Abkommen fallenden Steuern vorgesehen[564]. Der Europarat hat 1987 ein Abkommen über die gegenseitige Amtshilfe in Steuersachen verabschiedet, das jedoch noch nicht in Kraft ist[565].

Es wird vertreten, daß "nichthoheitliche behördliche Ermittlungen" im Ausland kein Verstoß gegen die fremde Territorialhoheit seien[566]. Der nichthoheitliche Charakter soll sich daraus ergeben, daß ohne Zwangsmittel vorgegangen wird. Danach dürften Beamte im Ausland bei möglichen Zeugen vorsprechen, um freiwillige Auskünfte zu erlangen, freiwillig Akten und Dokumente einzusehen oder Ermittlungen ohne

---

len Motiven) per se als ein neutrales Handeln gesehen werden, das nicht dadurch zum Hoheitsakt wird, daß es von Beamten im Ausland als List benutzt wird, um den Adressaten ins Inland zu locken und ihn dort festzunehmen, vgl. Bauer, Die völkerrechtswidrige Entführung (1968), S. 32. Es handelt sich insoweit nicht um die Vornahme von Hoheitsakten im Ausland, aber möglicherweise um eine Umgehung des Verbots von Hoheitsakten im Ausland. Wenn man aber, wie nachfolgend bei der Ersatzzustellung im Inland erörtert wird, dieses Verbot als Schutz der Territorialhoheit der Staaten, nicht als Schutz der Person vor Verfolgung ansieht, wird man dies verneinen müssen.

[561] Geiger, R., Legal Assistance between States in Administrative Matters, in: Bernhardt,R. (ed.), Encyclopedia of Public International Law, Instalment 8, S. 235 - 241

[562] BGBl. 1981 II, 533, 550; ILM 17 (1978), 805

[563] Vgl. hierzu Kluge, V., Das internationale Steuerrecht der Bundesrepublik, 2. Aufl. (1983), S. 251 - 258

[564] Kluge, a.a.O., S. 253; Vogel, K., Doppelbesteuerungsabkommen, 2. Aufl. (1990), § 26

[565] Vgl. hierzu Vogel, a.a.O., Art. 26 Rn. 62

[566] Stockmann, K., Kartellbehördliche Ermittlungen im Ausland, WuW 25 (1975), S. 243 - 254, 253; Schwartz, I.E., Anwendbarkeit nationalen Kartellrechts auf internationale Wettbewerbsbeschränkungen, in: Kartelle und Monopole im modernen Recht (1961) Bd. II, S. 673-699, 679

Zwang durchzuführen. Dies ist aber, wie die Erörterungen speziell zur Beweisaufnahme und zur Zustellung im Ausland gezeigt haben, von Staaten immer wieder als nicht zulässig angesehen worden. Man kann auch keine Parallele zwischen Akten, welche einem Privatmann im Ausland erlaubt sind, und gleichen Akten eines Hoheitsträgers im Ausland ziehen[567]. Wenn ein Akt hoheitlichen Zwecken dient, so ist er eben kein reiner Privatakt, sondern eine Tätigkeit im Rahmen der hoheitlichen Amtsführung. Wenn hoheitliche Maßnahmen auf einem Territorium, deren Grad von Zwangswirkung auf den Adressaten nicht einfach nach der unmittelbar daran geknüpften Gewalt beurteilt werden darf, sondern auch nach der Persuasionswirkung, exklusiv dem territorialen Souverän zustehen, so muß dies generell gelten.

Das Völkerrecht verbietet - wie dargelegt - nicht nur Zwang, sondern jede hoheitliche Tätigkeit im Ausland. Wenn also Beamte oder sonstige Hoheitsträger im Rahmen des ihnen zugewiesenen Hoheitsbereiches im Ausland tätig werden, ohne daß ihnen der betroffene Staat dies genehmigt hat, handeln sie völkerrechtswidrig. Ein Staat kann sich dagegen wehren, daß ein Heer von Ermittlungsbeamten aus der ganzen Welt auf seinem Territorium Zivil-, Straf- und Verwaltungsverfahren in ihrer Heimat vorbereitet. Auch staatliche Ermittlungstätigkeit ohne Zwangsanwendung im Ausland ist also ausgeschlossen[568].

Ein Staat ist aber frei, einem anderen Staat die Durchsetzung seiner Jurisdiktion auf seinem Staatsgebiet zu gestatten. Wenn zwei Staaten miteinander gute Beziehungen unterhalten, wenn sie Reziprozitätsinteressen haben oder wenn sie auf den Wirtschaftsverkehr mit einem anderen Staat angewiesen sind, ist eine solche Gestattung nicht ausgeschlossen, allerdings nur begrenzt und damit als Ausnahme vom allgemeinen Grundsatz der Exklusivität der Durchsetzung durch den Träger der Territorialhoheit.

(2) Private im Rahmen eines staatlichen Verfahrens

Wenn ein Staat einen Privatmann beauftragt, im Ausland Informationen zu sammeln ohne irgendwelche hoheitlichen Befugnisse wahrzunehmen, so ist dies keine Hoheitsausübung im Ausland. Wenn der Private nach deutschem Recht Beliehener ist[569] und im Rahmen der ihm verliehenen Hoheitsgewalt tätig werden will, also wenn etwa der Technische

---

[567] Wengler, W., Völkerrecht, Bd. 2 (1964), S. 963 f.

[568] Nordmann, E., Die Beschaffung von Beweismitteln aus dem Ausland durch staatliche Stellen (1979), S. 57 - 59

[569] Vgl. etwa Maurer, H., Allgemeines Verwaltungsrecht, 8. Aufl. (1992), S. 539 ff.

Überwachungsverein im Ausland Fahrzeuge überprüfen will, so ist dies ohne Gestattung des ausländischen Staates völkerrechtswidrig.

Umstritten sind wiederum insbesondere die Regeln der amerikanischen pre - trial discovery. Hier werden vor Beginn des eigentlichen Prozesses weitgehend durch die Parteien, unterstützt durch gerichtliche Zwangsandrohungen wegen contempt of court[570], die Beweise gesammelt. Dabei können die Parteien auch Ausforschungsbeweise erheben, was zu sogenannten "fishing expeditions" führt. Die Parteien haben eine weitgehende Mitwirkungs- und Offenlegungspflicht. Sie müssen Auskünfte erteilen (interrogatories), Urkunden und Beweisgegenstände vorlegen (production of documents and things), Durchsuchungen und Besichtigungen dulden (entry upon land) und Zeugenaussagen im Kreuzverhör mit Wortprotokoll abgeben (depositions). Diese Regeln gelten zunächst für das Zivilverfahren, in der Sache aber weitgehend identisch auch in Strafverfahren[571] und Untersuchungsverfahren durch die Exekutive.

Der Gesichtspunkt der "fishing expeditions" ist vielen anderen Rechtssystemen fremd und entzündet immer wieder die Kritik, wenn die Interessen ausländischer Staaten durch eine amerikanische Beweisaufnahme berührt werden. So lehnte ein kanadischer Richter ein Rechtshilfeersuchen eines amerikanischen Gerichts ab[572], weil der amerikanische Richter nach dem vorgelegten Verhandlungsprotokoll den Beweisantrag einer Partei wie folgt kommentierte: "Zwar weiß ich nicht, wie relevant der zu erhebende Beweis sein wird, aber sei es wie es wolle, ich habe hier gute Anwälte vor mir. Es kann zu etwas führen."[573]. Englische Gerichte haben solche Ausforschungsbeweis - Anordnungen als Verletzung der britischen Souveränität angesehen[574].

Eine pre - trial discovery kennt auch Kanada. Der Ausforschungsbeweis wird dort jedoch abgelehnt[575]. Aus diesem Grund gibt es auch Konflikte

---

[570] 28 U.S.C. 1784

[571] Vergleiche hierzu die Note des State Department vom 24.10.1984, AJIL 79 (1985), S. 129; Olsen, R.M., Discovery in Federal Criminal Investigations, New York University Journal of International Law and Politics, S. 999-1029

[572] Re Westinghouse Electric Corp. & Duguerne Light Company, et al. 16 Ont. 2d 273 (H.C. 1977)

[573] Zitiert nach Hülsen, H.-V. von, Kanada und Europäische Reaktionen auf die US "pre-trial discovery", RIW/AWD (28) 1982, S. 537-555, 541

[574] British Nylon Spinners v. ICI [1952] 2 AllER 780 (C.A.); Radio Corp. of America v. Rauland Corp. [1956] AllER 260 (Q.B.); Rio Tinto Zinc Corporation and others v. Westinghouse Electric Corporation, [1978] 1 AllER 434 (H.L.)

[575] vgl. Hülsen, H.-V. von, Kanada und Europäische Reaktionen auf die US "pre-trial discovery", RIW/AWD (28) 1982, S. 537-555, 540; Trinklein, J.M., Extraterritorial Discovery. Hague Evidence Convention - The Hague Convention Procedures are not Exclu-

deswegen mit den USA. In England ist die pre - trial discovery nur in zwei Ausnahmefällen möglich, nämlich wenn die Identität eines Verletzers festgestellt werden soll[576] oder in einer Verletzungsklage wegen Personenschäden[577]. Aus diesen Systemunterschieden ist es zu erklären, daß englische Gerichte entschieden haben, daß eine pre - trial discovery auch im Wege der Rechtshilfe nicht gegenüber Personen erlaubt werde, welche nicht selbst Verfahrensparteien seien[578]. Auf der anderen Seite lassen englische Gerichte echte Beweiserhebungs-Rechtshilfeersuchen, also "evidence" statt "discovery" auch gegenüber Dritten zu[579].

Deshalb wirkte England auf die Vorschrift des Art. 23 des Haager Übereinkommens über die Beweisaufnahme im Ausland in Zivil- oder Handelssachen vom 18.3.1970[580] hin, wonach jeder Vertragsstaat bei Beitritt erklären kann, daß er keine Rechtshilfe für eine "pre - trial discovery of documents" leiste. Es erklärte diesen Vorbehalt auch[581]. Dort ist zwar nur von der "pre - trial discovery of documents" die Rede, aber Art. 23 ist eine Ausschlußregel, nach der die Staaten diesen Teilbereich von der Rechtshilfe ausnehmen können. Daraus kann man aber bei vernünftiger Auslegung des Übereinkommens nur den Schluß ziehen, daß die gesamte "pre - trial discovery" vom Abkommen umfaßt wird. Denn ansonsten müßte man ohne sonstigen Anhaltspunkt im Abkommen annehmen, daß nur die Dokumentenherausgabe hierdurch geregelt wäre, obwohl Art. 1 Abs. 1 generell von "Beweisaufnahme" redet[582].

---

sive, and Courts may issue Discovery Orders using Alternative Means, Virginia Journal of International Law 25 (1984), S. 249 - 280, 251

576 Norwich Pharmacal Co. v. Commissioners of Customs & Excise [1974] R.C. 133

577 Administration of Justice Act 1970, s. 34 (2)

578 Radio Corporation of America v. Rauland Corp. [1956] 1 Q.B. 618 = 1956 AllER 260; so auch schon Burchard v. MacFarlane [1891] 2 Q.B. 241 (C.R.), X AG and others v. A Bank [1983] 2 AllER 464 (Q.B.) und In re Norway`s Application (Nos.1 & 2) (H.L. (E)) [1989] 2 W.L.R.

579 American Express Warehousing Co. v. Doe [1967] 1 Lloyd's Rep. 222 (CR), vgl. auch Penn-Texas Corp. v. Murat Anstalt (No. 1) [1964] 1 Q.B. 40 (CR); (No. 2) [1964] 2 Q.B. 647 (C.R.)

580 BGBl 1977 II, S. 1472; vgl. hierzu Stürner, R., in: Der Justizkonflikt mit den Vereinigten Staaten von Amerika (W.J. Habscheid Hrsg.) (1986), S. 3 - 59, 33; Gerber, D. J., Extraterritorial Discovery and the Conflict of Procedural Systems: Germany and the United States, American Journal of Comparative Law 34 (1986), S. 745-788, 781 ff.

581 Collins, L., The Hague Evidence Convention and Discovery: A serious Misunderstanding?, ICLQ 35 (1986), S. 765-786, 777; zur Praxis der Vorbehaltsstaaten Stiefel, E., "Discovery"-Probleme und Erfahrungen im deutsch-amerikanischen Rechtshilfeverkehr, RIW/AWD 1979, S. 509 - 520,

582 Ebenso hat das OLG München (JZ 1981, S. 538; ILM 20 (1981), S. 1051) in der Sache ITT gegen Corning Glass Works entschieden, welches eine Rechtshilfe im Rahmen der pre - trial discovery für rechtmäßig hielt, wenn sie eine Zeugeneinvernahme, nicht aber, wenn sie die Beschaffung von Dokumenten betrifft

Wenn aber in dieser Verfahrensart das Haager Übereinkommen eine Rechtshilfe im Ausland und sein Art. 27 nur weitere innerstaatliche Methoden der Beweisaufnahme vorsieht, so kann man daraus umgekehrt schließen, daß die Beweisaufnahme durch Parteien und Anwälte im Ausland ohne Zustimmung des betroffenen Staates unzulässig ist und gegen die Territorialhoheit dieses Staates verstößt[583].

Die Schweiz protestierte im Jahre 1954 gegen pre - trial discovery - Untersuchungen und Anordnungen im Rahmen des amerikanischen Verfahrens gegen Schiffahrts-Linien-Konferenzen, welche auch punktuell in der Schweiz vorgenommen wurden. Sie betonte, daß exklusive Souveränität und territoriale Jurisdiktion miteinander verknüpft seien. Ein Staat dürfe keine Hoheitsakte auf fremdem Gebiet vornehmen, soweit sie zwingend seien, es sei denn, der betroffene Staat stimme zu[584].

Dieser Auffassung ist beizupflichten. Oben wurde bei den Zustellungsakten Privater im Ausland bereits ausführlich begründet, warum es sich dabei um Hoheitsakte im völkerrechtlichen Sinne handelt. Diese Argumente gelten ebenso bei Maßnahmen der Beweisaufnahme. Ein Staat kann die Qualifizierung solcher Maßnahmen als Hoheitsakte nicht dadurch einseitig verändern, daß er im Rahmen seiner gerichtsverfahrensrechtlichen Regeln Aufgaben, welche sonst das Gericht wahrnehmen würde und welche hoheitliche Konsequenzen nach sich ziehen, Privaten überträgt[585].

Auch in Deutschland entstehen Probleme mit der pre - trial - discovery unter anderem wegen des Verbots des Ausforschungsbeweises nach der ZPO[586]. Aus diesem Grunde hat die Bundesrepublik Deutschland gegen Art. 23 des Haager Beweisübereinkommens einen Vorbehalt eingelegt. § 14 des deutschen Ausführungsgesetzes[587] enthält den entsprechenden Vorbehalt, aber stellt auch eine entsprechende Verordnung des Bundesjustizministers in Aussicht, welche Ausnahmen von diesem Verbot machen könnte. Diese Verordnung ist trotz Vorarbeiten bisher immer

---

583 Trittmannn, R., A., Extraterritoriale Beweisaufnahmen und Souveränitätsverletzungen im deutsch - amerikanischen Rechtsverkehr, Archiv des Völkerrechts 27 (1989), S. 195 - 217, 215 ff.

584 "Avis de droit" des Département Politique Fédéral vom 25.6.1954, Schweizerisches Jahrbuch für Internationales Recht 14 (1957), S.149

585 Mann, F.A., The Doctrine of Jurisdiction in International Law, RdC 111 (1964 I), S. 7 - 162, 138 f.

586 Vgl. etwa BGHZ 93, 191, 205. Vgl. auch Martens, D.-R., Erfahrungen mit Rechtshilfeersuchen aus den USA nach dem Haager Beweisaufnahmeübereinkommen, RIW/AWD 1981, S. 725 -733; Koch, H., Zur Praxis der Rechtshilfe im amerikanisch-deutschen Prozeßrecht. Ergebnisse einer Umfrage zu den Haager Zustellungs- und Beweisübereinkommen, IPRax 1985, S. 245-249

587 vom 22.12.1977 (BGBl. 1977 I, S. 3105)

noch nicht erlassen worden[588]. Die Ablehnung der Rechtshilfe für die discovery betrifft auch die Beweisaufnahme durch diplomatische oder konsularische Vertreter oder durch Beauftragte nach Art. 15 ff. des Haager Übereinkommens[589].

Diese Fragestellung spielte in Deutschland eine Rolle bei dem Verfahren ITT gegen Corning Glass Works vor dem OLG München[590]. In einem Patentverletzungsprozeß in den USA war im Wege der Widerklage ein Patentmißbrauch zur Wettbewerbsbeschränkung unter anderem durch Verträge in Deutschland eingewendet worden. Das amerikanische Rechtshilfeersuchen auf Vorlage von Urkunden durch die Firma Siemens und andere Firmen wurde vom Bayerischen Justizministerium abgelehnt mit der Begründung abgelehnt, hier handele es sich um eine pre trial discovery nach Art. 23 des Haager Übereinkommens. Das OLG München bestätigte die Entscheidung. Hinsichtlich einer beantragten Zeugenvernehmung, welche auch den Charakter des Ausforschungsbeweises trug, ordnete es jedoch die Rechtshilfe an, weil der deutsche Vorbehalt nur den Urkundenbeweis betreffe.

Das deutsche Auswärtige Amt hat in Einzelfällen durch Verbalnoten die freiwillige Befragung von Zeugen in Deutschland gestattet. Unter Hinweis hierauf haben amerikanische Gerichte die Einholung freiwilliger "depositions" in Deutschland auch durch Parteien in anderen Fällen angeordnet[591]. Eine solche Beweisaufnahme verstößt aber - wenn die Bundesrepublik nicht zustimmt - gegen das Völkerrecht, denn die Bundesrepublik Deutschland hat ihre Territorialhoheit nur in eng definierten Grenzen für solche Beweisaufnahmen geöffnet. In allen anderen Fällen ist die Einholung solcher Beweise, auch wenn sie nicht unter Zwang erfolgen, eine völkerrechtswidrige Ausübung von Hoheitsgewalt auf deutschem Territorium.

Auch das deutsche Zivilprozeßrecht kennt im übrigen den begrenzten Einsatz der beweisführenden Partei bei einer Beweisaufnahme im Ausland. Wird eine ausländische Behörde ersucht, den Beweis aufzunehmen, so kann das Gericht nach § 364 ZPO anordnen, daß der Beweisführer das Ersuchungsschreiben zu besorgen und die Erledigung des Ersuchens zu

---

[588] Zum Referentenentwurf 1987 vgl. Brandt, C.D. (Hrsg.), Vorschläge zum Erlaß einer Urkundenvorlageverordnung nach den Haager Beweisaufnahme-Übereinkommen (1987). Dazu gibt es auch einen Entwurf einer Arbeitsgruppe aus Vertretern der deutschen Industrie unter Federführung von Meessen (vgl. Brandt (Hrsg.), a.a.O., S. 25-31, 49 ff.)

[589] Vgl. hierzu die Bundestags - Drucksache 8/217

[590] JZ 1981, S. 538; ILM 20 (1981), S. 1051

[591] Stürner, R., in: Der Justizkonflikt mit den Vereinigten Staaten von Amerika (W.J. Habscheid Hrsg.) (1986), S. 3 - 59, 24

betreiben habe. Der Beweisführer hat den Gegner, wenn möglich, von dem Ort und der Zeit der Beweisaufnahme so zeitig in Kenntnis zu setzen, daß dieser seine Rechte in geeigneter Weise wahrzunehmen vermag. Ist die Benachrichtigung unterblieben, so hat das Gericht zu ermessen, ob und inwieweit der Beweisführer zur Benutzung der Beweisverhandlung berechtigt ist. Auch dem muß vom ausländischen Staat zugestimmt werden, weil sich hieran prozessuale Folgen knüpfen können. Die Zustimmung wird aber von der Zusage einer Rechtshilfe gedeckt sein.

7. Teilergebnis

Extraterritoriale Jurisdiktion steht im Spannungsfeld zwischen den Bedürfnissen der internationalen Wirtschaft, welche insbesondere Rechtssicherheit, die Vermeidung unnötiger Kostenbelastungen und die Verhinderung der Umleitung von Wirtschaftsströmen aufgrund der vorgenannten Faktoren im Widerspruch zu der wirtschaftlich sinnvollsten Standort - Lösung umfassen, und dem Regelungs- und Gestaltungswillen der Staaten hinsichtlich ihrer Wirtschaftsordnung. Da sich die Staaten nur in wenigen Fällen durch Einfuhrverbote gegen den "Import" rechtswidriger Einflüsse wehren können, ist extraterritoriale Jurisdiktion eine notwendige Kehrseite der Liberalisierung des grenzüberschreitenden Wirtschaftsverkehrs. Da sie konkurrierende Zuständigkeiten schafft, kann sie Konflikte zwischen Staaten, aber auch Befolgungskonflikte bei Individuen hervorrufen.

Es gibt drei Fallgruppen extraterritorialer Jurisdiktion. Die erste ist die Vornahme eines Hoheitsakts im Ausland. Dies ist völkerrechtlich ohne Zustimmung des Inhabers der Territorialhoheit verboten. Weiter umfaßt der Begriff die Regelung eines rechtlichen Zuordnungsverhältnisses, eines Rechts oder einer rechtlichen Pflicht zum Handeln oder Unterlassen im Ausland (Auslandsregelung). Die Rechtsfolge muß im Ausland eintreten, erzwungen werden aber kann sie autonom nur im Inland. Hier ist völkerrechtlich nach der Zulässigkeit eines solchen Vorgehens zu fragen, daneben kollisionsrechtlich nach seiner Opportunität. Die dritte Fallgruppe ist die Jurisdiktion mit Auslandswirkung (Auslandsanknüpfung). Dabei wird eine Regelung von Rechten und Pflichten im Inland geknüpft an einen Sachverhalt oder ein Rechtsverhältnis im Ausland.

Auslandsregelungen können mit Auslandsanknüpfungen einher gehen, sie können aber auch aus reinen Inlandsanknüpfungen folgen. Auslandsanknüpfungen können mit reinen Inlandsregelungen verbunden sein, sie können aber auch damit zusammenhängend Auslandsregelungen zur Durchführung der Inlandsregelung beinhalten. Die reine Auslandsanknüpfung ohne Auslandsregelung kann nicht zu Jurisdiktionskonflikten führen, sie ist aber völkerrechtlich auf ihre Grenzen bei möglichen Auswirkungen auf das Ausland zu prüfen. Die Auslandsregelung kann zwar nicht zu echten Normenkonflikten führen, sie kann aber einen staatlichen Interessenkonflikt herbeiführen, der sich auf eine unterschiedliche Regelung des gleichen Sachverhalts stützt. Für den Adressaten ergeben sich möglicherweise ein Befolgungskonflikt und die Probleme der gerechtfertigten Erwartungen hinsichtlich des anwendbaren Rechts.

Extraterritoriale Jurisdiktion kann zwar im Ausland ohne Zustimmung des betroffenen Staates nicht rechtmäßig vollstreckt werden, sie kann aber trotzdem auf den Adressaten Persuasionswirkung ausüben. Diese ist die motivierende Kraft, die ein Rechtsbefehl auf das Verhalten eines Menschen ausstrahlt. Sie kann auf eine ethische Verpflichtung zu rechtsgemäßem Verhalten treffen, in den weitaus meisten Fällen wird sie jedoch eine Kosten - Nutzen - Analyse auslösen, bei der eine im Inland drohende Vollstreckung ein entscheidender Faktor ist. Persuasionswirkung hat zur Voraussetzung ein Durchsetzungsinteresse des Staates. Dieses ist nicht gegeben, wenn alle privaten Parteien eines Rechtsfalles über das auf einen Fall anwendbare materielle Recht und/oder über dessen verfahrensmäßige Durchsetzung im Inland disponieren können. Deshalb entfaltet das Zivilrecht überwiegend, soweit es nicht zwingend ist, keine Persuasionswirkung und ist damit bei reiner Auslandsanknüpfung kein Fall der extraterritorialen Jurisdiktion. Im Strafrecht und im öffentlichen Recht dagegen ist weder das materielle noch das Verfahrensrecht für Privatpersonen disponibel. Der Staat bestimmt, selbst wenn den zuständigen Behörden insoweit ein Ermessen eingeräumt wurde, über die Durchsetzung, sein Interesse hieran muß jedenfalls vom Normadressaten präsumiert werden.

Gerade im öffentlichen Wirtschaftsrecht führt die Internationalisierung der wirtschaftlichen Aktivitäten einerseits zu einem Bedürfnis nach extraterritorialer Jurisdiktion, andererseits erhöht sie aber ihr Konfliktpotential. Staaten wollen ihre Wirtschaftsordnung verteidigen, aber auch die Effektivität der internationalen Wirtschaftsströme fördern. Die Schließung der Grenzen ist in der Regel keine Option, um extraterritoriale Jurisdiktion entbehrlich zu machen. Es gilt aber, den Wirtschaftssubjekten Rechtssicherheit zu bieten und ihnen unnötige Kosten zu ersparen. Aus eigenem wohlverstandenem Interesse sollten sich die Staaten jedenfalls teilweise um eine Harmonisierung ihres öffentlichen Wirtschaftsrechts bemühen.

Die Reaktion der Staaten auf ausländische extraterritoriale Jurisdiktion, von der sie betroffen sind, kann unterschiedlich sein. Positiv können sie Rechtshilfe leisten, ausländische Hoheitsakte anerkennen oder ausländisches Recht anwenden sowie die Anwendung eigenen Rechts zurücknehmen. Negativ können sie gegen eine völkerrechtswidrige Jurisdiktion protestieren, sie durch einen Hoheitsakt abwehren oder mit einer völkerrechtsgemäßen Repressalie antworten.

Bei der Anerkennung ist zu unterscheiden zwischen fremdnütziger Anerkennung im Interesse der Durchsetzung fremden staatlichen Rechts oder im Privatinteresse und eigennütziger Anerkennung, welche die faktische Grundlage eines fremden Hoheitsaktes zur Grundlage für eine eigene Regelung nimmt. Fremdnützige Anerkennung ist die Annahme einer durch fremdes Recht geschaffenen Rechtslage, als sei sie durch einen vergleichbaren eigenen Akt geschaffen worden. Eine Pflicht zur Anerkennung besteht nur bei der ausländischen Staatsangehörigkeit, soweit diese völkerrechtsgemäß verliehen wurde. Kollisionsrechtlich werden Hoheitsakte - freiwillig - anerkannt, welche auf ausländischem Territorium vollzogen wurde oder noch vollzogen werden können. Auch extraterritoriale Jurisdiktionsakte werden von Staaten anerkannt, wenn dies in ihrem eigenen Interesse ist, insbesondere um Gegenseitigkeit zu erreichen.

Bei der Anwendung ausländischen Rechts wird dieses im zivilrechtlichen Kollisionsrecht nicht transformiert, rezipiert oder neu geschaffen, sondern als fremdes Recht im Zusammenhang mit der Gesamtheit der fremden Rechtsordnung angewendet. Die Anwendung fremden Rechts ist keine völkerrechtliche Pflicht. Sie erfolgt immer unter Vorbehalt des internen ordre public. Anstelle fremden Rechts darf ein Staat aber nur dann eigenes anwenden, wenn er selbst völkerrechtsgemäß Jurisdiktion über den Fall ausüben kann. Sonst bleibt ihm nur die Anerkennung, die Anwendung fremden Rechts oder ein non liquet.

Das Völkerrecht muß befragt werden, in welchem Umfang Staaten extraterritoriale Jurisdiktion ausüben dürfen, ob andere Staaten dies hinnehmen, anerkennen oder Rechtshilfe leisten müssen. Das Völkerrecht sagt auch, unter welchen Bedingungen Staaten sich gegen solche Jurisdiktion zur Wehr setzen dürfen. Zur Beantwortung dieser Frage ist - falls keine vertragsrechtlichen Regeln vorliegen - eine Untersuchung der Staatenpraxis unerläßlich. Sie hat sowohl die Ansprüche extraterritorialer Jurisdiktionsausübung auf der einen Seite wie auch die Reaktionen, insbesondere Proteste auf der anderen Seite zu berücksichtigen.

Ein früher Fall von Streitigkeiten und rechtlichen Diskussionen im Bereich extraterritorialer Jurisdiktion liegt im britischen Commonwealth vor. Nach einer anfänglichen Bevorzugung des britischen Parlaments ging man jedenfalls im Endstadium von der grundsätzlichen Zulässigkeit solcher Jurisdiktion in allen Staaten aus. Sie war aber an die Voraussetzung geknüpft, daß sie "for the peace, order and good government" notwendig sein müsse, nahm also die Notwendigkeit eines rechtfertigenden Regelungsziels an.

Für die erste Fallgruppe, die Vornahme von Hoheitsakten im Ausland, ist ununmstritten, daß das Völkerrecht dies ohne Zustimmung des Trägers der Gebietshoheit verbietet. Dies gilt - was weniger unstreitig ist - auch für Maßnahmen von Hoheitsträger ohne Gewalt. Es gilt weiter auch für Handlungen von Privaten, welche im Rahmen eines hoheitlichen Verfahrens tätig sind und an deren Vornahme sich hoheitliche Konsequenzen knüpfen. Keine verbotenen Hoheitsakte sind solche, welche lediglich der Information dienen, ohne irgendwelche rechtlich nachteiligen Konsequenzen nach sich zu ziehen. Auch die Zustellung hoheitlicher Schriftstücke ist bei solchen Konsequenzen ohne Zustimmung des Trägers der Gebietshoheit völkerrechtswidrig. Bei der Postzustellung können die Staaten widersprechen, anderenfalls wird eine Zustimmung angenommen.

Die Frage, ob ein Staat bei Kollisionen mit den Interessen anderer Staaten oder von Privaten sein Recht voll anwenden oder im Lichte dieser Interessen modifizieren soll, ist ein kollisionsrechtliches Problem. Hier sind die Lösungsmöglichkeiten des internationalen Privatrechts ebenso zu berücksichtigen wie die Eigenarten des öffentlichen Rechts. Im öffentlichen Wirtschaftsrecht ist besonders zu fragen, ob hier die Grundsätze des internationalen Verwaltungsrechts ausreichen oder ob sie zur Lösung der speziell in den letzten Jahren aufgetretenen Rechtsprobleme fortentwickelt werden müssen. Da das internationale Privatrecht auch Probleme der kollisionsrechtlichen Behandlung privatrechtsgestaltender Normen des ausländischen öffentlichen Rechts kennt, das Wirtschaftskollisionsrecht insbesondere solche des öffentlichen Wirtschaftsrechts, muß weiter danach gefragt werden, inwieweit öffentliches Recht und Zivilrecht in diesem kollisionsrechtlichen Teilbereich konvergent sind und gemeinsame Grundsätze kennen.

E. Kollisionsrechtliche Entwicklungen

1. Internationales Privatrecht

a) Vom ius gentium zur Betonung staatlicher Souveränität

Die Frage der Anwendung eigenen oder fremden Rechts auf Sachverhalte, die mit dem Ausland verknüpft sind, spielte von alters her im Bereich des Privatrechts eine große Rolle, während im Strafrecht und im öffentlichen Recht vom Regelungsinteresse her nur die Frage entschieden werden mußte, ob eigenes Recht - und nur dieses - auf einen Sachverhalt mit Auslandsbezug Anwendung finden dürfe und solle.

Aus der Geschichte ergibt sich, daß der aus der Souveränität abgeleitete Grundsatz des absoluten Territorialitätsprinzips, wonach der Staat alle Handlungen und Rechtsverhältnisse auf seinem Territorium regeln kann, erst in der Neuzeit seine Bedeutung erhalten hat[592]. In Rom wurde römisches Recht nur auf römische Bürger angewendet. Zwischen Römern und Ausländern oder zwischen Ausländern mußte bei Anwachsen der Bedeutung des Außenhandels in der römischen Wirtschaft dieses Vakuum der Rechtssicherheit wegen aufgefüllt werden.

Dies geschah nicht nur durch vorsichtige Abschwächung der formalen Schranken der Anwendung römischen Rechts auf Ausländer[593]. Seit dem Jahre 242 gab es parallel zum praetor urbanus den praetor peregrinus, welcher sich der Rechtsstreitigkeiten unter Beteiligung von Ausländern annahm. Dies war der Ausgangspunkt der Entwicklung des ius gentium, eines nationalen römischen Rechts, welches aber frei vom historischen Formalismus des altrömischen Rechts auf flexiblen Generalklauseln wie der bona fides beruhte. Die Basis, die Brücke über der verschiedenen Nationalität der Parteien, wurde in der natürlichen Vernunft gesehen.

Aus dieser Quelle gingen insbesondere auch Sätze des internationalen Wirtschaftsrechts hervor, welche den Handel fördern sollten[594]. Die ratio naturalis[595] war den Sachgesetzlichkeiten der konkreten Geschäfte besser

---

592 Zur folgenden geschichtlichen Betrachtung vgl. Vogel, a.a.O. (Anm. 43), S.28 ff.; Oehler, D., Internationales Strafrecht (2. Aufl.1983), S.47 ff.; Kegel, a.a.O. (Anm. 384), S. 98 - 134; Lipstein, a.a.O. (Anm. 413), S.3 ff.; Mann, F.A., The Doctrine of Jurisdiction in International Law, RdC 111 (1964 I), S. 7, 24 ff.

593 Zur Entwicklung des ius gentium vgl. Dulckeit, G. / Schwarz, F. / Waldstein, W., Römische Rechtsgeschichte, 8. Aufl. (1989) S. 145 - 148

594 Etwa "Commercium iure gentium commune esse debet" (D. 1,1,5)

595 Ulpian sagt: "collectum etenim est ex naturalibus praeceptis aut gentium aut civilibus", D. 1,1,5

anpaßbar als das formale Legisaktionensystem des alten römischen Rechts. Die Bindung des ius gentium an die Natur war ein wichtiges Argument, um die Anwendung dieses Rechts auf Fremde zu rechtfertigen. Denn diese waren nach römischrechtlicher Auffassung ohnehin an das Naturrecht gebunden. Diese an der allgemeinen und der wirtschaftlichen Vernunft orientierte Sichtweise führte im Laufe der Zeit umgekehrt zu einer Befruchtung des formalen und altertümlichen ius civile zwischen römischen Bürgern.

Nach der Völkerwanderung waren zunächst nicht Staaten mit festen Territorien, sondern Stämme Hoheitsträger. Aus diesem Grunde lag der Schwerpunkt der Anknüpfung von Rechtsnormen nicht auf dem Ort, an dem sich Regelungsgegenstände und - adressaten befanden, sondern auf der Stammeszugehörigkeit. Alle Personen wurden, gleich wo sie sich aufhielten, ausschließlich durch das Recht des eigenen Stammes gebunden. Dies drückt sich in der Maxime aus: "Iura ossibus inhaerent". Im Jahre 817 klagt Bischof Agobardus von Lyon, fünf Menschen könnten am gleichen Tisch sitzen, aber fünf verschiedenen Rechten unterworfen sein[596]. Dies war die Konsequenz der Anknüpfung an die Personalhoheit, also an eine persönliche Beziehung zwischen Rechtsetzer und Normadressat, hier: an die Stammeszugehörigkeit.

Erst allmählich rückte das Territorialitätsprinzip in den Vordergrund, als nämlich die Westgoten, Langobarden, die Engländer und später die Franzosen Territorialstaaten entstehen ließen, welche stammesübergreifend waren. Die lex fori gewann zunehmend an Bedeutung. Dies war zunächst einmal prozeßrechtlich zu verstehen, führte aber in immer stärkerem Maße dazu, daß bis zum Ende des 12. Jahrhunderts gegenüber allen Personen auf einem Territorium das Recht des territorialen Souveräns angewendet wurde, wenn ein entsprechender Anknüpfungspunkt vorlag. In den Feudalstaaten des 12. Jahrhunderts wandten die Gerichte ausschließlich ihr eigenes Recht an, dies aber nur, wenn ein territorialer Anknüpfungspunkt zum konkreten Sachverhalt bestand[597]. Ansonsten wurde überhaupt keine Gerichtsbarkeit ausgeübt.

Wo aber viel Handelsverkehr mit dem Ausland herrschte, da war die Praxis orientiert an einer Rechtsanwendung, welche dem Auslandsbezug von Geschäften einen eigenen Stellenwert einräumte. Eine Ausnahme von der Beachtung des strikten Territorialitätsprinzips in England machte

---

596 "Tanta diversitas legum quanta non solum in singulis regionibus aut civitatibus, sed etiam in multis domibus habetur. Nam plerumque contingit ut simul eant aut sedeant quinque homines et nullus eorum communem legem cum altero habeat", zitiert nach Lipstein, a.a.O. (Anm. 413), S.3.

597 Lipstein, a.a.O. (Anm. 413), S. 4 f.

deshalb der Court of Admiralty, das Gericht für Kaufleute und Seefahrer. Dort konnten auch Auslandssachverhalte Gegenstand der Entscheidungsfindung sein, jedoch nicht nach Common Law, sondern nach dem Law Merchant und dem Maritime Law. Dabei handelte es sich um gemeineuropäisches Recht der Kaufleute, welches dem kontinentalen Civil Law näher stand, das aus römischem Recht entwickelt war, als dem englischen Common Law[598]. Hier findet sich eine interessante Parallele zum ius gentium der Römer.

Auch in Oberitalien gewann das Territorialitätsprinzip mit Entstehung der diversen Stadtstaaten an Bedeutung. Da dort aber neben dem Römischen Recht als gemeinem Recht des Kaiserreiches auch örtliche Rechte galten und aufgrund der grenzüberschreitenden Lebens- und Handelsbeziehungen ein Bedürfnis nach Rechtsregeln vorlag, welche spezifisch auf Auslandssachverhalte anwendbar waren, suchte man, kollisionsrechtliche Regeln zu entwickeln, welche das vom Gericht anwendbare Recht unabhängig von der verfahrensrechtlich immer anzuwendenden lex fori bestimmten. Dabei durfte das Gericht eigenes Recht nicht anwenden, wenn sein Staat keinen Anknüpfungspunkt in Gestalt des Ortes des Vertragsabschlusses, des Deliktsortes oder der belegenen Sache hatte[599]. Die Glossatoren, wie etwa Accursius, der 1228 schrieb: "iura et statuta illius loci, ubi agitur iudicium, sunt conservanda"[600], hatten noch grundsätzlich nur die lex fori anwenden wollen, sofern ein Anknüpfungspunkt überhaupt vorlag. Sonst wurde die Gerichtsbarkeit verneint[601].

Im 13. Jahrhundert entwickelte sich in Frankreich der Grundgedanke der Statutisten[602], wonach eine Norm den Regelungsbereich haben solle, der aus ihr selbst als Wille des Normsetzers erkennbar ist. Als Konsequenz nahm man an, daß personelle Rechtsnormen (statuta personalia) grenzüberschreitend anzuwenden seien, während reale Normen (statuta realia) nur dem Recht des Belegenheitsstaates zu entnehmen seien. Damit wurde das Abgrenzungsproblem zwischen Real- und Personalstatuten geschaffen. Guillaume de Cun definierte im 14. Jahrhundert Realstatuten

---

598 Vgl. Lipstein, a.a.O. (Anm. 413), S. 17

599 Lipstein, a.a.O. (Anm. 413), S. 6

600 Zitiert nach Kegel, G., Internationales Privatrecht, 6.Aufl.(1987), S. 104

601 Dies wurde auf den Codex Iustinianus gestützt (Codex 1, 1, 1, zitiert nach Kegel, a.a.O. (Anm. 384), S. 104), in dem es hieß: "Cunctos populos, quos clementiae nostrae regit imperium, in tali religione volumus versari, quam divinum Petrum apostolum tradidisse Romanis religio... declarat". Hierzu glossierte Accursius "argumentum quod si Bononiensis conveniatur Mutinae, non debet iudicari secundum statuta Mutinae, quibus non subest",

602 Vgl. hierzu Livermore, S., Dissertations on The Questions which arise from the Contrariety of the Positive Laws of Different States and Nations (1828), 28

als solche, welche direkt Gegenstände betrafen, während Personalstatuten direkt Personen und erst mittelbar daraufhin Sachen betrafen[603]. Wenn Real- und Personalstatuten miteinander kollidierten, so wendete man einseitige Kollisionsregeln an, Personalstatuten wurden als lex specialis gegenüber der lex fori angesehen.

Erst die Postglossatoren beschäftigten sich umfassend mit der Frage, ob ein Gesetz auch auf extraterritoriale Tatbestände anwendbar sei. Am bedeutendsten sind hier die Erörterungen von Bartolus[604]. Seine Antwort macht einen Unterschied zwischen der Regelung der Rechtsverhältnisse von Sachen, die nur für auf eigenem Territorium belegene Sachen erfolgen dürfte, und den Anordnungen an Personen, die in gewissem Umfang auch im Ausland von ihrem Heimatrecht verpflichtet werden könnten.

Die Postglossatoren entwickelten allseitige Kollisionsnormen für Personal- wie für Realstatuten, die nunmehr als gleichwertig angesehen wurden. Realstatuten waren jetzt nur noch territorial anwendbar, also auf Sachen auf dem Territorium des rechtsetzenden Staates, während Personalstatuten immer an den Adressaten gebunden waren, also grundsätzlich das Heimatrecht angewendet wurde. Ausländisches Recht wurde aber dann nicht angewendet, wenn es sich um eine "consuetudo odiosa" handelte: "quidquid disponitur contra naturam vel rationem naturalem illum odiosum appellabitur"[605]. Auch dies zeigt, daß auf Auslandssachverhalte anzuwendendes Recht, ähnlich wie beim ius gentium, an der ratio naturalis gemessen wurden. Sie war das Bindeglied der sich herausbildenden staatlichen Jurisdiktionen, ein Aspekt überstaatlicher Richtigkeit des Rechts.

Die Qualifikation der Rechtsnorm als personal oder real folgte nicht objektiven Kriterien, sondern wurde orientiert am Willen des erlassenden Staates vorgenommen, so daß hierauf eine extraterritoriale Jurisdiktion gestützt wurden konnte, wenn nur Gesetze als Personalstatuten formuliert wurden. Die Regeln über die Jurisdiktion wurden aus dem allen Staaten gemeinsamen römischen Recht genommen. Sie wurde als echte Zuständigkeitsverteilung zwischen den Staaten angesehen (zuständig für Realstatuten war der Territorialstaat, für Personalstatuten der Heimatstaat), die Staaten mußten fremdes Recht im Rahmen diese Zuständigkeitsordnung anwenden, ohne daß diese Pflicht rechtsdogmatisch begründet worden wäre.

---

603 Lipstein, a.a.O. (Anm. 413), S.8

604 "utrum statutum porrigatur ad non subditos" und "utrum effectus statuti porrigatur extra territorium statuentium"; zitiert nach Kegel, a.a.O. (Anm. 384), S.107

605 Baldus C. 1.1.1.1., Nr. 91, zitiert nach Lipstein, a.a.O. (Anm. 413), S. 9

Aus dieser Lehre der Postglossatoren entwickelte sich eine reichhaltige, immer unübersichtlicher werdende Kasuistik. Der französische Jurist d'Argentré beklagte gegen Ende des sechzehnten Jahrhunderts, daß in dieser Angelegenheit bereits unter den Rechtslehrern Unsicherheit bestehe, welche diese Unsicherheit bei ihren Lesern noch vergrößerten[606]. Er und Dumoulin qualifzierten deswegen im Regelfall Normen als Realstatuten und leiteten damit eine forcierte Hinwendung zum Territorialitätsprinzip ein.

Diese gesamte Entwicklung ist vor dem Hintergrund zu sehen, daß die Fragen und Antworten der Juristen nicht etwa rein kollisionsrechtlicher Natur waren. Vielmehr ging es um den Regelungsbereich des Rechts im Sinne einer ausschließlichen Anwendung einer bestimmten Norm auf einen bestimmten Sachverhalt. Die Zuständigkeit der Hoheitsträger, welche die Rechtsnormen erließen, war das Problem. Die Feststellung, daß im konkreten Fall das Recht eines anderen Staates anwendbar sei, bedeutete, daß ein Richter diese fremde Norm anwenden mußte, weil das eigene Recht eben mangels Zuständigkeit des eigenen Staates nicht anwendbar war.

Erst im 17. Jahrhundert, als die Souveränitätslehre Bodins an Einfluß gewann, wurde die Frage gestellt, warum überhaupt Staaten zur Anwendung fremden Rechts verpflichtet sein sollten. Diese Frage war zuvor deswegen nicht akzentuiert worden, weil man die Kollisionsregeln nicht aus staatlichem Recht, sondern aus dem allen Staaten gemeinsamen römischen Recht ableitete. In Abkehr hiervon und in Hinwendung zur staatlichen Souveränität formulierten die Niederländer Paul und Johannes Voet[607] sowie Ulricus Huber eine Lehre, die vom strikten Territorialitätsprinzip ausging[608]. Sie lauten in der Form der drei berühmten "axiomata" von Huber[609]:

> "Leges cuiusque imperii vim habent intra terminos eiusdem reipublicae omnesque ei subiectos obligant, nec ultra.

---

606 "ut incerti magistri incertiores lectores dimittant", zitiert nach Kegel, a.a.O. (Anm. 384), S. 79

607 Hierzu Vogel, a.a.O. (Anm. 43), S. 65 ff.

608 Bereits vorher hatte Francisco Suarez die exklusive Beziehung zwischen Staatsgebiet und Rechtsetzung betont, vgl. dazu Vogel, a.a.O. (Anm. 43), S. 71 f.

609 Huber, Ulricus, Praelectionum Juris Civilis Tomi Tres, Ausgabe Leipzig (1707), Pars II (liber I tit.III "De conflictu legum diversarum in diversis imperiis"), vgl. hierzu Vogel, a.a.O. (Anm. 43), S. 28 ff.; Livermore, S., Dissertations on The Questions which arise from the Contrariety of the Positive Laws of Different States and Nations (1828), S. 43; Keller, M. / Siehr, K., Allgemeine Lehren des internationalen Privatrechts (1986), S. 177 f.. Der Text findet sich auch mit kurzer Einführung bei Meili, F., Ein Specimen aus der holländischen Schule des internationalen Privatrechts, Zeitschrift für Internationales Privat- und Strafrecht 8 (1898), S. 189 - 200

> Pro subiectis imperio habendi sunt omnes, qui intra terminos eiusdem reperiuntur, sive in perpetuum, sive ad tempus ibi commorentur.
>
> Rectores imperiorum id comiter agunt, ut iura cuiusque populi intra terminos eius exercita teneant ubique suam vim, quatenus nihil potestati aut iuri alterius imperantis eiusque civium praeiudicetur."

Hieraus zieht Huber den Schluß, daß alle Personen auf einem Staatsgebiet dem Recht des entsprechenden Staates unterliegen und daß ausländisches Recht nicht direkt im Inland gilt.

Diese Wendung in der Rechtslehre ist zu sehen vor dem Hintergrund der endgültigen Festigung der territorialen Souveränität durch die Landesherren im 17. Jahrhundert. Die Jurisdiktion wurde zwar weiter exklusiv gesehen[610], aber nunmehr strikt territorial begrenzt. Auch die Personalstatuten wirkten nun nicht mehr extraterritorial. Anwendung fremden Rechts erfolgte nur aufgrund Kollisionsrechts, das zu staatlichen Recht geworden war. Die Pflicht zur Anwendung fremden Rechts wird nunmehr verneint, aber die Souveräne werden "comiter" fremdes Recht kollisionsrechtlich anwenden, wenn es im Heimatland bereits vollzogen wurde, also im fremden Territorium rechtmäßig geschaffene Rechtslagen anerkennen.

Dem folgten auch Christian Wolff, G. F. von Martens und einige andere Autoren[611]. Diese Betonung des Territorialitätsprinzips wurde im kontinentalen Europa aber deswegen keine überwiegend herrschende Doktrin, weil andere bedeutende Rechtslehrer es immer ablehnten, das Territorium als einzigen Anknüpfungspunkt der Jurisdiktion anzuerkennen[612]. Bis in die Mitte des 19. Jahrhunderts blieb dort die Lehre der Statutisten vorherrschend.

Dagegen fand die Lehre Hubers im angelsächsischen Bereich, in dem bereits aufgrund der englischen Rechtsentwicklung das Territorialitätsprinzip eine herausragende Bedeutung hatte, schnell Zustimmung. Dies drückt sich etwa in den drei klassischen Maximen von Richter Joseph P. Story aus[613], wonach die Gesetze eines Staates auf seinem

---

610 Konkurrierende Rechtsbefehle werden also abgelehnt

611 Hierzu Vogel, a.a.O. (Anm. 43), S. 36 ff.

612 Savigny, F.C. von, System des heutigen Römischen Rechts, Bd.8 (1849), S.24 ff.; Binding, K., Handbuch des Strafrechts, Bd.1 (1885), S.372; vgl. auch Radbruch, G., Rechtsphilosophie (8.Aufl.1973), S.294 f., Lipstein, a.a.O. (Anm. 413)

613 Commentaries on the Conflict of Laws (2.Aufl.1841), zitiert nach Lipstein, a.a.O. (Anm. 413), S. 3 ff. ; Mann, F.A., The Doctrine of Jurisdiction in International Law, RdC 111 (1964 I), S. 1, 24 ff.

Territorium exklusiv gelten, dagegen nicht auf dem Territorium eines anderen Staates und die Anwendung fremden Rechts nur vom Willen des Trägers der Gebietshoheits abhängt.

Auch in England, wo in Gestalt des erwähnten Law Merchant für Ausländer universelles Rechts durch die Admiralty angewendet wurde, inkorporierte man im 18. Jahrhundert diese Rechtsmaterie in das nationale Recht. Fortan war auch dort das Kollisionsrecht national, was von Lord Mansfield in dem Satz formuliert wurde: "Every action here must be tried by the Law of England, but the Law of England says that in a variety of circumstances... the law of the country where the cause of action arose shall govern"[614]. Die Abgrenzung sollte danach erfolgen, ob der Streit im Ausland entstand. Die niederländische Schule dagegen hatte für das nationale Kollisionsrecht bestimmte Anknüpfungspunkte wie Wohnsitz, Vertragsschluß, Erfüllung und Belegenheit vorgeschlagen[615].

In Deutschland lehrte in Abkehr von der Statutentheorie und in Anlehnung an die Lehre von Ulricus Huber bereits Carl Georg von Wächter[616] Mitte des 19. Jahrhunderts, daß jedes Gericht seinem eigenen nationalen Recht folgen müsse, wenn ihn nicht nationales Kollisionsrecht auf die Anwendung fremden Rechts verweise oder wenn nicht gemeines Recht solche Kollisionsregeln enthalte. Nationales jus cogens müsse immer vom nationalen Gericht angewendet werden.

b) Modernes Kollisionsrecht

Die entscheidende Wende von der mit Hoheitsfragen beschäftigten Doktrin der Jurisdiktion des Mittelalters und der frühen Neuzeit hin zum modernen Kollisionsrecht brachte die wissenschaftliche Arbeit von Friedrich Carl von Savigny, welche im 8. Band seines "System des heutigen Römischen Rechts" niedergelegt ist. Savigny, welcher zwar die staatliche Souveränität betonte und deren Möglichkeit, die ausschließliche Anwendung eigenen Rechts anzuordnen, fährt fort:

> "Je mannichfaltiger und lebhafter der Verkehr unter den verschiedenen Völkern wird, desto mehr wird man sich überzeugen müssen, daß es räthlich ist, jenen strengen Grundsatz nicht festzuhalten, sondern vielmehr mit einem entgegengesetzten Grundsatz zu vertauschen.... Der Standpunkt, auf den wir durch

---

[614] Holman v. Johnson, 1 Cowp. 341, 343 (1775); vgl. auch Robinson vs. Bland, Engl. Rep. 96, 129, 141 (1760)

[615] Lipstein, a.a.O. (Anm. 413), S. 18

[616] Archiv für zivilistische Praxis 24 (1841), S. 230 - 311; 25 (1842) S. 150 - 200; 361 - 491

> diese Erwägung geführt werden, ist der einer völkerrechtlichen Gemeinschaft der miteinander verkehrenden Nationen, und dieser Standpunkt hat im Fortschritt der Zeit immer allgemeinere Anerkennung gefunden, unter dem Einfluß theils der gemeinsamen christlichen Gesittung, theils des wahren Vortheils, der daraus für alle Theile hervorgeht."[617]

Savigny spricht von einer Gleichstellung der nationalen Rechte "als freundliche Zulassung unter souveränen Staaten", nämlich

> "daß bei jedem Rechtsverhältniß dasjenige Rechtsgebiet aufgesucht werde, welchem dieses Rechtsverhältniß seiner eigenthümlichen Natur nach angehört oder unterworfen ist"[618].

Kollisionsrecht mit seinem Gleichstellungsgedanken beruht also auf der comitas gentium, welche bereits nach Huber der Grund für die Anwendung fremden Rechts sein sollte. Sie bleibt weiter unten noch genauer zu erörtern.

Mit der Theorie Savignys, welche die Kollisionsrechtslehre auf der gesamten Welt wesentlich beeinflußte, waren die Grundpfeiler des modernen Kollisionsrechts gelegt. Alles Recht ist staatliches Recht und gilt als solches nur innerhalb des Staates. Es wird aber im Ausland angewendet unter dem Gesichtspunkt der Gleichwertigkeit der Rechtsnormen, um die kollisionsrechtliche Gerechtigkeit herzustellen, nicht um Gesichtspunkte staatlicher Souveränität zu verwirklichen. Der Staat dürfte zwar unter Berufung auf diese Souveränität immer sein eigenes Recht anwenden, er wird es aber aus den Gesichtspunkten der Gerechtigkeit, des Fortschritts und des gemeinsamen Nutzens aller Staaten nicht tun. Der Regelungsbereich einer zivilrechtlichen Norm bleibt also grundsätzlich offen, er wird durch Anknüpfungspunkte auf Auslandssachverhalte anwendbar. Kollisionsrechtliche Anknüpfungspunkte sind Charakteristika des Sachverhalts oder der beteiligten Personen wie die Staatsangehörigkeit, Wohnsitz, Aufenthalt, Sitz einer juristischen Person, Gerichtsort, der Ort der Handlung, der Ort des Vertragsabschlusses, die Belegenheit der streitigen Sache und bei Delikten der Handlungs- wie auch der Erfolgsort.[619]

Einen gänzlich anderen Ansatzpunkt verwendete Zitelmann[620]. Er ging von der völkerrechtlichen Regelungskompetenz eines Staates aus, welche

---

617 Savigny, F.C.von, System des heutigen Römischen Rechts Bd. 8 (1849), S.26 f.

618 A.a.O., S. 28

619 Kegel, a.a.O. (Anm. 384), S. 272 f.; Kropholler, a.a.O. (Anm. 436), S. 84 f.

620 Zitelmann, E. Internationales Privatrecht, Bd. 1 (1897), S. 833 ff. Hierzu Gutzwiller, M., Zitelmanns völkerrechtliche Theorie des IPR, Archiv für Rechts- und Sozialphilosophie 16 (1922/23), S. 468 - 481

durch die Personalhoheit und durch die Territorialhoheit begründet wird. Aufgrund der Personalhoheit kann der Staat seine Staatsangehörigen im In- und Ausland alle Handlungsinhalte einer Person bestimmen, alle seine Rechtspositionen festlegen. Aufgrund der Territorialhoheit kann ein Staat alle Handlungen auf seinem Gebiet regeln. Beide Hoheiten müssen von allen anderen Staaten anerkannt werden. Im Verhältnis zueinander soll die Personalhoheit bei Kollisionen grundsätzlich der stärkere Anknüpfungspunkt sein und nur dann hinter der Territorialhoheit zurücktreten, wenn die öffentliche Ordnung des Aufenthaltsstaates dies fordert.

Zitelmanns Theorie legte, im Unterschied zu Savigny, den Akzent auf die staatlichen Interessen. Sie hat sich auch deshalb nicht durchgesetzt, weil das Internationale Privatrecht die Gerechtigkeit in der Fallentscheidung anstrebt, keine relativ statischen Abgrenzungen staatlicher Jurisdiktionssphären. Sie ist für die weitere Untersuchung durchaus deshalb von Bedeutung, weil sie im Bereich öffentlichrechtlicher Normen jedenfalls für die Frage eines öffentlichrechtlichen Kollisionsrechts vom Ansatz, den Staateninteressen her, bei denen die Gleichwertigkeit der staatlichen Rechtsordnungen nicht vorausgesetzt werden kann, der Problematik näher liegt. Im Internationalen Privatrecht hat sie jedenfalls weitestgehend keine Anerkennung gefunden.

Der Begriff "Kollisionsrecht" bezeichnet hier nicht echte Normenkonflikte[621], die - wie bereits gesagt - nur innerhalb der gleichen Rechtsordnung auftreten können. Der Begriff des Kollisionsrechts betrifft aber im vorliegenden Zusammenhang nicht solche Normkonflikte innerhalb einer Rechtsordnung, sondern er bezeichnet jene Rechtsnormen, welche darüber Auskunft geben, welche Rechtsnorm auf einen Sachverhalt angewendet wird, der Bezugspunkte zu verschiedenen Rechtsordnungen aufweist[622]. Solange nur ausgesagt wird, daß auf einen bestimmten Sachverhalt lediglich inländisches Recht angewendet oder nicht angewendet wird, handelt es sich um eine einseitige Kollisionsnorm. Wenn die Kollisionsnorm darüber hinaus angibt, daß bei Nichtanwendbarkeit des eigenen Rechts dasjenige eines fremden Staates zur Anwendung kommt, so liegt eine allseitige Kollisionsnorm vor[623].

---

621 Im Englischen ist der Terminus "Conflict of Laws" üblich, der in gleichem Maße irreführend sein kann

622 Dieser Begriff erfaßt im hier gebrauchten Sinne also nur die selbständigen Kollisionsnormen. Er wird auch im weiteren Sinne auf alle Normen des Kollisionsrechts verwendet, die selbständigen wie die unselbständigen (Hilfs - und Ergänzungsnormen des Kollisionsrechts), vgl. Kropholler, a.a.O. (Anm. 436), S. 82 f.

623 Kropholler, a.a.O. (Anm. 436), S. 85 f.; Kegel, a.a.O. (Anm. 384), S. 35 - 38

Internationales Privatrecht ist nationales Kollisionsrecht im räumlichen Sinne, regelt also die Frage, welche Rechtsnorm im Staatsgebiet des Staates Anwendung findet, welcher das Kollisionsrecht erlassen hat[624]. Das materielle Privatrecht formuliert nicht mehr seinen territorialen oder personellen Regelungsbereich, sondern Kollisionsnormen entscheiden hierüber[625].

Der Begriff des Kollisionsrechts als eines Rechtsanwendungs - Rechts sollte den Fällen vorbehalten bleiben, in denen es um den Regelungsbereich von Rechtsnormen geht, wenn dieser über das Staatsgebiet hinausreicht oder hinausreichen könnte, nicht dagegen für die Bestimmung des innerstaatlichen Regelungsbereiches[626]. Die Festlegung des Regelungsbereichs des eigenen Rechts kann auch nach innen differenzierend erfolgen, etwa bei Bundesstaaten. Dies ist aber nicht Kollisionsrecht in dem hier gebrauchten Sinne.

Die Neuheit des Ansatzes von Paul und Johannes Voet sowie Ulricus Huber bestand darin, daß nicht mehr der Anwendungswille anderer Staaten hingenommen und der Rechtsanwendung im Forumstaat zugrundegelegt wurde, sondern daß diesem Willen nur durch eine eigene souveräne Entscheidung aufgrund der comitas gentium unter bestimmten Bedingungen entsprochen wurde. Dies entspricht auch heute noch dem Ausgangspunkt des Kollisionsrechts in einer Welt souveräner Staaten.

Die Anwendung ausländischen Rechts kann zunächst vom Völkerrecht vorgeschrieben sein. Dies ist unzweifelhaft der Fall, wenn entsprechende völkervertragsrechtliche Verpflichtungen existieren. Aber auch das Gewohnheitsrecht kann dies vorschreiben[627]. Zum anderen ist im Zivilrecht die Situation denkbar, daß ein Staat keine eigene materiellrechtliche Jurisdiktion, aber verfahrensrechtlich die internationale Gerichtsbarkeit hat. Dann kann er - wie bereits erörtert -

---

624 Kegel, a.a.O. (Anm. 384), S. 18. Daneben gibt es auch noch personales, zeitliches, sachliches und hierarchisches Kollisionsrecht, vgl. Kegel, a.a.O., S. 24 ff.

625 Einen Grenzfall stellt dasjenige internationale Einheitsrecht dar, welches spezifisch für international verknüpfte Fälle materielles Recht enthält, welches das entsprechende innerstaatliche Recht überlagert, vgl. etwa das UN - Kaufrecht (Convention on the international sales of goods vom 11.04.1980, BGBl. 1989 I, S. 588). Hier wird auch das normale Internationale Privatrecht überlagert. Daneben gibt es nationales Recht, welches Sonderregeln für Sachverhalte mit Auslandsverknüpfungen enthält, so etwa §§ 1944 Abs. 3 und 1954 Abs. 3 BGB oder auch §§ 722, 723 i.V.m 328 ZPO. Vgl. hierzu Kropholler, a.a.O. (Anm. 436), S. 76 - 81, 83

626 So wohl auch Kropholler, a.a.O. (Anm. 436), S. 1 f. und Sonnenberger, , a.a.O. (Anm. 81), Rn. 1 f. A.A. Kegel a.a.O. (Anm. 384), S. 5

627 So etwa bei der Staatsangehörigkeit. Zur umstrittenen Existenz einer völkerrechtlichen Pflicht, überhaupt ein zivilrechtliches Kollisionsrecht zu haben vgl. unten

nur entweder die Entscheidung ablehnen oder aber er muß das Recht eines Staates mit Jurisdiktionsgewalt anwenden. Die völkerrechtlichen Voraussetzungen der Jurisdiktion werden erst später genauer erörtert.

Nicht auf Grund völkerrechtlicher Verpflichtung, aber aus eigenen kollisionsrechtlichen Erwägungen heraus kann ein Staat aus verschiedenen Gründen ausländisches Recht anwenden. Im allgemeinsten Sinne kann man insoweit von Privatinteressen und staatlichen Interessen sprechen. Beide Gruppen sind aber im Detail nicht streng voneinander getrennt, denn manche Gesichtspunkte können im Interesse der Staaten wie auch der Privaten liegen.

Der materielle Maßstab des privatrechtlichen Kollisionsrechts wird zuvörderst durch den Gedanken der internationalprivatrechtlichen Gerechtigkeit im Einzelfall, nicht durch den abstrakt - generellen materiellen Regelungswillen der Staaten bestimmt[628]. Dieses Konzept geht zunächst davon aus, daß das räumlich nächste Recht angewendet werden soll, also das desjenigen Staates, auf dessen Gebiet gehandelt wurde oder zu dem die beteiligten Personen die engste Beziehung haben. Wenn hiernach mehrere Rechte in Frage kommen, muß unter ihnen nach dem Schwerpunkt des Sachverhalts oder nach den beteiligten Interessen ausgewählt werden[629].

Die internationalprivatrechtlichen Interessen können gleichzeitig staatlich und privatorientiert sein Dies gilt zum einen von der Fallgerechtigkeit[630], welche zentral die Privatinteressen fördert, daneben auch ein Rechtsordnungsinteresse des Staates ist. Gleiches gilt von der Rechtssicherheit[631] und der Bemühung um einen Entscheidungseinklang[632] zur Verhinderung "hinkender Rechtsverhältnisse"[633], von "forum shopping"[634] und von materiellen Pflichtenkollisionen[635]. Auch sogenannte objektive Interessen haben diesen januskӧpfigen Charakter: Verkehrsinteressen[636], die Erleichterung des Wirtschaftsverkehrs[637] und die Einheit von Familie und Erbe.

---

628 Dazu Kegel, a.a.O. (Anm. 384), S. 80 ff. Zu Kegels Interessenanalyse Drobnig, U., Die Beachtung von ausländischen Eingriffsgesetzen - eine Interessenanalyse, in: Barfuß, W. u. a. (Hrsg.), Festschrift für Karl H. Neumayer (1985), S. 159 - 179, 165

629 Vgl. die Regelung etwa in Art. 28 EGBGB

630 Kegel, a.a.O. (Anm. 384), S. 80 ff.; Kropholler, a.a.O. (Anm. 436), S. 21 ff.

631 Kropholler, a.a.O. (Anm. 436), S. 27 ff.; Kegel, a.a.O. (Anm. 384), S. 279

632 Kropholler, a.a.O. (Anm. 436), S. 33 ff.

633 Kegel, a.a.O. (Anm. 384), S. 86 f.; Kropholler, a.a.O. (Anm. 436), S. 34

634 Kropholler, a.a.O. (Anm. 436), S. 33

635 Kegel, a.a.O. (Anm. 384), S. 87 f.

636 Kegel, a.a.O. (Anm. 384), S. 84 f.

637 Kropholler, a.a.O. (Anm. 436), S. 29

Reine Privatinteressen werden wegen der Erwartungen Privater hinsichtlich des anwendbaren Rechts und den deswegen getroffenen Dispositionen geschützt[638]. Staatliche Interessen sind dagegen die Berücksichtigung verfassungsrechtlicher Wertentscheidungen[639], das öffentlichrechtliche Ordnungsinteresse an der Durchsetzung von Eingriffsnormen[640], das Interesse an einer realen, auch im Ausland durchsetzbaren Entscheidung[641], das Ansehen der Rechtsordnung[642] und das Interesse an einer eigenen Auslandsanwendung von Normen durch Gewährleistung der Gegenseitigkeit[643].

Die abwägende Auswahl zwischen den Regelungen mehrerer Rechtsordnungen geschieht nicht nur bei der Wahl der Anknüpfung, sie ist auch von Bedeutung, wenn eine Normenhäufung auftritt, wenn also für eine Entscheidung kollisionsrechtlich zugleich mehrere Rechtsordnungen berufen werden. Dann wird im Wege der Angleichung durch Abwägung das stärkste Interesse den Vorrang erhalten[644]. Dieser Abwägungsvorgang ist die Aufgabe des Richters.

Auch im Kollisionsrecht ist die Spannung zwischen Einzelfallgerechtigkeit und Rechtssicherheit von wesentlicher Bedeutung. In Kontinentaleuropa wurde bis in die erste Hälfte des 20. Jahrhunderts mit Katalogen feststehender Anknüpfungspunkte der Rechtssicherheit der Vorrang gegeben durch einer weitgehende Typisierung der Sachverhalte. In neuerer Zeit wurde dieses System in zwei methodischen Richtungen flexibilisiert. In einer ganzen Reihe von Staaten[645] hat man die Anknüpfungspunkte einem allgemeinen Prinzip der engsten Verbindungen der berufenen Rechtsordnung mit dem Sachverhalt[646] untergeordnet. Auch in Deutschland findet sich dieses Prinzip im

---

638 Kropholler, a.a.O. (Anm. 436), S. 29

639 Kropholler, a.a.O. (Anm. 436), S. 31. Vgl. hierzu die Spanier - Entscheidung BVerfGE 31, 38 und die Gleichberechtigungsentscheidung BVerfGE 63, 181

640 Kegel, a.a.O. (Anm. 384), S. 92 ff.

641 Kegel, a.a.O. (Anm. 384), S. 89

642 Kegel, a.a.O. (Anm. 384), S. 305

643 Frank, R., Öffentlich-rechtliche Ansprüche fremder Staaten vor inländischen Gerichten, RabelsZ 34 (1970), S. 56-75, 73 weist zu Recht darauf hin, daß dieses Interesse keinen absoluten Stellenwert hat. Auch eine einseitige Vorleistung der Staaten kann die damit verbundenen Ziele möglicherweise fördern

644 Kegel, a.a.O. (Anm. 384), S. 219 m.w.N. aus der Rechtsprechung

645 So etwa Art. 117 des schweizerischen IPR - Gesetzes vom 18.12.1987, Bundesblatt 1988 I, S.5 ("engster Zusammenhang") und § 1 des österreichischen IPR - Gesetzes vom 15.6.1978, Bundesgesetzblatt 1978 Nr. 304 ("stärkste Beziehung")

646 Vgl. hierzu Kropholler, a.a.O. (Anm. 436), S. 22 - 25; Kegel, a.a.O. (Anm. 384), S. 425 - 430

geänderten EGBGB an verschiedenen Stellen[647], insbesondere für das Vertragsrecht in Art. 28 Abs. 1 S.1 EGBGB[648].

Es handelt sich um eine Generalklausel, welche einerseits als genereller Gesichtspunkt die einzelnen selbständigen Anknüpfungen begründet, andererseits aber, wie in Art. 28 EGBGB, als Auffangnorm eine solche konkrete Anknüpfung korrigieren oder auch ersetzen kann[649]. Dann handelt es sich um eine sogenannte Ausweichklausel (clause échappatoire)[650]. Das deutsche Recht und auch die meisten kontinentaleuropäischen Rechte halten sich jedoch prinzipiell an die Festlegung typisierter Anknüpfungspunkte[651] ganz in der Tradition Savignys, welcher es als eine Aufgabe des Kollisionsrechts ansah "für jede Klasse der Rechtsverhältnisse ein bestimmtes Rechtsgebiet, dem es angehört, also gleichsam einen Sitz des Rechtsverhältnisses, aufzusuchen"[652]. Im deutschen Recht ist das Prinzip der engsten Verbindung lediglich im Schuldvertragsrecht zu einem primären Anknüpfungspunkt geworden[653], ansonsten aber nur punktuell als Ausnahme oder Ergänzung konkreter Anknüpfungspunkte vorhanden[654].

In Deutschland hat sich der Ansatz, das anwendbare Recht generalklauselartig dem jeweils zur Entscheidung anstehenden Fall gemäß zu bestimmen, jedenfalls allgemein bisher nicht durchgesetzt. Hier ist das Festhalten an enumerativen Anknüpfungspunkten, an objektiven Kollisionsnormen[655], im Interesse der Rechtssicherheit vorrangig, wenngleich

---

647 Vgl. die Begründung des Regierungsentwurfs (Bundestags - Drucksache 10/504) zur Änderung des EGBGB und den Wortlaut der etwa der Art. 4 Abs.3 S. 2, 5 Abs. 1 S.1; 14 Abs.1 Nr.3 und 28 Abs.1, 2 und 5 sowie 30 Abs. 2 EGBGB

648 "Soweit das auf den Vertrag anzuwendende Recht nicht nach Artikel 27 vereinbart worden ist, unterliegt der Vertrag dem Recht des Staates, mit dem er die engsten Verbindungen aufweist". Diese Formulierung ist wörtlich dem Art. 4 Abs. 1 S. 1 des EWG - Übereinkommens über das auf vertragliche Schuldverhältnisse anzuwendende Recht vom 19.6.1980 (BGB. 1986 II, S. 810) entnommen und für alle EG - Mitgliedstaaten verbindlich

649 Kropholler, a.a.O. (Anm. 436), S. 23

650 Kegel, a.a.O. (Anm. 384), S. 189 f., der die Klausel eine Leerformel nennt. Sie hat aber die Funktion, dem Richter die Entscheidungsgewalt über ihre Ausfüllung im konkreten Falle zu geben

651 Zur Typisierung oder Individualisierung im Internationalen Privatrecht Kropholler, a.a.O. (Anm. 436), S. 90 - 92

652 Savigny, a.a.O. (Anm. 617), S. 121

653 Art. 28 Abs. 1 S. 1 EGBGB

654 Sonnenberger, in: Münchener Kommentar. Bürgerliches Gesetzbuch. Einführungsgesetz, Internationales Privatrecht, 2. Aufl. (1990), Art. 6, Rn. 552 - 555, der aus diesem Grunde auch eine analoge Anwendung des Prinzips der engsten Verbindung auf andere Rechtsgebiete ablehnt (Rn. 553)

655 Vgl. hierzu Sonnenberger, a.a.O. (Anm. 81), Rn 25 ff.

diese den allgemeinen Gesichtspunkt der engsten Verbindung konkretisieren sollen. Insoweit ist eine Gegensätzlichkeit in der Tendenz im Verhältnis zu den angelsächsischen Rechtsordnungen, insbesondere zu der amerikanischen Kollisionsrechtslehre und - praxis vorhanden.

In England ist der Leit - Gesichtspunkt der engsten Verbindung für die Anknüpfung seit langem anerkannt ("the most real connection")[656]. In den USA ist im Restatement of the Law (Second), Conflict of Laws des American Law Institute aus dem Jahre 1971 die "most significant relationship" als entscheidender Anknüpfungsfaktor genannt[657], dem Richter werden dort aber - nicht abschließend - Abwägungsgesichtspunkte hinsichtlich der beteiligten Interessen der Individuen und Staaten zur Konkretisierung an die Hand gegeben und nur in Einzelfällen wie im Erbrecht oder Immobiliarrecht klare Anknüpfungspunkte entwickelt[658]. Dies entspricht einer Tendenz der stärkeren Individualisierung der Rechtsfindung durch Interessenabwägung unter Zurückdrängung der Typisierung. Das Restatement gibt selbst zu, daß hierdurch nur noch von Fall zu Fall entschieden werden kann.

Diese Tendenz ist in der theoretischen Diskussion in den USA seit längerer Zeit tonangebend. Die entscheidende Funktion der befaßten Gerichte bei der Abwägung der im konkreten Fall beteiligten Interessen betonen die "value-oriented approaches", welche mit Abwägungskriterien arbeiten. Dabei betont Robert E. Leflar[659] Vorhersehbarkeit der

---

[656] Kropholler, a.a.O. (Anm. 436), S. 23 m.w.N.

[657] American Law Institute, Restatement of the Law (Second), Conflict of Laws (1971) § 6 comment c.: "All that can presently be done in these areas is to state a general principle, such as application of the local law "of the state of most significant relationship" which provides some clue to the correct approach but does not furnish precise answers. In these areas, the courts must look in each case to the underlying factors themselves in order to arrive at a decision which will best accomodate them".

[658] § 6 des Restatement, a.a.O., lautet:

(1) A court, subject to constitutional restrictions, will follow a statutory directive of its own state on choice of law.

(2) When there is no such directive, the factors relevant to the choice of the applicable rule of law include

(a) the needs of the interstate and international systems,

(b) the relevant policies of the forum,

(c) the relevant policies of other interested states and the relative interests of those states in the determination of the particular issue,

(d) the protection of justified expectations

(e) the basic policies underlying the particular field of law,

(f) certainty, predictability and uniformity of result, and

(g) ease in the determination and application of the law to be applied

[659] American Conflicts Law 3. Aufl. (1977), S. 193 - 195, 205 - 219; vgl. auch Scoles / Hay, a.a.O. (Anm. 433), S. 27 f; Kegel, a.a.O. (Anm. 384), S. 133

Entscheidungsergebnisse, die Erhaltung der internationalen und der zwischenstaatlichen[660] Ordnung, die Vereinfachung der richterlichen Aufgabe und die Förderung der staatlichen Interessen des Forums allgemein sowie andererseits die am Parteiinteresse orientierte "application of the better rule of law". David Cavers[661] wollte die innerstaatlichen und fremden Rechtsnormen, welche auf den Fall angewendet werden könnten, "from the standpoint of justice between the litigating individuals or... broader considerations of social policy" auswählen, um eine "just decision in the principal case" zu erreichen.

Teilweise werden auch staatliche Interessen betont. Die funktionale Theorie sieht die Anknüpfung in unmittelbarer Verbindung mit Staaten-interessen, um schließlich das Recht des Staates anzuwenden, der "predominantly concerned" erscheint[662]. Neben den Ansätzen von Trautman, von Mehren und Weintraub ist hier insbesondere die "Governmental Interest Analysis" von Brainerd Currie[663] von Bedeutung, welche später auch auf die Behandlung von Jurisdiktions - Konflikten im öffentlichen Wirtschaftsrecht durch amerikanische Gerichte einen bedeutenden Einfluß ausgeübt hat.

Dies ist darauf zurückzuführen, daß Curries Ansatz von den möglicherweise anzuwendenden Rechtsnormen ausgeht[664]. Seine Betonung liegt auf den Rechtsanwendungsinteressen des Forumsstaates. Diese müßten über die "policies expressed in the respective laws and..... the circumstances in which it is reasonable for the respective states to assert an interest in the application of these policies"[665] festgestellt werden. Ein "true conflict" liegt dann vor, wenn - falls es um die Anwendung des Rechts des Forum - Staates und eines ausländischen Staates geht -, beide Rechte zu unterschiedlichen Ergebnissen führen und beide angewendet werden wollen. In diesem Falle sei immer die lex fori anzuwenden. Eine Abwägung der Anwendungsinteressen lehnt Currie ab, denn "assessment

---

660 Bezogen auf die amerikanischen Bundesstaaten

661 A Critique of the Choice-of-Law Problem, Harvard Law Review 47 (1933), S. 173, 192 f; siehe hierzu Scoles / Hay, a.a.O. (Anm. 433), S. 28 - 30; Kegel, a.a.O. (Anm. 384), S. 133

662 Hierzu Scoles / Hay, a.a.O. (Anm. 433), S. 24 - 26

663 Vgl. etwa Currie, B., Notes on Methods and Objectives in the Conflicts of Laws, Duke Law Journal 1959, 171 - 181. Hierzu Schnyder, A. K., Interessenabwägung im Kollisionsrecht - Zu Brainerd Curries "governmental interest analysis", Zeitschrift für Schweizerisches Recht 105 (1986), S. 101 - 119; Drobnig, U., Die Beachtung von ausländischen Eingriffsgesetzen - eine Interessenanalyse, in: Barfuß, W. u. a. (Hrsg.), Festschrift für Karl H. Neumayer (1985), S. 159 - 179, 164; Lipstein, a.a.O. (Anm. 413), S. 36 - 39

664 Vgl. dazu die Darstellung bei Scoles / Hay, a.a.O. (Anm. 433), S. 16 - 20 mit weiteren Nachweisen der Publikationen Curries und der Reaktionen darauf

665 Zitate nach Scoles / Hay, a.a.O. (Anm. 433), S. 16 - 20

of the respective values of the competing legitimate interests of two sovereign states, in order to determine which is to prevail, is a political function of a very high order. This is a function that should not be committed to courts in a democracy". Immerhin aber soll der Richter versuchen, den Konflikt durch eine abgeschwächte und die Gegenläufigkeit der rechtlichen Ergebnisse reduzierende Anwendung des eigenen Rechts zu verhindern.

Zur Anwendung des ausländischen Rechts kann es nur kommen, wenn ein "false conflict" vorliegt, wenn also nach Wortlaut und Sinn der fraglichen Rechtsnormen entweder kein unterschiedliches Ergebnis erzielt wird (dann ist das Problem ohnehin obsolet), oder wenn die eigene Rechtsordnung "disinterested" ist, also nicht unbedingt angewendet werden will. Bei der Abschwächung der Anwendung eigenen Rechts zur Vermeidung von Konflikten bei "true conflicts" ist nicht ersichtlich, wie dies ohne eine Bewertung und damit Abwägung der Staateninteressen geschehen soll, was aber Currie gerade ablehnt. Außerdem wird kritisch eingewendet, daß diese Auffassung, welche in aller Regel zu einer Anwendung der lex fori führt, dem "forum shopping", der taktischen Auswahl eines günstigen Gerichtsstandes Tür und Tor öffnet und ein wesentliches Interesse des Kollisionsrechts, nämlich den Entscheidungseinklang[666] und die internationalrechtliche Gerechtigkeit[667] unberücksichtigt läßt[668].

Die "Governmental Interest Analyis" Curries[669] hat die Entwicklung des amerikanischen Kollisionsrechts erheblich beeinflußt. Dieser Einfluß ist auch in dem soeben bereits erwähnten Abwägungskatalog des § 6 Restatement (Second) on Conflict of Laws[670] spürbar. Von hier gab es einen direkten Einfluß auf die noch zu erörternden "balancing of interests" - Methoden der amerikanischen Gerichte in den hier im Mittelpunkt stehenden Jurisdiktionskonflikten und zu entsprechenden Katalogen der völkerrechtlichen Restatements.

Die Betonung der Anwendungsinteressen des Forums und des Vorranges seiner Rechtsordnung findet sich besonders in der lex fori - Theorie von

---

666 Vgl. hierzu Kegel, a.a.O. (Anm. 384), S. 86 ff., Kropholler, a.a.O. (Anm. 436), S. 32 ff.

667 Kropholler, a.a.O. (Anm. 436), S. 21 ff.; Kegel, a.a.O. (Anm. 384), S. 80 ff.

668 Scoles / Hay, a.a.O. (Anm. 433), S. 19 f.

669 Vgl. hierzu auch Beck, B., Die extraterritoriale Anwendung amerikanischen Wettbewerbsrechts unter besonderer Berücksichtigung länderübergreifender Fusionen, WuW 34 (1984), S. 447-464, 461 ff.

670 American Law Institute, Restatement of the Law (Second), Conflict of Laws (1971),

Albert Ehrenzweig[671]. Hiernach soll zunächst aus Normen des positiven Rechts in Verbindung mit den "unformulated rules" der Gerichtsentscheidungen oder aus der Auslegung nationalen materiellen Rechts die Anknüpfung gefunden werden. Wenn dies zu keinem Ergebnis führt, soll die "residuary rule of the lex fori" zur Anwendung kommen.

Alle diese Ansätze, welche auf Interessenabwägungen beruhen, werden gegen ihre Intentionen beeinflußt durch die Tendenz des Richters, bei einer Auswahl im Zweifel eigenes Recht anzuwenden. Denn die Anwendung fremden Rechts führt ihn weg von seiner erlernten juristischen Erfahrung und hin zur Anwendung von Interessen, welche seinem nationalen Recht möglicherweise fremd sind. Der amerikanische Supreme Court hat dies selbst zugegeben:

> "Even when a court would apply the law of a different forum, as a general rule it will feel less knowledgeable and comfortable in interpretation, and less interested in fostering the policies of that foreign jurisdiction, than would the courts established by the State that provides the applicable law"[672].

Dieser Tendenz, welche auch in der deutschen Doktrin als "Heimwärtsstreben" der kollisionsrechtlichen Entscheidung bekannt ist[673], will der "better law approach", welcher sich in den Auffassungen von Leflar, von Mehren und Trautmann, Weintraub und auch von F.K. Juenger findet, dadurch gegensteuern, daß er das fremde Recht in seinem Gerechtigkeitsgehalt als neben dem eigenen Recht gleichwertig zu berücksichtigenden und zu wertenden Faktor in Betracht ziehen will[674]. Juenger spricht davon, daß im Einzelfall der "vernünftigeren ausländischen Vorschrift der Vorrang eingeräumt werden kann", was die "Mißlichkeiten der Ermittlung und Anwendung ausländischen Rechts" aufwiege. Der Richter treffe eine rechtsschöpferische Wahl nach Rechtsüberzeugung und common sense[675].

Aber auch in derjenigen amerikanischen Entscheidungspraxis, welche den better law approach anwendete, hat sich gezeigt, daß hierdurch die

---

[671] Ehrenzweig, A.A., Private International Law (1967); vgl. auch Scoles / Hay, a.a.O. (Anm. 433), S. 20 - 23; Kegel, a.a.O. (Anm. 384), S. 132. Lipstein, a.a.O. (Anm. 413), S. 30 nennt Ehrenzweig den "Wächter redivivus"

[672] Shaffer v. Heitner, 433 U.S. 186, 225 (1977)

[673] Kegel, a.a.O. (Anm. 384), S. 88 f.; Kropholler, a.a.O. (Anm. 436), S. 39 f.

[674] Scoles / Hay, a.a.O. (Anm. 433), S. 30 - 32

[675] Juenger, F.K., Möglichkeiten einer Neuorientierung des internationalen Privatrechts, NJW 26 (1973), S. 1521 - 1526, 1525. Kritisch und mit weiteren Nachweisen hierzu Kegel, a.a.O. (Anm. 384), S. 133; Kropholler, a.a.O. (Anm. 436), S. 72, 74. Zweigert, RabelsZ 37 (1973), 444, 446 f. will das bessere Recht subsidiär anwenden, wenn eine Kollisionsregel im konkreten Fall nicht besteht oder zweifelhaft ist

Tendenz zum Heimwärtsstreben der kollisionsrechtlichen Entscheidung nicht wesentlich verändert wird[676]. Dieser Gesichtspunkt ist bei den weiteren Erörterungen immer im Auge zu behalten. Auch ein anderer Aspekt der amerikanischen kollisionsrechtlichen Rechtsprechung ist von Bedeutung für diese Untersuchung: die "minimum contacts" - Doktrin[677], welche bei den Fragen der Zivilgerichtsbarkeit weiter unten behandelt werden wird.

Wenn ein Auslandssachverhalt vorliegt und eine oder mehrere der genannten Interessen gegeben sind, so kann ein Staat entweder die Regelung oder Entscheidung eines Falles ganz ablehnen, oder er kann, wenn er die materielle Jurisdiktion hat, bei der Rechtsanwendung diesem Auslandsbezug Rechnung tragen[678]. Wenn die vorgenannten Interessen gegen die Anwendung eigenen Rechts sprechen, so legen sie die Anwendung des Rechts eines anderen Staates oder die Anerkennung eines ausländischen Hoheitsaktes aufgrund einer Verweisung auf ausländisches Recht in seinem jeweiligen Bestand (Kollisionsrecht) nahe. Zivilrechtliches Kollisionsrecht ist Rechtsanwendungsrecht, das auf die anwendbare Rechtsnorm in ihrem jeweiligen Bestand verweist, deren Inhalt aber nicht festlegt[679].

Das Kollisionsrecht kann eine andere Rechtsordnung in vollem Umfang für anwendbar erklären. Es kann aber auch Modifikationen der fremden Rechtsordnung oder der eigenen Rechtsordnung in Wechselwirkung miteinander vorsehen, so wie dies im Internationalen Privatrecht etwa bei der Anpassung bzw. Angleichung aufgrund von Normwidersprüchen[680] oder bei Modifikationen den ausländischen Rechts wegen des inländischen ordre public[681] vorkommt.

Zum anderen kann für auslandsverknüpfte Fälle auch ein besonderes Recht geschaffen worden sein, entweder einseitig (auslandsbezogene Sachnormen)[682] oder durch Vereinbarung mehrerer Staaten als Einheits-

---

[676] Scoles / Hay, a.a.O. (Anm. 433), S. 31 f.

[677] Schack, H., Jurisdictional Minimum Contacts Scrutinized - Innerstaatliche und internationale Zuständigkeit US-amerikanischer Gerichte (1983)

[678] Wengler, W., Internationales Privatrecht, in: Das Bürgerliche Gesetzbuch, Kommentar (hrsg. von Mitgliedern des Bundesgerichtshofs - BGB-RGRK) (12.Aufl.1981), 6, 1. Teilband, S. 2 - 11

[679] Vgl. etwa Kropholler, a.a.O. (Anm. 436), S. 1; Kegel, a.a.O. (Anm. 384), S. 16 f.; Sonnenberger, a.a.O. (Anm. 81), Rn. 1 - 6

[680] Kropholler, a.a.O. (Anm. 436), S.207 -212; Kegel, a.a.O. (Anm. 384), S. 216 - 223

[681] Kegel, a.a.O. (Anm. 384), S. 335 f.; Kropholler, a.a.O. (Anm. 436), S. 224 ff.

[682] Kropholler, a.a.O. (Anm. 436), S. 80 f. Vgl. im materiellen Zivilrecht etwa §§ 1944 Abs.3, 1954 Abs. 3 BGB und §§ 13 b Abs. 1, 86 b Abs. 3 HGB

recht[683]. Beide Fälle unterscheiden sich vom Kollisionsrecht dadurch, daß sie das materielle Recht selbst festlegen, also keine Verweisungen sind. Auslandsbezogene Sachnormen tragen der Tatsache Rechnung, daß die Anwesenheit von Personen oder die Belegenheit ihres Vermögens im Ausland Modifikationen des nationalen Rechts erfordert. Einheitsrecht dient der Harmonisierung des nationalen Rechts, um grenzüberschreitende Sachverhalte wie etwa internationale Warenverkäufe oder den Zahlungsverkehr mit Schecks und Wechseln überschaubar und interessengerecht zu regeln.

Auslandsbezogene Sachnormen und Einheitsrecht sind Ausdruck der Tatsache, daß ein Staat einen auslandsbezogenen Sachverhalt generell selbst regeln will. Das privatrechtliche Kollisionsrecht dagegen geht vom Fall aus. Es sucht diejenige Fall - Lösung, die den Interessen der Staaten wie der Privaten am besten entspricht. Diese Interessen entscheiden über die Anwendung eigenen oder fremden Rechts. In beiden Fällen, Einheitsrecht und Kollisionsrecht, handelt es sich um staatliches Recht, welches die völkerrechtlichen Bindungen des Staates berücksichtigen muß.

Voraussetzung auch des Kollisionsrechts ist also die Jurisdiktion über den Regelungsgegenstand[684]. Nur in diesem Fall kann es entweder eigenes Recht für anwendbar erklären oder ein fremdes. Denn auch diese Entscheidung ist Ausübung von Jurisdiktion. Dies besagt aber, wie bereits erörtert wurde, nicht, daß das Völkerrecht auch den inhaltlichen Gesichtspunkt der Rechtswahl regelt[685]. Die Frage, inwieweit eine staatliche Rechtsnorm durch völkerrechtliche Jurisdiktionsvorschriften begrenzt wird, ist später noch ausführlich zu behandeln. Sie kann für die kollisionsrechtliche Anwendung insoweit von Bedeutung sein, als das fremde Recht seinerseits dem Völkerrecht Vorrang einräumen und damit aus der Völkerrechtswidrigkeit einer Jurisdiktionsausübung die Nichtigkeit folgern kann, wie dies etwa unter der Geltung von Art. 25 GG hinsichtlich des Vorrangs allgemeiner Regeln des Völkerrechts der Fall ist.

---

[683] Hierzu Kegel, a.a.O. (Anm. 384), S. 41 ff.; Kropholler, a.a.O. (Anm. 436), S. 76. Beispiele hierzu finden sich etwa im Wechselrecht, im Scheckrecht und im internationalen Kaufrecht, vgl. z.B. das Wiener UN - Übereinkommen über Verträge über den internationalen Warenkauf vom 11.4.1980 (BGBl. 1989 II, 588)

[684] Ebenso Bleckmann, A., Die völkerrechtlichen Grundlagen des internationalen Kollisionsrechts (1992), S. 41 ff.

[685] Zum Verhältnis von Völkerrecht und privatrechtlichem Kollisionsrecht allgemein Makarov,A.N., Internationales Privatrecht und Völkerrecht, in: Strupp-Schlochauer, Wörterbuch des Völkerrechts, Bd. 2 (1961), S. 129 ff.; Bleckmann, A., Die völkerrechtlichen Grundlagen des internationalen Kollisionsrechts (1992), insbesondere S. 3 ff.

Wenn das moderne zivilrechtliche Kollisionsrecht einen weitestmöglichen Gleichklang der Anwendung des Zivilrechts im internationalen Bereich anstrebt, so kann dies doch Inhomogenitäten der staatlichen Rechtsordnungen und damit der daraus resultierenden Gerichtsentscheidungen nicht beseitigen. Hier kann zunächst nur die Harmonisierung von Rechtsbereichen des materiellen Rechts durch völkerrechtliche Verträge Abhilfe schaffen. Für den Bereich der Schiedsgerichtsbarkeit ist jedoch in neuerer Zeit vorgeschlagen worden, im Handelsrechtsbereich eine "lex mercatoria" zu entwickeln und anzuwenden, welche als einheitliches weltweites Gewohnheitsrecht des Handels internationalen Transaktionen zugrunde gelegt werden könnte[686]. Dies ist auf bedenkenswerte Kritik gestoßen, zeigt aber die Tendenz auf, im Sinne der Tradition des ius gentium, des Law Merchant und der "ratio naturalis" der frühen Neuzeit nach einer Rechtsvereinheitlichung für grenzüberschreitende Sachverhalte zu streben und damit in einem Bereich zu beginnen, in dem staatliche Souveränität die geringsten Widerstände bietet. Da aber auch Schiedssprüche der staatlichen Vollstreckung bedürfen, ist die Konzeption, eine solche Harmonisierung an den Staaten vorbei einzuleiten, schließlich doch kein taugliches Mittel. Nur eine Harmonisierung staatlichen Rechts bietet letztendlich eine taugliche Lösung der richtig identifizierten Probleme grenzüberschreitender Transaktionen.

Aufgrund der Entwicklung des internationalen Privatrechts zu einem modernen Kollisionsrecht ist die Problematik der extraterritorialen Jurisdiktion und ihrer Konflikte dort erst in neuerer Zeit bei der Frage der Anwendung zwingender Normen des ausländischen Rechts, sogenannter Eingriffsnormen, insbesondere des ausländischen öffentlichen Rechts aufgetreten. Dies wird später noch eingehender zu erörtern sein. Im Bereich des materiellen Zivilrechts wird die Frage des Anwendungsbereichs der Normen in aller Regel nicht aufgeworfen. Seine Normen sagen ganz überwiegend nichts über ihren Anwendungsbereich aus. Vielmehr bestimmt das Kollisionsrecht diesen Bereich und die eventuelle Anwendung fremden Rechts aufgrund von Gesichtspunkten, welche primär die internationalprivatrechtliche Gerechtigkeit im Auge haben. Bei nachgiebigen Normen ist der staatliche Anwendungswille kein Gesichtspunkt, der Anwendungsbereich kann unter dem Gesichtspunkt der grundsätzlichen Gleichbewertung der verschiedenen nationalen Zivil-

---

686 Vgl. dazu Kegel, a.a.O. (Anm. 384), S. 68 f. m. w. N.; Kropholler, a.a.O. (Anm. 436), S. 78 ff.; Langen, E., Transnationales Recht (1981); Horn, N., Uniformity and Diversity in the Law of International Commercial Contracts, in: Horn / Schmitthoff (Hrsg.), The Transnational Law of International Commercial Transactions (1982), S. 3 - 18; Schmitthoff, C.M., Nature and Evolution of the Transnational Law of Commercial Transactions, in: Horn / Schmitthoff a.a.O., S. 19 - 31

rechte offen bleiben, wobei der Vorbehalt des ordre public ein Regulativ bietet.

2. Internationales Strafrecht

a) Allgemeines

Im Strafrecht war schon immer im Hinblick auf Ausländer und Auslandstaten die Fragestellung auf die eigene Strafgewalt, auf die Anwendung des eigenen Strafrechts gerichtet. Nicht dagegen ging es, wie im zivilrechtlichen Kollisionsrecht, um die Anwendung ausländischen Strafrechts durch inländische Gerichte. Der Staat knüpft im internationalen Strafrecht seine Strafgewalt an bestimmte Anknüpfungspunkte[687], die den Inlandsbezug feststellen. Nur bei einem solchen Bezug wird der Staat hoheitlich tätig. Jeder Staat schützt seine eigene Lebensordnung durch sein Strafrecht. Dessen Normen sind den Bedingungen und Regeln dieser Ordnung angepaßt. Nur zur Verteidigung dieser Ordnung oder zur Durchsetzung gemeinsamer strafrechtlicher Interessen aller Staaten setzt er seine Hoheitsgewalt ein. Die Strafgewalt anderer Staaten setzt er dagegen nicht durch eigene Strafgerichtsbarkeit durch.

Ein Staat leistet anderen Staaten auch bei der Verfolgung und Ergreifung von Straftätern Rechtshilfe. Diese müssen aber die zugrundeliegenden Haftbefehle erlassen oder um die Unterstützung ausländischer Behörden bei der Verfolgung von Straftaten nachsuchen. Die Rechtshilfe steht im Ermessen der Staaten, sie kann auch durch Rechtshilfeabkommen völkerrechtlich verpflichtend sein. Hinsichtlich der materiellen Strafgewalt aber bleibt es im "Internationalen Strafrecht" bei einseitigen Kollisionsnormen, also bei der Umgrenzung der Anwendung eigenen Strafrechts bei Taten mit Auslandsbezug[688].

Die Staatenpraxis ist hinsichtlich der einzelnen Anknüpfungspunkte sehr homogen, so daß man insoweit von einer breiten opinio iuris ausgehen kann, daß zumindest diese Anküpfungspunkte die extraterritoriale Jurisdiktion im Strafrecht völkerrechtlich rechtfertigen. Der Bundesgerichtshof[689] hat zwar gemeint, es gebe im Völkerrecht keine ausreichenden allgemeinen Maßstäbe, um das Ausmaß und die Grenzen

---

[687] Hierzu Akehurst, M., Jurisdiction in International Law, British Yearbook of International Law 46 (1972/73), S. 145-257, 160 - 167

[688] Vgl. allgemein Jescheck, H.-H., Strafrecht, Internationales, in: Strupp-Schlochauer, Wörterbuch des Völkerrechts, Bd.3 (1962), S. 396; Oehler, D., Internationales Strafrecht (2.Aufl.1983); Meessen, a.a.O. (Anm. 39), S. 94 - 101

[689] BGHSt 27, 30

staatlicher Jurisdiktion im Strafrecht zu bestimmen. Die anerkannten Anknüpfungspunkte müssen jedoch darauf untersucht werden, ob sie einen verallgemeinerungsfähigen allgemeinen Nenner haben, der mit den Anforderungen des allgemeinen Völkerrechts übereinstimmt. Dies ist später in übergreifendem Zusammenhang zu erörtern.

Das Strafrecht teilt damit ein Charakteristikum des klassischen internationalen Verwaltungsrechts, nämlich die Beschränkung auf die Durchsetzung eigener hoheitlicher Regelungszwecke. Aus diesem Grunde werden die Anknüpfungspunkte des internationalen Strafrechts auch immer wieder in der Literatur auf das internationale öffentliche Recht, insbesondere auch das öffentliche Wirtschaftsrecht ausgedehnt, weil ihnen ein Modellcharakter für die Ausdehnung staatlicher Jurisdiktion im öffentlichen Recht beigelegt wird. Ob dies gerechtfertigt ist, wird noch zu erörtern sein.

Das deutsche Ordnungswidrigkeitenrecht ist in der Festlegung seines Regelungsbereiches noch restriktiver. Nach § 5 des Ordnungswidrigkeitengesetzes[690] können, wenn im Gesetz nicht speziell etwas anderes geregelt ist, nur solche Taten geahndet werden, die im Inland oder auf einem Schiff deutscher Flagge beziehungsweise in einem Luftfahrzeug mit dem Staatszugehörigkeitszeichen der Bundesrepublik Deutschland begangen wurden.

b) Geschichtliche Entwicklung

Die Anwendung eigenen Rechts auf Sachverhalte mit Auslandsverknüpfung war historisch insbesondere im Strafrecht ein Problem. Zunächst war gegen Ende des römischen Reiches und im fränkischen Recht das personengebundene Stammesrecht entscheidend, mit Ausnahme des späteren westgotischen Reiches, in welchem das Territorialitätsprinzip die Oberhand gewann[691]. Im fränkischen Reich dagegen galt strikt das Stammesrecht, wie dies im Aquitanischen Kapitular Pippins im Jahre 768 bestimmt wird:

> "Ut omnes homines eorum legis habeant, tam Romani quam et Salici et si de alia provincia advenerit, secundum legem ipsius patriae vivat"[692].

---

[690] In der Fassung der Bekanntmachung vom 19.2.1987 (BGBl. 1987 I, 602, zuletzt geändert durch Einigungsvertrag vom 31.8.1990 (BGBl. 1990 II, 889, 958)

[691] durch die Lex Visigothorum Reccesvindiana (654 n. Chr.), vgl hierzu Oehler, a.a.O. (Anm. 688), S. 47 ff.

[692] Zitiert nach Oehler, a.a.O. (Anm. 688), S. 48. Vgl. dort zu den übrigen fränkischen Quellen, u. a. auch die lex Riburia

Jeder wurde überall nach seinem Heimatrecht abgeurteilt. Dabei wurde aber die Höhe der Buße oft nach dem Recht des Tatorts festgesetzt[693]. Diese Aufspaltung zwischen Regelung und Rechtsfolge findet sich auch im Sachsenspiegel[694].

In England dagegen wurde das Territorialitätsprinzip so streng durchgeführt, daß etwa eine Straftat nur an ihrem Begehungsort bestraft werden durfte: "all crime is local". Jeder sollte nur durch eine jury aus der unmittelbaren Nachbarschaft des Tatorts verurteilt werden dürfen, wie dies in der Magna Charta 1215 als Schutznorm für Angeklagte festgehalten war[695].

Weiterhin hatten Common Law - Gerichte zunächst nur Jurisdiktion über solche Fälle, die nach englischem Recht beurteilt werden durften[696]. Dazu war aber Voraussetzung, daß bestimmte Anknüpfungspunkte vorlagen, wie der Ort der Handlung oder später - als die Notwendigkeit der Aburteilung von Distanzdelikten anerkannt wurde - auch der Ort des Eintritts des schädigenden Erfolges [697]. Dies war aber bereits früher kein Hinderungsgrund, daß nicht der Court of the Constable and Marshal Straftaten zwischen zwei Briten im Ausland bestrafte. Angeknüpft wurde hierbei an das Personalitätsprinzip[698].

Auch im Strafrecht wurde eine Sondergerichtsbarkeit für Ausländer geschaffen, welche über Taten auf englischen Schiffen auf hoher See befand, ausgeübt als maritime jurisdiction durch die Admiralty Courts unter Anwendung von civil law, welches sich aus der kontinentalen Fortentwicklung des römischen Rechts ergab[699]. Heinrich VIII bestrafte dann auch Mord und Hochverrat, der von Engländern im Ausland begangen worden war[700].

Im kontinentalen Rechtskreis hat der Glossator Bartolus die Grundsätze des internationalen Strafrechts im Sinne einer Erweiterung der territorialen Jurisdiktion bei Beibehaltung der personalen Jurisdiktion

---

693 Oehler, a.a.O. (Anm. 688), S. 51

694 Oehler, a.a.O. (Anm. 688), S. 52, 84 f.

695 "... et nulla praedictarum misericordiamrum ponatur, nisi per sacramentum proborum hominum des visnet" (Art. 20, "und jede der genannten Bußen soll nur unter dem Eid rechtschaffener Männer aus der Nachbarschaft verhängt werden"), zitiert nach Oehler, a.a.O. (Anm. 688), S. 56 f.

696 Chase, A., Aspects of Extraterritorial Criminal Jurisdiction in Anglo-American Practice, The International Lawyer 11 (1977), S. 555-565, 556

697 Oehler, a.a.O. (Anm. 688), S. 60

698 Chase, a.a.O., S. 557

699 Oehler, a.a.O. (Anm. 688), S. 59 ff.

700 35 Hen 8 c. 2 und 33 Hen 8 c. 23, vgl. hierzu Oehler, D., Internationales Strafrecht (2.Aufl.1983), S. 61

systematisiert. Ein Staat dürfe Straftaten eigener Bürger im Ausland bestrafen, weil er ein Interesse an guten Untertanen habe. Dagegen dürften Straftaten von Ausländern im Ausland nicht bestraft werden, es sei denn, der Taterfolg trete im Inland ein. Ganz anders als im Zivilrecht sollte also ein Richter grundsätzlich sein eigenes Recht als Tatortrecht bei Inlandstaten von Ausländern anwenden. Der Grundsatz lautete: "statuta sunt ius proprium civitatis". Begründet wird dies mit der Ordnungsfunktion der civitas auf ihrem Territorium[701].

Diese Ausweitung des Territorialitätsprinzips ging bei Bartolus einher mit einer Ausweitung des Begriffs der Tathandlung und damit mit einer Ausweitung des Bereichs der Strafbarkeit[702]. Beim Diebstahl geht er davon aus, daß dieser mit dem Behalten des gestohlenen Gutes fortlaufend verwirklicht wird, so daß bei jedem Grenzübertritt mit der Beute eine neue Inlandstat begangen wird. Diese Meinung wurde aber im 15. Jahrhundert zunehmend abgelehnt.

Hinsichtlich des Distanzverbrechens hatte Bartolus den Ort der Auswirkung der Tathandlung als entscheidend für die verfahrens- und materiellrechtliche Behandlung des Falles angesehen, während Baldus das auch heute noch anerkannte Ubiquitätsprinzip vertrat, wonach der Handlungsort und Erfolgsort gleichwertige Anknüpfungspunkte sind. Bei Straftaten eigener Staatsangehöriger im Ausland sollte nach Bartolus der Richter zwar seine eigenes Verfahrensrecht anwenden, dagegen aber das materielle Recht des Tatorts[703]. Dies bedeutet also, daß das Problem der Kollision von Heimat- und Tatortrecht nach dieser Auffassung nicht auftreten konnte. Das passive Personalitätsprinzip, die Anwendung eigenen Strafrechts bei der Verletzung eigener Staatsbürger im Ausland, taucht bei Bartolus nur als stellvertretende Strafrechtspflege für den Tatortrichter auf. Es verlor im Laufe der Zeit aber immer mehr an Bedeutung[704].

In Frankreich bis zur Revolution rückte mit dem Erstarken der königlichen Zentralgewalt das Territorialitätsprinzip zunehmend in den Vordergrund und führte, zusammen mit dem aktiven und passiven Personalitätsprinzip und dem Gerichtsstand des Ergreifungsortes zu einer erheblichen Ausdehnung der materiellen und formellen strafrechtlichen Jurisdiktion[705]. Im 17. und 18. Jahrhundert wurde das Territorialitätsprinzip auch in der Lehre immer stärker in den Vordergrund gestellt.

---

701 Vgl. Oehler, a.a.O. (Anm. 688), S. 67 f.
702 Vgl. Oehler, a.a.O. (Anm. 688), S. 74 ff.
703 Vgl. Oehler, a.a.O. (Anm. 688), S. 71 - 73
704 Vgl. Oehler, a.a.O. (Anm. 688), S. 74
705 Vgl. Oehler, a.a.O. (Anm. 688), S. 81 - 83

Insbesondere der Gedanke, wonach jeder am Tatort nach dem dort geltenden Recht bestraft werden dürfe, weil er sich dem Recht mit Eintritt in den Begehungs - Staat unterworfen habe, setzte sich langsam durch. Auslandstaten von Ausländern dürften dagegen mangels eines Berührungspunktes mit dem Inland überhaupt nicht bestraft werden[706].

In den strafrechtlichen Kodifikationen des 18. Jahrhunderts liegt der Akzent auf dem Territorialitätsprinzip. Soweit andere Gerichtsstände als der Tatort zulässig waren, bestimmte der Codex Juris Bavarici Criminalis (1751), daß materiell das Recht des Tatorts angewendet werden müsse, es sei denn, der Taterfolg sei im Gerichtsstaat eingetreten[707]. Ebensolches bestimmt das preußische Allgemeine Landrecht[708] und das Strafgesetzbuch Maria Theresias aus dem Jahre 1768, während das Strafgesetz Kaiser Josephs von 1787 grundsätzlich auch auf die Bestrafung von Auslandstaten österreichisches Recht anwenden wollte[709].

Anfang des 19. Jahrhunderts begann die Strafrechtslehre, das besondere Gewicht des Territorialitätsprinzips zu relativieren[710] und die Territorialanknüpfung als eine unter mehreren möglichen zu sehen. Das preußische Strafgesetzbuch von 1851 basiert aber noch auf dem Territorialitätsprinzip. Auslandstaten konnten nur dann bestraft werden, wenn sie einige grundlegende staatliche Rechtsgüter verletzten oder wenn sie durch Preußen begangen wurden und wenn - eine wesentliche Einschränkung - die Tat am Begehungsort wie auch in Preußen strafbar war und im Ausland noch keine Verurteilung, Vollstreckung oder kein Straferlaß vorlag[711].

Dieser Grundsatz ging ein in das Strafgesetzbuch des neugegründeten Deutschen Reiches von 1871[712]. Im nationalsozialistischen Staat wurde 1940 aus ideologischen Gründen durch die Geltungsbereichsverordnung das aktive Personalitätsprinzip in den Vordergrund geschoben und die Notwendigkeit einer parallelen Strafbarkeit im Ausland aufgegeben[713].

---

[706] So Samuel Pufendorf und Christian Wolff; vgl. Oehler, a.a.O. (Anm. 688), S. 101 - 105

[707] Vgl. Oehler, a.a.O. (Anm. 688), S. 107

[708] Wobei aber möglicherweise milderes preußisches Recht zur Anwendung kommt, vgl. Oehler, a.a.O. (Anm. 688), S. 107

[709] Vgl. Oehler, a.a.O. (Anm. 688), S.106 - 109

[710] So etwa Robert von Mohl, vgl. hierzu Vogel, a.a.O. (Anm. 43), S. 111 f.

[711] Vgl. Oehler, a.a.O. (Anm. 688), S. 119 f.

[712] Aber noch Binding, Handbuch des Strafrechts (1885), S. 372 sah den Strafanspruch des Staates nicht durch das Territorialitätsprinzip begrenzt, sondern universal

[713] Oehler, a.a.O. (Anm. 688), S. 122

Diese Regel wurde bei der Strafrechtsreform 1975 wieder zugunsten des ursprünglichen Prinzips geändert[714].

Eine bedeutende Lehrkodifikation der Regeln des internationalen Strafrechts wurde 1935 von einer Arbeitsgruppe der Harvard Law School veröffentlicht[715]. Sie geht von den klassischen Anküpfungspunkten aus: Territorialität, Nationalität, Staatsschutz und Universalität. Auf einzelne Aspekte dieser Arbeit wird noch einzugehen sein, weil sie die Diskussion um extraterritoriale Jurisdiktion im Wirtschaftsrecht hinsichtlich des Aspekts der objektiven Territorialität wesentlich beeinflußt hat.

Die Geschichte des internationalen Strafrechts zeigt, daß - von Ausnahmen abgesehen - neben dem Gesichtspunkt einer universalen Ahndung von weltweit geächteten Straftaten derjenige des Selbstschutzes des Staats und des Schutzes der von ihm als schutzwürdig angesehenen Personen und Rechtsgüter eine entscheidende Rolle spielt[716]. Der Staat setzt die Verhaltensregeln auf seinem Territorium selbst und setzt sie auch mit seinem eigenen Strafrecht durch. Er knüpft dabei nicht nur an die Begehung von Taten im Staatsgebiet an, sondern auch an die Staatsangehörigkeit, an den Schutz seiner fundamentalen Rechtsgüter und an die universell anerkannte Strafwürdigkeit von Taten[717]. In neuerer Zeit ist durch ein Netz völkerrechtlicher multi- und bilateraler Verträge dem Anliegen Rechnung getragen worden, der grenzüberschreitenden Mobilität des internationalen Verbrechens durch eine Koordinierung der Regeln über die internationale Gerichtsbarkeit gegenzusteuern[718].

---

[714] § 7 Abs. 2 StGB

[715] Research in International Law (under the auspices of the Faculty of the Harvard Law School). II. Jurisdiction with Respect to Crime, AJIL 29 (1935), Supplement, S. 439 - 635

[716] Vgl. Oehler, a.a.O. (Anm. 688), S. 130

[717] Übersicht über die Anknüpfungspunkte bei Oehler, D., Criminal Law, International, in: Bernhardt,R. (ed.), Encyclopedia of Public International Law, Instalment 9, S. 52 - 56, vgl. dazu auch Avis de droit de la Direction du droit international public du Département fédéral des affaires étrangères, du 19 octobre 1979, Annuaire suisse de droit international Bd. XXXVII (1981), S. 247 - 253, 248

[718] Dazu Sornarajah, M., Extraterritorial Jurisdiction over Crimes in Singapore, Malaysia and the Commonwealth, Malaysia Law Review 29 (1987), 200 -218

c) Anknüpfungspunkte

(1) Territorialitätsprinzip

(a) Allgemeines

Das Verhalten von Ausländern im Ausland war und ist für einen Staat in der Regel nur dann interessant, wenn es entweder die Staatssicherheit des Inlands gefährdet oder wenn es einen verbotenen Taterfolg im Inland zeitigte, welcher gerade dort durch das Strafrecht verhindert werden sollte. Diese Anknüpfung an die Territorialität der Straftat ist im englischen Strafrecht der Ausgangspunkt[719]. Lord Halsbury schrieb in der Entscheidung Macleod v. Attorney-General for New South Wales[720] den berühmten Satz "All crime is local. The jurisdiction over the crime belongs to the country where the crime is committed, and, except over her own subjects, Her Majesty and the imperial legislature have no power whatever".

Im Fall R. v. Keyn befand das Gericht[721]:

> "Now, no proposition of law can be more incontestable or more universally admitted than that, according to the general law of nations, a foreigner, though criminally responsible to the law of a nation not his own for acts done by him while within the limits of its territory, cannot be made responsible to its law for acts done beyond such limits

Dem folgen alle von England beeinflußten Rechtsordnungen bezüglich des common law[722]. Allerdings ist in neuerer Zeit auch in den angloamerikanischen Rechtsordnungen die Anknüpfungspraxis über die Ter-

---

719 Oehler, a.a.O. (Anm. 688), S. 162, wobei Totschlagsdelikte von Engländern im Ausland nach dem aktiven Personalitätsprinzip bestraft werden, vgl. Oehler, a.a.O., S. 173. Morgan, E.M., Criminal Process, International Law and Extraterritorial Crime, University of Toronto Law Journal 38 (1988), S. 245-277, 254 - 258; vgl. aber auch Oberstes Brasilianisches Bundesgericht 06.08.1921 - Brandao, Annual Digest 1919 - 1922, Nr. 71: "The jurisdiction of our Penal Law does not extend beyond the limits of the national territory, in the terms of article 4 of the Penal Code"

720 (1891) A.C. 455, 458

721 (1876) 2 Ex. Div. 63 S. 60. Zu der daran orientierten Rechtsprechung siehe Shearer, I.A., Problems of Jurisdiction and Law Enforcement against Delinquent Vessels, ICLQ 35 (1986), S. 320 - 343

722 Oehler, a.a.O. (Anm. 688), S. 164 - 169. USA: United States v. Baker 136 F. Supp. 546 (S.D.N.Y. 1955). Auch Straftaten in amerikanischen Auslandsvertretungen unterliegen dem Territorialitätsprinzip, vgl. United States v. Archer, 51 F. Supp. 704 (S.D.C., S.D. 1943); United States ex rel. Majka v. Palmer, 67 F. 2d 146 (7th Cir. 1933)

ritorialität und die Personalhoheit hinausgegangen[723]. Der Supreme Court Irlands befand, Irland dürfe sein Strafrecht aufgrund eines Abkommens mit dem Vereinigten Königreich auf bestimmte kapitale Straftaten in Nordirland ausdehnen, weil sie "peace, order and good government" in Irland betrafen[724].

Aber dies wird dies innerstaatlich immer als Ausnahme angesehen[725]: "Apart from those exceptional cases in which specific provision is made in regard to acts committed abroad, the whole body of the criminal law of England deals only with acts committed in England"[726]. Bereits im Jahre 1898 wurde formuliert: "One other general canon of construction is this, that if any construction otherwise be possible, an act will not be construed as applying to foreigners in respect of acts done by them outside the dominions of the sovereign power in acting"[727].

Das englische House of Lords hat die völkerrechtlichen Grenzen einer Anknüpfung an Auslandstaten im Jahre 1971 sehr weit formuliert:

> "The rules of international comity...do not call for more than that each sovereign should refrain from punishing persons for their conduct within the territory of another sovereign state where that conduct has no harmful consequences within the territory of the state which imposes the punishment"[728].

Hier taucht der Begriff der "international comity" auf, welcher sowohl die Grundlage des modernen zivilrechtlichen Kollisionsrechts bezeichnete als auch - wie zu zeigen sein wird - bei den Jurisdiktionskonflikten im öffentlichen Wirtschaftsrecht eine erhebliche Rolle spielt. Im Grundsatz sieht die englische Gerichtsbarkeit nunmehr die territoriale Beschränkung des Strafrechts nur noch als eine Vermutung des Geltungsbereichs an, wenn der Gesetzgeber nichts anderes bestimmt hat[729].

---

723 Oehler, a.a.O. (Anm. 688), S. 125 ff.; O'Connell, D.P., International Law, 2 Bde., 2.Aufl. (1970), S. 824 ff.

724 Entscheidung vom 6.05.1976 ILR 70, S. 102

725 Vgl. hierzu Kerry, M.J., Extraterritorial Application of Competition Law, in: A. Kean (Hrsg.), Essays in Air Law (1982), S. 125-146, 136

726 Cox v. Army Council [1963] AC 48, 67

727 Regina v. Jamieson [1898] 2 QB. 425, 430; vgl. auch Air India v. Wiggins [1980] 2 AllER 593

728 Reg. v. Treacy (1971) 55 Cr. App. R. 113, zitiert nach Oehler, a.a.O. (Anm. 688), S.127. In diesem Falle ging es um einen Erpressungsbrief, welcher von England nach Deutschland abgesandt wurde. Die Tat wurde in England als Erpressung bestraft.

729 House of Lords 03.07.1980 - Air India v. Wiggins ILR 77, S. 276

Eine Erweiterung des Territorialitätsprinzips hat auch die kanadische Rechtsprechung vorgenommen[730]. Nach Section 467 des kanadischen Strafgesetzbuches muß ein Richter auf Antrag des Angeklagten eine Veröffentlichung oder eine Fernsehsendung von Beweismitteln verbieten, die bei Voruntersuchungen angeboten werden. Im Falle R. v. Banville[731] hatte ein amerikanischer Journalist einer solchen Voruntersuchung in einem Mordfall in Kanada beigewohnt und trotz Verbots des Richters einen Bericht hierüber im amerikanischen Bundesstaat Maine veröffentlicht. Die Publikation mit diesem Bericht gelangte nach Kanada und der Journalist wurde wegen Verletzung von Section 467 dort verurteilt.

Nach kanadischem Recht besteht eine Strafgerichtsbarkeit nur über solche Fälle, welche in Kanada selbst geschehen: "Subject to this act or any other act of the Parliament of Canada, no person shall be convicted in Canada for an offense committed outside of Canada"[732]. Ausnahmen hiervon sind nur landesverräterische Aktivitäten[733], Flugzeugentführungen[734], illegaler Besitz von Gütern in Kanada, die durch ein Verbrechen im Ausland erlangt wurden[735], Schmuggel[736] und Einreise mit einem falschen Paß[737]. Im Falle Baneville geschah aber die Verletzung nicht in Kanada. Der Artikel wurde in den Vereinigten Staaten geschrieben und weitergegeben. Die Publikation erschien in den Vereinigten Staaten. Das Gericht nahm die Jurisdiktion deshalb an, weil der Journalist bei der Untersuchung in Kanada zugegen war und die Informationen dort sammelte. Dies war aber nicht die Verletzungshandlung. Diese geschah vielmehr in den USA. Nur weil die Publikation nach Kanada gelangte, kann man einen Erfolgsort dort sehen. Wenn dieser Erfolg vom Vorsatz mit umfaßt ist, dürfte diese Erweiterung des Territorialitätsgrundsatzes durchaus noch von den Regeln des Internationalen Strafrechts gedeckt sein.

In Deutschland ist das die Anknüpfung an die Territorialität in § 3 StGB verankert, allerdings nicht im Sinne einer Exklusivitätsregel, sondern als der wichtigste unter mehreren Anknüpfungspunkten. § 4 StGB begründet

---

730 Vgl. hierzu Kuh, S. H., R. v. Banville: An Extraterritorial Application of Canada's Fair Trail Law, A.S. I.L.S. International Law Journal 8 (1984), S. 103 - 141, der in dieser Entscheidung eine Verletzung des Territorialitätsprinzips sieht

731 [1982] 141 D.L.R. 3d 36 (N.B.P.C.); bestätigt (1983) 145 D.L.R. 3d 595 (N.B.Q.B.)

732 Criminal Code, Can. Rev. Stat. ch. C-34, § 5 (2) (1970)

733 § 46 (2)

734 § 6

735 § 312

736 § 315

737 § 58 (1)

den Anknüpfungspunkt der deutschen Flagge für Schiffe und Luftfahrzeuge für alle Taten, gleich wo das Fahrzeug sich befindet und ob die Tat auch nach dem Recht des Begehungsorts strafbar ist.

Auch in anderen Staaten ging man vom Grundsatz aus, daß Straftaten von Ausländern im Ausland ohne Auswirkung auf das Inland nicht nach nationalem Strafrecht strafbar seien[738]. Die wichtigste Erweiterung erfährt das Anknüpfung an die Territorialität durch die Ubiquitätstheorie[739], welche bei Distanzdelikten eine Strafbarkeit nicht nur am Ort der Handlung, sondern auch an demjenigen bejaht, an dem der tatbestandsmäßige Erfolg eingetreten ist[740].

Bereits in der frühen britischen Rechtsprechung wurde festgestellt, daß auch die Gerichte des Erfolgsorts Gerichtsbarkeit über Straftaten hatten[741]. Dies galt zunächst nur innerhalb Großbritanniens, wurde später aber auch grenzüberschreitend gegenüber Drittländern angewendet[742]. Im Jahre 1884 entschied ein Gericht, daß eine Tat, welche in Deutschland zum betrügerischen Erfolg gehört, von Deutschland abgeurteilt und deshalb der Angeklagte dorthin ausgeliefert werden konnte[743].

Im Jahre 1911 entschied der amerikanische Supreme Court im Falle Strassheim v. Daily[744]: "Acts done outside a jurisdiction, but intended to produce and producing detrimental effects within it, justify a state in punishing the cause of the harm as if he had been present at the effect, if

---

738 Frankreich: Cour de Cassation 27.10.1966 - Lorenzone v. Doncan ILR 47, S. 136; Sambia: High Court 28.02.1972 - Roxburgh ILR 74, S. 157 ;

739 Dieses Prinzip wurde zwischen 1920 und 1940 auch international allgemein durch völkerrechtliche Verträge anerkannt, vgl. Oehler, D., Neuerer Wandel in den Bestimmungen über den strafrechtlichen Geltungsbereich in den völkerrechtlichen Verträgen, in: Festschrift für Karl Carstens (1984), S. 435-448, 436

740 Oehler, a.a.O. (Anm. 688), S. 211 - 228. Für das kanadische Recht siehe Libman v. The Queen [1985] 2 SCR 178. Zur Ausdehnung des Territorialitätsprinzips hierdurch Morgan, E.M., Criminal Process, International Law and Extraterritorial Crime, University of Toronto Law Journal 38 (1988), S. 245-277, 268 - 275. Kanada: Ontario Court of Appeal 06.03.1970 - re Chapman, ILR 55, S. 101; Enland: Court of Appeal 11.02.1971 - R. v. Baxter, ILR 55, S. 133; Kenia: Court of Appeal 26.11.1974 - Yusuf v. Republic ILR 55, S. 139; Österreich: Oberster Gerichtshof 17.05.1972 - Janos V. ILR 70, S. 229;Frankreich: Cour de Cassation 25.03.1967 - Feld ILR 48, S. 88; Malaysia: High Court 21.09.1974 - Loh Ah Hoo ILR 56, S. 61

741 Womack, M., Extraterritorial Jurisdiction - Mere Intent to Violate Criminal Statutes is Sufficient to Maintain Jurisdiction under the Objective Territorial Principle, Texas International Law Journal 16 (1981), S. 149 - 158, 150. Vgl. aus neuerer Zeit etwa Treacy v. DPP [1971] AC 537; DPP v. Stonehouse [1977] 3 WLR 577

742 Womack, a.a.O. (Anm. 741), S. 149 - 158, 150

743 The Queen v. Nillins, 53 L.J.R. 157 (Magis. Ct. 1884)

744 221 U.S. 280 (1911)

the state should succeed in getting him within its power"[745]. 1927 entschied das gleiche Gericht im Falle Ford v. United States[746], daß Taten, welche teilweise innerhalb und teilweise außerhalb der USA begangen, gegen das Steuerstrafrecht verstoßen hätten und auf die Begehung einer Straftat in den Vereinigten Staaten abzielten, nach amerikanischem Recht strafbar seien. Diese Erweiterung des Territorialitätsprinzip durch das Ubiquitätsprinzip ist in der amerikanischen Rechtsprechung völlig anerkannt[747].

Der Harvard Draft[748] zeigt deutlich, wie die strikte Bindung an die territoriale Anknüpfung in der Praxis dazu führt, die Anknüpfungspunkte im Bezug auf das Territorium zu erweitern. Dies geschieht einmal durch die sogenannte subjektive Variante des Prinzips, "which establishes the jurisdiction of the state to prosecute and punish for crime commenced within the state that completed or consummated abroad[749]". Dies bedeutet nicht, daß bereits eine echte Tathandlung im Inland vorliegen muß, sondern es setzt schon bei der Tatvorbereitung an[750]. So wird festgestellt, daß die Verabredung eines Duells im Ausland bereits die Strafbarkeit im Inland begründen könne[751]. Auch könne als Anknüpfung für die Strafbarkeit dienen, daß jemand den Staat verläßt mit der Absicht, ein Verbrechen außerhalb des Staates zu begehen[752]. Der Draft weist die Existenz entsprechender Gesetzgebung nicht nur in vielen Staaten der USA auf, sondern auch in ausländischen Staaten, wobei ausdrücklich bemerkt wird, es handle sich um ein "expanding the application of the territorial principle". Allerdings wird für die Bereiche außerhalb des Common law nicht nachgewiesen, daß der Absicht, das Staatsgebiet zur Begehung einer Straftat zu verlassen, eine Zuordnung dieser Tat zum Territorialtätsprinzip folgt[753].

Die umgekehrte Seite des Distanzdelikts wird vom Harvard Draft unter dem Begriff der "objektiven Territorialität" erfaßt, "which establishes the jurisdiction of the state to prosecute and punish for crime commenced without the state but consummated within its territory[754]". Aus der

---

[745] S. 285

[746] 273 U.S. 593 (1927)

[747] Vgl. auch U.S. v. Perez - Herrera 610 F.2d 289 (5th Cir. 1980)

[748] a.a.O. (Anm. 715)

[749] A.a.O., 484. Vgl. dazu in England: Court of Appeal 7.02.1975 - R.v. El - Hakkaoui, ILR 60, S. 79

[750] A.a.O. (Anm. 715), S. 499. Vgl. auch Superior Court of California, People v. Chase 25.06.1931, Annual Digest 1931 - 1932, Nr. 67

[751] A.a.O, S. 485

[752] A.a.O., S. 485

[753] A.a.O., S. 487

[754] A.a.O., S. 487 f.

Kombination des subjektiven wie des objektiven Territorialitätsprinzips entsteht die generelle Formel, ein Staat habe die strafrechtliche Jurisdiktion über

> "any crime which is committed in whole or in part within the territory. A crime is committed "in whole" within the territory when every essential constituent element is consummated within the territory; it is committed "in part" within the territory when any essential constituent element is consummated there".[755]

Das objektive Territorialitätsprinzip ist heute weltweit anerkannt[756]. In Deutschland wird das Ubiquitätsprinzip generell für Distanzdelikte im Inland oder mit Auslandsberührung in der Definition des Tatorts festgelegt, welche in § 9 StGB enthalten ist[757]. Das Prinzip gilt für Handlungs-

---

[755] A.a.O. S. 495

[756] USA: United States v. Mann 615 F.2d 668 (5th Cir. 1980); United States v. Arra 630 F.2d 836 (1st Cir. 1980); United States v. Baker 609 F.2d 134 (5th Cir. 1980). Japan: Oberster Gerichtshof, Februar 1925 - Naokawa, Annual Digest 1925- 1926 Nr. 104; England: High Cour,t King's Bench R.v. Oliphant (1905) 2 K.B. 67; High Court R. v. Godfrey (1923) 1 K. B. 24; Berufungsgericht der Kontrollkommission für die britische Zone in Deutschland 27.04.1950 - Hobbs, ILR 1950, Nr. 37; Court of Appeal 20.03.1974 - R.v. Tirado ILR 59, S. 335; Court of Appeal 23.07.1974 - R.v. Markus ILR 60, S. 90; House of Lords 21.03.1973 - Doot ILR 57, S. 117; im Falle R.v. Treacy (55 ILR, S. 110, 124) hat Lord Diplock in einem Minderheitsvotum vorgeschlagen, das Territorialitätsprinzip als Ausgangspunkt des britischen Strafrechts in seiner Bedeutung zu reduzieren. Er ist der Auffassung, daß nur die Internationale Committee einen Staat darin begrenzt, Personen für Auslandstaten zu bestrafen. Nur solche Straftaten sollten nicht erfaßt werden können, bei denen weder die Handlung noch die schädigenden Auswirkungen ("harmful consequences") im Inland auftraten. Der Court of Appeal in R.v. Markus stellte fest: "This court considers that the present time is not one in which it is proper to accept the dictum of Lord Diplock in Treacy's case as though it had established a new principle of law....". Die Entscheidung des Court of Appeal in R.v. Markus wurde vom House of Lords aufgehoben (ILR 60, S. 101), das aber die Grundsätze des objektiven Territorialitätsprinzips ebenfalls, wie traditionell üblich, bejahte.Hongkong: Oberster Gerichtshof 29.10.1965 - Tjoeng Khin - Tsjin, ILR 59, S. 325; Indien: Oberster Gerichtshof 06.09.1957 - Mobarik, Annual Digest 1957 S. 156; Niederlande: Oberster Gerichtshof, 07.05. und 24.09.1957 - Y. ILR 1957, S. 264; Argentinien: Strafrechtliches Berufungsgericht der Hauptstadt 15.05.1936 - in Re Franciso Wera Homs, Annual Digest 1935 - 1937, Nr. 105

[757] "(1) Eine Tat ist an jedem Ort begangen, an dem der Täter gehandelt hat oder im Falle des Unterlassens hätte handeln müssen oder an dem der zum Tatbestand gehörende Erfolg eingetreten ist oder nach der Vorstellung des Täters eintreten sollte.

(2) Die Teilnahme ist sowohl an dem Ort begangen, an dem die tat begangen ist, als auch an jedem Ort, an dem derr Teilnehmer gehandelt hat oder im Falle des Unterlassens hätte handeln müssen oder an dem nach seiner Vorstellung die Tat begangen werden sollte. Hat der Teilnehmer an einer Auslandstat im Inland gehandelt, so gilt für die Teilnahme das deutsche Strafrecht, auch wenn die Tat nach dem Recht des Tatorts nicht mit Strafe bedroht ist."

wie für Unterlassungspflichten, für den Versuch wie für die Vollendung, für vorsätzliche wie für fahrlässige Delikte, für Täterschaft und Teilnahme. Tatort ist der Ort der tatsächlichen oder pflichtgemäßen Handlung ebenso wie der Ort, an dem "der zum Tatbestand gehörende Erfolg" eingetreten ist. Bei Inlands - Teilnahmehandlungen zu einer Auslandstat gilt die uneingeschränkte Anknüpfung an die Territorialität der Begehung, d. h. deutsches Recht wird angewendet ohne Rücksicht darauf, ob die Teilnahme auch nach dem Tatortrecht der Haupttat strafbar ist. Ein Sonderproblem im Rahmen des objektiven Territorialitätsprinzips ist die Strafbarkeit des Versuchs im Ausland, bei dem ja kein Taterfolg im Inland eintreten kann, aber beabsichtigt war[758].

Dem angloamerikanischen Recht ist - im Gegensatz etwa zum deutschen Recht - die Anknüpfung an den Inlandserfolg einer fahrlässigen Auslandstat fremd, nur der Vorsatz begründet Strafbarkeit[759]. Der Harvard Draft stellt jedoch unter Berufung auf die Lotus - Entscheidung des IGH fest, daß jedenfalls das Völkerrecht nicht die Erfassung eines fahrlässigen Verhaltens im Ausland durch das inländische Strafrecht verbiete, wenn dies Auswirkungen im Inland habe[760].

Das Ubiquitätsprinzip gründet seine Feststellung der Territorialität einer Tat auf das objektive Merkmal der Handlung oder eines Erfolges im Inland. Dies erfährt aber eine Erweiterung bei der Strafbarkeit des Versuchs. Aus § 9 Abs. 1 StGB folgt, daß der Versuch im Ausland dann nach innerstaatlichem Recht strafbar sein soll, wenn der zum Tatbestand gehörende Erfolg im Inland hätte eintreten sollen. Hier gibt es nur eine subjektive Verbindung zum Inland[761]. Im englischen Recht dagegen wird der Teilnehmer nur dann im Inland bestraft, wenn sein letzter Tatbeitrag im Inland eintrat[762]. Die deutsche Lösung ist völkerrechtlich aber offensichtlich nicht auf Widerspruch getroffen.

Hinsichtlich des Ubiquitätsprinzips ist zu bemerken, daß hier ersichtlich bisher keinerlei Beschränkung der Staaten im Völkerrecht angenommen wurde, ihre strafrechtlichen Tatbestände frei zu formulieren, also keine Begrenzung der Hoheit, die "constituent elements" oder den zum Tatbestand gehörenden Erfolg festzulegen. Dies ist wohl darauf zurückzuführen, daß in der Regel ein weitgehender internationaler Konsens über

---

758 United States v. Fernandez 496 F. 2d 1294 (5th Cir. 1974); Jennings, R.Y., The Limits of State Jurisdiction, Nordisk Tidsskrift for International Ret 32 (1962), S. 209-229, 221 bezweifelt, daß hier eine völkerrechtlich rechtmäßige Anknüpfung vorliegt

759 Oehler, a.a.O. (Anm. 688), S. 264

760 Oehler, a.a.O., S.501

761 Ohler,, a.a.O., S. 214 spricht von der "subjektiven Ausprägung des Ubiquitätsprinzips"

762 Oehler, a.a.O., S. 236

die materielle Strafbarkeit von Taten besteht. Der Taterfolg kann im übrigen leicht auf dem Territorium lokalisiert werden, wenn er materieller Natur ist, wie dies beim Schuß über die Grenze[763] der Fall ist.

Jennings qualifiziert die Auswirkung als das "direct physical result which is itself a constituent element in the offence charged" [764]. Nicht alle strafrechtlichen Delikte haben aber einen materiellen Erfolg. Als Beispiel können die Ehrdelikte Beleidigung und Verleumdung genannt werden[765]. Auch immaterielle Erfolge sind also vom objektiven Territorialitätsprinzip gedeckt. Sie müssen sich dann aber im Inland wahrnehmen lassen. Bei den Ehrdelikten etwa kommt es auf die Einwirkung auf die Vorstellung des Empfängers der beleidigenden Äußerung an. Die Tat hat ihren Erfolg in dem Territorium, auf dem sich dieser befindet.

Die Verbindung des objektiven Territorialitätsprinzips mit dem im Tatbestand formulierten Erfolg läßt dem Staat einen weiten Spielraum. Beim Schuß über die Grenze sind Handlung und Erfolg durch die ballistische Kurve miteinander direkt verbunden. Bei konkreten Gefährdungsdelikten, wie etwa bei der Sabotage an Verteidigungsmitteln nach § 109 e StGB oder der Straßenverkehrsgefährdung nach § 315 c ist Begehungsort (nach § 9 Abs. 1 StGB) auch der Ort, an dem die Gefahr eintreten sollte[766], so daß hier einerseits kein materieller Erfolg notwendig ist und andererseits die Auslandshandlung bereits nach der Willensrichtung des Täters zu einem Inlandsdelikt führt. Bei Dauerdelikten können Handlung und erstmaliger Erfolg im Ausland eingetreten sein, wenn die Straftat aber im Inland fortgesetzt wird, wird sie damit zur Inlandstat[767].

Das objektive Territorialitätsprinzip hat also weder zur Voraussetzung, daß ein Erfolg im Inland materieller Natur sein muß[768], noch, daß er tatsächlich eingetreten ist. Der Erfolg muß auch nicht direkt eintreten, vielmehr ist eine vom Vorsatz umfaßte Kausalitätskette ausreichend.

---

[763] Vgl. hierzu Nordirischer Court of Appeal 15.06.1923 - County Council of Fermanagh v. Farrendon, Annual Digest 1923 - 1924, Nr. 55

[764] Jennings, R.Y., The Limits of State Jurisdiction, Nordisk Tidsskrift for International Ret 32 (1962), S. 209-229, 215

[765] Hierzu etwa in Italien ein römisches Gericht 28.12.1936 - in Re Dalla Torre, Annual Digest 1935 - 1937, Nr. 103

[766] OLG Stuttgart NJW 1974, S. 914

[767] Vgl. die §§ 77 b, 84, 98-100, 170 b, 235 - 237, 239, 315 a und 315 StGB; vgl. auch in den USA: Commonwealth v. White 265 N.E. 2d 473 (S.J.C.Mass. 1970); Oberster Gerichtshof Mexikos 07.08.1933 - in Re Chapa, Annual Digest 1933/34 Nr. 80: Es ging um einen Pferdediebstahl eines Mexikaners in den USA. Das Gericht nahm trotzdem eine Strafbarkeit als Dauerdelikt nach dem Territorialitätsprinzip an, weil der Täter mit dem Pferd über die Grenze nach Mexiko geritten war.

[768] Vgl. auch England: House of Lords 30.06.1977 - Stonehouse ILR 73, S. 252

Welcher Erfolg ausreicht, wird ebenso wie bei den Inlandstaten vom materiellen Strafrecht bestimmt. Auch der Versuch kann unter Strafe gestellt werden.

Hieran zeigt sich, daß das objektive Territorialitätsprinzip eine Ausprägung der Ordnungshoheit ist. Die gezielte oder beabsichtigte Ingangsetzung einer strafrechtlich erfaßbaren Kausalitätskette, deren Erfolg im Inland eintreten soll ist, erfordert immer den Willen zur Einwirkung auf die inländische Ordnung, nämlich auf die vom Strafrecht geschützten Rechtsgüter. Im Falle des Versuchs erfolgt aber auf dem Territorium des strafenden Staates nichts. Der Wille zur Beeinträchtigung und damit zur Beteiligung an der inländischen Ordnung genügt. Dieser Befund wird später bei der Beurteilung von Anknüpfungsmomenten im öffentlichen Wirtschaftsrecht eine bedeutende Rolle spielen.

(b) Teilnahme

Ein echter Fall extraterritorialer Jurisdiktion liegt bei der Strafbarkeit eines Teilnehmers im Ausland vor. Soweit nämlich die Tat im Inland begangen wird, so wird sie nach § 9 StGB dem Teilnehmer ebenfalls als Inlandstat zugerechnet, obwohl dieser nichts auf dem inländischen Territorium getan haben muß. Hat er vom Ausland her auf den Täter im Inland eingewirkt, so ist dieser immaterielle Erfolg auch dort eingetreten und die Teilnahme nach dem Ubiquitätsprinzip im Inland lokalisiert. Hat der Teilnehmer aber im Ausland den Täter angestiftet oder ihm Beihilfe geleistet, bevor dieser ins Inland einreiste und dort die Tat beging, so handelt es sich um eine Auslandstat, welche aufgrund der Akzessorietät als Inlandstat behandelt wird[769], weil die Kausalität der Teilnahme im Inland fortwirkt und diese dem Teilnehmer im Ausland deshalb zugerechnet wird.

Aber selbst der Bezug, welcher zwischen Territorium und Teilnahme durch die Haupttat hergestellt wird, fehlt, falls es sich um eine versuchte Teilnahme an einem Verbrechen handelt (§ 30 StGB). Denn hier gibt es, falls die Teilnahme im Ausland erfolgte, keine Verbindung zum inländischen Territorium als die Vorstellung, daß die Tat dort stattfinden sollte (§ 9 Abs. 2 StGB). Insoweit gilt das gleiche wie bei der Strafbarkeit des Versuchs der Haupttat.

Auch das französische, italienische, amerikanische und das englische Strafrecht bestrafen die Auslandsteilnahme an einer Inlandstat nach der

[769] Vgl. Oehler, a.a.O. (Anm. 688), S.267 - 272, insbesondere 271 f.

Akzessorietät als Inlandstat[770]. Diese Anknüpfung, welche hinausgeht und für den Teilnehmer seinen Tatbeitrag mit demjenigen des Haupttäters zusammenzieht, ist ersichtlich nicht auf den Widerstand von anderen Staaten getroffen. Dies gilt auch von der Versuchsstrafbarkeit.

(2) Universalitätsprinzip

Eine Form der internationalen Solidarität aufgrund einer gemeinsamen Interessenlage der Staaten ist die Verfolgung von Straftaten nach dem Universalitätsprinzip, welches in § 6 StGB niedergelegt ist. Neben den ausdrücklich benannten Taten wie Völkermord, Flugzeugentführung, Rauschgiftdelikten, Geld- und Wertpapierfälschung, welche aufgrund von internationalen Abkommen verfolgt werden, benennt die Vorschrift ausdrücklich alle Taten, welche aufgrund anderer internationaler Abkommen von der Bundesrepublik Deutschland verfolgt werden müssen[771]. Das amerikanische Restatement (Third)[772] definiert im gleichen Sinne:

> " A state has jurisdiction to define and prescribe punishment for certain offenses recognized by the community of nations as of universal concern, such as piracy, slave trade, attacks on or hijacking of aircraft, genocide, war crimes, and perhaps certain acts of terrorism... ".

Hier wird der Gedanke des gemeinsamen Staateninteresses, welcher bereits im Zivilrecht bei der Frage der Anwendung ausländischen Rechts erörtert wurde, deutlich. Nur wird dies im Strafrecht nicht durch die Anwendung ausländischen Strafrechts gelöst, sondern durch den materiellrechtlichen Gleichklang der Strafrechte im Bezug auf die Strafwürdigkeit von Verhaltensweisen, welcher zusätzlich auf internationalen Vereinbarungen beruhen kann.

---

[770] Oehler, a.a.O., S. 273 - 280. In England hieß es bei konspirativem Zusammenwirken meherer Personen: "It is not necessary that they should all be present in England one of them acting on his own behalf and as agent for the others has been performing their agreement, with their consent and authority in England. In such a case the conspiracy has been committed by all of them in England", DPP v. Doot [1973] AC 807; USA: Marin v. United States 352 F. 2d 177 (5th Cir. 1965);

[771] Vgl. etwa BGHSt 27, S. 30

[772] American Law Institute, Restatement of the Law, Third, The Foreign Relations Law of the United States (1987) § 404

(3) Stellvertretende Strafrechtspflege

Das Prinzip der stellvertretenden Strafrechtspflege (aut dedere aut iudicare/punire) rechtfertigt eine Bestrafung von Auslandstaten von Ausländern, welche im Inland gefaßt werden und nicht ausgeliefert werden können. Es ist in § 7 Abs. 2 Nr. 2 StGB formuliert. In Deutschland wird es generell, in vielen anderen Staaten wird es aufgrund von Auslieferungsverträgen angewendet. Bei diesem Prinzip wird an die Auslieferung bzw. Nichtauslieferung angeknüpft. Es handelt sich um eine Sonderentwicklung im internationalen Strafrecht, die aber auch wiederum auf dem bereits erörterten Grundsatz des gemeinsamen Interesses an der Bestrafung von allgemein als strafwürdig anerkannten Verhaltens beruht.

(4) Schutzprinzip

An die Rechtsgüter der Sicherheit und Selbsterhaltung des Staates knüpft das Schutzprinzip an[773]. Es erfaßt die Staatsschutzdelikte, Delikte gegen Staatsbeamte, Urkunden und Staatssiegel, unter Umständen auch die Delikte gegen die Währung[774] eines Staates. Das Schutzprinzip ist weltweit als Anknüpfungspunkt anerkannt[775]. Eine Ausprägung hiervon im deutschen Strafrecht findet sich in § 5 Nr. 1 - 5 StGB: Vorbereitung eines Angriffskrieges, Hochverrat, Gefährdung des demokratischen Rechtsstaates, Landesverrat und Straftaten gegen die Landesverteidigung. Die Strafbarkeit ist unabhängig davon, ob der Täter Deutscher ist und ob im In- oder Ausland gehandelt wurde.

Auch noch dem Schutzprinzip zugeordnet wird die Erfassung von Aussagedelikten[776]. In Deutschland betrifft dies Taten wie etwa Meineid, gleich ob durch Deutsche oder durch Ausländer begangen, wenn sie im Rahmen eines deutschen Verfahrens vor Gerichten oder anderen Stellen, welche zur Abnahme von Eiden oder eidesstattlichen Versicherungen zuständig ist, erfolgen (§ 5 Nr. 10 StGB). Wenn also etwa ein Ausländer aufgrund eines Rechtshilfeersuchens eines deutschen Gerichtes vor einem

---

[773] Oppenheim, L. / Lauterpacht, H., International Law, 8. Aufl. (1955), S. 331;USA: Rocha v. United States 288f. 2d 545 (S.D.C.S.D. 1960); Frankreich: Cour de Cassation 28.04.1955 - re van den Plas, Annual Digest 1955, S. 205; Belgien: Cour de Cassation 27.02.1950, Nusselein, ILR 1950, Nr. 35

[774] Oehler, a.a.O. (Anm. 688), S. 367 ff.; Zypern: Oberster Gerichtshof 18.12.1964 - Petrides ILR 48, S. 69; Holland: Oberster Gerichtshof 13.11.1951 - L. ILR 1951, Nr. 48

[775] Frankreich: Cour de Cassation, 15.01.1920, - in Re Urios, Annual Digest 1919 - 1922, Nr. 70; Cour de Cassation 22.02.1923 in Re Bayot, Annual Digest 1923 - 1924 Nr. 54

[776] Eine Übersicht über die Staatenpraxis findet sich bei Oehler, D., Internationales Strafrecht (2.Aufl.1983), S. 368 ff.

ausländischen Gericht einen Meineid leistet, so ist er nach deutschem Strafrecht strafbar. Angeknüpft wird hierbei an die gerichtliche Zuständigkeit. Dabei muß der Täter nicht durch eigene Unterwerfung unter die ausländische Gerichtsbarkeit in das Verfahren geraten sein, denn die Straftat wird hier überwiegend von Zeugen begangen werden. Die Anwesenheit in einem Staat, der Rechtshilfe zu leisten bereit ist, genügt als Anknüpfung.

(5) Aktives Personalitätsprinzip

Die Bestrafung von Straftaten eigener Staatsangehöriger im Ausland wird teilweise ausschließlich aufgrund inländischen Rechts durchgeführt, teilweise aber auch nur dann, wenn die Tat am Tatort mit Strafe belegt ist (aktives Personalitätsprinzip). Dies ist niemals als Souveränitätsverletzung angesehen worden und damit völkerrechtlich unbedenklich[777]. Allerdings sind Bedenken gegen die politische Klugheit einer

---

[777] Oehler, a.a.O. (Anm. 688), S. 466 f. USA: United States Supreme Court 13.11.1922 - United States v. Bowman, Annual Digest 1919 - 1922, Nr. 109: "The defendants were citizens of the United States and "clearly" it is no offence to the dignity or right of sovereignty of Brazil to hold them for this crime against the government to which they owe allegiance"; United States v. Flores 289 US. 137 (1933);Eisenträger v. Forrestal 174f. 2d 961 (D.C.Cir. 1949); In re Bush 84F. Supp. 873 (D.C.D.C. 1949); Rose v. McNamara 375 F. 2d 924 (D.C. 1967); United States v. Cotten 471 F. 2d 744 (9th Cir. 1973); Worthy v. United States 328 F. 2d 386 (5th Cir. 1964); United States v. Erdos 474 F. 2d 157 (4th Cir. 1973); United States v. Thompson 319 F. 2d 665 (2nd Cir. 1963); Williamson v. Alldridge 320 F. Supp. 840 (W.D.Okl. 1970): Das Gericht befand in diesem Fall, daß ein Amerikaner bei Straftaten im Ausland strafbar sei, daß dort aber nicht die Verfassungsgarantien der amerikanischen Verfassung gelten. Dagegen wurde entschieden in Williams v. Blount 314 F. Supp. 1356 (D.C.D.C. 1970), daß die "due process clause" des 5. Zusatzes zur amerikanischen Verfassung auch auf Auslandspost zwischen Amerikanern anwendbar ist. Brasilien: Oberstes Bundesgericht 16.08.1920 - in Re Eduardo Henke, Annual Digest 1919 - 1922, Nr. 108; Norwegen: Oberster Gerichtshof 06.03.1923 - Public Prosecutor v. Espnes and another, Annual Digest 1923/24, Nr. 79; Australien: Privy Council 04.10.1976 - Oteri ILR 69, S. 159; Irland: High Court 28.11.1975 - Larkin ILR 70, S. 110; Mexiko: Oberster Gerichtshof 18.10.1957 - re Gutierrez ILR 1957, S. 265; Österreich: Oberster Gerichtshof 15.09.1970 ILR 70, S. 247; Niederlande: Oberster Militärgerichtshof 05.03.1975 - J.M.H. ILR 74, S. 194;Oberster Gerichtshof 15.04.1975 - V. ILR 74, S. 195; im niederländischen Strafgesetzbuch gab es eine Vorschrift, wonach jemand, der bestimmte Straftaten im Ausland beging, hierfür auch im Inland strafbar war, wenn er nach der Straftat die niederländische Staatsangehörigkeit erwarb. Vgl. Berufungsgericht Den Haag 26.03.1952 - X., ILR 1952, Nr. 48; der Oberste Gerichtshof 20.06.1950 ILR 1950, Nr. 36 wandte die Bestimmungen über Bigamie im niederländischen Strafgesetzbuch auf eine Frau an, die durch die Bigamie die niederländische Staatsangehörigkeit erlangte; anders in Indien: Oberster Gerichtshof 12.10.1954 - Central Bank of India Ltd. v. Ram Narain ILR 1954, S. 92.England: House of Lords 28.07.1981 - R. v. Kelly ILR 77, S. 284; House of Lords 15.03.1962 - Cox v. Army Council ILR 33, S. 194; Courts-Martial Appeal Court 10.11.1953 R. v. Page, ILR 1953, S. 188;Taiwan: District Court of Taipei 21.09.1967 -

Bestrafung ohne Strafbarkeit am Tatort geäußert worden, ohne daß hierdurch auf eine Völkerrechtswidrigkeit geschlossen wurde[778].

In der Bundesrepublik Deutschland ist das Prinzip nach § 7 StGB heute grundsätzlich nur in seiner eingeschränkten Form gültig, also für Deutsche nur dann, wenn die Tat entweder im Ausland ebenfalls mit Strafe bedroht ist oder wenn der Tatort keiner Strafgewalt unterliegt. Ausnahmen gelten für besondere Straftaten wie etwa den Schwangerschaftsabbruch nach § 5 Nr. 9 StGB oder Straftaten deutscher Amtsträger im Ausland (§ 5 Nr. 11 - 13 StGB). In England wird das aktive Personalitätsprinzip nur beschränkt als Anknüpfung verwendet. Ein Engländer kann für Auslandstaten im Inland nur bestraft werden, wenn es sich um Mord und - möglicherweise - Hochverrat handelt[779]. Darüber hinaus können Verabredungen zu einer Straftat, die in England stattfinden, dann bestraft werden, wenn die Auslandsstraftat im Inland "certain consequences" erzeugt. Das würde insbesondere gelten, wenn Teile der Straftat im Inland begangen werden sollten. Es gibt auch Staaten, welche eine solche Anknüpfung überhaupt nicht kennen[780].

Der Anknüpfungspunkt des aktiven Personalitätsprinzips wird in der Regel in der Staatsangehörigkeit gesehen, die ein Treueband zwischen Staat und Staatsbürger begründet. Auch wird geltend gemacht, Straftaten eines Staatsbürgers im Ausland störten die soziale und moralische Ordnung seines Heimatstaates[781]. Oehler dagegen[782] sieht den Strafgrund des aktiven Personalitätsprinzips in der Solidarität der Staaten begründet, nämlich in der Aburteilung eigener Staatsangehöriger, welche nicht ins Ausland ausgeliefert werden. Danach muß die Tat dann aber auch am Tatort strafbar sein. Diese Auffassung kann die eingeschränkte Form der Anwendung des Personalitätsprinzips besser erklären. Denn die Frage

---

Li Te-hua ILR 40, S. 87; Jamaika: Supreme Court 09.04.1976 ex parte Cephas (No. 2) ILR 72, S. 200; Belgien: Cour de Cassation 10.02.1958 - in re Roquain, Annual Digest 26 (1958 II), S. 209; Cour de Cassation 02.01.1961 - Gout v. Motte ILR 31, S. 268; Israel: Oberster Gerichtshof 13.02.1958 - Weiss ILR 26 (1958 II) S. 210; Oberster Gerichtshof 01.02.1949 - Lahis, Annual Digest 1949, Nr. 34; Schweden: Berufungsgericht von Svea 26.03.1959 ILR 32, S. 140; Italienische Corte di Cassatione 07.11.1934 - in Re Dilisi, Annual Digest 1933, 34 Nr. 79; Kassationsgericht von Costa Rica 19.01.1934 - in Re Quiros, Annual Digest 1933/34, Nr. 81; Schweiz: Bundesgericht 09.09.1960 - Challandes ILR 31, S. 267; Bundesgericht 06.10.1950 - Kaiser und Attenhofer BGE 76, IV, S. 209ff.; Südafrika: Oberster Gerichtshof 01.04.1953 - R. v. Nel ILR 1953 S. 192

[778] Jescheck, H.-H., Strafrecht, Internationales, in: Strupp-Schlochauer, Wörterbuch des Völkerrechts, Bd.3 (1962), S. 396 S. 397

[779] Court of Appeal 30.11.1967 - R. v. Cox, Annual Digest 41, S. 261

[780] Malawi: High Court 21.09.1967 - Lipato ILR 53, S. 293

[781] Vgl. Harvard Draft, a.a.O. (Anm. 715), S. 519 f.

[782] Oehler, a.a.O. (Anm. 688), S. 142 f.

der Strafbarkeit nach dem Ortsrecht ist für das Treueband nicht relevant, es sei denn, man würde die Treuepflicht des Staatsbürgers dahingehend ausdehnen, daß er nicht gegen ausländisches Strafrecht verstoßen darf. Angesichts der Tatsache aber, daß der Heimatstaat keinerlei Einfluß auf das Strafrecht des Gaststaates hat, wäre eine solche Blanko - Schutz - Vorgabe unverständlich.

Allerdings ist das Personalitätsprinzip auch im Strafrecht über die Staatsangehörigkeit hinaus auf Personen ausgedehnt worden, welche eine Aufenthaltsberechtigung, eine Sitz oder einen Wohnsitz im Staat haben oder dort Geschäfte betreiben, weil sie hierdurch in besonderer Weise mit der Rechtsordnung ihres Gastlandes verbunden sind[783]. Im Strafrecht spielt diese Erweiterung des Personalitätsprinzips jedoch keine große Rolle[784]. Zuweilen wird gesagt, daß die Anknüpfung an das Personalitätsprinzip dem Staat praktisch unbegrenzte rechtliche Kontrolle über seine Staatsangehörigen im Ausland gebe, weil solche Regelungen normalerweise für andere Staaten ohne Bedeutung seien[785]. Dies mag im Strafrecht richtig sein, die weiteren Erörterungen der Jurisdiktionskonflikte im öffentlichen Wirtschaftsrecht werden aber zeigen, daß dies für diese Rechtsmaterie nicht gilt.

(6) Passives Personalitätsprinzip

Auch beim passiven Personalitätsprinzip, der Bestrafung von Straftaten gegen eigene Staatsangehörige im Ausland, bestrafen einige Staaten nur dann, wenn die Tat auch an ihrem Begehungsort strafbar war, während andere grundsätzlich nur nach eigenem Recht bestrafen. Das Prinzip ist umstritten[786]. Im Lotus - Fall[787] befand der Ständige Internationale

---

783 So etwa in den nordischen Staaten, vgl. Oehler, a.a.O. (Anm. 688),S. 140. Jescheck, H.-H., Strafrecht, Internationales, in: Strupp-Schlochauer, Wörterbuch des Völkerrechts, Bd.3 (1962), S. 396, 397 spricht von der Ausweitung zum Domizil - Prinzip. Vgl. in England: Court of Appeal 09.11.1964 - in re P.(G.E.), ILR 41, S. 239: Ein Kind, das in England ansässig ist ("resident") wird von der englischen Krone geschützt. Entscheidend ist "ordinary residence". Ordinary residence begründet die Pflicht zur "allegiance" gegenüber der Krone. Diese Pflicht ist bei einfachem Verlassen des Landes nicht beendet. Das ist in Fällen von Landesverrat lange anerkannt. Vgl. die Entscheidung Joyce v. Director of Public Prosecutions des Court of Appeals, Annual Digest 1948, S. 91. Auch dann unterliegt der Ausländer nämlich weiterhin des Schutzes der Krone sowohl hinsichtlich seiner Familie und seines Vermögens im Inland wie auch hinsichtlich seines Passes.

784 Vgl. Harvard Draft, a.a.O. (Anm. 715), S. 533 f. Der Harvard Draft lehnt eine solche Erweiterung der Anknüpfung aber als "wholly undesirable" ab

785 Harvard Draft, a.a.O. (Anm. 715), S. 519

786 Für völkerrechtsgemäß hält es Oppenheim, L. / Lauterpacht, H., International Law, 8. Aufl. (1955), S. 331

Gerichtshof, es gebe keinen Rechtssatz des Völkerrechts, welche die Anknüpfung an dieses Prinzip verbiete[788]. Auch Staatenproteste gegen die Anwendung dieses Prinzips gebe es nicht und folglich auch kein völkerrechtliches Verbot seiner Verwendung als Anknüpfungspunkt[789]. In jener Entscheidung, welche bei Stimmengleichheit mit der ausschlaggebenden Stimme des Gerichtspräsidenten zustandekam, wurde in den abweichenden Meinungen einiger Richter aber auch die Problematik des Prinzips deutlich, die insbesondere darin besteht, daß der Täter, der die Staatsangehörigkeit des Opfers nicht kennt, nicht weiß, gegen welches Strafgesetz er verstößt. Oehler[790] fordert deshalb aus Gerechtigkeitserwägungen, daß die Tat auch am Tatort mit Strafe bedroht sein müsse. Allerdings ist diese Anknüpfung auch ohne diese Begrenzung in der Staatenpraxis ohne Protest anderer Staaten erfolgt[791].

Das passive Personalitätsprinzip wird in den USA bei bestimmten Delikten angewendet, so nach dem Anti - Terrorism Act und dem Money Laundering Act[792]. In sehr beschränktem Umfang kennt auch das deutsche Recht dieses Anknüpfungsprinzip, so bei der Verschleppung und politischer Verdächtigung Deutscher, die in Deutschland wohnen oder ihren Aufenthalt haben[793], bei der Verletzung der Betriebsgeheimnisse von Unternehmen mit Sitz oder tatsächlicher Ansiedlung in Deutschland oder von ausländischen Tochter- oder Konzernunternehmen deutscher Unternehmen[794]. Eine Kombination von aktivem und passivem Personalitätsprinzip findet sich in § 5 Nr. 8 StGB bei Straftaten gegen die sexuelle Selbstbestimmung, wenn Täter und Opfer Deutsche sind und in Deutschland ihre Lebensgrundlage haben.

---

[787] CPJI, Sér.A, No.10 (1927), S., StIGHE 5, S.71 ff. Vgl. dazu Herndl, K., Lotus-Fall, Strupp-Schlochauer, Wörterbuch des Völkerrechts, Bd.2 (1961), S. 433; Herndl, K., The Lotus, Bernhardt (Hrsg.), Encyclopedia of Public International Law, Instalment 2 (1981), S. 173; Brierly, J.L., The "Lotus" Case, Law Quarterly Review 44 (1928), S. 155 ff.

[788] A.a.O, S. 21

[789] A.a.O. S. 23 - 26

[790] Oehler, a.a.O. (Anm. 688), S. 135

[791] Japan: District Court of Saghalien, Japan, September 1926 - The Crown v. Yerizano, Annual Digest 1925 - 1926, Nr. 105; Mexiko: Oberster Gerichtshof Mexikos 21.07.1932 - in Re Gonzalez, Annual Digest 1931/32, Nr.79;

[792] Vgl. hierzu Blakesley, C.L., Extraterritorial Application of Criminal Law, in: The American Society of International Law, Proceedings of the 85th Annual Meeting (1991), S.386 - 388, 387. Siehe auch United States v. Yunis 651 F.Supp. 896 (D.D.C. 1988), kritisch hierzu Abramovsky, A., Extraterritorrial jurisdiction: the United States unwarranted attempt to alter international law in United States v. Yunis. Yale Journal of International Law 15 (1990), S. 121-161; McCredie, J.A., The role of law enforcement in extraterritorial jurisdiction: Law and policy considerations for the future, Emory International Law Review 10 (1991), S. 103 - 161

[793] § 5 Nr. 6 StGB

Es gibt auch heute noch Staatsverträge, welche auf dieses Prinzip hinweisen. So ist ein Staat nach Art. 3 Abs. 1 der Konvention über die Verhütung und Bestrafung von Verbrechen gegen international geschützte Personen unter Einschluß diplomatischer Vertreter[795] aufgefordert, einen Täter, welcher eine geschützte Person eigener Nationalität verletzt, entweder selbst abzuurteilen oder dem Staat des Begehungsorts beziehungsweise dem Heimatstaaat des Täters auszuliefern. Das gleiche gilt vom Übereinkommen gegen Geiselnahme vom 18.12.1979[796]. Trotz der in der Lehre häufig geäußerten Bedenken gegen das Prinzip[797] wird man aufgrund der Staatenpraxis davon ausgehen müssen, daß es nicht völkerrechtswidrig ist[798]. Es entspricht einer wesentlichen Komponente der Personalhoheit, nämlich dem Schutzanspruch des Staatsbürgers gegenüber seinem Heimatstaat.

(7) Jurisdiktionskonflikte

Jurisdiktionskonflikte im Strafrecht können entstehen, wenn eine Tat in einem Staate unter Strafe steht, im anderen Land jedoch straflos ist oder sogar angeordnet ist. Im Kernbereich des internationalen Strafrechts hat dieses Problem jedoch, offensichtlich wegen eines weitgehenden Konsenses über die Strafwürdigkeit von Taten, keine große Rolle gespielt. Soweit im nationalen Recht eine Auslandstat nur unter Strafe gestellt wird, wenn sie auch am Tatort strafbar war, wird dem damit verbundenen Verhaltenskonflikt der Individuen Rechnung getragen. Ein Souveränitätskonflikt wurde auch bei Fehlen dieser Regelung ersichtlich nie gesehen, so daß insoweit auch von keinem Staat einem anderen Staat eine Völkerrechtsverletzung vorgeworfen wurde.

So geht die entsprechende Problematisierung solcher Konflikte im Harvard Draft auch über das positive Völkerrecht hinaus. Dort wird zum Schutzprinzip gesagt, daß Taten gegen die "security, territorial integrity or political independance" eines Staates nur strafbar sein sollten, wenn "the act or omission which constitutes the crime was not committed in exercise of a liberty guaranteed to the alien by the law of the place where it was committed"[799]. Hierdurch soll dem Einzelnen die Kriminalisierung einer Tat erspart werden, welche nach der lex loci straffrei ist[800]. Gerade

---

794 § 5 Nr. 7 StGB
795 Vom 14.12.1973, ILM 13 (1974), S. 43
796 Vom 4.12.1979, ILM 18 (1979), S. 1456, Art. 5 Abs.1
797 So etwa Oehler, a.a.O. (Anm. 688), S. 421 f.
798 Wengler, W., Völkerrecht, Bd. 2 (1964), S. 941
799 Harvard Draft, a.a.O. (Anm. 715), S. 543, Art. 7
800 A.a.O., S. 617

angesichts der für den Staat fundamentalen Schutzgüter des Schutzprinzips ist es nicht erstaunlich, daß eine entsprechende Einschränkung sich in der Staatenpraxis ersichtlich nicht durchgesetzt hat.

Eine generelle Ausnahme zugunsten der lex loci bei allen Anknüpfungen enthält Art. 14 des Harvard Draft:

> "In exercising jurisdiction under this convention, no state shall prosecute or punish an alien for an act or omission which was required of that alien by the law of the place where the alien was at the time of the act or omission".

Nach dieser Auffassung sollten alle Handlungen im Ausland durch die Rechtsprinzipien der Staatenverantwortlichkeit gelöst werden, nicht durch die Pönalisierung von Individuen. Es wird festgestellt, daß dieser Grundsatz "probably in harmony with relevant national and international practice" sei. Eine völkerrechtliche Pflicht zu einem solchen Grundsatz wird nicht geltend gemacht[801].

3. Internationales Verwaltungsrecht

a) Begriff

Der Begriff des "internationalen Verwaltungsrechts" wird im deutschen öffentlichrechtlichen Schrifttum demjenigen des "internationalen öffentlichen Rechts" traditionell vorgezogen, obwohl die Probleme dieser Teildisziplin nicht auf das Verwaltungsrecht beschränkt sind, sondern durchaus auch Normen des Verfassungsrechts betreffen, soweit sie Individuen berechtigen und verpflichten[802]. Das Bundesverfassungsgericht hat anerkannt, daß die deutsche öffentliche Gewalt auch dann an die Grundrechte gebunden ist, wenn die Wirkungen ihrer Betätigung im Ausland eintreten[803].

In der Literatur des internationalen Privatrechts wird der Begriff des internationalen öffentlichen Rechts heute häufiger, aber nicht völlig einheitlich verwendet. Kegel[804] versteht hierunter die Rechtsnormen,

---

[801] A.a.O., S. 617

[802] Vgl. hierzu schon Neumeyer, a.a.O. (Anm. 171), S. 44. Wolfrum, R., Die grenzüberschreitende Luftverschmutzung im Schnittpunkt von nationalem Recht und Völkerrecht, DVBl. 99 (1984), S. 493 - 501, 500 zu Art. 19 Abs. 4 GG

[803] BVerfGE 6, 290, 295 für den Fall, daß ein völkerrechtlicher Vertrag im Ausland zu vollziehen ist. BVerfGE 51, 1, 22 ff. gibt Ausländern das Grundrecht aus Art. 3 Abs. 1 GG bei der Beurteilung der Auszahlung von Sozialversicherungsansprüchen ins Ausland.

[804] Kegel, a.a.O. (Anm. 384), S. 277

welche sagen, wann eigenes und wann fremdes öffentliches Recht anzuwenden ist. Sonnenberger[805] spricht von öffentlich-rechtlichem Kollisionsrecht speziell für öffentlichrechtliche Eingriffsnormen. Dies läßt die Frage offen, ob nach diesem Verständnis das internationale öffentliche Recht nur die Anwendung öffentlichen Rechts in seiner Auswirkung auf die Entscheidung zivilrechtlicher Fälle bestimmen oder sich generell auch auf die kollisionsrechtlichen Fragen bei der Anwendung von öffentlichem Recht in verwaltungsrechtlichen Verfahren beziehen soll. Drobnig[806] jedenfalls hält an der Zuordnung der Frage der Behandlung öffentlichrechtlicher Eingriffsnormen zum Privatrecht fest, ebenso die wohl überwiegende internationalprivatrechtliche Lehre. Das internationale Verwaltungsrecht als spezifisch verwaltungsrechtliche Fragestellung der Anwendung eigenen oder fremden Rechts bleibt so klar vom "internationalen öffentlichen Recht" der zivilrechtlichen Kollisionsrechtslehre getrennt.

Der Begriff des internationalen Verwaltungsrechts wurde in der Geschichte immer in einer doppelten Bedeutung verwendet[807]. Einerseits bezeichnete er jenen Teil des nationalen Verwaltungsrechts, welcher den Regelungsbereich verwaltungsrechtlicher Normen festlegt, also ein Rechtsanwendungsrecht[808]. Dieser Begriff betont die Parallele zum Internationalen Privatrecht, ist aber insoweit auch mißverständlich, weil es im Verwaltungsrecht mit wenigen Ausnahmen keine eigenen, von den materiellrechtlichen Normen getrennte Kollisionsnormen gibt. Vielmehr ist das Internationale Verwaltungsrecht in diesem Sinne ein theoretisches Konzentrat aus den Regelungen des materiellen Rechts selbst über seinen Anwendungsbereich, über die Anerkennung und über die Anwendung fremden Rechts.

Dann wurde der Begriff aber auch verwendet für diejenigen völkerrechtlichen Verträge und sonstigen internationalen Rechtssätze, welche

---

805 Sonnenberger, a.a.O. (Anm. 81), Rn. 264

806 Drobnig, U., Die Beachtung von ausländischen Eingriffsgesetzen - eine Interessenanalyse, in: Barfuß, W. u. a. (Hrsg.), Festschrift für Karl H. Neumayer (1985), S. 159 - 179, 175 f.

807 Vgl. hierzu Vogel, K., Administrative Law, International Aspects, in: Bernhardt,R. (ed.), Encyclopedia of Public International Law, Instalment 9, S. 2 - 7, 3

808 Vgl. Vogel, a.a.O. (Anm. 43), , S. 154. Grof, A., Zum "Internationalen Verwaltungsrecht", Juristische Blätter 108 (1986), S. 209 - 216, 210; Hoffmann, G., Internationales Verwaltungsrecht in: von Münch, I. (Hrsg.), Besonderes Verwaltungsrecht, 7. Aufl. (1985), S. 851 - 870, 859. Steindorff, E., Verwaltungsrecht, Internationales, Strupp-Schlochauer, Wörterbuch des Völkerrechts, Bd.3 (1962), S. 581 - 584, 581 spricht von demjenigen Teil der nationalen Rechtsordnung, der die verwaltungsrechtliche Ordnung für Sachverhalte mit Auslandsberührung und die Zuständigkeit nationaler Behörden zur Regelung dieser Sachverhalte begründet

Materien des nationalen Verwaltungsrechts betrafen[809], den Bereich des internationalisierten nationalen Verwaltungsrechts. Hinzuweisen ist insoweit auf die internationalen Verwaltungsunionen, die bereits in der zweiten Hälfte des 19. Jahrhunderts zur gemeinschaftlichen Wahrnehmung von Verwaltungsangelegenheiten gegründet wurden, wie etwa den Internationalen Postverein, die Internationale Telegraphenunion und die Internationale Organisation zum Schutz des geistigen Eigentums[810].

Hinzugekommen ist in neuerer Zeit ein Bedeutungsinhalt, welcher sich auf die Verwaltungstätigkeit in internationalen Organisationen bezieht, das Recht der internationalen Verwaltung, und zwar in Bezug auf das interne Funktionieren dieser Verwaltung ebenso wie auch auf die Wahrnehmung administrativer Aufgaben in dem materiellen Bereich, den die Mitgliedstaaten der Organisation zugewiesen haben.

Nachfolgend wird der Begriff des internationalen Verwaltungsrechts im ersteren Sinne, dem des verwaltungsrechtlichen Rechtsanwendungsrechts in den Fällen des Auslandsbezugs des Regelungsgegenstandes verwendet. Diese Teilmaterie des Verwaltungsrechts betrifft den Regelungsbereich des eigenen Verwaltungsrechts ebenso wie die Anwendung fremden Verwaltungsrechts oder die Anerkennung fremder Hoheitsakte im sachlichen Regelungsbereich des nationalen Verwaltungsrechts.

Die Normen des internationalen Verwaltungsrechts unterscheiden sich von denjenigen des internationalen Privatrechts zunächst durch ihre öffentlichrechtliche Qualifikation. Öffentliches Recht ist die Gesamtheit der Rechtsnormen, bei denen mindestens ein Zuordnungssubjekt ein Träger von Staatsgewalt gerade in seiner Eigenschaft als Hoheitsträger ist[811]. Wenn die Anwendungsnorm den Hoheitsträgern der Verwaltung in dieser Eigenschaft die Anerkennung oder Anwendung ausländischen Rechts vorschreibt oder wenn sie den Regelungsbereich des eigenen Verwaltungsrechts festlegt, so ist sie selbst inländisches Verwaltungsrecht.

Auch privatrechtsgestaltendes Verwaltungsrecht bleibt im Rahmen seines hoheitlich festgelegten Regelungsbereiches öffentliches Recht. Inländisches öffentliches Recht ist vom Richter aufgrund seiner Bindung an Gesetz und Recht unmittelbar anzuwenden. Dies ergibt sich auch aus Art.

---

809 Vgl. Neumeyer, a.a.O. (Anm. 171), S. 1 f. Zu den Anfängen dieser Facette des Internationalen Verwaltungsrechts bei Lorenz von Stein (1866) und Robert von Mohl vgl. Vogel, a.a.O. (Anm. 43), S. 154 ff.

810 Vgl. Meng, W. zu Art. 57, Rn. 28,94 - 97, 98 - 104, 107 -109, in: Simma (Hrsg.), Charta der Vereinten Nationen. Kommentar (1991)

811 Ehlers, D., Verwaltung und Verwaltungsrecht, in: Erichsen / Martens, Allgemeines Verwaltungsrecht, 9. Aufl. (1992), S. 23

34 EGBGB und wird später noch einmal genauer zu betrachten sein. Die Anwendung dieses Rechts ist also keiner kollisionsrechtlichen Entscheidung des Richters zugänglich. Dagegen kann ausländisches öffentliches Recht im internationalen Privatrecht nur aufgrund dieses innerstaatlichen Zivilrechts angewendet werden und hat damit keinen hoheitlichen Charakter mehr. Die besonderen Probleme dieser sogenannten Eingriffsnormen ergeben sich zwar aus diesem Charakter in ihrem Herkunftsland, ihre Anwendung bleibt aber im Bereich des inländischen Zivilrechts.

Das Internationale Verwaltungsrecht ist - wie das internationale Privat- und Strafrecht - international in seinem Sachbezug, nicht jedoch in seiner Genese. Es ist nationales Recht[812]. Es ist öffentlichrechtlich insoweit, als es sich auf die Anwendung[813] - und auch auf die Anerkennung - öffentlichrechtlicher Rechtsnormen bezieht. Ob es ein echtes Kollisionsrecht ist, wird noch zu erörtern sein.

b) Entwicklungen in der Rechtslehre

Während das internationale Privatrecht in einer langen historischen Entwicklung zu einer in Theorie und Praxis hochentwickelten Spezialmaterie des nationalen Rechts vieler Staaten geworden ist, hat sich das internationale Verwaltungsrecht erst relativ spät als eigener Gegenstand der rechtswissenschaftlichen Forschung entwickelt[814]. Dies ist primär darauf zurückzuführen, daß sich das öffentliche Recht - obwohl der Begriff schon im klassischen Rom bekannt war[815] - als selbständige wissenschaftliche Disziplin in der Neuzeit erst im 17. Jahrhundert überhaupt entwickelte[816]. Erst die Neuorientierung des zivilrechtlichen Kollisionsrechts durch Savigny regte auch im öffentlichen Recht eine Auseinandersetzung mit kollisionsrechtlichen Fragen an.

Ein Teil der Autoren legte den Akzent auf die Ähnlichkeiten von Internationalem Privat- und internationalem Verwaltungsrecht. Bluntschli schrieb 1867, daß die Rechtsprobleme des internationalen Privat- und

---

[812] Unter Umständen gebunden durch völkerrechtliche Verpflichtungen des Forumstaates. Hoffmann, a.a.O. (Anm. 808), S. 851 - 870, 861

[813] Einschließlich der Vorfragen, die im übrigen bei einer öffentlichrechtlichen Hauptfrage ebenso auftreten können wie bei einer privatrechtlichen

[814] Vgl. hierzu die Übersicht bei Neumeyer, a.a.O. (Anm. 171), S. 1 - 18

[815] Am berühmtesten ist das Ulpian - Fragment in D. 1, 1, 1, 2:.... publicum ius est quod ad statum rei Romanae spectat, privatum quod ad singulorum utilitatem....

[816] Dazu etwa Stolleis, M., Lipsius - Rezeption in der politisch - juristischen Literatur des 17. Jahrhunderts in Deutschland, in: Stolleis, M., Staat und Staatsräson in der frühen Neuzeit (1990), S. 232 - 267, 250 ff.

Strafrechts sich auch im Staats- und Verwaltungsrecht stellen können[817]. Fusinato[818] definierte das internationale Verwaltungsrecht als diejenigen Rechtssätze des nationalen Verwaltungsrechts, welche einen Auslandsbezug haben. Auch Triepel[819] nahm die Existenz eines internationalen Verwaltungsrechts als kollisionsrechtliches Parallelgebiet zum internationalen Privatrecht an.

Andererseits wies bereits Otto Mayer in der ersten Auflage seines Werks "Deutsches Verwaltungsrecht"[820] darauf hin, daß hoheitliches Verwaltungshandeln und Verwaltungsrechtssetzung vom Völkerrecht einseitig auf das Staatsgebiet beschränkt würden, so daß das internationale Verwaltungsrecht sich, anders als das internationale Privatrecht, mangels materieller Probleme nicht zu einem eigenen Zweig der Rechtswissenschaft entwickeln könne. Auch Donati[821] betonte daß es dem internationalen Verwaltungsrecht wegen der Begrenzung des Verwaltungsrechts auf das Staatsgebiet an praktischer Relevanz fehle. Die Erörterung des Verwaltungsrechts mit Bezügen zum Ausland war gleichwohl in der Folgezeit insbesondere in Italien Gegenstand einer Reihe rechtswissenschaftlicher Publikationen[822].

Aber auch in anderen Staaten nahmen sich Wissenschaftler zunehmend dieses Themas an[823]. Dies ist unter anderem der Tatsache zu verdanken, daß es in der Literatur auch Gegenstimmen gegen Otto Mayers These von der grundsätzlich strikten territorialen Begrenzung des Regelungsbereichs des Verwaltungsrechts gab[824]. Andererseits war aber auch Mayers Lehre kein Hinderungsgrund für die Suche nach den Grundsätzen eines verwaltungsrechtlichen Kollisionsrechts. Nur wurde der Akzent eher auf die Frage nach dem Regelungsbereich des eigenen Verwaltungsrechts verlegt.

In Deutschland ist hier zunächst Zitelmann zu nennen[825]. Im Rahmen seiner Erörterung des Internationalen Privatrechts geht er davon aus, daß auch im Verwaltungsrecht bei Auslandsbezügen die Frage nach dem

---

[817] Zitiert nach Neumeyer, a.a.O. (Anm. 171), S. 3

[818] Fusinato, G., Di una parte alquanto trascurata del diritto internazionale (1892), S. 5 f., zitiert nach Neumeyer, a.a.O. (Anm. 171), S. 3

[819] Triepel, H., Völkerrecht und Landesrecht (1899), S. 274

[820] Mayer, O., Deutsches Verwaltungsrecht (1. Aufl. 1896), S. 453 ff.

[821] Donati, D., I trattati internazionali nel diritto costituzionale (1906), S. 430 ff., zitiert nach Neumeyer, a.a.O.

[822] Hierzu Neumeyer, a.a.O.

[823] Übersicht bei Neumeyer, a.a.O. (Anm. 171), S. 14 ff.

[824] Verwaltungsrecht, 3. Aufl. (1931), S. 146 ff. Vgl. auch weitere Nachweise bei Vogel, a.a.O. (Anm. 43), S. 21 ff.

[825] Zitelmann, E. Internationales Privatrecht, 2 Bde. (1897)

anwendbaren Recht auftauche[826]. Er weist aber auch auf die wesentlichen Unterschiede beider Kollisionsrechte hin[827]. Im internationalen Privatrecht gehe es um die Anwendung ausländischer Rechtsnormen, im internationalen Verwaltungsrecht dagegen um die räumliche Begrenzung der eigenen Verwaltungstätigkeit[828].

Eine eingehende Untersuchung des internationalen Verwaltungsrechts veröffentlichte Isay im Jahre 1928[829]. Diese Rechtsmaterie bezeichnete er als Grenzrecht oder Zwischenrecht, welches das örtliche Geltungsgebiet einer staatlichen Rechtsordnung und der darauf gestützten Hoheitsakte gegenüber denjenigen anderer Staaten abstecke[830]. Sie enthalte lediglich einseitige Kollisionsnormen, befasse sich also nur mit dem eigenen, nicht aber mit der Anwendung fremden Rechts. Andererseits sei dabei die Rücksicht auf die Machtsphären fremder Staaten von großer Bedeutung[831]. Das Kollisionsrecht sei nationales Recht, gebunden an die Kompetenzvorschriften des Völkerrechts. Diese sagten etwas aus über die zulässigen Anknüpfungen staatlichen Rechts ebenso wie über die Regeln zur Lösung von Jurisdiktionskonflikten. Wenn ein Staat für eine Verwaltungsmaßnahme zuständig sei, dann dürfe er eigenes öffentliches Recht dafür setzen. Wenn er die Zuständigkeit fremden Rechts für gegeben halte, so müsse er in diesem Fall seine Verwaltungstätigkeit einstellen[832].

Bei Isay ist bereits der Gedanke der "Einseitigkeit" verwaltungsrechtlichen Kollisionsrechts herausgestellt, welcher für die Darstellungen des internationalen Verwaltungsrechts beherrschend wurde, insbesondere bei Karl Neumeyer. Dieser veröffentlichte im Jahre 1936 als vierten Band seines großangelegten Handbuchs "Internationales Verwaltungsrecht" eine umfassende theoretische Untersuchung der allgemeinen Probleme des internationalen Verwaltungsrechts[833]. Sein Bestreben war, diese Rechtsmaterie als selbständiges Kollisionsrecht neben dem Internationalen Privatrecht herauszuarbeiten.[834] Er hatte dafür in den ersten drei

[826] a.a.O., Bd.1, S. 329 ff.
[827] a.a.O., Bd.2, S. 94 ff, 646 ff.
[828] a.a.O., S. 647
[829] Isay, E., Internationales Verwaltungsrecht, in: Stier-Somlo, F. / Elster, A. (Hrsg.), Handwörterbuch der Rechtswissenschaft, Bd.3 (1928), S. 344-356
[830] a.a.O., S. 344
[831] a.a.O., S. 345 ff.
[832] a.a.O., S. 351
[833] a.a.O. (Anm. 171)
[834] Vogel, a.a.O. (Anm. 43), S. 186 spricht vom Fehlschlag des Versuchs Neumeyers, das "Internationale Verwaltungsrecht" an die logisch klar durchgegliederten Normensysteme des Internationalen Privatrechts anzugleichen

Bänden seines Handbuchs eine umfangreiche Bestandsaufnahme der Anwendungsfälle eines solchen Kollisionsrechts vorgenommen.

Neumeyers Kollisionsrecht kennt zwei Säulen: die Grenznormen und die Überwirkung. Grenznormen bestimmen den Regelungsbereich einer Norm des staatlichen Verwaltungsrechts. Sie bestehen aus zwei Bestandteilen, der sachlichen Anknüpfung[835] und der örtlichen Anknüpfung[836]. Als Überwirkung bezeichnet Neumeyer die Anwendung ausländischen Rechts und die Anerkennung einer Erheblichkeit ausländischer Amtshandlungen als Ausnahme von dem Grundsatz, daß ausländisches Verwaltungsrecht und ausländische Verwaltungshandlungen im Inland rechtlich unerheblich sind[837]. Überwirkungen entstehen durch Verweisungen, normative Anordnungen der Anwendung oder Anerkennung ausländischen Verwaltungsrechts. Auch die Rechtshilfe oder die Auslieferung gehören zu den Fällen der Überwirkung[838].

Grenznormen als örtliche Begrenzung der Anwendbarkeit von Verwaltungsrecht sind nach Neumeyer sachgesetzlich notwendig[839]. Dies gilt jedenfalls für solche Normen, welche Rechte und Pflichten eines Individuums gegenüber dem Staat festsetzen[840] Dabei geht es nicht um eine Begrenzung der Normen, sondern um eine solche der Sachverhalte, auf den sie Anwendung finden sollen. Grenznormen bestimmen den Anwendungsbereich inländischer Sachnormen, während Kollisionsnormen des Privatrechts über die Anwendbarkeit ausländischen Rechts befinden[841]. Dabei benennen die Grenznormen die Sachverhalte und die Rechtsordnung, welcher die Regelung dieser Sachverhalte zu entnehmen ist[842]. Die örtlichen, persönlichen und sachlichen Kriterien dieser Benennung sind die Anknüpfungspunkte der Grenznorm.

Da jeder Staat nur seine eigenen Angelegenheiten regeln und nicht in diejenigen eines anderen Staates eingreifen darf, könnten Grenznormen nur

---

835 der inhaltlichen Begrenzung der Tatbestände, auf die die Regelung anwendbar sein soll

836 der Festlegung des örtlichen Bezugs der geregelten Tatbestände, a.a.O. (Anm. 171), S. 47

837 a.a.O., S. 174, 407 f.

838 a.a.O., S. 56

839 "Wenn Sozialnormen einem Kräftezentrum entspringen, dem anerkannte andere Zentren derselben Art gegenüber stehen, so pflegen sie ihre Ordnung nicht auf alle Vorgänge zu erstrecken, die sich irgendwo und in irgendwelchen Kreisen abspielen.", a.a.O. S. 98

840 Dagegen sind Verpflichtungen des Staates gegenüber Privaten bereits eindeutig lokalisiert, a.a.O. S. 107 f.

841 a.a.O., S. 105

842 a.a.O., S. 136

einseitig die Geltung inländischen Rechts beschränken[843]. Dabei sei ein Staat grundsätzlich auch dann frei, wenn der zu regelnde Sachverhalt gleichzeitig auch von einem anderen Staat wegen dessen Beziehungen hierzu geregelt werden darf, wobei eine völkervertragsrechtliche Abgrenzung dieser konkurrierenden Zuständigkeiten zulässig ist[844]. Über Angelegenheiten einer ausländischen Verwaltung dürften inländische Behörden nie entscheiden. Eine Ausnahme macht Neumeyer dann, wenn Rechtsfragen des ausländischen öffentlichen Rechts nur Vorfragen für die inländische Rechtsanwendung sind, mit Hinweis auf die völkerrechtliche Schranke, daß auch hier nicht in die inneren Angelegenheiten des fremden Staates eingegriffen werden dürfe[845].

Eine Behörde dürfe grundsätzlich nur eigenes Verfahrensrecht anwenden. Aber auch materiellrechtlich verfahre sie nur nach eigenem Verwaltungsrecht, weil die öffentlichrechtliche Beziehung nur einem bestimmten Staat gegenüber begründet ist. Auch in Fällen der Überwirkung tritt diese nur aufgrund der freien - gegebenenfalls durch völkervertragsrechtliche Bindung festgelegte - Entscheidung des Inlands ein[846].

Die Überwirkung werde durch zwei Rechtstechniken aktualisiert: die Verweisung auf fremdes Recht und die Heranziehung dieses Rechts als Vorfrage im Inland. Die Verweisung kennzeichnet Neumeyer als zweiseitige Kollisionsnorm[847], seine Darstellung läßt aber nicht eindeutig erkennen, ob es sich hier nach seiner Auffassung um eine Anerkennung oder ausschließlich um eine echte Anwendung ausländischen Rechts handelt[848]. Die Verweisung setzt nach Neumeyer die Gültigkeit des fremden Rechts nach dem fremden Staatsrecht, die völkerrechtliche Anerkennung des fremden Staates und seine völkerrechtliche Zuständigkeit zum Erlaß der konkreten Rechtsregel[849] voraus.

---

843 Auch dies ist ein Unterschied zu den privatrechtlichen Kollisionsnormen, a.a.O., S. 115 f.

844 a.a.O., S. 116

845 a.a.O., S. 158 f. Beispiel ist der Schadensersatzanspruch gegen einen ausländischen Beamten wegen Amtspflichtverletzung im Ausland oder eines fremden Konsuls wegen einer Amtshandlung im Inland. Als weiteres Beispiel nennt Neumeyer Schadensersatzansprüche wegen Erschleichung eines ausländischen Verwaltungsakts

846 a.a.O., S. 173 f.

847 Die er damit offensichtlich auch im internationalen Verwaltungsrecht für möglich hält

848 a.a.O., S. 176 f. Die Anerkennung ist auch nach Neumeyer eine Zustimmungen zu Aussagen über Tatsachen oder über die rechtliche Bewertung von Vorgängen und Zuständen, a.a.O., S. 295

849 a.a.O., S. 221 ff.

Öffentliches Recht als Vorfrage[850] könne in vielen Fallgestaltungen auftreten. Dies ist etwa bei Gegenseitigkeitsklauseln gegeben, wie sie zum Beispiel in der Staatshaftung vorliegen[851]. Sie sehen vor, daß Ausländer nur dann Haftungsansprüche im Inland geltend machen können, wenn dies nach ihrem Heimatrecht auch für Deutsche möglich ist. Bei der Vermeidung von Doppelbesteuerung oder Doppelbestrafung ist die ausländische Hoheitstätigkeit die Voraussetzung für die Einschränkung nationalen Rechts. Es besteht ein Bedingungszusammenhang zwischen dieser Tätigkeit und ihrem Ergebnis einerseits und dem inländischen hoheitlichen Handeln andererseits. Dieser Zusammenhang wird durch inländisches Recht hergestellt.

Diese Darstellung des internationalen Verwaltungsrechts als Essenz des Lebenswerks von Karl Neumeyer imponiert in ihrer umfangreichen Systematik und intensiven Durchdringung der Materie. Gleichwohl handelt es sich in Deutschland um den letzten großen Versuch eines Öffentlichrechtlers, das internationale Verwaltungsrecht als eigenständige kollisionsrechtliche Materie parallel zum internationalen Privatrecht zu entwickeln[852]. Dies dürfte unter anderem auf die Kritik von Klaus Vogel an den Grundlagen dieser Gleichsetzung zurückzuführen sein[853], die an den Grundvoraussetzungen des Internationalen Privatrechts nach Savigny ansetzt. Dieser hatte nämlich als Vertreter der historischen Rechtsschule das Zivilrecht als vorgegebene Ordnung des Volksrechts angesehen, welche vom Staat nicht geschaffen, sondern lediglich durchgesetzt wird[854], eine Konzeption, welche auch den im 19. Jahrhundert in Deutschland aufkommenden Dualismus von Staat und Gesellschaft reflektiert[855]. Daraus begründet sich die Autonomie des Kollisionsrechts vom materiellen Privatrecht. Der Staat sucht sich nach Gerechtigkeitsgesichtspunkten unter mehreren in Frage kommenden

---

[850] a.a.O., S. 182 - 193

[851] So für den Bund § 7 des Gesetzes über die Haftung des Reichs für seine Beamten vom 22.5.1910, BGBl. III 2030-9

[852] Diese Zielsetzung beschreibt Neumeyer, a.a.O. (Anm. 171) im Vorwort (S. V) mit den Worten: ".... für das Verwaltungsrecht, und zunächst für das Recht der inneren Verwaltung diejenigen Lehren zu entwickeln, die für das Privatrecht, dessen Sonderart entsprechend, die Lehre vom internationalen Privatrecht längst behandelt hat. Also und in erster Reihe, die örtlichen Grenzen aufzuzeigen, innerhalb deren das Verwaltungsrecht eines Staats für dessen verschiedene Aufgaben Geltung besitzt, und die rechtliche Überwirkung festzustellen, die von fremder Verwaltung auf das Recht dieses Staates ausgeübt wird."

[853] a.a.O. (Anm. 43)

[854] Vogel,, a.a.O. (Anm. 43), S. 217 ff. Vogel weist darauf hin, daß hier Parallelen zur Rechtslehre von Immanuel Kant deutlich werden

[855] Vgl. hierzu Hegel, G. W. F., Grundlinien der Philosophie des Rechts oder Naturrecht und Staatswissenschaft im Grundrisse (1821), § 182 ff.

gleichwertigen Rechtsordnungen diejenige aus, welche dem Fall am nächsten steht.

Diese Grundlegung zeigt aber nach Vogel, daß ein paralleles Kollisionsrecht im Verwaltungsrecht nicht existiert. Denn das öffentliche Recht ist Ausdruck der Staatsgewalt selbst, es gibt keine Trennung zwischen Bestand der rechtlichen Regel einerseits und staatlicher Durchsetzung andererseits[856]. Es gibt keine Gleichwertigkeit eigenen und fremden Verwaltungsrechts für einen Staat. Das Verwaltungsrecht setzt die hoheitlichen Ziele durch, es ist zentral auf die Verwirklichung der Ordnung der Lebensverhältnisse auf dem eigenen Staatsgebiet ausgerichtet. Verweisung oder Anerkennung[857] unterscheiden sich daher in ihrer Motivation von den Phänomenen gleichen Namens im internationalen Privatrecht. Während das zivilrechtliche Kollisionsrecht eine echte "Metarechtsordnung", autonom vom sachlichen Recht, ist[858], sind die Grenznormen und Verweisungen des internationalen Verwaltungsrechts Bestandteil der materiellen Rechtsnormen[859].

Ein eigenes Kollisionsrecht ist nach Vogel hierfür nicht erforderlich, denn außer dem Geltungswillen, der in der jeweiligen Norm selbst zum Ausdruck kommt, gibt es keine weiteren kollisionsrechtlichen Interessen wie kollisionsrechtliche Gerechtigkeit oder Entscheidungsharmonie, die ad hoc zu verwirklichen sind[860]. Vogel bestreitet also die Existenz eines eigenen Grenzrechts wie es Neumeyer entwickeln wollte[861]. Die Frage der Grenznormen und der Überwirkung könnten pragmatisch zwar als gesonderter Bereich behandelt werden, aber nicht als allgemeiner Teil eines internationalen Verwaltungsrechts, sondern als Thema des besonderen Teils des Verwaltungsrechts[862]. Hierfür bleibt nach Vogel dann nur noch ein Restbestand der von Neumeyer angesprochenen

---

856 Vogel, a.a.O. (Anm. 43), S. 237

857 Die Anerkennung wird als Unterfall der materiellrechtlichen Verweisung angesehen, vgl. Vogel, a.a.O. (Anm. 43), S. 301

858 Vogel, a.a.O. (Anm. 43), S. 275

859 Vogel, a.a.O. (Anm. 43), S. 299 ff. Echte Metarechtsnormen gibt es in diesem Bereich nur in hierarchisch höheren Rechtsordnungen, also etwa in Art. 31 GG für die Kollision zwischen Bundesrecht und Landesrecht und im Grundsatz des Vorranges des Gemeinschaftsrechts zwischen EG - Recht und dem Recht der Mitgliedstaaten, nicht jedoch gleichrangige Normen wie Doppelbesteuerungsabkommen, a.a.O., S. 301 ff.

860 Vogel, a.a.O. (Anm. 43), S. 295 f.; Vogel, K., Qualifikationsfragen im internationalen Verwaltungsrecht. Dargestellt an der Qualifikation tschechoslowakischer Dienstverhältnisse im Rahmen des Gesetzes zu Art.131 GG, Archiv des öffentlichen Rechts 84 (1959), S. 54-73, 62

861 Vgl. auch Vogel, a.a.O. (Anm. 807), S. 6

862 Vogel, a.a.O. (Anm. 43), S. 313 f.

Fragen aktuell[863]: der Anwendungsbereich der eigenen Verwaltungsrechtsnorm, die Anwendung fremden Verwaltungsrechts als Rechtsfolge- oder Tatbestandsverweisung und die Anerkennung fremder Hoheitsakte ohne "révision au fonds".

Biscottini[864] behandelt die Fragen des internationalen Verwaltungsrechts nicht als kollisionsrechtliche Problematik. Er geht vom Doppelcharakter des Verwaltungsakts aus: Hoheitsakt und Quelle staatlicher Verpflichtung. In letzterer Hinsicht ist er nicht extraterritorial anwendbar, weil die Verpflichtung nur im Inland eingelöst werden kann. Ein Staat kann die Verpflichtungen eines ausländischen Staates zu seinen eigenen machen - dies ist etwa der Fall bei der hier so genannten eigennützigen Anerkennung. Dies geschieht aufgrund vertraglicher Verpflichtung oder aufgrund der comitas gentium. Die Voraussetzungen der vom Inland übernommenen Verpflichtungen eines ausländischen Staates werden dem ausländischen Recht entnommen, soweit es um einen ausländischen Hoheitsakt geht, tatsächliche Voraussetzungen eines solchen Aktes können dagegen im Inland noch einmal geprüft werden, weil insoweit nicht der ausländische Akt konterkariert, sondern nur die Übernehmbarkeit seiner Verpflichtungen im Inland verifiziert werden soll[865].

Biscottini unterscheidet bei der "attribution d'efficacité à un acte étranger" zwischen der reinen Anerkennung eines ausländischen Hoheitsakts als solchem und der Anerkennung der durch einen solchen Akt geschaffenen rechtlichen oder faktischen Situation. Ein Staat kann dies im ersten Fall zur Durchsetzung des ausländischen Aktes tun - so etwa im Fall der fremdnützigen Anerkennung zur Vollstreckung. Im zweiten Falle wirkt der ausländische Hoheitsakt nur mittelbar im Inland[866]. Diese "attribution" orientiert sich in der Regel an den ausländischen Verfahrens- und Zuständigkeitsvorschriften[867]. Während im internationalen Privat- und Zivilprozeßrecht die Vereinbarkeit mit dem ordre public zu prüfen sei, trete dieses Problem im Verwaltungsrecht nicht auf, weil die Anwendung eines fremden Hoheitsakts immer auf der inländischen Verweisungsnorm beruhe ebenso wie die Rechtsfolgen und dieser Akt nur dafür entscheidend ist, daß die faktischen Voraussetzungen für

---

863 Vogel, a.a.O. (Anm. 43), S. 316 ff.

864 Biscottini, G., L'efficacité des actes administratifs étrangers, RdC 104 (1961 III), S. 635-697. Vgl. auch ders., Diritto amministrativo Internazionale, Bd. 1 (1964), Bd. 2 (1966). Hierzu Matscher, F. , Gibt es ein Internationales Verwaltungsrecht?, in: Fs. f. G. Beitzke (1979), S. 641 - 649

865 A.a.O., S. 651

866 A.a.O., S. 662

867 A.a.O., S. 670

seinen Erlaß vorgelegen haben[868] - dies ist der Fall der eigennützigen Anerkennung. Der Unterschied hinsichtlich des ordre public - Vorbehalts, den Biscottini hier aufzeigt, besteht aber nicht zwischen Verwaltungsrecht einerseits und Zivilrecht sowie Zivilverfahrensrecht andererseits, sondern zwischen eigennütziger und fremdnütziger Anerkennung, denn die Anerkennung eines ausländischen Verwaltungsakts zum Zwecke der Inlandsvollstreckung wird auch im öffentlichen Recht durch den inländischen ordre public begrenzt.

Die Anerkennung eines fremden Verwaltungsakts setze die internationale Zuständigkeit des ausländischen Staates wie auch des bezugnehmenden, also etwa des anerkennenden Staates voraus[869]. Insoweit bezieht sich Biscottini auf eine völkerrechtliche Begrenzung der Jurisdiktion, die auch im internationalen Verwaltungsrecht immer zu beachten ist.

Wird ein ausländischer Verwaltungsakt nur als Beweis für das Vorliegen von Fakten genommen und dies dann einem inländischen Akt zugrundegelegt, so hat er nur die Funktion eines Dokuments, so daß die internationale Zuständigkeit des ausländischen Staates keine Rolle spielt. Die Einhaltung des im fremden Staat vorgesehenen Verfahrens garantiert nur die Richtigkeit des Inhalts. Dies wäre etwa der Fall bei der Anerkennung einer ausländischen Prüfung[870]. Biscottini betont die sachliche Notwendigkeit, in einer Zeit zunehmenden grenzüberschreitenden Verkehrs ausländische Verwaltungsakte direkt oder indirekt auch im Ausland Effektivität zu verschaffen[871]. Dies gilt für die fremdnützige wie die eigennützige Anerkennung.

c) Allgemeine Voraussetzungen

Wenn man nach dem Rechtscharakter des internationalen Verwaltungsrechts fragt, so liegt der Vergleich mit dem internationalen Strafrecht einerseits und dem internationalen Privatrecht andererseits nahe. Beide zuletzt genannten Materien sind echte Kollisionsrechte in dem Sinne, daß sie einem materiellen Recht zugeordnet sind, was überwiegend unabhängig von der Ausdehnung des Regelungsbereichs formulierte Normen enthält, und daß sie den Regelungsbereich dieser Normen in Fällen mit Auslandsberührung definieren. Die Übereinstimmung der Prinzipien beider Kollisionsrechte geht aber noch ein Stück weiter. Das Strafrecht kennt ausschließlich zwingende Normen, das Zivilrecht hat in

---

[868] A.a.O., S. 672
[869] A.a.O., S. 682
[870] A.a.O., S. 689
[871] A.a.O., S. 694 f.

beschränktem Umfang selbst - wie noch zu erörtern sein wird - international zwingende Normen und darüber hinaus den Bereich der zwingenden zivilrechtsgestaltenden öffentlichrechtlichen Normen, die man beide zusammen als Eingriffsnormen bezeichnet. Insoweit müssen beide Kollisionsrechte vom unbedingten Anwendungswillen des nationalen Gesetzgebers ausgehen.

Während aber das internationale Privatrecht bei den Eingriffsnormen des eigenen Rechts eine Bestimmung des Regelungsbereichs durch den Normsetzer vorfindet und darüber hinaus nach Gesichtspunkten der internationalprivatrechtlichen Interessen über die Anwendung ausländischer Eingriffsnormen befindet, legt das internationale Strafrecht einseitig den Regelungsbereich des nationalen Strafrechts bei Auslandstaten fest. Es ist die Konkretisierung des unbedingten Durchsetzungswillens dieses Rechts.

Das internationale Verwaltungsrecht hat mit dem internationalen Strafrecht den Charakter der materiellrechtlichen Normen als spezifische Ordnungsregelung für den betreffenden Staat gemeinsam. Es legt die Grenzen bei der Berührung dieser Ordnung mit Auslandssachverhalten einseitig fest. Insoweit ist es ein normorientiertes Rechtsanwendungsrecht, welches den Bezug dieser Normen zum Gebiet - wie etwa bei Bergbauregelungen - zum Kreis der Personen, welche der Personalhoheit unterliegen und zur staatlichen Lebensordnung anknüpfend festlegen. Der Ordnungsbezug ist auch verbunden mit dem Territorium, auf dem diese Ordnung errichtet ist, aber er ist ein Gesichtspunkt des sachlichen Regelungsbereiches staatlicher Normen und daher nicht auf das Territorium festgelegt.

Strafrechtliches und verwaltungsrechtliches Rechtsanwendungsrecht sind also bezogen auf den Anwendungswillen des Normsetzers. Aber die spätere Erörterung der internationalprivatrechtlichen Behandlung von Eingriffsnormen wird zeigen, daß auch dieses Kollisionsrecht insoweit normbezogen ist. Nur sind die kollisionsrechtlichen Anwendungsgesichtspunkte unterschiedlich. Immer wenn ein Sachverhalt einen Auslandsbezug aufweist, sei es durch die beteiligten Personen, den Ort der in Frage stehenden Handlungen oder die Belegenheit von Gegenständen oder Rechtsverhältnissen[872], entsteht die Frage, ob ein Staat hierauf eigenes oder fremdes Recht anwenden soll, will oder muß. Dabei sind im internationalen Privatrecht zwei Aspekte von besonderem Interesse: aus welchen Gründen sollte ein Staat ein anderes Recht an-

---

[872] Wengler, a.a.O. (Anm. 678), S. 3 spricht von "heterogen verknüpften Sachverhalten"

wenden als sein eigenes und nach welchen Kriterien bestimmt sich das anwendbare Recht?

Das Zivilrecht berücksichtigt bei seiner Anwendungsentscheidung, die zweiseitig nach der Anwendung des eigenen und derjenigen eines fremden Rechts fragt, den seit Savigny anerkannten Gesichtspunkt der grundsätzlichen Gleichwertigkeit aller Zivilrechtsordnungen. Bei den Eingriffsnormen muß es diesen Ansatz modifizieren, aber auch dort sind die internationalprivatrechtlichen Interessen vollständig bei der kollisionsrechtlichen Entscheidung über die Anwendung ausländischer Eingriffsnormen zu berücksichtigen. Das Strafrecht und das Verwaltungsrecht gehen dagegen von der Einzigartigkeit der jeweiligen staatlichen Lebensordnung und dem unbedingten Gestaltungswillen des Hoheitsträgers für diese Ordnung aus. Ausländische Ordnungen sind nicht gleichwertig. Ihre Ordnungsnormen werden nicht auf Fälle mit Auslandsberührung angewendet, weil dies gerechter ist, sondern nur dann, wenn sie der Staat zur Verfolgung eigener Zwecke oder aufgrund freiwillig eingegangener internationaler Verpflichtungen in das nationale Ordnungsrecht integrieren will.

Der Normbezug ist also ein anderer als beim internationalen Privatrecht hinsichtlich der Eingriffsnormen. Wie noch später zu erörtern sein wird, wird diese Orientierung am Anwendungs- und Durchsetzungswillen der Staaten dort eher als ein unvermeidbarer Nachteil angesehen, welcher die Gewichte der internationalprivatrechtlichen Gerechtigkeit zugunsten des staatlichen Anwendungswillens verschiebt. Im Strafrecht und im Verwaltungsrecht aber ist es positiv die souveräne und selbstbestimmte Ordnungsgestaltung, welche in diesem Anwendungswillen zum Ausdruck kommt. Der Ordnungswille ist nicht ein Hindernis, sondern zentraler Bestandteil der Regelung.

Dies bedeutet nicht, daß wegen dieses Charakteristikums im Strafrecht und im Verwaltungsrecht die Anwendung fremden Rechts ausgeschlossen ist. Die Erörterung des internationalen Strafrechts hat gezeigt, daß bei der Anknüpfung nach dem aktiven Personalitätsprinzip dort, wo auch die Strafbarkeit nach dem Tatortrecht gefordert wird, dieses fremde Recht aus kollisionsrechtlichen Erwägungen auch der Gerechtigkeit gegenüber Privaten insoweit angewendet wird, als es kumulativ eine Voraussetzung für die Strafbarkeit nach eigenem Recht ist. Auch im internationalen Verwaltungsrecht wird, dies wird ein Blick auf die Praxis zeigen, zuweilen fremdes Recht entweder aufgrund völkerrechtlicher Verpflichtung oder aufgrund eigenen staatlichen Interesses angewendet.

In der Regel fragen aber internationales Strafrecht und internationales Verwaltungsrecht nicht nach der Anwendung fremden Rechts, sondern bestimmen einseitig den Regelungsbereich des eigenen Rechts. Die fremde Ordnung soll nicht durchgesetzt werden, außer im Bereich der Rechtshilfe. Nur wo dies der eigenen Ordnung nützlich erscheint, wird fremdes Recht angewendet oder - häufiger - werden fremde Hoheitsakte anerkannt.

Trotzdem gibt es, jedenfalls auf den ersten Blick, auch Unterschiede zwischen dem internationalen Strafrecht und dem internationalen Verwaltungsrecht. Letzteres ist bisher nur an den öffentlichen Interessen des Staates orientiert. Es enthält auch bis auf wenige Ausnahmen keine eigenen Kollisionsnormen, sondern jede Norm legt ihren Regelungsbereich selbst fest, bestimmt die anzuwendenden ausländischen Normen oder die ausländischen Hoheitsakte konkret. Bei genauerer Prüfung aber ist dies kein echter Unterschied. Denn im Strafrecht sind die Kollisionsnormen vor die Klammer gezogene Bestimmung des Regelungsbereichs aller beziehungsweise in einigen Fällen auch nur bestimmter Straftatbestände. Dies gibt es auch im Verwaltungsrecht, wie sich etwa an § 98 Abs. 2 GWB zeigt, wonach die materiellen Tatbestände dieses Gesetzes auf alle Wettbewerbsbeschränkungen Anwendung finden, "die sich im Geltungsbereich dieses Gesetzes auswirken, auch wenn sie außerhalb des Geltungsbereichs dieses Gesetzes veranlaßt werden". Diese Norm hat nämlich selbst noch keinerlei Eigenwert. Sie könnte auch jeder einzelnen Sachnorm hinzugefügt werden, daher rührt ihr Charakter "vor der Klammer".

Eigene Kollisionsnormen kommen im Verwaltungsrecht nur deshalb seltener vor, weil einerseits der Regelungsbereich verwaltungsrechtlicher Normen wegen ihres Regelungsgegenstandes seltener überhaupt an Auslandssachverhalte anknüpft und weil andererseits diese Anknüpfung punktuell auf ganz bestimmte Normen bezogen ist und nicht oft so wie bei der erwähnten Norm des GWB, alle materiellrechtlichen Normen eines Gesetzes erfaßt.

Das internationale Privatrecht ist als Kollisionsrecht eine eigene, sehr differenziert entwickelte Rechtsmaterie, weil das materielle Recht sich um die Frage, ob ein Sachverhalt rein innerstaatlich oder ob er mit dem Ausland verknüpft ist, von Ausnahmefällen abgesehen, überhaupt nicht kümmert. Das Strafrecht und das Verwaltungsrecht sind aber, auch wenn sich darin vor die Klammer gezogene Kollisionsnormen finden, an der eigenen Ordnung final ausgerichtet und regeln Auslandsbezüge nur dort, wo dies aus dieser Finalität heraus notwendig erscheint. Während also im Privatrecht die Kollisionsnormen einen von den materiellrechtlichen Normen verschiedenen Regelungsinhalt und hiervon verschiedene methodische Kategorien haben, sind die Kollisionsnormen in den beiden anderen Rechtsgebieten unmittelbarer Bestandteil der materiellrechtlichen Regelung, räumliche Umgrenzung von deren Ordnungswillen und im Verwaltungsrecht auch nur ganz selten selbständige Normen.

So fragt es sich denn, ob man im Strafrecht und im Verwaltungsrecht überhaupt von Kollisionsrecht reden kann in dem Sinne, wie dies in Orientierung am internationalen Privatrecht definiert wurde. Wenn man diesen Begriff nur auf die Gesichtspunkte der Bestimmung des territorialen, persönlichen und sachlichen Regelungsbereichs von Normen begrenzen will, so bleibt Kollisionsrecht eine rein deskriptive Zuordnung von Normen mit dem Regelungsgehalt eines Rechtsanwendungsrechts und existiert in allen drei Gebieten. Wenn aber die methodische Selbständigkeit das entscheidende Kriterium wäre, dann gäbe es bisher Kollisionsrecht nur im Zivilrecht, während in den beiden anderen Gebieten nur punktuelle Rechtsanwendungsnormen existierten.

Die Entscheidung dieser Frage ist aber rein terminologischer Natur. Der Begriff des Kollisionsrecht wird hier im rein deskriptiven, also im weiteren Sinne gebraucht und umfaßt alle Rechtsanwendungsnormen. Wissenschaftlich signifikant ist eine solche Zuordnung aber nur, wenn die Behandlung dieser Normen eine zusätzliche methodische Anstrengung verlangt. Vogel befand deshalb, daß ein eigenes verwaltungsrechtliches Kollisionsrecht nach dem bisherigen Bestand des materiellen Verwaltungsrechts nicht notwendig sei[873]. Dies ist für das klassische Verwaltungsrecht sicher richtig, wie es auch für das Strafrecht richtig wäre. Die Jurisdiktionskonflikte im öffentlichen Wirtschaftsrecht werden aber zeigen, daß in beiden Materien hierdurch Fragen aufgeworfen werden, die über den materiellen Regelungsinhalt des Rechts hinausgehen.

d) Einseitigkeit des Internationalen Verwaltungsrechts

Wie bereits erwähnt, ist als ein entscheidender Gesichtspunkt des Internationalen Verwaltungsrechts immer wieder, bereits von Otto Mayer, aber auch von Neumeyer, Isay und anderen Autoren[874] der Gesichtspunkt der "Einseitigkeit" des öffentlichen Rechts hervorgehoben worden, wonach ein Staat grundsätzlich nur eigenes Recht anwendet und dessen Regelungsbereich kollisionsrechtlich bestimmt. Die Betonung der Einseitigkeit des öffentlichen Rechts beruht auf dem Grundgedanken, daß jeder Staat nur sein eigenes Verwaltungsrecht anwenden will, nur seine eigenen öffentlichen Zwecke fördern will, sich aber nicht in die

---

[873] Vogel, a.a.O. (Anm. 807), S. 4

[874] Vgl. etwa Steindorff, E., Verwaltungsrecht, Internationales, Strupp-Schlochauer, Wörterbuch des Völkerrechts, Bd.3 (1962), S. 581 - 584, 581; Lipstein, a.a.O. (Anm. 413), S. 66

Förderung solcher Zwecke des Auslands einschaltet, weil hieran kein Interesse besteht[875]. Dies ist im übrigen ein weiterer Unterschied zum Strafrecht, welches in Gestalt des Universalitätsprinzips durchaus an gemeinsame Interessen der Staatengemeinschaft anknüpft und trotzdem einseitig ist.

Neumeyer begründet die Einseitigkeit sogar mit dem Verbot der Einmischung in Angelegenheiten anderer Staaten[876]. Allerdings zeigt sich gerade bei Neumeyer, daß dieses Postulat der Einseitigkeit in der Analyse wie auch in der Begründung der völkerrechtlichen Verpflichtung hierzu nicht haltbar ist. Denn Neumeyer muß die Verweisung und Anerkennung als Transformation des ausländischen in inländisches Recht qualifizieren, um die These der Einseitigkeit retten zu können[877]. Diese Theorie, welche im internationalen Privatrecht ihre Parallele in der "local law theory" findet, vermag aber das privatrechtliche nicht von einem verwaltungsrechtlichen Kollisionsrecht zu unterscheiden, weil in jedem Falle Geltungsgrund des angewendeten ausländischen Rechts, sei es Privatrecht oder öffentliches Recht, die Kollisionsnorm oder der Anwendungsbefehl ist, gleich ob sie als Transformations-, Adoptionsnorm oder als Vollzugsbefehl zu bewerten ist.

Hierauf verweist Neumeyer selbst mit seiner These, daß Verweisungen ausländisches Verwaltungsrecht in inländisches umsetzten[878]. Es ist auch nicht ersichtlich, wie ohne besondere, im konkreten Fall möglicherweise hinzutretenden Umstände eine solche Verweisung oder Anerkennung das Völkerrecht verletzen soll[879]. Das Interventionsverbot ist keine Schranke. Es bezieht sich nur auf die inneren Angelegenheiten anderer Staaten, nicht dagegen auf die Frage, ob auf eigene innere Angelegenheiten in besonderen Fällen ausländisches Recht angewendet werden soll. Auch können durchaus eigene hoheitliche Interessen für die Anwendung ausländischen öffentlichen Rechts sprechen.

Für Vogel ist die Einseitigkeit des öffentlichen Rechts eine Option, ein dogmatisches Axiom, das aber von keiner völkerrechtlichen Verpflich-

---

875 Steindorff, a.a.O., 582

876 Neumeyer, a.a.O. (Anm. 171), S. 115 f.

877 Neumeyer, a.a.O. (Anm. 171), S. 184 f. in möglichem Widerspruch zu S. 175; hierzu Vogel, a.a.O. (Anm. 43), S. 204

878 Sie ist bereits deshalb fraglich, wenn - wie im Regelfall - auf die ausländische Rechtsnorm in ihrem jeweiligen Bestand Bezug genommen wird

879 Denkbar wäre es, daß der verweisende oder anerkennende Rechtsakt selbst ohne Jurisdiktionsbefugnis des betreffenden Staates erginge und gleichzeitig die Norm, auf die verwiesen wird, ihrerseits von keiner Jurisdiktionsbefugnis des erlassenden Staates gedeckt ist

tung der Staaten gefordert wird[880]. Rein theoretisch wäre für ihn auch ein internationales Verwaltungsrecht mit - allerdings spezielleren - zweiseitigen Kollisionsnormen denkbar, aber weder wünschenswert noch existent[881]. Dem ist zuzustimmen, aber man muß weiter fragen, ob die Lehre von der Einseitigkeit des internationalen Strafrechts und des Verwaltungsrechts nicht doch einen spezifischen Hintergrund hat.

Im internationalen Privatrecht wird fremdes Recht nach herrschender Lehre, wie bereits erwähnt, als solches im Regelungszusammenhang der Ursprungs - Rechtsordnung angewendet. Im Strafrecht wird fremdes Recht nur als Bedingung für die Anwendung eigenen Rechts behandelt. Im Verwaltungsrecht wird ausländisches Recht inhaltlich, aber mit dem Regelungszweck des eigenen Rechts, der Ordnungsgestaltung, angewendet. Dies gilt auch, wenn es aufgrund einer imm Verhältnis zu anderen Staaten eingegangenen völkerrechtlichen Verpflichtung angewendet wird. Diese Gesichtspunkte begründen eine Einseitigkeit, die über den formalen Aspekt der Anwendung fremden Rechts hinausgeht. Die Dichotomie von einseitigen und allseitigen Kollisionsnormen ist für die öffentlichrechtlichen Regelungsbereiche überhaupt wenig sinnvoll. Denn im privatrechtlichen Kollisionsrecht verweist sie auf die Gleichwertigkeit der Rechtsordnungen. Allseitige Normen entscheiden dort über die Anwendung entweder des eigenen oder des einen oder anderen fremden Rechts. Im Straf- und Verwaltungsrecht gibt es diese Alternativität nicht. Denn hier wird immer nur ein Recht angewendet, das eigene, welches aber in ausgewählten Fällen aus eigenem Zweck auf ein fremdes Recht verweist.

Deswegen ist es auch richtig, hier nicht von der Anwendung fremden Rechts, sondern von der Verweisung auf fremdes Recht zu sprechen. Dies heißt aber nicht, daß eine Anwendung fremden öffentlichen Rechts aufgrund einer allseitigen Kollisionsnorm denknotwendig ausgeschlossen wäre[882]. Der Satz, ein Staat wende nur eigenes öffentliches Recht an, gilt also nur als Aussage einer - nach statistischer Häufigkeit und allgemeiner Interessenlage beurteilten - Regel[883], ist aber keine Aussage einer Pflicht oder einer erzwungenen Enthaltsamkeit. Ein Staat muß aber umgekehrt auch kein ausländisches öffentliches Recht anwenden, wenn ihm dies nicht ausnahmsweise vom Völkerrecht geboten wird[884]. Er ist, wo er sich

---

[880] Vogel, a.a.O. (Anm. 43), S. 201 ff.

[881] Vogel, a.a.O. (Anm. 43), S. 238

[882] Grof, A., Grundsatzfragen des internationalen Verwaltungsrechts am Beispiel des Umweltrechts, in: Mellinghoff/Trute (Hrsg.), Die Leistungsfähigkeit des Rechts (1987), S. 303 - 324, 313 ff.

[883] Vgl. hierzu Vogel, a.a.O. (Anm. 807), S. 4; Grof, A., Zum "Internationalen Verwaltungsrecht", Juristische Blätter 108 (1986), S. 209 - 216, 213

[884] So etwa bei der erörterten Frage der Staatsangehörigkeit

nicht hierzu völkerrechtlich verpflichtet hat, ebenso frei wie im internationalen Privat- und Strafrecht, eigenes Recht anzuwenden, soweit er Jurisdiktion hat, oder sich für die Anwendung fremden öffentlichen Rechts zu entscheiden. Nur ist diese Rechtsanwendung entweder einseitig eigennützig motiviert oder sie erfolgt aufgrund gemeinsamer völkerrechtlicher Verpflichtung. Nur bei der Rechtshilfe ist sie fremdnützig motiviert.

e) Typische Regelungsmuster des Internationalen Verwaltungsrechts

Beispiel für eine typische Regelungstechnik mit Auslandsbezug des deutschen Verwaltungsrechts ist etwa das Lebensmittelrecht. Nach § 47 LMBG dürfen im Grundsatz Lebensmittel, die den Anforderungen des deutschen Lebensmittelrechts nicht entsprechen, nicht in den Geltungsbereich dieses Gesetzes verbracht werden. Die Ordnungsaufgabe des Lebensmittelrechts wird auf das Inland beschränkt und durch ein Importverbot sanktioniert, wobei Zollfreigebiete außer Helgoland hiervon ausgenommen sind, also der Regelungsbereich noch enger gefaßt ist als der Geltungsbereich. Die Regelung ist nicht extraterritorial, denn der entscheidende Anknüpfungstatbestand ist territorial, nämlich die Einfuhr, und die Ordnungswidrigkeiten - Sanktion nach § 54 Abs. 1 Nr. 4 LMBG wird an den Einfuhrtatbestand geknüpft.

Diese Regelung schützt also ausschließlich die Lebensordnung im Inland. Für Export - Lebensmittel, die getrennt gehalten, besonders gekennzeichnet und den deutschen Lebensmittelbehörden unverzüglich gemeldet werden müssen (§ 50 Abs. 2 LMBG), gelten nach § 50 Abs. 1 nur drei Vorschriften des Gesetzes: das Verbot der Herstellung und der Abgabe gesundheitsschädigender Lebensmittel (§ 8), Kosmetika (§ 24) und Bedarfsgegenstände (§ 30). Das deutsche Recht schützt also auch die Gesundheit ausländischer Verbraucher, ist aber nicht mit den anderen Gesichtspunkten wie Kennzeichnung, Verpackung, Schutz vor Täuschung befaßt. Der Gesichtspunkt eines gemeinsamen internationalen Interesses über den Gesundheitsschutz wird darüber hinaus durch Verweis auf internationale Abkommen in § 50 Abs. 1 erweitert.

Insoweit ist die lebensmittelrechtliche Regelung rein einseitig ohne kollisionsrechtlichen Inhalt. Aus der Rechtsprechung des EuGH ergibt sich jedoch, daß alle Waren, die in einem Mitgliedstaat rechtmäßig hergestellt oder vertrieben werden, in allen Mitgliedstaaten verkehrsfähig sind[885], soweit nicht zwingende Erfordernisse etwa des Umweltschutzes[886], des

---

[885] EuGH 20.2.1979 - Rewe (Cassis de Dijon), 120/78 - Slg.1979, 649, 662
[886] EuGH 20.9.1988 - 302/86, Kommission ./. Dänemark - Slg. 1988, 4627

Verbraucherschutzes oder der Lauterkeit des Handelsverkehrs[887] entgegenstehen. Nach Art. 36 EWGV kann unter anderem auch der Gesundheitsschutz Handelshemmnisse rechtfertigen, soweit diese im Rahmen der Verhältnismäßigkeit bleiben[888]. Die ausländische Rechtslage muß also allgemein anerkannt werden, besondere Gesichtspunkte können aber im Rahmen der Grenzen des EG - Rechts inländischem Recht und inländischer Kontrolle unterworfen werden, soweit nicht das Gemeinschaftsrecht bereits eigene Regeln enthält.

Aufgrund verschiedener Verurteilungen der Bundesrepublik Deutschland durch den EuGH stellte das Bundesgesundheitsministerium in einer Bekanntmachung vom 25.7.1990[889] fest, daß § 47 LMBG im Lichte dieser Verpflichtungen auszulegen sei. Danach muß also von den deutschen Behörden unter Anwendung ausländischen Rechts zunächst die grundsätzlich Verkehrsfähigkeit eines Lebensmittels im Ursprungs - EWG - Staat nach dem dort geltenden Recht geprüft werden. Die gesundheitliche Unbedenklichkeit ist weiter nach deutschem Recht zu beurteilen, soweit dies mit dem EWG - Recht vereinbar, also insbesondere verhältnismäßig ist. Dies geschah eine gewisse Zeit lang nach § 37 LMBG in einem Verfahren der Ausnahmegenehmigung, bis sich Deutschland auf Drängen der EWG zu einem besonderen Zulassungsverfahren entschloß, was zunächst ohne gesetzliche Grundlage blieb[890].

Die Verweisung auf fremdes Recht im Lebensmittelrecht erfolgt also aufgrund völker- oder EG - rechtlicher Verpflichtung. Hier braucht man nicht die Qualifikation als eigen - oder fremdnützig, weil insoweit der internationale Vertrag ein gemeinsames Interesse aller Vertragsstaaten begründet, was bei der EWG darüber hinaus noch zu einer Souveränitätsbeschränkung und Vergemeinschaftung der Rechtsordnung geführt hat.

Spezialregeln zu § 47 LMBG gibt es bei produktspezifischen Regeln. So verweist etwa § 28 Abs. 1 der Käseverordnung[891] auf ausländisches Recht,

---

[887] Etwa EuGH 16.12.80 - Fietje, 27/80 - Slg.1980, 3839; EuGH 13.3.1984 - Prantl, 16/83 -, Slg.1984, 1299; EuGH 11.10.1990 - C-210/89, KOM/Italien - EuZW 1991, 156; C-196/89, Nespoli u. Crespi - EuZW 1991, 15; EuGH 12.3.1987 - 178/84, Kommission gegen Deutschland - Slg. 1987, 1262

[888] Vgl. etwa EuGH 12.3.1987 - 178/84, Kommission gegen Deutschland - Slg. 1987, 1262; EuGH 11.5.1989 - 76/86, Kommission gegen Deutschland - Slg. 1989, 103; EuGH 14.7.1988 - 407/85, 3 Glocken - Slg. 1988, S. 4275

[889] Bundesanzeiger Nr. 143 vom 3.8.1990, S. 3950

[890] Bekanntmachung des Bundesgesundheitsministers vom 23.6.1992, Bundesanzeiger Nr. 123 vom 7.7.1992, S. 5386

[891] in der Bekanntmachung der Neufassung vom 14.4.1986 (BGBl. 1986 I, S. 412), zuletzt geändert durch Verordnung vom 12.11.1990 (BGBl. 1990 I, S. 2447)

als im Ausland hergestellte Käse eingeführt werden dürfen, wenn sie im Herstellungsland verkehrsfähig sind. Daneben bedarf es noch einer eigennützigen Anerkennung zulassungsbedürftiger Zusatzstoffe nach § 37 LMBG und der Erfüllung einer zusätzlichen Voraussetzung des deutschen Rechts hinsichtlich der Wärmebehandlung und der Kennzeichnung.

Eine besondere Regelung gilt für Weichkäse aus EG - Mitgliedstaaten. Diese müssen einmal harmonisierten Bestimmungen des Gemeinschaftsrechts entsprechen[892]. Zum anderen müssen sie aus im Ausland speziell ausgewählten Betrieben stammen und dort - vom Herkunftsstaat - untersucht worden sein. Auch diese Regelung basiert - neben der Anwendung des Gemeinschaftsrechts - auf der der Auswahl und der Kontrolle des Auslands, die aber seinerseits konkret von den Gesundheitsministerien der Länder im Benehmen mit dem Bundesgesundheitsminister als dem deutschen Gesundheitsschutz äquivalent anerkannt werden muß.

Die Berücksichtigung ausländischer hoheitlicher Interessen im innerstaatlichen Verwaltungsakt wird in dem Maße häufiger, in dem die Notwendigkeit des Umwelt-, Natur- und Gesundheitsschutzes als internationales gemeinsames Anliegen der Staaten anerkannt ist. So bestimmt etwa § 13 Abs. 1 Nr. 4 des Abfallgesetzes[893], daß Abfälle aus Deutschland unter anderem nur dann ins Ausland ausgeführt werden dürfen, wenn die Entsorgung im Inland nicht möglich oder zumutbar ist und wenn eine amtliche Erklärung aus dem Ausland vorliegt, daß die Entsorgung dort ordnungsgemäß vonstatten gehen wird.

Grundsätze eines international harmonisierten Schutzes bestimmen auch die Regelungen des Pflanzenschutzgesetzes[894]. Nach § 11 bedürfen Pflanzenschutzmittel der Zulassung der Biologischen Bundesanstalt. § 18 sieht vor, daß durch Rechtsverordnung im Ausland erteilte Zulassungen der inländischen Zulassung gleichstehen, wenn gewährleistet ist, daß die Pflanzenschutzmittel den deutschen materiellen Zulassungsvoraussetzungen (§ 15 Abs. 1) entsprechen. Dies ist der typische Fall einer eigennützigen Anerkennung bei Gleichwertigkeit eines ausländischen Verifikationsverfahrens. Die Ausfuhr von gesundheitsgefährdenden Pflanzenschutzmitteln ist nach § 23 grundsätzlich nur zulässig mit besonderer warnender Kennzeichnung auf dem Etikett, soll an internationalen Ver-

---

892 § 28 Abs. 2 Nr. 1 Käseverordnung verweist auf die Richtlinie 85/397/EWG vom 5..8.1985

893 Vom 27.8.1986 (BGBl. 1986 I, 1410), zuletzt geändert durch den Einigungsvertrag vom 31.8.1990 (BGBl. 1990 II, 889, 117)

894 Vom 15.9.1986 (BGBl. 1986 I, 1505), zuletzt geändert durch Gesetz vom 18.6.1990 (BGBl. 1990 I, 1221)

einbarungen und Verhaltenskodizes ausgerichtet werden und kann durch Rechtsverordnung ganz verboten werden.

Eine Anerkennung eines ausländischen Hoheitsakts ist auch etwa vorgesehen in § 37 des deutschen Arzneimittelgesetzes[895], wonach der Bundesgesundheitsminister durch Rechtsverordnung bestimmen kann, daß die Arzneimittelzulassung in einem fremden Staat auch als Zulassung in der Bundesrepublik Deutschland gemäß § 21 des Gesetzes gilt. Diese Vorschrift ist bisher nicht ergangen, eine europäische Harmonisierung wird jedoch für den gemeinsamen Binnenmarkt vorbereitet. Auch insoweit würde es sich um eine Anerkennung aus der Vergemeinschaftung und Harmonisierung eines Lebensbereiches handeln. Die Anerkennung würde sich in diesem Falle auf das Ergebnis der fremden Arzneimittelprüfung beziehen.

Ein weiteres Beispiel in diese Richtung ist die Anerkennung von Berufsbefähigungen. So werden etwa Rechtsanwälte aus dem Ausland zur Berufstätigkeit im Inland auf Grund einer Richtlinie der EWG[896] zur Berufstätigkeit zugelassen[897]. Gleiche Regelungen gibt es für andere durch die EWG bereits harmonisierte Bereiche, insbesondere für die Heilberufe. Die EG-Richtlinie über eine allgemeine Regelung zur Anerkennung der Hochschuldiplome vom 21.12.1988[898] vereinheitlicht die Berufszulassung für viele akademische Berufe in der Gemeinschaft durch Anerkennungspflicht. Für Juristen, die in Deutschland die Zulassung zur Rechtsanwaltschaft begehren, ist dies allerdings ergänzt um zusätzliche Anforderungen. Die entsprechende gesetzliche Regelung für die Bundesrepublik ist am 1.1.1991 in Kraft getreten[899] und sieht eine Zusatz - Prüfung vor[900], welche von den Justizprüfungsämtern abgenommen wird.

Auch außerhalb der Veranlassung durch die Europäischen Gemeinschaften gibt es eine ganze Reihe von Fällen der Anerkennung fremder Hoheitsakte. Zum Fahren eines Kraftfahrzeugs in Deutschland ist in der Regel ein deutscher Führerschein erforderlich ist (§ 3 StVZO), als Ausnahme aber auch ein nach ausländischem Recht gültiger Führerschein aus-

---

[895] vom 24.8.1976 (BGBl. 1976 I, S. 2445), zuletzt geändert durch Gesetz vom 11.4.1990 (BGBl. 1990 I, S. 717)

[896] Richtlinie 77/249 des Rates vom22.3.1977 (ABlEG 1977 L 78, 17)

[897] Gesetz vom 16.8.1980 in der Fassung vom 14.3.1990 (BGBl. 1990 I, S. 479)

[898] Richtlinie 89/48/EWG, ABl.1989 L 19, 16

[899] Gesetz vom 6.7.1990 zur Umsetzung der Richtlinie des Rates vom 21.12.1988 über eine allgemeine Regelung zur Anerkennung der Hochschuldiplome, die eine mindestens dreijährige Berufsausbildung abschließen, für die Berufe des Rechtsanwalts und des Patentanwalts, BGBl. 1990 I, S. 1349, vgl. hierzu Dörig EuZW 1991, 243

[900] Gegenstände sind Zivilrecht, zwei Wahlfächer und anwaltliches Berufsrecht

reicht[901]. Dies ist ebenfalls ein Fall vertragsrechtlich bedingter Anerkennung[902], welche der Erleichterung des grenzüberschreitenden Verkehrs dient und die Grundlage der nationalen Führerscheinverleihung als sachlich ausreichend anerkennt. Die Grundlage der Erteilung einer Verkehrserlaubnis in einem EG - Mitgliedstaat wird zum Beweis einer nach deutschem Recht erforderlichen Tauglichkeit nach § 15 l StVZO bezüglich des Sehvermögen, der geistigen und körperlichen Eignung, dr Fahrpraxis oder Ausbildung und Prüfung anerkannt. Auch dies ist durch vertragliche Harmonisierung begründet.

Ein Fall der einseitigen Anerkennung ausländischer Hoheitsakte ist diejenige der akademischen Grade[903]. Eine spezifische Beurteilung einer ausländischen Qualifikation wird bei der im Ausland erworbenen Hochschulreife vorgesehen. Nach § 61 Abs. 3 des rheinland - pfälzischen Hochschulgesetzes[904] wird die Studienbefähigung ohne zusätzliche Prüfung nur dann zuerkannt, wenn der Kultusminister die Qualifikation des ausländischen Bewerbers als den deutschen Voraussetzungen gleichwertig anerkennt. Hier ist also der ausländische Hoheitsakt nur faktischer Ausgangspunkt einer inländischen Bewertung, welche die Grundlagen der ausländischen Bewertung heranzieht. Die Anerkennung ist eigennützig und steht unter dem Vorbehalt, daß die Qualifikation auch im Inland noch einmal unter Berücksichtigung der ausländischen Befähigung in einem besonderen Verfahren verifiziert wird.

Im deutschen Verwaltungsrecht gibt es ersichtlich keinen Fall der einseitigen, nicht völkervertragsrechtlich oder EG - rechtlich motivierten Verweisung auf ausländisches Recht. Der Gesichtspunkt der Gegenseitigkeit, welcher eine solche Anwendung motivieren könnte, wird in der Praxis also durch eine völkerrechtliche Verpflichtung abgesichert. Denknotwendig ist dies jedoch nicht. Wenn ein Staat etwa noch keine eigene Gesetzgebung erlassen hat, so kann er diejenige eines anderen Staates als Modell anwenden[905]. In der Regel erfordert die Anwendung fremden Rechts aber zumindest eine informelle vorherige Absprache zwischen den

---

901 § 4 der Verordnung über den internationalen Kraftfahrzeugverkehr vom 12.11.1934 (RGBl. 1934 I, 1137), zuletzt geändert durch die 7. Verordnung zur Änderung straßenverkehrsrechtlicher Vorschriften, BGBl. 1988 I, 2199

902 Internationales Abkommen über Kraftfahrzeugverkehr vom 24.4.1926(RGBl. 1930 II, 1233) und Übereinkommen über den Straßenverkehr vom 8.11.1968 (BGBl. 1977 I, 811)

903 Gesetz über die Führung akademischer Grade vom 7.6.1939, RGBl. 1939 I, 985; geändert durch Gesetz vom 2.3.1974, BGBl. 1974 I, 469

904 in der Fassung vom 9.9. 1987 (GVBl. 1987, 249)

905 Vogel, a.a.O. (Anm. 807), S. 4 berichtet davon, daß die Sowjetunion in den siebziger Jahren kurzfristig ausländische Gesellschaften nach ihrem Heimat - Steuerrecht besteuert haben soll, bis sie ein eigenes Steuerrecht für kapitalistische Unternehmen erließ

Staaten, daß Gegenseitigkeit angestrebt wird. Auch in diesem Fall könnte man eine Rechtsanwendung nicht als eigen- oder fremdnützig einstufen, weil der Gesichtspunkt der Gegenseitigkeit der Rechtsanwendung beide Komponenten enthält.

Im Prozeßrecht, das dem öffentlichen Recht zuzuordnen ist[906], wird ausländisches Recht in Ausnahmefällen einseitig kollisionsrechtlich angewendet[907]. So ist nach § 50 ZPO parteifähig, wer rechtsfähig ist. Die Rechtsfähigkeit bestimmt sich gemäß § 55 ZPO nach dem Recht des Heimatstaates. Subsidiär bestimmt diese Vorschrift darüber hinaus, daß ein Ausländer, dem nach dem Recht seines Landes die Prozeßfähigkeit mangelt, als prozeßfähig gilt, wenn ihm nach deutschem Recht die Prozeßfähigkeit zusteht. Wenn in einem ausländischen Staat dagegen die Prozeßfähigkeit in weitergehendem Umfang besteht als nach deutschem Recht, so gilt das ausländische Recht. Weiter ist nach ganz herrschender Meinung eine ausländische Rechtshängigkeit als Einwendung zu beachten[908]. Die Frage, ob eine solche Rechtshängigkeit vorliegt, wird nach ausländischem Verfahrensrecht entschieden[909].

Ein weiterer Fall der kumulativen Anwendung fremden öffentlichen Rechts findet sich im Strafrecht durch das Prinzip der doppelten Strafbarkeit, welches nach § 7 StGB bei Auslandstaten gegen Inländer aufgrund des passiven Personalitätsprinzips für Auslandstaten von Deutschen und für die stellvertretende Strafrechtspflege zur Anwendung kommt.

Ein Fall der fremdnützigen Anerkennung ausländischer Hoheitsakte im Verwaltungsrecht ist die Rechtshilfe für das Ausland in verwaltungsrechtlichen Angelegenheiten[910]. Dies ist zwar noch nicht so weit verbreitet wie in den Bereichen der Zivilgerichtsbarkeit, wird aber zunehmend in Staatsverträgen insbesondere in Abgaben- und Zollsachen[911] vereinbart. Ohne solche Verträge sind die Staaten frei, ausländischen Staaten Rechtshilfe zu leisten. Sie sind hieran nicht gehindert, denn es bleibt ihre souveräne Entscheidung. Dies zeigt sich umgekehrt bei Rechtshilfeverträgen im übrigen dadurch, daß praktisch immer ein ordre public - Vor-

---

906 Rosenberg / Schwab, Zivilprozeßrecht, 14. Aufl. (1986), S. 5 f.

907 Vgl. Schack, a.a.O. (Anm. 527), S. 2

908 Schack, a.a.O. (Anm. 527), S. 276 ff.

909 BGH NJW 1986, 662, 663

910 Hierzu etwa Loebenstein, International Mutual Assistance in Administrative Matters (1972); Mayer, P., Le rôle du droit public en droit international privé, Revue internationale de droit comparé, Revue Internationale de Droit Comparé 1986, S. 467 - 485; Papier, H.J. / Olschewski, B.D., Vollziehung ausländischer Verwaltungsakte, DVBl. 91 (1976), S. 475-482

911 Vgl. die im Fundstellennachweis B zum Bundesgesetzblatt Teil II, Sachgebiet IV 10 aufgeführten bi- und multilateralen Abkommen

behalt dem ersuchten Staat die Verweigerung der Rechtshilfe in Sonderfällen gestattet[912].

Aber auch die Rechtshilfe in zivil- und strafrechtlichen Angelegenheiten ist hoheitlicher Natur und gehört damit zum öffentlichen Recht[913]. Ein weiterer Sonderfall fremdnützer Anerkennung kommt im Zivilprozeßrecht vor: die Anerkennung ausländischer Urteile nach § 328 ZPO mit der Folge eines inländischen Vollstreckbarkeitsurteils nach § 723. Dort wird die Rechtmäßigkeit des Urteils in der Sache nicht mehr überprüft, wenn bestimmte Voraussetzungen insbesondere der Zuständigkeit und der Konformität mit dem deutschen ordre public, insbesondere den Grundrechten, gewahrt sind.

f) Verweisung auf ausländisches Recht

Der Grundsatz, welcher in der verwaltungsrechtlichen Lehre häufig zu finden ist, wonach ausländisches öffentliches Recht niemals, ohne vertragliche Grundlage jedenfalls, anzuwenden sei, ist zwar in der deutschen Rechtsprechung und teilweise auch in der Lehre zuweilen noch anzutreffen[914]. Er wird aber von der Rechtsprechung selbst, wie bei der Behandlung von Eingriffsnormen im internationalen Privatrecht noch genauer dargestellt wird, nicht konsequent durchgeführt. Die Entwicklung der Lehre vom internationalen Verwaltungsrecht zeigt vollends, daß ein solcher Grundsatz weder im Völkerrecht noch im innerstaatlichen Recht der Bundesrepublik Deutschland zu finden ist[915].

Auch das Institut de Droit International hat in seiner Wiesbadener Sitzung 1975 eine Resolution angenommen[916], welche den Grundsatz der Nichtanwendbarkeit ausländischen öffentlichen Rechts ablehnt. Es handele sich zum einen um eine tautologische Wiederholung des ordre public - Vorbehalts, zum anderen aber führe es zu unerwünschten und mit den Notwendigkeiten der modernen Zeit unvereinbaren Konsequenzen

---

[912] Auch ohne einen solchen ausdrücklichen Vorbehalt im Vertragstext dürfte es sich um eine gewohnheitsrechtliche Prärogative des ersuchten Staates handeln, vgl. Mayer, P., Le rôle du droit public en droit international privé, Revue internationale de droit comparé, Revue Internationale de Droit Comparé 1986, S. 467 - 485, 482 f.

[913] Zur Rechtshilfe in Zivilsachen vgl. etwa Ehrenzweig, A.A., Private International Law (1967), S. 50 - 83

[914] Vgl. nur BGHZ 31, 367, 370 f;

[915] Grof, A., Zum "Internationalen Verwaltungsrecht", Juristische Blätter 108 (1986), S. 209 - 216, 212 f., der von einem "anachrinistischen juristischen Egoismus" spricht. Hoffmann, a.a.O. (Anm. 808), S. 851 - 870, 865; Zweigert, K., Internationales Privatrecht und öffentliches Recht, Fünfzig Jahre Institut für Internationales Recht an der Universität Kiel (1965), 124-157

[916] Institut de Droit International, Annuaire 56 (1975) Resolution

für die internationale Zusammenarbeit. Das Institut zeigt aber zu Recht auf, daß es durchaus Gründe für eine solche Nichtanwendung geben kann, nämlich das mangelnde Interesse eines Staates an der rechtlichen Behandlung von Sachverhalten, die ausschließlich Beziehungen zum Ausland aufweisen, der Wille des ausländischen Gesetzgebers, seine Normen nur in seinem Territorium anzuwenden, die mangelnde Gegenseitigkeit in der Anwendung oder die mangelnde Befugnis in der Verwaltungs- und Verfassungsgerichtsbarkeit, ausländisches öffentliches Recht anzuwenden.

Alle diese Gesichtspunkte werden im Fortgang dieser Untersuchung gerade im öffentlichen Wirtschaftsrecht zu berücksichtigen sein. Im Grundsatz sollte man aber bereits jetzt festhalten, daß staatliche Interessen über die Frage der Verweisung auf ausländisches Recht entscheiden sollten, nicht behauptete völkerrechtliche Grenzen, die in der Rechtspraxis keine Stütze mehr finden[917]. Dies heißt nicht, daß es überhaupt keine völkerrechtlichen Grenzen hierfür gäbe. Die Regeln über die Jurisdiktionshoheit, über die erforderlichen Beziehungen zwischen Staat und zu regelndem Sachverhalt oder Rechtsverhältnis, welche noch genauer erörtert werden, gelten für alles staatliche Recht und damit auch für das Verwaltungsrecht einschließlich der Verweisung auf fremdes Recht.

Das nationale Verwaltungsrecht kann - in den Grenzen des Völkerrechts und des Verfassungsrechts - selbst bestimmen, ob, wann und inwieweit auf ausländisches Verwaltungsrecht verwiesen wird[918]. Dabei soll der Begriff des ausländischen Rechts hier begrenzt werden auf das Recht fremder Staaten. Hoffmann[919] verwendet ihn weiter für alles Recht, was nicht dem staatlichen Recht des anwendenden oder anerkennenden Staat angehört, also auch für das Recht internationaler und supranationaler Organisationen. Dies ist im Prinzip richtig, kompliziert die hier zu untersuchenden Probleme aber um die Spezialfragen des Verhältnisses zwischen dem nationalen Recht und dem Recht internationaler und supranationaler Organisationen, die einer gesonderten Untersuchung bedürfen[920].

---

[917] Ebenso Hoffmann, a.a.O. (Anm. 808), S. 851 - 870, 855

[918] Rudolf, W., Territoriale Grenzen der staatlichen Rechtsetzung, Berichte der Deutschen Gesellschaft für Völkerrecht, Heft 11 (1973), S. 7 - 45, 37 f., der aber dann eine Grenze sieht, wenn der betreffende ausländische Staat der Anwendung seines Rechts widerspricht.

[919] Hoffmann, a.a.O. (Anm. 808), S. 851 - 870, 856, 859 f.

[920] Vgl. hierzu etwa Meng, W., Das Recht Internationaler Organisationen - Eine Entwicklungsstufe des Völkerrechts (1979) und Schreuer, C., Die Behandlung internationaler Organakte durch staatliche Gerichte (1977)

Hoffmann[921] will auch unterscheiden zwischen "bloßer Anwendbarkeit" und Geltung einer ausländischen Norm. Die Geltung entspricht der früher definierten Rechtswirkung der Norm in ihrem Geltungsbereich. Die Anwendbarkeit meint hier die Verweisung oder Anerkennung durch eine Kollisionsnorm. Letztere hat nach Hoffmann die Charakteristik, "daß der einzelne sich in seinem Verhalten zwar nicht nach ihr zu richten braucht, um rechtmäßig zu handeln, wohl aber später in eine rechtliche Situation geraten kann, daß aus dieser Norm Rechtsfolgen an sein von ihr damals nicht geregeltes Verhalten geknüpft werden." Als Beispiel aus dem Zivilrecht nennt er das Eherecht eines fremden Staates. Im Verwaltungsrecht kann diese Auffassung jedoch bereits deswegen nicht bejaht werden, weil dieses auf ausländisches Recht verweist, um damit seinen innerstaatlichen Ordnungswillen durchzusetzen. Die in Bezug genommene ausländische Regelung ist die im Inland anzuwendende Regelung, sie steht nicht neben einer sonst anzuwendenden Inlandsnorm.

Die Verweisung auf ausländisches Recht ausländischer Hoheitsakte ist im innerstaatlichen Verwaltungsrecht die Ausnahme[922]. Deshalb wird eine Vermutung zugunsten der Anwendung deutschen Verwaltungsrechts vertreten[923]. Wenn man diesen Grundsatz nicht im Sinne einer Beweislast versteht, so verbleibt ihm der zutreffende Inhalt, wonach sich im Rahmen der Bindung inländischer Hoheitsträger an Gesetz und Recht aus dem anzuwendenden Recht ausdrücklich oder im Wege der Auslegung ergeben muß, daß auf ausländisches Recht verwiesen werden soll[924].

g) Anerkennung ausländischer Hoheitsakte

Die Anerkennung beruht auf der Hoheitsgewalt und dem Rechtssetzungswillen des anerkennenden Staates[925]. Bereits früher wurde für den Bereich des Zivilrechts festgestellt, daß es keine völkerrechtliche Pflicht zur Anerkennung ausländischer Hoheitsakte gibt. Dies gilt ebenso für das internationale Verwaltungsrecht[926]. Auch hier aber ist die Staatsangehörigkeit anzuerkennen, wenn sie völkerrechtsgemäß verliehen wurde.

---

921 Hoffmann, a.a.O. (Anm. 808), S. 851 - 870, 857

922 Hierzu auch Wengler, a.a.O. (Anm. 678), S. 12 ff.

923 Hoffmann, a.a.O. (Anm. 808), S. 851 - 870, 863

924 Hoffmann, a.a.O., S. 864 sieht auch die Aufgabe der Hoheitsträger darin, bei Schweigen des Gesetzgebers die Frage durch Auslegung zu ermitteln, ob ausländisches Recht Anwendung finden soll. In diesem Sinne ist auch die Entwicklung der "Feldtheorie" Vogels, a.a.O. (Anm. 43) zu verstehen, vgl. hierzu insbesondere seine Ausführungen über die Aufgabe der Gerichtsbarkeit, S. 359 - 375

925 König, K., Die Anerkennung ausländischer Verwaltungsakte (1965) S. 24

926 Hoffmann, a.a.O. (Anm. 808), S. 851 - 870, 868 f.

Die Anerkennung eines ausländischen Verwaltungsakts bedeutet, daß entweder der Tatbestand, der als Grundlage dieses Akts angenommen wurde, auch der Anwendung inländischen Rechts zugrundegelegt wird (eigennützige Anerkennung), oder daß die Rechtsfolge dieses Akts zum Ausgangspunkt für die Rechtsanwendung im Inland genommen wird (fremdnützige Anerkennung)[927]. Das inländische Recht verweist auf das materielle ausländische Recht in einem oder in beiden Aspekten[928]. Die fremdnützige Anerkennung verlängert die Durchsetzbarkeit von staatlichen Akten, auch wenn der Adressat sich dem möglicherweise ins Ausland entzogen hat. Die eigennützige Anerkennung trägt der Tatsache Rechnung, daß häufig andere Staaten faktisch näher an der Beurteilung einer tatsächlichen Situation stehen und diese Beurteilung im Ausland gar nicht in gleicher Effektivität vorgenommen werden kann.

Die fremdnützige Anerkennung zur Vollstreckung im Inland gibt es etwa im Steuerrecht bei der internationalen Beitreibungshilfe[929]. Hier gibt es eine Reihe von Abkommen der Bundesrepublik Deutschland mit anderen Staaten. Innerhalb der EG ist dies durch Amtshilferichtlinien geregelt[930]. Hierauf beruht das Beitreibungsgesetz - EG in Deutschland[931]. Aufgrund dieser Abkommen werden ausländische Steuerbescheide im Inland anerkannt und vollstreckt. Häufig ist entschieden worden, daß ohne ausdrückliche vertragliche Grundlage ausländische verwaltungsrechtliche Hoheitsakte im Inland nicht durchgesetzt würden[932]. Dies ist aber Ausdruck souveräner Entscheidung und findet keinerlei Grundlage in einem Rechtssatz des allgemeinen Völkerrechts[933].

Eine Qualifikation, welche nach einem ausländischen Prüfungs- und Ausbildungssystem erworben wurde, kann im Inland möglicherweise

---

927 Zu den Begriffen Tatbestandsverweisung und Rechtsfolgenverweisung vgl. Vogel, a.a.O. (Anm. 43), S. 316 ff.

928 Weiß, K., Die Anerkennung ausländischer Verwaltungsakte (1932): die Anerkennung führt zu eine materiellrechtlichen Verweisung auf den fremden Hoheitsakt

929 Kluge, V., Das internationale Steuerrecht der Bundesrepublik, 2. Aufl. (1983), S. 257 f.

930 Richtlinie 77/799/EWG vom 19.12.1977 (ABlEG 1977 L 336, 15) ergänzt durch Richtlinie vom 6.12.1979 (ABl.EG 1979 L 331, 4)

931 vom 18.8.1979 (BGBl. 1979 I, 1429)

932 England: High Court of Justice, King's Bench Division 25.06.1923 - King of the Hellenes v. Brostrom and others, Annual Digest 1923 - 1924 Nr. 81; High Court, Queen's Bench Division 01.07.1981 - Ortiz ILR 78, S. 591; High Court, Chancery Division 24.05.1974 - Schemmer, ILR 60, S. 68. Italien: Berufungsgericht Genua 05.01.1932 - Lambertini, Annual Digest 1931/32, Nr. 77; Belgien: Tribunal Civil de Charleroi - 08.01.1930 - Caisse générale locale de secours, Annual Digest 1928/29 Nr. 63; Deutschland: LG Danzig 18.11.1932, Annual Digest 1931/32, Nr. 73

933 A.A. Mann, F.A., The Doctrine of Jurisdiction in International Law, RdC 111 (1964 I), S. 7 - 162, 142 mit Ausnahme des Steuer- und Strafrechts

nicht voll überprüft werden, so daß eine Teilnahme an einer inländischen Ausbildung für die konkrete Prüfung notwendig wäre, ohne daß dies für den Erwerb der Qualifikation selbst erforderlich wäre. Ein erfahrener und kenntnisreicher medizinischer Praktiker, der im Ausland examiniert wurde, ist möglicherweise trotz vorhandener ausreichender Qualifikation nicht in der Lage, eine entsprechende Prüfung im Inland ohne zusätzliche Ausbildung zu bestehen. Dies ist aber auch sachlich nicht notwendig und wenn ein Ärztemangel im Inland besteht, ist die Anerkennung der ausländischen Prüfung geradezu ein Beispiel für eine eigennützige Anerkennung.

Soweit die fremdnützige Anerkennung eines ausländischen Hoheitsakts zu einer Belastung des Bürgers führt, stellt sich die verfassungsrechtliche Frage, inwieweit die Tatsache, daß dieser von der inländischen Staatsgewalt nicht in der Sache überprüft wird, gegen das Demokratieprinzip verstößt. Das Bundesverfassungsgericht hat dies in seiner Entscheidung über die Zulässigkeit der Rechtshilfe für die Durchsetzung eines österreichischen Abgabenbescheids[934] zurückgewiesen mit der Begründung, daß die Bundesrepublik Deutschland wie alle Staaten am Rechtshilfeverkehr teilnehme und auch im Eigeninteresse teilnehmen müsse. Ohne Anerkennung des ausländischen Hoheitsakts gehe dies nicht.

In dieser Entscheidung zeigen sich zwei wichtige Aspekte für die fremdnützige Anerkennung. Zum einen ist es bei entsprechendem inländischem Interesse, hier konkret dem durch einen Rechtshilfevertrag dokumentierten Gegenseitigkeitsinteresse und Interesse an der effektiven Durchsetzung der beiderseitigen Steuerverwaltungsakte, nicht nur ein legitimer kollisionsrechtlicher Gesichtspunkt, auch ausländisches Verwaltungsrecht durchzusetzen. Es ist auch mit den Grundsätzen der deutschen Verfassung zu vereinbaren, daß eine solche Durchsetzung den ausländischen Rechtsakt nicht mehr dem Grunde nach überprüft, sondern daß nur noch die Vollstreckungsvoraussetzungen von deutscher Staatsgewalt nachgeprüft werden[935].

Dieser Entscheidung ist zuzustimmen[936], denn es ist nicht anzunehmen, daß das Grundgesetz die Rechtshilfe für das Ausland, welche nach den Prinzipien der Gegenseitigkeit auch eine Voraussetzung für die Rechtshilfe des Auslands für deutsche Hoheitsakte ist, unmöglich machen wollte. Das Demokratieprinzip und die Rechtsschutzgarantie nach Art. 19

---

[934] BVerfGE 63, 343

[935] So bereits BVerfGE 8, 274, 325 f.

[936] Einen Verstoß gegen das Art. 19 Abs. 4 GG, das Demokratieprinzip und den Vorbehalt des Gesetzes nehmen an Papier, H.J. / Olschewski, B.D., Vollziehung ausländischer Verwaltungsakte, DVBl. 91 (1976), S. 475-482

Abs. 4 GG beschränken zwar die deutsche Hoheitsgewalt bei der Rechtshilfe. Eine vollständig unkontrollierte Hoheitsausübung bei der Rechtshilfe wäre mit den genannten Prinzipien nicht zu vereinbaren. Dies ergibt sich aber aus der Charakteristik der rechtlichen Vorgänge bei der Rechtshilfe ohne Schwierigkeit.

Die Rechtshilfe selbst ist nämlich immer ein Akt deutscher Staatsgewalt und mithin auch an die Garantien der deutschen Verfassung gebunden. Daß eine Verletzung deutscher Grundrechte durch den zu vollstreckenden ausländischen Akt die Rechtshilfe wegen Verletzung des inländischen ordre public rechtswidrig machen würde, zeigt sich an der Anerkennungsnorm des § 328 Abs. 1 Nr. 4 ZPO, die auch die Voraussetzungen für die Inlandsvollstreckung ausländischer Urteile enthält[937]. Auch der deutsch - österreichische Rechtshilfevertrag, über den das Bundesverfassungsgericht entschied, enthielt in Art. 4 - wie dies in solchen Verträgen üblich ist - einen ordre public-Vorbehalt. Diese Garantien schöpfen den Individualrechtsschutz voll aus[938]. Auch Art. 19 Abs. 4 GG ist deshalb genüge getan, sofern, wie das Bundesverfassungsgericht auch fordert, im ausländischen Staat ein Mindestmaß an rechtsstaatlichem Rechtsschutz gegen den zu vollstreckenden Akt gewährt wird[939].

Die eigen- wie die fremdnützige Anerkennung eines ausländischen Hoheitsaktes durch die inländische Hoheitsgewalt - wie auch der Verweis auf fremdes Recht - unterliegt den verfassungsrechtlichen Schranken , die sich aus dem Grundgesetz ergeben[940]. Dies ist deshalb evident, weil Anerkennung und Verweisung Ausübung deutscher Hoheitsgewalt sind, wenn auch der resultierende Hoheitsakt inhaltlich ganz oder teilweise dem ausländischen Recht oder Hoheitsakt oder seiner Sachverhaltsfeststellung folgt. Dieser Inhalt ist vom ausländischen Hoheitsträger erzeugt, er wird aber vom anerkennenden oder anwendenden inländischen Hoheitsträger in seinen Willen aufgenommen.

Wenn eine ausländische juristische Person, deren Rechtsfähigkeit im Inland nicht anerkannt wird, ein Gewerbe aufnimmt, so kann dies nach § 15 Abs. 2 der Gewerbeordnung[941] eine Verhinderung der Fortsetzung rechtfertigen. Hier ist also die Anerkennung negativ Tatbestandsmerkmal einer verwaltungsrechtlichen Norm. Bei der Anerkennung der Rechtsfähigkeit kann man insofern von einer fremdnützigen Anerkennung spre-

---

937 Vgl. § 723 Abs. 2 ZPO

938 BVerfGE 63, 343, 373 ff.

939 a.a.O., S. 378

940 Hoffmann, a.a.O. (Anm. 808), S. 851 - 870, 863. Vgl. zum Internationalen Privatrecht BVerfGE 31, 58, 73

941 In der Fassung der Bekanntmachung vom 1.1.1987 (BGBl. 1987, 425), zuletzt geändert durch Einigungsvertrag vom 31.8.1990 (BGBl. 1990 II, S. 889, 1020, 1026, 1030)

chen, als hier die Privatinteressen zumindest auch eine Rolle spielen. Allerdings ist die Anerkennung ausländischer Rechtsfähigkeit auch insoweit eigennützig, als sie grenzüberschreitende Wirtschaftstätigkeit ermöglicht und teilweise, insbesondere innerhalb der EWG, durch internationale Verpflichtungen gebunden ist. Hieran zeigt sich wieder, daß beide Arten der Anerkennung durchaus nicht immer klar voneinander zu trennen sind.

h) Anwendung inländischen Rechts auf Auslandssachverhalte

Die Auffassung, wonach nationales Verwaltungsrecht an der Staatsgrenze eine "absolute Schranke" finde und nationale Rechtssätze nur für solche Rechtsverhältnisse Geltung haben, die auf dem Staatsgebiet ein "verdinglichtes Objekt haben", ist in neuerer Zeit etwa von Ernst Forsthoff dezidiert vertreten worden[942]. Hoffmann[943] will den "Geltungsanspruch" staatlicher Hoheitsakte auf das Inland beziehungsweise auf den Bereich der Personalhoheit des Staates beschränken. Auch Gerichtsentscheidungen haben den Grundsatz der Territorialität des öffentlichen Rechts betont[944].

Das Territorialitätsprinzip ist aber auch im öffentlichen Recht, wie im Zivilrecht und im Strafrecht, nie exklusiv im Sinne einer Staatenpflicht zur Abstinenz von der Regelung extraterritorialer Sachverhalte angesehen worden. Auch kann die territoriale Begrenzung des Regelungsbereichs des öffentlichen Rechts nicht etwa aus einem vermeintlichen sachlogischen Prinzip abgeleitet werden, wonach der Gegenstand staatlicher Verwaltung immer nur das Inland betreffe und folglich auch nur Inlandsregelungen erforderlich und zulässig seien.

In Anlehnung an das internationale Prozeßrecht hat Biscottini die Jurisdiktion der Staaten über verwaltungsrechtliche Sachverhalte, die mit dem Ausland verknüpft sind, als internationale Zuständigkeit bezeichnet[945]. Dieser Begriff ist bei ihm Ausdruck einer internationalen, überstaatlichen - und mithin völkerrechtlichen - Zuständigkeitsverteilung aufgrund der bestehenden Verknüpfungen des Staates mit dem Sachverhalt. Er kennt exklusive Zuständigkeiten, sowohl für die Anwendung eigenen Rechts als auch für den Gesichtspunkt der Anwendung fremden Rechts. Wegen der unterschiedlichen Bedeutung des Begriffes der internationalen Zu-

---

942 Forsthoff, E., Lehrbuch des Verwaltungsrechts, Bd. 1, 8. Aufl. (1961), S. 143. Weitere Nachweise und Wertung bei Vogel, a.a.O. (Anm. 43), S. 21 ff.

943 Hoffmann, a.a.O. (Anm. 808), S. 851 - 870, 862

944 RAGE 9, 40; vgl. auch RAGE 8, 195

945 Biscottini, G., L'efficacité des actes administratifs étrangers, RdC 104 (1961 III), S. 635-697, 681 ff.

ständigkeit im Prozeßrecht sollte man diesen Begriff jedoch nicht in diesem Sinne verwenden. Richtig bleibt aber, daß extraterritoriale Jurisdiktion im Verwaltungsrecht die völkerrechtlichen Grenzen der Jurisdiktionshoheit beachten muß.

Daß die staatliche Jurisdiktion ordnungsorientiert und das Staatsgebiet nur ein räumlicher Bezugspunkt für diese Ordnung ist, wurde bereits begründet. Daß dies auch extraterritoriale Anknüpfungen notwendig machen kann, zeigt sich am internationalen Steuerrecht[946]. Auch extraterritoriale Regelungen in Anknüpfung an die Personalhoheit können vorkommen, wie dies etwa beim Tiefseebergbaugesetz der Bundesrepublik Deutschland vom 16. 8 . 1980[947] der Fall ist. Die Auslandsregelung ist im klassischen Verwaltungsrecht wegen seines Ordnungsbezugs, der in der Regel auf das Territorium begrenzt ist, bisher selten vorgekommen. Die bereits erwähnte Kollisionsnorm des § 98 Abs. 2 GWB zeigt aber, daß mit zunehmender internationaler Verflechtung der Wirtschaftsordnung auch Rechte und Pflichten im Ausland geregelt werden sollen. Diese Entwicklungstendenz des internationalen Verwaltungsrechts wird im Zentrum der Erörterungen der Jurisdiktionskonflikte im öffentlichen Wirtschaftsrecht stehen.

Eine Sonderproblematik der Anwendung inländischen Rechts auf Personen im Ausland ist im Umweltrecht aufgekommen[948]: die Verleihung von Verfahrensrechten an Ausländer. Im Jahre 1985 befand das Verwaltungsgericht Oldenburg[949], daß ein Ausländer, der nahe an der deutschen Grenze liegt, nicht eine atomrechtliche Teilgenehmigung nach § 7 Atomgesetz[950] vor den deutschen Verwaltungsgerichten angefochten werden dürfe, weil er nicht in seinen eigenen rechtlich geschützten Interessen

---

[946] Vgl. dazu etwa Vogel, a.a.O. (Anm. 43), S. 114 ff.

[947] BGBl. 1980 I, 1457; geändert durch Gesetz vom 12.2.1982, BGBl. 1982 I, 136. Vgl hierzu Petersmann, E. U., Rechtsprobleme der deutschen Interimsgesetzgebung für den Tiefseebergbau, ZaöRV 41 (1981), S. 265 - 328; Gramlich, L., Außenwirtschaftsrecht (1991), S. 47

[948] Die Problematik extraterritorialer belastender Jurisdiktion im Umweltrecht ist bisher noch kein Thema, was die Staatenpraxis belastet. Es gibt aber in der Lehre Forderungen, sie zur Lösung der umweltrechtlichen Fragen einzusetzen, vgl. etwa Goldfarb, J.R., Extraterritorial compliance with NEPA amid the current wave of environmental alarm, Boston College Environmental Affairs Law Review 18 (1991), S. 543 - 603 ; Kloepfer, M., Grenzüberschreitende Umweltbelastungen als Rechtsproblem, DVBl. 99 (1984), S. 245-255, 251 ff.

[949] DVBl. 1985, 802

[950] In der Fassung der Bekanntmachung vom 15.7.1985 (BGBl. 1985 I, 1565), zuletzt geändert durch Gesetz vom 5.11.1990 (BGBl. 1990 I, 2428). Die gleiche Problematik ergibt sich bei einem Genehmigungsverfahren nach § 10 des Bundes - Immissionsschutzgesetzes in der Fassung der Bekanntmachung vom 14.5.1990 (BGBl. 1990 I, 880), zuletzt geändert durch Gesetz vom 10.12.1990 (BGBl. 1990 I, 2634)

betroffen sei. Denn die Schutznorm des § 7 Abs. 2 Nr. 3 des Atomgesetzes entfalte im Ausland weder objektive Auswirkungen noch verleihe sie subjektive Rechte, weil dem das "fundamentale völkerrechtliche Territorialitätsprinzip" entgegenstehe. Die Souveränität der Nachbarstaaten lasse eine einseitige Ausdehnung des nationalen Rechts über die Grenzen hinweg nicht zu. Dann befindet aber das Gericht, eine solche Ausdehnung könne "völkerrechtlich legitim" durch die für die auswärtigen Beziehungen kompetente Gewalt vorgenommen werden, wenn die Gegenseitigkeit verbürgt sei.

Das Bundesverwaltungsgericht[951] entschied den gleichen Fall zugunsten des ausländischen "Einwenders". Zwar gelte die Teilgenehmigung nur innerhalb des deutschen Territoriums. Es komme aber darauf an, daß bei der Genehmigung auch Rechtsvorschriften zu beachten seien, welche wie § 1 des Atomgesetzes den Rechtsgüterschutz generell, nicht nur beschränkt auf das Inland im Auge hätten. Das Völkerrecht sei nicht verletzt, weil es nur um die Verleihung eines Rechts gehe, das im Inland geltend gemacht werden müsse und weil die Präklusionswirkung, von der in diesem Fall § 7 Abs. 6 Atomgesetz ausgehe ebenfalls nur im Inland für das inländische Recht gelte. Ein ausreichender Anknüpfungspunkt für die Verleihung einer solchen Rechtsstellung sei aufgrund der Grenznähe und der potentiellen Gefährdung gegeben. Der Gesichtspunkt der Abstinenz der Gerichte zugunsten der auswärtigen Gewalt greife deshalb nicht, weil auch andere europäische Staaten Ausländern ein entsprechendes Recht gewährten.

Hier sind mehrere Gesichtspunkte bemerkenswert. Die reine Verleihung von Rechten, welche Ausländer im Inland geltend machen können, ist keine Verletzung der ausländischen Souveränität. Denn durch diese reine Auslandsanknüpfung wird weder das ausländische Territorium noch die ausländische Lebensordnung überhaupt berührt, und die Verleihung von Rechten an Ausländer im Inland ist üblich und völkerrechtlich unbedenklich[952]. Daß sie hier die Rechte möglicherweise vom Ausland aus geltend machen, durch Beauftragung eines Anwalts im Inland oder durch schriftliche Eingaben an die inländischen Behörden, ist ebenfalls

---

[951] NJW 1987, S. 1154. Vgl. hierzu Grof, A., Allgemeine Klagebefugnis von Ausländern bei grenzüberschreitenden Umweltbeeinträchtigungen?, Natur und Recht 1987, S. 262 - 265; Weber, A., Urteilsanmerkung, DBVl. 1987, S. 377 ff.; ders. Beteiligung und Rechtsschutz ausländischer Nachbarn im atomrechtlichen Genehmigungsverfahren, DVBl. 1980, S. 330 ff.

[952] Wolfrum, R., Die grenzüberschreitende Luftverschmutzung im Schnittpunkt von nationalem Recht und Völkerrecht, DVBl. 99 (1984), S. 493 - 501. Er weist auch darauf hin, daß sich innerstaatlich ein Klagerecht bei Grundrechtsverletzungen aus Art. 19 Abs. 4 GG und Art. 13 EMRK ergeben könnte.

unbedenklich. Denn ihr Verhalten betrifft ausschließlich das Inland. Darüber hinaus kann der ausländische Staat, wenn er dies wollte, die Verfahrensbeteiligung seiner Bürger untersagen[953]. Das Recht dieses Staates zum diplomatischen Schutz für seine Bürger kann hierdurch in keinem Fall berührt werden, weil es durch die Einräumung eines Individualrechts nicht betroffen werden kann. Es ist ein eigenes Recht des Staates.

Die Verfahrensbeteiligung führt, wenn keine Einwendungen gemacht wurden oder wenn sie rechtmäßig zurückgewiesen wurden, zur materiellrechtlichen Präklusionswirkung etwa nach § 7 Abs. 6 des Atomgesetzes oder nach § 14 des Bundes - Immissionsschutzgesetzes[954]. Dies bedeutet, daß privatrechtliche Abwehransprüche gegen Immissionen einer Anlage, welche unanfechtbar genehmigt sind, weitestgehend ausgeschlossen sind. Dies ist aber keine extraterritoriale Regelung und - wiewohl eine Auslandsanknüpfung - nicht auf Persuasionswirkung im Ausland ausgerichtet[955]. Hierdurch werden nur Ansprüche begrenzt, welche nach innerstaatlichem Recht überhaupt erst gegeben werden. Der Begünstigte behält dagegen seine Ansprüche nach ausländischem Recht[956]. Wenn ein Staat grundsätzlich einen solchen Anspruch ausschließen könnte, wozu er jedenfalls ohne Völkerrechtsverstoß befugt wäre, dann muß auch das Minus der Verfahrensbeteiligung mit Präklusionswirkung zulässig sein, jedenfalls wenn Inländer wie Ausländer völlig gleich behandelt werden[957].

---

953 Doehring, K. Völkerrechtliche Beurteilung der Beteiligung ausländischer Grenznachbarn bei Durchführung nationaler Verwaltungs- und Gerichtsverfahren im Umweltschutz, in: Ress, G., Grenzüberschreitende Verfahrensbeteiligung im Umweltrecht der Mitgliedsstaaten der Europäischen Gemeinschaften (1985), S. 68 f.

954 A.a.O. (Anm.m 950)

955 Rauschning, D., Klagebefugnis von Auslandsbewohnern gegen eine inländische Atomanlagengenehmigung, ArchVR 25 (1987), S. 312-332, 314; Bothe, M., Der Rechtsschutz ausländischer Nachbarn gegen umweltbelastende Anlagen im Grenzbereich, Festschrift zur 150-Jahr-Feier des Rechtsanwaltsvereins Hannover (1981), S. 42-61, 48 ff.; Kloepfer, M., Grenzüberschreitende Umweltbelastungen als Rechtsproblem, DVBl. 99 (1984), S. 245-255, 247

956 Rauschning, a.a.O., S. 315 weist darauf hin, daß es sich hier um eine Besserstellung des Ausländers handelt. Allerdings fragt sich, ob eine Entscheidung zu seinen Gunsten nach ausländischem Recht im Inland zur Vollstreckung anerkannt würde, oder ob sie hier aufgrund des ordre public abgelehnt würde. Aber auch dies würde keine völkerrechtliche Problematik bedeuten, denn die Durchsetzung ausländischer Ansprüche steht - ohne vertragliche Bindung - immer im Belieben des inländischen Staates. Diese Problematik wird vom Bundesverfassungsgericht in seiner Entscheidung über den deutsch - österreichischen Staatsvertrag betreffend den Flughafen Salzburg zur Rechtfertigung der dortigen Regelung herangezogen (NJW 1986, 2188, 2189).

957 Ein Verstoß gegen den fremdenrechtlichen Mindesstandard ist insoweit nicht ersichtlich

Die Standards anderer europäischer Länder sind teilweise ähnlich. So haben französische Gerichte entschieden, daß niederländische Gemeinden in Straßburg vor dem Verwaltungsgericht gegen die Zulassung von Immissionen klagen könnten[958], welche in den Niederlanden zur Rheinversalzung führten[959]. Auch in den Niederlanden und in der Schweiz werden Einwendungen und Klagen von Ausländern zugelassen.

Das Bundesverwaltungsgericht hat die wichtige Frage, ob auch die Gerichte eine solche Berechtigung von Ausländern aussprechen könnten, anders als das Verwaltungsgericht Oldenburg durch Gesetzesauslegung bejaht. Dies mag im konkreten Fall auch angesichts völkerrechtlicher Pflichten zum Schutz der Nachbarstaaten vor Immissionen[960] vertretbar sein, zeigt aber auch die Problematik solcher richterlicher Entscheidungen. Denn wo der Gesetzgeber nicht eindeutig gesprochen hat, was vom Atomgesetz nicht gesagt werden kann - vielmehr kann man beide Lösungen vertreten -, da ist eine richterliche Entscheidung über Fragen des außenpolitischen Interesses, etwa die vorhandene Gegenseitigkeit, nicht notwendig kompetent. Das Bundesverwaltungsgericht hat eine Entscheidung getroffen, welche generell gelten muß, nicht nur in dem Falle, daß ein Ausländer aus einem Staat klagt, der Gegenseitigkeit gewährt. Hierfür hatte es jedoch keinen Anhaltspunkt im Gesetz. Diese Fragen muß man für die spätere Erörterung der Probleme einer Entwicklung von richterlichem Kollisionsrecht im Auge behalten.

4. Teilergebnis

Im Zivilrecht hat sich im Laufe der Jahrhunderte der Blick von der Jurisdiktionshoheit und dem Anwendungswillen der Staaten weg verlagert zu der Anwendung des Rechts, welches den staatlichen und privaten Interessen bei der Regelung eines Falles mit Auslandsberührung am besten gerecht wird. Historisch war im Mittelalter die Jurisdiktion zunächst an die Stammeszugehörigkeit oder Staatsangehörigkeit gebunden. Nach Herausbildung der Nationalstaaten wurden von den Statutisten territorial

---

958 Die Entscheidung des Verwaltungsgerichts Straßburg vom 27.7.1983 ist abgedruckt in Revue Juridique de l'Environnement 4 (1983), S. 343. Zur bestätigenden Entscheidung des Conseil d'Etat Chambault, J.- F., Le juge administratif français et le droit international de l'environnement. Réflexion sur un arrêt récent, RGDIP 90 (1986), S. 597-623.

959 Vgl. auch Nassr-Esfahani, S./ Wenckstern, M., Der Rheinversalzungsprozeß. Grenzüberschreitender Umweltschutz zwischen Zivilrecht, Öffentlichem Recht und Völkerrecht, RabelsZ 49 (1985), S. 741 - 786

960 Vgl. insoweit etwa Hoppe, W. / Beckmann, M., Umweltrecht (1989), S. 251 -255 m.w.N.; Gündling, L., Environment, International Protection, in: Bernhardt, R. (ed.), Encyclopedia of Public International Law, Instalment 9, S. 119 - 127 m.w.N.

anzuwendende Realstatuten und personal angeknüpfte Personalstatuten unterschieden. Immer wurde eine gemeinsame Grundlage für das auf grenzüberschreitende Sachverhalte anwendbare Recht in gemeinsamen Rechtsgrundsätzen einer "ratio naturalis" gesucht. Durch die Betonung der Souveränität seit dem 17. Jahrhundert wurde der Regelungsbereich mit dem territorialen Geltungsbereich gleichgesetzt, im Inland wurde nur noch inländisches Recht angewendet, die Verweisung auf ausländisches Recht als Ausdruck der comitas gentium, als staatliche Selbstbeschränkung ohne Pflicht angesehen.

Durch Savigny wurde das internationale Privatrecht auf ein neues Fundament gestellt. Die Privatrechte der Staaten werden als gleichwertig betrachtet, das anwendbare Recht wird aufgrund der comitas gentium nicht mehr primär nach dem Anwendungswillen der Rechtsordnungen, sondern nach der internationalprivatrechtlichen Gerechtigkeit im zur Entscheidung anstehenden Fall bestimmt. Dabei werden private und staatliche Interessen berücksichtigt. Während im kontinentalen Rechtskreis hierzu die Regelungstechnik konkreter Anknüpfungspunkte vorherrschend war und teilweise noch ist - wie im deutschen Recht -, benutzt man im anglo - amerikanischen Rechtskreis allgemeine Abwägungsgesichtspunkte, welche der Richter im konkreten Fall zur Findung des anwendbaren Rechts konkretisieren muß. Dort ist auch in der theoretischen Diskussion teilweise die Bewertung staatlicher Interessen und die Betonung der lex fori stärker als im kontinentalen Europa.

Auch das Kollisionsrecht kann jedoch keinen vollständigen Entscheidungseinklang von Land zu Land herstellen. Dies gilt insbesondere wegen der Problematik der zwingenden Normen und des Vorbehalts des ordre public. Deshalb kann es nicht die Harmonisierung von Rechtsbereichen ersetzen, um die Effizienz des internationalen Wirtschaftsverkehrs zu verbessern und gleichzeitig staatliche Interessen zu wahren.

Das internationale Strafrecht ist, ebenso wie das internationale Privatrecht, nationales Recht, welches teilweise auch auf völkerrechtlichen Verträgen beruht. Es ist ein Kollisionsrecht im oben definierten Sinne, welches durchweg mit einseitigen Kollisionsnormen arbeitet. Es geht im Strafrecht nur um die eigene Strafgewalt des Forumstaates. Jeder Staat setzt im Erkenntnisverfahren nur sein eigenes Strafrecht durch, das internationale Strafrecht sagt dazu, wie weit sich der Regelungsbereich dieses Rechts personell und sachlich erstreckt. Auch soweit ein Staat nach dem Universalitätsprinzip bestraft, tut er dies nach eigenem Strafrecht. Das strafrechtliche Kollisionsrecht betrifft also nicht, wie das privatrechtliche, eine Rechtswahl.

Die Ausdehnung des Regelungsbereichs staatlichen Rechts über das eigene Staatsgebiet hinaus wurde in der Geschichte zuerst im Strafrecht einerseits auf die Staatsangehörigkeit der Täter oder auf die Zielrichtung der Auslandstat gegen den Bestand des Staates gestützt, zum anderen aber auf eine erweiternde Anwendung des Begriffes des Tatorts, insbesondere durch das Ubiquitätsprinzip unter Einbeziehung des Erfolgsorts. Bei der Teilnahme wird dem Teilnehmer im Ausland die Inlandstat zugerechnet, so daß auch seine Teilnahme zur Inlandstat wird, auch wenn er lediglich im Ausland handelte[961]. Das gleiche gilt für die Mittäterschaft[962]. Bei der Versuchsstrafbarkeit ist nach deutschem Recht die Verbindung zum Inland bereits durch die bloße Absicht begründet, daß die Tat dort zum Erfolg führen soll.

Auch aus der Praxis des internationalen Strafrechts ergibt sich, daß Staaten kein Verhalten bestrafen, das nicht einen Anknüpfungspunkt zu ihrer Hoheitssphäre aufweist. Im Unterschied zum Privatrecht aber sind die Anknüpfungspunkte nicht auf die Sachgesetzlichkeit und Gerechtigkeit der anzuwenden Normen des materiellen Rechts bezogen, sondern eher auf die Zulässigkeit der Geltendmachung des hoheitlichen Strafanspruchs. Sie können daher mehr zur Beantwortung der Frage nach den völkerechtlichen Grenzen von Hoheitsakten mit Auslandswirkung beitragen.

Der Begriff des internationalen Verwaltungsrechts bezeichnet hier ein nationales öffentlichrechtliches Rechtsanwendungsrecht, welches bei Auslandsbezügen eines Sachverhalts über die Anwendung eigenen Verwaltungsrechts, die Verweisung auf fremdes Verwaltungsrecht oder die Anerkennung fremder Hoheitsakte entscheidet. Es ist dabei an die völkerrechtlichen Regeln über die Jurisdiktionshoheit der Staaten gebunden. Es unterscheidet sich bisher vom "internationalen öffentlichen Recht" über die zivilrechtsgestaltenden Normen des öffentlichen Rechts im Rahmen des internationalen Privatrechts dadurch, daß es alleine von staatlichen normbezogenen Rechtsanwendungsinteressen ausgeht.

Verwaltungsrecht ist nämlich eine Regelung des Rahmens und der Verhaltensbedingungen in der vom Staat gestalteten Lebensordnung auf dem eigenen Staatsgebiet. Darüber hinaus regelt es Angelegenheiten der Territorialhoheit und der Personalhoheit. Anders als im Zivilrecht sind nicht die Verwaltungsrechte der Staaten als gleichwertig anzusehen, sie sind vielmehr exklusiv Ausdruck des hoheitlichen Ordnungswillens des Staates für sein Territorium.

---

[961] England: Court of Appeal 05.03.1974 - R. v. Wall ILR 57, S. 140

[962] Kanada: British Colombia Supreme Court16.07.1975 - re Bing Hin Low ILR 69, S. 99

Das Verwaltungsrecht ist also in der Regel auf die staatliche Ordnung, auf das Territorium und auf die Personalhoheit ausgerichtet. Insoweit will es in Fragen des Auslandsbezugs primär den Regelungsbereich der eigenen Ordnung abstecken. Dies schließt aber die Verweisung auf fremdes Recht und die Anerkennung fremder Hoheitsakte nicht aus, wenn dies völkerrechtlich zulässig ist oder den Eigeninteressen des nationalen Ordnungswillens entspricht. Nur sind solche Kollisionsnormen, auch wenn sie, wie etwa im Kartellrecht, vor die Klammer gezogen werden, immer eine mit dem Ordnungszweck der materiellen Norm eng verbundene Festlegung ihres Regelungsbereichs oder Verweisung auf fremdes Recht, das dieser Ordnung dienstbar gemacht wird.

Dem internationalen Verwaltungsrecht fehlt es bisher an eigenen methodischen Problemen der Rechtsanwendung über den Regelungswillen des materiellen Rechts hinaus. Trotzdem kann man es insoweit als Kollisionsrecht bezeichnen, als es der Inbegriff der verwaltungsrechtlichen Rechtsanwendungsnormen ist. Der Begriff der Einseitigkeit dieses Rechts bezieht sich darauf, daß es bisher jedenfalls noch keine allseitigen Kollisionsnormen kennt. Auch Verweisungen auf fremdes Recht wenden dieses nicht alternativ an Stelle eigenen Rechts an, sondern benutzen es für seine Regelungszwecke.

Auch im Verwaltungsrecht ist extraterritoriale Jurisdiktion nicht ausgeschlossen. Die Auslandsanknüpfung ist in der Staatenpraxis im internationalen Steuerrecht üblich geworden. Die Auslandsregelung war im Verwaltungsrecht bisher unüblich. Die Verstärkung der internationalen Bezüge nationaler Wirtschaftsordnungen führt aber auch hier, wie das Kartellrecht beispielhaft zeigt, zu einem Bedürfnis nach Auslandsregelungen. Sie stehen im Brennpunkt der Erörterungen der Jurisdiktionskonflikte im öffentlichen Wirtschaftsrecht. Aber auch andere grenzüberschreitende Sachverhalte, wie etwa das Umweltrecht, erfordern eine Öffnung der Territorialbezogenheit des Verwaltungsrechts. So können etwa betroffenen Ausländern Verfahrensbeteiligungs - Rechte eingeräumt werden.

Das deutsche Verwaltungsrecht kennt drei Techniken der Einbeziehung ausländischen Rechts in die interne Regelung: die Verweisung, die fremdnützige und die eigennützige Anerkennung. Die Verweisung auf fremdes Recht kommt, soweit ersichtlich, nur in Erfüllung entsprechender völkerrechtlicher oder europarechtlicher Verpflichtungen vor. Aber auch eine einseitige Verweisung wäre nicht ausgeschlossen. Die Anerkennung ausländischer Hoheitsakte kann die Rechtswirkung des Akts selbst betreffen, wie dies bei der fremdnützigen Anerkennung, etwa zu Zwecken der Rechtshilfe, der Fall ist. Bei der eigennützigen Anerkennung ist der Hoheitsakt der Nachweis eines ihm zugrundeliegenden Sachverhalts und seiner hoheitlichen Feststellung im Ausland, etwa bei Diplomen. Er kann ohne weiteres oder unter dem Vorbehalt zusätzlicher Überprüfungen einem inländischen Hoheitsakt zugrunde gelegt werden.

Anerkennung und Verweisung nehmen ausländisches Recht oder den ausländischen Hoheitsakt in den Willen des deutschen Normsetzers auf und sind daher in vollem Umfang an die Grundrechte und sonstigen verfassungsrechtlichen Voraussetzungen gebunden. Daß bei der fremdnützigen Anerkennung die "révision au fonds" des ausländischen Hoheitsakts ausgeschlossen ist, verstößt nicht gegen das Demokratieprinzip und die Rechtsschutzgarantie, wenn im Ausland ausreichender Rechtsschutz gewährleistet ist. In jedem Falle müssen die deutschen Grundrechte jedoch gewahrt bleiben.

II. Extraterritoriale Jurisdiktion im Gerichts- und Verwaltungsverfahren

Das Verfahrensrecht ist für die Thematik dieser Untersuchung von doppelter Bedeutung. Einmal sind die Bedingungen solcher Verfahren Gradmesser für den Durchsetzungswillen eines materiellen Rechts und damit für die Konfliktsträchtigkeit eines Rechtsgebiets, zum anderen aber ergehen im Rahmen dieser Verfahren Hoheitsakte, welche selbst extraterritoriale Jurisdiktion darstellen können. Beide Gesichtspunkte sollen im folgenden berücksichtigt werden.

Wenn man von Verfahren der ordentlichen Gerichtsbarkeit einerseits und der Verwaltung und Verwaltungsgerichtsbarkeit andererseits spricht, so geht dies von der systematischen Einteilung in der deutschen Rechtsordnung aus. In den anglo - amerikanischen Rechtsordnungen aber wird die Verwaltungskontrolle auch von der Zivilgerichtsbarkeit ausgeübt. Vergleiche zwischen den Systemen in den Bereichen, in denen Jurisdiktionskonflikte aufgetreten sind, müssen diese Unterschiede immer im Auge behalten. Die Frage der Dichte der Verwaltungskontrolle ist in beiden Systemen auch völlig unterschiedlich, so daß die Konfliktsfälle in beiden Systemen unter verschiedenen Bedingungen behandelt werden.

In diesem Kapitel geht es nur um die Gerichtsbarkeit im engeren Sinne und um die Jurisdiktion der Gerichte zum Erlaß verfahrensrechtlich begründeter Hoheitsakte. Nur im anglo - amerikanischen Recht spielen hier aufgrund der Regeln über die Gerichtsbarkeit Fragen der materiellrechtlichen Jurisdiktion eine Rolle und sind deswegen beide Problemkreise miteinander verknüpft. Daneben werden Probleme des Verwaltungsverfahrens mit Auslandsbezug erörtert. Fragen des Verhältnisses zwischen Verwaltung und Gerichtsbarkeit werden dagegen erst im Kapitel V erörtert werden.

Bei den verfahrensrechtlichen Hoheitsakten sind im Problemkreis der Jurisdiktionskonflikte zwei Aspekte interessant: die Zustellung von Schriftstücken, welche verfahrensrechtliche Rechte und Pflichten betreffen und die Beweisaufnahme, insbesondere der Zeugen- und Urkundenbeweis. Hier wurden die Beschränkungen aufgrund des völkerrechtlichen Verbots der Vornahme von Hoheitsakten im Ausland und die Fragen der Rechtshilfe bereits in Kapitel I erörtert. Da die Staaten die dadurch entstandenen Probleme durch innerstaatliche Mittel wie Zustellungssurrogate und die Anordnung des Erscheinens von Zeugen beziehungsweise der Vorlage von Urkunden im Ausland zu vermeiden versuchen, sind auch insoweit erhebliche Konflikte entstanden, die aber häufig vor dem Hintergrund zu sehen sind, daß die materiellrechtliche Jurisdiktion über den Streitgegenstand bestritten wurde.

A. Zivilgerichtsbarkeit

Der Gerichtsstand bestimmt über das vom Gericht anzuwendende materielle Recht und es bleibt dem internationalen Privatrecht der lex fori vorbehalten, wieviel Harmonie mit ausländischen Rechtsordnungen bei auslandsverknüpften Sachverhalten gesucht wird. Somit ist die Bereitstellung eines Gerichtsstandes auch Ausdruck eines öffentlichen Interesses und seine Anrufung die Unterwerfung unter die lex fori[963]. Soweit Zivilrecht zur Disposition der Parteien steht, wie dies überwiegend der Fall ist, tritt jedoch ohnehin mangels Anwendungs- und Durchsetzungswillens des Staates keine Problematik extraterritorialer Jurisdiktion auf. Bei zwingendem Zivilrecht und bei privatrechtsgestaltendem öffentlichem Recht spielt aber die Frage der Prorogationsmöglichkeit eine Rolle für die Frage, ob Jurisdiktionskonflikte auftreten können. Wo beide Parteien über den Gerichtsstand vor Entstehen einer Streitigkeit disponieren können, ist auch zwingendes materielles Recht nicht Ausdruck eines staatlichen Durchsetzungswillens, weil ein Staat dann nur will, daß seine Gerichte dieses Recht anwenden, aber es den Parteien freistellt, ausländische Gerichte zu wählen.

Wo es jedoch dem Kläger freisteht, sich nach Entstehen der Streitigkeit an ein gesetzlich zuständiges Gericht zu wenden, aber auch mit dem Beklagten eine Gerichtsstandsvereinbarung zu treffen, da muß sich der Beklagte jedenfalls auf die Anwendung des zwingenden Rechts der lex fori einstellen, weil er nicht aus eigenem Willen hierüber disponieren kann. Dies gilt immer dann, wenn die Parteien erst nach Entstehen eines Streitfalls eine Gerichtsstandsvereinbarung treffen können. Noch eindeutiger ist die Persuasionswirkung zwingender Normen mit extraterritorialem Regelungsbereich, wenn diese zwingend im Inland von einer Partei oder vom Staat durchgesetzt werden.

1. Internationale Zuständigkeit

Die internationale Zuständigkeit wird nach Anknüpfungspunkten zwischen Forum und Streitgegenstand bzw. Parteien bestimmt[964]. Dies geschieht durch souveräne Entscheidung der Staaten, die aber hierbei die Schranken des Völkerrechts beachten müssen. Es gibt einige völkerver-

---

[963] Maier, H.G. / McCoy, T.R., A Unifying Theory for Judicial Jurisdiction and Choice of Law, American Journal of Comparative Law 39 (1991), 249 - 292, 253 ff.; ders., Baseball and Chicken Salad: A Realistic Look at Choice of Law, Vanderbilt Law Review 44 (1991), S. 827 - 846

[964] Akehurst, M., Jurisdiction in International Law, British Yearbook of International Law 46 (1972/73), S. 145-257, 170 - 178

tragsrechtliche Zuständigkeitsregeln[965] insbesondere im Transportrecht. Eine regional bedeutende und umfassend ausgeformte Zuständigkeitsordnung für Gerichte der Vertragsstaaten enthält das EuGVÜ[966].

a) Rechtslage in Deutschland

(1) Allgemeine Zivilgerichtsbarkeit

Das deutsche Zivilprozeßrecht unterscheidet zwischen der staatlichen Gerichtsbarkeit und der internationalen Zuständigkeit[967]. Als Gerichtsbarkeit wird die Staatsgewalt zur Ausübung der Gerichtsgewalt nach dem Völkerrecht bezeichnet[968]. Sie fehlt in den Fällen der Immunität ausländischer Staaten[969] ebenso wie der Immunität von Staatenvertretern[970]. Die internationale Zuständigkeit betrifft dagegen die Frage, ob ein deutsches Gericht nach nationalem Recht einen bestimmten Fall entscheiden darf[971]. Sie wird regelmäßig mit der örtlichen Zuständigkeit zusammen bestimmt[972]. Ausnahmen hiervon gibt es erst in familiengerichtlichen Regelungen aus neuerer Zeit[973] und in einigen Zuständigkeitsbestimmungen des EuGVÜ[974]. In einzelnen Entscheidungen haben die deutschen Gerichte aber auf die Unterschiedlichkeit von örtlicher und internationaler Zuständigkeit ausdrücklich hingewiesen[975].

---

965 Vgl. hierzu die Übersicht bei Schack, a.a.O. (Anm. 527), S. 88 f.

966 Hierzu Schack, a.a.O. (Anm. 527), S. 28 - 43; Kropholler, J., Europäisches Zivilprozeßrecht, 2. Auflage (1987)

967 Diese Abgrenzung hält Walchshöfer, A., Die deutsche internationale Zuständigkeit in der streitigen Gerichtsbarkeit, Zeitschrift für Zivilprozeß 80 (1967), S. 165-229, zu Recht für unklar; vgl. auch Neuhaus, P. H., Internationales Zivilprozeßrecht und Internationales Privatrecht, RabelsZ 20 (1955), S. 201 - 269

968 "Die aus der staatlichen Souveränität fließende, durch den Staat seinen Gerichten generell verliehene Entscheidungsgewalt (facultas jurisdictionis)", BGH GRUR 1985, 196. Vgl. auch RGZ 157, 392

969 Vgl. hierzu Steinberger, H., State Immunity, in: Bernhardt,R. (ed.), Encyclopedia of Public International Law, Instalment 10, 428 - 446

970 Dieser Gesichtspunkt, der Diplomaten, Konsularbeamte, Staatsoberhäupter und sonstige Abgesandte betrifft, ist in den §§ 18 - 20 des Gerichtsverfassungsgesetzes (in der Fassung vom 9.5.1975, zuletzt geändert durch Gesetz vom 17.12.1990, BGBl. III 300 - 2) geregelt

971 BGH NJW 1953, 222; GRUR 1958, 196; 1960, 376; Walchshöfer, a.a.O., S. 170. Vgl. generell hierzu Schröder, J., Internationale Zuständigkeit (1971); Schütze, R., Deutsches Internationales Zivilprozeßrecht (1985)

972 Insofern sind die Regeln der örtlichen Zuständigkeit nach der ZPO doppelfunktional, vgl. Schack, a.a.O. (Anm. 527), S. 89 f.

973 §§ 606 a Abs. 1; 640 a Abs. II; 648 a Abs. I ZPO

974 So etwa in § 2 EuGVÜ

975 Vgl. etwa Landgericht Bonn NJW 1974, 427

Die örtlichen und damit auch regelmäßig die internationalen Zuständigkeiten nach der ZPO und dem EuGVÜ knüpfen entweder an die Parteien oder an den Streitgegenstand[976] an. Beispielhaft genannt seien der Wohnsitz des Beklagten[977], die Niederlassung[978], der allgemeine Gerichtsstand des Erblassers[979], der Erfüllungsort[980], der Abschlußort[981], der Tatort bei Delikten[982] und die Belegenheit dinglicher Rechte[983].

Die ZPO unterscheidet zwischen dem allgemeinen Gerichtsstand, den besonderen Gerichtsständen und den ausschließlichen Gerichtsständen. Ausschließlich sind in der ZPO[984] der Gerichtsstand der dinglichen Belegenheit[985], der Gerichtsstand bei Mietsachen[986] und der Gerichtsstand in Umweltsachen[987]. Ausschließliche internationale, aber nicht notwendig örtliche Zuständigkeiten enthält Art. 16 EuGVÜ. Solche Zuständigkeiten können durch Vereinbarung der Parteien nicht abbedungen werden[988]. Weiterhin führen sie in der ZPO dazu, daß ausländische Entscheidungen, welche trotz bestehender deutscher ausschließlicher Zuständigkeit ergangen sind, nicht anerkannt werden[989] und deshalb auch nicht im Inland vollstreckt werden können.

Ansonsten können die Parteien über den Gerichtsstand in bestimmten Grenzen verfügen. Sie können nach § 38 ZPO und nach Art. 17 EuGVÜ eine Gerichtsstandsvereinbarung treffen. Dies ist für die Prorogation eines deutschen Gerichtsstandes nicht an die Voraussetzung eines hinreichenden Inlandsbezugs des Streitgegenstands oder der Parteien gebunden[990]. Auch kommt es nicht darauf an, ob ein Urteil im Ausland aner-

---

976 Eine umfassende Übersicht findet sich bei Schack, a.a.O. (Anm. 527), S. 92 ff.

977 §§ 13, 17 ZPO, Art. 2 EuGVÜ

978 § 21 ZPO, Art. 5 Nr. 5 EuGVÜ

979 § 27 ZPO

980 § 29 ZPO, Art. 5 Nr. 1 EuGVÜ

981 § 30 ZPO

982 § 32 ZPO; Art. 5 Nr. 3 EuGVÜ

983 § 24 ZPO, Art. 16 Nr. 1 EuGVÜ

984 Vgl. hierzu und zu den ausschließlichen Gerichtsständen in Sondergesetzen Schack, a.a.O. (Anm. 527), S. 75 f.

985 § 24 ZPO

986 § 29 a ZPO

987 § 32 a ZPO

988 § 40 Abs. 2 ZPO; Art. 17 Abs. 3 EuGVÜ

989 § 328 Abs. 1 Nr. 1 ZPO

990 Schack, a.a.O. (Anm. 527), S. 165; a. A. Landgericht Hamburg RIW 1976, 228, das einen Inlandsbezug fordert. Diese Übertragung der angelsächsischen forum non conveniens - Doktrin auf das deutsche Recht wird von der herrschenden Auffassung abgelehnt, vgl. hierzu Schack, a.a.O., S. 186 ff.

kannt würde[991]. Die Gerichtsstandsvereinbarung ist selbst der Anknüpfungspunkt, welcher die Verbindung zwischen dem forum prorogatum und den Parteien herstellt.

Die Möglichkeit zur Derogation des gesetzlichen Gerichtsstands und zur Prorogation eines anderen Gerichts - auch im Ausland - trifft aber nach der ZPO nur dann unbeschränkt zu, wenn die Parteien Vollkaufleute, juristische Personen des öffentlichen Rechts oder öffentlich-rechtliche Sondervermögen sind oder wenn mindestens eine Partei keinen allgemeinen Gerichtsstand im Inland hat. Ansonsten können solche Vereinbarungen nur nach Entstehen der Streitigkeit oder für den Fall der Verlegung des Wohnsitzes einer Partei ins Ausland oder der Unauffindbarkeit des Wohnsitzes einer Partei geschlossen werden. Auch im EuGVÜ ist die Befugnis der Prorogation anderer als der dort festgelegten Gerichte in den Fällen der Versicherungs- und Verbrauchersachen eingeschränkt[992]. Treffen die Parteien in einem solchen Fall eine Gerichtsstandsvereinbarung oder läßt sich der Beklagte rügelos auf die Klage vor einem an sich unzuständigen Gericht ein, was nach § 39 ZPO und nach Art. 18 EuGVÜ die internationale und - nach deutschem Recht - die örtliche Zuständigkeit begründet, so will der Staat ebenfalls sein Recht nicht auf ausländische Sachverhalte zwingend angewendet wissen.

Die Beschränkung der Derogation des gesetzlichen und der Prorogation eines anderen, auch ausländischen, Gerichtsstandes auf den Fall, daß bereits ein Rechtsstreit entstanden ist, dient dem Schutz der schwächeren Partei[993] vor einem entlegenen Gerichtsstand, nicht der Durchsetzung der materiellen Inhalte deutschen Rechts. Der Beklagte soll nur an seinem allgemeinen oder den gesetzlich vorgesehenen besonderen oder ausschließlichen Gerichtsständen ein Gerichtsverfahren erwarten müssen, nicht dagegen an einem dem Kläger entweder näher liegenden oder - im Auslandsfalle - günstigeren Gerichtsstand. Ausländische Staaten sind frei, eine Klage des Klägers gleichwohl zuzulassen, aber eine solche Entscheidung wäre im Inland nicht vollstreckbar.

Die Klage müßte, wenn nur im Inland eine Vollstreckung Erfolg verspricht, auch im Inland erhoben werden, inländisches zwingendes Recht wäre nach Art. 34 EGBGB anzuwenden und insoweit hätte dieses Recht auch dann Persuasionswirkung, wenn der Sachverhalt einen Auslands-

---

[991] Schack, a.a.O. (Anm. 527), S. 166; a. A. Walchshöfer, A., Die deutsche internationale Zuständigkeit in der streitigen Gerichtsbarkeit, Zeitschrift für Zivilprozeß 80 (1967), S. 165-229, 220

[992] Art. 17 Abs. 3, 12, 15. Eine zugelassene Fallgestaltung ist auch hier die Prorogation nach Entstehen der Streitigkeit

[993] Schack, a.a.O. (Anm. 527), S. 163 ff.

bezug hat[994]. Dies gilt auch von den Fällen, in denen nach deutschem Recht ausnahmsweise eine Derogation des inländischen Forums nicht anerkannt wird. Dies kann beim Stillstand der Rechtspflege im Ausland[995] oder dann der Fall sein, wenn im Ausland nach den zur Zeit dort geltenden Verhältnissen kein faires Gerichtsverfahren zu erwarten wäre[996]. Auch ist in einem Sonderfall entschieden worden, daß eine Gerichtsstandsvereinbarung gegen den deutschen ordre public verstößt, wenn hierdurch eine deutsche Rechtsnorm mit ausdrücklichem extraterritorialem Regelungsbereich, die dem Schutz einer Partei dient, nicht zur Anwendung käme[997].

In diesen Fällen treffen zwar die Voraussetzungen möglicher Konflikte über extraterritoriale Jurisdiktion, nämlich zwingendes Recht und mangelnde Disposition über den Gerichtsstand, zu. Trotzdem ist im Zivilrecht diese Konfliktproblematik deswegen nicht aufgetreten, weil die Staaten von der Gleichwertigkeit der Zivilrechtsordnungen ausgehen, weil sie die Territorialität der Vollstreckungsmöglichkeiten als ausreichenden Schutz des Einzelnen betrachten und weil sie offensichtlich im Zivilrecht zu wenig Ordnungsrelevanz sehen, welche den Vorwurf eines "Hineinregierens" in die Ordnung eines anderen Staates rechtfertigen würde. Deshalb wird hier auch das zwingende zivile Wirtschaftsrecht nicht weiter im Rahmen der Jurisdiktionsproblematik erörtert. Man sollte aber festhalten, daß auch dieses Recht als Ergebnis staatlicher Hoheitsakte den völkerrechtlichen Grenzen der Jurisdiktionshoheit unterliegt.

(2) Kartellgerichtsbarkeit

In der Bundesrepublik Deutschland sind nicht nur besondere Zuständigkeitsregeln für die Konzentration der Gerichtsbarkeit in zivilrechtlichen Kartellstreitigkeiten bekannt (§ 87 ff. GWB). Auch die verwaltungsrechtliche Rechtskontrolle von Entscheidungen der Kartellbehörden ist den Zivilgerichten zugewiesen (§§ 62 ff. GWB). Es handelt sich um eine Sonderzuweisung öffentlichrechtlicher Streitigkeiten nach § 40 Abs. 1 S. 2

---

994 Wenn auch in dem Fall, in dem der Kläger oder der Beklagte keinen allgemeinen Gerichtsstand im Inland hat, eine Gerichtsstandsvereinbarung auch vor Entstehen des Streits zulässig ist (§ 38 Abs. 2 ZPO), so sind doch andere Fälle extraterritorialer Jurisdiktion denkbar, in denen dies eine Rolle spielt, so, wenn der Beklagte nur einen zweiten Wohnsitz im Ausland hat.

995 Bundesarbeitsgericht JZ 1979, 647

996 Schack, a.a.O. (Anm. 527), S. 168

997 BGH IPRax 1985, 216. Es ging um den inzwischen geänderten § 61 des Börsengesetzes, wonach der Differenzeinwand auch bei Börsentermingeschäften im Ausland gelten sollte. Zur Anwendung des ordre public auf Gerichtsstandsvereinbarungen vgl. auch BGH NJW 1971, 325; 1971, 985; 1983, 2772

VwGO. Für das Verfahren gelten nach § 72 GWB teilweise die Vorschriften der Zivilprozeßordnung, so insbesondere auch die Vorschriften über die Zustellung von Amts wegen und über das Beweisverfahren.

In verwaltungsrechtlichen Streitigkeiten allgemein wie auch hier bei Kartellrechtsbeschwerdeverfahren spielt die internationale Zuständigkeit keine Rolle. Denn es handelt sich um die Rechtskontrolle eines Verwaltungsverfahrens. Sie ist immer dann zulässig, wenn die Kartellbehörde eine Entscheidung erlassen hat und damit grundsätzlich eine intraterritoriale Angelegenheit. Lag der Entscheidung der Behörde ein auslandsverknüpfter Sachverhalt zugrunde, hat sie im noch zu erörternden Rahmen des GWB extraterritoriale Jurisdiktion ausgeübt, so hängt die gerichtliche Zuständigkeit nicht an der völkerrechtlichen Zulässigkeit dieser Jurisdiktion. Sie soll nämlich gerade auch die Rechtmäßigkeit dieser Verwaltungszuständigkeit überprüfen. Sie kann das Völkerrecht nur durch ihre materiellrechtliche Entscheidung hierüber verletzen.

b) Andere Staaten

Die deutsche Rechtslage hinsichtlich der internationalen Zuständigkeit in allgemeinen Zivilrechtsstreitigkeiten findet ihre Entsprechung in den anderen kontinentalen Rechten. Auch dort gibt es konkrete Anknüpfungspunkte, welche die internationale Zuständigkeit begründen[998], wenngleich sie auch nicht immer mit dem deutschen übereinstimmen[999]. Das EuGVÜ ist einerseits in den Mitgliedstaaten der EG direkt auf grenzüberschreitende Fälle anwendbar, welche diese Staaten betreffen, andererseits aber ist es auch ein Niederschlag der gemeinsamen Rechtstradition dieser Staaten zur Zivilgerichtsbarkeit. Auch japanische Gerichte arbeiten nach einem System ähnlicher Anknüpfungspunkte[1000].

---

[998] Vgl. Schack, a.a.O. (Anm. 527), S. 150 ff.;Weser, M., Bases of Judicial Jurisdiction in the Common Market Countries, American Journal of Comparative Law 10 (1961), S. 322 - 344. Auf Inkongruenzen bei den gegenwärtigen Systemen der internationalen Zuständigkeiten weist Schröder, J., Internationale Zuständigkeit (1971), S. 83 - 97 hin

In Belgien und Italien etwa werden örtliche und internationale Zuständigkeit getrennt, in Griechenland, Frankreich, Spanien und Frankreich indiziert die örtliche Zuständigkeit die internationale Zuständigkeit wie in Deutschland

[999] Vgl. etwa Österreichischer Oberster Gerichtshof 22.02.1927, Annual Digest 1927/28, Nr. 12: es gebe keine völkerrechtliche Norm, die es einem Staat verbiete, Klagen auch über ausländische Immobilien zu behandeln, wenn der Kläger seinen allgemeinen Gerichtsstand im Inland hat

[1000] Iwasaki, K., Japanese Court`s Competence, Jurisdiction for International Litigations, European Transport Law 19 (1984), S. 559-582

c) Anglo-amerikanisches Recht

Das anglo-amerikanische Recht hat eine andere Konzeption der "jurisdiction" als das kontinentaleuropäische Recht[1001]. Es unterscheidet nämlich zwischen Gerichtsbarkeit über die Person der Parteien, "jurisdiction in personam" und die Gerichtsbarkeit über den Streitgegenstand, die "jurisdiction in rem" oder "subject matter jurisdiction"[1002]. Personal jurisdiction ist die Regelungs- bzw. Entscheidungsgewalt über die betroffene Person. Dieser Gesichtspunkt ist in der rechtlichen Terminologie des deutschen Rechts als "Gerichtsbarkeit" bzw. "Verfahrenszuständigkeit" bekannt. "Subject matter jurisdiction" dagegen ist die internationale Zuständigkeit zur Regelung des konkreten Sachbereichs. Dies ist in der englischsprachigen Jurisdiktion die "jurisdiction to regulate, to enforce, to adjudicate". "Jurisdiction in personam" umfaßt nicht automatisch auch die "jurisdiction in rem" mit. Wenn eine Person in einem Staat anwesend ist, so bedeutet dies nicht, daß dieser Staat alle Rechtsverhältnisse dieser Person automatisch im Bereich seiner Jurisdiktion hätte. Prozeßrechtliche Zuständigkeit und Zuständigkeit zum Erlaß und zur Anwendung materiellen Rechts wird nicht in gleicher Weise unterschieden wie in den kontinentalen Rechten[1003]. Dies ist auf die unterschiedliche Rechtstradition zurückzuführen.

Die "jurisdiction in personam" gründete sich ursprünglich auf die tatsächliche Anwesenheit der Person der beklagten Partei im Gerichtsstaat. Dies war zunächst die Anwesenheit beim Verfahren selbst. Aufgrund eines besonderen Writ, des "capias at respondendum"[1004] nahm der Sheriff den Beklagten in eine Art Sicherungsverwahrung, um sein Erscheinen vor Gericht sicherzustellen. Die persönliche Freiheitsentziehung konnte durch Sicherheitsleistung des Beklagten abgewendet oder beendet werden. Später war der Zeitpunkt der Zustellung für die Feststellung der Anwesenheit entscheidend. Ohne daß sie persönlich im Gerichtsstaat selbst bewirkt wurde ("personal service"), war kein Verfahren in perso-

---

[1001] Allgemein Scoles / Hay, a.a.O. (Anm. 433), S. 210 ff.; zum Vergleich zur deutschen Rechtslage Siemssen, D., Eine Analyse der Anknüpfungen für die internationale Zuständigkeit im internationalen Zivilprozeß (Diss.Hamburg 1966)

[1002] Vgl. hierzu auch Kruithof, M.R., The Application of the Common Market Anti-Trust Provisions to International Restraints of Trade, CMLRev 2 (1964/65), S. 69-94, 84 f.; Schwartz, I.E., Anwendbarkeit nationalen Kartellrechts auf internationale Wettbewerbsbeschränkungen, in: Kartelle und Monopole im modernen Recht (1961) Bd. II, S. 673-699, 673 f.

[1003] Schack, a.a.O. (Anm. 527), S. 9

[1004] Dieses Verfahren erwähnt der U.S. Supreme Court in International Shoe Co. v. Washington, 326 U.S. 310 (1945) als überholte Rechtsform

nam möglich. Eine öffentliche Zustellung mit Wirkung außerhalb des Gerichtsstaats wurde abgelehnt[1005].

Das Konzept der "jurisdiction in personam" war also zunächst auf rein physische Fakten gestützt. Dies wurde mit der Zeit jedoch abgelöst durch ein Konzept, welches auf die Verbindungen zwischen Person und Gerichtsstaat abstellte, auch wenn einer Person mangels Anwesenheit auf dem Territorium dort nicht zugestellt werden konnte. Solche Beziehungen waren etwa Staatsangehörigkeit, regelmäßiger Aufenthalt, freiwillige Unterwerfung, Tätigkeiten, welche eine Auswirkung auf dem Territorium des Gerichtsstaates haben oder auch die Belegenheit von Vermögensgegenständen auf diesem Territorium. Eine weitere Verbindung war das Entstehen des Streitgegenstandes in England sowie der Abschluß oder die Erfüllbarkeit von Verträgen dort.

In der zweiten Hälfte des 18. Jahrhunderts entschied dann Lord Mansfield, der von der Lehre des Ulricus Huber beeinflußt war[1006], daß ein Staat aufgrund seiner territorialen Souveränität über alle Auslandssachverhalte Gerichtsbarkeit ausüben könne und dies nur aufgrund der comity of nations selbst beschränke[1007].

In der US-amerikanischen Rechtsprechung werden heute "minimum contacts"[1008] zur Begründung der Gerichtsbarkeit verlangt. Sie sind zwar ur-

---

[1005] Pennoyer v. Neff. 95 U.S. 714: "Process from the tribunals of one state cannot run into another state, and summon parties there domiciled to leave its territory and respond to proceedings against them. Publication of process or notice within the state where the tribunal sits cannot create any greater obligation upon the non-resident to appear. Process sent to him out of the state, and process published within it, are equally unavailing in proceedings to establish his personal liability."

[1006] Vgl. hierzu Maier, H.G. / McCoy, T.R., A Unifying Theory for Judicial Jurisdiction and Choice of Law, American Journal of Comparative Law 39 (1991), 249 - 292, 261, dort Anm. 50

[1007] Robinson v. Bland, 2 Burr. 1077, 1 W. Bl. 234, 259 (1760); Holman v. Johnson (1775) 1 Cowp. 341, 343

[1008] Siehe hierzu Schack, H., Jurisdictional Minimum Contacts Scrutinized - Innerstaatliche und Internationale Zuständigkeit US-amerikanischer Gerichte (1983); Junker, A., Der lange Arm amerikanischer Gerichte: Gerichtsgewalt, Zustellung und Jurisdictional Discovery, IPRax 6 (1986), S. 197-204; Hay, P., Refining Personal Jurisdiction in the United States, ICLQ 35 (1986), S. 32-62; Born, G.B., Reflections on Judicial Jurisdiction in International Cases, Georgia Journal of International Law and Comparative Law 17 (1987), S. 1-44; Mehren, A.T. v./Trautmann, D.T., Jurisdiction to adjudicate, Harvard Law Review 79(1965/66), S. 1121-1179; Maier, H.G. / McCoy, T.R., A Unifying Theory for Judicial Jurisdiction and Choice of Law, American Journal of Comparative Law 39 (1991), 249 - 292, 262 ff.

Allgemein zur Zuständigkeit amerikanischer Gerichte Shapiro, D.L., Jurisdiction and Discretion, New York University Law Review 60 (1985), S. 543 - 589; Reimer, G., Zur Zuständigkeit von US-Gerichten bei internationalen Streitigkeiten, Zeitschrift für Luft- und Weltraumrecht 34 (1985), S. 130 -140; Juenger, F.K., Judicial Jurisdiction in the Unisprünglich für das Verhältnis konkurrierender Anknüpfungen zwischen den amerikanischen Bundesstaaten geschaffen und auf die due process-clause im 14. Zusatz zur amerikanischen Bundesverfassung gestützt worden, werden aber als absolutes Minimum auch für die internationale Zuständigkeit angenommen.

Während früher nur Jurisdiktion über Personen und Sachen in den USA angenommen wurde[1009], entschied der Supreme Court in International Shoe v. Washington im Jahre 1945[1010], Gerichtsbarkeit bestehe, wenn ein ausreichender Kontakt mit dem Forum bestehe und wenn die Ausübung dieser Jurisdiktion "not unreasonable" sei. Dieser "fundamental fairness test" stütze sich auf "traditional notions of fair play and substantial justice"[1011]. Im Falle Shaffer v. Heitner[1012] entschied dann der Gerichtshof, daß die pure Anwesenheit eines Beklagten oder seines Vermögens im Gerichtsbezirk nicht ausreicht, um die Gerichtsbarkeit eines Staates zu begründen und dehnte gleichzeitig die Grundsätze von "International Shoe" auf den gesamten Bereich der "jurisdiction" aus[1013].

Später wurde dann vom Supreme Court das Fairness - Kriterium zu einem "minimum contacts" - Doktrin reduziert, was sich hauptsächlich auf das Regelungsinteresse des Staates und nicht wesentlich auf das Fairness - Interesse des Beklagten bezog[1014]. Die Doktrin wurde weiter entwickelt durch eine Unterscheidung zwischen "specific jurisdiction" über Aktivitäten im Gerichtsstaat als Streitgegenstand und "general jurisdiction", bei der keine unmittelbare Beziehung zwischen Klagegrund und Forumstaat gegeben sein muß[1015]. Letzteres erfordert stärkere Kontakte zu den USA, nämlich "fortlaufende und planvolle Tätigkeiten" im Inland. Das Gericht

---

ted States and the European Communities: A Comparison, Michigan Law Review 82 (1984), S. 1195-1212

[1009] So etwa in der Leitentscheidung Pennoyer v. Neff, 95 U.S. 714 (1877). Diese "Macht - Theorie" wurde von Justice O. W. Holmes durch den klassischen Satz: "the foundation of jurisdiction is physical power" ausgedrückt, McDonald v. Mabee, 243 U.S. 90, 91 (1917); Ehrenzweig nannte dies "just another one of the great jurist's unfortunate aphorisms in the field of conflict of laws", Yale Law Journal 65 (1965), S. 289, 296

[1010] International Shoe Co. v. State of Washington, 326 U.S. 310, 316 f. (1945)

[1011] Parallel dazu hielt der Oberste Gerichtshof es immer für ausreichend, daß dauernde und systematische Handlungen in einem Staat vorlagen, um dessen Gerichtsbarkeit zu begründen, Perkins v. Benguet, Consolidated Mining Co. 342 U.S. 437 (1952)

[1012] 433 U.S. 186 (1977)

[1013] "We therefore conclude that all assertions of state court jurisdiction must be evaluated according to the standard set forth in International Shoe and its progeny", a.a. O. 219, Fußnote 39

[1014] Erstmalig ausdrücklich in World-Wide Volkswagen v. Woodsen 444 U.S. 286 (1980)

[1015] Helicopteros Nacionales de Colombia, S.A. v. Hall, 466 U.S. 408, 104 S.Ct. 1868 (1984)

entschied, daß bloße Erwerbungen in den USA, auch wenn sie regelmäßig erfolgen, dann nicht alleine zur Begründung der personal jurisdiction über eine ausländische Gesellschaft genügen, wenn nicht ein solcher Erwerbsvorgang im Streit steht.

Wie die minimum contacts - Doktrin zu einer Ausdehnung extraterritorialer Jurisdiktion im Bereich der deliktischen Produkthaftung führen könnte, wurde im Asahi-Fall[1016] deutlich. Dort entschied der Supreme Court der Vereinigten Staaten über einen eine Produkthaftungsklage eines taiwanesischen Reifenhändlers gegen einen japanischen Reifenhersteller in Kalifornien. Asahi, der Hersteller, war sich bewußt, daß seine Verkäufe letzten Endes nach Kalifornien geraten würden, niemals jedoch, daß die Verkäufe nach Taiwan ihn dem Recht Kaliforniens unterwerfen würden.

Die Mehrheit der Richter verneinte, daß Kalifornien "personal jurisdiction" über die Klage habe, weil dies "unreasonable", "unfair" und eine Verletzung der due process clause sei. Eine Klage in Japan sei bei Abwägung der beteiligten Interessen ein ausreichender Rechtsschutz. Die Richter waren sich nicht einig darüber, ob es, wie früher entschieden, ausreiche, daß ein Hersteller sein Produkt "into the stream of commerce with the expectation that they will be purchased by consumers in the forum state" gebe[1017]. Die "stream of commerce" - Doktrin, welche es zu einem oft unkontrollierbaren Risiko macht, eine Ware zu veräußern, die dann in die USA gelangt, wird hierdurch jedoch nur abgeschwächt und es bleibt abzuwarten, ob sie diese Tendenz in der weiteren Rechtsprechung fortsetzt[1018].

Die "personal jurisdiction" wird auch in den Fällen angenommen, in denen ein ausländisches Unternehmen Leitungsmacht über eine inländische Tochtergesellschaft ausübt. In seiner früheren Rechtsprechung aner-

---

[1016] Asahi Metal Industry Co., Ltd. v. Superior Court of California, Solano County, etc., 107 S.Ct. 1026 = ILM 26 (1987), S. 702; vgl. hierzu Weintraub, R.J., Asahi Sends Personal Jurisdiction Down the Tubes, Texas International Law Journal 23 (1988), S. 55 - 71; Jordan, J.P. / Leiner, F.C., American Jurisdiction over Foreign Corporations in Product Liability Law Suits: The ASAHI Decision and Beyond, JWTL 21 (1987), S. 31-44; Kennedy, K.C., Stretching the Long-Arm in Asahi Metal Industry Co., Ltd. v. Superior Court: World Wide Jurisdiction after World-Wide Volkswagen?, Boston University International Law Journal 4 (1986), S. 327-350; Cox, S.E., The Interrelationship of Personal Jurisdiction and Choice of Law: Forging New Theory Through Asahi Metal Industry Co. v. Superior Court, University of Pittsburgh Law Review 49 (1987), S. 189 - 227

[1017] Worldwide Volkswagen Corp. v. Woodson, 444 U.S. 286, 297 f. (1980)

[1018] Wie bedenklich weit die minimum contacts Doktrin führen kann, zeigt Insurance Corp. of Ireland, Ltd. v. Compagnie des Bauxites de Guinée, 456 U.S. 694 mit Anm. H. Schack, Internationale Zuständigkeit als Strafe für die Nichtbefolgung von discovery-Befehlen, IPRax Bd.4 (1984), S.168 ff.

kannte der Supreme Court die formale Trennung von Muttergesellschaft und Tochtergesellschaft, wenn sie finanziell getrennt voneinander operierten, auch wenn eine unmittelbare und vollständige Kontrolle durch die Muttergesellschaft vorlag[1019]. Dieser Doktrin sind die amerikanischen Gerichte aber nur sehr vereinzelt gefolgt[1020]. Die Rechtsprechung des obersten Gerichtshofs selbst entwickelte sich in eine andere Richtung. Im Jahre 1948, kurz nach der International Shoe - Entscheidung, bejahte der Supreme Court die "in personam jurisdiction" über eine britische Muttergesellschaft ausschließlich aufgrund der Tätigkeiten ihrer 100%igen Tochtergesellschaft in den Vereinigten Staaten[1021]. Der entscheidende Gesichtspunkt war dort, daß die Tätigkeiten der Tochtergesellschaft normalerweise von der Muttergesellschaft gesteuert würden und daß deshalb ein Durchgriff erfolgen sollte. Die gesellschaftsrechtliche Zusammengehörigkeit reichte als "minimum contact" aus[1022].

Besonders weitgehend wurde der Durchgriff durch die unternehmensrechtliche Selbständigkeit in der Entscheidung Bulova v. Hattori[1023] gesehen. Der Beklagte in diesem Verfahren, Hattori, war eine japanische Firma, welche Muttergesellschaft der amerikanischen "Seiko Corporation of America" war. Das Gericht stellte eine enge Beziehung zwischen Muttergesellschaft und Tochtergesellschaft fest hinsichtlich verschiedener Faktoren: Leitungspersonal, Produkteinkauf, Bedeutung der Marktstellung der Tochtergesellschaft für den Gesamt-Konzern und Zusammenarbeit zwischen verschiedenen Konzerngesellschaften. Das Gericht benutzte die ökonomischen Implikationen solcher Verbindungen als Feststellung der "minimum contacts" und ging damit über die rein faktische Basis dieser Doktrin hinaus.

Die amerikanischen Bundesstaaten kennen teilweise Ankūpfungen, welche eine "long arm jurisdiction" über Ausländer begründen[1024]. Dies ist etwa die Geschäftstätigkeit ("doing business") im Inland Auch hinsichtlich

---

[1019] Cannon Manufacturing Co. v. Cudahy Packing Co., 267 U.S. 333 (1925)

[1020] Vgl. etwa U.S.C. Corporation v. Toshiba America Inc., 491 F. 2 d 164 (9th Cir. 1974).

[1021] United States v. Scophony Corp., 333 U.S. 795 (1948). Vgl. hierzu allgemein Rosic, E.A., In personam Jurisdiction over Foreign Parent Corporations, A.S. I.L.S. International Law Journal 6 (1982), S. 19-42

[1022] Die Scophony-Entscheidung widerspricht tatsächlich der Cannon-Entscheidung, widerruft sie aber nicht förmlich

[1023] Bulova Watch Co. v. K. Hatori Co., Ltd., 508 FSupp. 1322 (E.D.N.Y. 1981); hierzu Berger, M., Jurisdiction over Foreign Corporation on the Basis of its Subsidiary's Activities in New York: Bulova Watch Co. v. K. Hattori & Co.,Brooklyn Journal of International Law 9 (1983), S. 91 - 113

[1024] Kaufmann-Kohler, G., Enforcement of United States Judgments in Switzerland, Regulations, Wirtschaft und Recht 35 (1983), S. 211 - 244, 236 ff. über den Staat New York

dieses Anknüpfungspunktes ist nicht bekannt geworden, daß von einem anderen Staat völkerrechtliche Einwendungen dagegen erhoben wurden.

Auch im amerikanischen Recht wird weitgehend eine Gerichtsstandsvereinbarung zugunsten eines ausländischen Gerichts für zulässig gehalten. Für die Bundesgerichtsbarkeit entschied dies der Supreme Court zunächst für einen Schiffahrts - Fall[1025], verallgemeinerte diesen Grundsatz aber später[1026]. Der Supreme Court sagte ausdrücklich: "We cannot have trade and commerce in world markets and international waters exclusively on our terms, governed by our laws and resolved in our courts"[1027].

Die "subject matter jurisdiction" verknüpft die Fragen der gerichtlichen Zuständigkeit bereits mit den Fragen der materiellrechtlichen Jurisdiktion über den Streitgegenstand. Sie führt unmittelbar zu den Streitfragen der materiellen extraterritorialen Jurisdiktion. In den USA ist die subject matter jurisdiction eine Frage der Zuständigkeit der Gerichte und von diesen immer zu prüfen. In der Bundesrepublik Deutschland ist die Frage materiellrechtlicher Jurisdiktion im internationalen Maßstab dagegen nur unter dem Gesichtspunkt des Verstoßes eines nationalen Gesetzes gegen allgemeine Grundsätze des Völkerrechts im Sinne von Art. 25 GG zu prüfen, was jedoch nur selten vorkommt und angesichts der Unsicherheit über die völkerrechtlichen Grenzen der Jurisdiktion auch bisher selten thematisiert wurde. Diese Grenzen aufzuzeigen ist ein Anliegen dieser Untersuchung.

Das Restatement (Third) faßt in § 421 einen Katalog derjenigen Anknüpfungen der Gerichtsbarkeit, also der Gerichtsstände zusammen, welche nach amerikanischer Auffassung als völkerrechtsgemäß angesehen werden. Sie haben viele Entsprechungen in den kontinentaleuropäischen Rechtsordnungen: Sitz, Wohnsitz, Staatsangehörigkeit, Gründung, Flagge, Prorogation, Belegenheit, Auswirkung und Geschäftstätigkeit. Auch hier sind also bestimmte Anknüpfungspunkte für die Begründung der Gerichtsbarkeit entscheidend.

d) Exorbitante Gerichtsstände

Es gibt Gerichtsstände, welche von einzelnen Staaten in Anspruch genommen, aber von anderen Staaten teilweise nicht anerkannt werden.

[1025] The Bremen v. Zapata Off - Shore Co., 407 U.S. 1, 92 S. Ct. 1907 (1972)

[1026] Scherk v. Alberto - Culver Co., 417 U.S. 506, 94 S. Ct. 2449 (1974); hierzu Martin, J., From Schoenbaum to Scherk: The Continuing Question of Subject Matter Jurisdiction in an International Securities Transaction, Houston Law Review 12 (1975), S. 924 - 942

[1027] The Bremen v. Zapata Off - Shore Co., 407 U.S. 1, 9, 92 S. Ct. 1907, 1912 (1972)

Man spricht insoweit von exorbitanten Gerichtsständen[1028]. Daß sie unerwünscht sind, zeigt sich etwa daran, daß eine Reihe solcher Gerichtsstände in Art. 3 EuGVÜ ausdrücklich für den räumlichen, persönlichen und sachlichen Geltungsbereich des Übereinkommens ausgeschlossen werden. Sie dienen nicht einer willkürlichen Ausdehnung der staatlichen Jurisdiktion, sondern einer Verbesserung des Klägerschutzes, beziehen sich aber in Fällen mit Auslandsbezug auf Anknüpfungspunkte zum Inland, welche von anderen Staaten als zu schwach empfunden werden. Ein Beispiel ist der deutsche Gerichtsstand des Vermögens nach § 23 ZPO, wonach für Klagen wegen vermögensrechtlicher Ansprüche "gegen eine Person, die im Inland keinen Wohnsitz hat, das Gericht zuständig ist, in dessen Bezirk sich Vermögen derselben oder der mit der Klage in Anspruch genommene Gegenstand befindet". Ein solcher Gerichtsstand ist auch in anderen Staaten bekannt, wird jedoch dadurch exorbitant, daß keine Proportionalität zwischen dem Inlandsvermögen und dem Streitgegenstand bestehen muß[1029]. In der Literatur wird zwar eine restriktive Auslegung der Vorschrift gefordert[1030], aber die überwiegende Rechtsprechung[1031] läßt auch ein Vermögen im Inland, was im Verhältnis zum Streitgegenstand geringwertig[1032] oder gar unpfändbar[1033] ist, zur Begründung des Gerichtsstandes ausreichen.

Der BGH hat diesen Gerichtsstand in neuester Zeit allerdings unter Berufung auf "völkerrechtliche Tendenzen", die er aus Vertragsrecht ableitet, dahingehend einschränkend interpretiert, daß neben dem Vermögen im Inland ein sonstiger hinreichender Inlandsbezug des Rechtsstreits vorliegen müsse[1034]. Einen ähnlichen Gerichtsstand gibt es auch in England[1035].

[1028] Schack, a.a.O. (Anm. 527), S. 74 f.; Jellinek, W., Die zweiseitigen Staatsverträge über die Anerkennung ausländischer Zivilurteile (1953), S. 219; vgl. auch die Schiedsgerichtsentscheidung zur Interpretation des Art. 18 des Freundschafts- und Handelsvertrages zwischen Peru und Italien von 1874, RIAA XIV, S. 83, 94 f.

[1029] Schack, a.a.O. (Anm. 527), S. 122 f. m. w. N.; Walchshöfer, A., Die deutsche internationale Zuständigkeit in der streitigen Gerichtsbarkeit, Zeitschrift für Zivilprozeß 80 (1967), S. 165-229, 193 f.; Fischer, K., Zur internationalen Zuständigkeit deutscher Gerichte nach § 23 ZPO, RIW 1990, S. 794 - 797; Jellinek, W., Die zweiseitigen Staatsverträge über die Anerkennung ausländischer Zivilurteile (1953), S. 221 ff. In Österreich gilt dagegen eine Proportionalitätsregel, Schack a.a.O., S. 124

[1030] Vgl. Baumbach, A. / Lauterbach, W. u.a., Zivilprozeßordnung, 50. Aufl. (1992), § 23 m. w. N.; auch BVerfGE 64, 18 nennt den Gerichtsstand exorbitant

[1031] Eine Ausnahme ist etwa OLG Stuttgart RIW 1990, 829, das einen "weiteren Inlandsbezug" fordert

[1032] Schack, a.a.O. (Anm. 527), S. 123

[1033] BGHZ 94, 156, 160

[1034] BGH NJW 1991, 3032; vgl. hierzu Mack, J. / Ziegenhain, J., Der Gerichtsstand des Vermögens im Spannungsfeld zwischen Völkerrecht und deutschem internationalen

In den USA dagegen ist "personal jurisdiction" aufgrund eines am Gerichtsort existierenden Bankkontos nur unter der Voraussetzung angenommen worden, daß der Inhaber im wesentlichen sein gesamtes Einkommen hierauf bezieht und im wesentlichen seine gesamten Ausgaben hiervon bezahlt[1036]. Die ebenfalls sehr einschränkende Auffassung des Restatement (Third) hierzu wurde bereits erwähnt.

Eine weitere exorbitante Zuständigkeit ist Art. 14 des französischen Code Civil. Danach können Franzosen Auslandssachverhalte zum Gegenstand von Gerichtsverfahren in Frankreich gegen Ausländer machen, ohne daß eine sonstige Verknüpfung des Sachverhalts mit dem Staat Frankreich vorliegen muß[1037]. Diese Begünstigung des Klägers findet sich, beschränkt auf Unterhaltsklagen, auch in § 23 a ZPO, wonach ein Kläger im Inland an seinem allgemeinen Gerichtsstand auf Unterhalt gegen eine Person klagen kann, die im Inland keinen Gerichtsstand hat. Ein ähnlicher Fall findet sich in § 94 des deutschen Arzneimittelgesetzes[1038], wonach der Kläger eine Klage wegen Gefährdungshaftung nach § 84 des Gesetzes auch an seinem Wohnsitz oder, in Ermangelung eines solchen, an seinem gewöhnlichen Aufenthaltsort erheben kann. Da der Bundesgesetzgeber nicht wünschte, daß gleiche Gerichtsstände des Auslands nach § 328 Abs. 1 Nr. 1 ZPO anerkannt würden, hat er dies in der Vorschrift sofort ausgeschlossen und damit selbst die Exorbitanz der Anknüpfung gekennzeichnet.

Ein bekannter exorbitanter Gerichtsstand im anglo - amerikanischen Recht wird durch die "transient rule"[1039] begründet, wonach die bloße, auch nur kurze Anwesenheit im Inland die internationale Zuständigkeit über die Person begründen kann. Die entsprechende Regel in England[1040]

Prozeßrecht, NJW 45 (1992), S. 3062 - 3066; Fricke, M., Neues vom Vermögensgerichtsstand?, NJW 45 (1992), S. 3066 - 3069

1035 Vgl. die Erwähnung in Art. 3 EuGVÜ

1036 United Rope Distributors, Inc. v. Kimberly Line, 770 F. Supp. 128; 785 F. Supp. 446 (S.D.N.Y. 1992)

1037 Vgl. hierzu Cour de Cassation 02.03.1966 - Air-Algérie v. Laribière ILR 47, S. 127; Cour d'Appel de Paris 05.10.1970 ILR 72, S. 90. Gleiches gilt für Luxemburg. In den Niederlanden, in Belgien und in Italien gilt diese Privilegierung für Personen, welche ihren Wohnsitz in den betreffenden Staaten haben, vgl. Schack, a.a.O. (Anm. 527), S. 775, 152 f.; Miaja de la Muela, A., Les principes directeurs des règles de compétence territoriale de tribunaux internes en matière de litiges comportants un élément international, RdC 135 (1972 I), S. 3-96, 19 f.

1038 vom 24.8.1976 (BGBl. 1976 I, S. 2445, 2448, zuletzt geändert durch Gesetz vom 11.4.1990 (BGBl. 1990 I S. 717)

1039 Hierzu Schack, a.a.O. (Anm. 527), S. 153

1040 RSC Order 10, rule 1. Vgl. hierzu Court of Appeal - Colt Industries Inc. v. Sarlie, ILR 42, S. 108: Wenn eine Partei freiwillig, ohne Täuschung durch die andere Partei, sich

ist in Art. 3 EuGVÜ unter den ausgeschlossenen Gerichtsständen erwähnt[1041]. Auch in den USA ist diese "tag jurisdiction" bekannt, welche sogar bei Zustellung in einem Flugzeug über den USA angenommen wird[1042]. Zwar sieht inzwischen das Restatement (Third)[1043] rein vorübergehende Anwesenheit nicht mehr als ausreichend für die Begründung von Zivilgerichtsbarkeit an. Im Jahre 1990 aber hat der Supreme Court diese Basis für die Zuständigkeit wiederum als rechtmäßig bestätigt[1044], ohne daß gegen diese Praxis protestiert worden wäre[1045].

Die exorbitanten Gerichtsstände werden zwar in Europa teilweise durch das EuGVÜ ausgeschlossen, sie führen auch ansonsten möglicherweise zum Ausschluß der Vollstreckungs - Anerkannung, nicht aber werden sie generell in der Staatenpraxis[1046] als völkerrechtswidrig angesehen. Nur in seltenen Fällen sind Staaten mit ihrer Auffassung an die Öffentlichkeit getreten, daß eine bestimmte Anknüpfung völkerrechtswidrig sei, ohne daß hieraus eine konstante Praxis gefolgt wäre[1047]. Dies zeigt jedenfalls, daß die gegenwärtige Staatenpraxis einen äußerst weiten Rahmen für die Ausübung staatlicher Gerichtsbarkeit zieht.

Gleichwohl nehmen viele Autoren an, daß Gerichtsbarkeit nur bei einer genügend engen Beziehung zwischen dem Staat, den Parteien und dem Streitgegenstand begründet werden darf[1048]. Auch § 421 des Restatement

---

kurzfristig in England aufhält, so kann ihr die Klage zugestellt und die Jurisdiktion damit begründet werden.

1041 Ebenso eine gleiche Regel in Irland

1042 Grace v. MacArthur, 170 F. Supp. 442 (E.D. Ark. 1959)

1043 American Law Institute, Restatement of the Law, Third, The Foreign Relations Law of the United States (1987) , § 421, Comment e

1044 Burnham v. Superior Court, 110 S. Ct. 2150 (1990); vgl. hierzu Otte, K., Territorial jurisdiction - Persönliche Anwesenheit als ausreichender Minimalkontakt für internationale Zuständigkeit, IPRax 11 (1991), S. 263 - 267; Peterson, C.D., US Supreme Court upholds use of transient jurisdiction, IPRax 11 (1991), S. 267 - 270. Kritisch Maier, H.G. / McCoy, T.R., A Unifying Theory for Judicial Jurisdiction and Choice of Law, American Journal of Comparative Law 39 (1991), 249 - 292, 271 ff.

1045 Nach Wengler, a.a.O. (Anm. 678), S. 16 reicht kurze Anwesenheit formell für die Begründung des Gerichtsstandes, aber nicht für die materielle Anwendung der lex fori.

1046 Vgl. hierzu etwa die Übersicht bei Ehrenzweig, A.A., Private International Law (1967), S. 11 - 49. Zu Art. 14 des französischen Code Civil Reu, F., Die staatliche Zuständigkeit im internationalen Privatrecht (1938), S. 57

1047 Wengler, a.a.O. (Anm. 678), S. 15 berichtet über die Erklärung der Regierung der Vereinigten Staaten, daß sie eine internationale Zuständigkeit von Gerichten, welche sich auf die Staatsangehörigkeit des Klägers stützt, für Ansprüche aus einem angeblich in einem anderen Staat begangenen Delikt eines Staatsangehörigen des anderen Staates für völkerrechtswidrig halte, vgl. U.S. Digest of International Law 1975, 339

1048 Etwa Jellinek, W., Die zweiseitigen Staatsverträge über die Anerkennung ausländischer Zivilurteile (1953), S. 217 f., der ein "Minimum von beachtlicher Beziehung zwischen dem Gerichtsstaat und der Streitsache" fordert. Vgl. auch Walchshöfer, A., Die

(Third)[1049] geht von einer notwendigen Verbindung aus und nennt anschließend einen Katalog von möglichen Anknüpfungspunkten. Andere Autoren dagegen gehen von einer völkerrechtlich unbegrenzten Hoheit der Staaten aus, Zivilgerichtsbarkeit auszuüben[1050], soweit nicht Immunitätsregeln[1051]. Die Unterscheidung zwischen Gerichtsbarkeit und internationaler Zuständigkeit in der ZPO und im Gerichtsverfassungsgesetz weist ebenfalls darauf hin, daß der deutsche Gesetzgeber nicht von völkerrechtlichen Schranken seiner Zuständigkeit - außer den Immunitäten - zur Festlegung von internationalen Zuständigkeiten ausgeht[1052]. Dies wird unterstrichen durch die Tatsache, daß nur ein Verstoß gegen die Gerichtsbarkeit zu einem nichtigen Urteil führt[1053], während ein Urteil, welches unter Verstoß gegen die internationale Zuständigkeit ergeht, als der Rechtskraft fähig angesehen wird[1054].

Wenn die These der absoluten Staatenfreiheit damit begründet wird, kein Staat werde Hoheitsgewalt ohne irgendeinen Berührungspunkt zum Fall oder den Parteien ausüben, so ist diese faktische Einschätzung sicherlich

---

deutsche internationale Zuständigkeit in der streitigen Gerichtsbarkeit, Zeitschrift für Zivilprozeß 80 (1967), S. 165-229, 171; Neuhaus, P. H., Internationales Zivilprozeßrecht und Internationales Privatrecht, RabelsZ 20 (1955), S. 201 - 269, 214; Geimer, R., Internationales Zivilprozeßrecht (1987), S. 30, 79 f.; Wengler, W., Völkerrecht, 2 Bde (1964), S. 947 f. und dort Anm. 4; Wengler, a.a.O. (Anm. 678), S. 14 ff. Skeptisch Schröder, J., Internationale Zuständigkeit (1971), S. 766

1049 a.a.O. (Anm. 12). Absatz 1 lautet: "A state may exercise jurisdiction through its courts to adjudicate with respect to a person or thing if the relationship of the state to the person or thing is such as to make the exercise of jurisdiction reasonable"; hierzu Rosenthal, D.E. / Yale-Loehr, S., Two Cheers for the LSI Restatement's Provisions on Foreign Discovery, New York University Journal of International Law and Politics, S. 1075-1100

1050 Schack, a.a.O. (Anm. 527), S. 49, 70 f.; Walchshöfer, A., Die deutsche internationale Zuständigkeit in der streitigen Gerichtsbarkeit, Zeitschrift für Zivilprozeß 80 (1967), S. 165-229, 179; Heldrich, A., Internationale Zuständigkeit und anwendbares Recht (1969), S. 141 - 143; Akehurst, M., Jurisdiction in International Law, British Yearbook of International Law 46 (1972/73), S. 145-257, 180; Miaja de la Muela, A., Les principes directeurs des règles de compétence territoriale de tribunaux internes en matière de litiges comportants un élément international, RdC 135 (1972 I), S. 3-96, 29 - 35

1051 Nach der Rechtsprechung des österreichischen Obersten Gerichtshofs (z.B. Entscheidung vom 20.1.1983. IPRax 4 (1984), S. 214 m.w.N.) soll die Gerichtsbarkeit gemessen an den Grundsätzen des Allgemeinen Völkerrechts sogar universell sein, nur vertraglichen Bindungen unterworfen. Soweit dies vom Erfordernis eines Anknüpfungspunkts abgeht, entspricht es jedoch nicht der Staatenpraxis. Auch in Österreich gibt es zunehmend Einschränkungen dieser Universalitätstheorie, vgl. Schack, a.a.O. (Anm. 527), S. 152

1052 Vgl. auch BGHZ 30, 1, 3 f.

1053 So die herrschende Meinung, vgl. Schack, a.a.O. (Anm. 527), S. 62 m.w.N.

1054 Walchshöfer, A., Die deutsche internationale Zuständigkeit in der streitigen Gerichtsbarkeit, Zeitschrift für Zivilprozeß 80 (1967), S. 165-229, 177 m.w.N.

richtig. Sie zeigt die Problematik der Erörterung der Anknüpfungsvoraussetzungen für die Jurisdiktion überhaupt. Denn ohne Bezug zu einem Staat ist der Einsatz von Zeit und Mitteln für die Ausübung seiner Jurisdiktion nicht begründbar. Die Frage ist nur, ob alle Bezüge vom Völkerrecht zur Begründung von Jurisdiktion zugelassen werden. Die Gerichtsbarkeit über - im Sinne der deutschen Rechtsordnung - rein zivilrechtliche Streitgegenstände bietet hier kein signifikantes Praxismaterial, da bisher noch keine konkrete Schranke sichtbar wurde[1055]. Die seltenen Staatenproteste gegen ausländische Gerichtsentscheidungen[1056] betrafen territoriale Zuordnungen wie den Status der Panama - Kanal - Zone oder die Ausdehnung der nationalen Jurisdiktion im Seegebiet. Selbst die exorbitanten Gerichtsstände sind nicht völkerrechtswidrig[1057]. Das EuGVÜ, welches sie für seinen Geltungsbereich ausschließt, erklärt sie im Verhältnis zu Drittländern wieder ausdrücklich für anwendbar[1058].

Streitig wird die Begründung eines Gerichtsstandes nur dort, wo, wie bei der englischen und amerikanischen Gerichtsbarkeit, durch die "subject matter jurisdiction" teilweise an die materiellrechtliche Jurisdiktion angeknüpft wird[1059]. Die materiellen Konflikte werden dort in den verfah-

---

[1055] Vgl. auch Kropholler, J., Internationale Zuständigkeit in: Handbuch des internationalen Zivilverfahrensrechts, Bd. 1 (1982), Kapitel III, S. 46 ff.

[1056] Vgl. Akehurst, M., Jurisdiction in International Law, British Yearbook of International Law 46 (1972/73), S. 145-257, 176 f.; Kropholler, J., Internationale Zuständigkeit in: Handbuch des internationalen Zivilverfahrensrechts, Bd. 1 (1982), Kapitel III, S. 214 dort Anm. 92 m.w.N.

[1057] Geimer, R., Internationales Zivilprozeßrecht (1987), S. 30; Miaja de la Muela, A., Les principes directeurs des règles de compétence territoriale de tribunaux internes en matière de litiges comportants un élément international, RdC 135 (1972 I), S. 3-96

[1058] Art. 4 Abs. 2

[1059] Ein Fall, in dem ein sehr weitläufiger materieller Anknüpfungspunkt von den anderen Staaten akzeptiert wird, ist der Alien Tort Claims Act in den USA. Sec. 1350 28 U.S.C. 1350 (1976) bestimmt: " The district courts shall have original jurisdiction of any civil action by an alien for a tort only, committed in violation of the Law of Nations or a treaty of the United States". Hierauf basieren eine Reihe von Gerichtsentscheidungen, etwa Filartiga v. Pena-Irala 630 F.2d 876 (2nd Cir.1980); Hanoch Tel Oren v. Libyan Arab Republic, 726 F.2d774(D.C.Cir.1984); von Dardel v. USSR, 623 F.Supp.246 (D.D.C. 1985); Argentine Republic v. Amerada Hess Shipping Corp. et al. 87-1372 vom 23.1.1989, ILM 28 (1989), S.382. Nach dem Wortlaut und der Praxis kann dieses Gesetz auch extraterritorial angewendet werden. Fraglich ist jedoch, welchen Anknüpfungspunkt die U.S.A. hierfür haben. Randall, K.C., Federal Jurisdiction over International Law Claims: Inquiries into the Alien Tort Statute, New York University Journal of International Law and Politics 18 (1985), S. 1-72, 67 möchte das Universalitätsprinzip des internationalen Strafrechts hierfür anwenden. Der Anknüpfungspunkt der Verletzung von Völkerrecht ohne sonstigen Zusammenhang mit den Vereinigten Staaten ist jedenfalls bisher im Zivilrecht nicht anerkannt gewesen. Allerdings ist diese Anknüpfung auch nicht auf grundsätzlichen Protest anderer Staaten gestoßen, sodaß man insoweit eine konsentierte Rechtsfortbildung annehmen kann. Vgl. dazu auch Soley, D.A., Hunt v. Galtieri: A

rensrechtlichen Bereich erstreckt. Dies wird jedoch erst später als materiellrechtliches Problem zu betrachten sein.

e) Zuständigkeit und materiellrechtliche Jurisdiktion

Der Zusammenhang zwischen materieller und verfahrensrechtlicher Jurisdiktion wird auch in umgekehrter Richtung erörtert. In der Zivilgerichtsbarkeit gilt, anders als im Strafrecht und im Öffentlichen Recht nicht die notwendige Verbindung von materieller Jurisdiktion und gerichtlicher Zuständigkeit. Entsprechende Konzepte wurden zwar in der Literatur entwickelt[1060], dies entspricht aber nicht der Staatenpraxis. Denn die Interessen der Eröffnung der Gerichtsbarkeit für Parteien[1061] und die kollisionsrechtlichen Interessen zugunsten der Anwendung eigenen oder fremden nationalen Rechts sind unterschiedlich. Die "Gleichlaufzuständigkeit" würde die hierdurch mögliche und auch erforderliche Flexibilität der Differenzierung von Kollisionsrecht und Internationaler Zuständigkeit unsachgemäß verkürzen.

Das Vorliegen von verfahrensrechtlicher Gerichtsbarkeit sagt grundsätzlich noch nichts über die materiellrechtliche Gerichtsbarkeit aus. Da aber eine Gerichtsbarkeit ohne sonstigen Anknüpfungspunkt nur durch eine Prorogation durch die Parteien geschaffen werden kann, kann man in dieser Vereinbarung auch eine Vereinbarung des anwendbaren Rechts sehen oder jedenfalls eine Ermächtigung an den Gerichtsstaat, sein eigenes Recht anzuwenden. Entsprechend sieht das Restatement (Second)[1062] vor, daß für diesen Fall ein Staat in einer Kollisionsnorm entweder das Recht eines Staates mit Anknüpfungspunkt berufen darf oder das eigene Recht, so wie es anwendbar gewesen wäre, wenn der Sachverhalt im Gerichtsstaat belegen gewesen wäre. Dies wird aber begrenzt durch die Re-

---

Hypothetical Scenario for Holding International Aggressors Civilly Liable in American courts, Emory Law Journal 33 (1984) S. 211; D'Amato, A., Rubin, A.P., What does Tel-Oren Tell Lawyers, AJIL 79 (1985), S. 92 - 113; Schneider, C., Alien Tort Claims Act, Virginia Journal of International Law 26 (1986), S. 785-798;Rogers, J.M, The Alien Tort Statute and how Individuals "Violate" International Law, Vanderbilt Journal of Transnational Law 1988, S. 47-62; Wellbaum, L.R., International Human Rights Claims after Tel-Oren v. Libyan Arab Republic: Swan Song for the Legal Lohengrin?, Hastings International and Comparative Law Review 9 (1985), S. 107 - 147.

[1060] Vgl. hierzu kritisch Schack, a.a.O. (Anm. 527), S. 81 f.; Neuhaus, P. H., Internationales Zivilprozeßrecht und Internationales Privatrecht, RabelsZ 20 (1955), S. 201 - 269, 247 - 256 und Walchshöfer, A., Die deutsche internationale Zuständigkeit in der streitigen Gerichtsbarkeit, Zeitschrift für Zivilprozeß 80 (1967), S. 165-229, 189

[1061] Die Interessen der Ausübung von Gerichtsbarkeit erörtert Schack, a.a.O. (Anm. 527), S. 76 ff.

[1062] American Law Institute, Restatement of the Law (Second), Foreign Relations Law of the United States (1965) § 19

gel, daß die Kollisionsnorm "must be a conflict of laws rule designed primarily for the adjudication or other determination of claims of a private nature rather than a rule designed to control conduct not within the state's jurisdiction to prescribe." Weiter müsse es sich um eine "claim of a private nature" handeln. Auch hier wird wieder deutlich, daß es in diesen Fällen der Zivilgerichtsbarkeit nicht um die Durchsetzung eigenen Rechts geht.

f) Lösung von Zuständigkeitskonflikten

Die Grundsätze der internationalen Zuständigkeit, welche von den Staaten in eigener Entscheidung bestimmt werden kann, führen zur Möglichkeit mehrfacher Gerichtsverfahren über den gleichen Streitgegenstand in verschiedenen Staaten. Hieraus können Konflikte entstehen, einmal für die Parteien, welche sich widersprechenden Entscheidungen gegenübersehen können, zum anderen aber auch zwischen den Staaten, wenn die Begründung des Gerichtsstandes auf umstrittener materiellrechtlicher Jurisdiktion beruht. Hier werden dann sogar Gegenmaßnahmen ergriffen, um die Beteiligung von Inländern an solchen ausländischen Verfahren zu verhindern oder die Ergebnisse solcher Verfahren zu neutralisieren.

Die Problematik der Abwehrgesetze, welche sich insbesondere gegen extraterritoriale Anordnungen amerikanischer Gerichte wenden, wird noch zu erörtern sein. Sie richten sich gegen die extraterritoriale Ausdehnung der subject matter jurisdiction, welche der englische Richter Lord Denning drastisch kommentierte: "As a moth is drawn to the light, so is a litigant drawn to the United States. If he can oly get his case into their courts, he stands to win a fortune, at no cost to himself and at no risk of having to pay anything to the other side".[1063]

Ein anderes Beispiel sind die "antisuit injunctions" im anglo - amerikanischen Recht[1064]. Dieses Rechtsinstitut hat im später zu erörternden Rah-

---

[1063] Smith Kline & French Laboratories Ltd. v. Block (1983) 2 AllER 72 (C.A. 1982). Lord Denning erließ hier eine antisuit injunction, die einem englischen Mediziner die Klage in Pennsylvania verbot. Das amerikanische Gericht hatte der beklagten Firma ihrerseits den Antrag auf diese injunction in England verboten

[1064] Hierzu Schack, a.a.O. (Anm. 527), S. 285 f.; Hartley, T.C., Comity and the Use of Antisuit injunctions in International Litigation, American Journal of Comparative Law 35 (1987), S. 487-511; Note, Antisuit Injunctions and International Comity, Virginia Law Review 71 (1985), S. 1039-1070; vgl. in England: Court of Appeal 31.01.1928 - Ellerman, Annual Digest 1927 - 1928, Nr. 118: "Although an English court would not seek to assume jurisdiction over the courts of a foreign state, it does not consider itself to be precluded from granting an injunction to restrain a party to proceedings in a foreign

men der Gerichtsverfahren des Laker - Falles eine wesentliche Rolle gespielt. Es handelt sich um eine gerichtliche Anordnung an den Kläger eines Falles im Ausland, ein im Ausland begonnenes Gerichtsverfahren durch Rücknahme des Antrags oder ähnliches zu beenden. Grund ist, daß die ausländische Klage "vexatious or oppressive" sei[1065] und daß im Inland eine Klagemöglichkeit zur Verfügung steht. Die injunction kann zwar das ausländische Verfahren nicht per se verhindern, sie kann aber, wenn der sie erlassende Staat ausreichendes Druckpotential hat, genügend Persuasionswirkung ausstrahlen, um dem Kläger im Ausland eine Beendigung des dortigen Verfahrens nahezulegen.

Diese Beispiele zeigen, daß Konflikte auch im Rahmen der Zivilgerichtsbarkeit existieren können. Sie gründen sich aber auf materiellrechtliche Konflikte. Ansonsten jedoch versuchen die Staaten, Konflikte durch prozeßrechtliche Regeln zu minimieren. So ist es unerwünscht, daß, soweit mehrere Gerichte verschiedener Staaten über den gleichen Streitgegenstand zur Entscheidung angerufen werden, unterschiedliche Entscheidungen getroffen werden. Das deutsche Zivilprozeßrecht zeigt, daß solche Konflikte nicht völlig aufgelöst werden können, daß aber solche Verfahren auch nicht völlig beziehungslos nebeneinander stehen. Dies wird zum einen durch eine Beachtung ausländischer Rechtshängigkeit erreicht[1066]. Voraussetzung ist, daß die ergehende Entscheidung in Deutschland voraussichtlich nach den Grundsätzen des § 328 ZPO anerkannt werden wird[1067]. Ähnliche Regeln gibt es zum Teil auch in anderen Ländern[1068]. Das EuGVÜ kennt in Art. 21 eine generelle Pflicht zur Achtung ausländischer Rechtshängigkeit im Anwendungsbereich des Übereinkommens. In England und in den USA kann das Gericht aufgrund der "forum non conveniens" - Doktrin einem anderen Gericht auch im Ausland den Vortritt lassen[1069].

Wenn eine im Ausland bereits ergangene Entscheidung in Deutschland nach § 328 ZPO anerkannt wird, so entfaltet sie auch im Inland Rechts-

---

court from enforcing a judgement which he has obtained there and which in the opinion of the English Court it would be unconscientious and inequitable on this part to seek to enforce"

1065 Vgl. Société Aérospatiale v. Lee Kui Jak [1987] A.C. 871, 896; British Airways Board v. Laker Airways Ltd. [1985] A.C. 58 (H.L.)

1066 Hierzu Schack, a.a.O. (Anm. 527), S. 276 ff.

1067 BGH NJW 1986, 2195

1068 Vgl. Schack, a.a.O. (Anm. 527), S. 277

1069 Schack, a.a.O. (Anm. 527), S. 184 ff.; Litman, H., Considerations of Choice of Law in the Doctrine of Forum Non Conveniens, California Law Review 74 (1986), S. 565 - 601; Janis, M.W., The Doctrine of Forum Non Conveniens and the Bhopal Case, NILR 34 (1987), S. 192-204; Sandage, J.B., Forum Non Conveniens and the Extraterritorial Application of United States Anti Trust Law, Yale Law Journal 94 (1985), S. 1693-1711

kraftwirkung[1070], was dann - abweichend von der innerstaatlichen Rechtslage - nicht zur Unzulässigkeit der Klage, sondern zur Bindung des deutschen Gerichts an die ausländische Entscheidung führt[1071].

Schließlich werden Kollisionen auf der Ebene des Vollstreckungsverfahrens berücksichtigt. In Deutschland bedarf es, außerhalb des Anwendungsbereichs des EuGVÜ zur Vollstreckung eines ausländischen Titels eines Vollstreckungsurteils nach §§ 722 f. ZPO, das eine Anerkennung des Titels nach § 328 ZPO zur Voraussetzung hat. Hiernach werden solche Titel grundsätzlich nicht anerkannt, welche einmal der Zuständigkeitsordnung der ZPO insofern widersprechen, als im Inland im gleichen Falle ein deutsches Gericht ausschließlich zuständig gewesen wäre[1072], oder die einem deutschen Urteil bzw. einem früher erlassenen und im Inland anzuerkennenden ausländischen Urteil widersprechen. Zumindest im Verhältnis ausländischer Urteile untereinander gilt daher das Prioritätsprinzip. Die anderen Anerkennungsvoraussetzungen des § 328 ZPO können hier außer Betracht bleiben, weil sie nicht Zuständigkeitskollisionen betreffen.

Es zeigt sich also, daß bei möglichen Jurisdiktionskonflikten - wenn die Gefahr sich widersprechender Entscheidungen oder der Einwirkung eines Staates auf die Parteien eines Verfahrens in einem anderen Staat besteht - aufgrund kollisionsrechtlicher Erwägungen durch Anerkennung der Vortritt gelassen wird beziehungsweise die Ergebnisse der Verfahren in das inländische Verfahren mit einbezogen werden. Gerichtsakte sind Hoheitsakte, an deren Vornahme und Durchsetzung die Staaten regelmäßig ein öffentliches Interesse haben. Aber auch ein solches Interesse ist gegen andere Interessen des Gerichtsstaates abzuwägen. So sollen im internationalen Zivilprozeßrecht neben privaten Interessen auch staatliche Ordnungsinteressen wie dasjenige an einer international geordneten Rechtspflege beachtet werden[1073], welches eine im Ausland anerkennbare und vollstreckbare Entscheidung anstrebt und ein entsprechendes Verhalten im internationalen wie im nationalen Interesse auch von anderen Staaten erwartet.

[1070] Schack, a.a.O. (Anm. 527), S.283, 323 auch zu ähnlichen Regelungen in anderen Staaten

[1071] BGH NJW 1964, 1626

[1072] § 328 Abs. 1 Nr. 1 ZPO

[1073] Zu den Interessen im internationalen Zivilprozeß vgl. Schack, a.a.O. (Anm. 527), S. 76 ff.; Miaja de la Muela, A., Les principes directeurs des règles de compétence territoriale de tribunaux internes en matière de litiges comportants un élément international, RdC 135 (1972 I), S. 3-96, 42 - 71

Aus diesem Grunde findet sich im Zivilprozeßrecht ein Exempel staatlicher Selbstbeschränkung aufgrund dieser Interessenlage, aber auch des Durchsetzungswillens zugunsten bereits abgeschlossener inländischer Entscheidungen[1074]. Ausländische Verfahren können inländische verhindern[1075], ausländische Entscheidungen können inländische inhaltlich binden[1076]. Diese Beschränkung geschieht in Anerkennung der größeren Sachnähe und eines ähnlichen Rechtsschutzstandards[1077] oder der Übereinstimmung der ausländischen Entscheidung mit der inländischen Ordnung der internationalen Zuständigkeit[1078] und mit dem inländischen ordre public[1079]. Voraussetzung ist in Deutschland eine Anerkennung der ausländischen Entscheidung, welche auch die Voraussetzung für deren Vollstreckbarkeit im Inland ist. Dieses Exempel ist deswegen für die weitere Erörterung bedeutsam, weil es sich beim Zivilprozeßrecht wie bei allen Prozeßrechten um öffentliches Recht handelt, bei dem Gesichtspunkte der Souveränität und der öffentlichen Interessen eine dominante Rolle spielen[1080].

2. Anwendung ausländischen Rechts im Verfahren?

Das Zivilprozeßrecht ist, wie alles Prozeßrecht, dem öffentlichen Recht zuzuordnen, weil eines seiner Zuordnungssubjekte das Gericht in seiner Eigenschaft als Träger öffentlicher Gewalt ist[1081]. Einer der immer wieder aufgestellten Kernsätze dieses Rechts ist, daß nur die lex fori zur Anwendung kommt. Dies ist insoweit richtig, als nur die Sätze der lex fori vom Richter zu beachten sind. Diese können aber in auslandsbezogenen Verfahren modifiziert sein, einmal durch auslandsbezogene Sachnormen wie etwa hinsichtlich des Prozeßkostenvorschusses durch Ausländer nach § 110 ZPO als Sonder - Prozeßvoraussetzung. Zum anderen aber kann das nationale Recht auch kollisionsrechtlich auf ausländisches Recht verweisen wie etwa § 55 ZPO für die Prozeßfähigkeit primär auf das Heimatrecht und erst subsidiär auf deutsches Recht verweist. Die Rechtskraft und die Rechtshängigkeit einer ausländischen Entscheidung oder eines ausländischen Verfahrens bestimmen sich zunächst nach den Vorschriften

---

1074 Etwa § 328 Abs. 1 Nr. 3 ZPO

1075 Einwand der Rechtshängigkeit

1076 Einrede der Rechtskraft

1077 So bei der angelsächsischen "forum non conveniens" - Doktrin

1078 § 328 Abs. 1 Nr. 1 ZPO

1079 § 328 Abs. 1 Nr. 4 ZPO

1080 Schack, a.a.O. (Anm. 527), S. 4 m.w.N.; Meili, F., Das internationale Civilprozeßrecht, 1. Teil (1904), S. 7

1081 Vgl. hierzu Schack, a.a.O. (Anm. 527), S. 4 m. w. N.

der dortigen lex fori, erst ihre Wirkung im Inland wird durch deutsches Recht festgelegt.

Schließlich gibt es auch Ausnahmefälle, in denen ein deutsches Gericht bei der Zustellung und der Zeugenvernehmung im Wege der Rechtshilfe für ein ausländisches Gericht Regeln anwenden kann, die nicht dem deutschen Zivilprozeßrecht entsprechen, wenn das ausländische Gericht hierum ersucht[1082] und wenn diese Regeln nicht mit dem inländischen Recht unvereinbar sind. Dies sind Fälle, in denen das Inland ein geringes Interesse an der Anwendung seines eigenen Rechts hat, das Ausland aber unter Umständen wegen seiner zivilprozessualen Ordnungsvorschriften, etwa bestimmter Formalien, ein erhebliches Interesse an der Wahrung seiner rechtlich vorgeschriebenen Formen. Die Abwägung bleibt dem ersuchten Richter vorbehalten.

Diesen Befund der Berücksichtigung ausländischen Rechts, ausländischer Hoheitsakte oder der Sonderregelung für die Bedürfnisse des Rechtsverkehrs mit dem Ausland im Prozeßrecht als Teil des öffentlichen Rechts sollte man bei der Frage im Auge behalten, ob im öffentlichen Recht und insbesondere im öffentlichen Wirtschaftsrecht allgemein eine solche Sonderregelung bei Fällen mit Auslandsbezug möglich und opportun ist, obwohl keine völkerrechtliche Pflicht hierzu besteht.

3. Verfahrenshandlungen mit Auslandswirkung

Verfahrenshandlungen im Inland sind völkerrechtlich von der Territorialhoheit des Staates gedeckt. Gleichwohl können sie, obwohl sie keine Regelung enthalten, die sich auf das Ausland erstreckt, Auslandswirkung entfalten, indem sie Rechtsfolgen im Inland für Personen, die sich im Ausland aufhalten, begründen. Obwohl sie nicht aus eigener Kraft des handelnden Staates dort vollstreckt werden können, können sie doch Ausländer im Ausland zu einem Handeln dort veranlassen, etwa zur Einlegung eines Rechtsbehelfs, zur Übersendung oder sonstigen Mitteilung von Informationen oder zur Einreise in den Gerichtsstaat und zur Teilnahme am dortigen Verfahren. Dies kann einmal durch formlose Mitteilung eines im Inland erfolgten Zustellungssurrogats erfolgen, zum

---

1082 Vgl. Art. 14 Abs. 2 des Haager Übereinkommens über den Zivilprozeß vom 1.3.1954 (BGBl. 1958, 577); Art. 5 Abs. 1 lit. b des Haager Übereinkommens über die Zustellung gerichtlicher und außergerichtlicher Schriftstücke im Ausland in Zivil- und Handelssachen vom 15.11.1965 (BGBl. 1977 II, 1453) und Art. 10 des Haager Übereinkommens über die Beweisaufnahme im Ausland in Zivil- oder Handelssachen vom 18.3.1970 (BGBl 1977 II, S. 1472)

anderen durch Mitteilung einer im Inland erfolgten Anordnung der Beweisaufnahme.

Bei der Beweisaufnahme hat ein Gericht die Möglichkeit, entweder im Wege der Rechtshilfe Zeugen zu vernehmen oder Dokumente zu erhalten oder ihre Vorlage bzw. das Erscheinen der Zeugen am Prozeßort anzuordnen. Letzteres ist eine Auslandsregelung. Da die Zeugen oder Dokumente sich im Ausland befinden, muß auch dort gehandelt, nämlich in den Gerichtsstaat eingereist oder das Dokument aus dem Belegenheitsstaat in den Gerichtsstaat eingeführt werden. Die Parteien und Zeugen können sich an ihrem Aufenthaltsort durch das dortige Recht, welches darüber hinaus noch ihr Heimatrecht sein kann, einem Verbot gegenübersehen, die verlangte Aussage im Ausland zu machen, weil ein Geheimhaltungsgebot besteht. Auch kann ein Verbot der Herausgabe der verlangten Dokumente an das ausländische Gericht bestehen.

a) Zustellung

(1) Zustellungssurrogate

Um die Probleme der Souveränitätskonflikte bei der Zustellung und die Schwierigkeiten der Rechtshilfe zu umgehen, wenden die Staaten Methoden an, welche als Surrogate für die Zustellung eine Bekanntgabe fingieren oder tatsächlich ermöglichen, dabei aber nicht das Hoheitsgebiet anderer Staaten berühren. So kann nach deutschem Recht einem ausländischen Beklagten durch Aufgabe zur Post nach § 175 Abs. 1 ZPO zugestellt werden, wenn sie nach formeller Zustellung des verfahrenseinleitenden Schriftstücks gemäß § 174 ZPO keinen Zustellungsbevollmächtigten im Inland benennt. Nach § 203 ZPO kann bei Erfolglosigkeit einer Rechtshilfe - Zustellung im Ausland öffentlich zugestellt werden. Hier wird teilweise verlangt, wie dies auch in § 15 des Verwaltungsvollstreckungsgesetzes[1083] ausdrücklich geregelt ist, daß zusätzlich die formlose Mitteilung des Inhalts zur Information versucht werden muß[1084]. Damit soll wenigstens materiell rechtliches Gehör gewährt werden. Dies ist nach den dargestellten Grundsätzen über die Postzustellung im Ausland zulässig, denn hier wird eine Bestätigung der tatsächlichen Kenntnisnahme im Ausland nicht mehr verlangt, nur die Möglichkeit der Zustellung durch eine inländische Absendung ist erforderlich[1085]. Völker-

---

1083 Verwaltungsvollstreckungsgesetz vom 27. 4. 1953, zuletzt geändert durch Gesetz vom 14.12.1976 (BGBl. III 201 - 4)

1084 Schack, a.a.O. (Anm. 527), S. 220

1085 Str. Wie hier Immenga, U. / Mestmäcker, E.-J., GWB. Kommentar (1992), Rn. 282

rechtliche Proteste hiergegen sind nicht bekannt, so daß dies mit Völkergewohnheitsrecht vereinbar ist. Eine Zustellungsfiktion kennt auch das französische Recht in Gestalt der remise au parquet (Übergabe an den Staatsanwalt), ähnlich auch das italienische Recht durch Anschlag an der Gerichtstafel[1086].

Probleme mit der territorialen Souveränität ausländischer Staaten bei der Postzustellung versucht man in der deutschen Literatur dadurch zu umgehen, daß dann, wenn eine Zustellung durch Aufgabe zur Post nach § 175 Abs. 1 S. 3 ZPO zulässig ist, der Hoheitsakt mit Aufgabe zur Post abgeschlossen ist und die weitere Zusendung der reinen Information halber erfolgt[1087]. Auch der Bundesgerichtshof hat entschieden, eine solche Zustellung sein keine Zustellung im Ausland[1088].

Diese Ausnahme wird konstruktiv auch zur Zustellung von Schriftstükken mit rechtlich belastender Konsequenz im Ausland, wie etwa eines Vollstreckungsbescheides in dem Umfang benutzt, in dem dies nach dem Gesetz zur Ausführung zwischenstaatlicher Anerkennungs- und Vollstreckungsverträge in Zivil- und Handelssachen[1089] zulässig ist. Dies beseitigt den konstitutiven Charakter der Zustellung, denn die Rechtsfolge ist bereits eingetreten, das rechtliche Gehör muß nicht mehr eigens gewährt werden, weil der Partei bereits die Benennung eines Zustellungsbevollmächtigten gemäß § 175 Abs. 1 ZPO aufgegeben wurde[1090].

Diese Praktizierung von Zustellungssurrogaten und - fiktionen ist, soweit ersichtlich, bei anderen Staaten nicht auf Widerspruch getroffen und deshalb als völkerrechtsgemäß anzusehen. Sie ist keine Umgehung von Völkerrecht, weil dieses - abgesehen von den Menschenrechten - insoweit nur die territoriale Integrität der Staaten, nicht aber die verfahrensrechtliche Stellung von Individuen schützt. Sie sollen nicht etwa generell vor

---

1086 Schack, a.a.O., S. 221

1087 Schack, a.a.O., S. 220

1088 BGH NJW 1992, 1701. In der Entscheidung ging es allerdings nicht um völkerrechtliche Probleme sondern darum, ob wie bei einer Auslandszustellung eine Fristbestimmung nach § 339 Abs. 2 ZPO erforderlich sei

1089 vom 30.5.1988 (BGBl. 1988 I, 662)

1090 Siegrist, D., Hoheitsakte auf fremdem Staatsgebiet (1987) S. 198. Soweit Schack, a.a.O. (Anm. 527), S. 220 dies als "spitzfindige Unterscheidung" kritisiert ist ihm zuzugeben, daß es sich um eine sehr formale Position handelt. Das Völkerrecht schützt aber die staatliche Territorialhoheit absolut und Ausnahmen hiervon werden nur in eng definierten Fällen aufgrund staatlichen Konsenses vorgenommen. Daß hierbei Formalismen eine Rolle spielen, ist nicht zu vermeiden und kann nur durch effektive Rechtshilfevereinbarungen überwunden werden. Die generelle Erlaubnis der Postzustellung wird jedenfalls heute noch von einigen Staaten verweigert.

nachteiligen prozessualen Folgen bewahrt werden, nur weil sie sich im Ausland befinden.

(2) Zustellung an Konzernunternehmen

Eine weitere Vermeidung völkerrechtlicher Probleme mit der Zustellung im Ausland liegt in der Zustellung an Personen im Inland, welche mit dem Empfänger eng verbunden sind, insbesondere an Zustellungsbevollmächtigte[1091] oder - bei Unternehmen - an verbundene Gesellschaften. Das deutsche Zivilprozeßrecht kennt allerdings keine Zustellung an inländische verbundene Unternehmen mit Wirkung für ausländische Unternehmen.

Die Zustellung an inländische Tochtergesellschaften der ausländischen Zustellungsadressatin nach amerikanischer Gerichtspraxis hat zu erheblichen Streitigkeiten geführt. Der Supreme Court der Vereinigten Staaten hat in einem Fall gegen das Volkswagenwerk [1092] entschieden, daß einem deutschen Unternehmen nach amerikanischen Prozeßrecht auch bei seiner Tochtergesellschaft in den Vereinigten Staaten rechtmäßig eine Klage zugestellt werden kann, wenn dieses Unternehmen sich weigert, das Tochterunternehmen als Zustellungsbevollmächtigten zu benennen. Dies gilt unter der Voraussetzung, daß beide Unternehmen eng miteinander verbunden sind. Hier gilt zur völkerrechtlichen Beurteilung das gleiche, was bereits bei der Erörterung anderer Zustellungssurrogate gesagt wurde. Auch insoweit sind keine Staatenproteste ersichtlich.

b) Beweisaufnahme

Hinsichtlich der Beweisaufnahme wurde bereits früher dargelegt, warum der Weg der Rechtshilfe in Fällen extraterritorialer Jurisdiktion wenig Erfolg verspricht. Deshalb versuchen die Gerichte, die ihnen zu Gebote stehenden innerstaatlichen Mittel einzusetzen, um Beweisstücke oder Zeugenaussagen zu erhalten. Hieraus haben sich in den Bereichen der materiellen Jurisdiktionsstreitigkeiten, also etwa im Kartellrecht, erhebliche zusätzliche Konflikte ergeben, die sich insbesondere am Recht der Beweiserhebung in amerikanischen Zivilprozeßverfahren entzündet haben[1093].

[1091] § 175 Abs. 1 ZPO

[1092] Volkswagenwerk AG v. Schlunk ILM 27 (1988), S.1092.

[1093] Geregelt für die Bundesgerichtsbarkeit insbesondere in Rule 26 der Federal Rules of Civil Procedure. Vgl. hierzu Stürner, R., in: Der Justizkonflikt mit den Vereinigten Staaten von Amerika (W.J. Habscheid Hrsg.) (1986), S. 3 - 59, 10 - 16; Stürner, R., Die Gerichte und Behörden der USA und die Beweisaufnahme in Deutschland, Zeitschrift

(1) Zeugenvernehmung

In der Bundesrepublik Deutschland kann ein Gericht einen Zeugen im Ausland laden, es kann auch eine schriftliche Erklärung des Zeugen über die Beweisfrage anordnen[1094]. Die Ladung muß im Ausland zugestellt werden. Dabei ergeben sich die Probleme, welche bereits erörtert wurden. Der Zeuge, welcher der inländischen Hoheitsgewalt bei Aufenthalt im Ausland nicht untersteht, kann auch nicht zum Zeugnis gezwungen werden[1095]. Auch die Androhung eines Zwangs nach § 390 ZPO ist insoweit deshalb nicht zulässig. Nur Deutsche, welche der Personalhoheit der Bundesrepublik unterliegen, sind verpflichtet, vor deutschen Gerichten auch aus dem Ausland zu erscheinen und können entsprechend mit Zwangsmaßnahmen belegt werden[1096].

Ausländische Verbote der Herausgabe von Informationen haben bisher in der deutschen Praxis kaum eine Rolle gespielt[1097]. Soweit sie dazu führen, daß bestimmte Beweismittel von Parteien benannt, aber nicht vorgelegt werden dürfen, ist über diesen Umstand in entsprechender Anwendung des Grundsatzes der freien Beweiswürdigung gemäß § 286 ZPO zu entscheiden[1098]. Wenn eine Beweislastentscheidung mit Prozeßverlust droht, so kann dies aber eine erhebliche Persuasionswirkung ausüben, das ausländische Verbot zu verletzen[1099]. Es handelt sich um eine Auslandsregelung, welche an den völkerrechtlichen Grenzen zu messen sein wird.

In den USA ist die Pflicht zum Erscheinen oder zu sonstigen Handlungen an den Erlaß eines "subpoena" nach Rule 45 der Federal Rules of Civil

für vergleichende Rechtswissenschaft 81 (1982), S. 159 - 214; Schack, a.a.O. (Anm. 527), S. 272 ff.; Trechsel, S., Neuer Zündstoff im Justizkonflikt Schweiz - USA. Die Zustellungspflicht gemäß 18 U.S.C. § 3506, in: Geheimnisschutz (Hrsg. R. Zäch), S. 49 - 152, 80 ff.; Henry, D.J., Pretrial Discovery in USA - Extraterritorialer Einfluß auf Durchsetzung und Benutzung von gewerblichen Schutzrechten, GRUR Int. 1983, S. 82-97; Böhmer, C., Spannungen im deutsch-amerikanischen Rechtsverkehr in Zivilsachen, NJW 48 (1990), S. 3049 - 3054; Mössle, K.P., Extraterritoriale Beweisbeschaffung im Internationalen Wirtschaftsrecht (1990)

1094 § 377 Abs. 1, 4 ZPO. Hierzu Stürner, R., in: Der Justizkonflikt mit den Vereinigten Staaten von Amerika (W.J. Habscheid Hrsg.) (1986), S. 3 - 59, 23; Geimer, R., Internationales Zivilprozeßrecht (1987), S. 94

1095 BGH NJW 1984, 2039; Geimer, R., Internationales Zivilprozeßrecht (1987), S. 81; Schack, a.a.O. (Anm. 527), S. 266

1096 Schack, a.a.O. (Anm. 527), S. 265 f.; Geimer, a.a.O.

1097 Ein Ausnahmefall war LG Freiburg NJW 1986, 3036

1098 In Einzelfällen ist auch an eine Modifizierung der Grundsätze über die subjektive Beweislast zu denken

1099 Deswegen hält Geimer, R., Internationales Zivilprozeßrecht (1987), S. 94 diese mittelbare Erzwingung für völkerrechtlich bedenklich

Procedure gebunden. Diese dürfen nur gegen Personen unter der jurisdiction der USA erlassen werden[1100]. Ausländer im Ausland können daher nicht gezwungen werden. Dagegen müssen Amerikaner im Ausland der Anordnung Folge leisten. Aber auch ihnen gegenüber muß ein "subpoena" im Wege der Rechtshilfe zugestellt werden, nicht durch formlose Ladung[1101]. Erscheint ein Zeuge nicht oder wird ein aus dem Ausland verlangtes Beweisstück nicht vorgelegt, so muß das amerikanische Gericht über die Konsequenz der Beweisnot entscheiden. Hier werden nach amerikanischem Recht die Grundsätze des noch zu erörternden Interhandel - Falles anzuwenden sein. Auch insoweit ist von einer Persuasionswirkung auszugehen.

Soweit sich ein privater Zeuge, der vor Gericht auftritt, auf ein ausländisches Aussageverbot beruft, begründet dies keine unmittelbare inländische Rechtsfolge, da Zeugnisverweigerungsrechte nur nach der lex fori gewährt werden[1102]. Hier kann ein Konflikt mit dem Ausland entstehen. Insbesondere entsteht aber ein Konflikt für den Zeugen, welcher eine von zwei widersprechenden hoheitlichen Anordnungen mit Sanktionsdrohung verletzen muß. Ein ausländisches Verbot kann aber ein inländisches Zeugnisverweigerungsrecht begründen[1103]. Hier ist zu berücksichtigen, daß der Zeuge sich durch eine wahrheitsgemäße Aussage im Ausland strafbar machen könnte. Die §§ 384 Nr. 2 ZPO und 55 StPO sehen ein Zeugnisverweigerung für den Fall einer Selbstbezichtigung einer Straftat vor.

Es fragt sich, ob dies auch eine Strafbarkeit nach einem ausländischen Abwehrgesetz erfaßt. Das Zeugnisverweigerungsrecht wegen straf- oder ordnungswidrigkeitenrechtlicher Selbstbezichtigung ist gegründet auf den verfassungsrechtlichen Schutz des allgemeinen Persönlichkeitsrechts nach Art. 2 Abs. 1 GG. Das Bundesverfassungsgericht hat dementsprechend entschieden, daß niemand gezwungen werden darf, gegen sich selbst auszusagen[1104]. Dieser grundrechtliche Gedanke gilt für jede strafrechtliche Verfolgung, wo sie auch immer stattfinden könnte. Da es sich

---

1100 Rule 45 (e) der Federal Rules of Civil Procedure i.V.m. 28 U.S.C. § 1783

1101 FTC v. Compagnie de Saint - Gobin - Pont-à-Mousson, 636 F.2d 1300, 1311, 1313 (D.C.D.C.1980); hierzu Note: Federal Trade Commission v. Compagnie de Saint- Gobain-Pont-A-Mousson: International Service of Administrative Process, George Washington Journal of International Law and Economics 16 (1981), S. 119-141; Thomas, K.S. , Extraterritorial Extension of FTC Subpoena Power, North Carolina Journal of International Law and Commerce Regulation 7 (1982), S. 143 - 151; In re Anschütz & Co., 754 F.2d 602 (5th Cir. 1985); vgl. hierzu Stürner, R., in: Der Justizkonflikt mit den Vereinigten Staaten von Amerika (W.J. Habscheid Hrsg.) (1986), S. 3 - 59, 22

1102 Schack, a.a.O. (Anm. 527), S. 255 f.

1103 Vgl. LG Freiburg NJW 1986, 3036

1104 BVerfGE 38, 105, 144

um einen individualrechtlichen Schutz handelt, kann er auch nicht der Überlegung geopfert werden, daß damit der ausländische Staat Einfluß auf das Verfahren gewinnen kann. Nur in kollusiven Mißbrauchsfällen ist ein Vorgehen des Interesses des Gerichtsstaats denkbar.

Entsprechend hat auch das Landgericht Freiburg[1105] richtig entschieden, daß eine Zeugin sich auf das Aussageverweigerungsrecht nach § 55 StPO berufen kann, wenn sie sich durch ihre Aussage nach § 273 des schweizerischen Strafgesetzbuches strafbar machen würde. Dies gelte jedenfalls dann, wenn dem Zeugen ein Verzicht auf die Rückkehr in sein Aufenthaltsland nicht zugemutet werden könne und die strafbare Handlung in diesem Land bekannt würde. Auch die Tatsache, daß die Strafbarkeit erst durch die Aussage eintrete, während normalerweise das Aussageverweigerungsrecht nur eine bereits begangene Straftat betreffe[1106], führe zu keinem anderen Ergebnis, weil diese Bedingung nur für den Fall einer strafbaren Falschaussage zusätzlich gefordert wäre, während es im Fall gerade um die strafrechtlichen Folgen einer wahrheitsgemäßen Aussage ging.

(2) Urkundenbeweis

Hinsichtlich des Urkundenbeweises kennt das deutsche Recht grundsätzlich die Vorlage durch den Beweisführer[1107], aber auch Vorlegungspflichten durch den Gegner[1108] oder durch Dritte[1109]. Das Gericht kann die Vorlegung anordnen[1110], sie aber nicht erzwingen. Bei Nichtvorlegung kann lediglich eine vorgelegte Abschrift als richtig angesehen werden oder die Behauptungen des Beweisführers über die Beschaffenheit und den Inhalt der Urkunde können als bewiesen angenommen werden[1111]. Ist die Urkunde im Ausland belegen oder befindet sich der Adressat im Ausland, so kann die nachteilige prozeßrechtliche Folge dieser Auslandsanknüpfung durchaus Persuasionswirkung entfalten.

Ähnlich ist die rechtliche Lage in den USA. Sie wird aber dadurch verschärft, daß dort im Rahmen der "pre - trial - discovery" die Herausgabe von Dokumenten hoheitlich angeordnet werden kann und damit bei einem ausländischen Verbot der Herausgabe ein Staatenkonflikt entsteht. Wenn die Herausgabe nicht im Wege der Rechtshilfe verlangt wird, so

---

[1105] NJW 1986, 3036
[1106] BGH Monatsschrift für deutsches Recht 1958, 14
[1107] § 420 ZPO
[1108] §§ 421, 422, 423 sowie die Vorlegungsvernehmung nach § 426 ZPO
[1109] §§ 428 f. ZPO
[1110] § 425 ZPO
[1111] § 427 ZPO

kann wegen des nationalen Prozeßrechts gleichwohl ein darauf gerichteter Zwang ausgeübt werden. Denn Parteien sind im discovery - Verfahren zur Herausgabe von Dokumenten unter Androhung eines "subpoena duces tecum" verpflichtet[1112]. Dies ist eine Quelle erheblicher Konflikte mit anderen Staaten. Erfolgt die Herausgabe nicht, und zwar unter Verweis auf ein ausländisches Verbot, so drohen die Vollstreckung des subpoena und prozessuale Folgen hinsichtlich der Darlegungs- und Beweislast[1113]. Als Grundlage für die Herausgabeanordnung ist für die amerikanischen Gerichte die personal jurisdiction über die Parteien ausreichend[1114]. Auf die Belegenheit der Informationen kommt es nicht an[1115].

Um eine Beweisanordnung an Personen erlassen zu können, müssen diese der Jurisdiktion des Forumstaates unterliegen. Dies ist hinsichtlich der Parteien bereits bei der Einleitung des Gerichtsverfahrens zu überprüfen. Die Gerichtshoheit über Personen begründet die Jurisdiktion für alle Hoheitsakte des Gerichts während des Verfahrens. Anders ist es bei Dritten, also insbesondere bei Zeugen. Diese unterliegen der Jurisdiktion nicht aufgrund der Gerichtsgewalt, sondern nur dann, wenn ein anderer zulässiger Anknüpfungspunkt vorliegt. Probleme entstehen hier dann,

---

1112 28 U.S.C. 1783. Zur Praxis mit Auslandsbezug siehe Cohen-Tanugi, L., Les juridictions américaines face au lois étrangères interdisant la communication de renseignements économique, Revue critique de droit international privé 72 (1983), S. 213-247

1113 Stürner, R., in: Der Justizkonflikt mit den Vereinigten Staaten von Amerika (W.J. Habscheid Hrsg.) (1986), S. 3 - 59, 23

1114 Zu einem besonderen Fall vgl. Schack, H., Internationale Zuständigkeit als Strafe für die Nichtbefolgung von Discovery-Befehlen, IPRax 4 (1984), S. 168. Es ging um den Fall Insurance Corp. of Ireland, Ltd. v. Compagnie des Bauxites des Guinées, 456 U.S. 694 (1982). Dort hat das Gericht seine personal jurisdiction ohne die Befolgung der Herausgabeanordnung nicht bejahen können, weil insoweit nur die Geschäftstätigkeit in Pennsylvania die Jurisdiktion begründet hätte, die aber gerade erst bewiesen werden sollte. Nach längerer warnender Androhung entschieden die amerikanischen Gerichte gestützt auf § 37 der Federal Rules of Civil Procedure, daß personal jurisdiction angenommen werde und ordneten die Herausgabe an. § 37 (b) (2) (A) sieht vor: "An order that the matters regarding which the order was made or any other designated facts shall be taken to be established for the purposes of the action in accordance with the claim of the party obtaining the order". Hier wird also die Jurisdiktion durch die Geständnisfiktion überhaupt erst begründet. Im deutschen Recht des Versäumnisurteils ist dies nicht möglich.

1115 Allgemein zur "extraterritorial discovery" vgl. Browne, L.B., Extraterritorial Discovery: An Analysis Based on Good Faith, Columbia Law Review 83 (1983), S. 1320-1350, Blejec, I.F., Extraterritorial Jurisdiction of U.S. Courts Regarding the Use of Subpoenas Duces Tecum to Obtain Discovery in Transnational Litigation: The Search for a Limiting Principle, New York University Journal of International Law and Politics 16 (1984), S. 1135-1166; Gerber, D. J., Extraterritorial Discovery and the Conflict of Procedural Systems: Germany and the United States, American Journal of Comparative Law 34 (1986), S. 745-788

wenn an eine nur kurzfristige Anwesenheit im Territorium oder eine reine Wirtschaftstätigkeit im Inland angeknüpft wird.

Daß ein Anknüpfungspunkt zum Adressaten die Voraussetzung für die gerichtliche Jurisdiktion ist, wird von den Gerichten der USA aber nicht immer beachtet. Während im Normalfall die amerikanischen Gerichte eine Herausgabeanordnung erst erlassen, wenn sie festgestellt haben, daß sie Jurisdiktion über den Adressaten haben, ist es auch vorgekommen, daß sie durch das Informationsersuchen erst diese Jurisdiktion feststellen wollten. So hat in einem Fall ein Gericht nur aufgrund der Behauptung eines Klägers eine Discovery Order erlassen, obwohl die Jurisdiktion über den Adressaten bestritten war[1116]. Im Marc Rich-Fall stellte das Gericht eine Entscheidung über seine Jurisdiktion über Marc Rich zurück, bis dieser die Herausgabeanordnung der Grand Jury befolgt habe. In der Zwischenzeit belegte sie ihn mit hohen Strafen wegen "contempt of court"[1117].

(a) Kollision mit Herausgabeverboten

Innerstaatlich fragt sich, welche Folge die Nichtbefolgung einer Anordnung zur Herausgabe von Dokumenten aus dem Ausland verfahrensrechtlich haben soll. Hierzu hat der Supreme Court im Falle Société Internationale v. Rogers[1118], dem amerikanischen Interhandel - Fall, Grundsätze aufgestellt. Im District Court erging eine Anordnung, wonach die schweizerische Klägerin bestimmte Dokumente herauszugeben habe, welche bei einer Bank in der Schweiz belegen waren. Die Gesellschaft machte geltend, daß diese Herausgabe eine Verletzung des Artikels 273 des schweizerischen Strafgesetzbuches und des Artikels 47 des schweizerischen Bankgesetzes sei[1119]. Die Gesellschaft bemühte sich, die Freigabe der Dokumente von der Schweizer Regierung zu erwirken, die jedoch ihrerseits die Beschlagnahme anordnete. Es ergab sich kein Anzeichen dafür, daß eine Kollusion zwischen Unternehmen und Regierung vorlag. Schließlich gab die schweizerische Regierung sogar einen Teil der bean-

---

1116 Insurance Corp. of Ireland, Ltd. v. Compagnie de Bauxites de Guinée, 456 U.S. 694 (1982)

1117 In re Marc Rich & Co. A.G., 707 F.2d 663 (2nd Cir.)

1118 Société Internationale pour Participations Industrielles et Commerciales, S.A etc. v. Rogers, 357 U.S.197 (1958)

1119 Nach der zweiten Vorschrift wird jeder, welcher als Angestellter oder Organ einer Bank, eines Wirtschaftsprüfers oder der Bankenkommission das Bankengeheimnis verletzt, mit einer Geldbuße von bis zu SFr 50.000.- belegt. Die erste Vorschrift wird nachstehend noch erörtert werden

spruchten Dokumente frei, erhielt jedoch die Beschlagnahme des Rests aufrecht.

Der Supreme Court hob die vorinstanzliche Entscheidung auf, welche daraufhin die Klage ganz formal abgewiesen hatte. Die Unmöglichkeit der Herausgabe bestimmter Informationen sei weder auf das Verhalten noch auf den Einflußbereich der klagenden Gesellschaft zurückzuführen. Die drohende Strafverfolgung auch in einem ausländischen Staat sei eine wichtige Entschuldigung für die Nichtherausgabe der Informationen. Es gehe hier weder um die Frage von Privilegien für Ausländer noch um die Immunität von Ausländern gegenüber amerikanischer Gerichtsbarkeit, sondern um die schlichte Unmöglichkeit der Befolgung einer Gerichtsanordnung wegen ausländischen Rechts. In diesem Falle dürfe nicht einfach Rule 37 der anwendbaren Rules of the Court dahingehend angewendet werden, daß wegen Nichtbefolgung der Anordnung die Klage abgewiesen werden dürfe[1120].

Das Gericht betont, daß hiermit nicht die Grundsätze der Beweislast beeinträchtigt würden. Wenn unter deren Beachtung die Nichtherausgabe der Informationen dazu führen würde, daß das Gericht den Beweis nicht als erbracht ansehen würde, daß es sich um kein Feindvermögen handelte, so könne die Klage abgewiesen werden. Eine rein prozessual - formale Ablehnung der Klage wegen Nichtbefolgung der Gerichtsanordnung als Hoheitsakt sei dagegen nicht zulässig.

Diese Fragestellung wird unter dem Stichwort "foreign state compulsion" erörtert[1121]. Allerdings darf nicht übersehen werden, daß insoweit die Entscheidung nur innerstaatliche Rechtsfragen erörtert. Denn hier ging es nur um die Frage, ob jemandem formal ein Verhalten zum Vorwurf gemacht werden konnte, welches durch gesetzliche Anordnung im Ausland geboten war. Insofern ging es nicht um eine völkerrechtliche Beurteilung, sondern, ohne daß dies vom Gericht ausdrücklich erörtert worden wäre, um eine kollisionsrechtliche Überlegung, welche nur im innerstaatlichen Recht angesiedelt ist. Es gibt in der gesamten Entscheidung keinerlei Hinweis darauf, daß sich der Supreme Court über die Frage völkerrechtlicher Pflichten zur Berücksichtigung entgegenstehenden ausländischen Rechts und über das Ausmaß solcher Verpflichtungen Gedanken gemacht hätte.

1120 "When it has been established that failure to comply has been due to inability, and not to wilfullness, bad faith or any fault of petitioner"

1121 Vgl. etwa Gerber, D. J., Extraterritorial Discovery and the Conflict of Procedural Systems: Germany and the United States, American Journal of Comparative Law 34 (1986), S. 745-788, 772 f.

In der Folgezeit wurde die Entscheidung Société Internationale v. Rogers immer wieder als Leitentscheidung in Fragen zitiert, in denen es um den Konflikt einer amerikanischen Anordnung einerseits mit einem ausländischen Abwehrgesetz andererseits ging. Sie wurde aber nicht so verstanden, daß die Tatsache, daß die Befolgung einer amerikanischen Anordnung, welche die Verletzung eines ausländischen Gesetzes erforderte, per se die Anordnung selbst unwirksam oder nicht vollziehbar macht. Am deutlichsten kommt dies in der Westinghouse-Entscheidung des Court of Appeals von 1977 zum Ausdruck[1122]. Zu einer Zurücknahme der gerichtlichen Herausgabeanordnung hat ein ausländisches Verbot nur ganz selten geführt[1123]. Die Entscheidung Montship Lines v. Federal Maritime Board[1124] befand, Proteste ausländischer Regierungen müssten von der Exekutive berücksichtigt werden, nicht jedoch von den Gerichten.

Aus der Rechtsprechung der amerikanischen Gerichte hierzu kann man aber den Schluß ziehen, daß materiellrechtliche Anordnungen ausländischer Staaten durchaus als Entschuldigung für die Nichtbefolgung der Anordnung akzeptiert werden[1125] und diese deswegen keine Zwangsfolge nach sich zieht, daß jedoch nachteilige prozessuale Folgen für die beweisbelastete Partei hieran geknüpft werden. Die Gerichte haben allerdings die Berufung auf ausländische Verbote teilweise deswegen nicht gelten lassen, weil die betroffene Partei keine ausreichenden Anstrengungen unternommen habe, eine Freigabe der Dokumente zu erreichen[1126].

1122 In re Westinghouse Uranium Contracts Litigation, 563 F. 2 d 992 (10th Cir. 1977): "In our view Société holds that, though a local court has the power to order a party to produce foreign documents despite the fact that such production may subject a party to criminal sanctions in the foreign country, still the fact of foreign illegality may prevent the imposition of sanctions for subsequent disobedience to the discovery order. We also believe it to be implicit in Société that foreign illegality does not necessarily prevent a local court from imposing sanctions, when, due to the threat of prosecution in a foreign country, a party fails to comply with a valid discovery order. In other words, Société calls for a "balancing approach" on a case-by-case basis.". Siehe auch Rio Tinto Zinc Corporation and others v. Westinghouse Electric Corporation, [1978] 1 AllER 434 (H.L.); vgl. hierzu Meng, W., Neue Entwicklungen im Streit um die Jurisdiktionshoheit der Staaten im Bereich der Wettbewerbsbeschränkungen, ZaöRV 41 (1981), S. 469 - 513, 476 - 480

1123 Vgl. Ings v. Ferguson, 282 F.2d 149 (2nd Cir. 1960)

1124 295 F. 2d 147 (1961)

1125 Interamerican Refining Corp. v. Texaco Maracaibo, 307 F.Supp. 1291 (D.C. Del. 1970); Application of the Chase Manhattan Bank 297f. 2d 611 (2nd Cir. 1962); Westinghouse Electric Company v. Rio Algom 617 F. 2d 1248 (7th Cir. 1980)

1126 Vgl. etwa Ohio v. Arthur Andersen & Co., 570 F.2d 1370 (10th Cir.); United Nuclear Corp. v. General Atomic Co., 96 N.M. 155 (1980); General Atomic Co. v. Exxon Nuclear Co., 90 F.R.D. 290 (S.D. Cal. 1981); In re Mitsui Steam Ship Co. Federal Maritime

Aus der amerikanischen Rechtsprechung ergibt sich auch, daß in den USA offensichtliche Umgehungen durch bewußte Verlagerung von Dokumenten ins Ausland von den amerikanischen Gerichten nicht akzeptiert werden. Als die amerikanische Vertretung eines britischen Konzerns in einem Verfahren mitteilte, sie archiviere alle ihre Dokumente in Großbritannien, müsse diese deshalb von dort anfordern, was aber durch britisches Recht untersagt werde, bemerkte der District Court für den südlichen District von New York hierzu: "If one defendant could so easily evade discovery, every United States company would have a foreign affiliate forestalling sensitive documents"[1127].

Ein Kollisionsfall der USA mit der Schweiz, der erhebliche Publizität hatte, ist der Fall Marc Rich[1128]. Dieser hatte eine schweizerische Gesellschaft, welche mit Rohstoffen handelte. Sie hatte 40 Niederlassungen in 30 Ländern, aber kein Büro in den Vereinigten Staaten. Die schweizerische Gesellschaft war aber zu 100% eine Tochtergesellschaft der Marc Rich - Gesellschaft in New York. Gegen diese Gesellschaft wurde eine Untersuchung wegen Steuerhinterziehung eingeleitet. Im Rahmen dieser Untersuchung wurde auch ein subpoena erlassen, mit dem die Herausgabe bestimmter Dokumente aus der Schweiz verlangt wurde. Marc Rich beantragte die Aufhebung mit dem Hinweis auf das Herausgabeverbot nach schweizerischem Recht. Das Gericht erhielt die Anordnung aufrecht und verhängte Beugestrafen für den Fall der Nichtbefolgung.

Der Court of Appeal für den 2nd Circuit befand: "It would be strange indeed if the United States could punish a foreign corporation for violating its criminal laws upon a theory that the corporation was constructively present in the country at the time the violation occurred... but a Federal Grand Jury could not investigate to ascertain the probability that a crime had taken place"[1129]. "A Federal Court's jurisdiction is not determined by its power to issue a subpoena; its power to issue a subpoena is determined by its jurisdiction"[1130].

Commission 05.06.1962 ILR 33, S. 158; S.E.C. v. Banca della Svizzera Italiana, 92 F.R.D. 111 (S.D.N.Y. 1981)

[1127] Cooper Industries v. British Aerospace, 102 F.R.D. 918, 920 (S.D.N.Y. 1981)

[1128] Baker, N., Reaching for Documents in a Foreign Country: Marc Rich & Company v. United States, Houston Journal of International Law 8 (1985), S. 119-130; Stark, D.P., Marc Rich: An Expansion of United States Criminal Jurisdiction over Foreign Defendants, Northwestern Journal of International Law and Business 6 (1986), S. 615 - 645; Barish, S.M., International Paper Chase: Federal Grand Jury Subpoena Duces Tecum in Conflict with Swiss Nondisclosure Law. Marc Rich & Co., A.G. v. United States, Brooklyn Journal of International Law 11 (1985), S. 149-169

[1129] In re Marc Rich & Co, AG. 707 F2d 663, 666 (2nd Cir.)

[1130] a.a.O., S. 669

Als Ergebnis wurde eine tägliche Beugestrafe von $ 50.000,- gegen Marc Rich verhängt. Unter dieser Drohung folgte Rich der Anordnung jedenfalls teilweise. Deswegen wurde gegen ihn in der Schweiz ein Strafverfahren wegen Verletzung von § 273 StGB eingeleitet. Als Marc Rich die restlichen Dokumente herausgeben wollte, wurden sie durch die Schweizer Behörden beschlagnahmt. Erst nachdem das amerikanische Verfahren durch eine Vergleich in Höhe von 200 Millionen Dollar beendet wurde, stellte die Schweiz das Verfahren ein. Dieser Fall zeigt zum einen den Druck, unter dem ein Beklagter stehen kann, der zwischen sich widersprechende Anordnungen der Staaten gerät, es zeigt aber auch, wie stark die Durchsetzung des Abwehrgesetzes politisch motiviert sein kann, um den Gerichtsstaat zu einer Änderung seiner Haltung zu zwingen.

Die Praxis amerikanischer Gerichte hinsichtlich der Konsequenz gutgläubiger Bemühungen um eine Aufhebung eines ausländischen Verbots ist bis heute unterschiedlich. Teilweise wird auf die unmittelbaren Sanktionen wegen contempt of court verzichtet. Teilweise wird eine förmliche Herausgabeanordnung unter Berücksichtigung der Schwierigkeiten im Ausland formuliert. Teilweise werden aber auch ausländische Interessen aufgrund einer Interessenabwägung zugunsten der amerikanischen Interessen nicht berücksichtigt und negative Prozeßfolgen angeordnet[1131].

Ein besonderer Aspekt dieser Problematik tritt auf in den Fällen, in denen die Befolgung einer hoheitlichen Anordnung im Ausland zur zivilrechtlichen Haftung führt. Dies war bereits im Jahre 1968 Gegenstand eines Rechtsstreits zwischen den Vereinigten Staaten und der First National City Bank[1132]. Die Bank verteidigte sich in diesem Fall gegen eine strafbewehrte Herausgabeanordnung einer Grand Jury damit, daß die Herausgabe der Information teilweise in der Bundesrepublik Deutschland belegene Dokumente betreffe. Diese könnten in der Bundesrepublik aber nur unter Verletzung der zivilrechtlichen Bank-Geheimhaltungspflichten herausgegeben werden. Das Gericht sah die Herausgabeanordnung grundsätzlich als zulässig an, wenngleich auch die comity eine Berücksichtigung ausländischer Interessen gebiete[1133]. Auch die zivilrechtliche

---

[1131] United States v. Vetco, 644 F.2d 1324 (9th Cir.), cert. denied, 454 U.S.1089 (1981); In Re Grand Jury proceedings, United States of America v. The Bank of Nova Scotia, 691 F.2d 1384 (11th Cir. 1982); In Re Grand Jury proceedings, The Bank of Nova Scotia, United States of America v. The Bank of Nova Scotia, 740 F.2d 817 (11th Cir. 1984); zur Entscheidungspraxis vgl. das Restatement (Third), a.a.O. (Anm. 12), § 442, Reporters' note 8

[1132] United States v. First National City Bank, 396 F. 2 d 897 (2nd Cir. 1968).

[1133] Dies wird insbesondere aber auch im Hinblick darauf gesehen, daß die Gerichte sich nicht in die Verantwortlichkeiten der Regierung hinsichtlich der auswärtigen Beziehungen einmischen dürften: "The courts must take care not to impinge upon the

Regelung des deutschen Rechts sei beachtlich, aber weil die geltendgemachte Geheimhaltungspflicht lediglich vertraglicher Natur sei, zeige dies ein geringeres Gewicht der deutschen Interessen am Bankgeheimnis. Die amerikanischen Interessen wurden höher bewertet.

Die gesamte Entscheidungspraxis zeigt, daß amerikanische Gerichte in diesen Problemfällen zwar kollisionsrechtliche Erwägungen anstellen, welche meistens zur Prädominanz amerikanischer Interessen führen, daß aber völkerrechtliche Probleme nicht erörtert werden, was bedeutet, daß das Vorgehen der extraterritorialen Anordnung der Herausgabe von Beweismitteln nicht als völkerrechtswidrig angesehen wird. Die Proteste ausländischer Staaten hiergegen beziehen sich nicht generell auf dieses Vorgehen, sondern verneinen im Einzelfall entweder die materiellrechtliche und damit auch die "subject matter jurisdiction" oder die "personal jurisdiction" über Gesellschaften im Ausland. Sie weisen auf den wichtigen Gesichtspunkt hin, daß auch extraterritoriale Jurisdiktion zunächst einen Anknüpfungspunkt zum Forumstaat verlangt.

Nach amerikanischem Recht sind Aussageverweigerungsrechte durch die Einwilligung des Berechtigten hinfällig. Deshalb haben die SEC und auch die Gerichte versucht, einen Verzicht oder eine Einwilligung mit Sanktionsdrohung anzuordnen[1134]. Die SEC hat darüber hinaus eine "Waiver by conduct" - Regel angewendet[1135], wonach der Kauf oder Verkauf von Wertpapieren den impliziten Verzicht auf die Geltendmachung von Geheimhaltungsvorschriften von Heimat- oder Aufenthaltsstaaten beinhalte. Dies kann jedoch die völkerrechtliche Problematik nicht beseitigen, wenn die Informationsverbote ausländischer Staaten im öffentlichen Interesse bestehen, da die Einzelperson nicht über diese Interessen und über die Rechte dieser Staaten verfügen kann.

Konflikte zwischen der Anordnung der Herausgabe von Informationen und ausländischen Geheimhaltungsvorschriften sind auch in Kanada aufgetaucht[1136]. Zum Befolgungskonflikt in Bereichen des Bankgeheim-

---

prerogatives and responsabilities of the political branches of the government in the extremely sensitive and delicate area of foreign affairs".

1134 Trechsel, S., Neuer Zündstoff im Justizkonflikt Schweiz - USA. Die Zustellungspflicht gemäß 18 U.S.C. § 3506, in: Geheimnisschutz (Hrsg. R. Zäch), S. 49 - 152, 97

1135 Vgl. Securities Exchange Act Release No.21, 186 (30. Juli 1984), abgedruckt in 16 Securities Regulations Law Reports (BNA) 1305 (1984); hierzu Note, Predictability and Comity: Towards Common Principles of Extraterritorial Jurisdiction, Harvard Law Review 98 (1985), S. 1310 - 1330

1136 Hierzu Castel, J.-G., Compelling Disclosure by a Non-Party Litigant in Violation of Foreign Bank Secrecy Laws: Recent Developments in Canada-United States Relations, Canadian Yearbook of International Law 23 (1985), S. 261-284, 261 - 265

nisses entschied der Supreme Court of Canada im Jahre 1985[1137], daß ein kanadischer Staatsbürger, welcher zum Zeitpunkt des Verfahrens in Kanada ansässig war, in einem kanadischen Gerichtsverfahren Auskünfte über Bankangelegenheiten in den Bahamas geben mußte, welche er seinerzeit als Manager einer Bankfiliale auf den Bahamas erfahren hatte. Dies verstieß zwar gegen die Bankgesetzgebung der Bahamas, das kanadische Gericht gab dieser Gesetzgebung jedoch nicht den Vortritt aufgrund des Prinzips der souveränen Gleichheit der Staaten, da ansonsten das Gerichtsverfahren in Kanada nicht ordnungsgemäß hätte durchgeführt werden können. Im kanadischen Interesse an der Durchsetzung der Steuergesetze wurde Vorrang vor dem Interesse der Bahamas an der Sicherung der Vertraulichkeit von Bank-Operationen gegeben.

Der Ontario Court of Appeal hatte andererseits im Jahre 1977 entschieden[1138], daß die Anordnung einer Herausgabe von Informationen an eine Person im Ausland durch kanadische Gerichte dann nicht erfolgen dürfe, wenn lokales Recht verletzt werden müßte: Ein "Ontario Court would not order a person here to break our laws; we should not make an order that would require someone to compel another person in that jurisdiction to break the laws of that state. We respect those laws"[1139]. Bezug genommen wird auf eine englische Entscheidung aus dem Jahre 1920[1140], in der der Lordrichter Scrutton bemerkt hatte: "This country should not in my opinion assist or sanction the breach of the laws of other independent states".

(b) Jurisdiktion über Konzernunternehmen

Der Gesichtspunkt der gesellschaftsrechtlichen Kontrolle wird von amerikanischen Gerichten dahingehend instrumentalisiert, daß Jurisdiktion über den Adressaten einer Herausgabeanordnung auch dann angenommen wird, wenn sich die herauszugebenden Gegenstände im Besitz eines Tochterunternehmens im Ausland befinden[1141]. Eine New Yorker Bank weigerte sich, eine Herausgabeanforderung eines New Yorker Gerichts hinsichtlich von Dokumenten zu befolgen, welche ihre Tochtergesellschaft in Panama besaß. Sie wandte ein, daß sie zum einen keine Leitungsmacht über diese Tochter habe und daß zum anderen die Heraus-

1137 Entscheidung vom 10.10.1985, File 17603 (damals noch nicht veröffentlicht)

1138 Frischke et al. v. Royal Bank of Canada et al., (1977), 17 O.R. (2d) 388

1139 A.a.O., S. 399

1140 Ralli Bros. v. Compagnia Naviera Sota Y Aznar, [1920] 2 K.B. 287, 304 (C.A.)

1141 Onkelinx, I.T., Conflict of International Jurisdiction: Ordering the Production of Documents in Violation of the Law of the Situs, Northwestern University Law Review 64 (1969), S. 487-534

gabe durch das Recht Panamas verboten sei. Dieses ausländische Verbot verneinte das Gericht[1142]. Deshalb gäbe es keinen Konflikt. Die Bank habe aber auch die Kontrolle über die angeforderten Dokumente, weil sie ihre Übermittlung in die USA anordnen könne. Das Gericht sagte aber auch, daß, bestünde ein Verbot in Kanada, die Herausgabe nicht angeordnet werden sollte.

Innerhalb eines Konzerns wurde immer die Muttergesellschaft in den USA als verantwortlich für die Herausgabe von Informationen durch ausländische Tochtergesellschaften angesehen[1143]. Umgekehrt hat die amerikanische Securities Exchange Commission Zwang gegen amerikanische Tochtergesellschaften ausgeübt wegen der Herausgabe von Informationen durch ihre ausländische Muttergesellschaft[1144].

Die amerikanischen Gerichte setzen ihre discovery - Anordnungen im übrigen nicht nur gegenüber den Parteien durch, welche ihrer Gerichtsbarkeit unterliegen, sondern auch gegenüber Dritten, Zeugen und Besitzern von beweiserheblichen Informationen, wenn diese nur aufgrund eines anderen Anknüpfungspunktes der amerikanischen Jurisdiktion unterliegen[1145]. Dies kann auch wiederum durch eine gesellschaftsrechtliche Leitungsmacht gegenüber Tochterunternehmen oder eine Direktionsgewalt über Angestellte im Ausland begründet werden. In einem Verfahren gegen die First National Bank of Chicago[1146] wurde jedoch berücksichtigt, daß die Bank als Dritte nicht Verfahrensbeteiligte war. Aus diesem Grunde wurde die Tatsache, daß sich im Falle einer Informationsherausgabe die entsprechenden Angestellten der Bank in Griechenland strafrechtlich hätten verantworten müssen, als untragbare Härte angesehen. Im Falle einer Untersuchung wegen eines Drogen-Strafverfahrens wurde gegenüber dem Büro einer kanadischen Bank in Miami eine Herausgabeanordnung durchgesetzt[1147]. Auch diesem Fall war die Bank

---

1142 First National City Bank of New York v. Internal Revenue Service 271 F. 2d 616 (S.D.N.Y. 1959)

1143 Canadian International Paper Co., 72 F. Supp. 113 (S.D.N.Y.); United States v. first National City Bank, 396 F. 2d 897 (2nd Cir. 1968); United States v. Vetco, 644 F.2d 1324 (9th Cir.), cert. denied, 454 U.S.1089 (1981); Ings v. Ferguson 282 F. 2d 149 (S.D.N.Y. 1960)

1144 Z.B. SEC v. Banca de la Svizzera Italiana, 92 FRD 111 (S.D.N.Y.1981)

1145 Vgl. etwa Spellberg, E., Extraterritorial Discovery: Extension of Jurisdiction by the Eleventh Circuit, Hastings International and Comparative Law Review 7 (1984), S. 595 - 621

1146 United States v. First National Bank of Chicago, 699 F.2d 341 (7th Cir. 1983); hierzu Hight, D.H., United States v. First National Bank of Chicago: Limiting American Extraterritorial Authority to Order the Production of Documents in Violation of Foreign Law, De Paul Law Review 33 (1983), S. 183-206

1147 In Re Grand Jury proceedings, Bank of Nova Scotia, 691 F.2d 1384

nur Zeugin[1148]. Das Gericht nahm ein Überwiegen amerikanischer Interessen gegenüber denjenigen der Bahamas, deren Bankgeheimnis in Frage stand, an, ohne die Frage der Jurisdiktionshoheit zu problematisieren.

In Großbritannien gilt dagegen die Regel, wonach Muttergesellschaften nicht für die Herausgabe von Informationen durch ihre Tochtergesellschaften verantwortlich sind, wenn diese Tochtergesellschaften nicht in betrügerischer Absicht gegründet wurden. Am Hauptsitz einer Bank kann also etwa nicht geklagt werden auf Herausgabe von Informationen in Gewahrsam von Zweigstellen und Tochtergesellschaften in anderen Staaten[1149]. Unklar ist, ob in den USA im umgekehrten Fall Informationen der Muttergesellschaft über die Verantwortlichkeit der Tochtergesellschaft erreichbar sind[1150]. Dies sind aber Fragen der Personalhoheit, welche später noch ausführlich zu betrachten sind.

(c) Verhältnis zur Rechtshilfe

Ein erheblicher Streit herrscht auch über die Frage, ob die Inlands - Durchsetzung von extraterritorialen Herausgabeanordnungen gegen die Vorschriften des Haager Übereinkommens über die Beweisaufnahme im Ausland in Zivil- oder Handelssachen vom 18.3.1970[1151] in dem Sinne verstoßen[1152], daß nur die Beweisaufnahme im Wege der Rechtshilfe zulässig ist[1153]. Die Entscheidungsserie amerikanischer Gerichte zu dieser Frage kulminierte in der Aérospatiale-Entscheidung des Supreme Court aus dem Jahre 1987[1154]. Er entschied, die Haager Konvention stelle für

---

1148 Wie dies etwa in United States v. Field, 535 F.2d 404 (5th Cir. 1976) der Fall war

1149 Lonrho Ltd. v. Shell Petroleum Co. [1980] 1 W.L.R. 627 (H.L.(E.))

1150 In Re Uranium Antitrust Litigation, 480 F.Supp. 1138, 1145 (N.D.Ill. 1979). Bejahend United States v. Toyota Motor Corp., 561 F. Supp. 354 (D. C. Cal. 1983); Cooper v. British Aerospace, Inc., 102 F.R.D. 918 (S.D.N.Y. 1984)

1151 BGBl 1977 II, S. 1472; vgl. hierzu Stürner, R., in: Der Justizkonflikt mit den Vereinigten Staaten von Amerika (W.J. Habscheid Hrsg.) (1986), S. 3 - 59, 33; Gerber, D. J., Extraterritorial Discovery and the Conflict of Procedural Systems: Germany and the United States, American Journal of Comparative Law 34 (1986), S. 745-788, 781 ff.

1152 So noch die amerikanische Regierung im Falle Volkswagen v. Falzon, ILM. 1984, 412. Anders dann im Club Méditerrannée - Fall, ILM 23 (1984), S. 1332

1153 Vgl. hierzu auch die Japanischen Proteste gegen Herausgabeanrodnungen einer Grand Jury gegen japanische Unternehmen, abgedruckt in Lowe, A.V., Extraterritorial Jurisdiction (1983), S. 121 - 123

1154 Sociéte Nationale Industrielle Aérospatiale v. U.S. District Court, 107 S.Ct. 2542 (1987), ILM 25 (1986), S.519 ff. und ILM 26 (1987), S.1021 ff. Vgl. dazu Waller, S.W., Bringing meaning to interest balancing in transnational litigation, Vanderbilt Journal of Transnational Law 23 (1991), S. 925 - 966, 943; Griffin, J.P./Bravin, M.N., Beyond Aérospatiale: A commentary on foreign discovery provisions of the Restatement (Third) and

Staaten lediglich eine Option dar, im Wege der Rechtshilfe Beweise zu erlangen. Sie begrenze nicht die Möglichkeit, wie bisher mit den nationalen Mitteln die Herausgabe von Beweisen anzuordnen. Dabei wurde nicht unterschieden zwischen Anordnungen gegenüber den Prozeßparteien und Anordnungen an Zeugen.

Es gebe auch keine Comity-Regel, daß ein Gericht primär zunächst zu einem Verfahren nach der Konvention greifen müsse, wenn es im Ausland Beweise erheben wolle. Vielmehr müßten von Fall zu Fall die Interessen anderer betroffener Staaten gegen die des ersuchenden Staates abgewogen werden. Hier erscheint in der Diktion des Gerichtshofs der Begriff der "reasonableness" als kollisionsrechtlicher Begriff: "The exact line between reasonableness and unreasonableness in each case must be drawn by the trial court, based on its knowledge of the case and of the claims and interests of the parties and the governments whose statutes and policies they invoke". Auch eine ganze Reihe anderer amerikanischer Entscheidungen ging davon aus, daß die Haager Konvention nur eine Option für die Rechtshilfe biete, nicht aber andere nationale Verfahrensgestaltungen ausschließe[1155].

Die völkerrechtliche Beurteilung der Argumente des U.S. Supreme Court in der Aérospatiale - Entscheidung muß zweierlei berücksichtigen[1156]. Zum einen fragt sich, ob die Vertragsparteien des Haager Übereinkommens grundsätzlich auslandsbezogene Beweiserhebungen nur noch in den vereinbarten Formen der Rechtshilfe vornehmen können oder ob sie auch eine Beweiserhebung im Inland anordnen können mit der Folge, daß Zeugen und Beweismittel erst in den Jurisdiktionsbereich der USA gelangen müssen. Zum zweiten fragt sich, ob eine Vorgehensweise, welche die Verbringung von Beweismitteln ins Inland anordnet, das völker-

---

the proposed amendments to the Federal Rules of Civil Procedure, International Lawyer 25 (1991), S. 331 - 349

1155 In re Grand Jury 81 - 2, 550 F. Supp. 24 (W.D. Mich. 1982); vgl. auch LG Kiel, RIW 1983, S. 206. Hierzu Bosch, U., Das Bankgeheimnis in Konflikt zwischen US-Verfahrensrecht und deutschem Recht, IPRax 4 (1984), S. 127 - 135; Stiefel, E.C. / Petzinger, W., Deutsche Parallelprozesse zur Abwehr amerikanischer Beweiserhebungsverfahren?, RIW/AWD 1983, S. 242 - 249; Club Méditerranée S.A. v. Marjorie Schlossberg Dorin and Philip Dora, ILM. 1984, 133; Laker Airways Ltd. v. Panamerican World Airways et al. 604 F. Supp. 280 (D.C.D.C. 1984) = ILM 1984, S. 748; Graco v. Kremlin, Inc. N.D. Ill. 1984, ILM. 1984, 754; vgl. hierzu Trinklein, J.M., Extraterritorial Discovery. Hague Evidence Convention - The Hague Convention Procedures are not Exclusive, and Courts may issue Discovery Orders using Alternative Means, Virginia Journal of International Law 25 (1984), S. 249 - 280, 263 - 275

1156 Vgl. Gerber, D. J., International Discovery after Aerospatiale: the quest for an analytical frame - work, AJIL 82 (1988), S. 521 - 555

rechtliche Interventionsverbot oder andere Völkerrechtsnormen verletzt. Letzteres wird in Kapitel IV zu erörtern sein.

In der Literatur wird teilweise angenommen, die Haager Übereinkommen seien exklusiv und würde durch innerstaatliche Maßnahmen der Beweisaufnahme mit Auslandsbezug umgangen[1157]. Eine andere Auffassung lehnt dies ab, legt aber den Staaten nahe, die Beweisaufnahme zuerst im Wege der Rechtshilfe zu versuchen, um Konflikte auszuschalten[1158]. Eine dritte Meinung nimmt eine völlige Gleichwertigkeit und Parallelität beider Verfahrenswege an[1159].

Britische Gerichte sahen grundsätzlich Anordnungen über die Herausgabe von Dokumenten und Informationen an Personen in Großbritannien als Verletzung der Souveränität des Vereinigten Königreichs an, wenn sie nicht im Rahmen ordnungsgemäßer Rechtshilfe verfolgt wurden[1160]. In der Bundesrepublik Deutschland wurde dies etwas nuancierter gesehen. Die deutsche Bundesregierung erklärte im Bundestag, daß solche Anordnungen zwar Rechtshilfevereinbarungen unterlaufen und damit Vertragsverletzungen seien könnten, jedoch nicht gegen die Souveränität der Bundesrepublik verstießen[1161].

Art. 27 lit c) des Haager Beweisübereinkommens läßt den Vertragsstaaten das Recht, nach innerstaatlichem Recht oder innerstaatlicher Übung "andere als die in diesem Übereinkommen vorgesehenen Verfahren der Beweisaufnahme zuzulassen". Art. 1 des Haager Zustellungsabkommens begrenzt dessen Anwendungsbereich auf die Fälle, in denen ein gericht-

---

1157 Trossevin, M.E., Extraterritorial Discovery under the Hague Evidence Convention, Villanova Law Review 31 (1986), S. 253 - 290; Radvan, M., The Hague Convention on Taking of Evidence Abroad in civil or Commercial Matters: Several Notes concerning its Scope, Methods and Compulsion, New York University Journal of International Law and Politics, S. 1031-1059; Trinklein, J.M., Extraterritorial Discovery. Hague Evidence Convention - The Hague Convention Procedures are not Exclusive, and Courts may issue Discovery Orders using Alternative Means, Virginia Journal of International Law 25 (1984), S. 249 - 280, 278

1158 Maier, H.G., Extraterritorial Discovery: Cooperation, Coercion and the Hague Evidence Convention, Vanderbilt Journal of Transnational Law 19 (1986), S. 239-264, 250; Gupta, M.D., The Evidence Convention: Supreme Law of the Land?, Wisconsin International Law Journal 1984, S. 183-201, 200

1159 Struve, G.M., Discovery from Foreign Parties in Civil Cases Before U.S. Courts, International Law and Politics 16 1(1984), S. 1101 - 1113

1160 So etwa Radio Corp. of America v. Rauland Corporation and another, [1956] 1 All ER 260 (Q.B.), Rio Tinto Zinc Corp. and others v. Westinghouse Electric Corp., [1978] 1 All ER 434 (H.L.); X AG and others v. A Bank, [1983] 2 All ER 464 (Q.B.).

1161 Abgedruckt in: Der Betrieb, Bd.36 (1983), 1086. Auf die Bedeutung von Rechtshilfekonventionen als lex specialis für Fälle der Beweisaufnahme im Ausland weist auch der amicus brief der amerikanischen Regierung im Falle Volkswagenwerk Aktiengesellschaft v. Falzon ILM 23 (1984), S.412 hin.

liches oder außergerichtliches Schriftstück zum Zweck der Zustellung in das Ausland zu übermitteln ist. Wenn also ein Staat eine Beweisaufnahme im Inland anordnet oder eine Ersatzzustellung im Inland zuläßt, so wird dies von den Verpflichtungen der Haager Übereinkommen nicht umfaßt.

Vielmehr ist gerade die Vorbehaltsvorschrift des Art. 23 des Haager Beweisabkommens ein Zeichen dafür, daß solche nationalen Besonderheiten wie die pre - trial discovery von der Regelung unberührt bleiben sollten. Denn die übrigen Vertragsstaaten bezweckten nicht und konnten auch nicht erwarten, daß die USA wegen des Übereinkommens die Grundsätze ihrer prozessualen Beweisaufnahme ändern würden[1162]. Somit ergibt sich aus den Übereinkommen selbst, daß sie nationale Sonderregeln, welche eine grenzüberschreitende Beweisaufnahme oder Zustellung überflüssig machten, nicht verboten haben.

Es ist nichts aus dem Text oder der Entstehungsgeschichte der Übereinkommen ersichtlich, was die amerikanische Praxis der discovery oder auch Ersatzzustellungsverfahren nach dem Recht anderer Ländern als Vertragsverstoß erscheinen läßt. Die Haager Konvention hat nach Geschichte und Wortlaut nicht den Zweck, innerstaatliche Maßnahmen zu verbieten, sondern die Rechtshilfe im Ausland, wo erforderlich, zu erleichtern. Hergebrachte Strukturen der Beweisaufnahme nach nationalen Rechten sind von ihr nicht berührt. Sie müssen nach den allgemeinen Grundsätzen über extraterritoriale Jurisdiktion beurteilt werden[1163].

(3) Abwehrgesetze

Die gesamte vorstehend erörterte Problematik entsteht dadurch, daß manche Staaten ein gesetzliches Verbot der Vorlage von Informationen vor ausländischen Gerichten und Behörden erlassen haben oder ein gesetzlich sanktioniertes Berufsgeheimnis kennen. Dies hat teilweise eine längere nationale Tradition, teilweise ist es aber auch eine spezifische Reaktion auf die Tendenz der USA, ihre Gesetze etwa in den Bereichen Kartellrecht, Außenwirtschaftsrecht und Börsenrecht mit einem weiten extraterritorialen Regelungsbereich zu erlassen.

[1162] Schack, a.a.O. (Anm. 527), S. 271 ff.

[1163] Inzwischen sind als Reaktion auf die Entscheidung des Supreme Court Änderungsvorschläge der Regeln 26 und 28 der Federal Rules of Civil Procedure gemacht worden, Vgl. hierzu Griffin, J.P./Bravin, M.N., Beyond Aérospatiale: A commentary on foreign discovery provisions of the restatement (third) and the proposed amendments to the federal rules of civil procedure, International Lawyer 25 (1991), S. 331 - 349, S. 341 - 349, welche in diesem Vorschlag eine bessere Lösung sehen als in den entsprechenden Regeln des Restatement (Third) hierzu

Zu der ersteren Gruppe gehört insbesondere die Vorschrift des § 273 des schweizerischen Strafgesetzbuches, welcher die Herausgabe von Geschäftsgeheimnissen an das Ausland verbietet. Aus dieser Vorschrift sind viele Konflikte zwischen der Schweiz und den USA entstanden[1164], unter anderem der bereits erwähnte Fall Marc Rich. Allerdings ist ihr Anwendungsbereich nicht so generell, wie dies nach der Formulierung erscheint[1165]. Das schweizerische Bundesgericht hat zwar entschieden, daß die Vorschrift die schweizerische Gebietshoheit schützen will[1166]. Dies ist aber nicht eine absolute Größe, denn nach anderen Entscheidungen geht es auch um die Interessen der schweizerischen Wirtschaft[1167]. Das Geheimhaltungsinteresse wird also nicht als absolut beurteilt, sondern es wird auf das tatsächliche Interesse schweizerischer Firmen abgestellt, so daß die freiwillige Herausgabe von Informationen, welche das eigene Verhalten betreffen, wohl nicht strafbar sein dürfte, wenn nicht im Einzelfall ein konkretes Interesse der schweizerischen Wirtschaft insgesamt verletzt würde. Dies engt aber die Möglichkeit, sich gegen Herausgabeanordnungen auf diese Vorschrift zu berufen, erheblich ein[1168]. Ebenfalls zur erwähnen ist Art. 47 des schweizerischen Bankgesetzes, wonach es strafbar ist, Informationen über einen Bankkunden ohne dessen Zustimmung zu veröffentlichen[1169]. Ähnliche Geheimhaltungsvorschriften über wirtschaftliche Informationen und über das Bankgeheimnis[1170] gibt es auch in anderen Ländern[1171].

[1164] Vischer, F., The United States Jurisdictional Concepts viewed from Abroad, Regulations, Wirtschaft und Recht 35 (1983), S. 97, 98 - 102; Vgl. hierzu Heise, C.J., Die Vorlage im Ausland belegener Geschäftsunterlagen (Dissertation Göttingen 1975), S. 122 ff.

[1165] Hoechner, K.M., A Swiss Perspective on Conflicts of Jurisdiction, Law and Contemporary Problems 50 (1987), S. 271-282, 274

[1166] BGE 74 IV, S. 104

[1167] BGE 74 IV, S. 208; dazu Alder, C., Zur Rechtsstellung schweizerischer Unternehmen vor den EWG-Behörden, Basler Juristische Mitteilungen 1969, S. 48-72, 60 ff.

[1168] Vgl. die diplomatische Note aus dem Jahre 1979, in Lowe, A.V., Extraterritorial Jurisdiction (1983), S.135 ff.

[1169] Hoechner, K.M., A Swiss Perspective on Conflicts of Jurisdiction, Law and Contemporary Problems 50 (1987), S. 271-282, 174; Levin, E.R., The Conflict between United States Securities Laws on Insider Trading and Swiss Bank Secrecy Laws, Northwestern Journal of International Law and Business 7 (1985), S. 318-350, 325 - 332; Stultz, E.A., Swiss Bank Secrecy and United States Efforts to Obtain Information from Swiss Banks, Vanderbilt Journal of Transnational Law 21 (1988), S. 63 - 118

[1170] Hierzu Pinera-Vàzquez, S.B., Extraterritorial jurisdiction and international banking: a conflict of interests, University of Miami Law Review 43 (1988), S. 449 - 491

[1171] Vgl. die Übersicht bei Heise, C.J., Die Vorlage im Ausland belegener Geschäftsunterlagen (Diss. Göttingen 1975), S. 122 ff.

Eine Rolle können in einem ausländischen Gerichtsverfahren auch die beruflichen Geheimhaltungspflichten nach nationalem Recht spielen. Nach § 5 Ziff. 7 des deutschen StGB gilt das deutsche Strafrecht unabhängig vom Recht des Tatorts nach dem Schutzprinzip für eine Verletzung von Betriebs- oder Geschäftsgeheimnissen eines im räumlichen Geltungsbereich dieses Gesetzes liegenden Betriebs, eines Unternehmens, das dort seinen Sitz hat, oder eines Unternehmens mit Sitz im Ausland, das von einem Unternehmen mit Sitz im Inland abhängig ist und mit diesem einen Konzern bildet. Nach § 203 StGB ist die Preisgabe von Privat- oder Geschäftsgeheimnissen durch Angehörige von Heilberufen, rechtsberatenden Berufen, Amtsträger, Sachverständige, Sozialarbeiter und Angehörige von Beratungsberufen strafbar. Nach § 353 b ist die Verletzung von Dienstgeheimnissen strafbar, § 353 d stellt die Verletzung von Geheimnissen aus nichtöffentlichen Gerichtsverhandlungen unter Strafe. § 353 bestraft die Verletzung des Steuergeheimnisses. Der Verrat von Geschäfts- oder Betriebsgeheimnissen durch Angestellte, Arbeiter unter anderem zugunsten eines Dritten wird nach § 17 UWG bestraft.

Während diese strafrechtlichen Vorschriften generell gelten und nicht anläßlich konkreter Streitigkeiten mit fremden Staaten entstanden, dienen Abwehrgesetze ("blocking statutes")[1172] oder konkrete Herausgabeverbote spezifisch der Abwehr extraterritorialer Jurisdiktion. Eine der ersten Streitigkeiten auf diesem Gebiet war die amerikanische Grand Jury-Investigation des Rohöl - Marktes [1173]. Hier gab es Anordnungen der Jury auf Herausgabe von Dokumenten durch ausländische Gesellschaften im Ausland. Das Vereinigte Königreich und Holland wiesen ihre Firmen an, die Dokumente nicht herauszugeben. Beide Länder und Frankreich protestierten diplomatisch bei der amerikanischen Regierung. Die Amerikaner gaben schließlich ihre strafrechtliche Untersuchung auf und gingen nur zivilrechtlich gegen amerikanische Unternehmen vor, die an der behaupteten Kartellierung beteiligt waren .

Im Rahmen der großangelegten Untersuchung der amerikanischen Federal Maritime Commission in den frühen sechziger Jahren (zusammen mit einer Antitrust Grand Jury) gegen internationale Schiffahrtslinien-Konferenzen wurden viele amerikanische und ausländische Unternehmen ver-

---

1172 Allgemein vgl. Rosdeitcher, S. S., Foreign Blocking Statutes and U.S. Discovery: A Conflict of National Policies, New York University Journal of International Law and Politics, S. 1060-1074. Canenbley, C. (Hrsg.), Enforcing Antitrust against Foreign Enterprises (1981), S. 20 ff.; Heise, C.J., Die Vorlage im Ausland belegener Geschäftsunterlagen (Diss. Göttingen 1975); Nordmann, E., Die Beschaffung von Beweismitteln aus dem Ausland durch staatliche Stellen (1979),

1173 In re investigation of world arrangements with relation to the production, transportation and distribution of Petrolium, 13 F.R.D. 280 (DDC 1952)

pflichtet, Dokumente, die häufig im Ausland belegen waren, vorzulegen[1174]. Hiergegen protestierten eine Reihe von Staaten bei der amerikanischen Regierung[1175]. Schweden erklärte, "that Swedish companies are not subject to United States law as far as their trade outside the United States is concerned"[1176]. Dänemark machte geltend, daß das amerikanische Verhalten "beyond the limits of the United States jurisdiction under the general principles of international law" gehe.

Dies machten auch Großbritannien, Indien, Japan, Norwegen, die Niederlande, Schweden und Jugoslawien geltend. Italien erklärte, "that the regulatory powers of the Federal Maritime Board should not be exerted on matters involving said Italian entities, which are subject to the territorial and personal jurisdiction of Italy, without any showing of adverse effects upon the interest of the U.S. as protected by the Shipping Act".

Die Grand Jury beschränkte deswegen ihre Anordnungen. Die Federal Maritime Commission wies dies jedoch zurück. Daraufhin erließen einige Staaten Abwehrgesetze gegen die Offenbarung geschäftlicher Informationen in solchen Verfahren in den USA[1177]. Diese enthalten entweder ein generelles Verbot mit Erlaubnisvorbehalt[1178] oder ein Verbotsmöglichkeit im konkreten Fall[1179]. Bereits im Jahre 1952 hatte das britische Energie-

---

1174 In re Grand Jury Investigation in the Shipping Industry, 186 F.Supp.298 (DDC 1960); in re Ocean Shipping Antitrust Litigation, 500 F.Supp.1235 (S.D.N.Y.1980).

1175 Eine Übersicht über die Protestpraxis bietet ILA, Report of the 51st Conference, Tokio (1965), S. 578 ff.

1176 Lowe, A.V., Extraterritorial Jurisdiction (1983), S. 134

1177 Vgl. Meessen, a.a.O. (Anm. 39), S. 194 f.; Großfeld, B., Praxis des internationalen Privat- und Wirtschaftsrechts (1975), S. 184 ff. Zur völkerrechtlichen Problematik Mann, F.A., Staatliche Aufklärungsansprüche und Völkerrecht, in: Völkerrecht als Rechtsordnung, internationale Gerichtsbarkeit, Menschenrechte, Festschrift für H. Mosler, Beiträge zum ausländischen öffentlichen Recht und Völkerrecht 81 (1983), S. 529 - 544

1178 Belgisches Gesetz vom 27.3.1969, geändert am 21.6.1976 und Königliches Dekret vom 6.2.1979, in: Lowe, A.V. Extraterritorial jurisdiction (1983), S. 98 - 100; Französisches Gesetz 1968 - 1980 in: Lowe, A.V., Extraterritorial Jurisdiction (1983) S. 116 - 117 und Dekret Nr. 81/550 v. 12.5.1981, a.a.O.;

1179 Dänisches Gesetz Nr. 254 vom 8.6.1967 über die Begrenzung der Freiheit dänischer Schiffseigentümer Informationen an Behörden ausländischer Staaten zu geben, in: Lowe, A.V. Extraterritorial jurisdiction (1983), S. 114; Deutsches Gesetz vom 24.5.1965, BGBl. 1965 II, S. 833 in Verbindung mit der Verordnung vom 14.12.1966, BGBl. 1966 II, S. 1542; Norwegisches Gesetz Nr. 3 vom 16.6.1967, Norsk Lovtidend 1967, S. 437 - 438; in Lowe, A.V. Extraterritorial jurisdiction (1983), S. 128; Schwedische Ordinance regarding prohibition in certain cases for shipowners to produce documents concerning the Swedish shipping industry No. 156 vom 13.5.1966, in: Lowe, A.V., Extraterritorial Jurisdiction (1983), S. 134. Außerhalb dieses Streitfalls, aber im Bereich der Seeschiffahrt regelt das italienische Gesetz über Schiffahrtsdokumente (Gesetz 488 vom 24.7.1980 in Lowe, A.V., Extraterritorial Jurisdiction (1983), S. 120 - 121) Unterrichtungspflichten und Befolgungsverbote

Ministerium in einem Schreiben an die Anglo-Iranian Oil Company im Zusammenhang mit der amerikanischen Untersuchung gegen Erdölgesellschaften festgestellt, daß ihrerseits die strafbewehrten Herausgabeanordnungen amerikanischer Gerichte und Juries die "international comity" verletzten. Die Gesellschaft wurde aufgefordert, die Dokumente nicht herauszugeben[1180]. Das britische Außenministerium bestätigte der Ölgesellschaft, daß diese Anordnung eine souveräne hoheitliche Handlung des Handelsministers gewesen sei. Zwar scheint die Anordnung selbst keinerlei Grundlage im englischen Recht gehabt zu haben[1181], das britische Außenministerium versuchte jedoch offensichtlich mit dieser Bestätigung der Anglo-Iranian Oil Company eine bessere Verteidigung gegen die amerikanische Anordnung zu geben.

Das britische Abwehrgesetz zugunsten der Schiffahrtslinien-Konferenzen erging im Jahre 1964.[1182]. Es gibt dem britischen Verkehrsminister die Möglichkeit, die Herausgabe von Dokumenten und Informationen unter der Voraussetzung zu verbieten, daß es sich um ein "infringement of the jurisdiction, which, under international law, belongs to the United Kingdom" handelt. Adressat einer Verbotsanordnung ist "every person in the United Kingdom who carries on a business consisting of or comprising the carriage of goods or passengers by sea". Wird die Anordnung des Ministers nicht befolgt, so kann dies mit Geldstrafen von maximal 1.000 Pfund Sterling geahndet werden. Der Minister machte von dieser Ermächtigung in etwa 80 Fällen Gebrauch, bevor sie beendet wurde[1183].

Erheblich umfangreicher und einschneidender war der britische "Protection of Trading Interests Act 1980"[1184]. Das Gesetz war ausdrück-

---

[1180] In: Lowe, A.V., Extraterritorial Jurisdiction (1983) S. 138

[1181] Vgl. Lowe, a.a.O., S. 139

[1182] Shipping Contracts and Commercial Documents Act 1964 und Shipping Contracts (Foreign measures) Order, 1968, abgedruckt in Lowe, A.V., Extraterritorial Jurisdiction (1983), S. 138 - 143

[1183] Vgl. hierzu Lowe, A.V. Extraterritorial jurisdiction (1983), S. 142 und Lowenfeld, Sovereignty jurisdiction and reasonableness: A reply to A.V. Lowe

[1184] 1980 Chapter 11, kommentiert in [1980] Statutes Annotated 2, 11; vgl. hierzu Meng, W., Neue Entwicklungen im Streit um die Jurisdiktionshoheit der Staaten im Bereich der Wettbewerbsbeschränkungen, ZaöRV 41 (1981), S. 469 - 513, 493 - 496; Blythe, M.A., The Extraterritorial Impact of the Anti-Trust Laws: Protecting British Trading Interests, American Journal of Comparative Law 31 (1983), S. 99-129, 118 - 123; Samie, N., Extraterritorial Enforcement of U.S. Antitrust Laws: The British Reaction, Maryland Journal of International Law and Trade 7 (1981/82), S. 58 - 66; Bushman, K., The British Protection of Trading Interests Act of 1980, Journal of International Law and Economics 14 (1980), S. 253 - 280; Daffada, A., The Protection of Trading Interests Act of 1980 - Britain's Latest Weapon in the Fight against United States Antitrust Laws, Fordham International Law Journal 4 (1981), S. 341-389; Mannick, C.V., Antitrust: British Restrictions on Enforcement of Foreign Judgments. Protection of Trading Interests Act, 1980, c.11,

lich gegen die von den USA insbesondere im Antitrust - Bereich in Anspruch genommene extraterritoriale Jurisdiktion gerichtet. Der britische Handelsminister kritisierte dies als Versuch "to mould the international and trading world in its own image"[1185]. Das Abwehrgesetz sei "an attempt to deal with a problem which we have failed to deal with at diplomatic level over many years". Das Gesetz richtet sich zunächst gegen extraterritorial regelnde Anordnungen oder Verbote fremder Hoheitsträger, von welchen der britische Handelsminister formell feststellt, daß sie den internationalen Handel betreffen und britische Handelsinteressen verletzen oder bedrohen. Der Minister kann eine Befolgung dieser ausländischen Weisungen verbieten und den davon betroffenen Personen, soweit sie in Großbritannien wirtschaftlich tätig sind[1186] eine Meldepflicht auferlegen.

Der Minister kann auch Personen mit Aufenthalt oder Sitz in Großbritannien verbieten, fremden Gerichten oder Behörden wirtschaftliche Dokumente herauszugeben, soweit diese sich nicht im anordnenden Staat befinden[1187]. Weitere Voraussetzung ist, daß die Herausgabeanordnung nach Ansicht des Ministers die Jurisdiktionshoheit, die Souveränität oder die Sicherheit des Vereinigten Königreichs beeinträchtigen. Die Verletzung der beiden vorgenannten Verbote wird mit Strafe bedroht.

Britischen Gerichten wird untersagt, Rechtshilfeersuchen des Auslandes nachzukommen, welche die Jurisdiktionshoheit oder die Souveränität

---

Harvard International Law Journal 21 (1980), S. 727-735; Huntley, A.K., The Protection of Trading Interests Act 1980: Some Jurisdictional Aspects of Enforcement of Antitrust Laws, International and Comparative Law Quarterly 30 (1981), S. 213-233;Kahn, T. J., The Protection of Trading Interests Act of 1980: Britain`s Response to U.S. Extraterritorial Antitrust Enforcement, Northwestern Journal of International Law and Business 2 (1980), S. 476-516; Novicoff, M.L., Blocking and Clawing Back in the Name of Public Policy: The United Kingdom's Protection of Private Economic Interests against Adverse Foreign Educations, Northwestern Journal of International Law and Business 7 (1985), S. 12-36; Lowe, A.V., Blocking Extraterritorial Jurisdiction: The British Protection of Trading Interests Act, 1980, AJIL 75 (1981), S. 257-282; Lowe, A.V., Extraterritorial Jurisdiction, The British Practice, RabelsZ 52 (1988), S. 157-204, 182 - 190; Carroll, A.J., The Extraterritorial Enforcement of U.S. Antitrust Laws and Retaliatory Legislation in the United Kingdom and Australia, Denver Journal of International Law and Policy 13 (1984), S. 377-386, S. 379 - 383; Sauseda, J.E., Antitrust-Protection of British Interests from Foreign Antitrust Judgments - Protection of Trading Interests Act, 1980, Texas International Law Journal 16 (1981), S. 163-167; Brinkhaus, J., Das Britische Abwehrgesetz von 1980 (1989)

[1185] Zur Entstehung des Gesetzes Lowe, A.V., Blocking Extraterritorial Jurisdiction: The British Protection of Trading Interests Act, 1980, AJIL 75 (1981), S. 257-282

[1186] Section 1: "person carrying on business in the United Kingdom"

[1187] Section 2

Großbritanniens verletzen oder gefährden[1188]. Gegen das amerikanische Kartellrecht, welches Verletzten dreifachen Schadensersatz zuspricht, richtet sich zunächst section 5 des Gesetzes, welche eine Vollstreckung solcher Vorschriften aufgrund einer entsprechenden Feststellung des Ministers im Inland verbietet. Section 6 bestimmt gar, daß die Bürger des Vereinigten Königreichs und von ihm abhängiger Gebiete sowie alle, die dort wirtschaftlich tätig sind, in England in diesem Fall auf Rückzahlung der Summe klagen kann, welcher den tatsächlichen Schaden übersteigt. Die Klage kann nach der Zahlung oder Vollstreckung der treble damages im Ausland gegen den Vollstreckungsgläubiger und alle Rechtsnachfolger gerichtet werden, auch wenn sie anderweitig nicht der britischen Gerichtsbarkeit unterliegen. Es handelt sich um eine sogenannte "claw - back provision".

Während des Gesetzgebungsverfahrens zum britischen Protection of Trading Interests Act gab es einen Schriftwechsel zwischen den USA und Großbritannien[1189], in dem einerseits der Vorwurf der Ausübung völkerrechtswidriger extraterritorialer Jurisdiktion durch die USA gemacht wurde, andererseits aber auch derjenige der Einmischung in die inneren Angelegenheiten Amerikas durch Großbritannien wegen des "claw back". Beides wird noch näher zu betrachten sein.

Mit dem niederländischen Abwehrgesetz aus dem Jahre 1956[1190] reagierten die Niederlande auf die Untersuchungen des amerikanischen Justizministeriums gegen ein behauptetes Erdölkartell Anfang der fünfziger Jahre[1191]. Es handelt sich um ein präventives Verbot der Befolgung irgendwelcher Anordnungen im Rahmen von Kartellverfahren ausländischer Staaten. Es bestimmt in Art. 39 : "Save in so far as Our Ministers have prescribed an exception or, on request, have granted exemption, it shall be forbidden to comply deliberately with any measures or decisions taken by any other States, which relate to any regulation of competition, dominant positions or conduct restricting competition". Auch in diesem Gesetz ist über den Regelungsbereich nichts gesagt. Im Zusammenhang mit der niederländischen Praxis kann man jedoch davon ausgehen, daß er rein territorial sein sollte[1192].

1188 Section 4

1189 abgedruckt in: Lowe, A.V., Extraterritorial Jurisdiction (1983) S. 176 - 186

1190 Gesetz Nr. 413 vom 28.6.1956, geändert durch Gesetz vom 16.6.1958, in: Lowe, A.V., Extraterritorial Jurisdiction (1983), S. 123

1191 Vgl. in re Investigation of world arrangements with relation to the production, transportation, refining and distribution of petroleum, 13 F.R.D. 280 (1952), auch abgedruckt in International Law Reports 19, S. 197.

1192 So Lowe, A.V. Extraterritorial jurisdiction (1983) S. 123

Frankreich hatte bereits 1968 im Rahmen des Streits um die Schiffahrts - Linienkonferenzen ein Abwehrgesetz erlassen, wonach durch ministerielles Dekret die Herausgabe von Informationen an ausländische Stelle verboten werden konnte. Im Jahre 1980 wurde dies durch das Gesetz über wirtschaftliche Dokumente erheblich erweitert[1193]. Privatpersonen dürfen solche Dokumente in Frankreich nicht zu Zwecken ausländischer Beweis- oder Verwaltungsverfahren fordern, suchen oder mitteilen. Alle Personen müssen den zuständigen Minister von ausländischen Anforderungen unterrichten. Verstöße werden mit Gefängnis von 2 bis 6 Monaten und mit Geldstrafe von 10.000 bis 120.000 Francs geahndet.

Kanada erließ in verschiedenen Streitigkeiten mit den USA einige Abwehrgesetze[1194]. Bereits im Jahre 1947 erging ein Gesetz, welches als Reaktion auf die Anordnung einer Grand Jury in den USA an kanadische Unternehmen, Dokumente in Kanada herauszugeben, erlassen wurde[1195]. Die Provinz Ontario sah dies als eine Verletzung ihrer Gebietshoheit und eine Umgehung der ordentlichen Wege der Rechtshilfe an und erließ den Business Records Protection Act 1947[1196]. Das Gesetz enthält das Verbot der Herausgabe bestimmter Informationen, welche in Ontario belegen sind, an Hoheitsträger außerhalb des Staates.

Im Jahre 1964 erließ die Provinz Quebec im ähnlichen Sinne den Business Concerns Records Act 1964[1197]. Auch hier geht es um die Herausgabe von Dokumenten innerhalb Quebecs, welche auf behördliche Anordnung außerhalb der Provinz erfolgen soll. Das Verbot ist ebenfalls präventiv und kann von der Regierung mit Anordnungen strafbewehrt durchgesetzt

---

1193 Abgedruckt bei Lowe, a.a.O., S. 116. Zu beiden Gesetzen Carnelutti, A./Delon, F., Les états face aux effets extra-territoriaux du droit de la concurrence des Etats-Unis d`Amérique - l`exemple de la France, Revue Francaise de Droit Aérien 37 (1982), S. 15-41. Vergleiche auch das Dekret no. 81-550 vom 12.5.1980, abgedruckt bei Lowe, a.a.O, S. 117

1194 Botticelli, C., Recent Canadian Blocking Legislation: A Vehicle to Foster Extraterritorial Discovery Cooperation between the United States and Canada?, Fordham International Law Journal 10 (1987), S. 671-688; Davidson, R.M., The Canadian Response to the overseas Reach of United States Antitrust Law: Stage I and Stage II Amendments to Combines Investigation Act, Canada - United States Law Journal 2 (1979), S. 166 - 175. Zu den amerikanisch - kanadischen Streitigkeiten allgemein Gotlieb, A.E., Extraterritoriality: A Canadian Perspective, Northwestern Journal of International Law and Business 5 (1983), S. 449 - 461 und Graham, W.C., Foreign Extraterritorial Measures Act, Canadian Business Law Journal 11 (1986), S. 410-444

1195 In re grand jury subpoena duces tecum addressed to Canadian international paper company, 73 F. Supp. 1013 (1947)

1196 Text in: Lowe, A.V., Extraterritorial Jurisdiction (1983) S. 101 - 102

1197 Revised Statutes of Quebec, 1964, Vol. 4, S. 643 - 645; in: Lowe, A.V. Extraterritorial jurisdiction (1983), S. 103

werden. Der Wortlaut ist in vielem dem Gesetz der Provinz Ontario parallel.

Als die Vereinigten Staaten Ende der 60er Jahre versuchten, gestützt auf den Trading with the Enemy Act, 1917, Exporte von Teilen für Lokomotiven von Kanada nach Kuba zu verhindern, welche durch kanadische Tochtergesellschaften amerikanischer Gesellschaften vorgenommen werden sollten, erließ das kanadische Parlament den Combines Investigation Act 1970[1198]. Das Gesetz gibt der Canadian Restrictive Trade Practices Commission das Recht, in Fällen von Anordnungen oder Gerichtsentscheidungen aus dem Ausland, welche die kanadischen Geschäfts- oder Wettbewerbsinteressen negativ beeinträchtigten, anzuordnen, daß solche ausländischen Akte in Kanada nicht befolgt werden dürfen. Das Gesetz geht aber über den konkreten Anlaß hinaus und gibt der Kommission die Möglichkeit, Personen generell zu verbieten, eine bestimmte gesetzliche oder behördliche Anordnung genereller Natur aus dem Ausland zu befolgen. Das Verbot gilt aber nicht präventiv, sondern muß in Einzelfällen von der Commission ausgesprochen werden. Es kann nur verletzt werden durch Gesellschaften, welche in Kanada geschäftlich tätig sind durch Akte, welche jedenfalls teilweise in Kanada erfolgen.

Im Rahmen der bereits erwähnten Westinghouse - Fälle in den USA verkündete Kanada die Uranium Information Security Regulations 1976[1199]. Ontario erließ 1980 den Ontario Business Records Protection Act[1200] als Reaktion auf eine amerikanische Kartelluntersuchung gegen die kanadische Papier- und Zellstoffindustrie, von der über 50 kanadische Gesellschaften betroffen waren. Die Regierung von Ontario hatte bei den USA wegen Verletzungen kanadischer Souveränität protestiert. Das Abwehrgesetz sollte der Verteidigung gegen amerikanische extraterritoriale Auskunftsanordnungen dienen. Quebec erließ bald darauf ein ähnliches Abwehrgesetz[1201]. Hier kann durch hoheitliche Anordnung die Erteilung von Auskünften oder die Verbringung von Dokumenten vom kanadischen Boden untersagt werden. Die Befolgung der ausländischen Anordnung ist strafbar, wenn zuvor ein "Provincial Court" dies angeordnet hatte.

Der Ontario Act wurde in der Uranium Antitrust Litigation als kanadisches innerstaatliches Verbot geltend gemacht. Der Quebec Act war in

---

[1198] geändert im Jahre 1975, Statutes of Canada, 1974 - 1976, Vol. 2, Seite 15122 - 15160; in: Lowe, A.V., Extraterritorial Jurisdiction (1983) S. 104 - 105

[1199] Ergänzt im Jahre 1977, siehe Botticelli, a.a.O. (Anm. 1194), S. 679 - 681

[1200] Ont. Rev. Stat. ch. 56 (1980)

[1201] Que. Rev. Stat. ch. 12 (1977)

einem anderen Verfahren eine erfolgreiche Verteidigung[1202], als nämlich das amerikanische Gericht die Nicht-Herausgabe von Dokumenten akzeptierte, weil die Befolgung der Anordnung "a violation of the laws of a friendly neighbour or, at the least, an unnecessary circumvention of its procedures" sei.

Das umfassendste kanadische Abwehrgesetz ist der Foreign Extraterritorial Measures Act[1203]. Es dient der Abwehr der extraterritorialen "discovery" durch die Vereinigten Staaten, soweit sie als Verletzung der kanadischen Souveränität gesehen wird. Nach dem Gesetz kann der kanadische Justizminister nicht nur die Herausgabe von Dokumenten verbieten, welche in Kanada belegen sind, sondern auch solche Dokumente außerhalb Kanadas, welche sich unter der Kontrolle eines kanadischen Bürgers oder einer in Kanada ansässigen Person befinden[1204]. Damit wird die Anknüpfung auf das Personalitätsprinzip erweitert. Falls zu befürchten ist, daß bei Dokumenten in Kanada die Anordnung nicht befolgt wird, so kann eine Beschlagnahme dieser Dokumente vorgenommen werden[1205]. Schließlich enthält das Gesetz - ebenso wie das britische Abwehrgesetz - eine "claw-back provision", wonach Staatsbürger Kanadas oder dort ansässige Personen in Kanada eine Klage auf Rückzahlung des Betrages erheben können, welcher aufgrund einer ausländischen Kartellrechts-Entscheidung bezahlt werden mußte[1206]. Die Zielrichtung gegen amerikanische "treble damages"-Entscheidungen ist unverkennbar.

Australien erließ im Jahre 1976 ein allgemeines Gesetz zum Verbot der Herausgabe von Informationen im Rahmen fremder Gerichtsverfahren[1207]. Das Gesetz spricht Fälle an, in denen ein ausländisches Gericht seine Jurisdiktion ausübt "in a manner non-consistent with International Law or Comity in proceedings having a relevance to matters to which the laws or executive powers of the Commonwealth relate". In einem solchen Fall kann der Justizminister Australiens die Herausgabe von Informationen und Dokumenten verbieten, wenn diese im Zeitpunkt der Anordnung in Australien belegen sind oder, wenn sie im Ausland belegen sind, die Vornahme irgendwelcher Handlungen in Australien, welche zur Vor-

---

1202 Ings. v. Ferguson, 282 S. 2 d 149 (2d) Cir. (1960)

1203 Can. Stat. ch. 49 (1985). Vgl. hierzu Botticelli, a.a.O. (Anm. 1194), S. 681-683

1204 § 3 (1) (a)

1205 § 4

1206 § 9

1207 Foreign Proceedings (Prohibition of certain evidence) Act 1976, Act No. 121, 176, geändert durch Act No. 102, 1976. Zu den austrlischen Abwehgesetzen Carroll, A.J., The Extraterritorial Enforcement of U.S. Antitrust Laws and Retaliatory Legislation in the United Kingdom and Australia, Denver Journal of International Law and Policy 13 (1984), S. 377-38, S. 383 - 386

lage an das Gericht dienen. Weiterhin darf untersagt werden, daß australische Bürger oder in Australien ansässige Personen im Ausland Zeugnis ablegen über solche Informationen und Dokumente, welche in Australien belegen sind. Bei Verstößen können Geld- oder Haftstrafen festgesetzt werden.

Im Jahre 1979 erging ein Abwehrgesetz gegen Antitrust-Verfahren im Ausland[1208]. Auch hier ist jedoch Voraussetzung, daß ein ausländisches Antitrust-Urteil Völkerrecht oder Comity verletzt. Zielrichtung des Gesetzes ist eine Ausnahme von den in Australien gültigen Regeln über die Anerkennung und Vollstreckung von Urteilen. Der australische Justizminister kann nämlich anordnen, daß ein solches Urteil in Australien weder anerkannt noch vollstreckt werden darf. Er kann weiterhin anordnen, daß ein Urteil, wenn es zur Zahlung einer bestimmten Geldsumme verurteilt, zur Vollstreckung in Australien betragsmäßig herabgesetzt werden kann. Dies richtet sich gegen die amerikanischen "treble damages" Urteile. Der dreifache Schadensersatz kann auf diese Art und Weise zum einfachen Schadensersatz herabgesetzt werden[1209]. Die Abwehrgesetze von 1976 und 1979 wurden später zum Foreign Proceedings (Excess of Jurisdiction) Act von 1984[1210] kombiniert[1211].

In den Philippinen wurde die Abwehr ausländischer Herausgabeanordnungen durch Dekret des Präsidenten vom 21.8.1980 ermöglicht[1212]. Es enthält ein präventives Herausgabeverbot hinsichtlich Informationen, welche in den Philippinen belegen sind oder "any business carried on in the Philippines" betreffen. Gleichzeitig wird die Anerkennung und Vollstreckung ausländischer Urteile in Wettbewerbsstreitigkeiten eingeschränkt und die Vollstreckbarkeit von Urteilen, welche mehrfachen Schadensersatz aussprechen[1213] von der Gestattung durch den Präsidenten abhängig gemacht.

Als die Vereinigten Staaten Schiffahrtsabkommen zwischen Unternehmen aus Neuseeland und den Vereinigten Staaten untersuchten, erließ Neuseeland im Jahre 1980 den "Evidence Amendment Act"[1214]. Hierdurch wird zunächst allen Gerichten in Neuseeland verboten, Rechtshilfeersu-

---

[1208] Foreign Antitrust Judgments (Restriction of Enforcement) Act 1979, Act No. 13, 1979

[1209] § 3 Abs. 2 (d)

[1210] No. 3, Austl. Acts 1984 = ILM. 23 (1984), 1038

[1211] Eure, P.K., Extraterritoriality: Australian Limitations on Foreign Judgments and Discovery, Harvard International Law Journal 26 (1985), S. 578-584

[1212] Dekret Nr. 1718, in Lowe, A.V., Extraterritorial Jurisdiction (1983), S. 129 - 131

[1213] Dies ist gegen die amerikanischen "treble damages"-Urteile gerichtet

[1214] New Zealand Statutes, 1980, Vol. 1, S. 34 - 37; in: Lowe, A.V. Extraterritorial jurisdiction (1983) S. 124 - 127

chen von ausländischen Behörden und Gerichten stattzugeben, wenn der Justizminister erklärt, daß das Ersuchen gegen die Jurisdiktion von Neuseeland oder gegen seine Souveränität verstößt oder kommerzielle bzw. wirtschaftliche Interessen des Landes verletzt. Weiter kann der Justizminister die Herausgabe von Dokumenten auf ausländische Anordnung untersagen, wenn solche Gesichtspunkte der Rechtsverletzung oder ökonomischer Interessen auf dem Spiel stehen. Verboten werden kann die Herausgabe von Dokumenten, welche bei der Anordnung in Neuseeland belegen sind, darüber hinaus jegliche Handlung, welche die Herausgabe solcher Dokumente fördert, auch wenn diese im Ausland belegen sind. Und schließlich kann die Aussage von Bürgern oder Ansässigen in Neuseeland im Ausland über den Inhalt solcher Dokumente verboten werden. Das neuseeländische Gesetz lehnt sich eng an das australische Gesetz aus dem Jahre 1976 an. Es ordnet für Verletzungstatbestände Strafen an, nimmt aber Personen von der Strafbarkeit aus, welche nicht Bürger von Neuseeland oder in Neuseeland gegründete Gesellschaften sind, soweit Akte betroffen sind, welche außerhalb Neuseelands begangen wurden.

Südafrika erließ ein Abwehrgesetz im Jahre 1978[1215]. Bereits seit 1972 war es Personen verboten, Informationen über Geschäftsvorgänge innerhalb oder außerhalb der Republik Südafrika an ausländische Hoheitsträger ohne Genehmigung des südafrikanischen Wirtschaftsministers zu übermitteln[1216]. Dieses Gesetz wurde aufgehoben, als der Protection of Business Act 1978 in Kraft trat. Er enthält ein Verbot, ausländische Anordnungen und Urteile "connected with a production, importation, exportation, refinement, processing, use or sale of or ownership to any matter or material, of whatever nature, whether within, outside into or from the Republic" in Südafrika zu vollstrecken. Das gleiche Verbot gilt für die Befolgung von Herausgabeanordnungen für Dokumente und Informationen durch Personen "as to any business whether carried on in or outside the Republic". Für die Verletzung können Strafen ausgesprochen werden. Von dem Verbot kann die südafrikanische Regierung befreien.

Auch in den USA gab es Ansätze zu Abwehrgesetzen. Gegen die geplante Vredeling-Richtlinie der EWG, welche Verpflichtungen von Muttergesellschaften enthielt, den Angestellten in ihren Tochtergesellschaften innerhalb der EG bestimmte Informationen über weltweite Unternehmensaktivitäten zu geben, wurde im amerikanischen Kongress im Jahre 1981 die sogenannte "Symms"-Bill eingebracht. Vorgeschlagen war ein

---

1215 Protection of Business Act 1978, geändert im Jahre 1979 in: Lowe, A.V. Extraterritorial jurisdiction (1983), S. 132 - 134

1216 2nd General Law Amendment Act, 94 of 1972, Section 2, vgl. Lowe, A.V., Extraterritorial Jurisdiction (1983), S. 133.

"Protection of Confidential Business Information Act of 1981"[1217]. Der Justizminister sollte nach diesem Gesetzentwurf eine Kompetenz bekommen, die Nichtherausgabe von Informationen anzuordnen. Die Symms-Bill wurde nie Gesetz. Sie zeigt aber, daß ein Abwehrgesetz nicht gleichbedeutend ist mit der Ablehnung extraterritorialer Jurisdiktion.

Das Notifikations - Element in verschiedenen Abwehrgesetzen anderer Staaten findet sich in einer amerikanischen Gesetzesvorschrift[1218], wonach bestimmte Personen verpflichtet werden, wenn sie bei einem Gericht oder einer anderen Behörde in einem fremden Staat eine Rechtsschrift oder ein anderes Dokument einreichen oder einreichen lassen, welches sich gegen ein offizielles Ersuchen der Vereinigten Staaten um Rechtshilfe in Strafsachen bei einer fremden Regierung richtet, diese Rechtsschrift oder das andere Dokument gleichzeitig entweder dem amerikanischen Justizminister oder dem zuständigen Staatsanwalt in den USA zuzustellen. Diese Pflicht trifft einmal alle Bürger der Vereinigten Staaten und alle, die dort einen Wohnsitz haben, zum anderen alle Personen, welche in einem Strafprozeß vor einem Gericht der Vereinigten Staaten Partei sind. Hinsichtlich der Jurisdiktionshoheit knüpft dies an die üblichen Anknüpfungspunkte an. Auch ist die reine Meldepflicht nicht bedenklich. Die Bestimmung zeigt aber die Spannung, welche im Rechtshilfebereich nunmehr zwischen den USA und ausländischen Staaten herrscht[1219].

Die Abwehrgesetzgebung zielt primär darauf, den Adressaten extraterritorialer Verfahrensregelungen eine Verteidigung im Forumstaat an die Hand zu geben, um Sanktionen vermeiden zu können. Sie sind insofern durch die amerikanische Rechtsprechung nach der Interhandel - Entscheidung geradezu herausgefordert wurde. Sie sind aber kein Indiz dafür, daß solche Regelungen grundsätzlich als völkerrechtswidrig angesehen werden. Dies ergibt sich einerseits aus der Tatsache, daß sie, von den strafrechtlichen Vorschriften abgesehen, meistens einer staatlichen Behörde die Kompetenz geben, im konkreten Fall die Herausgabe zu verbieten oder daß sie ein Verbot mit Erlaubnisvorbehalt enthalten. Sie beziehen sich auch häufig auf die Voraussetzung, daß die Anordnungen ohne Jurisdiktion über die Adressaten ergangen sein müssen. Teilweise erlassen die betreffenden Staaten selbst extraterritoriale Jurisdiktionsakte.

[1217] Der Gesetzentwurf ist abgedruckt bei Lowe, A.V. Extraterritorial jurisdiction (1983) S. 194 - 196

[1218] 18 U.S.C. § 3506

[1219] Trechsel, S., Neuer Zündstoff im Justizkonflikt Schweiz - USA. Die Zustellungspflicht gemäß 18 U.S.C. § 3506, in: Geheimnisschutz (Hrsg. R. Zäch), S. 49 - 152, 53

Der entscheidende Streitpunkt ist also die verfahrensrechtliche oder materiellrechtliche Jurisdiktion. Dies wird auch in Protesten oder Gesetzesmotiven zum Ausdruck gebracht. Damit sind extraterritoriale Verfahrensanordnungen nach den allgemeinen Jurisdiktionsvoraussetzungen des Völkerrechts zu beurteilen. Sektorale spezielle Völkerrechtsnormen haben sich insoweit nicht herausgebildet.

Abwehrgesetze schaffen aber auch bewußt Jurisdiktionskonflikte. Wie diese aufzulösen sind, wird noch zu erörtern sein. Die Abwehrgesetze selbst müssen auch den Regeln über die Jurisdiktion entsprechen. Sie knüpfen an bereits bekannte Kriterien an: Territorialhoheit, Personalhoheit und - bei der Anknüpfung an Geschäftstätigkeit im Inland - an die Ordnungshoheit. Die "claw - back" - Vorschriften müssen genauer an den Voraussetzungen des völkerrechtlichen Interventionsverbots geprüft werden. Dies soll aber den späteren allgemeineren Erörterungen vorbehalten bleiben.

(4) Pragmatische Lösungsansätze

Die amerikanische Regierung bemüht sich, den Konflikt, der aufgrund der dargestellten Rechtsprechung der Gerichte mit ausländischen Staaten entsteht, pragmatisch zu entschärfen. Das Justizministerium richtete am 22. 11. 1983 an alle United States Attorneys ein Telegramm und wies auf die Konfliktmöglichkeiten mit fremdstaatlicher Souveränität hin[1220]. Sie ordnete unverzüglich Unterrichtung von konfliktsträchtigen Fällen an und teilte mit, welche Kriterien bei der Beschränkung amerikanischer subpoena - Aktivitäten bedacht werden sollten:

> "1. The availability of alternative methods for obtaining the records in a timely manner, such as mutual assistance treaties, tax treaties or letters rogatory.
>
> 2. The indispensability of the record to the success of the investigation or prosecution.
>
> 3. The need to protect against the destruction of records located abroad and to protect the ability to prosecute for contempt or obstruction of justice for such destruction".

Wenn auch der Ansatz der amerikanischen Regierung nicht die völkerrechtlichen Voraussetzungen der Jurisdiktion und die noch zu erörternden Regeln bei Jurisdiktionskonflikten beinhaltet, so sind sie doch ein Hinweis darauf, daß auch jenseits dieser Regeln ein Bedarf an einer kolli-

---

1220 Zitiert nach Trechsel a.a.O., S. 95 f.

sionsrechtlichen Beurteilung der Konsequenzen solcher Hoheitsakte besteht.

Dem entspricht auch die bereits dargestellte Konzeption von § 442 des Restatement (Third)[1221]. Dort wird festgestellt, daß aufgrund amerikanischen Rechts ein amerikanisches Gericht oder eine Behörde Personen unter ihrer Jurisdiktion anweisen können, Dokumente, Gegenstände oder andere Informationen für tatsächliches Verhalten, selbst wenn die Information oder die Person in ihrem Besitz im Ausland sind[1222]. Wird eine solche Anordnung nicht befolgt, so können Sanktionen verhängt werden, etwa Ordnungsstrafen, Klageabweisung, Zurückweisung eines Verteidigungsmittels etc.[1223].

Bei einer solchen Anordnung der Herausgabe einer Information soll eine amerikanische Behörde oder ein Gericht folgende Gesichtspunkte mit berücksichtigen: "The importance to the investigation or litigation of the documents or other information requested; the degree of specificity of the request; whether the information originated in the United States; the availability of alternative means of securing the information; and the extent to which non-compliance with the request would undermine important interests of the United States, or compliance with the request would undermine important interests of the state where the information is located"[1224].

§ 442 Abs. 2 behandelt den Sonderfall, daß die Anordnung einer Herausgabe von Informationen oder Dokumenten auf ein Verbot dieser Herausgabe im Belegenheitsstaat trifft. In diesem Falle werden jene Gesichtspunkte, welche in der Interhandel-Entscheidung entwickelt wurden, aufgezählt - als Recht der Vereinigten Staaten ohne Bezug zum Völkerrecht: Der Adressat muß eine Anstrengung im guten Glauben unternehmen, sich eine Ausnahmegenehmigung vom Belegenheitsstaat zu holen. Weiterhin dürften keine Sanktionen, einschließlich Klageabweisung oder Versäumnisurteil ergehen, wenn nicht ein bewußtes Verbergen oder eine Beseitigung von Information vorliegt. Sanktionen sollen auch nicht verhängt werden, wenn ein Versuch, eine Ausnahmegenehmigung vom Verbot zu erhalten, gescheitert ist. Wo aber eine solche Anstrengung ordnungsgemäß stattgefunden hat, so erlaubt das Restatement auch bei Fehlschlagen der Bemühungen dem Gerichtsstaat, dies zu Lasten der erfolglosen Partei zu berücksichtigen[1225].

1221 A.a.O. (Anm. 12)
1222 § 442 I (a)
1223 § 442 (1) (b)
1224 § 442 (1) (c)
1225 § 442 Abs. 2 lit. c

Bei der Interessenabwägung nach § 442 Abs. 1 lit. c soll ein Staat nicht einfach eine generelle Politik eines anderen Staates berücksichtigen müssen, Beeinträchtigungen seiner souveränen Interessen entgegenzutreten oder sein eigenes Rechtssystem zu bevorzugen. Vielmehr soll aktiv festgestellt werden, ob die Herausgabe der verlangten Informationen wesentliche materielle Interessen oder Zwecke des ausländischen Staates beeinträchtigen würde. Die Interessenäußerung des fremden Staates ist dabei nur ein Gesichtspunkt unter anderen. Daneben aber sollen auch objektive Gesichtspunkte wie die Bedeutung der Informationsherausgabe im Regelungsschema der betroffenen Aktivität und die Frage, ob auch bereits vor der konkreten Kontroverse der Staat die Vertraulichkeit im gleichen Umfang geschützt hat[1226], berücksichtigt werden. Auf der anderen Seite sollten in den USA nicht nur die kurzfristigen Interessen der entsprechenden staatlichen Behörden eine Rolle spielen, sondern die Langzeitinteressen der Vereinigten Staaten[1227]. § 442 ist lediglich eine Feststellung des "Law of the United States", eine kollisionsrechtliche Regel für die innerstaatlichen Folgen extraterritorialer Jurisdiktion. Die völkerrechtlichen Probleme der "Foreign State Compulsion" spricht die noch genauer zu erörternde Vorschrift des § 441 an.

B. Strafgerichtsbarkeit

Im Strafrecht setzen die staatlichen Gerichte nur die Verletzung des eigenen Strafrechts durch, nicht fremdes Strafrecht[1228]. Voraussetzung der strafrechtlichen Gerichtsbarkeit ist diese Verletzung der lex fori. Es gibt hier nur einseitige Kollisionsnormen Dies ist die natürliche Konsequenz der Tatsache, daß die Strafgerichtsbarkeit den staatlichen Strafanspruch durchsetzen soll. Nur wo ein solcher Anspruch besteht oder zumindest bestehen kann, wird sie tätig. Auch wo Privaten ein Recht zur Einleitung eines Strafverfahrens oder zur Erzwingung eines strafgerichtlichen Verfahrens gegeben wird[1229], wird das private Bestrafungsinteresse in den Dienst der Durchsetzung des staatlichen Strafanspruchs gestellt. Beide Interessen sind dann insoweit parallel, als der Schutz des verletzten Privaten gerade das Ziel der staatlichen Strafnorm ist. Wo die Verletzung einer Strafnorm bei Auslandstaten nur dann zur Strafbarkeit führt, wenn Strafbarkeit auch nach dem Recht des Tatorts vorliegt, wird nicht auslän-

---

[1226] Comment c

[1227] Comment c

[1228] § 422 (1) Restatement (Third), a.a.O. (Anm. 12): " A court in the United Sates my try a person only for violation of United States law, not for violation of the penal law of a foreign state"

[1229] § 172 StPO

disches Strafrecht durchgesetzt, vielmehr wird der eigene Strafanspruch einseitig so weit zurückgenommen, daß er nur noch unter der genannten Bedingung durchgesetzt wird.

Wenn also die materielle Jurisdiktion im Strafrecht Voraussetzung für die Gerichtsbarkeit ist, dann ist diese Gerichtsbarkeit an die gleichen Anknüpfungspunkte gebunden, welche auch das materielle Strafrecht voraussetzt. Anders als im Zivilrecht ist eine Ablösung der Gerichtsbarkeit von der materiellen Rechtsetzungskompetenz hier im nationalen Bereich nicht möglich[1230]. Dies hindert nicht, daß strafrechtliche Fragen vor ausländischen Zivilgerichten als Vorfragen eine Rolle spielen können. Hier ist die Gerichtsbarkeit von der materiellen Jurisdiktion verschieden, es wird aber nicht der staatliche Strafanspruch durchgesetzt, sondern ein privater zivilrechtlicher Anspruch, welcher aus der Straftat im Ausland eine im anwendbaren Privatrecht angelegte Folge zieht. Ob ein ausländischer Staat diese Folge ebenfalls zieht, ist seine freie kollisionsrechtliche Entscheidung. Sie ist keine Frage des internationalen Strafrechts.

Daneben sind in den einzelnen nationalen Rechten noch weitere Voraussetzungen für die Durchführung eines rechtmäßigen Strafverfahrens zu finden. Im Problembereich der extraterritorialen Jurisdiktion ist hier insbesondere die Frage von Bedeutung, inwieweit ein solches Verfahren die Anwesenheit des Beschuldigten oder Angeklagten im Gerichtsstaat erforderlich macht. Die Verurteilung in Abwesenheit ist im deutschen Recht nur bei geringfügigen Straftaten [1231] oder in den Fällen, in denen der Angeklagte bereits zur Anklage vernommen wurde[1232] sowie bei Abwesenheit wegen herbeigeführter Verhandlungsunfähigkeit[1233] oder wegen ordnungswidrigen Benehmens[1234] zulässig, wobei aber das Urteil dem Angeklagten im Ausland zugestellt werden muß[1235], wenn er keinen Verteidiger im Inland hat[1236].

Das Strafverfahren in Abwesenheit ist in anderen kontinentaleuropäischen Rechtsordnungen teilweise zulässig, in den angloamerikanischen

---

[1230] Einen Ansatz zu einer Internationalisierung des Strafrechts hat die ILA in Gestalt eines Statuts eines International Criminal Court vorgeschlagen, siehe ILA, Report of the 64th Conference (1990), S. 9 ff., 181 ff.

[1231] §§ 232 und 233 StPO

[1232] § 231 StPO

[1233] § 231 a StPO

[1234] § 231 b StPO

[1235] § 35 Abs. 2 StPO

[1236] § 145 a Abs. 1

Rechtsordnungen ist es grundsätzlich unzulässig[1237]. Auch ein Ordnungswidrigkeitenverfahren, welches im deutschen Recht im hier erörterten Fragenkreis etwa im Kartellrecht eine erhebliche Erzwingungsrolle spielen kann, kann in Abwesenheit durchgeführt werden, wenn die Zustellungsvorschriften eingehalten sind[1238]. Im Zusammenhang mit der noch im Verwaltungsrecht zu erörternden Möglichkeit der öffentlichen Zustellung kann hierdurch eine erhebliche Persuasionswirkung auf Personen im Ausland ausgeübt werden.

Eine Anerkennung ausländischer Strafurteile mit der Konsequenz des Verbrauchs der Strafklage nach dem Prinzip ne bis in idem ist eine Frage des nationalen Rechts oder der Vereinbarung in Auslieferungsverträgen, sie ist jedenfalls völkerrechtlich allgemein nicht geboten[1239].

C. Verwaltungsprozeß

Im deutschen Verwaltungsprozeß spielt die internationale Zuständigkeit insofern keine Rolle, als es sich um eine Kontrolle des deutschen Verwaltungshandelns handelt. Ausländisches Verwaltungshandeln als Kontrollgegenstand kann bereits wegen des Grundsatzes der Staatenimmunität bei acta iure imperii nicht in Betracht kommen. Verwaltungsrechtliche Klagen gegen die deutsche Verwaltung betreffen nur die Ausübung deutscher Hoheitsgewalt und werfen damit keine Frage einer extraterritorialen Verfahrenshoheit auf.

In der Literatur ist von Frank[1240] vertreten worden, die Verwaltungsgerichte seien im Bereich des öffentlichen Rechts ebenso universal zuständig wie die Zivilgerichte im Privatrechtsbereich. Neben der Kontrolle der deutschen Verwaltung seien sie auch für die Durchsetzung öffentlichrechtlicher Ansprüche fremder Staaten zuständig insbesondere, wenn es sich um Ansprüche aus dem Bereich der Daseinsvorsorge handele. Eine Durchsetzung ausländischer öffentlichrechtlicher Ansprüche stößt jedenfalls nach gegenwärtiger Rechtslage aber auf verfahrensrechtliche Schranken. Um bürgerliche Rechtsstreitigkeiten im Sinne von § 13 GVG handelt es sich nicht. Die Verwaltungsgerichte wären aber nur zuständig,

---

[1237] Oehler, D., Internationales Strafrecht (2.Aufl.1983) , S.591; § 422 (2) des Restatement (Third), a.a.O. (Anm. 12): "A court in the United States may not try a person unless he is before the court at the time the trial begins"

[1238] Immenga, U. / Mestmäcker, E.-J., GWB. Kommentar (1992), Rn. 317.

[1239] BVerfGE 75, 1

[1240] Frank, R., Öffentlich-rechtliche Ansprüche fremder Staaten vor inländischen Gerichten, RabelsZ 34 (1970), S. 56-75, 74

wenn öffentlichrechtliche Streitigkeiten im Sinne von § 40 VwGO vorlägen.

Frank[1241] bezieht sich insoweit auf einen Satz des BGH, wonach "nicht zugegeben werden [kann], daß die Verwaltungsgerichtsbarkeit lediglich auf innerstaatliche Zwecke gerichtet sei und sich nur auf Streitigkeiten beziehe, die im Rahmen des ausschließlich durch deutsche Behörden kontrollierten, der deutschen Souveränität unter liegenden deutschen Rechts entstünden"[1242]. Das Gericht hat aber damals nur entschieden, daß ein Gehaltsanspruch eines kriegsgefangenen polnischen Offiziers gegen die Bundesrepublik Deutschland auch dann von den Verwaltungsgerichten zu entscheiden sei, wenn seine Rechtsgrundlage im Völkerrecht liege. Es hat an die von Frank zitierte Passage anschließend gesagt, "daß die Verwaltungsgerichte nicht nur zum Schutze der eigenen Staatsbürger berufen sind, sondern auch dazu, Ausländer vor Übergriffen der inländischen Hoheitsgewalt zu schützen"[1243].

Nach bisheriger Auslegung des § 40 VwGO betrifft dieser nur Streitigkeiten aus deutschem öffentlichem Recht. In der Bundesrepublik Deutschland geht die herrschende Rechtsprechung generell davon aus, daß ausländische Hoheitsorgane nicht hoheitliche Ansprüche vor deutschen Gerichten durchsetzen können[1244]. Die gleiche Maxime wird auch in anderen Staaten von Rechtsprechung[1245] und Lehre[1246] vertreten. Gegen diesen Grundsatz ist insoweit Kritik laut geworden, als er auch Ansprüche im Bereich der Daseinsvorsorge umfaßt, die aber hinsichtlich ihrer Zuordnung zum öffentlichen oder privaten Recht in den Staaten ganz unterschiedlich behandelt werden[1247]. Diese Frage braucht hier aber

---

1241 A.a.O., S. 58

1242 BGHZ 34, 349, 353

1243 A.a.O., 354

1244 Sonnenberger, a.a.O. (Anm. 81), Rn. 258; Kegel, a.a.O. (Anm. 384) , S. 714 f.; Frank, R., Öffentlich-rechtliche Ansprüche fremder Staaten vor inländischen Gerichten, RabelsZ 34 (1970), S. 56-75 m. w.N. Frank vertritt die Auffassung, es fehle hier an der internationalen Zuständigkeit der deutschen Gerichte (S. 57 - 59). Ebenso BSGE 54, 250, 254.

1245 England: Peter Buchanan Ltd. v. McVey [1955] A.C. 516; Kanada: British Columbia Supreme Court 31.05.1961, ILR 42, S. 114

1246 Mann, F.A., Prerogative Rights of Foreign States and the Conflict of Laws, in: Studies in International Law (1973), S. 492 - 514, 499. ders., Conflict of Laws and Public Law, RdC 132 (1971 I), S. 107 - 196, 172 ff.; Lipstein, K., Conflict of Public Laws - Visions and Realities, Festschrift Imre Zajtay (1982), S. 357-378, 378 konstatiert diesen Rechtszustand, ohne ihn für den Ausdruck eines Rechtsgrundsatzes zu halten. Vgl. hierzu auch Papier, H.J. / Olschewski, B.D., Vollziehung ausländischer Verwaltungsakte, DVBl.91 (1976), S. 475-482

1247 Vgl. hierzu BSGE 54, 250, 256 f. und gegenteilig LG Hamburg IPRspr. 1977 Nr. 115.; Frank, R., Öffentlich-rechtliche Ansprüche fremder Staaten vor inländischen Genicht näher behandelt zu werden, weil im Kernbereich des öffentlichen Rechts, auch des öffentlichen Wirtschaftsrechts, der bereits genannte Grundsatz praktiziert wird, daß Staaten regelmäßig die hoheitlichen Ansprüche fremder Staaten nicht durchsetzen[1248]. Grund ist das mangelnde Interesse der Staaten, ihre Organe einseitig zur Feststellung und Durchsetzung fremder Interessen einzusetzen[1249].

Allerdings wurde bereits früher erörtert, daß eine solche Durchsetzung bei Interessengleichheit oder Gegenseitigkeitsinteressen auch inländischen Staatszielen dienen könnte[1250]. Wenn also ein Staat für seine Zulassung ausländischer öffentlichrechtlicher Klagen im Inland eine entsprechende Gegenleistung von dem klagenden Staat bekäme, etwa, daß auch umgekehrt solche Klagen zugelassen werden, so gibt es rechtlich keinen Grund, einen solchen Nutzen auszuschlagen. Frank schlägt auch vor, daß eine entsprechende internationale Praxis durch einseitige Vorleistung von Staaten eingeleitet werden könnte[1251]. Eine direkte Durchsetzung ausländischer öffentlich-rechtlicher Ansprüche wäre völkerrechtlich nicht bedenklich[1252].

Es bedürfte in der Bundesrepublik insoweit aber einer Neubestimmung des Regelungsbereiches des § 40 VwGO. Die Identifizierung und Definition inländischer Interessen an der Durchsetzung ausländischen öffentlichen Rechts ist aber originär nicht Aufgabe des Richters, weil sie außenpolitische Interessenabwägungen und Entscheidungen erfordern. Dem Grundsatz der Nichtdurchsetzung ausländischen öffentlichen Rechts vor innerstaatlichen Gerichten mangels anderer ausdrücklicher

---

richten, RabelsZ 34 (1970), S. 56-75, 70; Sonnenberger, a.a.O. (Anm. 81), Rn. 258 m.w.N. Der dort in Rn. 259 angesprochene Gedanke einer Qualifizierung des öffentlichrechtlichen Charakters eines Anspruchs nach internationalen Grundsätzen hilft m. E. nicht weiter, weil er nicht berücksichtigt, daß die Durchsetzung solcher Ansprüche nur in Frage käme, wenn dies im Interesse des Forumstaats steht. Dies würde allerdings dann anders sein, wenn sich zwei oder mehrere Staaten vertragsrechtlich auf solche Grundsätze einigten, was aber dann nicht notwendig an der Qualifikation solcher Ansprüche als öffentlichrechtlich ansetzen müßte. Gegenseitige Rechtshilfeverpflichtungen auch im Bereich der Durchsetzung würden ausreichen

[1248] Vgl. auch Kegel, a.a.O. (Anm. 384) , S. 715

[1249] Frank, R., Öffentlich-rechtliche Ansprüche fremder Staaten vor inländischen Gerichten, RabelsZ 34 (1970), S. 56-75, 74. Schack, a.a.O. (Anm. 527), S. 191 lehnt eine solche Klagemöglichkeit auch deswegen ab, weil dann der ausländische Staat zwar gegen Individuen, diese wegen der Staatenimmunität aber nicht gegen den Staat klagen könnten

[1250] Kegel, a.a.O. (Anm. 384) , S. 717 f.

[1251] Frank, R., Öffentlich-rechtliche Ansprüche fremder Staaten vor inländischen Gerichten, RabelsZ 34 (1970), S. 56-75, 73

[1252] Frank, a.a.O., S. 74 f.

Anordnung des Gesetzgebers[1253] ist daher zuzustimmen, solange nicht der Gesetzgeber durch eine entsprechende Klarstellung ausländische öffentlichrechtliche Ansprüche in den sachlichen Regelungsbereich des § 40 VwGO einbeziehen möchte.

Der politischen Dimension des Problems trägt es Rechnung, wenn Staaten sich vertraglich die Durchsetzung fremden Rechts gegenseitig zusichern. So kann zwischen Staaten vereinbart werden, daß man sich gegenseitig bei der Beitreibung von Steuerforderungen Rechtshilfe leistet[1254]. Auch die Rechtshilfe in verwaltungsrechtlichen Angelegenheiten ist durch das Europäische Übereinkommen über die Erlangung von Auskünften und Beweisen in Verwaltungssachen vom 15. 3. 1978[1255] jedenfalls zwischen einigen Staaten in Europa vertraglich geregelt. Auch die Zulassung der Durchsetzung öffentlichrechtlicher Forderungen ausländischer Staaten im Erkenntnisverfahren könnte im Zuge einer internationalen "Rechtshilfegemeinschaft"[1256] vertraglich vereinbart werden.

D. Verwaltungsverfahren

Im Verwaltungsrecht dient das Verfahren der Ausgestaltung und Durchsetzung der gesetzlich festgelegten materiellen Regeln. Auch soweit es den Behörden Ermessensspielräume bei der Durchsetzung läßt, ist es doch Ausdruck unbedingten Durchsetzungswillens des Staates aufgrund eigener Entscheidung. In den Fällen extraterritorialer Jurisdiktion weist dies auf ein erhebliches Konfliktpotential hin, welches sich insbesondere im öffentlichen Wirtschaftsrecht aktualisiert. Da im Verwaltungsrecht die verfahrensrechtliche Kompetenz aus der materiellrechtlichen Regelungskompetenz folgt, betreffen diese Konflikte hauptsächlich Rechtsfragen des materiellen Rechts. Im Verfahrensrecht können sie aber, wie beim Gerichtsverfahren, auch bei einzelnen extraterritorial regelnden oder anknüpfenden Verfahrensakten auftreten.

Auch in verwaltungsrechtlichen Verfahren, für die insbesondere im vorliegenden Zusammenhang die Verfahren der Kartell- und Fusionskontrolle modellhaft berücksichtigt werden sollen, ergibt sich der Befund, daß bei bestrittener Jurisdiktion eine Rechtshilfe wenig Erfolg verspricht. Deshalb haben auch hier die Staaten Wege gesucht, um die erstrebten Auskünfte, Beweise auf anderem Wege zu erhalten. Auch im Bereich der

---

1253 Oder Anordnung einer zuständigen supranationalen Hoheitsgewalt, vgl. Sonnenberger, a.a.O. (Anm. 81), Rn. 258 bezüglich der EG

1254 BVerfGE 63, 242, 262

1255 BGBl. 1981 II, 533, 550; ILM 17 (1978), 805

1256 Isay, E., Zwischenprivatrecht und Zwischenverwaltungsrecht, Bonner Festgabe für Ernst Zitelmann (1923), S. 289, 300

Zustellung sind, wie im Zivilprozeß, Zustellungssurrogate verwendet worden. Beispielhaft werden hierzu die Regeln in der deutschen und in der EWG - Rechtsordnung erörtert. Im Recht der USA sind die Regeln über die Beweiserhebung und die Zustellung durch Verwaltungsbehörden denjenigen sehr ähnlich, die oben für die amerikanische Zivilgerichtsbarkeit erörtert wurden.

1. Feststellung der Fakten

a) Deutsches Recht

Das deutsche Verwaltungsverfahrensrecht kennt zwar das Recht der Verwaltungsbehörden, Auskünfte einzuholen, Beteiligte, Zeugen und Sachverständige zu vernehmen, Urkunden und Akten beizuziehen sowie Augenschein einzunehmen[1257]. Im nichtförmlichen Verfahren gibt es jedoch kaum eine Möglichkeit zur Erzwingung dieser Rechte[1258]. Insoweit bleibt - auch in Fällen mit Auslandsberührung - nur die freie Würdigung der bekannten Fakten und die Frage, ob dieses Material für die beabsichtigte Verwaltungshandlung ausreicht. Im förmlichen Verwaltungsverfahren sieht § 65 VwVfG eine Mitwirkungspflicht von Zeugen und Sachverständigen vor. Soweit eine solche Pflicht besteht, kann sie nach §§ 9 Abs. 1 lit. b, 11 des Verwaltungsvollstreckungsgesetzes[1259] durch Zwangsgeld durchgesetzt werden. Dies kann gegenüber Personen im Ausland nur im Inland erfolgen, birgt aber bei inländischer Vollstreckungsmöglichkeit im Zusammenwirken mit den Vorschriften über die öffentliche Zustellung von Verwaltungsakten unter Umständen eine erhebliche Persuasionswirkung.

Im Kartellverfahren gibt es erheblich strengere Mitwirkungsvorschriften für beteiligte Unternehmen. Hier ist zunächst die Anmeldepflicht nach § 24 a Abs. 1 GWB zu nennen. Deren Problematik in Fällen mit Auslandsbezug wird beim materiellen Recht erörtert werden. Weiter haben die Kartellbehörden nach § 46 GWB das Recht, soweit dies notwendig ist Auskünfte zu Verlangen und vor Ort geschäftliche Unterlagen einzusehen und zu prüfen. Sie können auf richterliche Anordnung hin Ge-

---

[1257] § 26 VwVfG

[1258] Nach § 26 Abs. 3 VwVfG gibt es nicht einmal eine allgemeine Aussage- und Gutachtenspflicht für Zeugen und Sachverständige. Diese ist aber in einer Reihe von Sondergesetzen vorgesehen. Ihre Erzwingung geschieht nach § 9 des Verwaltungsvollstreckungsgesetzes vom 27. 4. 1953, zuletzt geändert durch Gesetz vom 14. 12. 1976 (BGBl. III 201 - 4)

[1259] a.a.O.

schäftsräume zwangsweise betreten und durchsuchen[1260]. Die Mitwirkungspflichten können, wie bereits erwähnt, nach dem Verwaltungsvollstreckungsgesetz durchgesetzt werden. Auch hier sind physische Durchsetzungsmaßnahmen nur im Inland zulässig, aber durchaus möglicherweise ein Motiv für Personen im Ausland, die Anordnungen zu befolgen.

§ 46 Abs. 5 sieht vor, daß die Auskunft verweigert werden kann, wenn sie die Gefahr einer Verfolgung nach Strafrecht oder dem Recht der Ordnungswidrigkeiten begründen würde. Dies erfaßt, wie oben bei der Frage der gerichtlichen Zeugenaussage erörtert wurde, auch das Aussageverbot durch ein ausländisches Abwehrgesetz. Die §§ 65 Abs. 2 VwVfG, 46 Abs. 5 GWB enthalten entsprechende Zeugnisverweigerungsrechte auch für das förmliche Verwaltungsverfahren.

Hinsichtlich der Verbindung von Mutter- und Tochtergesellschaften hat auch das Bundeskartellamt versucht, die Trennung der Rechtspersönlichkeit zu durchbrechen. Im Jahre 1985 erließ es gegen eine deutsche Gesellschaft einen Beschluß, wonach es Auskünfte über die mit ihr verbundenen inländischen und ausländischen Unternehmen verlangte. Unter anderem ging es auch um den Umsatz und die Tätigkeitsschwerpunkte der französischen Muttergesellschaft. Nach Erledigung der Hauptsache wurde in einer Kostenentscheidung vom Kammergericht[1261] über die Berechtigung der Auskunftsanordnung entschieden.

Das Gericht ging vom Grundsatz aus, daß nach § 46 Abs. 1 Nr. 1 GWB eine Auskunftspflicht sich nur auf die wirtschaftlichen Verhältnisse des befragten Unternehmens selbst erstreckt. Mit Bezug auf die Bußgelddrohung nach § 39 Abs. 1 Nr. 1 GWB wird bezweifelt, ob die gesetzlichen Vertreter eines beherrschten Unternehmens verpflichtet sein können, Auskünfte über das herrschende Unternehmen zu geben. In der ganz herrschenden Literatur und Rechtsprechung ist jedenfalls anerkannt, daß grundsätzlich, also nicht nur bei grenzüberschreitender Konzernverbindung, die Auskunftspflicht nach § 46 GWB sich nicht auf Verhältnisse dritter Unternehmen bezieht[1262]. Das Gericht entschied die Frage im speziellen Fall für die Konzernverbindung jedoch nicht endgültig, sondern teilte die Kosten nach Billigkeit je zur Hälfte auf. In einem anderen Verfahren entschied es, daß eine deutsche Muttergesellschaft auch über die wirtschaftlichen Verhältnisse von Tochtergesellschaften im Ausland Auskunft geben müssen[1263]. Dies ist aber begrenzt auf solche Informationen,

---

[1260] § 46 Abs. 3, 4 GWB

[1261] KG WuW/E OLG 3734

[1262] Immenga, U. / Mestmäcker, E.-J., GWB. Kommentar (1992), § 46, Rn. 26 m. w. N.; Kammergericht WuW/E OLG 2607, 2610 "Raffinerie - Abgabepreise"

[1263] KG WuW/E OLG 2433, 2438 - Metro / Kaufhof

welche dem Unternehmen im Rahmen der Verwaltung seiner Unternehmensbeteiligung zufließen[1264].

Hinsichtlich der umgekehrten Konstellation hat das Kammergericht hat in einer besonderen Fallgestaltung im Jahre 1974 entschieden[1265], daß dann, wenn eine amerikanische Muttergesellschaft eine mißbräuchliche Verhaltensweise ihrer deutschen Tochtergesellschaft "gegebenenfalls mitverursacht hätte", die Kartellbehörde gemäß § 46 i.V.m. 98 Abs. 2 GWB "die erforderlichen Auskünfte auch von dem ausländischen Konzernunternehmen - eventuell über die Beschwerdeführerin - verlangen" könne. Ob hierunter eine reine Briefträgerfunktion der Tochtergesellschaft verstanden wurde oder ob diese selbst für die Erteilung der Auskunft mit Informationen des Mutterunternehmens einstehen sollte, wird aus dieser Formulierung nicht ganz klar, gemeint sein dürfte aber, auch im Lichte der Entscheidung aus dem Jahre 1985, das erstere.

Bei allen Schritten eines Verwaltungsverfahrens im deutschen Recht muß die Behörde den Grundsatz der Verhältnismäßigkeit beachten, also die Erforderlichkeit, Geeignetheit der Maßnahme und die angemessene Relation von Zweck und Mittel[1266]. Dies begrenzt nicht nur die Zulässigkeit extraterritorialer Jurisdiktion im Verwaltungsrecht, sondern es ist als allgemeiner Grundsatz, der sich aus dem Schutz der Grundrechte ableitet, auch auf zivilrechtliches und strafrechtliches Verfahrens- und materielles Recht anwendbar.

b) EWG - Kartellverfahren

Das Kartellverfahrensrecht der EWG ist hauptsächlich in der Verordnung Nr. 17 geregelt[1267]. Hier sind zunächst die Nachprüfungsbefugnisse nach Art. 14 zu nennen: Prüfung und Kopie von Büchern und Geschäftsunter-

---

1264 KG WuW/E OLG 3542 - Aldi

1265 KG WuW/E OLG 1467 - BP; vgl. auch WuW/E OLG 3734, 3735; vgl. zur Kritik in der Literatur Mozet, P., Internationale Zusammenarbeit der Kartellbehörden (1991) , S. 10

1266 Vgl. etwa Erichsen, H.-U., in: Erichsen / Martens, Allgemeines Verwaltungsrecht, 9. Aufl (1992), S. 189 m w. N.

1267 VO (EWG) Nr.17/62 vom 6.2.1962 ABl. 1962 Nr. 13, 204, zuletzt geändert durch den Beitrittsvertrag vom 12. 6. 1985, ABl. 1985 L 301, 1. Für spezielle Sektoren gelten folgende Vorschriften mit gleicher Regelung: für den Landverkehr Verordnung (EWG) Nr. 1017/68 (ABl.EG 1968 L 175), zuletzt geändert durch die Beitrittsakte vom 26.5.1979 (ABlEG 1979 L 291, 92); für den Seeverkehr Verordnung (EWG) Nr. 4056/86 vom 22.12.1986 (ABlEG 1986 L 378, 4, berichtigt in ABlEG. 1988 L 117, 34); für Luffahrtunternehmen Verordnung (EWG) Nr. 3975/87 (ABlEG 1987 L 374, 1), zuletzt geändert durch Verordnung (EWG) Nr. 1284/91 (ABlEG 1991 L 122)

lagen, Vernehmung vor Ort und Betretung und Durchsuchung[1268]. Diese Prüfung kann durch Behörden der Mitgliedstaaten im Auftrag der Kommission (Art. 13 VO Nr. 17) oder durch die Kommission gegebenenfalls mit den zuständigen Behörden der Mitgliedstaaten durchgeführt werden. Diese Rechte können nach Art. 14 Abs. 6 mit Hilfe des betroffenen Mitgliedstaats mit allen Zwangsmitteln durchgesetzt werden, die diesen zu Gebote stehen. Dabei sind nach der Rechtsprechung des EuGH die Rechte zur Betretung von Geschäftsräumen aus dem autonomen Gemeinschaftsrecht zu entnehmen, wenn das innerstaatliche Recht sie nur eingeschränkt kennt[1269]. Solche Überprüfungsbefugnisse hat die Kommission jedoch nur innerhalb des Gebietes der Mitgliedstaaten. In Drittländern müßte sie Rechtshilfe in Anspruch nehmen, wenn ein Staat hierzu bereit ist, was aber bisher wenig wahrscheinlich wäre.

Die EG - Kommission kann nach Art. 11 Abs. 1 der Verordnung Nr.17 "von Unternehmen und Unternehmensvereinigungen auch alle erforderlichen Auskünfte verlangen". Wird die Auskunft nicht freiwillig erteilt, so fordert sie die Kommission durch förmliche Entscheidung (Abs. 5). Kommen die Adressaten dieser Entscheidung nicht nach, so können Zwangsgelder von täglich bis zu 1000 Rechnungseinheiten verhängt werden[1270]. Auch bei Untersuchungen von Wirtschaftszweigen gibt es nach Art. 12 Abs. 1 Auskunftspflichten, deren Verletzung nach Art. 15 mit Geldbußen bis zu fünftausend Rechnungseinheiten bestraft werden kann. Die Kommission ist der Auffassung, daß solche Verfahrensschritte auch gegenüber Unternehmen im Ausland eingeleitet werden dürfen. Sie hat allerdings auch verlautbart, daß sie wegen möglicher Konflikte solche Schritte mit besonderer Behutsamkeit einleiten wird[1271] Auch in diesem Zusammenhang stellen sich zunächst die Probleme der Zustellung der entsprechenden Akte[1272]. Darüber hinaus aber werden solche Akte extraterritorial dann besonders problematisch, wenn sie Informationen verlangen, welche nach dem Recht des Aufenthalts- oder Belegenheitsstaats nicht gegeben werden dürfen.

Wie im deutschen Recht sind alle Nachprüfungsbefugnisse und Auskunftspflichten daran gebunden, daß Nachprüfungen und Auskünfte für die Durchführung des Verfahrens erforderlich sind. Hierüber entscheidet

---

[1268] EuGH 26.6.80 - National Panasonic, 136/79 - Slg.1980, 2033, 2055 f.; EuGH 21.09.1989 - 46/87 und 227/88, Poliäthylen/Hoechst - Slg. 1989, 2919

[1269] EuGH 21.09.1989 - 46/87 und 227/88, Poliäthylen/Hoechst - Slg. 1989, 2919

[1270] Art. 16 Abs.1 lit. c

[1271] 11. Bericht über Wettbewerbspolitik 1981 (1982), §§ 37 ff.

[1272] In der Praxis allerdings hat die Kommission Informationen aus dem Ausland immer nur formlos angefordert, um Zustellungsprobleme zu umgehen

die Kommission[1273]. Sie ist bei allen Verfahrensschritten an den Grundsatz der Verhältnismäßigkeit gebunden, welcher ein allgemeiner Rechtsgrundsatz des Gemeinschaftsrechts ist[1274].

Hinsichtlich der "foreign state compulsion" hat die EG-Kommission in ihrer C.S.V. - Entscheidung[1275] zu erkennen gegeben, daß sie ausdrückliche Verbote in einem Drittstaat, Informationen in Dokumenten an einen ausländischen Staat oder Organe herauszugeben, nicht als Hinderungsgrund erachtet, die Informationsherausgabe zu erzwingen. Diese Haltung entspricht nicht derjenigen, welche die Kommission im japanischen Kugellager - Fall bei der materiellrechtlichen Beurteilung von im Ausland staatlich angeordneten Wettbewerbsbeschränkungen vertreten hat, worauf sie das Kartellrecht nämlich nicht anwenden will[1276]. Die Frage wurde vom EuGH bisher nicht entschieden. Auch nach der Fusionskontrollverordnung vom 21. 12. 1989[1277] hat die Kommission Nachprüfungsbefugnisse[1278] und das Recht, Auskünfte zu verlangen[1279], ähnlich wie nach der Verordnung Nr. 17.

2. Zustellungssurrogate

a) Deutsches Verwaltungsverfahren

Auch das Verwaltungsverfahren kennt die öffentliche Zustellung. Nach § 15 Abs. 1 lit. c des Verwaltungsvollstreckungsgesetzes[1280] kann durch öffentliche Bekanntmachung zugestellt werden, wenn die Zustellung im Ausland erfolgen müßte, aber unausführbar ist oder keinen Erfolg verspricht. Wenn die Anschrift des Empfängers bekannt ist und eine Postverbindung besteht, muß der Inhalt auch formlos zur Information mitgeteilt werden.

[1273] EuGH 18.5.1982 - 155/79, AM&S - Slg. 1982, 1575

[1274] Vgl. Oppermann, T., Europarecht (1991), Rn. 407

[1275] EG-Kommission Entscheidung vom 25.6.1976 (76/593/EWG) - CSV - ABl.1976 L 192, S.27. Im Falle EG-Kommission Entscheidung vom 8.12.1977 (78/24/EWG) - Vereinigung deutscher Freiformschmieden - ABl.1978 L 10, S.32 wurde dieses Problem nicht besonders erörtert, obwohl es gegeben war

[1276] Vgl. die Bekanntmachung ABlEG 1972 C 111, 13 und die Entscheidung vom 29.11.1974 (74/634/EWG - Kugellager - ABlEG 1974 C 343, 19

[1277] Verordnung 1464/89/EWG vom 21.12.1989, ABl. 1989, L 395, 1 gültig in der Fassung der letzten Berichtigung vom 21.9.90 ABl.1990 L 257, 13

[1278] Art. 13

[1279] Art. 11

[1280] Verwaltungsvollstreckungsgesetz vom 27. 4. 1953, zuletzt geändert durch Gesetz vom 14.12.1976 (BGBl. III 201 - 4)

Es gibt noch weitere Ersatzzustellungsmöglichkeiten. Ein erlaubtes nichtrechtsfähiges Kartell[1281] muß im Inland einen Zustellungsbevollmächtigten bestellen[1282]. Geschieht dies nicht, so kann auf Antrag der Kartellbehörde das für deren Sitz zuständige Amtsgericht einen Vertreter bestellen[1283]. Wenn kein solcher Vertreter bestellt wurde, so kann im Wege der Rechtshilfe zugestellt werden und, wenn dies von einem ausländischen Staat verweigert wurde, so steht sowohl im Verwaltungs- wie auch im Gerichtsverfahren der Weg der öffentlichen Zustellung offen[1284].

Im Bereich der Mißbrauchs- und Fusionskontrolle nach den §§ 22 bis 24 a GWB sieht § 57 Abs. 1 vor, daß gegenüber Unternehmen im Ausland entweder an einen von diesen benannten Bevollmächtigten im Inland oder, falls dies nicht erfolgte, durch Bekanntmachung im Bundesanzeiger zuzustellen ist[1285]. Im Falle Bayer / Firestone France wurde die Untersagungsverfügung des Bundeskartellamts im Bundesanzeiger bekanntgemacht und so zugestellt. Das Kammergericht sah auch dies als zulässig an, weil "diese Unternehmen ihren Sitz außerhalb des Geltungsbereichs des GWB haben und keinen Zustellungsbevollmächtigten benannt haben"[1286].

Eine Ersatzzustellung an ein ausländisches Konzernunternehmen über ein inländisches verbundenes Unternehmen ist im deutschen Recht nicht bekannt. Allerdings wird dies für den Fall bejaht, daß eine inländische Tochtergesellschaft sich auf Weisung der ausländischen Muttergesellschaft an deren Kartellverstoß beteiligt hat[1287]. Da das deutsche Zustellungsrecht aber streng formal ist und auch für diesen Fall die Möglichkeit der öffentlichen Zustellung eröffnet ist, kann dem nicht zugestimmt werden.

1281 Zum deutschen Kartellverfahren vgl. allgemein Rehbinder in: Immenga, U. / Mestmäcker, E.-J., GWB. Kommentar (1992), § 98 Abs. 2, Rn. 251 ff. m w. N.

1282 §§ 36 Abs. 1, 26 Abs. 2 GWB. Ein rechtsfähiges Kartell ist dagegen wie ein Unternehmen zu behandeln.

1283 § 36 Abs. 2 GWB

1284 § 203 Abs. 2 ZPO § 15 Abs. 1 lit c Verwaltungsvollstreckungsgesetz vom 27. 4. 1953, zuletzt geändert durch Gesetz vom 14.12.1976 (BGBl. III 201 - 4)

1285 Auch insoweit wird man entsprechend der Regelung der öffentlichen Zustellung im Verwaltungsverfahrensgesetz zur Gewährleistung des materiellen rechtlichen Gehörs den Versuch einer formlosen Benachrichtigung über den Inhalt zusätzlich fordern müssen, vgl. Rehbinder a.a.O. (Anm. 1281), Rn. 298

1286 Kammergericht WuW / E OLG 2419

1287 Immenga, U. / Mestmäcker, E.-J., GWB. Kommentar (1992), Rn. 293

b) EWG - Kartellverfahren

Im EWG - Recht hat die Kommission mit Billigung des Gerichtshofs im Kartellverfahren, um Probleme mit der Zustellung eines Hoheitsakts im Ausland zu vermeiden, den Gesichtspunkt der Einheit von Konzernunternehmen bei der Zustellung angewendet. Die Bekanntgabe einer Verfahrensentscheidung wurde dann bejaht, wenn sie ordnungsgemäß in den Machtbereich des Zustellungsempfängers gelangte[1288]. An eine Muttergesellschaft in einem Drittland wurde nach Auffassung der Organe rechtmäßig zugestellt, wenn die Zustellung an eine Tochtergesellschaft in der Gemeinschaft erfolgte[1289].

Während zunächst noch verlangt wurde, daß die Zustellung an die Tochtergesellschaft rechtmäßig sein müsse[1290], wurde dies in der Farbstoffe - Entscheidung nicht mehr verlangt, "da die Zustellung eine der Entscheidung nachfolgende Formalität ist"[1291]. Art. 173 Abs. 2 EWGV fordere nicht die förmliche Zustellung, sondern die tatsächliche Kenntnis von der Klage. Die Kenntnis der Tochtergesellschaft aber sei gleichbedeutend mit der Kenntnis der Muttergesellschaft[1292].

In einem weiteren Schritt wurde nicht einmal mehr tatsächliche Kenntnis der Tochtergesellschaft verlangt, sondern lediglich, daß sie in der Lage gewesen sein mußte, Kenntnis zu nehmen. Dies wurde festgestellt im Hinblick auf die Tatsache, daß im Continental Can-Fall[1293] sich die Toch-

---

1288 Erstmals in EuGH 10.12.1957 - ALMA, 8/56 - Slg. 1957, 189, 200

1289 Wagner, B., Die Konzentrationskontrolle in der EWG und ihre Bedeutung für Zusammenschlüsse schweizerischer Unternehmen (1982), S. 130 sieht dies nur dann als zulässig an, wenn die Aufforderung zur Benennung einer Zustellungsadresse erfolgte und unbeantwortet blieb oder abgelehnt wurde. Zweifelnd Immenga, U., Die extraterritoriale Anwendung des EWG-Kartellrechts nach dem Farbstoff-Urteil des Europäischen Gerichtshofes, Zeitschrift für Schweizerisches Recht 91 (1972)/1.Halbband, S. 417-432, 431

1290 EuGH 14.7.1972 - ICI, 48/69 - Slg.1972, 619; EuGH 14.7. 1972 - Geigy, 52/69 - Slg.1972, 787; EuGH 14.7.1972 - Sandoz, 53/69 - Slg.1972, 845

1291 EuGH 14.7.1972 - ICI, 48/69 - Slg.1972, 619; EuGH 14.7. 1972 - Geigy, 52/69 - Slg.1972, 787; EuGH 14.7.1972 - Sandoz, 53/69 - Slg.1972, 845. Der Gerichtshof stützt dies auf Art. 191 EWGV, welcher nicht auf die Zustellung, sondern auf die Bekanntgabe eines Rechtsakts abstellt

1292 Immenga, U., Die extraterritoriale Anwendung des EWG-Kartellrechts nach dem Farbstoff-Urteil des Europäischen Gerichtshofes, Zeitschrift für Schweizerisches Recht 91 (1972)/1.Halbband, S. 417-432, 431 nimmt in diesem Fall Heilung des Zustellungsmangels an

1293 EuGH 21.2.1973 - Continental Can, 6/72 - Slg. 1973, 215. Die Kommission hatte dem amerikanischen Unternehmen einen oder mehrere Briefe im Rahmen des Kartellverfahrens auf dem einfachen Postwege zugestellt. Auch hier zieht sich der Gerichtshof auf das Faktum zurück, daß die tatsächliche Kenntnisnahme oder die Lage, tatsächlich

tergesellschaft innerhalb der Gemeinschaft geweigert hatte, die Zustellung an die Muttergesellschaft zur Kenntnis zu nehmen.

Teilweise wird eine solche Zustellungspraxis nur dann als gerechtfertigt angesehen, wenn sich das ausländische Unternehmen der Jurisdiktion der Gemeinschaft unterworfen hat, wofür etwa bereits die Stellung eines Antrags, eine Anmeldung oder eine formlose Zustimmung zum Zustellungsverfahren ausreicht[1294]. Sonst wird diplomatische Zustellung im Ausland verlangt. Bei den Zustellungen und Beweisaufnahmen im Rahmen eines Verwaltungsverfahrens können also ganz ähnliche Probleme auftreten, wie sie oben für gerichtliche Verfahren erörtert wurden. Auch die völkerrechtliche und kollisionsrechtlichen Überlegungen sind insoweit gleich.

E. Teilergebnis

Verfahrensrecht ist im Zusammenhang mit zwingenden Normen ein Gradmesser des Durchsetzungswillens extraterritorialer Jurisdiktion. Ausschließliche Gerichts- und Verwaltungszuständigkeiten im Inland begründen eine Persuasionswirkung solcher materiellrechtlicher Jurisdiktion. Darüber hinaus kann das Verfahrensrecht selbst Hoheitsakte extraterritorialer Jurisdiktion beinhalten.

Die Zivilgerichtsbarkeit knüpft ihre Zuständigkeit in Fällen mit Auslandsbezug an persönliche und sachliche Kriterien der Verbindung mit dem Forumstaat an. Sie läßt auch eine Prorogation ausreichen. Die Derogation eines Forums ist in Deutschland nur in beschränktem Maße zulässig. Die geforderte Intensität der Verbindungen mit dem Gerichtsstaat ist unterschiedlich und bei der "long arm jurisdiction" teilweise auch umstritten. Aber selbst bei den "exorbitanten Gerichtsständen" ist bisher bei Vorliegen irgendeiner Verbindung zum Gerichtsstand keine Völkerrechtswidrigkeit geltend gemacht worden.

Auch bei ausschließlichen Gerichtsständen ist also das Zivilrecht mit seinen Eingriffsnormen kein Problemfall für Jurisdiktionsstreitigkeiten. Solche Konflikte sind aber aufgetreten, wo Sachbereiche, welche nach deutschem Verständnis zum öffentlichen Recht gehören, also etwa das Kartellrecht, in der Zuständigkeit von Zivilgerichten liegen und der Ge-

---

von einer Entscheidung Kenntnis zu nehmen, für den tatsächlichen und rechtmäßigen Zugang ausreicht. Eine Weigerung, von der Entscheidung Kenntnis zu nehmen, könne diesen Zugang nicht mehr wirkungslos machen.

[1294] Koch N., in: Kommentar zum EWG-Vertrag (Hrsg. E. Grabitz), vor Art.85, Rn. 11-18

richtsstand der umstrittenen materiellrechtlichen Zuständigkeit entnommen wird.

Die völkerrechtsgemäße Begründung eines Gerichtsstandes bedeutet jedoch noch nicht, daß ein Staat über den Streitfall auch materiellrechtliche Jurisdiktion hat. Dieses Problem kann nur im Zivilprozeß aufkommen, in dem die Parteien jedenfalls auch dann ein deutsches Gericht anrufen können, wenn keinerlei sachliche oder persönliche Verbindung des Streitgegenstandes mit dem Inland besteht.

Soweit Jurisdiktionskonflikte keinen materiellrechtlichen Hintergrund haben, versuchen die Staaten im Wege der Selbstbeschränkung, mit der Anerkennung der Rechtskraft und der Rechtshängigkeit ausländischer Zivilprozesse sich widersprechende Entscheidungen zu verhindern oder bei der Zwangsvollstreckung entsprechende Prioritätsregeln anzuwenden. In diesem Falle werden die ausländischen Entscheidungen nach den Regeln des innerstaatlichen Rechts anerkannt, wenn sie der inländischen Zuständigkeitsordnung entsprechen und nicht gegen den ordre public verstoßen. Im Zivilprozeß wird zwar die lex fori angewendet, diese verweist aber in einigen Fällen, in denen das ausländische Interesse höher bewertet wird als das inländische, auf ausländisches Recht.

Erhebliche Jurisdiktionsstreitigkeiten gibt es bei den Verfahrenshandlungen, welche zwar rein inländische Rechtsfolgen haben, aber sich auf Personen im Ausland beziehen und diesen gegenüber Persuasionswirkungen entfalten. Dies gilt insbesondere für Zustellungssurrogate wie die öffentliche Zustellung, die Zustellung durch Aufgabe zur Post und die Zustellung an inländische Bevollmächtigte oder Tochterunternehmen, aber auch für den Zeugen- und Urkundenbeweis. Während bei den Parteien die Anknüpfung für Anordnungen im Rahmen eines Gerichtsverfahrens in der Gerichtsbarkeit selbst besteht, haben Zeugen nur dann einen Bezug zum Gerichtsstaat, wenn sie dessen Territorial- oder Personalhoheit unterworfen sind. Probleme entstehen insoweit mit kurzfristiger Anwesenheit und mit dem Durchgriff durch die Selbständigkeit von Konzernunternehmen. Ob die Ordnungshoheit ausreicht, muß noch untersucht werden. Dies wird bei der völkerrechtlichen Beurteilung von Auslandsregelungen ihnen gegenüber zu beachten sein.

Völkerrechtswidrig sind reine Inlandsakte nicht, weil das Völkerrecht die territoriale Integrität der ausländischen Staaten schützen, nicht aber Personen im Ausland vor nachteiligen Folgen nur deshalb bewahren will, weil sie sich nicht im Inland des regelnden Staates befinden. Es liegt keine Einmischung in innere Angelegenheiten anderer Staaten vor. Das gleiche gilt von der Aussagepflicht einer Partei oder eines Zeugen, welcher sich im Inland befindet. Auch werden hierdurch nicht die völkerrechtlich vereinbarten Regeln über die internationale Rechtshilfe umgangen.

Allerdings sind Anordnungen der Mitführung oder Herausgabe von Dokumenten, welche im Ausland belegen sind, ebenso wie die Ladung von Zeugen im Ausland, echte, wenn auch nicht erzwingbare Auslandsregelungen. Sie können durch drohende negative Folgen für die beweisbelastete Prozeßpartei erhebliche Persuasionswirkung haben. Hiergegen haben die Staaten auch in Konfliktsfällen grundsätzlich nichts eingewendet. Kollidieren sie mit fremdem Recht, so müssen die noch zu prüfenden Voraussetzungen und Grenzen des Völkerrechts eingehalten werden. Insbesondere muß, worauf Staatenproteste in Konfliktsfällen hinweisen, die Jurisdiktionshoheit eingehalten werden. Auch entsteht in allen vorgenannten Fällen die Frage nach einer kollisionsrechtlichen Rücksichtnahme auf das ausländische Recht.

Extraterritoriale Jurisdiktion in Form der reinen Auslandsanknüpfung im Beweisaufnahmeverfahren liegt auch dann vor, wenn etwa ein Unternehmen im Inland verpflichtet wird, Angaben vor Gericht oder vor einer Behörde zu machen, die nur einem ausländischen Konzernunternehmen zur Verfügung stehen und von diesem herausgegeben werden müßten. Denn die Sanktionen, welche im Inland an eine Nichtbefolgung geknüpft sind, sollen Persuasionswirkung hinsichtlich der Herausgabe im Ausland erzeugen.

Die Abwehrgesetze gegen fremde verfahrensrechtliche Anordnungen sind kein Hinweis darauf, daß die sie erlassenden Staaten solche extraterritoriale Jurisdiktion generell als völkerrechtswidrig ansehen. Sie wollen den Privaten in einem Befolgungskonflikt eine Handhabe geben, um wegen des Verbots der Herausgabe Sanktionen im fremden Staat entgehen zu können. Begleitende Stellungnahmen und Proteste weisen lediglich darauf hin, daß in konkreten Fällen die Anknüpfung der verfahrensrechtlichen Jurisdiktion nicht als ausreichend angesehen wurde. Soweit solche Gesetze ihrerseits eine Neutralisierung ausländischer Hoheitsakte etwa durch Rückzahlungsansprüche anstreben, muß dies unter dem Gesichtspunkt des völkerrechtlichen Interventionsverbots geprüft werden.

Inwieweit ausländische Staaten die Abwehrgesetze berücksichtigen müssen, bleibt der Erörterung der allgemeinen völkerrechtlichen Kollisionsregeln vorbehalten. Im innerstaatlichen Recht der Bundesrepublik Deutschland begründen sie jedoch ein Zeugnisverweigerungsrecht wegen der Strafbarkeitsfolge im Ausland. Dies ist ein Gesichtspunkt des Privatinteresses, welcher auch Anlaß zu der Frage geben sollte, ob nicht allgemein menschenrechtliche Rechtsnormen bei der Auflösung des Befolgungskonflikts Privatpersonen Rechte einräumen können.

Im Strafrecht treten vergleichbare Verfahrensprobleme nicht auf. Die gerichtliche Zuständigkeit ist immer an die materiellrechtliche Jurisdiktion gebunden. Die Persuasionswirkung extraterritorialer Jurisdiktion im Strafrecht wird durch Vorschriften im kontinentaleuropäischen Recht erhöht, wonach unter bestimmten Umständen auch eine Verurteilung in Abwesenheit des Angeklagten möglich ist. In den USA muß dieser aber jedenfalls bei der Eröffnung eines Verfahrens immer anwesend sein. Aber auch nach dieser Vorschrift ist die Persuasionswirkung des internationalen Strafrechts durch den Umstand sichergestellt, daß - in den Grenzen der Verfolgungsverjährung - ein Verfahren jederzeit eingeleitet werden kann, wenn der Beschuldigte ins Inland einreist.

Im Verwaltungsrecht ist die Gerichtsbarkeit ebenfalls an die materiellrechtliche Zuständigkeit der deutschen Hoheitsgewalt gebunden, soweit Verwaltungsgerichte Akte deutscher Hoheitsgewalt überprüfen. Die Durchsetzung der Leistungsansprüche fremder Staaten gegen Private wird im deutschen Verwaltungsprozeßrecht generell abgelehnt, ohne daß dem bei Vorliegen von Gegenseitigkeitsinteressen jedenfalls bei Klarstellung durch den Gesetzgeber etwas entgegenstehen würde. Auch im Verwaltungsverfahren treten die Zustellungs- und Beweisaufnahmeprobleme ähnlich auf wie in den Gerichtsverfahren, soweit hiermit Sanktionen im Inland verknüpft sein können.

III. Extraterritoriale Jurisdiktion im öffentlichen Wirtschaftsrecht

A. Auswahl und Schwerpunkte

Die Betrachtung extraterritorialer Jurisdiktion im folgenden soll nicht den Anspruch auf Vollständigkeit erheben. Die Fülle des Materials, die Unübersichtlichkeit der Materie und das Anliegen der Darstellung stehen dem entgegen. Denn extraterritoriale Jurisdiktion ist keine neue Erscheinung, wie etwa das Beispiel aus dem britischen Commonwealth oder der Verweis auf das internationale Strafrecht zeigte. Neu ist dagegen das Auftauchen von Staatenkonflikten aus diesem Anlaß. Neu ist auch, daß Individuen in bewußt geschaffene Befolgungskonflikte geraten. Völkerrechtliche und kollisionsrechtliche Lösungsmöglichkeiten für diese Konflikte werden hier untersucht. Auch für das deutsche Recht werden nur Regelungsbeispiele in konfliktsträchtigen Fallgestaltungen untersucht. Eine erschöpfende Erörterung der extraterritorialen Jurisdiktion im deutschen öffentlichen Wirtschaftsrecht würde die Grenzen dieser Untersuchung sprengen. Die Übertragung der Ergebnisse hinsichtlich völkerrechtlicher Grenzen oder kollisionsrechtlich angezeigter Selbstbeschränkung auf die einzelnen Regelungen dieser Rechtsmaterie muß Einzeluntersuchungen vorbehalten bleiben. Die Ergebnisse dieser Untersuchung sollen aber ein Ausgangspunkt für alle Bereiche sein.

Es geht also nur darum, typische Regelungsmuster zu betrachten insbesondere im Hinblick auf Regelungskonflikte, welche sich bereits in der Praxis ergeben haben. Diese Konflikte sind es auch, welche Hinweise auf die völker- und kollisionsrechtliche Haltung der Staaten zu den dort auftretenden Streitfragen geben können. Der betrachtete Materialbereich ist auch breit genug, um eine allgemeine Aussage über die Voraussetzungen der Jurisdiktion nach Völkerrecht machen zu können. Zu einzelnen Materien können auch bestimmte Konfliktsfälle in einer etwas ausführlicheren Erörterung dazu dienen, das politische und wirtschaftliche Umfeld rechtlicher Entscheidungen etwas eingehender zu beleuchten.

Mit Ausnahme des Rechts gegen Wettbewerbsbeschränkungen haben sich Jurisdiktionskonflikte bisher fast ausschließlich am Recht der USA entzündet. Dieses Recht wird deshalb zum Ausgangspunkt der Betrachtung der jeweiligen Sachbereiche gemacht. Es wird in seinem Konfliktpotential verglichen mit dem Recht der Bundesrepublik Deutschland sowie, wenn dies erforderlich erscheint, mit dem Recht weiterer Länder. Hinsichtlich der Staatenreaktionen muß zurückgegriffen werden auf die bekanntgewordenen Materialien über Proteste und Abwehrgesetze. Gerade dieser Gesichtspunkt kann eine abschließende Beurteilung der Staatenpraxis in diesem Bereich erschweren, weil in vielen Fällen keine Reaktion bekannt ist und auch nicht bekannt ist, ob ein Schweigen etwa Zustimmung signalisiert oder ob Desinteresse dahintersteht.

Das zu erörternde Material muß unter verschiedenen Gesichtspunkten aufbereitet werden. Zunächst ist zu fragen, um welche Form extraterritorialer Jurisdiktion es sich handelt. Dann ist von Bedeutung, wie andere Staaten auf solche Jurisdiktion reagierten. Und schließlich muß berücksichtigt werden, welche Konsequenzen der regelnde Staat aus diesen Reaktionen gezogen hat.

B. Außenwirtschaftsrecht

1. Allgemeines

Das Außenwirtschaftsrecht, die Regelung des Waren-, Dienstleistungs-, Kapital-, Zahlungs- oder sonstigen Wirtschaftsverkehrs über die Grenzen hinweg[1295] hat zum Ziel eine Regulierung oder Beschränkung der Ein- und Ausfuhr von Waren oder Leistungen[1296]. Diese können wirtschaftspolitisch oder sicherheitspolitisch motiviert sein und dem Schutz der einheimischen Wirtschaft vor Importen[1297], der Erhaltung von Ressourcen, der wirtschaftlichen Zusammenarbeit mit dem Ausland (durch Selbstbeschränkungen) oder der Wahrung sicherheitspolitischer Interessen (etwa im Rahmen von COCOM[1298] oder bei Embargos[1299]) durch Beschränkung der Ausfuhr[1300] dienen.

[1295] Vgl. § 1 Abs. 1 AWG

[1296] Vgl. etwa Gramlich, L., Außenwirtschaftsrecht (1991); Remien, O., Außenwirtschaftsrecht in kollisionsrechtlicher Sicht, RabelsZ 54 (1990), S. 431 - 478

[1297] Zu den Einfuhrbeschränkungen der EG vgl. Bourgeois in: Groeben - Thiesing - Ehlermann, Kommentar zum EWG - Vertrag, 4.Aufl. (1991), Bd. 3, Art. 113, Rn. 64 - 67

[1298] Dazu Grossfeld, B. / Junker, A., Das CoCom im internationalen Wirtschaftsverkehr (1991); Puttler, A., Völkerrechtliche Grenzen von Export- und Reexportverboten (1989) S. 40 f.

[1299] Vg. hierzu allgemein Nincic, M. / Wallensteen, P., Dilemmas of Economic Coercion: Sanctions in World Politics (1983); Kewenig, W. A., Die Anwendung wirtschaftlicher Zwangsmaßnahmen im Völkerrecht, Berichte der Deutschen Gesellschaft für Völkerrecht, Bd.22 (1982), S.7-35; Bowett, D.W., International Law and Economic Coercion, Virginia Journal of International Law 16 (1976), S.245-259; Doxey, M., Sanctions revisited, International Journal Bd.31 (1975/1976), S. 53-78; Hasse, R. Wirtschaftliche Sanktionen als Mittel der Handelspolitik(1977); Lindemeyer, B., Schiffsembargo und Handelsembargo(1975); ders, Das Handelsembargo als wirtschaftliches Zwangsmittel der staatlichen Außenpolitik, RIW/AWD 27(1981), S.10 ; Petersmann, E.U., Internationale Wirtschaftssanktionen als Problem des Völkerrechts und des Europarechts, Zeitschrift

Auch internationale Verträge können außenwirtschaftliche Beschränkungen enthalten. So sind etwa Verpflichtungen der Staaten hinsichtlich von Ein- und Ausfuhrbeschränkungen im Artenschutzübereinkommen von Washington[1301] enthalten, welche in nationales Recht umzusetzen waren[1302]. Insoweit dient das Außenwirtschaftsrecht dann dem Schutz international anerkannter Rechtsgüter. Diese internationale Harmonie ist nicht in allen Bereichen gegeben. Insbesondere sicherheitspolitisch motivierte Außenhandelsbeschränkungen können auch in Staaten, welche der gleichen Militär - Allianz angehören, politisch umstritten sein. Hieraus können sich auch Jurisdiktionskonflikte ergeben, wie insbesondere der Pipeline - Fall zeigte.

Außenwirtschaftsrecht ist vom Regelungsgegenstand her ein Gebiet, was notwendig Auswirkungen auf andere Staaten hat. Dieser Gegenstand lädt inhaltlich auch zur Ausübung extraterritorialer Jurisdiktion ein. Insbesondere sicherheitspolitische Interessen, welche allgemeinen handelspolitischen Interessen zuwiderlaufen können, sind ein mögliches Motiv extraterritorialer Jurisdiktion. Ein Großteil der Probleme extraterritorialer Jurisdiktion im Außenwirtschaftsrecht wurde im Pipeline - Fall, einem Konflikt zwischen den USA und den EG - Mitgliedstaaten, wie in einem Brennglas sichtbar.

2. Pipeline - Fall

Westeuropäische Firmen hatten - mit Billigung ihrer Staaten - mit der Sowjetunion im Oktober 1981 ein umfangreiches Geschäft abgeschlossen, wonach sie Röhren zum Bau einer Erdgas - Pipeline aus Sibirien nach Westen liefern sollten. Hieran waren als Hauptlieferanten 20 westliche Gesellschaften beteiligt, von denen 13 Tochterunternehmen von amerikanischen Gesellschaften waren. Die Bezahlung sollte in Erdgaslieferungen der UdSSR an diese Staaten bestehen. Daraus entstand der bisher spektakulärste Jurisdiktionskonflikt zwischen Europa und den USA[1303].

---

für Vergleichende Rechtswissenschaft, 80(1981), S.1; Meng, W., Die Kompetenz der EWG zur Verhängung von Wirtschaftssanktionen gegen Drittländer, ZaöRV 42 (1982), S. 780 - 803; Stenger, G., Das Handelsembargo im Außenwirtschaftsrecht (1988)

[1300] Zu den Ausfuhrbeschränkungen der EG vgl. Bourgeois a.a.O. (Anm. 1297), Rn. 79 - 81

[1301] vom 3.3.1973, BGBl. 1975 II S. 773. Für die EWG vgl. VO (EWG) Nr. 3626 des Rates vom 3.12.1982, ABl. EG 1982 L 384, S. 1; 1983 L 186, S. 38 und das deutsche Durchführungsgesetz vom 22.12.1983, BGBl 1983 II, S. 1571

[1302] In Deutschland Gesetz vom 22.5.1975 (BGBl. 1975 II, 773, geändert durch Gesetz vom 22.12.1983 (BGBl. 1983 I, 1571)

[1303] Ergec, R., La compétence extraterritoriale à la lumière du contentieux sur le gazoduc euro-sibérien (1984); Audit,B., Extra-territorialité et commerce international:

Die Amerikaner hatten das Geschäft bereits vor seinem Abschluß bearg-wöhnt. Sie warfen den Westeuropäern vor, durch den Transfer fortge-schrittener Technologie und durch die Gewährung von ungewöhnlich günstigen Exportkrediten die militärische Position der UdSSR zu stützen. Schließlich hatten die Amerikaner davor gewarnt, daß das Projekt die Abhängigkeit Westeuropas von der Sowjetunion verstärken würde. Am 24.06.1981 sandten amerikanische Kongreßabgeordnete unter der Leitung von Senator Garn einen Brief an Präsident Reagan, indem sie ihre Sorge über das Erdgas-Röhrengeschäft in Europa ausdrückten. Sie hatten die Befürchtung, daß dadurch die westliche Sicherheit gefährdet würde und

---

L'affaire du Gazoduc Sibérien, Revue critique de droit international privé 72 (1983), S.401-434; Bierman, J.N., The 1983 Export Administration Act Legislation: The Extraterritoriality Issue, Law and Policy in International Business 15 (1983), S. 1181-1185; Fazzone, P.B., Business Effects of the Extraterritorial Reach of the U.S. Export Control Laws, New York University Journal on International Law and Politics 15 (1983), S.545-594; Lebedoff, G./ Raievski, C., A French Perspective on the U.S. Ban on Soviet Gas Pipeline Equipment, Texas International Law Journal 1983, S.483; Lowe, A.V., Public International Law and the Conflict of Laws: The European Response to the United States Export Administration Regulations, International and Comparative Law Quarterly 33 (1984), S.515-530; Zaucha, J.J., The Soviet Pipeline Sanctions: The Extraterritorial Application of U.S. Export Controls, Law and Policy in International Business 15 (1983), S.1169 - 1179; Basedow, J., Das amerikanische Pipeline-Embargo vor Gericht, RabelsZ 47 (1983), S.141-172; Vagts, The Pipeline Controversy: An American Viewpoint, GYIL 27 (1984), S.38-53; Kuyper, P.J., The European Community and the US Pipeline Embargo: Comments on Comments, German Yearbook of International Law 27 (1984), S.72-96; Lowe, International Law Issues Arising in the "Pipeline" Dispute: The British Position, GYIL 27 (1984), S.54-71; Meessen, K.-M., Extraterritoriality of Export Control: A German Lawyer's Analysis of the Pipeline Case, GYIL 27 (1984), S.97-108; Morse, D.D. /Powers, J.S., U.S. Export Controls and Foreign Entities: The unanswered questions of pipeline diplomacy, Virginia Journal of International Law 23 (1983), S. 537-567; Marcus, D., Soviet Pipeline Sanctions: The President's Authority to Impose Extraterritoriality Controls, Law and Policy in International Business 15 (1983), S. 1163-1167; Merciai, P., The Euro-Siberian Gas Pipeline Dispute - A Compelling Case for Adoption of Jurisdictional Codes of Conduct, Maryland Journal of International Law and Trade 8 (1984), S. 1-52; Lacorne, D., Malentendus transatlantiques, Revue du droit public et de la science politique 1987, S. 419-441; Georgieff, A., Kollisionen durch extraterritoriale staatliche Regelungen im internationalen Wirtschaftsrecht: eine Untersuchung zu jüngsten Entwicklungen auf den Gebieten des Exportkontrollrechts und des Kartellrechts (1989), S. 7 - 39 ; Ellicott, J., Extraterritorial Trade Controls - Law, Policy and Business, in: Private Investors Abroad (Hrsg. Landwehr, M.L.) (- 1983), S. 1-35; Note, Extraterritorial Application of the Export Administration Act of 1979 under International and American Law, Michigan Law Review 81 (1983), S.1308-1336; Note, Extraterritorial Subsidiary Jurisdiction, Law and Contemporary Problems 50 (1987), S. 71-93, 73 - 78

schlugen Alternativen zu einer westeuropäischen Beteiligung an der Pipeline vor[1304].

Am 13.12.1981 erklärte General Jaruselski in Polen die Einführung des Kriegsrechts und suspendierte dabei den überwiegenden Teil der bürgerlichen Freiheiten[1305]. Am 25. Dezember kündigten die Vereinigten Staaten an, daß sie Wirtschaftssanktionen verhängen und die Lieferung von Nahrungsmitteln sowie die Gewährung von Exportkrediten gegenüber Polen unterbrechen würden. Bereits in diesem Stadium tauchten Differenzen zwischen den Vereinigten Staaten und ihren westlichen Partnern über die Verhängung und den Umfang von Sanktionen auf. Dies war unter anderem auch zurückzuführen auf die unterschiedliche Bedeutung der Exporte für die einzelnen Länder. Während nämlich die Exporte der EG in die Sowjetunion 25% des Bruttosozialprodukts der Gemeinschaft betrugen, waren es für die Vereinigten Staaten nur 8% und für Japan 12%[1306]. Aus diesem Grunde waren die europäischen Partner nur bereit, eine Beschränkung der Handelsströme in die UdSSR in den Bereichen anzudrohen, welche die militärische Sicherheit betrafen.

Am 29. Dezember 1981 erweiterte Präsident Reagan, gestützt auf den Export Administration Act[1307] das Embargo auf die UdSSR, die für polnischen Ereignisse verantwortlich gemacht wurde. Alle Lizenzen für den Export von Ausrüstung für die Ölförderung, für die elektrische Energieversorgung und für Spitzentechnologie wurden aufgehoben. Darüber hinaus wurde Verträge über den Austausch von Energie sowie über Wissenschaft und Technologie nicht mehr verlängert. Die europäischen Partner weigerten sich, an solchen Sanktionsmaßnahmen teilzunehmen und wiesen insbesondere auf die in der Praxis immer wieder aufgetretene Unwirksamkeit von Handelsembargos wegen vielfältiger Umgehungen hin.

1304 Vgl. hierzu DeSouza, P.J., The Soviet Gas Pipeline Incident: Extension of Collective Security Responsibilities to Peacetime Commercial Trade, Yale Journal of International Law 10 (1984), S. 92 - 117, 92

1305 Vgl. hierzu Ergec, R. La compétence extraterritoriale à la lumière du contentieux sur le gazoduc euro-sibérien (1984), S. 5 ff.

1306 Die Bundesrepublik hatte im Jahre 1981 einen Warenaustausch mit der UdSSR im Werte von 20 Milliarden Dollar, die Vereinigten Staaten nur im Werte von 5 Milliarden Dollar.

1307 Der Export Administration Act 1979 (Public Law 96-72) ist in ILM Bd.18 (1979), S.1508 ff. abgedruckt, das Amendment 1981 in ILM Bd.21 (1982), S.164 ff., welches mit dem Beginn des Embargos gegen den Warschauer Pakt zusammenhing. Alle Regierungsvorschriften, die sich auf den Anfang und die erste Ausdehnung des Embargos beziehen, finden sich in ILM 21 (1982), S.853 ff.

Am 18.6.1982 verkündete Präsident Reagan ohne Konsultation mit den betroffenen Regierungen eine weitere Ausdehnung der Sanktionen[1308]. Diese zielte nunmehr insbesondere auf die Einstellung der Lieferung von Materialien für die Erdgas-Leitung zwischen dem europäischen und dem sibirischen Teil der Sowjetunion ab. Das Embargo betraf damit das gesamte Projekt des westeuropäisch-russischen Erdgas-Röhrengeschäfts. Da die europäischen Staaten hierdurch unter anderem ihre Rohölabhängigkeit durch Diversifizierung verringern wollten, trafen die Embargomaßnahmen ein Projekt, das die Europäer einerseits mit besonderem Interesse an den Energielieferungen förderten und das die Amerikaner andererseits auch unabhängig von der Situation in Polen grundsätzlich ablehnten.

Die Regeln wurden an drei Gesichtspunkte angeknüpft: "United States persons", Herkunft der Waren aus den USA und Herkunft der verwendeten Technologie von dort. Soweit die USA sich auf die Hoheitsgewalt über Personen stützten, definierten sie eine "United States person" in den Export Administration Regulations"[1309] als Staatsbürger der USA sowie Personen, welche in den USA eine Aufenthaltsberechtigung haben oder sich dort tatsächlich aufhalten. Darüber hinaus gehören zu diesem Kreis Gesellschaften, welche nach dem Recht eines Staats der USA gegründet wurden oder Gesellschaften gleich welcher Nationalität, deren Inhaber eine natürliche Person ist oder die von einer Gruppe von Personen beherrscht wird, welche ihrerseits der personalen Hoheitsgewalt der USA unterstehen. Die Staatsangehörigkeit wird also alternativ nach der Gründungs- und nach der Kontrolltheorie bestimmt.

Weiter wurden Güter erfaßt, welche ursprünglich in den USA hergestellt und in andere Länder exportiert waren. Deren Reexport in die Sowjetunion wurde nunmehr verboten. Darüber hinaus verbot die Embargo - Anordnung allen Personen, welche der Hoheitsgewalt der USA unterstanden, solche Waren, aus welchen Ländern auch immer, in die Sowjetunion auszuführen. Verboten wurde auch die Ausfuhr solcher Waren aus allen Ländern nach der Sowjetunion, welche mit Know-how aus den USA hergestellt waren. Und schließlich wurden solche Waren erfaßt, welche im Ausland mit amerikanischem technologischem know how produziert waren. Voraussetzung war, daß es sich um Know-how handeln mußte, für welches eine Person, die der Hoheitsgewalt der USA unterliegt, Lizenzgebühren bezieht. Gleichfalls erfaßt wurden Waren, hinsichtlich derer sich der Bezieher bei Lieferung ausdrücklich den amerikanischen Kontrollbestimmungen unterworfen hat.

1308 ILM 21 (1982), S.864 ff.

1309 § 385.2(c) der Export Administration Regulations, 15 C.F.R. Part 385.

Der amerikanische Präsident sprach nie deutlich aus, daß im Grunde die, insbesondere europäischen, Lieferungen für die sowjetische Pipeline als eine Erleichterung und Entlastung militärischer Anstrengungen der Sowjetunion - und damit als eine Beeinträchtigung der amerikanischen Sicherheitsinteressen - angesehen wurden. Er begründete vielmehr das Embargo mit der Möglichkeit der Sowjetunion, nach Fertigstellung der Pipeline, wenn Erdgas als Bezahlung nach Westeuropa fließen sollte, Europa von sich abhängig zu machen. Ein weiteres Argument war, daß die europäische Hilfe beim Pipeline - Bau die sowjetische Wirtschaft allgemein entlaste, was zumindest auf gegenteilige NATO - Interessen hinwies

Am 11.9.1982 protestierten die EG und ihre Mitgliedsstaaten gegen die Völkerrechtswidrigkeit der amerikanischen Anordnung[1310]. Ausgangspunkt in der Note ist die Feststellung, daß das Territorialitätsprinzip als fundamentales Prinzip und das Personalitätsprinzip, die Jurisdiktion über Staatsangehörige, als gesicherte Anknüpfungspunkte weltweit anerkannt sind. Die Ausdehnung von Jurisdiktion auf verbundene Konzerngesellschaften oder auf Gesellschaften im Mehrheitsanteil eines amerikanischen Staatsbürgers sei völkerrechtswidrig. Die Gemeinschaft stützt sich auf die Entscheidung des Internationalen Gerichtshofs in Sachen Barcelona Traction[1311], wonach es hinsichtlich der Staatsangehörigkeit einer Gesellschaft auf Gründungsort oder Sitzort ankomme.

Abgelehnt wird auch die Jurisdiktion über ausländische Gesellschaften nur deswegen, weil sie Waren und Technologie aus den Vereinigten Staaten nutzten und veräußerten. Beides begründe keine Staatszugehörigkeit. Die Diktion wird insoweit sehr plastisch: "... companies are pressed into service to carry out United States trade policy towards the USSR, even though these companies are incorporated and have their registered office within the community which has its own trade policy towards the USSR". Auch eine freiwillige Unterwerfung von Unternehmen unter die Jurisdiktion der Vereinigten Staaten läßt die Gemeinschaft nicht gelten. Es handele sich um einen Mißbrauch der Vertragsfreiheit zur Umgehung der Jurisdiktionsregeln des Völkerrechts.

1310 Lowe A.V, Extraterritorial jurisdiction (1983), S. 197. Protest legte auch die japanische Regierung wegen Völkerrechtswidrigkeit der Jurisdiktionsausübung ein, vgl. International Law Association of Japan. Japan Branch Committee to the International Committee on extraterritorial Jurisdiction, The Japanese Annual of International Law 33 (1990), S. 140 - 153, 148 f.

1311 Barcelona Traction, Light and Power Company (Second Phase), ICJ Rep. (1970), S. 3 Vgl. hierzu Wallace, C.D., Barcelona Traction Case, in: Bernhardt, R. (ed.), Encyclopedia of Public International Law, Instalment 2, S. 30 - 33

Die Gemeinschaft betonte weiter, daß die USA ihre Jurisdiktion im konkreten Fall nicht auf das Schutzprinzip stützen konnten, das die amerikanische Regierung selbst überhaupt nicht zur Begründung herangezogen habe und auch nicht auf den Gesichtspunkt der Auswirkungen auf die USA, weil sie nicht "direct, foreseeable and substantial" seien und kein "element of a crime or tort prescribed by United States law". Mit diesen Formulierungen bezieht sich die Gemeinschaft auf die allgemein anerkannten Formulierungen zum objektiven Territorialitätsprinzip im Strafrecht und legt sie der Anknüpfung an wirtschaftliche Auswirkungen zugrunde. Die Anknüpfung an Auswirkungen und das Schutzprinzip hätten "less than general acceptance under international law" gefunden[1312].

In einem weiteren aide - mémoire[1313] lehnte die Gemeinschaft ab, daß durch das Gesetz die amerikanische Jurisdiktion über "any person subject to the jurisdiction of the United States" und über eine "U.S. person" ausgedehnt wird auf Unternehmen mit Sitz und Geschäftstätigkeit im Ausland nur deshalb, weil sie im Besitz oder unter der Kontrolle von natürlichen oder juristischen Personen stehen, welche Staatsangehörige der USA sind. Eine solche amerikanische Haltung verschlechtere im übrigen das Klima für Investitionen durch Amerikaner in der Gemeinschaft. Wenn die Vereinigten Staaten internationale Exportkontrollen einführen wollten, so müßten sie mit den betroffenen Regierung hierüber verhandeln. Wenn sie fortgesetzt einseitig vorgingen durch völkerrechtswidrige extraterritoriale Ausdehnung ihrer Jurisdiktion, so müßten sie gewärtigen, daß von den betroffenen Staaten Gegenmaßnahmen ergriffen würden.

Auch Großbritannien äußerte eine entsprechende Rechtsansicht in einer diplomatischen Note vom Oktober 1982[1314]. Es hatte gegenüber einigen britischen Unternehmen gestützt auf den Protection of Trading Interests Act eine Vertragserfüllung angeordnet. Die italienische Regierung gebot einem italienischen Unternehmen die Vertragserfüllung. Besondere Publizität erlangte der Dresser - Fall in Frankreich[1315]. Dresser (France) S.A.,

---

[1312] Damit trug die EG der Tatsache Rechnung, daß etwa Deutschland das Auswirkungsprinzip anwendet, während es Großbritannien ablehnt

[1313] In: Lowe, A.V. Extraterritorial jurisdiction (1983), S. 214 - 219

[1314] Note No. 177 vom 18.10.1982, in: Lowe, A.V., Extraterritorial Jurisdiction (1983), S. 212 - 219

[1315] Osius, V.M., Extraterritorial Application of U.S. Export Laws: Dresser Industries, Wisconsin International Law Journal 1983, S. 138-159; Appleton, A.E., Dresser Industries: The Failure of Foreign Policy Trade Controls under the Export Administration Act, Maryland Journal of International Law and Trade 8 (1984), S. 122-143; Atwood, J.R., The Export Administration Act and the Dresser Industries Case, Law and Policy in International Business 15 (1983), S. 1157-1161; Cincannon, C.P., The Dresser Case: One

eine Tochtergesellschaft der amerikanischen Dresser Industries, hatte 1981 die vertragliche Verpflichtung übernommen, 21 Gas-Kompressoren für die Pipeline zu liefern. Diese wurden in Frankreich auf der Grundlage von U.S.-Technologie hergestellt, welche Dresser France vor der Verhängung des Embargos übermittelt worden waren. Amerikanische Bauteile waren darin nicht enthalten. Am 23.8.1982 ordnete die französische Regierung die Auslieferung zum vorgesehenen Zeitpunkt an[1316]. Am gleichen Tag beantragte die französische Muttergesellschaft zusammen mit der amerikanischen Tochtergesellschaft Schutz vor den angedrohten Sanktionen in den USA durch einen "temporary restraining order". Als drei der Kompressoren von Dresser France am 26. August 1982 auf ein sowjetisches Schiff verladen wurden, erließ das amerikanische Handelsministerium eine "ex parte denial order", womit Dresser France jeglicher weiterer Zugang zu Technologie oder Produkten mit Ursprung in den USA für unbestimmte Zeit untersagt wurde[1317].

Ein ähnliches Problem stellte sich für die italienischen Firma Nuovo Bignone S.p.A., die Gasturbinen nach einer Lizenz von General Electric herstellten[1318], die britische Firma John Brown Engineering Ltd.[1319] (1982) und die Turbinenfabrik AEG/Kanis GmbH, ein westdeutscher Turbinenhersteller, der ebenfalls Lizenzbeziehungen mit General Electric hatte[1320]. In jedem dieser Fälle wurde sofort nach Auslieferung eines betroffenen Ausrüstungsgegenstandes eine entsprechende Sanktion wie bei Dresser verhängt. Bei zwei anderen Firmen, der Creusot-Loire S.A. aus Frankreich[1321] und der deutschen Mannesmann Anlagenbau AG[1322] wurden Exportrechte entzogen, weil Verstöße gegen die Embargo-Anordnungen behauptet wurden[1323].

Am 27.9.1982 erließ der Präsident des Haager Bezirksgerichtshofs eine einstweilige Anordnung gegen die niederländische Firma Sensor, welche sie verpflichtete, einen Kaufvertrag mit der Sowjetunion trotz des ameri-

---

Step too Far, New York Journal of International and Comparative Law 5 (1984), S. 191-230

1316 Ordre de requisition de service vom 23.8.1982, abgedruckt in U.S. Export Weekly No. 422, S. 797

1317 In Re Dresser (France) S.A., No. 632, 47 Fed. Reg. 38170, geändert 47 Fed. Reg. 39708 (1982).

1318 In Re Nuovo Bignone S.p.A. No. 634, 47 Fed. Reg. 39709 (1982)

1319 In Re John Brown Engineering Ltd., No. 635, 47 Fed. Reg. 40205

1320 In Re AEG/Kanis Turbinenfabrik GmbH No. 637, 47 Fed. Reg. 44603

1321 In Re Creusot-Loire S.A. No. 633, 47 Fed. Reg. 38169 (1982)

1322 In Re Mannesmann Anlagenbau AG, No. 638, 47 Fed. Reg. 44604 (1982)

1323 Ellicott, J., Extraterritorial Trade Controls - Law, Policy and Business, in: Private Investors Abroad (Hrsg. Landwehr, M.L.) (- 1983), S. 1-35, 20 f.

kanischen Embargos einzuhalten[1324]. Sensor mußte aufgrund dieses Kaufvertrages Geophone an die Sowjet-Union liefern. Sie war das Tochterunternehmen einer amerikanischen Gesellschaft in Houston/Texas. Damit unterfiel sie den amerikanischen Embargo-Vorschriften und war nach amerikanischem Recht daran gehindert, den Kaufvertrag durch Lieferung in die UdSSR zu erfüllen.

Der niederländische Richter erwog, ob dieses Verbot eine "force majeure" sei, welche Sensor von der Erfüllung des Kaufvertrages entbinde. Er ging aus von der "universally accepted rule of international law that in general it is not permissible for a state to exercise jurisdiction over acts performed outside its borders." Eine Ausnahme hiervon sei das Personalitätsprinzip. Die Unterwerfung von selbständigen Tochtergesellschaften amerikanischer Unternehmen unter amerikanisches Recht sei jedoch völkerrechtlich zweifelhaft und widerspreche jedenfalls dem Handels- Schiffahrts- und Freundschaftsvertrag zwischen den USA und den Niederlanden. Auch das Schutzprinzip sei nicht anwendbar, weil in der konkreten Situation nicht die Sicherheit oder Glaubwürdigkeit der Vereinigten Staaten gefährdet sei. Extraterritorial könne zwar an Auswirkungen angeknüpft werden ("direct and illicit effects within the territory of the United States"), solche Auswirkungen lägen hier aber nicht vor. Schließlich gebe es noch für die USA die Möglichkeit, Umgehungstatbestände zu erfassen, durch die sich amerikanische Staatsbürger der Anwendung des amerikanischen Rechts entziehen wollten. Auch dieses sei vorliegend aber nicht gegeben. Im Ergebnis wurde dem Antrag auf Lieferung oder Zahlung einer Vertragsstrafe stattgegeben.

Die Europäer waren insbesondere erbost darüber, daß die USA ebenfalls im August 1982 ihren größten Weizen-Lieferungsvertrag mit der UdSSR abschlossen[1325]. Die Streitigkeiten wurden auf diplomatischer Ebene zwischen der USA und ihren europäischen Partnern verhandelt, und schließlich wurden die Sanktionen am 13. November 1982 durch Präsident Reagan einseitig wieder aufgehoben[1326].

Dieser Fall zeigt zunächst die Probleme mit der Anknüpfung. Denn USA stellen ihre Personalhoheit in einer sehr weiten Form (durch Anwendung der Kontrolltheorie), die Herkunft von Waren und Technologie und die einseitige Unterwerfung von ausländischen Importeuren in den Dienst

---

[1324] ILM 22 (1983), S. 66-74; RabelsZ 47 (1983), S. 141-147 mit Anmerkung Basedow, J., a.a.O., S. 147 - 172; vgl. auch DeBoer, T.M. / Knotting, R., Der niederländische Richter und das US-Gasröhren-Embargo, IPrax 4 (1984), S. 108 - 112

[1325] Sie rechtfertigen dies damit, daß damit die Sowjetunion von den U.S.A. abhängig sei und ihrerseits in harten Devisen bezahlen müsse.

[1326] Federal Register 47, No. 225, S. 52489

einer Sicherheitspolitik, welche nach ihrer Auffassung allen NATO - Partnern gemeinsam sein müßte, die aber nicht direkt auf einen militärischen Konflikt bezogen war. Die Effektivität dieser Maßnahme aber und die eigenen Sicherheitsinteressen werden von diesen Partnern anders beurteilt, was den Konflikt hervorruft. Die amerikanische Regierung hatte sich selbst nicht auf das Schutzprinzip strafrechtlicher Herkunft berufen, so daß man fragen muß, ob allgemeine sicherheitspolitische Erwägungen eine solche Anknüpfungspraxis rechtfertigen können.

Die Maßnahmen führen zu Protesten und Abwehr - Anordnungen in den europäischen Staaten, die Unternehmen mußten deswegen amerikanische Sanktionen hinnehmen und die gesamte Problematik führte nur deswegen nicht zu größeren Konflikten, weil die Maßnahme nach kurzer Zeit auf Grund intensiver diplomatischer Verhandlungen wieder aufgehoben wurde. Die Proteste zeigten zum einen eine Anbindung der Beurteilung an traditionelle Gesichtspunkte des internationalen Strafrechts, insbesondere wurde die Anknüpfungen an Auswirkungen unter Anlehnung an das objektive Territorialitätsprinzip definiert. Zum anderen lehnten sie Anknüpfungen an Herkunft von Waren und Technologie sowie an private Unterwerfungen ab.

Die Tatsache, daß hier die Europäer gegen ihren eigenen Willen geschützt werden sollten zeigt eine Facette extraterritorialer Jurisdiktion, nämlich ihre Eignung als Instrument einer Machtpolitik, was die Konflikte in ihrer heftigen Publizität erklären kann. Diese Eignung resultierte aus der erheblichen Persuasionswirkung, welche die Androhung des Ausschlusses von weiteren amerikanischen Exportlieferungen ausübte.

3. Anordnung von Pflichten im Außenwirtschaftsverkehr

Die Staatenpraxis zeigt, daß das Außenwirtschaftsrecht nur dann zur Quelle von Jurisdiktionskonflikten wird, wenn damit nicht nur Bedingungen der Ein- und Ausfuhr aus einem Staat geregelt werden, sondern wenn aus sicherheitspolitischen Gründen Reexporte aus anderen Staaten verboten werden sollen. Dies ist insbesondere im Recht der USA bedeutsam geworden[1327].

[1327] Vgl. hierzu Puttler, A., Völkerrechtliche Grenzen von Export- und Reexportverboten (1989), S. 21 ff.; Fazzone, P.B., Business Effects of the Extraterritorial Reach of the U.S. Export Control Laws, New York University Journal on International Law and Politics 15 (1983), S. 545-594; Abbott, K.W., Collective Goods, Mobile Resources, and Extraterritorial Trade Controls, Law and Contemporary Problems 50 (1987), S.117 - 152; Stebbings, R.Y., Export Controls: Extraterritorial Conflict - the Dilemma of the Host Country Employee, Case Western Reserve Journal of International Law 19 (1987), S. 303 - 341; Brenscheidt, M., Neuere Entwicklungen im US-amerikanischen Wirtschaftsrecht mit

a) Recht der USA

(1) Wirtschafts - Sanktions - Gesetzgebung

Extraterritoriale Jurisdiktion in der amerikanischen Außenwirtschaftsgesetzgebung ist heute wie früher kein allgemeines Regelungsmerkmal dieser Materie, sondern sie wird von Fall zu Fall unterschiedlich eingesetzt, wenn es um die Anordnung wirtschaftlicher Sanktionen gegenüber bestimmten Staaten geht oder wenn sicherheitspolitische Ausfuhrbeschränkungen gegenüber Staaten durchgesetzt werden sollen.

Bereits im Jahre 1950 entstand ein - politischer - Konflikt im Außenwirtschaftsbereich mit Frankreich[1328]. Die USA hatten ein Handelsembargo gegen China auf der Grundlage des Trading with the Enemy Act verhängt. Nach Section 5(b) des Trading with the Enemy Act 1917[1329] war ein personaler Geltungsbereich mit der Formel festgelegt worden "by any person... subject to the jurisdiction of the United States." Dies wurde 1942 durch ein öffentliches Rundschreiben des Finanzministeriums der USA[1330] folgendermaßen definiert: "Any citizen of the United States; any person within the United States; any partnership, corporation or other entity organized under the laws of, or having its principal place of business in, the United States; and any corporation or other entity wherever organized or doing business, owned or controlled by any of the preceding categories of persons."

Als die Firma Fruehauf France, eine von der Fruehauf Corporation in Detroit beherrschte Gesellschaft, Sattelschlepper in die Volksrepublik China liefern wollte, intervenierte die amerikanische Regierung bei der Muttergesellschaft, die in der Folge das Geschäft der französischen Tochter untersagte. Daraufhin traten die Direktoren dieser Gesellschaft in Frankreich zurück. Ein französisches Gericht setzte einen Verwalter ein, der

---

extraterritorialem Anwendungsbereich, RIW/AWD 25 (1979), S. 88-97; Tittmann, H.H., Extra-Territorial Application of U.S. Export Control Laws of Foreign Subsidiaries of U.S. Corporations: An American Lawyer`s View from Europe, The International Lawyer 16 (1982), S. 730 - 737; Owen, R.B., Extraterritorial Application of U.S. Trade and Financial Controls: Freezings, Vestings, Embargoes etc., Regulations, Wirtschaft und Recht 35 (1983), S. 142 - 153

[1328] Zu Streitigkeiten mit Kanada in dieser Angelegenheit Corcoran, J.I.W., The Trading with the Enemy Act and the controlled Canadian Corporation, McGill Law Journal 14 (1968), S. 174-208. Vgl. auch Castel, J.-G., Extraterritoriality in international trade: Canada and United States of America practices compared (1988)

[1329] 40 Stat. 411, geändert durch den First War Powers Act, 1941, 45 Stat. 838

[1330] Public Circular No. 18 vom 30.3.1942, 7 Fed. Reg. 2503 (1.4.1942)

den Liefervertrag dann erfüllen sollte[1331]. Die weite Formulierung hinsichtlich der Tochtergesellschaften hielt dann später Einzug in den International Emergency Economic Powers Act und die darauf gestützte Sanktions-Gesetzgebung[1332].

Im Jahre 1979 erließ Präsident Carter aufgrund des International Emergency Economic Powers Act von 1977[1333] eine Anordnung zum Verbot der Auszahlung von Bankguthaben, die zugunsten iranischer Gläubiger bestanden[1334]. Diese Anordnung war anwendbar auf amerikanische Banken in den USA, auf Zweigstellen ausländischer Banken in den USA und auf ausländische Zweigstellen von USA-Banken "wheresoever organized or doing business which is owned or controlled" durch die vorgenannten Banken oder Personen unter amerikanischer Personalhoheit hinsichtlich derjenigen Zahlungsverpflichtungen, die in Dollars lauteten[1335]. Bereits hier wurde die Kontrolltheorie in ihrer weitesten Form angewendet. Gerichtsverfahren über diese Anordnung in Großbritannien, Frankreich und anderen Staaten wurden nie entschieden, weil Anfang 1981 das Geiseldrama in Teheran mit einem Abkommen zwischen beiden Staaten endete.

Die Sanktionen im Pipeline - Fall hatten sich auf den Export Administration Act 1979[1336], zuletzt geändert durch den Export Administration Amendments Act von 1985[1337], gestützt. Hiernach können Ausfuhren der Genehmigungspflicht unterworfen werden, wenn die Güter oder die handelnden Personen eine besonders enge Verbindung mit den USA haben. Nach Section 6 (a) (1) des Act kann der Präsident einerseits die Ausfuhr von Gütern, Technologie und anderen Informationen verbieten oder beschränken, wenn diese "subject to the jurisdiction of the United States or exported by any person subject to the jurisdiction of the United States" sind[1338]. Diese Begriffe werden im Gesetz selbst nicht näher definiert.

1331 ILM 5 (1966), 476; Vgl. hierzu Puttler, a.a.O. (Anm. 1327), S. 103 ff.; Craig, W.L., Application of the Trading with the Enemy Act to Foreign Corporations Owned by Americans: Reflections on Fruehauf v. Massardy, Harvard Law Review 83 (1970), S. 579-602.

1332 Vgl. etwa Foreign Assets Control Regulations, 31 C.F.R. § 500.329 (1984); Cuban Assets Control Regulations § 515.329 (1986);

1333 50 U.S.C. §§ 701-706, ILM 17 (1978), S. 140

1334 Iranian Assets Control Regulations 31 C.F.R. Part 535 (1980), ILM 19 (1980), S. 514. Vgl. zu diesem Fall Lowenfeld, A., Trade Controls for Political Ends (1983), S. 544-563; Carswell, R. Economic Sanctions and the Iran Experience, Foreign Affairs 60 (1981), S. 247-265

1335 31 C.F.R. §§ 535.201, 535.320, 535.329, 535.566

1336 50 U.S.C. app. §§ 2401-2420, ILM 18 (1979), S. 1508

1337 ILM 24 (1985), S. 1369; hierzu Griessbach, L., Grundsätze des US-Export Administration Amendments Act of 1985, RIW 1985, S. 924 - 928

1338 50 U.S.C. app. § 2404

Dies erfolgte dann - im Zusammenhang mit dem Pipeline - Embargo in den Export Administration Regulations 1981. "Goods subject to the jurisdiction of the United States" waren danach einerseits Waren, die in den USA produziert wurden, aber auch im Ausland aufgrund amerikanischer Technologie hergestellte Waren. Letzteres wurde unter anderem dann angenommen, wenn eine "person subject to the jurisdiction of the United States" Lizenzgeber der Technologie war[1339]. Das amerikanische Ausfuhrrecht ist, soweit es auf die Warenherkunft abstellt, auf alle Waren anwendbar, in denen auch nur ein Teil enthalten ist, das ursprünglich aus den USA stammt[1340], wenn nicht sein Wert im Verhältnis zum Endprodukt gering ist. Entscheidender Gesichtspunkt bei der Genehmigung ist, ob das Fertigprodukt selbst der Exportkontrolle unterläge.

Eine "person subject to the jurisdiction of the United States" waren ein Staatsangehöriger, ein Aufenthaltsberechtigter oder eine Person mit tatsächlichem Aufenthalt in den USA sowie alle in den USA gegründeten Kapitalgesellschaften. Alle Gesellschaften, welche im Eigentum oder unter der Kontrolle einer Person unter der so definierten Personalhoheit standen, wurden dieser Hoheit jedoch ebenfalls unterworfen ohne Rücksicht auf den Ort ihrer Gründung oder ihres Sitzes[1341], also im Sinne der Kontrolltheorie. Weiter unterliegen ihr Unternehmen beim Empfang von Technologie aus den USA, die sich vertraglich oder durch einseitige Erklärung zur Beachtung amerikanischen Exportkontrollrechts verpflichteten[1342].

Die Genehmigungspflicht besteht nach den erörterten gesetzlichen Vorschriften nicht nur dann, wenn der Export aus den USA vorgenommen wird, sondern überall auf der Welt. Es handelt sich also um extraterritoriale Jurisdiktion in der Form einer echten Auslandsregelung, welche durch erhebliche Sanktionen im Inland erzwungen werden kann[1343].

Durch den Export Administration Amendments Act 1985[1344] wurden die Begriffe der erfaßten Güter und Personen in Section 5 und 6 nicht geändert. Nur die extensive Definition der "person subject to the jurisdiction

[1339] § 379.8(a) Export Administration Regulations, 15 C.F.R. § 374 (1987); ILM 21 (1982), 853 ff.

[1340] § 379.8 (a) (3) Export Administration Regulations

[1341] § 385.2 (c) Export Administration Regulations

[1342] § 379.8 (a) Export Administration Regulations

[1343] Vgl. hierzu Kochinke, C., Durchsetzung des US-(Re-)Exportkontrollrechts gegen ausländische Unternehmen, Computer und Recht 4 (1988), S. 542 - 547; Hein, W., Recht und Praxis der Ahndungsvorschriften des US-Export Administration Act, RIW 32 (1986), S. 496-501, . Zu zivilrechtlichen Auswirkungen in Deutschland Koch, F., Vertragsrechtliche Auswirkungen der US-Exportbeschränkungen, RIW 1985, S. 921 - 924,

[1344] ILM 24 (1985), S. 1370

of the United States" im Sinne der Kontrolltheorie entfiel. Die Definition der dem amerikanischen Recht durch eigene Verpflichtung unterworfenen Personen war bereits 1982 aufgehoben worden. Die Kontrolle aufgrund der Herkunft der Waren und der Technologie besteht fort[1345]. Der extraterritoriale Jurisdiktionsanspruch wurde jedoch dadurch nicht etwa grundsätzlich aufgegeben.

Nachfolgende Fälle aufgrund des International Emergency Economic Powers Act[1346] haben aber gezeigt, daß die USA mit ihrer extraterritorialen Jurisdiktion vorsichtiger geworden sind. Das Embargo gegen Nicaragua im Jahre 1985 bezog sich lediglich auf Exporte aus den Vereinigten Staaten mit Endbestimmung in Nicaragua[1347], also auf einen rein territorialen Anknüpfungspunkt. Die Personalhoheit wurde in diesem Falle überhaupt nicht bemüht.

Beim Libyen-Embargo im Jahre 1986[1348] wurde der personelle Anwendungsbereich der Export-Kontrollregeln dagegen beschränkt . Das Export - Embargo bezog sich nur auf Exporte aus den Vereinigten Staaten[1349]. Die personellen Anordnungen an "United States persons", welche Warenkäufe, Vertragserfüllungen, Kredite und Reisen im Zusammenhang mit Libyen untersagten, waren an Personen gerichtet, welche die amerikanische Staatsbürgerschaft oder ihren Aufenthalt in den USA hatten, nicht dagegen an Tochtergesellschaften amerikanischer Muttergesellschaften im Ausland[1350].

Verstöße gegen den Export Administration Act können mit Bußgeldern bis zum fünffachen Wert der exportieren Ware, maximal 1 Million $ oder mit Freiheitsstrafen bis zu 10 Jahren bestraft werden[1351]. Daneben können Bußgelder bis zu US - Dollar 100.000,- je Verstoß auferlegt werden[1352]. Noch einschneidender sind aber die "administrative sanctions", welche bereits bei objektivem Rechtsverstoß verhängt werden können[1353]. Hier können erteilte Ausfuhrgenehmigungen zeitweise ausgesetzt oder ganz entzogen werden. Ausländische Unternehmen können vom Exportgeschäft mit den USA ausgeschlossen werden. Dies kann bis zu einem Handelsverbot mit allen "persons subject to the jurisdiction of the United States" führen, was den Kreis der verbotenen Geschäftspartner erheblich

---

[1345] § 374, § 379.8 (a) (1) Export Administration Regulations
[1346] 50 U.S.C. §§ 1701 - 1706, ILM 17 (1978), S. 140
[1347] 31 C.F.R. part 540 (1986)
[1348] 31 C.F.R. part 550, ILM 25 (1986), S. 192
[1349] 31 C.F.R. § 550.202
[1350] 31 C.F.R. § 550.308 (1986)
[1351] 50 U.S.C. app. § 2410 (a) und (b) (1987); 15 C.F.R. § 387.1 (a) (1987)
[1352] 50 U.S.C. app. § 2410 (c) (1987); 15 C.F.R. § 387.1 (b) und § 388.3(a)(4) (1987)
[1353] 50 U.S.C. app. § 2410 (c) (1987); 15 C.F.R. § 387.1 (b)(1) und § 388.3(a) (1987)

ins Ausland ausweitet. Auch Verstöße gegen den International Emergency Economic Powers Act werden mit Geldbußen bis zu 50000 $ geahndet[1354].

Die Betonung des personalen Anknüpfungspunkts im amerikanischen Exportkontrollrecht spiegelt die Tatsache wider, daß das Territorium bei solchen Regelungen nicht der entscheidende Gesichtspunkt ist[1355]. Regelungsziel sind die sicherheitspolitischen Interessen, welche bei der Exportorientierung moderner Volkswirtschaften nicht alleine aufgrund der Territorialhoheit sichergestellt werden können. Der Weg über politische Verabredungen, wie dies etwa im COCOM geschieht, ist eine Alternative, der amerikanische Weg die andere.

Daß die Personalhoheit als geeigneter Anknüpfungspunkt gewählt wird, ist folgerichtig, weil die Sicherheit eines Staates mit dem Treueband dieser Hoheit eng zusammenhängt. Der Bereich dieser Hoheit wird aber durch die amerikanische Gesetzgebung auf das äußerste ausgedehnt und ergänzt durch eine "Staatsangehörigkeit" für Waren, wie sie mehrfach genannt wurde, welche im Völkerrecht bisher keinen Präzedenzfall kennt. Die Proteste im Pipeline - Fall sprechen eine deutliche Sprache hinsichtlich der völkerrechtlichen Beurteilung solchen Vorgehens durch europäische Staaten.

Die Regelungen im Pipeline - Fall sind ein Beispiel dafür, wie Sicherheitsvorstellungen für die Partner in einer Allianz mit eigenen Sicherheitsbedürfnissen in einem Konglomerat gesehen werden, welches den Schlüssel zur allianzweiten Durchsetzung eigener Vorstellungen durch extraterritoriale Jurisdiktion nur scheinbar enthält, aber unweigerlich zu politischen und rechtlichen Konflikten führen muß. Damit Allianzpartner nicht gegen ihren Wunsch geschützt werden, sollte extraterritoriale Jurisdiktion als Faktor von Machtpolitik in einem solchen Falle als Mittel der Wahl ausscheiden oder die Beeinträchtigung eigener Sicherheitsinteressen sollte klar und deutlich argumentativ vertreten werden. Daß bei Übereinstimmung über die politischen Ziele auch weitgespannte extraterritoriale Jurisdiktion akzeptiert wird, zeigt ein anderes Beispiel aus der westlichen Allianz.

Im COCOM - Rahmen erließen die USA im Omnibus Trade and Competitiveness Act 1988[1356] eine Regelung, welche ganz auf das sicherheits-

---

[1354] 50 U.S.C. 1705

[1355] Abbott, K.W., Collective Goods, Mobile Resources, and Extraterritorial Trade Controls, Law and Contemporary Problems 50 (1987), S.117 - 152, 128

[1356] Public Law 100-418, ILM 28 (1989), S. 407. Die geregelte Fallgestaltung lag im Falle Toshiba / Kongsberg vor, über den der Interim Report on extra-territorial Jurisdiction in Export Control Law des ILA - Komitees über die rechtlichen Aspekte extrapolitische Interesse gestützt ist, ohne daß im Einzelfall bereits eine nach dem Schutzprinzip notwendige Gefährdungsintensität vorliegen müßte. Section 2444[1357] bestimmt, daß der Präsident Sanktionen gegen Ausländer im Ausland verhängen darf, wenn diese die Exportgesetze eines COCOM - Landes verletzt haben und dies zur erheblichen Verbesserung von Waffentechnik oder kriegstauglicher Technologie der Sowjetunion oder eines Ostblocklandes geführt hat. Als Sanktion können für zwei bis fünf Jahre alle Geschäfte mit amerikanischen Regierungsstellen und alle Importe von Waren, die der Verletzer produziert hat, verboten werden. Darüber hinaus können die USA den Schaden, der durch zusätzliche militärische Anstrengungen zur Neutralisierung der militärischen Verbesserung des Gegners entsteht, gegen den Verletzer einklagen.

Diese Auslandsregelung dient der Sicherheit der USA und ist darüber hinaus auf das Prinzip der doppelten Rechtswidrigkeit in den USA und dem verletzten Staat gestützt, welches schon aus dem Strafrecht bekannt ist. In diesen Fällen sind die Konfliktsmöglichkeiten begrenzt, aber nicht völlig beseitigt. Zum einen kann der fremde Staat, in dem gehandelt wurde, sich dazu entschließen, sein Verbot nicht durchzusetzen, zum anderen könnte eine Sanktion der Verletzung in zwei Staaten den Verletzer unverhältnismäßig hoch belasten. Sanktionsgrund ist nach dem Gesetz aber die Verletzung der Sicherheitsinteressen der westlichen Militärallianz und damit auch der USA. Da diese Interessen zu einer parallelen Gesetzgebung der COCOM - Staaten geführt haben, ist die Wahrscheinlichkeit von Jurisdiktionskonflikten hier nicht hoch.

Gemeinsame Interessen verbunden mit eigenen wirtschaftlichen Interessen können im übrigen dazu führen, daß ein Land das Außenwirtschaftsrecht eines anderen Landes, also etwa seine Reexportverbote, selbst anwendet und damit durchsetzt. Dies ist etwa in großem Umfang der Fall zwischen Kanada und den USA[1358].

(2) Antiboykott - Gesetzgebung

Streit über die Ausdehung amerikanischer Jurisdiktion über ausländische Tochtergesellschaften amerikanischer Mütter gab es auch im Bereich der

---

territorialer Jurisdiktion ILA Report of the 64th Conference, Broadbeach (1990), S. 312 - 330, 314 berichtet. Vgl hierzu auch International Law Association of Japan. Japan Branch Committee to the International Committee on extraterritorial Jurisdiction, the Japanese Annual of International Law 33 (1990), S. 140 - 153

[1357] 50 U.S.C. app. 2410 a

[1358] Mestral, A.L.C. de / Gruchalla - Wesiersky, T., Extraterritorial application of export control legislation (1990)

Antiboykott - Gesetzgebung der USA[1359]. Seit dem Jahre 1945 verfolgten die Staaten der arabischen Liga gegenüber jüdischen und später gegenüber israelischen Produkten eine Boykott-Politik. Im Jahre 1950 wurde dieser primäre Boykott ausgeweitet zu einem sekundären Boykott gegenüber allen Unternehmen, welche Handelsbeziehungen mit Israel hatten. Es wurden schwarze Listen erstellt von Firmen, mit denen Unternehmen, die mit arabischen Staaten Handel trieben, keinerlei Geschäftsbeziehungen haben durften. Im Jahre 1954 wurde in einer weiteren Stufe dies zu einem sogenannten "tertiären Boykott" ausgeweitet, indem nämlich auch Unternehmen, welche den sekundären Boykott nicht befolgten, auf die schwarze Liste gerieten und denjenigen Unternehmen, welche weiterhin mit arabischen Staaten Handel treiben wollten, ein Handel mit ihnen verboten war .

Am 22.6.1977 unterzeichnete Präsident Carter die Export Administration Amendments, deren Title II gegen diesen Boykott gerichtet waren[1360] und Unternehmen die Befolgung ausländischer Boykottanordnungen verboten. Diese Regeln sollten bewußt transnational gelten und insbesondere amerikanische Konzerne mit Auslands-Tochterunternehmen erfassen. In den Export Administration Amendments 1977 wurde der Anwendungsbereich der "United States persons" ausgedehnt[1361]. Hierzu gehörten auch ausländische Zweigstellen und selbständige Tochterunternehmen, die "controlled in fact" durch eine amerikanische Muttergesellschaft oder eine ausländische Gesellschaft, welche in den Vereinigten Staaten dauernd ansässig ist, sind. Dieser Standard wurde definiert als "the authority or

---

[1359] Friedman, H.M., Confronting the Arab Boycott, Harvard International Law Journal 19 (1978), S. 443; Wayne, R.S. , Extraterritorial Application of the Export Administration Amendments of 1977, Georgia Journal of International and Comparative Law 8 (1978), S. 741 - 761; Marcuss, S. J., Extraterritoriality: U.S. Antiboycott Law and the Foreign Corrupt Practices Act, Law and Policy in International Business 15 (1983) 1135 - 1146 ; Pfeifer, H., Anti-Boycott Legislation, Harvard International Law Journal 19 (1978), S. 349-372; Pengilley, W., Extraterritorial Effects of United States Commercial and Antitrust Legislation: A View from "Down Under", Vanderbilt Journal of Transnational Law 16 (1983), S. 833-885; Hacking, D. Lord, Increasing Extraterritorial Impact of US Laws: A Cause for Concern Amongst Friends of America, Northwestern Journal of International Law and Business 1 (1979), S. 1-10; Kestenbaum, L., The Antitrust Challenge for the Arab Boycott: Per se theory, Middle-East Politics, and United States v. Bechtel Corporation, Texas Law Review 54 (1976), S. 1411-1431; ders., The Arab Boycott in U.S. Law: Flawed Remedies for an International Trade Restraint, Law and Policy in International Business 10 (1978), S. 769-814; Hacking, D. Lord, Increasing Extraterritorial Impact of US Laws: A Cause for Concern Amongst Friends of America, Northwestern Journal of International Law and Business 1 (1979), S. 1-10, 7

[1360] Public Law 95 - 52, ILM 16 (1977), S. 909

[1361] Federal Register 43, No. 17, S. 3508, ILM 17 (1978), S. 169; vgl. auch die Reporting Requirements vom 1.8.1978, Federal Register 43 No. 129, S. 29078, ILM 17 (1978), S. 1136

ability ... to establish the general policies or to control day-to-day operations"[1362].

Begrenzt wurde dieser Anwendungsbereich aber durch die weitere Voraussetzung, daß es sich um "activities in the interstate and foreign commerce of the United States" handeln mußte. Dieses Merkmal ist aber auch noch erfüllt, wenn es sich um eine "acquisition specifically for use in the transaction with a person outside the United States"[1363] handelt, wenn also die Waren oder Dienstleistungen in den USA zu diesem Zwecke erworben wurden. Bei Verarbeitung im Ausland fällt das Merkmal des United States Commerce weg[1364]. Hier wird also eine weite Anknüpfung an die Personalhoheit mit derjenigen an die Herkunft der Waren gekoppelt. Ziel ist der Schutz unter anderem auch von amerikanischen Personen und Unternehmungen vor der Lieferverweigerung aufgrund der Boykottanordnung ausländischer Staaten. Dies wird durch Auslandsregelung auch extraterritorial verboten.

Es gibt in dem Gesetz Ausnahmen für Gesellschaften, welche nach ausländischem Recht anderen Regeln unterworfen sind, für "compliance by a United States person resident in a foreign country or agreement by such person to comply with the laws of that country with respect to his activities exclusively therein..."[1365], eine Ausnahme, welche bereits in dem Verfahren U.S. v. Bechtel für ein Verhalten vor Inkrafttreten dieses Gesetzes gemacht wurde[1366]. Diese Ausnahme gilt aber dann wiederum nicht, wenn es sich um eine Diskriminierung gegen eine United States person handelt[1367]. Die Beachtung der Regeln ausländischer Territorialhoheit wird also eingeschränkt durch den Schutz von Personen unter amerikanischer Personalhoheit. Die Kollisionslösung durch Zurückstehen eigener Jurisdiktion wird bei doppelter Anknüpfung nicht gewährt.

Bereits im Jahre 1977 hatte Großbritannien gegen die Möglichkeit des Durchgriffs durch die gesellschaftsrechtliche Selbständigkeit nach diesem Gesetz protestiert[1368]. Im Jahre 1981 gab es einen weiteren Notenwechsel

---

1362 15 C.F.R. § 369.1 (c), 43 Fed. Reg. 3513 (1978)

1363 15 C.F.R. § 369.1 (d) (15), 43 Fed. Reg. 3515 (1978)

1364 15 C.F.R. § 369.1 (d) (12)-(13), 43 Fed. Reg. 3515 (1978)

1365 50 U.S.C. § 2403-1 a (a) (2) (F)

1366 Der Fall wurde durch consent decree beendet, vgl. 1979-1 C.C.H. Trade Cases § 62,429; 62,430 (N.D. Cal. 1979); 648 F.2d 660 (9th Cir.); cert. den. 454 U.S. 1083. Vgl. Note, The Arab Boycott: The Anti Trust Challenge of United States v. Bechtel in Light of the Export Administration Amendments of 1977, Harvard Law Review 92 (1979), S. 1440 - 1460; Longstreet, J.H., United States v. Bechtel Corporation: Antitrust and the Arab Blacklist, Vanderbilt Journal of Transnational Law 11 (1978), S. 299-321

1367 50 U.S.C. § 2403-1 a (a) (3); 15 C.F.R. § 369.3 (f-1)

1368 Abgedruckt bei Lowe, A.V., Extraterritorial Jurisdiction (1983), S. 147

zwischen beiden Staaten um die Anwendung des Gesetzes auf die britische Gesellschaft "3M U K"[1369]. Großbritannien wandte sich zunächst dagegen, daß sich die Gesellschaft freiwillig amerikanischer Jurisdiktion unterwerfen könne, ohne daß die Voraussetzungen dieser Jurisdiktion objektiv gegeben seien. 3M U K sei ein britisches Unternehmen und dürfe nicht wegen Verhaltens im Vereinigten Königreich zum Gegenstand hoheitlicher Untersuchungen in den USA werden.

Die amerikanische Regierung antwortete, zwar müsse bei einer solchen Anknüpfung auch die Souveränität eines anderen Staates respektiert werden. Dies sei aber im vorliegenden Fall erfolgt, weil weder Hoheitsakte auf britischem Staatsgebiet vorgenommen worden seien noch das angeordnete Verhalten gegen britisches Recht verstoße. Abgesehen davon könnten sich ausländische Unternehmen sehr wohl der amerikanischen Jurisdiktion unterwerfen. Allerdings: "Such a waiver, of course, does not impair the United Kingdom's own jurisdiction nor affect the position of the United Kingdom under international law with respect to any conflicts of jurisdiction."

Der Notenwechsel ist in mehrfacher Hinsicht bemerkenswert. Die USA begründen die Berechtigung ihrer Anknüpfung an die Personalhoheit durch die Auswirkungen des verbotenen Verhaltens auf ihren Staat. Damit wird ein Gesichtspunkt der Beschränkung der Personalhoheit in wirtschaftlichen Fällen angedeutet und die britische Antwort weist auf eine ähnliche Auffassung hin, nämlich der Begrenzung auf die Schwere der Verletzung oder die internationale Harmonie in der Beurteilung der Rechtswidrigkeit. Zum anderen gehen beide Staaten offensichtlich insoweit von unterschiedlichen Konzepten aus, als Großbritannien grundsätzlich die beanstandeten Anknüpfungen für unanwendbar und rechtswidrig hält, während die USA nur in Kollisionsfällen Abstriche an ihrem Jurisdiktionsanspruch machen wollen.

In einer weiteren Note aus dem gleichen Jahr[1370] erklärte die Regierung Großbritanniens, daß sich die faktische Kontrolle nicht einfach auf die Möglichkeit gesellschaftsrechtlicher Kontrollausübung beziehen dürfe, sondern nur bei tatsächlicher Ausübung dieser Kontrolle in jedem Einzelfall zur Begründung der Jurisdiktion der Vereinigten Staaten herangezogen werden dürfe. Jedenfalls müsse es dem Unternehmen möglich sein, eine Vermutung zugunsten der tatsächlichen Ausübung der Kontrolle zu widerlegen. Auf keinen Fall aber dürfe diese Kontrolle dann

---

[1369] Protestnote Nr. 82 vom 31.3.1981, abgedruckt in: Lowe, A.V., Extraterritorial Jurisdiction (1983), S. 149 - 155 einschließlich der Antwort des amerikanischen Außenministeriums und der britischen Replik hierauf.

[1370] vom 18.11.1977, in: Lowe, A.V., Extraterritorial Jurisdiction (1983), S. 148 - 149

angenommen werden, wenn ein britisches Unternehmen beweisen könne, daß die Handlungen im Vereinigten Königreich stattfanden, "and were in accordance with the requirements of the United Kingdom law over the policies of H.M. government"[1371].

Das in der Antiboykottgesetzgebung steckende Konfliktpotential wird sich in dem Maße verringern, in dem andere Staaten eine ähnliche Gesetzgebung erlassen. Nachdem neben den USA auch Frankreich und die BENELUX - Staaten dies getan haben, hat auch die deutsche Bundesregierung im Juli 1992 angekündigt, durch eine Änderung der AWV auch deutschen Unternehmen eine Beteiligung am arabischen Boykott zu verbieten. Diese Harmonisierung wird, auch wenn die Rechtsvorschriften noch national und auch in ihrem Regelungsumfang divergent sind, den Anlaß für Konflikte mehr und mehr beseitigen.

b) Deutsches und Europäisches Recht

Das Außenwirtschaftsrecht der Bundesrepublik Deutschland[1372] wird im Verhältnis zu den Mitgliedstaaten der EG durch das Gemeinschaftsrecht überlagert. Aber auch im Verhältnis zu Drittstaaten geht EWG - Recht vor, soweit es gestützt auf Art. 113 EWGV den Wirtschaftsverkehr zwischen der Gemeinschaft und Drittländern regelt. Somit verbleibt für das deutsche Außenwirtschaftsrecht nur noch der vom Gemeinschaftsrecht ungeregelte Teil, hierunter aber das hinsichtlich der Jurisdiktionskonflikte besonders sensible Gebiet der Wahrung nationaler Sicherheitsinteressen, insbesondere des Handels mit Waffen und sonstigem Kriegsmaterial[1373].

Das deutsche AWG sieht Beschränkungen des Außenwirtschaftsverkehrs in Form von Verboten oder Genehmigungsvorbehalten vor[1374]. Darüber hinaus können auch selbständige Handungspflichten begründet werden[1375], was bisher für die Bardepotpflicht aktuell wurde[1376]. Letztere dient der Erhaltung des gesamtwirtschaftlichen Gleichgewichts und soll Geld- und Kapitalzuflüsse aus dem Ausland durch die Verpflichtung des Depots eines Prozentsatzes von Darlehen oder sonstigen Krediten reduzieren, welche Gebietsansässige bei Gebietsfremden aufnehmen. Dies ist eine Inlandsregelung mit Auslandsanknüpfung, die aber deswegen nicht extraterritoriale Jurisdiktion ist, weil nicht Persuasion auf Verhalten im

---

[1371] Weitere Proteste in diesem Sinne finden sich in British Yearbook of International Law 49 (1978), S. 388, 390

[1372] Vgl. hierzu allgemein Gramlich, L., Außenwirtschaftsrecht (1991) m.w.N.

[1373] Art. 223 Abs. 1 (a) EWGV

[1374] § 2 Abs. 1 AWG

[1375] § 2 Abs. 3 AWG

[1376] § 6 a AWG. Vgl. hierzu Gramlich, L., Außenwirtschaftsrecht (1991), S. 140 - 142

Ausland, sondern auf das Kreditaufnahmeverhalten von Inländern ausgeübt werden soll. Die Folge der möglichen Reduzierung von Auslandskreditaufnahmen ist jurisdiktionsrechtlich irrelevant, sie ist eine reine wirtschaftliche Folge von Inlandsverhalten.

Die Beschränkungen werden vom AWG nur grundsätzlich in Ermächtigungsgrundlagen für sekundäre Rechtssetzung aufgrund bestimmter Regelungsziele geregelt. Nur die Genehmigungspflicht der Einfuhr von Waren, welche nicht auf der Einfuhrliste enthalten sind, ist in § 10 Abs. 1 AWG unmittelbar geregelt. Die für die vorliegende Fallgestaltung wichtigsten Beschränkungen enthalten die §§ 5 bis 7 AWG. Danach können zunächst Beschränkungen aufgrund völkervertragsrechtlicher Verpflichtungen eingeführt oder aufgehoben werden[1377], also zu international festgelegten Zwecken. Ein weiteres Ziel von Beschränkungen ist der Schutz, das heißt die Vorbeugung vor schädigenden Einwirkungen aus "fremden Wirtschaftsgebieten" oder ein Gegenmittel hiergegen[1378]. Diese Einwirkungen müssen entweder bereits bestehen oder jedenfalls doch drohen. Das AWG nennt drei Fallgruppen: die Einschränkung, Verfälschung oder Verhinderung des Wettbewerbs, die Beschränkung des Wirtschaftsverkehrs mit dem fremden Wirtschaftsgebiet oder die "Auswirkungen von in fremden Wirtschaftsgebieten herrschenden, mit der freiheitlichen Ordnung der Bundesrepublik Deutschland nicht übereinstimmenden Verhältnissen auf das Wirtschaftsgebiet" (§ 6). In diesem Fall wird wegen dieser Einwirkungen bereits die Einfuhr reglementiert.

Sicherheitspolitischen Zwecken dienen Beschränkungen nach § 7 AWG: der Sicherheit der Bundesrepublik Deutschland, der Verhütung des friedlichen Zusammenlebens der Völker und der Verhütung erheblicher Störungen der auswärtigen Beziehungen des Staates. Die Beschränkungen beziehen sich in diesem Falle insbesondere auf Waffen und sonstige für kriegerischen Gebrauch bestimmte Gegenstände sowie auf Gerät und Technologie, welche für friedliche und für kriegerische Zwecke genutzt werden können[1379].

Die Beschränkungen nach den §§ 5, 6 und 7 Abs. 1, 2 AWG haben einen inländischen Anknüpfungspunkt, nämlich das Vorliegen von Außenwirtschaftsverkehr, also der Verbringung von Wirtschaftsleistungen über die Grenze der Bundesrepublik Deutschland hinweg[1380]. Der Anknüpfungspunkt ist die Teilnahme an der Wirtschaftsordnung in dem territo-

---

[1377] § 5 AWG; §§ 6, 6 a, 6 b, 6 c, 20 c, 20 d, 35 b, 35 c, 38, 51 AWV

[1378] § 6 AWG; §§ 44 - 44 b AWV

[1379] Vgl. hierzu §§ 5 - 5 c, 29 b, 38, 40, 43 a - 44, 45 - 45 b, 69 b - 69 e AWV

[1380] Puttler, A., Völkerrechtliche Grenzen von Export- und Reexportverboten (1989), S. 38

rialen Bezug der Einfuhr oder der Ausfuhr. Im strafrechtlichen Sinne könnte man hier vom objektiven Territorialitätsprinzip sprechen, aber es wird noch zu erörtern sein, inwieweit es angezeigt ist, im öffentlichen Wirtschaftsrecht mit strafrechtlichen Jurisdiktionskategorien zu arbeiten.

Darüber hinaus richten sich Exportbeschränkungen[1381] und Importbeschränkungen[1382] an "Gebietsansässige", denen in bestimmen Ausnahmefällen aber auch Gebietsfremde gleichgestellt sind[1383]. Hierunter werden verstanden[1384] natürliche Personen mit Wohnsitz oder gewöhnlichem Aufenthalt im Inland, juristische Personen und Personenhandelsgesellschaften mit Sitz oder Ort der Leitung im Inland. Ausländer sind gebietsansässig auch dann, wenn sie Zweigniederlassungen mit eigener Leitung und gesonderter Buchführung oder Betriebsstätten mit eigener Verwaltung im Inland haben. Jurisdiktion über ausländische Tochtergesellschaften inländischer Unternehmen gibt es nach deutschem Außenwirtschaftsrecht nicht. Die Regelungen über den Dienstleistungsverkehr der §§ 15 - 21 AWG richten sich entweder an Gebietsansässige oder betreffen die Erbringung der Dienstleistung im Inland. Die Regeln über den Kapitalverkehr betreffen entweder Geschäfte zwischen Gebietsansässigen und Gebietsfremden oder Anlagen und Angebote Gebietsfremder im Inland[1385].

Anknüpfung ist also immer entweder die Territorialhoheit (Gebietsansässigkeit) oder die Teilnahme an der innerstaatlichen Wirtschaftsordnung. Insbesondere durch die Ende der achtziger Jahre bekanntgewordene Beteiligung deutscher Unternehmen an der Errichtung von Chemiewaffenfabriken im Irak und in Libyen ist dieses Anknüpfungsschema jedoch nun um die Personalhoheit erweitert worden[1386]. Nunmehr können auch Geschäfte Deutscher[1387] im Ausland nach § 7 Abs. 3 bei sicherheitspolitisch sensiblen Waren beschränkt werden[1388]. Hier werden keine juristischen Personen erfaßt, so daß das Problem der Stellung von Konzerngesellschaften nicht auftritt[1389]. Die Rechtmäßigkeit des

---

1381 § 8 AWG

1382 § 10 AWG

1383 § 10 a AWG, §§ 32 - 35 AWV

1384 § 4 Abs. 1 Nr. 3 AWG

1385 §§ 22, 23 AWG

1386 Vgl. zur Reform Oeter, S., Neue Wege der Exportkontrolle im Bereich der Rüstungsgüter, Zeitschrift für Rechtspolitik 25 (1992), S. 49 - 55; Holthausen, D., Die Strafbarkeit von Auslandstaten Deutscher und das völkerrechtliche Interventionsverbot, NJW 45 (1992), 214 - 216

1387 § 7 Abs. 3 bindet diese Qualität an die Inhaberschaft eines Personaldokumentes oder der Pflicht hierzu, wenn die betreffende Person einen Wohnsitz im Inland hätte

1388 Vgl. hierzu §§ 45 b, 69 d AWV

1389 Puttler, a.a.O. (Anm. 1380), S. 102

Verhaltens am Aufenthaltsort beseitigt die Rechtswidrigkeit nach deutschem Recht nicht, wohl aber die Strafbarkeit.

Nach den §§ 33 und 34 AWG sind Verstöße gegen Pflichten und Beschränkungen im Außenwirtschaftsverkehr entweder als Ordnungswidrigkeiten mit Bußgeld oder - wenn sie die Sicherheitsinteressen der Bundesrepublik betreffen - als Straftaten mit Freiheitsstrafe bis zu fünf Jahren oder mit Geldstrafe, in schweren Fällen bis zu zehn Jahren zu bestrafen. Die Waren oder das Kapital, auf das sich die Straftat bezieht, können eingezogen werden, ebenso die instrumenta sceleris[1390]. Für die Zuwiderhandlung Deutscher im Ausland gilt nach der Gesetzesänderung 1992[1391] gemäß § 35 die Strafbarkeit unabhängig vom Recht des Tatorts, ebenso wie dies bereits vorher für Auslandstaten gegen das Kriegswaffenkontrollgesetz[1392] nach § 21 bestimmt war. Hier ist also eine Kollision mit einer entsprechenden Freiheit oder gar Anordnung im Aufenthaltsstaat möglich.

Der Durchsetzung des deutschen Außenwirtschaftsrechts dient auch die privatrechtsgestaltende Norm des § 31 AWG, wonach Rechtsgeschäfte ohne erforderliche Genehmigung unwirksam sind. Auch wenn ein Vertrag durch Kollisionsrecht ausländischem Recht unterliegen sollte, so setzt sich diese Vorschrift aufgrund Art. 34 EGBGB im Inland immer durch.

Die Reexportkontrolle nach dem deutschen Außenwirtschaftsrecht arbeitet mit der Verpflichtung des Exporteurs, den endgültigen Bestimmungsort der Ware zu offenbaren[1393]. Soweit Exporte nach dem Kriegswaffenkontrollgesetz bzw. nach § 3 Abs. 1 des Atomgesetzes ebenso wie nach den §§ 5 und 7 des Außenwirtschaftsgesetzes einer Ausfuhrgenehmigung bedürfen, gibt es nach dem sogenannten Spannungserlaß der Bundesregierung vom 28. April 1982[1394] eine Pflicht, eine "Endverbleibserklärung" einerseits des Importlandes und andererseits des ausländischen Importeurs selbst dem Bundesamt für Wirtschaft als Genehmigungsbehörde vorzulegen. Für die COCOM-Staaten gilt insoweit jetzt § 17 Abs. 2 Nr. 1 und 2 AWV, wonach ein International Import Certificate (IC) und nach erfolgter Ausfuhr ein Delivery Verification Certificate (DV) des Einfuhr-

---

[1390] § 39 AWG

[1391] Vgl. dazu Hantke, W., Die Verschärfung des Außenwirtschaftsrechts, NJW 45 (1992), S. 2123 - 2125

[1392] in der Fassung der Bekanntmachung vom 22.11.1990 (BGBl. 1990 I, 2507)

[1393] Hierzu Puttler, a.a.O. (Anm.1380), S. 38 - 47

[1394] Politische Grundsätze der Bundesregierung für den Export von Kriegswaffen und sonstigen Rüstungsgütern, Bulletin der Bundesregierung vom 5.5.1982, Nr. 38, S. 309

landes[1395] vorzulegen ist. Die Ausfuhrgenehmigung kann nach § 30 Abs. 1 AWG mit Nebenbestimmungen versehen werden. Hinsichtlich des Importeurs wird in der Regel eine Endverbleibserklärung (DV) nach § 17 Abs. 2 Nr. 3 AWV verlangt.

Das Erfordernis einer Einfuhrbescheinigung dient primär der Sicherstellung, daß die Ware auch tatsächlich in das im Antrag genannte Land importiert wird. Hierdurch wird aber auch das Importkontrollrecht dieses Landes bereits im inländischen Ausfuhrstadium durchgesetzt[1396]. Seine Einhaltung ist Bedingung der Ausfuhrgenehmigung. Es handelt sich um einen speziellen Fall der eigennützigen Anerkennung im Rahmen eines internationalen Systems von Bescheinigungen, welches gemeinsame Sicherheitsinteressen wahren will[1397].

Die deutsche Genehmigungsbehörde verlangt auch bei Lieferungen in COCOM-Staaten zusätzlich in bestimmten Fällen eine schriftliche Erklärung des ausländischen Importeurs, nämlich bei Anlagen oder Technologien zur Herstellung von Kriegswaffen[1398]. Der Importeur muß versichern, daß er ohne Zustimmung der Bundesregierung die betreffenden Güter nicht reexportieren wird. Er muß sich verpflichten, die Güter nicht nach Südafrika, in ein Land der Länderliste C oder in Länder, die in bewaffnete Auseinandersetzungen verwickelt sind, zu liefern. Weiter muß er sich damit einverstanden erklären, daß sein deutscher Vertragspartner alle beabsichtigten Exporte von Waren, die mit den aus der Bundesrepublik gelieferten Anlagen oder Technologien gefertigt wurden, während eines Zeitraums von in der Regel 5 Jahren nach Lieferung der deutschen Genehmigungsbehörde mitteilt und die Bundesregierung gegen den Export der Waren Einspruch erheben kann. Die Ausfuhrgenehmigung für den deutschen Exporteur wird mit entsprechenden Auflagen versehen. Ähnliche Bestimmungen insbesondere hinsichtlich einer Verpflichtungserklärung des ausländischen Importeurs gelten auch für die Ausfuhr in bestimmte andere Länder.

Die Reexportverpflichtungen und die Endverbleibserklärung des Importeurs sind nach Ansicht des Bundesamts für Wirtschaft ein privatrechtlicher Vertrag. Dem ist zuzustimmen, weil die erstrebte Genehmigung nur

---

[1395] Nach dem Runderlaß Außenwirtschaft 20/85, abgedruckt in Hocke, E. /Berwald /Maurer, Außenwirtschaftsrecht, Loseblattsammlung, Bd. 2, III 3 a

[1396] Remien, O., Außenwirtschaftsrecht in kollisionsrechtlicher Sicht, RabelsZ 54 (1990), S. 431 - 478, 455 f.

[1397] Zur Praxis in Österreich, Spanien, Schweiz und Schweden Remien, a.a.O., S. 457 f.

[1398] Puttler, a.a.O. (Anm. 1380), S. 42

gegenüber dem inländischen Exporteur ergeht[1399]. Jedenfalls liegt hierin keine Unterwerfung unter die Jurisdiktion der Bundesrepublik Deutschland. Sanktionen könnten nur privatrechtlicher Natur sein. Damit besteht insoweit kein Jurisdiktionsproblem, das demjenigen der entsprechenden Unterwerfungserklärungen nach amerikanischem Recht entspricht. Die deutsche Lösung knüpft zwar auch an Waren und Technologien an, aber nicht im Sinne einer Erweiterung der hoheitlichen Befugnisse, sondern durch mittelbare privatrechtliche Vertragsdurchsetzung.

Insgesamt kann man sagen, daß das deutsche Außenwirtschaftsrecht[1400] zwar auch extraterritoriale Jurisdiktion kennt, jedoch nur auf der Grundlage der Personalhoheit und daß insoweit auch keine Erweiterung des Adressatenkreises über die staatsangehörigen Personen hinaus vorgenommen werden. Auswirkungen aus dem Ausland - nicht generell definiert, sondern enumerative Fallgestaltungen - werden von diesem Recht durch Regulierung des Außenwirtschaftsverkehrs, also durch Einfuhrbeschränkungen abgefangen, soweit sie unerwünscht sind. Dies kann durch intraterritoriale Jurisdiktion geschehen, welche aber dadurch auf Personen im Ausland persuasiv wirkt, weil ansonsten ein Importmarkt verloren ginge.

Das EG - Recht enthält ganz überwiegend Ein- und Ausfuhrregeln und damit immer einen direkten territorialen Bezug. Nur die Regeln über Wirtschaftssanktionen, welche von der Gemeinschaft erlassen wurden[1401], sind in diesem Zusammenhang von Interesse. Beim Embargo gegen Irak und Kuwait 1990[1402] sind die Handelsverbote auf "Tätigkeiten auf dem Gebiet der Gemeinschaft oder durch Luftfahrzeuge oder Schiffe unter der Flagge eines Mitgliedstaats" sowie auf "jeden Staatsangehörigen der Gemeinschaft" bezogen[1403]. In anderen Fällen hatte die Gemeinschaft sich bei Handelssanktionen auf eine Reduzierung oder Unterbrechung der

---

[1399] Vgl. Puttler, a.a.O. (Anm. 1380), S. 42 - 45, die einen öffentlichrechtlichen Vertrag ablehnt

[1400] Zum englischen Recht, das strikt territorial ist, vgl. Lowe, A.V., Extraterritorial Jurisdiction, The British Practice, RabelsZ 52 (1988), S. 157-204, 170 - 172

[1401] Vgl. hierzu etwa Bruha, T., Handelsembargo gegen Argentinien durch EWG-Verordnung?, DVBl.1982, 674 - 682 ; Meier, G. Zur Kompetenz der EG-Mitgliedstaaten zur Durchführung von Sanktionsbeschlüssen des Sicherheitsrats der Vereinten Nationen, RIW/AWD 25 (1979), 247- 250; Kuyper, P.J., Sanctions against Rhodesia. The EEC and the implementation of General International Legal Rules, CMLR 12 (1975), 231 - 244 ;Schröder, M., Wirtschaftssanktionen der Europäischen Gemeinschaften gegenüber Drittstaaten, dargestellt am Beispiel des Iranembargos, GYIL 23 (1980), 111-125; Meng, W., Die Kompetenz der EWG zur Verhängung von Wirtschaftssanktionen gegen Drittländer, ZaöRV 42 (1982), S. 780 - 803

[1402] Verordnung (EWG) Nr. 2340/90 vom 8.8.1990 (ABlEG 1990 L 213, 1)

[1403] Art. 2

Einfuhr beschränkt, so daß die Problematik der Extraterritorialiät nicht auftreten konnte[1404].

Die Praxis der Bundesrepublik Deutschland und der EG zeigt, daß die Ausdehnung der Jurisdiktion im Außenwirtschaftsrecht in dem durch die USA vorgenommenen Ausmaß nicht etwa sachnotwendig ist, sondern eine politische Entscheidung, welche die eigene Sicherheitspolitik international so weit wie möglich absichern möchte. Sie ist im Pipeline - Fall Ausdruck eines Selbstbewußtseins der Hauptmacht einer militärischen Allianz gewesen. Eine Bewertung dieses Umstandes wird noch vorzunehmen sein.

C. Aufsicht über grenzüberschreitende Konzerne

Die Aufsicht über das Verhalten von Gesellschaften wird, soweit es im Ausland stattfindet, zunächst aufgrund der Personalhoheit ausgeübt. Dies hat zur Voraussetzung, daß es sich um eine Gesellschaft mit der "Staatsangehörigkeit" des regelnden Staates handelt. Hier aber treten die Probleme auf, welche bereits früher erörtert wurden. Die Bestimmung der Staatsangehörigkeit nach der Gründungstheorie oder nach der Sitztheorie ist völkerrechtlich anerkannt, worauf der Internationale Gerichtshof in seiner bereits erwähnten Barcelona Traction - Entscheidung[1405] verwiesen hat. Streit aber herrscht über die Kontrolltheorie, welche eine Durchstoßung des Schleiers der selbständigen Rechtsperson einer Gesellschaft ermöglicht, um einerseits auf die dahinter stehenden Mehrheitseigner Zugriff nehmen und andererseits Mutter- und Tochterunternehmen als Einheit unter einer gemeinsamen Jurisdiktion behandeln zu können.

Über die Proteste insbesondere Großbritanniens, aber auch der EWG gegen eine solche Erweiterung der Personalhoheit wurde bereits früher berichtet. In einem anderen Bereich der gemeinsamen Jurisdiktion über Mutter- und Tochtergesellschaften ergibt sich aber, daß gerade diese Hoheitsträger sich in ihrer Jurisdiktionspraxis von den USA nicht unterscheiden.

[1404] Vgl. etwa die Maßnahmen gegenüber der UdSSR VO (EWG) 596/82 vom 15.3.1982 (ABlEG 1982 L 72, S. 15); Argentinien VO (EWG) 877/82 vom 16.4.1982 (ABlEG 1982 L102, 1);

[1405] Barcelona Traction, Light and Power Company (Second Phase), ICJ Rep. 1970, S. 3

1. Banken - Aufsicht

Im Bereich der Aufsicht über Geschäftsbanken[1406] haben 12 Industriestaaten durch das revidierte Basler Konkordat vom Mai 1983[1407] Leitlinien geschaffen und sie dann in nationales Recht umgesetzt. Sie verteilen die Aufsichtsverantwortlichkeit zwischen den für die Muttergesellschaft und den für die Tochtergesellschaft verantwortlichen Aufsichtsbehörden. Sie gehen von der durchgängigen und angemessenen Überwachung aller Banken aus und von einer Kooperationspflicht zwischen ausländischer Muttergesellschaft und Sitzstaat der Zweigstelle oder Tochtergesellschaft, anerkennen aber auch die Möglichkeiten von Kontrolldefiziten. Grundsätzlich sollte der jeweilige Sitzstaat die Kontrolle übernehmen, wobei aber auch der Staat der Muttergesellschaft auf Bitte des Sitzstaats seine Kontrolle extraterritorial ausweiten darf. Wenn dem Sitzstaat aber die Kontrolle der Muttergesellschaft unzureichend erscheint, so kann er entweder den Betrieb der Tochtergesellschaft untersagen oder Bedingungen unterwerfen.

Die Aufsicht zwischen den Staaten der Mutter- und Tochtergesellschaften wird aufgeteilt. Sowohl der Sitzstaat letzteren wie auch derjenige der Muttergesellschaft können sie ausüben. Die Aufsichtsbehörde über die Muttergesellschaft muß die Kreditrisiken der gesamten Bankengruppe konsolidiert beurteilen. Dies erfordert den Zugang zu allen notwendigen Informationen der Tochtergesellschaften - und hier sieht das Konkordat bereits Schwierigkeiten mit dem Bankgeheimnis in manchen Ländern voraus. Diese Probleme wurden bereits bei der verfahrensmäßigen Behandlung von Geheimhaltungspflichten erörtert.

In der Bankengesetzgebung der USA unterstehen seit 1978[1408] Zweigstellen ausländischer Banken mit Tätigkeit innerhalb der Vereinigten Staaten der Hoheit der Bundesbehörden. Sie werden durch das Federal Reserve System geprüft und sind ihm berichtspflichtig. In den EG ist das Zulassungs- und Aufsichtswesen in gewissem Umfang, wenn auch nicht vollständig, durch Richtlinien harmonisiert worden[1409]. Die Beaufsichtigung auf konsolidierter Basis im Verhältnis zu Drittländern soll durch Informationsabkommen auf der Basis der Gegenseitigkeit harmonisiert wer-

---

1406 Hierzu allgemein Bauer, K.-A., Das Recht der internationalen Bankenaufsicht (1985); Lange, D. / Born, G. (Hrsg.), The Extraterritorial Application of National Laws (1987), S. 12 - 14

1407 ILM 22 (1983), S. 900

1408 International Banking Act, 12 U.S.C. §§ 3101-3108

1409 Erste Bankrechtskoordinierungs - Richtlinie 77/780/EWG (ABlEG 1977 L 322, 30) vom 12.12.1977, zuletzt geändert durch Richtlinie vom 15.12.1989 (ABlEG 1989 L 386, 1); Zweite Bankrechtskoordinierungs - Richtlinie 89/646/EWG (ABlEG 1989 L 386, 1)

den[1410]. Auf Gegenseitigkeitsbasis erfolgt auch die Zulassung von Bankinstituten aus Drittländern zur Tätigkeit innerhalb der Gemeinschaft[1411].

Im deutschen Gesetz über das Kreditwesen[1412] spricht § 44 a das Problem grenzüberschreitender Prüfungen und Auskunftsverlangen an. Entscheidender Gesichtspunkt - außerhalb des integrierten Rahmens der EG - ist die Gegenseitigkeit. Liegt sie vor, so können auch Beschränkungen der Übermittlung von Daten durch Rechtsvorschriften außer acht bleiben, fehlt sie, so kann das Bundesaufsichtsamt für das Kreditwesen einem Kreditinstitut die Übermittlung von Daten ins Ausland untersagen. Hierin liegt ein - konditioniertes - Abwehrgesetz, aber auch ein weitreichendes Kooperationsangebot.

Im Bankrecht hat sich bei konkurrierender Jurisdiktion aus den sachlichen und allgemein anerkannten Erfordernissen der Aufsicht ein Ansatz zur Koordination im gemeinsamen Interesse ergeben, welcher auch - mit Zustimmung der betroffenen Staaten - eine Ausdehnung der Jurisdiktion auf Tochterunternehmen erlaubt. Diese Koordination ist eine vernünftige Reaktion auf die grenzüberschreitenden Konzernstrukturen und reduziert die Konfliktmöglichkeiten erheblich.

2. Konzernrechtliche Regelungen

Die Probleme des "Durchgriffs durch die gesellschaftsrechtliche Selbständigkeit" wurden bereits bei der Frage der gerichtlichen Zuständigkeit und der Vornahme von Verfahrensakten im Inland gegenüber im Konzern verbundenen Gesellschaften der ausländischen Adressaten erörtert. Sie setzen sich in materiellrechtlichen Fragen, wie sich beim Außenwirtschaftsrecht zeigte, fort[1413]. Man sollte aber das Problem nicht als einheitliches sehen, denn die Motive einer Erstreckung von Jurisdiktion auf ausländische Konzernunternehmen können sehr unterschiedlich sein. Im Verfahrensrecht wird die inländische Konzerngesellschaft stellvertretend für die ausländische eigentliche Adressatin des Hoheitsakts erfaßt. Im Außenwirtschaftsrecht werden ausländische Gesellschaften zusammen mit den inländischen einem sicherheits- oder außenpolitischen Ziel unterworfen. In einer dritten Fallgestaltung aber werden grenzüberschreitende Konzerne als Einheit gesehen, um die Aufsicht über die finanzielle

---

[1410] Art. 6 Richtlinie 83/350/EWG vom 13.6.1983 (ABlEG 1983 L 193, 18) über die Beaufsichtigung der Kreditinstitute auf konsolidierter Basis

[1411] Vgl. die in ihrer Entstehung sehr umstrittene und sehr detaillierte Regelung der Art. 9 und 10 der zweiten Bankrechtskoordinierungs - Richtlinie

[1412] In der Fassung der Bekanntmachung vom 11.7.1985 BGBl. 1985 I, 1472, zuletzt geändert durch Gesetz vom 30.11.1990 (BGBl. 1990 I, 2570)

[1413] Wallace, C.D., Legal Control of the Multinational Enterprise (1982)

Grundlage oder die unternehmerischen Entscheidungen so ausüben zu können, wie dies auch bei rein nationalen Konzernen der Fall ist.

Ein solcher Fall extraterritorialer Jurisdiktion war beim Entwurf der sogenannten "Vredeling - Richtlinie" der EWG diskutiert worden[1414]. Nach dieser Richtlinie in ihrer geänderten Fassung vom Juli 1983[1415] sollte ein Mutterunternehmen, von dem Tochterunternehmen tatsächlich abhängig sind, einmal jährlich der Leitung jedes seiner Tochterunternehmen "allgemeine erläuternde Informationen" unterbreiten, "die ein klares Bild der Tätigkeiten des Mutterunternehmens und seiner Tochterunternehmen als ganzes vermitteln." Diese Informationen sollten betreffen die Struktur, die wirtschaftliche und finanzielle Lage, die voraussichtliche Entwicklung der Geschäfts-, Produktions- und Absatzlage, die Beschäftigungslage und ihre voraussichtliche Entwicklung sowie die Entwicklungschancen für die Investitionen. Die Tochterunternehmen sollten diese Informationen an die Arbeitnehmervertreter weiterleiten. Diese Informationspflicht sollte mit Sanktionen erzwungen werden können.

Über diese regelmäßige Berichtspflicht hinaus sollte eine Informationspflicht bestehen bei einer beabsichtigten Entscheidung eines Mutterunternehmens, "die das gesamte Mutterunternehmen oder einen erheblichen Teil desselben oder eines oder mehrerer seiner Tochterunternehmen in der Gemeinschaft betrifft und schwerwiegende Folgen für die Arbeitnehmer seiner Tochterunternehmen in der Gemeinschaft haben kann". In diesem Fall hätte das Mutterunternehmen der Leitung jedes der betroffenen Tochterunternehmen genaue Informationen übermitteln müssen. Diese wiederum hätte die Arbeitnehmervertreter in ihrem Unternehmen informieren müssen. Diese Informationspflicht wäre aber nur gegenüber dem Tochterunternehmen erzwingbar gewesen.

Eine Auskunftsverpflichtung von ausländischen Muttergesellschaften inländischer Tochtergesellschaften ist dem EG - Recht aber auch nach bestehender Rechtslage ebenso wie dem Recht der USA nicht unbekannt. Die siebte gesellschaftsrechtliche Richtlinie über den konsolidierten Ab-

---

1414 Hierzu Fera, R.D., The European Economic Community and the Vredeling Proposal: The Debate to Temper Ideology with Realism, California Western International Law Journal 16(1986), S. 250-281; Nowak, A., Die EWG - Richtlinie über die Unterrichtung und Anhörung der Arbeitnehmer (sogenannte Vredeling - Richtlinie) und ihr Verhältnis zum Arbeitsrecht der Bundesrepublik Deutschland (1985); Kolvenbach, W., EG-Richtlinie über die Information und Konsultation der Arbeitnehmer (Vredeling-Initiative), Der Betrieb 1982, S. 1457-1466

1415 Vorschlag für eine Richtlinie über die Unterrichtung und Anhörung der Arbeitnehmer. Ursprünglicher Vorschlag vom 24.10.1980, ABlEG 1980 C 197, 3; geänderter Vorschlag vom 13.7.1983, ABlEG 1983 C 217, 3

schluß[1416] schreibt, insoweit im Standard ähnlich den "disclosure requirements" nach amerikanischem Recht[1417], vor, daß Mutterunternehmen, welche der Jurisdiktion der Mitgliedstaaten unteriegen, einen konsolidierten Abschluß und Lagebericht erstellen müssen, der auch die Tochterunternehmen umfaßt, auf den sie beherrschenden Einfluß ausüben, unabhängig von ihrem Sitz. Dies ist ebenfalls eine Auslandsanknüpfung, welche zwar nur im Inland Handlungen verlangt, die aber im Ausland vorbereitet werden müssen und möglicherweise im Konflikt mit örtlichem Recht stehen.

Der Richtlinie entspricht insoweit die Umsetzung im deutschen Publizitätsgesetz[1418]. Auch in Deutschland hat diese Regelung Tradition. Der Reichsfinanzhof entschied im Jahre 1933[1419], daß Auslandsunternehmen dem Inland buchführungspflichtig seien, wenn sie Einkommen und Vermögen hätten, das wirtschaftlich mit Deutschland verbunden sei.

Ebenfalls in den gesellschaftsrechtlichen Bereich gehören extraterritoriale Regeln über die Verpflichtung von Konzerngesellschaften im Ausland, Gewinnanteile in das Inland zu transferieren. In den USA etwa wurde im Jahre 1968 angeordnet, daß amerikanische Mutterunternehmen Dividenden, Zinsen und Gewinne ihrer Tochterunternehmen im Ausland in die Vereinigten Staaten zurückführen müssen[1420].

3. Anknüpfung an die Konzerneinheit

Die Verpflichtung inländischer Mutterunternehmen zur Erstellung konsolidierter Berichte und auch über die Verhältnisse bei ausländischen Tochterunternehmen können sich auf das Territorialitätsprinzip stützen. Als reine Auslandsanknüpfungen könnten sie nur ein Problem bieten, wenn sie im Konflikt mit ausländischem Recht stünden, was aber bisher noch nicht der Fall war. Im Falle der geplanten Vredeling - Richtlinie sollte aber ausländischen Mutterunternehmen eine Pflicht auferlegt werden, weil sie im Inland Tochterunternehmen hatten.

[1416] Richtlinie 83/349/EWG vom 13.6.1983 (ABlEG 1903 L 193, 1), zuletzt geändert durch Richtlinie vom 8.11.1990 (ABlEG 1990 L 317, 60)

[1417] 26 U.S.C. § 6038 hinsichtlich der Berichte an den Internal Revenue Service und S.E.C. regulation S-X, 17 C.F.R. § 210.3A02 und § 229.101 (d) hinsichtlich der Berichte an die Securities and Exchange Commission.

[1418] vom 15.8.1969 (BGBl. 1969 I, 1189), zuletzt geändert durch Gesetz vom 30.11.1990 (BGBl. 1990 I, 2570), §§ 11 ff.

[1419] Reichssteuerblatt 1933, S. 1188 = ZaöRV 4 (1934) S. 418

[1420] Foreign Investment Regulations, 15 C.F.R. §§ 1000.202 und 203 (1968); Executive Order No.11387, 12 U.S.C. § 95a app. at 151. Vgl. hierzu Carreau, D. / Juillard, P. / Flory, T., Droit international économique (2.Aufl.1980), S.64

Vordergründig knüpft die Jurisdiktion der Gemeinschaft gegenüber dem Mutterunternehmen offensichtlich an die konzernrechtliche Kontrolle an, aber genauer betrachtet ist der Anknüpfungspunkt nicht eine Erweiterung der Personalhoheit, sondern die konkrete Ausübung von Leitungsmacht. Wegen der Ausübung dieser Leitungsmacht werden dem beherrschenden Unternehmen bestimmte Pflichten auferlegt, welche für die Arbeitnehmer des beherrschten Unternehmens die Konsequenzen der Beherrschung transparent machen sollen.

Zwar könnte man davon ausgehen, daß Anordnungen aufgrund dieser Leitungsmacht verkörpert übermittelt werden müssen, per Brief, Telefongespräch, Telefax oder Boten. Aber es wäre verfehlt, Jurisdiktion über die Ausübung dieser Macht im Ausland nach dem objektiven Territorialitätsprinzip dahingehend zu beurteilen, daß der Informationsstrang im Ausland beginnt und im Inland endet. Es kann keinen Unterschied machen, ob das Verhalten eines inländischen Unternehmens dadurch veranlaßt wird, daß seine Manager sich die Anweisungen entweder physisch im Ausland abholen, sie durch Telekommunikation ins Inland übermittelt erhalten oder daß ein Abgesandter der Obergesellschaft sie im Inland überbringt. Entscheidend ist, daß die leitenden Akte aufgrund des Gesellschaftsrechts, dem die Tochtergesellschaft unterliegt, zwingend auf deren Verhalten einwirken. Mit aller Vorsicht kann man hier eine Parallele ziehen zur strafrechtlichen Behandlung der Anstiftung im Ausland zu einer Tat im Inland.

Wenn also Staaten konzernrechtlich ausländische Muttergesellschaften ebenso wie inländische behandeln, so tun sie das aufgrund ihrer Ordnungshoheit. Denn sowohl die Leitungsmacht wie auch die verlangten Informationen haben direkt mit dieser Ordnung zu tun. Dies würde auch gelten, wenn die Leitung durch weitere zwischengeschaltete Unternehmen vermittelt wird. Denn hier handelt es sich nicht um einen Durchgriff durch selbständige Rechtspersönlichkeiten, sondern um ein Zurückverfolgen der bewußt gesetzten Kausalität durch die Kette der beteiligten Unternehmen bis zu Identifizierung des wirklich verantwortlichen Mutterunternehmens. Die Einheit des Konzerns bestimmt über die Finanzkraft und die unternehmerischen Entscheidungen.

Die Position der Konzerngesellschaften auf ihren Märkten und gegenüber ihren Arbeitnehmern wird wirtschaftlich bestimmt durch diese Einheit. Muttergesellschaft im Ausland und Tochtergesellschaft im Inland nehmen an beiden betroffenen Wirtschaftsordnungen in ihren Staaten gemeinsam teil. Ihr finanzielles und unternehmerisches Verhalten ist in beiden Ordnungen unmittelbar relevant. Dies zeigt sich an den erörterten bankrechtlichen und bilanzrechtlichen Regelungen, ist aber auch auf andere Aufsichtsmaßnahmen des Konzernrechts anwendbar, gleich, ob sie zivilrechtlich oder öffentlichrechtlich ausgestaltet werden. Wenn die Staaten insoweit aufgrund ihrer Ordnungshoheit auch extraterritoriale Jurisdiktion ausüben, so ist diese Anknüpfung Grund und Grenze der Regelung. Denn anders als bei der Personalhoheit kann nicht jedwedes Verhalten aufgrund der Ordnungshoheit geregelt werden, sondern nur dasjenige, was Teilnahme an der Ordnung ist.

Dies bedeutet, daß die Konzerneinheit unter diesem Gesichtspunkt nicht "Durchgriff" durch die rechtliche Selbständigkeit der inländischen Tochtergesellschaft ist. Sie ist vielmehr Regelung der tatsächlichen Leitungsmacht, welche sich im Inland im Verhalten der Tochtergesellschaft auswirkt. Nicht jede Mehrheitsbeteiligung einer ausländischen Person an einem inländischen Unternehmen berechtigt zur extraterritorialen Jurisdiktion über sie. Man muß unterscheiden zwischen Beteiligungen zur Einflußnahme auf die Gesellschaft und reinen Portfolio - Investitionen[1421]. Im letzteren Fall nimmt der Investor nicht an der konzernrechtlichen Ordnung des Inlandes teil und darf aufgrund der Ordnungshoheit nicht extraterritorialen Regelungen unterworfen werden.

Diese Überlegungen sind zunächst rein feststellender Natur und sagen noch nichts über die völkerrechtliche Bewertung einer solchen Anknüpfung und ihrer Grenzen aus. Festzuhalten bleibt aber, daß die Erörterung von Jurisdiktionserstreckungen über Konzerngesellschaften klar trennen müssen zwischen dem eben erörterten Typ der Anknüpfung, demjenigen im Verfahrensrecht und demjenigen im Außenwirtschaftsrecht.

D. Börsen- und Wertpapierrecht

1. Allgemeines

Die Öffnung der Grenzen für den Kapitalverkehr hat zu einem enormen Anstieg des internationalen Börsenverkehrs und Wertpapierhandels geführt. Ausländer kaufen Werte an den Börsen oder sie bieten sie dort an. Anteilsscheine können sich auf ausländische Unternehmen beziehen[1422]. Wertpapiere können auch außerhalb der Börse freihändig verkauft werden. Die Kontrolle solcher Geschäfte, wenn sie einen Auslandsbezug haben, kann einen Staat dazu bringen, zur Erreichung der öffentlichrechtlichen Aufsichtszwecke, speziell zum Schutz privater Börsenteilnehmer extraterritoriale Jurisdiktion auszuüben. Das Wertpapier- und Börsenauf-

---

[1421] Vgl. hierzu Gramlich, L., Außenwirtschaftsrecht (1991), S. 10 m.w.N.

[1422] Vgl. auch Martin, J., From Schoenbaum to Scherk: The Continuing Question of Subject Matter Jurisdiction in an International Securities Transaction, Houston Law Review 12 (1975), S. 924 - 942, 924

sichtsrecht ist in den USA schon seit der ersten Hälfte dieses Jahrhunderts nach dem großen Zusammenbruch der Börsen im Jahre 1929 extensiv geregelt, in Europa ist nunmehr eine weitere Rechtsharmonisierung für den gemeinsamen Binnenmarkt auf dem Weg, welche ebenfalls zu einem intensiveren Regelungsstandard in den Mitgliedstaaten führen wird.

Neben dem Recht der Börsenorganisation dient das Wertpapier- und Börsenaufsichtsrecht der Festlegung von Regeln, welche die Verkehrsfreiheit und die Bedingungen des Rechtsverkehrs mit Wertpapieren an der Börse und außerhalb ebenso wie den Schutz vor betrügerischen oder gefährlichen Geschäften normieren. So können Bestimmungen über Börsenprospekte zum Schutz des Anlegers bestehen oder aus dem gleichen Schutzgrund können Vertragsbestimmungen für Wertpapiergeschäfte festgelegt sein[1423]. Auch kann der Handel mit Insider - Informationen verboten oder reguliert werden[1424].

2. Amerikanisches Recht

a) Rechtsprechung zu den Securities Regulations

Ein Sachbereich, in dem insbesondere die USA umfangreiche extraterritoriale Jurisdiktion ausüben, ist das Anlegerschutzrecht für Wertpapiergeschäfte und sonstige Anlagen[1425]. Hierdurch werden Kapitalanlagen in den USA und von US-Bürgern im Ausland geregelt und geschützt, seien es Wertpapiere, seien es andere Investitionen wie etwa Immobilien-Investments. Zentrale Bedeutung hat dabei die Regelung des Wertpapierhandels. Dieser Bereich unterliegt strikter Überwachung durch die Securities and Exchange Commission (SEC), deren Tätigkeit auf den Securities Act 1933[1426] und den Securities Exchange Act 1934[1427] gestützt ist.

[1423] Vgl. Martiny, in: Münchener Kommentar. Bürgerliches Gesetzbuch. Einführungsgesetz, Internationales Privatrecht, 2. Aufl. (1990), Art. 34, Rn. 85;

[1424] Stürmer, U., Die extraterritoriale Anwendung amerikanischer Anlegerschutzbestimmungen (1978), S. 96

[1425] Stürmer, a.a.O.; Stürmer, U., Die neuere Entwicklung der extraterritorialen Anwendung amerikanischer Securities Regulations, RIW/AWD 1983, S. 641 - 646; Norton, J. J., Extraterritorial Jurisdiction of US Antitrust and Securities Laws, ICLQ 28 (1979), S. 575-597; Mann, F.A., The Doctrine of International Jurisdiction Revisited after 20 Years, RdC 186 (1984 III), S. 9 - 116 , 81 ff.

[1426] 15 U.S.C. §§ 77a-x. Vgl. dazu Stürmer, U., Die neuere Entwicklung der extraterritorialen Anwendung amerikanischer Securities Regulations, RIW/AWD 1983, S. 641-646; Stürmer, U., Extraterritoriale Anwendung des US-amerikanischen Rechts, RIW/AWD 1984, S. 239-240

[1427] 15 U.S.C. §§ 78a-z. Vgl. dazu Norton, J. J., Extraterritorial Jurisdiction of US Antitrust and Securities Laws, ICLQ 28 (1979), S. 575-597

Section 17 des Securities Act 1933 erklärt betrügerische Machenschaften im Zusammenhang mit Wertpapierverkäufen für rechtswidrig. Section 10 b des Securities Exchange Act 1934 untersagt es,

> "directly or indirectly, by the use of any means or instrumentality of interstate commerce of the mails, or of any facility of any national securities exchange ... to use or employ, in connection with the purchase or sale of any security registered on a national securities exchange or any security not so registered, any manipulative or deceptive device or contrivance in contravention of such rules and regulations as the Commission may prescribe as necessary or appropriate in the public interest or for the protection of investors".

Zur Detaillierung dieser Regel wurden unter anderem die Rules 10 b - 1 ff. erlassen[1428], welche sich mit verschiedenen Fällen von "Manipulation and Deception" befassen, insbesondere die "Rule 10 b - 5", welche sich auf das "Employment of Manipulative and Deceptive Devices" bezieht und alle betrügerischen und irreführenden Angaben verbietet.

Nach section 12 Abs. 2 des Securities Act 1933 hat ein rechtswidrig getäuschter Käufer einen Rückzahlungs- und Schadensersatzanspruch. Die amerikanischen Börsen- und Wertpapiergesetze sehen für Verletzungen solcher Pflichten empfindliche Strafen vor[1429]. Daneben hat die amerikanische SEC nach section 21 des Securities Exchange Act 1934 eine umfassende Kompetenz zur Untersuchung und Verfolgung von Verstößen gegen die Securities Regulations. Aus diesem Grunde ist es - auch angesichts der grundlegenden systematischen Unterschiede kontinentaler und anglo - amerikanischer Rechtsordnungen - möglich, diese Gesetzgebung unter dem Gesichtspunkt des öffentlichen Wirtschaftsrechts nach deutschem Verständnis einzuordnen. Privatrechtsgestaltung, Strafnormen und Durchsetzung durch die Verwaltung sind auch hier, wie im kontinentalen Recht, eine Einheit zur Durchsetzung des Regelungszieles. Dies zeigt, daß man generell diese Einheit im Wirtschaftsrecht bei der Lösung von Rechtsfragen wie derjenigen nach der Rechtmäßigkeit extraterritorialer Jurisdiktion und der Entwicklung eines Kollisionsrechts im Auge behalten sollte.

[1428] 17 C.F.R. § 240

[1429] Securities Act 1933 (15 U.S.C. §§ 77 a - 77 aa); Securities Exchange Act 1934 (§§ 78 a - 78 kk); Investment Company Act 1940 (§§ 80 a-1 - 80 a-64); Investment Advisors Act 1940 (§§ 80 b-1 - 80 b-21); Trust Indenture Act 1939 (§§ 77 aaa - 77 bbbb); Public Utility Holding Co. Act 1935 (§§ 79 - 79 z-6) und Securities Investor Protection Act 1970 (§§ 78 aaa - 78 lll). Vgl. hierzu Hermann, D.H.J., Extraterritorial Criminal Jurisdiction in Securities Laws Regulation, Cumberland Law Review 16 (1985/86), S. 207-228

Die genannten gesetzlichen Grundlagen müßten der Vollständigkeit halber durch weitere Gesetze ergänzt werden. So wurde etwa im Commodity Futures Trading Commission Act 1974[1430], welche den Commodities Exchange Act[1431] ergänzt, die börsenrechtliche Kontrolle auf Warentermingeschäfte ausgedehnt und einer speziellen Kommission, der CFTC (Commodity Futures Trading Commission) überantwortet. Auch diese Gesetzgebung wird auf extraterritoriale Sachverhalte angewendet. Im vorliegenden Zusammenhang können jedoch nicht alle Bereiche betrachtet werden.

Die extraterritoriale Komponente der Jurisdiktion durch solche Vorschriften und die darauf gestützten Rechtsakte der SEC besteht darin, daß auch Handlungen außerhalb der USA hierdurch erfaßt werden, die Auswirkungen im Inland haben, soweit es sich um wesentliche Beeinträchtigungen handelt[1432]. Die extraterritoriale Jurisdiktion ist dabei in Section 30 (b)

[1430] 88 Stat. 1389

[1431] 7 U.S.C. § 1 ff.

[1432] Hermann, A.H., Conflicts of National Laws with International Business Activity: Issues of Extraterritoriality (1982), S. 37 f.; Capitani, W.de, The Swiss Banks and the United States Securities Laws, Regulations, Wirtschaft und Recht 35 (1983), S. 182 ff.; Barlow, E.E., Enforcing Securities Regulations through Bilateral Agreements with the United Kingdom and Japan: An Interim Measure or a Solution?, Texas International Law Journal 23 (1988), S. 251-268; Boatwright, S., Reversing the Expansive Trend of Extraterritorial Subject Matter Jurisdiction over Bad Conduct under Rule 10 b-5 of the Securities Exchange Act of 1934, Texas International Law Journal 23 (1988), S. 487-504; McCabe, G.G., The Extraterritorial Application of U.S. Securities Law in the Absence of Fraud Charges: Plessey v. GEC, Law and Policy in International Business 18 (1986), S. 649-670; Thomas, B.S. , Extraterritoriality in an Era of Internationalization of the Securities Markets: The Need to revisit Domestic Policies, Rutgers Law Review 35 (1983), S. 453 - 471; Note, Extraterritorial Application of the Securities Exchange Act of 1934, Columbia Law Review 69 (1969), S. 94-111; Loss, L., Exterritoriality in the Federal Securities Code, Harvard International Law Journal 1979, S. 305 - 330; Raffel, K., Extraterritoriality - Enforcement of United States Court Orders Conflicting with Foreign Law or Policy - Securities and Exchange Commission v. American Institute Counselors, Inc. Civil No.75/1965, Harvard International Law Journal 17 (1976), S. 679-693; Norton, J. J., Extraterritorial Jurisdiction of US Antitrust and Securities Laws, ICLQ 28 (1979), S. 575-597; Austin, R.P., Regulatory Principles and the Internationalization of Securities Markets, Law and Contemporary Problems 50 (1987), S. 221-250; Stürmer, U., Deutsche Banken unter amerikanischem Insider-Recht, RIW/AWD 1979, S. 452 - 458; Stürmer, U., Die extraterritoriale Anwendung amerikanischer Anlegerschutzbestimmungen (1978); Stürmer, U., Extraterritoriale Anwendung des US-amerikanischen Rechts, RIW/AWD 1984, S. 239 - 240; Stürmer, U., Die neuere Entwicklung der extraterritorialen Anwendung amerikanischer Securities Regulations, RIW/AWD 1983, S. 641 - 646; Hamlin, J.W., Exporting United States Law: Transnational Securities Fraud and Section 10 (B) of the Securities Exchange Act of 1934, Connecticut Journal of International Law 3 (1988), S. 273-415; Kraus, H.-M., Policing Internationalized U.S. Capital Markets: Methods to Obtain Evidence Abroad, The International Lawyer 18 (1984), S. 89 - 108; Peterson, E.D., Transnational securities fraud jurisdiction under Section 10(b): the case for a flexible and

des Securities Exchange Act vorgegeben[1433]. Diese Umgehungsregel als Ausgangspunkt extraterritorialer Jurisdiktion hat aber die amerikanische Rechtsprechung und Praxis weit hinter sich gelassen. Sie hat die Securities Regulation auch extraterritorial angewendet, wobei aber die Anknüpfungspunkte kontrovers blieben. Einmal wurde darauf abgestellt, daß auch auf dem Territorium der USA gehandelt wurde, dann, daß eine Verhaltensweise sich auf dem amerikanischen Markt auswirkte und schließlich wurden beide Gesichtspunkte miteinander verbunden.

Im Schoenbaum-Fall wurde die Inlandsauswirkung zur Anknüpfung gewählt. Hier ging es um Aktienverkäufe in Kanada zwischen ausländischen Käufern und Verkäufern[1434]. Das Gericht nahm an, daß die Gesetzgebung Anleger in den USA auch vor rechtswidrigen Handlungen schützen wollten, die im Ausland erfolgten. Die Auswirkungen verliehen den USA sachliche Zuständigkeit, wenn Transaktionen im Ausland "detrimental to the interests of American investors" seien. Es gebe, so fährt das Gericht fort, "no reason why the United States may not prescribe a rule for conduct within its borders even if another country having an interest might be less rigorous[1435]". Entscheidend sei ein "significant effect or impact" auf Investoren oder Börsen- und Wertpapiermärkte in den USA.

Ein weiteres Beispiel für die Anknüpfung an Auswirkungen ist die Entscheidung Tamari v. Bache[1436]. Hier hatten die Kläger, welche libanesische Staatsangehörige waren, mit der Tochtergesellschaft eines amerikanischen Börsenmaklers im Libanon einen Vertrag abgeschlossen, der den

---

expansive approach. Washington & Lee Law Review 47 (1990), S. 637 - 661; Corso, L., Section 10(b) and transnational securities fraud: a legislative proposal to establish a standard for extraterritorial subject matter jurisdiction, George Washington Journal of International and Economic Law 23 (1989), S. 573-608 ; Sachs, M.V., The international reach of rule 10b-5: the myth of congressional silence, Columbia Journal of Transnational Law 28 (1990), S. 677 - 721

1433 "The provisions of this Chapter or of any rule or regulation thereunder shall not apply to any person insofar as he transacts a business in securities without the jurisdiction of the United States, unless he transacts such business in contravention of such rules and regulations as the Commission may prescribe as necessary or appropriate to prevent the evasion of this chapter."

1434 Schoenbaum v. First Brook, 405 F.2d 200 (2d Cir.), 405 F.2d 215 (2d Cir.1968), cert. denied, 395 U.S.906 (1969)

1435 Arthur Lipper Corp. v. S.E.C. 547 F.2d 171, 179 (2nd Cir. 1976)

1436 Tamari v. Bache & Co. (Lebanon) S.A.L., 730 F. 2d 1103 (7th Cir. 1984). Hierzu Barnes, A.D., Expanding the Transnational Scope of Federal Subject Matter Jurisdiction under the Commodity Exchange Act, North Carolina Journal of International Law and Commerce Regulation 10 (1985), S. 239-250; Koonjy, D.A., Tamari v. Bache: An Extraterritorial Application of the Commodity Exchange Act, Law and Policy in International Business 17 (1985), S. 647-674

Handel an den Warenterminbörsen in den Vereinigten Staaten betraf. Die Tochtergesellschaft übermittelte Kauf- und Verkaufsaufträge an die Muttergesellschaft in Chicago, welche an den Börsen in den USA ausgeführt wurden. Die Kläger machten geltend, daß dabei im Libanon Handlungen vorgekommen seien, welche den United States Commodity Exchange Act verletzten. Das Gericht stellte fest, daß es im Gesetz keinen Anhaltspunkt gebe, daß der Kongress nur solche betrügerischen Machenschaften habe erfassen wollen, welche ihren Ausgangspunkt in den Vereinigten Staaten hätten[1437]. Wenn rechtswidrige Auslandshandlungen zu Vorgängen an einer amerikanischen Börse führten, so rechtfertige dies die amerikanische Jurisdiktion hierüber. An dieser Entscheidung wurde einerseits kritisiert, daß eine konkrete Kausalität zwischen Auslands- und Inlandshandeln nicht festgestellt worden sei[1438], zum anderen aber, daß man aufgrund der Fallgestaltung man auch nach dem Territorialitätsprinzip hätte anknüpfen können, weil hier die Anweisung im Libanon und ihre Ausführung in den USA Teilakte einer einheitlichen Handlung waren[1439].

In der Entscheidung SEC v. Kasser wurde dagegen darauf abgestellt, ob im Rahmen der Transaktion irgendwelche Teilhandlungen auf amerikanischem Territorium vorgenommen wurden.[1440] Das Gericht stellte pauschal fest: "The Federal Securities Laws do grant jurisdiction in transnational securities matters where at least some activity designed to further a fraudulent scheme occurs within this country". In diesem Fall gab es keinerlei Auswirkung innerhalb der Vereinigten Staaten und auch keine Handelsaktivitäten in den USA Es waren keine Amerikaner geschädigt. Das Gericht begründete seine rein territoriale Anknüpfung durch den Satz: "We are reluctant to conclude that Congress intended to allow the United States to become a "barbary coast" as it were, harbouring international securities "pirates"."

In anderen Entscheidungen wurde das Vorliegen eines "significant effect" oder eines "significant conduct" im Inland alternativ als Anknüpfungs-

---

[1437] Vgl. auch Psimenos v. E.F. Hutton & Co., Inc., 722 F. 2 d 1041 (2nd Cir. 1983); ein Anknüpfungspunkt wurde in einem Fall abgelehnt, in dem ein Unternehmen in Costa Rica fälschlicherweise sich als Vertreterin eines U.S.-Unternehmens bezeichnete und in dem es lediglich um Aktionen in Costa Rica ging, vgl. Mormels v. Giro Finance, S.A., 544 F.Supp. 815 (S.D.N.Y. 1982).

[1438] Koonjy, D.A., Tamari v. Bache: An Extraterritorial Application of the Commodity Exchange Act, Law and Policy in International Business 17 (1985), S. 647-674, 661, 673

[1439] Sager, M.A., Tamari v. Bache & Co. (Lebanon) S. A.L.: The Extraterritorial Application of the Antifraud Provisions of the Commodity Exchange Act, Brooklyn Journal of International Law 11 (1985), S. 615 - 649, 638 ff.

[1440] SEC v. Kasser, 548 F. 2d 109(3d Cir.1977), cert. den. 431 U.S. 938 (1977)

möglichkeit gesehen. Im Falle Bersch v. Drexel [1441] ging es um die betrügerische Verteilung ausländischer "securities" an Ausländer. Keiner dieser Anteilscheine war an einer amerikanischen Börse registriert. Einige landeten gleichwohl in der Hand amerikanischer Staatsbürger, teilweise im Inland, teilweise im Ausland. Das Gericht stellte fest, daß kein wesentlicher Teil der betrügerischen Handlungen in den USA vorgenommen wurde und daß es keinerlei Grund gäbe, die amerikanische Jurisdiktion auszudehnen auf "cases where the United States activities are merely preparatory or take the form of culpable nonfeasance and are relatively small in comparison to those abroad." Wenn Ausländer Verluste außerhalb der Vereinigten Staaten erlitten, so sei dies nur dann Gegenstand amerikanischer Börsengesetzgebung, wenn Handlungen oder schuldhafte Unterlassungen innerhalb der USA direkt der Anlaß hierfür waren. Eine Schädigung von Amerikanern innerhalb der USA werde natürlich selbstverständlich erfaßt.

Hier wird also das Territorialitätsprinzip als Alternative zur Anknüpfung an Auswirkungen angesehen, wobei aber unwesentliche Handlungen im Inland nicht ausreichten. Auch in der Entscheidung Fidenas AG, Bishops International Bank Ltd. v. Honeywell Inc.[1442] befand das Gericht, daß nur dann amerikanische Jurisdiktion bestehe, wenn entweder ein Teil des betrügerischen Verhaltens in den Vereinigten Staaten selbst geschah oder wenn ein "significant effect" gegenüber einem amerikanischen Investor oder auf den Wertpapiermärkten in den USA eintrete.

In der Entscheidung Continental Grain (Australia) Pty. Ltd. v. Pacific Oilseeds Inc.[1443] hat das Gericht ausdrücklich die Alternativität der Anknüpfung an das Territorium oder die Auswirkung betont. Als Tathandlung wurde hier eine unterlassene Aufklärung über den Ablauf eines Lizenzvertrages, der den Kauf wirtschaftlich wertlos machte. Der Kaufvertrag selbst wurde in Kalifornien abgeschlossen, aus steuerlichen Gründen aber außerhalb der USA hinsichtlich der Bezahlung und der Aktienübergabe durchgeführt.

Das Gericht sah ausreichende Anknüpfungspunkte für das amerikanische Recht, weil die Unterlassung der Aufklärung in den USA erfolgt sei. Zwar seien hierdurch keine amerikanischen Unternehmen geschädigt worden. Jedoch sei das Territorialitätsprinzip voll anwendbar: "We agree

---

[1441] Bersch v. Drexel Firestone, Inc.519 F.2d 974 (2d Cir.), cert. denied, 423 U.S.1018 (1965); Vgl. dazu Sandberg, S. , The Extraterritorial Reach of American Economic Regulation: The Case of Securities Law, Harvard International Law Journal 17 (1976), S. 315-334

[1442] 501 F.Supp. 1029 (S.D.N.Y. 1980); vgl. auch Fidenas AG v. Compagnie Internationale pour l'Informatique CII Honeywell Bull S.A., 606 F.2d 5 (2nd Cir. 1979)

[1443] 592 F.2d 409 (8th Cir. 1975)

with those courts, that jurisdiction may be established by meeting the requirements of either, not both, the conduct or effects test"[1444]. Hier findet sich dann eine der sehr seltenen Stellungnahme zur völkerrechtlichen Rechtmäßigkeit dieser Auffassung: "We believe that this holding is consistent with applicable principles of international law"[1445]. "Consequently we decline to immunize, for strictly jurisdictional reasons, defendants who unleash from this country a pervasive scheme to defraud a foreign corporation"[1446]. Dieser Sicht hat das Berufungsgericht im Falle Grunenthal v. Hotz[1447] ausdrücklich zugestimmt.

Eine Verbindung beider Gesichtspunkte findet sich in der Leasco-Entscheidung[1448]. Hier klagte eine amerikanische Gesellschaft gegen eine Reihe britischer Staatsbürger wegen falscher Zusicherungen, welche teilweise im Büro der Klägerin in New York gemacht wurden, teilweise aber auch im Ausland. Ein Vertrag war in New York unterzeichnet , jedoch in London schließlich abgeschlossen worden. Das Gericht nahm "an essential link" zu den USA an, weil die Interessen amerikanischer Bürger verletzt worden seien und weil der Vertrag in den USA unterzeichnet worden sei, berücksichtigte aber neben den Auswirkungen auch die Handlung im Inland als "significant conduct". Eine negative Abgrenzung der extraterritorialen Anwendung der Securities Laws pointierte Richter Friendly in diesem Fall, als er bemerkte, daß diese Gesetzgebung extraterritorial nicht angewendet werde "when a German and a Japanese businessman met in New York for convenience, and the latter fraudulently induced the former to make purchases on Japanese securities on the Tokyo stock exchange".

Im Falle IIT v. Cornfeld[1449] war eine Schadensersatzklage gegen leitende Manager des inzwischen zusammengebrochenen IOS-Anlagefonds wegen verbotener Insider-Geschäfte in den USA erhoben worden. Es ging unter anderem um den Erwerb von Eurodollar-Schuldverschreibungen in Luxemburg, welche von einer Gesellschaft auf den niederländischen Antillen emittiert worden waren. Dieses Geschäft stand im Zusammenhang mit dem Erwerb weiterer Schuldverschreibungen, die in den USA begeben waren. Bei der Gesellschaft auf den Antillen handelte es sich um

---

[1444] A.a.O. S.417

[1445] A.a.O. S.415

[1446] A.a.O. S. 421

[1447] Grunenthal GmbH v. Hotz, 712 F.2d 5 (2nd Cir. 1979)

[1448] Leasco Data Processing Equipment Corp. v. Maxwell, 468 F. 2 d 1326 (2nd Cir. 1972)

[1449] IIT, An International Investment Trust v. Cornfeld, 619 F.2d 909 (2nd Cir.1980). Vgl. auch aus neuerer Zeit die Entscheidung Fidenas AG v. Compagnie Internationale pour l'Informatique CII Honeywell Bull, S.A., 606 F.2d 5 (2d Cir.1979)

eine reine Finanzierungsgesellschaft in vollständiger Abhängigkeit von einer amerikanischen Firma, die darüber hinaus auch noch die Eurodollar-Schuldverschreibungen garantiert hatte. Teil der Garantie war das Versprechen, sie später in Aktien der amerikanischen Muttergesellschaft umzuwandeln. Schließlich war der Prospekt der Emission in den USA erstellt, geprüft und gedruckt worden.

Alle diese Zusammenhänge mit den USA wurden von Richter Friendly als ausreichende Anknüpfung angesehen, um die amerikanischen Schutzvorschriften auf das Auslandsgeschäft anzuwenden. Hinsichtlich des völkerrechtlichen Aspekts sah der Richter offensichtlich kein Problem, erwähnte er doch den internationalen Aspekt des Handels nur mit dem Satz: "If our anti-fraud laws are stricter than Luxembourg's, that country will surely not be offended by their application". Auch hier wieder werden Auswirkungen mit Inlandshandlungen verknüpft, um die Jurisdiktion zu begründen.

Gleichzeitig stellte der Richter aber auch klar, daß weder die Anknüpfung an das Territorialitätsprinzip, noch diejenige an das Nationalitätsprinzip im Bereich der Securities Regulations die unbedingte Geltendmachung amerikanischer Jurisdiktion vermittelten[1450]. Beide Anknüpfungen seien disponibel: "[W]e do not mean to suggest that either the American nationality of the issuer or consummation of the transaction in the United States is either a necessary or a sufficient factor, but, rather that the presence of both these factors points strongly toward applying the anti-fraud provisions of our securities laws... determination whether American activities "directly" caused losses to foreigners depends not only on how much was done in the United States but also on how much (here how little) was done abroad." Weiterhin wurde Inlandshandeln, welches hauptsächlich bestand in der Benutzung von Post und Telefonen im Inland, nicht als ausreichender Anknüpfungspunkt für die amerikanische Börsengesetzgebung angesehen[1451]. Das Gericht entschied in diesem Fall, daß materielle Jurisdiktion nur dann bei den USA liege, wenn "some activity designed to further a fraudulent scheme occurs within this country".

Der Fall von Schädigungen von Ausländern durch Handlungen in den USA war Gegenstand der Entscheidung IIT v. Vencap[1452]. Hier klagte eine luxemburgische Investmentgesellschaft gegen eine Gesellschaft nach dem Recht der Bahamas und gegen Einzelpersonen, von denen einige

---

[1450] IIT v. Cornfeld, 619 F 2 d 909 (2nd Cir. 1980)

[1451] Vgl. auch Continental Grain (Australia) Pty. Ltd. v. Pacific Oil Seeds, Inc., 592 F. 2 d 409 (8th Cir. 1979)

[1452] IIT v. Venkap, Ltd., 519 F. 2 d 1001 (2d Cir.1975)

Amerikaner waren. Zur Grenze der amerikanischen Jurisdiktion in diesen Fällen sagte das Gericht, daß diese dort zu suchen ist, "if the securities laws are not to apply in every instance where something has happened in the United States, however large the gap between the something and the consummated fraud and however negligible the effect in the United States or on its citizens".

Jurisdiktion wurde abgelehnt in der Entscheidung Grunenthal v. Hotz bei Fehlen von Auswirkungen und nur unwesentlichen Inlandshandlungen[1453]. Die Grunenthal GmbH, ein westdeutsches Unternehmen klagte gegen ein mexikanisches Unternehmen, dessen Aktien sie erworben hatte. Ebenfalls beklagt war der Schweizer Paul Hotz, welcher mittelbar die mexikanische Gesellschaft kontrollierte. Mit der Klage machte Grunenthal geltend, daß Hotz sie beim Anteilsverkauf getäuscht habe, weil er angegeben habe, daß er Eigentümer der mexikanischen Gesellschaft sei, sie kontrolliere und zur Übertragung der Anteile selbständig in der Lage sei. Weiterhin sei Grunenthal über die unbedingte Verkaufsabsicht von Hotz getäuscht worden. Die Beklagten machten geltend, hier seien die Vorschriften der Sections 12 (2) und 17 (a) des Securities Act von 1933[1454] und Section 10 (b) des Securities Exchange Act von 1934[1455] nicht zuletzt deswegen nicht anwendbar, weil es sich um eine Transaktion vollständig außerhalb der USA handelte. Eine ausländische Gesellschaft sei Gegenstand eines Kaufvertrages zwischen ausschließlich ausländischen natürlichen oder juristischen Personen gewesen.

Das Gericht analysierte die verschiedenen Faktoren des Falls. Die Anteile seien privat, nicht an der Börse gehandelt worden. Lediglich das Abkommen sei in Los Angeles abgeschlossen worden, während die Ausführungshandlungen im Ausland vorgenommen werden sollten. Auch die fehlerhaften Vorspiegelungen in den Vereinigten Staaten seien lediglich eine Wiederholung von Vorspiegelungen im Ausland gewesen. Der Vertragsschluß im Inland sei "only for convenience" gewesen, "i.e., that defendant Hotz happened to be here on a temporary visa". Hieraus ergebe es sich, daß keine materielle Jurisdiktion vorliege. Amerikanisches Börsenrecht wolle nicht ausländische Anleger bei Transaktionen im Ausland schützen, wenn weder amerikanische Investoren noch der amerikanische Börsenmarkt beeinträchtigt seien und die einzige Verbindung mit

---

1453 Grunenthal GmbH v. Hotz, 511 F. Supp. 582 (1981); 712 F.2d 5 (2nd Cir. 1979); Hierzu Stürmer, U., Extraterritoriale Anwendung des US-amerikanischen Rechts, RIW/AWD 1984, S. 239 - 240; Mallery, K.P., Grunenthal GmbH v. Hotz: An Undue Extension of Subject Matter Jurisdiction under the Extraterritorial Application of the Federal Securities Laws, Brooklyn Journal of International Law 11 (1985), S. 579-614

1454 15 U.S.C. §§ 77 l. (2) & 77 q. (a)

1455 15 U.S.C. § 78 j (b)

den Vereinigten Staaten ein "conduct in this country based on convenience" sei und wenn der Betrug im Inland nur eine Wiederholung eines Betruges im Ausland sei.

Die Anknüpfung an ein "doing business" in den USA ist in einer Entscheidung ausdrücklich abgelehnt worden und spielte ansonsten überhaupt keine Rolle Im Falle Kook v. Crang[1456] kaufte ein Amerikaner Aktien eines amerikanischen Unternehmens in der Börse von Toronto durch Vermittlung des beklagten kanadischen Brokers. Als diese Aktien an Wert verloren, verklagte er den Broker wegen Verletzung von Section 7 (c) des Securities Exchange Act. Der Beklagte hatte ein Büro in New York, war bei der S.E.C. registriert und war geschäftlich tätig in Verbindung mit Mitgliedern der New York Stock Exchange. Der District Court verneinte die Jurisdiktion, weil alle Einzelheiten des Falles außerhalb der USA lagen. Der Kläger hatte den Aktienkauf ausschließlich in Kanada getätigt und auch dort seine Zahlungen gemacht. Alle Tätigkeiten des Beklagten hinsichtlich des Kaufs erfolgten in Kanada.

Eine extrem weite Ausdehnung extraterritorialer Jurisdiktion liegt in der Entscheidung Des Brisay v. Goldfield Corp.[1457] vor. Dort nahm das Berufungsgericht materielle Jurisdiktion über betrügerische Transaktionen im Ausland von Wertpapieren an, welche bei einer amerikanischen Börse notiert waren. Es gab kein tatbestandliches Verhalten innerhalb der Vereinigten Staaten und die Parteien waren Ausländer. Entscheidend war lediglich die Registrierung in den Vereinigten Staaten und der Handel der Wertpapiere an den Börsen dort[1458].

Eine besonders enge Entscheidung hat dagegenRichter Bork vom Circuit Court des District of Columbia[1459] gefällt, wonach daß die amerikanische Jurisdiktion nur dann anzuwenden sei, wenn im Inland alle Elemente eines Verstoßes gegen Section 10 (b) und Regel 10 b-5 vorliegen. Dies geht von der Anknüpfung an Auswirkungen weg zum Territorialitätsprinzip[1460].

Sieht man von diesen vereinzelten Entscheidungen ab, so kann die dargestellte Entscheidungspraxis dahingehend zusammengefaßt werden,

---

1456 182 F.Supp. 388 (S.D.N.Y. 1960)

1457 549 F.2d 133 (9th Cir. 1977)

1458 Vgl. Hamlin, J.W., Exporting United States Law: Transnational Securities Fraud and Section 10 (B) of the Securities Exchange Act of 1934, Connecticut Journal of International Law 3 (1988), S. 273-415, 387 f.

1459 Zoelsch v. Arthur Anderson & Co. 824 F 2d 27, 31(D.C.Cir. 1987)

1460 Vgl. hierzu Corso, L., Section 10(b) and transnational securities fraud: a legislative proposal to establish a standard for extraterritorial subject matter jurisdiction, George Washington Journal of International and Economic Law 23 (1989), S. 573-608 , 593

daß folgende Fallgestaltungen mit Auslandsbezug dem amerikanischen Recht unterliegen[1461]: Schädigung von Personen in den USA und Handlungen im Inland, Schädigung von Personen außerhalb der USA und wesentliche Handlungen in den USA sowie wesentliche Beeinträchtigungen auf den Kapitalmärkten in den USA durch Handlungen im Ausland. Hier zeigt sich, daß im Wirtschaftsrecht die Vornahme von Handlungen auf dem Territorium nicht der entscheidende und nicht einmal ein hinreichender Gesichtspunkt für die Ausübung von Jurisdiktion sein muß. Vielmehr ist die Wirtschaftsordnung Ausgangspunkt und Ziel der Regelungen.

Ihr Funktionieren und der Schutz der Personen, die an ihr teilnehmen, sollen gewährleistet werden. Soweit dabei Handlungen auf dem eigenen Territorium zusätzlich als Gesichtspunkt der Anknüpfung hinzugenommen werden, ist dies von der Territorialhoheit gedeckt und als Anknüpfung für die Erfassung von Schäden zu Lasten von Personen im Ausland auch sinnvoll, wobei aber "significant conduct" verlangt wird. Insoweit kann man nicht von extraterritorialer Jurisdiktion sprechen, weil hier tatsächlich lokalisierbare Inlands - Verletzungshandlungen vorliegen. Hinsichtlich von Handlungen, die ausschließlich im Ausland vorgenommen wurden, wird aber an die "significant effects" in der Wirtschaftsordnung angeknüpft.

Hier geht es um Schäden, welche Investoren in den USA zugefügt werden. Soweit ersichtlich, ist bisher von ausländischen Staaten gegen diese Praxis noch nichts eingewendet worden[1462]. Der materielle Schutzstandard ist offensichtlich nicht umstritten, auch wenn er extraterritorial geregelt ist, so daß auch die Erstreckung der Jurisdiktion kein Problem bedeutet. Das Konfliktspotential dürfte, wenn man diesen Befund mit der ausgedehnten Protestpraxis gegen die Anknüpfung an Auswirkungen im Kartellrecht vergleicht, also nicht in dieser Anknüpfung selbst liegen, sondern in den Inhalten, die damit extraterritorial verbindlich gemacht werden, also in den Konflikten, die hieraus entstehen.

Allerdings hat im Falle Consolidated Goldfields plc v. Minorco S.A.[1463] das Gericht einen Fall zur Beurteilung nach den Regeln über falsche Angaben in den Securities Regulations an die Unterinstanz verwiesen, obwohl die SEC ihm mitgeteilt hatte, daß sie aufgrund der internationalen

---

1461 Report of the International Chamber of Commerce Committee on the Extraterritorial Application of National Laws, Doc IME (86) 24, S. 35 ff.; Stürmer, U., Die neuere Entwicklung der extraterritorialen Anwendung amerikanischer Securities Regulations, RIW/AWD 1983, S. 641 - 646, 643

1462 Restatement (Third), a.a.O. (Anm. 12) , § 416, Reporter's Note 3

1463 Consolidated Goldfields plc v. Minorco S.A., 871 F. 2 d 252 (2 d Cir. 1989)

comity von der Ausübung einer Jurisdiktion absehen wolle. Hier zeigt sich, daß Jurisdiktionskonflikte auch auf diesem Gebiet nicht völlig ausgeschlossen sind[1464].

Im Jahre 1980 schlug das American Law Institute einen Federal Securities Code vor[1465]. Die Regel der Section 1905 befaßt sich umfangreich mit dem materiellen und prozeßrechtlichen Anknüpfungsschema der Securities Regulations in dem Sinne, den die amerikanische Rechtsprechung durch Einzelfälle vorher entwickelt hatte. Insbesondere sollte die Anknüpfung ausschließlich aufgrund der Auswirkungen vorgenommen und mit der gleichartigen Anknüpfung in Kartellfällen harmonisiert werden. Damit sollte die Rechtsprechung harmonisiert und die Rechtslage in den USA klarer festgelegt werden. Bisher ist dieses Projekt noch nicht verwirklicht.

b) Regeln des Restatement (Third)

Das Restatement (Third)[1466] enthält neben allgemeinen Aussagen über die Gründung der völkerrechtlichen Jurisdiktionshoheit auf das Prinzip der "Reasonableness", welches noch näher zu erörtern sein wird, auch eine Konkretisierung dieses Prinzips für den Bereich der Securities Regulations[1467]. Sie orientiert sich an der berichteten Rechtsprechung. Ihr allgemeiner Ansatzpunkt ist der Grundsatz: "The more direct and substantial the effect of a given transaction on the United States market or on United States investors, the more reasonable it is for the United States to apply its laws to that transaction"[1468]. Entscheidend für die Bestimmung der Reasonableness im Börsenrecht ist also sowohl die territoriale Beziehung einer Aktivität als auch ihr Charakter.

Als Anknüpfungspunkte hinsichtlich des "significant conduct" werden genannt: Transaktion in den USA unter Beteiligung eines Amerikaners[1469] und Angebot in den USA durch oder gegenüber einem Amerikaner, sowie Transaktionen an Börsen, aber auch außerhalb organisierter Märkte in den USA, Auslandsverhalten mit Bezug auf eine der vorgenannten

---

1464 Vgl. hierzu Mann, F. A., The extremism of American extraterritorial jurisdiction. ICLQ 39 (1990), S. 410 - 412, 412

1465 Vgl. hierzu § 416 Restatement (third), Reporters Note 6 und Karmel, R.S., The Extraterritorial Application of the Federal Securities Code, Connecticut Law Review 7 (1975), S. 669 - 710, 682; Hamlin, J.W., Exporting United States Law: Transnational Securities Fraud and Section 10 (B) of the Securities Exchange Act of 1934, Connecticut Journal of International Law 3 (1988), S. 273-415, 401 - 404

1466 American Law Institute, Restatement of the Law, Third, The Foreign Relations Law of the United States (1987)

1467 § 416

1468 Comment a

1469 Hierunter fallen neben den Staatsangehörigen auch die "residents"

Transaktionen, welche einen "substantial effect" in den USA haben oder haben sollen, "conduct occurring predominantly in the United States" im Hinblick auch auf eine Transaktion im Ausland sowie die Investmentberatung in den USA.

Soweit nicht an Auswirkungen angeknüpft werden soll, wird also an den Ort der Handlung im Inland im Sinne des "significant conduct" angeknüpft. Insoweit wird allerdings auch die kommunikationstechnische Entwicklung berücksichtigt: "As organized securities markets in different states are increasingly connected through electronic and institutional links, the territorial factors that underly subsection (1) may become less relevant and exercise of jurisdiction under subsection (2) may become more important[1470]." Subsection 2 erfaßt solche Auslandsfälle mit Übermittlung in die USA unter Verweis auf die allgemeine Reasonableness - Regelung des § 403 und schwächt in zusätzlich aufgezählten Abwägungsgesichtspunkten die genannten Anforderungen, also die "significance" ab.

Das Personalitätsprinzip wird nicht als entscheidender Anknüpfungspunkt in Börsenangelegenheiten angesehen, wenn nicht die Börsenpapiere in den Vereinigten Staaten registriert waren und Verhandlungen in den Vereinigten Staaten stattgefunden hatten[1471]. "Application of United States law might be reasonable if the person had other close and continuing links with the United States"[1472]. Aus diesem Grundsatz wird ein Gesichtspunkt hergeleitet, welcher auch durch das passive Personalitätsprinzip Berücksichtigung findet, nämlich der Schutz von Staatsbürgern der Vereinigten Staaten[1473]. Die Problematik wird insoweit differenziert. Wenn Amerikaner freiwillig ins Ausland gereist seien, um dort an Börsen Geschäfte zu machen, so verdienten sie nicht den Schutz des US-Rechts[1474]. Wenn aber amerikanische Touristen ohne Argwohn auf eine Karibikinsel gelockt wurden, welche mit besonders günstigen Börsengeschäften anlockte, so könne dies vom amerikanischen Recht erfaßt werden, insbesondere dann, wenn ein Teil der Werbung oder Geschäftsanbahnung in den Vereinigten Staaten stattfand. Ein ausreichender Anknüpfungspunkt sei es auch, wenn amerikanische Militärangehörige im Ausland durch die Gesetzgebung geschützt werden sollten[1475].

[1470] Comment a

[1471] Reporters' Notes 2

[1472] Entscheidungen Berch IIT

[1473] Reporters Note 2; Es wird ausdrücklich auf § 402 Comment d, betreffend die passive Personalität, hingewiesen.

[1474] Kook v. Crang, 182 F.Supp. 388 (S.D.N.Y. 1960)

[1475] Reporters' Note 2

Diese Konzeption des Restatement betont die Anknüpfung nach dem Territorialitätsprinzip ebenso wie diejenige nach der Ordnungshoheit. Sie berücksichtigt auch, daß das erstere Prinzip durch moderne Kommunikationstechnologien an Unterscheidungskraft für die Anknüpfung verliert, weil insoweit im Inland eine Handlung, welche sich dort nicht materialisiert, die gleiche Wirkung hat, als ob sie im Inland vorgenommen würde. Dieser Gesichtspunkt ist auch für die Anknüpfung aufgrund der Ordnungshoheit für Auslandsregelungen von entscheidender Bedeutung.

c) Foreign Corrupt Practices Act

In der amerikanischen Gesetzgebung werden Personen, welche an den US - Börsen ihre Wertpapiere anbieten, aufgrund dieses Bezuges weitere Verpflichtungen auferlegt. Dies ist der Fall bei der Gesetzgebung gegen Bestechungen im Ausland.

Um Bestechungen von ausländischen Regierungen durch amerikanische Unternehmen zu verhindern, erließ der Kongress im Jahre 1977 den Foreign Corrupt Practices Act[1476]. Er ändert Vorschriften des Securities Exchange Act von 1934[1477] und verpflichtet "issuers" nach section 30 dieses Gesetzes, bestimmte Bestechungsmaßnahmen im Ausland zu unterlassen. Dieser Personenkreis wird umschrieben als "any issuer which has a class of securities registered pursuant to section 12 of this title, or which is required to file reports under section 15 (d) of this title" sowie deren Angestellte und Agenten. Sachlich wird dagegen das Verbot der "Foreign Corrupt Practices by Domestic Concerns" umschrieben[1478]. Die Adressaten dieses Verbotes sind: "(A) Any individual who is a citizen, national or resident of the United States; or (B) any corporation, partnership, association... or sole proprietorship which has its principal place of business in the United States or which is organized under the laws of a state of the United States...". Ausländische Tochterunternehmen amerikanischer Gesellschaften werden dagegen von dieser Gesetzgebung nicht umfaßt.

Die Verpflichtungen der issuers treffen alle Unternehmen, deren Wertpapiere an amerikanischen Börsen gehandelt werden, denn diese benötigen die Registrierung nach sec. 12 des Securities Exchange Act 1934, die dann in bestimmten Fällen die Berichtspflicht nach sec. 15 (d) nach sich

---

[1476] Public Law 95 - 213, sec. 101, ILM 17 (1978), S. 214; Vgl. hierzu Marcuss, S. J., Extraterritoriality: U.S. Antiboycott Law and the Foreign Corrupt Practices Act, Law and Policy in International Business 15 (1983) 1135 - 1146 ; O'Neill, S., The Foreign Corrupt Practices Act: Problems of Extraterritorial Application, Vanderbilt Journal of Transnational Law, 12 (1979), S. 689-720

[1477] 15 U.S.C. §§ 78 a et seq.

[1478] Sec. 104 des Foreign Corrupt Practices Act 1977

zieht. Die Staatsangehörigkeit ist dabei kein Gesichtspunkt. Auch die Tatsache, daß dieser Handel auf dem Territorium der USA geschieht, macht die Verpflichtungen nach dem Foreign Corrupt Practices Act nicht zu Regelungen aufgrund der Territorialhoheit. Denn weder der Adressat noch das Ziel der Bestechung muß sich auf amerikanischem Territorium befinden. Eine Erweiterung der Personalhoheit aufgrund der Börsentätigkeit anzunehmen verbietet sich aus den gleichen Gründen, die bereits beim Merkmal des "doing business" bei der "personal jurisdiction" erörtert wurde.

Vielmehr handelt es sich auch hier um einen Fall der Anknüpfung aufgrund der Ordnungshoheit, weil die Adressaten an der Wirtschaftsordnung der USA teilnehmen. Regelungsziel ist unter anderem die Vermeidung von Wettbewerbsverzerrungen durch Bestechung zu Lasten auch anderer Unternehmen, welche an dieser Ordnung teilnehmen. Auch international war die Bekämpfung dieser Praktiken durch die "Commission on Ethical Practices" der Internationalen Handelskammer in einem Bericht aus dem Jahre 1977[1479] und durch die "Intergovernmental Working Group on the Problem of Corrupt Practices" des Wirtschafts- und Sozialrates der Vereinten Nationen aus dem gleichen Jahr[1480] gefordert worden. Die Anknüpfung der USA und ihr Regelungsziel waren daher international unumstritten und enthielten kein Konfliktpotential. Staatenproteste hiergegen sind jedenfalls nicht bekannt.

d) Internationale Koordination

Mit der Schweiz haben die USA im Jahre 1981 ein Memorandum of Understanding abgeschlossen[1481] und damit eine Möglichkeit zur Weitergabe von Informationen bei Schweizer Banken an amerikanische Behörden geschaffen[1482]. Es gab zwar bereit einen Vertrag über den gegensei-

---

[1479] ILM 16 (1977), S. 686

[1480] Bericht UN Doc. E/6006 vom 5.7.1977, ILM 16 (1977), S. 1236

[1481] Vgl. hierzu Raifman, G.R., The Effect of the U.S. - Swiss Agreement on Swiss Banking Secrecy and Insider Trading, Law and Policy in International Business 15 (1983), S. 565 - 611, 597 - 602; Stultz, E.A., Swiss Bank Secrecy and United States Efforts to Obtain Information from Swiss Banks, Vanderbilt Journal of Transnational Law 21 (1988), S. 63 - 118; Levin, E.R., The Conflict between United States Securities Laws on Insider Trading and Swiss Bank Secrecy Laws, Northwestern Journal of International Law and Business 7 (1985), S. 318-350, 340 - 346; Friedli, G., Statements on International Legal Assistance from the Viewpoint of one of the large Swiss Banks, Regulations, Wirtschaft und Recht 35 (1983), S. 245 - 247,

[1482] Memorandum of Understanding between the United States and Switzerland vom 31.8.1982 und Agreement XVI der Schweizer Bankenvereinigung vom 14.7.1982, ILM 22 (1983) S.1

tigen Beistand in Strafsachen aus dem Jahre 1977[1483], der aber nach einem Notenwechsel nicht bei wesentlichen Interessen des ersuchten Staates effektiv war, wozu auch das Bankgeheimnis gehörte. Dementsprechend hatte die SEC Schwierigkeiten bei Rechtshilfeersuchen, was in Gerichtsentscheidungen eine Rolle spielte[1484]. Problematisch war insbesondere, daß das Insider Trading nach schweizerischem Recht nicht strafbar war[1485]. Das Memorandum aus dem Jahre 1982 ist zwar nicht rechtsverbindlich, bildet aber eine Leitlinie für die gegenseitige Kooperation. Sein Bestandteil ist das sogenannte "Agreement XVI" mit der Vereinigung der Schweizer Banken. Danach müssen bei genau bezeichneten Straftaten Informationen an die Behörden des anderen Staates gegeben werden. Für Insider Trading - Untersuchungen werden prozedurale Vorschriften für Auskunftsersuchen festgelegt.

Die Regeln des Memorandum 1982 wurden in einem weiteren Memorandum aus dem Jahre 1987 noch detailliert[1486]. Gleichzeitig wurde das schweizerische Strafrecht um einen Tatbestand gegen Insider Trading ergänzt und damit durch Rechtsharmonisierung ein wesentlicher Konfliktpunkt ausgeräumt. Ein weiteres Beispiel für gemeinsame Staateninteressen ist das Memorandum of Understanding zur Erleichterung des Informationsaustauschs in Börsenangelegenheiten zwischen der SEC, der CFTC und Großbritannien[1487], das aber einen ordre public - Vorbehalt besitzt und deshalb Jurisdiktionskonflikte nicht lösen kann. Entsprechende Rechtshilfe - Vereinbarungen gibt es auch mit Japan[1488] und Kanada[1489].

3. Europäisches und Deutsches Recht

Die deutschen und europäischen öffentlichrechtlichen Vorschriften des Börsenrechts sind bisher begrenzt auf Regeln für die Börsenzulassung und die erforderlichen Voraussetzungen hierzu und haben damit einen

---

[1483] T.I.A.S.No. 8302

[1484] Vgl. etwa SEC v. Banca della Svizzera Italiana , 92 F.R.D. 111 (S.D.N.Y. 1981)

[1485] Hierzu die Entscheidung des schweizerischen Bundesgericht auf ein Rechtshilfe ersuchen der SEC im Falle gegen die Santa Fe International Corporation, ILM 22 (1983), S. 785. Vgl. McFadden, E.J., Extraterritoriality: Swiss Supreme Court Refuses United States Request for Information Concerning Insider Trading, Harvard International Law Journal 25 (1984), S. 456-483

[1486] Text bei Stultz, a.a.O., S. 112 - 122

[1487] Memorandum of Understanding on Exchange of Information vom 23.9.1986, ILM 25 (1986), S. 1431

[1488] ILM 25 (1986), S. 1429 ff.

[1489] ILM 27 (1988), S. 410. Hierzu Roppel, M., Extraterritorial application of securities laws between the United States and Canada, Gonzaga Law Review 24 (1988/89), S. 391 - 414, 406 - 408

Bezug zum Inlandsterritorium[1490]. Ordnungswidrigkeiten nach § 90 des Börsengesetzes[1491] können nur nach dem Territorialitätsprinzip verfolgt werden. § 88 enthält eine Strafnorm für Täuschungshandlungen zur Einwirkung auf den Börsen- oder Marktpreis, § 89 für die Verleitung zur Börsenspekulation. In Fällen mit Auslandsberührung sind diese Vorschriften nach den bereits erörterten Regeln des deutschen internationalen Strafrechts anzuwenden. Die Konsequenzen der Internationalisierung und der Technisierung des Börsenverkehrs haben in Deutschland noch zu keinem Bedürfnis nach weiterer extraterritorialer Jurisdiktion geführt.

Eine Norm über den Regelungsbereich enthält die neue Insider - Richtlinie der EWG[1492] in Art. 5. Danach wendet jeder Mitgliedstaat Verbote von Insider - Geschäften mit Wertpapieren "zumindest auf in seinem Gebiet begangene Handlungen an, sofern die betreffenden Wertpapiere auf dem Markt eines Mitgliedstaats zum Handel zugelassen sind. Auf jeden Fall geht jeder Mitgliedstaat davon aus, daß ein Geschäft in seinem Gebiet getätigt wird, wenn es auf einem in diesem Gebiet gelegenen oder funktionierenden Markt .... erfolgt." Dies bedeutet, daß die Anknüpfung nach dem Territorialitätsprinzip ein Mindeststandard ist, daß aber, wie Art. 6 betont, abweichende strengere Vorschriften auch mit extraterritorialem Regelungsgehalt möglich sind. Nach Art. 13 obliegt die Sanktionierung der Verbote den Mitgliedstaaten. Es bleibt abzuwarten, ob die Umsetzung dieser Richtlinie hier zu erweiterter extraterritorialer Jurisdiktion nach amerikanischem Vorbild führen wird.

4. Registrierungspflichten

Die Unterschiede der nationalen Regelungen machen es - so klagen Wirtschaftskreise[1493] - zunehmend mühsamer, bei der grenzüberschreitenden Tätigkeit von Börsenteilnehmern alle notwendigen Genehmigungen einzuholen. Dies wird verstärkt dadurch, daß die entsprechenden Vorschriften auch extraterritorial angewendet werden[1494]. Die SEC verlangt, daß ausländische Aussteller von Wertpapieren den amerikanischen Zulas-

---

[1490] Auch in Kanada gibt es insoweit nur intraterritoriale Jurisdiktion, vgl. Castel, J.-G., Extraterritoriality in international trade: Canada and United States of America practices compared (1988) , S. 116

[1491] In der Fassung der Bekanntmachung vom 27.5.1908 (RGBl. 1908, 215); zuletzt geändert durch Gesetz vom 11.7.1989 (BGBl. 1989 I, 1412)

[1492] Richtlinie 89/592/EWG vom 13.11.1989 (ABlEG 1989 L 334/30)

[1493] Report of the International Chamber of Commerce Committee on the Extraterritorial Application of National Laws, Doc.IME (86) 24, S. 38

[1494] Vgl. hierzu Stürmer, U., Die extraterritoriale Anwendung amerikanischer Anlegerschutzbestimmungen (1978), S. 109 ff.; Connelly, M.Q., Multinational Securities Offerings: A Canadian Perspective, Law and Contemporary Problems 50 (1987), S. 251-270

sungs- und Berichtsvorschriften genügen, wenn sie an Börsen in den USA eine Zulassung zu den Listen oder automatischen Quotierungs-Systemen beantragt haben oder wenn sie auf andere Weise zum Handel ihrer Wertpapiere in den Vereinigten Staaten ermutigt haben [1495].

In bestimmten Fällen können Ausländer den Zulassungsvorschriften unterworfen werden, auch wenn keine solche Ermutigung vorliegt[1496]. Schließlich verlangt die SEC noch die Zulassung von ausländischen Börsenhändlern, wenn sie mit amerikanischen Wertpapieren handeln, es sei denn, sie würden vollständig außerhalb der Vereinigten Staaten tätig und nur gegenüber Ausländern [1497]. Auch diese Vorschriften, soweit sie extraterritoriale Jurisdiktion sind, sind nie auf den Widerspruch anderer Staaten gestoßen.

Das gleiche gilt für die Rechtslage in Europa, die im vorliegenden Zusammenhang nur deshalb kurz dargestellt werden soll, weil sie Regelungen enthält, die für das internationale öffentliche Recht unter dem Gesichtspunkt der Anerkennung interessant sind. Die Mindestbedingungen der Zulassungsbedingungen von Wertpapieren zur amtlichen Notierung an einer Wertpapierbörse sind durch eine EWG - Richtlinie aus dem Jahre 1979 geregelt[1498]. Hier geht es nur um die Zulassungspflicht auf Antrag. Für die Erstellung, Kontrolle und Verbreitung von Börsenprospekten gibt es zwei Richtlinien[1499], die beide eine Pflicht der anderen Mitgliedstaaten zur Anerkennung der Billigung des Prospekts durch den Sitzstaat des Emittenten enthält[1500]. Sie sehen Verhandlungen mit Drittländern über eine solche Anerkennungspraxis auf Gegenseitigkeit vor[1501]. In Deutschland ist die Zulassungspflicht für an der Börse amtlich notierte Wertpapiere in § 36 des Börsengesetzes geregelt. Bei gleichzeitigem Zulassungsantrag in Deutschland und in einem anderen EG - Mitgliedstaat ist der Börsenprospekt, der von einem anderen Staat gebilligt wurde, gemäß § 40 a anzuerkennen, wenngleich auch eine Ergänzung des Inhalts verlangt werden kann.

[1495] Vgl. Securities Act Rule 405, 17 C.F.R.203.405; Securities Exchange Act Rule 3b-4, 17 C.F.R.240.3b-4; Securities Exchange Act, 15 U.S.C.781 (g), 78 m (a).

[1496] Rule 12g 3-2 (d) (3), 17 C.F.R.12 g 3-2 (d) (3).

[1497] Securities Act Release No.4708, 29 Fed.Reg.9828 (1964).

[1498] Richtlinie 79/279/EWG vom 5.3.1979 (ABlEG. 1979 L 66, 21), zuletzt geändert durch Richtlinie vom 12.12. 1988 (ABlEG. 1988 L 348, 62)

[1499] Richtlinie 80/390/EWG vom 17.3.1980 (ABlEG. 1980 L 100,1), zuletzt geändert durch Richtlinie vom 23.4.1990 (ABlEG 1990 L 112, 24); Richtlinie 89/298/EWG vom 17.4.1989 (ABlEG 1989 L 124, 8)

[1500] Art. 24 a bzw. 21

[1501] Art. 25 a bzw. 24

E. Kartellrecht und Fusionskontrolle

1. USA

a) Übersicht der Rechtslage

Das Kartell- und Fusionskontrollrecht der Vereinigten Staaten[1502] ist zentral in drei Gesetzen geregelt. Das allgemeine Kartellverbot findet sich in § 1 des Sherman Antitrust Act[1503]. Danach ist verboten "every contract, combination in the form of trust or otherwise, or conspiracy, in restraint of trade or commerce among the several states, or with foreign nations". Die zweite bedeutende gesetzliche Grundlage des amerikanischen Kartellrechts ist der Clayton Act[1504]. Durch dieses Gesetz aus dem Jahre 1914 wurden vier wichtige Wettbewerbsbeschränkungen für rechtswidrig erklärt, aber nicht kriminalisiert: Die Preisdiskriminierung (§ 2), Vertriebsbindung und Alleinvertriebsverträge (§ 3), Unternehmensfusionen[1505] (§ 7) und gemeinsame Leitungsgremien von Unternehmen im Wettbewerb (§ 8). Diese Vorschriften wurden später vielfältig ergänzt[1506].

Bei Unternehmenszusammenschlüssen sieht § 7 A des Clayton Act[1507] eine präventive Fusionskontrolle mit einer Pflicht zu "pre-merger notification" bei bestimmten Unternehmensgrößen vor, darüber hinaus ein zeitlich begrenztes vorläufiges Vollzugsverbot nach Anmeldung. Daneben könne die Aufsichtsbehörden auch bei nicht meldepflichtigen Zusammenschlüssen durch Civil Investigative Demands freiwillige Auskünfte bei den Partner anfordern[1508]. Hinsichtlich der Anzeigepflicht vor einer Fusion gibt es aber Sondervorschriften für ausländische Unternehmen, deren Vermögenswerte, welche für Herstellung und Vertrieb des betreffenden Produkts eingesetzt werden, vollständig im Ausland belegen sind, wenn entweder durch den Zusammenschluß kein beherrschender Einfluß auf ein amerikanisches Unternehmen ab einer bestimmten

---

1502 Vgl. die allgemeine Darstellung von Areeda, P., Antitrust Analysis, 3. Aufl. (1980); Kalinowski, J.von, World Law of Competition, Overview (Loseblatt, 1982 -), Overview, § 7.02 [1]

1503 15 U.S.C. §§ 1 - 7 (1890).

1504 15 U.S.C. §§ 12 - 27

1505 Zur Fusionskontrolle allgemein Roth, H., Die Fusionskontrolle internationaler Unternehmenszusammenschlüsse, RabelsZ 45 (1981), S. 501-544, 505 ff.

1506 so z.B. § 2 durch den Robinson-Patman Act aus dem Jahre 1936 und § 7 durch den Celler Kefauver-Act aus dem Jahre 1950 sowie eine Reihe weiterer Änderungsgesetze.

1507 Vgl. den Hart - Scott - Rodino Act 15 U.S.C. § 18 a (1982)

1508 15 U.S.C. §§ 1311 - 1314

Größenordnung entsteht oder wenn die Partner einen gewissen Betrag von Nettoumsätzen und Buchwert ihrer Vermögenswerte in den USA nicht überschreiten[1509]. Soweit eine Anmeldepflicht besteht, kann ihre Verletzung mit bis zu 10.000 $ täglich geahndet werden[1510].

Die dritte wichtige Rechtsgrundlage des amerikanischen Kartellrechts ist der Federal Trade Commission Act[1511]. Dieses Gesetz, welches primär die Aufgaben der Federal Trade Commission regelt, enthält in § 5 als einzige materielle Regelung den Satz: "Unfair methods of competition in or affecting commerce, and unfair or deceptive acts or practices in or affecting commerce, are declared unlawful"[1512]. Im Bereich extraterritorialer Jurisdiktion ist auch auf den Wilson Tariff Act[1513] hinzuweisen, der Wettbewerbsbeschränkungen bei Importen in die Vereinigten Staaten verbietet[1514].

Die amerikanische Kartellaufsicht obliegt dem Justizministerium und der Federal Trade Commission. Diese haben, je nach politischer Ausrichtung der Regierung, das Kartellrecht mehr oder weniger streng durchgesetzt[1515]. Nach § 3 des Sherman Act können rechtswidrige Kartelle als "felony" mit maximal 1 Million $ gegenüber Unternehmen und 100.000 $ sowie gegenüber natürlichen Personen mit Haft bis zu drei Jahren bestraft werden. Nach § 4 des Sherman Act und § 15 des Clayton Act können die Bundesgerichte auf Klage von Staatsanwälten durch "proceeding in equity" Verletzungen dieser Gesetze verhindern und verbieten und dabei alle vorläufigen und endgültigen Anordnungen zum Verbot, zur Wiederherstellung des Wettbewerbs - auch durch Entflechtung einer Fusion - und zur Herausgabe unrechtmäßiger Gewinne erlassen. In begrenztem Umfang kann dies nach § 16 des Clayton Act auch durch Privatleute beantragt werden.

§ 5 (a) 2 des Federal Trade Commission Act gibt der Kommission die Kompetenz, "to prevent persons .... from using unfair methods of competition in or affecting commerce and unfair or deceptive acts or practices

---

[1509] So die Ausführungsvorschriften der Federal Trade Commission zum Hart - Scott - Rodino Act 16 C.F.R. § 802.51 (1988)

[1510] 15 U.S.C. § 18a (g) (1)

[1511] 15 U.S.C. §§ 41 - 58.

[1512] Vgl. hierzu Branch v. Federal Trade Commission 141 F. 2d 31 (7th Cir. 1944)

[1513] 15 U.S.C. §§ 8-11

[1514] § 8: "Every combination, conspiracy, trust, agreement or contract is declared to be contrary to public policy, illegal, and void when... made by... persons or corporations, either of whom... is engaged in importing any article from any foreign country into the United States, and when such combination, conspiracy... is intended to operate in restraint of lawful trade, or free competition in lawful trade or commerce..."

[1515] Zur Durchsetzung vgl. Areeda, a.a.O. (Anm. 1502), S. 53 ff.

in or affecting commerce." Sie erläßt hiernach "cease and desist orders". Verstöße hiergegen werden mit "civil penalties" von maximal 10.000 $ geahndet.

In Antitrust-Fällen muß die Gegenmaßnahme des Staats immer notwendig sein, um die Rechtsverletzung zu beendigen und den Wettbewerb wiederherzustellen[1516]. So hat in einem Fall mit Auslandsbezug der Supreme Court eine bezahlte Lizenz als ausreichend für die Beseitigung der Wettbewerbsbeschränkung angesehen und die Anordnung, eine kostenlose Lizenz zu geben, welche das amerikanische Justizministerium getroffen hatte, aufgehoben[1517]. Auch hat der Supreme Court entschieden, daß von mehreren Mitteln das am wenigsten belastende eingesetzt werden muß, um die Wettbewerbsbeschränkung zu beseitigen[1518]. In diesem Fall war von der Regierung nicht nur das rechtswidrige Verhalten verboten worden, sondern ein Verkauf von Aktienanteilen an britischen und französischen Firmen durch den Verletzer angeordnet worden. Der Supreme Court hielt dies für übermäßig .

Darüber hinaus eröffnet das amerikanische Kartellrecht auch privaten Parteien die Möglichkeit, Verstöße gegen das Wettbewerbsrecht, welche sie selbst verletzen, durch eine Privatklage durchzusetzen. Auch ausländische Staaten sind klagebefugt[1519]. Eine entsprechende Vorschrift war ursprünglich in § 7 des Sherman Act enthalten und findet sich nunmehr in § 4 des Clayton Act. Diese Möglichkeit trägt wesentlich zur Durchsetzung des amerikanischen Kartellrechts bei.

Sie ist allerdings auch ein wesentlicher Grund für Jurisdiktionskonflikte. Denn da Private eine Untersuchung und Verurteilung erzwingen können, liegt die Durchführung des Kartellverfahrens nicht nur in der Hand der amerikanischen Regierung. Diese kann im Falle des Konflikts mit Interessen ausländischer Staaten ihr Ermessen ausüben, um eine Untersuchung zu begrenzen oder in Konsultationen mit der ausländischen Regierung Konflikte zu minimieren. Die private Klagemöglichkeit ist es, welche die amerikanischen Gerichte immer wieder vor das Problem gestellt hat, mit den Interessen ausländischer Staaten konfrontiert zu sein

---

[1516] United States v. Glaxo Group Ltd., 410 U.S. 52, 64 (1973); United States v. United Shoe Mach. Corp 391 U.S. 244, 251-52 (1968). Zur Problematik vgl. Holmes, W.C., Government Antitrust Actions and Remedies Involving Foreign Commerce: Procedural and Substantive Limitations, Northwestern Journal of International Law and Business 4 (1982), S. 105-129, 125

[1517] United States v. National Lead Co., 332 U.S. 319 (1947)

[1518] Timken Roller Bearing Co. v. United States 341 U.S. 593 (1951)

[1519] Kuwait v. Chas. Pfizer & Co., 333 F.Supp. 315 (S.D.N.Y.) 1971. Vgl. hierzu Figa, P.S., The Capacity of Foreign Sovereigns to Maintain Private Federal Antitrust Actions, Cornell International Law Journal 9 (1975), S. 137 - 153

und selbst über eine Abwägung dieser Interessen gegen die amerikanischen Interessen entscheiden zu müssen. Dabei kann die Regierung nur als amicus curiae außenpolitische Gesichtspunkte geltendmachen und Interessen ausländischer Staaten gegen eigene Interessen gewichten[1520].

Zum anderen ist § 4 des Clayton Act auch deshalb eine Quelle des Konflikts mit ausländischen Staaten, weil er dem verletzten Kläger nicht nur einfachen Schadensersatz zuspricht, sondern "threefold the damages by him sustained, and the cost of suit, including a reasonable attorneys' fee". Diese sogenannte "treble damages" - Klausel bringt es mit sich, daß Kartellrechts - Verletzer ihren Klägern teilweise exorbitante Schadensersatzsummen zahlen müssen. Es handelt sich hierbei nicht mehr um eine reine Schadensersatzvorschrift. Der dreifache Schadensersatz hat Straf- und Abschreckungscharakter[1521]. Er ist Ausfluß einer "punitive damages" - Vorschrift, welche die Durchsetzung des Antitrustrechts durch den Staat ergänzen soll[1522]. Durch seine empfindliche Präventionswirkung trägt er ganz erheblich zur Durchsetzung amerikanischen Kartellrechts im Ausland bei mit der bloßen Androhung, daß die Strafe gegebenenfalls in den USA vollstreckt werden könnte. Die treble damages sind auch der Anlaß dafür, daß ausländische Staaten Vorschriften erlassen haben, wonach solche Entscheidungen nicht oder nur in einfacher Höhe zu vollstrecken sind[1523].

Der hiergegen gerichtete § 6 des britischen Protection of Trading Interests Act 1980, wonach Unternehmen in Großbritannien, welche zu einem solchen Schaden in den USA verurteilt wurden und der Vollstreckung unterlagen, sich den zweifachen Schadensbetrag, der die einfache Schadensersatzleistung überschreitet, durch Klage in Großbritannien wieder beschaffen können, wurde bereits erwähnt. Der dreifache Schadensersatz ist ein wesentliches Element in den Jurisdiktionskonflikten. Er wurde durch den Foreign Sovereign Antitrust Recoveries Act 1982[1524] bereits für

---

[1520] Kestenbaum, L./ Olson, J.W., Federal Amicus Intervention in Private Antitrust Litigation Raising Issues of Extraterritoriality: A Modest Proposal, The International Lawyer 16 (1982), S. 587 - 598; Shenefield, J.H., Extraterritorial Application of United States Antitrust Laws: Economic Imperialism or Correcting the Evil at the Source, Wirtschaft und Recht 35 (1983), S. 116 - 126, 126; ders., Thoughts on Extraterritorial Application of the United States Antitrust Laws, Fordham Law Review 52 (1932), S. 350 - 373

[1521] Vgl. Gilioli, E.L., Defining Jurisdictional Limits in International Antitrust: Should the EEC Adopt the Timberlane Approach?, Fordham International Law Journal 5 (1982), S. 469-508

[1522] United States v. Glaxo Group Ltd., 410 U.S.52, 64 (1973); United States v. Gypsum Co., 340 U.S.76, 88 (1950); Illinois Brick Co. v. Illinois, 431 U.S.720, 746 (1977); Hawaii v. Standard Oil Co., 405 U.S.251, 262 (1972).

[1523] Vgl. hierzu die in Kap. II erwähnten australischen Abwehrgesetze

[1524] 15 U.S.C. § 15 (b)

ausländische Staaten beschränkt. In der Literatur wird den USA zur Minderung der Konflikte eine generelle Reduzierung der Schadensersatzvorschriften empfohlen[1525].

Die besondere ordnungspolitische Bedeutung des Kartellrechts in den USA, welche in den drakonischen Sanktionen und in einer häufig sehr strengen Gesetzesanwendung zum Ausdruck kommt, ist in der zentralen Bedeutung des freien Wettbewerbs in Amerika begründet. Das amerikanische Antitrust - Recht wird oft mit Emphase qualifiziert als "a charter of economic liberty"[1526] oder als "magna charta of free enterprise"[1527]. Dies erklärt auch die Entschlossenheit, den amerikanischen Markt von wettbewerbsbeschränkenden Einflüssen aus dem Ausland zu schützen, und das ordnungspolitische Konfliktpotential, welches hierin steckt[1528].

1525 Note, Reassessment of International Application of Antitrust Laws: Blocking Statutes, Balancing Tests, and Treble Damages, Law and Contemporary Problems 50 (1987), S. 197 - 220, 219; Nijenhuis, E., Antitrust Suits Involving Foreign Commerce: Suggestions For Procedural Reform, University of Pennsylvania Law Review 135 (1987), S. 1003 - 1054, 1049 ff.

1526 Northern Pacific Railway v. United States, (356) U.S. 1,4 (1958)

1527 United States v. Topco Assocs., Inc. 405 U.S. 596, 610 (1972)

1528 Generell zur extraterritorialen Jurisdiktion im amerikanischen Kartellrecht Kaiser, G., Conflict of Laws and the Extraterritorial Effect of Commercial Regulation, Queen`s Law Journal 1 (1972), S. 384-440; Pengilley, W., Extraterritorial Effects of United States Commercial and Antitrust Legislation: A View from "Down Under", Vanderbilt Journal of Transnational Law 16 (1983), S. 833-885; Veltins, M.A., Neueste Entwicklungen der extraterritorialen Anwendung des US-Antitrust-Rechts, RIW / AWD 28 (1982), S. 157 - 161; Krumbein, H., Die extraterritoriale Wirkung des Antitrust-Rechts (Diss. Köln 1967); Kaffanke, J., Jüngste Entwicklungen zur extraterritorialen Anwendung der Wettbewerbsgesetze in den USA, WuW 37 (1987), S. 277-287; Jennings, R.Y., Extraterritorial Jurisdiction and the United States Antitrust Laws, BYIL 33 (1957), S. 147-175; Kronstein, H., Das Recht der internationalen Kartelle (1967), S. 501 - 504; Carnelutti, A./Delon, F., Les états face aux effets extra-territoriaux du droit de la concurrence des Etats-Unis d`Amérique - l`exemple de la France, Revue Francaise de Droit Aérien 37 (1982), S. 15-41, 18 - 26; Ellis, J.J.A., Extraterritorial Application of Anti-Trust Legislation, Netherlands International Law Review 17 (1970), S. 51-67; Cohen-Tanugi, L., Les juridictions américaines face au lois étrangères interdisant la communication de renseignements économique, Revue critique de droit international privé 72 (1983), S. 213-247; Joelson, M.R., International Antitrust: Problems and Defences, Law and Policy in International Business 15 (1983), S. 1121-1134; Shenefield, J.H., Extraterritoriality in Antitrust, Law and Policy in International Business 15 (1983), S. 1109 - 1120; Stanford, J.S. , Extraterritorial Application of United States Antitrust Law: A Canadian Comment, Canada - United States Law Journal 2(1979), S. 176 - 178; Atwood, J.R. / K.Brewster, Antitrust and American Business Abroad, 2. Aufl. (1981); Victor, A.P. / Chou, J.G., United States Antitrust Jurisdiction over Overseas Disputes after Title IV of the 1982 Export Trading Company Act and Timberlane, Fordham International Law Journal 10 (1986), S. 1 - 21; Didier, K.A., The Expanding Territorial Jurisdiction of the Sherman Antitrust Act: Intent and Effects in the Balance?, Loyola L.A. International and Comparative Law Journal 6 (1093), S. 463 - 482; Swaebe, G., American Antitrust Policy in an International

Die extraterritoriale Anwendung des amerikanischen Kartellrechts hat eine lange Tradition, wenngleich auch die Gerichte noch zu Anfang dieses Jahrhunderts vom strikten Territorialitätsprinzip ausgingen. Sherman Act und Clayton Act enthalten keine direkten Vorschriften über ihren räumlichen Regelungsbereich. Der Sherman Act ist in seinem sachlichen Regelungsbereich außerordentlich weitgehend[1529]. Section 1 des Sherman Act stellte in Formulierung "Contract Combination or Conspiracy in Restrain of Trade" auf die Wirkung einer Verhaltensweise ab. Der Supreme Court hat entschieden, daß mit diesem Gesetz der Kongreß bis zu den äußersten Grenzen seiner "commerce power" gehen wollte[1530]. Die Gerichte sind davon ausgegangen, daß das Gesetz all das erfaßt, was der Kongreß aufgrund der Commerce Clause verbieten könnte[1531].

Auch Section 7 des Clayton Act[1532] ist wirkungsbezogen: "persons engaged in commerce or affecting commerce" werden betroffen. Die Konsequenz des Zusammenschlusses ist hypothetisch umschrieben: "the effect of such acquisition may be substantially to lessen competition, or to tend to create a monopoly". Hier reicht also nach dem reinen Wortlaut eine Auswirkung auf den amerikanischen Markt ohne Teilnahme daran aus. Section 3 des Clayton Act (Ausschließlichkeits-Bindungen) ist nur anwendbar auf Güter im "commerce", das heißt im Binnen- oder im Außenhandel der USA. In diesem Falle ist also der extraterritoriale Anwendungsbereich des Clayton Act eingeschränkt. Section 5 des Federal Trade Commission Act entspricht in seiner Weite dem Sherman Act, da er auf die Wirkung auf den Handel abstellt. Die präventive Fusionskontrolle knüpft nur an nur die Größe der Partner und damit des Zusammenschlusses an, dahinter steht aber dessen Eignung zur Wettbewerbsbeschränkung, welche typisiert angenommen wird.

Context: A Survey of Jurisdictional Issues, New York Law School Journal of International and Comparative Law 2 (1981), S. 487-529. Zu den Konsequenzen dieser Praxis etwa für internationale Lizenzverträge Cabanellas, G., The Extraterritorial Effects of Antitrust Law on Transfer of Technology Transactions (1988). Zur Kostenbelastung und Rechtsunsicherheit durch diese Praxis Elsener, F., Extraterritorial Application of U.S.Antitrust Laws: The Viewpoint of a European Corporate Lawyer, Regulations, Wirtschaft und Recht 35 (1983), S. 130 - 140; Garvey, G.E., American Retreat from Extraterritorial Antitrust Enforcement, Consequences of new Legislative Policies for an International Competitive Economy, RabelsZ 51 (1987), S. 401-436

[1529] Eine Übersicht über die Rechtslage in den USA findet sich bei Kalinowski, J.von, World Law of Competition, Overview (Loseblatt, 1982 -), § 7.02 [1][a]

[1530] United States v. Underwriters Association, 322 U.S.533, 558 (1944)

[1531] Rasmusin v. American Dairy Association, 472 F.2d 517 (9th Cir.1972), 39; 412 U.S.950 (1973)

[1532] "Acquisition or Merger that will substantially lessen Competition or tend to create a Monopoly"

Bei der Beurteilung der Anknüpfung des amerikanischen Antitrustrechts ist immer zu berücksichtigen, daß neben der subject matter jurisdiction, der materiellrechtlichen Jurisdiktion, in deren Rahmen die Anknüpfung an Auswirkungen eine Rolle spielt, auch die personal jurisdiction, die Gerichtsbarkeit, gegeben sein muß, die sich nach § 12 des Clayton Act richtet[1533]. Danach ist das Gericht zuständig, in dessen Bezirk das Unternehmen ansässig ist, in dem es vorgefunden wird oder in dem es geschäftlich tätig ist. Hier müssen also auf jeden Fall sog. "minimum contacts" nachgewiesen werden[1534], ein Gesichtspunkt, der im vorangegangenen Kapitel bereits erörtert wurde. Hierunter fallen ausreichende Geschäftsbeziehungen mit den USA in dem Sinne, daß Waren geliefert werden oder Leistungen in die USA verbracht werden. Ausländische Unternehmen mit amerikanischen Tochterunternehmen haben dann ausreichende Kontakte wenn sie einer "continuous supervision over and intervention in" die Angelegenheiten ihrer amerikanischen Tochtergesellschaft haben [1535].

Dabei kommt es auf Beteiligungsverhältnisse, tatsächliche Kontrolle, die Rolle des Tochterunternehmens beim Verkauf der Waren des Mutterunternehmens und die tatsächliche personelle Verflechtung der Gesellschaften an. Im umgekehrten Fall, bei ausländischen Tochterunternehmen von amerikanischen Unternehmen liegt personal jurisdiction über die Muttergesellschaft dann vor, wenn sie mit dem wettbewerbsbeschränkenden Verhalten der Tochtergesellschaft einverstanden ist[1536]. Das ausländische Tochterunternehmen unterfällt dann der amerikanischen Jurisdiktion, wenn es andauernd und systematisch Aktivitäten in den Vereinigten Staaten entfaltet[1537].

1533 Schwartz, I.E., Anwendbarkeit nationalen Kartellrechts auf internationale Wettbewerbsbeschränkungen, in: Kartelle und Monopole im modernen Recht (1961) Bd. II, S. 673-699, 675; Holmes, W.C., Government Antitrust Actions and Remedies Involving Foreign Commerce: Procedural and Substantive Limitations, Northwestern Journal of International Law and Business 4 (1982), S. 105-129, 105 ff.; Frisinger, J. Extraterritoriale Anwendung des USA-Antitrustrechtes und "Personal Jurisdiction" über ausländische Gesellschaften, RIW/AWD 1972, S. 12-21; Griffin, J.P., United States Antitrust Laws and Transnational Business Transactions: An Introduction, The International Lawyer 21 (1987), 307 - 341, 321; Davidow, J., Extraterritorial Antitrust and the Concept of Comity, Journal of World Trade Law 15 (1981), S. 500 - 520, 507

1534 International Shoe Co. v. Washington, 316 U.S. 310, 316 (1945)

1535 United States v. Scophony Corp. of America, 333 U.S. 795 (1948), vgl. auch den Fall United States v. Watchmakers of Switzerland Information Center, 133 F.Supp.40 (S.D.N.Y.1955).

1536 So im gerade zitierten Watchmakers-Fall

1537 United States v. Aluminium Co. of America, 148 F.2d 416 (2d Cir.1945); United States v. de Beers Consolidated Mines Ltd., (S.D.N.Y.1948) 1948 Trade Cas. § 62248.

Die personal jurisdiction wurde in Kartellfällen in den USA sehr weitgehend angenommen. Im Scophony-Fall wurde sie bereits deswegen bejaht, weil einer der Direktoren der britischen Gesellschaft Scophony in New York wohnte und gleichzeitig Direktor einer Tochtergesellschaft in America war[1538]. Im Swiss Watchmakers-Fall[1539] wurde personal jurisdiction unter anderem deswegen angenommen, weil die schweizerische Vereinigung ihre Werbungen im wesentlichen über eine New Yorker Agentur abwickelte. Diese wurden als Vertreter innerhalb der Jurisdiktion amerikanischer Gerichte angesehen.

Wenn es an den minimum contacts fehlt, dann bleibt immer noch die freiwillige Unterwerfung unter die amerikanische Jurisdiktion. Hierfür besitzen die Vereinigten Staaten einen wirkungsvollen Hebel, weil Section 6 des Sherman Act und Section 76 des Wilson Tariff Act vorsehen, daß Vermögensgegenstände, welche aufgrund eines Vertrages, einer abgestimmten Verhaltensweise oder einer Konspiration unter Verletzung der Kartellgesetze erworben wurden, beschlagnahmt werden dürfen. Eine mögliche Verteidigung gegen extraterritoriale Jurisdiktion ist das Vorliegen einer "Foreign State Compulsion". Diese ist gegeben bei einer ausländischen hoheitlichen Anordnung desjenigen Verhaltens, welches durch amerikanische Gesetzgebung verboten wird[1540]. Es setzt aber voraus, daß der Zwang im Territorium des ausländischen Staates ausgeübt wird. Reine Duldung oder Zustimmung eines ausländischen Staates erreicht nicht die Intensität des geforderten Zwanges[1541].

b) Kartellrechtliche Praxis

Anfänglich hat die amerikanische Rechtsprechung eine Ausdehnung des kartellrechtlichen Regelungsbereichs über das amerikanische Hoheitsgebiet hinaus abgelehnt. Bereits Chief Justice Marshall hatte im Fall The Antelope[1542] gesagt: "No principle of general law is more universally acknowledged, than the perfect equality of nations.... It results from this equality that no one can rightfully impose a rule on another. Each legislates for itself, but its legislation can operate on itself alone".

1538 U.S. v. Scophony Corp. 333 U.S. 795 (1948)

1539 United States v. Watchmakers of Switzerland Information Center, 133 F.Supp.40 (S.D.N.Y.1955)

1540 United States v. Sisal Sales Corp., 274 U.S. 268 (1927)

1541 Continental Ore Co. v. Union Carbide and Carbon Co., 370 U.S. 690 (1962)

1542 10 Wheat 66, 122

Im Jahre 1909 hatte der Supreme Court in der American Banana - Entscheidung[1543] über konspiratives Verhalten einer amerikanischen Firma zu entscheiden, welche in Panama und Costa Rica eine andere Firma aus dem Bananenmarkt herausgedrängt hatte. Das Gericht lehnte eine Anknüpfung an die Inlandsauswirkungen dieses Verhaltens und auch an die Nationalität der Parteien ab, weil die Tat im Ausland geschah. Die amerikanische Rechtsprechung ging in dieser Zeit von der strikten Territorialität des nationalen Rechts aus[1544].

Bei Teilhandlungen im Inland wurde jedoch das amerikanische Recht bereits zu dieser Zeit angewendet. Im Falle United States v. American Tobacco Co.[1545] geschah dies im Hinblick auf gegenseitige Abkommen zwischen amerikanischen und britischen Gesellschaften, durch welche der anglo - amerikanische Markt für Tabakprodukte aufgeteilt wurde, für Begehungsakte der Amerikaner und der Briten in Großbritannien wie auch in den Vereinigten Staaten.

In einer Entscheidung aus dem Jahre 1913[1546] ging es um Tatbestandshandlungen von kanadischen und amerikanischen Gesellschaften, welche nur teilweise in den USA erfolgten. Der Gerichtshof bejahte die Jurisdiktion über solche Fälle: "If we may not control foreign citizens or corporations operating in foreign territory, we certainly may control such... citizens' corporations operating in our territory, as we undoubtedly may control our own citizens and our own corporations".

Schließlich ist insoweit auch die Sisal - Entscheidung aus dem Jahre 1927 zu erwähnen[1547]. Hier ging es um eine vertragliche Monopolisierung des Sisal - Imports aus Mexiko durch amerikanische und ausländische Unternehmen. Der Supreme Court sah dies als vom amerikanischen Recht erfaßt an, weil "the conspirators,... by their own deliberate acts... here and elsewhere, brought about forbidden results within the United States." Noch im Jahre 1937 aber formulierte der Oberste Gerichtshof im Curtiss -

---

1543 American Banana Co. v. United Fruit Co., 213 U.S. 347 (1909). Richter O.W. Holmes schrieb: "...acts causing the damages were done... outside the jurisdiction of the United States, and within that of other states. It is surprising to hear it argued that they were governed by the Act of Congress...the character of an act as lawful or unlawful must be determined wholly by the law of the country where the act is done".

1544 Vgl. etwa The Chiquita 19F. 2nd 417 (5th Cir. 1927); Southern Pacific Railway Company v. Gonzales 48 Ariz. 260 (1936)

1545 221 U.S. 106 (1911)

1546 United States v. Pacific & Arctic Railway & Navigation Co. 228 U.S. 87 (1913)

1547 United States v. Sisal Sales Corp., 274 U.S. 268 (1927)Für den Spezialbereich von Schiffahrtslinien - Konferenzen waren bereits früher Ausnahmen vom Territorialitätsprinzip gemacht worden, siehe Thomsen v. Cayser, 243 U.S. 66 (1917); United States v. Pacific & Arctic Ry., 228 U.S. 87 (1913)

Wright - Fall[1548]: "Neither the Constitution nor the laws passed in pursuance of it have any force in foreign territory unless in respect to our own citizens (see American Banana Co. v. United Fruit Co., 213 U.S. 347,356), and operations of the nation in such territory must be governed by treaties, international understandings and compacts, and the principles of international law."

Der entscheidende Wendepunkt hin zur "effects doctrine" kam 1945 mit dem Alcoa - Fall[1549]. Hier ging es um ein Kartell nicht-amerikanischer Aluminiumgesellschaften, welches in der Schweiz abgeschlossen war und den Weltmarkt quotenmäßig aufteilte. Daraus resultierte auch eine Wettbewerbsbeschränkung in den USA. Diese Auswirkung genügte dem Richter Learned Hand, um einen Verstoß gegen Section 1 des Sherman Act festzustellen. Seine Entscheidungsformel wurde insoweit bis auf den heutigen Tag berühmt: "It is settled law... that any state may impose liability, even upon persons not within its allegiance, for conduct outside its borders that has consequences within its borders which the state reprehends; and these liabilities other states will ordinarily recognise"[1550].

Der Richter berücksichtigte allerdings auch, daß hier andere Staaten betroffen waren. Seine Überlegungen bleiben jedoch in dem Bereich, welcher durch die Rechtsprechung des Supreme Court zu Jurisdiktionskonflikten zwischen amerikanischen Bundesstaaten, also innerhalb der USA, abgesteckt war[1551]. Diese mangelnde Unterscheidung zwischen innerstaatlichen und internationalen Konflikten hat seither die gesamte Erörterung der Probleme extraterritorialer Jurisdiktion in den USA dahingehend beeinflußt, daß völkerrechtliche Erwägungen in den seltensten

---

1548 United States v. Curtiss - Wright Export Corp., 199 U.S. 304 (1936)

1549 United States v. Aluminium Co. of America, 148 F.2d 416 (2d Cir.1945). Hierzu Raymond, J.M., A new Look at the Jurisdiction in Alcoa, AJIL 61 (1967), S. 558 - 570

1550 A.a.O., S. 443

1551 Zitiert wird etwa Strassheim v. Dailey, 221 U.S. 281, 284, 285 (1911), wo Justice O.W. Holmes schreibt: "Acts done outside a jurisdiction, but intended to produce and producing detrimental effects within it, justify a State in punishing the cause of the harm, as if he had been present at the effect, if the State should succeed in getting him within its power". Es ging dabei um die Abgrenzung der Strafgewalt von Illinois und Michigan. Mann, F.A., The Doctrine of Jurisdiction in International Law, RdC 111 (1964 I), S. 1, 87, nennt die Entscheidung "fons et origo of this branch of American law". Weiter stützt sich das Gericht auf Lamor v. U.S., 240 U.S.60; Ford v. U.S., 273 U.S.593. A. Lowenfeld (Book review: Antitrust, Interest Analysis, and the New Conflict of Laws, Harvard Law Review, Bd.95 [1982], S.1976 ff., 1979 dort Anm.20) weist darauf hin, daß Alcoa nur in einem zeitlichen Abstand von wenigen Monaten von International Shoe v. Washington, 326 U.S.310 (1945) entschieden wurde, wo die minimum contacts-Doktrin für die personal jurisdiction grundgelegt wurde.

Fällen überhaupt angestellt wurden[1552]. Dies ist um so bedauerlicher, weil auch das amerikanische Recht die Möglichkeit der völkerrechtskonformen Auslegung kennt, welche nach der Rechtsprechung immer dann besteht, wenn der Kongress nicht ausdrücklich eine gegenteilige Absicht erklärt hat[1553].

Judge Hand knüpfte zwar einerseits an reine Auswirkungen von Auslandstaten an, aber begrenzt: "...when one considers the international complications likely to arise from an effect in this country to treat such agreement as unlawful, it is safe to assume that Congress certainly did not intend the Act to cover them". Mit diesem Satz sollten völlig unbeabsichtigte Auswirkungen von der Anknüpfung ausgeschlossen werden. Daneben sollte der Handelnde die Inlandsauswirkung in ihrem Kausalzusammenhang vorhergesehen haben (Erfordernis des "intent"). Reine Absicht, welche sich nicht in tatsächlichen Auswirkungen niederschlug, soll nicht ausreichen: "... we shall assume, that the Act does not cover agreements, even though intended to affect imports or exports, unless its performance is shown actually to have had some effect on them". Wenn allerdings eine Absicht bewiesen war, so soll dies zur Beweislastumkehr führen, so daß die Beklagten beweisen müssen, daß trotz Absicht keinerlei Auswirkung in den Vereinigten Staaten eintrat.

Diese Rechtsprechung wurde vom Supreme Court[1554] in vorsichtiger Weise übernommen. Allerdings ist später Rechtsprechung von Bundesgerichten die Anforderung an die Qualifikation von Auswirkungen immer weniger streng formuliert worden[1555]. Alcoa hatte von "some intended effect" gesprochen. Zunächst forderten die Gerichte eine direkte

---

1552 In diesem Zusammenhang ist auch noch die folgende Überlegung von Judge Hand bezeichnend: "...we are concerned only with whether Congress chose to attach liability to the conduct outside the United States of persons not in allegiance to it... as a court of the United States we cannot look beyond our own law. Nevertheless, it is quite true that we are not to read general words, such as those in this Act, without regard to the limitations customarily observed by nations upon the exercise of their powers; limitations which generally correspond to those fixed by the "conflict of laws". We should not impute to Congress an intent to punish all whom its courts can catch, for conduct which has no consequences within the United States".

1553 Murray v. The Schooner Charming Betsy, 6 U.S. (2 Cranch) 64, 118, 2 L.Ed.208 (1804)

1554 Vgl. etwa Continental Ore v. Union Carbide & Carbone Corp., 370 U.S.690 (1962). Das gleiche gilt für die anderen Bundesgerichte, vgl. etwa Sanib Corp. v. United Fruit Co. 135 F. Supp. 764 (S.D.N.Y. 1955)

1555 Hierzu Rutledge, D.K., Sherman Act Litigation: A Modern Generic Approach to Objective Territorial Jurisdiction and the Act of State, Dickinson Law Review 84 (1980), S. 645 - 667

Auswirkung[1556]. Die Rede war von "direct and substantial effect"[1557], "a conspiracy ... which affects American commerce"[1558], "affected the foreign commerce of this country"[1559] oder "a direct and influencing effect on trade"[1560].

Die geringsten Anforderungen wurde wohl mit den Formulierungen "any effect that is not both insubstantial and indirect"[1561], "some effects, regardless of whether they are intended or substantial"[1562] und "it is probably not necessary for the effect on foreign commerce to be both substantial and direct as long as it is not de minimis"[1563] gestellt. Wo es sich nur um indirekte Wirkungen handelt, wurden diese erfaßt, wenn der Effekt "substantial" war [1564]. Solche indirekten Wirkungen wurden auch erfaßt, wenn die Wettbewerbshandlung auf Drittmärkte ausgerichtet war, aber "substantial anticompetitive effect on our foreign commerce" hatte[1565].

Generell verlangten die Gerichte unter Berufung auf die Alcoa - Entscheidung, daß die Auswirkung beabsichtigt war. Hier wurde "general intent", also ein billigendes Wissen um die Folgen gefordert[1566]. Daneben wurde über Alcoa hinaus auch die unvollendete Absicht erfaßt, wenn die Wettbewerbsbeschränkung gerade auf den amerikanischen Markt abziel-

---

[1556] U.S. v. Imperial Chemical Industries, Ltd. et al., 105 F.Supp.215 (S.D.N.Y.1952) mit der englischen Gegen-Entscheidung British Nylon Spinners, Ltd. v. Imperial Chemical Industries, Ltd. [1952] 2 All ER 780 (C.A.); U.S. Fleischman Distilling Corp. v. Distillers Co. Ltd., 395 F.Supp.221 (S.D.N.Y.1975); United States v. Anchor Line 232 F. Supp. 379 (S.D.N.Y. 1964)

[1557] United States v. Watchmakers of Switzerland Information Center, 133 F.Supp. 40 (S.D.N.Y. 1955) und 1963 Trade Cas. (CCH) § 70, 600 (S.D.N.Y. 1962); United States v. R.P. Oldham Co., 152 F. Supp. 818, 822 (N.D. Cal. 1957); United States v. General Electric Co., 115 F.Supp. 835 (D.N.Y. 1953)

[1558] United States v. Imperial Chemical Industries, Ltd., 100 F. Supp. 504, 592 (S.D.N.Y.. 1951); In Sabre Shipping Corp. v. American President Line, 285 F. Supp.949, 953 (S.D.N.Y.1968) wurde die Formel "activity, which affects the trade and the commerce of the United States" verwendet.

[1559] Thomsen v. Cayser 243 U.S. 66, 88

[1560] United States v. Timken Roller Bearing Co., 83 F. Supp. 284, 309 (N.D. Ohio 1949)

[1561] Occidental Petroleum v. Buttes Gas & Oil Co. 331 F. Supp. 92 (C.D. Cal. 1971), affirmed on other grounds 461 F. 2 d 1261 (9th Cir.) Cert. denied, 409 U.S. 950

[1562] National Bank of Canada v. Interbank Card Association, 666 F.2d 6 (2nd Cir. 1981)

[1563] Dominicus Americana Bohio v. Gulf & Western Industries 473 F.Supp. 680 (S.D.N.Y.. 1979)

[1564] United States v. Watchmakers of Switzerland Information Center, 133 F.Supp. 40 (S.D.N.Y. 1955); United States v. R.P. Oldham Co., 152 F.Supp.818 (N.D. Cal.1957)

[1565] In re Grand Jury Investigation of the Shipping Industry 186 F. Supp. 298 (D.C.D.C. 1960)

[1566] Zenith Radio Corp. v. Matsushita 494 F.Supp. 1161 (E.D. Penn. 1980)

te[1567]. Ein wichtiges Element dieses Tests war die Vorhersehbarkeit der Auswirkung[1568]. Andere Entscheidungen forderten bei Vorliegen einer Auswirkung überhaupt kein subjektives Element mehr[1569].

Einen differenzierten Ansatz hinsichtlich der Anknüpfung enthält die Timberlane Lumber - Entscheidung in Gestalt ihrer "tripartite analysis"[1570]:

> "... the antitrust laws require in the first instance that there be some effect - actual or intended - on american foreign commerce before the Federal Courts may legitimately exercise subject-matter jurisdiction under those statutes. Second, a greater showing of burden or restraint may be necessary to demonstrate that the effect is sufficiently large to present a cognizable injury to the plaintiffs and, therefore, a civil violation of the anti-trust laws... Third, there is the additional question which is unique to the international setting of whether the interests of, and links to, the United States - including the magnitude of the effect on American foreign commerce - are sufficiently strong, vis-à-vis those of other nations, to justify an assertion of extraterritorial authority".

Integraler Bestandteil dieser Überlegungen ist die Abwägung der Interessen ausländischer Staaten, welche das Gericht als "a matter of international comity and fairness" anstellt, eine "jurisdictional rule of reason"[1571]. Der Timberlane - Ansatz setzt bereits für die Anknüpfung voraus, daß nicht ausländische Interessen höher zu bewerten sind als die amerikanischen. Die Anknüpfung wird nicht nach objektiven Kriterien im Sinne der qualifizierten Anknüpfungspunkte alleine vorgenommen, sondern erfordert auch noch die Feststellung des Interessenvorrangs. Die gesamte Interessenabwägung ist hiernach keine Frage der Konfliktlösung zwischen bestehenden Jurisdiktionen, sondern eine der exklusiven Zuteilung der Jurisdiktionsgewalt an denjenigen Staat mit den höherwertigeren Interessen.

[1567] United States v. U.S. Alkali Export Association, 86 F.Supp.59 (S.D.N.Y.1949)

[1568] United States v. General Electric, 82 F.Supp.753 (D.N.J.1949), in diesem Fall wurde die Vorhersehbarkeit höher bewertet als die spezifische Absicht.

[1569] Sabre Shipping Corp. v. American President Lines, 285 FSupp. 949 (S.D.N.Y. 1968)

[1570] 549 F.2d 597 (9th Cir.1976). Vgl. hierzu etwa Sennett, M./ Gavil, A.I., Antitrust Jurisdiction, Extraterritorial Conduct and Interest-Balancing, The International Lawyer 19 (1985), S. 1185 - 1214

[1571] so bezeichnet in Anlehnung an Brewster,K., Antitrust and American Business Abroad (1958), S. 446

Die zweite herausgehobene Entscheidung in diesem Problemkreis aus den 70er Jahren wurde vom Court of Appeals für den 3rd Circuit in Sachen Mannington Mills gefällt[1572]. Hiernach darf angeknüpft werden an eine extraterritoriale Handlung, wenn sie einen "substantial effect on American commerce" hat. Aber auch hier spielt wieder der Gesichtspunkt der Abwägung amerikanischer gegen ausländischer Interessen eine besondere Rolle. Sie ist aber - anders als in der Timberlane - Entscheidung - keine Frage der Jurisdiktions - Begründung, sondern eine der Auflösung von Konflikten zwischen zwei Rechtsbefehlen, welche sich beide auf objektive Anknüpfungspunkte stützen können.

Im einzelnen will das Gericht in der Mannington Mills - Entscheidung folgende Gesichtspunkte berücksichtigen:

> "1. degree of conflict with foreign law of policy;
>
> 2. nationality of the parties;
>
> 3. relative importance of the alleged violation of conduct here compared to that abroad;
>
> 4. availability of a remedy abroad and the pendency of litigation there
>
> 5. existence of intent to harm or affect American commerce and its foreseeability;
>
> 6. possible effect upon foreign relations if the court exercises jurisdiction and grants relief;
>
> 7. if relief is granted, whether a party will be placed in the position of being forced to perform an act illegal in either country or be under conflicting requirements by both countries;
>
> 8. whether the court can make its order effective;
>
> 9. whether an order for relief would be acceptable in this country if made by the foreign nation under similar circumstances;
>
> 10. whether a treaty with the affected nations has addressed the issue".

Andere Gerichte haben sich der Interessenabwägung nach Timberlane Lumber[1573] oder Mannington Mills[1574] angeschlossen. Montreal Trading

---

[1572] 595 F.2d 1287 (3rd Cir.1979)

[1573] Industrial Investment Development Corp. v. Mitsui und Co., 671 F 2 d 876 (5th Cir. 1982). Vgl. hierzu Note, Industrial Investment Development Corp. v. Mitsui & Co..

Ltd. v. AMAX Inc.[1575] war einer der seltenen Kartellfälle, in denen ein ausländisches Interesse höher bewertet wurde als das amerikanische. Das gleiche geschah im Fall National Bank of Canada v. Interbank Card Association and Bank of Montreal[1576]. Hier verwendete das Gericht nur die beiden ersten Gesichtspunkte der "tripartite analysis" von Timberlane Lumber, stellte jedoch keine comity - Erwägungen an. Es ging vielmehr davon aus, daß der Schwerpunkt der Anknüpfung nach Kanada weise. Im Fall Dominicus Americana Bohio v. Gulf & Western Industries[1577] sah das Gericht die Darlegungslast vorrangiger ausländischer Interessen bei der beklagten Partei. Der Civil Aeronautics Board erklärte im Rahmen einer Untersuchung des IATA - Kartells 1979, daß er seine Wettbewerbsaufsicht in Zukunft auf Flüge von und nach den Vereinigten Staaten beschränken werde und begründete dies mit "comity and deference to foreign sovereign nations"[1578].

Der in den Gerichtsentscheidungen inhomogene Standard der "effects doctrine" könnte durch den Gesetzgeber in den achtziger Jahren vereinheitlicht worden sein. Im Jahre 1982 erleichterten im Rahmen des Foreign Trade Antitrust Improvements Act (1982)[1579] die Vereinigten Staaten die Möglichkeit, Exportkartelle zu bilden, indem sie die Anwendung des Sherman Act insoweit einschränkte, daß er nur auf solche Exportkartelle anwendbar sei, die "a direct, substantial and reasonably foreseeable effect" auf den amerikanischen Markt hätten. Diese gesetzliche Formulierung der Anknüpfung an Auswirkungen betrifft zwar nur Exportkartelle. Es läßt sich jedoch erwarten, daß sie als Stellungnahme des Gesetzgebers von den Gerichten aufgenommen und allgemein angewendet wird, wie

---

An Application of the Extra - Territorial Jurisdiction of the United States Antitrust Laws, Brooklyn Journal of International Law 9 (1983), S. 115 - 129

[1574] Daishowa International v. North Coast, 1982 - 2 Trade Cas. (CCH) § 64,774, 71,786 (N.D.Cal. 1982)

[1575] 661 F.2d 864 (10th Cir. 1981)

[1576] 666 F.2d 6 (2nd Cir. 1981)

[1577] 473 F.Supp. 680 (S.D.N.Y.. 1979)

[1578] Vgl. Restatement (Third), a.a.O. (Anm. 12), § 145, Reporter's Note 4

[1579] 15 U.S.C. §§ 6a. Durch 15 U.S.C. § 45 (a) (3) wurde in gleicher Weise den Exporteuren eine Ausnahme vom Federal Trade Commission Act gewährt. Hierzu Murphy, D.T., Moderating Antitrust Subject Matter Jurisdiction: The Foreign Trade Antitrust Improvements Act and the Restatement of Foreign Relations Law (Revised), University of Cincinnati Law Review 54 (1986), S. 779 - 827, S. 805; Kleinberg, J.P., The Extraterritorial Application of the Antitrust Laws of the United States, Hastings International and Comparative Law Review 8 (1985), S. 187-196, 190. Im Bericht des Repräsentantenhauses zu diesem Gesetz heißt es: "The test is whether the effects would have been evident to a reasonable person making practical business judgments, not whether actual knowledge or intent can be shown." , vgl. Murphy, a.a.O., S. 807. Zur Gesetzgebungsgeschichte Kaffanke, J., Jüngste Entwicklungen zur extraterritorialen Anwendung der Wettbewerbsgesetze in den USA, WuW 37 (1987), S. 277-287, 279 - 282

dies auch vom Justizministerium bereits erklärt wurde[1580]. Im Justizausschuß des Repräsentantenhauses war im Bericht zu diesem Gesetz festgehalten worden, daß dieser Standard eine einfache und klare Verdeutlichung des bestehenden amerikanischen Rechts sein solle. Damit solle ein eindeutiger Anhaltspunkt für alle beteiligten Kreise geschaffen werden [1581]. Zur Frage der Abwägung aufgrund von comity wird in diesem Gesetz nichts gesagt.

In darauf folgenden Entscheidungen wurde die Intensität der Auswirkungen deutlicher akzentuiert, so etwa in Eurim-Pharm GmbH v. Pfizer Inc.[1582] und in Liamuiga Tours v. Travel Impressions, Ltd.[1583]. Im ersteren Fall wurde es nicht als ausreichend angesehen, wenn ein Kläger behauptet, daß aufgrund des Verhaltens des beklagten Unternehmens in Europa die Preise in den Vereinigten Staaten gestiegen seien. Das Gericht fordert eine klarere Darlegung der Kausalität.

Das Restatement (Third) versucht, weiter zu einer Homogenisierung der amerikanischen Praxis beizutragen[1584]. Es kennt drei alternative Anküpfungspunkte an wettbewerbsbeschränkendes Verhalten: "carried out in significant measure in the United States", "if a principal purpose of the conduct or agreement is to interfere with the commerce of the United States and the agreeement or conduct has some effect on that commerce" und "if such agreements or conduct have substantial effect on the commerce of the United states and the exercise of jurisdiction is not unreasonable". Hinsichtlich der Erforderlichkeit einer tatsächlichen Auswirkung bei beabsichtigter Auswirkung wird jedoch Unentschiedenheit mitgeteilt[1585]. Auch insoweit ist jedenfalls aber - entgegen der Formulierung - reasonableness die Grundvoraussetzung[1586].

In einigen Kartellfällen wurde von den Beklagten eingewendet, daß die Wettbewerbsbeschränkung durch ausländische Regierungen gutgeheißen oder sogar angeordnet worden sei, der Gesichtspunkt der "foreign state compulsion"[1587]. Eine reine Erlaubnis in den USA verbotenen Verhaltens

---

[1580] Hierzu Antitrust Guide for International Operations, Revised March 1, 1977, United States Department of Justice, Antitrust Division, January 26, 1977, abgedruckt in [1977-78 Extra Edition] Trade Reg.Rep. (CCH), No.226, S. 340

[1581] H.R. Rep.No.97-686, 97th Con.2d Sess.2-3

[1582] 593 F.Supp. 1102 (S.D.N.Y. 1984)

[1583] 617 F.Supp. 920 (E.D.N.Y.1985)

[1584] A.a.O. (Anm. 12) § 415

[1585] A.a.O., Comment d

[1586] A.a.O., Comment f

[1587] Vgl. hierzu Waller, S. W., Redefining the Foreign Compulsion Defense in U.S. Antitrust Law: The Japanese Auto Restraints and Beyond, Law and Policy in International Business 14 (1982), S. 747 - 817; Leidig, J., The uncertain status of the defence of

nach ausländischem Recht wurde von den Gerichten nicht als Rechtfertigung anerkannt[1588]. Ausländische Handlungsverbote wurden jedoch berücksichtigt[1589]. Ein Beispiel hierfür ist die Entscheidung Interamerican Refining Corp. v. Texaco Maracaibo, Inc.[1590]. Hier ging es um die Verweigerung von Öllieferungen aus Venezuela. Die venezolanische Regierung hatte dem Kläger jedoch verboten, Öl auszuführen. Das Gericht sah im Zwang durch fremden Staatsakt eine Entschuldigung der grundsätzlichen Verletzung des Sherman Act.

Die Verteidigung gilt nicht, wenn die ausländische Regierungshandlung auf Veranlassung des Wettbewerbsbeschränkers erfolgte[1591]. Auch ausländische Handlungsanordnungen von in den USA verbotenem Verhalten wurden als Ausnahme von der Anwendung von Kartellrecht anerkannt[1592]. Bei reinen Ermutigungen ist die Lage unklarer. In den späten fünfziger und frühen sechziger Jahren gab es eine amerikanische Untersuchung gegen eine kanadischen Radio-Patent-Pool, der die Lizenzierung von Importeuren hinsichtlich kanadischer Patente verbot. Die kanadische Regierung, welche diese Praxis ermutigt hatte, protestierte bei den Vereinigten Staaten. Im Ergebnis akzeptierte die amerikanische Regierung eine consent order gegenüber den amerikanischen Gesellschaften, die ihre kanadischen Tochterunternehmen nicht einschloß[1593].

Im Zenith - Fall vor dem Court of Appeals machten die Kläger geltend, die Ausfuhrbeschränkung und Festsetzung von Preisen sei auf Anregung des Außenhandelsministeriums in Japan erfolgt. Das Gericht wies die

---

foreign sovereign compulsion: Two proposals for change, Virginia Journal of International Law 31 (1991), S. 321 - 349

1588 United States v. Watchmakers of Switzerland Information Center, 1963 Trade Cas. (CCH) § 70, 600 (S.D.N.Y. 1962); United States v. R.P. Oldham Co., 152 F. Supp. 818, 822 (N.D. Cal. 1957); U.S. v. Imperial Chemical Industries, Ltd. et al., 105 F.Supp.215 (S.D.N.Y.1952); United States v. General Electric, 82 F.Supp.753 (D.N.J.1949); vgl. Meessen, a.a.O. (Anm. 39) , S. 184

1589 United States v. General Electric Co., 115 F.Supp. 835 (D.N.Y. 1953); Holophane Company Inc. v. United States 352 U.S. 903 (1956); United States v. Watchmakers of Switzerland Information Center, 1963 Trade Cas. (CCH) § 70, 600 (S.D.N.Y. 1962), 1965 Trade Cas. (CCH) § 71, 352 (S.D.N.Y. 1965); United States v. American Type Founders Co. Inc., 1958 Trade Cas. (CCH) § 69,065; United States v. Farbenfabriken Bayer AG and Chemagro Corp., 1969 Trade Cas. (CCH) § 72,918. Vgl. auch die in British Nylon Spinners v. Imperial Chemical Industries Ltd. [1955] 1 Ch.37, 53 (1954) zitierte amerikanische Entscheidung. Zu dieser und zu weiterer Praxis Meessen, a.a.O. (Anm. 39) , S. 185 ff.

1590 307 F. Supp. 1291 (D.Del. 1970)

1591 Vgl. United States v. Sisal Sales Corp., 274 U.S. 268 (1927)

1592 United States v. American Smelting & Refining Co., 1957 Trade Cases (C.C.H.) § 68.835

1593 United States v. General Electric Co.1962 Trade Cases (C.C.H.) §70, 342 (S.D.N.Y. 1962)

Verteidigung zurück, daß hier ein staatlicher Zwang zu solchem Verhalten gegeben gewesen sei, weil es im konkreten Fall vom Sachverhalt her keinen Zwang durch die japanische Regierung annahm[1594]. Dieser Problemkreis wird insbesondere dann schwierig, wenn eine ausländische Regierung eine Selbstbeschränkung ihrer Exporteure auf politischen Druck der amerikanischen Regierung herbeiführt, wie dies etwa im Jahre 1980 bei den japanischen Automobilexporteuren nach den USA der Fall war[1595].

c) Laker - Fall

Die britische Fluggesellschaft Laker[1596] bot Transatlantikflüge zu Preisen an, welche diejenigen der IATA - Fluggesellschaften wesentlich unterboten. Aufgrund des wirtschaftlichen Erfolges wurde es notwendig, daß Laker zusätzliche Flugzeuge kaufte. Der Kaufpreis beim amerikanischen Unternehmen McDonnell Douglas Corp. war in U.S. Dollar zu bezahlen, während Laker hauptsächlich Einkünfte in englischen Pfund hatte. Im Jahre 1981 fiel der Kurs des englischen Pfund gegenüber dem Dollar er-

---

[1594] In re Japanese Electronic Products Antitrust Litigation (Matsushita), 723 F. 2 d 238 (3rd Cir. 1983) . Vgl. hierzu Ganjaei, A., Matsushita Electric Industrial Co. Ltd. v. Zenith Radio Corp.: The Death Knell for Predatory Price Fixing and the Avoidance of a Standard for the Foreign Sovereign Compulsion Defense, Denver Journal of International Law and Policy 15 (1987), S. 395-419;

[1595] Vgl. hierzu Waller, S. W., Redefining the Foreign Compulsion Defense in U.S. Antitrust Law: The Japanese Auto Restraints and Beyond, Law and Policy in International Business 14 (1982), S. 747 - 817, 750 - 760; Davidow, J., Extraterritorial Antitrust and the Concept of Comity, Journal of World Trade Law 15 (1981), S. 500 - 520, 258 - 363

[1596] Zum Fall Hartley, T.C., Comity and the Use of Antisuit injunctions in International Litigation, American Journal of Comparative Law 35 (1987), S. 487-511; Lange, D., Der Justizkonflikt zwischen den U.S.A. und Europa dargestellt am Beispiel des Falles "Laker", in: Der Justizkonflikt mit den Vereinigten Staaten von Amerika (W.J. Habscheid Hrsg.) (1986), S. 56 - 90; Friedman, A.S. , Laker Airways: The Dilemma of Concurrent Jurisdiction and Conflicting National Policies, Brooklyn Journal of International Law 11 (1985), S. 181-236; Allely, C.M.J., Laker Airways v. Sabena: Comity and Conflict, Law and Policy in International Business 17 (1985), S. 157-176; Barbolak, M.P., Laker Airways: Recognizing the Need for a United States - United Kingdom Antitrust Treaty, Dickinson Journal of International Law 4 (1985), S. 39-64; Moore, R.H., The Laker Jurisdictional Affair: The Judiciary Temporarily Avoids a Political Showdown, Wake Forest Law Review 20 (1984), S. 951-974; Rogers, C.P., Still Running Against the Wind: A Comment on Antitrust Jurisdiction and Laker Airways Ltd. v. Sabena, Belgian World Airlines, Journal of Air Law and Commerce 50 (1985), S. 931-967; Plambeck, C.T., Holding the Antitrust Line: Laker Airways v. Sabena Belgien World Airlines, North Carolina Journal of International Law and Commerce Regulation 10 (1985), S. 251-261; Lindrup, G., Laker: The Issues of Jurisdiction and Public Policy, New Law Journal 135 (1985), S. 50-52, 90-92; Libow, D.A., The Laker Antitrust Litigation: The Jurisdictional "Rule of Reason" applied to Transnational Injunctive Relief, Cornell Law Review 71 (1986), S. 645-667

heblich, so daß Laker in finanzielle Schwierigkeiten kam. Genau in diesem Moment senkten die Wettbewerber, die IATA - Gesellschaften, in einer konzertierten Aktion ihre Flugpreise. Dies zwang Laker, im Februar 1982 Konkurs anzumelden. Er verklagte die IATA - Gesellschaften, die IATA selbst und McDonnell Douglas vor dem District Court in Washington D.C. auf dreifachen Schadensersatz.

Im Juni 1983 erließ der britische Handelsminister eine Anordnung - gestützt auf den Protection of Trading Interests Act 1980 - und verbot den englischen Fluggesellschaften, irgendwelche Anordnungen amerikanischer Behörden im Kartellverfahren zu beachten[1597].

Die in Washington beklagten Fluggesellschaften klagten ihrerseits in England auf Erlaß einer sogenannten "antisuit injunction", also eines Verbotes an Laker, die entsprechenden Klagen in den USA zu erheben. Der Court of Appeal erließ die Anordnung gegen Laker auf der Basis der Anordnung des Handelsministers[1598]. In der Entscheidung British Airways Board v. Laker Airways Ltd.[1599] bestätigte zwar das House of Lords die Möglichkeit englischer Gerichte, antisuit injunctions zu erlassen, weigerte sich aber im vorliegenden Fall, die Anordnung auszusprechen, weil es eine klare Verbindung zwischen den Vereinigten Staaten und dem Sachverhalt in dieser Antitrust - Streitigkeit gab. Lakers Klage in der USA sei nicht "vexatious or unconscionable"[1600].

Ein Parallel-Fall war Midland Bank plc v. Laker Airways Ltd. [1601]. Dort hatte sich Laker gegen zwei englische Banken gewendet und geltend gemacht, diese seien an der Kartellabsprache mit den Luftfahrtunternehmen beteiligt. Sie hatten im entscheidenden Moment Laker ihre finanzielle Unterstützung entzogen und ihn damit in den Konkurs getrieben. Der Court of Appeal erließ die antisuit injunction. Er ging zwar davon aus, daß die kartellrechtliche Beurteilung des Verhaltens der Bank Angelegenheit der Vereinigten Staaten sei. Anders als in dem vom House of Lords entschiedenen Fall hätten sich die Banken aber nicht durch Geschäftstätigkeit mit oder in den Vereinigten Staaten der Jurisdiktion der Vereinigten Staaten unterworfen. Das Gericht stützte sich darauf, daß nach seiner Auffassung Sherman Act und Clayton Act nicht extraterritorial auf die britischen Banken angewendet werden dürften.

1597 Protection of Trading Interests (U.S. Antitrust measures) Order (1983), ILM 23 (1984), S. 736

1598 British Airways Board v. Laker Airways Ltd. [1983] 3 AllE.R. 396 = ILM 23 [1984], S. 568

1599 [1985] AC 58

1600 Die Entscheidung ist auch in ILM 1984, 727 abgedruckt.

1601 [1986] 1 QB 689

Im Jahre 1984 ging es vor dem Court of Appeals in Washington[1602] darum, daß KLM und Sabena, unterstützt durch Swissair und Lufthansa die vorläufige Anordnung des District Court anfochten, welche ihnen verbot, in Großbritannien vor Gericht zu gehen. Richter Wilkey ging davon aus, daß es im Völkerrecht anerkannt sei, daß Handlungen, welche innerstaatlich schädigende Auswirkungen haben, auch dann vor Gericht erfaßt werden können, wenn sie im Ausland vorgenommen wurden[1603]. Die Jurisdiktion eines Staates stütze sich fundamental auf Territorialität und Staatsangehörigkeit. Es sei ein essentielles Element der Definition von Souveränität, daß eine Nation alle Handlungen innerhalb ihrer Grenzen kontrollieren und regeln dürfe. Dabei sei auch das objektive Territorialitätsprinzip anerkannt. Auch Jurisdiktionskonflikte könnten vorkommen, weil Territorialität und Nationalität denkbar zu Überschneidungen führten .

Unter Berufung auf den Alcoa - Fall wurde festgestellt, daß es seit langem anerkannt sei, daß Staaten Verhalten außerhalb ihrer Grenzen regelten, welches schädliche Ergebnisse innerhalb ihres Territoriums hervorrufe. Ein Beispiel sei der Schuß über die Grenze. Ein realistischeres Beispiel sei der Betrug oder die computergesteuerte Manipulation von Bankkonten innerhalb eines Staates durch elektronische Telefon- oder Computerverbindung mit einem Täter außerhalb des Staates. Die Qualifikation der Anknüpfung wird von Richter Wilkey sehr niedrig angesetzt: "As long as the territorial effects are not so inconsequential as to exceed the bounds of reasonableness imposed by international law, prescriptive jurisdiction is legitimately exercised".

Die Regelung in Anknüpfung an Auswirkungen sei keine extraterritoriale Jurisdiktion. Spürbare Auswirkungen ("significant effects") seien erforderlich, welche mit Absicht im anderen Staat herbeigeführt würden. Das einzig extraterritoriale Element in dieser Jurisdiktion sei dadurch gegeben, daß nicht alle ursächlichen Faktoren im Jurisdiktions - Staat selbst gesetzt wurden. Man könne nicht annehmen, daß die Grenze nur einseitig durchlässig für schädliche Auswirkungen aus dem Ausland sei, ohne daß der Staat selbst darauf reagieren dürfe, um die schädliche Verursachung aus dem Ausland durch sein Recht zu erfassen. Die Anküpfung an Auswirkungen sei jedenfalls in der Bundesrepublik Deutschland, in Österreich und in der EWG akzeptiert. Hinsichtlich der Briten wurde auf deren "Protection of Trading Interests Act" verwiesen. "The British had vigorously legislated on this principle".

[1602] Laker Airways Ltd. v. Sabena, Belgian World Airlines, 713 F.2d 909 (D.C.

[1603] 731 F.2d 909, 922 (1984)

Im vorliegenden Fall gebe es eine parallele Jurisdiktion Großbritanniens und der Vereinigten Staaten. Diese parallele Zuständigkeit führe nicht notwendigerweise zu Konflikten. Sie sei deshalb grundsätzlich ungehindert gegeben. Zu der Frage konkurrierender antisuit injunctions wird im Laufe sorgfältiger Überlegungen erwähnt, daß es nicht etwa das Prinzip gebe, daß die Jurisdiktion des Staates der Staatsangehörigkeit im Konfliktsfalle höher zu bewerten sei. Dies sei im Völkerrecht völlig unbekannt: "Territoriality, not nationality is the customary and preferred base of jurisdiction". Es gebe keine Regel des nationalen oder internationalen Rechts, welche die Jurisdiktion nur deswegen verbiete, weil ein anderer Staat Jurisdiktion über den gleichen Fall habe.

Wenn Jurisdiktionskonflikte aufträten, so müsse die comity of Nations berücksichtigt werden. Comity stehe selbstverständlich aber unter dem Ordre public - Vorbehalt. Ein amerikanisches Gericht müsse nicht ausländische Gerichtsentscheidungen berücksichtigen, welche den Parteien des inländischen Verfahrens die Fortführung eben dieses Verfahrens verbieten würden. Dies würde die Autonomie des innerstaatlichen Verfahrens und des Gerichts unterminieren und sei deshalb nicht zu berücksichtigen.

Gleichwohl gebe es weiterhin einen Konflikt zwischen den gerichtlichen und sonstigen hoheitlichen Anordnungen in beiden Staaten. Es handele sich hierbei aber um einen politischen Konflikt, der nicht durch Interessenabwägung bei den Gerichten gelöst werden könne. Die nationale Rechtslage sei geradezu darauf angelegt, diesen Konflikt herbeizuführen. Eine Abwägung auf der Grundlage der "reasonableness" sei "unsuitable when courts are forced to choose between a domestic law which is designed to protect domestic interests, and a foreign law which is calculated to thwart the implementation of the domestic law in order to protect foreign interests allegedly threatened by the objectives of the domestic law".

Eine Interessenabwägung zwischen den miteinander in Konflikt stehenden hoheitlichen Interessen könne von einem Gericht nicht ernsthaft vorgenommen werden: Die einzelnen Faktoren einer Abwägung seien politisch und das Gericht habe gar keine volle Übersicht über die Bedeutung und das Gewicht der Konfliktinteressen. Die comity könne im vorliegenden Fall nicht durch die Gerichte sichergestellt werden. Richter Wilkey bezog sich ausgiebig auf das damals noch im Entwurfsstadium befindliche Restatement (Third) und legt dar, warum nach seiner Auffassung die Kriterien der "reasonableness" als Abwägungsgrundlage zu unbestimmt seien, um von Gerichten gehandhabt werden zu können. "There is...no rule of international law holding that a "more reasonable" assertion of jurisdiction mandatorily displaces a "less reasonable" assertion of jurisdiction as long as both are, in fact, consistent with the limitations on jurisdiction imposed by international law." Im Ergebnis wurde der Antrag der Fluggesellschaften auf eine Verfügung gegen Laker abgelehnt.

Die Laker - Entscheidung von Richter Wilkey ist in mehrfacher Hinsicht bemerkenswert. Zum einen qualifiziert sie die Anknüpfung an Auswirkungen als einen Fall des objektiven Territorialitätsprinzips, weil es erhebliche und beabsichtigte Auswirkungen im Inland fordere. Weiter wird die Existenz einer völkerrechtlichen Vorrangregel bei konkurrierender Jurisdiktion verneint, die Interessenabwägung eindeutig unter den kollisionsrechtlichen Vorbehalt des ordre public gestellt. Und schließlich wird eine rechtsorientierte Abwägung von Staateninteressen durch Gerichte als unmöglich mangels eines Abwägungsmaßstabs verneint. Die letztere Kritik ist ausdrücklich auch gegen den noch zu erörternden Ansatz des Restatement (Third) gerichtet, wonach Jurisdiktion an "reasonableness" orientiert werden müsse. Diesen hatte der Richter im American Law Institute bis zur Verabschiedung des Restatement bekämpft.

d) Praxis der Fusionskontrolle

Die Fusionskontrolle nach § 7 des Clayton Act wurde extensiv auch auf Fälle mit Auslandsbezug angewendet[1604]. So wurde der Zusammenschluß ausländischer Unternehmen mit einer Tochterfirma im Inland erfaßt[1605]. Bereits in den 60iger Jahren gab es in den USA einen Fall, der der Fallgestaltung des noch zu erörternden deutschen Philip Morris-Falls ähnlich war. CIBA und Geigy fusionierten in der Schweiz. Beide hatten je eine Tochtergesellschaft in New York bzw. New Jersey. Diese Tochtergesellschaften standen zueinander in Konkurrenz. Da nach der Fusion diese Konkurrenz beseitigt worden wäre, nahm sich die amerikanische Kartellverwaltung des Falls an. Beide Gesellschaften bestritten, daß sie überhaupt bezüglich ihrer Fusion der Jurisdiktion der USA unterlägen, unterwarfen sich aber dieser Jurisdiktion, um ein consent decree[1606] zu er-

---

[1604] Roth, H., Die Fusionskontrolle internationaler Unternehmenszusammenschlüsse, RabelsZ 45 (1981), S. 501-544; Davidow, J., Antitrust, International Policy and Merger Control, Journal of International Law and Economics 15 (1981), S. 519

[1605] United States v. Jos. Schlitz Brewing Co., 153 F. Supp. 129 (N.D.Cal. 1966); United States v. Monsanto Co. [1967] Trade Cas. (CCH) § 72, 001 (W.D.Pa.)

[1606] U.S. v. CIBA Corp. et al.1970 Trade Cases (C.C.H.) § 73, 269. Eine ähnliche Konstellation, allerdings unter Beteiligung eines amerikanischen Unternehmens, findet sich in dem Fall, der sich mit der Fusion zwischen Sohio und BP befaßte (U.S. v. The Standard Oil Co. et al. 1970 Trade Cases (C.C.H.) § 72, 988). BP hatte sich schließlich der Jurisdiction unterworfen, obwohl zunächst die britische Regierung zugunsten der Gesellschaft interveniert hatte. Auch hier führte der Fall zu einem consent decree, durch

halten. Dieses beinhaltete, daß die CIBA-Tochtergesellschaft die früher konkurrierenden Produktbereiche auf eine neue Gesellschaft übertragen müsse, und daß diese Gesellschaft an Dritte verkauft werden sollte.

Im Gilette - Fall ging es um den Aufkauf eines Wettbewerbers im Ausland, welcher den inländischen Wettbewerb reduzieren konnte[1607]. Fälle vertikaler Zusammenschlüsse wurden erfaßt, wenn ein amerikanischen Unternehmen einen ausländischen Wettbewerber auf dem Binnenmarkt durch Aufkauf seines aktuellen oder potentiellen Rohstofflieferanten von seinen Quellen abschneiden konnte oder wenn ein inländisches Unternehmen durch seinen ausländischen Rohstofflieferanten aufgekauft wurde[1608]. In zwei neueren Fällen haben jedoch die Bundesgerichte entschieden, daß die reine Möglichkeit des Eintritts in den Wettbewerb in Amerika, ja sogar die Wahrscheinlichkeit, nicht ausreicht, um das amerikanische Fusionskontrollrecht zur Anwendung zu bringen[1609].

Die Entscheidung Consolidated Goldfields plc v. Minorco S.A. des Berufungsgerichts für den 2. Circuit aus dem Jahre 1989[1610] ist ein Beispiel dafür, wie amerikanische Gerichte aufgrund einer sehr weitläufigen Marktabgrenzung unmittelbare und mittelbare Auswirkungen auf die USA zusammenfassen. Es ging um die luxemburgische Gesellschaft Minorco S.A., die in England die Übernahme der klägerischen englischen Gesellschaft durch Angebote an die Aktionäre vorbereitete. 0,025 % des Kapitals der Gesellschaft waren in der Hand von Personen, die in den USA ihren Sitz hatten. 2,475 % gehörten englischen Treuhändern, die ihr Anteilsrecht für amerikanische Treugeber ausübten. Das Angebot an diese Aktionäre wurde nur in England gemacht. Die Dokumente über das Angebot wurden von den Treuhändern an die Treugeber übersandt. Die Mehrheitsaktionäre von Minorco waren eine südafrikanische Gesellschaft und die "Oppenheimer-Familie". Die Kläger wandten sich an das amerikanische Gericht wegen eines Verstoßes gegen Section 7 des Clayton Act. Das Gericht sah als relevanten Markt den Goldbergbau in den nichtkommunistischen Staaten an. Es stellte weiterhin fest, daß nach erfolgreicher Übernahme Minorco 32,3 % dieses Marktes kontrolliert hätte und

---

welches die beiden Fusionspartner verpflichtet wurden, eine der bislang miteinander konkurrierenden Tankstellen-Ketten zu verkaufen.

1607 United States v. Gilette Co., 406 F.Supp. 713 (D. Mass. 1975). Der Fall wurde durch Consent Decree abgeschlossen

1608 Vgl. hierzu Roth, H., Die Fusionskontrolle internationaler Unternehmenszusammenschlüsse, RabelsZ 45 (1981), S. 501-544, 527 ff.

1609 British Oxygen-Airco International Ltd. v. F.T.C., 557 F.2d 24 (2nd Cir. 1977); United States v. Siemens Corp. 621 F.2d 499 (2nd Cir. 1980)

1610 Consolidated Goldfields plc v. Minorco S.A., 871 F. 2 d 252 (2nd Cir. 1989)

hielt deswegen das amerikanische Recht für anwendbar. F.A. Mann bezeichnete dies als "extremism of american extraterritorial jurisdiction"[1611].

e) Guidelines des Department of Justice

Im "Antitrust-Guide for International Operations" des amerikanischen Justizministeriums vom 1.3.1977[1612] betonte die Antitrust Division, daß die Anwendung des Kartellrechts der Vereinigten Staaten nicht auf Sachverhalte innerhalb der Grenzen der USA beschränkt sei: "When transactions have a substantial and foreseeable effect on U.S. commerce they are subject to U.S. law regardless of where they take place"[1613]. Aus comity-Überlegungen heraus sollten aber unnötige Konflikte mit den souveränen Interessen ausländischer Staaten vermieden werden. Die amerikanische Jurisdiktion sollte nur angewendet werden, wenn eine "overriding justification based on legitimate United States interests" vorliege[1614]. Die "doctrine of foreign governmental compulsion" könne eine mögliche Verteidigung sein[1615].

Im Jahre 1988 veröffentlichte das amerikanische Justizministerium seine "Antitrust enforcement guidelines for international operations"[1616]. Hier wird die Reichweite der amerikanischen Jurisdiktion nach der Definition des Foreign Trade Antitrust Improvement Act (1982) umschrieben mit den Begriffen "direct, substantial, and reasonably foreseeable effect" auf den amerikanischen Markt oder Außenhandel[1617]. Zwar sei dieses Gesetz nur auf Handel anwendbar, der kein Import sei oder Außenhandel. Das Justizministerium verwende den gleichen Prüfungsstandard aber auch für Importe sowie für Fusionen[1618].

1611 Mann, F. A., The extremism of American extraterritorial jurisdiction. ICLQ 39 (1990), S. 410 - 412

1612 Antitrust Division, U.S. Department of Justice, Antitrust Guide for international operations (1977), abgedruckt in [1977-78 Extra Edition] Trade Reg. Rep. (CCH), No. 266. Hierzu Howaldt, J.P. - Fischer, E., Richtlinien über die Anwendung US-amerikanischen Kartellrechts auf internationale Sachverhalte, RIW/AWD 1979, S. 239-242; Griffin, J.P., A Critique of the Justice Department`s Antitrust Guide for International Operations, Cornell International Law Journal 11 (1978), S. 215-254

1613 S. 6

1614 S. 7

1615 S. 8

1616 Final version, Trade Reg. Rep. (CCH) Extra Edition No. 24 vom 10.11.1988. Deutsch: Die Anwendung der Antitrust - Gesetzes auf internationale Transaktionen. Richtlinien des US - Justizministeriums

1617 Deutscher Text S. 49 ff.

1618 A.a.O., S. 51 f.

Interessen ausländischer Staaten würden unter dem Gesichtspunkt der Comity berücksichtigt. Hier komme es hauptsächlich auf die Kollision zwischen amerikanischem und ausländischem Recht an. Wenn ein Verhalten nach amerikanischem wie ausländischem Recht verboten sei, oder wenn das ausländische Recht dieses Verhalten weder erlaube noch verbiete, so liege kein Konflikt vor. In diesem Fall würde amerikanisches Recht angewendet. Wenn das ausländische Recht ein Verhalten nicht erzwinge, welches nach amerikanischem Recht verboten sei, "the department attempts to balance the interests of the U.S. government in preserving competitive markets and protecting U.S. consumers and the interests of the affected foreign sovereign in promoting its laws and policies". Dabei würden folgende Faktoren berücksichtigt:

> "The relative significance, to the violation alleged, of conduct within the United States as compared to conduct abroad;
>
> The nationality of the persons involved in or affected by the conduct;
>
> The presence or absence of a purpose to affect United States consumers or competitors;
>
> The relative significance and foreseeability of the effects of the conduct on the United States as compared to the effects abroad;
>
> The existence of reasonable expectations that would be furthered or defeated by the action; and
>
> the degree of conflict with foreign law or articulated foreign economic policies[1619]".

Eine "foreign sovereign compulsion" werde ebenfalls unter dem Gesichtspunkt der comity und der fairness beurteilt[1620]. Ein Verhalten, was durch einen ausländischen Souverän erzwungen werde, werde nicht als Wettbewerbswidrigkeit verfolgt, wenn seine Verweigerung erhebliche Strafen oder den Verlust von "specific substantial benefits" nach sich ziehe. Es genüge eine entsprechende Stellungnahme der ausländischen Regierung. Eine reine Förderung oder Erlaubnis sei dagegen nicht ausreichend. Darüber hinaus sei ein solchermaßen erzwungenes Verhalten kein Entschuldigungsgrund, wenn es vollständig oder ganz überwiegend innerhalb der Vereinigten Staaten erfolge. Wenn ein Verhalten nicht erzwungen worden sei, aber "has clearly arisen from the decision and actions of the foreign sovereign and is intended to promote significant international economic interests of the sovereign", so werde dies mögli-

---

[1619] A.a.O., S. 54 f.
[1620] A.a.O., S. 55 ff.

cherweise aufgrund der Comity vom Justizministerium nicht angegriffen. Dies gelte insbesondere dann, wenn die amerikanische Regierung die ausländische Regierung zu einer solchen Förderung ermutigt habe, etwa bei freiwilligen Selbstbeschränkungsabkommen[1621].

Einen Zusammenschluß zweier ausländischer Unternehmen will das Ministerium nicht angreifen, wenn diese ihre gesamten Produktions- und Vertriebsanlagen außerhalb der USA hätten, auch wenn hierdurch wettbewerbsschädliche Auswirkungen in den USA eintreten würden. Es sei schwierig wenn nicht praktisch gar unmöglich, hier wirksame Abhilfemaßnahmen zur Erhaltung des Wettbewerbs in den USA zu treffen. Hätten aber die Partner solche Anlagen in den USA, so würde ein Kontrollverfahren eingeleitet. Eine Anmeldepflicht nach dem Hart - Scott - Rodino Act bestehe dann grundsätzlich, wenn nicht die spezifischen Ausnahmen für Ausländer vorlägen[1622].

f) Ausländische Proteste

Die ausführlichste Protestpraxis in diplomatischen Noten und in Stellungnahmen gegenüber Gerichten gegen extraterritoriale Jurisdiktion im Kartell- und Fusionskontrollrecht ging von Großbritannien aus. Im Falle In re Westinghouse Electric Corporation Uranium Contracts Litigation vor dem House of Lords nahm der Attorney General gegenüber dem englischen Gericht Stellung[1623]. Extraterritoriale Jurisdiktion über Handlungen von Ausländern im Ausland sei vom Völkerrecht nicht zugelassen. Die Anknüpfung an Auswirkungen im Kartellrecht sei "particularly objectionable", weil kartellrechtliche Verletzungstatbestände nicht weltweit als rechtswidrig anerkannt seien, wie dies im Strafrecht der Fall sei. Kein Staat könne seine Ordnungspolitik auf andere Staaten ausdehnen. Die Anknüpfung an Auswirkungen sei darüber hinaus zu weit, weil die internationale Wirtschaftsordnung viele Kausalzusammenhänge über die Grenzen kenne. Hieran könne man keine drastischen Strafen knüpfen[1624].

1621 A.a.O., S. 57 f.

1622 A.a.O., S. 73 f.

1623 Abgedruckt in: Lowe, A.V. Extraterritorial jurisdiction (1983), S. 159 f.

1624 Vgl. auch das House of Lords in Rio Tinto Zinc Corp. and others v. Westinghouse Electric Corp., [1978] 1 All ER 434 (H.L.); vgl. auch British Nylon Spinners v. Imperial Chemical Industries Ltd. [1953] Ch.19 (C.A.1952) = [1952] 2 All ER 780. Eine Stellungnahme gleichen Inhalts sandte die britische Regierung im in Kapitel II bereits geschilderten amerikanischen Westinghouse - Fall als amicus curiae brief an den District Court for the Northern District of Illinois, Eastern Division, Abgedruckt in: Lowe, A.V. Extraterritorial jurisdiction (1983), S. 156 - 164

Ebenfalls im Westinghouse - Fall hatte die südafrikanische Regierung bei der US-Regierung gegen die extraterritoriale Jurisdiktion durch amerikanische Gerichte protestiert[1625]: "Having regard to the conflict of national and international laws and of legal opinion, the South-African government considers that there is no legal ground or justification for the extraterritorial application of U.S. antitrust laws to South African companies whose association and activities with our uranium producers directed at stabilising the industry outside the U.S. was not only lawful in terms of South African law but considered by the South African government in its national interest. The South African Government respectfully suggests, furthermore, that such extraterritorial application to non-U.S. uranium producers, acting lawfully in terms of their own national laws and international law, would constitute a challenge to the sovereignty of nations and could disturb friendly relations with the United States."

Auch die kanadische Regierung hatte in diesem Fall zwei Stellungnahmen an das Gericht in Illinois gesandt[1626] und neben der Frage der Herausgabe von Dokumenten auch die generelle Jurisdiktionsproblematik im Kartellrecht angesprochen. Wenn extraterritoriale Jurisdiktion ausgeübt werden, so müßten die Interessen anderer Staaten aufgrund der comity berücksichtigt werden. Die streitgegenständlichen Aktivitäten seien außerhalb der Vereinigten Staaten in Übereinstimmung mit oder gar in Ausführung von kanadischen Gesetzen erfolgt. "We believe that a balancing of interests, called for by principles of international comity recognized by U.S. law, requires that antitrust jurisdiction not be exercised over claims addressed to such activities .... Under established principles of international comity recognized by U.S. law, the official pronouncements of a foreign government describing its own activities must be given conclusive effect by United States courts."

Als die amerikanischen Kartellbehörden gegen den kanadischen "patent pool" ermittelten, erklärte der Justizminister Kanadas im Jahre 1958 in einem Bericht an das kanadische Oberhaus, daß eine amerikanische Anordnung, welche Kanadiern ein bestimmtes Verhalten in Kanada gebiete, eine Verletzung der kanadischen Souveränität sei[1627].

Die Schweiz hatte sich im Kartellverfahren, welches in den Jahren 1954 bis 1964 in den USA gegen das Informationszentrum der Schweizer Uhrenindustrie anhängig war, in einem amicus curiae brief positiv zu einer qualifizierten Form der Anknüpfung an Auswirkungen ausgespro-

---

1625 A.a.O., S. 133

1626 A.a.O., S. 106

1627 ILA, Report of the 51st Conference, Tokio (1965), S. 574

chen[1628]: "...international law permits a state to hold an alien liable for an act done by him outside the state if (a) the act was of a sort that is reprehended by most civilized nations and (b) the act was aimed directly at the state seeking to apply its law and either produced effects within the state or else, as in the case of an attempt, was intended to produce effects there... People will not be safe in their own backyards if international law does not prohibit a State from giving its criminal law extraterritorial application in a case such as this ... ".

Im Rahmen der großangelegten Untersuchung des Federal Maritime Board der USA gegen europäische Schiffahrts-Linienkonferenzen in den Jahren 1960 und 1961 verlangten die USA Herausgabe von im Ausland belegenen Dokumenten durch ausländische Firmen. Hiergegen protestierten eine Reihe von Staaten bei der amerikanischen Regierung auch im Hinblick auf die materiell kartellrechtliche Jurisdiktion der USA[1629]. Dänemark machte geltend, daß das amerikanische Verhalten "beyond the limits of the United States jurisdiction under the general principles of international law" gehe. Dies machten auch Großbritannien[1630], Indien, Japan, Norwegen, die Niederlande, Schweden und Jugoslawien geltend. Italien erklärte, "that the regulatory powers of the Federal Maritime Board should not be exerted on matters involving said Italian entities, which are subject to the territorial and personal jurisdiction of Italy, without any showing of adverse effects upon the interest of the U.S. as protected by the Shipping Act".

Dreizehn Staaten, welche in der Consultative Shipping Group vereinigt waren, sandten in dieser Angelegenheit 1978 und 1981 Noten an die USA. In der ersten[1631] zogen sie aus den amerikanischen Versuchen einer Erfassung der Linienkonferenzen durch das Kartellrecht den Schluß, hierdurch würde Unsicherheit über diese Abkommen und eine Verzögerung ihres Abschlusses und ihrer Veränderung erzeugt, welche letztlich zu Lasten der Kunden wirtschaftlich ineffektiv und unnötig kostenreich seien. Deshalb wird ein "modus vivendi" vorgeschlagen, wobei Differenzen zwischen den Regierungen unter Berücksichtigung des Code of Conduct for Liner Conferences der UNCTAD[1632] geregelt werden sollten.

Die Jurisdiktion sollte so verteilt werden, daß jedes Land den Transport von Exporten aus seinen Häfen regeln sollte und daß auch ansonsten eine

---

1628 A.a.O., S. 575 f.

1629 A.a.O., S. 578 ff.

1630 Vgl. auch Lowe, A.V., Extraterritorial Jurisdiction (1983), S. 161

1631 A.a.O., S. 219 ff.

1632 vom 6.4.1974, ILM 13 (1974), S. 917 - 947. Zu den Rechtsfragen der Linienkonferenzen vgl. Oeter, S., Liner Conferences, in: Bernhardt, R. (ed.), Encyclopedia of Public International Law, Instalment 11, S. 197 - 200

vernünftige Abgrenzung hinsichtlich des materiellen und des Verfahrensrechts getroffen werde. In der zweiten Note wird auf die Gefahr aufmerksam gemacht, welche aus extraterritorialer Jurisdiktion durch verschiedene Staaten für die politischen Beziehungen der Industriestaaten resultiere. Deshalb müsse eine Abgrenzung konkurrierende Jurisdiktion so weit wie möglich verhindern. Durch den Shipping Act of 1984[1633] werden nunmehr in weitem Umfang die Schiffahrts-Linienkonferenzen von der Geltung des amerikanischen Kartellrechts ausgenommen[1634].

Eine ganze Reihe von weiteren Äußerungen von Staaten zu extraterritorialer Jurisdiktion kann man in der Sammlung des ILA - Komitees "Extraterritorial application of restrictive trade legislation" finden[1635]. Ihr Ergebnis ist, daß nicht generell die Möglichkeit extraterritorialer Jurisdiktion bestritten wird, sondern aufgrund der konkreten Fallgestaltung eine Verletzung der nationalen Souveränität behauptet wird. Ausländische Regierungen haben teilweise direkt mit Zustimmung der amerikanischen Regierung ihre Rechtsauffassung den amerikanischen Gerichten mitgeteilt, teilweise wurden ihre Proteste durch die Regierung weitergeleitet. Ein Gericht hat entschieden, sie bräuchten nicht berücksichtigt zu werden, wenn sie ohne Kommentar weitergeleitet würden[1636].

2. Europäische Wirtschaftsgemeinschaft

a) Kartellrecht

(1) Rechtslage und Praxis

Die Europäischen Gemeinschaften haben durch Souveränitätsabtretung ihrer Mitgliedstaaten eigene Hoheitsgewalt auf dem Territorium ihrer Mitgliedstaaten[1637], so wie es von Art. 227 EWGV umschrieben wird. Im Rahmen der Ausübung dieser Hoheitsgewalt sind sie auch Drittstaaten gegenüber, soweit sie von diesen anerkannt sind, an das Völkerrecht ge-

---

[1633] 46 U.S.C. §§ 1709 - 1719

[1634] Vgl. dazu Garvey, G.E., American Retreat from Extraterritorial Antitrust Enforcement, Consequences of new Legislative Policies for an International Competitive Economy, RabelsZ 51 (1987), S. 401 - 436, 424 - 427

[1635] ILA, Report of the 51st Conference, Tokio (1965), S. 572 ff.

[1636] United States v. Anchor Line 232 F. Supp. 379 (S.D.N.Y. 1964)

[1637] EuGH 15.7.1964 - Costa/ENEL, 6/64 - Slg. 1964, 1251; Bischoff, J.M./ Kovar, R., L'application du droit communautaire de la concurrence aux entreprises établies à l'extérieur de la communauté, Journal de Droit International 102 (1975), S. 675-727, 690; Hasford, H., Die Jurisdiktion der Europäischen Gemeinschaften. Zur extraterritorialen Wirkung des Gemeinschaftsrechts (1977)

bunden. Sie müssen, wenn sie Jurisdiktion ausüben, die völkerrechtlichen Regeln hierüber beachten.

Der EWG-Vertrag sagt zwar etwas über den Geltungsbereich des Vertrages aus, nichts aber über den Regelungsbereich[1638]. Letzterer muß aus den einzelnen Normen des Gemeinschaftsrechts entnommen werden. Dabei wird man mangels anderer Anhaltspunkte davon ausgehen können, daß regelmäßig der Regelungsbereich mit dem Geltungsbereich deckungsgleich ist. Ob eine extraterritoriale Regelung etwa unter Verweis auf das Personalitätsprinzip oder durch eine Anknüpfung an Auswirkungen gewollt ist, muß der Norm selbst entnommen werden.

Art. 85 EWGV enthält nur einen einzigen Hinweis auf einen möglichen extraterritorialen Anknüpfungspunkt. Danach sind mit dem gemeinsamen Markt unvereinbar und verboten alle Vereinbarungen zwischen Unternehmen, Beschlüsse von Unternehmensvereinigungen und aufeinander abgestimmte Verhaltensweisen, welche den Handel zwischen den Mitgliedsstaaten zu beeinträchtigen geeignet sind und eine Verhinderung, Einschränkung oder Verfälschung des Wettbewerbs innerhalb des gemeinsamen Marktes bezwecken oder bewirken. Erforderlich ist also eine Handlung, ihre Eignung zur Wettbewerbsbeschränkung und ihre tatsächliche oder beabsichtigte Wirkung innerhalb des gemeinsamen Marktes. Art. 85 ist also entweder - bei erfolgter Auswirkung - unabhängig vom verfolgten Zweck oder - bei nicht erfolgter Auswirkung - aufgrund der Zweckgerichtetheit, eine solche Auswirkung herbeizuführen, anwendbar[1639].

Zusätzlich zu diesen Voraussetzungen wurde in der Praxis von Kommission und Rat - generell, also nicht nur für Auslandsfälle - entwickelt, daß die Wettbewerbsbeschränkung und die Beeinträchtigung des Handels zwischen den Mitgliedstaaten spürbar sein müssen[1640]. Dieser Begriff hat eine quantitative und eine qualitative Komponente. Quantitativ müssen die beteiligten Unternehmen aufgrund ihres Marktanteils, ihrer finanziellen Grundlage, ihrer Stellung auf dem Markt und der Eigentümlichkeit der Handelsbeziehungen auf dem Markt in der Lage sein, durch

---

[1638] Ulmer, P./ Klaue, S., Adressaten des Europäischen Kartellrechts unter besonderer Berücksichtigung der Anilinfarben-Entscheidung der europäischen Kommission, in: Deringer, A. u.a., Fragen des europäischen Kartellrechts (1970), S. 51-70, 61 sehen in Art. 85 EWGV auch eine versteckte Kollisionsnorm zugunsten des Auswirkungsprinzips

[1639] EuGH 13.7.1966 - Grundig/Consten, 56 und 58/64, Slg. 1966, 321; 1.2.1978 - Miller International, 19/77 - Slg. 1978, 131; 29.10.198 - FEDETAB, 209-215 und 218/78, Slg. 1980, 3125

[1640] vgl. etwa EuGH 25.11.1971 - Béguelin, 22/71 - Slg.1971, 949; Schröter, H., in: in: Groeben - Thiesing - Ehlermann, Kommentar zum EWG - Vertrag, 4.Aufl. (1991), Bd.2 , Art. 85 Abs. 1, Rn. 152 - 156 m. w. N.

die fragliche Handlung Auswirkungen auf dem gemeinsamen Markt zu erzielen, welche nicht nur ganz unwesentlich sind[1641]. Dieses Merkmal ist von seinen Konturen her recht offen. Die Kommission hat es in gewissem Umfang durch die sog. "Bagatellbekanntmachung" näher konkretisiert[1642]. Die entscheidenden Schwellen sind 5 % Marktanteil der Unternehmen auf dem Markt für gleichartige Produkte und Gesamtumsatz der beteiligten Unternehmen von 50 Mio ECU. Es handelt sich um verkündete Beurteilungskriterien der Kommission, welche zwar in der Praxis eine große Rolle spielen, eine Rechtsverbindlichkeit jenseits des Gesichtspunkts der Selbstbindung der Verwaltung jedoch nicht erzeugen können[1643].

Die Spürbarkeit wird aber auch qualitativ begrenzt, so etwa, wenn eine Vereinbarung gerade für das Eindringen eines Unternehmens in ein Gebiet, in dem es bisher nicht tätig war, notwendig war[1644]. Während der qualitative Aspekt der Spürbarkeit wettbewerbspolitisch motiviert ist, also nicht das Ausmaß der Auswirkung, sondern ihre erwünschte oder unerwünschte Wirkung auf den Wettbewerb betrifft, ist das quantitative Kriterium unmittelbar verbunden mit der Intensität der Wirkung im gemeinsamen Markt. Daß bei Vorliegen dieser Voraussetzungen Art. 85 auch bei Handlungen von Ausländern im Ausland mit entsprechenden Wirkungen in der EG anwendbar ist, hat die Kommission immer wieder betont[1645]. Der Europäische Gerichtshof verwendet, wie noch zu erörtern sein wird, eine andere Argumentationsstruktur.

Art. 86 EWGV verbietet die mißbräuchliche Ausnutzung einer beherrschenden Stellung auf dem gemeinsamen Markt oder auf einem wesentlichen Teil desselben durch ein oder mehrere Unternehmen, soweit dies dazu führen kann, den Handel zwischen den Mitgliedsstaaten zu beeinträchtigen. Die marktbeherrschende Stellung muß also kausal sein für einen Gebrauch dieser Macht, welcher als mißbräuchlich anzusehen ist[1646]. Soweit Art. 86 gegen Unternehmenszusammenschlüsse angewendet wurde, war aber das Entstehen von Marktmacht selbst Anlaß des Eingreifens aufgrund Art. 86 EWGV, so daß hier eine entsprechende

---

1641 EuGH - Miller International, 19/77 - Slg. 1978, 131, 151

1642 vom 27.05.1970, ABl. 1970 C 64, S. 1 in der Fassung vom 29.12.1977, ABl. 1977 C 313, S. 3

1643 Koch, N., Art. 85, Rn. 102 in: Grabitz, Kommentar zum EWG-Vertrag, Loseblatt

1644 EuGH Maschinenbau 30.6.1966 Ulm, 56/65, Slg. 1966, 281, 304; 14.5.1975 Cali und Salz/Kalichemie, 19 und 20/74, Slg. 1975, S. 499, 521; ; Schröter, H., in: in: Groeben - Thiesing - Ehlermann, Kommentar zum EWG - Vertrag, 4.Aufl. (1991), Bd.2 , Art. 85 Abs. 1, Rn. 155

1645 ABl.1972 C 111, S.13

1646 Koch, a.a.O., Art. 86, Rn. 45; insgesamt zu den Voraussetzungen des Art. 86 vgl. auch ; Schröter, H., in: in: Groeben - Thiesing - Ehlermann, Kommentar zum EWG - Vertrag, 4.Aufl. (1991), Bd.2 , Art. 86.

Kausalität keine Rolle spielte[1647]. Für den Mißbrauch verlangt die herrschende Meinung kein Verschulden[1648].

Die mißbräuchliche Ausnutzung als Handlung muß objektiv dazu geeignet sein, eine Beeinträchtigung des Handels zwischen den Mitgliedsstaaten herbeizuführen. Dieses Tatbestandsmerkmal ist deckungsgleich mit demjenigen in Art. 85 Abs. 1 und vom Gerichtshof dahingehend konkretisiert worden, daß es dann erfüllt ist,

> "wenn sich anhand einer Gesamtheit objektiver rechtlicher oder tatsächlicher Umstände mit hinreichender Wahrscheinlichkeit voraussehen läßt, daß die Vereinbarung unmittelbar oder mittelbar, tatsächlich oder der Möglichkeit nach den Warenverkehr zwischen Mitgliedsstaaten beeinflussen kann."[1649]

Mit einer solchen Einschränkung wird die Gefahr reduziert, daß die Wettbewerbsvorschriften des EWG - Vertrages zum weitreichenden Export von Ordnungspolitik der Gemeinschaft mißbraucht werden, denn die Möglichkeit einer Inzidenz von wirtschaftlich relevantem Handeln in Drittländern auf den Markt der Gemeinschaft ist bei deren vielfältiger Verflechtung mit den Auslandsmärkten natürlich selten zu verneinen. Art. 86 wird jedenfalls in diesen Grenzen auch auf das Auslandshandeln von Drittlandsunternehmen angewendet.

Die Spürbarkeit der Handelsbeeinträchtigung spielt dagegen in der Praxis der Gemeinschaftsorgane zu Art. 86 keine besondere Rolle. In Rechtsprechung und Literatur ist aber anerkannt, daß die Spürbarkeit einer Wettbewerbsbeschränkung ungeschriebenes Tatbestandsmerkmal aller Wettbewerbsnormen des EWG-Vertrages sei[1650]. Sie ist auch bei Art. 86 erforderlich[1651].

Die Untersuchungsbefugnisse der Kommission nach der Verordnung Nr. 17 und den parallelen Verordnungen auf der Grundlage des Art. 87 EWGV[1652] wurden bereits in Kapitel II dargestellt. Hinsichtlich der end-

---

[1647] EuGH 21.2.1973 - Continental Can, 6/72 - Slg. 1973, 215

[1648] EuGH 13.2.1979 - Hoffmann-La Roche, 85/76 - Slg. 1979, 461, 541

[1649] EuGH 30.06.1966, LTM/Maschinenbau Ulm, 56/65 - Slg. 1966, 281, 303; 11.12.1980 - L' Oréal, 31/80, Slg. 1980, 3775, 3791

[1650] Koch, a.a.O., Art. 86 Rn. 84 f.

[1651] Schröter, H., in: in: Groeben - Thiesing - Ehlermann, Kommentar zum EWG - Vertrag, 4.Aufl. (1991), Bd.2 , Art. 86, Rn.239; EuGH 14.2.1978 - United Brands, 27/76 - Slg. 1978, 207, 299; EuGH 10.7.1991 - GEI, T-10/89 - Maschinenschrift

[1652] Verordnung (EWG) Nr.17/62 vom 6.2.1962 ABl. 1962 Nr. 13, 204, zuletzt geändert durch den Beitrittsvertrag vom 12. 6. 1985, ABl. 1985 L 301, 1; für den Landverkehr Verordnung (EWG) Nr. 1017/68 (ABl. 1968 L 175), zuletzt geändert durch die Beitrittsakte vom 26.5.1979 (ABlEG 1979 L 291, 92); für den Seeverkehr Verordnung (EWG) Nr. 4056/86 vom 22.12.1986 (ABlEG 1986 L 378, 4, berichtigt in ABlEG. 1988 L 117, 34); für

gültigen Durchsetzung der materiellrechtlichen Vorschriften ist zu erwähnen, daß die Kommission wegen vorsätzlichen oder fahrlässigen Verstößen gegen die Art. 85 und 86 EWGV Geldbußen von eintausend bis zu einer Million Rechnungseinheiten oder darüber hinaus 10 % des von jedem beteiligten Unternehmen im letzten Geschäftsjahr erzielten Umsatzes festsetzen kann. Sie kann nach Art. 89 EWGV bzw., soweit sie anwendbar sind, nach Art. 3 Abs. 1 der Verordnung Nr. 17 oder ihren Parallelverordnungen ein Untersuchungsverfahren von Amts wegen einleiten. Insoweit besitzt sie ein Ermessen, ob sie überhaupt ein Verfahren beginnt und wie sie es abschließt[1653].

Allerdings haben auch die Mitgliedstaaten und nach der Verordnung Nr. 17 auch Personen und Personenvereinigungen mit berechtigtem Interesse ein Antragsrecht. Der EuGH hat in mehreren Entscheidungen bestätigt, daß bei vollständiger oder teilweiser Ablehnung des Verfahrens - Antrags von Privatpersonen diese ein Klagerecht nach Art. 173 Abs. 2 hiergegen hätten[1654]. Im Zigaretten - Fall[1655] hat er diese angesichts des bestätigten Verfahrensermessens der Kommission unklare Rechtslage dahingehend erläutert, daß er zwar in solchen Verfahren das Vorliegen der Voraussetzungen des Art. 85 selbst umfassend materiell nachprüft, daß aber diese Nachprüfung als "Würdigung komplexer wirtschaftlicher Gegebenheiten notwendigerweise auf die Frage zu beschränken" sei, "ob der Sachverhalt zutreffend festgestellt worden ist und ob keine offensichtlich fehlerhafte Würdigung des Sachverhalts und kein Ermessensmißbrauch vorliegen.

Damit dürfte klargestellt sein, daß im Wettbewerbsrecht der EWG das Opportunitätsprinzip nicht mehr uneingeschränkt gilt, sondern daß ein Anspruch eines Antragstellers auf ermessensfehlerfreie Entscheidung besteht.[1656]. Somit verlagert sich die Fragestellung dahingehend, wie weit das Ermessen der Kommission geht. Seine Grenze ergibt sich jedenfalls negativ aus den Vorschriften der Art. 85 Abs. 1 und 86 EWGV und der Fusionskontrollverordnung, positiv aus Art. 85 Abs. 3 EWGV. In keiner dieser Vorschriften ist die Möglichkeit einer Berücksichtigung der Inter-

---

Luftfahrtunternehmen Verordnung (EWG) Nr. 3975/87 (ABlEG 1987 L 374, 1), zuletzt geändert durch Verordnung (EWG) Nr. 1284/91 (ABlEG 1991 L 122)

1653 EuGH 18.10.1979 - GEMA, 125/78 - Slg. 1979, 3173, 3190; Koch, in: Grabitz, Kommentar zum EWG - Vertrag, nach Art. 87, Art. 3 VO Nr. 17, Rn. 16

1654 EuGH 25.10.1977 - Metro, 26/76 - Slg. 1977, 1875; 11.10.1983 - Demo-Studio Schmidt, 210/81 - Slg. 1983, 3045, 3063; 28.3.1983 - CICCE, 298/83 - Slg. 1985, 1105, 1122 f.; 22.10.1986 - Metro, 75/85 - Slg. 1986, 3074, 3079 f.

1655 EuGH 17.11.1987 - BAT und Reynolds, 142 und 156/84 - Slg. 1987, 4487

1656 Vorsichtig noch Koch, in: Grabitz, Kommentar zum EWG - Vertrag, nach Art. 87, Art. 3 VO Nr. 17, Rn. 16 f.;

essen ausländischer Staaten vorgesehen. Diese kann also nur dann erfolgen, wenn sie im Völkerrecht vorgeschrieben ist, das unmittelbar auch Bestandteil des Gemeinschaftsrechts ist[1657].

Auch mittelbar zivilrechtlich haben Verstöße Folgen. Die Zivilgerichte der Mitgliedstaaten müssen diese Auswirkungen der Wettbewerbsvorschriften selbständig durchsetzen[1658]. Sie brauchen nicht die Einleitung eines Verfahrens durch die Kommission abzuwarten, können aber, wenn dies erfolgt ist, aus Gründen der Rechtssicherheit ihre Entscheidung aussetzen, bis die Kommission dieses Verfahren abgeschlossen hat[1659]. Art. 85 Abs. 2 EWGV bestimmt, daß nach diesem Artikel verbotene Vereinbarungen oder Beschlüsse nichtig sind. Ein Verbot nach Art. 86 führt in Deutschland zur Nichtigkeit eines mißbräuchlichen Vertrages nach § 134 BGB[1660]. Ein Verstoß gegen beide Vorschriften berechtigt in Deutschland einen Geschädigten zur Schadensersatzklage nach § 823 Abs. 2 BGB[1661]. In diesen Fälle prüfen also die Gerichte völlig selbständig und nach dem strikten Legalitätsprinzip Rechtsverletzungen und setzen das Gemeinschaftsrecht mittelbar durch, ohne daß die Gemeinschaftsorgane oder die Verwaltungen der Mitgliedstaaten hierauf eine bestimmenden Einfluß hätten. Die Berücksichtigung der Interessen ausländischer Staaten ist auch hier nur dann möglich, wenn und insoweit dies vom Völkerrecht vorgeschrieben ist.

Auch die Europäische Gemeinschaft für Kohle und Stahl hat ein eigenes Wettbewerbsrecht, welches sich nicht immer mit dem der EWG deckt. Das Kartellverbot des Art. 65 § 1 EGKSV betrifft Vereinbarungen von Unternehmen, Beschlüsse von Verbänden und verabredete Praktiken, die darauf abzielen würden, auf dem gemeinsamen Markt unmittelbar oder mittelbar den normalen Wettbewerb zu verhindern, einzuschränken oder zu verfälschen. Hier ist also die Absicht der Handelnden entscheidend, einen wettbewerbsbeschränkenden Effekt in der Gemeinschaft zu erzielen.

Alle die genannten Vorschriften des Gemeinschaftsrechts sagen nichts darüber aus, wo die Handlungen erfolgen müssen, welche als Anlaß von Wettbewerbsbeschränkungen erfaßt werden. Sie sagen auch nichts darüber aus, welche Nationalität die Adressaten haben müssen. Wettbe-

---

1657 EuGH 12.12.1972 - International Fruit Co., 21-23/72 - Slg. 1972, 1219, 1227

1658 EuGH 30.1.1974 - BRT/SABAM, 127/73 - Slg. 1974, 51, 62; 30.4.1974 - Sacchi, 155/73 - Slg.1974, 409, 431; 10.7.1980 - Marty/Lauder, 37/79 - Slg.1980, 2481, 2500; 28.2.1991 - Delimitis, C-234/89 - Slg.1991, I-935, 992 ff.

1659 EuGH - Marty/Lauder - a.a.O.; - Delimitis - a.a.O.

1660 Emmerich, V., Kartellrecht, 6.Aufl. (1991), S.592

1661 BGH WuW/E BGH 1634; WuW/E BGH 2451; OLG Düsseldorf, WuW/E OLG 4407

werbsbeschränkende Handlungen werden nicht deshalb erfaßt, weil sie auf Gemeinschaftsgebiet begangen wurden, sondern weil sie ihre unerwünschten Wirkungen auf den Wettbewerb innerhalb der Gemeinschaft haben. Auch kommt es nicht darauf an, ob es sich um Unternehmen aus einem Mitgliedsstaat handelt oder um Unternehmen oder Personen aus einem Drittland. Allein ausschlaggebend ist die Wirkung. Das Gemeinschaftsrecht knüpft an die Auswirkungen an.

Diese Feststellung bedeutet jedoch - wie bereits oben gesagt - nicht automatisch, daß auch im Verhältnis zu extraterritorialen Vorgängen und zu Ausländern Auswirkungen eine ausreichende Anknüpfung sind[1662]. Vielmehr kann die Anknüpfung an Auswirkungen bei Auslandsbezug eine Einschränkung erfahren, wenn die Gemeinschaft insoweit völkerrechtlichen Grenzen unterliegt. In der ganz vorherrschenden Lehre wird die Anknüpfung an Auswirkungen in den genannten Rechtsfolgen auch auf Wettbewerbsbeschränkungen ausgedehnt, welche durch Handlungen im Ausland hervorgerufen werden, was einerseits als völkerrechtskonform und andererseits als die sachgerechte Anknüpfung schlechthin für Marktgeschehen angesehen wird[1663].

[1662] Gilioli, E.L., Defining Jurisdictional Limits in International Antitrust: Should the EEC Adopt the Timberlane Approach?, Fordham International Law Journal 5 (1982), S. 469-508, 491

[1663] Meessen, K.M., Der räumliche Anwendungsbereich des EWG-Kartellrechts und das allgemeine Völkerrecht, EuR 8 (1973), S. 18-38, 34 ff.; Koch, N., Art. 85, Rn. 102 in: Grabitz, Kommentar zum EWG-Vertrag, Loseblatt; Gleiss/Hirsch (Hirsch, M. u.a.) Kommentar zum EWG-Kartellrecht (3.Aufl.1978), S. 40 ff., zum Völkerrecht dort S. 44; Bellamy, C. / Child, G.D., Common Market Law of Competition, (3.Aufl.1987), S. 2-128 - 2-133; Toepke, U., EEC Competition Law. Business Issues and Legal Principles in Common Market Antritrust Cases, Loseblattsammlung (1982 -), Kap.24, S.97 - 102; Kuyper, P.J., European Community Law and Extraterritoriality: some Trends and New Developments, ICLQ 33 (1984), S. 1013-1021; Sinan, I.M., The Extra-Territorial Application of EEC Antitrust Laws - Learning form the US, Assuntos Europeos 2 (1983), S. 29-52; Norton, J. J., The European Court of Justice Judgment in United Brands: Extraterritorial Jurisdiction and Abuse of Dominant Position, Denver Journal of International Law and Policy 8 (1979), S. 379-414; Bellis, J.-F., International Trade and the Competition Law of the European Economic Community, Common Market Law Review 16 (1979), S. 647-683; Frisinger, J. Extraterritoriale Anwendung des USA-Antitrustrechts und "personal jurisdiction" über ausländische Gesellschaften, RIW/AWD 1972, S. 12-21; Alder, C., Zur Rechtsstellung schweizerischer Unternehmen vor den EWG-Behörden, Basler Juristische Mitteilungen 1969, S. 48-72; Alder, C., Zur Rechtsstellung schweizerischer Unternehmen vor den EWG-Behörden, Basler Juristische Mitteilungen 1969, S. 48-72, 53 f.; Bischoff, J.M./ Kovar, R., L'application du droit communautaire de la concurrence aux entreprises établies à l'extérieur de la communauté, Journal de Droit International 102 (1975), S. 675-727; Eeckman, P., L'application de l'article 85 du Traité de Rome aux ententes étrangères á la C.E.E. mais causant des restrictions à la concurrence à l'intérieur du Marché Commun, Revue Critique de Droit International Privé 54 (1965), S. 499-528; Eeckman, P., L'application de l'article 85 du Traité de Rome aux ententes étrangères á la C.E.E. mais

Die Praxis der Gemeinschaftsorgane zeigt die Probleme, welche eine Anknüpfung an Auswirkungen international mit sich bringt und den Versuch, diese Probleme durch eine weite Interpretation des Territorialitätsprinzips zu umgehen. In den 60er Jahren erließ die Kommission einige Entscheidungen, in der sie eine Frage der Beschränkung der Anknüpfung aufgrund Auslandsbezugs nicht weiter thematisierte[1664]. Sie knüpfte vielmehr an Auswirkungen auf dem gemeinsamen Markt an, auch wenn Unternehmen im Ausland handelten oder im Ausland ihren Sitz hatten. Der größte Teil der Entscheidungen über Wettbewerbsbeschränkungen mit Auslandsbezug erging zur Frage der Freistellungen nach Art. 85 Abs. 3 EWGV[1665]. Auch hier wurden ohne Probleme die Auswirkungen von

---

causant des restrictions à la concurrence à l'intérieur du Marché Commun, Revue Critique de Droit International Privé 54 (1965), S. 499-528; Stoufflet, J., La compétence extraterritoriale du droit de la concurrence de la CEE, JDI 98 (1971), S. 487-500; 296; Ulmer, P./ Klaue, S., Adressaten des Europäischen Kartellrechts unter besonderer Berücksichtigung der Anilinfarben-Entscheidung der europäischen Kommission, in: Deringer, A. u.a., Fragen des europäischen Kartellrechts (1970), S. 51-70; Hug, W., Die Anwendbarkeit der kartellrechtlichen Bestimmungen des Montanvertrages und des Vertrages über die Europäische Wirtschaftsgemeinschaft auf in Nichtmitgliedstaaten veranlaßte Beschränkungen des Wettbewerbs im Gemeinsamen Markt, in: Kartelle und Monopole im modernen Recht (1961), Bd. II, S. 603-637; Homburger, E./ Jenny, H., Internationalrechtliche Aspekte des EWG-Wettbewerbsrechts. Zur Anwendung der wettbewerbsrechtlichen Bestimmungen des EWG-Vertrages auf in Nichtmitgliedstaaten veranlaßte Wettbewerbsbeschränkungen, (1966); Stoephasius, H.P. v., Die Anwendung des europäischen Kartellrechts auf Unternehmen mit Sitz in Drittstaaten, Diss.Göttingen (1971); ders., Die internationale Zuständigkeit der Kommission der Europäischen Gemeinschaften in Kartellverfahren, WRP (1972), S. 568 -571; Goldman, B., Les effets juridiques extra-territoriaux de la politique de concurrence, RMC 15 (1972), S. 612 - 623; Meng, W., Vorbemerkung zu den Artikeln 85 bis 89, Rn. 32 - 119; in: in: Groeben - Thiesing - Ehlermann, Kommentar zum EWG - Vertrag, 4.Aufl. (1991), Bd. 2

Zur Gemeinschaftspraxis vgl. auch Graupner, F. Die Bedeutung der Wettbewerbsregeln des EWG-Vertrages für Unternehmen in Ländern außerhalb der Europäischen Wirtschaftsgemeinschaft, RIW/AWD (1963), S. 1-3; Deringer, A., The Common Market Competition Rules with Particular Reference to Non Member Nations, ICLQ 12 (1963), S. 582-590; Allen, N.L., The Development of European Economic Antitrust Jurisdiction Over Alien Undertakings, Legal Issues of European Integration 1974, Heft 2, S. 35-78; Slater, M., L`application extraterritoriale du droit communautaire, Cahiers de Droit Européen 22 (1986), S. 309-324; Stoufflet, J., La compétence extraterritoriale du droit de la concurrence de la CEE, JDI 98 (1971), S. 487-500

1664 EG-Kommission Entscheidung vom 11.3.1964 (64/233/EWG) - Grosfillex - ABl. 1964, S.915; Entscheidung vom 1.6.1964 (64/344/EWG) - Bendix - ABl. 1964, S.1426; Entscheidung vom 28.10.1970 (70/488/EWG) - Omega - ABl. 1970 L 242, S.22

1665 EG-Kommission Entscheidung vom 27.6.1967 (67/454/EWG) - Transocean Marine Paint Association (Schiffsfarben I) - ABl. 1967 163, S.10. Die Freistellung wurde 1973 verlängert, siehe EG-Kommission Entscheidung vom 21.12.1973 (74/16/EWG) - Schiffsfarben II - ABl.1974 L 19, S.18; so auch EG-Kommission Entscheidung vom 22.12.1971 (72/26/EWG) - Burroughs-Geha, ABl.1972 L 13, S.53 ; Entscheidung vom 22.12.1971 (72/25/EWG) - Burroughs-Delplanque, ABl.1972 L 13, S.50; EG-Kommission

Auslandshandlungen in der Gemeinschaft berücksichtigt. Umgekehrt wurden Wettbewerbsbeschränkungen durch Handlungen innerhalb der Gemeinschaft, welche als Exportkartelle nur auf den Märkten dritter Staaten wirkten, als gemeinschaftsrechtlich irrelevant angesehen, soweit nicht durch die Wettbewerbsbeschränkungen im Ausland wettbewerbsbeschränkende Rückwirkungen auf den Markt der Gemeinschaft erfolgten[1666].

Erst 1971 in der Béguelin - Entscheidung[1667] bekannte sich der europäische Gerichtshof zur Zulässigkeit der extraterritorialen Anknüpfungen an Auswirkungen von Verhalten im Ausland. Diese isolierte Feststellung war im konkreten Fall um so überraschender, als sie durch die Fakten nicht veranlaßt war. Es ging nämlich um ein Verfahren ausschließlich gegen Unternehmen aus der europäischen Gemeinschaft[1668]. Der japanische Vertragspartner der fraglichen Vereinbarung war dagegen vor dem Gerichtshof keine Partei. Die Entscheidung beschränkte sich daher darauf, daß die Beteiligung eines japanischen Unternehmens kein Grund war, die Handlungen der Gemeinschaftsunternehmen nicht unter Art. 85 zu fassen[1669].

Während der Gerichtshof in seiner nachfolgenden Entscheidungspraxis zum Wettbewerbsrecht eine Anknüpfung an reine Auswirkungen immer vermied und stattdessen die Anknüpfung an die Unternehmenseinheit bevorzugte - die an anderer Stelle zu erörtern ist - wandte die Kommission nach wie vor dieses Prinzip an[1670]. In dieser Praxis spielte aber die

---

Entscheidung vom 23.12.1971 (72/41/EWG) - Henkel/Colgate - ABl. 1972 L 14, S.14 für eine Forschungskooperation

[1666] EG-Kommission Entscheidung vom 6.11.1968 (68/376/EWG) - Rieckermann/AEG-Elotherm - Abl. 1968 L 276, S.25

[1667] EuGH 25.11.1971 - Béguelin, 22/71 - Slg.1971, 949; es handelt sich im übrigen nur um eine leicht modifizierte Formel aus der Bendix-Entscheidung der Kommission (64/344/EWG) - Bendix - ABl. 1964, S.142

[1668] In der Literatur wird diese Bemerkung immer als obiter dictum angesehen. Man kann sie jedoch so auslegen, daß der Gerichtshof angesichts des Wortlauts des Art.85 EWGV hier nur die innergemeinschaftliche Anknüpfung meint, dagegen mangels Anlaß im Sachverhalt nichts über die völkerrechtliche Anknüpfung bzw. ihre Grenzen sagt.

[1669] Dies geschah unter Bezug auf eine ähnliche Konstellation im Falle Sirena, EuGH 9.3.1977 - Sirena, 40/70 - Slg.1971, 69; EuGH 20.6.1978 - Tepea, 28/77 - Slg.1978, 1391. Die Kommission hatte allerdings bereits im letzteren Fall Geldbußen gegen ein britisches Unternehmen (vor dem britischen Beitritt)verhängt, EG-Kommission Entscheidung vom 21.12.1976 (77/129/EWG) - Theal Watts - ABl. 1977 L 39, S.19

[1670] EG-Kommission Entscheidung vom 9.6.1972 (72/237/EWG) - Davidson Rubber - ABl. 1972 L 143, S.31; Entscheidung vom 8.1.1975 (75/77/EWG) - Pilzkonserven - ABl. 1975 L 29, S.26; Entscheidung vom 12.12.1978 (79/90/EWG) - Bleiweiß - ABl. 1979 L 21 S.16; Entscheidung vom 17.1.1979 (79/298/EWG) - Beecham/Parke, Davis - ABl.1979 L 70, S.11; Entscheidung vom 17.10.1983 (83/546/EWG) - Gußeisen- und Gußstahlwalzen -

Frage der völkerrechtlichen Zulässigkeit einer solchen Anknüpfung keine Rolle bis zur Entscheidung im Farbstoffe - Fall[1671]. Hierauf protestierte Großbritannien mit einem Aide - mémoire an die Kommission der Europäischen Gemeinschaften[1672]. Eine Anknüpfung lediglich an Auswirkungen von Auslandsverhalten im Inland sei völkerrechtswidrig. Zulässig seien nur das Territorialitäts- und das Personalitätsprinzip, letzteres aber unter Beachtung des örtlichen Rechts.

Der Gerichtshof nahm in seiner Entscheidung[1673] zur Anknüpfung an Auswirkungen in Auslandsfällen keine Stellung, obwohl Generalanwalt Mayras dies ausdrücklich nahelegte und es als völkerrechtskonform ansah[1674]. Er behandelte ausländische Mutterunternehmen und ihre Tochterunternehmen in der Gemeinschaft vielmehr als Einheit und eröffnete damit die Rechtsprechung zur Unternehmenseinheit, die noch erörtert werden wird.

In der "Bekanntmachung betreffend die Einfuhr japanischer Erzeugnisse in die Gemeinschaft, auf die der Vertrag von Rom anwendbar ist"[1675], hat die Kommission der EG ihre Auffassung zur Anwendung des Kartellrechts des EWGV mit extraterritorialem Bezug zusammengefaßt. Sie machte deutlich, daß es auf den Zweck oder die Wirkung von Verhaltensweisen, welche nach Art. 85 verboten sind, ankommt, nicht auf den Unternehmenssitz oder den Handlungsort. Die Kommission reagierte hiermit auf Meldungen, wonach japanische Industrien entweder selbständig oder in Abstimmung mit entsprechenden europäischen Industrien Selbstbeschränkungsmaßnahmen vorbereiteten.

Da das Kugellagerkartell gleichwohl zustandekam, erließ die Kommission 1974 hiergegen eine Entscheidung und stellte den Verstoß gegen Art. 85 EWGV fest[1676]. Sie hatte sich dabei mit dem Problem zu befassen, welche Wirkung die Anordnung des Kartells durch eine ausländische Regierung für die Anwendung des Kartellrechts hierauf hätte. Obwohl sie im

---

ABl. 1983 L 317, S.1; Entscheidung vom 24.9.1971 - CEMATEX (71/337/EWG) - ABl.1971 L 227, 26; Entscheidung vom 19.12.1974 (75/74/EWG) - Duro-Dyne - ABl. 1975 L 29, S.11; für eine Marktabschottung aufgrund gewerblicher Schutzrechte in Verbindung mit Drittlandsunternehmen siehe EuGH 15.6.1976 - EMI/CBS, 51/75 - Slg.1976, 811; EG-Kommission Entscheidung vom 23.12.1977 (78/252/EWG) - Genuine Vegetable Parchment Association - ABl.1978 L 70, S.54; Entscheidung vom 21.12.1976 (77/129/EWG) - Theal Watts - ABl. 1977 L 39, S.19

1671 EG-Kommission Entscheidung vom 24.7.1969 (69/243/EWG) - Farbstoffe - ABl. 1969 L 195, S.11

1672 In: Lowe, A.V., Extraterritorial Jurisdiction (1983), S. 144

1673 EuGH 14.7.1972 - ICI, 48/69 - Slg. 1972, 619

1674 Slg.1972, S.667, 699 ff.

1675 ABl.1972 C 111, S.13

1676 Entscheidung vom 29.11.1974 (74/634/EWG) - Kugellager - ABl. 1974 L 343, S.19

konkreten Falle eine solche Anordnung verneinte, stellte sie doch fest, daß dann, wenn sie vorgelegen hätte, dieses Recht nicht hätte angewendet werden dürfen[1677].

Der Gerichtshof hat sich nur noch einmal - im Bereich der Dienstleistungsfreiheit - auf die Anknüpfung an Auswirkungen bezogen[1678]. Allerdings ging es in diesem Fall nicht um die Erfassung faktischer Auswirkungen von Auslandshandlungen, sondern um die Anwendung des Diskriminierungsverbots auf die Auswirkungen interner Normen des Welt - Radsportverbandes innerhalb der Gemeinschaft[1679].

Mit der Frage der Reaktion auf einen Jurisdiktionskonflikt zwischen Gemeinschaftsrecht und dem Recht anderer Staaten beschäftigte sich die Kommission erstmals im Aluminium - Fall[1680]. Es ging dabei um Wettbewerbsbeschränkungen durch Unternehmen aus Osteuropa. Im Ergebnis wurde der Verstoß gegen Art. 85 auch bejaht. Hier wog die Kommission die Gemeinschaftsinteressen an der Sicherung des Wettbewerbs gegen die Interessen der ausländischen Staaten an der Durchsetzung ihrer Wettbewerbsordnung ab. Im Ergebnis wurde das Gemeinschaftsinteresse höher bewertet. Der Fall führte zu keinem internationalen Konflikt, weil die beteiligten Unternehmen nicht mit einer Geldbuße bestraft wurden. Im IBM-Fall[1681] wandte die Gesellschaft zwar ein, die Einleitung eines Kartellverfahrens durch die Kommission verstoße gegen die comity und das Interventionverbot. Der Gerichtshof entschied aber nicht über die Fragen der materiellen Jurisdiktion, sondern nur über verfahrensrechtliche Probleme.

[1677] In der Entscheidung vom 19.12.1984 (85/206/EWG) - Aluminiumeinfuhren aus Osteuropa - ABl.1985 L 92, S.1 machte die Kommission jedoch deutlich, daß dies nicht für staatliche Anordnungen von Mitgliedstaaten gelten würde

[1678] EuGH 12.12.1974 - Walrave und Koch, 36/74 - Slg.1974, 1405

[1679] Bei diesen Verfahren ging es um die Frage, ob die Bestimmungen des règlements des internationalen Radsportverbandes unvereinbar mit dem Vertrag sein können. Der Gerichtshof bejahte dies, in dem er sozusagen eine Drittwirkung des Gemeinschaftsrechts annahm. Damit wurden die internen Bestimmungen dieses Verbandes staatlichen Maßnahmen gleichgesetzt. Die weitere Frage war, inwieweit ein weltweit tätiger Sportverband hier unter diese Regeln fällt. Gleichzeitig wurde gefragt, ob die Rechtslage unterschiedlich zu beurteilen sei, je nach dem, ob der Wettkampf innerhalb oder außerhalb der Gemeinschaft stattfindet.

[1680] EG-Kommission Entscheidung vom 19.12.1984 (85/206/EWG) - Aluminiumeinfuhren aus Osteuropa - ABl.1985 L 92, S.1

[1681] Lo, M., IBM v. Commissioner: The Effects Test in the EEC, Boston College International and Comparative Law Review 10 (1987), S. 125 - 133; Mestmäcker, E.J., Staatliche Souveränität und offene Märkte, Konflikte bei der extraterritorialen Anwendung von Wirtschaftsrecht, RabelsZ 52 (1988), S. 205-251, 244 - 246

Die Kommission hat im Vierzehnten Bericht zur Wettbewerbspolitik[1682] noch einmal betont, daß sie die Anknüpfung an Auswirkungen als gemeinschaftsrechtlich und völkerrechtlich zulässig ansieht, weil sie den Realitäten des modernen Welthandels Rechnung trage. Die Praxis zeigt, daß die EWG ihr Kartellrecht durch extraterritoriale Anwendung als Regelung eines Verhaltens auch im Ausland versteht, wenn dieses Auswirkungen in der Wirtschaftsordnung der Gemeinschaft hat, deren Wettbewerbsorientierung durch dieses Recht geschützt werden soll. Die Teilnahme eines Unternehmens an dieser Ordnung durch seine Betätigung auf dem Gemeinschaftsmarkt ist der entscheidende Gesichtspunkt.

(2) Zellstoff - Fall

Die Differenzen in der Anknüpfung des EWG - Kartellrechts bei auslandsbezogenen Fällen zwischen der Kommission und dem Gerichtshof traten zuletzt im Zellstoff - Fall klar zu Tage. In diesem Verfahren wurde in der Kommissionsentscheidung, in den Vorträgen der Parteien vor Gericht, in den Schlußanträgen des Generalanwalts und in der Entscheidung des EuGH fast die gesamte Palette der Problematik extraterritorialer Anwendung von Kartellrecht aufgezeigt, so daß es gerechtfertigt ist, diesen Fall im Detail als Muster einer solchen Streitigkeit zu betrachten.

Die EWG-Kommission hatte am 19.12.1984 eine Entscheidung gegen finnische, amerikanische und einige andere gemeinschaftsfremde Hersteller von Zellstoff (Wood Pulp) erlassen[1683]. Gegenstand der Entscheidung waren Verletzungen des Art. 85 EWGV durch Preisabsprachen, Preisempfehlungen und Preisinformationen. Alle Antragsgegner verkauften entweder ihre Waren in die Gemeinschaft oder hatten Tochterunternehmen, Vertretungen oder andere Niederlassungen in der Gemeinschaft . Der überwiegende Anteil der Verkäufe in der Gemeinschaft sei Gegenstand der verbotenen Konzertierung gewesen. Diese habe 2/3 der Gesamtlieferungen in die Gemeinschaft und 60% des Verbrauchs dieses Produkt in der Gemeinschaft betroffen. Die Kommission stützte ihre Anordnungsbefugnis einerseits - wo möglich - auf das Prinzip der Unternehmenseinheit, zum anderen aber auf die Auswirkungen, da die Auswirkung nicht nur substantiell, sondern auch beabsichtigt gewesen sei. Sie seien das primäre und direkte Ergebnis der Übereinkommen gewesen. Die amerikanischen Adressaten hatten ihrerseits geltend gemacht, diese seien sich nicht bewußt gewesen, daß sie Gemeinschaftsrecht verletzten.

[1682] 1984 (1985), Rn. 60, S. 65 f.

[1683] EG-Kommission Entscheidung vom 19.12.1984 (85/202/EWG) - Zellstoff - ABl.1985 L 85, S.1

Die Kommission hatte diesen Umstand in der Entscheidung berücksichtigt.

Die Adressaten fochten diese Entscheidung vor dem Gerichtshof der Gemeinschaften an, weil rechtswidrig extraterritoriale Jurisdiktion ausgeübt worden sei[1684]. Die Anordnungs- und Rechtssetzungshoheit der Gemeinschaft könne nur aufgrund des Auswirkungsprinzips erfolgen. Dieses ist aber weder gemeinschaftsrechtlich noch nach dem Völkerrecht zulässig. Es verstoße gegen das Einmischungsverbot. Amerikanische Unternehmen machten geltend, ihr Verhalten sei nach ihrem Heimatrecht ausdrücklich erlaubt gewesen.

Generalanwalt Marco Darmon hatte in seinen Schlußanträgen vom 25.5.1988[1685] die Anknüpfung an Auswirkungen als Basis des Gemeinschafts - Kartellrechts festgestellt und die Zulässigkeit dieser Anknüpfung nach allgemeinem Völkerrecht bejaht. In der heutigen Zeit sei eine Begrenzung auf das Territorialitätsprinzip bei der Internationalität der Gesellschaften und des Handels nicht möglich. Das Erfordernis der qualifizierten Auswirkung als Anknüpfungspunkt berücksichtige alle Vorbehalte, die im Rahmen der völkerrechtlichen Diskussion hinsichtlich der Grenzen von extraterritorialer Jurisdiktion diskutiert wurden. Dieser Anknüpfungspunkt entspräche auch den Besonderheiten des Wettbewerbsrechts. Dieses sei ein Marktrecht zum Schutz der öffentlichen Ordnung in der Wirtschaft.

Die Entscheidung des Gerichtshofs vom 27. September 1988[1686] betraf lediglich Jurisdiktions - Fragen. Sie wurden als Zwischenentscheidung vor die Klammer des Verfahrens gezogen, das danach von einer Kammer des Gerichtshofs in der Sache fortgesetzt werden sollte. Der EuGH stellte zunächst fest, daß der Zellulose - Markt ein weltweiter Markt ist, dessen Hauptlieferungsquellen außerhalb der Gemeinschaft liegen. Wenn Produzenten in Drittländern an Verkäufer innerhalb der Gemeinschaft verkauften und miteinander im Preiswettbewerb stünden, so finde dieser Wettbewerb im gemeinsamen Markt statt. Preisabsprachen aber beschränkten den Wettbewerb innerhalb des gemeinsamen Marktes i.S.d. Art. 85 EWGV. Wenn auch der Sitz der Unternehmen im Ausland liege, so werde doch der Wettbewerb innerhalb der EG beschränkt und deswegen sei Art. 85 anwendbar. Nicht der Ort der Vereinbarung, Informationen oder sonstiger Handlungen sei entscheidend, sondern derjenige ihrer

---

[1684] EuGH 27.9.1988 - Ahlström u.a., 89/85 -, Slg. 1988, 5233, vgl. hierzu Lange, D.G.F./ Sandage, J.B., The Wood Pulp decision and its implications for the scope of EC competition law, Common Market Law Review 26(1989), S.137-165

[1685] Slg. 1988, 5214

[1686] EuGH 27.9.1988 - Ahlström u.a., 89/85 -, Slg.1988, 5233

Durchführung durch Tochterunternehmen oder Repräsentanten. Die Einrede amerikanischer Unternehmen, sie hätten an selbständige Handelsvertreter und Eigenhändler innerhalb der Gemeinschaft geliefert, die auch hinsichtlich der Preisgestaltung freie Hand gehabt hätten, ließ der Gerichtshof nicht gelten.

Die Wettbewerbsbeschränkung geschehe also spürbar und willentlich innerhalb der Gemeinschaft. Daß der Gerichtshof damit im Endergebnis erneut einer Auseinandersetzung mit den Fragen der Zulässigkeit der Anknüpfung an Auswirkungen ohne territorialen Bezug aus dem Wege ging, war sicherlich auch durch den mangelnden Konsens in den Mitgliedstaaten über dieses Prinzip zu erklären. Großbritannien hatte in dieser Frage schon in der Vergangenheit immer als einzelne Stimme gegen eine solche Anknüpfung protestiert. Im Zellstoff - Fall verwies es in seiner Stellungnahme darauf, daß die Rechtsetzungshoheit der Gemeinschaft sowohl begründet sei, wenn die ausländischen Unternehmer Tochterunternehmen oder Niederlassungen innerhalb der Gemeinschaft hätten oder wenn sie einen Vertreter innerhalb der Gemeinschaft bevollmächtigt hätten.

Großbritannien war sichtlich bemüht, eine Anwendung der von ihm generell abgelehnten Anknüpfung an Auswirkungen zu vermeiden. Es betonte, daß auch dort, wo ausländische Unternehmen keine solche Verbindung mit der EWG hätten, die Ausführung ihres Kartell-Vertrages oder Übereinkommens innerhalb der Gemeinschaft stattfinde, so daß das Territorialitätsprinzip anwendbar sei. Dies ist eine bemerkenswerte Interpretation der Stellungnahme im Protest zur Farbstoffe - Entscheidung, der zeigt, daß der britische Standpunkt nun nicht mehr den Grundsatz der Anknüpfung an Auswirkungen, sondern nur ihre zu extensive Anwendung auf weitläufige Auswirkungen ablehnt. Großbritannien macht jedoch deutlich, daß das Gemeinschaftsrecht nicht auf die amerikanische Erzeugervereinigung angewendet werden könne, die keinerlei Ausführungshandlung ihres wettbewerbsbeschränkenden Beschlusses innerhalb der Gemeinschaft vorgenommen habe. Sie habe in der Gemeinschaft nichts verkauft.

Den Einwand der Zulässigkeit des Verhaltens nach amerikanischem Recht wies der Gerichtshof mit der Bemerkung ab, hier handele es sich nicht um eine Anordnung, sondern um eine Zulassung. Kollisionen gebe es nicht, da gemäß den Empfehlungen der OECD alle in Frage kommenden Staaten konsultiert worden seien und keine Einwendungen geäußert hätten. Auf den Vorwurf der Nichtbeachtung der internationalen comity sagt der Gerichtshof aber nur knapp, dies hieße, die Anordnungshoheit der Gemeinschaft in Zweifel ziehen, die aber bereits bejaht worden sei. Es wird nicht klar, inwieweit zwischen comity - Anwendung auf der einen

Seite und fehlender Anordnungshoheit auf der anderen Seite eine Korrelation besteht.

Hinsichtlich der beteiligten amerikanischen Erzeugervereinigung stellte der Gerichtshof klar, daß nach ihrer Satzung Preisabsprachen auf Sitzungen getroffen werden könnten, und daß die auch für solche Mitglieder bindend sind, die an einer Sitzung, trotz ausreichender Benachrichtigung nicht teilgenommen haben. Der EuGH zieht hieraus den Schluß, daß die Beschlüsse der Vereinigung neben den Vereinbarungen der Mitglieder keine selbständige Rolle mehr spielten. Damit brauchte er endgültig auf das Problem der Anknpfung an reine Auswirkungen nicht einzugehen, da nur diese Vereinigung keinerlei Handlungen, auch nicht durch Vertreter, in der Gemeinschaft begangen hatte. Deswegen konnte der Gerichtshof den Vorwurf einer Verletzung der Jurisdiktionsregeln insgesamt abweisen.

Man wird die Entscheidung nicht als Absage an die Anknüpfung an reine Auswirkungen verstehen dürfen[1687]. Vielmehr hat der Gerichtshof den Streit um dieses Prinzip umgangen, indem er zu Recht die Wettbewerbshandlungen innerhalb der Gemeinschaft verortete. Daß er dabei auf die filigranen Erörterungen der Parteien und der Kommission, wer wo und in wessen Namen gehandelt habe, nicht eingeht, sondern Auslandshandlung und Verwirklichung im Inland durch Tochterunternehmen und Repräsentanten als Einheit sah zeigt, daß es ihm auf die Beteiligung an der internen Wettbewerbsordnung ankam, die durch rechtliche und wirtschaftliche Vorgaben, gesellschaftsrechtliche Anordnungen und abgestimmte Preise an Händler, vollzogen wurde.

(3) Prinzip der Unternehmenseinheit

Nach gefestigter Praxis der EG-Organe wird die Wettbewerbsbeschränkung innerhalb eines Konzerns in der Regel nicht als ein Fall des Art. 85 EWGV angesehen, weil der Konzern als Unternehmenseinheit und damit als Zurechnungseinheit gesehen wurde. Aus diesem Grunde hat die Kommission zunächst konzerninterne Vorgänge nicht als Problem extraterritorialer Jurisdiktion behandelt[1688]. Im Farbstoffe-Fall wurde vom EuGH[1689] zum ersten Mal - in Abweichung von der bereits erörterten

---

[1687] Lange, D./ Sandage, B., The Wood Pulp Decision and its Implications for the Scope of EC Competition Law, Common Market Law Review 26 (1989), S. 137 - 165

[1688] EG-Kommission Entscheidung vom 18.6.1969 (69/195/EWG) - Christiani & Nielsen - ABl. 1969 L 165, S.12; ebenso auch Entscheidung vom 30.6.1970 (70/332/EWG) - ABl. 1970 L 147, S.24

[1689] EuGH 14.7.1972 - ICI, 48/69 - Slg.1972, 619; EuGH 14.7. 1972 - Geigy, 52/69 - Slg.1972, 787; EuGH 14.7.1972 - Sandoz, 53/69 - Slg.1972, 845

Entscheidung der Kommission, welche die Anknüpfung an Auswirkungen zum ersten Mal auch im Falle einer konzerninternen Koordination angewendet hatte, die Unternehmenseinheit vom europäischen Gerichtshof als Anknüpfungspunkt zu einem ausländischen Konzernunternehmen verwendet.

Wie bereits dargestellt hatte die britische Regierung hiergegen wegen Verletzung des Völkerrechts protestiert[1690] und sich dabei besonders auch mit der Jurisdiktion über Konzernunternehmen auseinandergesetzt. Sie forderte die Anerkennung einer selbständigen Rechtspersönlichkeit und die Unterlassung eines Durchgriffs aufgrund einer "Unternehmenseinheit". Nur wenn ein Unternehmen im Inland seinen Sitz habe oder geschäftlich tätig sei, unterliege es der inländischen Jurisdiktion.

Der EuGH aber stellte - wie bereits erwähnt - gerade die Unternehmenseinheit zwischen Tochterunternehmen und Mutterunternehmen als ausreichenden extraterritorialen Anknüpfungspunkt ins Zentrum seiner Entscheidung [1691]. Er sah hierin offensichtlich kein völkerrechtliches Problem. Entscheidend für den Gerichtshof war, daß die Mutterunternehmen außerhalb der Gemeinschaft Weisungsbefugnis gegenüber den Tochterunternehmen innerhalb der Gemeinschaft gehabt hätten.

Er stellte ausdrücklich fest, daß diese Weisung auch bei der Durchsetzung des in Frage stehenden wettbewerbsbeschränkenden Verhaltens effektiv angewendet wurde. Aus diesem Grunde müsse den Mutterunternehmen das Verhalten der Tochterunternehmen, das sie selbst durch die Anweisung ausgelöst hätten, zugerechnet werden. Wenn innerhalb eines Konzerns bei wettbewerbsbeschränkenden Anweisungen nach Gemeinschaftsrecht kein Verstoß gegen das Kartellrecht angenommen werde, so werde der Konzern im Inneren als wirtschaftliche Einheit behandelt[1692]. Dies müsse auch nach außen gelten. Auch eine Anknüpfung

---

[1690] Abgedruckt in Lowe, (Anm.8), S.144 - 147

[1691] Dies hatte die Kommission schon zuvor in einem anderen Falle angewendet, vgl. EG-Kommission Entscheidung vom 9.12.1971 (72/21/EWG) - Continental Can - ABl. 1972 L 7, S.25

[1692] Vgl. die Entscheidung der Kommission Christiani & Nielsen, A.a.O. (Fn. 55) und die Entscheidung vom 30.6.1970 - Kodak - ABl.1970, 24. Aus der Rechtsprechung des EuGH vgl die Béguelin-Entscheidung, A.a.O. (Fn. 56). Der Gerichtshof hat später diesen Gesichtspunkt in anderen Entscheidungen bestätigt, vgl. EuGH 31.10.1974 - Centrafarm, 15/74 - Slg.1974, 1147; EuGH 21.2.1973 - Continental Can, 6/72 - Slg. 1973, 215. Dieser Grundsatz gilt jedoch nur, wenn in der Tat wirtschaftlich keine Unabhängigkeit des Tochterunternehmens besteht, vgl. auch EuGH 22.10.1986 - Metro, 75/84 - Slg.1986, 3021. Vgl. hierzu auch die Centrafarm-Entscheidung, a.a.O.

an die Unternehmenseinheit in Fällen von Konzernunternehmen in Drittländern trage dieser wettbewerblichen Einheit Rechnung.

Mit dieser Entscheidung begann die Tendenz des Gerichtshofs, einen Rückgriff auf die völkerrechtlich umstrittene Anknüpfung an Auswirkungen zu vermeiden und stattdessen auf die Unternehmenseinheit abzustellen[1693]. Dies bedeutet zwar nicht eine endgültige Absage an die völkerrechtliche Zulässigkeit der Anknüpfung an Auswirkungen, zeigt jedoch, wie dann auch im Zellstoff-Fall bestätigt wurde, daß der Gerichtshof die reinen Auswirkungen zur Begründung nicht heranziehen will, wenn andere, vermeintlich unproblematische, Anknüpfungen vorhanden sind. Ob diese Haltung wirklich der Begründungsökonomie dient, muß bezweifelt werden, da das Prinzip der Unternehmenseinheit nicht mehr und nicht weniger umstritten ist als die Anknüpfung an Auswirkungen.

In der "Continental Can" Entscheidung, in der Art. 86 in einem Fall der Fusionskontrolle angewendet wurde, bestätigte der Gerichtshof die Anknüpfung an die Unternehmenseinheit[1694]. Ein Durchgriff auf ein Konzernunternehmen außerhalb der EG sei zulässig, "namentlich dann", wenn ein Mutterunternehmen im Drittland einem Tochterunternehmen innerhalb der Gemeinschaft Weisungen gegeben habe, die tatsächlich befolgt wurden. Auch die Kommission schien sich dieser Linie anzuschließen, als sie in der Zoja-Entscheidung an die Unternehmenseinheit anknüpfte[1695], obwohl vom Fall her auch eine Anknüpfung an die Auswirkungen möglich gewesen wäre[1696].

In der nachfolgenden Rechtsprechung des Gerichtshofs schwächte dieser eine Voraussetzung der Anwendung des Prinzips der Unternehmenseinheit ab: das Erfordernis der tatsächlichen Einflußnahme aus dem Dritt-

---

[1693] In der Literatur wurde dieser Ansatz als Umgehungsstrategie kritisiert. Bischoff, J.M./ Kovar, R., L'application du droit communautaire de la concurrence aux entreprises établies à l'extérieur de la communauté, Journal de Droit International 102 (1975), S. 675-727, 711 spricht von "abenteuerlichen" Konstruktionen

[1694] EG-Kommission Entscheidung vom 9.12.1971 (72/21/EWG) - Continental Can - ABl. 1972 L 7, S.25 ; EuGH 21.2.1973 - Continental Can, 6/72 - Slg. 1973, 215

[1695] EG-Kommission Entscheidung vom 14.12.1972 (72/457/EWG) - Zoja/CSC-ICI - ABl.1972 L 299, S.51

[1696] In dieser Entscheidung aus dem Jahre 1972 ging es um den Antrag der italienischen Firma Zoja gegen mehrere Unternehmen wegen Verstößen gegen Art.85 und 86 EWGV. Antragsgegner waren u.a. das amerikanische Unternehmen Commercial Solvents Corporation (CSC) und seine Tochtergesellschaft, das Istituto Chemioterapico Italiano (ICI) in Mailand. Dabei ging es um die Vorwürfe, wonach sich CSC mit einer anderen amerikanischen Unternehmensgruppe ACC über die Aufteilung des Weltmarkts für gewisse chemische Substanzen geeinigt haben soll. Daneben ging es um einen Boykott von Zoja.

land. Im Falle "Commercial Solvents"[1697] verlangte er zwar noch das Vorliegen einer solchen Einflußnahme, ließ für seine Feststellung aber Indizien ausreichend sein[1698]. In der "Chiquita-Entscheidung"[1699] begnügte sich die Kommission mit der Feststellung eines konzernrechtlichen Abhängigkeitsverhältnisses, wies dagegen nicht einen konkreten Einfluß nach. Dies wurde vom Gerichtshof nicht beanstandet[1700]. In der Entscheidung "Johnson & Johnson"[1701] schritt die Kommission gegen das amerikanische Mutterunternehmen ein, weil dieses vom wettbewerbsbeschränkenden Verhalten seiner EG-Tochtergesellschaft Kenntnis gehabt habe und nichts dagegen unternommen habe. Dies wird im konkreten Falle allerdings durch die Feststellung der tatsächlichen Unselbständigkeit der Tochtergesellschaft ergänzt.

Die Argumentation von Gerichtshof und Kommission geht, abgesehen von den zuletzt erörterten problematischen Entscheidungen, grundsätzlich davon aus, daß es bei der Kontrolle unternehmerischer Entscheidungen nicht auf die selbständige Rechtspersönlichkeit ankommt, sondern auf den tatsächlichen Entscheidungseinfluß. Dieser gleiche Gesichtspunkt wurde bereits bei der Kontrolle grenzüberschreitender Konzerne betrachtet. Hier wie dort gilt, daß es sich nicht um einen Durchgriff handelt, wie beim Außenwirtschaftsrecht der USA im Pipeline - Fall, sondern um den Zugriff auf den tatsächlich Handelnden. Denn auch dabei ist die tatsächliche Leitungsmacht der entscheidende Gesichtspunkt. Der britische Protest im Farbstoffe - Fall differenziert nicht zwischen den bereits früher herausgearbeiteten verschiedenen Fällen von Jurisdiktion über verbundene Konzernunternehmen. Der Gesichtspunkt der Unternehmenseinheit im Kartellrecht ist kein Fall der erweiterten Personalhoheit, sondern derjenige einer Anknüpfung aufgrund der Ordnungshoheit. Das leitende Unternehmen nimmt mit der Wahrnehmung seiner Leitungsmacht an der Wirtschaftsordnung teil, in der das abhängige Unternehmen tätig ist.

[1697] EuGH 22.1.1974 - Commercial Solvents, 6 und 7/73 - Slg. 1974, 223

[1698] Die tatsächliche Einwirkung der Muttergesellschaft auf die Tochtergesellschaft ist in diesem Fall nicht so eindeutig nachgewiesen. Der Gerichtshof sagt aber, es falle schwer, das Verhalten von Mutter und Tochter nicht miteinander in Verbindung zu bringen. Auch sei ein bestimmtes Verhalten der Tochtergesellschaft "auffällig". Jedenfalls gebe es Kontrollmacht. Und da es auch ein offensichtlich einheitliches Vorgehen auf den fraglichen Märkten gebe, sei es gerechtfertigt, beide Unternehmen als wirtschaftliche Einheit zu behandeln.

[1699] EG-Kommission Entscheidung vom 17.12.1975 (76/353/EWG) - Chiquita - ABl. 1976 L 95, S.1; ebenso Entscheidung vom 8.12.1977 (78/68/EWG) - Hugin/Lipton - ABl. 1978 L 22, S.23

[1700] EuGH 14.2.1978 - United Brands, 27/76 - Slg. 1978, 207

[1701] EG-Kommission Entscheidung vom 25.11.1980 (80/1283/EWG) - Johnson & Johnson - ABl. 1980 L 377, S.16

b) Fusionskontrolle

Die neue Fusionskontroll - Verordnung der EWG[1702] bezieht sich auf Zusammenschlüsse von gemeinschaftsweiter Bedeutung. Die Kriterien hierfür sind sehr hoch festgesetzt worden. Alle beteiligten Unternehmen müssen einen weltweiten Gesamtumsatz von mehr als 5 Milliarden ECU und mindestens zwei beteiligten Unternehmen einen gemeinschaftsweiten Gesamtumsatz von jeweils mehr als 250 Millionen ECU haben, wenn nicht alle beteiligten Unternehmen jeweils mehr als zwei Drittel ihres gemeinschaftsweiten Gesamtumsatzes in nur einem Mitgliedstaat erzielen.

Ein Zusammenschluß ist danach dann rechtmäßig, wenn er keine beherrschende Stellung begründet oder verstärkt, durch die ein wirksamer Wettbewerb im gemeinsamen Markt oder in einem wesentlichen Teil desselben erheblich behindert wird. Ansonsten ist er nach Art. 2 Abs. 3 für mit dem Gemeinsamen Markt unvereinbar zu erklären. Hier kommt es also auf die tatsächliche Auswirkung an, nicht nur auf die Eignung, wobei es bei der präventiven Fusionskontrolle selbstverständlich ist, daß hier Prognosen gestellt werden müssen.

Zusammenschlüsse von gemeinschaftsweiter Bedeutung sind nach Art. 4 innerhalb einer Woche nach dem Vertragsabschluß, der Veröffentlichung des Kauf- oder Tauschangebots oder des Erwerbs einer die Kontrolle begründenden Beteiligung bei der Kommission anzumelden. Nach Art. 7 besteht ein vorläufiges Vollzugsverbot von drei Wochen, welches durch Entscheidung der Kommission verlängert werden kann. Auf die Anmeldung hin beginnt das Fusionskontrollverfahren nach Art. 6, wenn der Zusammenschluß unter die Verordnung fällt. Gemäß Art. 8 kann dann über die Vereinbarkeit oder Nichtvereinbarkeit der Fusion mit dem Gemeinsamen Markt entschieden werden. Nach Art. 8 Abs. 2 kann eine Vereinbarkeitsentscheidung unter Bedingungen und Auflagen erfolgen, welche etwa die Modifikation der Fusion zum Gegenstand haben können. Ist der Zusammenschluß bereits erfolgt, so kann eine Entflechtungsentscheidung ergehen (Art. 8 Abs. 4).

Die Verpflichtungen der Unternehmen sind mit hohen Bußgeldern sanktioniert. Nach Art. 14 ist die Unterlassung der Anmeldung oder eine unrichtige oder unterlassene Information mit 1000 bis 50000 ECU bedroht, ein vorzeitiger Vollzug oder eine Zuwiderhandlung gegen eine abschließende Entscheidung der Kommission können mit Buße in Höhe bis zu

---

[1702] VO (EWG) Nr. 4068/89 des Rates vom 21.12.1989 über die Kontrolle von Unternehmenszusammenschlüssen, ABl. 1989 L 395, S. 1, zuletzt korrigiert in ABl. 1990 L 257, S. 13

10% des von den beteiligten Unternehmen erzielten Gesamtumsatzes geahndet werden. In beiden Fälle reicht fahrlässige Zuwiderhandlung aus.

Über die Bedeutung extraterritorialer Jurisdiktion nach der Verordnung wird man so lange spekulieren müssen, als nicht der Gerichtshof seine Rechtsauffassung zu diesem Problem kundgetan hat. Nach den Eingreifkriterien des Art. 1 könnte man vermuten, daß große Unternehmen aus den USA und aus Japan möglicherweise leichter der Gemeinschaftskontrolle unterliegen als europäische Unternehmen, von denen die wenigsten diesen Kriterien genügen dürften. Wenn diese Kriterien vorliegen, dann ist lediglich die erhebliche Behinderung des Wettbewerbs nach Art. 2 Abs. 3 der Verordnung Voraussetzung der Anwendung. In diesem Fall kann die Unvereinbarkeit der Fusion mit dem Gemeinsamen Markt festgestellt werden, im Falle einer bereits vollzogenen Fusion kann diese auch entflochten oder durch Auflagen so umgestaltet werden, daß die Fusion nicht mehr wettbewerbsbeschränkend wirkt[1703].

Die Anknüpfung der Verordnung sagt nichts über extraterritoriale Sachverhalte aus. In einem früheren Entwurf sagte Art. 1 Abs. 1[1704], daß nur solche Fusionen erfaßt würden, bei denen mindestens eines der beteiligten Unternehmen seinen Sitz im Gemeinsamen Markt habe. Ob der Wegfall dieser Klausel bewußt die Frage zugunsten der reinen Anknüpfung an Auswirkungen lösen oder ob sie lediglich für die Rechtsprechung und Praxis offen gehalten werden sollte, läßt sich nicht mit Sicherheit sagen. Diese Klausel war in jedem Fall das Spiegelbild der Vorschriften über Jurisdiktion im Fusionskontrollrecht der EGKS. Die Fusionskontrolle nach Art. 66 EGKSV ist nur anwendbar, wenn eines der beteiligten Unternehmen unter Art. 80 EGKSV fällt, das heißt also im "Anwendungsbereich" des EGKSV[1705] eine Produktionstätigkeit ausübt. Damit wird an das Territorialitätsprinzip angeknüpft[1706].

Man kann aufgrund der bisherigen Praxis mit der Kartell- wie der Fusionskontrolle aber erwarten, daß auch die Jurisdiktion aufgrund der neuen Verordnung extraterritorial die Anknüpfung an Auswirkungen verwendet wird. Der EuGH hat nämlich schon vor ihrem Erlaß die Art. 85 und 86 EWGV auch für Zwecke einer nachträglichen Fusionskontrolle

---

1703 Art. 8 Abs.3 und 4

1704 ABlEG 1973 C 92, S. 1, geändert ABlEG 1982 C 36, S. 3

1705 Dieser Begriff des Art.79 entspricht dem hier gewählten des "Geltungsbereichs"

1706 Kruithof, M.R., The Application of the Common Market Anti-Trust Provisions to International Restraints of Trade, CMLRev 2 (1964/65), S. 69-94, 77 will die Vorschrift nur auf Gemeinschaftsunternehmen anwenden, weist aber auch auf die Gegenmeinung hin, wonach es nicht auf die Nationalität, sondern die Stätte der Aktivität ankommt

angewendet[1707]. In der "Continental Can" - Entscheidung[1708] wurde ein Unternehmenszusammenschluß als Verstoß gegen Art. 86 EWGV angesehen, durch welchen ein marktbeherrschendes Unternehmen seine Stellung so verstärkt, daß der erreichte Beherrschungsgrad den Wettbewerb wesentlich behindert, so daß nur noch Unternehmen am Markt bleiben, die in ihrem Marktverhalten von dem beherrschenden Unternehmen abhängen.

Dieser erste Fall einer gemeinschaftsrechtlichen Fusionskontrolle hatte einen Auslandsbezug. Continental Can war eine amerikanische Gesellschaft, welche in Delaware die Holdinggesellschaft Europemballage als 100 %ige Tochtergesellschaft gründete. Diese erwarb dann mit Mitteln der Muttergesellschaft 80 % der Aktien der niederländischen Thomassen & Drijver - Verblifa NV. Damit konnte der Wettbewerb für Metallverpackungen für Lebensmitteln und Metalldeckeln für Glasbehälter praktisch ausgeschaltet werden, weil Continental Can bereits über die deutsche Tochter Schmalbach-Lubeca AG auf dem europäischen Markt für diese Produkte marktbeherrschend war.

Der Gerichtshof rechnete das Verhalten der Europemballage trotz deren eigener Rechtspersönlichkeit dem Mutterunternehmen zu, "namentlich dann, wenn die Tochtergesellschaft ihr Marktverhalten nicht autonom bestimmt, sondern im wesentlichen Weisungen der Muttergesellschaft befolgt"[1709]. Dies sei aber nach dem dargestellten Sachverhalt der Fall gewesen. "Auf einen solchen Erwerb, der die Marktbedingungen innerhalb der Gemeinschaft beeinflußt, ist das Gemeinschaftsrecht anwendbar. Der Umstand daß Continental keinen Sitz im Hoheitsgebiet eines der Mitgliedstaaten hat, reicht nicht aus, um dieses Unternehmen dem Zugriff des Gemeinschaftsrechts zu entziehen."

Hier wird der Gesichtspunkt der Unternehmenseinheit ausdrücklich nicht als Durchgriff, sondern als Ergebnis der Teilnahme der Muttergesellschaft an der Wirtschaftsordnung der Gemeinschaft durch ausgeübte Leitungsmacht über ihr Tochterunternehmen angesehen. Dieses Tochterunternehmen war zwar auch eine amerikanische Gesellschaft, handelte seinerseits aber auf Grund Anteilserwerbs innerhalb der Gemeinschaft. Art. 86 wurde dabei rein auf Grund innergemeinschaftlicher Anknüpfungen angewendet: die Marktbeherrschung der Muttergesellschaft im Inland und der Anteilserwerb durch die Tochtergesellschaft im Inland. Nur die Ausübung der Leitungsmacht geschah im Ausland. Insoweit

---

[1707] Vgl. hierzu Schröter, H., in: Groeben - Thiesing - Ehlermann, Kommentar zum EWG - Vertrag, 4.Aufl. (1991), Bd. 2, Art. 86, Rn. 219 - 229

[1708] EuGH 21.2.1973 - Continental Can, 6/72 - Slg. 1973, 215

[1709] A.a.O., S. 242

handelt es sich bei der Anwendung von Art. 86 um eine echte Auslandsregelung.

Die Fusionskontrollpraxis aufgrund Art. 86 EWGV ist nicht umfangreich[1710]. Generell ist aber eine extraterritoriale Anwendungsmöglichkeit dieser Fusionskontrolle aufgrund von Continental Can anzunehmen. Unstreitig ist das hinsichtlich von Fusionen unter Beteiligung eines Gemeinschaftsunternehmens[1711], es gilt wohl aber auch für reine Auslandsfusionen, welche eine marktbeherrschende Stellung im Gemeinsamen Markt begründen[1712].

Auch Art. 85 EWGV wurde von Kommission und Gerichtshof zur Fusionskontrolle verwendet. Im Zigaretten - Urteil entschied der EuGH 1987[1713], daß ein Beteiligungserwerb dann unter diese Vorschrift falle, wenn er dazu dient, das geschäftliche Verhalten des erworbenen Unternehmens so zu beeinflussen, daß der Wettbewerb beschränkt oder verfälscht wird. Nach Inkrafttreten der Fusionskontrollverordnung hat die Kommission in einer Protokollerklärung[1714] festgestellt, daß sie für alle Fusionen, welche nicht den Kriterien der Verordnung genügen, weiter die Art. 85 und 86 anwenden will[1715]. Allerdings hat Art. 22 Abs. 2 der Verordnung die Anwendung der Verordnung Nr. 17 und der Parallelverordnungen für die Fusionskontrolle generell ausgeschlossen[1716]. Wenn nicht ein Mitgliedstaat den Antrag auf Fusionskontrolle stellt (Art. 22 Abs. 3 - 5), muß die Kommission nach Art. 89 EWGV verfahren. Danach kann die Kommission zwar eine Verletzungsentscheidung treffen, muß aber die Mitgliedstaaten ermächtigen, die erforderlichen Abhilfemaßnahmen zu treffen, deren Bedingungen und Einzelheiten sie festlegt. Ein Fall extraterritorialer Jurisdiktion im Bereich der Fusionskontrolle nach Art. 85 liegt noch nicht vor, man kann aber auch insoweit annehmen, daß die Gemeinschaftsorgane sie für zulässig ansehen.

Die extraterritoriale Fusionskontrolle der EWG ist bisher nur auf den Erwerb eines Unternehmens in der Gemeinschaft gestützt worden. Dies hat

---

[1710] Vgl. hierzu Emmerich, V., Kartellrecht, 6. Aufl. (1991), S.610 f.

[1711] Wagner, B., Die Konzentrationskontrolle in der EWG und ihre Bedeutung für Zusammenschlüsse schweizerischer Unternehmen (1982), S.123

[1712] Gleiss, A./ Hirsch, M., Kommentar zum EWG-Kartellrecht (3.Aufl. 1978), Art. 86, Anm. 121

[1713] EuGH 17.11.1987 - BAT/Reynolds, 142 und 156/84 - Slg. 1987, 4487

[1714] Nr. 11, WuW 1990, S. 243 f.

[1715] Da die Verordnung aber Sekundärrecht ist, bleibt eine Anwendung der lex superior der vertraglichen Vorschriften gegenüber der lex specialis der Verordnung weiter offen, vgl. auch Emmerich, V., Kartellrecht, 6. Aufl. (1991), S. 619. Dies gilt wegen der Normenhierarchie trotz der gegenteiligen Vorschrift des Art. 22 Abs. 1 der Verordnung.

[1716] Schröter, in: Groeben - Thiesing - Ehlermann, Kommentar zum EWG - Vertrag, 4.Aufl. (1991), Bd. 2, Art. 86, Rn.221

keinerlei Beanstandungen bei anderen Staaten hervorgerufen. Der Fall einer Inlandseinwirkung einer reinen Auslandsfusion ist bisher noch nicht entschieden worden. Nach dem materiellen Gemeinschaftsrecht würden wohl auch in diesem Fall die Wettbewerbsvorschriften des Vertrages und die Fusionskontrollverordnung anwendbar sein. Es handelte sich auch dann um eine echte Auslandsregelung, bei der alle Anknüpfungspunkte im Ausland liegen.

3. Bundesrepublik Deutschland

a) Kartellrecht

Das deutsche GWB enthält in § 1 die Anordnung der Unwirksamkeit von Kartellvereinbarungen und - beschlüssen, soweit sei geeignet sind, die Erzeugung oder die Marktverhältnisse für den Verkehr mit Waren oder gewerblichen Leistungen durch Beschränkung des Wettbewerbs zu beeinflussen[1717]. Nach § 15 sind Verträge über die Preisgestaltung oder Geschäftsbindungen nichtig, die einen Vertragspartner in seiner Freiheit beschränken. § 20 Abs. 1 bestimmt die Unwirksamkeit wettbewerbsbeschränkender Lizenzverträge. § 25 verbietet abgestimmtes Verhalten, was nicht zum Gegenstand eines Kartellvertrages gemacht werden darf, § 26 Liefer- und Bezugssperren sowie diskriminierendes Verhalten von marktbeherrschenden oder marktstarken Unternehmen[1718].

Die Kartellbehörde kann nach § 37 a von Amts wegen die Verhaltensweisen, welche die Tatbestände der vorgenannten Vorschriften erfüllen, untersagen und nach § 38 Geldbußen bis zu 1 Million DM oder darüber hinaus bis zur dreifachen Höhe des durch die Zuwiderhandlung erlangten Mehrerlöses verhängen. Dabei gilt nach ganz herrschender Meinung das Opportunitätsprinzip hinsichtlich der Einleitung, des Ergebnisses und der Sanktion des Verfahrens[1719]. Einen Anspruch auf Einschreiten oder auf fehlerfreie Ermessensausübung gibt es also im GWB außer in Fällen ausdrücklich genannter Antragsbefugnis nicht. § 22 Abs. 5 gibt der Kartellbehörde die Befugnis, mißbräuchliches Verhalten marktbeherrschender Unternehmen zu untersagen und Verträge für unwirksam zu erklären. Auch hier wird ein Anspruch Privater auf Einschreiten abge-

---

[1717] §§ 2 - 8 enthalten Spezialregelungen für einige Kartellfälle

[1718] Andere Regelungsgegenstände des GWB außer der Fusionskontrolle brauchen im vorliegenden Zusammenhang nicht erörtert zu werden

[1719] BGH WuW/E BGH 2058, 2059 f. - Internord; BGHZ 51, 61, 67 - Taxiflug; BGH WuW/E OLG 1813 - medizinischer Badebetrieb; Emmerich, in: Immenga / Mestmäcker, a.a.O. (Anm. 1724), § 37 a, Rn. 14 f; K. Schmidt, a.a.O., § 51, Rn. 7 ff. Für die Bußgeldfolge vgl. § 47 OWiG

lehnt[1720]. Zivilrechtlich sind neben der Unwirksamkeit von Kartellverträgen nach § 1, 15, 20 Abs. 1 und § 22 Abs. 5 bei Verletzung zur indirekten Durchsetzung des Kartellrechts die Schadensersatzpflicht gegenüber anderen Unternehmen oder Personen und ein Unterlassungsanspruch, beides nach § 35 GWB, vorgesehen.

Die kartellrechtlichen Tatbestände knüpfen an das Vorliegen ihrer objektiven Voraussetzungen an. Eine subjektive Absicht oder auch nur allgemeine Vorstellung über die Kausalität ist nach dem Wortlaut des § 1 GWB unerheblich. Allerdings vertrat die frühere Gegenstandstheorie, daß die Wettbewerbsbeschränkung gerade der Gegenstand der Vereinbarung sein mußte. Später wollte die Zwecktheorie alle Verträge erfassen, bei denen die Partner gemeinsam die Beschränkung bezweckten. Heute ist in der Lehre die Folgetheorie herrschend, wonach die Beschränkung - unabhängig von der Willensrichtung der Beteiligten - objektiv aus dem vereinbarten Verhalten folgen muß[1721]. Die Rechtsprechung ist uneinheitlich, neigt aber in neuerer Zeit der Zwecktheorie zu[1722]. Nicht erfaßt ist der Fall, daß eine Wettbewerbsbeschränkung beabsichtigt wurde, aber nicht eingetreten ist. Auch hinsichtlich der Sanktionen werden versuchte Wettbewerbsbeschränkungen nicht erfaßt.

Auch das deutsche Recht kennt eine extraterritoriale Jurisdiktion im Kartellrecht ähnlich dem amerikanischen Recht[1723]. § 98 Abs. 2 GWB bestimmt, daß das Gesetz Anwendung findet "auf alle Wettbewerbsbeschränkungen, die sich im Geltungsbereich dieses Gesetzes auswirken, auch wenn sie außerhalb des Geltungsbereiches dieses Gesetzes veranlaßt werden." Dies ist eine ausdrückliche einseitige Kollisionsnorm für die Behandlung von Auslandskartellen[1724], welche zu allen materiellen

---

[1720] BGHZ 51, 61, 67 ff. - Taxiflug. Differenzierend K. Schmidt, a.a.O., Rn 8 f.

[1721] Zum Theorienstreit Emmerich, V., Kartellrecht, 6. Aufl. (1991), S. 57 ff.

[1722] BGHZ 65, 30 - ZVN; KG WuW/E OLG 2745 - HFGE; OLG Stuttgart WuW/E OLG 2790, 2791 f.

[1723] Vgl. etwa Schwartz, I. E., Deutsches internationales Kartellrecht (1. Aufl. 1968); Rehbinder, E., Extraterritoriale Wirkungen des deutschen Kartellrechts (1965)

[1724] Rehbinder in: Immenga, U. / Mestmäcker, E.-J., GWB. Kommentar (1992), § 98 Abs. 2,, Rn. 7; Autenrieth, K., Die grenzüberschreitende Fusionskontrolle in Theorie und Praxis (1982), S. 52 - 64. Kevekordes, J., Auslandszusammenschlüsse im internationalen und materiellen Kartellrecht (1986) , S. 120 - 133. Schwartz, I. E., Deutsches internationales Kartellrecht (1. Aufl. 1968), S. 17 - 46; Kegel, a.a.O. (Anm. 384), S. 74;8 ff. Basedow, J., Entwicklungslinien des internationalen Kartellrechts, NJW 42 (1989), S. 627 - 638, 628. Langen, E./Niederleithinger,E./Ritter,L./Schmidt,U. Kommentar zum Kartellgesetz (6.Aufl.1982), § 98 Rn. 33. Koenigs in: Gesetz gegen Wettbewerbsbeschränkungen. Gemeinschaftskommentar (Hrsg. W. Benisch) (4. Aufl.1980 ff.), § 98 Abs. 2, Rn. 3 Für das Kartellprivatrecht möchte Martinek, M., Das internationale Kartellprivatrecht (1987) , S. 94 § 98 Abs.2 S.1 zu einer vollkommenen allseitigen Kollisionsnorm ausbauen. Diese Funktion hat aber die Vorschrift nicht. Sie entscheidet nur über deutsches Recht. Wenn

Normen des Gesetzes hinzugefügt werden muß, um deren räumlichen Anwendungsbereich zu bestimmen. Diese Norm zeigt, daß im GWB grundsätzlich nicht der Handlungsort oder die Nationalität der Handelnden Anknüpfungspunkte sind, sondern die Auswirkungen von Wettbewerbshandlungen im Inland.

Während diese Anknüpfung bereits in den Sachnormen generell verwendet wird, stellt die Kollisionsnorm klar, daß sie auch auf Auslandssachverhalte anzuwenden ist. Angesichts der Inhalte der Sachnormen handelt es sich dabei um Auslandsregelungen. Es handelt sich um eine öffentlichrechtliche Kollisionsnorm nicht nur der systematischen Stellung im GWB nach sondern auch hinsichtlich ihres nicht an der Einzelfallgerechtigkeit, sondern an wirtschaftspolitischen Ordnungsvorstellungen orientierten Regelungswillens[1725]. Die nach dem Gesetz vorgesehenen Sanktionen entfalten auch gegenüber Adressaten im Ausland eine erhebliche Persuasionswirkung.

Soweit es um Ausfuhrkartelle geht, die im Inland ins Werk gesetzt werden, aber ihre negativen Folgen im Ausland haben, werden diese erfaßt, soweit wettbewerbsbeschränkende Rückwirkungen auf die Bundesrepublik Deutschland folgen. Ansonsten bestimmt § 6 Abs. 1, daß das Kartellverbot des § 1 nicht für Verträge und Beschlüsse gilt, "die der Sicherung und Förderung der Ausfuhr dienen...". In § 98 Abs. 2 Satz 2 wird jedoch die Anwendung des Gesetzes jedenfalls insoweit auf Ausfuhrkartelle ausgedehnt, als an ihnen Unternehmen mit Sitz in der Bundesrepublik Deutschland beteiligt sind. Hier wird also nicht mehr an die Auswirkungen angeknüpft, sondern das Personalitätsprinzip verwendet[1726].

Die Anknüpfung an Auswirkungen in § 98 Abs. 2 GWB muß zusammen gesehen werden mit der rein innerstaatlichen Erfassung von Auswirkungen. Es muß sich nach herrschender Rechtsprechung bereits bei reinen Inlandsfällen um eine spürbare Auswirkung handeln, um eine Veränderung am Markt, die konkret feststellbar ist[1727]. Die Rechtsprechung hierzu differiert von Fall zu Fall hinsichtlich der notwendigen Intensität für die Spürbarkeit. Es läßt sich jedoch generell sagen, daß bei Unternehmen mit

---

man im internationalen Privatrecht bei der Sonderanknüpfung allseitige Kollisionsnormen entwickeln wollte, was in seinem Sinn und seiner Zulässigkeit noch erörtert wird, so kann und muß man eine eigene Norm für die Berücksichtigung ausländischen Kartellrechts entwickeln.

1725 Kegel, a.a.O. (Anm. 384) , S. 748 ff.

1726 Rehbinder in: Immenga / Mestmäcker, a.a.O. (Anm. 1724), § 98 Abs. 2 , Rn. 96

1727 BGHZ 37, 194, 200; 68, 6, 11

Marktanteilen unter 5% eine Spürbarkeit der Wettbewerbsbeschränkung in der Regel verneint wird[1728].

Bei der Mißbrauchsaufsicht über marktbeherrschende Unternehmen gemäß § 22 Abs. 5 GWB muß ebenfalls eine tatsächliche negative Auswirkung des Verhaltens auf den Wettbewerb vorliegen. Allerdings ist dies nur in dem Teilbereich ausdrücklich qualifiziert, den § 23 Abs. 4 Nr. 1 erfaßt, wenn nämlich "die Wettbewerbsmöglichkeiten anderer Unternehmen in einer für den Wettbewerb auf dem Markt erheblichen Weise ohne sachlich gerechtfertigten Grund beeinträchtigt" werden.

Die Spürbarkeit der Auswirkung ist auch eine Eingreif - Grenze bei Auslandszusammenschlüssen[1729]. Dies bedeutet, daß rein hypothetische Auswirkungen alleine nicht zum Eingreifen berechtigen[1730]. Das Bundeskartellamt hatte ursprünglich wohl die Auffassung vertreten, daß die Kartellkontrolle nach dem GWB auch bereits eingreife, wenn ein Auslandsverhalten möglicherweise rechtswidrige Auswirkungen auf das Inland hat[1731]. Später jedoch wurde der Schutzbereich dahingehend zurückgenommen, daß "im Zeitpunkt der kartellrechtlichen Vertragsüberprüfung bereits Auswirkungen im Geltungsbereich dieses Gesetzes feststellbar - mindestens aber insoweit im Ansatz erkennbar - sein" müssen[1732].

Im Inland spürbar können auch Wettbewerbsbeschränkungen im Ausland sein, die sich nur mittelbar auswirken. Wenn etwa im Ausland Preise für Vorprodukte oder Produktteile von Gütern durch ein Kartell festgelegt werden, welche für den Import in das Inland bestimmt sind, so verteuern sich möglicherweise hierfür die Inlandspreise. Das gleiche würde gelten von Lieferbeschränkungen für solche Vorprodukte und Teile. Koenigs[1733] möchte hier eine Anwendung des deutschen Kartellrechts bejahen, wenn zwischen dem Kartell und dem Abnehmer der Pro-

---

[1728] Vgl. auch Bekanntmachung des Bundeskartellamts Nr. 57/80 vom 8.7.1980, Bundesanzeiger 1980 Nr. 133, Seite 6. Rehbinder in: Immenga / Mestmäcker, a.a.O. (Anm. 1724), § 1, Rn. 337 f.

[1729] Langen, E./ Niederleithinger,E./ Ritter,L./ Schmidt,U. Kommentar zum Kartellgesetz (6.Aufl.1982), § 98 Rn. 43; Rehbinder in: Immenga / Mestmäcker, a.a.O. (Anm. 1724), § 98 Abs. 2 , Rn. 68 f.; Koenigs in: Gesetz gegen Wettbewerbsbeschränkungen. Gemeinschaftskommentar (Hrsg. W. Benisch) (4. Aufl.1980 ff.), § 98 Abs. 2, Rn. 37 - 39

[1730] Weiter wohl Langen, E. /Niederleithinger,E. /Ritter,L./ Schmidt,U. Kommentar zum Kartellgesetz (6.Aufl.1982), § 98 Rn. 46

[1731] WuW/E BKartA 317, 319 - Betriebsgeheimnis

[1732] Brief des Vorsitzenden der 4. Beschlußabteilung des Bundeskartellamts vom 15.8.1962, WuW/BKartA 584; vgl. auch WuW/E BKartA 447, 450 - Grubenholz, 741 - Auslandslizenzvertrag

[1733] Koenigs in: Gesetz gegen Wettbewerbsbeschränkungen. Gemeinschaftskommentar (Hrsg. W. Benisch) (4. Aufl.1980 ff.), § 98 Abs. 2, Rn. 21

dukte im Inland nicht mehr als eine Verarbeitungs- oder Handelsstufe in den Absatzweg eingeschaltet ist und die Unternehmer dieser Stufe keinen Handlungsspielraum für ein anderes Marktverhalten haben. Rehbinder[1734] will alle mittelbaren Folgen mit einbeziehen. Überträgt man die Rechtslage für rein innerdeutsche Wettbewerbsbeschränkungen auf solche mit Auslandsbezug, so würde letztere Auffassung zutreffen. Hier wird aber zu fragen sein, ob nicht völkerrechtliche Grenzen bestehen oder kollisionsrechtliche Zurückhaltung angebracht ist. Eine weitere völkerrechtlich relevante Frage, die bisher in der Praxis keine Rolle spielte, ist, ob das deutsche Recht auch gegen solche Wettbewerbsbeschränkungen angewendet werden kann, welche im Ausland hoheitlich angeordnet wurden[1735].

Auch die Eignung zur Wettbewerbsbeschränkung, wie sie § 1 GWB als Anknüpfung des Kartellverbots normiert, muß konkretisiert sein, wenn man den Maßstab des gewöhnlichen Verhaltens von Personen nach ökonomischen Kriterien zugrundelegt[1736]. Diese Typisierung von Verhalten ist dem Recht gegen Wettbewerbsbeschränkungen eigen. Man will Schäden möglichst verhüten, die man aufgrund dieses Beurteilungsmaßstabes mit hinreichender Sicherheit voraussehen kann. So dürfte auch die Einschränkung des Bundeskartellamts zu verstehen sein.

Die kartellrechtlichen Entscheidungen in der Bundesrepublik Deutschland zu Fragen extraterritorialer Jurisdiktion sind nicht sehr häufig. Das Bundeskartellamt hat erst in den siebziger Jahren[1737] das deutsche Kartellrecht verstärkt auch gegenüber Auslandsunternehmen durchgesetzt[1738], die keine inländische Niederlassung hatten. Dies betraf etwa eine Preisabsprache ausländischer Produzenten für den deutschen Markt[1739]

[1734] Rehbinder in: Immenga / Mestmäcker, a.a.O. (Anm. 1724), § 98 Abs. 2 , Rn. 57 - 62

[1735] Verneinend Koenigs in: Gesetz gegen Wettbewerbsbeschränkungen. Gemeinschaftskommentar (Hrsg. W. Benisch) (4. Aufl.1980 ff.), § 98 Abs. 2, Rn.45

[1736] Immenga in: Immenga / Mestmäcker, a.a.O. (Anm. 1724), § 1, Rn. 335

[1737] Aus der Zeit davor vgl. etwa die Behandlung eines Konditionenkartells im Ausland für den Export von Textilien nach Deutschland, Tätigkeitsbericht des Bundeskartellamts 1965, 47; 1966, 56

[1738] Vgl. etwa WuW/ BKartA 1393 - Polyamid. Zur Praxis des Bundeskartellamts Markert, K., Die Anwendung des Gesetzes gegen Wettbewerbsbeschränkungen auf internationale Wettbewerbsbeschränkungen, in: Zehn Jahre Bundeskartellamt (1968), S. 205 - 229

[1739] Tätigkeitsbericht 1970, 17

oder Beschränkungen der Importe auf diesen Markt aus dem Ausland[1740]. Dabei knüpfte es nur an spürbare Auswirkungen im Inland an[1741].

Das Kammergericht wandte das GWB bereits dann an, wenn der Auslandstatbestand eine mittelbare Auswirkung auf den Inlandsmarkt hatte[1742]. Im Jahre 1973 entschied der Bundesgerichtshof, daß § 98 Abs. 2 GWB nur solche Auswirkungen von Auslandsverhalten im Inland unter den Regelungsbereich des Gesetzes fasse, die den Schutzbereich der jeweiligen Sachnorm verletzten, also den freien Wettbewerb im Inland beeinträchtigten[1743]. Dies bedeutet eine Einschränkung der Anknüpfung an Auswirkungen durch den Schutzzweck der Normen[1744], wie er in deren Tatbestand festgelegt ist.

Es gibt im GWB Tatbestände, die eine tatsächliche Auswirkung verlangen (z. B. §§ 11 Abs. 5, 12, 18 und 22), solche, bei denen eine Eignung des Kartells oder der Fusion zu spürbarer Auswirkung ausreicht (z.B. §§ 1, 24) und solche, bei denen die Beschränkung des Partners eine Beschränkung des Wettbewerbs indiziert (z.B. §§ 15 und 20). Hieraus ergeben sich unterschiedliche Schutzbereiche[1745]. Weiter erfordern alle Tatbestände des GWB mit Ausnahme des § 6 i.V.m. § 98 Abs. 2 S. 2 einen Bezug der Wettbewerbsbeschränkung zum Markt der Bundesrepublik Deutschland, also eine Teilnahme der Kartellparteien oder der Fusionspartner an diesem Markt.

Bei Bindungen der Preise oder Konditionen nach § 15 GWB hat der BGH die Bindung eines deutschen Unternehmens für den Inlandsmarkt durch einen Auslandsunternehmer als Verstoß angesehen[1746]. Weiter wurde eine Alleinvertriebsvereinbarung für den inländischen Markt durch einen ausländischen Hersteller als relevant angesehen[1747]. Inlandswirkungen wurden auch bei Verträgen über Patent- und Know how - Lizenzen

---

[1740] Tätigkeitsbericht; 1976, 28

[1741] Abgelehnt etwa im Fall eines Lizenzvertrages nach § 20 GWB, vgl. Tätigkeitsbericht 1970, 95

[1742] KG WuW/E OLG 1339 - Linoleum, aufrechterhalten durch BGH NJW 1975, 269; vgl. auch KG WuW/E OLG 704 - Verwertungsgesellschaft

[1743] BGH WuW/E BGH 1276 - Ölfeldrohre -

[1744] Rehbinder in: Immenga / Mestmäcker, a.a.O. (Anm. 1724), § 98 Abs. 2 , Rn. 42; Autenrieth, K., Die grenzüberschreitende Fusionskontrolle in Theorie und Praxis (1982), S. 63 f.; Kleinmann, W./R. Bechthold, Kommentar zur Fusionskontrolle und Mißbrauchsaufsicht (2.Aufl.1989), Einl. Rn. 70; Koenigs in: Gesetz gegen Wettbewerbsbeschränkungen. Gemeinschaftskommentar (Hrsg. W. Benisch) (4. Aufl.1980 ff.), § 98 Abs. 2, Rn. 26 - 34

[1745] Rehbinder in: Immenga / Mestmäcker, a.a.O. (Anm. 1724), § 98 Abs. 2 , Rn.48 - 51; Schwartz, I. E., Deutsches internationales Kartellrecht (1. Aufl. 1968), passim

[1746] BGHZ 60, 312 - Bremsrollen

[1747] LG Osnabrück WuW /E LG/AG 638

angenommen[1748]. Allerdings hat das Bundeskartellamt bei Lizenzverträgen auch entschieden, daß nicht jede potentiell mögliche zukünftige Auswirkung auf den Inlandsmarkt für die Anwendung des § 20 Abs. 1 GWB ausreiche. Auch die Mißbrauchskontrolle wird extraterritorial angewendet, etwa gegen die Liefersperre eines ausländischen Unternehmens zu Lasten eines Inlandsunternehmens[1749].

b) Fusionskontrolle

(1) Rechtslage und Praxis

Wenn Unternehmen sich zusammenschließen, welche die Kriterien des § 23 GWB hinsichtlich ihrer Größe und Marktbedeutung erfüllen, so müssen sie ihre Absicht dem Bundeskartellamt anzeigen. Die Kartellbehörde kann den Zusammenschluß nach § 24 Abs. 2 untersagen, wenn hierdurch eine marktbeherrschende Stellung nach § 22 entsteht[1750]. Das Verfahren wird von Amts wegen eingeleitet[1751]. Für seine Einleitung gibt es keine Antragsbefugnis. Trotzdem hat die Behörde kein Einleitungsermessen[1752], denn § 24 Abs. 2 ist - etwa im Gegensatz zu § 37 a Abs. 1 - strikt formuliert. Ist das Verfahren eingeleitet worden, so ist sie an das Vorliegen der Untersagungsvoraussetzungen des § 24 Abs. 1 GWB gebunden. Ein Beurteilungsspielraum steht ihr nicht zu[1753]. Gegen die Ablehnung einer Untersagung können subjektiv Berechtigte die Verpflichtungsbeschwerde nach § 62 Abs. 3 GWB erheben[1754].

§ 24 Abs. 1 sieht die Berücksichtigung der Interessen ausländischer Staaten nicht vor, er bindet die Entscheidung alleine an Wettbewerbsparameter. Ist ein Zusammenschluß danach zu untersagen, kann aber der Bundesminister für Wirtschaft nach § 24 Abs. 3 trotzdem den Zusammenschluß genehmigen, wenn im Einzelfall die Wettbewerbsbeschränkung

---

[1748] BGH WuW/E 838 - Fischbearbeitungsmaschine

[1749] LG Mannheim WuW/E LG/AG 453 - Nuklearpharmaka

[1750] Bei bereits vollzogenen Zusammenschlüssen muß dies binnen eines Jahres nach Anzeige erfolgen (§ 24 Abs. 2)

[1751] § 51 GWB. Allgemein zum Verfahren Mestmäcker, in: Immenga / Mestmäcker, a.a.O. (Anm. 1724), § 24 , Rn.214 ff.

[1752] Mestmäcker, a.a.O., Rn. 215

[1753] KG WuW/E 3137, 3141. Vgl. auch Harms/Wissel, in: Gesetz gegen Wettbewerbsbeschränkungen. Gemeinschaftskommentar (Hrsg. W. Benisch) (4. Aufl.1980 ff.), § 24, Rn. 932 m.w.N.

[1754] K. Schmidt, in: Immenga / Mestmäcker, a.a.O. (Anm. 1724), § 62, Rn. 31 ff., der gegen die h. M in jedem Falle das Erfordernis der Verfahrensbeteiligung ausreichen läßt. Nach BGH NJW 1979, 2563 - Weichschaum III kann der "Veräußerer" eines Unternehmens die Beschwerde im Fusionskontrollverfahren grundsätzlich erheben

von gesamtwirtschaftlichen Vorteilen des Zusammenschlusses aufgewogen wird oder der Zusammenschluß durch ein überragendes Interesse der Allgemeinheit gerechtfertigt ist, wobei auch die Wettbewerbsfähigkeit der beteiligten Unternehmen auf Auslandsmärkten zu berücksichtigen ist. Hier könnten ausländische Interessen berücksichtigt werden.

Die Untersagung führt zu einem Verbot des Zusammenschlusses. Rechtsgeschäfte gegen dieses Verbot sind unwirksam. Ein vollzogener Zusammenschluß ist aufzulösen (§ 24 Abs. 2). Die Auflösung kann aber auch nach Anordnung des Bundeskartellamts auf andere Weise als durch Wiederherstellung des früheren Zustands beseitigt werden (§ 24 Abs. 6). "Hierbei hat es unter Wahrung der Belange Dritter diejenigen Maßnahmen anzuordnen, die mit dem geringsten Aufwand und der geringsten Belastung für die Beteiligten zum Ziele führen". Insoweit können bereits vom Bundeskartellamt die Interessen ausländischer Staaten berücksichtigt werden, wie nunmehr auch in der Praxis anerkannt ist.[1755] Wenn sich hierzu eine völkerrechtliche Pflicht ergeben sollte, so müssen sie diese nach Art. 25 GG beachten.

Das Bundeskartellamt kann seine Anordnung durch ein- oder mehrfache Festsetzung eines Zwangsgeldes von bis zu 1 Million DM, durch Untersagung der Stimmrechtsausübung, durch die Erklärung der Unwirksamkeit von Zusammenschlußverträgen und durch Bestellung eines Treuhänders durchsetzen (§ 24 Abs. 7).

Neben dieser nachträglichen Fusionskontrolle kennt das deutsche Recht nach § 24 a auch eine präventive Fusionskontrolle[1756]. Hier besteht eine Anmeldepflicht für Unternehmen, welche die Aufgreifkriterien dieser Vorschrift erfüllen. Der Zusammenschluß kann binnen vier Monaten nach Anmeldung, in den gesetzlich festgelegten Fällen auch danach untersagt werden (§ 24 a Abs. 2 GWB). Während dieses Verfahrens besteht ein vorläufiges Vollzugsverbot (§ 24 a Abs. 4 GWB). Zuwiderhandlungen gegen ein Zusammenschlußverbot können nach § 38 GWB mit Geldbußen in gleicher Höhe geahndet werden, wie dies bereits im Kartellrecht erörtert wurde. Auch eine Zuwiderhandlung gegen ein Verbot im Rahmen der präventiven Fusionskontrolle zieht diese Buße nach sich.

Auch für die Fusionskontrolle gilt § 98 Abs. 2 GWB, welcher die extraterritoriale Anwendung dieser Vorschriften ermöglicht[1757]. Hierbei wird

---

[1755] KG WuW/E OLG 3051 - Morris/Rothmans; WuW/E BKartA 2363 - Linde/Lansing

[1756] Hierzu Mestmäcker,E., Die Prävention in der Fusionskontrolle, Festschrift für Coing, Band 2 (1982), S.373 - 394

[1757] Vgl. Roth, H., Die Fusionskontrolle internationaler Unternehmenszusammenschlüsse, RabelsZ 45 (1981), S. 501-544; Mestmäcker in: Immenga / Mestmäcker, a.a.O.

in erweiternder Auslegung der Sachnormen auch für die Fusionskontrolle gefordert, daß die Auswirkungen spürbar sein müssen[1758]. Allerdings sind die Fusionskontrolltatbestände nicht abhängig von tatsächlich eingetretenen Auswirkungen, sondern knüpfen an einen hergestellten oder herzustellenden Zustand und seine potentielle Auswirkung an[1759]. Deshalb hat Huber eingewendet, daß die Kollisionsnorm nicht für die Fusionskontrolle passe[1760]. Allerdings ist dies auf ein zu enges Verständnis ihres Wortlauts zurückzuführen. Die Schutzbereichslehre des Bundesgerichtshofs schöpft diesen Wortlaut besser aus, indem sie die Auswirkung nach dem Inhalt der Sachnorm festlegt. Die Fusionskontrolle erfaßt den Zusammenschluß selbst, der ebenso als - unter gewissen Bedingungen - typischerweise wirtschaftlich zur Wettbewerbsbeschränkung führend verstanden wird wie die Eignung eines Kartells zu einer solchen Beschränkung.

Die Anwendung der Fiktion des § 23 Abs. 3 S. 4 GWB, wonach bei einem Zusammenschluß von Mutterunternehmen dieser auch als Zusammenschluß der von ihnen abhängigen Unternehmen betrachtet wird, ist als ein Verstoß gegen § 98 Abs. 2 GWB angesehen worden[1761]. Dies beruht aber auf einer zu engen Auslegung der letztgenannten Vorschrift[1762], die auch der Intention des Gesetzgebers widerspricht[1763]. Denn die Fiktion ist

---

(Anm. 1724), vor § 23, Rn. 76; Kleinmann, W., Grenzüberschreitende räumlich relevante Märkte in der Fusionskontrolle, Betriebsberater 38 (1983), S. 781-786

[1758] Kleinmann, W./R. Bechthold, Kommentar zur Fusionskontrolle und Mißbrauchsaufsicht (2.Aufl.1989), Einl. Rn. 72, 74; Meessen, K. M., Kollisionsrecht der Zusammenschlußkontrolle (1984), S. 48; Ebenroth, C.T./ Autenrieth, K., Die Fusionskontrolle beim Zusammenschluß ausländischer Unternehmen unter indirekter Beteiligung eines inländischen Unternehmens, Der Betriebs-Berater 36 (1986), S. 16 - 24, 24

[1759] Meessen, K.M., Zusammenschlußkontrolle in auslandsbezogenen Sachverhalten, Zeitschrift für das gesamte Handelsrecht und Wirtschaftsrecht 143 (1979), S. 273 - 287, 278 sieht dies als völkerrechtsgemäß an. Kleinmann, W./R. Bechthold, Kommentar zur Fusionskontrolle und Mißbrauchsaufsicht (2.Aufl.1989), Einl. Rn. 71 verlang eine tatsächliche und nachgewiesene Auswirkung im Rahmen des Schutzbereiches der Norm, was der hier vertretenen Auffassung entsprechen dürfte

[1760] Huber, Ulrich, Auswirkungstheorie, extraterritoriale Rechtsanwendung und nationale Verbotsgesetze, Studienvereinigung Kartellrecht e.V., IX. Internationales EG-Kartellrechts-Forum Brüssel 1981 (1982), S. 11 - 51, 19 ff.

[1761] Kleinmann, W./R. Bechthold, Kommentar zur Fusionskontrolle und Mißbrauchsaufsicht (2.Aufl.1989), Einl. Rn. 76

[1762] Ebenso Kleinmann, W./R. Bechthold, Kommentar zur Fusionskontrolle und Mißbrauchsaufsicht (2.Aufl.1989), Einl. Rn. 78

[1763] Bundestags-Drucksache VI, 2520, S. 27: "... Absatz 2 Satz 4 bestimmt, daß bei einem Zusammenschluß mehrerer herrschender Unternehmen dies auch als Zusammenschluß der von ihnen unmittelbar oder mittelbar abhängigen Unternehmen gilt. Dies entspricht der wirtschaftlichen Betrachtungsweise, die für den neuen § 23 kennzeichnend ist. Schließen sich also z.B. Muttergesellschaften außerhalb des Geltungsbereichs des Gesetzes zusammen, so gilt dies auch als Zusammenschluß ihrer inländischen

ebenso wie die Kriterien des § 24 Spiegel eines wirtschaftlichen Zustandes, der zur Wettbewerbsbeschränkung geeignet ist. Hier wird keine Auswirkung fingiert, sondern ein Zusammenschlußtatbestand, der wirtschaftlich wie ein solcher wirkt, aber rechtlich nicht vorliegt[1764]. Insoweit fällt § 24 ebenso unter die Kollisionsnorm wie die genannten Kriterien.

Aufgrund der Formulierung der Kollisionsnorm ist das Fusionskontrollrecht auf ausländische Fusionen auch dann anzuwenden, wenn daran lediglich ausländische Unternehmen beteiligt sind, der Zusammenschluß aber aufgrund der Marktstellung der Fusionspartner spürbare Auswirkungen auf den deutschen Markt haben kann[1765]. Nur diese Marktstellung ist entscheidend, nicht die Nationalität der Partner[1766]. Ansonsten wäre eine Umgehung dieses Rechts durch ein Ausweichen ins Ausland ebenso möglich wie eine Wettbewerbsbeschränkung durch marktbeherrschende ausländische Unternehmen. Ein Anhaltspunkt für eine solche Beschränkung ist aus dem Gesetz nicht ersichtlich. Die völkerrechtliche Bewertung muß noch vorgenommen werden.

Allerdings grenzt die Kollisionsnorm den extraterritorialen Regelungsbereich der Fusionskontrolle nach herrschender Auffassung dahingehend ein, daß ein Auslandszusammensschluß nur insoweit untersagt werden darf, als er den Inlandsmarkt betrifft. Ist er also teilbar, so darf nur der entsprechende Teil untersagt werden[1767]. Dies gilt etwa, wenn fusionierende Muttergesellschaften im Ausland nur deswegen unter die deutschen Regeln der Fusionskontrolle fallen, weil sie Tochterunternehmen im Inland haben.

Für die präventive Fusionskontrolle ist nach § 24 a GWB verneint worden, daß eine Anmeldepflicht auch bei einem Zusammenschluß aus-

---

Tochtergesellschaften sowie als Zusammenschluß der von diesen abhängigen Unternehmen."

[1764] Roth, H., Die Fusionskontrolle internationaler Unternehmenszusammenschlüsse, RabelsZ 45 (1981), S. 501-544

[1765] A.A. Kleinmann, W./R. Bechthold, Kommentar zur Fusionskontrolle und Mißbrauchsaufsicht (2.Aufl.1989), Einl. Rn. 78

[1766] Rehbinder in: Immenga / Mestmäcker, a.a.O. (Anm. 1724), § 98 Abs. 2 , Rn. 184 A.A. Huber, Ulrich, Auswirkungstheorie, extraterritoriale Rechtsanwendung und nationale Verbotsgesetze, Studienvereinigung Kartellrecht e.V., IX. Internationales EG-Kartellrechts-Forum Brüssel 1981 (1982), S. 11 - 51, 36 ff.; einschränkend ebenso Kleinmann, W./R. Bechthold, Kommentar zur Fusionskontrolle und Mißbrauchsaufsicht (2.Aufl.1989), Einl. Rn. 80

[1767] Kleinmann, W./R. Bechthold, Kommentar zur Fusionskontrolle und Mißbrauchsaufsicht (2.Aufl.1989), § 24 Rn. 419; Rehbinder in: Immenga / Mestmäcker, a.a.O. (Anm. 1724), § 98 Abs. 2 , Rn. 192; KG WuW/E OLG 3051, 3054 ff. - Morris/Rothmans; WuW/E BKartA 2363, 2369 - Linde/Lansing

schließlich ausländischer Unternehmen bestehen könne[1768]. Diese Beschränkung entspricht, wenn man die noch zu besprechende Philip Morris - Entscheidung des Kammergerichts berücksichtigt, nicht der deutschen Rechtspraxis. Denn die Anmeldepflicht dient der Fusionskontrolle. Diese ist aber, wie soeben erörtert, auch über Zusammenschlüsse rein ausländischer Unternehmen ausübbar. Zwar ist unmittelbare Rechtsfolge das vorläufige Vollzugsverbot, aber auch dieses dient, ebenso wie die Anzeigepflicht, nur der endgültigen Kontrolle. Deshalb ist kein Grund ersichtlich, warum nicht nach GWB auch insoweit eine Anmeldepflicht bestehen soll. Dies entspricht jedenfalls dem Schutzzweck des § 24 a[1769], der durch § 98 Abs. 2 nicht modifiziert werden soll[1770].

Soweit Hahn[1771] hiergegen einwendet, daß dies zu einer Aufspaltung der rechtlichen Beurteilung der Fusion im Inland und Ausland führen würde, muß dieses Bedenken bei der Erörterung der völkerrechtlichen Grenzen des § 98 Abs. 2 und bei den kollisionsrechtlichen Überlegungen inbesondere im Hinblick auf die Lösung von Jurisdiktionskonflikten berücksichtigt werden. Wegen Art. 25 GG kann diese Beurteilung der deutschen Rechtslage also noch nicht abschließend sein.

Weiter macht Hahn geltend, daß es für viele Betroffene nicht vorhersehbar sei, daß sie deutscher Fusionskontrolle unterlägen. Da aber die Fusionskontrolle das Entstehen einer marktbeherrschenden Stellung in Deutschland voraussetzt, muß nach Ansicht des Bundeskartellamts mindestens einer der Partner bereits vorher dort tätig gewesen sein[1772]. Unvorbereitet kann die Fusionskontrolle daher niemanden treffen, der nicht die rechtlichen Bedingungen der Marktteilnahme im Inland im Auge haben muß.

Kersten[1773] ist der Ansicht, daß die Präventivkontrolle bei Auslandszusammenschlüssen nicht anwendbar sei, weil sie den Vollzug der Fusion

---

1768 Kleinmann, W./R. Bechthold, Kommentar zur Fusionskontrolle und Mißbrauchsaufsicht (2.Aufl.1989), Einl. Rn. 82; § 24 Rn. 142

1769 Vgl. auch Meessen, K. M., Kollisionsrecht der Zusammenschlußkontrolle (1984), S. 46

1770 A.A. Meessen a.a.O., S. 67, der § 24 a insoweit als verfassungswidrig ansieht, weil er gegen die Verhältnismäßigkeit verstoße. In Auslandsfällen würde dies eine "Übersicherung" darstellen. Hier ist aber fraglich, warum dies nur in Auslandsfällen so wäre. Die Begründung Meessens müßte generell gelten, wollte man sie teilen

1771 Hahn, H. v., Fusionskontrolle bei Auslandszusammenschlüssen, WuW 33 (1983), S. 448-460, 455 ff.

1772 Weiter Rehbinder in: Immenga / Mestmäcker, a.a.O. (Anm. 1724), § 98 Abs. 2 , Rn. 184, der es ausreichen läßt, daß ausländische Partner sich jedenfalls unmittelbar und nicht nur hypothetisch anschicken, auf diesem Markt tätig zu werden

1773 Kersten, H.C., Zur Anwendbarkeit des GWB auf ausländische Unternehmenszusammenschlüsse mit Inlandswirkungen, WuW 29 (1979), S. 721 - 732, 728 f.; ebenso

überhaupt nicht verhindern könne. Dies verknüpft aber die Frage des Geltungsbereiches ohne Begründung mit derjenigen des Regelungsbereiches. Auch die nachträgliche Fusionskontrolle nach § 24 ist nicht im Ausland durchsetzbar, aber im Inland - wie die präventive Kontrolle - mit Sanktionen belegt, welche im Ausland Persuasionswirkung haben und der Verhinderung wie auch der Auflösung der Fusion im Inland dienen. Einzig völkerrechtliche Schranken oder eine kollisionsrechtliche Selbstbeschränkung, die noch zu erwägen sind, können hier eine Grenze setzen[1774].

Soweit Schaub eine Anwendung der präventiven Fusionskontrolle auf Auslandssachverhalte ablehnt, weil sie nicht auf den Teil beschränkbar sei, der auf das Inland wirkt[1775], ist dem entgegenzuhalten, daß zunächst die mögliche Beschränkbarkeit vom konkreten Sachverhalt abhängt und nicht a priori ausgeschlossen werden kann, weil eine Auslandsfusion durchaus nur durch einen selbständigen Konzernteil auf das Inland wirken kann. Wenn eine solche Teilbarkeit nicht vorliegt, so kann jedenfalls nach der noch zu erörternden Philip Morris - Entscheidung auch die gesamte Fusion untersagt werden, wenn dem keine völkerrechtlichen Schranken entgegenstehen.

Die genannten Auffassungen entsprechen jedenfalls nicht der deutschen Praxis. Das Bundeskartellamt[1776] hat eine Anmeldepflicht von Auslandsfusionen ebenso angenommen wie das Kammergericht[1777]. Das Bundeswirtschaftsministerium hat aber im Jahre 1980 durch Weisung an das Bundeskartellamt sicherstellen wollen, daß die praktische Handhabung der Vorschriften der präventiven Fusionskontrolle nach § 24 a GWB die zügige Verwirklichung von Auslandszusammenschlüssen, deren Untersagung bereits bei der Anmeldung erkennbar nicht zu erwarten ist, nicht behindert[1778]. Danach wird das Bundeskartellamt angewiesen, einem Anmelder nach § 24 a Abs. 1 Satz 1 und 2 GWB unverzüglich nach Eingang der Anmeldung mitzuteilen, daß ein Zusammenschlußvorhaben die Untersagungsvoraussetzungen des § 24 Abs. 1 GWB nicht erfüllt, wenn

---

Harms/Richter in: Gesetz gegen Wettbewerbsbeschränkungen. Gemeinschaftskommentar (Hrsg. W. Benisch) (4. Aufl.1980 ff.), § 24 a, 208, nach denen auch eine eingeschränkte Anwendung der Anmeldepflicht auf Auslandsfusionen nicht nur das Völkerrecht verletzt, sondern "wenig Realitätssinn" verrät

1774 Vgl. hierzu Niederleithinger, E., Zur Problematik einer Präventivkontrolle von Auslandszusammenschlüssen, WuW 31 (1981), S. 469-472

1775 Schaub, D., Zur Problematik einer Präventivkontrolle von Auslandszusammenschlüssen, WuW 31 (1981), S. 472-478

1776 Tätigkeitsbericht 1981/1982, 20

1777 WuW/E OLG 1951 - Computer; 2106 - Straßenbaugeräte

1778 Allgemeine Weisung über die Prüfung von Auslandszusammenschlüssen vom 30.5.1980, Bundesanzeiger Nr. 103 v. 7.6.1980

erkennbar eine marktbeherrschende Stellung nicht entsteht oder verstärkt wird.

Das Bundeskartellamt hat im Jahre 1976 seine "Grundsätze über Inlandsauswirkungen im Sinne des § 98 Abs. 2 GWB bei Unternehmenszusammenschlüssen" veröffentlicht[1779]. Danach ist der Begriff der Inlandsauswirkung nach dem Schutzbereich der jeweiligen Norm zu bestimmen. Bei der Fusionskontrolle sei Wettbewerbsbeschränkung der Zusammenschluß als solcher ohne daß es darauf ankomme, daß die Intensität des Wettbewerbs im Inland tatsächlich verringert werde. Inlandsauswirkungen lägen also vor, wenn der Zusammenschlußtatbestand im Inland verwirklicht wird, was auch der Fall sei, wenn die Partner im Inland Tochterunternehmen hätten. Auslandszusammenschlüsse hätten Inlandsauswirkungen, wenn die strukturellen Voraussetzungen für den Wettbewerb auf dem Inlandsmarkt sich hierdurch änderten. Dies erfordere, daß die Partner auch bereits vor dem Zusammenschluß auf dem Inlandsmarkt tätig gewesen seien. Bei Vorliegen besonderer wirtschaftlicher Parameter könne aber auch dann eine strukturelle Veränderung vorliegen, wenn nur ein Partner vorher im Inland tätig geworden sei.

Auch die Fälle extraterritorialer Fusionskontrolle sind im deutschen Recht nicht häufig. Das Bundeskartellamt hatte sich lange Zeit mit extraterritorialer Jurisdiktion zurückgehalten und in Fällen mit Auslandsbeteiligung nur die beteiligten deutschen Unternehmen belangt[1780]. Bei der Fusionskontrolle war eine solche Zurückhaltung aber nicht möglich. 1978 untersagte das Bundeskartellamt[1781] die Fusion zwischen der deutschen Tochtergesellschaft eines niederländischen Unternehmens und einem anderen niederländischen Unternehmen. Begründet wurde dies damit, daß der Erwerb von mindestens 25% der Anteile eines deutschen Unternehmens wegen seiner Auswirkungen auf den deutschen Markt auch dann von der Fusionskontrolle des GWB erfaßt werde, wenn die Anteilsübertragung im Ausland stattfinde. Völkerrechtliche Probleme wurden hierbei nicht erörtert.

Um einen Fall der vorbeugenden Fusionskontrolle ging es in einer Entscheidung des Bundesgerichtshofs aus dem Jahre 1979[1782]. Die amerikanische Tochterfirma eines deutschen Unternehmens hatte sich in New Jersey mit einer anderen amerikanischen Firma zusammengeschlossen.

[1779] Tätigkeitsbericht 1975, S. 45

[1780] Zur Praxis des Kartellamt Kevekordes, J., Auslandszusammenschlüsse im internationalen und materiellen Kartellrecht (1986) , S. 85 - 101

[1781] WuW/E BKartA 1716 - Kartoffelstärke -

[1782] BGHZ 74, 322 - Organische Pigmente - . Kritisch hierzu Kersten, H.C., Zur Anwendbarkeit des GWB auf ausländische Unternehmenszusammenschlüsse mit Inlandswirkungen, WuW 29 (1979), S. 721 - 732, 724

Fraglich war, ob die Muttergesellschaft dies in der Bundesrepublik gemäß § 23 GWB anmelden mußte. Der BGH stellte fest, daß die Anzeigepflicht eigenständig sei und nicht vom Vorliegen der Voraussetzungen einer Fusionskontrolle abhänge[1783]. Es komme auf die Inlandswirkungen der Fusion an. Diese müßten eine spürbare relative Veränderung der Marktanteile der Fusionspartner bewirken.

Die völkerrechtliche Problematik extraterritorialer Jurisdiktion aufgrund der Anknüpfung an Auswirkungen nach dem GWB wurde zuerst vom Kammergericht im Jahre 1980 erörtert[1784]. Es ging um die Übertragung von Unternehmensteilen einer Kautschuk- und Latexfabrik von Firestone France durch Bayer France. Beide waren Unternehmen französischen Rechts, Firestone war aber fast vollständig eine abhängige Tochter im Konzern der USA-Firma Firestone, während Bayer France durch die Vermittlung von Bayer Kanada fast vollständig abhängig war von der deutschen Bayer AG in Leverkusen. Die amerikanische Firestone - Muttergesellschaft hatte die Transaktion erst durch Gewährung von Verfahrenslizenzen an Bayer France möglich gemacht. Darüber hinaus sah der Übernahmevertrag vor, daß auch weiterhin 80% der übernommenen Produktion an den Firestone - Konzern gehen sollten.

Die beteiligten Gesellschaften hatten den Vertrag nach § 24 a GWB beim Bundeskartellamt angemeldet, welches die Fusion schließlich untersagte. Die Verfügung wurde vom Kammergericht wegen Verfahrensmängeln aufgehoben, das Gericht beanstandete aber auch, daß die Frage der völkerrechtlichen Zulässigkeit einer solchen Fusions - Untersagung vom Kartellamt nicht erörtert worden war. Auf Antrag der Parteien erklärte es die geplante Fusion im Wege der einstweiligen Verfügung für vorläufig vollziehbar. Dies wurde unter anderem damit begründet, daß die Untersagung gegen völkerrechtliche Regeln verstoßen könnte, welche nach Art. 25 Satz 2 GG in deutsches Recht inkorporiert seien. Verletzt sei unter Umständen der Grundsatz des sinnvollen Anknüpfungspunkts im internationalen Verwaltungsrecht und das völkerrechtliche Interventionsverbot. Möglicherweise seien die Einwirkungen der Fusion auf die Bundesrepublik Deutschland zu minimal, um einen erlaubten Anknüpfungspunkt darzustellen. Darüber hinaus sei die Fusion von den französischen Behörden ausdrücklich befürwortet worden.

[1783] Zustimmend Meessen, K. M., Kollisionsrecht der Zusammenschlußkontrolle (1984), S. 63; Langen, E./Niederleithinger,E./Ritter,L./Schmidt,U. Kommentar zum Kartellgesetz (6.Aufl.1982), S. 62; Monopolkommission, Hauptgutachten 1978/79 (1980), Ziff. 2.7

[1784] KG WuW/E OLG 2411 und 2419 - Synthetischer Kautschuk I und II; vgl. auch KG WuW/E OLG 2107 - Straßenbaugeräte

Die Besonderheit dieser Entscheidung liegt darin, daß das Kammergericht - anders als die amerikanischen Gerichte - die Grenzen der staatlichen Jurisdiktion aus dem Völkerrecht selbst heraus bestimmt. Es geht nicht um die comity of nations, sondern um absolute Grenzen der Anknüpfung und um das völkerrechtliche Interventionsverbot. Soweit das Kammergericht eine Berücksichtigung des Schwerpunkts der Auswirkungen vornimmt, kann es sich nicht auf § 98 Abs. 2 GWB alleine stützen[1785]. Vielmehr handelt es sich hier um eine völkerrechtskonforme Auslegung unter Berücksichtigung von Art. 25 GG[1786].

Während bei der materiellen Fusionskontrolle die aktuelle oder potentielle Auswirkung auf den Inlandsmarkt den Tatbestandsmerkmalen der Sachnormen inhärent ist, knüpfen die Vorschriften über die Anzeige und die Anmeldung an reine Größenkriterien an[1787]. Die Entscheidung Organische Pigmente des BGH hat aber gezeigt, daß die Aufgreifkriterien des § 23 GWB in Auslandsfällen zusammen gesehen werden müssen mit der Spürbarkeit der möglichen wettbewerbsbeschränkenden Auswirkungen der Fusion auf dem deutschen Markt. Das gleiche muß auch von der Anmeldepflicht nach § 24 a gelten. Dieses Tatbestandsmerkmal wird durch § 98 Abs. 2 also materiellrechtlich ergänzt, was zeigt, daß § 98 Abs.2 über die reine Bestimmung des Anwendungsbereichs der Sachnormen hinaus diesen einen eigenen materiellen Inhalt zufügt. Allerdings fordert der BGH nicht, wie dies teilweise in der Literatur geschieht, daß die Aufgreifkriterien der §§ 23 und 24 a ganz oder zumindest überwiegend im Inland vorliegen müssen[1788].

[1785] Meessen, K. M., Kollisionsrecht der Zusammenschlußkontrolle (1984), S. 19 f. Kritisch auch Monopolkommission, Hauptgutachten 1980/81, Bundestagsdrucksache 9/1892, Ziff. 2.9

[1786] Ebenso Kleinmann, W./R. Bechthold, Kommentar zur Fusionskontrolle und Mißbrauchsaufsicht (2.Aufl.1989), § 24 Rn. 423

[1787] § 24 Abs. 8 GWB nimmt Fusionen bei bestimmten Größenkriterien von der Fusionskontrolle aus. Autenrieth, K., Die grenzüberschreitende Fusionskontrolle in Theorie und Praxis (1982), ist der Auffassung, daß diese im Inland vorliegen müßten. Aber auch hier wird man, wie nachfolgend ausgeführt, bei Auslandsfällen die spürbare Auswirkung entscheidend sein lassen müssen, so daß diese Kriterien grundsätzlich auch im Ausland vorliegen können und hierdurch eine Auswirkung - durch Typisierung in der Sachnorm - ausgeschlossen wird. § 98 Abs. 2 erweitert also die Sachnormen nicht, sondern begrenzt sie nur möglicherweise

[1788] So aber Autenrieth, K., Die grenzüberschreitende Fusionskontrolle in Theorie und Praxis (1982), S. 77 f; a.A. Rehbinder in: Immenga / Mestmäcker, a.a.O. (Anm. 1724), § 98 Abs. 2 , Rn. 169

(2) Philip Morris - Fall

Die völkerrechtliche Problematik extraterritorialer Fusionskontrolle wurde am eingehendsten im Philip Morris Fall erörtert. Hier ging es um einen Unternehmenszusammenschluß in England nach englischem Recht durch Veräußerung der Hälfte der stimmberechtigten Anteile an einer britischen Holdinggesellschaft durch die südafrikanische Rembrandt Group Ltd. an das amerikanische Unternehmen Philip Morris Inc.. Diese Holding hatte 50 % minus einer Stimme des Stimmrechts bei Rothmans International plc in England. Rothmans seinerseits hatte eine 100 %ige Tochtergesellschaft in Deutschland, die Martin Brinkmann AG in Bremen, die wiederum in Wettbewerb mit einer 100 %igen Tochter von Philip Morris in München stand.

Der Fusionsvertrag zwischen Philip Morris und Rembrandt aus dem Jahre 1981 sah vor, daß Rothmans und Philip Morris auf bestimmten Schlüsselmärkten weiterhin in Wettbewerb stehen sollten. Deshalb wurde eine Beschränkung des Informationsflusses für diese Fälle vereinbart. Das Bundeskartellamt untersagte diesen Zusammenschluß gleichwohl[1789], weil Philip Morris Inc. und die Rembrandt Group zukünftig die Möglichkeit hätten, einen beherrschenden Einfluß auf Rothmans International aufgrund des paritätisch besetzten Verwaltungsrats der Holdinggesellschaft auszuüben. Diese Beherrschung erstrecke sich dann auch - jedenfalls mittelbar - auf die Martin Brinkmann AG, deren Wettbewerber Philip Morris GmbH in München seinerseits wiederum von dem Fusionspartner Philip Morris Inc. beherrscht werde. Beide Unternehmen bildeten daher eine wettbewerbliche Einheit.

Der Zusammenschluß der ausländischen Konzernmütter in der Holding werde nach § 23 Abs. 3 Satz 4 GWB als Zusammenschluß der deutschen Tochterunternehmen angesehen. Er lasse erwarten, daß sich die marktbeherrschende Stellung der fünf führenden Unternehmen auf dem deutschen Zigarettenmarkt verstärken werde, der durch ein enges Oligopol gekennzeichnet sei, weil die Tochterunternehmen in Zukunft zusammen 31,2% Marktanteil hätten. Völkerrecht werde hierdurch nicht verletzt. Die Anknüpfung an Auswirkungen sei anerkannt, die Interessen ausländischer Staaten seien berücksichtigt worden. Südafrika habe in einer diplomatischen Note zwar sein Interesse an dem Schutz der Vermögensinteressen seiner eigenen Staatsangehörigen geltend gemacht. Dies sei aber kein originär staatliches Interesse. Großbritannien habe sich nach erfolgter Konsultation zufriedengegeben mit der Auskunft, daß eine Untersa-

---

[1789] WuW/E BKartA 2204 - Morris - Rothmans II

gungsverfügung des Kartellamts weder zur Unwirksamkeit der Anteilsübertragung noch zu einer Rückübertragungsverpflichtung führe.

Eine Verletzung des völkerrechtlichen Rechtsmißbrauchsverbots komme nicht in Frage, weil kein krasses Mißverhältnis zwischen inländischem Regelungsinteresse und den Auslandsinteressen der Unternehmen bestehe. Die Untersagungsverfügung habe unmittelbar keinen rechtsgestaltenden Charakter. Sie sei vielmehr lediglich Voraussetzung für nachfolgende Entflechtungsanordnungen. Deshalb sei auch "kollisionsrechtlich" keine Beschränkung der Untersagung auf die Inlandsauswirkungen geboten. Eine solche Beschränkung sei auch nicht möglich, weil das GWB die Teiluntersagung einer Fusion nicht vorsehe. Die erforderliche Beschränkung der Auswirkung der Verfügung, welche lediglich für das Inland wirken solle, sei im Entflechtungsverfahren zu beachten. Aus diesem Grunde nahm das Bundeskartellamt auch in den Tenor des Beschlusses den Hinweis auf, daß die Entflechtung auf die Beseitigung der Verstärkung der marktbeherrschenden Stellung im Inland begrenzt wird.

Das Kammergericht beschloß am 1. Juli 1983, daß der Beschluß des Bundeskartellamts teilweise aufgehoben werden müsse[1790]. Untersagt wurde nicht mehr die Fusion als ganzes, sondern lediglich der Zusammenschluß zwischen den inländischen Tochtergesellschaften. Zwar lasse der Zusammenschluß erwarten, daß sich die marktbeherrschende Stellung der Fusionspartner auf dem deutschen Markt verstärken werde. Der gesamte Zusammenschluß könne aber nicht untersagt werden, weil dies "gegen das völkerrechtlich anerkannte, gemäß Art. 25 GG Vorrang vor innerstaatlichem Recht beanspruchende Einmischungsverbot und die Vorschrift des § 98 Abs. 2 Satz 1 GWB" verstoße und deshalb rechtswidrig sei.

Die "Jurisdiktionsgewalt, zu der auch Entscheidungen der Verwaltungsbehörden gehören" ergebe sich nicht bereits aus § 98 Abs. 2 Satz 1 GWB. Hier sei zwar die Anknüpfung an Auslandshandlungen geregelt. "Darin liegt indessen keine völkerrechtlich beachtliche Ermächtigung zur Regelung auch den Auslandssachverhalts; dem könnten höherrangige allgemeine Regeln des Völkerrechts entgegenstehen". Man müsse vom Grundsatz der Souveränität und Unabhängigkeit der Staaten ausgehen, wonach jeder Staat Angelegenheiten auf seinem Territorium selbständig regeln könne, "ohne daß ihm hierfür eine besondere völkerrechtliche Befugnis verliehen worden sein müßte". Die Staatsgewalt unterliege insoweit zwar völkerrechtlichen Schranken, sei aber nicht grundsätzlich gehindert "auch Sachverhalte zu regeln, die einen unmittelbaren Auslandsbezug aufweisen". Die Erstreckung des Geltungsbereichs staatlicher Gesetze oder son-

---

[1790] KG WuW/E OLG 3051 - Morris/Rothmans

stiger Hoheitsakte auf Vorgänge im Ausland begegne grundsätzlich keinen völkerrechtlichen Einschränkungen.

Allerdings müsse eine extraterritoriale Regelung sich auch aus einem "anzuerkennenden, sich aus dem innerstaatlichen Sachverhalt ergebenden Bedürfnis" ableiten lassen. Dies fehle bei der konkreten Anordnung. Zwar habe die Untersagungsverfügung extraterritorial nur feststellende Wirkung und beinhalte in der Tat keine Auflösungsverpflichtung, wie sich aus der Tatsache ergebe, daß aus ihr nicht vollstreckt werden könne. Die Beschränkung durch den Ausspruch des Bundeskartellamts, die als Selbstbindung beabsichtigt gewesen sei, schließe jedoch nicht aus, daß die Untersagung auch Geltung gegenüber den ausländischen Beteiligten beanspruche und sie binden solle. Der Zusammenschluß sei gemäß § 24 a Abs. 1 Satz 2 Nr. 1, 2 GWB anmeldepflichtig gewesen, was ein Vollzugsverbot gemäß Abs. 4 Satz 1 ausgelöst habe. Gemäß Satz 2 dieser Vorschrift seien Rechtsgeschäfte, welche gegen dieses Verbot verstießen, schwebend unwirksam. Dies belaste bereits die Beschwerdeführerinnen, so daß eine Beschränkung auf die Auflösung der Fusion im Inland nicht die alleinige Konsequenz der Verfügung sei.

Das Völkerrecht kenne eine "allgemein anerkannte Regel", "wonach die Regelung eines Auslandssachverhalts bei einem sinnvollen inländischen Anknüpfungspunkt gerechtfertigt" sei. Die Anknüpfung hinsichtlich der deutschen Tochtergesellschaft könne sich sowohl auf das Territorialitätsprinzip wie auch auf das Personalitätsprinzip stützen. Darüber hinaus sei § 23 Abs. 3 Satz 4 keine bloße Fiktion, die offensichtlich als zur Anknüpfung nicht ausreichend angesehen würde. Es sei nicht "die für die Fiktion wesentliche willkürliche Annahme eines in Wahrheit nicht existierenden Sachverhalts, sondern" "die Erfassung konkreter Vorgänge mit Hilfe einer rechtlichen Konstruktion, die an der realen Beziehung nichts ändert."

Lasse das Völkerrecht einen Hoheitsakt mit extraterritorialer Wirkung wegen eines sinnvollen Anknüpfungspunktes zu, so komme es lediglich auf das nationale Recht an, ob und in welcher Weise es eine Regelung treffen wolle. Dabei müsse nach deutschem Recht aber ein hoheitlicher Eingriff notwendig sein[1791]. Deshalb und wegen der souveränen Gleichheit der Staaten und der Verpflichtung zum Respekt von deren eigenständiger Rechtsordnung sei eine Beschränkung der Untersagung auf den "die bekämpfte Wettbewerbsbeschränkung darstellenden Inlandssachverhalt" notwendig und möglich[1792]. § 98 Abs. 2 GWB umschreibe einen zulässigen Anknüpfungspunkt, auch die Erfassung von Gefähr-

---

[1791] Hier bezieht sich das Gericht auf BGH WuW/E 1276, 1278 - Ölfeldrohre -
[1792] Verweis auf BVerfGE 31, S. 58, 75

dungen der Wettbewerbsfreiheit durch typisierte Tatbestände der Fusionskontrolle sie zulässig. Die Entscheidung des Kammergerichts ist eine sehr sorgfältige Analyse der völker- und kollisionsrechtlichen Probleme extraterritorialer Fusionskontrolle. Sie zeigt den begrenzten Entscheidungsspielraum des deutschen Richters gegenüber der comity. Die Unzulässigkeit der Totaluntersagung bei Abtrennbarkeit des wettbewerbsbeschränkenden Teils ist eine völkerrechtskonforme Gesetzesauslegung, die sich aber bereits aus innerstaatlichem Recht ergibt[1793].

Das Bundeskartellamt hat hieraus in seinem Beschluß Linde/Lansing[1794] die Konsequenz gezogen und "aus völkerrechtlichen Gründen" den fraglichen Zusammenschluß nur hinsichtlich des Unternehmenserwerbs im Inland untersagt. Das Kammergericht[1795] bestätigte diesen Beschluß und machte dabei deutlich, daß es bei der Frage der Trennbarkeit der Fusion nur auf den rechtlichen, nicht aber auf den wirtschaftlichen Sachverhalt ankommt. Allerdings ließ er offen, ob völker- und kollisionsrechtliche Erwägungen dann auch bei Abtrennbarkeit eine Rolle spielen, wenn die Fusion hierdurch wirtschaftlich völlig sinnlos wird.

4. Großbritannien

Der britische Monopolies and Restrictive Practices (Inquiry and Control) Act von 1948 erfaßt nur solche Wettbewerbsbeschränkungen, bei denen entweder der Betroffene britischer Staatsbürger ist, gleich wo dieser handelt, oder bei denen Ausländer im vereinigten Königreich handeln. Der Restrictive Trade Practices Act von 1976[1796] ist nach § 6 auf jede Vereinbarung anwendbar, an der mindestens zwei Personen beteiligt sind, welche innerhalb des Vereinigten Königreichs geschäftlich tätig sind, indem sie Waren produzieren oder liefern oder ein Herstellungsverfahren anwenden[1797]. Nicht in diesem Sinne im Inland tätig sind solche Personen, welche dort nur einen Vertreter haben[1798]. Allerdings kann insoweit eine extraterritoriale Anwendung gegenüber allen ausländischen Parteien eines solchen Vertrages hinsichtlich der Nichtigkeit des Vertrages vorkommen, die durch eine Verletzung der Anmeldepflicht eintritt[1799]. Es gibt keine strafrechtliche Sanktion und die zivilrechtliche Schadensersatzverpflich-

---

1793 Meessen, K. M., Kollisionsrecht der Zusammenschlußkontrolle (1984), S. 56 ff.

1794 WuW/E BKartA 2363

1795 WuW/E OLG 4537

1796 1976, c. 34

1797 § 6 des Act 1976

1798 § 36 Abs.3

1799 Blythe, M.A., The Extraterritorial Impact of the Anti-Trust Laws: Protecting British Trading Interests, American Journal of Comparative Law 31 (1983), S. 99-129

tung trifft nur Unternehmen, die im Vereinigten Königreich geschäftlich tätig sind[1800]. Nur solche Unternehmen haben auch eine Auskunftspflicht in der kartellrechtlichen Untersuchung[1801] und können Adressaten einer einstweiligen Anordnung[1802] oder einer Verbotsanordnung des Restrictive Practices Court sein[1803].

Lieferbindungen mit Preisabsprachen im Vereinigten Königreich unterliegen dem Resale Prices Act 1976[1804]. Unter den dort festgesetzten Voraussetzungen sind solche wettbewerbsbeschränkenden Preisfestlegungen im Vereinigten Königreich nichtig. Soweit sie durch eine Absprache von Lieferanten erfolgen, erstreckt sich das Gesetz nicht auf Lieferanten und Händler mit Geschäftstätigkeit außerhalb des Vereinigten Königreiches[1805]. Eine individuelle Preisbindung, welche nichtig ist, zieht keinerlei strafrechtliche Konsequenzen nach sich. Allerdings hat dieses Gesetz insoweit extraterritoriale Anwendung, als die Verwaltung eine Verbotsanordnung beantragen kann[1806] und eine verletzte Partei Schadensersatz für die Verletzung einer "statutory duty" verlangen kann. Die individuelle Preisabsprache, welche zwischen einem Händler und einem Käufer erfolgt mit dem Inhalt, daß die verkaufte Ware nicht unterhalb eines gewissen Mindest - Wiederverkaufspreises verkauft werden darf, ist auf alle Absprachen anwendbar, wenn sie nur darauf hinausläuft, daß der entsprechende Mindestpreis im Vereinigten Königreich bezahlt werden soll. Damit kommt es nicht auf die Nationalität der Parteien und auch nicht auf den Ort der Vereinbarung an. Anknüpfungspunkt ist insoweit nur, daß die Preisvereinbarung eine Tätigkeit betrifft, welche im Vereinigten Königreich selbst stattfinden soll, nämlich das Verlangen des Preises. Dies aber ist ein territorialer Anknüpfungspunkt[1807].

Die Fusionskontrolle in Großbritannien nach dem Fair Trading Act 1973[1808] bezieht sich zwar auch auf Fusionen, bei denen ausländische Unternehmen ohne Geschäftstätigkeit im Vereinigten Königreich beteiligt sind. Es ist aber im Gesetz ausdrücklich ausgeschlossen, daß behördliche Anordnungen in diesem Verfahren Personen im Ausland betreffen, wenn

---

[1800] § 35 (1) (b) Act 1976

[1801] § 36 Act 1976

[1802] § 35 (3), (4) Act 1976

[1803] § 2 (3) Act 1976

[1804] 1976 c (53)

[1805] Resale Prices Act 1976 § 1,2

[1806] § 25 (2)

[1807] Blythe, M.A., The Extraterritorial Impact of the Anti-Trust Laws: Protecting British Trading Interests, American Journal of Comparative Law 31 (1983), S. 103

[1808] 1973 c 41

sie nicht die britische Staatsangehörigkeit haben oder in Großbritannien geschäftlich tätig sind[1809].

Die umfassendste Kontrolle von Wettbewerbsbeschränkungen in Großbritannien findet statt aufgrund des Competition Act 1980[1810]. Die zentrale Verbotsnorm[1811] folgt in der Formulierung dem Grundsatz der Anknüpfung an Auswirkungen, in dem Verhalten erfaßt wird, das "has or is intended to have or is likely to have the effect of restricting, distorting or preventing competition in connection with a production, supply or acquisition of goods in the United Kingdom or any part of it or the supply or securing of services in the United Kingdom or any part of it." Im Rahmen der Kartellkontrolle haben britische Behörden weitgehende Anordnungs- und Untersuchungsbefugnisse. Aber auch hier ist im Gesetz festgehalten[1812], daß solche Anordnungen auf Personen im Ausland wegen ihres Inlandsverhaltens nur dann anwendbar sind, wenn sie entweder die Staatsangehörigkeit des Vereinigten Königreiches besitzen oder dort geschäftlich tätig sind[1813].

Die Rechtslage in Großbritannien zeigt also, daß die innerstaatliche Anknüpfung an Auswirkungen alleine nicht eine entsprechende extraterritoriale Anwendung impliziert. Vielmehr ist dort für Fälle mit Auslandsbezug eine ausschließliche Anknüpfung an das erweiterte Personalitätsprinzip vorgesehen[1814].

5. Sonstige Staaten

Die Anknüpfung an Auswirkungen dürfte das sachgerechteste Anknüpfungsprinzip für das Recht gegen Wettbewerbsbeschränkungen sein. Dies zeigt auch eine Betrachtung anderer Rechtsordnungen, wobei man berücksichtigen sollte, daß die innerstaatliche Anknüpfung an Aus-

---

[1809] § 90 (3) Act 1973

[1810] 1980 c 21

[1811] § 2 (1)

[1812] § 10 (4) Act 1980 unter Bezugnahme auf § 90 (3) des Act 1973

[1813] Vgl. hierzu Blythe, M.A., The Extraterritorial Impact of the Anti-Trust Laws: Protecting British Trading Interests, American Journal of Comparative Law 31 (1983), S. 104 - 106. Zur Kontrolle von Unternehmenszusammenschlüssen in Großbritannien vgl. auch Wenz, G., Entwicklung, Verfahren und Politik der Zusammenschlußkontrolle in Großbritannien (1991),

[1814] Vgl. auch Huntley, A.K., The Protection of Trading Interests Act 1980: Some Jurisdictional Aspects of Enforcement of Antitrust Laws, International and Comparative Law Quarterly 30 (1981), S. 213-233, 227 f.; Lowe, A.V., Extraterritorial Jurisdiction, The British Practice, RabelsZ 52 (1988), S. 157-204, 178; Kerry, M.J., Extraterritorial Application of Competition Law, in: A. Kean (Hrsg.), Essays in Air Law (1982), S. 125-146, 137 - 139

wirkungen noch nichts über die Verwendung des gleichen Kriteriums bei Auslandsfällen aussagen muß[1815]. Kevekordes[1816] hat die Rechtspraxis in Australien, Kanada, Großbritannien, Frankreich, Japan, Niederlande, Griechenland, Österreich, Schweiz, Skandinavien, Spanien, Südafrika untersucht und festgestellt, daß jedenfalls die Fusionskontrolle in diesen Staaten eine Erfassung von Auslandszusammenschlüssen erlaubt, was aber nur etwas über die Anknüpfung an Auswirkungen, nichts jedoch über die extraterritoriale Jurisdiktionspraxis aussagt[1817].

Ein österreichischer Kartellgesetzentwurf aus dem Jahre 1897, der nie Gesetz wurde [1818] sah die Staatsaufsicht über Kartelle vor und wollte sie auf Kartelle anwenden, die "ihren Hauptsitz im Ausland haben, ihre Wirksamkeit aber auf das Inland erstrecken". Das geltende österreichische Kartellgesetz ist nach § 2 anwendbar auf die im Ausland getroffenen Bestimmungen, die in Österreich selbst durchgeführt werden[1819]. Dieser Begriff läßt es allerdings offen, ob hiermit Auswirkungen oder Tathandlungen gemeint sind. Auch das norwegische Kartellgesetz von 1953 erfaßt wettbewerbswidrige Auswirkungen von Auslandskartellen im Inland[1820]. Das dänische Kartellgesetz von 1955 stellt nur darauf ab, ob das einzelne Unternehmen oder das Kartell den dänischen Markt nachhaltig beeinflussen oder ihr Verhalten zu einer solchen Beeinträchtigung geeignet ist[1821].

[1815] Vgl. zum Kollisionsrecht die Übersicht über fremde Rechtsordnungen bei Kevekordes, J., Auslandszusammenschlüsse im internationalen und materiellen Kartellrecht (1986) , S. 76 - 84; Report of the International Chamber of Commerce Committee on the Extraterritorial Application of National Laws, Doc.IME (86) 24, S. 119 ff.

[1816] Kevekordes, J., Auslandszusammenschlüsse im internationalen und materiellen Kartellrecht (1986) , S. 76 - 84

[1817] Vgl. auch die Übersichten in: OECD, Guide to Legislation on Restrictive Business Practices (2. Aufl. 1970), ergänzt bis 1981; Canenbley, C. (Hrsg.), Enforcing Antitrust against Foreign Enterprises (1981), S. 7 ff.; Bellamy, C.W. / P.M. Roth, Extraterritorial Application of competition Law to International Mergers an Acquisitions, Revue Internationale de la Concurrence 1991, S. 3 - 13. Für Australien vgl. High Court 03.03.1966 - Meyer Heine Pty. Ltd. v. China Navigation Co. Ltd. ILR 52, S. 291: Der Australian Industries Preservation Act 1906 - 1950 gilt nicht für Auslandstaten, welche in Australien wettbewerbsbeschränkend wirken

[1818] Vgl. hierzu Neumeyer, Internationales Verwaltungsrecht Bd.2 (1922), S.210.

[1819] Hug, W., Die Anwendbarkeit der kartellrechtlichen Bestimmungen des Montanvertrages und des Vertrages über die Europäische Wirtschaftsgemeinschaft auf in Nichtmitgliedstaaten veranlaßte Beschränkungen des Wettbewerbs im Gemeinsamen Markt, in: Kartelle und Monopole im modernen Recht (1961), Bd. II, S. 603-637, 619 f.

[1820] Schwartz, I.E., Anwendbarkeit nationalen Kartellrechts auf internationale Wettbewerbsbeschränkungen, in: Kartelle und Monopole im modernen Recht (1961) Bd. II, S. 673-699, 683 f.

[1821] Schwartz a.a.O., S. 687

Das Tschechoslowakische Gesetz zum Schutze des wirtschaftlichen Wettbewerbs vom 30.1.1991[1822] bestimmt in § 2 seinen Anwendungsbereich über das Personalitätsprinzip hinaus[1823] durch die Auswirkungen[1824]. Gleichzeitig wird in Abs. 4 klargestellt, daß es nur um Inlandswirkungen geht, auch wenn das Territorialitätsprinzip anwendbar ist. Denn wenn sich aus internationalen Abkommen nichts anderes ergibt, "ist dieses Gesetz nicht auf Handlungen anzuwenden, deren Wirkungen einen ausländischen Markt betreffen". In Japan gilt die Anknüpfung an Auswirkungen nach § 6 des Anti - Monopolgesetzes[1825].

In allen diesen Fällen wird an Auswirkungen angeknüpft, eine hierauf gestützte extraterritoriale Praxis liegt dagegen ersichtlich nicht vor. In Kanada, das auch dieses Prinzip verwendet, wird dagegen grundsätzlich - nicht nur im Wettbewerbsbereich - staatliches Recht nur auf Inlandssachverhalte angewendet[1826].

In der Schweiz kann das Kartellrecht aufgrund von Auswirkungen auf die inländische Wettbewerbsordnung dagegen zweifelsfrei extraterritorial angewendet werden. Das Bundesgericht hat festgestellt, daß das Kartellgesetz es erlaube, Anordnungen an ausländische Unternehmen zu richten, die an einem Kartellvertrag beteiligt seien, welche unerlaubte Wirkungen in der Schweiz zeigten[1827]. Ansonsten würde es den Kartellmitgliedern möglich sein, sich der schweizerischen Jurisdiktion zu entziehen, wenn sie ihre Vereinbarung im Ausland abschlössen. Dies würde dem Kartellgesetz einen Teil seiner praktischen Wirkungs nehmen.

Man kann also rechtsvergleichend feststellen, daß Auswirkungen allgemein in Staaten, welche ein Kartellrecht und ein Fusionskontrollrecht haben, als die sachlich geeignete Anknüpfung verwendet wird, ohne daß dies in den meisten Fällen zu einer extraterritorialen Jurisdiktion gestützt hierauf führen muß.

1822 Deutsche Übersetzung in WuW 42 (1992), S. 130 -138

1823 "die auf dem Gebiet..... ein Unternehmen betreiben", Abs. 1 (a)

1824 Abs. 3: "Dieses Gesetz ist auch auf Tätigkeiten anzuwenden, die im Ausland durchgeführt wurden, soweit ihre Wirkungen den inländischen Markt betreffen"

1825 Vgl. Pape, W., Das Japanische am Kartellrecht Nippons, WuW 42 (1992), S. 482 - 493, 491, der allerdings darauf hinweist, daß dies wegen des Kartellverbots bei Auslandsbeteiligungen nach § 3 regelmäßig überflüssig ist

1826 Castel, J.-G., Extraterritoriality in international trade: Canada and United States of America practices compared (1988) , S. 227; ders., The Extraterritorial Effects of Antitrust Laws, RdC 179 (1983 I), S. 9-144, S. 62 ff.

1827 BGE 93 II, S. 192, 196; hierzu Avis de droit de la Direction du droit international public du Département fédéral des affaires étrangères, du 19 octobre 1979, Annuaire suisse de droit international Bd. XXXVII (1981), S. 247 - 253, 249

6. Kooperationsbestrebungen

Auch im Bereich des Kartell- und Fusionskontrollrechts haben Jurisdiktionskonflikte zu Störungen im politischen Klima zwischen den westlichen Industriestaaten geführt, welche als unnötig und unproduktiv empfunden wurden. Darüber hinaus führt die nicht homogene Rechtsprechung in den USA, in Deutschland und in der EWG zu einer Rechtsunsicherheit, welche ökonomische Aktivitäten hemmt und mit zusätzlichen Kosten belastet. Dies hat bei den beteiligten Staaten die Bereitschaft zu Kooperation und Harmonisierung wachsen lassen, jedoch noch nicht zu befriedigenden Ergebnissen geführt. Überwiegend bleibt es bei Konsultationspflichten.

Zwar steht eine Konfliktlösung durch Verhandlungen ad hoc immer zu Gebote[1828]. Dies ist angesichts der politischen und wirtschaftlichen Reibungsverluste von Jurisdiktionskonflikten ein Gebot des Selbstinteresses der beteiligten Staaten. Diese Lösung bringt aber der Wirtschaft keinerlei Rechtssicherheit. Vielmehr können in dieser Richtung auch andere Kooperationsformen der Staaten nicht bringen, wenn sie nicht rechtlich verbindlich und damit voraussehbar materiellrechtliche Regelungen enthalten. Trotzdem ist es bereits ein Fortschritt, wenn Staatenkonflikte durch Konsultationsmechanismen reduziert werden können. Die zu betrachtenden Ansätze hierzu sind auch unter dem Gesichtspunkt zu sehen, daß neben Streitigkeiten über die materielle Jurisdiktion in Konflikten immer die verfahrensrechtliche Seite der Anordnung der Herausgabe von Informationen insbesondere im Rahmen des amerikanischen "discovery" - Verfahrens eine Rolle spielte.

a) Vertragliche Lösungen

(1) Multilaterale Ansätze

Nach dem 2. Weltkrieg ist das Problem von wettbewerbsbeschränkenden Praktiken nicht im gleichen Maße international beachtet worden, wie dies die fortschreitende Verflechtung nationaler Märkte und die Liberalisierung des Welthandels erfordert hätten. Die Havanna-Charta[1829] hatte in ihrem 5. Kapitel Konsultations- und Untersuchungsverfahren vorgesehen[1830]. Darüber hinaus sollte in gewissem Maß eine Rechtsangleichung

---

[1828] Vgl. etwa Abbott, K.W., Collective Goods, Mobile Resources, and Extraterritorial Trade Controls, Law and Contemporary Problems 50 (1987), S.117 - 152, 147 ff.

[1829] Deutscher Text in: Deutsches Handelsarchiv 1948, S. 32

[1830] Hierzu Mozet, P., Internationale Zusammenarbeit der Kartellbehörden (1991), S. 17 f.

erfolgen. Die Charta trat jedoch nie in Kraft. Eine Kommission der Vereinten Nationen hatte nach dem Scheitern der Charta die Errichtung einer internationalen Kartellbehörde vorgeschlagen[1831], was aber die USA ablehnten, weil sie eine Schwächung ihres Regelungsstandards befürchteten[1832].

Das GATT, welches als Auszug aus der Havanna - Charta an ihre Stelle trat, regelt die Behandlung wettbewerbsbeschränkender Praktiken nicht ausdrücklich[1833]. Die "CONTRACTING PARTIES" des GATT hatten im Jahre 1960 sogar beschlossen[1834], daß es in diesem Bereich weder eigene Regeln nach Art. 25 GATT noch Retorsionsermächtigungen nach Art. 23 GATT geben solle. Im Bereich der wettbewerbsbeschränkenden Praktiken gäbe es nämlich keinen Konsens der Staaten, so daß entsprechende Ermächtigungen kontraproduktiv wären. 1967 waren Versuche zu einer Harmonisierung des Kartellrechts wegen dieses mangelnden Konsenses erfolglos verlaufen. Die damals verabschiedete Resolution, welche wenigstens Konsultationen empfahl, blieb bis heute ineffektiv[1835].

Der Europarat versuchte vergeblich, im regionalen Bereich Mechanismen zur Auflösung von Konflikten und zur Angleichung der Wettbewerbspolitik bereit zu stellen[1836]. Eine europäische Konvention über internationale Kartelle[1837], welche eine europäische Kartellbehörde schaffen wollte, scheiterte. EWG und EFTA[1838] haben lediglich eine Harmonisierung im internen Bereich vorgenommen. In den Freihandelsabkommen zwischen den Staaten beider Organisationen sind neben Wettbewerbsbestimmungen nach dem Vorbild des EWG - Vertrages auch Streitschlichtungsverfahren durch gemeinsame Ausschüsse vorgesehen[1839].

[1831] Vgl. WuW 1953, S. 479 ff.

[1832] Mozet, P., Internationale Zusammenarbeit der Kartellbehörden (1991), S. 18 f.

[1833] Brewer, T.L., International Regulation of Restrictive Business Practices, Journal of World Trade Law 16 (1982), S. 108-118, 115

[1834] GATT, Basic Instruments and Selected Documents, Supplement 9 (1961), S. 28 f., 10 - 179; vgl. hierzu Mozet, P., Internationale Zusammenarbeit der Kartellbehörden (1991), S. 20

[1835] GATT Basic Instruments and Selected Documents, Supplement 15 (1968), S. 25 f.

[1836] Meessen, a.a.O. (Anm. 39) , S. 54 ff.; Mozet, P., Internationale Zusammenarbeit der Kartellbehörden (1991), S. 19 f.

[1837] WuW 1952, S. 296 - 302

[1838] Zur EFTA Meessen, a.a.O., S. 41; Mozet, P., Internationale Zusammenarbeit der Kartellbehörden (1991), S. 44 f. Zur Konsultation nach dem Kopenhagener Verfahren vgl. WuW 1966, S. 167 f.

[1839] Mozet, P., Internationale Zusammenarbeit der Kartellbehörden (1991), S. 50 f.

(2) OECD - Aktivitäten

Die entscheidende Hilfestellung bei Konfliktlösungen ging von der OECD aus. Diese Bemühungen, auf die noch eingegangen wird, kamen aber ebenfalls bisher noch nicht über den Status unverbindlicher Konsultations - Hilfe hinaus. In Jurisdiktions-Streitigkeiten wurde die OECD bereits im Jahre 1964 eingeschaltet[1840], als es um die Schiffahrtslinien-Konferenzen und die daraus entstehenden Differenzen mit den USA ging[1841]. Hier vereinbarten 14 Regierungen, einschließlich derjenigen der USA, daß Informationen, Statistiken und Dokumente gegenseitig ausgetauscht werden sollten, wobei allerdings ausgeschlossen wurde, daß diese zum Zwecke strafrechtlicher Verfolgung oder zur Festsetzung von Bußgeldern oder Strafgeldern gegen Schiffahrtseigner oder Linien-Konferenzen verwendet werden sollten. Dagegen dürften solche Informationen im Verfahren vor der Federal Maritime Commission verwendet werden, wobei sich die USA verpflichteten, mit den anderen Regierungen Konsultationen über die dort verhandelten Streitigkeiten aufzunehmen.

Im Jahre 1967 beschloß der OECD-Rat seine erste Empfehlung über eine Zusammenarbeit im Gebiet wettbewerbsbeschränkender Praktiken[1842]. Gegenstand war insoweit lediglich eine Empfehlung an die Staaten, über Kartellrechtsverfahren, die Interessen anderer Staaten berührten, diese zu informieren. In einer weiteren Empfehlung aus dem Jahre 1973[1843] wurde dies ausgedehnt zu einer Empfehlung, in solchen Fällen Konsultationen durchzuführen oder die Vermittlung durch das OECD-"Committee of Experts on Restrictive Business Practices" zu suchen.

Das Problem extraterritorialer Jurisdiktion wurde auch in den OECD-Guidelines für multinationale Unternehmen aus dem Jahre 1976 angesprochen[1844]. Hinsichtlich möglicher Jurisdiktionskonflikte ist aber nur

---

1840 Zu den Aktivitäten der OECD Portatius, A. von, Wettbewerbspolitik in internationalen Organisationen, WuW 29 (1979), S. 229 - 236; Nebel, Rolf, Internationale Verhaltensregeln über wettbewerbsbeschränkende Geschäftspraktiken (1986), S. 16 - 43; Brewer, T.L., International Regulation of Restrictive Business Practices, Journal of World Trade Law 16 (1982), S. 108-118, 113 - 115; Mozet, P., Internationale Zusammenarbeit der Kartellbehörden (1991), S. 21 - 32

1841 Agreed minute on the Exchange of Shipping Information vom 15.12.1964, in: Lowe, A.V., Extraterritorial Jurisdiction (1983), S. 240 - 243

1842 Council recommendation concerning cooperation between Member Countries or restrictive business practices affecting international trade vom 5.10.1967, in: Lowe, A.V., Extraterritorial Jurisdiction (1983), S. 243 - 244

1843 Council recommendation concerning a consultation and conciliation procedure on restrictive business practices affecting international trade vom 3.7.1973, in: Lowe, A.V., Extraterritorial Jurisdiction (1983), S. 244 - 245

1844 Guidelines for multinational enterprises vom 21.6.1976, insoweit teilweise abgedruckt in: Lowe, A.V., Extraterritorial Jurisdiction (1983), S. 246 - 248

die Möglichkeit erwähnt, daß ein multinationales Unternehmen der Jurisdiktion verschiedener Länder unterworfen sein kann[1845]. Hinsichtlich der Wettbewerbspolitik enthalten die Guidelines bestimmte Verhaltensrichtlinien für multinationale Unternehmen, ohne daß darin ein gemeinsamer Standard kartellrechtlicher Regelungen auch nur ansatzweise enthalten wäre.

Im Jahre 1978 verabschiedete der OECD-Rat eine neue Empfehlung über die Bekämpfung von Wettbewerbsbeschränkungen[1846]. Außer der Aufforderung an Mitgliedsstaaten, Wettbewerbsbeschränkungen durch rechtliche Regelungen zu erfassen, und bei der Bekämpfung solcher Beschränkungen zusammenzuarbeiten, findet sich hier für den Verfahrensbereich ein Verweis auf völkerrechtliche Probleme, indem empfohlen wird, "to develop, consistent with established rules of international law and taking international comity into account, appropriate national rules to facilitate investigation and discovery by their respective competition authorities of relevant information within the control of an enterprise under investigation, where such information is located outside their respective national territories and when its provision is not contrary to the law or established policies of the country where the information is located".

Eine weitere Empfehlung der OECD stammt aus dem Jahre 1979[1847]. Hier werden die Pflichten zur Notifikation, zum Informationsaustausch und zur Koordination von administrativen Handlungen gegen Wettbewerbsbeschränkungen deutlicher gefaßt. Sie stehen jedoch unter dem Vorbehalt "while retaining full freedom of ultimate decision". Auch die Konsultations- und Vermittlungsverfahren werden klarer geregelt, ohne daß dadurch für Konfliktfälle Maßstäbe zu ihrer Auflösung gegeben wurden. Diese Empfehlung wurde im Jahre 1986 revidiert[1848]. Die Staaten werden aufgefordert, über Notifikation und Konsultation hinaus nach den Vorschriften ihres Rechts "on a voluntary basis and considering its legitimate interests" Wettbewerbsbeschränkungen zu bekämpfen, welche sich in einem anderen Staat schädlich auswirkten. Bei Streitigkeiten sollten die guten Dienste des Committee of Experts in Anspruch genommen oder andere Streitschlichtungsmechanismen verwendet werden. In einem An-

---

1845 Ziff.7

1846 Recommendation of the Council concerning action against restrictive business practices affecting international trade including those involving multinational enterprises vom 20.7.1978, in: Lowe, A.V., Extraterritorial Jurisdiction (1983), S. 248 - 250

1847 Council Recommendation concerning cooperation between Member Countries on restrictive business practices affecting international trade vom 25.9.1979 in: Lowe, A.V., Extraterritorial Jurisdiction (1983), S. 251 - 254

1848 ILM 25 (1986), S. 1629

hang werden nähere Verfahrensgrundsätze für die genannten Verfahren aufgeführt.

Eine sektorale Koordination hat die OECD mit ihrer Empfehlung vom 13.2.1987 über "Shipping Policy and Liberalization of Operations relating to Maritime Transport" vorgeschlagen[1849], welche den lange schwelenden Streit über die Schiffahrts - Linienkonferenzen zu beenden helfen soll. Über eine Konsultationsempfehlung ist man aber auch hier nicht hinaus gekommen. Insgesamt sind aber die Konsultationen im Rahmen der OECD durchaus in steigendem Maße von den Staaten zur Vermeidung von Konflikten im Ansatz benutzt worden, insbesondere von den USA, Deutschland und der EWG sowie Kanada[1850].

(3) Abkommen der USA

Einige Staaten haben mit den USA Kooperationsabkommen in Kartellrechts-Angelegenheiten abgeschlossen. In den Fällen Kanadas[1851] und der Bundesrepublik Deutschlands[1852] entsprang die Kooperation dem gemeinsamen Regelungsstandard und dem gemeinsamen Interesse an der Bekämpfung von Kartellen. Verabredet wurden die Zusammenarbeit im Verfahren zwischen den zuständigen Behörden und Konsultationen, welche Streitigkeiten im Bereich extraterritorialer Jurisdiktion ausschließen sollen. In beiden Abkommen wird nichts gesagt über die Zulässigkeit extraterritorialer Jurisdiktion, sondern nur sichergestellt, daß nicht durch gegenseitigen Informationsmangel zusätzliche Streitigkeiten in solchen Fällen entstehen.

Im Abkommen mit der Bundesrepublik Deutschland wird die Rechtshilfe in Kartellverfahren genauer geregelt, jedoch unter verschiedene Vorbehalte gestellt[1853]. Ausschlußtatbestände sind etwa gesetzliche Schutzvorschriften über die Vertraulichkeit, Sicherheitsvorschriften, der ordre public oder andere nationale Interessen. Damit wird die Rechtshilfe weitgehend in das Ermessen des ersuchten Staates gestellt. Hinsichtlich des Anknüpfungspunktes für extraterritoriale Jurisdiktion in kartellrechtlichen

---

[1849] ILM 26 (1987), S. 861

[1850] Vgl. hierzu Mozet, P., Internationale Zusammenarbeit der Kartellbehörden (1991), S. 80 ff. Er berichtet von insgesamt 587 Fällen zwischen Anfang 1980 und Mitte 1985

[1851] Joint Statement concerning cooperation in antitrust matters vom 3.11.1969 in: Lowe, A.V., Extraterritorial Jurisdiction (1983), S. 226 - 228

[1852] Abkommen über die Zusammenarbeit in Bezug auf restriktive Geschäftspraktiken vom 23.6.1976, BGBl. 1976 II 1711 = ILM 15 (1976), S. 1282; abgedruckt in: Lowe, A.V., Extraterritorial Jurisdiction (1983), S. 228 - 233. Vgl. hierzu Mozet, P., Internationale Zusammenarbeit der Kartellbehörden (1991), S. 51 - 59

[1853] Artikel 3 Abs. 1

Angelegenheiten findet sich im Abkommen mit der Bundesrepublik Deutschland in Artikel 2 Abs. 2 die Formel: "Each party agrees that it will provide the other party with any significant information which comes to the attention of its antitrust authorities and which involves restrictive business practices which, regardless of origin, have a substantial effect on the domestic or international trade of such other party". Damit dürfte implizit zwischen beiden Staaten außer Streit gestellt sein, daß die Auswirkung ein zulässiger Anknüpfungspunkt ist. Dies wird unterstützt durch die Tatsache, daß Artikel 2 Abs. 3 - 5, welche die verfahrensmäßigen Konsequenzen in Folge einer solchen Information ansprechen, von "concurrent antitrust investigations"[1854] sprechen, also die Einleitung solcher paralleler Untersuchungsverfahren als möglich ansehen.

Aus einer Situation des Streits über die extraterritoriale Jurisdiktion heraus ist das Abkommen zwischen Australien und den Vereinigten Staaten aus dem Jahre 1982 entstanden[1855]. In diesem Abkommen ist jedoch nichts gesagt über Anknüpfung und Jurisdiktion. Vielmehr sind darin minimale Voraussetzungen zur Begrenzung von Jurisdiktionskonflikten durch Notifikationen, Konsultationen und sonstige Verfahrensvorschriften sowie Normen über Zusammenarbeit bei der Durchsetzung, Mitwirkung bei Gerichtsverfahren im anderen Staat sowie über die Vertraulichkeit von Dokumenten enthalten.

Im Jahre 1984 einigten sich Kanada und die Vereinigten Staaten auf ein "Memorandum of Understanding between the Government of the United States of America and the Government of Canada as to notification, consultation, and cooperation with respect to the application of national antitrust laws", welches die entsprechenden Kooperationsabkommen aus dem Jahre 1959 und 1969 ersetzt[1856]. Das Understanding von 1984 zählt detaillierter die Situationen auf, in denen die Notifikations- und Konsultationspflicht zur Anwendung kommen soll. So kann ausdrücklich auf-

---

[1854] Abs. 5

[1855] Agreement relating to cooperation on antitrust matters vom 29.6.1982, in: Lowe, A.V., Extraterritorial Jurisdiction (1983), S. 233 - 239. Hierzu Ramsey, S. D., The United States - Australian Antitrust Cooperation Agreement: A Step in the Right Direction, Virginia Journal of International Law 24 (1983), S. 127-169; Mozet, P., Internationale Zusammenarbeit der Kartellbehörden (1991), S. 59 - 64

[1856] abgedruckt in ILM 23 (1984), S. 275, Zweisprachiger Text in WuW 35 (1985), S. 32. Vgl. hierzu Dyal, G.E., The Canada-United States Memorandum of Understanding Regarding Application of National Antitrust Law: New Guidelines for Resolution of Multinational Antitrust Enforcement Disputes, Northwestern Journal of International Law and Business 6 (1984/1985), S. 1065 - 1095; Mozet, P., Internationale Zusammenarbeit der Kartellbehörden (1991), S. 70 - 75. Das erste Konsultationsabkommen zwischen beiden Staaten war das Fulton Rogers - Understanding

grund einer Herausgabeanordnung bezüglich Dokumenten, die im anderen Staat belegen sind, eine Konsultation verlangt werden.

Auch eine Berücksichtigung der Interessen des anderen Staates ist nunmehr ausdrücklich in § 6 des Understanding vorgesehen: "[e]ach Party will give careful consideration to the significant national interests of the other at all stages of an antitrust investigation, enquiry or prosecution". Die Interessen werden genauer qualifiziert als "general or specific in nature depending on the activity in question and may vary in significance according to the importance of the goals of the relevant government policies and the extent to which achievement of both goals may be impaired by acceding to the expressed interests of the other party". Solche Interessen sollen nicht nur aufgrund der Geltendmachung durch die jeweilige Regierung berücksichtigt werden, sondern "it is recognized that such interests would normally be reflected in antecedent laws, decisions or statements of policy by the competent authorities".

Während der Konsultationen soll eine Partei "explain in sufficient detail its significant national interest and its role, if any, in the activity in question ..."[1857]. Die Pflicht zur Konfliktlösung wird ausdrücklich festgestellt[1858]. Zunächst soll das Gewicht der Interessen gegeneinander abgewogen werden, wenn dann beide Parteien den Vorrang ihres eigenen Interesses betonen und das Interesse des anderen Staates nicht berücksichtigen können, sollen sie gleichwohl das Ausmaß und die Intensität des Konflikts und seine Auswirkungen "by accomodation and compromise" beseitigen. Die Konsultationspflicht besteht nicht nur bei hoheitlichen Kartellverfahren, sondern auch im Falle von privaten Schadensersatzklagen, wenn die andere Regierung dies verlangt.

Antitrust-Kooperationsklauseln finden sich auch in einigen Freundschafts-, Handels- und Schiffahrtsverträgen der Vereinigten Staaten mit anderen Ländern. Sie enthalten allerdings lediglich Konsultationsverpflichtungen auf Ersuchen eines Staats, soweit sie nicht den gesetzlichen Vorschriften des anderen Staates widersprechen[1859]. Der Rechtshilfevertrag zwischen der Schweiz[1860] und den USA bestimmt sogar aus-

---

[1857] § 7

[1858] § 7 (3)

[1859] Vgl. etwa Art. XVIII des Vertrages mit der Bundesrepublik Deutschland von 1954 sowie eine ganze Reihe anderer Verträge, welche in Lowe, A.V., Extraterritorial Jurisdiction (1983), S. 239 - 240 nachgewiesen sind.

[1860] T.I.A.S.No. 8302

drücklich, daß in strafrechtlichen Angelegenheiten des Antitrustrechts keine Rechtshilfe gewährt wird[1861].

Am 23. September 1991 schlossen die Regierung der Vereinigten Staaten und die Kommission der europäischen Gemeinschaften ein Abkommen über die Zusammenarbeit und Koordination auf dem Gebiete des Antitrust ab[1862], das in seinem Regelungsumfang zukunftsweisend ist und deshalb eine genauere Betrachtung verdient. In der Präambel wird auf die zunehmende Verknüpfung der Wirtschaften auf der Welt hingewiesen. Ziel ist eine vernünftige und effektive Durchsetzung von Wettbewerbsgesetzen durch Kooperation und in geeigneten Fällen durch Koordination der nationalen Anstrengungen. Das Abkommen verweist ausdrücklich auf die OECD-Empfehlungen von 1986.

Sein Zweck ist die Förderung von Kooperation und Koordination und die Verminderung der Möglichkeiten oder Auswirkungen von Differenzen zwischen den Parteien bei der Anwendung ihrer Wettbewerbsgesetze. Unter Wettbewerbsgesetzen werden die Normen des Kartellrechts und des Fusionskontrollrechts verstanden[1863].

Zunächst verpflichten sich die Parteien, der anderen darüber Nachricht zu geben, wenn ihre Wettbewerbsbehörden feststellen, daß Durchsetzungsmaßnahmen im Kartellrecht und Fusionskontrollrecht die Interessen der anderen Partei spürbar beeinträchtigen ("may affect important interests")[1864]. Das Übereinkommen enthält genaue Vorschriften, wann im Zuge eines Verfahrens die Notifikation an die andere Seite erfolgen muß[1865]. Um grundlegende Differenzen zu vermeiden, wollen die Parteien sich gegenseitig informieren, um die effektive Anwendung ihrer Wettbewerbsgesetze zu erleichtern und um der anderen Seite ein besseres Verständnis der wirtschaftlichen Bedingungen und der dem Wettbewerbsrecht zugrunde liegenden Theorien zu vermitteln[1866]. Die Vertragsparteien versprechen sich eine Hilfe bei der Ausführung von Aktivitäten der anderen Vertragspartei im Rahmen des nationalen Rechtshilfe-

---

[1861] Frei, L., The Service of Process and the Taking of Evidence on Behalf of U.S. Proceedings - the Problem of Granting Assistance, Regulations, Wirtschaft und Recht 35 (1983), S. 196 - 210, 203; Raifman, G.R., The Effect of the U.S. -Swiss Agreement on Swiss Banking Secrecy and Insider Trading, Law and Policy in International Business 15 (1983), S. 565 - 611, 585 - 593

[1862] ILM 30 (1991), S. 1487; deutsch in WuW 1992, S. 36. Vgl. hierzu kritisch Mozet, P., Das Abkommen zwischen der EG und den USA über die Zusammenarbeit der Kartellbehörden, EuZW 3 (1992), S. 201 - 203

[1863] Art. 1

[1864] Art. 2

[1865] Art. 2 Abs. 3 - 6

[1866] Art. 3

rechts[1867]. In Fällen von gemeinsamen Interesse beim Eingreifen wollen sie ihre Aktivitäten koordinieren[1868].

Bei wettbewerbswidrigen Aktivitäten, welche nicht nur das Recht der einen Partei beeinträchtigen, sondern auch die Interessen der anderen Partei negativ berühren, kann jede Partei die andere bitten, ein Wettbewerbsverfahren einzuleiten. Allerdings hat dieses Versprechen keinerlei Bindungswirkung hinsichtlich der tatsächlichen Verfahrensdurchführung[1869]. Die Vertragsparteien versprechen sich, daß sie Konflikte zwischen ihren wesentlichen Interessen vermeiden wollen. Die Interessen der anderen Partei sollen in jedem Verfahrensstadium berücksichtigt werden.

Dabei gibt es verschiedene Gesichtspunkte hinsichtlich der Bewertung der Interessen. Normalerweise sind sie in bereits vorher erlassenen Gesetzen, Entscheidungen oder politischen Verlautbarungen manifestiert[1870]. Die ausländischen Interessen werden durch ein Verbot oder gar eine Bestrafung intensiver berührt als im Stadium der Untersuchung[1871]. Bei Interessenkonflikten zwischen den Vertragsparteien soll eine Interessenabwägung vorgenommen werden nach folgenden Gesichtspunkten[1872]:

> Die Bedeutung des Verhaltens auf dem Territorium der einen Vertragspartei verglichen mit demjenigen auf dem anderen Territorium.
>
> Finalität des wettbewerbswidrigen Verhaltens im Hinblick auf Konsumenten, Lieferanten oder Wettbewerber auf dem Gebiet der durchsetzenden Partei.
>
> Die relative Bedeutung der Auswirkung der Wettbewerbswidrigkeit auf dem einen und auf dem anderen Territorium.
>
> Die Existenz oder Abwesenheit von Vertrauensschutz ("reasonable expectations") im Zusammenhang mit Durchsetzungsmaßnahmen.
>
> Das Ausmaß des Konfliktes oder der Übereinstimmung zwischen den Durchsetzungsmaßnahmen der einen Partei und den Gesetzen oder ausdrücklich formulierten wirtschaftspolitischen Grundsätzen der anderen Partei

---

1867 Art. 4 Abs. 1
1868 Art. 4 Abs. 2 - 4
1869 Art. 5 Abs. 4
1870 Art. 6 Abs. 1
1871 Art. 6 Abs. 2
1872 Art. 6 Abs. 3

und

eine Kollision zwischen den Durchsetzungsmaßnahmen der einen Partei und parallelen Durchsetzungsmaßnahmen der anderen Partei.

Damit ist zum ersten Mal ein detaillierterer Katalog von Interessenabwägungen in eine völkerrechtliche Verpflichtung aufgenommen worden, der auch justiziabel erscheint. Dieser Katalog entspricht fast vollständig demjenigen der "Antitrust Enforcement Guidelines" des amerikanischen Justizministeriums aus dem Jahre 1988. In allen Fällen möglicher Konflikte kann die eine Partei von der anderen Konsultationen verlangen[1873].

Die Parteien versprechen sich Vertraulichkeit der ausgetauschten Informationen[1874], wenn dies durch das Recht einer Partei verlangt wird oder eine Veröffentlichung mit den wesentlichen Interessen einer Vertragspartei im Widerspruch stehen würde. Das Abkommen verändert nicht das Wettbewerbsrecht der Gemeinschaft oder der USA. Das existierende Recht bleibt voll anwendbar[1875]. Dies sät wieder Zweifel hinsichtlich der vereinbarten Interessenabwägung. Denn wenn das Abkommen nicht dieses nationale Recht ergänzen soll, dann ist jedenfalls auf der Seite der EG eine Interessenabwägung nur dann möglich, wenn sich die Pflicht hierzu aus allgemeinem Völkerrecht ergibt, wie bereits früher erörtert wurde.

Allerdings handelt es sich auf Seiten der EWG um ein reines Abkommen der Kommission, welches deren Tätigkeit im Rahmen des existierenden Gemeinschaftsrechts binden, nicht aber dieses Recht ändern kann, weil die Klausel des Art. 228 Abs. 2 EWGV nur für die vom Rat geschlossenen Gemeinschaftsabkommen gilt. Daraus kann man nur den Schluß ziehen, daß die Kommission von einer bereits bestehenden Kompetenz zur rechtlichen Berücksichtigung der genannten Interessen ausgeht, welche sich nach den früheren Feststellungen nur aus dem Völkerrecht ergeben kann. Damit ist dieses Abkommen der erste klare Nachweis einer opinio iuris zur Interessenabwägung.

(4) Abkommen Deutschland - Frankreich von 1984

Das deutsch - französische Kooperationsabkommen von 1984[1876] sieht eine Rechtshilfeverpflichtung vor. Dieses Regierungsabkommen soll die

---

[1873] Art. 7

[1874] Art. 8

[1875] Art. 9

[1876] BGBl. 1984 II, S. 758 = ILM 26 (1987), S. 531. Hierzu Mozet, P., Internationale Zusammenarbeit der Kartellbehörden (1991), S. 64 - 70

Zusammenarbeit zwischen den Wettbewerbsbehörden erleichtern. Der Vertrag verweist in seiner Präambel ausdrücklich auf die OECD-Empfehlung aus dem Jahre 1979. Art. 3 des Abkommens beschäftigt sich mit Auskunftsersuchen zwischen den zuständigen Kartellbehörden beider Länder, denen so schnell wie möglich stattgegeben werden soll. Art. 5 bestimmt jedoch, daß auch eine Ablehnung im freien Ermessen der Staaten steht.

Art. 7 behandelt den Fall von Rechtskollisionen. Nach Abs. 1 kann bei möglicher Interessenbeeinträchtigung der anderen Vertragspartei eine Konsultation zwischen den Behörden eingeleitet werden. Nach Abs. 2 besteht eine Konsultationspflicht zwischen den Behörden dann, wenn sich die für den Wettbewerb zuständigen Behörden jede der Vertragsparteien für zuständig erachten, in derselben Angelegenheit ganz oder teilweise zu entscheiden. Das Abkommen ist aber praktisch von geringer Bedeutung geblieben.

b) Einseitige Ansätze

Im Rahmen der EG ist im Falle der Schiffahrts - Linienkonferenzen ausdrücklich rechtlich vorgesehen, daß das allgemeine Recht gegen Wettbewerbsbeschränkungen in Kollisionsfällen mit ausländischem Recht abgeschwächt werden kann. Am 15.5.1979 hatte der Rat eine Verordnung[1877] über die Ratifikation des Übereinkommens der UNO über einen Verhaltenskodex für Linienkonferenzen durch die Mitgliedstaaten und über den Beitritt der Mitgliedstaaten zu diesem Übereinkommen erlassen. Dadurch wurde die Anwendung dieses Verhaltenskodex auf zahlreiche Linienkonferenzen ermöglicht, welche die Gemeinschaft bedienen. Die Verordnung sah auch vor, daß eine Verordnung zur Anwendung der Wettbewerbsregeln auf die Seeschiffahrt ergehen sollte. Dies wurde in der Verordnung (EWG) Nr. 4056/86[1878] ausgeführt[1879]. Sie sollte den Kodex ergänzen oder verdeutlichen sowie den Anwendungsbereich der Art. 85 und 86 EWGV für den Bereich der Seeschiffahrt näher bestimmen.

Die Verordnung stellt im Art. 3 Absprachen zwischen Verkehrsunternehmen über die Linienschiffahrt innerhalb von Linienkonferenzen nach Art. 85 Abs. 3 frei, wenn sie nicht in dem von Art. 4 umrissenen Umfang gegen bestimmte Häfen oder Verkehrseinrichtungen diskriminieren. Das gleiche gilt nach Art. 6 für Absprachen zwischen Verkehrsnutzern und

---

[1877] VO (EWG) Nr. 954/79 ABl. 1979 L 121, S. 1

[1878] Verordnung (EWG) Nr.4056/86 des Rates vom 22. 12. 1986, ABl.1986 Nr. L 378, S.4

[1879] VO (EWG) Nr. 4056/86 vom 22.12.1986 über die Einzelheiten der Anwendung der Art. 85 und 86 EWGV auf den Seeverkehr, ABl. 1986 L 378, 4

Linienschiffahrtskonferenzen. Grundlage ist die Standardisierung in dem UNO - Verhaltenskodex. Damit zeigt sich, daß eine solche Standardisierung über die Harmonisierung staatlichen Rechts zur Verminderung von Konflikten beitragen kann.

Völlig verhindert werden können solche Konflikte jedoch nicht. Art. 9 sieht vor, daß im Falle möglicher Kollisionen mit Vorschriften von Drittstaaten die Kommission mit den betroffenen Ländern verhandelt, wenn durch die Kollision wichtige handels- und schiffahrtsbezogene Belange der Gemeinschaft in Frage gestellt würden. Sie soll dabei darauf achten, daß die vorgenannten Interessen im Rahmen des Möglichen mit der Beachtung des Gemeinschaftsrechts in Einklang gebracht werden. Sie kann bei solchen Verhandlungen auch Abkommen aushandeln, wenn sie vom Rat hierzu ermächtigt wird.

Die Verordnung ist Sekundärrecht und kann damit nicht den Anwendungsbereich der Wettbewerbsvorschriften des Vertrages ändern oder eine Befreiung von ihnen erteilen, um internationale Konflikte zu vermeiden[1880]. Sie kann sich nur auf die Auffassung stützen, daß die Berücksichtigung der Interessen anderer Staaten ohnehin von den genannten Vertrags-Vorschriften jedenfalls nicht untersagt wird. Da weder Art. 85 noch Art. 86 irgendeinen Anhaltspunkt dafür enthalten, daß dies berücksichtigt werden kann, gibt es nur zwei mögliche Schlüsse: entweder geht der Verordnungsgeber davon aus, daß die Gemeinschaft bereits nach Völkerrecht - und damit auch nach Gemeinschaftsrecht - verpflichtet ist, Interessen anderer Staaten bei der Feststellung der Wettbewerbsbeschränkung zu berücksichtigen oder es handelt sich um eine inhaltsleere Bemühens-Vorschrift, die zwar Verhandlungen vorschreibt, aber letztlich ein Nachgeben der Gemeinschaft nicht erlaubt.

Leider ist Art. 9 der Verordnung zu vage gefaßt, um eine Entscheidung für eine der beiden vorstehend genannten Möglichkeiten zu erlauben. Es ist aber eine vorsichtige Option für die erstere zulässig, weil nämlich ansonsten ein Widerspruch zum Willen der Verordnung, Konflikte effektiv zu vermeiden, bestünde, wenn es sich um eine Aufforderung zu perspektivenloser Konsultation handelt. Im übrigen wird diese Deutung durch das Kooperationsabkommen zwischen den USA und der EWG bestätigt. Dies sagt noch nichts über die Zulässigkeit einer solchen Auslegung nach dem EWGV aus. Es zeigt jedoch, daß die Gemeinschaftspraxis wohl durchaus ausgeht von einer Möglichkeit, Interessen ausländischer Staaten etwa bei einer Freistellung zu berücksichtigen. Dem entspricht auch die

---

1880 Hierzu Basedow, J., Entwicklungslinien des internationalen Kartellrechts, NJW 42 (1989), S. 627 - 638, 635

Praxis der Kommission, wie sie in den Fällen IBM[1881] und Zellstoff[1882] dokumentiert ist. Auch der Gerichtshof hat im Zellstoff - Fall die amerikanischen Interessen aus der Erlaubnis von Ausfuhrkartellen erörtert[1883].

c) Rechtsangleichung

Die Rechtsangleichung ist gegenüber den soeben erörterten vertraglichen Versuchen der Abmilderung von Jurisdiktionskonflikten das ungleich effektivere Mittel. Es erfordert jedoch einen ordnungspolitischen Gleichklang, der nur in seltenen Fällen gegeben ist. In der EWG ist durch die gemeinsamen Wettbewerbsregeln, welche bereits behandelt wurden, für grenzüberschreitende Aktivitäten eine weitgehende Harmonisierung herbeigeführt worden. Australien und Neuseeland haben ihre Kartellrechte materiell aneinander angeglichen. Nunmehr werden beide Länder als ein Markt betrachtet, während die Kartelluntersuchungen weiter durch getrennte nationale Aufsichtsbehörden geführt werden[1884].

Das amerikanische Justizministerium ist wie die OECD der Ansicht, daß die Internationalisierung der wirtschaftlichen Gegebenheiten eine Harmonisierung der Kartellrechte notwendig macht[1885]. In der Literatur wird dies teilweise ebenfalls als Lösung der Jurisdiktionsprobleme gerade im Wettbewerbsrecht angesehen[1886]. Die Schwierigkeit besteht aber darin, daß auch Staaten gleicher Wirtschaftssysteme sich schwer auf eine Ordnungspolitik für den Wettbewerb einigen können. Diese Schwierigkeit wird dadurch noch bestätigt, daß in den Vereinigten Staaten wechselnde Regierungen eine durchaus unterschiedliche Konzeption der Durchsetzung des Kartellrechts und insbesondere des Fusionskontrollrechts haben. Internationale Festlegungen sind deswegen nur sehr schwierig zu erreichen.

1881 Zur Verfahrensgeschichte siehe EuGH - IBM, 60 und 190/81 R - Slg.1981, 1857

1882 EG-Kommission Entscheidung vom 19.12.1984 (85/202/EWG) - Zellstoff - ABl.1985 L 85, S.1

1883 EuGH 27.9.1988 - Ahlström u.a.' 89/85 -, Slg.1988, 5233. Allerdings hat er sie verneint. Auch die Behandlung der "comity" - Problematik war unbefriedigend, wie bereits früher erörtert

1884 Mozet, P., Internationale Zusammenarbeit der Kartellbehörden (1991), S. 75 - 77 m. w. N.; ders., Das Abkommen zwischen der EG und den USA über die Zusammenarbeit der Kartellbehörden, EuZW 3 (1992), S. 201 - 203, 203

1885 Rill, J. F., Internationale Antitrust - Politik aus der Sicht des amerikanischen Justizministeriums, WuW 42 (1992), S. 505 - 514, 510 - 513

1886 Fikentscher, W., Third World Trade Partnerships: Supranational Authority vs. National Extraterritorial Antitrust - A Plea for "Harmonized" Regionalism, Michigan Law Review 82 (1984), S. 1489-1509, fordert ein Welt - Wettbewerbsrecht. A.A. Meessen,

d) Verhaltenskodices

(1) UNCTAD - Kodex über Wettbewerbsbeschränkungen

Über den Bereich rechtlicher Regeln zur Lösung von extraterritorialer Jurisdiktion und den daraus sich ergebenden Konflikten hinaus werden die Probleme der Wettbewerbsbeschränkungen mit grenzüberschreitenden Bezügen in neueren Verhaltenskodizes behandelt. An die Staaten richtet sich der "Set of multilaterally agreed equitable principles and rules for the control of restrictive business practices" der UNCTAD[1887]. Er ist von der UN-Generalversammlung verabschiedet worden. Nach Section C soll die internationale Zusammenarbeit bei der Bekämpfung von Wettbewerbsbeschränkungen durch Austausch von Informationen, Amtshilfe und durch Konsultationen über Policy-Issues verstärkt werden.

Zur Anknüpfung der Jurisdiktion verweist Section e 2 auf das Auswirkungsprinzip. Dies ist um so interessanter, da die Formulierung "having or being likely to have adverse effects" die Anknüpfung auch auf mögliche Auswirkungen ausdehnt, was jedenfalls in der Literatur- und Staatenpraxis, auch wenn sie von der Anknüpfung an Auswirkungen ausgeht, nicht unumstritten ist. Verfahrensrechtlich wird eine Kooperationspflicht festgelegt, die allerdings durch den pauschalen Vorbehalt zugunsten der nationalen Gesetze und des Ordre Public ihre internationale Verbindlichkeit im wesentlichen wieder einbüßt.

(2) UN - Kodex über Transnationale Unternehmen

Sowohl die "Guidelines for multinational enterprises" der OECD von 1976[1888] als auch der "Code of Conduct for Liner Conferences" der

---

K. M., Competition of Competition Laws, Northwestern Journal of International Law and Business 10 (1989), S. 17 - 30

[1887] UN Dokument TD/RBP/CONF/10, abgedruckt in: Kunig, P. / Lau, N. / Meng, W. (Hrsg.), International Economic Law. Basic Documents, 2. Aufl. (1993), Dok. 45. Vgl. hierzu Basedow, J., Entwicklungslinien des internationalen Kartellrechts, NJW 42 (1989), S. 627 - 638, 635 f.; Portatius, A. von, Wettbewerbspolitik in internationalen Organisationen, WuW 29 (1979), S. 229 - 236; Brewer, T.L., International Regulation of Restrictive Business Practices, Journal of World Trade Law 16 (1982), S. 108-118, 109 - 112; Nebel, Rolf, Internationale Verhaltensregeln über wettbewerbsbeschränkende Geschäftspraktiken (1986), 44 - 130; Mozet, P., Internationale Zusammenarbeit der Kartellbehörden (1991), S. 32 - 44

[1888] ILM 15 (1976), S. 969, 10, abgedruckt in: Kunig, P. / Lau, N. / Meng, W. (Hrsg.), International Economic Law. Basic Documents, 2. Aufl. (1993), Dok. 41

UNCTAD[1889] aus dem Jahre 1974 setzen Maßstäbe für das Wettbewerbsverhalten der betroffenen Unternehmen[1890]. Die Frage der Auflösung möglicher Jurisdiktionskonflikte wird jedoch nicht angegangen.

Im Entwurf eines "Code of Conduct on Transnational Corporations" der UN[1891] ist hinsichtlich der Jurisdiktion über Multinationale Unternehmen ein Spiegel des Dissenses zwischen den Staaten enthalten. Die verschiedenen Textalternativen zeigen deutlich die unterschiedlichen Auffassungen der Staaten über extraterritoriale Jurisdiktion. Sie reichen von dem "appropriate exercise" der Jurisdiktion, was keine Kontur hinsichtlich des Erfordernisses einer qualifizierten Anknüpfung enthält, bis zur rechtmäßigen Zuordnung der Jurisdiktion zu einem Staat ("properly appertaining"), was offensichtlich auf die Existenz von völkerrechtlichen Zuordnungskriterien hinweist[1892], vom offenen und unverbindlichen Interessenausgleich zwischen den Staaten bis hin zur Achtung der souveränen Staatengleichheit als Rechtsmaxime.

Dieser Entwurf zeigt auch, daß von einem Verhaltenskodex kaum Ergebnisse für die Lösung der in diesem Themenbereich angesprochenen Rechtsfragen zu erwarten sind. Dafür sind seine Regeln zu vage und unbestimmt. Einem Richter dürften sie keinerlei Anhaltspunkte über das Recht geben. Für diplomatische Verhandlungen mag sich jedoch daraus die eine oder andere Richtschnur für einvernehmliche Lösungen jenseits rechtlich existenter Konfliktregeln ergeben.

F. Investitionskontrolle

Ein besonderer Fall der Kontrolle und Steuerung des Erwerbs gesellschaftsrechtlichen Einflusses Einzelner oder anderer Unternehmen auf nationale Unternehmen ist die Investitionskontrolle. Soweit Staaten die Investitionen von Ausländern im Inland regeln, ist dies ohne Zweifel kein Problem extraterritorialer Jurisdiktion, weil es hier um die Einfuhr von Kapital geht, also um einen territorialen Gesichtspunkt. Die Aus-

---

[1889] UN Dokument TD/CODE/13, 10, abgedruckt in: Kunig, P. / Lau, N. / Meng, W. (Hrsg.), International Economic Law. Basic Documents, 2. Aufl. (1993), Dok. 46

[1890] Zur Konsultationspraxis vgl. Schmidt-Hermesdorf, J., Internationale Rechtshilfe in Kartellsachen, RIW/AWD 32 (1986), S. 180-186

[1891] Stand September 1986 / Mai 1987, UNCTC Current Studies Series A No.4 und U.N. Doc. E/1987/73 vom Mai 1987, in: Kunig, P. / Lau, N. / Meng, W., International Economic Law. Basic Documents, 2. Aufl. (1993), Dok. 42. Vgl. hierzu Brewer, T.L., International Regulation of Restrictive Business Practices, Journal of World Trade Law 16 (1982), S. 108-118, 113

[1892] Die beiden Begriffe finden sich bereits in der persönlichen Meinung von Richter Fitzmaurice zur Barcelona Traction - Entscheidung des IGH, vgl. Barcelona Traction (2nd phase), Individual Opinion Fitzmaurice, ICJ Reports 1970, S.103 f.

landsanknüpfung beabsichtigt keine Persuasion zu Verhalten im Ausland, sie ist vielmehr rein inlandsbezogen. Wenn eine Liberalisierung von Kapitaleinfuhren Kapital aus dem Ausland in das Inland hineinzieht, so nicht aufgrund einer Persuasionswirkung des Liberalisierungsakts, sondern aufgrund der Attraktivität des Marktes, welcher durch diesen Akt geöffnet wird.

Extraterritoriale Jurisdiktion wird im Bereich der Investitionskontrolle aber dann ausgeübt, wenn Investitionen im Ausland wegen ihrer Auswirkungen auf das Inland geregelt werden. Ein Beispiel hierfür ist die kanadische Gesetzgebung. Vom Jahre 1973 bis 1985 gab es in Kanada die Regelung des Foreign Investment Review Act (FIRA)[1893]. Sein Ziel war die Kontrolle des Erwerbs kanadischer Gesellschaften durch Personen fremder Staatsangehörigkeit.

Ein solcher Erwerb mußte bei Vorliegen der gesetzlichen Voraussetzungen im voraus einer Behörde[1894] zur Überprüfung mit Untersagungsmöglichkeit gemeldet werden, soweit er einem gesetzlich definierten Erwerb der Kontrolle über das Unternehmen gleichkam. Dadurch mußte der kanadische Staat etwa einem Zusammenschluß von Auslandsunternehmen zustimmen, wenn auch nur eines von ihnen eine kanadische Tochtergesellschaft hatte. Gegen diese Kontrolle ausländischer Investitionen, die unabhängig davon, wo der Anteilserwerb stattfand, also auch extraterritorial war, gab es Proteste insbesondere aus den USA[1895]. Kanadische Gerichte hatten zwar betont, daß der FIRA keine extraterritoriale Anwendung auf Auslandssachverhalte habe. Es gehe lediglich darum, "the acquisition of control of a Canadian business by persons other than Canadians" zu regeln[1896]. Dies verquickt aber Regelungsziel und Regelungsinhalt miteinander. Wenn ein Anteilserwerb durch Aktienkauf etwa im Ausland eine Meldepflicht mit nachfolgender hoheitlicher Kontrolle nach sich zieht, so ist dies eine Auslandsregelung, wenn sich der Pflichtige im Ausland befindet.

[1893] S.C. 1973-74, c. 46

[1894] der Foreign Investment Review Agency

[1895] Zu den Problemen vgl. Nixon, J.B./ Burns, J.H., An Examination of the Legality of the Use of the Foreign Investment Review Act by the Government of Canada to control Intra- and Extraterritorial Commercial Activities by Aliens, ICLQ 33 (1984), S. 57 - 80; O'Laughlin, K.M., Extraterritorial Application of Canadian Foreign Investment Review, Northwestern Journal of International Law and Business 8 (1987), S. 436-454; Castel, J.-G., Extraterritoriality in international trade: Canada and United States of America practices compared (1988) , S. 143

[1896] 63 N.R. 17 (Fed. Ct. App. Can. 1985); vgl. auch Dow Jones & Co. v. Attorney General, 122 D.L.R. 3d 731 (Fed. Ct. App. Can. 1981)

Aufgrund dieser Proteste ersetzte Kanada 1985 den FIRA durch den Investment Canada Act (ICA)[1897]. Danach muß beim Erwerb der Kontrolle über ein kanadisches Unternehmen nur noch die "Investment Canada Agency" vom Erwerbstatbestand verständigt werden, ohne daß sie ein intensives Nachprüfungsverfahren eröffnet. Unter bestimmten Umständen kann allerdings auch nach dem ICA noch ein solcher Erwerb untersagt werden, wenn er nämlich nicht einen "net benefit to Canada" bringt[1898]. Auch dies bleibt eine extraterritoriale Regelung, so weit es die Notifikationspflicht betrifft. Eine Untersagung ist jedoch nicht extraterritorial. Insoweit ist die berichtete Qualifikation des FIRA durch kanadische Gerichte zutreffend.

Eine gesellschaftsrechtliche Leitungsmacht wird immer zumindest auch im Inland ausgeübt, nämlich dort, wo sie zu dem von ihr bestimmten Verhalten führen soll. Hier ist die gleiche Beurteilung am Platze wie bei den dargestellten Parallelfragen im Kartellrecht und im Fusionskontrollrecht. Solche Vorgänge zeichnen sich nämlich durch ihre unmittelbare und gezielte Wirkung auf Sachverhalte aus, welche zur innerstaatlichen Wirtschaftsordnung im Inland gehören.

Deshalb ist ein Kontrollerwerb im Ausland zwar ein extraterritorialer Vorgang, der sich aber in der Wirtschaftsordnung des Tochterunternehmens, also im Inland, abspielt, soweit er die unmittelbare Kontrolle über das Inlandsunternehmen betrifft. Dies betrifft also den Kauf der Mehrheit der Aktien eines inländischen Unternehmens im Ausland. Schwieriger ist die Beurteilung dann, wenn der Aktienkauf eine Beteiligung an der ausländischen Muttergesellschaft eines inländischen Unternehmens betrifft. Hier wird die Kontrolle unmittelbar im Ausland erworben und nur dadurch mittelbar im Inland. Dabei steht die ausländische Gesellschaft mit eigenständiger Rechtspersönlichkeit zwischen Erwerber und Tochtergesellschaft. Dies kann man juristisch nicht unbeachtet lassen, denn es kein Grund ersichtlich, der den Ausnahmefall eines Durchgriffs durch diese Eigenständigkeit rechtfertigen würde. Deshalb liegt in diesem Fall eine extraterritoriale Regelung vor, wenn ein Staat eine Investitionskontrolle nach kanadischem Vorbild betreibt.

Eine spezielle Investitionskontrollvorschrift des amerikanischen Rechts, die auch Unternehmensfusionen und sonstige Tatbestände des Kontrollerwerbs erfaßt, enthält die "Exon - Florio provision" (Section 721) des

---

[1897] Gesetz vom 20.6.1985, ch. 20, 1985 Can. Stat. 419; Vgl. hierzu Loitz, K.M., Neues Investitionsgesetz in Kanada, RIW 1986, S. 870 - 871,

[1898] ICA § 21

Defense Production Act 1950[1899], die durch Section 5021 des Omnibus Trade and Competitiveness Act 1988[1900] eingefügt wurde. Danach kann der Präsident alle Zusammenschlußvorhaben überprüfen, welche dazu führen würden, daß ein Ausländer Kontrolle über ein Unternehmen gewinnen könnte, das im amerikanischen "interstate commerce" tätig ist. Er kann dieses Vorhaben vorläufig oder ganz untersagen, wenn es eine Bedrohung der nationalen Sicherheit darstellt und diese Untersagung zum Schutz hiergegen notwendig ist. Maßstab ist die Sicherstellung nationaler Produktion für Verteidigungszwecke. Regelungsziel ist also wieder ein Anliegen der nationalen Sicherheitspolitik.

Nach § 800.401 der hierzu ergangenen Regulations des amerikanischen Finanzministeriums[1901] wird das Verfahren auf freiwillige Anzeige hin oder von Amts wegen eingeleitet. § 800.701 statuiert eine Auskunftspflicht der an dem Zusammenschluß beteiligten Parteien, welche vom Untersuchungskomitee aufgrund gesetzlicher Vollmachten[1902] mit Zwangsmaßnahmen sanktioniert werden kann. Da der Begriff der "acquisitions" sehr weit gefaßt sind, kann der Anteilserwerb oder die Unternehmensübernahme auch im Ausland vonstatten gehen. Die Kontrolle über das amerikanische Unternehmen kann direkt oder indirekt sein[1903]. Es handelt sich, wie bereits zur kanadischen Regelung erörtert, nicht um extraterritoriale Jurisdiktion hinsichtlich der möglichen Anordnungen des Präsidenten gegen den Vorgang, sondern in Bezug auf die Mitwirkungspflicht der Unternehmen im Verfahren. Dies ist eine Auslandsregelung. Sie kann durchaus in Konflikt geraten mit einem ausländischen Verbot der Herausgabe von Informationen.

Nach dem englischen Companies Act 1985[1904] müssen alle Personen, gleich welchen Sitzes und welcher Nationalität, die mehr als 5 % der Geschäftsanteile einer Kapitalgesellschaft haben, dies der Gesellschaft mitteilen[1905]. Ein britisches Gericht hat, als ausländische Anteilseigner keine Informationen geben wollten, die Stimmrechte dieser Anteilseigner eingefroren und eine Übertragung dieser Anteile für ungültig erklärt[1906].

1899 50 U.S. C. app. 2158 et seq. Hierzu Nowak, G.T., Above All, Do No Harm: the Application of the Exon-Florio Amendment to Dual-Use Technologies, Michigan Journal of International Law 13 (1992), S. 1002 - 1031

1900 Public Law 100 - 418, ILM 29 (1989), S. 407

1901 31 C.F.R. part 800, ILM 31 (1992), S. 428

1902 50 U.S.C. app. 2155 (h)

1903 § 800.204

1904 sec. 198 - 220, hierzu Lowe, A.V., Extraterritorial Jurisdiction, The British Practice, RabelsZ 52 (1988), S. 157-204, 165

1905 Lowe, A.V., Extraterritorial Jurisdiction, The British Practice, RabelsZ 52 (1988), S. 157-204, 179

1906 Lowe, a.a.O.

Weiterhin durften keine Dividenden und sonstigen Zahlungen an die Anteilseigner ausgezahlt werden. Darin liegt eine Auslandsregelung.

Der Kontrolle und Publizität von Beteiligungswechseln an börsennotierten Gesellschaften dient eine EWG - Richtlinie aus dem Jahre 1988[1907]. Bei Überschreitung bestimmter Beteiligungsschwellen müssen Erwerber und Veräußerer die Gesellschaft hiervon in Kenntnis setzen[1908]. Der Tatbestand des Erwerbs einer Beteiligung wird sehr weit gefaßt[1909]. Nichts ist darüber gesagt, wo dieser Beteiligungserwerb vonstatten gehen muß. Aufgrund des Wortlauts der Richtlinie kann er jedenfalls auch an einer Drittlands - Börse stattfinden, so daß auch hier ein echter Fall einer Auslandsregelung gegeben ist. Die Sanktionierung obliegt insoweit den Mitgliedstaaten.

G. Steuerrecht

Das internationale Steuerrecht ist ein Teil des internationalen Verwaltungsrechts[1910], welcher aufgrund der Bedürfnisse, die die Mobilität von Personen, Gütern und Kapital über die Grenzen hinweg geschaffen haben, in Staatenpraxis und Wissenschaft eine akzentuierte Entwicklung erfahren hat. Steuern dienen der Erzielung von Einnahmen eines öffentlichen Gemeinwesens[1911]. Sie sind Ausfluß der Steuerhoheit als Teil der Ordnungshoheit. Sie dienen einem eigennützigen Zweck, so daß jeder Staat nach eigenem Regelungswillen darüber entscheidet, welche Tatbestände er der Besteuerung zugrundelegt. Steuerrecht ist öffentliches Wirtschaftsrecht, soweit es die Besteuerung wirtschaftlicher Vorgänge zur Abschöpfung von Erträgen oder auch zur Lenkung wirtschaftlicher Vorgänge zum Ziel hat.

Das internationale Steuerrecht unterscheidet sich wie das internationale Verwaltungsrecht allgemein vom internationalen Privatrecht dadurch, daß es lediglich einseitig festlegt, auf welche Tatbestände mit Auslandsbezug es angewendet werden will, daß es die Besteuerung nicht als eine Frage der gerechten Besteuerung nach gleichwertigen Rechtsordnungen verschiedener Staaten ansieht, sondern das eigene Einkommensinteresse des Staates verfolgt[1912].

[1907] Richtlinie 88/627/EWG vom 12.12.1988 (ABlEG 1988 L 348, 62)

[1908] Art. 4

[1909] Art. 2

[1910] Kluge, V., Das Internationale Steuerrecht der Bundesrepublik, 2. Aufl. (1983), S. 4

[1911] § 3 Abs. 1 AO

[1912] Generell Mössner, J.M.,Taxation, International, in: Bernhardt, R. (ed.), Encyclopedia of Public International Law, Instalment 8, S. 494 - 506

Auslandsbezüge des Steuerrechts gibt es in mehrfacher Hinsicht. Inländer können im Ausland Einkommen erzielen ebenso wie Ausländer im Inland. Importe können ebenso besteuert werden wie Exporte. Bewegliche und unbewegliche Vermögensgegenstände von Inländern können besteuert werden, welche im Ausland belegen sind. Dabei müssen wirtschaftliche Gegebenheiten berücksichtigt werden, welche den Steuerertrag beeinflussen.

Denn ebenso wie bei reinen Inlandstatbeständen dieser Ertrag nicht linear mit der Höhe der Besteuerung ansteigt, weil die Rentabilität der wirtschaftlichen Aktivitäten unter anderem eine Funktion dieser Höhe ist, gilt auch im internationalen Steuerrecht eine Begrenzung durch einen optimalen Steuersatz, jenseits dessen der Ertrag abnimmt. Nur ist dieser Satz in diesem Bereich nicht nur vom Willen eines einzigen Staates abhängig. Wenn der gleiche Tatbestand in zwei Staaten der Besteuerung unterliegt, so kumuliert diese Doppelbesteuerung[1913] die absolute Steuerbelastung. Sie kann in diesem Zusammenwirken wirtschaftliche Aktivitäten anreizen, sie kann sie aber auch drosseln und damit zum staatlichen Erwerbszweck kontraproduktiv wirken[1914]. Einen Grundsatz, daß nur Tatbestände im Inland besteuert werden dürfen, gibt es im Steuerrecht nicht[1915].

Darüber hinaus bewirkt die Offenheit der Grenzen, daß die Wirtschaftssubjekte sich die Standorte ihrer Aktivitäten nach dem Gesichtspunkt der geringstmöglichen Belastung, wenn auch unter Berücksichtigung anderer Faktoren wie Fertigungskosten oder infrastrukturelle Voraussetzungen, auswählen. Dies kann ein Ausweichen in ein niedriger besteuerndes Ausland nach sich ziehen, welches man allgemein mit dem Begriff der Steuerflucht bezeichnet, wenngleich man aus diesem Begriff kein generelles Unwerturteil über diese Verhaltensweise ableiten sollte. Diese Motivation kann nur im konkreten Einzelfall beurteilt werden.

1913 Zum Begriff Kluge, a.a.O. (Anm. 1910), S. 7 - 10; Vogel, K., Doppelbesteuerungsabkommen, 2. Aufl. (1990), Einleitung Rn. 2 - 5

1914 Ritter,W. Entwicklungstendenzen des internationalen Steuerrechts, BB 18 (1984), S. 353; Knechtle, A., Grundfragen des internationalen Steuerrechts (1976), S. 10 f.; Gandenberger, O., Der Einfluß der Einkommen- und Körperschaftssteuer auf die internationalen Wirtschaftsströme, in: Vogel, K. (Hrsg.), Grundfragen des Internationalen Steuerrechts (1985), S. 33 - 48

1915 Kluge, a.a.O. (Anm. 1910), S. 29 f. Avis de droit de la Direction du droit international public du Département fédéral des affaires étrangères, du 19 octobre 1979, Annuaire suisse de droit international Bd. XXXVII (1981), S. 247 - 253, 249; Vogel , Steuerrecht, Internationales, in: Strupp-Schlochauer, Wörterbuch des Völkerrechts, Bd.3 (1962), S. 377 - 390; ders. Doppelbesteuerungsabkommen, 2. Aufl. (1990), Einl. Rn. 7

Die Steuerflucht führt aber nicht nur zu einer Einkommensminderung des Staates, sie kann auch zu einer suboptimalen Allokation der Ressourcen im Weltmaßstab und damit zu einer Verringerung der wirtschaftlichen Effektivität führen, weil die Motivation zu dieser Flucht, der Besteuerungsunterschied in verschiedenen Ländern, den Wettbewerb der Standorte aufgrund ihres komparativen Kostenvorteils künstlich verzerren kann[1916]. Auch Doppelbesteuerung kann zu einer solchen Effektivitätsminderung führen und damit nicht nur das Interesse eines einzigen Staates, sondern auch dasjenige aller Staaten an einer Steigerung der Wohlfahrt im Weltmaßstab verletzen[1917].

Ausgangspunkt der Besteuerung von Wirtschaftsvorgängen[1918] ist die Teilnahme an der Ordnung eines Staates[1919]. Es ist Teilnahme an der Wirtschaftsordnung, wenn ein Wirtschaftsvorgang im Inland erfolgt, etwa die Produktion einer Ware, die Erzielung von Einkommen im Inland oder die Transaktion eines Wirtschaftsgutes oder von Kapital im Inland. Hier wird nach dem Ursprungsprinzip besteuert. Das gleiche gilt für die Vermögensgegenstände von Ausländern im Inland[1920]. Aber auch solche Personen nehmen an der Lebensordnung eines Staates teil, welche im Inland ansässig sind, selbst wenn sie wirtschaftliche Aktivitäten im Ausland entfalten. Hier wird dann nach dem Prinzip der Ansässigkeit besteuert. Nach klassischer völkerrechtlicher Terminologie, abgeleitet aus dem internationalen Strafrecht, könnte man das Ursprungsprinzip dem Territorialitätsprinzip, das Ansässigkeitsprinzip dem Personalitätsprinzip zuordnen. So sind etwa in den USA ausdrücklich das Territorialitätsprinzip[1921] und das Personalitätsprinzip[1922] bei der Besteuerung angewendet worden.

Die Besteuerung nach beiden Prinzipien ist zunächst territorial. Extraterritorial wird sie nur, wenn sie neben inländischen Vorgängen mit Bezug auf einen Steuerpflichtigen auch dessen Aktivitäten im Ausland erfassen. Im ersteren Falle spricht man vom Territorialprinzip, im letzteren

---

[1916] Kluge, a.a.O. (Anm. 1910), S. 19

[1917] Vgl. Kluge, a.a.O. (Anm. 1910), S. 5 - 7

[1918] Allgemein Vogel, K., Grundfragen des Deutschen Außensteuerrechts, in: Vogel, K. (Hrsg.), Grundfragen des Internationalen Steuerrechts (1985), S. 3-31

[1919] Zum folgenden Kluge, a.a.O. (Anm. 1910), S. 10 - 12

[1920] Vgl. etwa BVerfGE 23, 289

[1921] United States Supreme Court - Burnet v. Brooks 288 U.S. 378 (1933); vgl. auch für Pakistan: Oberster Gerichtshof 30.01.1958 - Imperial Tobacco Company of India, ILR 28 S. 103

[1922] United States Supreme Court 05.05.1924 - Cook v. Tait, Annual Digest 1923 - 1924, Nr. 80: "Government by its very nature benefits the citizen and his property wherever found"; United States v. Rexach 185 F. Supp. 465 (D.C.P.R. 1960)

vom Universalprinzip[1923]. Inwieweit das Universalprinzip ein möglicher Anknüpfungspunkt ist, bestimmt sich nach dem Völkerrecht. Ob es vom Besteuerungszweck her sinnvoll ist, ist eine Frage kollisionsrechtlicher Selbstbeschränkung. In der ganz überwiegenden Staatenpraxis wird das Universalprinzip nur bei Anknüpfung der Steuerpflicht dem Grunde nach an das Ansässigkeitsprinzip verwendet, während bei der Anknüpfung an das Ursprungsprinzip das Territorialprinzip gilt.

Es ist offensichtlich, daß beide Anknüpfungsmethoden zur Doppelbesteuerung und damit zu einer Beeinflussung der Wirtschaftsvorgänge im jeweils anderen Staat führen können. Es handelt sich um extraterritoriale Jurisdiktion in der Fallgestaltung der reinen Auslandsanknüpfung, denn geregelt wird nur die Steuerzahlungspflicht im Inland. Voraussetzung ist die Jurisdiktionshoheit der Staaten nach dem Völkerrecht[1924]. Liegt sie vor, so ist die Doppelbesteuerung in der Staatenpraxis nicht als ein Fall von Jurisdiktionskonflikten behandelt worden, wohl aber als ein Problem der Koordinierung durch Berücksichtigung der Steuerpflicht im jeweils anderen Staat oder, seltener, als ein Problem der Harmonisierung staatlicher Steuerrechte. Sowohl für das Ursprungsprinzip als auch für das Ansässigkeitsprinzip wird die völkerrechtliche Zulässigkeit der Anknüpfung deswegen bejaht, weil in ihnen die wirtschaftliche Zugehörigkeit des besteuerten Tatbestandes zur inländischen Wirtschaftsordnung zum Ausdruck kommt[1925]. Auch die Steuerflucht führt zu Fällen extraterritorialer Jurisdiktion durch Auslandsanknüpfung, wenn nämlich der "verlassene" Staat sie zur Anknüpfung für eine Besteuerung nimmt, welche über die normale Steuerpflicht für ausländische Aktivitäten Inlandsansässiger im Ausland hinausgeht.

Im deutschen Einkommensteuerrecht - und nur dieses soll hier exemplarisch betrachtet werden - gilt für im Inland Ansässige das Universalprinzip[1926] (unbeschränkte Steuerpflicht). Für sonstige Personen, die im Inland tätig sind, gilt das• Territorialprinzip[1927] (beschränkte Steuerpflicht)[1928], wobei aber nur bestimmte Inlandseinkünfte erfaßt werden.

1923 Vgl. hierzu Vogel, a.a.O., S. 4 ff.

1924 Kluge, a.a.O. (Anm. 1910), S. 28 - 32. Vgl. auch den Bericht über Staatenproteste gegenüber exorbitanten Anknüpfungen bei Müller, P., Deutsche Steuerhoheit über ausländische Tochtergesellschaften (1970), S. 85

1925 Kluge, a.a.O. (Anm. 1910), S. 32

1926 § 2 Abs. 1 EStG

1927 § 49 EStG

1928 Vgl. hierzu Kluge, a.a.O. (Anm. 1910), S. 33 ff.; Wassermeyer, F., Die beschränkte Steuerpflicht, in: Vogel, K. (Hrsg.), Grundfragen des Internationalen Steuerrechts (1985), S. 49 - 77

Ähnliches gilt etwa für das englische Steuerrecht[1929]. Zur Verhinderung von Steuerflucht ("Wohnsitzwechsel in niedrigbesteuernde Gebiete") gibt es darüber hinaus die erweiterte beschränkte Steuerpflicht[1930]. Personen, welche nach mindestens fünf Jahren unbeschränkter Steuerpflicht in den letzten zehn Jahren vor Ende dieser Pflicht in Deutschland ihren Wohnsitz in ein niedrigbesteuerndes Gebiet verlegen und weiterhin wesentliche wirtschaftliche Interessen im Inland haben, indem sie weiter Unternehmer oder Mitunternehmer im Inland sind, im Inland ein bestimmtes Einkommen beziehen oder Vermögen haben, unterliegen mit all ihren inländischen Einkünften ohne Ausnahme der Steuerpflicht während zehn Jahren nach ihrem Wegzug. Die Auslandsanknüpfung erfordert also in diesem Falle einen zusätzlichen inländischen Anknüpfungspunkt der weiteren Teilnahme an der inländischen Wirtschaftsordnung.

Eine typische Maßnahme zur Umgehung inländischer höherer Steuern ist die Gründung einer Basisgesellschaft im Ausland[1931], welche möglichst viele Gewinne der hierdurch entstehenden Unternehmensgruppe in ihrem niedrigbesteuernden Sitzland versteuern und sie vor der Besteuerung im Inland abschirmen soll, ohne eigene wesentliche wirtschaftliche Interessen in ihrem Sitzland zu verfolgen. Damit kann die unbeschränkte Steuerpflicht im Inland umgangen werden. Durch die gesetzliche Regelung in §§ 7 ff. des Außensteuergesetzes ist jetzt klargestellt, daß hier in der Regel kein Scheingeschäft und keine Steuerumgehung angenommen werden kann[1932]. Das Gesetz hilft stattdessen mit einem beschränkten Durchgriff durch die selbständige Rechtspersönlichkeit der Basisgesellschaft auf die dahinterstehenden inländischen Gesellschafter, angeknüpft also an das Personalitätsprinzip.

Grossfeld[1933] hat hierin ein völkerrechtliches Problem extraterritorialer Jurisdiktion gesehen, weil der Durchgriff zu erheblichen wirtschaftlichen Auswirkungen auf die ausländische Basisgesellschaft und damit auf die Wirtschaftsordnung ihres Sitzlandes führen könne. Er nimmt eine Verpflichtung zur Berücksichtigung ausländischer Interessen jedenfalls als

---

[1929] Lowe, A.V., Extraterritorial Jurisdiction, The British Practice, RabelsZ 52 (1988), S. 157-204, 175 - 177

[1930] §§ 2 - 5 Außensteuergesetz vom 8.9.1972 (BGBl. 1972 I, 1713), zuletzt geändert durch Gesetz vom 25.2.192 (BGBl. 1992 I, 297). Hierzu Kluge, a.a.O. (Anm. 1910), S. 37 - 41

[1931] Vgl. §§ 7 - 14 des Außensteuergesetzes. Das Gesetz spricht von "Zwischengesellschaften". Hierzu Grossfeld, B., Basisgesellschaften im internationalen Steuerrecht (1974); Kluge, a.a.O. (Anm. 1910), S. 92 - 123

[1932] Nach §§ 41 f. der Abgabenordnung, vgl. hierzu Grossfeld, a.a.O., S. 78; Kluge, a.a.O., S. 100 ff.

[1933] a.a.O., insbesondere S. 180 ff.

Gebot einer vernünftigen Steuerpolitik an[1934]. Dies ist allerdings kein Problem des Anknüpfungspunktes, der bei der Besteuerung der Gesellschafter im Inland liegt. Vielmehr stellt sich die Frage, ob die Auswirkungen dieser territorialen Maßnahme auf das Inland völkerrechtliche Pflichten nach sich ziehen oder kollisionsrechtliche Selbstbeschränkung nahelegen.

Der frühere § 15 Abs. 2 Steueranpassungsgesetz[1935] hatte Unternehmen als inländische Unternehmen behandelt, welche zwar im Ausland selbständige Rechtspersönlichkeit hatten, aber sich darstellten als "wirtschaftlich als ein in der Gliederung eines Unternehmens gesondert geführter Betrieb", wobei dieses beherrschende Unternehmen oder die beherrschende Person ihren Sitz im Inland hatte. Dies war ein echter Fall des Durchgriffs aufgrund der Personalhoheit durch die Kontrolltheorie. In einer Entscheidung hierzu sagte der Bundesfinanzhof, daß dies nicht gegen Völkerrecht verstoße, weil es im internationalen Steuerrecht solche völkerrechtlichen Jurisdiktionsgrenzen nicht gebe[1936]. Die Bundesregierung hielt die Regel jedoch für völkerrechtlich bedenklich und betrieb ihre inzwischen erfolgte Aufhebung.

Die Beschränkung der Besteuerung von Ausländern im Inland nach dem Territorialprinzip ist Ausdruck einer Selbstbeschränkung, wonach nur solche Vorgänge erfaßt werden sollen, die Teilnahme an der inländischen Wirtschaftsordnung bedeuten. Dem dient etwa das Betriebsstättenprinzip, wonach Teile ausländischer Unternehmen im Inland nur dann dort besteuert werden, wenn sie durch ihre Organisation eine nachhaltige und dauernde Teilnahme an dieser Ordnung erwarten lassen[1937]. Dann aber ist eine Doppelbesteuerung im Inland wie im Herkunftsland des Unternehmens möglich.

Eine Selbstbeschränkung beinhaltet auch das Prinzip, daß im deutschen Recht inländische Kapitalgesellschaften nur mit den denjenigen Gewinnen ausländischer Tochtergesellschaften besteuert werden, die tatsächlich ausgeschüttet wurden[1938]. Ist dies aber der Fall, so kommt es ebenso zu einer Doppelbesteuerung. Ähnliches gibt es auch in Kanada, Frankreich, und Japan[1939]. Die USA hatten bis 1962 eine solche Besteuerung nur bei solchen ausländischen Gesellschaften vorgenommen, welche eng durch

---

[1934] A.a.O, S. 182 "Gebot praktischer Politik"

[1935] vom 16.10.1934 (RGBl. 1924 I, 925)

[1936] BFH Bundessteuerblatt 1964 III, S. 253; 1971 II, S. 721, 723; 1963 II, S. 413. Vgl. hierzu Grossfeld, a.a.O., S. 174 ff.

[1937] Kluge, a.a.O. (Anm. 1910), S. 47 - 49

[1938] Kluge, a.a.O. (Anm. 1910), S. 65

[1939] American Law Institute, Restatement of the Law, Third, The Foreign Relations Law of the United States (1987) , § 412, Reporters' Notes 4

Ansässige oder Staatsbürger der USA kontrolliert wurden. Seit 1962 werden auch solche nicht verteilten Einkünfte ausländischer Gesellschaften versteuert, welche in einer Steueroase erworben werden, soweit nur eine irgendwie geartete Kontrolle von "United States persons" vorliegt.

Die nachteiligen Folgen einer Doppelbesteuerung[1940] können zum einen durch kollisionsrechtliche Selbstbeschränkung gemildert oder beseitigt werden, durch Freistellung ausländischer Einkünfte, möglicherweise verbunden mit einem Progressionsvorbehalt oder durch Anrechnung ausländischer Steuerzahlungen auf die inländischen Zahlungspflichten[1941]. Das deutsche Steuerrecht rechnet unter bestimmten Bedingungen unbeschränkt Steuerpflichtigen die im Ausland gezahlte Steuer auf ihre Besteuerung nach dem Universalprinzip an[1942]. Darüber hinaus können Auslandsinvestitionen auch aktiv durch die Gewährung steuerlicher Vorteile gefördert werden[1943].

Die Problematik der Doppelbesteuerung ist aber in erheblichem Umfang Gegenstand bilateraler und - seltener - multilateraler Abkommen der Staaten geworden[1944]. Die OECD hat 1963 und 1977 Musterabkommen ausgearbeitet, welche bilateralen Vertragslösungen zugrunde gelegt werden können[1945]. Auch die UNO hat 1980 ein Modellabkommen verabschiedet[1946]. Die Bundesrepublik Deutschland hat weit über 60 bilaterale Doppelbesteuerungsabkommen abgeschlossen. Das gleiche gilt für die anderen Industriestaaten, aber auch - in beschränkterem Umfang - für Entwicklungsländer. Im Zuge der Vorbereitung des gemeinsamen Binnenmarktes haben die im Rat vereinigten Vertreter der Mitgliedstaaten der EG 1990 ein Übereinkommen über die Beseitigung der Doppelbesteuerung im Falle von Gewinnberichtigungen zwischen verbundenen Unternehmen nach Art. 220 EWGV abgeschlossen[1947].

[1940] Vgl. allgemein Mössner, J. M., Die Methoden zur Vermeidung der Doppelbesteuerung - Vorzüge Nachteile, aktuelle Probleme, in: Vogel, K. (Hrsg.), Grundfragen des Internationalen Steuerrechts (1985), S. 135 - 171

[1941] Kluge, a.a.O. (Anm. 1910), S. 50 f.; Fedozzi, P., De l'efficacité extraterritoriale des lois et des actes de droit public, RdC 27 (1929 II), S. 141-242, 168 ff.; Ryser, W., Extraterritorialité et droit fiscal, Außenwirtschaft 39 (1984), S. 119 - 136, 125 ff.

[1942] § 34 c EStG

[1943] Vgl. das deutsche Auslandsinvestitionsgesetz vom 18.8.1969 (BGBl. 1969 I, 1211), zuletzt geändert durch Gesetz vom 25.7.1988 (BGBl. 1988 I, 1093)

[1944] Vgl. allgemein Vogel, K., Doppelbesteuerungsabkommen, 2. Aufl. (1990) Einl., Rn. 16 - 23, 28 - 72; Kluge, a.a.O. (Anm. 1910), S. 155 - 192

[1945] Musterabkommen zur Vermeidung der Doppelbesteuerung des Einkommens und des Vermögens. Bericht des Fiskalausschusses der OECD (1977), vgl. hierzu Vogel, a.a.O. , Rn. 19

[1946] UN - Dokument ST/ESA/102, Resolution 1980/ 13 Nr.1

[1947] ABlEG 1990 L 225, S. 10

Die Doppelbesteuerungsabkommen dienen der Vereinbarung von Beschränkungen der Besteuerung grenzüberschreitender Sachverhalte durch die beteiligten Staaten und der Aufteilung der Besteuerung[1948]. Im Grundsatz wird meistens dem Sitz- oder Wohnsitzstaat der Vorrang eingeräumt, aber die Tatsache, daß dies eine Wettbewerbsverzerrung im Quellenstaat sein könnte, führt zur Aufrechterhaltung der Doppelbesteuerung für Einkünfte aus Gewerbebetrieb, selbständiger oder unselbständiger Arbeit und aus im jeweiligen Staat belegenen Immobilien. Deren Nachteile werden dann durch Befreiung oder Anrechnung ausgeglichen[1949], wobei die Bundesrepublik die Befreiung unter Progressionsvorbehalt bevorzugt, während die anglo - amerikanischen Staaten nach der Anrechnungsmethode vorgehen.

Bei der Kapitalbesteuerung hat ebenfalls der Sitzstaat den Vorrang, der Quellenstaat darf aber bis zu einem bestimmten Satz ins Ausland transferierte Gewinnbeteiligungen besteuern. Maßnahmen gegen die Steuerflucht sind in den Doppelbesteuerungsabkommen speziell geregelt. In Ergänzung zur Abgrenzung der Steuererhebung durch die Vertragsparteien hat das deutsch - französische Doppelbesteuerungsabkommen den Weg der Gewährung von Steuervorteilen auch für die Angehörigen des anderen Staates und damit einer Harmonisierung der Steuerlast beschritten[1950].

Neben der grundsätzlichen Bewältigung der Probleme der Doppelbesteuerung enthalten Doppelbesteuerungsabkommen oft auch eine Verfahrensregelung zur Ausräumung von Konflikten bei der Anwendung solcher Abkommen im sogenannten Verständigungsverfahren oder zur Rechtsergänzung oder -fortbildung im Konsultationsverfahren, so daß eine Harmonisierung der Rechtsanwendung im konkreten Falle möglich wird.

Insgesamt kann man feststellen, daß im internationalen Steuerrecht traditionell an die Staatsangehörigkeit, den Wohnsitz oder den Sitz des Steuerpflichtigen, an seine Tätigkeit im Staat oder an sein dort belegenes Vermögen angeknüpft wird. Dies bestätigt auch das amerikanische Restatement (Third)[1951], welches in § 412 eine Systematisierung der Praxis unter völkerrechtlichem Gesichtspunkt vorgenommen hat. Diese Anknüpfungspunkte betreffen die Besteuerung von Einkommen, Eigentum,

---

[1948] Vogel, K., Doppelbesteuerungsabkommen, 2. Aufl. (1990), Einl. Rn. 11 - 14

[1949] Zu den ökonomischen Konsequenzen Peffekoven, R., Anrechnung versus Freistellung - zur ökonomischen Analyse internationaler Besteuerungsprinzipien, Außenwirtschaft 39 (1984), S. 137 - 150

[1950] Abkommen vom 21.7.1959 (BGBl. 1961 II, 398), Revisionsprotokoll vom 9.6.1969 (BGBl. 1970 II, 719); Revisionsprotokoll vom 28.9.1989 (BGBl. 1990 II, 770)

[1951] A.a.O. , (Anm. 12)

Vermögensübertragungen und wirtschaftlichen Transaktionen. Umgekehrt wird auch festgestellt, daß die Besteuerung eines Ausländers, welcher nur kurzfristig in einem Staat anwesend ist, eine Völkerrechtsverletzung wäre[1952]. Auf die zusätzliche Quelle der Doppelbesteuerung durch die Differenzen der Bestimmung der Staatsangehörigkeit von Gesellschaften zwischen der Sitz- und der Gründungstheorie wird hingewiesen, was aber völkerrechtlich unbedenklich sei[1953].

Ein Problem, das in einer ganzen Reihe von Staaten der USA auftritt, ist die Frage der Besteuerung multinationaler Unternehmen. In der Regel wird auch in den USA eine Untereinheit eines solchen multinationalen Konzerns gesondert mit ihrem Einkommen im Besteuerungsstaat erfaßt. Diese "unitary taxation" zieht das weltweite Einkommen eines Unternehmens als Bemessungsgrundlage heran und weist ein Teil dieses Einkommens dem besteuernden Staat zu. Dies ist nach Auffassung des Supreme Court auch völkerrechtlich zulässig[1954], wenn die Muttergesellschaft in den USA sitzt, wenn eine ausreichende Verbindung zum Besteuerungsstaat vorliegt, wenn die ausländische Tochtergesellschaft Teil eines integrierten Geschäftsbetriebes ist und wenn die Aufteilung des Gesamteinkommens nicht unfair ist.

Diese Methode wurde wegen des mangelnden Zusammenhangs mit dem besteuernden Staat kritisiert. Großbritannien hat sogar gesetzlich die Steuerbehörden ermächtigt, Nachlässe bei der Besteuerung von Unternehmen zu verweigern, welche einen wesentlichen Teil ihrer Geschäftstätigkeit in Staaten haben, die die unitary taxation verwenden[1955]. Das Restatement hält aber diese Besteuerungsmethode für rechtmäßig, wenn die Muttergesellschaft ihrem Sitz im besteuernden Staat hat[1956]. Ungeklärt bleibt aber danach die Frage, inwieweit eine solche Besteuerung bei amerikanischen Tochtergesellschaften eines internationalen Konzerns zulässig ist[1957]. Da das internationale Steuerrecht den Befund in anderen Materien bestätigt, daß extraterritoriale Jurisdiktion nur bei Vorliegen eines hinreichenden Anknüpfungspunktes ausgeübt werden darf, wird es einer Untersuchung der völkerrechtlichen Qualifikation dieser Voraussetzung bedürfen, um hierauf eine Antwort geben zu können.

Wenn sich Anknüpfungspunkte für die Besteuerung überschneiden, so soll eine Doppelbesteuerung vermieden werden (§ 413). Hierfür gibt es

---

1952 Comment d

1953 § 411, Reporters' Notes

1954 Container Corp. of America v. Franchise Tax Board, 463 U.S. 159

1955 Vgl. sec. 54 des Finance Act 1985

1956 Ebenso Qureshi, A.H., Unitary Taxation and General International Law, Bulletin for International Fiscal Documentation 41 (1987), S. 56-84, 58 - 62

1957 Comment e

aber nach dem Restatement (Third) offensichtlich keine völkerrechtliche Regel. Die Vermeidung der Doppelbesteuerung wird als reines Postulat des nationalen Rechts formuliert. Diese Auffassung wird von der überwiegenden Lehre geteilt[1958]. Im Vordringen ist eine Auffassung, daß bei Doppelbesteuerung auf die Interessen anderer Staaten Rücksicht genommen werden müsse. Unklar bleibt jedoch, ob es sich hierbei um einen Satz des Völkergewohnheitsrechts oder um reine comity handelt[1959]. Ritter möchte das Prinzip völkerrechtlich absichern als allgemeinen Rechtsgrundsatz, welcher aus der Bemühung der Staaten abzuleiten ist, Doppelbesteuerung einseitig oder vertraglich zu vermeiden[1960]. Eine Bewertung dieser Ableitung und eine Erörterung, ob sich eine solche Abwägungspflicht aus allgemeinem Völkerrecht ergibt, wird noch vorzunehmen sein.

Das Steuerrecht zeigt generell, daß ein gemeinsames wirtschaftliches Interesse auch im Verwaltungsrecht zu einer Berücksichtigung der Interessen anderer Staaten bei der Gestaltung des eigenen Rechts führt. Das Eigeninteresse umfaßt bereits unter dem Gesichtspunkt der Gegenseitigkeit diese Berücksichtigung mit. Darüber hinaus wurde bereits früher erwähnt, daß im Steuerrecht die fremdnützige Anerkennung ausländischer Hoheitsakte zur Rechtshilfe in immer stärkerem Maße vorkommt. Da dies ebenfalls durch ein Gegenseitigkeitsinteresse motiviert ist, wird der fremdnützige Charakter mittelbar durch Eigennutz bestimmt.

H. Teilergebnis

Die Erörterung ausgewählter Konfliktfälle und Regelungsmaterien aus der Praxis hat gezeigt, daß eine reine Auslandsanknüpfung, soweit sie nach der vorgegebenen Definition extraterritoriale Jurisdiktion darstellt, von Einzelfällen im Außenwirtschaftsrecht abgesehen, überwiegend nur im Steuerrecht vorkommt. Hier geht es nur um die Rechtmäßigkeit der gewählten Anknüpfungen, was etwa beim Durchgriff durch die selbständige Rechtspersönlichkeit von ausländischen Tochtergesellschaften inländischer Muttergesellschaften eine Rolle spielt. Auch ansonsten gab es dabei Streitigkeiten über gewählte Anknüpfungen, aus denen hervor-

---

[1958] Knechtle, A., Grundfragen des internationalen Steuerrechts (1976), S. 156 f.; Mössner, J.M., Taxation, International, in: Bernhardt, R. (ed.), Encyclopedia of Public International Law, Instalment 8, S. 494 - 506; Vogel, K., Doppelbesteuerungsabkommen, 2. Aufl. (1990), Einl. Rn. 8

[1959] Vgl. hierzu Mössner, a.a.O., S. 499; Ritter, W., Das Prinzip Rücksicht, BB 18 (1984), S. 1109; ders., Entwicklungstendenzen des internationalen Steuerrechts, BB 18 (1984), S. 353

[1960] Ritter, W., Das Prinzip Rücksicht, BB 18 (1984), S. 1109, 1112

geht, daß die Staaten eine hinreichend enge Beziehung zwischen regelndem Staat und extraterritorialem Regelungsgegenstand verlangen, wie sie etwa in dem Sitz oder dem Wohnsitz von Personen im Inland, in der Staatsangehörigkeit oder in der sonstigen Zurechnung eines Sachverhalts zur inländischen Wirtschaftsordnung bestehen. Streitigkeiten wegen tatsächlicher Auslandsauswirkungen rechtmäßiger reiner Auslandsanknüpfungen sind in den betrachteten Regelungsmaterien nicht aufgetreten.

Auslandsregelungen kamen in allen erörterten Teilbereichen außer im Steuerrecht vor. Hinsichtlich der Anknüpfungspunkte zeigt sich, daß extraterritoriale Jurisdiktion in den einzelnen Regelungsmaterien je nach Regelungsziel variiert wird. Die sicherheitspolitischen Interessen, welche das Außenhandelsrecht in seinem Extraterritorialitätsaspekt bestimmen, benötigen eine möglichst weite Anknüpfung, um alle Personen in den Dienst des eigenen Regelungsziels zu stellen, welche in irgend einer Weise mit dem regelnden Staat in einem besonderen Verhältnis stehen. Dies ist einmal das Treueverhältnis der Personalhoheit - bereits erweitert im Sinne des Aufenthaltsrechts, wobei durch die Kontrolltheorie die Staatsangehörigkeit juristischer Personen extensiv bestimmt wird.

Diese Anknüpfung existiert in der allgemeinen Außenwirtschaftsgesetzgebung in den USA und in Deutschland, aber ebenso in der Antiboykottgesetzgebung und in der Antikorruptionsgesetzgebung der USA. Staatenäußerungen werfen hier die Frage auf, ob die Anknüpfung an die Personalhoheit nur bei Auswirkungen des Verhaltens auf den regelnden Staat zulässig ist. Dabei fiel auf, daß hinsichtlich der Auswirkungen das Schutzprinzip auch bei sicherheitspolitisch motivierten Regelungen nicht geltendgemacht wurde. In einem britischen Protest wurde die Frage aufgeworfen, ob die Anknüpfung an das Personalitätsprinzip dem Heimatstaat ein unbeschränktes Regelungsrecht gebe. Die Ausdehnung dieses Prinzips auf Personen, welche im betreffenden Staat ein formalisiertes Aufenthaltsrecht haben oder gebietsansässig sind, ist in der Praxis nicht auf Widerstand gestoßen und dürfte völkergewohnheitsrechtlich inzwischen anerkannt sein.

Völlig neu ist die Anknüpfung der USA an die Herkunft von Waren und Technologie im Außenwirtschaftsrecht. Dieses Band soll durch den wirtschaftlichen Vorteil des Erhalts dieser Waren oder des know how geknüpft werden. Schließlich wird versucht, ein besonderes Band durch eine einseitige Unterwerfungserklärung des Empfängers solcher Vorteile zu knüpfen. Dieses kann entweder als Unterwerfung unter die Jurisdiktion oder auch nur als vertragsrechtliche Verpflichtung gegenüber dem Ausfuhrstaat gewertet werden.

Gegen diese Erweiterungen der Jurisdiktion im Außenwirtschaftsrecht im Sinne der Kontrolltheorie und über die Personalhoheit hinaus richteten sich Proteste von Staaten und der EG, welche die Völkerrechtswidrigkeit solcher Anknüpfungen ganz generell feststellten. Diese Staaten versuchten auch, durch Abwehrregelungen die Durchsetzung der amerikanischen Jurisdiktion zu verhindern. Die USA haben aber erklärt, daß die Unterwerfung einer Privatperson nicht die völkerrechtliche Position anderer Staaten hinsichtlich der Jurisdiktion und der Behandlung von Jurisdiktionskonflikten abändern könne und befindet sich damit in der Rechtsansicht in weitgehender Übereinstimmung mit den protestierenden Staaten. Gegen die Annahme der Rechtmäßigkeit rein privatrechtlicher Verpflichtungen, wie sie im Außenwirtschaftsverkehr in anderen Ländern üblich sind, hat sich kein Widerspruch ergeben.

Während diese Anknüpfung an die erheblich erweiterte Personalhoheit aus ihrer politischen Zwecksetzung extensiv ist, ist die Anknüpfung an Auswirkungen in selteneren Fällen im Außenwirtschaftsrecht, vorherrschend dagegen im Börsen- und Wertpapierrecht, im Kartellrecht und im Recht der Fusionskontrolle durch ihr Regelungsziel, welches in der Steuerung oder Verhinderung der Auswirkung liegt, erheblich enger. Allerdings ist eine Qualifizierung der Auswirkung in Gesetzestexten unterschiedlich. § 6 AWG und § 98 Abs. 2 GWB sprechen nur von Auswirkung. Im amerikanischen Börsenrecht ist von "significant effect" oder von "substantial effect" die Rede.

Im Kartellrecht wird die Anknüpfung an Auswirkungen nicht nur ganz allgemein als die sachlich angemessenste verwendet, sie wird auch von - allerdings relativ wenigen - Staaten zur extraterritorialen Jurisdiktion verwendet. Soweit dabei an tatsächliche Auswirkungen angeknüpft wird, werden diese darüber hinaus qualifiziert durch die Begriffe der Spürbarkeit, Unmittelbarkeit, der Absicht oder Vorhersehbarkeit. Dabei sind aber die Konturen der Anknüpfung an Auswirkungen undeutlich. In Deutschland und in der EWG müssen sie "spürbar" sein, in den USA ist die Qualifikation als "direct" und/oder "substantial" inhomogen. In der EWG und in den USA werden beabsichtigte, aber nicht eingetretene Auswirkungen zum Ansatz für eine Anknüpfung des Kartellrechts bejaht, in Deutschland ist dies nicht vorgesehen. Über die Intensität des subjektiven Merkmals gibt es unterschiedliche Äußerungen, in der EWG kommt es auf den Zweck, also die Absicht im technischen Sinne an, in den USA reicht wohl nach überwiegender Praxis die Vorhersehbarkeit aus.

Bei der Fusionskontrolle wird nicht die erfolgte Auswirkung, sondern die Eignung eines Zusammenschlusses zu einer Wettbewerbsbeschränkung zum Anlaß einer Anknüpfung genommen. Dies ist eine typisierte

Antizipation einer Folge, die nach den Maßstäben wirtschaftlich vernünftigen Verhaltens eintreten wird und somit eine Anknüpfung an präsumierte Auswirkungen ist. Die präventive Fusionskontrolle geht noch darüber hinaus, weil sie Verpflichtungen auch extraterritorial regelt, welche erst die Feststellung einer solchen Präsumption ermöglichen sollen. Sie wird in den USA, der EWG und in Deutschland - dort mit gewissen Sonderregeln für die beschleunigte Abwicklung - extraterritorial betrieben. Besonders problematisch sind vorläufige Vollzugsverbote im Rahmen der vorbeugenden Fusionskontrolle. Hier entstehen die Probleme des Widerspruchs zwischen Erlaubnis im Staat der Fusion und Verbot im Staat der Auswirkungen. Das Vollzugsverbot ist völkerrechtlich deswegen von Bedeutung, weil es auch bei Fusionen, bei denen schließlich überhaupt keine Auswirkung auf das Inland festgestellt wird, eine temporäre Verzögerung der Fusion mit möglicherweise erheblichen wirtschaftlichen Folgen bedeutet.

Da im Kartell- und Fusionskontrollrecht die Kontrolle nicht nur auf die Teilnahme am unmittelbar betroffenen Markt, sondern auch die vorgelagerten Sekundärmärkte von Zulieferern und Rohstofflieferanten erstreckt wird, stellt sich hier die Frage, inwieweit extraterritorial das Erfordernis einer "direkten Auswirkung" Verhaltensweisen auf solchen Märkten nicht mehr erfassen darf. Hier ist auch wiederum die Zulässigkeit der Anknüpfung an potentielle Auswirkungen zu stellen, soweit es sich um die Fusionskontrolle handelt.

In zwei Leitentscheidungen in den USA (Laker) und in der EWG (Zellstoff) ist der Versuch unternommen worden, die Anknüpfung an Auswirkungen als eine Variante des objektiven Territorialitätsprinzips zu begreifen. Die Fallgestaltung und der Duktus der Begründungen weisen aber darauf hin, daß der entscheidende Gesichtspunkt nicht die Lokalisierung der Handlungen und ihrer Erfolge, sondern eine ganzheitliche Betrachtung der grenzüberschreitenden wirtschaftlichen Vorgänge als Teilnahme an der innerstaatlichen wirtschaftlichen Ordnung des regelnden Staates ist.

Unterschiedlich behandelt wird die Tatsache, daß ein angeordnetes Verhalten im Ausland entweder verboten oder erlaubt ist. In den USA wird ersteres nur kollisionsrechtlich berücksichtigt, während im Ausland verbotenes Verhalten nicht angeordnet wird. In der EWG wird bei ausländischer Anordnung eine Anwendung eigenen Rechts verneint, in Deutschland gibt es hierzu keine Praxis.

Innerhalb von Unternehmenszusammenschlüssen wird regelmäßig eine Zurechnungseinheit angenommen, die auf der Leitungsmacht des herrschenden Unternehmens beruht. Diese wird teilweise festgestellt, teilweise aber auch nur typisierend als Zurechnungsgrund ohne tatsächlichen Nachweis einer Einflußnahme verwendet. So werden Fusionen von Auslands - Gesellschaften mit Tochtergesellschaften im Inland als inlandsrelevante Tatbestände angesehen. Bei rechtlicher Teilbarkeit einer Fusion ist in Deutschland eine völkerrechtliche Pflicht zur Beschränkung einer Untersagung auf den inlandsrelevanten Teil angenommen worden. Auch in den USA ist eine solche Fallgestaltung ähnlich, allerdings ohne Anerkennung einer Völkerrechtspflicht zur Beschränkung, geregelt worden. Ungeklärt ist, welche völkerrechtliche oder kollisionsrechtliche Auswirkung es hat, wenn eine solche Teiluntersagung wirtschaftlich die gesamte Fusion zunichte macht. In Deutschland begegnet man möglicher Kritik an vorbeugender Fusionskontrolle mit besonderer Verfahrensbeschleunigung.

In den USA, aber auch vereinzelt in Deutschland und der EWG ist eine Abwägung der kollidierenden Interessen ausländischer Staaten vorgenommen worden. Dies ist in den USA grundsätzlich unter dem Gesichtspunkt kollisionsrechtlicher comity erfolgt, während in Deutschland, wenn auch nicht eindeutig, eine völkerrechtliche Pflicht hierzu angenommen werden dürfte. In der EWG ist der Grund dieser Abwägung bisher unklar geblieben, aufgrund von Hinweisen in Rechtsakten kann man aber davon ausgehen, daß hier eine völkerrechtliche Pflicht angenommen wird. In Deutschland und in der EWG ist auch mehrfach das völkerrechtliche Interventionsverbot als mögliche Grenze extraterritorialer Jurisdiktion erwähnt worden. Aufgrund einer Bestimmung im Kooperationsvertrag zwischen der EG - Kommission und der amerikanischen Regierung kann man aber nunmehr annehmen, daß von beiden Partnern eine Abwägungsverpflichtung angenommen wird. In den USA ist eine Abwägung teilweise bereits bei der Beurteilung der rechtmäßigen Anknüpfung vorgenommen worden, teilweise erst bei dem Versuch einer Auflösung von Konflikten mit ausländischen Staaten bei konkurrierender Jurisdiktion.

Gegen die Anknüpfung an Auswirkungen im Kartell- und Fusionskontrollrecht, die extraterritorial bisher nur in den USA, der EWG, Deutschland und in einem Falle in der Schweiz vorgekommen ist, haben dem Grunde nach nur Südafrika und Großbritannien protestiert, wobei Großbritannien im Zellstoff - Fall vor dem EuGH jedoch klarmachte, daß es ihm nicht um die Lokalisierung von Handlungen und materiellen Erfolgen geht, sondern daß es wirtschaftliche Vorgänge der Übertragung von Auslandshandeln in die inländische Wirtschaftsordnung ganzheitlich zu betrachten bereit ist und dem Territorialitätsprinzip zuordnet. Das Prinzip ist auch im Kodex über wettbewerbsbeschränkende Praktiken der UN

- Generalversammlung von einer großen Anzahl von Staaten als mögliche Anknüpfung anerkannt worden.

In diesem Sachbereich ist durch die aufgetretenen insbesondere im Rahmen der OECD Konflikte eine Konsultationspraxis entstanden. Hierüber gibt es auch eine Anzahl bilateraler Verträge welche, allerdings unter dem ordre public - Vorbehalt, teilweise auch die Leistung von Rechtshilfe vorsehen. Am weitesten geht das Abkommen der USA mit der EWG, welches nicht nur die Anknüpfung an spürbare Auswirkungen vorsieht, sondern eine Pflicht zur Berücksichtigung konkret aufgezählter Interessen der jeweils anderen Partei.

Die Anknüpfung an die Auswirkung ist eine Anknüpfung an die Teilnahme an der inländischen Wirtschaftsordnung, etwa durch Einfuhr von Waren, Erbringung von Dienstleistungen aus dem Ausland etc. Diese Form der Anknüpfung liegt auch bei grenzüberschreitender Kontrolle eines internationalen Konzerns vor. Hier handelt es sich nicht um den Durchgriff durch selbständige Rechtspersönlichkeiten, welche im Zentrum der Kritik bei der Ausweitung der Personalhoheit auf ausländische Konzernunternehmen im Außenwirtschaftsrecht steht. Die Auswirkung wird nicht primär aufgrund der Territorialhoheit erfaßt, sondern aufgrund der Ordnungshoheit, denn sie tritt in der Wirtschaftsordnung eines Staates ein.

Die Anknüpfung aufgrund der Ordnungshoheit zeigt eine sachliche und eine persönliche Komponente. Zum einen geht es um den Schutz der ordnungspolitischen Vorgaben, also etwa des Wettbewerbs, vor Gefährdung durch ausländische Teilnehmer an dieser Wirtschaftsordnung. Zum anderen geht es um den Schutz der anderen, inländischen Teilnehmer dieser Ordnung vor Schäden, welche zu Schäden an ihrer wirtschaftlichen Leistungsfähigkeit und damit an ihrer Fähigkeit, optimal an dieser Ordnung teilzunehmen, führen. Dieser Schutzgedanke geht über das passive Personalitätsprinzip hinaus, weil hier auch ausländische Teilnehmer an der Ordnung geschützt werden. Auf den Aufenthalt dieser Personen kommt es nicht an, wie sich insbesondere m Börsenrecht gezeigt hat.

Im Außenwirtschaftsrecht und im Börsenrecht zeigte sich, daß auch Fälle einer weiten extraterritorialen Jurisdiktion nicht auf die Kritik anderer Staaten stoßen, wenn sie gemeinschaftlich anerkannte Regelungsziele haben. Dies ist zu vergleichen mit dem Universalitätsprinzip im Strafrecht. So kann jedenfalls auf bestimmten Sektoren Völkergewohnheitsrecht entstehen, welches die allgemeinen völkerrechtlichen Grenzen staatlicher Jurisdiktion ausdehnt. Ein Beispiel hierfür ist etwa die Absprache der Staaten hinsichtlich der bankrechtlichen Überwachung. In keinem dieser Fälle aber sind konkurrierende Jurisdiktion und damit Konflikte völlig ausgeschlossen.

Die Zurücknahme eigener extraterritorialer Jurisdiktion bei Kollision mit einem Hoheitsakt des Aufenthaltsstaates des Adressaten erfolgt abgestuft. Vollständig ist sie dann, wenn die eigene Anordnung an die Bedingung geknüpft wird, daß eine gleiche Regelung auch im Aufenthaltsstaat existiert. Dies ist etwa beim Strafrecht bekannt, aber auch bei der Antiboykottgesetzgebung der USA. Im letzteren Falle wird aber beim Schutz eigener Staatsangehöriger diese Einschränkung nicht gemacht. Im Kartell- und Fusionskontrollrecht erfolgt sie in den USA aufgrund der comity durch eine Interessenabwägung, die jedoch nur in seltenen Fälle zum Vorrang eines ausländischen Interesses führt. Weder im Außenwirtschaftsrecht noch im Börsen- und Wertpapierrecht ist eine solche Praxis bekannt.

Im Ergebnis ist festzuhalten, daß in allen betrachteten Regelungsmaterien ein Bezug zum regelnden Staat zur Voraussetzung extraterritorialer Jurisdiktion vorliegt. Wie eng dieser Bezug sein muß, ob bei Auswirkungen Erheblichkeit, Spürbarkeit, Unmittelbarkeit oder lediglich eine typisierte Kausalität zwischen Verhalten und Auswirkung vorliegen muß, darüber herrscht keine Konformität in der Praxis. Bei der Anknüpfung an das Personalitätsprinzip ist der Kreis der erfaßten Personen über die Staatsangehörigen hinaus auf dauernd ansässige natürliche und juristische Personen ausgedehnt worden, ohne daß hiergegen Proteste ersichtlich wären.

Die Erörterungen haben auch gezeigt, daß die Regelungsmaterien nicht ausschließlich von öffentlichrechtlichen Normen im Sinne deutscher Terminologie reguliert werden. Vielmehr wirken diese zusammen mit Vorschriften des herkömmlichen Strafrechts und mit privatrechtlichen und privatrechtsgestaltenden Eingriffsnormen. Völkerrechtlich gelten für alle diese Vorschriften die gleichen Regeln der Jurisdiktionshoheit. Kollisionsrechtlich aber werden sie bisher nach unterschiedlichen Kriterien gehandhabt. Ob dies notwendig ist, wird noch zu überlegen sein.

Schließlich folgt aus dem erörterten Praxismaterial, daß es graduelle Unterschiede in der Konfliktsträchtigkeit extraterritorialer Jurisdiktion gibt. In Fällen reiner Auslandsanknüpfung, wie etwa im internationalen Steuerrecht, gibt es Konflikte nur über die Zulässigkeit von Anknüpfungen, nicht dagegen in Fällen anerkannt zulässiger Jurisdiktion. Trotzdem sind gerade im Steuerrecht einseitige Selbstbeschränkung und vertragliche Vereinbarung zur Reduzierung unerwünschter ökonomischer Folgen üblich.

In den Fällen der Auslandsregelung muß man unterscheiden zwischen konzeptionell konvergenten und divergenten Sachbereichen. Bei der Konzern - und Bankaufsicht ist das gemeinsame Bestreben offensichtlich, effektive Aufsicht zu üben. Hier wird extraterritoriale Jurisdiktion akzeptiert, im Bankrecht gibt es Absprachen über die Verteilung der Aufsichtskompetenz, welche Konflikte minimieren. Im Börsen- und Wertpapierrecht sowie bei der Investitionskontrolle ist es trotz ausgeprägter Fälle von Auslandsregelung nicht zu Jurisdiktionskonflikten gekommen.

Divergent sind die ordnungpolitischen Vorgaben, welche dem Recht der Wettbewerbsbeschränkungen zugrundeliegen. Deshalb haben hier Jurisdiktionskonflikte politische Spannungen erzeugt. Die amerikanischen Gerichte wollen dem mit einer Interessenabwägung aufgrund der comity begegnen. Gerichte und Kartellbehörden in Deutschland und in der EWG berücksichtigen ausländische Interessen, ohne daß eine völkerrechtliche Verpflichtung hierzu eindeutig anerkannt würde. Im Außenwirtschaftsrecht sind konvergente und divergente Bereiche aufgetreten. In konvergenten Bereichen gibt es keine Konflikte auch bei weitgehenden Auslandsregelungen. In divergenten Bereichen wie insbesondere der Reexportkontrolle im Falle von Wirtschaftssanktionen dagegen gab es heftige politische Konflikte, die diplomatisch gelöst wurden.

IV. Völkerrechtliche Regeln über die Jurisdiktion

A. Jurisdiktionshoheit

1. Fragestellung

Die vorangehenden Erörterungen haben die Fragestellung im Völkerrecht deutlich gemacht. Es geht angesichts der Kollisionsfälle zunächst darum, ob die Staaten völkerrechtlichen Schranken hinsichtlich der Auslandsanknüpfungen unterliegen und ob ihnen bei Auslandsregelungen Grenzen gesetzt sind. Im Unterschied zur später zu erörternden Fragestellung des Kollisionsrechts geht es hier nicht um ein Optimum, sondern um ein zu beachtendes völkerrechtliches Minimum. Diese Fragestellung umfaßt der Begriff der Jurisdiktionshoheit. Gefragt ist nicht danach, was die Staaten regeln sollen, sondern was sie regeln dürfen und wie sie dies tun dürfen. Denn der Regelungswille des Staates, welcher sich in einseitigen Kollisionsnormen manifestiert, muß sich an den völkerrechtlichen Grenzen staatlicher Tätigkeit messen lassen.

Relativ selten findet sich im Schrifttum die Auffassung, das Völkerrecht setze den Staaten überhaupt keine Grenzen für ihre Jurisdiktion, so daß Auslandsregelungen und Auslandsanknüpfungen in ihrem Belieben stünden[1961]. Selten ist auch die Auffassung, daß Jurisdiktion überhaupt nur ihren Regelungsbereich auf das eigene Staatsgebiet erstrecken dürfe[1962]. Auch die Auffassung, wonach ein Staat nur solche Sachverhalte regeln dürfe, welche seiner Territorialhoheit und Personalhoheit unterliegen, wird in der Völkerrechtslehre nur vereinzelt vertreten[1963]. Ganz

---

[1961] Schreiber, P., The Proper Reach of Territorial Jurisdiction: A Case Study of Divergent Attitudes, Georgia Journal of International and Comparative Law 2 (1972), S. 43-54, 53

[1962] So in der grundsätzlichen Tendenz Mann, F.A., The English Approach to the Extraterritorial Effect of Foreign Antitrust Legislation with special Reference to the EEC, in: Droit communautaire et droit national, Semaine de Bruges 1965 (1965), S. 381-387; Garland, G.J., The Effects Test vs. Act of State Considerations: A Comparison of the OPEC and Westinghouse Decisions, University of Colorado Law Review 53 (1981-82), S. 677 - 689. Hoffmann, a.a.O. (Anm. 808), S. 851 - 870, 862 vertritt speziell für das Verwaltungsrecht die Auffassung, daß Hoheitsakte eines Staates nicht extraterritoriale Wirkung entfalten dürften, mit Ausnahme derjenigen, welche sich auf die Personalhoheit stützten, spricht dabei aber vom "Geltungsanspruch", sodaß unklar bleibt, ob diese Aussage den Geltungsbereich oder den Regelungsbereich staatlichen Verwaltungsrechts meint

[1963] In diesem Sinne ist wohl Mann, F.A., The Doctrine of Jurisdiction in International Law, RdC 111 (1964 I), S. 7 - 162, 151 zu verstehen, wenn er sagt, daß die Anordnung

überwiegend werden Hoheitsakte mit extraterritorialem Regelungsbereich als völkerrechtlich unter bestimmten Voraussetzungen rechtmäßig angesehen[1964].

Die Staatenpraxis hat gezeigt, daß man zwischen Anknüpfung und Regelungsziel unterscheiden muß. Soweit an die Auswirkungen eines Auslandsverhaltens im Inland angeknüpft wird, fallen Anknüpfung und Ziel regelmäßig zusammen. Die Auswirkung ist Gegenstand der Regelung. Dies ist beim strafrechtlichen Schutzprinzip bereits immer der Fall gewesen. Diese Anknüpfung beruft sich damit unmittelbar auf die Ordnungshoheit, im öffentlichen Wirtschaftsrecht auf das Recht eines Staates, souverän seine Wirtschaftsordnung zu bestimmen und zu regeln.

Wird aber an die Personalhoheit angeknüpft, so kann diese Regelung den Zweck haben, alle allgemeinen politischen, im Außenwirtschaftsrecht insbesondere sicherheitspolitischen Interessen zu fördern. Diese sollen möglichst weltweit von den Adressaten beachtet werden. Dabei kann Rücksicht genommen werden auf die Rechtsordnung des Aufenthaltsstaates. Die amerikanischen Regelungen im Pipeline - Fall zeigen aber auch, daß solche Vorbehalte möglicherweise nicht beachtet werden. Die Territorialhoheit knüpft an die Anwesenheit von Personen und Sachen im Territorium an, die Regelungsziele können aber gleichfalls vielfältig sein.

Hier zeigt sich also ein erster Unterschied zwischen den Hoheitsbereichen. Die Ordnungshoheit verbindet Anknüpfung und Regelungsziel und ist daher als Jurisdiktionsgrundlage beschränkter als die Territorial- und die Personalhoheit. Das Regelungsziel, die Gestaltung und Erhaltung der Ordnung, ist auch gleichzeitig Anknüpfung. Völkerrechtlich ergibt sich die einheitliche Fragestellung, ob eine solche Regelung, wenn sie extraterritorial erfolgt, rechtmäßig ist. Wird dagegen an das Territorialitäts- oder das Personalitätsprinzip angeknüpft, so muß gefragt wer-

---

eines Verhaltens im Ausland nicht zulässig sei, wenn diese dort nicht durchgesetzt werden dürfte, was nach den erörterten Grundsätzen aber autonom nie erlaubt ist

1964 Vgl. etwa Heise, C.J., Die Vorlage im Ausland belegener Geschäftsunterlagen (Diss. Göttingen 1975), S. 85; Schlochauer, H.J., Die extraterritoriale Wirkung von Hoheitsakten nach dem öffentlichen Recht der Bundesrepublik Deutschland und nach internationalem Recht (1962), S. 40 ff.; Morrison, F.L., Conflicts of Jurisdiction, GYIL 29 (1986), S. 417-434, 420; Rudolf, W., Über die territorialen Grenzen der Steuergesetze, in: Recht und Wirtschaft in Geschichte und Gegenwart, Festschrift für J. Bärmann (1975), S. 769 - 786, 776; ders., Territoriale Grenzen der staatlichen Rechtsetzung, Berichte der Deutschen Gesellschaft für Völkerrecht, Heft 11 (1973), S. 7 - 45, 17 ff.; Rehbinder, E., Extraterritoriale Wirkungen des deutschen Kartellrechts (1965), S. 250; Vogel, a.a.O. (Anm. 43) , S. 102 ff. mit zahlreichen Nachweisen; Stern, B., Quelques observations sur les règles internationales relatives à l'application extraterritoriale du droit, Annuaire Français du Droit International 32 (1986), S. 7 - 52, 19 f.

den, ob diese Anknüpfung alle Regelungsziele rechtfertigt oder ob den Staaten hierbei Grenzen gesetzt sind.

Keinen Unterschied gibt es bei der Jurisdiktionshoheit zwischen dem Ausspruch von Sanktionen für vergangenes rechtswidriges Verhalten und der Anordnung von bestimmtem Verhalten für die Zukunft. Denn Sanktionen sind notwendigerweise eine Reaktion auf bereits vorher untersagtes Verhalten. Also lagen ihnen auch vor Sanktionsausspruch bereits Verhaltensanordnungen für die Zukunft zu Grunde[1965].

2. Vertragsrechtliche Regelungen

Im öffentlichen Wirtschaftsrecht gibt es wenige vertragliche Grundlagen über extraterritoriale Jurisdiktion. Beispiele sind die Konsultations- und Kooperationsabkommen im Kartell- und Fusionskontrollrecht und im Börsen- und Wertpapierrecht. Solche Abkommen implizieren die von den Vertragspartnern angenommene Zulässigkeit extraterritorialer Jurisdiktion. Nur die Kartellrechtsabkommen zwischen der EWG - Kommission und der amerikanischen Regierung und zwischen Deutschland und den USA enthalten eine ausdrückliche Anerkennung extraterritorialer Jurisdiktion der anderen Seite.

Andere spezielle Rechtsgrundlagen gibt kaum. Der UN - Kodex über wettbewerbsbeschränkende Praktiken ist keine Rechtsquelle, er kann nur die opinio iuris der meisten Staaten der Welt dokumentieren, die auf eine Zulässigkeit extraterritorialer Jurisdiktion nach dem Auswirkungsprinzip hinweist. Der Protest der EG im Pipeline - Fall zeigt an, daß jedenfalls das Personalitätsprinzip und das objektive Territorialitätsprinzip anerkannt werden, während die Bewertung des Auswirkungsprinzips offen bleibt. Kanadische Proteste zeigen eine Akzeptanz hinsichtlich dieses Prinzips. Das gleiche gilt hinsichtlich der Schweiz. Diese Befunde verweisen weiter auf die Frage, ob völkerrechtliches Gewohnheitsrecht zur Jurisdiktionshoheit existiert.

1965 Ebenso , S. 168; a.A. Riedweg in: ILA, Report of the 51st Conference, Tokio (1965), S. 357, 403

3. Gewohnheitsrechtliche Grundsätze

a) Grundlagen

Gewohnheitsrecht im Völkerrecht erfordert die Feststellung einer Übung der Völkerrechtssubjekte und einer dahinterstehenden opinio iuris[1966]. Trotz einzelner Gegenstimmen hinsichtlich des subjektiven Elements[1967] ist die Notwendigkeit beider Elemente allgemein anerkannt und auch vom Internationalen Gerichtshof mehrfach betont worden[1968]. Zu dieser Problematik gibt es eine Staatenpraxis, welche aber sowohl hinsichtlich der Rechtsbehauptungen wie auch hinsichtlich der Reaktionen hierauf nicht universell ist. Es gibt Handlungen und Stellungnahmen von Regierungsorganen, es gibt gesetzliche Grundlagen und es gibt eine ganze Reihe von Gerichtsentscheidungen aufgrund dieser Gesetze.

Zunächst muß geklärt werden, was von dieser Praxis als gewohnheitrechtsbegründend angesehen werden kann. Bei der Praxis der Regierungen ist dies ebenso wie bei der Gesetzgebungspraxis unzweifelhaft. Streitig ist dies aber bei der Gerichtspraxis. Berber hat geltend gemacht, daß Gerichtsentscheidungen zwar wertvolle Hilfsmittel für die Erkenntnis von Völkergewohnheitsrecht sein können, nie aber selbst eine ein solches Recht begründende Praxis sind[1969]. Dem kann aber in dieser Allgemeinheit nicht gefolgt werden, denn eine uniforme Praxis der Gerichte mit entsprechender Rechtsüberzeugung kann dem Staat durchaus zugerechnet werden, wenn nicht Staatsorgane des auswärtigen Verkehrs Abweichendes äußern[1970].

Bei der Beurteilung von Gerichtspraxis ist aber zu berücksichtigen, auf welcher Entscheidungsgrundlage sie beruht. Sind Gerichte strikt an innerstaatliches Recht gebunden, so ist ihre Praxis in zwei Fällen völkerrechtsrelevant. Sie können zum einen Völkerrecht aufgrund einer innerstaatlichen Rechtsnorm beachten müssen, wie dies etwa in Deutsch-

---

[1966] Allgemein Bernhardt, R., Customary International Law, in: Bernhardt, R. (ed.), Encyclopedia of Public International Law, Instalment 7, S. 61 - 66; ders., Ungeschriebenes Völkerrecht, ZaöRV 36 (1976), S. 50 - 75, 62 - 72; Mosler, H., The International Society as a Legal Community (1980), S. 108 ff.

[1967] Etwa Guggenheim, P. Les deux éléments de la coutume en droit international, in: Etudes en l'Honneur de Georges Scelle, Bd. 1 (1950), S. 275 ff. Vgl. hierzu auch Verdross / Simma, a.a.O. (Anm. 158), S. 354 und Fastenrath, U., Lücken im Völkerrecht (1991), S. 95 ff.

[1968] So etwa ICJRep. 1950, S. 266, 277 - Asylum ; Rep. 1969, S. 3, 44 - North Sea Continental Shelf und Rep. 1986, S. 3, 97 - Nicaragua

[1969] Berber, F., Lehrbuch des Völkerrechts, Bd. 1, 2. Aufl. (1975), S. 48

[1970] Ebenso Bernhardt, R., Customary International Law, in: Bernhardt, R. (ed.), Encyclopedia of Public International Law, Instalment 7, S. 61 - 66, 63

land bei unmittelbar anwendbaren Verträgen aufgrund der Umsetzung in nationales Recht nach Art. 59 Abs. 2 GG und bei allgemeinen Grundsätzen des Völkerrechts aufgrund von Art. 25 GG der Fall ist. Weiter können sie eine Rechtsnorm völkerrechtskonform auslegen. Sie können nicht an der Entstehung von neuem Völkergewohnheitsrecht teilnehmen, denn sie dürfen nur bestehendes Recht anwenden.

Allerdings nehmen sie auf diese Weise teil an der Interpretation bestehender Völkerrechtsnormen und - soweit dies zulässig ist, wie noch zu erörtern sein wird - an der Ausfüllung von völkerrechtlichen Lücken durch Analogie und Ableitung aus allgemeinen Grundsätzen des Völkerrechts. Geschieht dies mit opinio iuris und wird es zu einer einheitlichen Praxis in mehreren Staaten, so entsteht konkretes Völkergewohnheitsrecht. Durch die Formulierung von allgemeinen Grundsätzen des nationalen Rechts nehmen Gerichte darüber hinaus auch an der Entstehung allgemeiner Rechtsgrundsätze des Völkerrechts teil.

Außerhalb dieses Rahmens dürfen aber Gerichte an der Entstehung neuen Völkerrechts nur dann mitwirken, wenn sie selbst rechtsschöpferisch tätig werden dürfen, wie dies etwa auf der Basis des common law oder bei ausdrücklichen gesetzlichen Ermächtigungen wie nach § 1 des schweizerischen Zivilgesetzbuchs möglich ist. Immer ist es notwendig, daß Gerichte ihre Rechtsfindung ausdrücklich auf eine opinio iuris stützen. Wo sie sich auf comity oder kollisionsrechtliche Selbstbeschränkung berufen, ist die Annahme einer opinio iuris ausgeschlossen. Sie kann dann allerdings zu dieser Praxis dadurch mit für den Staat bindender Wirkung hinzukommen, wenn etwa die Regierung ihre Überzeugung ausdrückt, eine Gerichtspraxis entspreche völkerrechtlicher Verpflichtung.

Kein Problem dürfte die dargestellte Praxis hinsichtlich ihrer zeitlichen Erstreckung bieten, denn sie deckt in allen Fällen jedenfalls eine Reihe von Jahren ab, im Kartellrecht sogar von Jahrzehnten. Der Internationale Gerichtshof hat ausreichen lassen "that within the period in question, short though it might be, State practice, including that of States whose interests are specially affected, should have been both extensive and virtually uniform in the sense of the provision invoked"[1971].

Die Anforderungen an die vom IGH geforderte Uniformität dürfen jedoch nicht überspannt werden. So hat es der Gerichtshof im Nicaragua - Fall[1972] ausreichen lassen, "that the conduct of States should, in general, be consistent with such rules, and that instances of State conduct inconsistent

1971 ICJRep. 1969, S. 43 - North Sea Continental Shelf
1972 ICJRep. 1986, S. 3, 68

with a given rule should genererally have been treated as breaches of that rule, not as indications of the recognition of a new rule".

Das Gewohnheitsrecht bindet zunächst die mit opinio iuris praktizierenden Staaten. Dem Grundsatz der souveränen Gleichheit der Staaten entspricht es, wenn man fordert, daß Staaten an der Herausbildung neuen Völkerrechts, an das sie gebunden sein sollen, auch mitwirken müssen[1973]. Dies bedeutet aber nicht, daß sie in jedem Falle auch ausdrücklich zustimmen müssen[1974]. Man wird aber ihre konkludente Zustimmung dann aus anderen Umständen ableiten müssen. Das besondere Problem der Bindung neu entstehender Staaten braucht hier nicht näher behandelt zu werden[1975].

In der Lehre wird überwiegend heute die Entstehung von universellem Völkergewohnheitsrecht auch dann angenommen, wenn jedenfalls diejenigen Völkerrechtssubjekte an ihr teilnehmen, welche vom sachlichen Regelungsbereich her daran teilnehmen können oder hiervon in ihren Interessen berührt sind[1976]. Teilweise wird auch gefordert, daß der zustimmende Kreis geographisch und vom politischen System her genügend repräsentativ sein muß[1977]. Dies wird unter anderem aus der Formulierung des Internationalen Gerichtshofs im Nordsee - Festlandsockel - Fall "State practice, including that of States whose interests are specially affected, should have been .... extensive" abgeleitet.

Die Berufung auf die Mitwirkung der von ihren Interessen her speziell betroffenen Staaten in diesem Fall war dadurch verständlich, daß Festlandsockelprobleme sich nur denjenigen Staaten stellen, welche eine Küste haben. Dieser Kreis ist es, welcher an der Entstehung von Völkergewohnheitsrecht überhaupt durch Übung teilnehmen kann und andererseits alleine von ihm betroffen ist. Nur er ist bei der Bildung entsprechenden Gewohnheitsrechts zu berücksichtigen. Bei Gebietsveränderungen könnte sich dieser Kreis aber auch erweitern. Hier fragt sich dann, ob ein neuer Küstenstaat an ein zwischen anderen Staaten ent-

---

[1973] Vgl. hierzu Berber, F., Lehrbuch des Völkerrechts, Bd. 1, 2. Aufl. (1975), S. 52 ff.; Oppenheim, L. / Lauterpacht, H., International Law, 8. Aufl. (1955), Bd. 1 S. 17

[1974] Rousseau, C., Droit International Public Bd. 1 (1970) , S. 319

[1975] Vgl. hierzu Bernhardt, R., Customary International Law, in: Bernhardt, R. (ed.), Encyclopedia of Public International Law, Instalment 7, S. 61 - 66, 65 ; Schweitzer, M., New States and International Law, a.a.O., S. 349 - 353; ders., Das Völkergewohnheitsrecht und seine Geltung für neuentstehende Staaten (1969)

[1976] Bernhardt, R., Customary International Law, in: Bernhardt, R. (ed.), Encyclopedia of Public International Law, Instalment 7, S. 61 - 66, 63, 65; Verdross / Simma, a.a.O. (Anm. 158), S. 349 f.; Dahm, G., Völkerrecht, 2 Bde. (1958), S. 31. Mosler, H., The International Society as a Legal Community (1980), S. 117 f.Noch weitergehend Wengler, W., Völkerrecht, Bd. 1 (1964), S. 180

[1977] So etwa Ipsen, a.a.O. (Anm. 244) , S. 194 f.

standenes Gewohnheitsrecht gebunden ist. Der Internationale Gerichtshof müßte dies nach seinem Ansatz wohl bejahen.

Dem ist unter der Voraussetzung zuzustimmen, daß ein neu zu einer bereits universell geregelten Situation wie etwa dem Festlandsockelregime hinzutretender Staat eine Rechtslage vorfindet und sie mit diesem bewußten Hinzutritt akzeptieren muß. Denn das Völkerrecht ist für solche Staaten keine tabula rasa, es ändert sich nicht aufgrund einer solchen Situation. Wenn nicht ohnehin ein Problem der Staatensukzession vorliegt, ist der Zutritt eines Staates in diesem Sinne ein Willensakt, bei dem das Völkerrecht die Bedingungen bereits festgelegt hat, die akzeptiert werden müssen. Dies widerspricht nicht der souveränen Gleichheit, denn der Hinzutritt ist auch eine Übernahme bestehender Pflichten hierzu nach allgemeinem Völkerrecht.

Anders ist die Situation aber dann, wenn nur bestimmte Staaten extraterritoriale Jurisdiktion im öffentlichen Wirtschaftsrecht ausüben, andere aber aufgrund ihrer souveränen Entscheidung nicht. Hier sind alle Staaten der Welt interessiert im Sinne des zitierten Diktums des Internationalen Gerichtshofs. Haben sie sich positiv für die Ausübung solcher Jurisdiktion entschieden, so müssen sie alle an der Entstehung einer gewohnheitsrechtsrelevanten Praxis teilnehmen. Andere Staaten können auch gegen eine solche Praxis protestieren. Problematisch ist die Situation solcher Staaten, die weder das eine noch das andere tun. Sie einfach aus dem Kreis der relevanten Staaten auszuscheiden, weil sie etwa kein Kartellrecht, kein Antikorruptionsrecht oder kein internationales Steuerrecht haben, wäre nicht mit der souveränen Gleichheit zu vereinbaren[1978]. Denn man kann annehmen, daß sie sich bewußt dafür entschieden haben, kein solches Recht zu haben.

Wollte man hieraus das Recht von Staaten, welche eine andere Entscheidung zugunsten eines solchen Rechts getroffen haben, ableiten, mit Wirkung für alle Staaten ein universelles Völkerrecht zu schaffen, so würde man die restlichen Staaten zwingen, entweder selbst auch ihre Jurisdiktion im Sinne ihrer Völkerrechtsauffassung auszudehnen oder die von anderen geschaffene Rechtslage hinzunehmen. Da dies keiner völkerrechtlichen Pflicht entspricht, bleibt die Frage, ob dieses Problem durch das Recht und eine mögliche Pflicht dieser Staaten zu lösen ist, gegen die Jurisdiktionsansprüche der anderen Staatengruppe zu protestieren.

Eine generelle Pflicht, einer Übung eines bestimmten Kreises von Staaten zur Vermeidung der Entstehung universellen Völkergewohnheitsrechts

---

[1978] A.A. wohl Meessen, a.a.O. (Anm. 39), S. 150 f.

zu widersprechen, kann man nicht annehmen[1979]. Ein ausdrücklicher Widerspruch, eine "persistent objection"[1980] bewirkt aber in jedem Falle, daß keine Bindung herbeigeführt wird[1981], wobei die Problematik des ius cogens[1982] hier ausgeklammert bleiben kann. Es bleibt also zu fragen, ob man aus der Möglichkeit eines Protestes speziell gegen extraterritoriale Jurisdiktion im Gegenschluß eine "acquiescence" ableiten darf, denn auch dann könnte selbst dann, wenn nur wenige Staaten an der Gewohnheitsrechtsbildung beteiligt sind, universelles Völkergewohnheitsrecht entstehen[1983].

Hier ist ein weiterer Aspekt des internationalen Zusammenlebens der Staaten zu berücksichtigen. Denn ohne die Betroffenheit eigener Staatsbürger oder Unternehmen werden viele Staaten entweder auf die Problematik der von einem anderen Staat geübten extraterritorialen Jurisdiktion möglicherweise gar nicht aufmerksam werden oder sie werden jedenfalls keinen Anlaß dafür sehen, politische Konflikte um einer für sie theoretischen Frage willen entstehen zu lassen, die sie gegenwärtig nicht betrifft. Es wäre jedenfalls von der völlig herrschenden Praxis der auswärtigen Beziehungen nicht gedeckt, wenn man in einem solchen Falle einen Protest der Staaten verlangen würde, die möglicherweise später einmal von extraterritorialer Jurisdiktion betroffen werden könnten, also aller Staaten der Welt, um die Entstehung von universellem Völkergewohnheitsrecht zu verhindern.

Vielmehr kann erst in einer Situation, in der eine Betroffenheit eines Staates überhaupt erstmalig entsteht, dessen Position zur betreffenden Rechtsfrage aus Handlung oder Unterlassung abgeleitet werden. Seine vorherige Unterlassung kann nicht als Zustimmung gewertet werden, wenn nicht besondere Umstände des Einzelfalls etwas anderes nahelegen. Er tritt dann nicht etwa zu einer bereits vom Völkerrecht universell geregelten und von ihm zu akzeptierenden Situation hinzu, sondern er tritt dem Kreis der Staaten hinzu, deren Verhalten für die Beurteilung von Gewohnheitsrecht relevant ist. Somit ist in diesem Rechtsbereich Gewohnheitsrecht nur partikulär zwischen den den Staaten gültig, welche extraterritoriale Jurisdiktion ausüben, welche hiergegen protestieren oder im Falle der Betroffenheit durch Verschweigung ihre Zustimmung implizit kundgeben. Diese Kundgabe kann aber auch in einer Resolution

---

[1979] So aber wohl Rousseau, C., Droit International Public Bd. 1 (1970), S. 326

[1980] Brownlie,I., Principles of Public International Law, 2.Aufl. (1973), S. 10

[1981] ICJRep. 1951 , S. 116, 131 - Fisheries; Rousseau, C., Droit International Public Bd. 1 (1970) , S. 320

[1982] Vgl. hierzu allgemein Frowein, J.A Jus Cogens, in: Bernhardt, R. (ed.), Encyclopedia of Public International Law, Instalment 7, S. 327 - 330

[1983] Verdross / Simma, a.a.O. (Anm. 158), S. 352

einer internationalen Organisation liegen, in der die zustimmenden Staaten eine bestimmte Rechtsauffassung über extraterritoriale Jurisdiktion äußern.

b) Ausgangspunkt im internationalen Strafrecht

Die erörterte Staatenpraxis des internationalen Strafrechts erlaubt den unproblematischen Befund, daß das Territorialitätsprinzip in seinen erörterten Ausprägungen, das Personalitätsprinzip jedenfalls in seiner aktiven Variante, das Schutzprinzip, das Universalitätsprinzip und das Prinzip der stellvertretenden Strafrechtspflege in dem Umfang anerkannt sind, wie sie von den Staaten in Anspruch genommen werden. Da es hier eine weltweite Übung gibt und diesen Prinzipien im Grundsatz ersichtlich nicht wiedersprochen wird, handelt es sich hierbei um universelles Völkergewohnheitsrecht.

Kritisiert wurde lediglich das passive Personalitätsprinzip[1984]. Es hat eine Verbindung zur Personalhoheit, welche Unterwerfung und Schutz als gleichberechtigte Komponenten beinhaltet. Vom Internationalen Gerichtshof wurde es im Lotus - Fall anerkannt. Angesichts der Staatenpraxis wird man es auch heute noch als völkerrechtsgemäß ansehen können, auch wenn die konkrete Fallgestaltung des Lotus - Falles inzwischen vertragsrechtlich zugunsten des aktiven Flaggenprinzips entschieden wurde[1985]. Der Einwand Oehlers, ein ausreichender Anknüpfungspunkt liege nur dann vor, wenn der Täter das Opfer als Angehörigen des regelnden Staates erkannt habe[1986], zeigt zwar die Problematik des Prinzips und die Notwendigkeit staatlicher Selbstbeschränkung, entspricht aber nicht der Staatenpraxis.

Das internationale Strafrecht enthält einen sehr weit gefächerten Anknüpfungskatalog, der das Strafinteresse der Staaten zur Zeit offensichtlich völlig abdeckt. Hieraus den Schluß zu ziehen, es handele sich um einen numerus clausus, würde den Grundgedanken voraussetzen, daß nämlich überhaupt nur ausdrückliche gewohnheitsrechtliche Gestattung eine extraterritoriale Jurisdiktion legitimieren kann. Dieses Problem wird nachfolgend näher zu erörtern sein.

Aus dem Strafrecht wie auch aus allen anderen hier in der Praxis untersuchten Bereichen ergibt sich, daß Staaten extraterritoriale Jurisdiktion immer durch das Vorhandensein eines Anknüpfungspunktes zum Regelungsgegenstand rechtfertigen. Dies spricht für eine von opinio iuris

---

[1984] Oehler, D., Internationales Strafrecht (2.Aufl.1983) , S. 420
[1985] Vgl. hierzu Verdross / Simma, a.a.O. (Anm. 158), S. 780
[1986] A.a.O., S. 421

getragene Übung, die verallgemeinert werden kann. Allerdings zeigt sich hier wiederum eine Problematik der Feststellung universellen Gewohnheitsrechts. Denn die opinio iuris ist ganz überwiegend nur für die konkreten Regelungsbereiche, also etwa das Strafrecht, das Steuerrecht, die Gerichtsbarkeit etc. feststellbar. Das daraus folgende Gewohnheitsrecht zu verallgemeinern auf alle denkbaren Regelungsbereiche würde einen Analogieschluß erfordern. Es erscheint angebrachter, nachfolgend zunächst die allgemeinen Grundsätze des Völkerrechts daraufhin zu untersuchen, ob sie eine solche Verallgemeinerung unterstützen oder fordern.

Eine andere Frage ist diejenige nach der Generalisierbarkeit der einzelnen strafrechtlichen Anknüpfungen für alle Bereiche staatlicher Jurisdiktion. Sie ist aus zwei Gründen zu verneinen. Strafrecht ist eine Materie, in der ein weitreichender Konsensus der Staaten über die materielle Strafwürdigkeit von Taten und über die daraus folgende Jurisdiktionsausübung besteht. Dieser Konsensus ist in anderen Sachbereichen, wie etwa im Kartellrecht, nicht gegeben, weil ordnungspolitische Grundsätze umstritten bleiben[1987]. Der Kern des Strafrechts[1988], so wie er in Deutschland im Strafgesetzbuch enthalten ist und weitgehend über Jahrhunderte bereits in allen Staaten im wesentlichen gleichgerichtet als strafwürdig anerkannt und rechtlich erfaßt wurde, ist Teil einer allgemeinen Verhaltensordnung für Menschen, welche Rechtsgüter durch Handlungsverbote und - gebote schützen will: beispielhaft seien der Schutz der Person, des Staates, des Eigentums und Vermögens genannt.

Diese Ordnung dient zwar auch der Gestaltung des gesellschaftlichen Zusammenlebens, aber ihr Schwerpunkt liegt auf dem negativen Aspekt, der Regelung dessen , was man nicht darf. Dies gilt für Handlungs- wie auch für Unterlassungsdelikte. Die positive Gestaltung geschieht inzident durch jene negativen Regelungen. Sie schützt individuelle Rechtsgüter und den Bestand des Staates. Dagegen ist das öffentliche Wirtschaftsrecht primär positiv gestaltendes Recht. Es enthält die normative Absicherung staatlicher Ordnungspolitik.

Gerade für das öffentliche Wirtschaftsrecht wird deshalb zu Recht immer wieder geltend gemacht, daß man hierauf Anknüpfungen des internationalen Strafrechts nicht einfach übertragen dürfe[1989]. Dies bedeutet aber

---

[1987] Haymann, M., Extraterritoriale Wirkungen des EWG-Wettbewerbsrechts (1974), S. 294

[1988] Im Unterschied zu dem Bereich, den man in der deutschen Terminologie "Nebenstrafrecht" nennt

[1989] Haymann, a.a.O., S. 284, 298 f. ; Jennings, R.Y., The Limits of State Jurisdiction, Nordisk Tidsskrift for International Ret 32 (1962), S. 209-229, 211; Kaffanke, J., Nationales Wirtschaftsrecht und internationale Wirtschaftsordnung (1990, S. 78 ff.; Hoechner, K.M.,

umgekehrt nicht, daß diese Anknüpfungen dort ausgeschlossen wären. Die Praxis hat gezeigt, daß das Territorialitätsprinzip und das Personalitätsprinzip dort sehr wohl angewendet werden, weil sie den zentralen Hoheitsbereichen der Staaten entsprechen. Es heißt nur, daß man für dieses Rechtsgebiet die strafrechtlichen Anknüpfungen einerseits nicht alle unbesehen überrnehmen kann, weil sie sich orientiert an den spezifischen Anforderungen der Ausübung von Strafgewalt herausgebildet haben und daß man den strafrechtlichen Anknüpfungskatalog andererseits nicht als abschließend betrachten muß.

Man kann im öffentlichen Wirtschaftsrecht gewählte Anknüpfungen in die Terminologie des internationalen Strafrechts einbinden. So kann man etwa im internationalen Steuerrecht das Ursprungsprinzip als eine Ausprägung des Territorialitätsprinzips und das Ansässigkeitsprinzip dem Personalitätsprinzip zuordnen. Im internationalen Kartell- und Fusionskontrollrecht könnte die Anknüpfung an Auswirkungen dem objektiven Territorialitätsprinzip insoweit zugeordnet werden, als die Wettbewerbsbeschränkung in der Wirtschaftsordnung des regelnden Staates durch Wettbewerbshandlungen konkretisiert wird. Den Durchgriff auf Konzerngesellschaften im Ausland im Verfahrensrecht, im Recht der Konzern-, Banken- und Investitionskontrolle sowie im Außenwirtschaftsrecht könnte man dem Personalitätsprinzip zuordnen. Dies wird noch näher zu erörtern sein.

c) Sonderfall des Zivilrechts

Im Zivilrecht hat sich gezeigt, daß hier aufgrund der Dispositionsbefugnis der Parteien über das materielle Recht oder zumindest den Gerichtsstand eine besondere Situation gegeben ist. Denn insoweit sind Anknüpfungspunkte von Regelungen nicht mehr Ausdruck staatlichen Durchsetzungswillens, sondern Funktion einer möglichst gerechten Anwendung der am engsten mit dem Fall verknüpften Rechtsordnung[1990]. Deshalb ist in diesem Bereich ersichtlich kein Streit um Anknüpfungen ausgetragen worden.

Im materiellen dispositiven Zivilrecht ist die Frage der völkerrechtlichen Zulässigkeit von Jurisdiktion kein Problem, weil hier zumeist überhaupt keine Aussage über den räumlichen Regelungsbereich getroffen wird. Dies wird dem Kollisionsrecht überlassen, welches aber den Regelungs-

---

A Swiss Perspective on Conflicts of Jurisdiction, Law and Contemporary Problems 50 (1987), S. 271-282, 276

1990 Vgl. hierzu etwa aus der amerikanischen Rechtsprechung In re Utassi's Will 13 N.Y. 2d 436 (1965)

bereich sachlich nach dem Gesichtspunkt der Gerechtigkeit festlegt. Allerdings ist auch hier immer ein Anknüpungspunkt gegeben, entweder enumerativ oder im Sinne der engsten Verbindung. Dies gilt auch für die einvernehmliche Rechtswahl der Parteien eines zivilrechtlichen Rechtsverhältnisses. Das Zivilrecht bestätigt also den Befund des Strafrechts hinsichtlich des Erfordernisses eines Anknüpfungspunktes. Die Traditionen des zivilrechtlichen Kollisionsrechts haben es ersichtlich auch verhindert, daß Jurisdiktionskonflikte zwischen Staaten wegen der Anwendung zwingender Zivilrechtsnormen aufgetreten sind. Das gemeinsame Interesse der Staaten ist hier ein Band, das Rechtsfrieden schafft.

d) Gerichts- und Verwaltungsverfahren

Bei der Frage der Gerichtsbarkeit, welche nur im Zivilrecht von eigener Bedeutung sein kann, weil im Strafrecht und im Verwaltungsrecht die Verfahrenshoheit mit der materiellrechtliche Hoheit verbunden ist, ist die Staatenpraxis bisher auch bei den sehr weitgehenden exorbitanten Gerichtsständen nicht auf Proteste gestoßen. Völkerrechtliche Überlegungen hierzu sind in der Praxis äußerst selten. Die ebenfalls seltene Protestpraxis zieht den Grundsatz dieser Anknüpfungspunkte nicht in Zweifel, sofern sie nicht ohnehin in Materien, welche nach deutschem Recht als öffentlichrechtlich zu qualifizieren wären, ihre Kritik gegen die fehlende materiellrechtliche Jurisdiktion richtet. In der Wissenschaft werden alle von den Staaten in Anspruch genommenen Anknüpfungspunkte akzeptiert, Diskussionen gibt es nur um die amerikanische "tag jurisdiction" bei kurzem Aufenthalt im Inland und über die "long arm jurisdiction" aufgrund von Geschäftstätigkeit im Inland.

Das Restatement (Third) hat die "tag jurisdiction" als völkerrechtswidrig bezeichnet[1991] und die Anknüpfung an das "doing business" auf die aktuelle Tätigkeit begrenzt oder - bei beendeter Tätigkeit - auf diese Tätigkeit selbst als Streitgegenstand beschränkt. Hinsichtlich der tag jurisdiction ist der Supreme Court aber, wie dargestellt, anderer Auffassung. Auch die "long arm jurisdiction" scheint in anderen Staaten zwar als exorbitant, nicht dagegen als völkerrechtswidrig angesehen worden zu sein.

Als Befund des universellen Völkergewohnheitsrechts wird man deshalb festhalten müssen, daß die Gerichtsbarkeit irgendeinen Anknüpfungspunkt zum Gerichtsstaat haben muß und daß eine Grenze hier in der Praxis noch nicht aufgetaucht ist. Von einem numerus clausus der Anknüpfungen in diesem Bereich wird man angesichts der Vielfalt von Land

---

[1991] American Law Institute, Restatement of the Law, Third, The Foreign Relations Law of the United States (1987) § 421 (2) (a)

zu Land nicht sprechen können, so daß gewohnheitsrechtliche Schranken nicht festzustellen sind, wenn überhaupt eine Verbindung besteht. Dies entspricht auch den Äußerungen in der Lehre. Dieser außerordentlich weite, den Staaten dort eingeräumte Spielraum, wo es nicht um materiellrechtliche Jurisdiktion geht, erklärt sich wohl dadurch, daß das Erfordernis eines Anknüpfungspunkts von den Staaten in der Zivilgerichtsbarkeit offensichtlich mehr als Frage des Individualschutzes angesehen wird, weil Prorogationen und die Zuständigkeit aufgrund der rügelosen Einlassung als Anknüpfungen offensichtlich allgemein akzeptiert werden und Korrekturen aufgrund der Verweigerung einer Anerkennung als ausreichend angesehen werden.

So weit es im Zivilrecht nicht um die Durchsetzung staatlicher Rechtsnormen geht, stellt die Gerichtsbarkeit den Parteien einen staatlichen Dienst zur Verfügung, welcher der Durchsetzung des Individualrechts gilt. Diese Orientierung bedingt offensichtlich, daß es in diesem Bereich hinsichtlich der Anknüpfungen keine grundsätzlichen Konflikte gibt. Konflikte sind nur in den Bereichen entstanden, welche nach deutschem Verständnis dem öffentlichen Wirtschaftsrecht angehören. Dieser allgemeine Befund sollte die Staaten allerdings nicht hindern, die exorbitanten Gerichtsstände, welche zu Gerechtigkeitsproblemen für die Individuen führen, aus kollisionsrechtlicher Rücksichtnahme auf diese Privatinteressen zu reduzieren.

Hinsichtlich der in Kapitel II angesprochenen Probleme der Beweisaufnahme, ist es zwischen den Staaten unstreitig, daß die Gerichtsbarkeit über die Parteien auch einen ausreichenden Anknüpfungspunkt für Verfahrensakte ihnen gegenüber bietet. Bei Zeugen, welche dieser Gerichtsbarkeit nicht unterliegen, da sie keine Parteien des Verfahrens sind, muß als Anknüpfung das Territorialitätsprinzip oder das Personalitätsprinzip angewendet werden. Eine Pflicht zum Erscheinen oder zu einer sonstigen Handlung für ausländische Zeugen im Ausland besteht nach deutschem und amerikanischem Recht nicht. Eigene Staatsangehörige sind aufgrund der Personalhoheit verpflichtet, an inländischen Gerichtsverfahren mitzuwirken, Parteien gleich welcher Staatsangehörigkeit aufgrund der Gerichtsbarkeit.

Zur völkerrechtlichen Beurteilung der Streitpositionen bei der Beweisaufnahme im Inland mit Auslandswirkung ist zunächst davon auszugehen, daß Zwangsandrohungen bezüglich der Herausgabe von Beweismitteln oder des Erscheinens von Zeugen aus dem Ausland dort nicht ohne Rechtshilfe durchgesetzt werden können. Die Sanktionsdrohung im Inland kann aber auch auf Personen im Ausland eine erhebliche Persuasionswirkung ausüben, was insbesondere bei Kollision mit einem ausländischen Verbot problematisch wird. Teilweise wird eine solche Drohung als Umgehung des völkerrechtswidrigen Zwangs im Ausland ebenfalls als völkerrechtswidrig angesehen[1992]. Ein anderer Teil der Literatur hält dieses Vorgehen aber dann für rechtmäßig, wenn ein Anknüpfungspunkt zum Gerichtsstaat, also etwa die Staatsbürgerschaft eines Zeugen oder die Gerichtsbarkeit über die Parteien vorliegt[1993].

Die Erörterungen zu den Fragen der Zustellung von Verfahrensanordnungen haben bereits gezeigt, daß Staaten - im Rahmen der menschenrechtlichen Verpflichtungen zur Gewährung eines fairen Verfahrens - frei sind, Zustellungssurrogate und - fiktionen bis hin zur Zustellung an Tochterunternehmen der ausländischen Adressaten im Inland zu wählen. Es handelt sich um Inlandsakte, die von der Territorialhoheit gedeckt sind und auch keine Umgehung völkerrechtlicher Verbote darstellen. Sie können aber keine Jurisdiktionshoheit begründen, welche nicht bereits aus anderen Gründen, also der Gerichtsbarkeit über Parteien oder der Personalhoheit über Zeugen, gegeben ist. Liegt sie vor, so ist die Durchsetzung der Anordnung durch Zwangsmaßnahmen im Inland zulässig[1994].

Staatenproteste gegen die Praxis einer solchen Durchsetzung im Prinzip, welche in manchen Staaten traditionell geübt wird, sind nicht ersichtlich. Die früher dargestellten Proteste und die Begründungen von Abwehrgesetzen sind, wie dargelegt, nicht gegen die Praxis an sich, sondern nur gegen eine Jurisdiktionshoheit im speziellen Fall gerichtet, wenn sie unter dem Gesichtspunkt der "subject matter jurisdiction" bestritten wird. Es handelt sich auch nicht um eine Umgehung des Verbots der Vornahme von Hoheitsakten im Ausland, weil dieses, wie bereits früher erörtert, nur die Territorialhoheit der Staaten schützen soll, nicht bestimmte materielle Ergebnisse wie die Herausgabe von Informationen oder die Verurteilung einer Person verhindern soll. Die Durchsetzung bestehender Jurisdiktion über extraterritoriale Sachverhalte im Inland ist vielmehr ein souveränes Recht jedes Staates.

Auch kann nicht eingewendet werden, hier handele es sich um eine verbotene Einmischung in die inneren Angelegenheiten von anderen Staaten. Wenn zwei Staaten völkerrechtsgemäß eine konkurrierende Jurisdiktion über den gleichen Sachverhalt haben, so handelt es sich um eine gemeinsame Angelegenheit. Die bei der Durchsetzung in diesem Fall zu

---

1992 Harfield, H., The Implications of U.S. Extraterritorial Discovery Proceedings Against Multinational Corporations for the Judiciary, New York University Journal of International Law and Politics 16 (1984), S. 973-983

1993 Nordmann, E., Die Beschaffung von Beweismitteln aus dem Ausland durch staatliche Stellen (1979), S. 67 - 117

1994 Heise, C.J., Die Vorlage im Ausland belegener Geschäftsunterlagen (Diss. Göttingen 1975), 88 f.

beachtenden Grenzen werden in diesem Kapitel noch später genauer betrachtet werden. Sind sie eingehalten, so ist kein Raum mehr für die Geltendmachung des Interventionsverbots.

Ein weiteres Problem entsteht bei der Zeugen- und Auskunftspflicht, wenn in den USA die Personalhoheit im Durchgriff durch die gesellschaftsrechtliche Selbständigkeit von Konzernunternehmen ausgedehnt wird. Ist eine Inlandsgesellschaft Partei, so ist die Anknüpfungsfrage zu bejahen, wenn ihr aufgegeben wird, Informationen im Besitz einer ausländischen Konzerngesellschaft zu beschaffen. Die Sanktionierbarkeit ist eine Frage des inländischen Verfassungsrechts. Hieraus möglicherweise entstehende Konflikte mit dem Recht des Sitzstaates der ausländischen Gesellschaft werden noch zu behandeln sein.

Anders ist es, wenn die mangelnde Jurisdiktion über eine Auslandsgesellschaft, welche Dokumente herausgeben soll, dadurch überspielt wird, daß einer inländischen Konzerngesellschaft diese Pflichten auferlegt werden. Hier dürften aber ebenfalls keine völkerrechtlichen Probleme hinsichtlich der Anknüpfung auftreten, weil über die innerstaatliche Gesellschaft immer Jurisdiktionshoheit aufgrund des Territorialitäts- und des Personalitätsprinzips gegeben ist. Das Problem, daß die Dokumente aus dem Ausland geliefert werden müssen und möglicherweise nicht geliefert werden können, betrifft die innerstaatliche Rechtsstellung der Adressatin. Ist sie Muttergesellschaft mit Leitungsmacht, so kann sie die Information grundsätzlich anfordern und ist deshalb auch verantwortlich. Ist sie eine Tochtergesellschaft, so bleibt die Beschränkung einer Sanktion mangels Verschuldens ein Problem des innerstaatlichen Rechts. Nur wenn in diesen Fallgestaltungen eine Kollision mit gegenteiligen Anordnungen des ausländischen Rechts auftritt, entsteht ein völkerrechtliches Problem, welches noch zu erörtern sein wird.

Die Abwehrgesetze sind differenziert zu beurteilen. Sie enthalten innerstaatliche Notifikationspflichten, Herausgabeverbote, Nichtanerkennungsvorschriften und "claw back - Klauseln." Bei den Notifikationspflichten von Personen im Inland ist kein Gesichtspunkt zu ersehen, welcher völkerrechtlich zu beanstanden wäre. Wenn für die Herausgabeverbote Jurisdiktion besteht, was grundsätzlich bereits wegen der Territorialhoheit der Fall ist, bleibt nur zu fragen, ob es für eine solche Jurisdiktion auch völkerrechtliche Grenzen gibt oder ob hier in bestimmten Fällen eine Selbstbeschränkung der Staaten ratsam wäre. Dies ist später zu erörtern.

Bei den Vorschriften über die Nichtanerkennung und folglich Nichtvollstreckung von bestimmten ausländischen Titeln muß man feststellen, daß dies nach gesicherter Staatenpraxis nicht zu beanstanden ist. Denn auch ohne Abwehrgesetze steht es jedem Staat - in den Grenzen seiner vertraglichen Verpflichtungen - frei, ob er ausländische Urteile und sonstige Titel anerkennen und vollstrecken will. Er kann dies immer unter Berufung auf seinen ordre public verweigern[1995]. Überhöhte Schadensersatztitel aus dem Ausland können auch in der Bundesrepublik am ordre public überprüft werden[1996]. Auch ein Titel, dem ein Ausforschungsbeweis im pre - trial discovery - Verfahren vorausging, wurde nicht anerkannt[1997]. Das Problem des "claw back" ist eine Frage der Grenzen staatlicher Jurisdiktion bei bestehendem Anknüpfungspunkt und wird noch zu erörtern sein.

e) Auswertung der Praxis des öffentlichen Wirtschaftsrechts

Im Bereich des öffentlichen Rechts hat, vor Aufkommen der Konflikte im Wirtschaftsrecht, die Problematik der völkerrechtsgemäßen Anknüpfung keine größere Rolle gespielt. Angeknüpft wurde an das Territorialitätsprinzip und an das Personalitätsprinzip. Auch im Steuerrecht, welches weltweit eine extraterritoriale Jurisdiktion jedenfalls im Sinne der Auslandsanknüpfung kennt, war die Anknüpfung immer durch Ansässigkeit oder Inlandstätigkeit gerechtfertigt und insoweit als universelles Völkergewohnheitsrecht unumstritten. Umstritten sind nur die Fälle des Durchgriffs im Konzern. Soweit Inländer für Einkommen einer von ihnen im Ausland beherrschten selbständigen Gesellschaft besteuert werden, ist dies völkerrechtlich unbedenklich, weil noch von der Territorialhoheit gedeckt. Die Personalhoheit erlaubt wohl auch die Verfolgung von Steuerflüchtlingen in das Ausland.

Auch die Fälle der "unitary taxation" sind von der Anknüpfung her nicht problematisch, weil sie immer die Territorialhoheit als Anknüpfung hinsichtlich des Adressaten verwenden. Lediglich die Höhe der Bemessungsgrundlage ist ein Problem, das aber zunächst im innerstaatlichen Recht verankert ist und als Fall der reinen Auslandsanknüpfung nur bei negativen Rückwirkungen auf andere Staaten in extremen Fällen völkerrechtlich unter dem Gesichtspunkt des Rechtsmißbrauchs relevant werden könnte. Die Gegenmaßnahmen anderer Staaten gegen diese Methode waren auch - soweit ersichtlich - nicht von der Behauptung der Völkerrechtswidrigkeit begleitet und sind inzident nicht solchen Behauptungen gleichzustellen.

[1995] So etwa § 328 Abs. 1 Nr.4 ZPO; vgl. auch Geck, W. K., Anerkennung, in: Strupp-Schlochauer, Wörterbuch des Völkerrechts, Bd.1 (1960), S. 55, 58

[1996] Vgl. Stiefel, E.C. / Stürner, R., Die Vollstreckbarkeit US-amerikanischer Schadensersatzurteile in exzessiver Höhe, Versicherungsrecht 1987, S. 829 - 846

[1997] Landgericht Berlin Der Betrieb 1989, 2120; anders wohl OLG Düsseldorf RIW 1991, 504

In den anderen erörterten Sachbereichen sind mit der Territorial- und Personalhoheit aus anderen Rechtsgebieten bereits bekannte Anknüpfungspunkte verwendet worden, allerdings mit spezifischen Erweiterungen. Darüber hinaus wurden auch neue Anknüpfungen verwendet. Es erscheint sinnvoll, die Problematik der Bildung von Völkergewohnheitsrecht jeweils im Hinblick auf bestimmte Anknüpfungspunkte zu erörtern.

(1) Grenzen der Personalhoheit

Die Personalhoheit erfährt im öffentlichen Wirtschaftsrecht mehrere Ausdehnung über den Kreis der Staatsangehörigen hinaus. Zum einen werden Personen mit festem Aufenthaltsrecht oder Gebietsansässige dieser Hoheit auch bei zeitweiligen Aufenthalt im Ausland unterworfen. Diese Praxis - die allerdings nicht universell ist - hat ersichtlich auch keinen Protest von Staaten hervorgerufen. Es spricht deshalb vieles dafür, sie als Ausdruck eines universellen Gewohnheitsrechts zu sehen, aber diese Annahme müßte sich auf eine genaue Betrachtung des gesamten Regelungsbereichs stützen, die hier nicht vorgenommen werden kann und auch angesichts seiner Weite kaum möglich erscheint.

Eine kontroverse Ausdehnung des Personalitätsprinzips geschieht im Recht der USA wie der EWG durch die Annahme der Einheit eines Konzerns. Dies kann aber nicht pauschal als Durchgriff durch die selbständige Rechtspersönlichkeit von Konzernunternehmen gewertet werden. Ein solcher Durchgriff liegt nur dann vor, wenn ein ausländisches Konzernunternehmen lediglich deswegen verpflichtet wird, weil es mit einem inländischen verbunden ist. Diese Variante kommt im Außenwirtschaftsrecht der USA in speziellen Fällen, nicht als Regel vor: so etwa beim Pipeline - Embargo oder bei der Antiboykottgesetzgebung. Dort wird angeknüpft an die Beherrschung der Auslandsgesellschaft durch inländische Personen.

Für die Staatsangehörigkeit von Gesellschaften nach amerikanischem Rechtsverständnis ist das Gründungsrecht maßgeblich[1998]. Das Restatement (Third) läßt allerdings auch die Anknüpfung an die Kontrolltheorie oder die Sitztheorie gelten, welche in anderen Staaten üblich ist[1999]. Die Kontrolltheorie sieht als entscheidenden Anknüpfungspunkt die Tatsache, daß ein ausländisches Mutterunternehmen durch seine gesellschaftsrechtlich vermittelte Leitungsmacht bei inländischen Tochterunternehmen unmittelbar Handlungen und deren Ergebnisse im Sitzstaat des

---

[1998] Restatement (Third) , a.a.O. (Anm. 12) § 402 Comment e unter Verweis auf die Regel des § 213

[1999] A.a.O. § 213 Comment d.

Tochterunternehmens bewirken kann, also bildlich einen verlängerten Arm in diesem Unternehmen besitzt[2000].

Keine Probleme treten auf, wenn ein Unternehmen die rechtlich unselbständige Filiale eines ausländischen Unternehmens ist. Denn dann handelt dieses Unternehmen durch die Filiale selbst auf dem Territorium von deren Sitzstaat. Anders ist es bei selbständigen abhängigen Unternehmen. Hier versuchen die USA, ihre Personalhoheit aufgrund der Kontrolltheorie zu begründen. Der Grundgedanke ist hierbei, daß die ausländische eigenständige Rechtsperson letztlich durch diese Beherrschung nur ein "alter ego" der inländischen Inhaber von Leitungsmacht ist.

Dieser Gedanke ist auch im Völkerrecht bekannt, wie der Internationale Gerichtshof im Barcelona Traction - Fall deutlich machte. Er hat in dieser Entscheidung[2001] anerkannt, daß völkerrechtlich ein Durchgriff durch die eigene Rechtspersönlichkeit der Tochtergesellschaft, ein "lifting of the veil" ausnahmsweise zulässig sein könne, um Mißbräuche zu verhindern, um dritte Personen zu schützen und um speziell eine "evasion of legal requirements or of obligations" zu verhindern, sonst aber nicht. Diese Entscheidung betrifft aber an sich nur die Frage des diplomatischen Schutzes von juristischen Personen[2002]. Aber auch die Inanspruchnahme von Jurisdiktion macht aus der inneren Angelegenheit eines Staates eine gemeinsame Angelegenheit mehrerer Staaten mit möglichen Kollisionsproblemen. Dies setzt voraus, daß das Völkerrecht eine solche Ausdehung der Jurisdiktionshoheit als Ausnahme zuläßt.

Daß der Durchgriff eine Ausnahme bleiben muß, die im Gewohnheitsrecht ausdrücklich anerkannt werden muß, beruht darauf, daß das Personalitätsprinzip an eine spezifische Treuebindung anknüpft. Diese Bindung haben die Inlandspersonen mit Leitungsmacht, aber das Auslandsunternehmen hat seine eigene Treuebindung an seinen Sitz- oder Gründungsstaat. Aufgrund des gewohnheitsrechtlich anerkannten Nebeneinanders zwischen Sitz- und Gründungstheorie wird der Ausnahmefall geschaffen, daß eine Rechtsperson zwei verschiedenen Personalhoheiten unterliegt. Dies kann ausnahmsweise auch bei individuellen Doppelstaatern vorkommen. Beide Fälle sind aber durch Völkergewohnheitsrecht ausdrücklich als Ausnahme zugelassen. Auch die Erweiterung im Falle

2000 Wengler, a.a.O. (Anm. 678), S. 18

2001 Barcelona Traction, Light and Poxer Company (Second Phase), ICJ Rep. (1970), S. 3, 39. Vgl. hierzu Wallace, C.D., Barcelona Traction Case, in: Bernhardt, R. (ed.), Encyclopedia of Public International Law, Instalment 2, S. 30 - 33. Im konkreten Fall hatte er allerdings angesichts der besonderen Umstände des Falles einen Durchgriff durch die Selbständigkeit der Unternehmen zum Zwecke des diplomatischen Schutzes verneint.

2002 Barcelona Traction, Light and Power Company (Second Phase), ICJ Rep. (1970), S. 3

der amerikanischen Außenwirtschaftsgesetzgebung müßte als Ausnahme gewohnheitsrechtlich zugelassen sein.

Die völkerrechtliche Praxis zeigt aber, daß eine solche Ausdehnung der Personalhoheit von den anderen Staaten nicht akzeptiert wurde[2003]. Die Proteste Englands, Kanadas und der Europäischen Gemeinschaft haben dies deutlich gemacht. Ohne einen solchen Konsens konnte aber die durch das Treueverhältnis einer dem Staat zugeordneten Person definierte Personalhoheit nicht erweitert werden. Angesichts dieser Tatsache konnte die amerikanische Praxis die gewohnheitsrechtliche Beschränkung der Anknüpfung der Personalhoheit an den Gründungs- oder Sitzstaat nicht erweitern. Deshalb ist bereits die Ausübung der Jurisdiktion im Wege eines solchen pauschalen Durchgriffs rechtswidrig[2004]. Sie wäre dann zulässig, wenn die Gründung einer ausländischen Tochtergesellschaft nur zu dem Zweck erfolgt, Verpflichtungen der beherrschenden Personen umgehen zu können.

Die Praxis, welche zur Kontrolltheorie existiert, stützt diese Begrenzung auf Mißbrauchsfälle, die der Internationale Gerichtshof vorgenommen hat. Denn sie wurde bisher insbesondere in kriegerischen Situationen verwendet, um versteckten Feindhandel zu unterbinden, also gerade bewußte Umgehungen der Regeln für die Angehörigen der Feindstaaten[2005]. Dies besagt im übrigen nichts über die Berechtigung von Staaten, für interne Zwecke die Kontrolltheorie zur Anknüpfung heranzuziehen. Nur darf die so begründete Staatsangehörigkeit nicht anderen Staaten als Rechtfertigung von Jurisdiktion in Konfliktsfällen entgegengehalten werden, wenn dies nicht durch einen mißbräuchlichen Umgehungstatbestand gerechtfertigt wird.

Dieser gewohnheitsrechtliche Befund wird e contrario durch die Entwicklung im Bankrecht gestützt. Im Basler Konkordat ist ausdrücklich vorgesehen, daß Staaten auf Bitten betroffener anderer Staaten auch die Aufsicht über Konzernunternehmen in diesen Staaten übernehmen können. Dies ist eine weitere ausdrückliche Ausnahme vom grundsätzlich

---

2003 Puttler, A., Völkerrechtliche Grenzen von Export- und Reexportverboten (1989), S. 112. In Großbritannien wird die jurisdiction etwa entweder an die Gründung im Inland oder an die förmliche Errichtung eines "place of business" geknüpft, vgl. Sarkessian, J., Jurisdiction over Alien Corporations based on the Activities of their Subsidiaries in the Forum: Whither the Doctrine of "Corporate Separateness"?, Fordham International Law Journal 9 (1985/86), S. 540-595, S. 577

2004 Mestral, A.L.C. de / Gruchalla - Wesiersky, T., Extraterritorial application of export control legislation (1990) , S. 264; a.A. Großfeld, B., Internationales Unternehmensrecht (1986), S. 121; Spothelfer, P.E., Völkerrechtliche Zuständigkeiten und das Pipeline - Embargo (1990) , S. 95

2005 Großfeld, a.a.O., S. 113 ff.

verbotenen Durchgriff. In diesem Rechtsbereich wird sie durch das gemeinsame Interesse an effektiver Aufsicht ermöglicht.

Ein gänzlich anderer Aspekt als der Durchgriff der USA im Außenwirtschaftsrecht ist die Anknüpfung an die Unternehmenseinheit, wie sie im Kartellrecht und im Recht der Fusionskontrolle insbesondere in der Rechtsprechung des EuGH entwickelt wurde. Hier wird nicht das ausländische Konzernunternehmen dazu verpflichtet, Rechtspflichten der inländischen Personen mit Leitungsmacht ebenfalls zu beachten, sondern seine eigene Leitungsmacht über ein Inlandsunternehmen wird zum Anlaß genommen, ihm bei der Ausübung dieser Leitung Pflichten im Hinblick auf die Teilnahme des Tochterunternehmens an der Wirtschaftsordnung des regelnden Staates aufzuerlegen. Diese Ausübung wird selbst als Teilnahme an dieser Ordnung bewertet.

Dies ist keine Ausübung von Personalhoheit. Angeknüpft wird an die Auswirkungen des Leitungsverhaltens im Inland. Ob man dies als eine Fallgestaltung der Anknüpfung an Auswirkungen klassifizieren sollte, wird noch zu erörtern sein. Jedenfalls handelt es sich um eine Ausübung der Ordnungshoheit, die völkerrechtlich nach ganz anderen Kriterien zu bewerten ist als der Durchgriff zur Erweiterung der Personalhoheit. Schließlich ist es auch kein Durchgriff, sondern ein Ausfluß der Territorial- und Personalhoheit, wenn inländischen Muttergesellschaften Berichtspflichten über die wirtschaftlichen Verhältnisse ihrer Tochtergesellschaften im Ausland auferlegt werden.

Gerade die Fälle im Außenwirtschaftsrecht haben gezeigt, daß die Anknüpfung an die Personalhoheit der Durchsetzung eigener, etwa sicherheitspolitischer Interessen, dient. Eine Begrenzung dieser Anknüpfung hinsichtlich bestimmter Zwecke ist im geltenden Völkergewohnheitsrecht nicht zu sehen. Dies gilt auch für die in der Literatur vorgeschlagene Begrenzung, die auch in Jurisdiktionskonflikten zwischen den USA und Großbritannien eine Rolle spielte, daß auf Grund der Personalhoheit nur Angelegenheiten mit Auswirkung auf das Territorium des regelnden Staates geregelt werden dürften[2006]. Denn nicht die Auswirkung, vielmehr das spezifische Treueband bewirkt die Anknüpfung. Da in der Praxis kein Anhaltspunkt für eine solche Begrenzung zu sehen ist, muß dieses Problem unter dem Gesichtspunkt der allgemeinen Grundsätze des Völkerrechts zur Begrenzung der Ausübung von durch hinreichende Anknüpfung gegebenen Jurisdiktion noch einmal betrachtet werden.

[2006] Mestral, A.L.C. de, Gruchalla - Wesiersky, T., Extraterritorial application of export control legislation (1990), S. 263

(2) Ursprung von Waren und Technologie

Eine völlig neue Anknüpfung nimmt das amerikanische Außenwirtschaftsrecht an Waren vor, welche aus dem Inland stammen oder mit inländischer Technologie im Inland produziert werden. Sie ist in den Protesten der EWG und Großbritanniens als völkerrechtswidrig bezeichnet worden. Diesbezügliches Völkergewohnheitsrecht konnte demnach im Verhältnis zu diesen Staaten nicht entstehen. Ob auch noch andere Staaten betroffen waren und durch deren Schweigen ihnen gegenüber solches Recht entstanden ist, kann angesichts des bekannten Materials nicht festgestellt werden. Diese Anknüpfung kann deshalb nur dann allgemein völkerrechtsgemäß sein, wenn sie den USA bereits nach den allgemeinen Grundsätzen des Völkerrechts zur Verfügung stand.

(3) Unternehmenseinheit

Unternehmen werden als eine wirtschaftliche Einheit behandelt, wenn ausländischen Konzernunternehmen wegen ihrer inländischen verbundenen Unternehmen Rechtspflichten hinsichtlich ihres Verhaltens im Ausland auferlegt werden. Da die "Vredeling - Richtlinie" der EG bisher noch nicht verabschiedet wurde, läßt sich diese Anknüpfungs - Modalität bisher nur im Recht gegen Wettbewerbsbeschränkungen in der Praxis nachweisen. Sie ist insbesondere bei der Fusionskontrolle verwendet worden. Denn hier wurde die Tatsache, daß Fusionspartner Tochterunternehmen im Inland hatten, zum Anlaß für Anmeldepflichten oder etwa für Entflechtungsanordnungen genommen. Gegen eine solche Anknüpfung sind auch keine Staatenproteste ergangen[2007].

Entscheidender Gesichtspunkt ist hierbei, wie bereits dargestellt, die Leitungsmacht des ausländischen Unternehmens im Inland. Deshalb liegt kein Fall des Durchgriffs in Erweiterung der Personalhoheit vor. Zwischen denjenigen Staaten, welche durch die Praxis betroffen waren und sie akzeptiert haben, liegt jedenfalls partikuläres Völkergewohnheitsrecht vor. Die Feststellung universellen Gewohnheitsrechts verbietet sich gegenwärtig aufgrund der beschränkten Ausdehnung dieser Praxis. Ob andere Staaten diese Anknüpfung auch gegen einen möglichen Protest verwenden dürfen, hängt von der Beurteilung dieser Anknüpfung nach den allgemeinen Grundsätzen des Völkerrechts ab.

2007 Die englische Stellungnahme im deutschen Morris - Rothmans - Fall gab sich ausdrücklich mit Maßnahmen zufrieden, welche nur im Hinblick auf die inländischen Tochterunternehmen ergriffen wurden

(4) Auswirkung

Zentraler Streitpunkt im Bereich extraterritorialer Jurisdiktion im öffentlichen Wirtschaftsrecht ist die Anknüpfung an reine Auswirkungen, welches zum einen im Börsen- und Wertpapierrecht verwendet wurde, zum anderen im Recht gegen Wettbewerbsbeschränkungen. In der ersteren Materie ist bemerkenswert, daß hier keinerlei Staatenproteste zu verzeichnen sind, obwohl die USA diese Anknüpfung auch in Sachverhalten verwendeten, in denen Handlungen ausschließlich im Ausland erfolgten, aber ein "significant impact" auf Personen oder Kapitalmärkte in den USA zu verzeichnen war. Insoweit ist eine solche Anknüpfung also zwischen denjenigen Staaten, welche durch diese Praxis betroffen waren, partikuläres Völkergewohnheitsrecht geworden. Darüber hinaus zeigen vertragliche Koordinierungsbestrebungen in diesem Bereich, daß hier ein breiter Konsens über die Kontrolle und Ahndung von Verstößen besteht, welcher die Möglichkeit von Konflikten minimiert.

Um so umstrittener ist die Anknüpfung an Auswirkungen dem Grunde und dem Umfang nach im Kartell- und im Fusionskontrollrecht. In diesem Zusammenhang kann außer acht bleiben, ob die Anknüpfung an Auswirkungen als Unterfall des objektiven Territorialitätsprinzips gelten kann oder nicht. Denn hier kommt es zunächst nur auf die Qualifizierung von Auswirkungen an, die zur Anknüpfung berechtigen sollen. Wenn man nämlich das objektive Territorialitätsprinzip heranziehen würde, so müßte man entscheiden, was noch als "constituent element" eines Verbotstatbestandes zu bewerten ist. Daß hier nicht jede beliebige Formulierung anerkannt wird, zeigen die Staatenproteste.

Diese Proteste zeigen zunächst, daß Auswirkungen, welche im Strafrecht unter dem Schutzprinzip qualifiziert werden, allgemein als ausreichende Anküpfung anerkannt werden. Wenn also eine Auslandshandlung die Sicherheit des Staates gefährdet, was bei Herbeiführung einer wirtschaftlich instabilen Katastrophensituation theoretisch denkbar wäre, so würde dies allgemein als gewohnheitsrechtlich zulässig angesehen. Nur gibt es insoweit keine Praxis, weil diese Fälle in der Realität weder in den Regelungen des Rechts gegen Wettbewerbsbeschränkungen noch in denjenigen des Börsen- und Wertpapierrechts vorgekommen sind, noch wirtschaftlich in diesen Materien eine solche Situation bisher real vorstellbar ist.

Die Problematik der Anknüpfung an Auswirkungen in der bisherigen Praxis weist vielmehr auf weniger existenzbedrohende, aber ordnungspolitisch unerwünschte Auswirkungen durch Beschränkungen des Wettbewerbs hin. Ihre Beurteilung wird dadurch erschwert, daß die Konturen dieser Anknüpfung fließend sind. Hier sind aus der Praxis Gesichtspunkte konkretisierbar. Zum einen fragt sich, ob die Auswirkungen aktuell sein müssen, oder ob potentielle Auswirkungen ausreichen. Der zweite Gesichtspunkt ist ihre Intensität, der dritte die subjektive Komponente beim Handelnden. Im Fusionskontrollrecht der USA, der EWG und der Bundesrepublik Deutschland wird an eine potentielle Auswirkung, an die Eignung des Zusammenschlusses zur Wettbewerbsbeschränkung angeknüpft. Im Kartellrecht dagegen wird von allen dreien an den aktuellen Befund einer Wettbewerbsbeschränkung angeknüpft. In der EWG reicht nach Art. 85 EWGV die Absicht der Wettbewerbsbeschränkung aus. In den USA ist die Rechtsprechung hinsichtlich beabsichtigter, aber nicht erfolgter Wettbewerbsbeschränkungen uneinheitlich.

Auch bei der geforderten Intensität der Auswirkungen gibt es Unterschiede. In Deutschland und in der EWG wird eine Spürbarkeit verlangt, in den USA gibt es in den Gerichtsentscheidungen einen Standard, der von "some effect" bis zu "substantial" reicht. Weiter gibt es in den USA Differenzen darüber, ob der Effekt direkt sein müsse, während in Deutschland und in der EG bei festgestellter Auswirkung das Recht wie im innerstaatlichen Bereich angewendet wird, das heißt auch sekundäre Effekte ausreichen.

In den USA ist der Standard durch eine Vorgabe des Gesetzgebers und entsprechende Äußerungen der Regierung wohl auf die Formel "a direct, substantial and reasonably foreseeable effect" harmonisiert werden, obwohl nicht eindeutig ist, ob die Gerichte dem generell folgen werden. Die Frage des hypothetischen und des bloß beabsichtigten Effekts wird hierdurch aber offengelassen. Im jüngsten Kooperationsabkommen zwischen USA und EWG wird von "may affect important interests" gesprochen, was aber nicht als eine Festlegung der Inhalte der Anknüpfung an Auswirkungen verstanden werden kann. Im Kooperationsabkommen zwischen den USA und Deutschland ist die Rede von "substantial effect".

Insoweit Staaten untereinander kartellrechtliche Kooperationsabkommen abgeschlossen haben kann man annehmen, daß jedenfalls der Grundsatz der Anknüpfung an Auswirkungen akzeptiert wurde, wenn auch der ordre public Vorbehalt einzelne Ausprägungen offenläßt. Dem steht auch nicht entgegen, daß die EWG sich in ihrer Protestnote zum Pipeline - Fall zu diesem Prinzip äußerte, es sei nicht allgemein anerkannt. Denn zum einen verwendet die EG - Kommission selbst diese Anknüpfung, zum anderen ist das Kooperationsabkommen mit den USA nur so zu verstehen, daß dieses Prinzip, welches dort als einziges verwendet wird, dadurch jedenfalls nicht pauschal abgelehnt wird.

Darüber hinaus dürfte aufgrund ihrer Praxis zwischen den USA, der EWG und Deutschland jedenfall als partikuläres Gewohnheitsrecht das

Erfordernis der Spürbarkeit als Mindestgrenze eines Eingriffs anerkannt sein. Das gleiche gilt auch von der Anknüpfung an hypothetische, typisierte Auswirkungen in der Fusionskontrolle. Die Praxis in Bereichen, die nicht homogen sind, wie etwa der Direktheit der Auswirkung oder der Behandlung rein beabsichtigter Auswirkungen hat zwischen diesen Völkerrechtssubjekten jedenfalls nicht zu Protesten geführt, so daß auch die Erfassung sekundärer Auswirkungen und rein beabsichtigter Auswirkungen gewohnheitsrechtlich konsentiert sein dürfte. Auch insoweit ist partikuläres Gewohnheitsrecht entstanden.

Schwierigkeiten macht die Beurteilung der Protestpraxis. In der Mehrzahl der Fälle wurde nicht die Anknüpfung an Auswirkungen als solche in Frage gestellt, sondern ihre Anwendung im konkreten Fall, insbesondere die Nichtberücksichtigung ausländischer Interessen. Klar ablehnend waren nur die Stellungnahmen Südafrikas und Englands. Im letzteren Falle muß aber berücksichtigt werden, daß die letzte bekannte Stellungnahme im Zigaretten - Fall vor dem EuGH die englische Position sehr weitgehend dadurch reduziert, daß die Übertragung einer Vereinbarung oder eines wettbewerbsbeschränkenden Verhaltens ins Inland auch durch unabhängige Handelsvertreter als ausreichender Anknüpfungspunkt angesehen wurde und daß damit selbständige Handlungen auch nach britischer Auffassung nicht die einheitliche Betrachtung eines grenzüberschreitenden wirtschaftlichen Vorgangs unterbrechen. Dies geht in seiner Anknüpfung an Auswirkungen über den klassischen Inhalt des objektive Territorialitätsprinzips hinaus, entspricht aber der strafrechtlichen Behandlung der Teilnahme und der Mittäterschaft. Weiter wird man bei der Beurteilung der britischen Position die Frage stellen müssen, inwieweit sich dieser Mitgliedstaat der EG individuell einer Praxis völkerrechtlich entgegenstellen kann, welche von der Gemeinschaft selbst geübt wird.

Dieser Befund partikulären Gewohnheitsrechts zwischen einigen Staaten und des Nichtbestehens eines solchen Rechts gegenüber "persistant objectors" sagt jedoch noch nichts über die allgemeine völkerrechtliche Rechtslage aus. Denn wenn die Anknüpfung an reine Auswirkungen aufgrund allgemeiner Grundsätze des Völkerrechts grundsätzlich zulässig wäre, so könnten solche Proteste dies nicht hindern. Es wäre dann auch klar, daß auch weitere Staaten rechtmäßig ohne Rücksicht auf die Reaktion anderer Staaten auf dieses Prinzip zurückgreifen könnten. Dies zeigt, daß die Beurteilung der Gewohnheitsrechtslage, welche aufgrund der auf wenige Staaten beschränkten und in sich inhomogenen Praxis nur zu unvollkommenen Ergebnissen führen kann, die Thematik nicht ausschöpfen kann.

Vielmehr muß der Ausgangspunkt geklärt werden: welche Regeln gelten ungeachtet eines speziellen Gewohnheitsrechts? Denn die dargestellten neuen Anknüpfungspunkte sind in früherer Praxis nicht vorgekommen. Galt also vorher ein numerus clausus der Anknüpfungen, die aus dem internationalen Strafrecht bekannt sind, gab es allgemeinere Grundsätze, an denen sich erlaubte Anknüpfungen messen lassen müssen oder galt ein genereller Grundsatz der Staatenfreiheit mangels ausdrücklichen völkerrechtlichen Verbots?

4. Allgemeine Grundsätze der Jurisdiktionshoheit

a) Völkerrechtliche Ordnung staatlichen Handelns

(1) Allgemeiner negativer Freiheitssatz

Die Souveränität eines Staates steht in einem Spannungsverhältnis zu derjenigen anderer Staaten nicht nur deswegen, weil sich die daraus fließenden Rechte der Staaten gegenseitig beschränken, die Souveränität eines Staates also ihre Grenze an der Souveränität der anderen Staaten findet, sondern auch deshalb, weil die Souveränität aller Staaten durch das Völkerrecht beschränkt wird. Beides kommt zum Ausdruck im Begriff des domaine réservé, der einmal den Bereich bezeichnet, in den sich andere Staaten nicht einmischen dürfen, der zum anderen aber auch durch die Regelungen des Völkerrechts begrenzt ist. Hieraus ergibt sich eine der fundamentalen Fragestellungen des Völkerrechts: ist der domaine réservé gegenüber dem Völkerrecht originär und unbeschränkt, soweit nicht ein Staat sich ausdrücklich oder konkludent einer völkerrechtlichen Beschränkung unterworfen hat oder gibt es eine völkerrechtliche Ordnung für das Handeln der Staaten, die sich bereits aus ihrer Zugehörigkeit zu Völkerrechtsordnung an sich ergibt?

Dieser Problematik liegt ein Streit um die rechtstheoretischen Grundlagen des Völkerrechts zugrunde[2008]. Das bekannteste Ergebnis dieses Streits ist das Lotus-Urteil des StIGH[2009], welches die Diskussion um die völkerrechtliche Zulässigkeit extraterritorialer Jurisdiktion zentral prägt. Es ging damals um eine Kollision zwischen dem französischen Postdampfer Lotus, unterwegs nach Konstantinopel, und dem türkischen Kohlenschiff Boz Kourt, wobei letzteres Schiff sank und acht türkische

---

[2008] Bleckmann, A., Die Handlungsfreiheit der Staaten, Österreichische Zeitschrift für öffentliches Recht und Völkerrecht 29 (1978), S.173-196

[2009] CPJI, Sér.A, No.10 (1927)

Staatsangehörige an Bord umkamen. Die Türken verhafteten in Konstantinopel den ersten Offizier des Schiffes Lotus und hielten ihn in Untersuchungshaft, weil der Staatsanwalt von Stambul gegen ihn und gegen den Kapitän des türkischen Schiffes eine Totschlags-Anklage erhoben hatte. Das türkische Strafgericht verurteilte beide zu einer kurzen Gefängnisstrafe und einer empfindlichen Geldstrafe. Die Verurteilung erfolgt aufgrund Art. 6 des türkischen Strafgesetzbuchs, wonach Auslandstaten zu Lasten des türkischen Staates oder seiner Staatsbürger, die in der Türkei strafbar sind, bestraft werden sollen, wenn der Täter in der Türkei festgenommen wird. Diese Norm knüpfte also an das passive Personalitätsprinzip an.

Wegen dieses Urteils kam es zu Streitigkeiten zwischen Frankreich und der Türkei über die strafrechtliche Jurisdiktion der Türkei. Frankreich machte geltend, daß bei Verletzung von Navigationsvorschriften lediglich dem Flaggenstaat die Ahndung zustehe. Die Türkei stimmte zu, den Streit durch den Ständigen Internationalen Gerichtshof im Haag entscheiden zu lassen.

Der Gerichtshof geht vom Grundsatz aus, daß eine völkerrechtliche Bindung der Staaten von ihrem eigenen freien Unterwerfungswillen abhängt. Dieser rechtstheoretische Ansatz ist für die Bewertung der Entscheidung und zur Beurteilung der Kritik, die sie ausgelöst hat, von zentraler Bedeutung. Die Lotus - Entscheidung ist ein Modellbeispiel für einen völkerrechtlichen Positivismus, der auch zwangsläufig zu dem Postulat der negativen Norm führt, daß alles erlaubt sei, was nicht ausdrücklich verboten ist. Bereits erwähnt wurde, daß der Gerichtshof unzweideutig und unbedingt von einem Verbot der Vornahme von Hoheitsakten im Ausland ohne Zustimmung des im Territorium kompetenten Staates ausging. Dagegen gelte für die Regelungshoheit eine grundsätzliche Freiheit:

> "It does not, however, follow that international law prohibits a state from exercising jurisdiction in its own territory, in respect of any case which relates to acts which have taken place abroad, and in which it cannot rely on some permissive rule of international law. Such a view would only be tenable if international law contained a general prohibition to states to extend the application of their laws and the jurisdiction of their courts to persons, property and acts outside their territory, and if, as an exception to this general prohibition, it allowed states to do so in certain specific cases. But this is certainly not the case under international law as it stands at present. Far from laying down a general prohibition to the effect that States may not extend the application of their laws and the jurisdiction of their

> courts to persons, property and acts outside their territory, it leaves them in this respect a wide measure of discretion which is only limited in certain cases by prohibitive rules; as regards other cases, every state remains free to adopt the principles which it regards best and most suitable."

Daraus leitet der Gerichtshof folgerichtig ab, daß das Strafrecht völkerrechtlich nicht auf das Territorialitätsprinzip beschränkt ist. Vielmehr sei auch eine Anknüpfung an das passive Personalitätsprinzip zulässig, weil insoweit im Völkerrecht keine Verbotsnorm existiere[2010]. Da Frankreich und die Türkei zulässige Anknüpfungspunkte hatten, liege eine "concurrent jurisdiction" vor[2011].

An das Lotus - Urteil schloß sich eine fortgesetzte Diskussion in der Völkerrechtslehre um seinen Grundansatz und sein Ergebnis an. Die Frage des passiven Personalitätsprinzips wurde bereits in Kapitel I erörtert, es dürfte auch heute noch als völkerrechtsgemäß anerkannt sein[2012]. In ihrem dogmatischen Ausgangspunkt, einer Vermutung zugunsten staatlicher Freiheit[2013], wird die Entscheidung von denjenigen bejaht, welche im Jurisdiktionsbereich eine "Omnikompetenz" der Staaten annehmen, die nur durch völkerrechtliche Grenzen eingeschränkt wird[2014]. Reu[2015] spricht von der Kompetenz - Kompetenz der Staaten und sieht in der

---

[2010] CPJI, Sér. A., No. 10 (1927), S. 21

[2011] A.a.O. S. 31

[2012] Vgl. auch das Restatement (Third), a.a.O. (Anm. 12) § 402 Comment g

[2013] Rousseau, C., L'indépendence de l'état dans l'ordre international, RdC 73(1948 II), S. 171-252, 204

[2014] Rudolf, W., Territoriale Grenzen der staatlichen Rechtsetzung, Berichte der Deutschen Gesellschaft für Völkerrecht, Heft 11 (1973), S. 7 - 45, 17 ff.; Rudolf, W., Über die territorialen Grenzen der Steuergesetze, in: Recht und Wirtschaft in Geschichte und Gegenwart, Festschrift für J. Bärmann (1975), S. 769 - 786, 776; Kaiser, J.H., Internationale und nationale Zuständigkeit im Völkerrecht der Gegenwart, Berichte der deutschen Gesellschaft für Völkerrecht 7 (1967), S. 1- 23, 12; Wildhaber, L., Jurisdiktionsgrundsätze und Jurisdiktionsgrenzen im Völkerrecht, Schweizerisches Jahrbuch für Internationales Recht 41 (1985), S. 99-109, 103 f.; Fedozzi, P., De l'efficacité extraterritoriale des lois et des actes de droit public, RdC 27 (1929 II), S. 141-242, 200; Bleckmann, A., The Personal Jurisdiction of the European Community, CMLRev 17 (1980), S. 467-485, 471; Homburger, E./ Jenny, H., Internationalrechtliche Aspekte des EWG-Wettbewerbsrechts. Zur Anwendung der wettbewerbsrechtlichen Bestimmungen des EWG-Vertrages auf in Nichtmitgliedstaaten veranlaßte Wettbewerbsbeschränkungen, (1966), S.51; Barack, B., The Application of the Competition Rules (Antritrust Law) of the European Economic Community to Enterprises and Arrangements External to the Common Market, (1981), S. 12 ff. Vgl. auch Nawiasky, H., Allgemeine Rechtslehre, 2.Aufl. (1948), S. 86, welcher vom grundsätzlich unbeschränkten Geltungsbereich staatlicher Gesetze ausgeht gepaart mit einer weisen Selbstbegrenzung des Staates auf sein Gebiet, um die Durchsetzung zu gewährleisten.

[2015] Reu, F., Die staatliche Zuständigkeit im internationalen Privatrecht (1938), S. 68 f.

Lehre von der völkerrechtlichen Jurisdiktions - Kompetenz eine "naturrechtliche - idealistische und utopistische Spekulation[2016]. Neumeyer[2017] meint, die Rechtsetzungsgewalt auf dem Staatsgebiet sei nicht vom Völkerrecht verliehen. Jeder Staat sein grundsätzlich frei, den Anwendungsbereich seiner Vorschriften zu bestimmen, in seltenen Fällen gebe es im Völkerrecht Grenzen hierfür. Völkerrechtliche Regeln etwa des internationalen Verwaltungsrechts gebe es nicht[2018].

Isay[2019] geht dagegen von einer völkerrechtlichen Kompetenzordnung staatlicher Jurisdiktion aus. Zuständigkeit ist danach "monopolisiertes Dürfen", welches den Staaten nur vom übergeordneten Völkerrecht verliehen werden könne. Dem entspreche das Verbot an die anderen Staaten, mit dieser autorisierten Kompetenzausübung in Konflikt zu geraten. Allerdings sei die Kompetenzordnung lückenhaft und damit seien Konflikte ohne Verstoß gegen das Völkerrecht möglich. Solche Konflikte seien möglich zwischen Rechtsnormen, welche an das Territorium einerseits und an die Staatsangehörigkeit andererseits anknüpften. Dies gelte auch dann, wenn Handlungen auf einem Staatsgebiet, die angeordnet seien, rechtswidrige Auswirkungen auf einem anderen Staatsgebiet hätten, wie dies etwa im internationalen Nachbarrecht der Fall sei. Auch bei Doppelbelastungen wie zum Beispiel der Doppelbesteuerung könne ein Konflikt auftreten.

Zur Entscheidung der Grundfrage des Lotus - Urteils dürfte es nicht hilfreich sein, auf Postulate historischer Priorität dergestalt abzuheben, daß der Staat vor dem Völkerrecht entstand oder daß er gleichzeitig mit dem Völkerrecht entstand[2020]. Denn nicht die Genese, vielmehr der Charakter des Völkerrechts als Rechtsordnung entscheidet über das Problem der Lücken. Dieser Charakter ist aber in der Rechtstheorie umstritten[2021]. Die Lehre von der grundsätzlichen Freiheit der Staaten[2022] ist eine Konsequenz der Annahme der Lückenlosigkeit der Rechtsordnung gepaart mit

---

2016 Einzige Grenzen dieser Kompetenz - Kompetenz sind nach Reu, a.a.O., S. 75 das Verbot der förmlichen Abänderung oder Aufhebung eines fremden Staatsakts und das Verbot der Vornahme von Hoheitsakten auf fremdem Staatsgebiet

2017 Neumeyer, a.a.O. (Anm. 171), S. 124 f.

2018 A.a.O. S. 436 f.

2019 Isay, E., Internationales Verwaltungsrecht, in: Stier-Somlo, F. / Elster, A. (Hrsg.), Handwörterbuch der Rechtswissenschaft, Bd.3 (1928), S. 344-356, 347ff.

2020 Letzteres etwa Bleckmann, A., Die Handlungsfreiheit der Staaten, Österreichische Zeitschrift für öffentliches Recht und Völkerrecht 29 (1978), S. 173-196, 178 ff.

2021 Vgl. die umfassende Übersicht über die rechtstheoretischen Grundlegungen des Völkerrechts bei Fastenrath, U., Lücken im Völkerrecht (1991), S. 32 - 81

2022 Hierzu allgemein Bleckmann, A., Die Handlungsfreiheit der Staaten, Österreichische Zeitschrift für öffentliches Recht und Völkerrecht 29 (1978), S. 173-196;

der ausschließlichen Anerkennung positivierter Rechtssätze[2023] oder der Annahme einer entsprechenden positiven Rechtsnorm[2024].

Kelsen[2025] bezeichnet die Annahme von Rechtslücken als eine "Fiktion", die darin besteht, "daß ein auf einem subjektiven, moralisch - politischen Werturteil beruhender Mangel einer bestimmten Rechtsnorm innerhalb einer Rechtsordnung als logische Unmöglichkeit ihrer Anwendung dargestellt wird". Bei Fehlen einer Norm müsse die Klage abgewiesen werden. Alles menschliche Verhalten sei durch die Rechtsordnung geregelt. Aus dem Fehlen einer Verbotsnorm folge im negativen Sinne die Erlaubnis[2026]. Hierdurch wird die Rechtsordnung lückenlos. Dieses Konzept geht zurück auf Immanuel Kant, der die Freiheit, unter der er die Unabhängigkeit von eines Anderen nötigender Willkür versteht, das einzige, ursprüngliche, jedem Menschen kraft seiner Menschheit zustehende Recht nennt[2027].

Aus der Rechtsordnung selbst heraus läßt sich dieser Satz aber nicht beweisen, wenn man den negativen Freiheitssatz nicht seinerseits als völkerrechtliche Rechtsnorm annimmt. Denn wäre er dem Recht vorgelagert, so wäre das Recht, wenn er zur Anwendung käme, notwendig lückenhaft. Ist er aber rechtlicher Natur, so muß er bewiesen, darf nicht rein negativ geschlossen werden. Kann er nicht bewiesen werden, so kann die Rechtsordnung lückenhaft sein, in der Realität muß sie es dann auch sein, weil nicht alle zukünftigen Sachverhalte schon jetzt notwendigerweise geregelt sein können. Lückenlosigkeit als Grundsatz, der nicht durch eine entsprechende Norm gedeckt ist, ist eine petitio principii.

Ein allgemeiner Freiheitssatz müßte also im positiven Völkerrecht nachzuweisen sein, ein rein logisch begründeter "allgemeiner negativer Satz", wonach Rechte und Pflichten nicht bestehen, wenn sie nicht im positiven Recht begründet sind[2028], reicht als rechtliches Argument nicht aus. Daß das Völkerrecht den domaine réservé als exklusiven Raum freier Gestaltung staatlicher Ordnung ausgestaltet, der die Nichteinmischungspflicht

---

2023 Zu diesem Ansatz Bydlinski, F., Juristische Mthodenlehre und Rechtsbegriff, 2. Aufl. (1991), S. 236 - 247

2024 Fastenrath, , a.a.O. (Anm. 2021), S. 239 - 252

2025 Kelsen, H., Reine Rechtslehre, 2. Aufl. (1960), S. 251 ff., 253

2026 A.a.O., S. 16

2027 Kant, I. Die Metaphysik der Sitten, Teil 1: Metaphysische Anfangsgründe der Rechtslehre (1797 / 1798), S. 230 (Einteilung der Rechtslehre B.)

2028 Hierzu Bydlinski, F., Juristische Methodenlehre und Rechtsbegriff, 2.Aufl. (1991), S. 236 f.

anderer Staaten mit sich bringt, ist eine positive Freiheitsgewährung[2029], denn ohne diese Ausgestaltung gäbe es rechtlich weder Souveränität noch Intervention, sondern nur Machtsphären. Der konkrete Gehalt dieser Rechtsbegriffe wird eben erst durch das Völkerrecht selbst festgelegt.

Der Schutz des domaine réservé kann aber noch nicht gleichgesetzt werden mit einem allgemeinen Freiheitssatz des Völkerrechts. Wie sich etwa an der Freiheit der Hohen See zeigt, gibt es auch Freiheitsbereiche außerhalb der Souveränität, welche vom Völkerrecht ausdrücklich geregelt sind. Dies spricht gegen die Annahme eines allgemeinen völkergewohnheitsrechtlichen Freiheitssatzes[2030]. Ihn aus allgemeinen Rechtsgrundsätzen abzuleiten verbietet sich bereits deshalb, weil man die Verfassungsgarantien für Individuen nicht auf die Staatengemeinschaft mit ihrer gänzlich anderen Verfassungsstruktur übertragen kann.

Ein anderer Teil der völkerrechtlichen Lehre ist der Auffassung, daß die Staaten nur im Umfang einer ihnen vom Völkerrecht gewährten Kompetenz Jurisdiktion ausüben dürften[2031]. Dies wird teilweise daraus abgeleitet, daß die überragende Stellung des Territorialitätsprinzips im Völkerrecht eine Vermutung dafür schaffe, daß alle anderen Begründungen von Jurisdiktion nicht zulässig seien[2032]. Dann müßte man im Völkerrecht nach ausdrücklichen Gestattungen für weitere Anknüpfungspunkte suchen.

Bruns[2033] widerspricht der dem Lotus - Urteil innewohnenden inzidenten Qualifikation als Verbotsordnung:

2029 Insoweit ist es nicht nur, wie Dahm, G.,/ Delbrück,J./ Wolfrum,R., Völkerrecht, (2. Aufl.), Bd. I/1 (1989) , S. 80 meinen, eine Frage des negativen Gewohnheitsrechts, wenn die Staaten einander Freiheit gewähren

2030 Ablehnend auch Fastenrath, a.a.O. (Anm. 2021), S. 246 f.; Meessen, a.a.O. (Anm. 39), S. 78 f.

2031 Mann, F.A., The Doctrine of Jurisdiction in International Law, RdC 111 (1964 I), S. 7 - 162, S. 11; O'Connell, D.P., International Law, Bd.2 (1970), S.599; Kunig, P., Völkerrecht und Fusionskontrolle, WuW 34 (1984), S. 700-707, 704. Mosler, H., Völkerrecht als Rechtsordnung, ZaöRV 36 (1976), S. 6 - 49, 39 f.; Rousseau, C., L'indépendence de l'état dans l'ordre international, RdC 73(1948 II), S. 171-252, 198 ff.; König, K., Die Anerkennung ausländischer Verwaltungsakte (1965), S. 45; Jovanovic, S. , Restriction des compétences discretionnaires des états en droit international public (1988) , S. 86. Offen Bleckmann, A., Analogie im Völkerrecht, Archiv des Völkerrechts 15 (1977), S. 161 - 180, 171 der für den Fall, daß man im Völkerrecht eine Kompetenzordnung für die Staaten sieht, darauf hinweist, daß der Handlungsspielraum in vielen Bereichen so weit ist, daß dies gleichwohl auf eine Staatenfreiheit hinausläuft

2032 Jennings, R.Y., The Limits of State Jurisdiction, Nordisk Tidsskrift for International Ret 32 (1962), S. 209-229, 213

2033 Bruns, V., Völkerrecht als Rechtsordnung, ZaöRV 1(1929), S. 1-56, 9

> "Das Wesen einer Ordnung besteht nicht bloß in einem Negativen, in der Anordnung des Nichtdürfens. Ordnung ist Zuweisung einer Eigensphäre des Handelns und Herrschens an den Genossen, ist Gewährung eines Dürfens und ist Schutz dieses Dürfens durch Anordnung des Nichtdürfens der übrigen Genossen. So ist eine Rechtsordnung ihrem Wesen nach Verteilungs- und Friedensordnung".

Mosler[2034] geht von einem ähnlichen Ansatz aus:

> "Wenn man davon ausgeht, daß die staatliche Kompetenz durch das Völkerrecht begrenzt ist, kann nicht alles erlaubt sein, was nicht verboten ist. Die Zuordnung von staatlicher Kompetenz und völkerrechtlicher Eingrenzung ist nach allgemeinen Auslegungsgrundsätzen vorzunehmen, wobei es im Einzelfall Vermutungen zugunsten der einen oder anderen Seite geben mag".

Die vorausgehenden Zitate zeigen, daß es nicht notwendig ist, den Streit um Lotus hier erneut aufzurollen. Konsens besteht darüber, daß die Staaten durch das Völkerrecht beschränkt werden. Diese Beschränkung ist mit zunehmender Verdichtung des Netzes allgemeiner Grundsätze des Völkerrechts, insbesondere unter der Charta der Vereinten Nationen, so allgemein geworden, daß man sich schwerlich ein Gebiet vorstellen könnte, auf dem noch eine uneingeschränkte Vermutung zugunsten der Freiheit der Staaten bestehen könnte.

Auf der anderen Seite entspricht die Behauptung eines allgemeinen Verbots staatlicher Aktivitäten ohne ausdrückliche völkerrechtliche Kompetenzgewährung einer staatsrechtlichen Denkweise. Dort sind die Kompetenzen aber Legitimation der Ausübung von Hoheitsgewalt und Abgrenzung von Hoheitsbereichen mehrerer Hoheitsträger. Im Völkerrecht scheidet beides aufgrund der Struktur der Rechtsordnung aus. Dieses Verbot würde keinen Zweck haben, wenn es nicht die Freiheit anderer Staaten schützen sollte. Dann müßte aber Hintergrund dieser Lehre notwendig doch ein allgemeiner - positiver - Freiheitssatz sein. Denn ansonsten würde ihr Ergebnis in neu auftretenden Bereichen staatlicher Aktivitäten diese lahmlegen, bis sich entweder eine vertragliche Lösung gefunden hat oder Völkergewohnheitsrecht herausgebildet hat.

Dann würde aber eine Aktivität der Staaten zur Bildung einer Praxis notwendig zunächst völkerrechtswidrig sein. Das ähnliche Dilemma der Abänderung bestehenden Völkergewohnheitsrechts würde dadurch auch in den Vorgang seiner erstmaligen Bildung hineingetragen. Aus der Pra-

---

2034 Mosler, H., Völkerrecht als Rechtsordnung, ZaöRV 36 (1976), S. 6 - 49, 40 f.

xis sind keine Rechtsbehauptungen bekannt, daß Staaten überhaupt nicht tätig werden dürften, sondern nur Proteste dagegen, wie sie tätig wurden. Auch die Lehre von der Erforderlichkeit einer ausdrücklichen völkerrechtlichen Kompetenzgewährung kann sich also nicht auf eine Rechtsnorm stützen.

Beide Positionen berücksichtigen in ihrer Absolutheit nicht den genossenschaftlichen Charakter der Völkerrechtsordnung, welche einerseits Rechte und Pflichten der Staaten festlegt, andererseits aber auch die Staaten, die selbst durch Rechtsordnungen konstituiert werden, gegeneinander abgrenzt, im räumlichen wie im Handlungsbereich. Es schafft diese Abgrenzung durch den Schutz des Souveränitätsbereiches des domaine réservé. Wo aber keine inneren Angelegenheiten vorliegen, können staatliche Handlungen sich gleichwohl überschneiden, wie sich gerade im Jurisdiktionsbereich gezeigt hat.

Man kann hier per se kein Handlungsverbot ohne ausdrückliche Ermächtigung durch das Völkerrecht annehmen. Man kann aber auch angesichts der Konfliktträchtigkeit solcher konkurrierender Handlungsbereiche nicht eine grundsätzliche Abstinenz des Völkerrechts annehmen. Der von Bruns und Mosler, wie oben dargestellt, zu Recht in den Vordergrund gestellte Aspekt des Völkerrechts als Friedens- und Verteilungsordnung fordert dort, wo positive konkrete Rechtsnormen nicht festgestellt werden können, die Prüfung, ob hier eine Rechtslücke vorliegt, die gefüllt werden darf und muß.

(2) Lückenfüllung

Der Begriff der Rechtslücke ist nicht beschränkt auf die Feststellung eines völlig rechtsleeren Raumes. Man kann den Begriff der Lückenfüllung auch auf die Verdichtung von allgemeinen Grundsätzen zu konkreten Regeln anwenden. Zur näheren Beurteilung ist es notwendig, allgemein das Problem der Lückenfüllung zunächst im innerstaatlichen und dann im Völkerrecht zu betrachten. Eine positive Norm besteht nicht nur aus ihrem Wortlaut, sondern auch aus ihrer Teleologie, nicht nur aus tatsächlichen Aussagen, sondern auch aus Wertungen. Hier kann man vom "Regelungsplan" reden. Auch eine systematisch zusammengehörige Gruppe von Rechtsnormen kann einen solchen Regelungsplan enthalten, der mithin zum positiven Recht gehört. Eine Lücke muß immer in Orientierung an diesem Plan bestimmt werden[2035]: entscheidend ist die

---

[2035] Fastenrath, a.a.O. (Anm. 2021), S. 213 stellt richtig fest, daß sich Lücken immer nur in Relation zu einem Vergleichssystem orten lassen

"Planwidrigkeit" einer fehlenden Regelung, nicht ihre rechtspolitische Wünschbarkeit[2036].

Wenn eine Frage im Gesetz oder in der gesamten Rechtsordnung "planwidrig" nicht geregelt ist, weil entweder eine Norm ohne eine solche Regelung unanwendbar ist ("Normlücke")[2037] oder weil ein Gesetz eine Regelung für einen Sachverhalt nicht enthält, die es nach seiner eigenen Regelungsabsicht enthalten sollte, so liegt eine "Gesetzeslücke" vor[2038]. Insoweit ist die Regelungsbedürftigkeit aus der Norm oder der Rechtsordnung selbst zu entnehmen, also aus dem positiven Recht. Daneben gibt es auch die Fälle, in denen die Rechtsordnung keinerlei Regelungen trifft, ohne daß sie ausdrücklich oder implizit einen rechtsfreien Raum lassen wollte, was auch durch Schweigen, durch Nichtregelung geschehen kann. Sollte ein Bereich nicht geregelt werden, so liegt überhaupt keine Lücke vor[2039]. Der solchermaßen völlig rechtsleere Raum kann also auch nicht rechtmäßig gefüllt werden.

Anders liegt etwa der Fall einer Fortentwicklung im technischen, gesellschaftlichen oder zivilisatorischen Bereich, durch die völlig neue, bisher ungeregelte Phänomene auftrauchen. Hier wollen manche eine generelle Kompetenz zur Ausfüllung einer "Rechtslücke" annehmen[2040]. Dies setzt aber die Annahme eines Willens der Rechtsordnung zur Vollständigkeit voraus, die von keiner Rechtsordnung geleistet werden kann. Die Rechtsordnung wird immer nur einen Teil der Wirklichkeit in ihrem Bestand und in ihrer Dynamik regelnd erfassen können. Gerade bei neuen technologischen Entwicklungen zeigt die Erfahrung, daß sie eine Zeitlang ungeregelt bleiben können.

Sie können allerdings immer drängender eine rechtliche Erfassung fordern. Der Richter kann dort rechtsschöpfend eingreifen, wo auf neue Sachverhalte existierende Normen mit Konsequenzen anzuwenden wären, welche deren Regelungszweck nicht gerecht würden. Dies zeigt, daß auch Entwicklungen Regelungslücken herbeiführen können. Sie ergeben sich aber aus der positiven Rechtsordnung selbst. Es gibt aber auch reine Rechtslücken. Ihre Ausfüllung muß der Kompetenzstruktur der Rechtsordnung, nach dem Grundgesetz aus dem verfassungsrechtlichen Grundsatz der Gewaltenteilung, genügen. Der Gesetzgeber schafft das

---

2036 Bydlinski, a.a.O. (Anm. 2028), S. 473

2037 Bydlinski, a.a.O. (Anm. 2028), S. 473 f.

2038 Larenz, K., Methodenlehre der Rechtswissenschaft, 6. Aufl. (1991), S. 370 ff.

2039 Bydlinski, a.a.O. (Anm. 2028), S. 475

2040 So etwa bei "Prinzip- oder Wertlücken" Canaris, C.-W., Die Feststellung von Lücken im Gesetz, 2. Aufl. (1983), S.160 ff. Vgl. (teilweise) ablehnend dazu Larenz, a.a.O. (Anm. 2038), S. 375 f.; Engisch, K., Einführung in das juristische Denken, 8. Aufl. (1989), S. 159 f.

Recht, der Richter ist daran gebunden. Er kann existierendes Recht methodisch fortbilden[2041], er kann aber nicht selbst neues Recht schaffen[2042], wenn ihn die Rechtsordnung nicht hierzu beauftragt[2043]. Er darf eine Norm oder die Rechtsordnung insgesamt teleologisch ergänzen, aber über diesen Rahmen nicht hinausgehen.

Zwar ist der Richter in Deutschland nach Art. 20 Abs. 3 GG nicht nur an das Gesetz, sondern auch an das Recht gebunden. Unabhängig davon aber, ob es sich hier um eine Tautologie handelt[2044], um einen Hinweis auf Naturrecht oder um einen Hinweis auf Gewohnheitsrecht und allgemeine Rechtsgrundsätze, so beseitigt doch diese Formel nicht die Bindung des Richters an das in der Verfasssungsordnung geltende Recht. Er muß es anwenden, darf es fortbilden, darf aber keine neues Recht schaffen, welches sich nicht aus der Teleologie des existierenden Rechts ergibt.

Aber auch die Rechtsfortbildung außerhalb der Teleologie eines Gesetzes, welche Larenz[2045] "gesetzesübersteigende Rechtsfortbildung" nennt, ist zwar "extra legem"[2046], aber "intra ius". "Ius" ist aber hier kein abstraktes Recht, sondern die konkrete Wertordnung[2047] des existierenden innerstaatlichen Rechts. Auch hier darf nichts ausdrücklich oder konklu-

---

2041 BVerfGE 34, 269: " Die Aufgabe der Rechtsprechung kann es insbesondere erfordern, Wertvorstellungen, die der verfassungsmäßigen Rechtsordnung immanent, aber in den Texten der geschriebenen Gesetze nicht oder nur unvollkommen zum Ausdruck gelangt sind, in einem Akt des bewertenden Erkennens, dem auch willenhafte Elemente nicht fehlen, ans Licht zu bringen und in Entscheidungen zu realisieren. Der Richter muß sich dabei von Willkür freihalten; seine Entscheidung muß auf rationale Argumentation beruhen. Es muß einsichtig gemacht werden können, daß das geschriebene Gesetz seine Funktion, ein Rechtsproblem gerecht zu lösen, nicht erfüllt. Die richterliche Entscheidung schließt dann diese Lücke nach den Maßstäben de praktischen Vernunft und den "fundierten allgemeinen Gerechtigkeitsvorstellungen der Gemeinschaft (BVerfGE 9, 338, 349)"

2042 So etwa BVerfGE 65, 182, 190 f., wo entschieden wurde, daß das Bundesarbeitsgericht, welches Sozialplanansprüche im Konkurs als bevorrechtigt angenommen hat, dies ohne Anhaltspunkt im Konkursrecht, also im Wege verfassungswidriger Rechtsfortbildung getan hat

2043 Dies ist etwa nach § 1 des schweizerischen Zivilgesetzbuches, nach Art. 4 des französischen code civil oder nach § 16 des österreichischen Allgemeinen Bürgerlichen Gesetzbuches der Fall. Hierzu Bydlinski, a.a.O. (Anm. 2028), S. 481 ff.

2044 So etwa Jarass, H. D. / Pieroth, B., Grundgesetz für die Bundesrepublik Deutschland, 2. Aufl. (1992), Art. 20 Rn. 26 m.w.N.

2045 Larenz, a.a.O. (Anm. 2038), S. 413 ff.

2046 Zur Sonderproblematik einer "Rechtsfindung contra legem", die hier nicht erörtert werden soll, vgl. Bydlinski, a.a.O. (Anm. 2028), S. 496 ff.

2047 Vgl. etwa BVerfGE 34,269,287; es kann hier der Zweifel dahingestellt bleiben, ob die anderen Fallgestaltungen, die Larenz, a.a.O. (Anm. 2038), S. 414 ff. nennt, nämlich die Lückenfüllung aufgrund eines Bedürfnis des Rechtsverkehrs oder aufgrund der Natur der Sache, noch vom Grundsatz der Gewaltenteilung gedeckt sind.

dent dem rechtsfreien Raum überlassen oder bereits anders geregelt sein. Immer muß die richterliche Entscheidung auf Vorgaben des Rechts beruhen, an das er gebunden ist. Die Teleologie als Leitstern der Rechtsfortbildung entspringt in diesem Fall der Rechtsordnung als ganzer.

Lücken können offen sein, also eine fehlende Norm, welche nach der Teleologie des Gesetzes erwartet wird oder verdeckt. Letzteres ist dann der Fall, wenn eine existierende Norm in der konkreten Anwendung ihrer Teleologie widerspricht[2048]. Dies kann sich aus der Norm selbst ergeben oder aus übergeordneten Prinzipien der Rechtsordnung wie Gerechtigkeit und Gleichheit, die immer bei der Anwendung der konkreten Rechtsnorm mit berücksichtigt werden müssen.

Im letzteren Fall spricht man von "Prinziplücken"[2049]. Eine solche Lücke besteht jedoch nur, wenn das Rechtsprinzip nicht bereits die Lösung des Falles durch einen Hinweis auf die prinzipgerechte Interpretation der anwendbaren Norm vorgibt. Nur wo sich keine solche Intepretatationsmöglichkeit eröffnet, was aber nur selten der Fall sein wird, müßte eine Normlücke unter Berücksichtigung des Prinzips geschlossen werden. Hiergegen wird eingewendet, daß es sich dabei um eine "Rechtslücke" handele, die vom Gesetzgeber geschlossen werden müsse[2050]. Dies ist allerdings nur dann richtig, wenn das anwendbare Prinzip nicht eine einzige mit ihm vereinbare Lösung vorgibt. Denn dann ist eine Rechtsnorm, das Prinzip, der allgemeine Rechtsgrundsatz selbst der Ausgangspunkt für die - dann "gesetzesübersteigende" - Lückenfüllung. Die Auswahl unter alternativen rechtliche Lösungen[2051] und rechtspolitische Wertungen müssen dagegen der Richter und der Wissenschaftler dem Gesetzgeber überlassen.

Lücken können von Anfang an in der Rechtsordnung existieren, sie können aber auch erst nachträglich durch die Entwicklung der Lebensverhältnisse entstehen[2052]. Sie können gefüllt werden durch die Analogie - soweit sie nicht, wie im Strafrecht, positivrechtlich ausgeschlossen ist -, die als "Gesetzesanalogie" entweder eine Regelung auf einen nicht geregelten, aber gleichwertigen Fall überträgt oder als "Rechtsanalogie" durch die Induktion eines aus einer oder mehreren Rechtsnormen zu entnehmenden Rechtsgrundsatzes und seiner nachfolgenden Anwendung auf

---

2048 Larenz, a.a.O. (Anm. 2038), S. 377, der als Musterbeispiel den § 181 BGB nennt. Bydlinski, a.a.O. (Anm. 2028) spricht von einer "teleologischen" oder "unechten" Lücke

2049 Canaris, C.-W., Die Feststellung von Lücken im Gesetz, 2. Aufl. (1983), S. 160; Bydlinski, a.a.O. (Anm. 2028), S. 474

2050 Larenz, a.a.O. (Anm. 2038), S. 376

2051 Vgl. hierzu die Rechtsprechung des Bundesverfassungsgerichts zu gleichheitswidrigen Rechtsnormen BVerfGE 8, 28, 36; 52, 369, 379; 61, 43, 68

2052 Larenz, a.a.O. (Anm. 2038), S. 379

einen wertungsgleichen Fall angenommen werden kann[2053]. Ein anderes Mittel der Lückenfüllung ist das "argumentum a maiore ad minus" oder "a minore ad maius" und das "argumentum e contrario"[2054]. Verdeckte Lücken werden durch teleologische Reduktion ausgefüllt[2055].

Bei der "gesetzesübersteigenden Rechtsfortbildung" ist insbesondere die Berücksichtigung rechtsethischer Prinzipien, die aber gleichwohl positivrechtliche Grundsätze der allgemeinen, in Deutschland der grundgesetzlichen, Rechtsordnung sein müssen, zu erwähnen[2056]. Als Beispiele sei etwa der Grundsatz der Verhältnismäßigkeit, der Gerechtigkeit, des Vertrauensschutzes, von Treu und Glauben und des Verbots des Rechtsmißbrauches genannt.

Wenn man im Sinne der vorangegangenen Erörterungen von Lücken spricht, so kann dies zwei Fallgestaltungen erfassen. Die erste tritt dann auf, wenn eine Rechtsordnung einen Sachverhalt überhaupt nicht regelt, die zweite dann, wenn er nur unvollkommen geregelt ist, also Teilaspekte durchaus bereits von Rechtsnormen erfaßt werden[2057]. Dies kann der Fall sein wenn konkrete Normen unvollständig sind oder auch, wenn es lediglich allgemeine Grundsätze gibt, welche der Konkretisierung bedürfen, um nicht nur negative Handlungsschranken, sondern auch positive Handlungsanordnungen zu sein.

Im Völkerrecht ist die Lückenschließung nach diesen Grundsätzen gleichfalls zulässig[2058]. Der Internationale Gerichtshof hat im Festlandsockel -

---

[2053] Larenz, a.a.O. (Anm. 2038), S. 383 ff.; Bydlinski, a.a.O. (Anm. 2028), S. 477 ff.

[2054] Larenz, a.a.O. (Anm. 2038), S. 389 f.; beide argumenta werden von Bydlinski, a.a.O. (Anm. 2028), S. 479 ff. gemeinsam "Größenschluß" genannt. Kelsen, H., Reine Rechtslehre, 2. Aufl. (1960), S. 350 sieht das argumentum e contrario und die Analogie als "völlig wertlos" an, weil es logisch kein Entscheidungskriterium zwischen beiden Methoden gebe. Larenz, a.a.O., S. 390 f. weist zu Recht darauf hin, daß es sich hier nicht um eine Frage der Logik, sondern um eine Wertungsentscheidung handelt. Die Norm selbst in ihrer Teleologie zeigt an, ob sie abschließend sein will oder ob sie einer Erweiterung zugänglich ist. Ebenso Bydlinski, a.a.O. (Anm. 2028), S. 476 f.

[2055] Larenz, a.a.O. (Anm. 2038), S. 391 ff.; Bydlinski, a.a.O. (Anm. 2028), S. 480 f. Umgekehrt nimmt Larenz, a.a.O. (Anm. 2038), S. 397 in Übereinstimmung mit Canaris, C.-W., Die Feststellung von Lücken im Gesetz, 2. Aufl. (1983), S. 89 ff. an, daß eine teleologische Extension von der Analogie zu unterscheiden ist. Dagegen sieht Bydlinski, a.a.O. (Anm. 2028), S. 475 diese Unterscheidung als unnötig an.

[2056] Larenz, a.a.O. (Anm. 2038), S. 421 ff.; vgl. hierzu auch Bydlinski, a.a.O. (Anm. 2028), S. 486 ff.

[2057] Dies liegt etwa bei Deutlichkeitslücken und bei Kollisionslücken vor, vgl. Fastenrath, a.a.O. (Anm. 2021), S. 225, 227

[2058] Vgl. hierzu umfassend Fastenrath,, a.a.O. (Anm. 2021). Dahm, G.,/ Delbrück,J./ Wolfrum,R., Völkerrecht, (2. Aufl.), Bd. I/1 (1989) , S. 79 - 82; Bruns, V., Völkerrecht als Rechtsordnung, ZaöRV 1 (1929), S. 1-56, 26 ff. sieht zwar Völkerrecht als eine lückenlose Rechtsordnung, dies jedoch nur, weil er die tatsächliche Konkretisierung der Normen

Streit zwischen Libyen und Malta[2059] zur UN - Seerechtskonvention eine vom Gericht zu schließende Vertragslücke angemmen. Ein ausdrücklicher Hinweis auf eine Vertragslücke und ihre Ausfüllung enthält auch die sogenannte Martens'sche Klausel in der Präambel des IV. Haager Abkommens betreffend die Gesetze und Gebräuche des Landkriegs[2060]. Ausgangspunkt für die Lückenfüllung ist die Teleologie des Vertrages.

Völkerrecht als Rechtsordnung[2061] mit einem gegenüber innerstaatlichen Rechten noch unvollständigeren Regelungsgehalt ist aber gleichwohl durch ihren Zweck, Friedensordnung zu sein, die Aktivitäten der Staaten zu begrenzen und gegeneinander abzugrenzen und Streitigkeiten auf friedlichem Wege beizulegen, final determiniert. Diese normative Determinierung, welche in den allgemeinen Grundsätzen ihren generellen und in den speziellen Regelungen ihren konkreten Niederschlag findet, ist Wegweiser bei einer Lückenfüllung.

Die Lückenfüllung muß ihren Ausgang nehmen von anderen Normen des Völkerrechts unter Berücksichtigung ihres Regelungsziels[2062]. So ist der Analogieschluß zulässig[2063]. Aber auch die allgemeinen Grundsätze des Völkerrechts, welche dessen Struktur als Rechtsordnung verfassen, können die Schließung einer Rechtslücke verlangen, wenn sie eine einzige mit ihnen vereinbare Lösung vorgeben. Wo mehrere Lösungen möglich bleiben, muß die Lückenfüllung der Rechtsetzung durch die Staaten vorbehalten bleiben. Ein Richter kann sie nicht entscheiden, wenn die Staaten ihm hierzu nicht ausdrücklich das Recht geben. Auch die Wissenschaft kann in diesen Fällen nur Vorschläge dazu machen, welche Option zu wählen ist, sie darf jedoch nicht die bestehenden rechtlich gleichwertigen Alternativen durch die dezisionistische Feststellung einer Rechtslage verschweigen.

---

den Richtern oder Staaten zur Pflicht macht und ein non liquet ausschließt. Vgl. auch Bergbohm, K., Jurisprudenz und Rechtsphilosophie (1892), S. 37

2059 ICJRep. 1985, S.13, 30 f - Merits

2060 RGBl. 1910, S. 107. Vgl. hierzu Münch, F., Die Martens'sche Klausel und die Grundlagen des Völkerrechts, ZaöRV 36 (1976), S. 347 - 373

2061 Zu den Konsequenzen dieser Qualifikation Bruns, V., Völkerrecht als Rechtsordnung, ZaöRV 1(1929), S. 1-56; Mosler, H., Völkerrecht als Rechtsordnung, ZaöRV 36 (1976), S. 6 - 49

2062 Bleckmann, A., Die Handlungsfreiheit der Staaten, Österreichische Zeitschrift für öffentliches Recht und Völkerrecht 29 (1978), S. 173-196; vgl. auch Meessen, a.a.O. (Anm. 39) , S. 70 f.

2063 Bleckmann, A., Analogie im Völkerrecht, Archiv des Völkerrechts 15 (1977), S. 161 - 180

(3) Ordnung staatlicher Handlungsspielräume

Hieraus folgt, daß nicht nur konkrete Rechtssätze den Handlungsspielraum der Staaten im Völkerrecht begrenzen können, sondern auch der "Regelungsplan" des Völkerrechts, eine Friedens- und Verteilungsordnung zu sein. Hier gibt es durchaus allgemeine Grundsätze, welche diesen Regelungsplan normativ festlegen. Die souveräne Gleichheit, das Gewaltverbot und das Interventionsverbot wurden bereits erörtert. Für den vorliegenden Problembereich ebenfalls relevant ist die Pflicht zur friedlichen Streitbeilegung, welche nach Art.2 Abs. 3 der UN - Charta auch das Ziel hat, daß "die Gerechtigkeit nicht gefährdet" werden soll.

Es gibt also durchaus allgemeine Prinzipien der Verteilung und Bindung von Freiheitssphären der Staaten, welche den Mangel an konkreten Jurisdiktionsregeln im öffentlichen Wirtschaftsrecht durch Lückenfüllung beheben lassen können, soweit die oben erörterten methodischen Grenzen, welche in der Rechtsordnung selbst verankert sind, dies zulassen.

Bei dieser Verfahrensweise muß man sich natürlich davor hüten, den Bereich des bereits gesetzten Rechts durch reine Rechtsbehauptungen auszudehnen. Auch die angesprochene Methodik enthebt nicht der klaren Feststellung eines konkreten Normenbestandes. Dieser Bestand ist aber größer, als es das durchaus im Völkerrecht häufiger festzustellende Fehlen konkreter Normen erscheinen läßt. Dieser Eindruck entsteht vielmehr dadurch, daß die Rechtsgenossen das Völkerrecht häufig ohne internationales Streitentscheidungsorgan konkretisieren, also Richter in eigener Sache sind. Eine solche Situation lädt natürlich zu einseitiger Betrachtung und zum Postulat eines rechtsfreien Raumes ein.

Daß dies aber nicht der wirklichen Lage entspricht, daß auch weit offene Normen Rechtscharakter und Begrenzungs- wie Ermächtigungsfunktion haben können, zeigen viele Beispiele von Generalklauseln und weit formulierten Anordnungen oder Verboten aus den nationalen Rechten und aus dem Recht der Europäischen Gemeinschaften. Die Tatsache aber, daß im Völkerrecht seltener ein Richter zur Entscheidung berufen ist, kann den Rechtscharakter von offenen Strukturnormen, ihre Konkretisierbarkeit und die Analogiefähigkeit von Rechtssätzen nicht beseitigen[2064].

Eine Norm gewinnt ihren Rechtscharakter nicht in Verhältnis zur Entwicklung der Gerichtsbarkeit in dem Rechtssystem, in dem sie Anwendung findet. Sie mag angesichts der angedeuteten Besonderheiten der Rechtsfindung im Völkerrecht zwar schwerer aus den allgemeinen Grundsätzen in einer Weise zu destillieren sein, daß sie allgemeine An-

---

[2064] Zum letzteren Gesichtspunkt Bleckmann, a.a.O., S. 161 - 180

erkennung findet. Und sie mag länger umstritten bleiben angesichts der Funktion der Streitparteien, die gleichzeitig dieses Recht mit setzen und fortentwickeln. Aber letztlich müssen auch hier die Juristen, selbst wenn sie nicht in der Position eines Richters sind, nach den üblichen Grundsätzen der Methodik eine Lösung als bestehendes Recht identifizieren und die Staaten davon überzeugen, daß sie verpflichtet sind, dieser Lösung zu folgen.

Völkerrechtliche Normen können auf allgemeine Grundsätze verweisen, ohne die sie nicht denkbar sind und die zu konkretisieren sie berufen sind. Das Völkerrecht ist kein Flickenteppich konkreter Rechtssätze, sondern es ist ein Normengeflecht, welches von bestimmten Prinzipien ausgeht. Sie gehören zu den Verfassungsgrundsätzen der Völkerrechtsgemeinschaft, zu ihrem ordre public, welcher immer aufrechterhalten werden muß[2065]. Soweit das Völkerrecht solche Regelungsprinzipien enthält, ist alles staatliche Verhalten an ihnen zu messen. Diese Prinzipien sind es auch, aus denen konkrete Begrenzungen der Staatenfreiheit in neu auftretenden sachlichen Bereichen abgeleitet werden können[2066]. Es handelt sich hier nicht um die Ausfüllung eines rechtsleeren Raumes[2067], sondern um die Feststellung bereits existenter Normen.

Dies widerspricht im übrigen nicht der Feststellung eines weiten Ermessensspielraums der Staaten im Lotus - Urteil. Eine materiellrechtliche Freiheitsregel wäre wie gesagt in zweierlei Hinsicht völkerrechtlich denkbar: als Völkerrechtsgrundsatz oder als Völkerrechtslücke. Eine Lücke hat der Ständige Internationale Gerichtshof aber gerade nicht festgestellt, sondern einen "weiten Ermessenspielraum". Ein solcher Spielraum wird eingeräumt, nicht als rechtloser Zustand vom Recht eingezäunt.

Man kann das Ergebnis der Lotus - Entscheidung auch damit begründen[2068], daß das Völkerrecht die territoriale Souveränitätssphäre der Staaten garantiert und darüber hinaus extraterritoriale Jurisdiktion im Sinne der Ausdehnung des Regelungsbereiches über das Territorium hinaus

---

2065 Mosler, H., Völkerrecht als Rechtsordnung, ZaöRV 36 (1976), S. 6 - 49, 31 - 33

2066 Wengler, W., Völkerrecht, Bd.1 (1964), S. 367 f. nimmt an, daß jedenfalls internationale Gerichte aus solchen Grundsätzen neue Verhaltensnormen ableiten können, was dann zur Entstehung von Völkergewohnheitsrecht führen soll. Da aber auch solche Gerichte, wenn sie nicht ausnahmsweise ex aequo et bono entscheiden dürfen, nur das Völkerrecht anwenden dürfen, ist einer solche Beschränkung nicht zuzustimmen

2067 A.A. Georgieff, A., Kollisionen durch extraterritoriale staatliche Regelungen im internationalen Wirtschaftsrecht: eine Untersuchung zu jüngsten Entwicklungen auf den Gebieten des Exportkontrollrechts und des Kartellrechts (1989), S. 121 f.

2068 Vgl. hierzu Bleckmann, A., Die Handlungsfreiheit der Staaten, Österreichische Zeitschrift für öffentliches Recht und Völkerrecht 29 (1978), S.173-196, 176 f.

dadurch zuläßt, daß es den Staaten keinen festen Kanon von Anknüpfungspunkten an die Hand gibt, sondern ihnen bei der Wahl der Anknüpfung einen Ermessensspielraum an die Hand gibt[2069], der allerdings nicht unbegrenzt ist.

Diese Auffassung wird auch von Richter Fitzmaurice geteilt, welcher in seiner individuellen Urteilsbegründung zum Barcelona Traction - Fall[2070] zwar von einer weiten Ermessenfreiheit der Staaten ausgeht, die aber Grenzen habe und die Staaten zur Beschränkung beim Übergriff in fremde Souveränitätssphären verpflichtet. Die Grenzen staatlicher Optionen sind immer im Völkerrecht festgelegt[2071]. Der Freiheitsraum ist also vom Völkerrecht positiv umgrenzt. Das Völkerrecht ist eine Rechtsordnung. Eine Rechtsordnung aber kann die Beziehungen ihrer Rechtsgenossen umfassend regeln. Sie ist, wenn sie genetisch unabhängig, selbständig und von keiner anderen Rechtsordnung abhängig ist, allzuständig[2072]. Sie kann Spielräume offen lassen, sie kann sogar ganze Sachbereiche bewußt oder auch deswegen, weil sie erst im Laufe der Entwicklung der Lebensverhältnisse auftauchen, ungeregelt lassen. Diese Grundsätze müssen aber immer im Lichte der Tatsache gesehen werden, daß das Völkerrecht eine genossenschaftliche Rechtsordnung ist. Die Rechtsunterworfenen selbst sind Rechtssetzer, sie bestimmen den Umfang der Regelungen und den Umfang des gewährten Freiheitsraumes. Haben sie ihn einmal - konkret oder durch allgemeine Grundsätze - bestimmt, so müssen sie sich daran halten.

Dieser Ausgangspunkt einer potentiell umfassenden Handlungsordnung für staatliche Jurisdiktion im Völkerrecht bedeutet im übrigen keine Entscheidung im Streit über ein monistisches oder dualistisches Verhältnis von Völkerrecht und Landesrecht[2073]. Anzunehmen, daß das Völkerrecht

---

[2069] McDougal, M.S., Jurisdiction, International Law Documents 62 (1980), S. 634-645, 634: "the authority of a state as recognized by international decision-makers and by other states..."; Jovanovic, S. , Restriction des compétences discretionnaires des états en droit international public (1988) , S.87; Kranz, J., Notion de souveraineté et le droit international, Archiv des Völkerrechts 1992, S. 144 - 173, 157

[2070] Barcelona Traction (2nd phase), Individual Opinion Fitzmaurice, ICJ Reports 1970, S.103 f. Es ging um die Rechtmäßigkeit einer spanischen Konkurseröffnung gegen die nicht - spanische Gesellschaft Barcelona Traction wegen Nichtzahlung von Zinsen auf Obligationen, die außerhalb Spaniens emittiert und gehalten wurden und die in geringer Anzahl von Spaniern nur wegen der Möglichkeit gekauft worden waren, um Konkursantrag stellen zu können.

[2071] Bourquin, M., Règles Générales du Droit de la Paix, RdC 35 (1931 I), S.5-229, 106

[2072] Bleckmann, A., Die Handlungsfreiheit der Staaten, Österreichische Zeitschrift für öffentliches Recht und Völkerrecht 29 (1978), S. 173-196, 176 f.

[2073] Vgl. hierzu allgemein Rudolf, W., Völkerrecht und innerstaatliches Recht (1967) ; Wengler, W., Völkerrecht, Bd. 2 (1964), S. 934. A.A. Bleckmann, A., Die völkerrechtlichen Grundlagen des internationalen Kollisionsrechts (1992), S. 11

Regeln über die Jurisdiktion der Staaten zur Abgrenzung der Souveränitätssphären enthält, bedeutet in keiner Weise, daß die Kompetenz zu staatlicher Rechtssetzung im Innenbereich der Staaten vom Völkerrecht abhängt. Es bedeutet nur, daß Staaten bei einer Überschreitung ihrer Kompetenz gegenüber anderen Staaten völkerrechtswidrig handeln. Welche Konsequenz dies für die Gültigkeit staatlichen Rechts hat, ist bei dualistischer Konzeption ausschließlich aus dem staatlichen Recht abzuleiten. Im Außenverhältnis sind die Staaten lediglich deliktsrechtlich haftbar[2074].

b) Allgemeine Jurisdiktionsgrundsätze

(1) Rechtsquellen

Allgemeine völkerrechtliche Grundsätze über die Jurisdiktion können sich aus allgemeinem Völkergewohnheitsrecht ergeben. Sie können gewohnheitsrechtlich anerkannte Strukturprinzipien des Völkerrechts oder konkrete Regelungen über einzelne Jurisdiktionsbereiche sein. Gerade im Bereich des öffentlichen Wirtschaftsrechts hat sich jedoch gezeigt, daß über das Territorialitätsprinzip, das Schutzprinzip und das Personalitätsprinzip ohne seine Erweiterung durch den Durchgriff in Konzernen hinaus kein universelles Gewohnheitsrecht besteht. Die Grundsätze des Strafrechts sind nicht auf diese Rechtsmaterie übertragbar, so daß die anderen Anknüpfungspunkte nicht vom universellen Gewohnheitsrecht gedeckt sind. Da die strafrechtlichen Grundsätze aber nur für ihren sachlichen Regelungsbereich gelten, kann man auch nicht daraus ableiten, daß sie ein numerus clausus völkerrechtsgemäßer Anknüpfungen seien.

Die Frage ihrer Rechtmäßigkeit muß nach der Lückenhaftigkeit des gewohnheitsrechtlichen Befundes vielmehr aufgrund der allgemeinen Grundsätze entschieden werden, welche die Struktur des Völkerrechts bestimmen. Es enthält - wie erörtert - nicht nur reine Handlungsregeln, sondern auch Prinzipien[2075], welche einerseits die Wertung eines bestimmten Verhaltens als der normativen Grundstruktur der Rechtsordnung zuwider erlauben und andererseits zu schützende Grundstrukturen vorgeben, deren Schutz optimiert werden muß. Solche Prinzipien kann man als allgemeine Grundsätze des Völkerrechts bezeichnen.

[2074] Stern, B., Quelques observations sur les règles internationales relatives à l'application extraterritoriale du droit, Annuaire Français du Droit International 32 (1986), S. 7 - 52, 36

Die allgemeinen Grundsätze des Völkerrechts sind zu unterscheiden von den allgemeinen Rechtsgrundsätzen im Sinne des Art. 38 Abs. 1 lit c des Statuts des Internationalen Gerichtshofs, die aus den nationalen Rechtsordnungen abgeleitet werden. Sie entstammen dem Völkerrecht selbst und sind in Verträgen oder Gewohnheitsrecht verankert[2076]. Es handelt sich also dabei nicht um eine eigene neue Rechtsquelle. Hierzu gehören jene Grundsätze, die jeder Rechtsordnung immanent sind wie etwa "pacta sunt servanda" und die Sätze über die hierarchische Vorrangigkeit von höheren, späteren und spezielleren Rechtsnormen. Weiter gehören hierzu vertraglich und gewohnheitsrechtlich anerkannte Normen wie etwa die souveräne Gleichheit der Staaten und das Verbot der Einmischung in den domaine réservé der Staaten, die bereits erörtert wurden. Zu nennen sind auch die "elementary considerations of humanity", welche der IGH im Korfu - Kanal - Fall erwähnte[2077] und im Barcelona Traction - Fall als ius cogens einstufte[2078].

Diese Normen sind es, welche unter anderem die Grundstruktur der Völkerrechtsgemeinschaft festlegen[2079]. Sie grenzen die staatlichen Tätigkeitsbereiche untereinander und gegenüber dem Völkerrecht ab. Da auch die Ausübung von Jurisdiktion zu diesen Bereichen gehört, müssen sie daraufhin untersucht werden, inwieweit sie hierfür normative Vorgaben enthalten. Es wurde bereits begründet, daß diese Form der Lückenfüllung nur dann zulässig ist, wenn sich aus den allgemeinen Grundsätzen nur ein einziges mögliches rechtmäßiges Verhalten von Staaten in neu auftretenden Tätigkeitsbereichen ergibt. Darüber hinaus ist erforderlich,

---

2075 Das Völkerrecht ist ein Rechtssystem, welches sich aus Regeln und Prinzipien zusammensetzt, vgl. zu einem solchen Rechtsmodell Alexy, R., Rechtssystem und praktische Vernunft, Rechtstheorie 18 (1987), S. 405 - 419, 407 ff.

2076 Berber, F., Lehrbuch des Völkerrechts, Bd. 1, 2. Aufl. (1975), S. 69 f.; Rudolf, W., Völkerrecht und deutsches Recht (1967) , S. 90 f. Wengler, W., Völkerrecht, Bd.1 (1964), S. 364; Rousseau, C., Droit International Public Bd. 1 (1970) , S 372; Verdross / Simma, a.a.O. (Anm. 158), S. 386; Fastenrath,, a.a.O. (Anm. 2021), S. 125 f. O'Connell, D.P., International Law, 2 Bde., 2.Aufl. (1970) ,S. 13 nennt beide Kategorien von Rechtsnormen allgemeine Rechtsgrundsätze, unterscheidet sie aber sachlich. Ebenso Anzilotti, D., Lehrbuch des Völkerrechts, Bd.1 (1929), S. 85. Mosler, H., The International Society as a Legal Community (1980), S. 122 ff. unterscheidet zwischen gemeinsamen Grundsätze, die aus den nationalen Rechten abgeleitet sind, Grundsätzen, die sich aus der spezifischen Struktur der internationalen gemeinschaft ergeben und solchen, die im Konsens der internatinalen Gemeinschaft entstehen

2077 ICJRep. 1948, 4, 22 - Merits

2078 Barcelona Traction, Light and Power Company (Second Phase), ICJRep. 1970, 3, 32

2079 Mosler, H., The International Society as a Legal Community (1980), S. 135 nennt sie "Verfassungsgrundsätze" der Völkerrechtsgemeinschaft

daß sich aus diesen Grundsätzen ergibt, daß das Völkerrecht nicht solche Bereiche bewußt ungeregelt lassen wollte.

Der völkerrechtliche Regelungswille hinsichtlich staatlicher Jurisdiktionsausübung ist aus den Grundsätzen der territorialen Unverletzlichkeit, der souveränen Gleichheit der Staaten und ihres Schutzes durch das Interventionsverbot heraus zu bejahen. Denn wenn das Völkerrecht das Territorium eines Staates als exklusive Hoheitszone schützt, so muß es Regeln zur Abgrenzung dieses Territoriums gegenüber der gleich geschützten Zone eines anderen Staates notwendig enthalten[2080]. Die Strukturprinzipien fordern dies. Wo die Grenzen territorialer staatlicher Hoheitsbereiche nicht festliegen, wie dies etwa bei den in den letzten Jahrzehnten neu entstandenen Meereszonen, dem Festlandsockel, der Fischereizone und der Wirtschaftszone der Fall ist, wo sich also Abgrenzungsprobleme neu auftun, so muß das Völkerrecht die Staatenrechte gegeneinander abgrenzen, wie dies vom Internationalen Gerichtshof in mehreren Entscheidung auch bestätigt wurde.

Das gleiche gilt von den materiellen Hoheitsbereichen. Aus den völkerrechtlichen Regeln zum Strafrecht und zum Verfahrensrecht ergibt sich, daß zumindest die Grundvoraussetzungen der Jurisdiktion geregelt werden, um Überschneidungen dieser Bereiche nur in ausdrücklich zugelassenen Fällen vorkommen zu lassen. Daß diese ratio nur für die genannten Bereiche gelten soll, ist nicht ersichtlich. Vielmehr dienen auch diese Regeln der Sicherung eines friedlichen Miteinanders der Staaten. Ein Wille, neue Regelungsbereiche ungeregelter Freiheit zu überlassen, ist aus dem Völkerrecht also nicht ableitbar. Somit stellt sich die weitere Frage, ob in den erörterten Fällen die genannten Abgrenzungen staatlicher Souveränitätsbereiche bestimmte Formen der Anknüpfung entweder verbieten oder als einzige Lösung gebieten.

(2) Territorialitätsprinzip

(a) Begriff

Das Recht eines Staates auf die Unverletzlichkeit seines Territoriums und auf die exklusive Errichtung einer Lebensordnung für die Menschen darin wurde bereits erörtert. Die territoriale Aufteilung der Welt der Staaten ist eine Grundstruktur des Völkerrechts. Die Territorialhoheit ist einerseits für die Frage des Geltungsbereiches staatlichen Rechts von Be-

---

[2080] Bleckmann, A., Analogie im Völkerrecht, Archiv des Völkerrechts 15 (1977), S. 161 - 180, 173

deutung. Hier wurde der völlig unumstrittene Grundsatz bereits in Kapitel I erörtert, daß kein Staat Hoheitsakte auf fremdem Staatsgebiet ohne Zustimmung des Trägers der Gebietshoheit vornehmen darf. Aus der Territorialhoheit folgt auch, daß ein Staat Rechte und Pflichten von Personen auf seinem Territorium sowie die Rechtsverhältnisse an Sachen dort regeln darf. Dies ist das universell anerkannte Territorialitätsprinzip.

Die Verwendung des Begriffes "Territorialitätsprinzip" ist in Praxis und Lehre nicht eindeutig[2081]. Zum einen ist er die reine Beschreibung einer Anknüpfung einer Rechtsfolge an Personen, Sachen und Handlungen auf einem Staatsgebiet. Zum anderen wird er verwendet, um die Begrenzung des Geltungsbereichs staatlichen Rechts auf das Territorium festzustellen. Schließlich wird er in der Bedeutung verwendet, daß die Rechtswirkungen fremden Rechts kollisionsrechtlich oder im Wege der Anerkennung nur dann akzeptiert werden, wenn sie auf dem Territorium des fremden Staates eintreten[2082]. Diese dritte Bedeutung liegt der dargestellten Rechtsprechung des Bundesgerichtshofs und vieler ausländischer Gerichte zur Wirkung von Enteignungen und zur Anwendung ausländischen öffentlichen Rechts im Inland zugrunde. Im Rahmen der vorliegenden Untersuchung wird der Begriff als Bezeichung einer Anknüpfung, also im ersteren Sinne, verwendet.

(b) Territorialität als Grundsatz

Der Schutz der Souveränität des Staates in seinem Territorium ist ein grundlegendes Prinzip der völkerrechtlichen Friedensordnung und wird deshalb in Art. 2 der UN - Charta neben anderen Grundprinzipien dieser Zielrichtung genannt. Wenn die Exklusivität der Hoheitsgewalt eines Staates auf seinem Territorium vom Völkerrecht geschützt wird, so ist dies ein fundamentaler Grundsatz[2083]. Ausnahmen hiervon sowohl hinsichtlich der Vornahme von Hoheitsakten durch ausländische Staaten wie auch hinsichtlich des Erlasses von Regelungen mit gezielter Persuasionswirkung, insbesondere von Auslandsregelungen, müssen vom Völkerrecht ausdrücklich zugelassen sein, weil dies vom Gedanken der Ex-

---

[2081] Kritisch etwa Sonnenberger, a.a.O. (Anm. 81), Rn. 272 - 275; vgl. Martiny, in: Münchener Kommentar. Bürgerliches Gesetzbuch. Einführungsgesetz, Internationales Privatrecht, 2. Aufl. (1990), Art. 34, Rn. 28

[2082] Kegel, a.a.O. (Anm. 384), S. 717

[2083] McDougal, M.S., Jurisdiction, International Law Documents 62 (1980), S. 634-645, 639; Maier, H.G., Interest Balancing and Extraterritorial Jurisdiction, American Journal of Comparative Law 31 (1983), S. 579 - 597, 584 f.; Lowe, A.V., The Problems of Extraterritorial Jurisdiction: Economic Sovereignty and the Search for a Solution, International and Comparative Law Quarterly 34 (1985), S. 724-746, 741 f.

klusivität logisch gefordert wird[2084]. Daher reicht der Hinweis, es gebe keine Verbotsnorm, nicht aus. Jennings[2085] geht deshalb zu Recht davon aus, daß sich aus der Existenz der bekannten Anknüpfungspunkte im Strafrecht das Prinzip ergebe, daß ein Staat extraterritoriale Jurisdiktion rechtfertigen müsse, daß also völkerrechtlich nicht eine Allzuständigkeit des Staates gegeben sei. Diese Rechtfertigung ist aber eine Rechtsfrage, kein Beweisproblem[2086].

Allerdings hat der Internationale Gerichtshof im Asyl - Fall[2087] festgestellt, daß es derjenigen Partei, welche allgemeines Völkergewohnheitsrecht behauptet, obliegt, die entsprechende Praxis mit Rechtsüberzeugung zu beweisen. Dies widerspricht aber nur scheinbar dem Grundsatz, wonach das Recht nicht Gegenstand eines Beweises, sondern eines unabhängigen Erkenntnisprozesses etwa eines Gerichts ist. Es trägt vielmehr den Besonderheiten des Gewohnheitsrechts Rechnung, das aus Fakten abgeleitet wird. Der Gerichtshof gibt es den Parteien auf, diese Fakten zu eruieren. Dies ist aber nichts Ungewöhnliches, denn eine Partei, die sich auf Gewohnheitsrecht stützen will, muß immer dessen Voraussetzungen verifizieren, bevor sie handelt. Trotzdem bleibt diese Darlegungslast auf das Gerichtsverfahren beschränkt. Im wissenschaftlichen Erkenntnisprozeß müssen alle Quellen eruiert werden, welche eine bestimmte Rechtsnorm stützen können.

(c) Objektives Territorialitätsprinzip

Das Territorialitätsprinzip erlaubt auch extraterritoriale Jurisdiktion, wie sich am objektiven Territorialitätsprinzip im Strafrecht zeigt. Die Anknüpfung an Taterfolge im Inland oder ihre Beabsichtigung setzt dort, wie bereits dargestellt, keine materiellen, tatsächlichen und direkten Auswirkungen voraus. Hier gilt der allgemeine strafrechtliche Begriff einer adäquaten Kausalität. Diese spezielle strafrechtliche Anknüpfung, welche dem Schutz der Menschen dient, die an der inländischen Lebensordnung teilnehmen, ist aber, wie bereits begründet, nicht ohne weiteres

---

[2084] Vgl. auch Mann, F.A., The Doctrine of International Jurisdiction Revisited after 20 Years, RdC 186 (1984 III), S. 9 - 116 , 20; Neumeyer, a.a.O. (Anm. 171) , S. 129 allerdings leitet die Rechtsetzungsbefugnis eines Staates weder aus der Personalhoheit noch aus der Gebietshoheit ab, sondern aus der Tatsache daß sich "in der Welt der geschichtlichen Tatsachen eine oberste Gewalt begründet und die Anerkennung einer Bevölkerung gefunden hat"

[2085] Jennings, R.Y., Extraterritorial Jurisdiction and the United States Antitrust Laws, BYIL 33 (1957), S. 147-175, 150 f.

[2086] So aber Akehurst, M., Jurisdiction in International Law, British Yearbook of International Law 46 (1972/73), S. 145-257, 167

[2087] ICJRep. 1950, 266, 276 f.

als Gewohnheitsrecht auf andere Sachbereiche übertragbar. Dies gilt insbesondere für das öffentliche Wirtschaftsrecht, so weit es nicht dem Individualschutz, sondern der Gestaltung einer dem jeweiligen Staat eigenen Wirtschaftsordnung dient.

Der Grundgedanke aber, der die Basis des objektiven Territorialitätsprinzips ist, ist aus der Territorialhoheit und der Ordnungshoheit ableitbar. Ein Staat darf die Teilnahme an seiner Wirtschaftsordnung regeln, gleich ob sie durch Handlungen im Inland oder im Ausland erfolgt. Als Ergebnis dieser Handlung muß nur eine Auswirkung im Inland folgen oder jedenfalls beabsichtigt sein. Nicht jede irgendwie mit der Handlung kausal zusammenhängende Auswirkung genügt hier, aber Überlegungen über notwendige Begrenzungen sollen hier an anderer Stelle bei der Erörterung der Anknüpfung aufgrund der Ordnungshoheit angestellt werden.

Die Internationalisierung des Wirtschaftsverkehrs bringt es mit sich, daß Auslandshandeln erheblichen Einfluß auf die inländische Wirtschaftsordnung haben kann. Mehrheitsaktionäre eines inländischen Unternehmens im Ausland können durch Ausübung ihrer Leitungsmacht dieses Unternehmen in seinem Verhalten steuern. Lieferanten im Ausland können Preise und Beschaffenheit einer Ware, welche im Inland abgesetzt wird, bestimmen. Emittenten von Wertpapieren im Ausland können die Bedingungen von Investitionen im Inland erheblich beeinflussen, wenn sie diese Papiere auf inländischen Kapitalmärkten anbieten. In allen diesen Fällen nehmen Ausländer nehmen an der inländischen Wirtschaftsordnung teil, ohne notwendig das Inland betreten zu müssen, obwohl dieser Befund noch eine weitere Differenzierung verlangt.

Die Inlandsergebnisse von Auslandsverhalten durch Ausländer können also sehr wohl von einem Staat aufgrund seiner Ordnungshoheit geregelt werden. Daß das Völkerrecht hier eine Regelung grundsätzlich ausschließen wollte, wurde bereits verneint. Das selbe gilt von dem Gedanken, daß es hier bewußt eine völlige Freiheit lassen wollte. Die Ordnungshoheit als exklusive Befugnis auch zur Regelung der Teilnahme an der inländischen Wirtschaftsordnung zieht auch denknotwendig eine solche extraterritoriale Regelungsbefugnis nach sich. Eine Alternative wäre nur die völlige Abschließung des inländischen Wirtschaftsraumes gegenüber Einflüssen aus dem Ausland. Ausländische Investitionen wie ausländische Warenlieferungen müßten völlig untersagt werden.

Eine solche Abschließung des nationalen Wirtschaftsraumes haben aber alle Staaten der Welt selbst durch ihr Verhalten einvernehmlich ausgeschlossen. Die Öffnung der Grenzen für Menschen, Kapital und Waren ist selbstverständliche Wirklichkeit der modernen Staatenwelt und hat darüber hinaus eine lange Tradition. Also bleibt notwendig nur der Schluß, daß die Ordnungshoheit als Strukturprinzip des Völkerrechts dem Staat ein Recht zu extraterritorialer Jurisdiktion im öffentlichen Wirtschaftsrecht gibt, wenn es um die Teilnahme an seiner Wirtschaftsordnung aus dem Ausland geht.

Die Anknüpfung an das Inlandsergebnis von Auslandsverhalten auf die inländische Wirtschaftsordnung ist also im Grundsatz zulässig, so weit sie sich als Teilnahme an dieser Ordnung darstellen. Nur fragt sich, ob hier das Territorialitätsprinzip das geeignete Anknüpfungskriterium bietet. Das Restatement (Third) bezeichnet das Territorialitätsprinzip als die normale Grundlage staatlicher Jurisdiktion, das Personalitätsprinzip aber als die Ausnahme hiervon[2088]. Zum Territorialitätsprinzip werden gerechnet die Gesichtspunkte der Regelung von Verhalten auf eigenem Staatsgebiet, der Regelung von Personen-Status oder Rechtsverhältnissen an Sachen, welche sich auf dem Territorium befinden und die Regelung von Verhalten im Ausland, welches einen spürbaren Effekt im Territorium bewirkt oder bewirken will. Hierzu bemerkt der Kommentar[2089], dies sei ein "aspect of jurisdiction based on territoriality, although it is sometimes viewed as a distinct category".

Die Qualifikation dieser Anknüpfung ist uneinheitlich. Zum Teil wird sie als eigenes Auswirkungsprinzip, Wirkungsprinzip oder im Englischen als "effects doctrine" bezeichnet. Dies wird noch gesondert erörtert werden. Die heftige Diskussion hierum hat offensichtlich Lehre[2090] und Praxis[2091] teilweise dazu veranlaßt, diese Anknüpfung in ihrer Verwandtschaft zum objektiven Territorialitätsprinzip dem Territorialitätsprinzip zuzuordnen, im Auswirkungsprinzip nur eine wirtschaftsrechtliche Variante des Territorialitätsprinzips zu sehen[2092]. Hiermit wird diesem eine neue Komponente hinzugefügt[2093].

[2088] § 402 Comment b

[2089] Comment d

[2090] Hermanns, F., Völkerrechtliche Grenzen für die Anwendung kartellrechtlicher Verbotsnormen (1969), S. 76; Schwartz, I. E., Deutsches internationales Kartellrecht (1. Aufl. 1968), S. 268; Shenefield, J.H., Extraterritorial Application of United States Antitrust Laws: Economic Imperialism or Correcting the Evil at the Source, Wirtschaft und Recht 35 (1983), S. 116 - 129, 123 f.

[2091] Insbesondere die besprochene Zellstoff - Entscheidung EuGH 27.9.1988 - Ahlström u.a., 89/85 -, Slg.1988, 5233 und die amerikanische Laker - Entscheidung Laker Airways Ltd. v. Sabena Belgium World Airlines, 731 F.2d 909 (D.C. Cir.1984)

[2092] Vgl. etwa von Stoephasius, Die internationale Zuständigkeit der Kommission der Europäischen Gemeinschaften in Kartellverfahren, WRP(1972), S. 568-571, 571; Vagts, D.F., The Scope of Application and Enforcement of U.S. Laws, Regulations, Wirtschaft und Recht 35 (1983), S. 72 - 97, 74; Morrison, F.L., Conflicts of Jurisdiction, GYIL 29

Zitelmann[2094] sieht die Jurisdiktion über Auswirkungen eines Verhaltens in einem fremden Staat auf das Inland als Frage der Jurisdiktion über das Staatsgebiet an, nicht als Einwirkung auf die inländische Rechtsordnung. McDougal nennt das Auswirkungsprinzip die Doktrin von der "impact territoriality"[2095]. Verzijl[2096] formuliert:

> "A state also has jurisdiction to prescribe penalties for, or to take compulsive measures against, or with respect to, conduct occurring outside its territory if that conduct is specifically intended to produce, and in fact directly produces, in that territory effects which form a constituent element of an offense, provided the conduct is also unlawful in the territory where it occurs."

Auch das Restatement (Second) hat das Auswirkungsprinzip als einen Unterfall des Territorialitätsprinzips angesehen[2097]. Dies ist insoweit gerechtfertigt, als die Ordnungshoheit eng mit der Territorialhoheit zusammenhängt und hieraus, wie soeben begründet, auch die Jurisdiktion eines Staates über alle Auswirkungen aus dem Ausland folgt, welche durch Teilnahme an der inländischen Wirtschaftsordnung entstehen. Hierdurch entsteht aber andererseits unnötig die Problemstellung des Vergleichs dieser Anknüpfung mit dem strafrechtlichen objektiven Territorialitätsprinzip[2098]. Wenngleich auch dieser Vergleich angesichts der dargestellten Konturen dieses Prinzips ergeben würde, daß die unumstrittenen Anknüpfungen an Auswirkungen im Börsen- und Wertpapierrecht wie auch die umstrittenen im Kartell- und Fusionskontrollrecht davon gedeckt wären, ist doch einerseits die Ausdehnung dieses Prinzips wegen seiner Verankerung im Strafrecht ohnehin nicht ohne Berücksichtigungen der Besonderheiten des öffentlichen Wirtschaftsrechts mög-

---

(1986), S. 417-434, 419; Jennings, R.Y., Extraterritorial Jurisdiction and the United States Antitrust Laws, BYIL 33 (1957), S. 147-175, 159 f. für direkte Auswirkungen

2093 Seidl-Hohenveldern, I., Völkerrechtliche Grenzen bei der Anwendung des Kartellrechts, AWD 17 (1971), S. 53 - 60, 55 nennt diese Anknüpfung deswegen "extensives Territorialitätsprinzip"

2094 Zitelmann, E. Internationales Privatrecht, Bd. 1 (1897) S. 95 f.

2095 McDougal, M.S., Jurisdiction, International Law Documents 62 (1980), S. 634-640

2096 Verzijl, J.H.W., The Controversy Regarding the So-Called Extraterritorial Effect of the American Antitrust Laws, NTIR 8 (1961), S. 3 - 30, 29

2097 § 18. Vgl. hierzu Metzger, D., The Restatement of Foreign Relations Law of the United States: Bases and Conflicts of Jurisdiction, New York University Law Review 41 (1966), S. 7, 16 ff.

2098 Bessey, T.L., Comity and Computers in the Common Market: The IBM Case, Northwestern Journal of International Law and Business 4 (1982), S. 626-646, 631

lich[2099] und andererseits eine Fixierung der Problematik auf den Begriff der Territorialität nicht wünschenswert[2100].

Denn im öffentlichen Wirtschaftsrecht geht es überwiegend nicht um territoriale Aspekte, sondern um Probleme der Ordnungshoheit. Diese ist zwar auf das Staatsgebiet bezogen, aber gerade die Wirtschaftsordnung in ihrer internationalen Verflechtung weist darüber hinaus. Wirtschaftliche Mechanismen, welche etwa die Wettbewerbsordnung beeinflussen, bestehen aus Steuer- und Regelkreisen, welche sich oft nicht lokal fixieren lassen. Wenn etwa die Verteuerung einer Ware durch ein Kartell im Exportland zu einem - im Sinne ökonomischer Rationalität - unausweichlich teureren Verkauf dieser Ware im Importland führt, so wird die Auswirkung eines gänzlich im Ausland zu lokalisierenden Tatbestandes durch mehrere tatsächliche Handlungen - Preisfestsetzung, Import und Verkauf - immateriell in die inländische Wettbewerbsordnung vermittelt. Dem Handelnden im Ausland kommt es nicht auf einen einzigen Erfolg auf fremdem Territorium an, sondern auf die Herbeiführung einer wirtschaftlichen Lage, die Verringerung des Wettbewerbs durch Verdrängung der Konkurrenten, die Steigerung eigener Gewinne, die Herstellung von Marktmacht zur Erweiterung des eigenen unternehmerischen Freiraums unbeeinflußt von Wettbewerbern etc.

Dabei ist die Kreativität bei der Gestaltung von wirtschaftlichen Zusammenhängen nicht auf unmittelbare Handlungserfolge beschränkt. Durch Zwischenschaltung von Gesellschaften etwa kann derjenige, der eigentlich den Erfolg durch Leitungsmacht herbeiführt, mehrere Stufen davon getrennt werden. Durch die Nutzung ökonomischer Notwendigkeiten wie etwa die Gestaltung des Preises von Produkten, welcher in den Endpreis eines Produkts im Ausland eingehen muß, damit das Geschäft für den Händler rentabel bleibt, kann der Wettbewerbsspielraum auch über mehrere Handelsstufen hinweg bei theoretischer Unabhängigkeit von Händlern durch den Produzenten eingeschränkt werden. Die Unmittelbarkeit einer einstufigen Kausalkette zwischen Handlung und Erfolg kann so leicht umgangen werden.

Es wurde bereits dargestellt, daß die Freiheit der Staaten, das "constituent element" eines Straftatbestandes festzustellen, auf dem weitgehenden Konsens über die Strafbarkeit und Jurisdiktionshoheit im Strafrecht beruht, daß aber im öffentlichen Wirtschaftsrecht ein solcher Konsens durch

---

2099 Homburger, E./ Jenny, H., Internationalrechtliche Aspekte des EWG-Wettbewerbsrechts. Zur Anwendung der wettbewerbsrechtlichen Bestimmungen des EWG-Vertrages auf in Nichtmitgliedstaaten veranlaßte Wettbewerbsbeschränkungen, (1966), S. 53

2100 Ablehnend auch Meessen, a.a.O. (Anm. 39), S. 151

die unterschiedlichen ordnungspolitischen Vorstellungen der Staaten oft nicht gegeben ist. Auch dies spricht dafür, die Anknüpfung an Auswirkungen vom objektiven Territorialitätsprinzip abzugrenzen, um positive und negative Analogieschlüsse hieraus von vornherein zu vermeiden.

Hierdurch begibt man sich nicht auf rechtlich ungesichertes Gebiet. Die Ordnungshoheit umfaßt die Gesellschafts-, Lebens- und Wirtschaftsordnung auf diesem Staatsgebiet. Deren Regelung ist eine genuine innere Angelegenheit aufgrund der souveränen Freiheit zur Wahl und Ausgestaltung der inneren Ordnung des Staates. Gerade die Gesichtspunkte der souveränen Gleichheit der Staaten, welche oben erörtert wurden, zeigen, daß die Freiheiten zur Bestimmung etwa eines innerstaatlichen Wirtschaftssystems der primäre Gesichtspunkt staatlicher Hoheitsausübung sind.

Die allgemeine Anknüpfung an Auswirkungen aus dem Ausland hat aber durchaus eine Beziehung zum objektiven Territorialitätsprinzip, nur im umgekehrten Sinne. Denn letzteres ist eine spezielle Ausprägung der ersteren im Strafrecht. Der Taterfolg ist eine Auswirkung im Territorium des regelnden Staates, nicht auf das Territorium selbst, sondern ebenfalls auf die dort geltende Lebensordnung. Durch seine Normierung als rechtswidriger Erfolg, als "constituent element" der Strafnorm, wird er zum strafbaren Verstoß gegen die Grundsätze der in einem Staate gültigen Lebensordnung. Beim Schuß über die Grenze ist die Tötung im Inland die Auswirkung der Tathandlung im Ausland auf das in der inländischen Lebensordnung strafrechtlich geschützte Gut des Lebens.

Aus diesem Grunde können auch einzelne Gesichtspunkte der Ausprägung des universell gewohnheitsrechtlich anerkannten strafrechtlichen objektiven Territorialitätsprinzips bei der Beurteilung der notwendigen Konturen einer Anknüpfung an Auswirkungen im öffentlichen Wirtschaftsrecht herangezogen werden. Generell sollen aber die in dieser Materie verwendeten Anknüpfungen, so weit sie über die klassischen Konturen des Territorialitäts- und des Personalitätsprinzips hinausgehen unter dem Gesichtspunkt der Ordnungshoheit als allgemeinem Strukturprinzip gewürdigt werden.

(3) Personalitätsprinzip

(a) Umfang

Die Personalhoheit gründet sich, wie bereits erörtert wurde, auf ein besonderes Treueverhältnis, welches durch Schutz und Unterwerfung begründet ist. Daß dieses besondere Treueverhältnis bei Staatsangehörigen besteht, ist ununmstritten. Bei Jurisdiktionskonflikten haben sich Probleme der Anknüpfung an das Personalitätsprinzip daraus ergeben, daß einerseits durch Anwendung der gesellschaftsrechtlichen Kontrolltheorie der Kreis der Staatsangehörigen ausgedehnt wurde und daß andererseits die Personalhoheit auf Personen ausgedehnt wird, welche im Staat ein dauerndes Aufenthaltsrecht haben, in ihm tatsächlich ansässig sind oder ihre Geschäfte betreiben.

Unstreitig ist, daß ein Staat auch Jurisdiktion über seine Staatsangehörigen im Ausland ausüben kann[2101]. Dies ist auch, wie bereits oben erörtert, nicht auf bestimmte Inhalte wie staatsbürgerliche Rechte und Pflichten beschränkt. Die Treuepflicht des Staatsbürgers umfaßt alle Gegenstände, durch welche die staatliche Ordnung im Heimatland gefördert und bewahrt wird. Ein Staat kann, wie das Strafrecht zeigt, seinen Staatsangehörigen im Ausland Verhaltenspflichten auferlegen, welche das Recht ihres Aufenthaltsstaates nicht kennt. Wenn dieses ein dem entgegenstehendes Verbot enthält, entsteht ein Konfliktsfall, der noch zu erörtern sein wird.

Es entspricht heute der herrschenden Auffassung, das Personalitätsprinzip nicht nur auf die Staatsangehörigen anzuwenden[2102]. O'Connell[2103] fordert, daß zwischen den Personen und dem Staat ein "genuine link" bestehen müsse. Diese Ausdehnung der Personalhoheit ist auch ersichtlich nicht auf Proteste anderer Staaten gestoßen. Während die Formulierung des § 402 Abs. 2 des Restatement (Third)[2104] das Personalitätsprinzip mit der Staatsangehörigkeit verknüpft, sagt der Kommentar hierzu, das Völkerrecht erkenne zunehmend auch eine Anknüpfung an Wohnsitz oder Aufenthalt im Inland an, insbesondere in zivilrechtlichen Angelegenheiten wie Erbrecht, Familienrecht und in einigen Fällen auch bei deliktischem Schadensersatzrecht[2105].

Die Personalhoheit verlangt Treue gegen Schutz. Schutz geht aber über den Gedanken des diplomatischen Schutzes, welcher nur den Staatsangehörigen gewährt werden kann, hinaus. Wer als Ausländer dauernd und formalisiert im Inland seinen Sitz hat und an der inländischen Lebens- und Wirtschaftsordnung teilnimmt, erfährt den gleichen rechtlichen Schutz wie ein Inländer. Er nimmt an den infrastrukturellen Vorteilen dieser Ordnung teil, kann sie für seine wirtschaftlichen Zwecke

---

2101 Vgl. etwa American Law Institute, Restatement of the Law (Second), Foreign Relations Law of the United States (1965) § 30

2102 Nawiasky, H., Allgemeine Rechtslehre, 2.Aufl. (1948), S.97: "insbesondere die Staatsangehörigen. Auch McDougal, M.S., Jurisdiction, International Law Documents 62 (1980), S. 634-645, 641 faßt das Personalitätsprinzip weiter.

2103 O'Connell, D.P., International Law, 2.Aufl. (1970) , Bd. 2, S. 603

2104 A.a.O. (Anm. 12)

2105 § 402 Comment e

ausnutzen. In zunehmendem Maße können Ausländer auch an der politischen Willensbildung ihrer Aufenthaltsstaaten teilnehmen. Anknüpfungspunkt für das Personalitätsprinzip ist also auch die tatsächliche Inanspruchnahme eines rechtlich anerkannten und geschützten Status auf einem Staatsgebiet. Diese länger andauernde Verbindung, wenn sie Ausländer Inländern gleichstellt, schafft nach der Staatenpraxis, welche nicht auf Proteste gestoßen ist, ein ausreichendes Band zwischen Staat und entsprechend qualifizierter Person, um das Personalitätsprinzip hierauf anzuwenden[2106]. Dieses Ergebnis ist allerdings nicht zwingend von der Personalhoheit gefordert und kann daher nur als Gewohnheitsrecht bewertet werden.

(b) Behandlung von Konzerngesellschaften

Ein weiteres Problem der Personalhoheit ist die Frage eines Durchgriffs auf ausländische Konzerngesellschaften als Verpflichtungsadressaten. Einige Autoren lehnen einen Durchgriff aufgrund gesellschaftsrechtlicher Verflechtung entweder generell ab[2107], oder jedenfalls dann, wenn nicht eine tatsächliche Einflußnahme der Muttergesellschaft auf die Tochtergesellschaft vorliegt[2108]. Ein anderer Teil der Literatur hält einen Durchgriff unter bestimmten Bedingungen für zulässig. Als Kriterium wird etwa genannt, daß die Tochtergesellschaft das "alter ego" der Muttergesellschaft sein müsse, also überhaupt nur als verlängerter Arm handele[2109]. Hierauf verweist auch die Entwicklung in der amerikanischen Rechtsprechung[2110].

[2106] Vgl. etwa Oxman, B. H., Jurisdiction of States, in: Bernhardt, R. (ed.), Encyclopedia of Public International Law, Instalment 8, S. 277 - 283

[2107] Stern, B., Quelques observations sur les règles internationales relatives à l'application extraterritoriale du droit, Annuaire Français du Droit International 32 (1986), S. 7 - 52, 33 f.; Mann, F.A., Zur staatlichen Hoheitsgewalt über ausländische Tochtergesellschaften und Zweigniederlassungen inländischer Unternehmen, Schweizerische Juristenzeitung 82 (1986), S. 21-28, 26; Jacobs, D.M., Extraterritorial Application of Competition Laws, The International Lawyer 13 (1979), S. 645 - 665, 663

[2108] Mann, F.A., The Dyestuff case in the Court of Justice of the European Communities, ICLQ 22 (1973), S. 35-50, 48 f.; ähnlich Harding, C.S. P., Jurisdiction in EEC Competition Law. Some Recent Developments, Journal of World Trade Law 11 (1977), S. 422-440, 428 ff.; Steindorff, E., Annotation on the decision of the European Court in the Dyestuff cases, CMLRev 9 (1973), S. 502-510, 507

[2109] Sarkessian, J., Jurisdiction over Alien Corporations based on the Activities of their Subsidiaries in the Forum: Whither the Doctrine of "Corporate Separateness"?, Fordham International Law Journal 9 (1985/86), S. 540-595, 543 f.; Thompson, R.W., United States Jurisdiction over Foreign Subsidiaries: Corporate and International Law Aspects, Law and Policy in International Business 15 (1983), S. 319 - 400, 369 f.

[2110] Rosic, E.A., In personam Jurisdiction over Foreign Parent Corporations, A.S. I.L.S. International Law Journal 6 (1982), S. 19-42

Für die Bewertung gesellschaftsrechtlicher Zusammengehörigkeit im Detail möchte Rosic[2111] eine dynamische Analyse vornehmen, welche die tatsächlichen graduellen Abhängigkeitsstrukturen in multinationalen Konzernen berücksichtigen will. Gesellschaftsrechtliche Beziehungen seien dynamisch, so daß Marktentwicklungen diese Kontrollbeziehung ändern könnten. Die Struktur multinationaler Unternehmen sei sehr unterschiedlich. Es gibt rein monozentrische Konzerne mit strikter Kontrolle einer Muttergesellschaft. Daneben gibt es polyzentrische Konzerne, bei denen die Selbständigkeit der örtlichen Konzerngesellschaften größer ist. Und schließlich gibt es globale Gesellschaften, innerhalb deren es monozentrische Teilstrukturen, aber auch polyzentrische Organisationsformen geben kann. Zur Feststellung der Konzernbeziehungen wird ein Test vorgeschlagen, welcher die Nationalität der Arbeitskräfte, die Beziehung zwischen den Aktivitäten der verschiedenen Gesellschaften, die Natur der Transaktionen zwischen Tochtergesellschaft und Muttergesellschaft sowie die Eigenständigkeit der Handlungen der Tochtergesellschaft selbst berücksichtigt. Eine solche Dynamisierung der Beurteilung hätte aber die Schwierigkeit, daß sie die Rechtsunsicherheit noch vermehrt. Denn die Jurisdiktionshoheit kann nur von Fall zu Fall in einer Konkretisierung geprüft werden, die ihrerseits Argumenten offen ist.

Eine differenzierte Position nimmt das Restatement (Third)[2112] ein. In § 414 (1) beginnt es mit der selbstverständlichen Feststellung, daß ein Staat Jurisdiktion über ausländische Zweigniederlassungen ("foreign branches") von einheimischen Gesellschaften ausüben darf. Eine solche Zweigstelle wird negativ dadurch definiert, daß es sich nicht um eine selbständige juristische Einheit handelt[2113]. Dies wird jedoch dadurch eingeschränkt, daß diese Jurisdiktion nur "for limited purposes" ausgeübt werden darf. Im Kommentar wird dies dadurch verdeutlicht, daß internationale Transaktionen extraterritorial geregelt werden dürfen, nicht dagegen vorwiegend örtliche Aktivitäten ("predominantly local activities") wie etwa Arbeitsrecht, Vorschriften bezüglich der Gesundheit der Arbeitnehmer und der Sicherheitsstandards der Produktionseinrichtungen oder Umweltvorschriften[2114].

Hinsichtlich rechtlich selbständiger ausländischer Tochterunternehmen stellt § 414 (2) den Grundsatz auf, daß die Jurisdiktion normalerweise nicht ausgedehnt werden darf auf solche Tochtergesellschaften nur deswegen, weil sie im Eigentum oder unter der Kontrolle von Staatsbürgern

---

2111 Rosic a.a.O., S. 32 ff

2112 A.a.O. (Anm. 12)

2113 Comment a

2114 Comment c

des regelnden Staates stehen. Hiervon werden enger definierte Ausnahmen gemacht, die als "not unreasonable" gekennzeichnet werden und ebenfalls nur "for limited purposes" formuliert sind[2115]. Zum einen zählen hierzu Regelungen gegenüber der Muttergesellschaft bezüglich einer gemeinsamen Rechnungslegung, Information der Investoren oder der Vorbereitung einheitlicher Steuererstattung multinationaler Unternehmen. Die extraterritoriale Jurisdiktion wird weiterhin unter den genannten Bedingungen als zulässig angesehen, wenn es sich um außerordentliche Fallgestaltung handelt ("exceptional cases"), in denen entweder durch Anweisung an die Muttergesellschaft oder an die ausländische Tochtergesellschaft Anordnungen erteilt werden.

Hier werden verschiedene Gesichtspunkte aufgezählt, nach denen eine Entscheidung über die Rechtmäßigkeit der Anknüpfung abwägend vorgenommen werden soll. Dazu gehört einmal, wenn die Jurisdiktion "essential to implementation of the programme to further major national interest of the state exercising jurisdiction" ist. Ein weiterer Gesichtspunkt ist, daß "the national programme of which the regulation is a part can be carried out effectively only if it is applied also to foreign subsidiaries". Bei der Abwägung ist insbesondere auch der Gesichtspunkt von Regelungskonflikten zu berücksichtigen[2116].

Und schließlich wird bei der Bewertung der "exceptional cases" eine Beweislastregelung eingeführt: "The burden of establishing reasonableness is heavier when the direction is issued to the foreign subsidiary than when it is issued to the parent corporation"[2117]. Der Grund der Lösung des Restatement ist ein Ausgleich zwischen zwei widerstreitenden Interessen[2118]:

> ".. a host state cannot, by requiring a foreign-owned enterprise to incorporate under its laws, deprive the state of the parent corporation of all authority over the enterprise. The enterprise itself cannot by incorporating in a foreign state, escape all regulatory authority of the state of the parent corporation."

Hier spiegelt sich der Gedanke der Barcelona - Traction - Entscheidung wider, daß nämlich die Gründung einer selbständigen ausländischen Person nicht die Möglichkeit zur Umgehung von Pflichten aus der Personalhoheit geben soll.

2115 Diese Einschränkung entspricht derjenigen bei den unselbständigen Zweigstellen und hat den gleichen Umfang

2116 "The regulation conflicts or is likely to conflict with a law or policy of the state where the subsidiary is established", § 414 (2) (b) (iii)

2117 § 414 (2) (c)

2118 § 414 Comment b

Besitz und Kontrolle einer Tochtergesellschaft wird näher definiert: Anteilsmehrheit oder andere Anzeichen einer Inhaberschaft begründet ownership, eine Kontrolle wird vermutet, wenn eine Mehrheit der stimmberechtigten Anteile vorliegt, wenn ein vergleichsweise wesentlicher Block der Stimmrechte bei einer Person liegt oder wenn der Hauptgläubiger der anderen Gesellschaft einen wesentlichen Einfluß auf die Entscheidungsfindung dieser abhängigen Gesellschaft hat. Diese Vermutungen können im übrigen widerlegt werden[2119]. Hinsichtlich des Zusammenhangs zwischen ownership und control wird der Grundsatz formuliert, daß Kontrolle sich aus der Eigentümerstellung ergebe. Die Frage wird ausdrücklich offen gelassen, ob Jurisdiktion besteht, wenn eine Eigentümerstellung ohne Kontrolle existiert.

Die Formulierung des Restatement ist von äußerster Vorsicht gemessen an der Rechtsprechung amerikanischer Gerichte. Sie geht davon aus, daß die reine Kontrolle allein nicht zur Rechtfertigung der Jurisdiktion ausreicht, daß aber andererseits die selbständige Rechtspersönlichkeit nicht in allen Fällen die ausländische Tochtergesellschaft von der Jurisdiktion des Staates der Muttergesellschaft abschirmt. Sie begegnet aber in mehrfacher Hinsicht Bedenken. Zum einen fassen sie Gesichtspunkte zusammen, die nicht alle zur Personalhoheit gehören und deshalb unterschiedlicher Überlegung bedürfen. Soweit es um die Unternehmenseinheit geht, ist Anknüpfung, wie bereits dargelegt, nicht die Staatsangehörigkeit eines Unternehmens, sondern seine Teilnahme an der inländischen Wirtschaftsordnung. Dies ist nur für ausländische Muttergesellschaften aufgrund ihrer Leitungsmacht aus dem Ausland ein Problem extraterritorialer Jurisdiktion. Bei ausländischen Tochtergesellschaften liegt die Leitungsmacht im Inland, diese nehmen, wenn sie nicht im Inland wirtschaftlich tätig sind, was sie selbst der Jurisdiktion unterwirft, nicht selbst an der inländischen Wirtschaft teil nur deswegen, weil sie gesellschaftsrechtlich abhängig sind.

In diesem letzteren Fall wie auch in den echten Durchgriffsfällen, die im Außenwirtschaftsrecht vorkamen, tritt die echte Frage der Erweiterung der Personalhoheit auf. Hier geht das Restatement aber über das in der Barcelona Traction - Entscheidung vom IGH festgestellte Gewohnheitsrecht hinaus. Denn nur Umgehungsfällen ist eine Ausweitung der Personalhoheit gewohnheitsrechtlich anerkannt[2120]. Damit verlagert sich die Problematik auf die Identifizierung eines solchen Umgehungstatbestandes. Die Formulierungen, ausländische Konzerunternehmen müßten an

---

[2119] Comment e

[2120] Zustimmend Mann, F.A., The Doctrine of International Jurisdiction Revisited after 20 Years, RdC 186 (1984 III), S. 9 - 116 , 65

Programmen teilnehmen "to further major national interest" oder wenn sie "can be carried out effectively only if it is applied also to foreign subsidiaries", genügen diesem Kriterium nicht. Denn hier wird in einem Zirkelschluß das Ergebnis zur Begründung verwendet.

Wenn ein Unternehmen sicherheitspolitisch motivierte Anordnungen oder Verbote durch Diversifikation seiner Unternehmensstruktur und Tätigkeits - Stränge über die Grenze hinweg zu umgehen versucht, so liegt dies nicht außerhalb des im Feindhandelsrecht anerkannten Ausnahmebereiches, in dem die Kontrolltheorie angewandt werden kann[2121]. Unzulässig wäre es aber, den multinationalen Konzern eines einheimischen Mutterunternehmens quasi im Wege einer "Multinationalisierung des Rechts"[2122] integral der eigenen Jurisdiktion zu unterwerfen, also dem eigenen Gesellschaftsrecht wie dem eigenen öffentlichen Wirtschaftsrecht. Die Schwierigkeit besteht darin, die Grenzlinie zwischen diesen beiden Fallgestaltungen zu markieren. Dies kann nur im Einzelfall erfolgen.

Über diesen Befund des universellen Völkergewohnheitsrechts hinaus kann aber eine Ausdehnung der Personalhoheit etwa nach den Grundsätzen des Restatement (Third) nicht als Lückenfüllung aufgrund der Personalhoheit vorgenommen werden. Denn aus dieser folgt nicht als einzig denkbares Ergebnis, daß ein Staat zur Durchsetzung auch sicherheitspolitischer Ziele grundsätzlich ausländische Unternehmen wegen ihrer Abhängigkeit von Inländern Rechtsbefehle erteilen darf. Wenn tatsächlich eine Gefährdung der Staatssicherheit zu besorgen ist, so wäre eine Anknüpfung an das Schutzprinzip denkbar. Ansonsten muß man aber berücksichtigen, daß dann, wenn das Gewohnheitsrecht es nicht zuläßt, die Anknüpfung an die Kontrolltheorie über die Umgehungsfälle hinaus anderen Staaten entgegenzuhalten, dies jedenfalls eine denkbare Verteilung der Jurisdiktionskompetenzen ist. Aus der Personalhoheit der Staaten als allgemeinem Strukturprinzip des Völkerrechts ergibt sich jedenfalls nicht zwingend eine solche Erstreckung auf abhängige Personen im Ausland.

Im übrigen ist diese Anknüpfung auch nicht wünschenswert, weil sie zusammen mit der Sitz- und der Gründungstheorie Jurisdiktionskonflikte in viel größerer Zahl ermöglichen würde. Dies hat auch der US Supreme Court offensichtlich so gesehen. Denn in einem Fall, in dem es um die

---

[2121] Thompson, R.W., United States Jurisdiction over Foreign Subsidiaries: Corporate and International Law Aspects, Law and Policy in International Business 15 (1983), S. 319 - 400, 378 f.

[2122] Hierzu Fischer, P., Multinationale Unternehmen und das Völkerrecht, Die Vereinten Nationen und Österreich 23 (1974), S. 24-29, 28. Ablehnend auch Stern, B., Quelques observations sur les règles internationales relatives à l`application extraterritoriale du droit, Annuaire Français du Droit International 32 (1986), S. 7 - 52, 33

Regeln gegen Geschlechterdiskriminierung bei der Vergabe von Stellen im Management der amerikanischen Tochterfirma eines japanischen Unternehmens ging[2123], befand er, diese Firma sei keine japanische Firma im Sinne des Handels-, Schiffahrts- und Freundschaftsvertrages zwischen USA und Japan, obwohl sie von einer japanischen Muttergesellschaft beherrscht wurde. Hier ging es zwar primär um eine Auslegung des völkerrechtlichen Vertrages, der die Staatsangehörigkeit nicht aufgrund der Kontrolltheorie definierte. Der Gerichtshof aber lobte die Einfachheit der Gründungstheorie und fuhr fort[2124]: "On the other hand, application of a control test could certainly make nationality a subject of dispute."

Die Anwendung der Kontrolltheorie ist aber auch wirtschaftlich nicht sinnvoll, weil dann diese konfliktsträchtige Situation Unternehmen zur Verlegung ihrer Konzernbasis aus einem solchen Staat veranlassen wird, und somit also nicht die wirtschaftlichen Faktoren für die Ansiedlung entscheidend sind, sondern wettbewerbsverzerrende Kosten extraterritorialer Jurisdiktion[2125] entstehen.

(c) Passives Personalitätsprinzip

Das passive Personalitätsprinzip ist, wie im internationalen Strafrecht erörtert, völkerrechtlich auch heute noch grundsätzlich als rechtmäßiger Anknüpfungspunkt anerkannt. Es spielt in der Diskussion im öffentlichen Wirtschaftsrecht nur im amerikanischen Börsen- und Wertpapierrecht am Rande eine Rolle. Das passive Personalitätsprinzip wird in seiner Zulässigkeit trotz der noch bestehenden Praxis im Strafrecht mancher Staaten von den Autoren über das Strafrecht hinaus entweder abgelehnt oder jedenfalls nur eingeschränkt zugelassen[2126]. Auch im Restatement (Second) wird es abgelehnt[2127]. Das Restatement (Third) erwähnt es nur als strafrechtliche Regel[2128].

Unter dem Gesichtspunkt, daß das Personalitätsprinzip auch an die Schutzpflicht des Staates anknüpft, bestehen gegen eine Übertragung dieses Prinzips in das öffentliche Wirtschaftsrecht jedoch keine Bedenken,

---

2123 Sumitomo Shoji America v. Avagliano No. 80-2070 v. 15.6.1982, ILM 21 (1982), S. 790

2124 A.a.O., S. 795, dort Fußnote 11 a. E.

2125 Sarkessian, J., Jurisdiction over Alien Corporations based on the Activities of their Subsidiaries in the Forum: Whither the Doctrine of "Corporate Separateness"?, Fordham International Law Journal 9 (1985/86), S. 540-595, 589

2126 Wengler, W., Völkerrecht, Bd. 2 (1964), S. 941 f.; Stern, B., Quelques observations sur les règles internationales relatives à l`application extraterritoriale du droit, Annuaire Français du Droit International 32 (1986), S. 7 - 52, 34

2127 § 30 Abs. 2

2128 A.a.O. (Anm. 12) § 402, Reporter's Notes 3

soweit es um Sanktionen für täuschendes oder sonst schädigendes Verhalten geht, welche strafrechtsähnlich sind, die also auch in Straftatbeständen zum Schutz des Vermögens ausgedrückt werden könnten[2129]. Hier kann das strafrechtliche Prinzip zumindest analog angewendet werden. Jedoch kann es hierdurch zu Kollisionsproblemen mit ausländischem Recht und mit "gerechtfertigten Erwartungen" von Personen kommen, die später noch zu erörtern sind.

Darüber hinaus ist aber nicht ersichtlich, daß sich aus der Personalhoheit generell die Zulässigkeit dieser Anknüpfung zwingend ableiten ließe. Denn wer sich im Ausland bewußt an einer anderen Wirtschaftsordnung beteiligt, nimmt hieran zu deren Bedingungen teil und erfährt den gleichen Schutz durch den ausländischen Staat wie alle anderen Teilnehmer. Daß der Heimatstaat diesen Schutz für seine Staatsangehörigen durch das passive Personalitätsprinzip verstärken können soll, ist nicht zwingend erforderlich. Hier liegt ein Fall vor, in dem die Personalhoheit und die Ordnungshoheit zwei mögliche Regelungsalternativen offenlassen, welche - wenn man überhaupt eine Lücke annehmen kann - nicht dezisionistisch geschlossen werden darf. Die Anwendung des passiven Personalitätsprinzips ist im übrigen, über strafrechtsähnliche Fälle hinaus, auch nicht wünschenswert, weil hierdurch das Recht eines Staates mit der Tätigkeit seiner Bürger im Ausland in andere Staaten ausgedehnt würde, ohne daß die private Gegenpartei notwendig der Anwendung dieses Rechts überhaupt bewußt sein würde. Ein Staat kann nicht generell sein Recht mit seinen Staatsbürgern ins Ausland exportieren.

(4) Schutzprinzip

Im internationalen Strafrecht wurde, dies ist bereits in Kapitel I erörtert worden, bereits früh der Grundsatz entwickelt, daß Straftaten von Ausländern im Ausland, welche die Sicherheit und den Bestand eines Staates oder seiner Organe gefährden, im Inland strafbar sind. Das Schutzprinzip wird in § 402 Abs. 3 des Restatement (Third)[2130] umschrieben:

> "certain conduct outside its territory by persons not is nationals that is directed against the security of the state or against a limited class of other state interests"

Es handelt sich in der völkerrechtlichen Praxis um ein anerkanntes eigenständiges Anknüpfungsprinzip, obwohl erwähnt wird, daß das Schutz-

---

[2129] A.A. Mann, F.A., The Doctrine of Jurisdiction in International Law, RdC 111 (1964 I), S. 7 - 162, 80

[2130] A.a.O. (Anm. 12)

prinzip mit dem Auswirkungsprinzip Gemeinsamkeiten aufweist[2131]. Auch die "other state interests", welche von § 402 Abs. 3 generalisierend genannt werden, hängen nach dem Kommentar[2132] mit der Gewährleistung des Bestandes des Staats zusammen:

> "other offenses threatening the integrity of governemental functions that are generally recognized as crimes by developed legal systems, e.g. espionage, counterfeiting of the state's seal or currency, falsification of official documents, as well as perjury before consular officials, and conspiracy to violate the immigration or customs laws."

Das Schutzprinzip bezieht sich auch auf die staatliche Ordnung, erfaßt aber, anders als die wirtschaftsrechtlichen Anknüpfungen auf Grund der Ordnungshoheit, nicht notwendig eine Teilnahme an dieser Ordnung, sondern eine Aktivität gegen ihren Bestand. Insoweit hat das Schutzprinzip in seiner ratio eine enge Verbindung mit dem objektiven Territorialitätsprinzip, ist deswegen davon unterschieden worden, weil es eben nicht um territoriale Aspekte geht. Auch vom noch zu erörternden Auswirkungsprinzip sollte man es aus dem gerade genannten Grunde unterscheiden, daß hier keine Teilnahme an der inländischen Ordnung notwendig ist.

Das Schutzprinzip ist im Strafrecht universelles Völkergewohnheitsrecht. Im öffentlichen Wirtschaftsrecht ist es bisher noch nicht geltend gemacht worden, also gewohnheitsrechtlich nicht verankert. Gleichwohl dürfte es aus der Ordnungshoheit evident folgen, daß ein Staat den Bestand seiner Grundordnung und seiner Institutionen auch gegenüber zerstörerischen Einwirkungen aus dem Ausland schützen darf und zur Erhaltung seiner völkerrechtlich geschützten Souveränität auch schützen muß. Deshalb stellt sich auch im Wirtschaftsrecht die Frage, ob etwa auch die verlängerten Exportverbote ein Anwendungsfall des Schutzprinzips sein können.

Das gleiche gilt von schädlichen Einflüssen auf die inländische Wettbewerbsordnung als grundlegendes ordnungspolitisches Prinzip der Wirtschaft. Haymann[2133] hält das Schutzprinzip für anwendbar, wenn extraterritorial ausgelöste Wettbewerbsbeschränkungen im Inland schwerwiegendste Störungen der Wirtschaftsordnung nach sich ziehen, wie dies

---

[2131] § 402 Comment f

[2132] Comment f

[2133] Haymann, M., Extraterritoriale Wirkungen des EWG-Wettbewerbsrechts (1974), S. 312

etwa bei einem Rohstoffkartell möglich wäre. Auch Stern[2134] hält die Verteidigung fundamentaler Wirtschaftsinteressen eines Staates für einen möglichen Anwendungsfall des Schutzprinzips. Seidl-Hohenveldern lehnt die Anknüpfung an dieses Prinzip in Fällen extraterritorialer Jurisdiktion über Kartelle dagegen ab, weil es ausschließlich zum Schutz ureigenster Lebensinteressen eines Staates geeignet sei[2135].

Im Pipeline - Fall haben die Vereinigten Staaten sich nicht auf direkte Auswirkungen des Erdgas - Röhren - Geschäfts auf ihren Staat berufen[2136]. Sie haben vielmehr negative Folgen dieses Geschäfts auf die europäischen Staaten geltend gemacht. Indirekt wurden aber auch Auswirkungen gegenüber den USA wegen der militärischen Konfrontation mit der UdSSR ins Spiel gebracht. Die Verbesserung der wirtschaftlichen Situation halte der UdSSR auch den Rücken frei für fortgesetzte militärische Anstrengungen. Außerdem könnte man eine Auswirkung auf die USA in ihrer militärischen Bündnisverpflichtung gegenüber den europäischen NATO - Verbündeten sehen.

Darin liegt eine Auswirkung auf die Sicherheitspolitik, ohne daß letztlich bereits der Bestand des Staates gefährdet wäre. Hier eine Anknüpfung zuzulassen würde aber bedeuten, daß ein Staat mit wirtschaftlicher Macht die unterschiedlichen sicherheitspolitischen Entscheidungen anderer Staaten grundsätzlich überlagern könnte, indem er seinen Exporteuren zwar die Einkommensquelle offenhält, den ausländischen Importeuren und ihren Abnehmern aber Beschränkungen ihrer Verfügungsbefugnis auferlegt, obwohl deren Heimatstaaten keinen Grund zu einer solchen Beschränkung sehen. Gerade deswegen muß man es vermeiden, das Schutzprinzip grundsätzlich bei allen sicherheitspolitischen Fragen in Anwendung zu bringen. So lange gemeinsame Sicherheitspolitik verschiedene Lösungen offenläßt, liegen seine Voraussetzungen noch nicht vor. Nur wenn der Bestand der konkreten staatlichen Ordnung unmittelbar in Frage gestellt wird, ist es von der Ordnungshoheit gefordert und entspricht denjenigen Konturen, welche es im Strafrecht erhalten hat.

Darüber hinausgehende Zwecke sollte man unter dem Auswirkungsprinzip erörtern. Dies sehen die Staaten offensichtlich selbst auch so, wenn etwa die USA in ihrer extraterritorialen Jurisdiktion im Pipeline - Fall sich nicht durch dieses Prinzip rechtfertigt. Die USA haben sich bis-

2134 Stern, B., Quelques observations sur les règles internationales relatives à l`application extraterritoriale du droit, Annuaire Français du Droit International 32 (1986), S. 7 - 52, 35

2135 Seidl-Hohenveldern, I., Völkerrechtliche Erwägungen zum deutschen internationalen Kartellrecht, AWD 9 (1963), S. 73

2136 Spothelfer, P.E., Völkerrechtliche Zuständigkeiten und das Pipeline - Embargo (1990), S. 87

her auch im Kartellrecht nicht auf das Schutzprinzip berufen. Jennings[2137] sieht hierin eine weise Selbstbeschränkung, weil ansonsten eine Vielzahl möglicher innerstaatlicher Ordnungsprinzipien sozialer, wirtschaftlicher, politischer oder ideologischer Natur hiermit verbunden werden könnten. Ihm ist zuzustimmen, daß dieses Prinzip dem Schutz sehr wichtiger nationalen Interessen vorbehalten bleiben muß.

Obwohl man das Schutzprinzip nicht a limine im Wirtschaftsordnungsrecht als unanwendbar zurückweisen sollte, so ist es doch in seiner Voraussetzung, nämlich eine Bestandsgefährdung für den Staat und seine Institutionen, im öffentlichen Wirtschaftsrecht kaum je aktuell, wenn es um Einflüsse auf ein Wirtschaftssystem aus dem Ausland geht[2138]. Nur in konkreten Kriegs- und Spannungssituationen kann es einmal von Bedeutung werden[2139].

(5) Anknüpfungen auf Grund der Ordnungshoheit

Die Ordnungshoheit eines Staates umfaßt die souveräne Gestaltung der Lebensordnung auf dem Staatsgebiet. Sie ist, wie bereits erörtert wurde, insoweit territorial bezogen, als diese Ordnung auf dem Territorium errichtet und gestaltet werden darf. Die Ordnungshoheit ist also untrennbar mit der Territorialhoheit verbunden. Im vorliegenden Zusammenhang ist insbesondere die Wirtschaftsordnung eines Staates von Bedeutung. Allerdings führt eine mangelnde Differenzierung zwischen diesen Hoheitsaspekten, wie gerade die Diskussionen um Anknüpfungspunkte im öffentlichen Wirtschaftsrecht zeigen, zu einer unnötigen und teilweise auch künstlich konstruierten Lokalisierung von Handlungen, welche besser als Teilnahme an dieser Ordnung zu werten sind.

Wenn etwa ein Produzent im Ausland Preise mit Konkurrenten abspricht, welche alle Kartellteilnehmer nach dem Import dieser Ware durch Zwischenhändler im Inland ihren Abnehmern stellen wollen, so ist dies Teilnahme an der inländischen Wirtschaftsordnung. Hier kommt es nicht auf den Ort des Vertragsabschlusses an. Es kommt auch nicht darauf an,

---

2137 Jennings, R.Y., Extraterritorial Jurisdiction and the United States Antitrust Laws, BYIL 33 (1957), S. 147-175, 29

2138 Homburger, E./ Jenny, H., Internationalrechtliche Aspekte des EWG-Wettbewerbsrechts. Zur Anwendung der wettbewerbsrechtlichen Bestimmungen des EWG-Vertrages auf in Nichtmitgliedstaaten veranlaßte Wettbewerbsbeschränkungen, (1966), S. 53 f.; Jennings, R.Y., Extraterritorial Jurisdiction and the United States Antitrust Laws, BYIL 33 (1957), S. 147-175, 155

2139 Mestral, A.L.C. de, Gruchalla - Wesiersky, T., Extraterritorial application of export control legislation (1990) , S. 267. Vgl. Art. 6 der ILA - Resolution von New York 1972, ILA, Report of the 55th Conference, New York (1974), S. XIX, Art. 6, wonach das Schutzprinzip "applicable only in circumstances of the most exceptional kind" sei

ob die Parteien der Absprache selbst die Ware ins Inland verbringen und dort verkaufen. Da die Preise der ersten Marktstufe, hier also der Produzenten im Ausland, notwendigerweise aufgrund wirtschaftlicher Gesetzmäßigkeiten auf alle Preise nachgeordneter Handelsstufen einen bestimmenden Einfluß haben werden, ist die Bestimmung des ersten Preises eine Handlung innerhalb der Wirtschaftsordnung des Inlands.

Diese Zuordnung ist allerdings nicht exklusiv. Die Produzenten können die Waren auch in Drittländern anbieten und nehmen so auch an deren Wirtschaftsordnung teil. Hierin liegt gerade das Konfliktpotential, weil alle diese Ordnungen durch unterschiedliche ordnungspolitische Vorgaben in der Wettbewerbspolitik verschiedene Rechtsregeln über den gleichen Sachverhalt haben können. Dies ist eine notwendige Konsequenz des grenzüberschreitenden Wirtschaftsverkehrs. Es kann aber nichts daran ändern, daß ein Staat aufgrund seiner Ordnungshoheit grundsätzlich das Verhalten aller Teilnehmer an dieser Ordnung insoweit regeln darf und dies im Hinblick auf diese Teilnahme auch regeln können muß.

Ein anderes Beispiel dafür, daß der Versuch der Lokalisierung von Handlungen und Auswirkungen im Wirtschaftsverkehr über die Grenzen hinweg nicht den Kernpunkt des Problems trifft, ist die Verflechtung internationaler Konzerne. Der primäre Gesichtspunkt ist, wer die im Inland ausgeführten Entscheidungen eines Unternehmens wirklich trifft. Die selbstständige Rechtspersönlichkeit von Unternehmen ist für ihre Fähigkeit im Rechtsverkehr entscheidend, sagt aber nichts über die tatsächlichen Entscheidungsstränge aus. Wenn ein Staat die Finanzkraft eines Inlandsunternehmen nur aufgrund derjenigen seiner ausländischen Tochtergesellschaft vollständig bewerten kann, wie dies etwa im Bankwesen der Fall ist, wenn er die wirtschaftliche Zukunft eines inländischen Unternehmens nur aufgrund der unternehmerischen Planung seines Mutterunternehmens im Ausland feststellen kann, so muß er die Informationen, welche er auch im Inland von Mutterunternehmen fordert, im Ausland anfordern.

Als Ausgangspunkt wurde bereits festgestellt, daß die Ordnungshoheit in ihrem Inhalt notwendig die Jurisdiktion über Teilnahmeakte an der inländischen Wirtschaftsordnung auch aus dem Ausland rechtfertigt. Der Streit um die von den Staaten verwendeteten Anknüpfungspunkte sollte also nicht von der Frage ausgehen, ob dieser oder jener konkrete Anknüpfungspunkt vom Völkerrecht zugelassen wird, sondern zunächst mit jener beginnen, ob diese Anknüpfungen eine Teilnahme an der Wirtschaftsordnung im regelnden Staat erfassen und ob sie den Rahmen einer Regelung dieser Teilnahme nicht überschreiten.

(a) Unternehmenseinheit

Die Voraussetzungen des Prinzips der Unternehmenseinheit wurden bereits eingehend erörtert. Zusammenfassend geht es - soweit es sich um extraterritoriale Jurisdiktion handelt - darum, ausländischen Konzernunternehmen oder beherrschenden Personen Pflichten hinsichtlich der tatsächlichen Ausübung von Leitungsmacht gegenüber einem Inlandsunternehmen aufzuerlegen. Darüber hinaus wird die Unternehmenseinheit im Fusionskontrollrecht zur Anknüpfung dafür verwendet, aufgrund dieser Leitungsmacht typisierend Folgen eines Auslandszusammenschlusses auf den inländischen Markt anzunehmen. Immer also geht es um die aktive Teilnahme an der inländischen Wirtschaftsordnung vermittelt durch das inländische Konzernunternehmen oder, im Verfahrensrecht, um die Konsequenzen der tatsächlichen Entscheidungsgewalt über ein Verhalten aufgrund der Leitungsmacht.

Die Unternehmenseinheit kann nach mehreren möglichen Parametern beurteilt werden. Strukturell können die Eigentums- und Leitungsverhältnisse als potentielle Einflußmöglichkeit der Obergesellschaften bewertet werden, also Anteile, Stimmrechte, Management-Ernennungsbefugnisse etc. Funktional sind dagegen die tatsächlichen Einflüsse von der Mutter- auf die Tochtergesellschaft von Bedeutung, welche diese Einflußmöglichkeit erst instrumentalisieren[2140]. Die funktionale Betrachtung kann weiter differenziert werde danach, ob konkrete Weisungs-Abläufe in jedem einzelnen Fall betrachtet werden oder die Feststellung einer allgemeinen Praxis einen solchen Ablauf regelmäßig indiziert, was etwa eine Umkehr der Beweislast zur Folge haben könnte. Die reine Mehrheitsbeteiligung sagt, darauf wurde bereits hingewiesen, noch nichts ausreichendes über die Leitungsmacht aus. Denn der Anteilserwerb kann der Einflußnahme auf ein ausländisches Unternehmen dienen, er kann aber auch als Portfolio - Investition reine Kapitalanlage sein, was durch die Existenz des Bankenstimmrechts bei Aktiengesellschaften verdeutlicht wird[2141]. Man muß jeweils die konkrete Fallgestaltung daraufhin überprüfen, wie die Willensbildung bei der Tochtergesellschaft im regelnden Staat stattfindet. Dies ist der Gesichtspunkt des "controlled in fact" im amerikanischen Recht.

Die tatsächliche Leitungsmacht einer Muttergesellschaft im Inland über ausländische Tochtergesellschaften kann Anordnungen nach dem Territorialitätsprinzip rechtfertigen, wie dies im Fruehauf - Fall vorkam. Hier

---

2140 Vg. auch Barack, B., The Application of the Competition Rules (Antritrust Law) of the European Economic Community to Enterprises and Arrangements External to the Common Market, (1981), S. 55

2141 Vgl. hierzu Gramlich, L., Außenwirtschaftsrecht (1991), S. 10 m. w. N.

ist die Anknüpfung unproblematisch, nur kann trotzdem eine Kollision mit der Rechtsordnung des Sitzstaates der Tochtergesellschaft auftreten, wenn die Muttergesellschaft nämlich die Tochter daraufhin anweist, in ihrem Sitzstaat etwas zu tun, was sie nach dortigen Regeln nicht darf. Die Unternehmenseinheit ist letzten Endes ein Gesichtspunkt der Anknüpfung an Auswirkungen eines Verhaltens des Trägers der Leitungsmacht auf das Inland. Da aber hier nur die internen Willensbildungsverhältnisse in der Unternehmensverbindung eine Rolle spielt und die sonstigen Fragen des Auswirkungsprinzips keine Rolle spielen, sollte man selbständig vom Prinzip der Unternehmenseinheit sprechen.

Dieses Prinzip rechtfertigt sich als Anknüpfungspunkt aus der Ordnungshoheit dann, wenn durch die Leitungsmacht des ausländischen Unternehmens über die Grenze eine Brücke geschlagen wird zwischen dem Entscheidungszentrum im Ausland und der Entscheidungsdurchführung im Inland. Diese Brücke ist auch notwendig, um die Transnationalität dieser Entscheidungsbeziehungen, durch die eine Staatsgrenze zwischen beiden Komponenten verläuft, in den Bereich der inländischen Ordnungshoheit einzubinden, der durch die Ausführung der Entscheidungen betroffen wird.

Wenn es nur um die Ahndung von rechtswidrigem Verhalten gehen würde, könnte man zwar, wenn dies das nationale Verfassungsrecht erlaubte, die Inlandstochter stellvertretend haften lassen. Dies würde aber dazu einladen, daß dieses Haftungsrisiko vom Ausland aus bewußt durch eine Minimierung der Haftungsmasse des Inlandsunternehmens gering gehalten werden könnte, derjenige aber, welcher die haftungsbegründende Ursache gesetzt hat, hinter der Grenze vor Zugriff sicher ist. Die Fälle zukünftigen Verhaltens etwa bei der Fusionskontrolle und die Fälle der Unterrichtung über Finanzen und unternehmerische Konzeptionen könnten so überhaupt nicht erfaßt werden.

Das Prinzip der Unternehmenseinheit bei tatsächlich ausgeübter Leitungsmacht wird also von der im Territorium exklusiven Ordnungshoheit nicht nur gerechtfertigt, es bedeutet als Anknüpfung auch die einzige Möglichkeit, um diese Ordnung durchzusetzen, da, wie bereits erörtert, eine völlige Schließung der Grenzen für Unternehmensverflechtungen von den Staaten in der Praxis selbst nicht als Alternative in Betracht gezogen wird. Die Leitungsmacht hebt es vom reinen Durchgriff durch die selbständige Rechtspersönlichkeit von Konzernunternehmen ab.

(b) Anknüpfung an Herkunft von Waren und Technologie

In der Literatur wird überwiegend die Anknüpfung der Jurisdiktion an die Herkunft von Waren und Technologie als völkerrechtswidrig angesehen[2142]. Ebenso wie der Wechsel der Staatsangehörigkeit eine Nachwirkung der früheren Staatsangehörigkeit im Sinne der Personalhoheit nicht zuläßt, wie die Ausreise oder Ausfuhr aus dem Territorium zu keiner Nachwirkung der Territorialhoheit führt, ist auch das Überwechseln der Verfügungsbefugnis über eine Ware aus der einen in die andere Wirtschaftsordnung nicht begleitet von der Nachwirkung der Herkunftsordnung. Sonst wäre die Ordnungshoheit der Staaten angesichts der internationalen Wirtschaftsverflechtung durch viele sie überlagernde fremde Rechtsordnungen ausgehöhlt.

Die Möglichkeit der Verbindung der Herkunft mit einer Jurisdiktion über Waren inländischen Ursprungs auch im Ausland wird zuweilen mit einem Hinweis auf die UNESCO - Konventionen über Kulturgüter begründet[2143]. Verwiesen wird insbesondere auf die Konvention über die Verhütung illegaler Ausfuhren von Kulturgütern von 1970[2144]. Insoweit kann aber keine Parallele gezogen werden, weil es sich einerseits um Güter mit besonderem Bezug zum intellektuellen Leben eines Landes handelt, die gerade nicht als Gegenstände des normalen wirtschaftlichen Handels gesehen werden. Zum anderen aber haben Nachfolgekonventionen den Gedanken der Zuordnung eines Kulturguts zu einem bestimmten Staat nicht mehr aufrechterhalten[2145], ohne damit auf den internationalen Schutz zu verzichten.

Die Übertragung des zugrundeliegenden Gedankens auf Handelswaren verkennt jedenfalls den spezifischen Schutzgedanken hinter diesen Regeln und auch die Regel, wonach normalerweise Waren durch Verkauf und Übereignung aus der Verfügungsgewalt des Verkäufers und damit auch seines Staates ausscheiden und in denjenigen des Käufers und dessen Staates hinüberwechseln. Dies zeigt sich ganz einfach daran, daß sich von nun an jedwede Verfügung nach dem Zivilrecht des neuen Belegen-

---

[2142] Stern, B., Quelques observations sur les règles internationales relatives à l'application extraterritoriale du droit, Annuaire Français du Droit International 32 (1986), S. 7 - 52, 36; Puttler, A., Völkerrechtliche Grenzen von Export- und Reexportverboten (1989), S. 121 f. A.A. Feldman, M.B., The Restructuring of National Security Controls under the 1985 Amendments to the Export Administration Act: Multilateral Diplomacy and the Extraterritorial Application of United States Law, Stanford Journal of International Law 21 (1985), S. 235-279, 275; Remien, O., Außenwirtschaftsrecht in kollisionsrechtlicher Sicht, RabelsZ 54 (1990), S. 431 - 478, 474

[2143] Vgl. hierzu allgemein O'Keefe, P.J. / Prott, L.V., Cultural Property, in: Bernhardt, R. (ed.), Encyclopedia of Public International Law, Instalment 9, S. 62 - 64

[2144] Convention on the means of prohibiting and preventing the illicit import, export and transfer of ownership of cultural property vom 14.11.1970, 823 UNTS 231 = ILM 10 (1971) 289

[2145] Vgl. etwa das UNESCO-Übereinkommen zum Schutz des Kultur- und Naturerbes der Welt vom 23.11.1972, BGBl. 1977 II, S. 215, ILM 11 (1972), S. 1358

heitsstaates richtet. Das Vertragsrecht über Kulturgüter ist deshalb nicht analogiefähig.

Wenn also ein Sachverhalt, eine Person oder eine Ware keinen aktuellen Bezug mehr zur Ordnung eines Staates aufweist, in dem sie sich früher befand, so gehört sie zur Wirtschaftsordnung und damit zur inneren Angelegenheit des jetzigen Aufenthalts- oder Belegenheitsstaates. Dies ist auch der Fall, wenn sie aufgrund eines Lizenzvertrages mit einem Ausländer produziert wurde. Auch das lizensierte Rechtsgut, etwa ein know how, wird hiermit dem Lizenznehmer zu freier Verwendung im Rahmen der Vertragsbedingungen übergeben. Der freie Warenverkehr über die Grenze hinweg hat lange historische Tradition, ohne daß hier eine Lücke im völkerrechtlichen Recht der Jurisdiktionshoheit geltendgemacht worden wäre. Er ist insoweit tatsächlich immer von entsprechenden Jurisdiktionsansprüchen frei gewesen. Die Verfügung über Waren, die in Ausland veräußert wurden, unterlag öffentlichrechtlich immer dem Recht des Staates der neuen Belegenheit.

Wenn man dies ändern wollte, so müßte man den Grundsatz der Territorialhoheit durch Gewohnheitsrecht entsprechend modifizieren. Dies ist aber, wie bereits festgestellt, bis heute nicht erfolgt. Aus der heraus Ordnungshoheit läßt sich die neue Praxis im Wege der Lückenfüllung nicht rechtfertigen.

(c) Unterwerfung

Teilweise wird angenommen, eine Person könne sich freiwillig der Jurisdiktion eines Staates so unterwerfen, als ob sie dessen Personalhoheit unterworfen wäre[2146]. Die Parallele zur Personalhoheit zeigt in eine falsche Richtung, weil insoweit kein Treueverhältnis, sondern ein ganz konkretes Unterwerfungsverhältnis nach Maßgabe der Erklärung entsteht. Man wird auch weiter differenzieren müssen, um dieses Problem, welches im Außenwirtschaftsrecht bei Reexportverboten auftritt, völkerrechtlich beurteilen zu können, nämlich danach, ob der sich Unterwerfende zu dieser Handlung frei ist und andererseits ob der begünstigte Hoheitsträger eine solche Unterwerfung fordern und annehmen darf.

Hinsichtlich der ersteren Frage ist keine völkerrechtliche Beschränkung ersichtlich, wenn sie nicht ausdrücklich staatsvertraglich vereinbart ist[2147].

[2146] Wengler, W., Wege zur rechtlichen Steuerung des Verhaltens von Ausländern im Ausland und das internationale Privatrecht, IPRax 3 (1983), S. 145 - 153, 147

[2147] Ähnliche Beschränkungen kann es bei der Staatsangehörigkeit geben, wenn etwa zwei Staaten vereinbaren, daß der eine einen Staatsbürger des anderen auf seinen Antrag hin nur dann einbürgern darf, wenn ihn der andere aus der Staatsbürgerschaft

Allerdings kann sich die unterwerfende Person hierdurch nicht von seiner Verpflichtung gegenüber den Hoheitsträgern befreien, denen er aufgrund der Territorial-, Personal- und Ordnungshoheit objektiv unterworfen ist. Eine "Abwahl" von deren Rechtsordnungen ist nicht möglich, Rechtswahl und Derogation von Gerichten bedürfen der ausdrücklichen Gestattung des "zuständigen" Hoheitsträgers[2148]. Die "waiver by conduct" - Regel[2149], nach welcher die amerikanische Securities Exchange Commission den Verzicht auf die Geltendmachung von Geheimhaltungsvorschriften nach dem Heimatrecht von Ausländern annimmt, berücksichtigt die völkerrechtlichen Grundvoraussetzungen nicht[2150]. Ein Individuum mag sich auf eine Regel nicht berufen oder verfahrensrechtlich nicht mehr berufen dürfen, dies befreit aber den Staat nicht von der Pflicht, Geheimhaltungsverpflichtungen im Land der Belegenheit von Informationen ex officio zu berücksichtigen. Der verfahrensrechtliche "waiver" kann also am materiellen Recht zwischen den Staaten nichts ändern[2151]. Die Ausübung von Jurisdiktion und ihre Beachtlichkeit für andere Staaten ist nichts, worüber Individuen verfügen könnten.

Die andere Frage ist die Befugnis des Staates, eine solche Unterwerfung verlangen oder annehmen zu dürfen. Sie stellt sich nur, wenn nicht bereits die genannten Hoheitsbereiche tangiert sind, wenn also erst durch die Unterwerfung Hoheit entstehen würde. Diese Frage entspricht derjenigen der Unterwerfung unter die Personalhoheit durch Einbürgerung, welche bereits in Kapitel I erörtert wurde. Das Völkerrecht begrenzt sie, wie der IGH im Nottebohm - Fall festgestellt hat, durch das Erfordernis des "genuine link" oder der "genuine connection"[2152], soweit ein Staat aus dieser Einbürgerung Rechte gegenüber anderen Staaten ableiten will. Die Einbürgerung auf Antrag ist ein besonders ausgeprägter und umfassender Fall einer Unterwerfung unter die Jurisdiktion eines Staates. Sachlich begrenzte Unterwerfungen müssen aber nach den gleichen Kriterien be-

---

entläßt, vgl. die Rechtslage zwischen Deutschland und dem Iran nach dem Freundschaftsvertrag und Niederlassungsabkommen vom 17.2.1929, RGBl. 1930 II, 1002, 1006

[2148] Bereits Neumeyer (a.a.O. (Anm. 12), S. 145 ff.) hat festgestellt, daß die Privatautonomie im Privatrecht ihre Grenzen an der Gewährung durch den Staat findet, der "an sich zuständig ist".

[2149] Vgl. oben Kapitel II

[2150] Ebenso Hoechner, K.M., A Swiss Perspective on Conflicts of Jurisdiction, Law and Contemporary Problems 50 (1987), S. 271-282, 279. Zustimmend aber, wenn auch ohne völkerrechtliche Problematisierung Note, Predictability and Comity: Towards Common Principles of Extraterritorial Jurisdiction, Harvard Law Review 98 (1985), S. 1310 - 1330

[2151] Stern, B., Quelques observations sur les règles internationales relatives à l'application extraterritoriale du droit, Annuaire Français du Droit International 32 (1986), S. 7 - 52, 28 f.

[2152] Nottebohm: Second Phase, ICJRep. 1955, S. 4

urteilt werden. Denn es wurde bereits erörtert, daß die gleichzeitige Jurisdiktion mehrerer Staaten über einen unteilbaren Sachverhalt den unmittelbaren Schutz des domaine réservé in diesem Bereich außer Kraft setzt. Welche Regeln dann gelten, bleibt noch zu erörtern. Ohne ein "genuine link" darf ein Staat nicht die innere Angelegenheit eines anderen Staates durch extraterritoriale Jurisdiktion zur gemeinsamen Angelegenheit machen.

Hier entsteht die Frage, ob es ein ausreichendes "genuine link" ist, wenn eine Person Waren aus einem Staat beziehen will und sich deshalb auf Verlangen dieses Staates dessen Reexportregeln unterwerfen muß, falls sie nicht selbst der Exporteur ist. Dies ist nur dann ein Problem, wenn diese person sich weder auf dem Territorium dieses Staates aufhält noch an dessen Wirtschaftsordnung teilnimmt oder die Verbindungen hat, welche für eine Staatsangehörigkeit erforderlich sind. Da der reine Kauf und die Annahme der Übereignung der Ware an der Grenze nicht Teilnahme an der fremden Wirtschaftsordnung sind, sondern Tätigwerden an jener Nahtstelle, an der die Güter, wie erörtert, endgültig von einer Wirtschaftsordnung in die andere überwechseln, ist kein genuine link für die Anknüpfung von Hoheitsgewalt ersichtlich.

Mit der Übereignung der Ware an den Importeur im Ausland ist sie aus dem inländischen Wirtschaftsverkehr ausgeschieden. Hiergegen kann man auch nicht einwenden, daß der ursprüngliche Export aus dem Herkunftsstaat dessen Angelegenheit gewesen sei und die Ausweitung der Jurisdiktion ein sinnvolles "minus" gegenüber einem vollständigen Exportverbot sei[2153]. Denn das Exportverbot würde zwar die Interessen der Exporteure beeinträchtigen, es wäre aber durchaus jedenfalls in der Regel ein angemessenes Mittel, mit dem der Ursprungsstaat seine Interessen wahren könnte. Er will aber die wirtschaftlichen Vorteile des Exports wahren, die Ware völlig dem Erwerber überlassen und trotzdem die Nachteile durch extraterritoriale Jurisdiktion ausschließen. Daß dies eine Einmischung in die innere Angelegenheit der Exportregelung eines anderen Staates rechtfertigen könnte, ist abzulehnen. Wenn ein Staat seine Interessen wahren will, muß er sich, wie im CoCom geschehen, mit den Empfängerländern über eine gemeinsame Exportkontrollpolitik einigen.

Eine einseitige Jurisdiktion ist von der Ordnungshoheit bereits im Ausgangspunkt nicht gedeckt. Auch die Unterwerfung, insbesondere wenn sie durch den Bedingungszusammenhang erzwungen wird, kann mangels ausreichender Verbindung keine Jurisdiktion begründen. Ein reines Regelungsinteresse des Staates kann keine solche Verbindung schaffen.

[2153] Spothelfer, P.E., Völkerrechtliche Zuständigkeiten und das Pipeline - Embargo (1990), S. 87 ff.

Diese müßte objektivierbar sein. Ist dies nicht der Fall, so bleibt der Regelungssachverhalt die innere Angelegenheit eines Staates, der aufgrund objektiver Anknüpfungsmomente Jurisdiktionshoheit hat. Die Ausübung von Jurisdiktion, welche sich ausschließlich auf die Unterwerfung stützt, ist damit eine rechtswidrige Einmischung in die inneren Angelegenheiten dieses Staates.

(d) Auswirkungsprinzip

(i) Fragestellung

Wie schon aufgrund der erörterten Praxis zu sehen war, ist die Frage der Zulassung der Anknüpfung extraterritorialer Jurisdiktion an Auswirkungen von Auslandsverhalten im Inland eine zentrale Streitigkeit im Kartell- und Fusionskontrollrecht, dagegen offensichtlich kein Problem im Börsen- und Wertpapierrecht. Die gewohnheitsrechtliche Situation wurde bereits bewertet. Gleichfalls wurde festgestellt, daß sich aus der Ordnungshoheit die Möglichkeit des Staates ergeben muß, Auswirkungen von Auslandsverhalten insoweit zu regeln, als sie im Ergebnis eine Teilnahme an der inländischen Wirtschaftsordnung darstellen.

Diese Anknüpfungsmethode kann man als Auswirkungsprinzip bezeichnen. Im Englischen ist der Begriff "effects doctrine" geläufig, im Deutschen wird synonym auch von Wirkungsprinzip geredet[2154]. Hier stellt sich nunmehr die Frage, welche Grenzen diese Anknüpfung nach dem Völkerrecht hat. Denn die Kausalität zwischen Ursache und Wirkung kann beliebig weitläufig sein und es wurde bereits erörtert, daß gerade das internationale Wirtschaftsleben mit seinen Verflechtungen sekundäre, tertiäre und noch weitere Ursachen durchaus im Inland spürbar machen kann. Dies sah auch Richter Learned Hand im Alcoa-Fall: "Almost any limitation of the supply of goods in Europe, e.g., or in South America, may have repercussions in the United States if there is trade between the two"[2155].

Wenn etwa ein Kartell zwischen Zulieferern von Kraftfahrzeug - Bestandteilen im Ausland dazu führt, daß die ebenfalls im Ausland hergestellten Autos im Inland daraufhin nur zu einem höheren Preis abgesetzt werden

---

[2154] Meessen, a.a.O. (Anm. 39); ebenso auch noch Meng, W., Neue Entwicklungen im Streit um die Jurisdiktionshoheit der Staaten im Bereich der Wettbewerbsbeschränkungen, ZaöRV 41 (1981), S. 469 - 513; ders., Völkerrechtliche Zulässigkeit und Grenzen wirtschaftsverwaltungsrechtlicher Hoheitsakte mit Auslandswirkung, ZaöRV 44 (1984), S. 675 - 783

[2155] United States v. Aluminium Co. of America, 148 F.2d 416, 443 (2d Cir.1945)

können, so wirkt sich dies im Inland aus. Dies kann bezweckt sein, kann aber auch eine reine Folge einer Verhaltensweise auf dem Auslandsmarkt sein. Ist diese Problematik bereits im innerstaatlichen Recht Gegenstand von Diskussionen über die Grenzen des Kartellverbots[2156], so ist sie im Falle extraterritorialer Jurisdiktion ein völkerrechtliches Problem.

Überlegungen über eine Anknüpfung an Auswirkungen sind nicht neu. Bereits Isay[2157] wies 1928 darauf hin, daß das Verhalten von Ausländern im Ausland dann geregelt werden dürfe, wenn nur der Quell der Gefährdung der inländischen Ordnung im Inland belegen sei. Zitelmann[2158] spricht dem Staat aufgrund des Territorialitätsprinzips die Kompetenz zu, selbst Jurisdiktion über Auswirkungen auszuüben, welche von Auslandshandlungen auf sein Territorium ausgehen. Diese frühen Ansätze zur Formulierung eines Auswirkungsprinzips als Anknüpfungspunkt gehen noch vom Territorium aus, auf welchem sich die Auswirkung manifestiert. Daß hier aber die Lebensordnung, welche in den Staaten durch Recht geregelt und garantiert ist, durch solche Auswirkungen tangiert wird, war bereits seit langer Zeit durch das strafrechtliche Schutzprinzip deutlich geworden, welches primär den Staat und seine Ordnung schützte, nicht das Territorium. Dieses Schutzprinzip ist ein besonders qualifizierter Teilaspekt der Anknüpfung an Auswirkungen. Denn der Bestand eines Staates ist dort das Ziel des Schutzes vor Wirkungen von Handlungen im Ausland.

Die tatsächlichen Umstände, eine sehr weitgehende Abgrenzung zwischen den Staaten mit relativ wenig Verkehr von Personen und Wirtschaftsgütern über die Grenzen hinweg, machten in früherer Zeit die Anknüpfung an andere Auswirkungen nicht zu einem rechtlichen Problem, weil fast alle Fälle durch das Schutzprinzip und das objektive Territorialitätsprinzip abgedeckt waren. Dies ist in neuerer Zeit durch die Öffnung der Grenzen für den Personen- und Wirtschaftsverkehr grundlegend anders geworden. Die Probleme sind insbesondere im öffentlichen Wirtschaftsrecht aufgetaucht.

(ii) Lehrmeinungen

In der neueren Lehre zur extraterritorialen Jurisdiktion im öffentlichen Wirtschaftsrecht wird das Recht eines Staates, für seine Wirtschaftsordnung schädliche Auswirkungen von Auslandshandlungen extraterritori-

---

[2156] Vgl. den in Kapitel III dargestellten Streit zwischen Gegenstands-, Zweck- und Folgetheorie in Deutschland zu § 1 GWB

[2157] Isay, E., Internationales Verwaltungsrecht, in: Stier-Somlo, F. / Elster, A. (Hrsg.), Handwörterbuch der Rechtswissenschaft, Bd.3 (1928), S. 344-356, 349

[2158] A.a.O, S. 94 ff.

al zu regeln, überwiegend bejaht[2159]. Meessen hat im internationalen Kartellrecht[2160] und im Recht der Fusionskontrolle[2161] in eingehender Untersuchung das in der Staatenpraxis verwendete Auswirkungsprinzip als völkerrechtlich zulässig angesehen, wenn die Auswirkungen beträchtlich, unmittelbar und vorhersehbar sind. Er hat diese Anknüpfung als die einzig sinnvolle in diesem Rechtsgebiet bezeichnet[2162]. Denn der Ort des Abschlusses eines Kartellvertrages ist für die Jurisdiktion hierüber keine signifikante Anknüpfung[2163] Auch Basedow[2164] weist auf die Bedeutung und die Notwendigkeit des Auswirkungsprinzips in einer internationalen

---

[2159] Etwa Homburger, E./ Jenny, H., Internationalrechtliche Aspekte des EWG-Wettbewerbsrechts. Zur Anwendung der wettbewerbsrechtlichen Bestimmungen des EWG-Vertrages auf in Nichtmitgliedstaaten veranlaßte Wettbewerbsbeschränkungen, (1966), S.55; Immenga, U., Extraterritoriale Rechtsanwendung zwischen Recht und Politik, in: Barfuß, W. u.a. (Hrsg.), Festschrift für Karl H. Neumayer (1985), S. 323-335, 327. Meessen, der vom "Wirkungsprinzip" spricht, sieht dieses jedenfalls für das Internationale Kartellrecht als völkerrechtsgemäß an, vgl. Meessen, K. M., Zu den Grundlagen des internationalen Wirtschaftsrechts, Archiv des öffentlichen Rechts 110 (1985), S. 398 - 418, 402; Rehbinder in: Immenga, U. / Mestmäcker, E.-J., GWB. Kommentar (1992), § 98 Abs. 2, Rn. 21; Wengler, W., Völkerrecht, Bd. 2 (1964), S. 938 sieht diese Anknüpfung als "schon nicht mehr ganz zweifelsfrei an". Ablehnend zugunsten des objektiven Territorialitätsprinzips Hermanns, F., Völkerrechtliche Grenzen für die Anwendung kartellrechtlicher Verbotsnormen (1969), S. 35 ff.; Seidl-Hohenveldern, I., Völkerrechtliche Erwägungen zum deutschen internationalen Kartellrecht, AWD 9 (1963), S. 73 ff.; Reichlin, K., Schweizerischer Staatsschutz gegen ausländisches Wirtschaftsrecht, Schweizerisches Zentralblatt für Staats- und Gemeindeverwaltung 65 (1964), S. 89 - 101; Jennings, R.Y., Extraterritorial Jurisdiction and the United States Antitrust Laws, BYIL 33 (1957), S. 147-175, 153 ff; ders., The Limits of State Jurisdiction, Nordisk Tidskrift for International Ret 32 (1962), S. 209-229, 266; Chase, A., Aspects of Extraterritorial Criminal Jurisdiction in Anglo-American Practice, The International Lawyer 11 (1977), S. 555-565; Neale, A.D./ Stephens, M.L., International Business and National Jurisdiction (1988), S. 184; zugunsten des strengen Territorialitätsprinzips Haigh, G.W., International Law and Extraterritorial Application of the Antitrust Laws, Yale Law Journal 63 (1953/54), S. 640 - 662; Riedweg in: ILA, Report of the 51st Conference, Tokio (1965), , S. 357 ff., 369 f.; Ellis, J.J.A., The extra-territorial effect of the Community antitrust legislation outside the Member States, in: Droit Communautaire et Droit National, Semaine de Bruges 1965 (1965), S. 361-380, 365; ders., Extraterritorial Application of Anti-Trust Legislation, Netherlands International Law Review 17 (1970), S. 51-67; wohl auch Mann, F.A., The Doctrine of Jurisdiction in International Law, RdC 111 (1964 I), S. 7 - 162, 98

[2160] Meessen, a.a.O. (Anm. 39) , S. 120 ff.

[2161] Meessen, K. M., Kollisionsrecht der Zusammenschlußkontrolle (1984), S. 23 f.; ders., Antitrust Jurisdiction under Customary International Law, AJIL 78 (1987), S. 783-810, 800

[2162] Zustimmend Rehbinder in: Immenga, U. / Mestmäcker, E.-J., GWB. Kommentar (1992), § 98 Abs. 2, Rn. 21

[2163] A.A. Mann, F.A., The Doctrine of International Jurisdiction Revisited after 20 Years, RdC 186 (1984 III), S. 9 - 116 , 93

[2164] Basedow, J., Entwicklungslinien des internationalen Kartellrechts, NJW 42 (1989), S. 627 - 638

Wirtschaft hin. Oben wurde bereits dargestellt, daß ein anderer Teil der Lehre wie auch der Praxis die Auswirkungen auf das Inland unter das objektive Territorialitätsprinzip faßt, was aber den Kern der nachfolgend erörterten Problematik nicht ändert.

Die ILA - Konferenz in Tokio hatte 1964 in einer Resolution[2165] das Auswirkungsprinzip abgelehnt. Neben der Regelanknüpfung an das Territorialprinzip dürfe nur an ein völkerrechtlich ausdrücklich zugelassenes Prinzip angeknüpft werden, wobei die vorrangige Jurisdiktion eines anderen Staates nicht angetastet werden dürfe. Auch bei der Konferenz 1972 in New York hatte das Antitrust - Komitee in einem Resolutionsentwurf diese Auffassung vertreten[2166]. Das Plenum aber bejahte in Art. 5 seiner Resolution das Auswirkungsprinzip als einen Unterfall des objektiven Territorialitätsprinzips[2167]. Verhalten und Auswirkung müßten "constituent elements" des Tatbestandes sein, die Auswirkung müsse "substantial", "direct and foreseeable" sein und die Regelung dürfe nicht gegen die von den Staaten mit entwickelten Rechtssystemen anerkannten "principles of justice" verstoßen.

Die Anknüpfung an jedwede Art von Auswirkung, also die extensive Interpretation des Auswirkungsprinzips, wird allgemein in der Lehre als zu weit abgelehnt[2168]. Über die exakten Grenzen dieser Anknüpfung herrscht allerdings keine Übereinstimmung. Dieser Befund wird durch die dargestellte Praxis noch bestärkt. Im einzelnen sind die Aspekte fraglich, ob es sich um direkte Auswirkungen handeln muß, ob sie vorhersehbar oder gar beabsichtigt gewesen sein müssen, welche Intensität diese Aspekte haben müssen und ob es sich um aktuelle Auswirkungen handeln muß.

Zu den Voraussetzungen einer zulässigen Anknüpfung an das Auswirkungsprinzip, also der Qualifikation der Auswirkung, gibt es eine Reihe divergenter Aussagen in der Lehre. Teilweise wird gefordert, sie müsse "unmittelbar, vorhersehbar und erheblich"[2169] sein. Rehbinder[2170] verlangt

---

2165 ILA, Report of the 51st Conference, Tokio (1965), S. XXVIII

2166 ILA, Report of the 55th Conference, New York (1974), S. 174 f.

2167 A.a.O., S. XIX. Zur Entwicklung Meessen, K.M., Die New Yorker Resolution der Internationalen Law Association zu den völkerrechtlichen Grundsätzen des internationalen Kartellrechts, RIW / AWD 18 (1972), S. 560-565

2168 Wildhaber, L., Jurisdiktionsgrundsätze und Jurisdiktionsgrenzen im Völkerrecht, Schweizerisches Jahrbuch für Internationales Recht 41 (1985), S. 99-109, 103

2169 Wagner, B., Die Konzentrationskontrolle in der EWG und ihre Bedeutung für Zusammenschlüsse schweizerischer Unternehmen (1982), S. 119; Bischoff, J.M./ Kovar, R., L'application du droit communautaire de la concurrence aux entreprises établies à l'extérieur de la communauté, Journal de Droit International 102 (1975), S. 675-727, 704 ff.

unmittelbare und beträchtliche Wirkungen, ist aber mit Meessen der Meinung, daß Unmittelbarkeit nur graduell verstanden werden kann. Eine abstrakte Gefahr läßt er ausreichen[2171]. Auch einen Präventivschutz gegen mögliche Auswirkungen hält er für legitim. Bär[2172] sieht nur die Anknüpfung an direkte Auswirkungen als völkerrechtsgemäß an, wenn die Regelung nicht in einer "horrenden Disproportion" zum ausländischen Interesse an freiem Wettbewerb steht. Ahrens[2173] fordert, daß das Kartellrecht nur bei unmittelbarer und wesentlicher Beeinträchtigung der Schutzgüter des GWB angewendet werden dürfe, bei einer ernstlichen Störung der inländischen Wirtschaftsordnung. Kersten[2174] hält die Anknüpfung an spürbare, unmittelbare und vorhersehbare Auswirkungen für zulässig. Stern[2175] fordert tatsächliche, direkte und substantielle Auswirkungen.

(iii) Stellungnahme der Restatements

Das Restatement (Second)[2176] kennt zwei Varianten des Auswirkungsprinzips. In der einen ist "the conduct and its effect... generally recognized as constituent elements of a crime or tort under the law of states that have reasonably developed legal systems"[2177]. Dies ist eine Formulierung des objektiven Territorialitätsprinzips im Strafrecht[2178]. Die andere Alternative ist das Auswirkungsprinzip im engeren Sinne. Es setzt die gleichen Anforderungen voraus, wie sie im erwähnten Art. 5 der New Yorker ILA - Konvention genannt wurden.

Das Restatement (Second) erkennt an, daß in diesem Fall eine parallele Jurisdiktion mehrerer Staaten einerseits aufgrund des Territorialitätsprinzips, andererseits aufgrund des Auswirkungsprinzips entstehen

---

2170 Rehbinder in: Immenga, U. / Mestmäcker, E.-J., GWB. Kommentar (1992), § 98 Abs. 2 , Rn. 28 - 32. In Extraterritoriale Wirkungen des deutschen Kartellrechts (1965), S. 47 ff. spricht er von unmittelbaren und wesentlichen Wirkungen

2171 a.a.O., Rn. 76

2172 Bär, R., Kartellrecht und internationales Privatrecht (1965), S. 345

2173 Ahrens, D., Fusionskontrolle internationaler Unternehmenszusammenschlüsse, RIW/AWD 20 (1974), S. 654 - 658

2174 Kersten, H.C., Zur Anwendbarkeit des GWB auf ausländische Unternehmenszusammenschlüsse mit Inlandswirkungen, WuW 29 (1979), S. 721 - 732

2175 Stern, B., Quelques observations sur les règles internationales relatives à l'application extraterritoriale du droit, Annuaire Français du Droit International 32 (1986), S. 7 - 52, 32

2176 American Law Institute, Restatement of the Law (Second), Foreign Relations Law of the United States (1965)

2177 § 18 (a)

2178 Hier auch auf das Deliktsrecht ausgedehnt

könne[2179]. Der Unterschied der Fallgruppen zielt ab auf die Anerkennung von Handlungen und Auswirkungen als sanktionswürdig. Während beim strafrechtlichen objektiven Territorialitätsprinzip dies in der Regel von allen Staaten konsentiert ist, kann dies, wie gerade die Streitigkeiten im Bereich des Wirtschaftsordnungsrechts deutlich zeigen, in anderen Rechtsgebieten höchst umstritten sein. Ein solcher Streit soll dem Staat nicht die Möglichkeit der Anknüpfung an die - wenn auch qualifizierten - Auswirkungen nehmen: "The fact that a substantial number of states with reasonably developed legal systems do not recognize certain conduct and its effects as constituent elements of crimes or torts does not prevent a state which chooses to do so from prescribing rules which make such conduct and its effect constituent elements of activity which is either criminal, tortious, or subject to regulation."

Ausdrücklich wird festgestellt, daß in wirtschaftlichen Angelegenheiten eine Absicht als subjektives Tatbestandsmerkmal nicht gefordert wird, sondern nur die Vorhersehbarkeit der Kausalität für die Auswirkung im Ausland[2180]. Soweit die Regel auf die "inconsistency" mit den Prinzipien von entwickelten Rechtssystemen verweist, soll dies nicht heißen, daß diese Rechtssysteme gemeinsam eine ähnliche Regel haben müssen. "It does mean that the rule prescribed must not be inconsistent with the basic principles of justice recognized by those states". Schließlich stellt das Restatement noch klar, daß dieser Anknüpfungspunkt nicht nur eine Bestrafung oder einen Ersatz nach erfolgter Schädigung rechtfertigt, sondern auch präventive Regeln, welche das Entstehen von Auswirkungen bereits verhindern, die ansonsten Gegenstand der Jurisdiktion des Staates sein könnten[2181].

§ 415 des Restatement (Third)[2182] formuliert für das Kartellrecht, daß an Auswirkungen von Auslandsverhalten angeknüpft werden dürfe, wenn "a principal purpose of the conduct or agreement is to interfere with the commerce of the United States and the agreeement or conduct has some effect on that commerce", während § 402 (1) (c) als generelle Regel für alle Jurisdiktionsbereiche weiter formuliert: "conduct outside its territory that has or is intended to have substantial effect within its territory." Dies muß aber zusammen gelesen werden mit § 403 (2) (a), wonach die Auswirkung als Anknüpfung "substantial, direct, and foreseeable" sein müsse. Soweit § 403 (2) (a) den "intent" zur Erforderlichkeit der Auswirkung nicht verlangt, sondern Vorhersehbarkeit ausreichen läßt, ist im Kommentar[2183]

2179 Comment d
2180 Comment f
2181 Comment i
2182 A.a.O. (Anm. 12)
2183 Comment d zu § 415

darauf hingewiesen, daß die Frage der nur beabsichtigten Auswirkung im Völkerrecht noch umstritten ist. § 415 (2) reduziert aber für die Versuchsalternative im Kartellrecht die Anforderung an die Auswirkung auf "some effect"[2184].

(iv) Ableitung aus der Ordnungshoheit

(a) Grundsatz

Auf der Grundlage der Ordnungshoheit wird im Wirtschaftsbereich an die Teilnahme an der inländischen Wirtschaftsordnung aus dem Ausland angeknüpft Diese Teilnahme muß ein Staat in ihren Bedingungen regeln können, wenn er nach dem Völkerrecht exklusiv deren Regeln bestimmen darf. Die Teilnahme bedarf also immer eines Bezugs zum Inland. Dies sind die Auswirkungen, um die es beim Auswirkungsprinzip geht[2185]. Auswirkungen können aber, wie bereits angesprochen, auch ohne eine solche Teilnahme vorliegen. Denn kausale Zusammenhänge kann es gerade in einer international interdependenten Wirtschaft häufig geben, ohne daß sich die Verursachenden überhaupt dessen bewußt sind, geschweige denn es bezweckt hätten, Auswirkungen in einer fremden Wirtschaftsordnung zu bewirken. Bloße Kausalität für die Begründung von Jurisdiktion auf Grund von Auswirkungen zuzulassen, würde bei den Bedingungen des internationalen Wirtschaftslebens den Staaten die kaum beschränkte Möglichkeit geben, in die Wirtschaftsordnung vieler anderer Staaten hineinzuregieren. Jones[2186] hat hierfür ein treffendes Beispiel formuliert: es würde ausreichen, daß beispielsweise im Perigord französische Bauern ihre Schweine schlachteten, woraufhin die Ausfuhr französischer Trüffel nach Amerika reduziert und die Preise dort erhöht würden. Eine solche preisliche Auswirkung auf den amerikanischen Markt wäre keine ausreichende Auswirkung im Sinne des Auswirkungsprinzips[2187].

[2184] Vgl. hierzu Fugate, W.L., Antitrust Aspects of the Revised Restatement of Foreign Relations Law, Virginia Journal of International Law 25 (1984), S. 49-71, 57 f.

[2185] Meessen, a.a.O. (Anm. 39) , S. 155 dagegen läßt jede Auswirkung auf das Inland ausreichen. Die Auswirkung müßte aber nach der hier vertretenen Ansicht jedenfalls die Wirtschaftsordnung betreffen und eine Teilnahme an ihr darstellen

[2186] Jones, R.T., Extraterritoriality in U.S. Antitrust: An International "Hot Potatoe", The International Lawyer 11 (1977), S. 415-435, 424

[2187] Wenn Mann, F.A., The Doctrine of International Jurisdiction Revisited after 20 Years, RdC 186 (1984 III), S. 9 - 116 , 87, der sagt, rein ökonomische Auswirkungen reichten nicht aus, in diesem Sinne verstanden werden darf, so wäre dem insoweit zuzustimmen, als ökonomische Auswirkungen immer noch zusätzlich als Teilnahme an der fremden Wirtschaftsordnung qualifiziert werden müssen

Die Begrenzung der Anknüpfung an Auswirkungen über die reine Kausalität hinaus ist ein Problem etwa auch bei Äußerungen über moderne Massenkommunikationsmittel, welche grenzüberschreitend empfangen werden können,weil dort im Empfangsbereich jedenfalls von Kurzwellensendungen eine schwer festzustellende Anzahl von Staaten Äußerungen empfangen können, die sie zum Anlaß einer nachteiligen Rechtsfolge machen, ohne daß der Sprecher, Interviewpartner oder Redakteur irgendwie antizipieren könnte, gegen welche Regeln er verstoßen könnte[2188]. Die gleiche Problematik kann auch im Wirtschaftsrecht hinsichtlich der Regeln über unlauteren Wettbewerb relevant werden.

Im Ergebnis erweist sich, daß eine Zulassung einer solch weiten Anknüpfung an Auswirkungen, wie weit sie auch immer von der Ursache entfernt sein mögen, das Leben in anderen Staaten erheblich stören könnte. Eine Beschränkung ist nicht nur völkerrechtlich gefordert, sie ist auch ökonomisch notwendig. Wenn ein Individuum auch bei gehöriger Aufmerksamkeit nicht wissen kann, ob eine seiner Aktivitäten in einem beliebigen anderen Staat wegen nicht überschaubarer sekundärer und tertiärer Auswirkungen negative rechtliche Konsequenzen haben kann, dann ist sein Handlungsrisiko unkalkulierbar.

Insbesondere im Wirtschaftsleben ist ein solches Risiko schwer tragbar, so daß die rein diffuse Vermutung, es könne etwas Negatives im Ausland geschehen, was dann vom fremden Recht sanktioniert wird, die Aktivität der Wirtschaft bremst. Wenn ein Staat seinerseits gar bekannt macht, daß er negative Konsequenzen an solche entfernten Auswirkungen knüpft, wenn sie nur durch irgendeine - auch weite - Kausalkette auf sein Territorium gelangen, dann kann er das Wirtschaftsleben in anderen Staaten verunsichern.

Deshalb ist auch in der bisher bekannten Praxis das Auswirkungsprinzip immer durch einschränkende Voraussetzungen qualifiziert worden. Wenn man es aus der Ordnungshoheit allgemein ableitet, sind solche Einschränkungen ebenfalls ersichtlich notwendig. Denn wenn hierdurch eine Lücke im Recht der Jurisdiktionshoheit geschlossen werden soll, welche durch den grenzüberschreitenden Wirtschaftsverkehr erst aufgetreten ist, dann ist zunächst einmal festzustellen, daß das Völkerrecht nicht generell Auswirkungen von Verhalten im Ausland auf das Inland, die in der Geschichte bereits mannigfaltig aufgetreten sind, als Grund dafür angesehen hat, dem Staat, in dem Auswirkungen auftreten, auch über die Ursache Jurisdiktion zu verleihen. Dieses Rechtsproblem ist erst im modernen Wirtschaftsrecht aufgetreten, im Grundsatz gingen die

---

2188 Vgl. Jennings, R.Y., The Limits of State Jurisdiction, Nordisk Tidsskrift for International Ret 32 (1962), S. 209-229, 223

Staaten dagegen immer davon aus, daß, vom strafrechtlichen Bereich abgesehen, die Jurisdiktionssphären bezüglich solcher Auswirkungen durch die Staatsgrenzen markiert werden.

Wenn also das Phänomen der grenzüberschreitenden Teilnahme an der Wirtschaftsordnung eines Staates neu aufgetreten ist, so muß sich der Begriff der Auswirkungen auch auf diese Teilnahme beschränken. Es geht nicht um alle wirtschaftlichen Verhältnisse in einem Staat, um seine Versorgung, die Ertragslage seiner Unternehmen und um seine sonstigen wirtschaftlichen Ergebnisse, sondern um die Sachverhalte, an denen Ausländer aus dem Ausland heraus teilnehmen. Um eine solche Teilnahme handelt es sich, wenn ein Produzent im Ausland über eine von ihm beherrschte Vertriebskette seine Waren im Inland verteilt. Eine Teilnahme liegt aber auch dann vor, wenn er unabhängigen Händlern im Inland Waren verkauft, welche diese auf der Grundlage des Einkaufspreises preislich für den Absatz kalkulieren müssen[2189]. Weiter liegt eine Teilnahme vor, wenn er mit unabhängigen Händlern Vertriebsbindungen zur Förderung seiner wirtschaftlichen Ziele im Inland vereinbart.

Teilnahme bedeutet also nicht, daß jeder an einem Wirtschaftsvorgang Beteiligte selbst im Inland tätig wird. Vielmehr können auch mehere zusammenwirken, damit Waren im Inland verkauft oder Kapital im Inland investiert wird. Dann kommt es nicht darauf an, wer wo welchen Teilakt gesetzt hat, der gesamte Vorgang etwa des Warenabsatzes stellt sich einheitlich als Teilnahme an der inländischen Wirtschaftsordnung dar. Bei Marktaufteilungen kann ein Partner im Ausland sogar bewußt auf eine Belieferung des inländischen Marktes verzichten und nimmt doch auch durch diese Abstinenz an der inländischen Wirtschaftsordnung dadurch teil, daß er durch sie anderen Kartellpartnern die durch Konkurrenz ungestörte Marktteilnahme erst ermöglicht und hierfür gleiches auf einem anderen Markt erhält[2190].

Gerade der Gesichtspunkt der Teilnahme am Markt durch Abstinenz ist aber abzugrenzen von dem allgemeinen Fall der Weigerung, in ein bestimmtes Land zu liefern. Kein Staat hat ein Recht auf Belieferung gegen Private im Ausland[2191]. Wer einen Staat einfach nicht beliefert, nimmt nicht an der Ordnung teil und unterliegt auch nicht der Jurisdiktion. Er bleibt mit seiner Abstinenz im Ausland allein. Wer aber an einem ein-

---

[2189] A.A. Mann, F.A., The Doctrine of Jurisdiction in International Law, RdC 111 (1964 I), S. 7 - 162, 100 ff.

[2190] Eine Anknüpfung an die Auswirkung von Unterlassungen befürwortet auch Meessen, a.a.O. (Anm. 39) , S. 164

[2191] Akehurst, M., Jurisdiction in International Law, British Yearbook of International Law 46 (1972/73), S. 145-257, 200

heitlichen wettbewerbsbeschränkenden Schema der Marktaufteilung teilnimmt, leistet auch durch seine Abstinenz einen bewußten Beitrag zu dieser Beschränkung[2192]. Daß auch dies aufgrund der Ordnungshoheit völkerrechtsgemäß regelnd erfaßt werden darf zeigt die Parallele zum Strafrecht, wo der Teilnehmer ebenfalls nicht selbst im Inland tätig werden muß. Im zivilrechtlichen Deliktsrecht ist dies bei grenzüberschreitenden kausalen Beiträgen ebenfalls anerkannt.

(b) Aktuelle oder mögliche Auswirkungen

Die Frage, ob nur an tatsächliche[2193] oder auch an mögliche[2194] Auswirkungen angeknüpft werden darf, hat ihre Bedeutung bei der Fusionskontrolle gezeigt, wo nicht erst eine konkrete Wettbewerbsbeschränkung abgewartet wird, sondern aufgrund einer Prognose wirtschaftlich rationalen Verhaltens aus dem Entstehen des Zusammenschlusses auf seine wettbewerbsbeschränkenden Konsequenzen geschlossen wird. Hier wird teilweise ein legitimes Staateninteresse zur Abwehr von Bedrohungen der Wirtschaftsordnung anerkannt[2195], teilweise aber auch wegen der hypothetischen Natur der Anknüpfung eine entsprechende Regelungszuständigkeit abgelehnt[2196].

Schutzziel des Wettbewerbsrechts ist es, Störungen der Wettbewerbsordnung zu verhindern und zu beseitigen[2197]. Dieses Ziel kann aber nur dann effektiv erreicht werden, wenn bei typischen Geschehensverläufen

---

[2192] Ebenso Akehurst, M., Jurisdiction in International Law, British Yearbook of International Law 46 (1972/73), S. 145-257, 201

[2193] Koch N., in: Kommentar zum EWG-Vertrag (Hrsg.E. Grabitz), vor Art.85, Rn. 11-18; Mann, F.A., The Doctrine of Jurisdiction in International Law, RdC 111 (1964 I), S. 7 - 162, 105

[2194] Meessen, a.a.O. (Anm. 39) , S. 158 f.; ders, Zusammenschlußkontrolle in auslandsbezogenen Sachverhalten, Zeitschrift für das gesamte Handelsrecht und Wirtschaftsrecht 143 (1979), S. 273 - 287, 278; Rehbinder in: Immenga, U. / Mestmäcker, E.-J., GWB. Kommentar (1992), § 98 Abs. 2 , Rn. 76 ("qualifizierte abstrakte Gefahr"); Meng, W., Völkerrechtliche Zulässigkeit und Grenzen wirtschaftsverwaltungsrechtlicher Hoheitsakte mit Auslandswirkung, ZaöRV 44 (1984), S. 675 - 783, 752; Meessen, K. M., Kollisionsrecht der Zusammenschlußkontrolle (1984), S. 26

[2195] Bischoff, J.M./ Kovar, R., L'application du droit communautaire de la concurrence aux entreprises établies à l'extérieur de la communauté, Journal de Droit International 102 (1975), S. 675-727, 710

[2196] Immenga, U., Die extraterritoriale Anwendung des EWG-Kartellrechts nach dem Farbstoff-Urteil des Europäischen Gerichtshofes, Zeitschrift für Schweizerisches Recht 91 (1972)/1.Halbband, S. 417-432, 426

[2197] Homburger, E./ Jenny, H., Internationalrechtliche Aspekte des EWG-Wettbewerbsrechts. Zur Anwendung der wettbewerbsrechtlichen Bestimmungen des EWG-Vertrages auf in Nichtmitgliedstaaten veranlaßte Wettbewerbsbeschränkungen, (1966), S. 76

auch eine Prävention möglich ist. Bereits beim objektiven Territorialitätsprinzip im Strafrecht ist die extraterritoriale Jurisdiktion bei Gefährdungsdelikten anerkannt. Dem Staat keine Präventionsmöglichkeit bei solch typischen Verläufen zuzubilligen hieße, ihn auf eine Schadensbeseitigung mit allen Problemen und zusätzlichen Kosten beschränken zu wollen, obwohl Personen aus dem Ausland an seiner Wirtschaftsordnung teilnehmen. Da die Repression keine gleichwertige Alternative zur Prävention ist, folgt aus der Ordnungshoheit notwendig, daß Staaten auch insoweit die Teilnahme an ihrer Ordnung von Bedingungen abhängig machen dürfen.

(c) Unmittelbare Auswirkungen

Das Merkmal der "Unmittelbarkeit" soll die Verwendung mehrstufiger Kausalketten zur Anknüpfung vermeiden, von denen erst eine mittelbare Folge im Gebiet des anknüpfenden Staates eintritt. In der Lehre wird überwiegend gefordert, daß "direkte Auswirkungen"[2198] vorliegen müßten. Teilweise wird dies aus dem Interventionsverbot heraus begründet[2199]. Akehurst[2200] will zur Begrenzung und zur Vermeidung von Konflikten im Kartellrecht diese Anknüpfung nur dem Staat gewähren, in welchem der primäre, der direkte Effekt einer Wettbewerbsbeschränkung eintritt. Er will diesen "primary effect approach" an die Stelle des "constituent elements approach" des strafrechtlichen objektiven Territorialitätsprinzips setzen, welches nicht übertragbar sei[2201].

Andererseits hat sich im Kartellrecht gezeigt, daß dort direkte Auswirkungen nicht so verstanden werden können, daß zwischen Handlung und Erfolg kein Dritter mehr eingeschaltet werden darf[2202]. Dieser Befund zeigt sich im übrigen auch bei der Behandlung der Teilnahme nach dem strafrechtlichen objektiven Territorialitätsprinzip. Das bewußte und gewollte Zusammenwirken mehrerer, welches nicht hinweggedacht

---

2198 Stern, B., Quelques observations sur les règles internationales relatives à l'application extraterritoriale du droit, Annuaire Français du Droit International 32 (1986), S. 7 - 52, 32; Stephanou, C.A., La compétence internationale des états en matière de règlementation des pratiques commerciales restrictives, Revue Hellénique de Droit International 28 (1972), S. 243 - 287, 269 f.; Morrison, F.L., Conflicts of Jurisdiction, GYIL 29 (1986), S. 417-434

2199 Bischoff, J.M./ Kovar, R., L'application du droit communautaire de la concurrence aux entreprises établies à l'extérieur de la communauté, Journal de Droit International 102 (1975), S. 675-727, 706

2200 Akehurst, M., Jurisdiction in International Law, British Yearbook of International Law 46 (1972/73), S. 145-257, 198

2201 A.a.O., S. 195, 198

2202 Meessen, a.a.O. (Anm. 39) , S. 163 spricht von einem graduellen Maßstab

werden kann, ohne daß die Auswirkung entfiele, muß dem Kriterium der direkten Auswirkung genügen. Dieses Zusammenwirken begründet auch für alle Partner die Konsequenz, daß sie damit an der Wirtschaftsordnung des regelnden Staates teilnehmen. Die Unmittelbarkeit betrifft also nicht die Kausalkette, sondern die Beteiligung des Adressaten an einem Handlungsschema mehrerer, welches als eine Einheit zum erstrebten Effekt führt.

(d) Intensität

In der gesamten Staatenpraxis wird, von wenigen Ausnahmen in Gerichtsentscheidungen abgesehen, immer eine bestimmte Intensität der Inlandsauswirkungen gefordert, um die Jurisdiktion daran knüpfen zu können. Die Notwendigkeit dieser Einschränkung ergibt sich auch aus der Ordnungshoheit selbst. Denn sie gestattet nur die Regelung der Teilnahme an dieser Ordnung. Eine Teilnahme kann aber nicht darin gesehen werden, wenn eine Auslandshandlung nur marginale Auswirkungen auf diese Ordnung hat. Der Begriff der Teilnahme umfaßt also bereits die Voraussetzung, daß hierdurch ein substantieller Beitrag zu den wirtschaftlichen Vorgängen innerhalb dieser Ordnung geleistet wird. Deshalb werden zu Recht "erhebliche Inlandsauswirkungen"[2203] als Anknüpfungsvoraussetzungen gefordert, dieser Begriff muß in den einzelnen Rechtsmaterien entsprechend deren Regelungsziel konkretisiert werden. Meessen leitet aus dem Interventionsverbot ab, daß Inlandsauswirkungen erheblich sein müßten, was aber auch bei mittelbaren Auswirkungen der Fall sein könne[2204].

Die "Spürbarkeit" des deutschen Wettbewerbsrechts genügt der völkerrechtlichen Anforderung an das Auswirkungsprinzip[2205]. Sie ist eine Umschreibung des Erfordernisses, daß die beteiligten Wettbewerber an der Wirtschaftsordnung teilnehmen müssen, weil nur so überhaupt der Wettbewerb durch ein Kartell oder eine Fusion gegenüber dem früheren Zustand beschränkt werden kann. Auch der "substantial effect" des amerikanischen Rechts gegen Wettbewerbsbeschränkungen oder der "significant impact" des Börsen- und Wertpapierrechts genügen völkerrechtlichen Voraussetzungen. Dagegen ist der Begriff "some effect" in § 415 des Restatment (Third) im Kontrast zu dem "substantial effect" des § 403 (2) (a) problematisch. Er wird den Anforderungen des allgemeinen

---

[2203] Kegel, a.a.O. (Anm. 384) , S. 753; Stern, B., Quelques observations sur les règles internationales relatives à l`application extraterritoriale du droit, Annuaire Français du Droit International 32 (1986), S. 7 - 52, 32

[2204] Meessen, a.a.O. (Anm. 39) , S. 224 f.

[2205] Meessen, K. M., Kollisionsrecht der Zusammenschlußkontrolle (1984), S. 50

Völkerrechts nur dann genügen, wenn man ihn als spürbare Auswirkung auslegt.

(e) Subjektive Voraussetzung

Hinsichtlich der Vorhersehbarkeit der Auswirkung wird teilweise angenommen, daß es sich nicht um eine völkerrechtlich geforderte Begrenzung der Anknüpfung, sondern um eine Selbstbeschränkung einzelner nationaler Rechtsordnungen handele[2206]. Weitergehend wird die Vorhersehbarkeit teilweise als Voraussetzung einer Anwendung dieser Anknüpfung abgelehnt, da es auf die rein faktische Wirkung ankomme[2207]. Ein anderer Teil der Lehre vertritt aber auch vom Völkerrecht geforderte Begrenzungen hinsichlich der subjektiven Voraussetzung. Wengler verlangt die Vorhersehbarkeit der Auswirkung[2208] und die Intention des Handelnden[2209]. Ein Teil der Lehre sieht die notwendige Qualifikation in der Zielrichtung des Handelnden[2210].

Die Auswirkung auf die fremde Wirtschaftsordnung kann gezielt gewollt, fahrlässig erzeugt, unbewußt, aber regelmäßig oder zufällig sein. Daß sie gegen einen ausländischen Rechtssatz verstößt, kann bekannt, fahrlässig oder nicht vorwerfbar unbekannt sein. Der von der Ordnungshoheit vorgegebene Begriff der Teilnahme an der inländischen Wirtschaftsordnung enthält aber notwendig eine finale Komponente. Wenn eine Auswirkung ungewollt, unvorhersehbar und in diesem Sinne rein zufällig ist, nimmt der Handelnde nicht an der inländischen Wirtschaftsordnung teil. Teilnahme bedeutet nicht Absicht hinsichtlich der Auswirkung selbst, aber Kenntnis der Zusammenhänge, welche sie ins Inland vermitteln.

Die Ordnungshoheit gibt Jurisdiktion über steuerbare Vorgänge in der inländischen Ordnung, wenn sie aus dem Ausland veranlaßt werden. Steuerbar ist ein Verhalten aber nur dann, wenn es hinsichtlich seiner Konsequenzen tatsächlich und auch rechtlich vorhergesehen werden

---

2206 Bischoff, J.M./ Kovar, R., L'application du droit communautaire de la concurrence aux entreprises établies à l'extérieur de la communauté, Journal de Droit International 102 (1975), S. 675-727, 708

2207 Ordover, J.A., Conflicts of Jurisdiction: Antitrust and Industrial Policy, Law and Contemporary Problems 50 (1987), S. 165-178, 177

2208 Vgl. auch Stephanou, C.A., La compétence internationale des états en matière de règlementation des pratiques commerciales restrictives, Revue Hellénique de Droit International 28 (1972), S. 243 - 287, 269 f.

2209 Wengler, a.a.O. (Anm. 678), S. 17

2210 Reichlin, K., Schweizerischer Staatsschutz gegen ausländisches Wirtschaftsrecht, Schweizerisches Zentralblatt für Staats- und Gemeindeverwaltung 65 (1964), S. 89 - 101

kann[2211]. Wer sich nicht versieht und auch nicht versehen kann, daß seine Handlung überhaupt im Bereich einer ausländischen Wirtschaftsordnung Effekte erzielen kann, dessen Verhalten kann auch nicht gesteuert werden[2212]. Ihn trotzdem extraterritorialer Jurisdiktion zu unterwerfen, würde, wenn es nicht gewohnheitsrechtlich von anderen Staaten akzeptiert würde, die Grenzen der allgemeinen Jurisdiktionsbefugnis aufgrund der Ordnungshoheit sprengen.

Der Maßstab kann dabei von der Absicht, der Kenntnis bis hin zu fahrlässiger Unkenntnis reichen, denn wer wirtschaftlich tätig wird, muß sich die tatsächlichen und rechtlichen Folgen seines Handelns umfassend bewußt machen. Kann es mehrere Staaten berühren, so muß er sich über alle rechtlichen Bedingtheiten seines Tuns informieren und den entsprechend anwendbaren Vorschriften genügen.

(f) Auswirkung als Teilnahme

Die soeben erörterten Qualifikationen einer Auswirkung als völkerrechtlich zulässiger Anknüpfungspunkt umreißen auch die Voraussetzungen, unter denen eine Auswirkung als Aktualisierung einer Teilnahme an der inländischen Wirtschaftsordnung aus dem Ausland qualifiziert werden kann. Es muß sich um einen Komplex von Aktivitäten handeln, bei denen entweder verschiedene Personen im Inland und im Ausland miteinander oder aufeinander bezogen bewußt und gewollt zusammenwirken oder bei denen eine Person im Ausland die Bedingungen des Handelns der Personen im Inland aufgrund wirtschaftlicher Gesetzmäßigkeiten bewußt so setzt, daß diese sich sachlogisch auf das Handeln im Inland beziehen.

Der erste Fall ist etwa gegeben, wenn Teilnehmer eines Auslandskartells eine von ihnen beherrschte Absatzorganisation im Inland haben oder wenn eine rechtswidrige Maßnahme im Ausland, etwa die Verletzung der Vorschriften über insider trading, zu einer Reaktion an den Börsen des Inlands und damit zur Schädigung von Käufern oder Verkäufern an dieser Börse führen. Das gleiche gilt dann, wenn ausländische Fusionspartner ihre neu gewonnene wirtschaftliche Stärke im Wettbewerb über ein Tochterunternehmen auf dem Inlandsmarkt beschränkend einsetzen können.

Um die zweite Fallgestaltung handelt es sich, wenn ein Auslandskartell Preise abspricht für Waren, von denen den Handelnden bekannt ist oder bekannt sein kann, daß sie auch in einen anderen Staat exportiert werden und dort durch die Absprache der Wettbewerb beschränkt wird, weil alle

---

2211 Meessen, a.a.O. (Anm. 39) , S. 163

2212 Meessen, K. M., Kollisionsrecht der Zusammenschlußkontrolle (1984), s. 24

Importeure der nunmehr preislich miteinander koordinierten Waren von ihrem - künstlich gegenüber dem Wettbewerbspreis höheren - Einkaufspreis ausgehend ihren Verkaufspreis unter normalen Bedingungen noch höher ansetzen müssen. Alle problematischen Fallgestaltungen extraterritorialer Jurisdiktion im Kartell- und Fusionskontrollrecht sowie im Börsen- und Wertpapierrecht lassen sich unter diesem Gesichtspunkt lösen. Denn eine Teilnahme an der inländischen Wirtschaftsordnung kann nur dann vorliegen, wenn eine Auswirkung von Auslandshandeln bewußt und durch taugliche Mittel notwendig im Inland eintreten soll oder eingetreten ist.

In diesen Grenzen dürfte das Auswirkungsprinzip auch zwischen den Staaten nicht streitig sein. Die Bemühungen des Gerichtshofs der Europäischen Gemeinschaften, die Konsequenzen von Auslandshandeln im Inland zu lokalisieren sind ein Beleg dafür, daß die Gesamtbetrachtung eines wirtschaftlichen Vorgangs, der mit Wissen der Beteiligten im Inland endet oder dort enden soll, als konsensfähiger empfunden wird als die isolierte Betrachtung der Auswirkungen und einer zu ihr führenden Kausalkette. Auch die Stellungnahme Großbritanniens im Zellstoff - Fall weist auf einen solchen Konsens hin. Er ist getragen von der Übereinstimmung der Völkerrechtssubjekte über den allgemeinen Grundsatz des Völkerrechts, daß Staaten auch ausländische Teilakte einer Beteiligung an ihrer Wirtschaftsordnung aufgrund ihrer Ordnungshoheit regeln dürfen.

Der Streit um das Auswirkungsprinzip als zulässigen Anknüpfungspunkt ist vielmehr entstanden durch die Formulierungen in amerikanischen Leitentscheidungen, welche diese Gesamtbetrachtung eines wirtschaftlichen Vorgangs nicht notwendig, aber - wie sich gezeigt hat - möglicherweise auf eine Feststellung der Intensität der Auswirkung und der kausalen Verbindung mit Auslandshandeln beschränkt. Begrenzt man ihn aber auf eine Teilnahme an der Wirtschaftsordnung, so wird durch die strikte Anbindung dieser Jurisdiktionsvariante an die Ordnungshoheit auch ihr territorialer Bezug deutlich und damit die Tatsache, daß es sich hier um eine notwendige Konsequenz der vom Völkerrecht geschützten und gebilligten Regelungshoheit über Angelegenheiten gehört, welche nur durch die Anbindung an mehrere Staaten von einer eigenen zu einer gemeinsamen Angelegenheit geworden sind. Nur in diesen Grenzen kann eine Anknüpfung an Auswirkungen aus den allgemeinen Grundsätzen des Völkerrechts heraus als rechtmäßig beurteilt werden. Werden diese Grenzen nicht eingehalten und liegt kein darüber hinausgehendes Gewohnheitsrecht vor, so verletzt solche Jurisdiktionsausübung das Interventionsverbot.

c) Erfordernis eines hinreichenden Anknüpfungspunktes

(1) Allgemeine Lehre

Wenn das Territorialitätsprinzip einem Staat die Exklusivität der Hoheitsausübung auf seinem Gebiet sichert, so soll damit sichergestellt werden, daß auf einem Gebiet nur dieser Staat das Verhalten der dort befindlichen Personen steuert. Dies gilt im Grundsatz für alle Steuerungsformen, durch Zwangsgewalt, Androhung von Zwang, Überzeugung oder Gewährung von Vorteilen. Insbesondere im angelsächsischen Rechtskreis ist lange Zeit das Territorialitätsprinzip praktisch als das einzige Jurisdiktionsprinzip anerkannt gewesen. Joseph Story[2213] faßte dies in dem prägnanten Satz zusammen: "No state or nation can, by its own laws, directly effect or bind property out of its own territory".

Daß dieser Grundsatz, der jede extraterritoriale Jurisdiktion ausschließt, jedenfalls nicht dem Stand des Völkerrechts heute entspricht, hat bereits die Zulässigkeit der Anknüpfung an das Personalitätsprinzip und das Schutzprinzip gezeigt. In begrenztem Umfang sind auch das Auswirkungsprinzip und das Prinzip der Unternehmenseinheit gewohnheitsrechtlich anerkannt. Die vorangegangene Untersuchung hat gezeigt, daß beide Anknüpfungen auch nach allgemeinem Völkerrecht aufgrund der anerkannten und geschützten Ordnungshoheit der Staaten in Grenzen zulässig sind. Man kann also generell sagen, daß territoriale und extraterritoriale Jurisdiktion immer dann völkerrechtsgemäß ist, wenn sie Personen und Sachen auf dem Territorium, Staatsangehörige und formell aufenthaltsberechtigte Personen, den Schutz des Bestandes des Staates und seiner wichtigsten bestandsnotwendigen Rechtsgüter[2214] sowie die Teilnahme an der staatlichen Ordnung wie etwa der Wirtschaftsordnung betreffen. Die Gesichtspunkte des Schutz- und des Ordnungsprinzips sind dabei in enger Verbindung mit dem Territorialitätsprinzip, weil die Auswirkungen auf dem Territorium des regelnden Staates in seiner dort errichteten Lebensordnung eintreten.

Aus dieser Prämisse ergibt sich das Erfordernis eines hinreichenden Anknüpfungspunktes zwischen Regelungsgegenstand und Regelung[2215].

[2213] Story,J., Commentaries on the Conflict of Laws (2.Aufl.1841)

[2214] So Grof, A., Zum "Internationalen Verwaltungsrecht", Juristische Blätter 108 (1986), S. 209 - 216, 211

[2215] Vgl. hierzu auch die amerikanische Rechtsprechung zum Jones Act hinsichtlich einer Arbeitsunfallzahlung für Seeleute auf fremden Schiffen Lauritzen v. Larsen 345 U.S. 571 (1953); Hellenic Lines Ltd. v. Rhoditis 412 F. 2d 1919 (5th Cir. 1969); Shahid v. A/S J. Ludwig Mowinckels Rederi 236 F. Supp. 751 (S.D.N.Y. 1964);Pavlou v. Ocean Traders Marine Corp. 211 F. Supp. 320 (S.D.N.Y. 1962); Voviatzis v. National Shipping

Dieser Grundsatz wird typisiert durch die erörterten Prinzipien, deren Katalog aber nicht abschließend ist und auch inhaltlich an dem jeweiligen Regelungsgegenstand zu messen ist. Im öffentlichen Wirtschaftsrecht soll die Teilnahme an der Wirtschaftsordnung des regelnden Staates geregelt werden. Alles was sich als eine solche Teilnahme darstellt, ist ein völkerrechtlich legaler Anknüpfungspunkt. Dieser Bezug auf die in souveräner Gleichheit frei zu wählende Ordnung ergibt die hinreichende Anknüpfung[2216]. Generell aber sind alle Anknüpfungspunkte zulässig, welche Ausfluß der geschützten staatlichen Hoheit sind. Die Anknüpfung wird also durch ihre Finalität gerechtfertigt.

Auch in der Staatslehre ist der finale Gesichtspunkt der Anknüpfung betont worden. Hamel[2217] geht davon aus, daß die Jurisdiktion vom Sinn der staatlichen Herrschaft über das Territorium bestimmt ist, daß also das Territorialitätsprinzip insoweit gelte, "als die staatlichen Regelungen ausschließlich durch das besondere Interesse des Staates an der Aufrechterhaltung der (bürgerlichen und politischen) Ordnung im Staatsgebiete diktiert sind, d.h. im Rahmen des ordre public und des ordre politique."[2218] Allerdings relativiert Hamel sofort selbst die Brauchbarkeit dieser Formel als Abgrenzungskriterium: "Doch irgendeine sinnhafte Beziehung zum Staatsgebiete liegt in allen vom Staate gesetzten Rechtsnormen; denn der Staat selbst, die Nation, aus der er hervorgeht, ist radiziert in diesem Lande, und Zwecke sind ihm nur von der Warte dieses Landes aus gegeben."[2219]

Aus der Praxis der Staaten wird in der Litertur allgemein abgeleitet, Staaten bräuchten für die Ausübung von Jurisdiktion einen hinreichenden Anknüpfungspunkt[2220]. Die Qualifikation dieser Anknüpfungspunkte als

---

and Trading Comp. 199 F. Supp. 920 (S.D.N.Y. 1961); In einem Sachverhalt, der der Entscheidung Lauritzen v. Larsen sehr ähnlich war, Bartholomew v. Universe Tankships Inc. 263 F. 2d 437 (S.D.N.Y. 1959) versuchte das Gericht die notwendige Stärke der Anknüpfung zu definieren. Es wurde festgestellt, daß der Kongreß nicht jeden Kontakt ausreichen lassen wollte, was auch mit dem internationalen Seerecht übereinstimmte. Das Gericht nennt dies "substantial contact". Diese klare Formel enthebe einer unsicheren Abwägung.

2216 Vgl. auch Meessen, K.M., Kollisionsrecht als Bestandteil des allgemeinen Völkerrechts: völkerrechtliches Minimum und kollisionsrechtliches Optimum, in: Festschrift für F.A. Mann (1977), S. 227 - 239, 232

2217 Hamel, W., Das Wesen des Staatsgebietes (1933), S. 248 ff.

2218 A.a.O. , S.250

2219 A.a.O. , S.251

2220 Vgl. etwa Wengler, W., Wege zur rechtlichen Steuerung des Verhaltens von Ausländern im Ausland und das internationale Privatrecht, IPRax 3 (1983), S. 145 - 153; Stern, B., Quelques observations sur les règles internationales relatives à l`application extraterritoriale du droit, Annuaire Français du Droit International 32 (1986), S. 7 - 52, 21 f.

hinreichend ist in der Völkerrechtslehre im allgemeinen mit Begriffen wie "sinnvolle Anknüpfung"[2221], "effet territorial"[2222], "Binnenbeziehung"[2223], "Beziehung zum Inland"[2224] "hinreichend starke Inlandsbeziehung"[2225], "Minimum von beachtlicher Beziehung"[2226], "genuine link"[2227] "substantial and bona fide connection"[2228] oder "close, substantial, direct and weighty contact"[2229], "sufficiently close connection"[2230], "relevant and reasonable contact"[2231] , "hinreichend handgreiflicher Fall"[2232] , oder auch nur "un lien"[2233] bezeichnet worden[2234].

Wengler[2235] verlangt entweder eine direkte Verbindung zum Territorium oder eine persönliche[2236] oder sachliche Verbindung[2237] zum regelnden

---

2221 Meessen, a.a.O. (Anm. 39), S. 101 ff.; ders., Kollisionsrecht als Bestandteil des allgemeinen Völkerrechts: völkerrechtliches Minimum und kollisionsrechtliches Optimum, in: Festschrift für F.A. Mann (1977), S. 227 - 239; Verdross / Simma, a.a.O. (Anm. 158) § 1183; Immenga, U., Extraterritoriale Rechtsanwendung zwischen Recht und Politik, in: Barfuß, W. u.a. (Hrsg.), Festschrift für Karl H. Neumayer (1985), S. 323-335. 323

2222 Goldman, B., Le champs d'application territoriale des lois sur la concurrence, RdC 128 (1969 II), 637-729, 689

2223 Wengler, W., Völkerrecht, Bd.2 (1964), S.935

2224 Heiz, R., Das fremde öffentliche Recht im internationalen Kollisionsrecht (1959), S. 29

2225 Grossfeld, B., Praxis des internationalen Privat- und Wirtschaftsrechts (1975), S.102

2226 Jellinek, W., Die zweiseitigen Staatsverträge über die Anerkennung ausländischer Zivilurteile (1953), S.218

2227 O'Connell, D.P., International Law, Bd.2 (1970), S. 603; Bleckmann, A., The Personal Jurisdiction of the European Community, CMLRev 17 (1980), S. 467-485, 470

2228 Brownlie,I., Principles of Public International Law, 2.Aufl. (1973), S.309 f.

2229 Mann, F.A., The Doctrine of Jurisdiction in International Law, RdC 111 (1964 I), S.1, 49

2230 Mann, F.A., The Doctrine of International Jurisdiction Revisited after 20 Years, RdC 186 (1984 III), S.9-116,28

2231 Mann, a.a.O. , S.32

2232 Ulmer, P./ Klaue, S., Adressaten des Europäischen Kartellrechts unter besonderer Berücksichtigung der Anilinfarben-Entscheidung der europäischen Kommission, in: Deringer, A. u.a., Fragen des europäischen Kartellrechts (1970), S. 51-70, 63

2233 Avis de droit de la Direction du droit international public du Département fédéral des affaires étrangères, du 19 octobre 1979, Annuaire suisse de droit international Bd. XXXVII (1981), S. 247 - 253, 250

2234 Vgl. auch Homburger, E./ Jenny, H., Internationalrechtliche Aspekte des EWG-Wettbewerbsrechts. Zur Anwendung der wettbewerbsrechtlichen Bestimmungen des EWG-Vertrages auf in Nichtmitgliedstaaten veranlaßte Wettbewerbsbeschränkungen, (1966), S.54

2235 Wengler, a.a.O. (Anm. 678), S. 17

2236 Staatsangehörigkeit oder Wohnsitz

2237 Wirkungsort im Deliktsrecht, Abschlußort im Vertragsrecht, wobei die Verbindung "nicht ungewichtig" sein müsse

Staat. Castel[2238] will die Anknüpfung aufgrund einer kollisionsrechtlichen Bewertung vornehmen, ob sie "close, substantial, direct and weighty sei". Dabei müsse auf Vernunft, Fairness, Gegenseitigkeit und das Verbot willkürlichen Verhaltens rekurriert werden. Heiz[2239] ist der Ansicht, eine "internationale Kollisionsnorm völkerrechtlichen Ursprungs" gestatte den Staaten nur die Normierung solcher Tatbestände, die eine Beziehung zum Inland aufweisen.

Alle diese Formulierungen sind konkretisierungsbedürftig[2240] und erlauben per se keine direkte Entscheidung über die Rechtmäßigkeit einer konkreten Anknüpfung. Sie sind notwendig allgemein und übergreifend[2241]. Auch der Reziprozitätsgesichtspunkt, wonach erwartet werden kann, daß ein Staat nur solche Anknüpfungspunkte wählen wird, welche er auch bei einem anderen Staat tolerieren wird[2242], ist nur von begrenztem Wert, weil die Konflikte nicht alle vorhersehbar sind und deshalb die Zurückhaltung der Staaten nicht alle Probleme lösen wird.

Bei der Qualifikation des hinreichenden Anknüpfungspunkts kann man auch das Ergebnis der Entwicklung der extraterritorialen Jurisdiktion im britischen Empire berücksichtigen, welche in Kapitel I dargestellt wurde. Die Diskussion um die Zulässigkeit extraterritorialer Jurisdiktion der britischen Kolonien und Dominions und deren schließliche Zulassung bezog sich auf die Frage, ob solche Jurisdiktion erforderlich sei zur Gewährleistung von "peace, order and good government of the territory" des regelnden Staates[2243]. Hiermit wird zwar keine wesentliche Konkretisierung der Qualifikationserfordernisse für eine völkerrechtlich zulässige

---

2238 Castel, J.-G., Extraterritoriality in international trade: Canada and United States of America practices compared (1988) , S. 22 ff.

2239 Heiz, R., Das fremde öffentliche Recht im internationalen Kollisionsrecht (1959) S. 29

2240 Diese Unsicherheit zeichnet der Avis des schweizerischen Außenministeriums deutlich nach, a.a.O., S. 250 - 253. Meessen, K.M., Kollisionsrecht als Bestandteil des allgemeinen Völkerrechts: völkerrechtliches Minimum und kollisionsrechtliches Optimum, in: Festschrift für F.A. Mann (1977), S. 227 - 239, 232 spricht von einer "irgendwie sinnvollen" Inlandsbeziehung, die aber nur negativ signifikant ist insoweit, als eine unsinnige Inlandsbeziehung kein Anknüpfungspunkt wäre

2241 Vgl. auch Brownlie,I., Principles of Public International Law, 2.Aufl. (1973), S. 302. Wengler, W., Völkerrecht, Bd. 2 (1964), S. 936 will dagegen nur Beziehungen zulassen, die in der Staatenpraxis üblich geworden sind.

2242 Wagner, B., Die Konzentrationskontrolle in der EWG und ihre Bedeutung für Zusammenschlüsse schweizerischer Unternehmen (1982), S.116

2243 Croft v. Dunphy [1933] A.C. 156; die Formulierung stammt aus dem British North America Act 1867 (Imp.)

Anknüpfung geschaffen[2244], aber diese Formulierung deutet an, daß die entscheidende Qualität im Zusammenhang zwischen erlaubtem Staatsziel und seiner Verfolgung durch Jurisdiktion liegt. Sie ist identisch mit der Feststellung der Jurisdiktionsbefugnis aufgrund der Ordnungshoheit eines Staates.

Die Notwendigkeit eines hinreichenden Anknüpfungspunktes ist in der Judikatur seltener betont worden. In seiner Entscheidung zum deutsch - österreichischen Rechtshilfevertrag hat das Bundesverfassungsgericht allerdings der herrschenden Lehre - im Gegensatz zum Bundesfinanzhof[2245] - ausdrücklich beigepflichtet[2246]. Es fordert hinreichende sachgerechte Anknüpfungspunkte, deren Sachnähe von Völkerrechts wegen einem Mindestmaß an Einsichtigkeit genügen[2247]. Mögliche Anknüpfungspunkte im Steuerrecht seien etwa die Staatsangehörigkeit, Niederlassung, Wohnsitz oder Aufenthalt im Inland, die Verwirklichung eines Abgabentatbestandes im Inland oder die Herbeiführung eines abgabenrechtlich erheblichen Erfolges im Inland.

(2) Dynamische und kollisionsrechtliche Ansätze

Die verwendeten Umschreibungen des hinreichenden Anknüpfungspunkts sind Markierungen eines Wertungsrahmens[2248]. Deshalb wird in der Lehre auch teilweise die Berechtigung der Anknüpfung dynamisch gesehen. Rudolf[2249] will die Intensität der völkerrechtlich geforderten Anknüpfungen nach einzelnen Rechtsgebieten getrennt beurteilen. Sein Maßstab ist, ob eine Norm vornehmlich der Verfolgung staatlicher Eigeninteressen dient - dann sind ausgeprägtere Inlandsbeziehungen erforderlich - oder der Verwirklichung übereinstimmender Werte der Staatengemeinschaft - dann bedürfe es nur eines losen oder unter Umständen überhaupt keines Inlandsbezuges.

[2244] Lord Halsbury sagte von dieser Formel aus, sie sei "apt to authorise the utmost discretion of enactment for the attainment of the objects pointed to", Riel v. The Queen (1885) 10 App. Cas. 675, 678

[2245] Vgl. die bereits in Kapitel III erörterte Rechtsprechung BFH Bundessteuerblatt 1964 III, S. 253; 1971 II, S. 721, 723; 1963 II, S. 413

[2246] BVerfGE 63, 343

[2247] S. 369

[2248] McDougal, M.S., Jurisdiction, International Law Documents 62 (1980), S. 634-645, 638 spricht von "flexible and malleable guides to rational and reasonable decision"

[2249] Rudolf, W., Territoriale Grenzen der staatlichen Rechtsetzung, Berichte der Deutschen Gesellschaft für Völkerrecht, Heft 11 (1973), S.7 - 45, ders., W., Über die territorialen Grenzen der Steuergesetze, in: Recht und Wirtschaft in Geschichte und Gegenwart, Festschrift für J. Bärmann (1975), S. 769 - 786, 781

Auch Kaffanke schlägt vor, die "sinnvolle Anknüpfung" zu bewerten nach den spezifisch mit der Regelung verfolgten staatlichen Interessen unter Berücksichtigung auch von Privatinteressen[2250]. Dies bedeutet, die völkerrechtliche Beurteilung in jedem Einzelfall wertend vorzunehmen. Eine solche Flexibilisierung entspringt der richtigen Erkenntnis, daß es im Völkerrecht keine abschließenden festen Kriterien für die Qualifikation des hinreichenden Anknüpfungspunktes gibt. Es gibt nur anerkannte Anknüpfungspunkte und solche, die in ihrer Ausdehnung, wie dies das Auswirkungsprinzip zeigt, umstritten sind. Einzelne Anknüpfungspunkte können durch ständige Praxis mit Rechtsüberzeugung gewohnheitsrechtlich anerkannt werden.

Neben diesen dynamischen Lösungsansätzen gibt es - mit ihnen verwandt - kollisionsrechtliche Ansätze, die bereits bei der Anknüpfung selbst eine Abwägung von miteinander in Konflikt stehenden Staateninteressen vornehmen wollen, um dem gewichtigeren Interesse den Vorrang zu geben und Konflikte bereits im Ansatz zu vermeiden. Hierzu gehören alle Meinungen, welche Anknüpfung und Kollisionslösung dem Begriff der "reasonableness" unterstellen, insbesondere die Lehre des Restatement (Third)[2251]. Sie wird noch getrennt am Ende dieses Kapitels zu erörtern sein, weil sie Anknüpfung und Konfliktlösung miteinander verbindet.

Die dynamische und die kollisionsrechtliche Betrachtungsweise tragen der Beobachtung Rechnung, daß das Konfliktspotential konkreter Anknüpfungen je nach Regelungsmaterie unterschiedlich ist. Dies zeigt sich an der unterschiedlichen Akzeptanz des Auswirkungsprinzips im Kartell- und Fusionskontrollrecht einerseits und im Börsen- und Wertpapierrecht andererseits. Dieser Befund betrifft aber nicht die Anknüpfung, sondern die Gesichtspunkte einer Kollisionslösung. Nicht die erstere ist es, welche Streitigkeiten hervorruft, sondern der Inhalt der daraus folgenden Regelung. Dieser muß im Konfliktfall begrenzt werden, während er in Fällen, welche einer gemeinsamen Wertvorstellung der Staaten hinsichtlich der Regelungsbedürftigkeit und -inhalte entsprechen, im gemeinsamen Interesse weiter ausgedehnt werden kann.

Der Gesichtspunkt der hinreichenden Anknüpfung ist ein Kriterium, welches ex ante, vor Entstehung konkreter Konflikte, die staatliche Jurisdiktionshoheit bereits bei Erlaß eines generellen Rechtsakts festlegen muß, ob dieser völkerrechtsgemäß ist. Er bezieht sich nur auf die Verbindung des Staates zum Regelungsgegenstand, nicht dagegen relativiert er

---

2250 Kaffanke, J., Nationales Wirtschaftsrecht und internationale Wirtschaftsordnung (1990), S. 82 ff., 86, 89

2251 A.a.O. (Anm. 12), insbesondere §§ 402 f.

sich durch die Interessen anderer Staaten. Letzteres ist ein Gesichtspunkt des Konflikts und seiner Lösung, nicht der grundsätzlichen Befugnis zur Regelung. Die Anknüpfung ist auch nicht quantifizierbar im Sinne der Feststellung der Nähe eines Staates zum Sachverhalt. Denn für die Beurteilung einer variablen Nähe oder Entfernung fehlt es an einem völkerrechtlichen Maßstab. Wenn also kein gemeinsames Interesse der Staaten an einer Regelung auf der Grundlage des Universalitätsprinzips besteht, dann kann die Beurteilung eines Anknüpfungspunktes nur unbedingt und objektiv erfolgen.

Deshalb werden hier alle dynamischen und kollisionsrechtlichen Erwägungen, welche die allgemeinen Grenzen völkerrechtsgemäßer Anknüpfungen vom Einzelfall abhängig machen würden, aus dem Begriff der hinreichenden Anknüpfung ausgeschieden und erst dann berücksichtigt, wenn eine solche Anknüpfung vorliegt. Die objektiven Kriterien hierzu müssen aus der Grundlage staatlicher Jurisdiktion selbst abgeleitet werden: der Territorial-, Personal- und der Ordnungshoheit.

(3) Anknüpfung an staatliche Hoheitsbereiche

In einem Teil der Literatur wird sehr summarisch festgestellt, das Völkerrecht enthalte keine nennenswerte Begrenzung staatlicher Jurisdiktion, ohne eine Begrenzung überhaupt näher anzugeben[2252]. Aber die Staatenpraxis zeigt, daß alle Völkerrechtssubjekte vom Erfordernis eines hinreichenden Anknüpfungspunkts ausgehen. Die Erörterung der allgemeinen Grundsätze des Völkerrechts hat ergeben, daß dieses Erfordernis bezogen ist auf die staatlichen Hoheitsbereiche. Sie erlauben eine, wenn auch notwendig immer noch allgemeine, Konkretisierung.

Negativ läßt sich sagen, daß kein völkerrechtlich ausreichender Anknüpfungspunkt vorliegt in dem hypothetischen Fall, daß ein Staat ohne irgendein Eigeninteresse außer dem, die vom Völkerrecht geschützte Rechtsposition eines anderen Staates zu schädigen, extraterritoriale Jurisdiktion ausübt. Generell aber wird ein Staat nur im positiven Eigeninteresse Jurisdiktion ausüben. Etwas anderes ist nur in zwei Fällen denkbar. Neben der erwähnten absichtlichen Schädigung wäre es auch nicht ausgeschlossen, daß ein Staat etwa in einer Notsituation Lieferungspflichten für Ausländer anordnen würde, auf die er, wie erörtert, keinen Anspruch hat.

In beiden Fällen läßt sich aber die Rechtswidrigkeit aufgrund der allgemein hier verwendeten Kriterien leicht feststellen, denn dabei gibt es

---

2252 Vgl. etwa Wallace, D., Extraterritorial Jurisdiction, Law and Policy in International Business 15 (1983), S. 1099 - 1107, 1099 f.

keine Anbindung an die Territorialhoheit, Personalhoheit oder die Teilnahme an der inländischen Wirtschaftsordnung. Auch hinsichtlich der Jurisdiktion über Waren, die ursprünglich aus dem Inland stammen oder mit inländischer Technologie produziert sind, wird aus diesen Kriterien die Rechtswidrigkeit nach allgemeinem Völkerrecht deutlich. Denn Waren, die ins Ausland verkauft wurden oder Technologie, die dorthin lizensiert wurde, nehmen nicht mehr am inländischen Wirtschaftsverkehr teil, so daß hier nur dann eine Jurisdiktion möglich wäre, wenn zusätzliche Voraussetzungen gegeben wären, die etwa eine Anknüpfung an das Personalitätsprinzip oder an das Schutzprinzip ermöglichen würden.

Der Gesichtspunkt der Unternehmenseinheit bezieht sich auf die Teilnahme an der inländischen Wirtschaftsordnung, wenn es um die Leitungsmacht ausländischer Unternehmen geht, dagegen ist ein echter Durchgriff auf ausländische Konzernunternehmen nur wegen der rechtlichen Zusammenordnung des Konzerns von keinem Gesichtspunkt staatlicher Hoheit gedeckt, da sich auch das Personalprinzip nicht solchermaßen erweitern läßt. Es ist also hinreichend für einen Anknüpfungspunkt, daß er auf diese drei Aspekte staatlicher Jurisdiktion in dem soeben erörterten Sinne bezogen ist[2253]. Aspekte der Kollisionsträchtigkeit mit ausländischem Recht sollten von der Frage der Anknüpfung getrennt behandelt werden. Denn wenn andere Staaten gegen eine vorhandene Anknüpfung nichts einzuwenden haben, so ist die Tatsache der Beziehung zu den staatlichen Hoheitsbereichen nach allgemeinem Völkerrecht ausreichende Legitimation von Jurisdiktion. Dies hindert nicht, daß die Staaten bilateral, multilateral oder universell in bestimmten Sachbereichen engere oder weitere Regeln vertragsrechtlich vereinbaren oder gewohnheitsrechtlich legitimieren.

Dieses Ergebnis gilt für jegliche staatliche Jurisdiktion in allen denkbaren Rechtsbereichen[2254] und muß dort in den einzelnen Materien anhand der Regelungsziele im Verhältnis zum Hoheitsbereich der Staaten beurteilt werden[2255] Sie gilt für das materielle Recht ebenso wie für das Verfahrensrecht[2256]. Die Detailuntersuchungen haben gezeigt, daß in der letzteren Materie ein Auseinanderfallen der Jurisdiktion in diesen Aspekten ohnehin nur im Zivilrecht vorkommt. Gerade in diesem Sachbereich ist

---

[2253] Vgl. auch Bleckmann, A., Die völkerrechtlichen Grundlagen des internationalen Kollisionsrechts (1992), S. 41 f.

[2254] Anders wohl für das Zivilrecht Keller, M. / Siehr, K., Allgemeine Lehren des internationalen Privatrechts (1986), S. 187

[2255] Meessen, a.a.O. (Anm. 39) , S. 106 ff.

[2256] Ehrenzweig, A.A., Private International Law (1967), S. 7 ist allerdings der Ansicht, mit Ausnahme völkerrechtlicher Verträge gäbe es kein Völkerrecht, das die Zuständigkeit von Gerichten bei auslandsverknüpften Sachverhalten begrenze

aber universell gewohnheitsrechtlich über die genannten Gesichtspunkte autonomer Hoheitsbegründung hinaus die Unterwerfung Privater durch Prorogation und Rechtswahl unter die Gerichtsbarkeit und die materiellrechtliche Jurisdiktion anerkannt.[2257] Im materiellen Zivilrecht ist die Frage der Anknüpfungspunkte durch das internationale Privatrecht im wesentlichen harmonisch geregelt worden, aber auch diese Praxis bestätigt das Erfordernis einer hinreichenden Anknüpfung.

Die Jurisdiktion ist ein fundamentaler Bestandteil der Staatlichkeit. Das Erfordernis des hinreichenden Anknüpfungspunkts ist eine erste Manifestation der aus den allgemeinen Grundsätzen des Völkerrechts fließenden Grenzen der Jurisdiktion, welche durch die Tatsache erforderlich wird, daß die Staaten durch die Zulässigkeit extraterritorialer Jurisdiktion miteinander in Konflikt geraten können. Dieses Erfordernis ist aber trotzdem nicht viel mehr als eine abstrakte äußerste Grenze von Jurisdiktion, eine Abscheidung grober Mißbrauchsfälle von rechtmäßigem Verhalten.

Denn es bedarf keiner näheren Erklärung, daß im Normalfall die Staaten angesichts ihrer begrenzten personellen und materiellen Voraussetzungen sich in ihrer Rechtsetzung und Rechtsanwendung nicht um Sachverhalte, Rechtsverhältnisse und Personen kümmern werden, zu denen sie keinen Bezug haben. Dies gilt für das materielle Recht ebenso wie für das Verfahrensrecht. Das Erfordernis des hinreichenden Anküpfungspunkts ist daher praktisch nicht mehr als ein Zwang zur Rechtfertigung im Streitfall.

Es ist weiterhin - und das wird gegen Ende des zwanzigsten Jahrrhunderts angesichts einerseits eines erheblichen Gefälles in der wirtschaftlichen Position und andererererseits religiös fundamentalistischer Bestrebungen wieder aktueller - ein Damm gegen mögliche Bestrebungen von Staaten, welche ihre Rechts- und Lebensordnung in ihrer Region oder gar darüber hinaus allgemein durchgesetzt sehen wollen. Die Vielfalt der Staaten spiegelt eine Vielfalt von unterschiedlichen Bedürfnissen und Vorstellungen über die erstrebenswerten Lebensverhältnisse wider. Diese Vielfalt ist ein Ergebnis der höchst differenzierten historischen, kulturellen, zivilisatorischen und wirtschaftlichen Bedingungen der Individuen, die zusammen einen Staat bilden.

Diese Vielfalt ist aber auch ein Grund für Reibungsverluste. Ist die Staatsgrenze offen, endet aber der Geltungsbereich der Rechtsordnung an dieser Grenze, so schafft dies auch unangemessene Folgen: Straftäter ret-

---

[2257] Wengler, W., Wege zur rechtlichen Steuerung des Verhaltens von Ausländern im Ausland und das internationale Privatrecht, IPRax 3 (1983), S. 145 - 153, 147

ten sich ebenso über diese Grenze wie zahlungsunwillige Schuldner. Mit den Importen von Gütern werden auch die Produktionsbedingungen dieser Güter - als Kosten und Qualitätsfaktoren - mit eingeführt. Radio - und Fernsehsehnungen halten sich an keine Grenzen. Ein Staat kann bestrebt sein, diese Konsequenzen verschiedener Ordnungsvorstellungen durch extraterritoriale Jurisdiktion in den Griff zu bekommen.

Geschieht dies nur aus missionarischem Eifer, ohne jeden Anknüpfungspunkt zum Staat, dann wäre es völkerrechtswidrig. Es fällt schwer, sich jedenfalls zur Zeit eine entsprechende Situation vorzustellen, aber es ist nicht völlig unmöglich. Würde etwa ein Staat die Abtreibung oder die Bigamie - wo auch immer auf der Welt begangen - ohne Ansehen der Staatsangehörigkeit der Täter bestrafen, so hätte er zu den Fällen keinen Anküpfungspunkt, in denen die Tat durch Ausländer im Ausland begangen wurde.

Ist extraterritoriale Jurisdiktion aber Ausdruck des freien Willens eines Staates, seine Wirtschaftsordnung nach eigenen ordnungspolitischen Vorgaben zu regeln, so ist sie ein Instrument der Bewahrung der politischen Vielfalt und Selbstbestimmung der staatlichen Ordnungen vor der Nivellierung auf dem kleinsten gemeinsamen Nenner. Jeder Staat darf die Bedingungen der Teilnahme an dieser Ordnung selbst regeln, er darf sie an seine Wettbewerbspolitik, Verteilungspolitik und Sozialpolitik etc. binden. Auch wenn hierdurch Wirtschaftssubjekte, die international tätig sind, unterschiedlichen rechtlichen Regeln auf jedem der von ihnen bedienten Märkten unterworfen werden, so ist dies die berechtigte Konsequenz der Tatsache, daß nicht die wirtschaftliche Effizienz der alleinige Gesichtspunkt staatlicher Ordnungspolitik sein muß.

Führt dieser Zustand zu Effizienzlücken, so bleibt es den Staaten vorbehalten, deren Reduzierung politisch in einem Verhältnis zu ihren sonstigen Regelungszielen zu bewerten und durch entsprechende Vereinbarungen eine Konkordanz aller dieser Zielsetzungen herbeizuführen. Würde man eine extraterritoriale Jurisdiktion in den aufgezeigten Rahmenbedingungen des Völkerrechts ablehnen, so würde die Öffnung der Grenzen zusammen mit dem Ende des Regelungsbereichs staatlichen Rechts an diesen Grenzen dazu führen, daß ökonomische Gesetzmäßigkeiten zu dem genannten kleinsten gemeinsamen Nenner führen. Die Äußerungen der Wirtschaft zur Problematik extraterritorialer Jurisdiktion zeigen, daß wirtschaftliche Rationalität dazu führt, Staaten mit dem geringsten Regelungs- und Besteuerungsniveau zu bevorzugen. Die Bestimmung der Ordnung innerhalb eines Staates darf aber nicht alleine einseitiger wirtschaftlicher Rationalität unterliegen. Deren Stellenwert im Rahmen der Gesamtpolitik muß jeder Staat selbst abwägend festlegen.

5. Extraterritoriale Jurisdiktion und Interventionsverbot

In allen Bereichen, in denen ein Staat Territorialhoheit hat, ist die Zulässigkeit extraterritorialer Jurisdiktion aufgrund eines hinreichenden Anknüpfungspunkts eine vom Völkerrecht zugelassene Ausnahme von der exklusiven Jurisdiktionsbefugnis eines Staates über sein Territorium und die Lebensordnung darauf. Liegt keine solche Anknüpfung vor, so ist jede extraterritoriale Jurisdiktion ein Eingriff in die inneren Angelegenheiten des Territorialstaats. Dies ist auch eine Rechtfertigung für das generelle Erfordernis des hinreichenden Anknüpfungspunktes.

Von den Sonderfragen staatsfreier Gebiete abgesehen sind alle auf der Erde vorkommenden Sachverhalte der Territorialhoheit eines Staates zugeordnet. Sie können gleichzeitig aber auch der Personalhoheit oder der Ordnungshoheit eines anderen Staates zugeordnet sein. Denn die internationalen Verflechtungen staatlicher Ordnungen, die grenzüberschreitenden Lebenskreise von Menschen brechen die herkömmliche Abscheidung der staatlichen Hoheitsbereiche nach dem Konzept der inneren Angelegenheiten auf. Hierdurch entstehen Fälle konkurrierender Jurisdiktion. Der gleiche Regelungsgegenstand liegt dann nicht mehr in einer Exklusivitätszone, sondern in zwei sich in ihm überschneidenden Kreisen staatlicher Regelungsbefugnis. Diese Problematik wurde bereits in Kapitel I umrissen.

Das Bild der sich überschneidenden Kreise macht ein entscheidendes Problem klar, welches durch extraterritoriale Jurisdiktion entsteht. Sie haben weiterhin ihre eigenen, getrennten Zentren, aber ein Stück gemeinsamer Fläche. Entsprechend fragt sich, ob es sich weiter um innere Angelegenheiten handelt, oder ob die Überschneidung zu einer gemeinsamen Angelegenheit führt. Hier wird man zunächst nach der Teilbarkeit des Regelungsgegenstandes fragen müssen. Handelt es sich um eine Unternehmensfusion, welche zwar ein einheitliches neues Unternehmen mit Sitz in einem Staat begründet, das aber selbständige und abtrennbare Tochtergesellschaften in einem anderen Staat hat, so ist die Zugehörigkeit letzterer Gesellschaften zum Konzern abteilbar von der Frage des Zusammenschlusses im Sitzstaat der neuen Obergesellschaft, sie können durch Entflechtungsanordnungen abgetrennt werden[2258]. Wie der betreffende Staat die Zuordnung der Tochtergesellschaft behandelt, ist weiterhin seine innere Angelegenheit, soweit er dabei nicht etwa menschenrechtliche Fragen des Eigentumsschutzes beachten muß. Die Fusion im Sitzstaat dagegen ist alleine dessen Wirtschafts- und Unternehmens-

---

[2258] Vgl. hierzu die früher erörterten Morris/Rothmans - Entscheidungen von Bundeskartellamt und Kammergericht

rechtsordnung zugeordnet. Kein Staat darf in die innere Angelegenheit des anderen intervenieren.

Andere Regelungsgegenstände sind jedoch nicht teilbar. Ob eine Person auf Anordnung Dokumente herausgibt oder dies wegen Strafandrohung unterläßt, ist Gegenstand eines unteilbaren Befolgungskonflikts. Sie hat nur diese beiden Alternativen. Ob eine Person an einem Marktaufteilungskartell teilnimmt oder nicht, ist ebenfalls eine unteilbare Alternative. In diesem Fall kann nur eine der gegensätzlichen Handlungen erfolgen, die sich dann in beiden betroffenen staatlichen Ordnungen auswirkt. Diejenige Jurisdiktion, welche sich durchsetzt, hat auch das Verhalten in einer anderen Rechts- und Lebensordnung bestimmt.

Im Falle des unteilbaren Regelungsgegenstandes sind also Regelungen, welche aufgrund staatlicher Territorial-, Personal- oder Ordnungshoheit ergehen, nicht mehr exklusiv die innere Angelegenheit des einen oder des anderen Staates[2259]. Das Völkerrecht erweitert aber in diesem Falle nicht etwa den Bereich der domestic jurisdiction, welcher dann den Staaten zur freien und selbstbestimmten Tätigkeit offensteht. Es begründet vielmehr eine gemeinsame Angelegenheit, weil nur eine einzige ungeteilte Reaktion auf gegensätzliche Normbefehle erfolgen kann und weil diese Reaktion in beiden staatlichen Ordnungen notwendig Konsequenzen nach sich zieht. In diesem Falle greift das Interventionsverbot als Souveränitätsschutz nicht mehr[2260].

Wenn etwa ein Amerikaner einem amerikanischen Verbot des Reexports von Chemikalien aus Frankreich unterliegt, eine französische Behörde diesen Export aber anordnet, so kann der Adressat nur alternativ handeln und muß damit eine der beiden Anordnungen verletzen. In diesem Beispiel tritt ein Konflikt zwischen Territorial- und Ordnungshoheit Frankreichs mit der Personalhoheit der USA auf. Der Reexport ist eine gemeinsame Angelegenheit der beiden Staaten. Hier ist zunächst zu fragen, ob das Völkerrecht in diesem Fall eine Regel bereit hält, welche die in ihrer völkerrechtlichen Schutzwürdigkeit fortbestehenden Souveränitätspositionen miteinander versöhnen kann.

2259 Vgl. auch Thadden, E.v., Der vorbehaltene Betätigungsbereich der Staaten (1934), S. 84. Meessen, a.a.O. (Anm. 39), S. 200 ff. sieht dagegen das Interventionsverbot auch auf diese Fallgestaltungen als anwendbar an, will aber daraus eine Abwägungspflicht herleiten

2260 Vgl. auch Brownlie,I., Principles of Public International Law, 2.Aufl. (1973), S. 297; Veelken, W., Interessenabwägung im Wirtschaftskollisionsrecht (1988), S. 140 ff.; a.A. Kaffanke, J., Nationales Wirtschaftsrecht und internationale Wirtschaftsordnung (1990), S. 151 ff.

Man könnte nun sagen, daß es dann jedem Staat mangels einer speziellen völkerrechtlichen Regel über solche gemeinsamen Angelegenheiten freistehe, seine Jurisdiktion in dem Umfang durchzusetzen, in dem dies aufgrund seiner territorialen Durchsetzungshoheit möglich ist. Dieser Befund wäre aber vorschnell, denn zunächst ist zu prüfen, ob nicht aufgrund spezieller oder allgemeiner völkerrechtlicher Rechtsregeln aus solchen gemeinsamen Angelegenheiten staatliche Pflichten entstehen, die eine Wahrnehmung der Jurisdiktionsbefugnis begrenzen. Dies ist der Gedanke einer völkerrechtlichen Verteilungsordnung, welche die Befugnisse der Staaten weitestgehend gegeneinander abgrenzt. Ausdruck dieser Verteilungsordnung ist der geschützte domaine réservé ebenso wie das Interventionsverbot. Wo diese Gesichtspunkte nicht mehr greifen, muß gefragt werden, ob nicht, wenn es keine speziellen Rechtsregeln gibt, im Wege der Lückenfüllung durch Konkretisierung allgemeiner Grundsätze des Völkerrechts eine Abgrenzung der Staatenbefugnisse gefunden werden kann, wenn eine solche gemeinsame Angelegenheit zu einem Konflikt führt. Dies zu erörtern wird Gegenstand des letzten Kapitels sein.

6. Teilergebnis

Es gibt nur vereinzelte vertragliche Regelungen von Fällen extraterritorialer Jurisdiktion. Die Feststellung universellen Gewohnheitsrechts wird durch den relativ geringen Kreis von Staaten verhindert, welche im öffentlichen Wirtschaftsrecht extraterritoriale Jurisdiktion ausüben, weil eine automatische Bindung aller anderen Staaten nicht eingetreten ist. Im Bereich der existierenden Praxis ist die strafrechtliche zwar universal, kann aber nicht unbesehen auf andere Rechtsbereiche übertragen werden. Im Zivilrecht wird die Jurisdiktion immer an konkrete oder allgemeine Gesichtspunkte angeknüpft, welche eine persönliche oder sachliche Verbindung zum regelnden Staat gewährleisten, aber jedenfalls im Bereich des dispositiven Zivilrechts nicht Ausdruck einer Festlegung des räumlichen Regelungsbereichs der Norm sind, sondern der gerechten Anwendung im konkreten Fall dienen.

In der Gerichtsbarkeit spielt die Frage der Jurisdiktion nur für die Zivilgerichte eine eigene Rolle. Hier wird immer ein Bezug zwischen Gerichtsstaat und Parteien oder Sachverhalt verlangt, aber auch bei exorbitanten Gerichtsständen ist bisher keine gewohnheitsrechtliche völkerrechtliche Grenze der Intensität dieser Beziehung sichtbar geworden. Für die Verfahrensakte der Gerichte bedarf es entweder der Gerichtsbarkeit über die Parteien oder der allgemeinen Jurisdiktionshoheit, etwa aufgrund von Territorial- oder Personalhoheit, über Dritte, die als Zeugen oder Sachverständige am Verfahren teilnehmen sollen. Bei gesellschaftsrechtlicher Verflechtung ausländischer Personen mit solchen, welche der Hoheit des Gerichtsstaats unterliegen, kommt es auf die tatsächlichen Einflußmöglichkeiten auf das angeordnete Verhalten an.

Im öffentlichen Wirtschaftsrecht ist die Anknüpfungsmöglichkeit an das Territorialitätsprinzip wie auch an das Personalitätsprinzip unumstritten. Das Personalitätsprinzip wird dabei auch auf im Inland dauernd sitz- oder anwesenheitsberechtigte Personen ausgedehnt, ohne daß dies zu Protesten geführt hätte. Hierbei können auch sicherheitspolitische Zwekke verfolgt werden. Eine Ausdehnung auf beherrschte Unternehmen im Ausland ist gewohnheitsrechtlich nur dann zulässig, wenn dessen Gründung auf die Umgehung von rechtlichen Anordnungen des Heimatsstaats der Muttergesellschaft abzielte. Im Recht der Bankaufsicht hat sich einvernehmlich eine Möglichkeit der darüber hinausgehenden Kontrolle herausgebildet.

Nicht um einen Durchgriff durch die gesellschaftsrechtliche Selbständigkeit der Rechtspersönlichkeit handelt es sich bei der Begründung von Rechten und Pflichten aufgrund der Unternehmenseinheit, was ein Gesichtspunkt der Ordnungshoheit ist. Hierzu gibt es kein universelles Gewohnheitsrecht, diese Anknüpfung ist aber im Kartell- und Fusionskontrollrecht zwischen den USA und der EWG jedenfalls bilaterales Gewohnheitsrecht. Eine Anknüpfung an Waren und an verwendete Technologie ist gewohnheitsrechtlich nicht anerkannt.

Die Anknüpfung an wesentliche Auswirkungen auf die inländische Wettbewerbsordnung ist im Börsen- und Wertpapierrecht partiell akzeptiert. Die Anknüpfung an Auswirkungen, welche im Strafrecht vom Schutzprinzip erfaßt werden, kann mangels Praxis nicht beurteilt werden, wird aber in vereinzelten Staaten - Äußerungen als zulässig bezeichnet. Ansonsten gibt es im Kartellrecht jedenfalls zwischen Deutschland, der EWG und den USA partikuläres Gewohnheitsrecht, wonach eine Anknüpfung an spürbare und vorhersehbare bzw. beabsichtigte Auswirkungen zulässig ist. Angesichts dieser partiellen Befunde stellt sich die Frage, welche Voraussetzungen nach allgemeinem Völkerrecht für die Jurisdiktionshoheit der Staaten bestehen. Die Praxis weist aber generell darauf hin, daß alle Staaten in den behandelten Materien vom Erfordernis eines Anknüpfungspunktes zur Regelung eines Sachverhalts im Sinne extraterritorialer Jurisdiktion ausgehen.

Das Völkerrecht gewährt den Staaten die Souveränität als rechtlich geschützten Bereich der Eigenentfaltung. Dieser Bereich wird durch das Völkerrecht also erst zum Rechtsbegriff. Er wird durch das Völkerrecht rechtlich konstituiert und begrenzt. Es gibt keine Vermutung zugunsten einer Freiheit der Staaten. Vielmehr muß man bei Fehlen konkreter Normen die allgemeinen Grundsätze des Völkerrechts danach befragen, ob sich aus ihnen für einen neuen Sachverhalt rechtliche Strukturen und Grenzen ergeben. Dieser Vorgang der Lückenfüllung durch Konkretisierung existierender, aber allgemeiner Rechtsnormen erfordert aber zunächst, daß nicht eine Situation nicht ausdrücklich ungeregelt bleiben soll. Weiter muß die konkretisierte Norm nur ein Ergebnis im speziellen Falle zulassen, denn die Auswahl unter mehreren gleichwertigen Optionen ist nicht die Aufgabe des Richters oder der Wissenschaft.

Aus der Territorialhoheit und der Personalhoheit leitet sich die Zulässigkeit des Territoralitätsprinzips und des Personalitätsprinzips ab. Auch das objektive Territorialitätsprinzip leitet sich aus der Territorialhoheit und der Ordnungshoheit ab. Das Personalitätsprinzip kann auch auf Ausländer mit formellem Aufenthaltsstatus im Inland angewendet werden. Eine Ausdehnung auf ausländische Unternehmen, welche von Inländern beherrscht werden, ist aus der Personalhoheit nicht ableitbar und daher - mangels gewohnheitsrechtlicher Anerkennung - rechtswidrig. Das passive Personalitätsprinzip ist im öffentlichen Wirtschaftsrecht jedenfalls nicht aufgrund der allgemeinen Grundsätze des Völkerrechts anwendbar.

Das Schutzprinzip kann nur in Ausnahmefällen einer Kriegs- und Spannungssituation eine Regelung des öffentlichen Wirtschaftsrechts rechtfertigen. Die Ordnungshoheit erlaubt die Regelung der Teilnahme an der Wirtschaftsordnung des Inlands. Dies kann bei der Ausübung gesellschaftsrechtlicher Leitungsmacht aus dem Ausland ebenso gegeben sein wie bei der Auswirkung eines Auslands - Verhaltens im Inland. Ausländische Konzernunternehmen dürfen Regelungsadressaten sein hinsichtlich des Verhaltens im Ausland, das sich auf die Leitung des inländischen Konzernunternehmens bezieht, nicht dagegen hinsichtlich sonstigen eigenen Verhaltens im Ausland.

Die Ordnungshoheit rechtfertigt nicht die Anknüpfung an Waren und Technologien, welche vor ihrer Ausfuhr dieser Hoheit unterlagen, ab diesem Moment aber aus der inländischen Ordnung ausgeschieden sind. Eine einseitige Unterwerfung von Personen unter die Jurisdiktion eines Staates ohne objektiven "genuine link" begründet keinerlei Rechte dieses Staates gegenüber anderen Staaten, welche aufgrund objektiver Anknüpfungspunkte Jurisdiktionshoheit haben. Er muß insoweit das Interventionsverbot beachten.

Die Ordnungshoheit gestattet es dem Staat, die Teilnahme an seiner Wirtschaftsordnung zu regeln. Eine solche Teilnahme kann auch durch Auslandshandlungen erfolgen, welche Auswirkungen im Inland haben, wenn diese Auswirkungen erheblich, vorhersehbar und unmittelbar in dem Sinne sind, daß die Kausalkette vorhergesehen werden konnte. Eine fahrlässige Unkenntnis kann zugerechnet werden. Dabei können auch solche Auswirkungen einem im Ausland Handelnden zugerechnet werden, welche durch bewußtes und gewolltes Zusammenwirken mehrer im Inland eintreten. Auch typische Gefährdungshandlungen können präventiv erfaßt werden. Der zulässigen Prävention dient auch die Erfassung von beabsichtigten rechtswidrigen Auswirkungen, die aber aufgrund von Umständen, welche vom Handelnden unabhängig sind, nicht tatsächlich im Inland eingetreten sind.

Generell muß ein Staat also immer einen hinreichenden Anknüpfungspunkt für die Ausübung von Jurisdiktion haben: Territorialhoheit, Personalhoheit, Schutz des Staates und seiner bestandsnotwendigen Rechtsgüter oder die Teilnahme an seiner Lebensordnung, insbesondere an der Wirtschaftsordnung. Hinreichend ist alles, was zur Gestaltung und Gewährleistung der drei Hoheitsbereiche des Staates dient. Im Falle der Ordnungshoheit darf die Teilnahme an der Ordnung, im vorliegenden Zusammenhang also an der Wirtschaftsordnung geregelt werden. Extraterritoriale Jurisdiktion in den Grenzen des Völkerrechts ist somit angesichts der grenzüberschreitenden Wirtschaftsströme eine unabdingbare Komponente der wirtschaftlichen Selbstbestimmung der Staaten und ihrer Freiheit, wirtschaftliche Gesichtspunkte mit anderen politischen Zielen konkordant zu machen.

Die Fälle vom Völkerrecht als Ausnahme vom Grundsatz der exklusiven Territorialhoheit erlaubter extraterritorialer Jurisdiktion machen einen unteilbaren Regelungsgegenstand zu einer den beteiligten Staaten gemeinsamen Angelegenheit, bei der der Schutz des domaine réservé nicht mehr als Verteilungsregel gilt. In einem solchen Falle ist es keine verbotene Intervention mehr, extraterritoriale Jurisdiktion auszuüben. Allerdings stellt sich hier die Frage, ob nicht das Völkerrecht gleichwohl diese Ausübung begrenzt und mögliche Konflikte rechtlich regelt. Ist der Regelungsgegenstand dagegen aufteilbar, so ist die Rechtsfolge extraterritorialer Jurisdiktion strikt auf den inlandsrelevanten Teil des Auslandstatbestandes zu beschränken.

B. Grenzen der Jurisdiktionsausübung

1. Allgemeines

Jurisdiktionskonflikte bei Vorliegen gleichberechtigter Anknüpfungen sind eine Erscheinung der neueren Zeit. Früher wurde nur über das Vorliegen eines zulässigen Anknüpfungspunkts gestritten, so etwa im Strafrecht, wo es aber nur darum ging, ob ein Staat überhaupt Jurisdiktion ausüben dürfe. Diese Konflikte wurden aber regelmäßig als unausweichlich und rechtlich unlösbar hingenommen, wobei gleichzeitig ein Bedürfnis nach internationaler Regelung artikuliert wurde[2261]. Neu ist bei den Jurisdiktionskonflikten im öffentlichen Wirtschaftsrecht, daß es nicht mehr alleine um die Anknüpfung der Jurisdiktion geht, sondern um Grenzen ihrer Ausübung dann, wenn mehrere Staaten Jurisdiktionshoheit haben, also um die rechtliche Auflösung von Konflikten. Daß solche Probleme neu sind, überrascht an sich deswegen, weil überlappende Jurisdiktionsbereiche aufgrund des Territorialitätsprinzips einerseits und des Personalitätsprinzips andererseits schon seit dem Entstehen der Nationalstaaten in Europa existierten.

Daß es hier trotzdem offensichtlich keine nennenswerten Konflikte gab, mag auf die mangelnde Bedeutung grenzüberschreitender Sachverhalte als Regelungsgegenstand des öffentlichen Rechts in der Geschichte zurückzuführen sein. Das Territorialitätsprinzip konnte als Grundlage Streitigkeiten effektiv verhindern. Das Personalitätsprinzip wurde regelmäßig nur zurückhaltend verwendet. Die Souveränitätssphären der Staaten waren durch das Interventionsverbot ausreichend abgegrenzt. Im internationalen Strafrecht begründet im übrigen auch die Eigenart der Materie das Fehlen von Konflikten.

Denn es gibt kein völkerrechtliches Verbot der Doppelbestrafung[2262]. Konkurrierende Jurisdiktion, wie sie das Lotus - Urteil feststellte, führt nicht zur Kollision von Regelungen über einen unteilbaren Sachverhalt. Jeder Staat kann ohne Beeinträchtigung des anderen seinen Strafanspruch durchsetzen. Führt die konkurrierende Jurisdiktion zur Bestrafung eines Verhaltens, das im anderen Staat erlaubt ist, so hat auch dies nicht zu Konflikten geführt, weil die Staaten im Bereich der Verhütung von Straftaten weitestgehend anderen Staaten eine Entscheidungsfreiheit einräumen. Das Problem einer Bestrafung von Taten, welche im Aufenthaltsstaat hoheitlich angeordnet waren, hat ersichtlich ebenfalls nicht zu Konflikten geführt, wohl deswegen, weil das Schuldprinzip hier korrigierend wirkt.

Anders ist dies im öffentlichen Wirtschaftsrecht. Die grenzüberschreitenden Ströme von Waren, Dienstleistungen, Kapital und Personen haben in diesem Jahrhundert enorm zugenommen und sind zu bestimmenden Größen in der Entwicklung und dem Bestand eines Staatswesens geworden. Mit diesem internationalen Verkehr wachsen die Einflüsse fremder

---

2261 Nawiasky, H., Allgemeine Staatslehre (1956), S.48 f

2262 BVerfGE 75, 1, 15 f.

Wirtschaftsordnungen aufeinander[2263]. Die Verbesserung der Transportmittel, die größere Transportgeschwindigkeit, die Bevölkerungsexplosion nach dem 2. Weltkrieg, die Beseitigung von Zöllen, die Schaffung zweier großer Handelsblöcke in Europa und schließlich das Anwachsen der internationalen Investitionen und das Auftreten von multinationalen Gesellschaften haben die Konfliktmöglichkeiten vergößert. Wo es Interessengegensätze über Regelungsinhalte gibt, gibt es mit großer Wahrscheinlichkeit auch Konflikte über die Jurisdiktionshoheit[2264].

Grenzüberschreitenden Wirtschaftsverkehr gibt es nicht nur seit der Neuzeit. Aber er war, abgesehen von direketen Ein- und Ausfuhrregeln, nicht in wesentlichem Umfang Gegenstand eines öffentlichen Rechts im Sinne heutiger Terminologie. Die privatrechtlichen Probleme, welche durch die Verknüpfung dieses Verkehrs mit mehreren Rechtsordnungen auftauchten, wurden zunächst durch die bereits erwähnten kasuistischen Differenzierungen aufgrund einer gemeinsamen "ratio naturalis", dann aufgrund der Territorialhoheit gelöst und schließlich durch Savigny und die ihm folgende Lehre und Praxis des internationalen Privatrechts völlig aus der Konfliktszone von Hoheitsproblemen herausgelöst.

Die zunehmende Bereitschaft der Staaten, in Wirtschaftsvorgänge durch öffentliches Recht einzugreifen, hat bei Intensivierung grenzüberschreitender Wirtschaftsvorgänge ganz natürlich zu einer anderen Qualität von Konflikten geführt. Heute kommt die ganz überwiegende Mehrzahl der Jurisdiktionskonflikte im Bereich des öffentlichen Wirtschaftsrechts und des Gerichtsverfahrensrechts vor. Sie sind gekennzeichnet von ordnungspolitischen Differenzen, von konträren wirtschaftlichen Interessen und von entgegengesetzten juristischen Grundkonzepten[2265].

Unter diesen Umständen wird dann die Frage wichtig, ob das Völkerrecht bei einer solchen Interessen - Heterogenität ein Minimum an staatlichen Kollisionsregeln verlangt oder gar selbst solche Kollisionsregeln zur Verfügung stellen kann[2266]. Es ist zwar richtig, daß Jurisdiktionskonflikte

---

2263 Hermann, A.H., Conflicts of National Laws with International Business Activity: Issues of Extraterritoriality (1982), S.17.

2264 Jennings, R., The Proper Reach of Territorial Jurisdiction: A Case Study of Divergent Attitudes, Georgia Journal of International and Comparative Law 2 (1972), S. 35-42, 37

2265 Wildhaber, L., Jurisdiktionsgrundsätze und Jurisdiktionsgrenzen im Völkerrecht, Schweizerisches Jahrbuch für Internationales Recht 41 (1985), S. 99-109, 99 f.

2266 Wildhaber, L., a.a.O., S. 102; Juenger, F.K., Constitutional Control of Extraterritoriality?: A Comment on Prof. Brilmayer`s Appraisal, Law and Contemporary Problems 50 (1987), S. 39-46, 42 ff.; Zitelmann, E. Internationales Privatrecht, Bd. 1 (1897), S. 101 ff.

politische Konflikte sind[2267]. Hieraus aber den Schluß zu ziehen, daß deswegen eine rechtliche Lösung nicht möglich oder nicht opportun wäre[2268], würde die Funktion des Völkerrechts verkennen. Dieses ist ganz besonders zum kontrollierten Interessenausgleich in politischen Konfliktfällen berufen. Es bringt ein Element der vorhersehbaren und berechenbaren Konfliktlösung durch anerkannte Rechtsregeln in das Zusammenleben der Staaten.

Gerade die Existenz eines politischen Konflikts macht die Existenz von Rechtsregeln für seine Bewältigung notwendig. Gäbe es solche Regeln nicht, so bliebe die Durchsetzung durch das territoriale Zwangsmonopol übrig, soweit sich in den betreffenden Staaten Personen oder Gegenstände befinden, denen gegenüber eine Vollstreckung möglich ist. Die faktische Macht wäre entscheidend. Das Individuum wäre in einem unauflösbaren Befolgungskonflikt und nur menschenrechtliche Vorschriften könnten dies möglicherweise abmildern. Daneben gäbe es nur diplomatische Lösungsversuche.[2269]

Die Existenz völkerrechtlicher Kollisionsregeln hat zwei Aspekte. Zum einen kann es generelle Normen geben, welche in allen Jurisdiktionsbereichen staatliche Aktivität begrenzen. Zum anderen aber können sich in einzelnen Bereichen spezielle, der Regelungsmaterie angepaßte Regeln gewohnheitsrechtlich universell, regional oder zwischen bestimmten Völkerrechtssubjekten partiell herausbilden.

2. Konfliktlagen

Der Begriff des Konflikts im Bereich der Jurisdiktion der Staaten bezeichnet einen faktischen Ergebnis - Konflikt. Dies setzt zunächst voraus, daß zwei Rechtsnormen - in verschiedenen Rechtsordnungen - existieren, welche inhaltlich miteinander unvereinbar sind. Bereits früher wurde dargetan, daß es sich hier nicht um einen Fall handelt, welcher dem Normenkonflikt in der gleichen Rechtsordnung vergleichbar ist, der durch normative Kollisionsregeln unmittelbar vermieden wird. Vielmehr ist es - unter der Prämisse des Dualismus von Völkerrecht und Landesrecht - denkbar, daß zwei Regelungen verschiedener Staaten mit entgegengesetztem Inhalt zunächst rechtsverbindlich nebeneinanderstehen, ohne daß das Völkerrecht eine solche Kollision im Ansatz verhindern

---

[2267] Immenga, U., Extraterritoriale Rechtsanwendung zwischen Recht und Politik, in: Barfuß, W. u.a. (Hrsg.), Festschrift für Karl H. Neumayer (1985), S. 323-335, 332

[2268] Vgl. etwa Leyton-Brown, D., Extraterritoriality in Canadian-American Relations, International Journal (Toronto) 36 (1980), S. 185-207

[2269] Immenga, U., Extraterritoriale Rechtsanwendung zwischen Recht und Politik, in: Barfuß, W. u.a. (Hrsg.), Festschrift für Karl H. Neumayer (1985), S. 323-335, 334 f.

würde[2270]. Bestehen völkerrechtliche Konfliktregeln, so bleibt es der nationalen Rechtsordnung vorbehalten zu entscheiden, welchen innerstaatlichen normativen Einfluß sie auf völkerrechtswidriges nationales Recht haben sollen.

Jurisdiktionskonflikte im öffentlichen Wirtschaftsrecht können in mehrfacher Hinsicht betrachtet werden. Sie sind teils wirtschaftspolitischer, teils außenpolitischer Natur und betreffen unterschiedliche ordnungspolitsche Vorstellungen, so etwa im Recht gegen Wettbewerbsbeschränkungen. Zum anderen hat sich im Außenwirtschaftsrecht gezeigt, daß auch sicherheits- und außenpolitische Konzeptionen, die hinter Exportkontrollen und Wirtschaftssanktionen stehen, ein erhebliches Konfliktpotential beinhalten. Ein anderer Aspekt der Jurisdiktionskonflikte ist die Frage der Konfliktsituation für den Adressaten. Verbote können mit einer Freiheit kollidieren, sie können gegen entgegengesetzte Anordnungen stehen oder sie können mit einem Verbot anderen Inhalts konkurrieren.

Der letztere Aspekt ist von der in Kapitel I besprochenen "governmental interest analysis" insbesondere durch Brainerd Currie[2271] unter dem Begriffspaar der "true conflicts" und der "false conflicts" erfaßt worden. Echte Konflikte treten dann auf, wenn der gleiche Sachverhalt in verschiedenen Staaten unterschiedlich geregelt ist, bei falschen Konflikten läßt ein Staat das Verhalten ungeregelt und zeigt sich damit nicht interessiert. Dies ist aber nicht deckungsgleich mit der Situation eines Konflikts zwischen Verbot und Freiheit. Denn ein Staat kann aus ordnungspolitischen Gründen ganz bewußt die Freiheit eines bestimmten Verhaltens rechtlich garantieren, um damit Wirtschaftssubjekten einen berechenbaren Handlungsspielraum zu eröffnen und wirtschaftliche Aktivität zu stimulieren.

Am wirkungsvollsten geschieht dies durch die Einräumung von Freiheitsgrundrechten, entweder positiv durch die Garantie etwa der Meinungsfreiheit, der Berufsfreiheit oder der Eigentumsfreiheit oder negativ durch die Einräumung einer allgemeinen Handlungsfreiheit, aufgrund

---

[2270] Seidl-Hohenveldern, I., Kartellbekämpfung im Gemeinsamen Markt und das Völkerrecht, AWD 1960, S. 225-233, 228; Mestmäcker, E.J., Europäisches Wettbewerbsrecht, (1974), S. 153

[2271] Currie, B., Notes on Methods and Objectives in the Conflicts of Laws, Duke Law Journal 1959, S. 171 - 181. Vgl. hierzu Schnyder, A. K., Interessenabwägung im Kollisionsrecht - Zu Brainerd Curries "governmental interest analysis", Zeitschrift für Schweizerisches Recht 105 (1986), S. 101 - 119; Drobnig, U., Die Beachtung von ausländischen Eingriffsgesetzen - eine Interessenanalyse, in: Barfuß, W. u. a. (Hrsg.), Festschrift für Karl H. Neumayer (1985), S. 159 - 179, 164

derer alles erlaubt ist, was nicht rechtlich verboten ist[2272]. Solche Freiheiten können einerseits eine Zurückhaltung des Staates gegenüber der menschlichen Freiheitssphäre bedeuten, sie können aber jedenfalls zusätzlich auch, wie die Wirtschaftsfreiheit in einer Marktwirtschaft zeigt, zur aktiven Förderung der gemeinsamen Wohlfahrt gewährt werden[2273].

Freiheits - Einräumung muß also nicht Desinteresse bedeuten. Dies ist in den Streitigkeiten zwischen den USA und Westeuropa über die Anwendung des Shipping Act 1916[2274] deutlich geworden[2275]. Auch kann man nicht die Regelungssystematik, also den Gesichtspunkt, ob eine Materie durch Zivilrecht oder öffentliches Recht, durch Verbot oder Erlaubnis, durch Grundfreiheiten oder Verbote mit Erlaubnisvorbehalt geregelt wird, unbesehen als Indiz für das Interesse eines Staates an der Regelung werten. Zur Abgrenzung von echten und falschen Konflikten ist also das Interesse der Staaten hinter den jeweiligen Vorschriften zu berücksichtigen. Nur eine deutliche Erklärung des betroffenen Staats kann hier Klarheit schaffen[2276].

Die reine Feststellung, daß einem Verbot auf der einen Seite eine Erlaubnis auf der anderen Seite gegenübersteht, genügt also nicht zur Annahme, daß überhaupt kein Konflikt vorliege, wie dies der EuGH im Zellstoff-Fall formulierte[2277]. Andererseits kann eine extraterritoriale Regelung aber sicherlich auch einen sachlichen Bereich treffen, an dem der Aufenthaltsstaat keinerlei Interesse zeigt und den er deshalb ungeregelt gelassen hat. Es liegt auf der Hand, daß die Regelungskonflikte in diesen Fallgruppen unterschiedliche Intensität haben und rechtlich unterschiedlich zu werten sind[2278].

2272 So Art. 2 Abs. 1 GG. Vgl. hierzu BVerfGE 6, 32 und den Entwurf des Allgemeinen Redaktionsausschusses vom 13.12.1948, Jahrbuch für öffentliches Recht N.F. 1 (1951), S. 1 ff, 54 ff., in dem die Formel vorgeschlagen wurde: "Jedermann hat die Freiheit , zu tun und zu lassen, was die Recht anderer nicht verletzt und nicht gegen die verfassungsmäßige Ordnung oder das Sittengesetz verstößt."

2273 Vgl. auch Meessen, a.a.O. (Anm. 39) , S. 220 f.

2274 Inzwischen abgelöst durch den Shipping Act 1984

2275 Slot, P.J./ Grabandt, E., Extraterritoriality and Jurisdiction, Common Market Law Review 23 (1986), S.545-565, 547

2276 Slot, P.J./ Grabandt, E.,a.a.O., S.545-565, 551

2277 EuGH 27.9.1988 - Ahlström u.a. 89/85 -, Slg.1988, 5233, 5244: " denn der Webb-Pomerene Act beschränkt sich darauf, die Vereinbarung von Exportkartellen von der Anwendung der amerikanischen Antitrustgesetze auszunehmen, ohne zum Abschluß solcher Vereinbarungen zu verpflichten. "

2278 Waller, S. W./ Simon, A.M., Analysing Claims of Sovereignty in International Economic Disputes, Northwestern Journal of International Law and Business 7 (1985), S. 1-11, 5 f.

Einen anderen Blickwinkel auf Jurisdiktionskonflikte zeigt die Frage, welche staatlichen Hoheitsbereiche aufgrund der Anknüpfungen miteinander kollidieren. Das Völkerrecht grenzt die Souveränitätsbereiche zwar grundsätzlich voneinander ab[2279]. Es autorisiert jedoch auch, daß über einen Sachverhalt mehrere Staaten Jurisdiktion haben können[2280]. Somit können Bereiche, welche grundsätzlich zu den inneren Angelegenheiten eines Staates gehören, zu gemeinsamen Angelegenheiten werden.

Dies ist bei der Territorial- und der Personalhoheit evident, soweit sich Personen außerhalb ihres Heimatstaates aufhalten[2281]. Die Verpflichtung zur Begrenzung der Regelungen der staatlichen Rechtsordnung auf das Staatsgebiet ist, wie bereits erörtert, in der Lehre insbesondere durch Ulricus Huber vertreten worden. Dies ist aber auch in der Zeit der besonderen Betonung der Souveränität ab dem 17. Jahrhundert nie exklusiv im Sinne der Abgrenzung des Regelungsbereiches staatlicher Jurisdiktion gesehen worden[2282]. Denn daneben gab es immer die Anknüpfung an die Personalhoheit. Diese wirkte immer über das Staatsgebiet hinaus. Insoweit ist die Personalhoheit ein Prinzip, welches mit der Territorialhoheit konkurriert[2283], wenn beide einen unteilbaren Sachverhalt betreffen, der alternativ nur einer Regelung folgen kann. Dies ist etwa bei gegensätzlichen Verhaltensanweisungen der Fall.

Wegen der Exklusivität der Territorialhoheit kommt es praktisch selten vor, daß zwei Territorialhoheiten sich einmal überschneiden. Dies ist nur dann möglich, wenn ein zusammengehöriger Sachverhalt grenzüberschreitend ist. Wenn etwa eine Person, die sich im Gerichtsstaat aufhält, dazu verurteilt wird, eine Sache herauszugeben, welche in einem anderen Staat belegen und dort beschlagnahmt worden ist, dann sind beide Anordnungen aufgrund der jeweiligen Territorialhoheit ergangen und haben gegensätzlichen Inhalt. Auch hier ist wieder die Unteilbarkeit des Regelungsgegenstandes entscheidend. Diese Problematik wird im Bereich der Jurisdiktionskonflikte im öffentlichen Wirtschaftsrecht in den Fällen von Bedeutung, in dem die Herausgabe von Dokumenten angeordnet wird, welche im Ausland belegen sind.

2279 Mosler, H., Völkerrecht als Rechtsordnung, ZaöRV 36 (1976), S. 6 - 49, 44

2280 Bruns, V., Völkerrecht als Rechtsordnung, ZaöRV 1(1929), S. 1-56, 47 f.

2281 Oppenheim, L. / Lauterpacht, H., International Law, 8. Aufl. (1955)S. 330

2282 Vogel, a.a.O. (Anm. 43) , S. 87 f. sieht es wenigstens im 17. und 18. Jahrhundert als Leitprinzip an. Er spricht vom "Verfall des Territorialprinzips" danach als unwiederbringliche Konsequenz von Rationalisierung, Technisierung, Traditionsverlust und Ent - Institutionalisierung, S. 128 ff.

2283 So Vogel, K., Administrative Law, International Aspects, in: Bernhardt,R. (ed.), Encyclopedia of Public International Law, Instalment 9, S. 2 - 7, 5

Im übrigen können auch in den Sonderfällen der "Quasi - Territorien", also bei Schiffen, Flugzeugen und Raumfahrzeugen, Konflikte zwischen zwei Anknüpfungen an das Territorialitätsprinzip entstehen. So hatte etwa Italien angeordnet, daß auf Schiffen unter seiner Flagge die Reeder ihren Mannschaften zum Mittagessen auch in fremden Häfen Wein zur Verfügung stellen müssen. Diese Anordnung war in eindeutigem Gegensatz zur amerikanischen Prohibitionsgesetzgebung[2284].

Während das Territorium - vom Fall des Kondominiums abgesehen[2285] - immer nur einem Staat zugeordnet ist und damit die Jurisdiktion aufgrund der Territorialhoheit exklusiv dem Gebietsherrn zusteht, können bei der Staatsangehörigkeit mehrere Staaten gleichzeitig einen Bürger berechtigen und verpflichten. Damit können Konfliktsituationen zwischen Staaten entstehen, so etwa bei gegenteiligen Pflichten aus zwei Heimatrechten. Wenn beim Ausbruch eines Krieges ein Doppelstaater in zwei Staaten zum Wehrdienst einberufen wird, so kann er nur einem Befehl Folge leisten[2286]. Ein Staat kann allen seinen Bürgern, wo auch immer sie sich aufhalten, die Abtreibung verbieten, ein anderer sie freistellen. Doppelstaater sehen sich dann möglicherweise dem Nebeneinander von Verbot und Freiheit gegenüber. Der Bürger selbst kann in Befolgungskonflikte geraten. Diese Situationen können aber auch Staatenkonflikte hervorrufen. Entscheidend ist hier ein weiteres Mal die Unteilbarkeit der Anordnung mit Bezug auf den Regelungsgegenstand.

Eine besondere Konfliktsituation ergibt sich, wenn die Personalhoheit einerseits auf die Staatsangehörigkeit gestützt wird, andererseits auf das Aufenthaltsrecht im Staat. Hier ist keine Staatenpraxis ersichtlich, welche eine völkerrechtliche Beurteilung abschließend ermöglicht. Solange sich der Adressat auf dem Gebiet des anordnenden Staates aufhält, ist es ein Konflikt der Territorialhoheit mit der Personalhoheit. Ist er jedoch im Ausland, handelt es sich um einen Konflikt zwischen zwei Personalhoheiten. Aufgrund der Staatenpraxis ist es nicht ersichtlich, daß eine typische Rechts- oder Pflichtenstellung für Staatsangehörige nicht auch dauernd aufenthaltsberechtigten Personen in einem Staat zugeordnet werden könnte: Wehrpflicht, Wahlrecht, sonstige Dienstpflichten etc. Eine ab-

---

2284 Cunard S.S. Co. v. Mellon, 262 U.S. 100 (1923); vgl. Seidl-Hohenveldern, I., Kartellbekämpfung im Gemeinsamen Markt und das Völkerrecht, AWD 1960, S. 225-233, 228

2285 Schneider, P., Condominium, in: Bernhardt,R. (ed.), Encyclopedia of Public International Law, Instalment 10, S. 58 - 60

2286 Vgl. hierzu Randelzhofer, Nationality, in: Bernhardt,R. (ed.), Encyclopedia of Public International Law, Instalment 8, S.416 - 424, 422 mit Hinweis auf die vertragliche Regelung zwischen europäischen Staaten

schließende Beurteilung kann hier nur dann erfolgen, wenn konkrete Konfliktfälle eintreten sollten.

Die gleiche Überschneidungs - Problematik kann zwischen Territorial- und Ordnungshoheit eintreten. Wenn Unternehmen in einem Staate ansässig sind und dort am Wirtschaftsleben teilnehmen, gleichzeitig aber auch stark exportorientiert sind, so kann es vorkommen, daß ihre Struktur im einen Staat als erwünscht, im anderen dagegen als wettbewerbsbeschränkend bewertet wird. Die Ordnungskomponente der Territorialhoheit ist dann in einem Konflikt mit der fremden Ordnung. Alle hier aufgezeigten Konfliktsituationen im öffentlichen Wirtschaftsrecht entstammen diesem Problemkreis. Er ist ein Konflikt der ausländischen Ordnungshoheit mit der Ordnungshoheit des Staates, auf dessen Territorium das Wirtschaftssubjekt in dessen Wirtschaftsordnung tätig ist.

F.A. Mann hat es als die beste Lösung angesehen, daß das Völkerrecht für jedem Fall einem einzigen Staat Jurisdiktion zuweise, um Konflikte zu vermeiden[2287]. Diese Hoffnung - de lege ferenda geäußert - dürfte sich angesichts der Zugehörigkeit grenzüberschreitender wirtschaftlicher Sachverhalte zu mehreren Wirtschaftsordnungen nicht erfüllen lassen. Sich überschneidende Kreise können nicht entkoppelt werden, ohne daß der Grund der Überschneidung, die internationale Wirtschaft, beseitigt wird. Diese Option ist aber bei der heutigen Sachlage den Staaten nicht akzeptabel und im übrigen wirtschaftlich auch nicht sinnvoll. Man wird deshalb weiter nach Konfliktlösungen statt nach absoluten Verteilungsregeln suchen müssen.

3. Vertragsrechtliche Lösungen

Vertragliche Regeln über Konfliktsituationen im öffentlichen Wirtschaftsrecht gibt es nur wenige. Die Kooperationsverträge, von denen die Rede war, enthalten überwiegend Konsultationspflichten, darüber hinaus auch in wenigen Fällen die Verpflichtung zur Berücksichtigung der Interessen des jeweils anderen Staates ohne genauere Maßstäbe und Ergebnisverpflichtung. Nur das Übereinkommen zwischen der EG - Kommission und der amerikanischen Regierung legt Abwägungsgesichtspunkte fest, enthält aber auch keine Verpflichtung zur Abstinenz bei festgestellten schwerwiegenderen ausländischen Interessen. Die Vertragspraxis zeichnet sich also weitgehend durch unverbindliche politische Grundsätze aus. Nur der zuletzt genannte Vertrag könnte überhaupt in Streitfällen vor Gericht eine Rolle spielen.

[2287] Mann, F.A., The Doctrine of Jurisdiction in International Law, RdC 111 (1964 I), S. 7 - 162, 50 f.

Wenn Staaten über Jurisdiktionsmaßnahmen streiten, dürfen sie jedoch auf Grund der Pflicht zur friedlichen Streitbeilegung nach Art. 2 Ziff. 3 der UN - Charta nicht die Einwendungen anderer Staaten völlig unberücksichtigt lassen. Diese Vorschrift ist im Gegensatz zu Art. 33 Abs. 1 der Charta auch bei Streitigkeiten anwendbar, die nicht die Intensität einer Friedensgefährdung erreichen[2288]. Auch die "Friendly Relations" - Deklaration der Generalversammlung hat diese Verpflichtung generell betont[2289]. Sie verweist unter anderem auf zwischenstaatliche Verhandlungen, Vermittlung und richterliche Streitbeilegung als Möglichkeiten einer geforderten friedlichen Streitbeilegung. Zu erwähnen ist auch das Europäische Übereinkommen zur friedlichen Beilegung von Streitigkeiten von 1957[2290].

Diese Verpflichtungen sind universelles, das letztgenannte Abkommen ist regionales Völkerrecht[2291]. Diplomatische Verhandlungen sind zunächst das natürliche Verfahren zur Erfüllung dieser Pflicht. So kann man in jedem Fall eines Jurisdiktionskonflikts annehmen, daß, falls keine anderen Streitschlichtungsmechanismen existieren, zumindest eine Verhandlungspflicht zwischen den Konfliktparteien besteht, bei der alle völkerrechtlichen Voraussetzungen der Jurisdiktion im konkreten Fall sowie alle im Konflikt stehenden Interessen erörtert werden müssen[2292].

Die Pflicht zu Notifikation und Verhandlungen zur Vermeidung von Jurisdiktionskonflikten ist insbesondere in den erörterten Empfehlungen der OECD[2293] konkretisiert worden, welche von den Mitgliedstaaten offensichtlich immer öfter benutzt werden, um das ausländische Interesse an einem speziellen Fall extraterritorialer Jurisdiktion festzustellen. Im

---

2288 Tomuschat Art. 2 Ziff. 3 Rn. 22, in: Simma (Hrsg.), Charta der Vereinten Nationen. Kommentar (1991)

2289 Declaration on Principles of Interntional Law concerning Friendly Relations and Co-operation among States in accordance with the Charter of the United Nations, Res.2625 (XXV), GAOR, 25th Session, Supp.No.18 (A/8018). Vgl. auch die "Manila - Erklärung" aus dem Jahre 1982 im Annex zur Resolution 37 (10) der Generalversammlung, hierzu Tomuschat, a.a.O., Rn. 5

2290 BGBl. 1961 II, S. 82

2291 Meessen, K.M., Antitrust Jurisdiction under Customary International Law, AJIL 78 (1987), S. 783-810, 808; April, S./ Fried, J.T., Compelling Discovery and Disclosure in Transnational Criminal Litigation - A Canadian View, New York University Journal of International Law and Politics 16 (1984), S. 961-972, 986

2292 Slot, P.J./ Grabandt, E., Extraterritoriality and Jurisdiction, Common Market Law Review 23 (1986), S.545-565, 556 f.; Kunig, P., Völkerrecht und Fusionskontrolle, WuW 34 (1984), S. 700-707, 705

2293 Siehe OECD, Agreed Minute on the Exchange of Shipping Information vom 15.12.1964, in Lowe (Fn.8), S.240 ff.; Council Recommendations vom 5.10.1967, 3.7.1973, 20.7.1978, 25.9.1979 in Lowe, S.243, 244, 248 f., 251 ff., sowie Ziff.6, 7 und 10 der OECD-Guidelines for Multinational Enterprises vom 21.6.1976 in Lowe, S.246. Vgl.

Zellstoff - Fall hat der EuGH sich auf das Desinteresse der USA berufen, was im Rahmen einer Konsultation im OECD-Verfahren zu Tage getreten sei, um den Mangel eines Konflikts festzustellen[2294]. Die Formulierung dieser Konsultationsmechanismen als unverbindlich erlaubt aber hier noch keine Feststellung der auf das konkrete Verfahren bezogenen opinio iuris.

Diese Verpflichtungen wenden sich an die Regierungen der Staaten, enthalten aber kein innerstaatlich unmittelbar anwendbares Recht. Sie enthalten darüber hinaus zwar eine Verfahrenspflicht, aber keine über den friedlichen Charakter hinausgehende Verpflichtung hinsichtlich des Ergebnisses. Immerhin kann man hieraus ableiten, daß die Regierungen dann die Interessen der anderen Staaten berücksichtigen müssen, wenn diese bei ihnen in Konfliktsituationen vorstellig werden. Die Praxis der Konflikte hat aber gezeigt, daß es in Konfliktsfällen überwiegend um innerstaatliche Gerichtsverfahren geht, in denen nur unmittelbar anwendbares Recht zur Berücksichtigung kommen darf. Daher müssen das Völkergewohnheitsrecht und die allgemeinen Grundsätze dahingehend untersucht werden, ob sie verfahrensrechtliche und materiellrechtliche Regeln enthalten, die bei solchen Konflikten zu berücksichtigen sind.

4. Rechtsakte internationaler Organisationen

Wenn eine internationale Organisation ein Regelungsziel und die Grundzüge der Regelungsinhalte durch einen verbindlichen Beschluß vorgibt, dann müssen die Inhalte der nationalen Regelungen dem folgen und der Bereich möglicher Regelungskonflikte wird damit minimiert. Dies hat sich im Exportkontrollrecht im Bereich der COCOM - Staaten gezeigt, bei denen in den USA - durch andere Staaten unwidersprochen - sogar die Verletzung ausländischen Rechts zum Anlaß für eigene Sanktionen genommen wird. Dies ist ein Ausdruck des Universalitätsprinzips.

Eine Bindung durch Rechtsakte einer internationalen Organisation ist insbesondere denkbar bei Beschlüssen des Weltsicherheitsrats der UN nach dem 7. Kapitel der Charta. Für den Wirtschaftsbereich ist hier Art. 41 von Bedeutung, wonach Wirtschaftssanktionen und sonstige friedliche Sanktionsmaßnahmen verhängt werden können. Der Beschluß ist für die Mitgliedstaaten bindend und muß von ihnen durchgeführt werden[2295]. Hierdurch kann zwar die Jurisdiktionsbefugnis nach allgemeinem Völkerrecht nicht erweitert werden, aber im Verhältnis der Mitgliedstaaten

---

[2294] EuGH 27.9.1988 - Ahlström u.a., 89/85 -, Slg.1988, 5233

[2295] Vgl. hierzu Frowein, J. zu Art. 41 in: Simma (Hrsg.), Charta der Vereinten Nationen. Kommentar (1991)

untereinander könnte der Sicherheitsrat besondere Regelungen treffen, etwa um im Wege extraterritorialer Jurisdiktion anderer Mitgliedstaaten die Konsequenzen der Nichtbefolgung durch einige Mitglieder zu minimieren. Entscheidend ist aber, daß hier kein Regelungskonflikt auftreten kann, wenn alle Mitgliedstaaten die Weisung befolgen. Geschieht dies nicht oder nicht ausreichend, so brauchen die vertragstreuen Mitglieder entgegenstehende Vorschriften der nicht vertragstreuen Staaten nicht zu beachten, weil diese völkerrechtswidrig sind. Entsprechendes Praxismaterial liegt bisher aber nicht vor.

5. Gewohnheitsrechtlicher Befund

a) Reine Auslandsanknüpfungen

Auch reine Auslandsanknüpfungen sind nur bei hinreichender Beziehung zwischen Sachverhalt und regelndem Staat zulässig. Sie verbleiben aber, weil sie ausschließlich Inlandsregelungen nach sich ziehen, im Bereich der exklusiven inneren Angelegenheiten eines Staates. Deshalb sind auch Regelungskonflikte in diesem Bereich ersichtlich nicht aufgetreten. Die Regelungsergebnisse bleiben in aller Regel im domaine réservé des regelnden Staates. Es gibt insoweit keine Konfliktspraxis, welche ein Völkergewohnheitsrecht begründen könnte. Die früher aufgeworfene Frage, ob eine solche Jurisdiktion möglicherweise einmal gegen das Interventionsverbot verstoßen könne, muß verneint werden, da es sich hier nicht um eine innere Angelegenheit des anderen Staates handeln kann. Dies wird etwa im Steuerrecht sichtbar. Auch bei Auslandsanknüpfung bleibt eine Besteuerung reine Inlandsregelung[2296]. Selbst wenn die Steuern mehrerer Staaten kumulativ die Wirtschaftlichkeit einer Unternehmung bedrohen, so ist dies kein Problem des Interventionsverbots, wohl aber, wie die Entwicklung der Doppelbesteuerungs - Praxis zeigt, ein solches kollisionsrechtlicher Mäßigung[2297].

b) Auslandsregelungen

Konflikte sind in Gerichts- und Verwaltungsverfahren durch die Praxis in den USA entstanden, hoheitlich die Herausgabe von Dokumenten und Informationen anzuordnen, wenn dies auf ein behördliches oder gesetzliches Verbot in demjenigen Staat stieß, in dem sie belegen sind. Hier haben

---

[2296] Mann, F.A., The Doctrine of Jurisdiction in International Law, RdC 111 (1964 I), S. 7 - 162, 112 sieht die Besteuerung von Auslandsgewinnen im Inland aber als völkerrechtswidrig an

[2297] Mann, a.a.O., S. 109 ff.

Staaten gegen diese Anordnung protestiert und sie als völkerrechtswidrig bezeichnet. Dies geschah allerdings nur in den Fällen eines echten Konflikts zwischen Anordnung und Verbot. Unechte Konflikte sind in dieser Materie nicht vorgekommen, weil die Freiheit von Personen, Informationen geheimzuhalten oder publik zu machen, in der Regel keinen ordnungspolitischen Charakter hat, und weil in den Fällen echten Geheimnisschutzes, etwa bei Berufs- oder Geschäftsgeheimnissen, die entsprechenden Schutz - Vorkehrungen in den ausländischen Prozeßordnungen offensichtlich als ausreichend angesehen werden.

Die Rechtsfrage hinsichtlich echter Konflikte muß danach differenziert werden, ob die Nichtbefolgung der Anordnung eine strafrechtliche oder Verwaltungssanktion gegen den Adressaten im Gerichtsstaat nach sich zieht oder ob nur prozeßrechtlich nachteilige Folgen für die beweisbelastete Partei eintreten. So weit letzteres nach der Interhandel - Doktrin in der amerikanischen Rechtsprechung üblich ist, wurde hiergegen ersichtlich nicht der Vorwurf der Völkerrechtswidrigkeit erhoben. Es hat sich auch gezeigt, daß solche nachteiligen Folgen aufgrund der Beweislastverteilung auch in Deutschland möglich sind. Die Regeln der Beweislastverteilung sind, wenn sie nicht Ausländer diskriminieren, eine innere Angelegenheit des nationalen Prozeßrechts. Allerdings darf man nicht verkennen, daß hiervon eine erhebliche Persuasionswirkung auf die beweislastpflichtige Partei ausgeht, so daß die angeordnete und indirekt sanktionierte Handlung selbst ebenso wie bei direkter Sanktion ein völkerrechtliches Problem bleiben. Hier ist jedoch bisher niemals ein Fall aufgetreten, in dem eine Konfliktlage problematisch geworden wäre.

Die gerichtliche Praxis in den USA, aber auch eine entsprechende Stellungnahme der EG - Kommission zeigen, daß fast generell solche Anordnungen nicht erlassen wurden, welche ein Verhalten forderten, welches im Aufenthaltsstaat des Adressaten verboten war. Hieraus kann man insoweit die gewohnheitsrechtliche Bindung beider Völkerrechtssubjekte jedenfalls im Verhältnis zueinander ableiten. Eine allgemeinere völkerrechtliche Praxis ist in dieser Hinsicht aber nicht bekannt, so daß die Feststellung eines allgemeinen Völkergewohnheitsrechts daran scheitert[2298].

Im materiellen öffentlichen Wirtschaftsrecht sind die Befunde parallel. Angesichts der dargestellten Praxis ist die Feststellung einer völkergewohnheitsrechtlichen Verpflichtung zur Interessenabwägung hinsichtlich der Übung schwierig[2299]. Denn die Berücksichtigung ausländischer Inter-

---

2298 Vgl. auch Meessen, a.a.O. (Anm. 39) , S. 198

2299 Hierzu Meessen, K.M., Antitrust Jurisdiction under Customary International Law, AJIL 78 (1987), S. 783-810, 789 ff.

essen findet sich in der Staatenpraxis über nicht dokumentierte diplomatische Koordinierung hinaus nur im Kartell- und Fusionskontrollrecht. In Deutschland und in der EWG wird nur auf stattgefundene Konsultationsverfahren verwiesen, in den USA ist eine vom Ansatz her ausführliche, aber vom Standard her durchaus heterogene Abwägungspraxis festzustellen, die jedoch auf comity beruht.

In den Konflikten zwischen Anordnung oder Verbot und Freiheit haben Gerichte in den USA, der EG und Deutschland ausländische Interessen berücksichtigt und gegen eigene nationale Interessen abgewogen. In den USA ist dies aber generell mit Hinweis auf die "comity of nations" erfolgt, so daß eine entsprechende opinio iuris nicht feststellbar ist. Soweit Konfliktsfälle zu diplomatischer Korrespondenz oder Äußerungen von ausländischen Staaten gegenüber Behörden und Gerichten geführt haben, ist das Bild nicht anders. Über Konfliktlösung bei konkurrierender Jurisdiktion ist hier außer der Berufung auf die comity nichts Konkretes ersichtlich, was materielle völkerrechtliche Kriterien unterstützen würde.

Bei der EG - Kommission, in der Praxis des Bundeskartellamts und in einer deutschen Gerichtsentscheidung finden sich Hinweise auf eine mögliche opinio iuris hinsichtlich einer völkerrechtlichen Abwägungsverpflichtung, die aber lediglich vereinzelt und darüber hinaus undeutlich sind. Allerdings weist das erwähnte Kartellrechtsabkommen zwischen den USA und der EWG darauf hin, daß hier eine opinio iuris hinsichtlich der Abwägungspflicht besteht. Die Praxis, welche hiervon getragen wäre, fehlt aber noch. Deshalb läßt sich hinsichtlich einer Kollision zwischen Anordnung und Freiheit kein Bestand an völkergewohnheitsrechtlichen Regeln vorweisen.

6. Konfliktregeln nach allgemeinem Völkerrecht

a) Optionen

Konfliktlösungen im Völkerrecht müssen sich an der Basis der Jurisdiktion orientieren, der Staatlichkeit, welche mit den Begriffen Souveränität, Territorialhoheit, Personalhoheit und Ordnungshoheit als Strukturprinzipien des Völkerrechts auch heute noch entscheidend umrissen wird[2300]. Soweit es bei beiderseitig vorliegendem völkerrechtsgemäßem Anknüpfungspunkt zu einem Jurisdiktionskonflikt gekommen ist, sind drei Alternativen zu seiner Lösung denkbar. Erstens könnte es in einem solchen

---

[2300] Gilioli, E.L., Defining Jurisdictional Limits in International Antitrust: Should the EEC adopt the Timberlane Approach?, Fordham International Law Journal 5 (1981-82), S.469-508, 505 f.

Falle in keiner Rechtsordnung Regeln einer normativen Konfliktlösung geben, so daß die Lösung der Politik und letzlich der Machtausübung vorbehalten bliebe[2301]. Zweitens könnte jeder Staat für einen solchen Fall durch nationales Kollisionsrecht den Rechtsanwendungsorganen das Recht und die Pflicht geben, die kollidierenden Interessen abzuwägen und zu berücksichtigen (nationale Kollisionsnorm). Und drittens könnte das Völkerrecht selbst Regeln über eine Konfliktlösung enthalten, seien es Verfahrensregeln wie etwa Verhandlungspflichten oder Pflichten zur kollisionsrechtlichen Berücksichtigung bei der Rechtsanwendung, seien es materiellrechtliche Regeln über die sachliche Auflösung des Konflikts (völkerrechtliche Kollisionsnormen). Diese Lösungen, die außerrechtliche, die national-kollisionsrechtliche und die völkerrechtliche, sind selbstverständlich keine exklusiven Alternativen. Sie können auch komplementär zur Anwendung kommen.

Der intensivste Jurisdiktionskonflikt tritt dann auf, wenn eine Rechtsordnung der gleichen Person etwas gebietet, was die andere verbietet. Er liegt etwa vor, wenn die eine Rechtsordnung eine Zwangskartellierung von Unternehmen anordnet und eine andere Rechtsordnung dies im Wege der Fusionskontrolle verbietet. Ein anderes Beispiel ist die Anordnung der Herausgabe von Dokumenten an ein Gericht und das Verbot dieser Herausgabe durch ein anderes Land.

Hier - wie auch im Falle des Konflikts von Anordnung oder Verbot mit Freiheit - wären mehrere Regeln einer Konfliktauflösung durch das Völkerrecht denkbar: Vorrang des Rechts des Aufenthaltsstaats, des Heimatrechts, des Rechts mit dem näheren Bezug zum Regelungsgegenstand oder Vorrang des Rechts desjenigen Staates, welcher an der Regelung bezüglich ihrer Relevanz oder des aus ihrer Nichtbefolgung fließenden Schadens das größere Interesse hat. Darüber hinaus könnte auch, wenn solche absoluten Vorrangregeln nicht eingreifen, von Fall zu Fall eine Berücksichtigung der mit den eigenen Regelungszielen in Konflikt stehenden ausländischen Interessen in Frage kommen.

Zunächst sollen die normativen Grundlagen einer Konfliktlösung durch das allgemeine Völkerrecht generell betrachtet werden. Es kann sich um allgemeine Rechtsgrundsätze im Sinne des Art. 38 Abs. 1 lit. c des Statuts des IGH handeln. Meessen[2302] hat geltendgemacht, bei der Suche nach Jurisdiktionsgrenzen im Völkerrecht käme die Rechtsquelle der allgemeinen Rechtsgrundsätze nach Art. 38 Abs. 1 lit c. praktisch nicht in Frage, weil vergleichbare innerstaatliche Rechtsnormen, welche die

---

[2301] So etwa Kuyper, P.J., European Community Law and Extraterritoriality: some Trends and New Developments, ICLQ 33 (1984), S. 1013-1021, 1021

[2302] Meessen, K. M., Kollisionsrecht der Zusammenschlußkontrolle (1984), S. 21

Handlungsbefugnis eines Staates begrenzten, fehlen. Jedoch können die allgemeinen Rechtsgrundsätze jede Rechtswahrnehmung gleich welchen Inhalts begrenzen. Zu denken ist an allgemeine Verhaltenspflichten bei der Ausübung völkerrechtlicher Rechte wie das Verbot des Rechtsmißbrauchs, die Pflicht, nach Treu und Glauben zu handeln, die Equity und den Grundsatz der "reasonableness" zu beachten. Hinzu kommt aber auch, wie bei den Regeln der Anknüpfung, die Möglichkeit der Konkretisierung allgemeiner Grundsätze des Völkerrechts wie der souveränen Gleichheit, der Territorialhoheit und der Ordnungshoheit sowie des Interventionsverbots.

b) Ausgangspunkt

In Kollisionsfällen ist davon auszugehen, daß beide beteiligten Staaten aufgrund eines hinreichenden Anknüpfungspunktes Jurisdiktion haben. Sie können sie deswegen ausüben, es fragt sich nur, ob sie sie in der Art und Weise ausüben können, in der sie dies vorhaben. Eine Kollision kann sich per se einseitig aus dem Verhalten des ausübenden Staates ergeben, wenn er die völkerrechtliche Jurisdiktionshoheit mißbraucht oder nach Treu und Glauben gerechtfertigten Erwartungen des anderen Staates zuwider handelt. Eine Kollision kann sich aber auch punktuell ergeben, wenn die extraterritoriale Jurisdiktion konkret den Interessen eines anderen Staates widerspricht, wenn sie ungeeignet, unnötig, im Ergebnis unzumutbar ist oder wenn der andere Staat vorrangige Regelungsinteressen geltendmacht. In diesen letzteren Fällen hängt es von der Erklärung des anderen Staates ab, einen Interessenkonflikt zu aktualisieren, weil er nur konkret und bilateral existiert.

Das Völkerrecht zeigt durch die grundsätzliche Abgrenzung staatlicher Jurisdiktion in Zonen des domaine réservé, daß das friedliche Miteinander und Nebeneinander der Staaten durch Kompetenzverteilung gewährleistet werden muß. Wenn dies, wie bei der extraterritorialen Jurisdiktion, nicht mehr möglich ist, so würde doch der Gedanke, daß in diesem Fall die Durchsetzungskraft der Staaten den Konflikt entscheidet, diesem Verteilungsanspruch zuwiderlaufen. Auch hier ergeben wieder die allgemeinen Strukturgrundsätze des Völkerrechts als Rechtsordnung den Grundgedanken, daß das Völkerrecht nicht etwa in diesem Bereich den Staaten einen Freiraum für Konfliktaustragung ohne rechtliche Regeln eröffnen wollte.

Wenn dies aber nicht der Fall ist, so fragt sich, welche positiven Grundsätze des allgemeinen Völkerrechts die Jurisdiktion der Staaten im Konfliktsfall begrenzen und ob darüber hinaus Lücken durch Konkretisierung allgemeiner Grundsätze gefüllt werden können.

c) Lehrmeinungen

Teilweise wird in der Literatur die Auffassung vertreten, das Völkerrecht enthalte jedenfalls in seinem gegenwärtigen Stand über mögliche vertragliche Spezialregeln hinaus keine Regeln zur Lösung von Jurisdiktionskonflikten im Bereich extraterritorialer Jurisdiktion[2303]. Rigaux[2304] bestreitet, daß eine extraterritoriale staatliche Regelung überhaupt in die Souveränität eines anderen Staates eingreifen könne. Nach seiner Auffassung sind die Kompetenzgrenzen des Völkerrechts nur Begrenzungen der Rechtsprechungskompetenz. Diese Auffassung berücksichtigt nicht die Persuasionswirkung staatlicher Jurisdiktion. Ein Staat darf nicht Personen im Ausland mit dem Druck der zwangsweisen Durchsetzung gegen Eigentum im Inland zu einem Verhalten zwingen wollen, wenn er nicht die erforderliche Jurisdiktion hat.

Man kann nicht dagegen einwenden, der Aufenthaltsstaat könne ja mit Gewalt eine Nichtbefolgung des ausländischen Rechtsbefehls erzwingen. Gerade die Wirtschaftsordnung zeigt, daß nicht Zwang und Verbote ein Verhalten erreichen können, welches ein optimales Wirtschaften, das im Interesse der Unternehmer, ihrer Arbeitnehmer und des Staates, in dem sie tätig sind, gewährleisten kann. Ein Druck zu einem bestimmten Verhalten aus dem Ausland kann im Inland durch gegenteilige Anordnung und Durchsetzung neutralisiert werden, aber der Adressat des Druckes wird dann möglicherweise seine wirtschaftlichen Aktivitäten nicht mehr so weiter durchführen können, wie es für seinen Aufenthaltsstaat am besten wäre. Wenn ein ausländisches Kartellverbot mit einem inländischen Zwangskartell beantwortet würde, wie dies durch Vorgänge in Japan angedeutet wurde[2305], so könnte dies möglicherweise dazu führen, daß Unternehmen jedenfalls teilweise ihre Aktivitäten aus dem Inland verlegen, um in einem anderen Staat flexibler auf das Kartellverbot antworten zu können.

2303 Siehr, K., Ausländische Eingriffsnormen im inländischen Wirtschaftskollisionsrecht, RabelsZ 52 (1988), S. 41-102, S. 85 f.; Mestmäcker, E.J., Staatliche Souveränität und offene Märkte, Konflikte bei der extraterritorialen Anwendung von Wirtschaftsrecht, RabelsZ 52 (1988), S. 205-251, 246; Schwartz, I. E., Deutsches internationales Kartellrecht (1. Aufl. 1968), S. 248; O'Connell, D.P., International Law, 2 Bde., 2.Aufl. (1970), S. 603; Vogel, a.a.O. (Anm. 43), S. 6 f. Small, D.H., Managing Extraterritorial Jurisdiction Problems: The United States Government Approach, Law and Contemporary Problems 50 (1987), S. 283 - 302, 301 weist eine Konfliktlösung dem Bereich der comity zu

2304 Rigaux, F., Droit économique et conflits de souveraineté, RabelsZ 52 (1988), S. 104-155, 125

2305 Die "guidance" durch das Außanhandelsministerium MITI ist nach japanischen Gepflogenheiten einem angeordneten Kartell nicht unähnlich, vgl. die früher berichtete Geschichte des Kugellagerkartells, welches mit der EG - Kommission in Konflikt geriet

Kategorien des möglichen Zwangs auf staatlichem Territorium erfassen also das eigentliche Problem nicht. Die Persuasion einer Regelung aus dem Ausland, selbst wenn sie mit inländischen gegenteiligen Regelungen zusammentrifft, kann Verhalten induzieren, welches dem inländischen Staat etwa in seiner Wirtschaftsordnung schadet. Die Freiheit in der Ausgestaltung dieser Ordnung zum Zwecke der Erreichung eines optimalen Ergebnisses ist aber vom Völkerrecht geschützt gegen jeden unbefugten Eingriff. Deshalb werden auch die Jurisdiktionsgrenzen gerade zum Zwecke der Ungestörtheit dieser Ordnung vorgegeben.

Auch in der früheren Lehre war bereits anhand des Beispiels der Personalhoheit einerseits und der Territorialhoheit andererseits das Problem möglicher Jurisdiktionskonflikte wohl bekannt. Wenn extraterritoriale Regelungen aufgrund des Personalitätsprinzips mit territorialen Regelungen des Aufenthaltsstaats des Adressaten in Widerspruch stehen, so wurde zuweilen eine klare Kollisionsregel vertreten, wonach der Anknüpfung an die Territorialität der Vorrang gebührt und ein Staat seine extraterritoriale Regelung in einem solchen Falle nicht durchsetzen dürfe[2306].

Zitelmann[2307] sah andererseits - insbesondere auch aus Gründen der hier aufgezeigten historischen Entwicklungslinien - das Personalitätsprinzip im Vordergrund, weil die Personalhoheit die stärkere Gewalt sei. Nur insoweit, als dies zur Erhaltung der öffentlichen Ordnung des Aufenthaltsstaats notwendig sei, gehe die Territorialhoheit vor[2308]. Radnitzky bezeichnet die Personalhoheit als die personelle Kompetenz des Staates - gleichberechtigt neben der Territorialität[2309]. Heiz[2310] hält auch nach Völkerrecht Kollisionen verschiedener Rechtsnormen bei konkurrierender Zuständigkeit für möglich, wenngleich er solche Konflikte von vornherein zu vermindern sucht durch den Grundsatz, kein Staat dürfe den Herrschaftsbereich eines anderen Staates berühren, so daß er grundsätzlich das anerkennen müsse, was ein anderer Staat aufgrund der Anknüpfung an die Territorialität oder die Personalhoheit geregelt hat.

Dies löst aber weder die Kollisionen von Regeln, welche sich auf eines der beiden Prinzipien stützen können, noch trägt es der Tatsache Rechnung, daß es auch noch andere vom Völkerrecht zugelassene Anknüp-

---

[2306] Hamel, W., Das Wesen des Staatsgebietes (1933), S. 259

[2307] Zitelmann, E. Internationales Privatrecht, Bd.1 (1897) S. 98

[2308] "Der Ausländer könnte ja sonst im Inland alles umstürzen und zugrunderichten", a.a.O, S. 99

[2309] Radnitzky, E., Die rechtliche Natur des Staatsgebietes, Archiv für öffentliches Recht 20 (1914), S. 313 - 355, 340

[2310] Heiz, R., Das fremde öffentliche Recht im internationalen Kollisionsrecht (1959) S. 30 ff.

fungsprinzipien gibt. Weiter sucht Heiz auch nach Schranken für beide Prinzipien, um deren Konflikte zu minimieren. Die Anwendung der Personalhoheit müsse auf den "Wirkungsbereich" des staatlichen Rechts begrenzt sein. Die Territorialhoheit sei dagegen keine Basis für Regelungen, welche das Treueverhältnis zwischen Staat und Bürger voraussetzten. Auch dürfe der territoriale Souverän nicht Ausländer an der Erfüllung ihrer Treuepflichten gegenüber ihrem Heimatstaat hindern[2311].

Akehurst[2312] sieht die Ansicht, daß das Völkerrecht keine Lösung für Konflikte konkurrierender Jurisdiktion biete, zwar als für das Strafrecht gerechtfertigt an, hält dies aber nicht für auf das öffentliche Wirtschaftsrecht übertragbar, weil es eine völkerrechtliche Regel gebe, daß ein Staat nicht mit seiner Jurisdiktion die Wirtschaftspolitik eines anderen Staates obstruieren dürfe. Dies ist ein Gesichtspunkt der Ordnungshoheit, gilt aber für beide beteiligten Staaten. Kein Staat muß dulden, daß Wirtschaftssubjekte aus anderen Staaten unter Umgehung der Grundregeln seiner Wirtschaftsordnung, an der sie teilnehmen, sich ordnungswidrige Vorteile vor inländischen Wettbewerbern verschaffen.

Verzijl[2313] sieht bei Jurisdiktionskonflikten eine ausfüllungsbedürftige völkerrechtliche Lücke, weil das Völkerrecht konkurrierende Handlungssphären der Staaten abgrenzen müsse. Hier könne die Lehre vom Verbot des Rechtsmißbrauchs herangezogen werden. Immer wieder wird in der Lehre das Interventionsverbot als sedes materiae von Konfliktsregeln angesehen[2314]. So schlägt man vor, daß aus dem Interventionsverbot und dem Grundsatz der souveränen Gleichheit der Staaten ein völkerrechtliches Abwägungsgebot folge[2315].

2311 Ebenso Doehring, K., Allgemeine Staatslehre (1991) S. 30

2312 Akehurst, M., Jurisdiction in International Law, British Yearbook of International Law 46 (1972/73), S. 145-257, 188 f., 208

2313 Verzijl, J.H.W., Le domaine réservé de la compétence nationale exclusive, Scritti in onore T.Perassi, Bd.2 (1957), S. 391 - 403, 399

2314 Seidl-Hohenveldern, I., Völkerrechtliche Erwägungen zum deutschen internationalen Kartellrecht, AWD 9 (1963), S. 73;Hailbronner, K., Rechtswirkungen des EG-Südafrika-Kodex, RIW/AWD 28 (1982), S. 111-117; Kaffanke, J., Nationales Wirtschaftsrecht und internationale Wirtschaftsordnung (1990), S. 284; skeptisch Brownlie,I., Principles of Public International Law, 2.Aufl. (1973), S. 297. Ablehnend Kevekordes, J., Auslandszusammenschlüsse im internationalen und materiellen Kartellrecht (1986) , S. 111; Meessen, K.M., Zusammenschlußkontrolle in auslandsbezogenen Sachverhalten, Zeitschrift für das gesamte Handelsrecht und Wirtschaftsrecht 143 (1979), S. 273 - 287, 281

2315 Nordmann, E., Die Beschaffung von Beweismitteln aus dem Ausland durch staatliche Stellen (1979), S. 165

Gerber[2316] sieht das Interventionverbot als Begründung des Erfordernisses der ausreichenden Anknüpfung, des Verbots der Einmischung in die geschützte Hoheitssphäre eines anderen Staates und als Abwägungsgrundlage aufgrund des Konzepts der "reasonableness". Es sei aufgrund seiner völkerrechtlichen Qualität für den Richter verpflichtend anzuwenden. Niederleithinger möchte das Interventionsverbot wenigstens auf Fusionsfälle bestimmter Größenordnungen und spezieller Sachverhaltsgestaltungen anwenden[2317]. Kleinmann und Bechthold leiten aus dem Interventionsverbot das Erfordernis von Inlandsauswirkungen ab[2318]. Bunte[2319] sieht in dem Verbot die Grundlage für das Erfordernis, wesentliche Einwirkungen zu berücksichtigen.

Diese Auffassungen zeichen sich teilweise daduch aus, daß sie Prinzipien wie das Interventionsverbot, das Verbot des Rechtsmißbrauchs, der Wahrung von Treu und Glauben und der "reasonableness" zusammen sehen. Diese Prinzipien sind sicherlich nicht mit der dogmatisch gebotenen Schärfe voneinander zu unterscheiden, zum anderen sollte man aber vermeiden, daß man daraus ein diffuses Konglomerat von Gesichtspunkten zur Begrenzung staatlicher Jurisdiktionshoheit macht, welches einem wissenschaftlichen Dezisionismus Vorschub leistet.

Besonders problematisch sind die Ableitungen aus dem Interventionsverbot. Denn es wurde bereits dargestellt, daß dieses Verbot bei gemeinsamen Angelegenheiten nicht mehr greift. Einer der wenigen Fälle, in denen das Interventionsverbot in Gerichtsentscheidungen, mit Ausnahme der Philip Morris - Entscheidung des Kammergerichts, erwähnt wurde, ist die Zellstoff - Entscheidung des EuGH[2320]. Allerdings nahm der Gerichtshof zum daraus abgeleiteten Argument der Klägerinnen, wo zwei Staaten parallele Jurisdiktionshoheit hätten und ihre Interessen sich widersprächen, müßten sie diese Jurisdiktion maßvoll ausüben, keine Stellung, weil es bereits den Interessenkonflikt verneinte.

Man sollte das Einmischungsverbot nicht ohne Differenzierung zur direkten Begründung einer völkerrechtlichen Pflicht zur Abwägung oder

---

2316 Gerber, D. J., Beyond Balancing: International Law Restraints on the Reach of National Laws, Yale Journal of International Law 10 (1985), S. 185 - 221, 212 ff.

2317 Niederleithinger, E., Zur Problematik einer Präventivkontrolle von Auslandszusammenschlüssen, WuW 31 (1981), S. 469-472, S. 470

2318 Kleinmann, W./R. Bechthold, Kommentar zur Fusionskontrolle und Mißbrauchsaufsicht (2.Aufl.1989), s. 74

2319 Bunte, K., Völkerrechtliche Fragen bei Auslandszusammenschlüssen, WuW 31 (1981), S. 605-618

2320 EuGH 27.9.1988 - Ahlström u.a., 89/85 -, Slg.1988, 5233, 5244

gar zur Begründung materiellrechtlicher Schranken benutzen[2321]. Denn unmittelbar ist es bei gemeinsamen Angelegenheiten nicht anwendbar. Das bedeutet nicht, daß es hierdurch völlig unanwendbar geworden sei. Man muß sich nur der Tatsache bewußt bleiben, daß es im Falle der Existenz paralleler hinreichender Anknüpfungspunkte nicht direkt eingreift.

d) Prioritätsregeln

(1) Anordnung gegen Anordnung

Das Praxismaterial hat gezeigt, daß die Völkerrechtssubjekte jedenfalls in der überwiegenden Anzahl der Fälle keine Handlungen im Ausland anordnen, welche dort verboten sind. Allerdings können etwa bei Beweisaufnahmen hieraus der beweisbelasteten Partei nachteilige prozessuale Folgen entstehen. Hierin liegt eine Persuasionswirkung, die aber ersichtlich in der Praxis noch nicht zu zwischenstaatlichen Problemen geführt hat[2322]. Dieser Befund ist ein starkes Indiz dafür, daß die Staaten die Territorialhoheit in den Fällen eines Verbots im Aufenthaltsstaat des Adressaten als vorrangig ansehen.

Nach Auffassung eines Teils der Völkerrechtslehre geht die Jurisdiktion in Anknüpfung an die Territorialhoheit in jedem Falle allen anderen Anknüpfungen vor[2323]. Nach Bleckmann soll dies jedenfalls im Zweifel gelten[2324], weil die territoriale Aufteilung der Welt dies vorgibt. Andererseits aber müsse der territoriale Souverän die Personalhoheit anderer Staaten auch anerkennen, solange sie nicht gegen seinen ordre public verstößt. Auch Jennings[2325] geht von einem grundsätzlichen Vorrang des

---

[2321] Wagner, B., Die Konzentrationskontrolle in der EWG und ihre Bedeutung für Zusammenschlüsse schweizerischer Unternehmen (1982), S.116

[2322] Mann, F.A., The Doctrine of Jurisdiction in International Law, RdC 111 (1964 I), S. 7 - 162, 157 hält dies zu Recht für zulässig

[2323] Jennings, R.Y., Extraterritorial Jurisdiction and the United States Antitrust Laws, BYIL 33 (1957), S. 147-175, 151; Wengler, W., Völkerrecht, Bd. 2 (1964), s. 944 ff.; Akehurst, M., Jurisdiction in International Law, British Yearbook of International Law 46 (1972/73), S. 145-257, 230; Goldman, B., Le champs d'application territoriale des lois sur la concurrence, RdC 128 (1969 II), S. 637 - 729, 714 ff. Hermanns, F., Völkerrechtliche Grenzen für die Anwendung kartellrechtlicher Verbotsnormen (1969), S. 48, 74 f.; Jacobs, D.M., Extraterritorial Application of Competition Laws, The International Lawyer 13 (1979), S. 645 - 665, 663; Hailbronner, K., Rechtswirkungen des EG-Südafrika-Kodex, RIW/AWD 28 (1982), S. 111-117, 114 ff.; Mann, F.A., The Doctrine of International Jurisdiction Revisited after 20 Years, RdC 186 (1984 III), S. 9 - 116, 45 f.

[2324] Bleckmann, A., The Personal Jurisdiction of the European Community, CMLRev 17 (1980), S. 467-485, 472

[2325] Jennings, R.Y., Extraterritorial Jurisdiction and the United States Antitrust Laws, BYIL 33 (1957), S. 147-175, 151 f.

territorialen Rechts aus, was durch das Interventionsverbot begründet wird. Dies gelte für ein territoriales Verbot, eine Anordnung wie für eine gewährte Freiheit. Eine Ausnahme hiervon begründe nur das Schutzprinzip zur Abwehr von völkerrechtlichen Delikten, die vom Territorium eines Nachbarstaates ausgingen.

Zum Teil wird jedenfalls für den Fall eines Verbots aufgrund der Territorialhoheit angenommen, daß niemand durch extraterritoriale Jurisdiktion gezwungen werden dürfe, hiergegen zu verstoßen[2326]. Hamel[2327] hat bereits darauf hingewiesen, daß ein Staat nur Angelegenheiten seiner Nation in seinem Gebiet regeln dürfe, alles andere sei Willkür. Insbesondere dürfe er nicht "die Störung der öffentlichen und politischen Ordnung eines fremden Staates zum Gegenstande seiner Handlungen machen," nicht "durch Staatsakte auf seinem Gebiete in diese Ordnung eines fremden Staates, die in dessen Gebiet gilt, eingreifen".

Personen im Ausland dürfe nicht eine Handlung geboten werden, "wenn die Verfügung über diese Handlung, die Regelung dieser Materie dem Wesen der Sache nach ausschließlich dem fremden Staate zusteht, insbesondere, wenn dieser bereits darüber durch Gebot oder Verbot rechtmäßig verfügt hat"[2328]. Auch die New Yorker ILA - Resolution aus dem Jahre 1972[2329] sagt in ihrem § 7: " ... no State shall require conduct within the territory of another State which is contrary to the law of the latter".

Ein anderer Teil der völkerrechtlichen Lehre geht aber davon aus, daß es keine hierarchische Rangfolge der Anknüpfungspunkte zur Lösung von Souveränitätskonflikten gebe[2330]. Daraus würde auch folgen, daß Ab-

---

[2326] Jacobs, D.M., Extraterritorial Application of Competition Laws, The International Lawyer 13 (1979), S. 645 - 665, 664; Wengler, W., Völkerrecht, Bd. 2 (1964), S. 945

[2327] Hamel, W., Das Wesen des Staatsgebietes (1933), S.252 f.

[2328] In einer Fußnote hierzu (Nr.44 auf S.253) verweist Hamel auf die Diskussion in England über die extraterritoriale Jurisdiktion der Dominions

[2329] ILA, Report of the 55th Conference, New York (1974), S. XIX

[2330] Trechsel, S., Neuer Zündstoff im Justizkonflikt Schweiz - USA. Die Zustellungspflicht gemäß 18 U.S.C. § 3506, in: Geheimnisschutz (Hrsg. R. Zäch), S. 49 - 152, 85; Stern, B., Quelques observations sur les règles internationales relatives à l`application extraterritoriale du droit, Annuaire Français du Droit International 32 (1986), S. 7 - 52, 44; Rehbinder, E., Extraterritoriale Wirkungen des deutschen Kartellrechts (1965), S. 374; Haymann, M., Extraterritoriale Wirkungen des EWG-Wettbewerbsrechts, Baden 1974, S. 318; Bischoff, J.M./ Kovar, R., L'application du droit communautaire de la concurrence aux entreprises établies à l'extérieur de la communauté, Journal de Droit International 102 (1975), S. 675-727, 718; Eeckman, P., L'application de l'article 85 du Traité de Rome aux ententes étrangères á la C.E.E. mais causant des restrictions à la concurrence à l'intérieur du Marché Commun, Revue Critique de Droit International Privé 54 (1965), S. 499-528, 515; Roth, H., Die Fusionskontrolle internationaler Unternehmenszusammenschlüsse, RabelsZ 45 (1981), S. 501-544, 506; Brownlie,I., Principles of Public International Law, 2.Aufl. (1973), S. 309 f.; Bär, R., Kartellrecht und

wehrgesetze wie sonstiges der extraterritorialen Anordnung entgegenstehendes Recht im Aufenthaltsstaat nicht aufgrund Völkerrechts Vorrang besitzen[2331]. Scheuner[2332] hat bemerkt, daß bei Annahme eines solchen Vorrangs ein Staat berechtigte Interessen anderer Staaten nach seinem Belieben leerlaufen lassen könnte. Das Restatement (Second)[2333]stellt in § 39 fest, ein Staat müsse von der Durchsetzung einer Regelung nicht etwa Abstand nehmen "solely because such exercise requires a person to engage in conduct subjecting him to liability under the law of another State having jurisdiction with respect to that conduct".

§ 441 des Restatement (Third)[2334] postuliert, daß im allgemeinen ein Staat eine Person nicht anweisen darf, etwas zu tun, was nach dem Recht ihres Aufenthaltsstaates oder nach dem Recht ihres Heimatstaates verboten ist. Das gleiche gelte bei einem Verbot, das mit einer Anweisung des Aufenthalts- oder Heimatsstaats kollidiert. Für die Kollision zwischen Personalitätsprinzip und Territorialitätsprinzip sieht § 441 Abs. 2 vor, daß das Territorialitätsprinzip dem Personalitätsprinzip vorgeht. Diese Kollisionsregeln werden allerdings im Kommentar etwas aufgelockert. So soll es in besonderen Fällen zumutbar sein, daß ein eigener Staatsangehöriger ein fremdes Land verläßt, das ein Verhalten anordnet, welches dem Heimatstaat nicht zumutbar ist. Weiterhin soll der Vorrang des Territoriums in den Situationen schwächer sein, in denen die geregelte Aktivität sowohl im Aufenthaltsstaat als auch im Heimatstaat direkte Auswirkungen hat[2335].

Grundsätzlich soll eine Verteidigung mit entgegenstehendem Recht im Aufenthaltsstaat nur dann zulässig sein, wenn dieses entgegenstehende Recht bindend ist und strafrechtlich oder sonstwie ernsthaft sanktioniert ist. Dies gilt also nicht, falls der Staat nur informell einen Verhaltenswunsch ausspricht[2336]. Für den Fall, daß ein ausländischer Staat an einem bestimmten Verhalten mitgewirkt hat, reiche es nicht, daß er dies toleriert

---

internationales Privatrecht (1965), S. 351 f.; Meessen, a.a.O. (Anm. 39) , S. 182 ff.; Akehurst, M., Jurisdiction in International Law, British Yearbook of International Law 46 (1972/73), S. 145-257, 168. So auch noch Meng, W., Völkerrechtliche Zulässigkeit und Grenzen wirtschaftsverwaltungsrechtlicher Hoheitsakte mit Auslandswirkung, ZaöRV 44 (1984), S. 675 - 783, 762 f.; Zitelmann, E. Internationales Privatrecht, Bd. 1 (1897), S. 103

2331 Rehbinder in: Immenga, U. / Mestmäcker, E.-J., GWB. Kommentar (1992), § 98 Abs. 2 , Rn. 26

2332 ILA, Report of the 54th Conference, The Hague (1971), S. 163 f.

2333 American Law Institute, Restatement of the Law (Second), Foreign Relations Law of the United States (1965)

2334 A.a.O. (Anm. 12)

2335 Comment b

2336 Comment c

oder gar genehmigt hat, daß er es als exklusives Recht verliehen hat oder daß ein Staatsunternehmen selbst an der Aktivität beteiligt war. Vielmehr müssen die fraglichen Aktivitäten selbst vom ausländischen Staat verlangt worden sein[2337].

Dieses Konzept weist auf die Erforderlichkeit einer Differenzierung der Probleme der "Foreign State Compulsion"[2338] hin. Hier gibt es nicht nur die Unterscheidung zwischen Verbot und Freiheitsgewährung, sondern auch die Frage, ob der ausländische Staat seine Anordnung oder sein Verbot aus eigenem Antrieb oder auf Betreiben des Adressaten der extraterrritorialen Anordnung erlassen hat. Schließlich kann man den Fall, in dem die ausländische Anordnung allgemein hoheitlichen Zwecken des erlassenden Staates dient, von demjenigen unterscheiden, in dem speziell eine ausländische extraterritoriale Jurisdiktion abgewehrt werden soll.

[2337] Comment d

[2338] Teilweise auch "Foreign Government Compulsion". Vgl. § 442 Restatement (Third) und die Leitentscheidung Société Internationale pour Participations Industrielles et Commerciales, S.A etc. v. Rogers, 357 U.S.197 (1958). Problemübersicht bei Meng, W., Wirtschaftsverwaltungsrechtliche Hoheitsakte mit Auslandswirkung, ZaöRV 44(1984), S.675-783, 757 ff. Zu Beispielen vgl. etwa Daffada, A., The Protection of Trading Interests Act of 1980 - Britain`s Latest Weapon in the Fight against United States Antitrust Laws, Fordham International Law Journal 4 (1981), S.341-389; Huntley, A.K., The Protection of Trading Interests Act 1980: Some Jurisdictional Aspects of Enforcement of Antitrust Laws, International and Comparative Law Quarterly 30 (1981), S.213-233; Carnelutti, A./Delon, F., Les états face aux effets extra-territoriaux du droit de la concurrence des Etats-Unis d`Amérique - l`exemple de la France, Revue Francaise de Droit Aérien 37 (1982), S.15-41; Botticelli, C., Recent Canadian Blocking Legislation: A Vehicle to Foster Extraterritorial Discovery Cooperation between the United States and Canada?, Fordham International Law Journal 10 (1987), S.671-688; Bushman, K., The British Protection of Trading Interests Act of 1980, Journal of International Law and Economics 14 (1980), S.253; Danaher, M.J., Anti-Antitrust Law: The Clawback and Other Features of the United Kingdom Protection of Trading Interests Act, 1980, Law and Policy in International Business 12 (1980), S.947-972; Eure, P.K., Extraterritoriality: Australian Limitations on Foreign Judgments and Discovery, Harvard International Law Journal 26 (1985), S.578-584; Kahn, T.J., The Protection of Trading Interests Act of 1980: Britain`s Response to U.S. Extraterritorial Antitrust Enforcement, Northwestern Journal of International Law and Business 2 (1980), S.476-516; Lowe, A.V., Blocking Extraterritorial Jurisdiction: The British Protection of Trading Interests Act, 1980, AJIL 75 (1981), S.257-282; Mannick, C.V., Antitrust: British Restrictions on Enforcement of Foreign Judgments. Protection of Trading Interests Act, 1980, c.11, Harvard International Law Journal 21 (1980), S.727-735; Novicoff, M.L., Blocking and Clawing Back in the Name of Public Policy: The United Kingdom's Protection of Private Economic Interests against Adverse Foreign Educations, Northwestern Journal of International Law and Business 7 (1985), S.12-36

In der Kugellager-Entscheidung erörterte die EG - Kommission den Punkt der Foreign Government Compulsion[2339]. Sie machte klar, daß außenhandelspolitische Maßnahmen im Rahmen eines Handelsabkommens zwischen der Gemeinschaft und Japan und Maßnahmen, welche den japanischen Unternehmen von den Behörden ihres Landes auferlegt werden, nicht in den Anwendungsbereich des Art. 85 fallen, wenn nicht etwaige zusätzliche Vereinbarungen und abgestimmte Verhaltensweisen vorliegen[2340]. Soweit die Unternehmen aber frei seien, könne eine einfache Genehmigung der japanischen Behörden aufgrund des internen Rechts von solchen abgestimmten Verhaltensweisen nicht die Anwendung des Art. 85 ausschließen. Unproblematisch sei die Anwendung von Art. 85 auf rein privatwirtschaftlicher Absprachen zwischen Unternehmensvereinigungen in Frankreich und Japan.

Eine feste Vorrangregel muß immer dann gelten, wenn ein Staat für Vorgänge auf seinem Territorium haftet, wie dies bereits in Kapitel I erörtert wurde. Dies ist insbesondere beim internationalen Umweltrecht zu bedenken. Soweit es eine völkerrechtliche Verschuldenshaftung für grenzüberschreitende Immissionen bereits gibt, muß der Territorialhoheit absoluter Vorrang eingeräumt werden, weil ansonsten die Verantwortlichkeit und die Haftung auseinanderfielen. Denn nur wenn das Völkerrecht die Verantwortlichkeit klarstellt und schützt, kann es auch gleichzeitig eine Haftung hierfür aussprechen.

Extraterritoriale Jurisdiktion im Umweltrecht wäre zwar denkbar, aber sie würde an diese Regel stoßen, welche sich notwendig aus der Einheit der Völkerrechtsordnung ableitet. Denn die Persuasionswirkung aus dem Ausland würde die Verantwortlichkeit verwischen. Zwar könnte man dem ausländischen regelnden Staat diese Wirkung entgegenhalten, wenn

---

2339 EG-Kommission Entscheidung vom 29.11.1974 (74/634/EWG) - Kugellager - ABl. 1974 L 343, S.19. Bei dieser Entscheidung aus dem Jahre 1974 ging es um Selbstbeschränkungsabkommen, welche japanische Kugellager-Hersteller mit ihren französischen Kollegen in Paris abgeschlossen hatten, also um jene Sachverhalte, welche in der Mitteilung der Kommission aus dem Jahre 1972 (ABl.1972 C 111, S.13) angesprochen waren. Die Vereinbarungen Preiserhöhungen für japanische Einfuhren nach Frankreich, durch welche der Preiswettbewerb in Frankreich zugunsten der französischen Hersteller beeinflußt werden sollte. Darauf erhöhten die Japaner tatsächlich ihre Preise auf dem französischen Markt. Es war also ein Verhalten innerhalb der EG sowohl, was den Vertragsabschluß-Ort betraf wie auch, was die Wettbewerbshandlung betraf, anzunehmen.

2340 Ebenso auch die Kommission im 3. Bericht über die Wettbewerbspolitik von 1974, S.24. In der Entscheidung vom 19.12.1984 (85/206/EWG) - Aluminiumeinfuhren aus Osteuropa - ABl.1985 L 92, S.1 machte die Kommission deutlich, daß dieser Vorbehalt zugunsten einer staatlichen Mitwirkung oder Anordnung nicht für staatliche Anordnungen von Mitgliedstaaten gilt

er selbst später Ansprüche geltend machen wollte. Aber wenn auch Drittstaaten Ansprüche erhöben, dann wäre eine Verteidigung mit der fremden Persuasionswirkung nicht ausreichend, weil der Gebietsstaat ja immer die Erzwingung zu Gebote gehabt hätte, sich im konkreten Falle aber vielleicht der Persuasionswirkung aus dem Ausland gar nicht versah. Die Konsequenz wäre, daß eine Ausweitung der Staatenhaftung unmittelbaren Einfluß auf die Zulässigkeit extraterritorialer Jurisdiktion hätte. Denn in allen Bereichen der Haftung für Vorgänge auf eigenem Territorium muß dem Staat ein Vorrang der territorialen Jurisdiktion eingeräumt und müssen alle Persuasionsbestrebungen aus dem Ausland als rechtswidrig angesehen werden.

Auch die Foreign State Compulsion, also die Existenz einer Regel im Aufenthaltsstaat, welche der extraterritorialen Regelung eines anderen Staates diametral entgegengesetzt ist, weil sie etwas Angeordnetes verbietet oder etwas Verbotenes anordnet, kann nicht generell völkerrechtlich durch den Vorrang der territorialen Anordnung gelöst werden. Wenn der Adressat der extraterritorialen Anordnung mit seinem Aufenthaltsstaat kollusiv zusammenwirkt, wenn also die territoriale Anordnung keinerlei finalen Zusammenhang mit Territorial- oder Ordnungshoheit hat und lediglich den Adressaten dem Zugriff der rechtmäßigen extraterritorialen Jurisdiktion entziehen soll, so liegt zumindest eine Fallgestaltung des Rechtsmißbrauchs vor, die noch zu erörtern sein wird.

Wenn aber ein Staat mit einem allgemeinen oder speziellen Abwehr-Rechtsakt seine Territorial- und Ordnungshoheit wahrnimmt, so muß auf den bereits erörterten Grundsatz verwiesen werden, daß extraterritoriale Jurisdiktion als Ausnahme von der exklusiven Territorialhoheit auch hinsichtlich der Regelung der völkerrechtlichen Rechtfertigung bedarf. Der Gesichtspunkt, daß keine ausdrückliche Konfliktsnorm ersichtlich ist, reicht zu dieser Rechtfertigung nicht aus. Bei unteilbaren Sachverhalten kann nur entweder der einen oder der anderen Regel gefolgt werden. Das Völkerrecht, welches durch den Schutz der territorialen Souveränität und des domaine réservé seinen Willen zur Abgrenzung staatlicher Hoheitsbereiche manifestiert, muß zwingend eine Abgrenzungsregel für diesen Fall enthalten, weil ansonsten die Durchsetzung eine reine Machtfrage wäre. Die Entscheidung dieses Konflikts darf nicht den Kosten - Nutzen - Analysen der Adressaten angesichts der ihnen drohenden Sanktionen überlassen sein.

Der entscheidende Gesichtspunkt für seine Lösung ist, daß das Völkerrecht den Staaten auf ihrem Territorium neben der Regelungshoheit die exklusive Durchsetzungshoheit einräumt. Die Territorialhoheit enhält ein rechtlich geregeltes Machtmonopol. Der Territorialstaat darf also seine Anordnungen oder Verbote aus eigener Hoheit durchsetzen. Er ist rechtmäßig Herr über alle Handlungen in seiner Ordnung auf seinem Territorium und darf sie erzwingen. Damit wäre es nicht zu vereinbaren, wenn ein anderer Staat etwas anordnen dürfte, was dort verboten ist oder gegenteiliger Anordnung unterliegt. Die Völkerrechtsordnung würde sich selbst widersprechen, wenn sie anderes autorisieren würde, gleich ob der Territorialstaat für eine Handlung auf seinem Territorium haftet oder nicht.

Die Staatenpraxis zeigt, daß dieser allgemeine Grundsatz auch von den Staaten überwiegend beachtet wird. Er betrifft nur den Fall der zwangsweise auf dem Territorium durchsetzbaren Verbote und Anordnungen. Er ist jedoch keine rechtliche Sanktionierung der Macht. Denn auch die Territorial- und Ordnungshoheit haben Grenzen, wie noch zu erörtern sein wird. Verletzt ein Staat diese Grenzen, so hat er keinen Anspruch auf Achtung seiner territorialen Anordnung. Hier liegt auch der Schlüssel zu dem Einwand Scheuners. Denn der Grundsatz des Vorrangs territorrialen Rechts eröffnet dem betreffenden Staat nicht die Möglichkeit, arbiträr die extraterritoriale Jurisdiktionshoheit anderer Staaten zu blockieren.

Verfolgt ein Staat aber mit seiner Regelung rechtmäßig Ziele der eigenen Territorial- und Personalhoheit, so muß sich ein anderer Staat der vom Völkerrecht gewährten ausschließlichen Durchsetzungshoheit auf dem Territorium beugen. Schutzlos bleibt er dadurch nicht, weil er in diesem Fall den Adressaten im Ausland immer noch von seiner Wirtschaftsordnung für die Zukunft ganz ausschließen kann. Abkommen über freien Handels- und Kapitalverkehr stünden dem nicht entgegen, wenn er seinerseits ein völkerrechtlich erlaubtes Regelungsziel wie etwa den Schutz der eigenen Rechtsordnung vor Wettbewerbsbeschränkungen verfolgt.

Das soeben begründete Ergebnis bedeutet nicht, daß nicht in einem solchen Konfliktsfall, wenn ein Staat seine Interessen dem anderen notifiziert, beide Staaten nach allgemeinem Völkerrecht zur freidlichen Streitbeilegung unter Berücksichtigung der ausländischen Interessen verpflichtet wären. Es heißt nur, daß nicht einseitig eine extraterritoriale Anordnung im Inland durch Beugemittel und Strafsanktionen durchgesetzt werden darf, wenn das entsprechende Verhalten im Ausland völkerrechtsgemäß verboten bleibt. Daß dies angesichts der Tatsache, daß die Pflicht zur friedlichen Streitbeilegung kein bestimmtes Ergebnis vorschreibt, unbefriedigend bleibt, ist beim gegenwärtigen Stand des Völkerrechts Anlaß, über eine einseitige Selbstbeschränkung der Staaten nachzudenken. Völkerrechtlich muß allerdings noch gefragt werden, ob die Freiheit eines Staates zu territorialer Anordnung irgendwelchen völkerrechtlichen Grenzen unterliegt.

(2) Anordnung gegen Freiheit

Soweit es um Freiheiten im Aufenthaltsstaat geht, sind diese denknotwendig keine Frage der Durchsetzungshoheit des Territorialstaats, weil im öffentlichen Recht Freiheiten vom Staat gewährt, nicht durchgesetzt werden. Hier eine feste Vorrangregel bei Vorliegen von Anküpfungspunkten zu mehreren Staaten anzunehmen würde verkennen, daß derjenige, welcher sich an einer ausländischen Wirtschaftsordnung beteiligt, im Schnittpunkt von zwei konzentrischen Kreisen tätig wird und hieraus möglicherweise eine Einschränkung von Freiheiten erfahren kann. Wenn diese Einschränkung ihn nur im Bezug auf seine Tätigkeit im Ausland trifft, so tangiert dies die Ordnungshoheit seines Aufenthaltsstaats überhaupt nicht.

Die Problematik entsteht vielmehr dann, wenn die Einschränkung einer Handlungsfreiheit aus dem Ausland auch Wirkungen auf die Tätigkeit des Adressaten im Inland hat, wie dies etwa bei der Fusionskontrolle leicht einsichtig ist. Denn wenn es sich um einen unteilbaren Fusionstatbestand handelt, ist die Unternehmensgröße von Bedeutung in allen Wirtschaftsordnungen, an denen das Unternehmen teilnimmt. Hier ist aber kein Grund einzusehen, warum immer die Territorialhoheit vorrangig sein sollte. Die Freiheit kann von geringer Bedeutung für den Territorialstaat sein, während die extraterritoriale Beschränkung einem wesentlichen ordnungspolitischen Interesse der Staaten entspringen kann. Eine generelle Vorrangregel würde der souveränen Gleichheit der beteiligten Staaten zuwider laufen.

Absolute Vorrangregeln über die Foreign State Compulsion hinaus sind gerade bei Auswirkungsfällen auch nicht wünschenswert. Wenn das Territorialitätsprinzip immer vorginge, so könnten sich Wirtschaftssubjekte immer hinter die schützende Grenze eines anderen Staates zurückziehen, von dort aus die Grundregeln der Wirtschaftsordnung eines anderen Staates unterlaufen und sich hiermit einen Wettbewerbsvorteil verschaffen[2341]. Die Gestattung extraterritorialer Jurisdiktion durch das Völkerrecht liefe bei einer generellen Vorrangregel zugunsten der Territorialhoheit völlig leer, denn dann wäre nur noch in den Fällen gleichgelagerter Regelungen solche Jurisdiktion überhaupt rechtmäßig, ein Staat dürfte seine Ordnungshoheit nur bei Konformität mit der ausländischen Regelung durchsetzen, nicht mehr in dem durchaus - wie die Praxis gezeigt hat - häufigen Fall ordnungspolitischer Divergenzen hinsichtlich von Freiheit und Regelung.

2341 Atwood, J.R., Conflicts of Jurisdiction in the Antitrust Fields: The Example of Export Cartels, Law and Contemporary Problems 50 (1987), S. 153-194, 184

Allerdings wird das Problem durch diese Überlegungen nicht ausgeschöpft. Denn hier muß die Genese des Konflikts berücksichtigt werden. Der hierfür vorauszusetzende unteilbare Regelungsgegenstand, welcher entweder der ausländischen Anordnung oder der inländischen Freiheit unterliegt, wird erst dadurch geschaffen, daß sich entweder ein Wirtschaftssubjekt freiwillig an der ausländischen Wirtschaftsordnung beteiligt oder die Staatsangehörigkeit des extraterritorial regelnden Staates besitzt, aber an der ausländischen Ordnung teilnimmt. Beide Alternativen sind voneinander zu unterscheiden.

Im ersteren Fall gilt, daß kein Staat aufgrund seiner Territorialhoheit ein Recht darauf hat, daß seine Inlandsunternehmen quasi "kostenlos", also ohne volle Beachtung der ausländischen Rechtsordnung, an der ausländischen Wirtschaftsordnung teilnehmen dürfen. Er kann nicht eine Förderung der Prosperität dieser Unternehmen durch Exporte auf Kosten der Integrität der Regeln der Teilnahme an dieser ausländischen Ordnung fordern. Wenn er durch die ausländische extraterritoriale Regelung beschwert wird, weil das betroffene Unternehmen auch in seinen Inlandsaktivitäten behindert wird, so kann er dies leicht dadurch beseitigen, daß er ihm die Beteiligung an der ausländischen Wirtschaftsordnung untersagt. Tut er dies nicht, so kann er nicht vom anderen Staat Unterlassung der extraterritorialen Jurisdiktion nur deswegen verlangen, weil sie eine durch ihn gewährte Freiheit wegen der und im Hinblick auf die Teilnahme an der fremden Ordnung beschränkt. Er könnte allerdings eine Beachtung der fremden Anordnung, soweit sie eine Regelung für sein Gebiet trifft, durch eine Abwehr - Anordnung seinerseits verbieten.

Umgekehrt gilt im zweiten Falle, daß nicht ein Heimatstaat verlangen darf, daß seine Staatsangehörigen an der ausländischen Wirtschaftsordnung gewinnbringend teilnehmen, aber dies nur unter Beachtung seiner Regeln tun dürfen. Denn die Integration seiner Staatsangehörigen in die fremde Ordnung bedeutet, daß diese mehr oder minder zu wichtigen Teilnehmern an der wirtschaftlichen Entwicklung des Gaststaates werden, Arbeitsplätze schaffen und erhalten, Infrastrukturleistungen gegen Abgabenzahlung in Anspruch nehmen und somit auch eine Loyalitätsbindung zu diesem Staat haben. Allerdings könnten die Heimatstaaten ihren Staatsangehörigen in diesem Falle aufgrund der Personalhoheit den völligen Rückzug aus der ausländischen Wirtschaftsordnung zur Pflicht machen. Bloße Einschränkungen, welche demgegenüber ein Minus sind, können also nicht per se rechtswidrig sein. Allerdings sind auch hier Abwehrgesetze aufgrund der Territorialhoheit, welche die Befolgung der ausländischen Anordnung verbieten, möglich.

Aus diesen Überlegungen ergibt sich, daß die Kollision einer Anordnung mit einer Freiheit den eigentlichen zentralen Konfliktsfall dieser Thematik darstellt. So lange hier nur Anordnung gegen Freiheit steht, stellt sich nur die Frage, ob das Völkerrecht die Anordnungshoheit begrenzt. Der Konflikt bleibt deshalb begrenzt, weil ein Staat sein gegenteiliges Interesse zwar zum Gegenstand einer Konsultation macht, aber nicht zum schärferen Mittel einer Gegenmaßnahme, einer Abwehranordnung oder eines Abwehrgesetzes greift. Dies entbindet aber den anordnenden Staat nicht von der Beachtung völkerrechtlicher Grenzen.

Wird aber die Befolgung der Anordnung durch einen gegenteiligen Rechtsakt verboten, so entsteht die gleiche Situation wie bei der Fallgestaltung der Anordnung von etwas, was im Aufenthaltsstaat des Adressaten verboten ist. Einen Unterschied könnte man darin sehen, daß hier die Anordnung eine bloße Reaktion auf die extraterritoriale Freiheitsbeschränkung durch den anderen Staat ist. Aber dies macht sie angesichts der Tatsache, daß dahinter ein wichtiges Interesse an der Erhaltung der Regel der inländischen Wettbewerbsordnung steht, nicht per se mißbräuchlich. Vielmehr ist sie genau wie bereits vor der Anordnung bestehende Gegenanordnungen auf ihre völkerrechtlichen Grenzen zu untersuchen.

e) Menschenrechte

Die Bindung der staatlichen Jurisdiktion an die Menschenrechte ist jedenfalls insoweit unstreitig, als Staaten die menschenrechtlichen UN - Pakte oder eine regionale Menschenrechtskonvention ratifiziert haben[2342]. Daß im vorliegenden Problemkreis menschenrechtliche Implikationen vorhanden sein könnten, ist jedenfalls bei der Kollisionsproblematik Verbot gegen Gebot evident[2343]. Denn hier wird der Mensch zum Spielball des Jurisdiktionskonflikts, er muß in jedem Falle rechtswidrig handeln, wie auch immer er sich entscheidet, und er muß auch mit großer Wahrscheinlichkeit Sanktionen ertragen. F.A. Mann[2344] geht davon aus, daß es ein allgemein anerkanntes, auf Recht und Gerechtigkeit beruhendes Verbot gebe, jemanden zur Vornahme einer tatsächlich oder rechtlich unmöglichen, insbesondere einer rechtswidrigen Handlung durch Verurteilung zu zwingen.

[2342] Vgl. auch Akehurst, M., Jurisdiction in International Law, British Yearbook of International Law 46 (1972/73), S. 145-257, 188

[2343] Bei der Kollision von Verbot / Anordnung gegen Freiheit taucht dagegen kein menschenrechtliches Problem auf

[2344] Mann, F.A., Zur staatlichen Hoheitsgewalt über ausländische Tochtergesellschaften und Zweigniederlassungen inländischer Unternehmen, Schweizerische Juristenzeitung 82 (1986), S. 21-28, 24

In den bisher bekannten menschenrechtlichen Rechtsinstrumenten ist aber eine solche Regelung nicht ersichtlich. Auch aus der Tatsache, daß das Gebot eines auf fremden Territorium verbotenen Verhaltens und umgekehrt das Verbot eines gebotenen Verhaltens völkerrechtswidrig wäre, wenn nicht ein Rechtsmißbrauch des Trägers der Territorialhoheit vorläge - wie dies bereits dargestellt wurde - , läßt sich keine menschenrechtliche Folgerung ziehen.

Daß eine menschenrechtliche Absicherung aber notwendig wäre, läßt sich auch nicht mit dem Hinweis auf ein fehlendes Verbot des "ne bis in idem" bei Bestrafungen in zwei verschiedenen Staaten verneinen[2345]. Zum einen wird zu Recht eine menschenrechtliche Verankerung dieses Verbots gefordert, wenn tatsächlich gleichwertige Bestrafungen vorliegen[2346], zum anderen aber ist dies ein Problemkreis, der von der Konstellation Verbot gegen Gebot zu unterscheiden ist. Denn im Falle der Doppelbestrafung hatte das Individuum die Alternative, durch rechtgemäßes Verhalten beide Bestrafungen zu vermeiden, im anderen Fall aber wird es zum Objekt des Jurisdiktionsstreits der Staaten.

In der Bundesrepublik Deutschland würde im innerstaatlichen Recht eine Sanktion gegen die Menschenwürde aus Art. 1 GG verstoßen, wenn deutsches Recht ein Verhalten anordnen würde, welches im Ausland verboten wäre, weil der Mensch nicht zum Objekt staatlichen Handelns gemacht werden darf[2347]. Derjenige, welcher wegen eines Normverstoßes belangt werden soll, muß die Chance gehabt haben, der Norm zu gehorchen[2348]. Er hat sie aber nicht, wenn er auf fremdem Territorium der Zwangsgewalt seines Aufenthaltsstaats unterliegt. Deshalb müßte eine Ahndung aus verfassungsrechtlichen Gründen ausscheiden.

Die gleiche Überlegung muß im internationalen Menschenrechtsschutz gelten. Hier gibt es zwar den Grundsatz "nulla poena sine culpa"[2349]. Aber er ist auf das Strafrecht beschränkt. Dies würde zwar in Kartellverfahren

---

2345 Vgl. hierzu BVerfGE 75, S. 1, 15 f.; Italien: Corte Costituzionale 18.04.1967 - Hartmann & Pude ILR 70 S. 232

2346 So vorsichtig Stern, B., Quelques observations sur les règles internationales relatives à l`application extraterritoriale du droit, Annuaire Français du Droit International 32 (1986), S. 7 - 52, 49

2347 BVerfGE 17, 1, 6

2348 Hart, H.L.A., The Concept of Law (1961) S. 199 - 207

2349 Art.11 Ziff.1 der Allgemeinen Erkärung der Menschenrechte vom 10.12.1948 (Resolution 217 (III) der UN-Generalversammlung GAOR 3rd Sess., Resolutions part I, S.71); Art.14 Abs.2 Internationaler Pakt über bürgerliche und politische Rechte vom 19.12.1966 (BGBl.1973 II, S.1534); Art.6 Abs.2 Europäische Menschenrechtskonvention vom 4.11.1950 (BGBl.1952 II, S.686 mit Änderungen); Art.8 Abs.2 Amerikanische Menschenrechtskonvention vom 22.11.1969 (OAS Official Records OEA/Ser.K/XVI/I.I. Document 65, Rev.1 Corr.2)

hinsichtlich der Strafnormen und im sonstigen Wirtschaftsstrafrecht - und in entsprechender Anwendung auch bei Ordnungswidrigkeiten - einschlägig sein, nicht aber bei vermögensrechtlichen Sanktionen außerhalb des Strafrechts. Auch wenn die bisherige Rechtslage ein Verbot solcher Sanktionen weder nach den UN - Menschenrechtspakten noch nach der Europäischen Menschenrechtskonvention abzudecken scheint, so ist doch eine solche Absicherung durch Fortbildung des Rechts wünschenswert und notwendig. Das völkerrechtliche Verbot der Anordnung eines im Ausland verbotenen Verhaltens genügt bei dualistischem Verhältnis zwischen Völkerrecht und Landesrecht - außer bei Inkorporation des allgemeinen Völkerrechts in nationales Recht - nicht, weil es nur die zwischenstaatliche Rechtslage kennzeichnet und die individuelle Komponente dieser Problematik völlig außer acht läßt.

f) Treu und Glauben

Eine einseitige Grenze staatlicher Rechtsausübung könnte der Grundsatz sein, daß Rechte nur nach Treu und Glauben ausgeübt werden dürfen. An eine Verletzung könnte man etwa dann denken, wenn ein Staat in einem anderen Staat auf eine Selbstbeschränkung der Automobilexporteure, möglicherweise noch durch - nicht zwingende - Mithilfe der ausländischen Regierung, hinwirkt, die erstrebte Verabredung, die Exporte jedes Unternehmens linear um 30 % zu senken, dies dann aber als verbotenes Kartell sanktioniert.

Der Grundsatz von Treu und Glauben ist jedenfalls ein seit den Zeiten von Hugo Grotius anerkannter[2350] allgemeiner Rechtsgrundsatz des Völkerrechts, er gehört darüber hinaus zu den Grundsätzen einer Rechtsordnung schlechthin[2351]. Er begründet jedoch im Regelfall keine selbständigen Rechte und Pflichten, sondern er gestaltet und begrenzt die Aus-

---

[2350] Vgl. hierzu Fikentscher, H., De fide et perfidia, Der Treuegedanke in "Staatsparallelen" des Hugo Grotius aus heutiger Sicht, Berichte der Bayerischen Akademie für Wissenschaften, philosophisch-historische Klasse (1979). Der Grundgedanke des Hugo Grotius war, daß Treu und Glauben, die bona fides die Grundlage der Staatengemeinschaft sei. Dies hat er insbesondere im 6. Kapitel "De fide et per fidia" seines "Parallelon rerum publicarum liber tertius" und in Buch 3, Kapitel 25 seines "De jure belli ac pacis" dargelegt. Das erstere Werk ist, was sein Kapitel 6 betrifft, in der Schrift von Fikentscher auf Seite 89ff. abgedruckt. Die Konzeption von Grotius ist eine naturrechtliche Konzeption. Sie erfaßt insbesondere die Treue als Vertragsgrundlage und als Grundlage des Verhaltens gegen den Feind im Kriege, geht aber auch darüber hinaus.

[2351] Vgl. hierzu Mosler, H., Völkerrecht als Rechtsordnung, ZaöRV 36 (1976), S. 6 - 49, 44 f.; , S. 46 ff., 280 ff.; D'Amato, A., Good Faith, in: Bernhardt, R. (ed.), Encyclopedia of Public International Law, Instalment 7, S. 107 - 109

übung anderweitig begründeter Rechte und Pflichten[2352], auch wenn dieser Grundsatz durch die Entscheidung des IGH im Atomtest - Fall[2353] hinsichichtlich der Begründung der Bindung an einseitige Erklärungen, welche das Vertrauen anderer begründen, scheinbar erweitert wurde.

Aber auch diese letztere Entscheidung paßt in das Gesamtbild des Inhalts von Treu und Glauben, wie es sich im Laufe der Jahrhunderte entwickelt hat. Sowohl als Grundsatz der Vertragsauslegung[2354] wie im Verbot des venire contra factum proprium durch das estoppel - Prinzip[2355], wie auch im genannten Gedanken des IGH prägt sich Treu und Glauben als die Pflicht zur Beachtung einer Erwartung bei anderen Rechtssubjekten aus, welche durch eigenes Handeln geschaffen wurde. Das Vertrauen geht also über die allgemeine Erwartung hinaus, der Andere werde rechtmäßig handeln.

Dieser Grundsatz wird in der Literatur zur Begrenzung extraterritorialer Jurisdiktion teilweise mit anderen Rechtsgrundsätzen zusammen gesehen. So wird geltend gemacht, vom Verbot des Rechtsmißbrauchs lasse er sich kaum unterscheiden[2356]. Teilweise wird auch das letztere Verbot als eine Ausprägung von Treu und Glauben gesehen[2357]. Stern[2358] setzt den Grundsatz mit dem Begriff "raisonnable" gleich und verbindet ihn mit dem Konzept der reasonableness im angelsächsischen Recht wie auch mit den Gedanken des Rechtsmißbrauchs und der Verhältnismäßigkeit. Man sollte jedoch daran festhalten, daß bona fides eine Verpflichtung zur Ausübung eines bestehenden Rechts oder zur Erfüllung einer bestimmten Verpflichtung in Übereinstimmung mit den gerechtfertigten Erwartungen anderer Rechtssubjekte ist, und daß dieses Prinzip weder auf die Mißbrauchsfälle noch auf die Fälle eines relativen Vergleichs der Regelungsinteressen ausgedehnt werden sollte. Denn in beiden Fällen, die nicht Erwartungen anderer, sondern objektive Voraussetzungen betref-

---

2352 Jovanovic, S. , Restriction des compétences discretionnaires des états en droit international public (1988) , S. 216

2353 ICJRep. 1974, S. 268, 419. Vgl, hierzu Ipsen, a.a.O. (Anm. 244) , S. 212 f.

2354 Vgl. insbesondere Art. 31 des Wiener Übereinkommens über das Recht der Verträge vom 23.5.1968, UNDoc. A/Conf.39/27 (BGBl.1985 II, S.927)

2355 Müller, J.P. / Cottier, T., Estoppel, in: Bernhardt, R. (ed.), Encyclopedia of Public International Law, Instalment 7, S. 78 - 81

2356 Kiss, A.-C., L'abus de droit en droit international (1953), S. 192.Ebenso Roulet, J.D., Le caractère artificiel de la théorie de l'abus de droit en droit international public (1958), s. 192

2357 So Verdross / Simma, a.a.O. (Anm. 158); D'Amato, a.a.O., S. 108

2358 Stern, B., Quelques observations sur les règles internationales relatives à l'application extraterritoriale du droit, Annuaire Français du Droit International 32 (1986), S. 7 - 52, 45

fen, gibt es andere Rechtsinstitute zur Behandlung der dort entstehenden Fragestellungen.

Auch für die Problematik der Grenzen extraterritorialer Jurisdiktion hat der Grundsatz der Wahrung von Treu und Glauben durchaus Bedeutung, wie das eingangs dargestellte Fallbeispiel zeigt. Wenn ein Staat selbst durch wirtschaftlichen Druck eine freiwillige Einfuhrbeschränkung Privater in sein Land induziert, so kann er sie nicht dann als Rechtsverletzung verfolgen. Deshalb ist die Äußerung des amerikanischen Justizministeriums, es würde in diesem Fall "aus Gründen der comity .... wahrscheinlich" kein Kartellverfahren einleiten, eine Verkennung der völkerrechtlichen Verpflichtung zu Verhalten nach Treu und Glauben, wenn nicht die ausländische Absprache weiter geht als das, was von der Regierung induziert wurde[2359].

g) Rechtsmißbrauch

(1) Allgemeines

Die Existenz eines völkerrechtlichen Verbots des Rechtsmißbrauchs ist äußerst umstritten. Dies rührt unter anderem daher, daß eine solche Rechtsfigur in der Praxis bisher noch keine Konturen gewonnen hat. Es wurde erstmalig im Entwurf des Statuts des Ständigen Internationalen Gerichtshofs im Jahre 1920 formuliert. Das Verbot wurde öfter von Staaten in ihren Anspruchsbegründungen geltend gemacht, so insbesondere im Barcelona Traction Fall vor dem IGH[2360]. Obwohl das Ergebnis keiner richterlichen Entscheidung sich hierauf stützt, wurde es doch mehrfach als Rechtsprinzip erwähnt[2361].

Es gibt auch im völkerrechtlichen Vertragsrecht Hinweise auf ein Verbot des Rechtsmißbrauchs. Art. 3 der UN-Seerechtskonvention[2362] stellt fest, daß Staaten die Verpflichtungen nach der Konvention nach Treu und Glauben erfüllen müssen und Rechte, "jurisdiction" und Freiheiten nach

---

[2359] Vgl. Die Anwendung der Antitrust - Gesetze auf internationalen Transaktionen. Richtlinien des US-Justizministeriums (1991), Fallbeispiel 16, S. 119 ff.

[2360] Barcelona Traction, Light and Power Company (Second Phase), ICJ Rep. (1970), S. 3 , 17

[2361] So vom StIGH in den Fällen PCIJ Ser. A 7, S. 30, 37 f. - Certain German Interests in Polish Upper Silesia, Merits und PCIJ Ser. A/B 46, S. 167 - Free Zones of Upper Savoy and the District of Gex. Implizit auch vom IGH in ICJRep. 1952, S. 176, 212 - United States Nationals in Morocco sowie von einigen Schiedsgerichtenµ vgl. Norwegischer Fischereistreit S. 141 f.

[2362] vom 10.12.1982 UN Dokument A/CONF. 62/122 and Corr. = ILM 21 (1982), S. 1261

der Seerechtskonvention nur so ausgeübt werden dürfen, daß hieraus kein Rechtsmißbrauch entsteht. Auch hierdurch wird aber nicht klar, welche allgemeinen Voraussetzungen erforderlich sind, um einen solchen Mißbrauch anzunehmen.

Die Unsicherheit wird dadurch verstärkt, daß der Inhalt eines solchen Verbots in der Lehre sehr heterogen definiert wird. Dies gilt zunächst für seine Rechtsqualität. Ein Teil der völkerrechtlichen Lehre sieht in diesem Grundsatz einen allgemeinen Rechtsgrundsatz des Völkerrechts im Sinne des Art. 38 Abs. 1 lit. c des Statuts des IGH[2363]. Bejaht wird ein Mißbrauchsverbot insbesondere im vertraglichen Bereich und innerhalb von internationalen Organisationen[2364]. Kritiker weisen jedoch darauf hin, daß ein solches Verbot in den anglo - amerikanischen ebenso wie in einigen kontinental - europäischen Rechtsordnungen nicht zu finden ist und deshalb kein allgemeiner Rechtsgrundsatz sein kann[2365].

Deshalb wird ein solches Verbot von einem anderen Teil der Völkerrechtslehre abgelehnt[2366]. Bemängelt wird insbesondere, daß es keinen Maßstab für den Mißbrauch gibt. Schwarzenberger[2367] hält das Verbot teilweise für redundant, weil ohnehin rechtswidriges Verhalten dadurch gekennzeichnet werde. Teilweise aber werde es zu extensiv angewendet. Die Schädigung durch Rechtsausübung sei deswegen problematisch, weil jemand, der sein Recht ausübt, dadurch niemanden schädige[2368]. Schwar-

---

2363 Akehurst, M., Jurisdiction in International Law, British Yearbook of International Law 46 (1972/73), S. 145-257, 189; Wengler, W., Völkerrecht, Bd. 1 (1964), S. 370 f.; Jovanovic, S. , Restriction des compétences discretionnaires des états en droit international public (1988) , S. 38, 199 f.; Voss, A., Rechtsmißbrauch im Völkerrecht (1940); Jovanovic, S. , Restriction des compétences discretionnaires des états en droit international public (1988)

2364 Schwarzenberger, G., A Manual of International Law, 6. Aufl.(1976), S. 85

2365 Roulet, J.D., Le caractère artificiel de la théorie de l'abus de droit en droit international public (1958); Neuhaus, R.K., Das Rechtsmißbrauchsverbot im heutigen Völkerrecht (1984) , S. 181 ff.; Schlochauer, H.J., Die Theorie des abus de droit im Völkerrecht, Zeitschrift für Völkerrecht 17(1933), S. 373 - 394; Schwarzenberger, G. / Brown, E. D., A Manual of International Law, 6. Aufl. (1976), S. 85

2366 Rousseau, C., Droit International Public (1970) S.383; Wagner, B., Die Konzentrationskontrolle in der EWG und ihre Bedeutung für Zusammenschlüsse schweizerischer Unternehmen (1982), S. 111; Nordmann, E., Die Beschaffung von Beweismitteln aus dem Ausland durch staatliche Stellen (1979), S. 172 - 177; Schwarzenberger, G. / Brown, E. D., A Manual of International Law, 6. Aufl. (1976), S. 85; Rudolf, W., Territoriale Grenzen der staatlichen Rechtsetzung, Berichte der Deutschen Gesellschaft für Völkerrecht, Heft 11 (1973), S. 7 - 45, 21

2367 Schwarzenberger, G., Uses and Abuses of the Abuse of Rights in International Law, Grotius Society Transactions 42(1957), S. 147 - 179, 152 ff.

2368 Dies aber verkennt die Möglichkeit, daß der Schaden ein deskriptives , die Rechtsausübung dagegen ein normatives Element ist. Auch die Wahrnehmung eines

zenberger verbindet den Begriff des Kerns des Rechtsmißbrauchsverbots vielmehr mit dem Gedanken der "reasonableness" der Rechtsausübung.

Bei den Befürwortern des Verbots gibt es unterschiedliche Auffassungen über seinen Inhalt. Rousseau sieht im Rechtsmißbrauch die Nutzung eines Rechts zu einem anderem als dem von der Rechtsordnung vorgegebenen Zweck[2369]. Nach einer anderen Formulierung soll es sich um den willkürlichen Gebrauch eines Rechts ohne berechtigten Grund handeln, der einem anderen Staat einen Schaden zufügt[2370]. Politis[2371] sieht im Verbot des Rechtsmißbrauchs eine Einschränkung der Wahrnehmung innerer Angelegenheiten aufgrund der "buts sociaux" des Völkerrechts. Eine Wahrnehmung staatlicher Rechte zu anderen Zwecken als derer, um derentwillen sie verliehen wurden, insbesondere zur Schädigung anderer Völkerrechtssubjekte, sei mißbräuchlich und verboten. Das Verbot diene der Kontrolle staatlicher Rechtsausübung.

Auch Kiss[2372] sieht im völkerrechtlichen Verbot eines Rechtsmißbrauchs - als allgemeinem Rechtsgrundsatz - ein Instrument der internationalen Kontrolle staatlicher Kompetenzausübung. Er nennt drei Fallgestaltungen: den übermäßigen Eingriff in die inneren Angelegenheiten eines anderen Staates bei erlaubter Anknüpfung, die Absicht der Schädigung des anderen Staates und die mißbräuchliche arbiträre Ermessensausübung. Bestehende Staatenkompetenzen werden durch das Verbot eingeschränkt. Die dritte Fallgestaltung wird mit einem Verbot des "détournement de pouvoir" gleichgesetzt. Insgesamt werde verhindert, daß "summum ius" "summa iniuria" werde, womit auch der Gesichtspunkt des Übermaßverbots angesprochen wird.

Leibholz[2373] leitet aus dem Verbot des Rechtsmißbrauchs ein völkerrechtliches Willkürverbot ab. Er sieht es als allgemeinen Grundsatz an, welcher der Völkerrechtsordnung inhärent sei. Es wird nach diesem Ansatz zum Maßstab einer völkerrechtlichen Ermessenskontrolle. Staatliche Rechtsausübung wird zur gebundenen Ermessensentscheidung. Damit wird eine Flexibilisierung der Völkerrechtsordnung hin zur Gewährlei-

---

Rechts kann tatsächlich schädigen. Es kommt vielmehr darauf an, ob die Rechtsordnung einen solchen Schaden hinnimmt oder verhindern will

2369 Rousseau, C., Droit International Public (1970), S. 383

2370 Oppenheim, L./ Lauterpacht, H., International Law, 7. Aufl. (1950), S.313

2371 Politis, N., Le problème des limitations de la souveraineté et la théorie de l'abus des droits dans les rapports internationaux, RdC 6 (1925 II), S. 5-121

2372 Kiss, A.-C., L'abus de droit en droit international (1953), insbesondere S. 179 ff.; ders. in: Bernhardt, R. (ed.), Encyclopedia of Public International Law, Instalment 7, S.1 - 5

2373 Leibholz, G., Das Verbot der Willkür und des Ermessensmißbrauches im völkerrechtlichen Verkehr der Staaten (1929), S. 2 ff.

stung einer gerechten Problemlösung erreicht. Leibholz sieht das Verbot als allgemeinen Rechtsgrundsatz an.

Jovanovic sieht im Verbot des Rechtsmißbrauchs eine Bestimmung von Grenzen staatlicher Tätigkeit, die auch Kompetenzgrenzen beinhaltet[2374]. Die Finalität der Kompetenzverleihung durch das Völkerrecht ist der Überprüfungsmaßstab. Kompetenzen dürften nur "raisonnablement" ausgeübt werden. Diese Auffassung schließt sich also eng an den englischen Begriff der "reasonableness" an. Beide Rechtsinstitute sind in dieser Auffassung verschmolzen. Nur manifest "unvernünftiges" Verhalten sei rechtsmißbräuchlich. Dies erfordere Zielwidrigkeit oder détournement de pouvoir oder schließlich einen Verstoß gegen Treu und Glauben.

Akehurst[2375] sieht eine Rechtsmißbrauch dann, wenn andere Staaten geschädigt werden, ohne daß irgendein legitimes Interesse des regelnden Staates verfolgt wird. Er nennt den hypothetischen Fall, daß England seine Staatsbürger anweisen würde, auch in anderen Straßen mit ihren Kraftfahrzeugen auf der linken Straßenseite zu fahren. Ein Rechtsmißbrauch liege auch vor, wenn eine Gesetzgebung darauf abziele, eigene Interessen illegitim auf Kosten anderer Staaten durchzusetzen[2376].

Ein Teil der völkerrechtlichen Autoren nimmt an, daß das Verbot des Rechtsmißbrauchs eine taugliche Grenze für extraterritoriale Jurisdiktion ist[2377]. Zuweilen wird aber auch bewußt offengelassen, ob sich eine Be-

---

2374 Jovanovic, S. , Restriction des compétences discretionnaires des états en droit international public (1988) , S. 87 ff.

2375 Akehurst, M., Jurisdiction in International Law, British Yearbook of International Law 46 (1972/73), S. 145-257, 188

2376 Als Beispiel nennt er a.a.O. einen amerikanischen Gesetzgebungsvorschlag aus den zwanziger Jahren, wonach Seeleute auf ausländischen Schiffen beim Einlaufen in amerikanische Häfen die Hälfte ihrer Heuer verlangen können sollten, auch wenn das Recht des Flaggenstaates eine Entlohnung erst später vorsah

2377 Kaffanke, J., Nationales Wirtschaftsrecht und internationale Wirtschaftordnung (1990), S. 284; Feldman, M.B., The Restructuring of National Security Controls under the 1985 Amendments to the Export Administration Act: Multilateral Diplomacy and the Extraterritorial Application of United States Law, Stanford Journal of International Law 21 (1985), S. 235-279, 174; Rehbinder in: Immenga, U. / Mestmäcker, E.-J., GWB. Kommentar (1992), § 98 Abs. 2, Rn. 21; Homburger, E./ Jenny, H., Internationalrechtliche Aspekte des EWG-Wettbewerbsrechts. Zur Anwendung der wettbewerbsrechtlichen Bestimmungen des EWG-Vertrages auf in Nichtmitgliedstaaten veranlaßte Wettbewerbsbeschränkungen, (1966), S. 54; Meng, W., Völkerrechtliche Zulässigkeit und Grenzen wirtschaftsverwaltungsrechtlicher Hoheitsakte mit Auslandswirkung, ZaöRV 44 (1984), S. 675 - 783, 764; anders noch Meng, W., Neue Entwicklungen im Streit um die Jurisdiktionshoheit der Staaten im Bereich der Wettbewerbsbeschränkungen, ZaöRV 41 (1981), S. 469 - 513, S. 504. Meessen, K. M., Kollisionsrecht der Zusammenschlußkontrolle (1984), S. 34 f. sieht das Prinzip als Ausgangspunkt der Bildung von Völkergewohnheitsrecht. Im Bereich der Jurisdiktionskonflikte sei es, weil sich eine gegrenzung extraterritorialer Jurisdiktion aus einer erforderlichen Qualifizierung des Anknüpfungspunktes oder aus einer Begrenzung durch das Verbot des Rechtsmißbrauchs ergibt[2378]. Meessen[2379] sieht im Rechtsmißbrauchsverbot eine im außerordentlichen Einzelfall anwendbare Korrektur - Norm, welche aber nicht geeignet ist, allgemeine Verhaltens - Kriterien für die Rechtsausübung zu bieten. Es könnte aber auch für die Herausbildung einer neuem Verhaltensnorm durch sich entwickelnde Kasuistik geeignet sein.

Delbrück und Wolfrum[2380] sehen im Rechtsmißbrauchsverbot eine generelle Einschränkung extraterritorialer Jurisdiktion. Die Staaten dürften nicht ohne ausreichenden Anknüpfungspunkt regeln, andererseits führe das Verbot aber auch nicht zu einer vollständigen Abgrenzung exklusiver Regelungsbereiche der Staaten. Nur Inlandsauswirkungen dürften geregelt werden, dagegen dürfe keine Regelung des fremden Wirtschaftsverkehrs erfolgen. Hier wird also das Verbot des Rechtsmißbrauchs in erster Linie gleichgesetzt mit dem Prinzip des hinreichenden Anknüpfungspunktes.

Diese Sicht verquickt die Frage, ob überhaupt ein Recht zur Jurisdiktionsausübung besteht, mit dem Problem des Rechtsmißbrauchs. Hat ein Staat keinen hinreichenden Anknüpfungspunkt, so ist seine Jurisdiktion völkerrechtswidrig. Nicht jede Rechtswidrigkeit aber ist einem Rechtsmißbrauch gleichzusetzen. Die Besonderheit des Rechtsmißbrauchs ist, daß eine entsprechende Rechtswahrnehmung per se unter normalen Umständen vollständig rechtmäßig wäre und nur unter den konkreten Umständen des Einzelfalls nicht zulässig ist. Nicht einschlägig ist das Rechtsmißbrauchsverbot dagegen bei der Frage, ob ein Staat überhaupt eine hinreichende Anküpfung für die Jurisdiktion besitzt[2381]. Denn dies ist die bereits vorgelagerte Frage des Bestehens der Jurisdiktionhoheit. Das Verbot kommt nur dann zur Anwendung, wenn diese vorliegt und es nur um die Rechtmäßigkeit der Ausübung im konkreten Fall geht[2382].

---

wohnheitsrechtliche Pflicht zu Abwägung herausgebildet habe, aber bis auf die Fälle überflüssig geworden, in denen ein krasses Mißverhältnis ziwschen Eingriff und Eingriffsziel bestehe.

2378 Ulmer, P./ Klaue, S., Adressaten des Europäischen Kartellrechts unter besonderer Berücksichtigung der Anilinfarben-Entscheidung der europäischen Kommission, in: Deringer, A. u.a., Fragen des europäischen Kartellrechts (1970), S. 51-70, 61, 67

2379 Meessen, a.a.O. (Anm. 39) , S. 199 f.

2380 Dahm, G.,/ Delbrück, J./ Wolfrum, R., , a.a.O. (Anm. 15), S. 315 ff.

2381 Jovanovic, S. , Restriction des compétences discretionnaires des états en droit international public (1988), S. 130

2382 A. A. Nordmann, E., Die Beschaffung von Beweismitteln aus dem Ausland durch staatliche Stellen (1979), S. 173 f.; Hanappel, W., Staatsangehörigkeit und Völkerrecht (1986); vgl. BVerwGE 23, 272, 274

So weit das Verbot des Rechtsmißbrauchs mit dem Grundsatz der Wahrung von Treu und Glauben verbunden wird, werden ebenfalls zwei heterogene Gesichtspunkte miteinander verknüpft. Beide Grundsätze betreffen die Rechtsausübung, erfassen aber unterschiedliche Sachverhalte[2383]. Während der Rechtsmißbrauch die Wahrnehmung eines Rechts objektiv erfaßt, bezieht sich das Gebot der Wahrung von Treu und Glauben auf die subjektive Erwartung anderer Völkerrechtssubjekte aus einem Vertrag oder einseitigen Verhalten.

Somit bleiben als mögliche Inhalte der Ermessensmißbrauch, die Zweckwidrigkeit, das Willkürverbot, die Schädigung durch Rechtsausübung, und das Übermaßverbot. Wie aber insbesondere Neuhaus sorgfältig rechtsvergleichend dargetan hat[2384], ist es nicht möglich, das Verbot des Rechtsmißbrauchs mit allen diesen Inhalten als einen gemeinsamen Rechtsgrundsatz aller Rechtsordnungen der Welt in das Völkerrecht zu übernehmen.

Dies ist aber auch nicht notwendig. Denn hier gibt wiederum die durch die allgemeinen Grundsätze des Völkerrechts geprägte Grundstruktur dieser Rechtsordnung eine Antwort aus dieser Ordnung selbst heraus. Diese Struktur ist es auch, die den Mißbrauch erst konkretisierbar macht. Insoweit kann angesichts der Unterschiede in den Strukturen der nationalen Rechtsordnungen untereinander und im Verhältnis zum Völkerrecht auch ein allen diesen Rechtsordnungen gemeinsamer Grundsatz, der alle diese Aspekte umfaßt, gar nicht gefunden werden. Vielmehr muß das Völkerrecht hier als eine besondere Rechtsordnung mit ihr eigenen Bedingungen gesehen werden[2385].

(2) Das Verbot als allgemeiner Grundsatz des Völkerrechts

Es kann hier nicht darum gehen, das Verbot des Rechtsmißbrauchs in allen seinen möglichen Facetten zu beleuchten. Vielmehr soll hier seine Funktion als Grenze staatlicher Jurisdiktionausübung speziell betrachtet werden. Das Völkerrecht gewährt den Staaten den Schutz des domaine réservé, es gestattet ihnen aber auch, zur Wahrnehmung ihrer souveränen Hoheitsbereiche, die bereits eingehend erörtert wurden, extraterritoriale Jurisdiktion auszuüben und somit Sachverhalte zu regeln, welche auch zum - nunmehr nicht mehr exklusiven - Hoheitsbereich anderer Staaten gehören. Diese Gemeinsamkeit der Regelungsbefugnis hinsichtlich des

---

[2383] A.A. D'Amato, Good Faith, in: Bernhardt, R. (ed.), Encyclopedia of Public International Law, Instalment 7, S. 107 - 109, der das Verbot des Rechtsmißbrauchs im Prinzip der Wahrung von Treu und Glauben aufgehen läßt

[2384] A.a.O., passim

[2385] Kiss, A.-C., L'abus de droit en droit international (1953), S. 189

gleichen Gegenstandes beseitigt aber nicht das Grundprinzip des Völkerrechts, wonach staatliche Souveränitätsausübung im Bereich des domaine réservé eigenverantwortlich den Staaten überlassen wird.

Vielmehr wird nur der Schutz wegen der gemeinsamen Hoheitsbefugnisse zweier Staaten relativiert. Würde man annehmen, daß nunmehr beide Staaten völlig frei wären, so würde die Macht entscheiden und der rechtliche Schutzwille des Völkerrechts ohne Notwendigkeit völlig aufgegeben. Aus diesem Willen, der auch den Regelungswillen beinhaltet, muß man vielmehr ableiten, daß die Staaten die Regelungsinteressen des jeweils anderen Staates berücksichtigen müssen und möglichst wenig beeinträchtigen dürfen. Dieser Gesichtspunkt ist in der völkerrechtlichen Lehre und Praxis unter verschiedenen Aspekten bereits berücksichtigt worden.

(3) Reasonableness, Zweckwidrigkeit

In der Literatur wird teilweise angenommen, daß die "reasonableness" staatlichen Verhaltens ein allgemeiner Rechtsgrundsatz des Völkerrechts sei[2386]. Stern[2387] leitet diesen Grundsatz aus dem Verbot des Rechtsmißbrauchs und aus der Erforderlichkeit eines Anknüpfungspunktes her. Es müsse ein angemessenes Verhältnis zwischen dem Inhalt der Rechtsnorm und der Funktion der Anknüpfung bestehen. Hierdurch würden alle Anknüpfungen begrenzt, auch diejenigen nach dem Territorialitäts- und dem Personalitätsprinzip.

Jovanovic[2388] sieht den Begriff "raisonnable" bzw. "reasonable" als Korrelat zu der Tatsache, daß das Völkerrecht den Staaten Kompetenzen zur Verfolgung bestimmter Zwecke einräumt, die dann nach vernünftigem Ermessen, eben "reasonably" ausgeübt werden müssen. In diesem Sinne verbirgt sich hinter dem Begriff der "resonableness" eine Ermessensschranke beziehungsweise ein Kontrollmaßstab für die Ermessensüberprüfung.

In der Rechtsprechung des Internationalen Gerichtshofs finden sich mehrere Hinweise auf die reasonbleness. Im Gutachten über die Mitglied-

---

[2386] Jovanovic, S. ; Restriction des compétences discretionnaires des états en droit international public (1988) spricht von der "notion du déraisonnable"; Lowe, A.V., Extraterritorial Jurisdiction, The British Practice, RabelsZ 52 (1988), S. 157-204

[2387] Stern, B., Quelques observations sur les règles internationales relatives à l`application extraterritoriale du droit, Annuaire Français du Droit International 32 (1986), S. 7 - 52, 45 ff.

[2388] Jovanovic, S. , Restriction des compétences discretionnaires des états en droit international public (1988), S. 141 ff.

schaft in den Vereinten Nationen[2389] wird sie zusammen mit der bona fides offensichtlich als einheitlicher Grundsatz der Vertragsauslegung genannt. Das gleiche gilt vom Fall der amerikanischen Staatsangehörigen in Marokko[2390] Im britisch - norwegischen Fischereistreit[2391] wird sie als ein bei der Abgrenzung der Basislinien zu beachtender Gesichtspunkt verwendet und gegen den "offensichtlichen Mißbrauch" gestellt.

Im Barcelona Traction - Fall[2392] formuliert der Gerichtshof allgemeiner: "... in the field of diplomatic protection as in all other fields of international law, it is necessary that the law be applied reasonably". Dies ist bezogen auf "considerations of equity", die für die ausnahmsweise Möglichkeit eines Schutzes von Anteilsinhabern durch ihren Heimatstaat sprechen könnnten, welche sich aus der "discretionary nature of diplomatic protection" ergebe. Hier werden also Gesichtspunkte des Ermessens mit der equity[2393] und der reasonableness gepaart. Ähnliches wird im Festlandsockelstreit zwischen Tunesien und Libyen[2394] gesagt: "It is clear that what is reasonable and equitable in any given case must depend on its particular circumstances".

Reasonableness als Begriff hat keine positive Entsprechung in der Dogmatik kontinentaleuropäischer Rechtsordnungen. Die Vernunft aber ist in der Rechtsphilosophie seit langer Zeit als Bestandteil des Rechtssystems anerkannt. Ohne daß hier auf die lange Tradition des rationalistischen Naturrechts eingegangen werden muß, sollte gerade im Völkerrecht darauf hingewiesen werden, daß Hugo Grotius das Recht als "dictamen rectae rationis"[2395] bezeichnete. Es geht bei der Frage nach Normativität und Inhalt der reasonableness aber nicht um die philosophische Frage nach dem richtigen Recht, sondern um einen Aspekt der Rechtsanwendung[2396].

Aus der reasonableness ergeben sich keine eigenen Rechte und Pflichten, sondern solche bei der Wahrnehmung von anderweitig begründeten Rechten oder der Erfüllung anderer Pflichten. Sie ist ein Beurteilungsgesichtspunkt einer Rechtsbehauptung. Ihr Maßstab sind die allgemeinen Grundsätze des Völkerrechts, welche die Werte und Ziele vorgeben, die

---

[2389] ICJRep. 1948, S. 57, 63

[2390] ICJRep. 1952, S. 212

[2391] ICJRep. 1951, S. 116, 140 f.

[2392] ICJRep. 1960, S.3, 48 - Second Phase

[2393] Der Gerichtshof spricht a.a.O. auch von "equitable basis" und "equitable considereations"

[2394] ICJRep. 1982, S. 18, 60 - Merits

[2395] De iure belli ac pacis Lib. I, cap. I, 10

[2396] Vgl. auch Bleckmann, A., Grundprobleme und Methoden des Völkerrechts (1982), S. 291 - 295

der Rechtsausübung in dieser Rechtsordnung zugrundeliegen. Damit ist die reasonableness keine eigene Rechtsnorm, sondern eine methodische Voraussetzung zur Auslegung und Ausfüllung dieser Rechtsnormen. Ihr Ergebnis ist normativ, sie selbst aber steht auf einer Stufe mit anderen methodischen Gesichtspunkten wie etwa der Logik[2397]. Sie ist bei der Vertragsauslegung ebenso zu berücksichtigen wie bei der Bestimmung des Umfangs und der Grenzen gewohnheitsrechtlicher und sonstiger völkerrechtlicher Rechte und Pflichten.

Reasonableness ermöglicht die Begrenzung eines Beurteilungsspielraums[2398], welcher durch diese Normen oder durch die Interpretation von Normen gegeben wird. Sie ist bei der Lückenfüllung gleichfalls eine unentbehrliche Orientierung. Der Beurteilungsspielraum, welcher durch die notwendige Unschärfe der meisten Rechtsnormen entsteht, kann von einem internationalen Gericht anhand der reasonableness überprüft werden, wenn es Streitigkeiten zwischen Völkerrechtssubjekten entscheidet. Er ist aber auch ein Problem der Bestimmung von Inhalt und Grenzen der Normen durch die Völkerrechtssubjekte selbst.

Dieser Spielraum wird begrenzt durch die Finalität völkerrechtlicher Rechte und Pflichten. Reasonableness ist ein Gesichtspunkt des Zwecks, zu dem ein Recht eingeräumt ist, unreasonableness gleichbedeutend mit der Zweckwidrigkeit seiner Ausübung, welche ein Rechtsmißbrauch ist. Wird ein Recht entgegen dem Zweck ausgeübt, zu dem es vom Völkerrecht akzeptiert oder gewährt wurde, so wird es mißbraucht, obwohl seine formalen Voraussetzungen eingehalten werden[2399]. Dies wird etwa bei der Anknüpfung an das Territorialitätsprinzip deutlich. Sie steht gegenüber allen Personen und Sachverhalten zur Verfügung, welche sich auf dem Territorium des regelnden Staates befinden. Da die Territorialhoheit eines Staates völkerrechtlich anerkannt und geschützt ist, müssen andere Staaten sich jeder Störung ihrer Ausübung enthalten[2400]. Eine hierauf gestützte Regelung darf aber nicht jedweden Inhalt haben, wenn diese Personen und Sachverhalte gleichzeitig der Jurisdiktionsgewalt auch eines anderen Staates unterliegen. Dies ist die Konsequenz der Tatsache, daß es sich dabei um etwas beiden Staaten Gemeinsames handelt.

2397 Recaséns - Siches, L., La logique matérielle du raisonnement juridique, in: Le raisonnement juridique (Hrsg. H. Hubien) (1971), S. 129-136, 133 fordert sogar, die juristische Logik müsse eine "Logik des Vernünftigen" sein

2398 Perelman, Ch., Le raisonnable et le déraisonnable en droit, Archives de Philosophie du droit 23 (1978), S. 35 - 42; Salmon, J.J.A., Le concept de raisonnable en droit international public, in: Mélanges offerts à Paul Reuter (1981), S. 447 - 478

2399 Voss, A., Rechtsmißbrauch im Völkerrecht (1940), S. 130

2400 Zitelmann, E. Internationales Privatrecht, Bd.1 (1897) S. 93

Das Territorialitätsprinzip ist nämlich kein Begriff, der einfach die Tatsache umschreibt, daß ein Staat auf seinem Territorium Macht ausüben darf. Es ist ein normatives Prinzip, welches für die Jurisdiktion die Folgerung aus Souveränität und Verantwortlichkeit zieht. Wenn auch das Völkerrecht in diesem Fall nicht über die Fragen der Rechtmäßigkeit einer Norm nach innerstaatlichem Recht befindet, so sagt es doch, wo die Grenzen der Jurisdiktion - auch auf der Grundlage des Territorialitätsprinzips - im Verhältnis zu anderen Staaten liegen.

Die Anknüpfung ist keine mechanistische Verbindung zwischen Staatsgebiet und Personen, Sachen oder Sachverhalten. Sie hat einen funktionalen Hintergrund und eine Finalität. Hier ist wiederum auf die enge Verbindung zwischen Territorialhoheit und Ordnungshoheit hinzuweisen. Das Territorialitätsprinzip gestattet es dem Staat, all das zu regeln, was direkt die Rechtsverhältnisse an seinem Territorium betrifft, aber auch alles, was den Rahmen der Lebensordnung und die Teilnahme von Personen hieran betrifft. Er kann diesen Personen Rechte verleihen, sie schützen und ihnen Pflichten auferlegen, welche diese Teilnahme betreffen. Das Territorialitätsprinzip ist deshalb nicht auf Handlungen auf diesem Territorium beschränkt. Dies zeigt sich bereits am objektiven Territorialitätsprinzip im Strafrecht, welches den Schutz der Menschen bezweckt, die an der inländischen Lebensordnung teilnehmen. Andererseits ist aber das Territorialitätsprinzip final durch die genannten Gesichtspunkte beschränkt[2401].

So weist Isay zu Recht darauf hin, daß die territoriale Jurisdiktion dem Staat ein Recht auf Selbsterhaltung gibt, das Fremde in diesem Staatsgebiet ohne weiteres diesem Recht unterwirft mit Vorrang vor dem Heimatrecht, soweit dies die Erhaltung der staatlichen Ordnung im Inland erfordert wie etwa bei Polizeit- und Gewerberecht oder dem Immobiliarrecht[2402]. Andererseits wird geltend gemacht, daß ein Staat aufgrund seiner Territorialgewalt es nicht einem Ausländer in seinem Gebiet unmöglich machen darf, seiner Treuepflicht gegenüber seinem Heimatstaat nachzukommen[2403].

2401 Mann, F.A., The Doctrine of International Jurisdiction Revisited after 20 Years, RdC 186 (1984 III), S. 9 - 116 , 24

2402 Isay, E., Internationales Verwaltungsrecht, in: Stier-Somlo, F. / Elster, A. (Hrsg.), Handwörterbuch der Rechtswissenschaft, Bd.3 (1928), S. 344-356, 349

2403 Doehring, K., Allgemeine Staatslehre (1991) S. 30; Heiz, R., Das fremde öffentliche Recht im internationalen Kollisionsrecht (1959) S. 34; Böckenförde, H., Die Teilung Deutschlands und die deutsche Staatsangehörigkeit, in: Epirrhosis. Festgabe für Carl Schmitt (1968), S. 423 - 463, 433 sagt, Personalhoheit und Territorialhoheit dürften nicht gegeneinander ausgespielt werden.

Nach Isay[2404] darf ein Staat auch keinen Fremden zu einer Dienstpflicht wie etwa dem Wehrdienst heranziehen, soweit dieser ein besonderes Treueverhältnis zum jeweiligen Staat voraussetzt. Er dürfe nur solche Pflichten auferlegen, die Vorteilen entsprächen, welche der Ausländer im Inland erhalte, was etwa bei öffentlichen Abgaben für in Anspruch genommene Leistungen der Fall sei. Steuerpflichten dürften nur bei Äquivalenz der territorialen Beziehung zur Steuerleistung auferlegt werden. Anzeigepflichten, Zeugen - Aussagepflichten und Hilfeleistungspflichten könnten dagegen selbst einem nur vorübergehend im Inland anwesenden Fremden auferlegt werden.

Zitelmann[2405] geht davon aus, daß ein Staat auf seinem Staatsgebiet alle möglichen Handlungsinhalte regeln darf. Er darf dort Handlungen und Unterlassungen gebieten, die Rechtsgüter auf dem Staatsgebiet schützen und insbesondere sein Strafrecht auch auf Ausländer anwenden[2406]. Andererseits aber gebe das Völkerrecht dem Heimatstaat die ausschließliche rechtliche Macht zur Regelung von Inhalten der Personalhoheit wie etwa Dienstleistungspflichten. Diese wechelseitige Exklusivität verhindert aber auch nach ihm nicht, daß Konflikte zwischen rechtlichen Anordnungen unter beiden Gesichtspunkten auftreten, die er in der Regel zugunsten der Personalhoheit auflöst[2407].

Immer dann, wenn ein Bezug zur eigenen Staatsordnung und damit zum eigenen Territorium vorliegt, dürfen Staaten einen Sachverhalt regeln. Die finale Begrenzung des Territorialitätsprinzips greift also nur dann ein, wenn kein solcher Bezug vorliegt[2408]. Dies bedeutet nicht, daß nicht ein Staat aufgrund seiner Territorialhoheit auch Regeln erlassen darf, welche mit Regeln, welche von einem anderen Staat aufgrund seiner Personalhoheit dem Adressaten auferlegt wurden, kollidieren. So wäre es etwa denkbar, daß im Kriegsfall ein Staat Ausländer aus einem Feindstaat interniert, um sie am Antritt ihres Wehrdienstes im Heimatstaat zu hindern. Es bedeutet nur, daß nicht ein Staat ohne Bezug zum eigenen Territorium und zur eigenen Ordnung Regelungen nur zu dem Zwecke erlassen darf, um extraterritoriale Anordnungen eines anderen Staates zu neutralisieren, wenn dieser völkerrechtsgemäß handelt.

Hierher gehört die Frage derjenigen Abwehrgesetze im Kartellrechtsbereich, die eine "claw back" - Bestimmung enthalten. Denn hier wird die

---

2404 Isay, E., Internationales Verwaltungsrecht, in: Stier-Somlo, F. / Elster, A. (Hrsg.), Handwörterbuch der Rechtswissenschaft, Bd.3 (1928), S. 344-356, 354 f.

2405 Zitelmann, E. Internationales Privatrecht, Bd. 1 (1897) S. 91

2406 a.a.O., S. 99

2407 a.a.O., S. 98

2408 Mann, F.A., The Doctrine of International Jurisdiction Revisited after 20 Years, RdC 186 (1984 III), S. 9 - 116 , 25

Schadensersatzbestimmung eines ausländischen Rechts, die Personen trifft, welche an der ausländischen Wirtschaftsordnung unter Kenntnis ihrer Regeln teilgenommen haben, durch eine Rückzahlungsklagemöglichkeit neutralisiert. Dies geschieht zwar deshalb, weil Inländer vor hohen Ersatzforderungen bewahrt werden sollen, betrifft aber keinen Fall, bei dem die Teilnahme an der inländischen Ordnung in Frage steht. Wenn das ausländische Gesetz die völkerrechtlichen Grenzen der Jurisdiktion beachtet, also rechtmäßig ist, so ist auch kein Gesichtspunkt der Personalhoheit ersichtlich, wonach der Heimatstaat hiergegen Schutz gewähren dürfte. Schließlich reicht auch die Tatsache, daß sich die Kläger auf dem Territorium des Gerichtsstaates befinden, für eine solche Regelung nicht aus. Denn der geregelte Sachverhalt betrifft nur die Ordnung auf dem ausländischen Territorium. Eine solche Regelung ist, da sie zu keinem der Hoheitsbereiche des regelnden Staates Bezug hat, völkerrechtswidrig.

Eine weitere Grenze ist die Dauer des Aufenthalts auf dem Territorium. Alle Personen - wie auch Sachen - auf einem Territorium sind zwar der Gebietshoheit unterworfen. Es kommt dabei nicht darauf an, welcher Nationalität sie sind[2409]. Aber diese Hoheit geht nur so weit, wie sie an der Lebensordnung auf diesem Gebiet teilnehmen. John Locke sah hier offensichtlich noch keine Grenze:

> "... is as far forth obliged to Obedience to the Laws of that Government, during... a Lodging only for a Week; or whether it be barely travelling freely on the Highway; and in Effect, it reaches as far as the very being of any one within the Territories of that Government"[2410]

Zitelmann dagegen sah in dem Fall kurzer Anwesenheit diese Hoheit als beschränkt an[2411]. Pauschale Lösungen werden dem Problem aber nicht gerecht. Die Dauer des Aufenthalts ist irrelevant, wenn es um die Regelung des Verhaltens dieser Person auf dem Territorium geht. Nur im Verfahrensrecht ist dieses Problem bei der bereits besprochenen "tag jurisdiction" aufgetreten. Dies betrifft aber nur die personal jurisdiction, die im anglo - amerikanischen Recht von der subject matter jurisdiction unterschieden werden muß[2412]. Grundsätzlich erfaßt die materielle Jurisdiktion über Ausländer nur Fragen ihrer Anwesenheit. Nur wenn diese

---

2409 Fricker, C.V., Gebiet und Gebietshoheit (1901), S. 111

2410 Locke, J., Two Treatises of Government (Ausgabe P. Laslett 1960), § 120

2411 a.a.O., S. 84

2412 Schwartz, I.E., Anwendbarkeit nationalen Kartellrechts auf internationale Wettbewerbsbeschränkungen, in: Kartelle und Monopole im modernen Recht (1961) Bd. II, S. 673-699, 673 f.; Blechman, M.D., Remarks on Subject Matter Jurisdiction, Vanderbilt Journal of Transnational Law 17 (1984), S. 59-68

durch ein formelles Aufenthaltsrecht oder durch einen längeren tatsächlichen Aufenthalt formalisiert wird, kann der Staat darüber hinausgehen und eine solche Person etwa einer Besteuerung wie Inländer unterwerfen.

Ob in diesen Fällen Ausländer dem Wehrdienst oder sonstigen staatsbürgerlichen Ehrenpflichten unterworfen werden dürfen, ist streitig[2413], in der Staatenpraxis aber durchaus vorgekommen. Auch in diesem Fall ist eine pauschale Beurteilung unangemessen. Jedenfalls dann, wenn ein Ausländer langfristig im Inland ansässig ist, die Vorteile der inländischen Lebensordnung vollständig genießt und möglicherweise sogar noch wahlberechtigt ist, dürfte seine Heranziehung zu Dienstleistungen und zur Verteidigung dieser Ordnung zulässig sein. Die immer stärkere Rechtsstellung aufenthaltsberechtigter Ausländer aufgrund moderner Entwicklungen in vielen Staaten macht hier eine Differenzierung der Beurteilung notwendig. Dies zeigt sich auch an der bereits erörterten Ausdehnung des Personalitätsprinzips auf aufenthaltsberechtigte Ausländer. In diesem Fall aber wird ein Konflikt mit der Personalhoheit des Staates möglich, dessen Staatsangehöriger der Ausländer jedenfalls formal noch ist.

Auch das Personalitätsprinzip hat unter dem Gesichtspunkt der Finalität der Personalhoheit Grenzen. Nur dasjenige, was vom Treueverhältnis aufgrund der Personalhoheit umfaßt ist, darf auf dieser Grundlage geregelt werden. Die Personalhoheit begründet keine volle Jurisdiktionsbefugnis über alle Sachverhalte, an welchen eigene Staatsangehörige wo auch immer auf der Welt beteiligt sind. Wie das Strafrecht zeigt, geht diese Hoheit zwar über den Bereich der typischen staatsbürgerlichen Rechte und Pflichten, welche auch im Inland nur Inländern zustehen, wie etwa das Wahlrecht und gegebenenfalls auch eine Wahlpflicht oder das Recht und die Pflicht, Militärdienst abzuleisten, hinaus. Aber hierdurch darf nichts angeordnet werden, was im Aufenthaltsstaat rechtmäßig aufgrund der Territorial- und Ordnungshoheit verboten ist und umgekehrt nicht verboten werden, was dort angeordnet ist.

Ein Beispiel hierfür ist etwa das Verhalten im Straßenverkehr. Ein Staat darf nicht seinen Staatsbürgern im Ausland ein Verhalten gebieten, welches dort anders geregelt ist. Die rechtmäßig zu benutzende Fahrbahnseite oder Höchstgeschwindigkeiten darf nur der Territorialstaat festlegen. Zu diesem Themenkreis gehört auch das Beispiel, daß der italienische Staat aufgrund des Personalitätsprinzips allen Mitgliedern der faschistischen Partei die Verpflichtung auferlegte, auch im Ausland die

---

[2413] Vgl. hierzu Berber, F., Lehrbuch des Völkerrechts, Bd. 1, 2. Aufl. (1975), S. 409; Jaenicke, G./ Doehring, K. Die Wehrpflicht von Ausländern, ZaöRV 16 (1956), S. 523 - 566

Schwarzhemden zu tragen[2414]. Hiergegen erließ dann der Schweizer Kanton Tessin ein Abwehrgesetz, was eine solche Bekleidung verbot. Es ging nach den erörterten Grundsätzen der italienischen Anordnung vor, denn das äußere Erscheinungsbild von Personen auf dem eigenen Staatsgebiet darf ein Staat im Rahmen seiner verfassungsrechtlichen Vorschriften selbst regeln. In den Fällen der sittlichen Motivation oder der Verhinderung von Unfrieden stiftenden Provokationen düfte dies evident sein.

Auch der bereits erörterte Fall, daß ein Staat seinen Staatsangehörigen ein bestimmtes Verhalten in einer fremden Wirtschaftsordnung vorschreibt, muß unter diesem Aspekt betrachtet werden. Wenn er etwa bei Reexportverboten sicherheitspolitische Gründe hat, so ist die Anordnung von der Personalhoheit gedeckt, denn die Staatsangehörigen müssen zur Sicherheit und der Bestandserhaltung ihres Staates besonders beitragen. Geht es aber nur darum, in die fremde Ordnung einzugreifen und sie damit zu stören, um der eigenen Wirtschaft hierdurch Vorteile zu verschaffen, so dürften die eigenen Staatsangehörigen, welche im Ausland Wirtschaft treiben, hierzu nicht aufgrund des Personalitätsprinzips instrumentalisiert werden.

Schließlich begrenzt der Gesichtspunkt der Zweckwidrigkeit in gleicher Weise auch Regelungen aufgrund der Ordnungshoheit. Sie legitimiert nur Regeln hinsichtlich der Teilnahme etwa an der eigenen Wirtschaftsordnung. Dies ist fällt aber bei der Ordnungshoheit zusammen mit der Frage der hinreichenden Anknüpfung, weil sie, anders als die Territorial- und Ordnungshoheit, von vornherein nur die Regelung der eigenen Ordnung zum Gegenstand hat und somit Regelungsziel und Regelungsgegenstand zusammenfallen. Hier bestünde überhaupt kein Anknüpfungspunkt für die Regelung ausschließlich des Verhaltens in einer fremden Ordnung oder auf fremdem Territorium.

Die völkerrechtliche Beschränkung der Territorial- und Personalhoheit unter dem Gesichtspunkt gilt wohlgemerkt nur dann, wenn die Juridiktionsbefugnisse zweier Staaten über den gleichen Sachverhalt oder die gleiche Person sich überschneiden und miteinander kollidieren. Dies ist etwa der Fall bei der Kollision von extraterritorialer Anordnung mit einer gegenteiligen Anordnung des Aufenthaltsstaats des Adressaten. Will ein Staat Geschäftsgeheimnisse der Unternehmen auf seinem Gebiet schützen, so ist dies ein legitimer Gesichtspunkt der Ordnungshoheit und von anderen Staaten zu beachten. Will er dagegen nur Rechtsbrecher im Ausland auf seinem eigenen Territorium ohne weiteren eigenen Regelungszweck schützen, kolludiert er also mit ihnen, so handelt er zweckwidrig

---

2414 Seidl-Hohenveldern, I., Kartellbekämpfung im Gemeinsamen Markt und das Völkerrecht, AWD 1960, S. 225-233, 228

und verstößt gegen das Völkerrecht. Dieser Gesichtspunkt wird in der amerikanischen Rechtssprechung aufgrund des Interhandel - Präjudizes zu Recht, wenn auch systematisch unter einem anderen Gesichtspunkt, hervorgehoben.

Die Grenze der Zweckwidrigkeit von Jurisdiktionsausübung ist allerdings, von evidenten Fällen des ausschließlichen Willens zur Schädigung fremder Regelungsziele abgesehen, selbst durch einen weiten Beurteilungsspielraum nur von begrenzter Eindeutigkeit. Denn ein Staat darf sein Regelungsziel selbst wählen. Kann er es mit Gesichtspunkten seiner ihm zustehenden souveränen Regelungshoheit so rechtfertigen, daß dies bei rechtlicher Beurteilung nicht falsifiziert werden kann, so verbleibt er innerhalb seiner vom Völkerrecht umrissenen Jurisdiktionshoheit. Er muß sich zwar bei Interessenkonflikten um eine friedliche zwischenstaatliche Lösung bemühen, aber er hat ein Recht auf den Erlaß der seinem rechtmäßigen Zweck dienenden Regelungen.

(4) Aspekte der Verhältnismäßigkeit

Wenn ein Staat seine Jurisdiktion nur so ausüben darf, daß dies dem Zweck ihrer Begründung in der Territorial-, Personal- und Ordnungshoheit entspricht, so führt das zu der Frage, ob nicht die Gesichtspunkte, die im deutschen Recht zum Grundsatz der Verhältnismäßigkeit staatlichen Handelns gehören[2415], nämlich Geeignetheit, Erforderlichkeit und Übermaßverbot, ein Teilaspekt der reasonableness sind. Dabei ist zunächst davon auszugehen, daß das Prinzip der Verhältnismäßigkeit in vielen staatlichen Rechtsordnungen allgemein als eine Grenze staatlichen Handelns anerkannt ist[2416].

Dies gilt für die Rechtsordnungen des kontinentaleuropäischen Rechtskreises und die nach ihrem Muster gestalteten Rechtsordnungen in der Welt, wenn auch in unterschiedlichen Ausprägungen[2417]. Im anglo - ame-

---

2415 Vgl. Lerche, P., Übermaß und Verfassungsrecht (1961); Hirschberg, L., Der Grundsatz der Verhältnismäßigkeit (1981); Dechsling, Das Verhältnismäßigkeitsgebot (1989). Die Terminologie ist teilweise uneinheitlich. Lerche,a.a.O, S. 19 spricht vom Übermaßverbot, welches Verhältnismäßigkeit und Erforderlichkeit enthält, ähnlich Larenz, a.a.O. (Anm. 2038), S. 48. Das Bundesverfassungsgericht verwendet den Begriff "Übermaßverbot" für die Verhältnismäßigkeit im engeren Sinne, also die Abwägung der Interessen, während es Geeignetheit, Erforderlichkeit und Verhältnismäßigkeit im engeren Sinne als Verhältnismäßigkeit im weiteren Sinne bezeichnet (BVerfGE 67, 157, 173 ff.). Dem soll hier gefolgt werden.

2416 Vgl. Delbrück, J., Proportionality, in: Bernhardt, R. (ed.), Encyclopedia of Public International Law, Instalment 7, S. 396 - 400

2417 Vgl. Kutscher, Ress, Teitgen, Ermacora und Ubertazzi in Der Grundsatz der Verhältnismäßigkeit in Europäischen Rechtsordnungen (Hrsg. Deutsche Sektion der Inrikanischen Rechtskreis ist dagegen eine "proportionality" nicht im gleichen Sinne bekannt. In einer Entscheidung über das Verbot von Rundfunk-Interviews mit Extremisten befand der englische High Court[2418], der Grundsatz der Verhältnismäßigkeit habe noch nicht Eingang in das Recht des Vereinigten Königreichs gefunden. Die Anwendung eines solchen Verhältnismäßigkeitsgrundsatzes würde dazu führen, daß die Gerichte ihre Entscheidung an die Stelle der Entscheidung des Ministers setzten. Dies ist aber ein Gesichtspunkt der Gewaltenteilung, welcher per se noch nichts darüber aussagt, ob die Exekutive diesen Grundsatz zu beachten hat.

Das Problem ist eher terminologischer Natur, weil Aspekte der Verhältnismäßigkeit in England unter anderem unter dem Begriff der "reasonableness" behandelt werden[2419]. In einer Entscheidung über die Entlassung eines School Governors[2420], entschied der Court of Appeal, daß die Verwaltung nicht "reasonably" gehandelt habe, weil ihre Reaktion "out of proportion with the cause" war[2421]. In einer früheren Entscheidung[2422] des Court of Appeal befand der Master of the Rolls, Lord Green, ein Ermessen müsse "reasonably" ausgeübt werden. Der Begriff "unreasonable" bezeichne häufig das, was nicht getan werden dürfe. Ein Ermessen müsse also im Bewußtsein der rechtlichen Grenzen ausgeübt werden. Dies sei einmal der Fall, wenn die Entscheidung völlig außerhalb der eingeräumten Kompetenzen liegt. Zum anderen sei es dann der Fall, wenn Gesichtspunkte in Betracht gezogen werden, die außerhalb des Ermessens liegen: "it may still be possible to say that, although the local authorities have kept within the four corners of the matters which they ought to consider, they have nevertheless come to a conclusion so unreasonable that no reasonable authrity could ever have come to it."

Die reasonableness zusammen mit der Anforderung, daß Hoheitsgewalt in "good faith" ausgeübt werden müsse[2423], deckt also einen weiten Be-

---

ternationalen Juristenkommission) (1985); Schwarze, J., Europäisches Verwaltungsrecht, Bd.2 (1988), S. 667 ff.

2418 Queen's Bench Division 26.5.1989 - Regina v. Secretary of State for the Home Department, ex parte brind and Others, EuGRZ 1989, S. 284, 285

2419 Tixier, G., La règle de "reasonableness" dans la jurisprudence anglo-américaine, Revue du droit public et de la science politique (1956), S. 276 -298, insbesondere 295 f.Vgl. zur Gerichtspraxis auch Batson, M., Administrative Law (1989), S. 270 f.

2420 Regina v. Brent, London Borrough Counceler, ex parte Assegai

2421 Bericht in The Times vom 18.06.1987, S. 36

2422 Associated Provincial Picture Houses, Ltd.v. Wednesbury Corporation [1948] 1 K.B. 223

2423 Vgl. etwa den Hight Court of Australia - Arthur Yates & Co. Pty Ltd. v. The Vegetable Seeds Committee (1945), 72 C.L.R. 37; Englischer High Court (Queen's Bench Division) - R. v. Rand and others (1866), L.R. 1 Q.B. 230

reich dessen ab, was im deutschen Rechtssystem unter den Prinzipien der Ermessenskontrolle verstanden wird, einschließlich der Verhältnismäßigkeit. Ähnliche Gesichtspunkte werden auch durch den Begriff der "natural justice" mit erfaßt[2424]. Auch die Gesichtspunkte des ultra vires - Handelns und der "duty of care" gehören nach kontinentalem Rechtsverständnis zur Verhältnismäßigkeit[2425]. Ein ähnlicher Befund gilt für die amerikanische Rechtsordnung. So bestimmt etwa der § 706 (2) (A) des Administrative Procedure Act[2426], eine Verwaltungsentscheidung könne vom Richter aufgehoben werden, wenn sie "arbitray, capricious, an abuse of discretion, or otherwise not in accordance with law" sei.

Daß also in den anglo - amerikanischen Rechtsordnungen der Begriff der "proportionality" rechtssystematisch kein Eigenleben hat, liegt daran, daß die Unverhältnismäßigkeit unter anderen Gesichtspunkten überprüft werden kann. Die Verhältnismäßigkeit ist also in ihren einzelnen Aspekten in den wichtigsten Rechtsordnungen der Welt anzutreffen, allerdings systematisch nicht unter einem einheitlichen Gesichtspunkt. Ein grundsätzliches Problem der Übertragung der Aspekte der Verhältnismäßigkeit im Völkerrecht ist, daß er dort regelmäßig auf das Unterwerfungsverhältnis zwischen Staat und Person angewendet wird. Mosler leitet den Grundsatz der Verhältnismäßigkeit deshalb zwar als allgemeinen Rechtsgrundsatz aus den nationalen Rechtsordnungen ab[2427], begrenzt ihn aber deswegen auf staatliche Eingriffe in menschenrechtliche und sonstige aus dem Völkerrecht abgeleitete Positionen Privater.

Hier gilt das gleiche, was oben bereits allgemein zum Rechtsmißbrauch gesagt wurde. Denn solche allgemeinen Rechtsprinzipien werden in verschiedenen Rechtsordnungen je nach deren Struktur systematisch unterschiedlich zugeordnet. Eine Übertragung in eine andere Rechtsordnung mit unterschiedlichen Strukturen scheitert regelmäßig daran, daß solche Prinzipien dort nicht ins System eingepaßt werden können. Deshalb muß gefragt werden, ob die Aspekte der Verhältnismäßigkeit sich nicht als Grenzen staatlicher Jurisdiktionshoheit bereits aus den allgemeinen Grundsätzen des Völkerrechts ergeben.

Der Grundsatz der Verhältnismäßigkeit oder jedenfalls seine Komponenten sind nicht nur in den meisten Rechtsordnungen der Staaten der Welt anerkannt, er ergibt sich auch aus der Grundstruktur einer Rechte ein-

---

2424 Vgl. hierzu etwa das House of Lords in Ridge v. Baldwin (1964) A.C. 40

2425 Schwarze, J., Europäisches Verwaltungsrecht, Bd.2 (1988), S. 679

2426 5 U.S.C. § 706

2427 Mosler, H., The International Society as a Legal Community (1980), S. 133 f.; ders., Völkerrecht als Rechtsordnung, ZaöRV 36 (1976), S. 6 - 46, 45

räumenden Rechtsordnung selbst[2428]. Er ist daher keine Norm, welche gesetzt und aufgehoben werden kann, sondern ein unverzichtbarer Bestandteil von Recht, welches sich als eine Friedens- und Verteilungsordnung versteht in dem Sinne, daß es Rechtspositionen gewährt und bewahrt, Konflikte hierüber beseitigt, mit friedlichen Mitteln löst und daß es selbst und exklusiv die Grenzen der Anwendung von Gewalt zu ihrer Durchsetzung bestimmt.

Karl Larenz sieht das Prinzip der Verhältnismäßigkeit als ein Prinzip richtigen Rechts, das sich aus der Idee der Gerechtigkeit selbst ergibt und konkretisiert es als den "Grundsatz, daß der Eingriff in ein Rechtsgut oder die Beschränkung der Freiheit nicht weiter gehen darf, als dies zum Schutze eines anderen Gutes oder eines überwiegenden Interesses erforderlich ist, daß unter mehreren möglichen Mitteln das "schonendste" zu wählen ist, daß das angewandte Mittel und die damit für den Betroffenen verbundenen Nachteile im Verhältnis zu dem angestrebten, gerechtfertigten Zweck nicht "übermäßig" sein dürfen[2429].

In einem Teil der Literatur wird die Existenz des Grundsatzes der Verhältnismäßigkeit der erlaubten Eingriffe in fremde Rechtspositionen im Völkerrecht völlig verneint[2430]. Ermacora geht davon aus, daß es sich um ein ungeschriebenes, aus der Natur der Sache folgendes Rechtsprinzip des allgemeinen Völkerrechts handelt[2431]. Auch Delbrück nimmt an, daß es sich entweder um einen allgemeinen Rechtsgrundsatz oder um einen allgemeinen Grundsatz des Völkerrechts handelt[2432]. Gerade im Jurisdiktionsbereich wird dieser Grundsatz in neuerer Zeit für die notwendige Konfliktlösung in der Lehre berücksichtigt und mit dem Gesichtspunkt

---

2428 Larenz bezeichnet die Verhältnismäßigkeit als "offenes Prinzip" im Gegensatz zu den "rechtsförmigen Prinzipien", a.a.O. (Anm. 2038), S. 480 f. Vgl. auch Wieacker, F., Geschichtlich Wurzeln des Prinzips der verhältnismäßigen Rechtsanwendung in: Festschrift für Robert Fischer (1979), S. 867 - 881 und umfassend Hirschberg, L., Der Grundsatz der Verhältnismäßigkeit (1981),

2429 Larenz, K., Richtiges Recht (1979), S. 131

2430 Kevekordes, J., Auslandszusammenschlüsse im internationalen und materiellen Kartellrecht (1986) S. 113. Meessen, K. M., Kollisionsrecht der Zusammenschlußkontrolle (1984), S. 18 verneint, daß die Notwendigkeit, wie sie das Kammergericht in seiner Philip Morris - Entscheidung verlangte, eine völkerrechtliche Verpflichtung beinhalte

2431 Ermacora, F., Das Verhältnismäßigkeitsprinzip im österreichischen Recht sowie aus der Sicht der Europäischen Menschenrechtskonvention, in: Der Grundsatz der Verhältnismäßigkeit in Europäischen Rechtsordnungen (Hrsg. Deutsche Sektion der Internationalen Juristenkommission) (1985), S. 67 -78, 68

2432 Delbrück, J., Proportionality, in: Bernhardt, R. (ed.), Encyclopedia of Public International Law, Instalment 7, S. 396 - 400, 399; vgl. auch Schwarze, J., Europäisches Verwaltungsrecht, Bd.2 (1988), S. 685

der reasonableness verbunden[2433], was angesichts der Erörterung der englischen Rechtslage auch verständlich wird. Insbesondere der Lösungsansatz des amerikanischen Restatement (Third), der noch zu erörtern sein wird, verweist auf diese Lage.

Bockslaff[2434] leitet die Geltung der Verhältnismäßigkeit im Völkerrecht aus dem Interventionsverbot ab als eine an der Gerechtigkeitsidee orientierte allgemeine Ausgleichsnorm. Auch die equitable principles fänden hier ihre Grundlage. Gesichtspunkte dieses Prinzips seien Konnexität und Adäquanz. Das Interventionsverbot ist zwar ein bei der allgemeinen Geltung des Verhältnismäßigkeitsprinzips im Völkerrecht heranzuziehender Gesichtspunkt, es hilft aber gerade in Jurisdiktionskonflikten selbst nicht weiter[2435]. Kevekordes will die Anwendung des Rechtsmißbrauchsverbots als Jurisdiktionsbegrenzung mit derjenigen des Verhältnismäßigkeitsgrundsatzes und des Übermaßverbots koppeln[2436], was aber die Selbständigkeit dieser Normen ohne Not unberücksichtigt läßt[2437].

Bleckmann[2438] sieht das Verhältnismäßigkeitsprinzip im Völkerrecht jedenfalls als Schikaneverbot enthalten an, welches die Ausübung subjektiver Rechte bei Verletzung von Interessen eines anderen Staates in dem Sinne begrenze, daß die Rechtsverfolgung zur Erreichung legitimer Eigeninteressen unbedingt erforderlich sein müsse.

Zur Begründung der Geltung der Aspekte der Verhältnismäßigkeit im Völkerrecht kann auf das verwiesen werden, was bereits oben erörtert wurde: der Regelungswillen des Völkerrechts, die geschützten Souveränitätsbereiche auch in den Fällen sich überschneidender Jurisdiktionsbefugnisse möglichst unversehrt zu bewahren. Daraus folgt zwingend, daß Staaten in Angelegenheit, welche auch fremder Jurisdiktion unterliegen nur so weit eingreifen dürfen, als diese zur Verfolgung ihrer eigenen souveränen Regelungsziele notwendig ist. Dies weist jedenfalls auf zwei Aspekte des Verhältnismäßigkeitsprinzips nach deutschem Recht hin: die Geeignetheit und die Erforderlichkeit.

[2433] Jovanovic, S. , Restriction des compétences discretionnaires des états en droit international public (1988) passim

[2434] Bockslaff, Das völkerrechtliche Interventionsverbot als Schranke außenpolitisch motivierter Handelsbeschränkungen (1987), S. 134 ff.

[2435] Das Fallbeispiel des Erdgas - Röhren - Embargos, welches Bockslaff, a.a.O., S. 157 ff. heranzieht, ist - hierin ist ihm zuzustimmen - ein Fall der völkerrechtswidrigen Intervention gewesen, dies aber bereits deswegen, weil es an einem zureichenden Anknüpfngspunkt fehlte

[2436] Kevekordes, J., Auslandszusammenschlüsse im internationalen und materiellen Kartellrecht (1986) , S. 113

[2437] Kevekordes, a.a.O., leugnet allerdings diese Selbständigkeit

Verhältnismäßigkeit ist nicht nur im Überordnungsverhältnis des Staates zu den Individuen als Begrenzung staatlicher Macht von Bedeutung[2439], sie ist auch ein unverzichtbares Mittel bei der Abgrenzung geschützter Rechtssphären[2440]. Sie leitet sich aus der Gewährung gleicher Rechtspositionen ab. Der Schutz dieser Rechtspositionen ist der Grundsatz, die Eingriffsbefugnis die Ausnahme. Denn solche Rechte können nie schrankenlos sein, ihre Wahrnehmung kann in die Rechte anderer eingreifen. Dies wird gerade bei der Jurisdiktion der Staaten sichtbar. Wenn mehrere Staaten Jurisdiktion über die gleiche Person oder den gleichen Sachverhalt ausüben dürfen, so können Konflikte entstehen. Die Jurisdiktion als Ausübung der Staatsgewalt zur Verfolgung staatlicher Zwecke wird durch die jedenfalls persuasive Auswirkung fremder Jurisdiktion gestört.

Wenn eine Rechtsordnung eine Rechtsposition als einer anderen gleichwertig schützt, so will sie damit jedem Inhaber einer solchen Position eine gleiche Freiheit zu ihrer Wahrnehmung gewähren. Wenn sie Eingriffe in eine solche Position selbst vornehmen oder zulassen muß, so würde es der grundsätzlichen Schutzgewährung widersprechen, wenn dies schrankenlos zulässig wäre. Die Rechtsordnung kann diese Schranken selbst festlegen. Es geht also um die Zulassung eines solchen Eingriffs. Wenn der eingreifende Staat das gleiche Recht wie derjenige Staat hat, in dessen Sphäre eingegriffen wird, dann darf er dieses Recht nur so weit beeinträchtigen, wie dies zur Verwirklichung seines vom Völkerrecht zugelassenen Eingriffs notwendig ist. Der Eingriff muß daher zunächst mit dem Mittel geschehen, welches überhaupt zur Zweckverfolgung geeignet ist und darüber hinaus das andere, gleichwertige Recht am wenigsten beeinträchtigt. Denn ohne Eignung wäre der Eingriff sinnlos, eine reine Beeinträchtigung des fremden Rechts ohne erlaubte Verfolgung des eigenen Rechts. Ohne Notwendigkeit würde dieses Recht arbiträr beeinträchtigt. Hier sind die Grenzen zur Zweckwidrigkeit fließend.

Schließlich muß es eine Grenze für den erlaubten Eingriff geben, ein Übermaßverbot. Wenn damit der Bestand eines Staates gefährdet würde, indem seine wirtschaftliche Grundlage zerstört würde, dann dürfte ein Staat nicht durch Ausübung seiner Jurisdiktion in diesem Sinne eine solche Gefährung herbeiführen. Denn die souveräne Gleichheit schützt zuvörderst den Bestand eines Staates gegen die Einwirkung anderer Staa-

---

2438 Bleckmann, A., Die völkerrechtlichen Grundlagen des internationalen Kollisionsrechts (1992), S. 27

2439 Vgl. hierzu etwa Zippelius, R., Rechtsphilosophie, 2. Aufl. (1989), S. 203; Coing, H., Grundzüge der Rechtsphilosophie, 4. Aufl. (1985), S. 221

2440 Zippelius, a.a.O., S. 143 nennt es als einen der "konsensleitenden Grundsätze vernünftigen Entscheidens", nach Larenz, K., Richtiges Recht (1979), S. 40 f. ist es Ausdruck des "Maßvollen" , das Bestandteil der Gerechtigkeit ist

ten. Dies bedeutet nicht, daß der Wettbewerb der Staaten um die Maximiererung wirtschaftlicher Wohlfahrt nicht möglich wäre, es schließt nur die Existenzgefährdung durch andere Staaten aufgrund von Interessen aus, welche nicht ebenso existenziell sind. Solches würde jedoch außerordentliche Vorbedingungen voraussetzen, etwa eine übermäßige Abhängigkeit eines Staates von Arbeitskräften, Dienstleistungen oder Waren aus einem anderen Staat.

Diese Grundsätze leiten sich aus den Strukturprinzipien der Völkerrechtsordnung, dem grundsätzlichen Schutz der souveränen Gleichheit, dem Interventionsverbot, der Territorialhoheit, Personalhoheit und Ordnungshoheit ab. Diese Deduktion besagt nicht, daß jedes staatliche Handeln grundsätzlich verhältnismäßig sein müsse. Sie hat nur Bedeutung für die begrenzte Fallgestaltung, daß das Völkerrecht selbst einem Staat den Eingriff in eine ansonsten geschützte Rechtsposition eines anderen Staates gestattet, diese Rechtsposition aber weiterhin weitestgehend schützen will. Der Grundsatz der Verhältnismäßigkeit in solchen Fallgestaltungen ist auch bisher schon im Völkerrecht als erforderlich angesehen worden[2441].

Allerdings ist zuzugeben, daß die Inhomogenität in der Terminologie und Systematik der Rechtsordnungen der Welt die Grenzen zwischen Rechtsmißbrauch, Treu und Glauben, Equity, reasonableness und Übermaßverbot verwischt. Im Interesse einer möglichst großen dogmatisch - methodischen Trennschärfe sollen aber diese Prinzipien weiterhin schon deshalb unterschieden werden, um nicht der Gefahr zu erliegen, wünschenswerte Ergebnisse optimaler Gerechtigkeitslösungen mit der lex lata zu verwechseln. Allerdings bleibt es eine rein terminologische und systematisch - ordnende Frage, ob man die Verhältnismäßigkeit als eigenen Gesichtspunkt sieht, als einen Aspekt der equity oder einen solchen der Zweckwidrigkeit. Er soll hier als eigener Gesichtspunkt unter dem weiteren Begriff des Rechtsmißbrauchs eingeordnet werden.

Die Tauglichkeit der Verhältnismäßigkeit für die Vermeidung von Jurisdiktionskonflikten wird mit dem Hinweis auf die unerläßlichen Ermessensspielräume bei der Bewertung ihrer Elemente bezweifelt[2442]. Dies weist sicherlich zu Recht auf die Grenzen dieses Rechtsprinzips hin, kann seine Bedeutung aber nicht mindern. Denn die gleichen Probleme ergeben sich im innerstaatlichen Recht, ohne daß der Verhältnismäßigkeit damit ihre zentrale Rolle bei der Begrenzung hoheitlichen Handelns jed-

---

2441 Vgl. hierzu allgemein Delbrück, J., Proportionality, in: Bernhardt, R. (ed.), Encyclopedia of Public International Law, Instalment 7, S. 396 - 400

2442 Puttler, A., Völkerrechtliche Grenzen von Export- und Reexportverboten (1989), S. 153 ff.

weder Art genommen würde. Im Völkerrecht ergibt sich nur die zusätzliche Problematik, daß hier mangels einer obligatorischen gerichtlichen Streitschlichtung häufig die Staaten selbst über den Inhalt dieses Prinzips entscheiden müssen.

Dies ist aber die generelle Problematik aller völkerrechtlichen Normen. Die Auslegung einer vertraglichen Verpflichtung etwa ist auch ohne obligatorische Gerichtsbarkeit eine Rechtsfrage, welche von den Staaten zu lösen ist. Sie muß aber methodischen Grundsätzen des Völkerrechts folgen, denen die Staaten jenseits aller politischer Differenzen allgemein verpflichtet sind. Daß diese Verpflichtung in der Regel ernst genommen wird, beruht auf den Gesichtspunkten der Gegenseitigkeit und ganz allgemein der Berechenbarkeit, welche durch das Völkerrecht als stabilisierender Faktor in die zwischenstaatlichen Beziehungen gebracht wird.

Daß also ein Staat eine Regelung immer aufgrund eines angenommenen Selbstnutzens und damit mit dem Bewußtsein der Erforderlichkeit erlassen wird, ist sicherlich richtig. Daß dies aber auch aufgrund rechtlicher und tatsächlicher Überlegungen im Nachhinein falsifiziert und damit als unverhältnismäßig bewertet werden kann, entspricht der Anerkennung der möglichen Fehlsamkeit menschlicher Bewertungen. Wenn sich dann herausstellt, daß eine Regelung entweder nicht notwendig, nicht geeignet oder übermäßig war, so steht der Notwendigkeit einer Anerkennung dieser rechtlichen Bewertung durch die Staaten nichts im Wege. Hinzu kommt, daß die internationale gerichtliche und schiedsgerichtliche Streitschlichtung durchaus wachsende Bedeutung hat und diese Instanzen Fragen anhand der Kriterien völkerrechtlicher Methodik ebenso entscheiden können, wie dies nationale Gerichte seit langer Zeit tun. Auch sind Aspekte der Verhältnismäßigkeit in Teilbereichen des Völkerrechts, in denen es um den erlaubten Eingriff in fremde Rechtspositionen geht, durchaus seit langem anerkannt.

Hinsichtlich des völkerrechtlichen Rechts eines Staates auf Selbstverteidigung ist gewohnheitsrechtlich anerkannt, daß es nicht über verhältnismäßige Mittel hinausgehen darf[2443]. Art. 51 der UN - Charta erwähnt diese Beschränkung nicht, aber der Internationalen Gerichtshof hat im Nicaragua - Fall[2444] festgestellt, daß Selbstverteidigung durch "necessity and proportionality" völkerrechtlich beschränkt werde. Die fremde Territo-

---

2443 Bryde, B.-O., Self-Defence, in: Bernhardt, R. (ed.), Encyclopedia of Public International Law, Instalment 7 , S. 212 - 214, 213; Randelzhofer zu Art. 51, Rn. 37, in: Simma (Hrsg.), Charta der Vereinten Nationen. Kommentar (1991) m.w.N.; McDougal, M.S. / Feliciano, F.P., Law and Minimum World Public Order (1961), S. 241 ff.; Jenks, C. W., The Common Law of Mankind (1958), S. 141

2444 ICJRep. 1986, S. 3, 122

rial- und Ordnungshoheit bleibt hierdurch auch in diesem Ausnahmefall vom Gewaltverbot grundsätzlich weiter geschützt. Auch bei Notmaßnahmen des Selbstschutzes ist die Erforderlichkeit der Verhältnismäßigkeit gewohnheitsrechtlich anerkannt[2445]. So anerkannten die USA im Caroline - Fall[2446], daß Selbstschutz nur bei Gefahren in Frage komme, die "instant, overwhelming, leaving no choice of means, and no moment for deliberation" seien[2447]. Darüber hinaus seien Selbschutz - Maßnahmen "limited by that necessity, and kept clearly within it".

Auch völkerrechtliche Repressalien, die Eingriffe in fremde Rechtspositionen erlauben, sind an die Verhältnismäßigkeit zwischen Rechtsverletzung als Anlaß und Repressalie als Reaktion gebunden[2448]. Dies gilt auch für wirtschaftliche Repressalien[2449]. In der Naulilaa - Schiedsentscheidung wurden Repressalien als völkerrechtswidrig befunden, welche "altogether out of proportion with the act which propted them" seien[2450]. Auch die Schiedsentscheidung aus dem Jahre 1978 über das amerikanisch-französische Air Services Agreement[2451] anerkannte diesen Grundsatz. Im Rahmen des noch andauernden Projekts der International Law Commission, das internationale Deliktsrecht zu kodifizieren, formulierte Riphagen zur Repressalie: "The exercise of this right by the injured State shall not, in its effects, be manifestly disproportional to the seriousness of the internationally wrongful act committed"[2452].

2445 Partsch, K.J., Self-Preservation, in: Bernhardt, R. (ed.), Encyclopedia of Public International Law, Instalment 7, S. 217 - 220

2446 Meng, W., The Caroline, in: Bernhardt, R. (ed.), Encyclopedia of Public International Law, Instalment 3, S. 81 f.

2447 Diese Formel lehnt sich an die Entscheidung der Gemischten britisch - amerikanischen Kommission im Falle "The Neptune" an, vgl. hierzu Verdross / Simma, a.a.O. (Anm. 158), S. 869 f.

2448 Partsch, K.J., Reprisals, in: Bernhardt, R. (ed.), Encyclopedia of Public International Law, Instalment 9, S. 330 - 335, 332; Ipsen, a.a.O. (Anm. 244) , S. 894 f.; Verdross / Simma, a.a.O. (Anm. 158), S. 911

2449 Vgl. allgemein Kewenig, W.A., Die Anwendung wirtschaftlicher Zwangsmaßnahmen im Völkerrecht, Berichte der Deutschen Gesellschaft für Völkerrecht 22(1982), S. 7-35, 46

2450 Annual Digest 4 (1927 - 1928), S. 527. Hierzu Partsch, K.J., Naulilaa Arbitration (Portugal v. Germany), in: Bernhardt, R. (ed.), Encyclopedia of Public International Law, Instalment 2, S. 199 f.

2451 ILR 54 (1979), S. 304, vgl. hierzu Oellers-Frahm, K., France - United States Air Transport Arbitration (1978), in: Bernhardt, R. (ed.), Encyclopedia of Public International Law, Instalment 2, S. 103 f.

2452 Art. 9 Abs. 2 der Draft (part II) articles 1 - 16 proposed by the Special Rapporteur, UN Dok. A/CN.4/380

Auch im Vertragsrecht wurde durch Art. 60 der Wiener Vertragsrechtskonvention[2453] der Gesichtspunkt der Antwort auf einen Vertragsbruch der Gegenseite durch das Erfordernis des "material breach" an die Verhältnismäßigkeit gebunden. Ein anderer Bereich, in dem der Eingriff in fremde Rechte hierdurch begrenzt wird ist das Verbot der Zufügung unnötigen Leidens im humanitären Kriegsvölkerrecht[2454]. Das gleiche gilt von erlaubten Eingriffen in Menschenrechte.

Auch einen weiteren Gesichtspunkt der Verhältnismäßigkeit als Gesichtspunkt der Beurteilung der Jurisdiktionsausübung durch das Völkerrecht hat der IGH angesprochen, wenn er im Asylfall[2455] 1950 vom Gegensatz zwischen der "rule of law" und "arbitrary action" sprach und fortfuhr: "such would be the case if the administration of justice were corrupted by measures clearly prompted by political aims". Hierauf nahm der Gerichtshof 1989 im ELSI - Fall[2456] Bezug als er sagte: "Arbitraryness is not so much something opposed to a rule of law, as something opposed to the rule of law ... It is a willful disregard of due process of law, an act which shocks, or at least surprises, a sense of juridical propriety."

Angesichts der markierten Unterschiede in der Systematik der Rechtsordnungen der Welt mag man also darüber streiten, ob das Prinzip der Verhältnismäßigkeit ein allgemeiner Rechtsgrundsatz im Sinne von Art. 38 lit. c des IGH Statuts ist. In jedem Falle handelt es sich aber um einen allgemeinen Grundsatz des Völkerrechts, der die Berechtigung zum Eingriff in fremde Rechte begrenzt[2457]. Dies ergibt sich, wie bereits erörtert, aus den allgemeinen Strukturprinzipien. Es hat bereits seinen Ausdruck in den beschriebenen Fällen gefunden. Angesichts des gleichen Regelungs- und Schutzzwecks bei den Fällen der extraterritorialen Jurisdiktion, welcher noch durch die Qualifikation von Regelungsgegenständen als gemeinsame Angelegenheit unterstrichen wird, können diese Ausprägungen des allgemeinen Grundsatzes der Verhältnismäßigkeit auch im Wege der Analogie auf diese neuen Sachverhalte ausgedehnt werden, welche im Völkerrecht bisher noch keine universale spezielle Regelung gefunden haben. Von diesem Ausgangspunkt aus können die einzelnen Komponenten des Verhältnismäßigkeitsprinzips genauer betrachtet werden.

2453 vom 23.5.1968, UNDoc. A/Conf.39/27; (BGBl.1985 II, S.927)

2454 Vgl. hierzu im einzelnen Bockslaff, Das völkerrechtliche Interventionsverbot als Schranke außenpolitisch motivierter Handelsbeschränkungen (1987), S. 137

2455 ICJRep. 1950, 266, 284 - Asylum

2456 ICJRep. 1989, S. 15

2457 Delbrück, a.a.O., S. 399

(a) Eignung

Die Eignung einer Regelung zum vom Staat selbst - im Rahmen seiner Hoheit - festgelegten Ziel ist Grundvoraussetzung einer Berechtigung zum Eingriff in eine fremde Jurisdiktionssphäre, weil ansonsten deren Einschränkung keinen Sinn hätte. Fälle mangelnder Eignung in diesem Sinne wird es selten geben, denn wenn ein Staat nicht zweckwidrig Regelungen erläßt, so wird er selbst immer annehmen, daß er den erstrebten Zweck mit der Regelung erreichen kann. Insoweit kann die Forderung der Eignung einer Maßnahme auch nicht dazu verwendet werden, daß ein anderer Staat oder ein Gericht seine unterschiedliche Einschätzung der Sachlage an die Stelle derjenigen des regelnden Staates setzen kann. Nur in den Fällen, wo nach menschlicher Erkenntnis eine Regelung ihren Zweck nicht erreichen kann, wird diese Schranke eingreifen.

Es gibt jedoch ein Beispiel für die Ungeeignetheit in der Praxis: die Unkenntnis des Regelungsadressaten von der extraterritorialen Regelung. Dies kann in zweierlei Hinsicht bedeutsam sein: zunächst hinsichtlich des Tatbestands der Teilnahme an der fremden Rechtsordnung und dann hinsichtlich der Regelung selbst. Wenn ein Produzent, was in seinem Sitzstaat erlaubt ist, mit Konkurrenten Preise abspricht, so kann er sich möglicherweise unversehens den Sanktionen eines ausländischen Kartellrechts gegenübersehen, wenn seine Waren in diesem Staat verkauft werden. Er kann geltendmachen, er habe aufgrund vieler nachgeordneter Handelsstufen nicht gewußt, wo seine Waren überall abgesetzt werden und er habe das fremde Kartellrecht nicht gekannt.

Wenn man diese Verteidigung faktisch akzeptiert, so taucht die Frage auf, ob der regelnde Staat davon ausgehen darf, daß sich in der heutigen Zeit jeder Produzent sachkundig machen kann und auch muß, wo seine Waren letztlich den Endverbraucher erreichen, weil zur spürbaren Wettbewerbsbeschränkung eine gewisse Quantität des Absatzes gehört. Die Entscheidung wird vom Einzelfall abhängen. Immer dann, wenn der Produzent Kenntnis oder sogar Einfluß auf den Absatzweg hat, nimmt er durch die Vermittlung der nachgeordneten Handelsstufen bewußt an der Wirtschaftsordnung des Ziellandes teil und wird die Absatzlage dort in sein unternehmerisches Kalkül einbeziehen. In diesem Fall kann er auch nicht geltendmachen, er habe das ausländische Kartellrecht nicht gekannt, weil ihm billigerweise zur Pflicht gemacht werden kann, die Rechtsordnungen aller Staaten kennenzulernen, an deren Wirtschaftsordnung er teilnimmt.

Immerhin ist es aufgrund besonderer Strukturen des Absatzes aber auch einmal möglich, daß ein Produzent den Weg seiner Waren nicht mehr verfolgen kann. In diesem Fall nimmt er nicht bewußt an der fremden

Wirtschaftsordnung teil, ihn kann der fremde Rechtsbefehl auch nicht ex ante steuernd erreichen, sondern nur ex post sanktionierend. Dies aber ist nicht mehr geeignet, das fremde Regelungsziel der Erhaltung funktionierenden Wettbewerbs zu erreichen. Die Sanktion kann ihm hohe Geldforderungen auferlegen, welche seine wirtschaftliche Leistungsfähigkeit auch im Sitzstaat beeinträchtigt, ohne daß vorher eine Steuerung seines Verhaltens aus dem Ausland möglich gewesen wäre.

Geeignet ist eine Regelung nur dann, wenn sie das Regelungsziel erreichen kann, wenn also die Adressaten hiervon vor ihrer Handlung oder Unterlassung Kenntnis haben oder haben konnten. Erforderlich ist also die Vorhersehbarkeit für den Adressaten, daß er unter die betreffende extraterritoriale Regelung fallen kann. Dies bedeutet aber nicht nur, daß ihm die betreffende Regelung zugänglich gewesen sein muß, sondern daß er ihre Anwendung jedenfalls für möglich halten konnte, sich also der Relevanz seiner Handlung für die fremde Ordnung bewußt gewesen sein muß.

Dies ist der Grund, warum bei der Anknüpfung an Auswirkungen in der ganz überwiegenden Praxis zu Recht die Vorhersehbarkeit gefordert wurde, daß ein Verhalten unter den betreffenden Rechtssatz fällt. Ein Staat darf aufgrund des Erfordernisses der Geeignetheit der Regelung nur diejenige Teilnahme an der inländischen Wirtschaftsordnung regeln und Rechtsverletzungen dabei sanktionieren, welche wissentlich erfolgt oder hinsichtlich derer das handelnde Individuum bei gehöriger Sorgfalt hätte feststellen können, daß es sich um eine solche Teilnahme handelt, für die rechtliche Regeln des ausländischen Staates zu beachten sind. Eine direkte Absicht ist dabei aber nicht erforderlich. Auch eine - strafrechtlich gesprochen - Fahrlässigkeit könnte dem Adressaten zum Vorwurf gemacht werden.

(b) Notwendigkeit

Das Verhältnismäßigkeitsprinzip fordert ferner, daß ein Eingriff in die fremde Ordnung notwendig ist, daß also das geringste zur Erreichung des Regelungszwecks geeignete Mittel gewählt wird[2458]. In der Literatur zu Problemen der Extraterritorialität ist die Notwendigkeit der Jurisdiktionsmaßnahme zum Teil ebenfalls verlangt worden[2459]. Sie war auch der entscheidende Gesichtspunkt der Morris / Rothmans - Entscheidung des

---

[2458] Stern, B., Quelques observations sur les règles internationales relatives à l'application extraterritoriale du droit, Annuaire Français du Droit International 32 (1986), S. 7 - 52, 45

[2459] Hermanns, F., Völkerrechtliche Grenzen für die Anwendung kartellrechtlicher Verbotsnormen (1969), S. 76

Berliner Kammergerichts. Wenn etwa ein Staat vom ausländischen Mutterunternehmen eines inländischen Unternehmens detaillierte Berichte über die Geschäfte aller Konzernunternehmen in der ganzen Welt verlangen würde, so wäre diese Anknüpfung noch durch seine Sorge um die wirtschaftliche Zukunft des Inlandsunternehmens und seiner Arbeitnehmer zu rechtfertigen, es wäre aber unnötig, weil hier ein konsolidierter Bericht der Einkommenslage des Mutterunternehmens ausreichen würde.

Der Gesichtspunkt der Notwendigkeit einer extraterritorialen Jurisdiktion muß den Staat zunächst auf die Möglichkeit einer Abwehr des schädigenden Einflusses an der Grenze verweisen. Wo dies möglich ist, etwa durch die Anordnung einer Entflechtung einer inländischen Tochtergesellschaft[2460] oder durch die Unterbindung der Einfuhr von Waren, welche unter kartellrechtswidrigen Umständen vertrieben werden sollen, oder der Ausfuhr von sicherheitsempfindlichen Waren, müssen diese Mittel gewählt werden, wenn die ausländische Wirtschaftsordnung beeinträchtigt wird. Dies ist allerdings häufig kein taugliches Mittel der Wahl, was sich etwa an den Fällen eines Reexportverbots, einer bereits erfolgten Einfuhr von Waren, eines Fernbleibens vom Inland aufgrund einer Marktaufteilung oder einer börsenrechtswidrigen Operation im Ausland zeigt. Bei Preiskartellen müßte man aber prüfen, ob hier nicht, wie bei der Abwehr von Dumping, auch die Erhebung von Strafzöllen an der Grenze möglich wäre und damit ein geringeres Mittel vorläge als der Eingriff in die Ordnungshoheit des anderen Staates[2461], wenn ein anderer Staat durch eine weitergehende Regelung in seinen berechtigten Interessen beeinträchtigt würde.

Das ILA Komitee über die rechtlichen Aspekte extraterritorialer Jurisdiktion hat in seinem Zwischenbericht 1990[2462] einen Aspekt der Verhältnismäßigkeit angesprochen, wenn es sagt, daß nach Völkergewohnheitsrecht "indirekte Extraterritorialität", also die vertragliche Verpflichtung gegenüber dem ausländischen Staat zur Einhaltung seines Rechts vorzuziehen sei, wenn dadurch die mehr belastende direkte extraterrritoriale

---

[2460] Hier greift aber auch bereits der Gesichtspunkt des Interventionsverbots direkt ein, weil es sich insoweit um eine teilbare Angelegenheit handelt, wie früher erörtert wurde

[2461] Zu solchen Alternativen wie Preiskontrollen, Zwangslizenzen, Strafzöllen vgl. Lowe, A.V., The Problems of Extraterritorial Jurisdiction: Economic Sovereignty and the Search for a Solution, International and Comparative Law Quarterly 34 (1985), S. 724-746, 745

[2462] Interim Report on extra-territorial Jurisdiction in Export Control Law des ILA - Komitees über die rechtlichen Aspekte extraterritorialer Jurisdiktion ILA Report of the 64th Conference, Broadbeach (1990), S. 319

Jurisdiktion vermieden werden könne. Da vertragliche Verpflichtungen berechenbar und versicherbar sind, ist dem zuzustimmen, wenn ansonsten berechtigte Regelungsinteressen des anderen Staates betroffen würden. Privatrechtliche Verpflichtungen können auch nur unter den Bedingungen des Zivilprozeßrechts durchgesetzt werden, was eine Waffengleichheit zwischen Staat und Vertragspartner begründet.

Es wäre auch nicht erforderlich, ein ausländisches Konzernunternehmen zur Herausgabe von Dokumenten zu verpflichten und eine Nichtherausgabe diesem gegenüber zu sanktionieren, wenn das inländische Mutterunternehmen durch gesellschaftsrechtlich begründete Weisung diese Dokumente erlangen und dann vorlegen könnte. Daß das Ergebnis das gleiche wäre, kann dem nicht entgegengehalten werden, denn die völkerrechtliche Überlegung muß von der Souveränität der Staaten ausgehen. Sie kann beim gegenwärtigen Stand des Völkerrechts ohne Willen der Staaten nicht der Praktikabilität des direkten Weges folgen.

(c) Übermaßverbot und Interessenabwägung

Der Grundsatz der Verhältnismäßigkeit greift nur ein, wenn es sich um eine mehreren Staaten gemeinsame Angelegenheit handelt. Wenn der regelnde Staat eine hinreichende eigene Verknüpfung feststellt und ebenso die eines anderen Staates, so muß er letztere mit bei seiner Jurisdiktionsentscheidung berücksichtigen[2463]. Die Geeignetheit und die Erforderlichkeit sind objektive Kriterien. Wenn beide gegeben sind, so bleibt als letztes Kriterium das Übermaßverbot, welches eine Gewichtung der miteinander in Konflikt stehenden Regelungsinteressen erfaßt. Hier gibt es zwei mögliche Aspekte: die Bestimmung eines Interessenschwerpunkts oder die äußerste Grenze einer Schädigung des anderen Staates. Im ersteren Falle müßten die Regelungsinteressen beider Staaten relativ zueinander bewertet werden mit dem Ergebnis der Präferenz eines Interesses, was in der allgemeinen Methodenlehre[2464] ein anerkannter Vorgang ist.

Im deutschen Recht wird als Ausfluß des Verhältnismäßigkeitsprinzips gefordert, daß eine Proportionalität zwischen Eingriffswirkung und Eingriffsziel vorliegen muß[2465]. Dabei muß aber dem Staat ein Ermessens-

---

[2463] Havers, M., Good Fences Make Good Neighbors: A Discussion of Problems Concerning the Exercise of Jurisdiction, The International Lawyer 17 (1983), S. 784-795, 788

[2464] Vgl. hierzu etwa Larenz, a.a.O. (Anm. 2038), S. 404 - 413

[2465] So das Übermaßverbot in der deutschen Verfassungsordnung, vgl. etwa BVerfGE 677, 157, 173; 68, 193, 219; 30, 292, 316; 67, 157, 178

spielraum verbleiben. Parallel hierzu wird von Stern[2466] auch gefordert, daß im Völkerrecht extraterritoriale Jurisdiktion "angemessen" sein müsse. Der innerstaatliche Ansatz ist hier aber nicht mehr auf das Völkerrecht übertragbar, weil er Hoheitsgewalt im Subordinationsverhältnis bindet. Bei den Staaten handelt es sich dagegen um ein Gleichordnungsverhältnis mit grundsätzlich gleichen Jurisdiktionsrechten auch im Falle extraterritorialer Jurisdiktion. Das allgemeine Völkerrecht bietet auch über das hinaus, was vorstehend erörtert wurde, keine materiellen Maßstäbe für eine Bewertung der Regelungsinteressen, welche von den Staaten orientiert am Eigeninteresse ihrer Wirtschafts- und Lebensordnung definiert wird. Nur wenn ein Interesse als solches der ganzen Staatengemeinschaft definiert werden kann - und folglich das Universalitätsprinzip angewendet werden könnte - wäre eine abweichende Regelung als geringerwertig nach völkerrechtlichem Maßstab zu beurteilen.

Wenn ein Staat Exporte durch eigene Staatsangehörige aus einem anderen Staat verbietet, dieser aber einwendet, daß damit seine guten Beziehungen zum boykottierten Drittstaat verletzt würden, so sind - außer im Falle des echten Übermaßverbotes bei Existenzgefährdung - keine Gesichtspunkte nach allgemeinem Völkerrecht ersichtlich, welche einen Entscheidungsmaßstab verbindlich vorschrieben. Das gleiche gilt dann, wenn ein Staat die Fusion eines inländischen mit einem ausländischen Unternehmen verbietet, der ausländische Staat aber geltend macht, daß er genau diese effiziente Unternehmensgröße für das Überleben des Unternehmens auf seinem Gebiet für notwendig hielte und ansonsten ein erheblicher Arbeitsplatzverlust folge.

Hier stößt man an die Grenzen des allgemeinen Völkerrechts. Wenn sich die Staaten nicht vertrags- oder gewohnheitsrechtlich auf Kriterien der Abwägung einigen, was - wie aufgezeigt - außer im Falle des Kooperationsabkommens zwischen der EWG und den USA noch nicht vorgekommen ist, so lassen sie sich nicht aus den Strukturprinzipien des Völkerrechts ableiten. Hier Abwägungskataloge als inhaltlich völkerrechtlich geboten anzunehmen, wäre Dezisionismus, der mit der lex lata nicht gerechtfertigt werden kann.

Zur Möglichkeit einer solchen Abwägung bedürfte es nämlich eines tertium comparationis, eines archimedischen Punktes außerhalb der nationalen Rechtsordnungen, welcher die Bewertung der Interessen erlaubt. Da aber die Bestimmung von Regelungsinteressen einseitig durch die Staaten vorgenommen wird und eine Angelegenheit ihres domaine

---

2466 Stern, B., Quelques observations sur les règles internationales relatives à l'application extraterritoriale du droit, Annuaire Français du Droit International 32 (1986), S. 7 - 52

réservé ist, ist ein solcher Bewertungsmaßstab nicht in Sicht. Ob ein Fusionsverbot vorrangig ist vor dem Interesse an möglichst großen und effektiven Unternehmensgrößen, kann nur bei einer gemeinsamen Ordnungspolitik bewertet werden. Ob das Geheimhaltungsinteresse in einem Staat dem Offenbarungsinteresse in einem anderen Staat vorgezogen werden muß, kann vom Völkerrecht her nicht gesagt werden. Ordnungspolitik ist jedem Staat einzigartig zugeordnet und rechtlich nicht bewertbar.

Das Völkerrecht muß eine solche ordnungspolitische Entscheidung hinnehmen und besitzt keine Kriterien einer Bewertung. Somit scheidet eine allgemeine Bewertung staatlicher Juridiktionsinteressen mit dem Ziele, das vorrangige Interesse zu finden, aus. Jeder Staat bestimmt diese Interessen unvertretbar selbst. In diesem Sinne kann kein Übermaßverbot aus dem Völkerrecht abgeleitet werden. Somit bleibt die Frage, ob in den Fällen einer außerordentlichen Schädigung eines anderen Staates extraterritoriale Jurisdiktion zu unterbleiben hat. Dies wäre nach den oben dargestellten Lehrmeinungen ein klassischer Fall des Rechtsmißbrauchsverbots.

Allerdings ist Vorsicht geboten bei der Aussage, daß ein Rechtsmißbrauch vorliegt, wenn ein Völkerrechtssubjekt bei der Ausübung eines Rechts ein anderes schädigt. Denn der Begriff des Schadens ist in dieser Aussage zu wenig konturiert. Dies zeigt sich gerade im Wirtschaftsrecht. Die Staaten stehen mit ihren Wirtschaftssystemen miteinander im Wettbewerb. Die Attraktivität eines Systems für Investitionen kann anderen Staaten eine Einkommensquelle für Steueraufkommen entziehen, bei ihnen zum Abbau von Arbeitsplätzen führen und Unternehmen zur Aufgabe ihrer Tätigkeit mangels Wettbewerbsfähigkeit zwingen. Dies kann das Ergebnis einer Wirtschaft negativ beeinträchtigen und einen Staat in finanzielle Schwierigkeiten stürzen, ohne daß hierin eine Verletzung des Übermaßverbots gesehen werden könnte. Das souveräne Recht zur freien Wahl des Wirtschaftssystems steht den Staaten gerade auch zu, um in diesem Wettbewerb Vorteile zu erringen.

Ein Rechtsmißbrauch liegt in der Regel dann nicht vor, wenn zwei Staaten erlaubt und zu Regelungszwecken, die von ihrer Ordnungshoheit gedeckt sind, Jurisdiktion ausüben. Das Verbot des Rechtsmißbrauchs und das Übermaßverbot sind nur eine äußerste Grenze der Rechtswahrnehmung. Jedes erlaubte Regelungsinteresse ist per se vom Völkerrecht legitimiert. Das Verbot des Rechtsmißbrauches im Sinne des Übermaßes der Konsequenz einer Regelung zum umfassenden Prinzip der Ermessenskontrolle im Sinne einer Quantifizierung der Regelungsinteressen ausbauen zu wollen, würde seinen Gehalt sprengen. Es ist eine letzte, äußerste Grenze der Kompetenzwahrnehmung, nicht ein umfassendes

Instrument flexibler Beurteilung nach Gerechtigkeitsgesichtspunkten[2467]. Anderes gilt nur im Recht der internationalen Organisationen, wo sich aber ein eigenes Verbot des "détournement de pouvoir" herausbildet[2468].

Die Zielrichtung eines Staates auf bloße Schädigung des anderen Staates wäre ein Gesichtspunkt der Zweckwidrigkeit. Somit bleibt für das Übermaßverbot, daß eine Regelung einen anderen Staat existenzbedrohend schädigt. In diesem Sinne ist ein Verbot übermäßiger Beeinträchtgung ausländischer Interessen nur bezogen auf exorbitante Existenzbedrohungen eines Staates denkbar, das lediglich in extremen Fallgestaltungen eine Grenze der staatlichen Jurisdiktion darstellen könnte[2469]. Daß das Völkerrecht eine Existenzbedrohung eines anderen Staates durch eine Rechtsausübung als mißbräuchlich untersagt, weil es die friedliche Koexistenz der Staaten gewährleisten will, ist aus seinen allgemeinen Grundsätzen ableitbar. Es ist aber bisher kein einziges mögliches Beispiel hierfür ersichtlich geworden. Somit dürfte das Übermaßverbot nur in ganz außerordentlichen und seltenen Fällen punktuell als mögliche Grenze staatlicher Jurisdiktion eingreifen können.

h) Pflichten der Equity im Völkerrecht

(1) Equity im Völkerrecht

Im Nordsee - Festlandsockel - Fall[2470] hat der Internationale Gerichtshof zur Abgrenzung von Territorium zwischen benachbarten Staaten die "equitable principles" angewendet. Er hat dabei betont, daß es sich dabei um die Anwendung einer Rechtsregel handele. Dieser Rechtsgedanke ist auch in weiteren Festlandsockel - Streitigkeiten bestätigt worden[2471]. Im Falle Libyen gegen Malta[2472] führte er dazu aus:

[2467] So aber Kiss, A.-C., L'abus de droit en droit international (1953), S. 196

[2468] Vgl. hierzu Kiss in: Bernhardt, R. (ed.), Encyclopedia of Public International Law, Instalment 7, S. 1 - 5, 3 f.

[2469] Miaja de la Muela, A., Les principes directeurs des règles de compétence territoriale de tribunaux internes en matière de litiges comportants un élément international, RdC 135 (1972 I), S. 3-96, 39; Puttler, A., Völkerrechtliche Grenzen von Export- und Reexportverboten (1989), S. 152 f.; Rehbinder in: Immenga, U. / Mestmäcker, E.-J., GWB. Kommentar (1992), § 98 Abs. 2, Rn. 21; Meng, W., Völkerrechtliche Zulässigkeit und Grenzen wirtschaftsverwaltungsrechtlicher Hoheitsakte mit Auslandswirkung, ZaöRV 44 (1984), S. 675 - 783, 764; Kleinmann, W./R. Bechthold, Kommentar zur Fusionskontrolle und Mißbrauchsaufsicht (2.Aufl.1989), S. 74

[2470] ICJRep. 1969, S. 3, 46 - 52

[2471] ICJRep. 1982, S. 18, 60 - Continental Shelf (Tunisia / Libya) - Merits; ICJRep. 1985, S. 13, 39 - Continental Shelf (Libya / Malta) - Merits

[2472] A.a.O., S. 39

> "Thus the justice of which equity is an emanation, is not abstract justice but justice according to the rule of law; which is to say that its application should display consistency and a degree of predictability; even though it looks with particularity to the peculiar circumstances of an instant case, it also looks beyond it to principles of more general application. This is precisely why the courts have, from the beginning, elaborated equitable principles as being, at the same time, means to an equitable result in a particular case, yet also having a more general validity and hence expressible in generel terms; for, as the Court has also said, "the legal concept of equity is a general principle directly applicable as law"".

Diese Rechtsprechung ist in der Seerechtskonvention der Vereinten Nationen[2473] aufgenommen worden hinsichtlich der Verteilung von Rechten auf eine ausschließliche Wirtschaftszone[2474], am Festlandsockel[2475] und am Meeresboden[2476]. Auch bei der Aufteilung gemeinsamer natürlicher Ressourcen der Binnengewässer wird allgemein ein "principle of equitable apportionment" vertreten[2477]. Weiter ist bei der Nutzung grenzüberschreitender Vorkommen von Naturschätzen wohl eine Pflicht zur Verhandlung über ihre Ausbeutung gewohnheitsrechtlich anerkannt[2478], was wohl auch nach "equitable principles" behandelt werden müßte.

Auch im britisch - isländischen Fischereistreit[2479] hat der Gerichtshof seine Entscheidung als "equitable solution" bezeichnet. Er leitete daraus eine Verhandlungspflicht nach Treu und Glauben und eine Pflicht zur Berücksichtigung der Bedeutung der Fischerei für die Streitparteien sowie zu einer gerechten Aufteilung ab. Hier wird also deutlich, daß die equity nicht nur eine Ermächtigung an die Richter bedeutet, ein gerechtes Aufteilungs - Ergebis zu finden, wo eine solche Verteilung notwendig ist, sondern auch Staatenpflichten beinhaltet, selbst solche Ergebnisse zu finden. Hierauf hatte der IGH bereits im Nordsee - Festlandsockel - Fall hingewiesen[2480].

2473 vom 10.12.1982 UN Dok. A/CONF. 62/122 and Corr. = ILM 21 (1982), S. 1261

2474 Art. 59, 74 Abs. 1

2475 Art. 83 Abs. 1

2476 Art. 140

2477 Ipsen, a.a.O. (Anm. 244) , S. 857 f. Allgemein zu den Kooperationspflichten benachbarter Staaten Beyerlin, U., Neighbour States, in: Bernhardt, R. (ed.), Encyclopedia of Public International Law, Instalment 10, S. 310 - 314

2478 Lagoni, R., Oil and Gas Deposits Across National Frontiers, AJIL 73 (1979), S. 215 - 241, 235

2479 ICJRep. 1974, S. 3, 30 - 35 - Merits

2480 ICJRep. 1969, S. 3, 46 f.

Die Equity ist nach der Rechtsprechung des Gerichtshofs darüber hinaus auch ein Gesichtspunkt der Kontrolle der Ausübung staatlichen Ermessens. Er befand im britisch - isländischen Fischereistreit[2481] :

> "The concept of preferential right is not compatible with the exclusion of all fishing activities of other States. A coastal State entitled to preferential rights is not free, unilaterally and according to its own uncontrolled discretion, to determine the extent of those rights. The characterization of the coastal State´s rights as preferential implies a certain priority, but cannot imply the extinction of the concurrent rights of other States ..."

Hinsichtlich der Pflicht zur Interessenabwägung aus Art. 2 der Genfer Konvention über die Hohe See spricht der Gerichtshof von "pay reasonable regard"[2482]. Seine "equitable solution" berücksichtigt die besondere Abhängigkeit Islands von der Fischerei in den umstrittenen Gewässern und wägt sie gegen die Fischereifreiheit auf Hoher See ab. Sich überschneidende Rechte führen zu einer Gemeinsamkeit in der Sorge für den Fischbestand und zu einer gegenseitigen Rücksichts - Pflicht. Ein Wettlauf um die Erschöpfung der Bestände wäre rechtswidrig.

Auch bei der Wahrnehmung von Kompetenzen über einen gemeinsamen Sachverhalt greift der IGH auf den Gedanken der Equity als Rechtsprinzip zurück. Im Barcelona Traction - Fall[2483] spricht er davon, daß "reasons of equity" einen Staat dazu berechtigen könnten, diplomatischen Schutz für seine Staatsbürger als Aktionäre einer ausländischen Gesellschaft auszuüben. Auch hier wird deutlich, daß equity unmittelbar anwendbares Völkerrecht bei der Ausübung von völkerrechtlichen Rechten ist und eine Gerechtigkeit im konkreten Fall.

Auch andere Gerichte haben equitable principles berücksichtigt[2484]. Die Festlandsockel - Rechtsprechung des IGH wurde in der Schiedsentscheidung von 1979 zwischen Frankreich und Großbritannien aufgegriffen[2485]. Ein ICSID - ad hoc - Komitee hat im AMCO - Fall die Zugehörigkeit der equitable principles zum Völkerrecht bestätigt[2486]. Das gleiche gilt vom Schiedsspruch im AMINOIL - Fall[2487]. Der Rechtsgedanke der equitable

---

[2481] ICJRep. 1974, S. 3, 27 f. - Merits

[2482] A.a.O., S. 30 f.

[2483] Barcelona Traction, Light and Power Company (Second Phase), ICJ Rep. 1970, S. 3, 48

[2484] Vgl. Janis, M.W., Equity in International Law, in: Bernhardt, R. (ed.), Encyclopedia of Public International Law, Instalment 7, S. 74 - 77, 75

[2485] ILM 18 (1979), S. 397

[2486] ILM 25 (1986), S. 1441, 1447

[2487] ILM 21 (1982), S. 976, 1016 f.

principles wurde auch in einer Konstellation der Verteilung von Gemeinsamem in Art. 37 der Wiener Konvention über die Nachfolge von Staaten in Staatsvermögen, Archive und Schulden von 1983[2488] aufgenommen, welche im vertragslosen Zustand dem Nachfolgestaat eine "equitable proportion" der Schulden des Vorgängerstaates zuordnet, wenngleich auch diese Konvention insgesamt kontrovers bewertet wird und wenig Chancen auf weltweite Annahme hat.

Ein Teil der völkerrechtlichen Lehre sieht in der Equity einen allgemeinen Grundsatz des Völkerrechts[2489]. Brownlie[2490] hält sie für keine strikte Rechtsquelle, aber für einen wichtigen Faktor bei der Entscheidungsfindung. Er umschreibt ihren Inhalt als "considerations of fairness, reasonableness and policy often necessary for the sensible application of the more settled rules of law". Nach Rousseau[2491] ist sie eine Anwendung der Prinzipien der Gerechtigkeit auf den konkreten Fall, kein allgemeiner Rechtsgrundsatz. Sie diene der Korrektur eines ungerechten Ergebnisses der Rechtsanwendung und der Füllung von Rechtslücken. Janis[2492] weist auf mehrere mögliche Funktionen der Equity hin: intra legem als Findung der gerechtesten Alternative eines rechtlichen Ergebnisses, praeter legem als Lückenfüllung und contra legem als Korrektur eines ungerechten Ergebnisses im Einzelfall[2493].

(2) Pflicht zur Interessenabwägung

In den vom IGH entschiedenen Festlandsockel - Fällen ging es nur um die Ausfüllung einer Lücke bei unvollständigen Abgrenzungsnormen. Ausgangspunkt war die Notwendigkeit einer Abgrenzung. Der Gerichtshof hatte aber Vorgaben: das Äquidistanzprinzip und darüber hinaus die natürlichen Vorgaben der Geographie. Die Abgrenzung folgte also objektiven Kriterien und das Ergebnis war eine territoriale Aufteilung des fraglichen Gebiets zwischen den Staaten. Anders war es im britisch - isländischen Fischereistreit. Hier folgerte der Gerichtshof, weil es keine objektiven Vorgaben gab, sondern nur miteinander in Konflikt stehende Fang- und Erhaltungsinteressen, daß sich die Staaten einigen und

---

[2488] ILM 22 (1983), S. 306

[2489] O'Connell, D.P., International Law, 2 Bde., 2.Aufl. (1970) , S. 14; Dahm, G., Völkerrecht, Bd. 1 (1958), S. 41; Verdross / Simma, a.a.O. (Anm. 158), S. 422 f.; Meessen, a.a.O. (Anm. 39) , S. 70

[2490] Brownlie,I., Principles of Public International Law, 2.Aufl. (1973), S. 27 - 29, 27

[2491] Rousseau, C., Droit International Public Bd. 1 (1970) , S. 399 ff.

[2492] Janis, M.W., Equity in International Law, in: Bernhardt, R. (ed.), Encyclopedia of Public International Law, Instalment 7, S. 74 - 77 m.w.N.

[2493] Vgl. hierzu auch den IGH im Frontier Dispute Judgment (Burkina Faso/Republic of Mali), ICJRep. 1986, S. 554, 567 f.

dabei das berechtigte Interesse der Gegenseite berücksichtigen müßten, ohne daß er selbst eine Ergebnis - Verpflichtung umreißen konnte. Er stellte nur eine gegenseitige Begrenzung der Rechtspositionen fest.

Die Pflicht zu gegenseitiger Interessen - Berücksichtigung ohne Ergebnis - Verpflichtung bei sich überschneidenden Rechtspositionen ist auch im völkerrechtlichen Vertragsrecht nicht unbekannt. Art. 2 des Genfer Übereinkommens über die Hohe See[2494] bestimmt:

> "Diese sowie die sonstigen nach den allgemeinen Grundsätzen des Völkerrechts anerkannten Freiheiten werden von jedem Staat unter angemessener Berücksichtigung des Interesses ausgeübt, das die anderen Staaten an der Freiheit der Hohen See haben."

Ähnliche Formulierungen finden sich an mehreren Stellen in der Seerechtskonvention der Vereinten Nationen[2495]. Auch hier ist kein objektiver Maßstab festgelegt, welcher eine völkerrechtliche Bewertung eines Verhaltens erlauben würde. Nun kann sich hier eine kasuistische Herausbildung von Maßstäben durch die Staaten- und Gerichtspraxis ergeben, die mit der Zeit eine Beurteilung ähnlicher Fälle erlaubt. So lange dies nicht der Fall ist, bleibt es bei der Pflicht zur Entwicklung einer solchen Kasuistik für die Staaten. Generelle Vorgaben sind mangels objektiver Kriterien nicht zu machen. Jeder Einzelfall trägt zur Füllung der Lücke bei.

Bei Jurisdiktionsstreitigkeiten gibt es ebenfalls keine objektiven Kriterien über diejenigen hinaus, welche vorstehend erörtert wurden. Nur diese können notwendig aus den allgemeinen Grundsätzen des Völkerrechts gefolgert werden. Darüber hinaus gibt es keine Gesichtspunkte, die verallgemeinert werden könnten. Denn ein Staateninteresse kann nur vom betroffenen Staat selbst in seinem Gewicht bestimmt werden. Jurisdiktionsinteressen sind inkommensurabel, weil die Stärke solcher Interessen in Relation zur Ordnungspolitik und zu den konkreten wirtschaftlichen Verhältnissen in einem Staat steht[2496]. Staateninteressen sind miteinander nicht objektiv vergleichbar, soweit nicht das Völkerrecht einen übergeordneten Vergleichsmaßstab liefern kann. Hier gelten die gleichen Gesichtspunkte, die bereits beim Übermaßverbot erwogen wurden. Es gibt also keinen völkerrechtlichen Maßstab, nach dem eine objektive Kollisionsentscheidung möglich wäre.

[2494] Vom 29.4.1958 (BGBl. 1972 II, 1091)

[2495] UN Dokument A/CONF. 62/122 and Corr. = ILM 21 (1982), S. 1261. Vgl. etwa Art. 56 Abs. 2, 58 Abs. 2, 87 Abs. 2, 142 Abs.1

[2496] Veelken, W., Interessenabwägung im Wirtschaftskollisionsrecht (1988), S. 77 ff.

In der völkerrechtlichen Lehre ist die Annahme einer Abwägungspflicht der Staaten uneinheitlich. Ein Teil der Literatur geht davon aus, daß das Völkerrecht den Staaten eine Pflicht zur Abwägung der miteinander in Konflikt stehenden staatlichen Interessen auferlegt, ohne ihnen allerdings materielle Kriterien an die Hand zu geben[2497] . Bleckmann[2498] sieht in der Interessenabwägung die Kombination der Präponderanz der Territorialhoheit einerseits und der Anordnungshoheit aufgrund des Personalitätsprinzips andererseits, welche beide auf den Gegenpol Rücksicht nehmen müssen.

Eine Lehre von der völkerrechtlichen Abwägungspflicht der kollidierenden Staateninteressen im internationalen Kartell- und Fusionskontrollrecht hat Meessen aufgestellt[2499]. Er leitet sie aus dem Interventionsverbot ab, welches nach seiner Auffassung auch in diesen Fällen noch unmittelbar gilt. Danach müssen bei beträchtlicher Auswirkung zunächst die Interessen des In- und des Auslandes aufgrund der Intensität der Inlandsauswirkungen getrennt festgestellt werden. Dann muß die Kollision möglichst vermieden werden, so weit dies durch eine Beschränkung auf das eigene Staatsgebiet möglich ist. Ist es dies nicht, so muß das geringer zu bewertende Interesse weichen. Es ist aber unmöglich, eine völkerrechtliche Pflicht zur Abwägung mit Vorrang des konkret höher zu bewertenden Interesses zu postulieren ohne gleichzeitig zu sagen, nach welchem konkreten Maßstab das Abwägungsergebnis völkerrechtlich zu beurteilen sein soll.

Meessen sagt richtig, daß bei "annähernd gleichem Interesse" der beteiligten Staaten keine solchen Beurteilungskriterien vorlägen und somit kein Vorrang festgestellt werden könne[2500]. Dies impliziert aber, daß es überhaupt ein Kriterium gibt, eine solche Interessenbalance festzustellen. Selbst dies ist aber weder aus der völkerrechtlichen Praxis ersichtlich noch ohne Vorgaben aus dieser Praxis denkmöglich feststellbar. Denn die Interessen der Staaten im öffentlichen Wirtschaftsrecht sind heterogen und zuweilen geradezu entgegengesetzt, weil neben dem Ordnungsinter-

---

2497 Trechsel, S., Neuer Zündstoff im Justizkonflikt Schweiz - USA. Die Zustellungspflicht gemäß 18 U.S.C. § 3506, in: Geheimnisschutz (Hrsg. R. Zäch), S. 49 - 152, 144; Puttler, A., Völkerrechtliche Grenzen von Export- und Reexportverboten (1989), S. 146 f. A.A. Kevekordes, J., Auslandszusammenschlüsse im internationalen und materiellen Kartellrecht (1986) , S. 119; Vischer, F., The United States Jurisdictional Concepts viewed from Abroad, Regulations, Wirtschaft und Recht 35 (1983), S. 97,104

2498 Bleckmann, A., The Personal Jurisdiction of the European Community, CMLRev 17 (1980), S. 467-485, 427

2499 Meessen, a.a.O. (Anm. 39) , S. 200 ff.; ders., Kollisionsrecht der Zusammenschlußkontrolle (1984), S. 27 ff.

2500 Meessen, K.M., Antitrust Jurisdiction under Customary International Law, AJIL 78 (1987), S. 783-810, 808

esse auch möglicherweise das durchaus legitime Wettbewerbsinteresse, als Standort für Unternehmen attraktiv zu sein, eine Rolle spielt.

Zum Teil wird eine Interessenabwägung auch nur als Ausdruck kollisionsrechtlicher staatlicher Selbstbeschränkung angesehen[2501]. Völkerrechtlich sei nur allgemein eine Mäßigung der Staaten in Jurisdiktionskonflikten gefordert[2502]. Insbesondere wird hingewiesen auf die kollisionsrechtlichen Wurzeln der amerikanischen Praxis des balancing of interests[2503]. Andere Autoren fordern, die auf die comity gestützte Abwägung de lege ferenda zur einer Völkerrechtspflicht zu machen[2504]. Die Verpflichtung der Staaten, bei der Abgrenzung von Jurisdiktion über Gemeinsames zu einer gerechten Lösung zu kommen, ist aber eine echte völkerrechtliche Pflicht. Nur fehlt es, wie bereits oben zum Übermaßverbot erörtert wurde, an klaren und justitiablen inhaltlichen Kriterien, welche das Völkerrecht einer solchen Pflicht mitgeben könnte.

Aus den equitable principles ist also nur eine Verfahrenspflicht ableitbar, welche deckungsgleich ist mit der Pflicht zur friedlichen Streitbeilegung. In beiden Fällen könnten die Staaten es einem Schiedsgericht oder Gericht überlassen, eine gerechte Entscheidung im Einzelfall zu treffen. Dies ist aber bei Jurisdiktionskonflikten bisher noch nie vorgekommen. Insoweit bleibt nur die Pflicht zur politischen Einigung. Es gibt dabei allgemeine Abwägungsgesichtspunkte. Denn die Jurisdiktionsinteressen aller Staaten müssen aufgrund der völkerrechtlichen Regeln über die Jurisdiktionshoheit festgemacht sein an der staatlichen Hoheit über das Territorium, die staatliche Lebensordnung und das Treueverhältnis der Personalhoheit.

Hieraus ergeben sich auch die zu berücksichtigenden Interessen anderer Staaten dem Grunde nach. So wird sich ein Staat, der extraterritoriale Jurisdiktion ausübt, im Konfliktsfalle fragen müssen, ob und inwieweit

---

[2501] Bischoff, J.M./ Kovar, R., L'application du droit communautaire de la concurrence aux entreprises établies à l'extérieur de la communauté, Journal de Droit International 102 (1975), S. 675-727, 713 ff.; Rehbinder in: Immenga, U. / Mestmäcker, E.-J., GWB. Kommentar (1992), § 98 Abs. 2 , Rn. 35 - 39; Basedow, J., Entwicklungslinien des internationalen Kartellrechts, NJW 42 (1989), S. 627 - 638, 638; Mann, F.A., The Doctrine of International Jurisdiction Revisited after 20 Years, RdC 186 (1984 III), S. 9 - 116, 30 f.; Immenga, U., Extraterritoriale Rechtsanwendung zwischen Recht und Politik, in: Barfuß, W. u.a. (Hrsg.), Festschrift für Karl H. Neumayer (1985), S. 323-335 verneint eine Tauglichkeit des existierenden Völkerrechts zur Konfliktsauflösung

[2502] Morrison, F.L., Conflicts of Jurisdiction, GYIL 29 (1986), S. 417-434, 434

[2503] Beck, B., Die extraterritoriale Anwendung amerikanischen Wettbewerbsrechts unter besonderer Berücksichtigung länderübergreifender Fusionen, WuW 34 (1984), S. 447-464, 461 ff.

[2504] Rishikesh, D., Extraterritoriality versus sovereignty in international antitrust jurisdiction. World Competition 14 (1991), S. 33 - 66 , 63

seine Regelung fremde Staatsangehörige betrifft, inwieweit sie Strukturen und Funktion der fremden Wirtschaftsordnung beeinträchtigt und in welchem Umfang auf dem fremden Territorium und in der fremden Ordnung gehandelt wird. Er wird, wenn seine Anordnung eine Freiheit im Aufenthaltsstaat des Adressaten einschränkt, die Bedeutung dieser Freiheit für die Wirtschafts- und Lebensordnung dieses Staates gegen sein eigenes Regelungsinteresse abwägen müssen.

Das gleiche gilt umgekehrt für den Aufenthaltsstaat, welcher von extraterritorialer Jurisdiktion aus dem Ausland betroffen wird. Er wird die entsprechenden Abwägungsgesichtspunkte für die Entscheidung berücksichtigen müssen, ob er mit einer Abwehrmaßnahme dem fremden Jurisdiktionsanspruch entgegentreten soll. Auch er muß also die Bedeutung seiner Regelung, sei es eine Freiheit oder eine gegenteilige Anordnung, gewichten gegen das ausländische extraterritoriale Regelungsinteresse. Ein übergeordneter Gesichtspunkt der Abwägung von Staateninteressen könnte die Gefahr sein, welche ein bestimmtes wirtschaftliches Verhalten für die Wirtschaftsordnung eines anderen Staates mit sich bringt[2505].

Beide Staaten müssen im konkreten Fall die gegenteiligen Interessen bona fide gegeneinander austarieren. Wenn sie sich nicht einigen können, enthält das Völkerrecht aber, wenn die oben erläuterten Grenzen der Jurisdiktionshoheit eingehalten sind, keine streitentscheidenden Kriterien mehr[2506]. Dann bleibt es bei der Durchsetzbarkeit der Anordnungen im jeweiligen Territorium.

Dieses Ergebnis ist unbefriedigend. Aber die Rechtsdogmatik ist gebunden an den Entwicklungsstand der von ihr zu betrachtenden Rechtsordnung. Allerdings ist dieser Stand auf Evolution hin orientiert. Diese verweist auf zwei mögliche Entwicklungsstränge. Zum einen sind die Staaten als originäre Rechtssetzungs - Subjekte des Völkerrechts aufgefordert, gemeinsam zur Bildung von Völkergewohnheitsrecht durch eine kasuistische Entwicklung beizutragen. Dies würde auch gefördert durch eine Unterwerfung unter eine streitentscheidende Instanz. Zum anderen aber ist hier der Ansatzpunkt für eine einseitige Selbstbeschränkung der Staaten durch eine echtes öffentliches Kollisionsrecht, welches weit über die bisherigen Ansätze des internationalen Verwaltungsrechts hinausgeht. Denn die Gemeinsamkeit des Regelungsgegenstandes bringt auch gemeinsame Interessen mit sich. Dieser Gesichtspunkt wird im abschließenden Kapitel zu erörtern sein.

[2505] Ordover, J.A., Conflicts of Jurisdiction: Antitrust and Industrial Policy, Law and Contemporary Problems 50 (1987), S. 165-178, 175

[2506] Vgl. ebenso Bleckmann, A., Die völkerrechtlichen Grundlagen des internationalen Kollisionsrechts (1992), S. 30 ff.

(3) Innerstaatlicher Aspekt

Die Pflicht zur Verhandlung der Staaten über die Lösungsmöglichkeiten eines Jurisdiktionskonflikts obliegt zunächst den institutionellen Trägern der auswärtigen Gewalt, also den Regierungen[2507]. Sie müssen ein Verhandlungsergebnis nach den Regeln des nationalen Rechts in ihre Rechtsordnung übertragen. Wenn es um Handlungen der Exekutive geht, bedarf dies möglicherweise einer Gesetzesänderung, soweit diese Handlungen nicht durch das Opportunitätsprinzip oder einen Ermessensspielraum, der auch die Berücksichtigung fremder Interessen eröffnet, freigestellt sind. Die Regierung kann ihre Auffassung dann unter Beachtung der Regeln der Hierarchie in der Exekutive durchsetzen. Die völkerrechtlichen Grenzen der Jurisdiktionshoheit sind jedoch etwa in der Bundesrepublik Deutschland über Art. 25 GG ipso iure zu beachten, so daß die Gesichtspunkte des hinreichenden Anknüpfungspunktes, von Treu und Glauben, der Zweckgebundenheit und der Verhältnismäßigkeit immer berücksichtigt werden dürfen und müssen.

Schwieriger ist die Problematik, wenn extraterritoriale Jurisdiktion Gegenstand von Gerichtsverfahren ist. Gerichte müssen sich an das Recht halten, welches zum Zeitpunkt ihrer Entscheidung gilt. Auch hier muß das allgemeine Völkerrecht unmittelbar beachtet werden, wenn es durch nationales Recht transformiert oder ansonsten für anwendbar erklärt wurde. Dies gilt für die genannten Gesichtspunkte des hinreichenden Anknüpfungspunkts und der völkerrechtlichen Jurisdiktionsgrenzen. Auch das Übermaßverbot wäre in exzeptionellen Fällen zu berücksichtigen. So weit aber das Völkerrecht nur eine Pflicht zur Beachtung ausländischer Interessen ohne Kriterien für ein Ergebnis dieser Abwägung enthält, ist dies nicht innerstaatlich unmittelbar anwendbares Recht[2508]. Denn ein Gericht kann und darf nicht den politischen Prozeß dieser Abwägung nachvollziehen, wenn es an entgegenstehendes striktes Recht gebunden ist.

Eine allgemeine Abwägungspflicht ohne wenigstens ansatzweise konturierte Inhalte ist per se ebenso formal wie der behauptete Grundsatz, ein Staat müsse ein Kollisionsrecht haben. Dabei bleibt der Inhalt des Kollisionsrechts eigene Entscheidung jedes Staates. Die Abwägungspflicht würde erst durch inhaltliche Kriterien zu einer echten auch im innerstaatlichen Recht unmittelbar anwendbaren Pflicht. Letztere ist, da es solche Kriterien im Völkerrecht nicht gibt, inhaltlich weder in ihren Prämissen noch in ihren Ergebnissen zu überprüfen oder gar rechtlich zu

---

[2507] Meessen, a.a.O. (Anm. 39), S. 231

[2508] A.A. Meessen, a.a.O. (Anm. 39), S. 264

werten sein: es fehlt am tertium comparationis, an einem Prüfungsmaßstab, die Pflicht ist materiell inhaltsleer. Eine Interessenabwägung durch Gerichte, wie sie insbesondere in den USA formuliert und auch praktiziert wurde, gestützt auf die comity, welche, wie bereits erörtert, keine völkerrechtliche Pflicht begründet[2509], ist also nur einseitige kollisionsrechtliche Selbstbeschränkung, welche der gesetzlichen oder gewohnheitsrechtlichen Ermächtigung bedarf.

i) Das Konzept des Restatement (Third)

Reasonableness ist, wie bereits erörtert wurde, im Völkerrecht als Gesichtspunkt der zweckgerechten Hoheitsausübung eine Grenze staatlichen Handelns in Freiheitsspielräumen insbesondere bei sich überschneidenden Hoheitsbereichen. In der amerikanischen Rechtsprechung ist reasonableness aber darüber hinaus auch ein Gesichtspunkt kollisionsrechtlicher Selbstbeschränkung. In der Aérospatiale - Entscheidung[2510] heißt es in diesem Zusammenhang: "The exact line between reasonableness and unreasonableness in each case must be drawn by the trial court, based on its knowledge of the case and of the claims and interests of the parties and the governments whose statutes and policies they invoke".

Das Restatement (Third)[2511] hat es unternommen, beide Gesichtspunkte miteinander zu verbinden. Seine §§ 401 - 488, beschäftigen sich mit "Jurisdiction and Judgments". Gerade in diesem Teil wird nicht immer ganz klar - was im übrigen ein generelles Problem des Restatement ist -, ob hier Regeln de lege lata formuliert oder Regeln de lege ferenda vorgeschlagen werden. Das Restatement will existierendes Recht wiedergeben[2512]. Wo kein geschriebenes Recht existiert, stellt es sich auf den Standpunkt eines unparteiischen Richters[2513]. Hierin liegt aber ein möglicher Unschärfe-Bereich aufgrund der Position des Richters im Rechtssystem der Vereinigten Staaten, welche sich auch in dieser Hinsicht von einem Rechtssystem des kontinentalen europäischen Rechtskreises wesentlich unterscheidet.

2509 So auch Mestmäcker, E.J., Staatliche Souveränität und offene Märkte, Konflikte bei der extraterritorialen Anwendung von Wirtschaftsrecht, RabelsZ 52 (1988), S. 205-251, 243; Morrison, F.L., Conflicts of Jurisdiction, GYIL 29 (1986), S. 417-434, 433 f.

2510 Sociéte Nationale Industrielle Aérospatiale v. U.S. District Court, 107 S.Ct. 2542 (1987), ILM 25 (1986), S.519 ff. und ILM 26 (1987), S.1021 ff

2511 A.a.O. (Anm. 12)

2512 a.a.O., S. XI

2513 " ... the Institute has sought to express the law as it would be pronounced by a disinterested tribunal whether of the United States or some other national state or an international tribunal. "

In den USA, wie auch in den anderen Ländern des Common law-Rechtskreises sind die Richter sehr viel mehr in die Rechtsschöpfung miteinbezogen, so daß das Restatement von der "Warte des Richters aus" nicht notwendigerweise ausschließlich existierendes Recht wiedergibt. Dies gilt insbesondere von Bereichen wie demjenigen der extraterritorialen Jurisdiktion, in denen rechtliche Regeln teilweise erst noch konkretisiert und entwickelt werden müssen. Aus diesen Gründen kann das Restatement nicht als uneingeschränkte Autorität für die Wiedergabe existierenden Vökerrechts angesehen werden[2514]. Dieses Problem wird dadurch akzentuiert, daß es ganz bewußt Kollisionsrecht und Völkerrecht miteinander verbindet.

Die Tatsache, daß ein Restatement bei noch nicht eindeutig geklärter Rechtslage einen wichtigen und durch die Autorität der Berichterstatter und der Mitglieder des American Law Institute gestützten Vorschlag für eine Rechtsregel enthält, macht es insbesondere in Bereichen wie demjenigen der extraterritorialen Jurisdiktion zu einer wichtigen Hilfe für die wissenschaftliche Abklärung des Rechtszustandes. Wenn die Position eines Restatement von der amerikanischen Praxis übernommen wird, was häufig der Fall ist, so wird damit ein wesentlicher Beitrag zur Homogenisierung der Staatenpraxis in völkerrechtlich relevanten Bereichen geleistet, woraus sich, wenn andere Staaten dem folgen, die Bildung von Völkergewohnheitsrecht ergeben kann[2515].

Die amerikanische Praxis zitiert zuweilen ein Restatement wie ein ausformuliertes Gesetz, was eine Überbewertung seiner Bedeutung ist. Andererseits gibt es aber, wenn auch eher selten, durchaus den Fall, daß ein Restatement in der Praxis im konkreten Fall einmal nicht befolgt wird. In der bereits erörterten Laker-Entscheidung des Court of Appeals for the District of Columbia Circuit vom 6.03.1984[2516] setzte sich Richter Wilkey intensiv mit der Forderung einer Interessenabwägung der beteiligten staatlichen Interessen im Falle eines Regelungskonflikts auseinander und lehnte sie dann ab. Dies kommt jedoch eher selten vor.

Hinsichtlich der Frage, ob eine Rechtsregel im Restatement immer anerkanntes Völkerrecht wiedergibt, muß bemerkt werden, daß häufig - und das gilt insbesondere für den Bereich extraterritorialer Jurisdiktion - die

---

[2514] Allerdings hat gerade der für Jurisdiktionsfragen zuständige Berichterstatter A. Lowenfeld sich völkerrechtlich so intensiv mit der Materie extraterritorialer Jurisdiktion beschäftigt, daß insbesondere seine "Reporter's Notes" eine wichtige Fundgrube für die Feststellung des völkerrechtlichen Zustandes sind

[2515] Meessen, K.M., Conflicts of Jurisdiction under the New Restatement, Law and Contemporary Problems 50 (1987), S. 47-70, 53

[2516] Laker Airways Ltd. v. Sabena Belgium World Airlines, 731 F.2d 909 (D.C. Cir.1984) = ILM 23 (1984), S.519-567 amerikanische Praxis zwar extensiv erörtert, die Praxis anderer Staaten jedoch nicht immer sorgfältig ausgewertet wird. Hier entsteht die Gefahr eines Zirkelschlusses, wenn nämlich das Restatement eine Rechtsregel aus der amerikanischen Praxis ableitet und die amerikanische Praxis daraufhin sich auf das Restatement bezieht, um die gleiche Regel als bestehendes Völkerrecht anzuwenden. Auch aus diesem Grunde müssen die Vorschläge des Restatement sorgfältig auf ihre Absicherung in der völkerrechtlichen Praxis hin untersucht werden.

Der Bereich der jurisdiction wird, wie bereits eingangs des Kapitels I erörtert wurde, durch das Restatement in § 301 differenziert in jurisdiction to prescribe, to adjudicate und to enforce. Die Regeln für diese Kategorien sind, soweit man die Vollstreckungshoheit auf Vollstreckungsanordnungen begrenzt und die physische Vollstreckung ausnimmt, ähnlich, so daß eine Unterscheidung dieser Kategorien jedenfalls unter dem Gesichtspunkt des Völkerrechts nicht zu substantiellen Unterschieden führen kann[2517]. Hinsichtlich der jurisdiction to adjudicate wird sie sogar irreführend, weil die Gerichtsbarkeit noch nichts über die Rechtmäßigkeit verfahrensrechtlicher Anordnungen mit Auslandsbezug wie etwa Beweisaufnahmen aussagt. Hier bedarf es der Anordnungshoheit[2518].

Insbesondere bei der Frage, wie Jurisdiktionskonflikte aufzulösen sind, ist die Unsicherheit darüber, inwieweit Anknüpfungs- und Konfliktlösungsregeln dem Völkerrecht entnommen werden und inwieweit lediglich der Völkercourtoisie, der "comity of nations", nach wie vor groß. Dies zeigt sich etwa im Vergleich zwischen dem Restatment (Third) und seinem Vorgänger, dem Restatement (Second)[2519]. In dessen § 39 wird klar festgestellt, daß bei bestehenden Anknüpfungspunkten mehrerer Staaten auch bei sich widersprechenden Anordnungen keiner zurückstehen muß. § 40 statuiert nur eine völkerrechtliche Pflicht zur Abwägung der beteiligten Interessen, verpflichtet aber nicht zu einem positiven Ergebnis in dem Sinne, daß am Ende des Abwägungsprozesses ein Staat aufgrund völkerrechtlicher Verpflichtung die Oberhand behalten müsse. Das Ergebnis der Abwägung bleibt hier vielmehr eine Frage der comity.

Das Restatement (Third) geht dagegen bei Anknüpfung wie bei Konfliktlösung erklärtermaßen von einem völkerrechtlichen Ansatz aus:

2517 Meessen, K.M., Conflicts of Jurisdiction under the New Restatement, Law and Contemporary Problems 50 (1987), S. 47-70, 50

2518 Meessen, a.a.O., S. 50

2519 American Law Institute, Restatement of the Law (Second), Foreign Relations Law of the United States (1965)

> "International law deals with the propriety of the exercises of jurisdiction by a state, and the resolution of conflicts of jurisdiction between states"[2520].

Dann folgt das völlig neue Konzept, wonach jeder Anknüpfungspunkt "reasonable" sein müsse[2521]. Und schließlich folgt, wie beim Restatement (Second), eine Regel über eine Abwägungspflicht ohne verpflichtendes Ergebnis[2522], deren Maßstab wiederum die "reasonableness" sein soll. Insoweit deckt dieser Begriff die Überlegungen, welche zum Verbot des Rechtsmißbrauchs angestellt wurden, in völkerrechtlicher Hinsicht ebenso ab wie die kollisionsrechtliche Selbstbeschränkung. Reasonableness ist in der amerikanischen Rechtsprechung ein kollisionsrechtliches Konzept, welches zunächst vom Charakter her der einseitigen staatlichen Selbstbeschränkung, einer "comity" - Überlegung nahe steht. Im Restatement (Third) geht man aber weiter:

> "Increasingly, however, these rules, notably the principle of reasonableness..., have been followed by other states and their courts and by international tribunals, and have emerged as principles of customary law."[2523]

Reasonableness soll über das völkerrechtliche Abgrenzungsdenken hinausgehen und eine kollisionsrechtlich optimalen Lösung ermöglichen. Das Restatement aber bleibt den Beleg dafür schuldig, daß dies bereits geltendes Völkerrecht sei. Die Belege hierfür konzentrieren sich zu einseitig auf die amerikanische Praxis, die dazu noch insoweit meistens ihre Erwägungen zur Konfliktlösung unter dem Gesichtspunkt der "comity" angestellt hatte[2524].

Dies ist vor dem Hintergrund der Tatsache zu würdigen, daß der Berichterstatter A. Lowenfeld bereits im Jahre 1979 in seiner Vorlesung bei den Haager Kursen den Unterschied zwischen Völkerrecht und Kollisionsrecht zugunsten des Konzepts einer "maximum rationality" einebnete[2525]. Das Restatement macht nicht mehr deutlich, ob es sich insoweit um einen Vorschlag für neu zu bildendes Kollisions-Völkerrecht handelt oder ob hier bereits existentes Völkerrecht postuliert wird:

[2520] § 401 Comment b

[2521] §§ 402, 403 Abs.1 und 2e

[2522] § 403 Abs.3

[2523] Introductory Note zu Part IV, S.231

[2524] In der einleitenden Bemerkung zum Teil IV wird allerdings bemerkt, daß die amerikanischen Gerichte, auf deren Praxis das Restatement sich wesentlich bezieht, nicht immer klar unterschieden hätten, ob ihre Regeln aus dem internationalen oder dem nationalen Recht oder aus internationaler "Comity" abgeleitet wurden

> "In a number of contexts the question of jurisdiction to prescribe resembles question traditionally explored under the heading of conflict of laws or private international law. This chapter, however, concentrates on so-called public law - tax, antitrust, securities regulatzion, labor law, and similar legislation. The issues addressed may arise in private litigation, but the rules stated in this chapter do not necessarily apply to controversies unrelated to public law issues.... Courts and other decision makers, learning from the approach to comparable problems in private international law, are increasingly inclined to consider various interests, examine contacts and links, give effect to justified expectations, search for the "center of gravity" of a given situation, and develop priorities. This Restatement follows this approach in adopting the principle of reasonableness."[2526]

Die Frage, ob es sich bei den Konfliktlösungsregeln um Völkerrecht oder um staatliches Kollisionsrecht, um lex ferenda oder um lex lata handelt, kann allerdings nicht nur nach den Gesichtspunkten behandelt werden, ob eine Lösung wünschenswert und rational ist. Denn in Staaten, in welchen die Rechtsprechung und die Verwaltung strikt an existierendes Recht gebunden sind und - jedenfalls außerhalb der erlaubten Lückenfüllung - nicht an Rechtsschöpfung teilnehmen dürfen, spielt es eine entscheidende Rolle, ob die Interessenabwägung oder eine eventuelle Pflicht (oder auch nur die Möglichkeit), hinter vorrangigen ausländischen Interessen zurückzustehen, aus Rechtssätzen folgen oder aus Überlegungen, was vernünftiges Recht sein sollte. Dies zeigte sich an den bereits erörterten Entscheidungen deutscher und europäischer Instanzen.

Reasonableness ist nach dem Restatement (Third) zunächst die Qualifikationsvoraussetzung für eine völkerrechtsgemäße Anknüpfung nationaler Jurisdiktion. Diese Feststellung ist um so erstaunlicher, als ersichtlich nicht einmal US-amerikanische Gerichte diesen Begriff bisher zur Qualifizierung der Anknüpfung benutzt haben. Soweit das Restatement auf Rechtsprechung in Westeuropa, Kanada und Japan verweist, nimmt es auf dortige Kartellverfahren Bezug, in denen zum Teil das Auswirkungsprinzip angewandt wurde, jedoch niemals "reasonableness" als generelles kollisionsrechtliches Prinzip.

Allerdings ist reasonableness ebenso wie die anderen vorgeschlagenen Qualifikationen der Anknüpfung kein Begriff zur konkreten Bestimmung

---

[2525] Lowenfeld, A. F., Public Law in the International Arena, RdC 128 (1969 III), S. 315 - 445, 328 f.

[2526] Introductory Note zu Part IV, Chapter 1, subchapter A, S.237

der Zulässigkeit einer Anknüpfung. Es handelt sich vielmehr um eine breite Ermessensrichtlinie für die Staatsorgane, welche Jurisdiktion ausüben. Reasonableness ist einerseits ein Äquivalent für das, was in der deutschen Doktrin "sinnvolle" Anknüpfung genannt wurde, also eine Anknüpfungsregel. Zum anderen kann Reasonableness aber auch in Bezug gesetzt werden zu den Inhalten von völkerrechtlichen Begriffen wie "equity", Treu und Glauben, Verhältnismäßigkeit oder dem Verbot des Rechtsmißbrauchs. Und schließlich kann der Gesichtspunkt der reasonableness auch die Elemente umschreiben, welche in den Abwägungskatalogen amerikanischer Gerichtsentscheidungen enthalten sind.

§ 402 geht zunächst von einer Aufzählung anerkannter Anknüpfungskriterien aus: Territorium, Staatsangehörigkeit, Staatssicherheit und "a limited class of other state interests". Eine entsprechende Regel fand sich in § 10 des Restatement (Second), welches die anderen Staateninteressen in § 33 ausdrücklich nannte: Regelung von Verhalten im Ausland "that threatens its security as a state or the operation of its governmental functions, provided the conduct is generally recognized as a crime under the law of states that have reasonably developed legal systems". § 33 Abs. 2 nannte speziell die Fälschung von Staatssiegeln, von Zahlungsmitteln und von offiziellen Dokumenten.

Die Regel wird jedoch durch das Restatement (Third) in ihrer Formulierung verknüpft mit dem nachfolgenden § 403, welcher feststellt, daß weder das Vorliegen dieser Anknüpfungspunkte davon befreit, im Einzelfall die reasonableness der Anknüpfung speziell zu überprüfen noch daß ein Anknüpfungspunkt, welcher nicht in § 402 genannt ist, notwendigerweise völkerrechtswidrig wäre[2527]. Letzterer Gesichtspunkt ergibt sich aus dem Kommentar zu § 402[2528].

Diese Regel des § 403 Abs. 1 ist insofern bemerkenswert, als in ihr zu Recht klargestellt wird, daß auch die Anknüpfung an das Territorialitätsprinzip bzw. das Personalitätsprinzip einem Staat nicht unbeschränkte Jurisdiktion gibt: "Not all activities within a state's territory nor all activities of a state's nationals, may reasonably be subjected to its legislation."[2529] In seinem Bestreben, von klassischen Souveränitätskonzepten, welche "formelle Kriterien" genannt werden[2530], abzurücken, wird die reasonableness nicht in Bezug gesetzt zu den klassischen völkerrechtli-

---

[2527] Über die genannten Anknüpfungspunkte hinaus werden im Restatement noch in § 414 die Jurisdiktion über verbundene Unternehmen und im Comment G zu § 402 das passive Personalitätsprinzip erwähnt

[2528] § 402 Comment a: "Other limits may also be sufficient to support jurisdiction in limited circumstances"

[2529] § 402 Comment a

[2530] Einführende Bemerkung zu Teil IV, Kapitel I, Unterkapitel A, Seite 235 f.

chen Begriffen der inneren Angelegenheit, der Souveränität und des Interventionsverbots. Das Restatement möchte Abschied nehmen von Territorialität und Staatsangehörigkeit als festen Konzepten:

> " Territoriality and nationality remain the principal bases of jurisdiction to prescribe, but in determining their meaning rigid concepts have been replaced by broader criteria embracing principles of reasonableness and fairness to accomodate overlapping or conflicting interests of states, and affected private interests. "[2531]

Es gibt einem flexiblen völkerrechtlichen Kollisionsrecht den Vorzug und stößt damit doch auf zwei Kardinalprobleme. Zum einen nämlich unternimmt das Restatement nicht einmal den Versuch einer Untersuchung, ob klassische völkerrechtliche Prinzipien wie die Equity oder die Verhältnismäßigkeit möglicherweise jedenfalls einen Grundstock von Kollisionsregeln liefern können. Daß dies der Fall ist, wurde in den vorangegangenen Erörterungen gezeigt. Zum anderen müßte es den Nachweis erbringen, daß diese neue Sicht in allen Staaten der Welt als bereits existierendes Völkerrecht anwendbar ist. Diesen bleibt es jedoch aufgrund seines Ansatzes schuldig[2532].

Das Restatement ist auch bemerkenswert in seiner Abkehr von den Prinzipien der amerikanischen Rechtsprechung zu extraterritorialer Jurisdiktion. Nur wenige Entscheidungen haben unter Berufung auf das Timberlane Lumber - Urteil bereits die Frage, ob überhaupt Jurisdiktion vorliegt, mit einer Abwägung der Interessen anderer Staaten verbunden. Wenngleich auch die Grundentscheidung des Restatement insoweit als mutiger Schritt angesehen werden kann, so ist doch nicht zu verkennen, daß mit dieser Verfahrensweise die Autorität dieser Rechtserkenntnisquelle jedenfalls nicht gestärkt wird.

Inhaltlich ist reasonableness ein offener Begriff, der bei verschiedenen Jurisdiktionsarten wie auch in verschiedenen Jurisdiktionsgebieten unterschiedlich konkretisiert wird. Bei der Gerichtshoheit indiziert grundsätzlich das Vorliegen von Anknüpfungspunkten wie Wohnung, Aufenthalt, Staatsangehörigkeit oder Anwesenheit die qualifizierte Anknüpfung. Bei der Vollstreckungshoheit bezieht sich reasonableness auf die zu vollstreckenden Rechtssätze. Komplexer ist die Ausfüllung des Begriffs der reasonableness bei der Anordnungshoheit. Hier bestimmt § 403 Abs.

2531 Introductory note zu Teil IV, Kapitel 1, Unterkapitel A, S.237

2532 Dies wurde auch in den Diskussionen im American Law Institute bemängelt, vgl. etwa American Law Institute, 58th Annual Meeting, Proceedings 1981 (1982), S. 265

2 einen Katalog von Gesichtspunkten, welcher bei der Abwägung aufgrund der reasonableness zu berücksichtigen ist:

> " Whether exercise of jurisdiction over a person or activity is unreasonable is determined by evaluation all relevant factors, including, where appropriate:
>
> > the link of the activity tothe territory of the regulating state, i.e., the extent to which the activity takes place within the territory or has substantial, direct, and foreseeable effect upon or in the territory;
> >
> > the connections, such as nationality, residence, or economic activity, between the regulating state and the person principally responsible for the activity to be regulated, or between that state and those whom the regulation is designed to protect;
> >
> > the character of the activity to be regulated, the importance of regulation to the regulating state, the extent to which other states regulate such activities, and the degree to which the desirability of such regulation is generally accepted;
> >
> > the existence of justified expectations that might be protected or hurt by the regulation;
> >
> > the importance of the regulation to the international political, legal, or economic system;
> >
> > the extent to which the regulation is consistent with the traditions of the international system;
> >
> > the extent to which another state may have an interest in regulating the activity; and
> >
> > the likelihood of conflict with regulation by another state.

Die Kriterien, welche § 403 Abs. 2 des Restatement nennt, sind nicht abschließend[2533]. Der Erkenntnisprozeß zur Feststellung der Reasonableness ist also offen. Alle die genannten Abwägungspunkte sind miteinander verbunden und sollen kumulativ Aufschluß über die reasonableness geben[2534]. Dies ist ein signifikanter Unterschied zur Gerichtshoheit, bei der § 431 alternative Kriterien nennt.

[2533] § 403 Comment b

[2534] Lowenfeld, A. F., Jurisdiction, Choice of Law, and Conflict Resolution, Boston University International Law Journal 4 (1986), S. 91 - 97, 95 sagt hierzu, das Restatement enthalte keinen festen Standard, aber immerhin eien Standard. Reasonableness werde

Auch wenn man den Gesichtspunkt der reasonableness zur Bestimmung zulässiger Anknüpfung verwendet, so schließt dies nicht aus, daß konkurrierende Jurisdiktion in dem Sinne gegeben sein wird, daß eine Anknüpfung zu mehreren Staaten "reasonable" ist. Für diesen Fall wird die reasonableness durch § 403 Abs. 3 des dritten Restatement noch einmal als Konfliktlösungsregel herangezogen:

> " When it would not be unreasonable for each of two states to exercise jurisdiction over a person or activity, but the prescriptions by the two states are in conflict, each state has an obligation to evaluate its own as well as the other state's interest in exercising jurisdiction, in light of all the relevant factors, Subsection (2); a state should defer to the other state if that state's interest is clearly greater".

Die Formulierung bedeutet allerdings lediglich, daß im Konfliktfalle eine Abwägungspflicht besteht[2535]. Das Zurückstehen vor vorrangigen Interessen anderer Staaten ist dagegen nur eine Sollensvorschrift[2536]. Eine klare Konfliktlösung gibt dieser Grundsatz also nicht vor. Deshalb ist die Konfliktregel des § 403 Abs. 2 qualitativ nichts anderes als die aus den bekannten amerikanischen Entscheidungen resultierenden Abwägungskataloge. Der einzige Unterschied ist, daß die Abwägung nach dem dritten Restatement verpflichtend ist, während in den entsprechenden Gerichtsentscheidungen die "comity of nations" als Abwägungsgrund genannt wird.

Ausdrücklich wird die Gegenseitigkeit nicht als Kriterium genannt, um die Abwägung von den bekannten comity - Abwägungen abzugrenzen[2537]. Begründet wird dies wie folgt: "A condition of reciprocity is not among the criteria set forth in this section, since a determination as to whether an exercise of jurisdiction is reasonable must take account of the interests of the persons affected as well as the interests or practices of other states"[2538]. Hierin zeigt sich, daß - ein anderer entscheidender Neuansatz des Restatement - Staateninteressen und Individualinteressen gleichwertig miteinander verbunden werden. Wenngleich dies auch vom Ergebnis her eindeutig zu begrüßen ist, weil letztlich durch Jurisdiktionskonflikte Individuen in Befolgungskonflikte verwickelt werden, so ist doch nicht ersichtlich, daß dies, abgesehen von gewissen menschenrecht-

---

vom Völkerrecht verlangt, sie müsse als Begriff durch die angegebenen Faktoren angefüllt werden

2535 "has an obligation"

2536 "should defer"

2537 § 403 Comment a

2538 § 403 Reporters' Notes 5

lichen Überlegungen, dem gegenwärtigen Stand des Völkerrechts entspricht.

Die Konfliktregel des § 403 Abs. 3 soll offensichtlich nicht auf alle faktischen Konflikte von Rechtsnormen Anwendung finden. Vielmehr verweist der Kommentar zu § 403[2539] darauf, daß die Regel nur bei echten Konflikten zwischen entgegengesetzten Normbefehlen Anwendung findet:

> "Subsection (3) applies only when one states requires what another prohibits, or where compliance with the regulations of two states exercising jurisdiction consistently with this section is otherwise impossible. It does not apply where a person subject to regulation by two states can comply with the laws of both; for example, where one state requres keeping accounts on a cash basis, the other on an accrual basis. It does not apply merely because one state has a strong policy to permit or encourage an activity which another state prohibits, or one state exempts from regulation an activity which another regulates."

Letzteres ist sicherlich problematisch unter dem Gesichtspunkt, daß eine Freiheit gerade aus ordnungspolitischen Gründen positiv etwa zur Erzielung besonderer wirtschaftlicher Leistungen gewährt werden kann.

Während in §§ 402 und 403 die Anordnungshoheit gekennzeichnet ist durch das Vorliegen eines Anknüpfungspunktes, wenn dieser nicht "unreasonable" ist, wird in § 431 (2) hinsichtlich der Vollstreckung der positive Begriff der reasonableness gewählt:

> "Enforcement measures must be reasonably related to the laws or regulations to which they are directed."

Dies ist das gleiche bei der Regel § 421 (1) des über die internationale Gerichtsbarkeit:

> "A state may exercise jurisdiction through its courts to adjudicate with respect to a person or thing if the relationship of the state to the person or ghting is such as to make the exercise of jurisdiction reasonable."

Warum hier der Akzent unterschiedlich gesetzt ist, läßt sich nicht klar erkennen. Denn in allen drei Fällen muß "reasonableness" als Grundregel gesehen werden. Es kann sich also nur um eine redaktionelle Akzentverschiebung in der Formulierung handeln, ohne daß hieraus juristisch unterschiedliche Ergebnisse resultieren würden. Auf keinen Fall kann man

---

[2539] Comment e

daraus etwa eine Beweislastregel entnehmen, daß die Anknüpfungspunkte, welche § 402 nennt, regelmäßig zulässig sein sollen, wenn sich nicht das Gegenteil, die "unreasonableness" klar herausstellt[2540].

Im Bereich von reasonableness als Anknüpfungsregel relativieren die Abwägungsgesichtspunkte die Absolutheit der in § 402 genannten anerkannten völkerrechtlichen Anknüpfungskriterien[2541]. Dies ist eine positive Bestätigung der Erkenntnis, daß Anknüpfungspunkte nie absolut zu sehen sind, sondern immer gemessen werden müssen am Sinn und Zweck der Jurisdiktion über die konkreten Sachverhalte, an die angeknüpft wird. Die Relativierung der anerkannten Anknüpfungsprinzipien durch Erwägungen der "reasonableness" zeigt auch, daß eine existierende Anknüpfung nicht von den allgemeinen völkerrechtlichen Pflichten wie dem Interventionsverbot, dem Verbot des Rechtsmißbrauchs und möglicherweise auch der Beachtung des Prinzips der Verhältnismäßigkeit des Eingriffs in fremde Rechte entbinden kann.

Der Regelungszweck des Restatement (Third) liegt zwischen dem Abwägungsverfahren der amerikanischen Gerichtsentscheidungen einerseits und der gegenteiligen Konzeption einer starren Berufung auf Anknüpfungsprinzipien andererseits. Der Preis, welcher für diesen Mittelweg gezahlt werden muß, ist, daß bereits bei der Überprüfung der Zulässigkeit der Anknüpfung durch die vielfältige und offene Abwägung ein Entscheidungsergebnis schwer vorhersehbar wird. De lege lata scheint diese grundsätzliche Offenheit bei der Beurteilung jeder Anknüpfung auch nicht dem Stand der völkerrechtlichen Praxis zu entsprechen. Denn in aller Regel ist die Anknüpfung etwa an die Territorialität oder an die Staatsangehörigkeit völkerrechtlich akzeptiert, wenn man von jenen Mißbrauchsfällen absieht, welche bereits erwähnt wurden.

So ist denn auch in der Literatur der Begriff der reasonableness deswegen kritisiert worden, weil er mangels eines Inhalts nicht berechenbar ist, weil er einerseits keine Rechtssicherheit bietet und andererseits Gerichten und Behörden keine laren Entscheidungsgrundlagen[2542]. F.K. Juenger hat ihn mit Blick auf die dargestellten Entwicklungen im amerikanischen Kollisionsrecht der letzten Jahrzehnte einen "mos americanus" genannt, der die Rechtssicherheit zugunsten von "amorphous approaches" auf-

---

[2540] Meng, W., Regeln über die Jurisdiktion der Staaten im amerikanischen Restatement (Third) of Foreign Relations Law, Archiv des Völkerrechts 27(1989), S. 156-194, 174

[2541] § 402 Comment a: "These links are not sufficient in all cases; not all activities within a state's territory, nor all activities of a state's nationals, may reasonably be subjected to its legislation"

[2542] Juenger, F.K., The "Extraterritorial" Application of American Antitrust Law and the New Foreign Relations Law Restatement, WuW 40 (1990), S. 602 - 618, 609 f.

gibt[2543]. Diese Kritik weist zu Recht insbesondere auf die Verbindung von Restatement, "balancing of interests" - Praxis und der Kollisionsrechtslehre Brainerd Currie's hin, ist jedoch angesichts des dargestellten völkerrechtlichen Befundes auch einseitig. Denn die moderne Völkerrechtsentwicklung weist jedenfalls in die Richtung einer Abwägungspflicht. Allerdings geht sie von einer Festlegung der Jurisdiktion aufgrund klarer - wenn auch nicht wertungsfreier[2544] - Anknüpfungsvoraussetzungen aus.

Das Erfordernis eines hinreichenden Anknüpfungspunktes dient gerade dem Zweck, die Zulässigkeit extraterritorialer Anordnung präventiv auf Bezugspunkte zwischen Staat und zu regelndem Sachverhalt festzulegen, welche es ausschließen, daß mit solcher Jurisdiktionsausübung in die inneren Angelegenheiten eines anderen Staates eingegriffen wird. Daß möglicherweise in einem singulären Fall auch trotz Vorliegen eines anerkannten Anknüpfungspunkts noch die anderen erörterten Völkerrechts - Grenzen der Jurisdiktion verletzt sein können, wurde hier begründet. Eine solche Verletzung liegt aber nur dann vor, wenn Rechte anderer Staaten berührt oder geschützte Menschenrechte verletzt werden. In diesem Fall ist es aber nicht nur ein Gebot der Klarheit des Erkenntnisprozesses, sondern auch eine richtige Einordnung des Gesichtspunkts, wenn man die Abwägungskriterien, welche § 403 Abs. 2 in Anlehnung an die Abwägungskataloge der amerikanischen Entscheidungen aufzählt, auf den Gesichtspunkt der reasonableness als kollisionsrechtlicher Konfliktregel beschränkt.

Auch methodisch gibt es Einwendungen gegen eine so offen formulierte Anknüpfungsregel, wie sie § 403 des dritten Restatement darstellt. Denn eine Norm mit diesem offenen Regelungsgehalt ist nur dann überhaupt als funktional sinnvoll zu bewerten, wenn gleichzeitig ein internationales Streitschlichtungs-Forum bestimmt wird, welches diese Norm gleichmäßig mit kasuistischem Inhalt füllen kann. Geschieht dies nicht, so kann zwar nationale Rechtsanwendungspraxis auf die Dauer ein Mosaik aus Übung und Rechtsüberzeugung entstehen lassen, aus dem schießlich Völkergewohnheitsrecht ableitbar wird. Die Effektivität dieser Verfahrensweise ist aber zweifelhaft, weil in den Staaten, in denen Gerichte strikt an geltendes Recht gebunden sind, ihre Beteiligung an völkerrechtlicher Rechtssetzung nach den Gesichtspunkten des amerikanischen Restatement aus Gründen der Rechtsstaatlichkeit nur in Ausnahmefällen möglich ist.

[2543] A.a.O., S. 611

[2544] Castel, J.-G., Extraterritoriality in international trade: Canada and United States of America practices compared (1988) , S. 25

Das Konzept der reasonableness wird auch auf die internationale Gerichtsbarkeit, die "jurisdiction to adjudicate" angewandt. Die entsprechenden Regeln des Restatement werden als "some international rules and guidelines for the exercise of jurisdiction to adjudicate in cases having international implications" bezeichnet[2545]. Diese sehr vorsichtige Charakterisierung beruht darauf, daß dargestellt wird, daß im Laufe der Entwicklung von Regeln über die Gerichtsbarkeit nicht immer klar abgegrenzt wurde, in welchem Umfang sich solche Regeln aufgrund völkerrechtlicher Anforderungen entwickelten oder nur rein innerstaatlichen Überlegungen entsprachen.

Auch hinsichtlich der Gerichtsbarkeit wird als Grundregel für die Anknüpfung festgestellt, daß zu den Parteien oder den streitbefangenen Sachen eine "reasonable relationship" bestehen müsse[2546]. Dies wird konkretisiert durch eine Auflistung von konkreten Anknüpfungspunkten[2547]: Persönliche Anwesenheit, Wohnsitz, "residents", Staatsangehörigkeit, Unternehmensgründung juristischer Personen, Registrierung von Schiffen und Flugzeugen, freiwillige Unterwerfung, Geschäftstätigkeit, sonstige Tätigkeit, "substantial, direct, and foreseeable effect" einer Auslandstätigkeit im Inland und die Belegenheit der Sache. Darüber hinaus wirkt noch die rügelose Einlassung zur Hauptsache vor dem Verfahren jurisdiktionsbegründend[2548]. Die Tatsache, daß ein Staat Gerichtsbarkeit über Personen und Sachen hat, heißt nicht, daß er auch materielle Regelungsbefugnis hinsichtlich dieser Personen und Sachen besitzt. Beide Arten der Jurisdiktion sind zu Recht voneinander unabhängig zu sehen[2549].

Die Anknüpfung an die reine Anwesenheit einer Person im Staat wird im Kommentar zur Vorschrift eingeschränkt. Die teilweise vorherrschende Praxis, daß eine kurze Anwesenheit etwa auf einem Durchflug durch die Vereinigten Staaten bereits ausreichen soll, um eine Klageschrift zustellen zu können, wird als "not generally acceptable under international law" angesehen[2550]. Anwesenheit sei zwar weniger als "residence", "but it does not include merely transitory presence, such as wild changing planes at an airport, coming on shore from a cruiseship, or a few days' sojourn unconnected with the activity giving rise to the claim".

[2545] Introductory note zu § 421

[2546] § 421 (1)

[2547] § 24 (2)

[2548] Vgl. etwa Appellate Civil Court of Allahabad, Indien 22.12.1933 - Gaekwar Baroda State Railway, Annual Digest 1933/34, Nr. 54; Oberster Gerichtshof Schweden 15.03.1928 - Neptun, Annual Digest 1927/28, Nr. 134

[2549] § 421, Comment a

[2550] § 421 Comment e

Das Restatement versteht sich insoweit als Wiedergabe der Entwicklung der amerikanischen Rechtsprechung in der Folge der International Shoe-Entscheidung. Es entspricht im wesentlichen auch den Regeln der §§ 24 und 27 des Restatement (Second) of Conflict of Laws und der §§ 5 - 8 des Restatement (Second) of Judgments. Ohne nähere Begründung wird die kurze Anwesenheit auf dem Gebiet des Gerichtsstaats als "no longer acceptable under international law if that is the only basis" bezeichnet[2551].

Es wird aber deutlich gemacht, daß dies nicht für die Regelungshoheit gilt. Wenn ein Ausländer auf einer kurzen Durchreise durch die Vereinigten Staaten ein Delikt begeht, so ist er in jedem Fall haftbar[2552]. Hinsichtlich der Gerichtsstandswahl durch die Parteien wird erwähnt, daß - anders als englische Gerichte - amerikanische Gerichte nicht so weitreichend bereit sind, eine solche Gerichtsstandsvereinbarung zu akzeptieren, wenn es keinerlei Verbindung zwischen den Parteien oder dem Streitgegenstand und dem Gerichtsstaat gibt[2553].

Für den Bereich des Strafrechts sieht § 422 des Restatement (Third) vor, daß eine Person nur dann der Gerichtsbarkeit amerikanischer Gerichte unterliegt, wenn es um die Verletzung materiellen amerikanischen Strafrechts geht[2554], niemals um die Verletzung ausländischen Strafrechtes. Im übrigen ist Voraussetzung, daß diese Person bei Beginn des Prozesses im Gerichtsstaat selbst anwesend ist[2555].

Die Problematik der Wahl der "reasonableness" zur Beurteilung der völkerrechtlichen Rechtmäßigkeit von Jurisdiktionsausübung wird insbesondere sichtbar bei der Durchsetzungshoheit. Die "jurisdiction to enforce" wird an die "jurisdiction to prescribe" in § 431 Abs. 1 des dritten Restatement angebunden:

> "A state may employ judicial or nonjudicial measures to induce or compel compliance or punish non-compliance with its laws or regulations, provided it has jurisdiction to prescribe in accordance with §§ 402 and 403."

Dabei geht es aber nicht um die extraterritoriale Durchsetzung, sondern lediglich um die territoriale Durchsetzung extraterritorial regelnder Normen. Daß die Durchsetzungshoheit an die Regelungshoheit angebunden wird, ist zunächst einleuchtend, denn eine völkerrechtswidrige, ohne ausreichende Anknüpfung ergangene Regelung darf von einem

---

[2551] Reporters' notes 5

[2552] Reporters' note 5; in Re Grand Jury Proceedings, United States v. Field, 532 F2d 404 (5th Cir.)

[2553] Reporters note 6

[2554] § 422 (1)

[2555] § 422 (2)

Staat, soweit dies nach Völkerrecht beurteilt wird - auch nicht durchgesetzt werden. Allerdings kann diese Regel die Durchsetzung im Wege der Rechtshilfe für einen anderen Staat nicht erfassen.

Unklar ist, wie die Vollstreckungshoheit mit der Gerichtshoheit zusammenhängt. Nach dem Kommentar zu § 431[2556] soll eine strafbewehrte Handlungsanordnung im Rahmen eines Gerichtsverfahrens Aspekte der Regelung wie auch der Durchsetzung aufweisen. Wie in diesem Fall Regelungshoheit, Durchsetzungshoheit und Gerichtshoheit zusammenhängen, geht aus dieser Bemerkung nicht hervor. Dies zeigt aber auch gleichzeitig, daß eine allzu große Differenzierung der Jurisdiktion nicht nur unnötig, sondern auch verwirrend sein kann.

Die Vollstreckungshoheit soll aber generell an den Begriff "reasonable" gebunden sein:

> "Enforcement measures must be reasonably related to the laws or regulations to which they are directed; punishment for noncompliance must be preceded by an appropriate determination of violation and must be proportional to the gravity of the violation".

Die Vollstreckung gegen Personen im Ausland müsse rechtsstaatlichen Maßstäben gehorchen. Die Klage müsse der Partei vorher mitgeteilt sein und es müsse ihr ausreichend Gelegenheit zu rechtlichem Gehör gewährt worden sein. Schließlich müsse noch die Gerichtshoheit vorliegen, wenn die Durchsetzung durch Gerichte erfolge.

Insbesondere bei der Erörterung der Gerichtshoheit fällt auf, daß ausschließlich auf amerikanische Gerichtspraxis zurückgegriffen wird, um die postulierten Regeln zu begründen. Ob es sich hierbei um Völkerrecht handelt, bleibt vollends unklar. Auch insoweit scheint es angesichts der bisherigen Praxis des Völkerrechts aber deutlich, daß das Restatement rechtsschöpfend tätig ist. Denn eine Begrenzung der Durchsetzungshoheit auf eigenem Territorium eines Staates ist bisher außer durch menschenrechtliche und fremdenrechtliche Einzelregeln vom Völkerrecht nicht vorgenommen worden. Insoweit ist nur die Regel, daß völkerrechtswidrige Jurisdiktion auch innerstaatlich nicht durchgesetzt werden darf, bereits geltendes Völkerrecht.

Soweit das Restatement für die einzelnen Jurisdiktionsbereiche konkrete Anknüpfungspunkte nennt, kann man im Lichte der vorangegangenen Erörterungen von ihrer Übereinstimmung mit dem Völkerrecht ausgehen. Die allgemeine Rückbindung dieser Anknüpfungen und möglicher

---

[2556] Comment b

neuer Anknüpfungen an eine reasonableness im weiten Umfang von § 403 (3) ist jedoch als Völkerrechtsnorm bisher nicht festzustellen[2557]. So weit dieser Gesichtspunkt über die Zweckbindung der objektiven Voraussetzung des hinreichenden Anknüpfungspunktes, die Erfordernisse von Treu und Glauben und der Verhältnismäßigkeit hinausgeht, formuliert er Kollisionsrecht. Es ist nicht ersichtlich, daß dieser Ansatz der lex lata des Völkerrechts entspräche.

Die mangelnde völkerrechtliche Begründung des Katalogs der abzuwägenden Interessen wird in der Literatur zu dem Argument benutzt, daß diese Abwägung weiterhin der "comity" vorbehalten bleiben solle[2558]. Auch wurde kritisiert, daß in der Konzeption des Restatement, wie auch immer sie begründet ist, eine kollisionsrechtliche Anwendung fremden Rechts nicht vorgesehen ist[2559]. In Ansicht der genannten Probleme der Verknüpfung von Völkerrecht und Kollisionsrecht, der Verbindung von Anknüpfung und Konfliktlösung unter dem gemeinsamen Dach einer Interessenabwägung, ist weiter vorgeschlagen worden, beide Gesichtspunkte voneinander zu trennen und ein öffentlichrechtliches Kollisionsrecht zur Auflösung von Konflikte zu entwickeln, welche aufgrund paralleler Anknüpfungspunkte bestehen[2560].

Auf einen bereits existierenden Konsens der Staaten über die kollisionsrechtlichen Gesichtspunkte des Restatement kann man jedenfalls im weltweiten Maßstab nicht rechnen[2561], wenn auch das neue Kartellrechts-Abkommen zwischen den USA und der EG auf eine sich hier herausbildende Harmonie zwischen beiden Parteien jedenfalls im Kartellrecht hinweist. Insoweit wird man auch von ersten völkerrechtlichen Wirkungen des neuen Restatement sprechen können, die aber nur seinen kollisionsrechtlichen Teil umfaßt. Der Lösungsansatz des Restatement (Third) ist zusammenfassend als ein mutiger Versuch zu werten, alle erforderlichen völkerrechtlichen und kollisionsrechtlichen Gesichtspunkte miteinander zu verknüpfen. Er mag auch unter den besonderen Bedingungen der amerikanischen Rechtsordnung zu einer Kasuistik führen, welche in

---

[2557] Meessen, K.M., Conflicts of Jurisdiction under the New Restatement, Law and Contemporary Problems 50 (1987), S. 47-70, 62 ff.

[2558] Fugate, W.L., Antitrust Aspects of the Revised Restatement of Foreign Relations Law, Virginia Journal of International Law 25 (1984), S. 49-71, 64; Trimble, P.R., A Revisionist View of Customary International Law, UCLA Law Review 33 (1986), S. 665 - 732, der den völkerrechtlichen Ansatz des Restatement eine Ideologie nennt, in der der Hauptwert die Freiheit der Unternehmer in einer Marktwirtschaft sei, a.a.O., S. 706

[2559] Juenger, a.a.O., S. 613 ff.

[2560] Juenger, F.K., The "Extraterritorial" Application of American Antitrust Law and the New Foreign Relations Law Restatement, WuW 40 (1990), S. 602 - 618, 612 ff.

[2561] Meessen, K.M., Conflicts of Jurisdiction under the New Restatement, Law and Contemporary Problems 50 (1987), S. 47-70, 54 ff.

immer stärkerem Maße Gesichtspunkte der Interessenabwägung herausarbeitet und als ein Angebot an die anderen Staaten fungiert, diese Gesichtspunkte ebenfalls zu berücksichtigen.

Die Beurteilung bereits der völkerrechtlichen Rechtmäßigkeit einer Anknüpfung aufgrund einer Interessenabwägung geht jedoch weit über den erörterten Befund des existierenden Völkerrechts hinaus. Insoweit Lowenfeld in seiner Haager Vorlesung dem Völkerrecht vorwirft, es sei zu "rule oriented" und ermangele deshalb der flexibleren Ergebnisorientierung des Kollisionsrechts[2562], so wird dieser Gedanke im Restatement (Third) als Ausgangspunkt der Konzeption widergespiegelt. Nur enthält das Völkerrecht eben jene in diesem Kapitel erörterten Regeln als normativen Bestand. Wenn man ihn ändern will, so müssen dies die Staaten als Normsetzer des Völkerrechts tun. Ein Restatement genügt hierzu nicht.

Es mag die amerikanische Rechtspraxis beeinflussen, so weit sie sich bewußt ist, daß sie die dargelegten Regeln des Völkerrechts in jedem Falle einhalten muß. Es kann dort eine einseitige opinio iuris hinsichtlich weitergehender kollisionsrechtlicher Selbstbeschränkung im bestehenden völkerrechtlichen Rahmen entstehen lassen. Wenn andere Staaten dem folgen wollen, kann Völkergewohnheitsrecht entstehen. Aber zum gegenwärtigen Zeitpunkt handelt es sich nicht um die Feststellung bestehenden Völkerrechts. Die Staaten sind frei, sich den Vorschlägen des Restatement anzuschließen oder eine andere Lösung zu wählen.

Die Verbindung von Anknüpfung und reasonableness ist aber auch de lege ferenda nicht wünschenswert, weil das Erfordernis des hinreichenden Anknüpfungspunktes hierdurch nicht objektivierbar und justitiabel wird. Denn es kann nicht auf die in Einzelfällen auftretenden Konflikte ankommen, wenn es um die Bestimmung der völkerrechtsgemäßen Anknüpfung abstrakt - genereller Rechtsnormen geht. Die Jurisdiktionshoheit über eine nur generell bestimmbare unbekannte Vielzahl von Regelungsfällen muß zum Zeitpunkt des Erlasses eines Gesetzes oder einer Verordnung bestimmbar festliegen. Das Entstehen von Konflikten im Einzelfall ist eine Frage der Rechtsanwendung und solchermaßen nur im erörterten Umfang völkerrechtlich begrenzt. Ihre Lösung muß den zwischenstaatlichen Bemühungen und dem nationalen Kollisionsrecht überlassen bleiben. Dieses kann sich an den Vorgaben des Restatement orientieren.

So weit das Restatement nicht zwischen Völkerrecht und Kollisionsrecht klar differenziert, ist seine Lösung jedenfalls in den Staaten, in denen die

---

2562 Lowenfeld, A. F., Public Law in the International Arena, RdC 128 (1969 III), S. 315 - 445, 321

Verwaltung und Gerichte nur nationales Recht und transformiertes Völkerrecht anwenden dürfen, nicht rechtlich nachvollziehbar. Hier bedarf es eindeutiger Trennung der Gesichtspunkte. Eine Berücksichtigung der Interessenabwägung bereits bei der Frage der hinreichenden Anknüpfung ist in diesen Rechtsordnungen nicht möglich, aber auch nicht nötig, so weit sie, wie das Restatement vorschlägt, noch einmal nach Verifikation der vorliegenden Anknüpfung berücksichtigt werden soll. Es kommt also auf das jeweilige nationale Recht an, welches dem Richter die Möglichkeit einräumen kann, über das Völkerrecht hinaus - aber strikt in seinem Rahmen - eine weitergehende Entwicklung von Kollisionsrecht vorzunehmen. Hier sind möglicherweise aber auch die Gesetzgeber aufgerufen, einen solchen Spielraum in der Erkenntnis der aufgezeigten Kollisionsprobleme einzuräumen.

7. Teilergebnis

Im öffentlichen Wirtschaftsrecht hat die Möglichkeit von Jurisdiktionskonflikten gegenüber früherer Zeit durch die Verstärkung des internationalen Wirtschaftsverkehrs bei gleichzeitig bestehenden Divergenzen über die Parameter der Wirtschaftsordnungen erheblich zugenommen. Als grundlegende Konfliktsituationen kommen zum einen die echten Konflikte, bei denen zwei gegensätzliche Rechtsbefehle sich gegenüberstehen, in Betracht, zum anderen aber kann eine Anordnung oder ein Verbot mit einer im anderen Staat gewährten Freiheit kollidieren. Diese Freiheit kann einmal ein Desinteresse des betreffenden Staates am Gegenstand ausdrücken, zum anderen kann sie aber auch aktiv zur Förderung von Gemeinwohlzielen oder Gewährleistung individueller Rechtspositionen gewährt sein.

Regelungskonflikte sind aufgrund aller möglichen hinreichenden Anknüpfungspunkte denkbar. Die Staaten haben hierbei aufgrund der UN - Charta die Pflicht zur friedlichen Streitbeilegung und müssen folglich die Interessen anderer Staaten berücksichtigen, ohne daß dies zu einem bestimmten Ergebnis verpflichten würde. Vertragsrechtliche Konfliktregeln über Konsultationspflichten hinaus sind praktisch nicht vorhanden. Bindende Beschlüsse internationaler Organisationen, wie etwa des UN - Sicherheitsrats nach dem 7. Kapitel der Charta, welche alle Staaten zu einer bestimmten Regelung verpflichten, können den Vorrang konformer gegenüber abweichenden Regeln begründen

Gewohnheitsrechtliche Schranken für reine Auslandsanknüpfungen sind nicht ersichtlich. Bei Auslandsregelungen, die nur innerstaatliche Rechtsfolgen nach sich ziehen, ist im Verfahrensrecht von anderen Staaten nicht protestiert worden. Anordnungen, welche ein im Ausland verbotenes

Verhalten forderten, wurden bisher nicht durchgesetzt. Kollisionen von Anordnungen mit Freiheiten in einem anderen Staat wurden von einigen Staaten in wenigen Fällen durch eine Interessenabwägung Rechnung getragen, in den USA ist eine solche Abwägung häufiger vorgekommen, wurde aber nur auf die "comity" gestützt. Universelles Völkergewohnheitsrecht in diesen Bereichen läßt sich jedenfalls nicht feststellen.

Die Konfliktlösungsregeln der allgemeinen Regeln des Völkerrechts sind ein Minimal - Bestand, der durch nationales Kollisionsrecht ergänzt werden kann und auch sollte. Bei einer Kollision einer extraterritorialen Anordnung mit einer territorialen Anordnung ist zunächst letzterer immer dann der Vorrang einzuräumen, wenn und soweit ein Staat für Vorgänge auf seinem Gebiet völkerrechtlich haftet. Aber auch ansonsten ist das Territorialitätsprinzip vom Völkerrecht dadurch herausgehoben, daß es mit dem Durchsetzungsmonopol auf dem Territorium gepaart ist. Diesem Monopol widerspräche es, wenn Staaten etwas durchsetzen dürften, was im betroffenen Territorium verboten wäre. Allerdings gilt dies nur, so lange die territoriale Anordnung nicht ihrerseits die Grenzen des Völkerrechts verletzt.

Bei der Kollision einer extraterritorialen Anordnung mit einer territorialen Freiheit gibt es keine grundsätzliche Vorrang - Regel. Dabei sind zwei Fallgestaltungen zu unterscheiden: die extraterritoriale Anordnung aufgrund der Ordnungshoheit wegen Teilnahme an der eigenen Wirtschaftsordnung des regelnden Staates und diejenige, welche sich auf die Personalhoheit stützt und die Teilnahme an einer fremden Ordnung reglementiert. Wird der Anordnung daraufhin ein Verbot ihrer Befolgung aufgrund der Territorialhoheit entgegengesetzt, so ist auch dieses Verbot, soweit es sich in den völkerrechtlichen Grenzen hält, vorrangig. Macht ein Staat nur sein Interesse in Konsultationen geltend, ohne eine Abwehrmaßnahme zu ergreifen, so muß gleichwohl auch hier nach möglichen Grenzen der Anordnungshoheit gefragt werden.

Eine von den Staaten zu beachtende Grenze Grenze der Jurisdiktion ist die Wahrung von Treu und Glauben. Sie dürfen nicht Erwartungen fremder Staaten, die sie selbst erzeugt haben, enttäuschen, etwa indem sie eine wettbewerbsbeschränkende Absprache sanktionieren, die sie selbst ermutigt haben. Darüber hinaus müssen die Staaten beachten, daß sie nicht außerhalb der Zweckbestimmung der Jurisdiktion, bezogen auf ihre Territorial-, Personal- und Ordnungshoheit, handeln dürfen und daß sie keine gemessen am Regelungszweck ungeeigneten und unnötigen Regelungen treffen dürfen. Schließlich dürfen sie durch die Ausübung einem Staat keine existenzbedrohenden Schäden zufügen. Alle diese Gesichtspunkte lassen sich einzeln aus den allgemeinen Grundsätzen des Völkerrechts ableiten. Sie sollen aber insgesamt unter dem Begriff des

Rechtsmißbrauchs erfaßt werden, weil es sich bei ihnen allgemein um die Relativierung eines eingeräumten Rechts unter den speziellen Bedingungen eines konkreten Falles handelt.

Diese Gesichtspunkte müssen, wenn das nationale Recht allgemeines Völkerrecht im innerstaatlichen Rechtsraum für anwendbar erklärt, von den Staatsgewalten unmittelbar beachtet werden. Dagegen ist die verfahrensrechtliche Pflicht zur Abwägung eigener gegen ausländische Interessen aus dem Gsichtspunkt der equity nicht unmittelbar anwendbar, weil sie keine Maßstäbe zur konkreten Entscheidung von Konfliktsituationen beinhaltet. Damit scheidet eine Interessenabwägung durch innerstaatliche Gerichte aufgrund völkerrechtlicher Verpflichtung aus. Insoweit vermischt die Konzeption des amerikanischen Restatement (Third) völkerrechtliche und kollisionsrechtliche Aspekte miteinander, welche etwa von deutschen Gerichten nicht insgesamt als Völkerrecht nachvollzogen werden können und dürfen. Die Interessenabwägung ist eine Pflicht der Regierung im Rahmen von Konsultationen mit ausländischen Regierungen, aber ihr Ergebnis ist beim gegenwärtigen Stand des Völkerrechts nicht vorgegeben. Hier liegt es bei den Staaten, in gemeinsamer Praxis Standards zu entwickeln oder jedenfalls ein gemeinsames Interesse durch kollisionsrechtliche Selbstbeschränkung zu wahren.

V. Kollisionsrechtliche Behandlung von Staatenkonflikten

A. Fragestellung

Auch wenn ein Staat nach dem vorstehend Erörterten extraterritoriale Jurisdiktion ausüben darf, weil er einen hinreichenden Anknüpfungspunkt hat, sein Recht nicht mißbraucht, nicht zweckwidrig handelt, die Interessen anderer Staaten berücksichtigt, sie konsultiert, eine geeignete und erforderliche Regelung trifft und auch das Übermaßverbot nicht verletzt, können Konfliktsituationen zwischen den Staaten und Rechtssicherheitsprobleme auch für die individuellen Adressaten fortbestehen. Da hierdurch auch wirtschaftliche Interessen wie die Rechtssicherheit und die Vermeidung unnötiger Kosten betroffen sein können[2563], kann sich ein Staat dafür entscheiden, seine gegebene Jurisdiktion nicht auszuüben, sondern kollisionsrechtliche Zurückhaltung zu üben[2564]. So weit aber eine Internationalisierung nicht oder noch nicht in ausreichendem Maße politisch möglich erscheint, muß man die Probleme einer Selbstbeschränkung der Staaten durch Herausbildung eines echten öffentlichrechtlichen Kollisionsrechts untersuchen[2565]. Bereits das römische ius gentium hat gezeigt, daß es wirtschaftlicher Vernunft entsprechen kann, auf auslandsverknüpfte Tatbestände nicht einfach eigenes Recht anzuwenden, sondern auf auch im Ausland anerkannte gemeinsame Rechtswerte zurückzugehen. Im öffentlichen Recht geht es um die Suche gemeinsamer Interessen der Staaten.

Dies hat Lowenfeld in seiner Haager Vorlesung im Jahre 1969[2566] in die Formel geprägt, es gehe nicht um die Frage der minimalen völkerrechtlichen Rechtmäßigkeitsanforderungen, um einen "minimum test" oder eine "minimum acceptability", sondern um eine "maximum rationality". Aus diesem Gedanken heraus ist unter seinem maßgeblichen Einfluß im Restatement (Third) das Konzept der reasonableness entstanden. Zur völkerrechtlichen Bewertung dieses Konzepts wurde bereits oben Stellung genommen. Wenn man die völkerrechtlichen Komponenten der Klarheit halber aus diesem Konzept herausnimmt und seine kollisionsrechtlichen Komponenten getrennt betrachtet, bleibt es ein wesentlicher

---

[2563] Lowenfeld, A. F., Public Law in the International Arena, RdC 128 (1969 III), S. 315 - 445, 327

[2564] Vgl. auch Brilmayer, L., The Extraterritorial Application of American Law: A Methodological and Constitutional Appraisal, Law and Contemporary Problems 50 (1987), S. 11-38, 12

[2565] Vgl. auch Note, Extraterritorial Application of United States Law: The Case of Export Controls, University of Pennsylvania Law Review 132 (1984), S. 355-390, 380 - 389

[2566] A.a.O., S. 328 f.

Beitrag zur Entwicklung eines nationalen öffentlichen Kollisionsrechts, welches den Erfordernissen der Wirtschaft ebenso wie den rationalen Regelungsbedürfnissen der Staaten Rechnung tragen kann.

In der Rechtsprechung der USA ist das "balancing of interests" als eine kollisionsrechtliche Methode entwickelt worden. Dieses in der "governmental interest analysis" und in der amerikanischen kollisionsrechtlichen Tradition wurzelnde Vorgehen ist zwar eine beachtenswerte Vorgabe für die Frage der Kollisionslösung, kann aber nicht automatisch auf andere Rechtsordnungen übertragen werden[2567], in der die Stellung des Richters in der Gewaltenteilungsstruktur des Staates von derjenigen des amerikanischen Richters verschieden ist. Die kollisionsrechtliche Lösung betrifft nämlich die innerstaatliche Rechtsanwendung. Sie betrifft die Anwendung eigenen und die Berücksichtigung oder Anwendung fremden Rechts und die Anerkennung fremder Hoheitsakte durch die Exekutive und die Gerichte.

Das nationale Kollisionsrecht enthält die Normen, welche bei einem Sachverhalt entscheiden, ob auf ihn eigenes Recht angewendet werden soll (einseitige Kollisionsnorm) und - falls nicht - ob dann fremdes Recht zur Anwendung kommen soll (zwei- oder allseitige Kollisionsnorm)[2568]. Es ist ein Recht mit Regeln über die Anwendung materiellen Rechts. Auch das nationale Kollisionsrecht ist, wie das materielle Recht, an die Regeln des Völkerrechts über die Jurisdiktionshoheit gebunden. Nur geht es über dieses Minimum hinaus und sucht im gemeinsamen Interesse der Staaten nach einer Optimierung der Rechtsanwendung[2569]. Es kann dabei auch, anders als dies im Völkerrecht der Fall ist, die Gerechtigkeits- und Effektivitätsinteressen der privaten Wirtschaftssubjekte mit berücksichtigen[2570].

Auch im Privatrecht gibt es die Rechtsfragen der Auswirkung eigenen oder fremden öffentlichen Rechts auf privatrechtliche Rechtsverhältnisse. Hier ist mit der noch näher zu betrachtenden Lehre von der Sonderanknüpfung ein Vorschlag zur Bewältigung dieser Probleme entwickelt worden, welcher in einigen Rechtsordnungen bereits zu normativen Folgen geführt hat. Die Parallelität von Rechtsfragen in beiden Gebieten legt die Frage nahe, ob ihre Lösungsvorschläge auch für den Kernbereich des

---

[2567] Hermann, A.H., Conflicts of National Laws with International Business Activity: Issues of Extraterritoriality (1982), S.8

[2568] Vgl. hierzu Kegel, a.a.O. (Anm. 384) , S. 18 ff.; Kropholler, a.a.O. (Anm. 436), S. 1; Sonnenberger, a.a.O. (Anm. 81), Rn. 2

[2569] Meessen, a.a.O. (Anm. 39) , S. 106 spricht von der völkerrechtlichen Erforderlichkeit eines Mindesmaßes an Sinngehalt gegenüber der optimalen kollisionsrechtlichen Lösung

[2570] Meessen, a.a.O., S. 234

öffentlichen Rechts, die Rechtsanwendung durch Behörden und Verwaltungsgerichte, modellhaft sein können.

Weiter ist, angesichts des Befundes zum bisherigen Internationalen Verwaltungsrecht, zu fragen, ob die neu aufgetretenen Jurisdiktionsstreitigkeiten ein Bedürfnis zur Erweiterung dieses Rechts hin zu einem echten Kollisionsrecht haben entstehen lassen. Dabei müssen auch die öffentlichrechtlichen Besonderheiten der Verwaltungsverfahren berücksichtigt werden. Bejaht man dies, so wäre weiter zu fragen, ob hieraus ein einheitliches öffentlichrechtliches Kollisionsrecht entstehen kann, welches von den Zivilgerichten bei der indirekten Durchsetzung öffentlicher Rechtsnormen in privatrechtlichen Rechtsverhältnissen ebenso anzuwenden ist wie von den Verwaltungsbehörden und Verwaltungsgerichten, oder ob unterschiedliche Zielsetzungen im öffentlichen Recht und im internationalen Privatrecht weiterhin eine getrennte Problemlösung verlangen oder jedenfalls nahelegen.

Schließlich sollen diejenigen Gesichtspunkte erörtert werden, welche in einem internationalen öffentlichen Recht als Ausdruck innerstaatlicher Selbstbeschränkung bedeutsam sein können. Hierbei sind auch die verfassungs- und verwaltungsrechtlichen Fragen einer Ermächtigung an Staatsorgane, solche Beschränkung zu üben, zu berücksichtigen.

B. Fünf typische Konfliktlagen

Bevor die normativen Bedingungen und Möglichkeiten eines internationalen öffentlichen Rechts erörtert werden können, sollte man einen Blick auf die Konfliktlagen werfen, welche dann noch möglich bleiben, wenn die Staaten die völkerrechtlichen Voraussetzungen der Jurisdiktionshoheit eingehalten haben. Dies soll zunächst nur abstrakt skizziert werden. Die ersten beiden Fallgruppen werden durch die gegeneinanderstehenden Rechtsnormen charakterisiert: entweder steht eine Anordnung gegen eine andere Anordnung oder eine Anordnung gegen eine Freiheit.

Zunächst geht es also um den Fall, daß eine extraterritoriale Anordnung mit einer gegenteiligen territorialen Anordnung kollidiert. Hier geht völkerrechtlich die letztere vor, aber der Aufenthaltsstaat des Adressaten kann möglicherweise eine Ausnahme von der gegenteiligen Anordnung machen oder sich entscheiden, im Einzelfall keine solche Anordnung zu erlassen. In diesem Fall stellt sich also zunächst nur die Frage einer einseitigen Zurücknahme des territorialen Rechts.

Dabei können mehrere Faktoren von Bedeutung sein: geht es - wenn die ausländische extraterritoriale Anordnung aufgrund der Ordnungshoheit ergangen ist - nur um die Teilnahme an der ausländischen Wirtschaftsordnung oder geht es gleichzeitig um die an der inländischen Ordnung des Aufenthaltsstaats? Wenn die extraterritoriale Anordnung auf der Basis der Personalhoheit erlassen wurde, so fragt sich, ob die Gesichtspunkte, derentwegen die Treuepflicht im Ausland aktualisiert wird, schwerwiegend genug sind, um gegenüber der Ordnungshoheit des Aufenthaltsstaates bestehen zu können, aufgrund derer dieser das vom Ausland geforderte Verhalten verbietet oder ein verbotenes Verhalten anordnet.

Die zweite Fallgestaltung ist zweiseitig. Denn hier geht es darum, ob ein Staat eine extraterritoriale Anordnung durchsetzen will, welche mit einer Freiheit im Aufenthaltsstaat des Adressaten kollidiert. Auch hier ist wieder zu berücksichtigen, welche ordnungspolitische Bedeutung die Freiheit gegenüber dem ausländischen Regelungsinteresse hat. Ebenso kommt es darauf an, ob es dem extraterritorial regelnden Staat um eine Durchsetzung seiner Ordnungshoheit geht oder ob er die Adressaten gestützt auf das Personalitätsprinzip in die Pflicht nehmen will. Die zugrundeliegenden Interessen sind gegeneinander zu gewichten. Weiter ist zu berücksichtigen, in welchem Umfang der Adressat an der Wirtschaftsordnung des einen oder des anderen Staates oder beider Staaten teilnimmt und wie sich deshalb eine Durchsetzung oder Zurücknahme des Regelungsanspruchs in diesen Staaten auswirkt.

In den beiden ersten Fallgestaltungen ist auch zu berücksichtigen, ob es um die Teilnahme eigener Staatsangehöriger an der ausländischen Ordnung oder um diejenige fremder Staatsangehöriger an der eigenen Ordnung geht. Es geht also um Kollisionen zwischen der Ordnungshoheit oder der Personalhoheit des einen Staates und der Ordnungshoheit des anderen Staates. Die nächsten beiden Fallgruppen sind nach der Grundlage der Anordnung zu unterscheiden.

In der dritten Fallgestaltung ist eine Kollision zwischen zwei Anordnungen aufgrund der Personalhoheit zu prüfen, wie sie etwa bei Doppelstaatern vorkommen kann oder bei Personen, welche als Ausländer in einem anderen Staat ein dauerndes und formalisiertes Aufenthalts- und Niederlassungsrecht haben. Hier ist das Verhältnis der jeweiligen Anordnung zur Treuepflicht gegenüber dem einen oder anderen Heimatstaat zu gewichten. Dabei kann es nur um die Kollision zwischen entgegengesetzten Anordnungen gehen, denn die Personalhoheit erlaubt nicht die Gewährung von Freiheiten gegen andere Staaten. Sie erfaßt nur das Verhältnis zwischen Adressat und Heimatstaat. Man kann aber auch prüfen, ob eine zusätzliche Verbindung des Adressaten mit Territorium oder Ordnung eines der anordnenden Staaten eine Rolle spielt.

Die vierte Fallgestaltung betrifft die Kollision zweier Territorialhoheiten bei einem grenzüberschreitenden Sachverhalt, also wenn der Adressat der Anordnung sich auf dem Territorium des einen Staates befindet, er die Anordnung, etwa die Beschaffung von Dokumenten, nur auf dem Territorium eines anderen Staates erfüllen kann. Hier fragt sich, ob die Anordnung nur wegen des Aufenthalts auf dem Territorium des betreffenden Staates erfolgt oder etwa deswegen, weil sie die Teilnahme an der Wirtschaftsordnung dieses Staates betrifft. Umgekehrt ist zu fragen, ob die gegenteilige Anordnung im Belegenheitsstaat der Dokumente nur wegen dieser Belegenheit erfolgte oder ob dahinter ein eigenes ordnungspolitisches Interesse steht. Schließlich könnte man auch noch fragen, ob hier die Staatsangehörigkeit des Adressaten eine Rolle spielen kann.

In der fünften Fallgestaltung geht es schließlich um reine Auslandsanknüpfungen. Sie sind zwar regelmäßig durch die Territorialhoheit gedeckt, können aber kollisionsrechtlich möglicherweise danach differenziert werden, ob die Adressaten fremde oder eigene Staatsbürger sind, oder in welchem Umfang die Auslandsanknüpfung Tätigkeiten oder Sachverhalte im Ausland betrifft, welche dort gegenüber der Inlandsverbindung des Adressaten von einer größeren Bedeutung sind. Auch ist zu berücksichtigen, welchen Nachteil diese Anknüpfung im Ausland gemessen an ihren Vorteilen im Inland bringt.

Diese fünf Konfliktlagen liegen typischerweise Jurisdiktionskonflikten zugrunde, wobei weitere Fallgestaltungen nicht auszuschließen sind. Bei allen diesen Konflikten können kollisionsrechtlich auch die Interessen Privater in die Überlegung mit einbezogen werden. Dies gilt insbesondere hinsichtlich der Rechtssicherheit. Ein Wirtschaftssubjekt sollte bereits im Stadium der Planung seines Vorgehens wissen können, welchen Regeln es unterliegt. Würde man die Bestimmung des anwendbaren Rechts bis auf den Moment verschieben, in denen Konflikte zwischen Staaten ausbrechen, so wäre das Ergebnis eine Rechtsunsicherheit in der Zeit davor mit all den Unwägbarkeiten und Kostenbelastungen, von denen bereits in Kapitel I die Rede war.

Dieser Gesichtspunkt stellt Anforderungen an die Qualität der kollisionsrechtlichen Gesichtspunkte und an das Verfahren. Die rechtliche Bewertung muß ex ante möglich sein. Kollisionsrechtliche Regeln sollten also für die rechtliche Beratung von Wirtschaftssubjekten bestimmbar sein. Unschärfen von Generalisierungen sind im Recht zwar nicht vermeidbar, aber man kann auch nicht alles einer sich langsam entwickelnden Kasuistik überlassen, bei der die "Pionier - Parteien" zunächst ein erhebliches Risiko eingehen müssen. Ein Mindestmaß an Rechtssicherheit muß unter praktischen wie auch unter verfassungsrechtlichen Gesichtspunkten gewährleistet sein. Neben der Formulierung einer Norm kann hier auch ein konkretisierendes Verfahren erforderlich sein.

In allen genannten Fallgestaltungen ist neben dem Gesichtspunkt der Zurücknahme der eigenen Anordnungen auch noch die Frage zu berücksichtigen, ob dann, wenn die fremde Anordnung, welcher der Vortritt gelassen wird, einem gemeinsamen Interesse entsprechen sollte, welches an der materiellrechtlichen Regelung ebenso bestehen kann wie in dem Gesichtspunkt der Gegenseitigkeit in vergleichbaren umgekehrten Fällen, ein auf der Grundlage des fremden Rechts erlassener Hoheitsakt nicht im Inland eigen- oder fremdnützig anerkannt werden sollte. Dies betrifft die Durchsetzung im Wege der Rechtshilfe ebenso wie etwa die Zugrundelegung eines ausländischen Reexportverbots bei der Versagung einer eigenen Exportgenehmigung oder die Anerkennung einer ausländischen Enteignung.

C. Internationales Privatrecht als Modell ?

1. Eingriffsnormen im internationalen Privatrecht

Kollisionsrecht ist nach Savigny am Rechtsverhältnis orientiert - nicht an den anzuwendenden Rechtsnormen -, also letztlich am Sachverhalt, welcher zur Entscheidung ansteht. Diesem soll die größtmögliche internationalprivatrechtliche Gerechtigkeit angedeihen. Der Regelungsbereich der einzelnen Normen ist dagegen kein entscheidender Gesichtspunkt. Dieser Denkansatz, der historisch den entscheidenden Umbruch im 19. Jahrhundert hin zum internationalen Privatrecht markiert, wird aber durch einen zweiten, normorientierten Ansatz ergänzt, der durch die Existenz der Eingriffsnormen erforderlich wird[2571]: diese zeichnen sich durch unbedingten Anwendungswillen aus und legen, teils ausdrücklich, teils in Verbindung mit einer speziellen Kollisionsnorm, teils aber auch inzident ihren Regelungsbereich selbst fest[2572]. Sie unterliegen nicht dem weitgehenden kollisionsrechtlichen Konsens der Staaten, wonach im Zivilrecht die internationalprivatrechtlich gerechteste Norm durch bestimmte Anknüpfungskriterien gefunden wird, welche den Fall mit dem Recht ver-

---

[2571] Hierzu Kropholler, a.a.O. (Anm. 436), S. 16

[2572] Siehr, K., Ausländische Eingriffsnormen im inländischen Wirtschaftskollisionsrecht, RabelsZ 52 (1988), S. 41-102, S. 41 f. definiert im Anschluß an Neuhaus Eingriffsnormen also solche Normen, die im öffentlichen Interesse in Privatrechtsverhältnisse eingreifen und Gesetze, die sonstwie die persönliche Freiheit beschränken. Er sieht den Begriff aber weiter, denn für ihn kommt es immer auf den Widerspruch zwischen inländischer und ausländischer Nom an. Normen, die im Inland Freiheit gewähren, sind danach Eingriffsnormen im Verhältnis zu ausländischen Verbotsnormen. Hier dagegen wird der Begriff der Eingriffsnorm absolut, nicht relativ zu anderen Rechtsordnungen gesehen. Der zwingende Anwendungswille ist der entscheidende Gesichtspunkt, nicht der Konflikt mit der Anordnung eines ausländischen Rechts

binden. Sie wollen vielmehr aktiv aufgrund bestimmter staatlicher Interessen immer auf einen Fall angewendet sein.

Dieser Ansatz ist nicht neu. Denn die normorientierte Sicht ist altes Hausgut der Statutisten. Auch Savigny erkannte, daß seine Theorie nicht völlig würde davon Abstand nehmen können. Er sprach davon, daß "Gesetze von streng positiver, zwingender Natur..... eben wegen dieser Natur zu jener freien Behandlung nicht geeignet sind"[2573]. Die Einsicht in die Notwendigkeit einer solchen doppelten Vorgehensweise ist gewachsen in dem Maße, in dem Eingriffsnormen in immer stärkerem Maße insbesondere im Wirtschaftsrecht auftreten wegen der in den Staaten unterschiedlich empfundenen - aber generell immer häufiger angenommenen - Notwendigkeit der Steuerung volkswirtschaftlicher Abläufe und Vorgänge.

Hierauf gründet sich die Feststellung einer Bipolarität des zivilrechtlichen Kollisionsrechts[2574]. Eingriffsnormen sind Normen, auf deren Anwendung es dem erlassenden Staat so sehr ankommt, daß er sie zwingend ausgestaltet und allen seinen Staatsorganen ebenso wie den seiner Hoheitsgewalt Unterworfenen ihre Beachtung auch dann zur Pflicht macht, wenn ein Fall personell oder sachlich mit dem Ausland verknüpft ist. Man kann zunächst den Grundsatz festhalten, daß die Normen des öffentlichen Rechts nach der Systematik des deutschen Rechts alle Eingriffsnormen sind[2575]. Dies sind Normen, welche das Verhalten und den Rechtsverkehr Privater im öffentlichen Interesse dadurch steuern, daß sie unabdingbar Gebote und Verbote aussprechen oder auch eine Freiheit gewähren. Das öffentliche Interesse ist dabei auf staats- und wirtschaftspolitische Ziele gerichtet[2576].

Eingriffsnormen sind etwa solche öffentlichrechtlichen Normen, wie sie bereits im Zusammenhang mit der extraterritorialen Jurisdiktion erwähnt wurden: Außenwirtschaftsrecht, Kartellrecht, Fusionskontrolle, Umweltrecht, Börsenrecht, Investitionskontrolle. Eine weitere wesentliche Fallgruppe der Eingriffsnormen im öffentlichen Wirtschaftsrecht ist das

---

[2573] Savigny, F.C. von, System des heutigen Römischen Rechts, Bd. 8 (1849), S. 33

[2574] Kropholler, a.a.O. (Anm. 436), S. 20; Rigaux, F., Droit économique et conflits de souveraineté, RabelsZ 52 (1988), S. 104-155, 127; Wengler, W., Die Anknüpfung des zwingenden Schuldrechts im internationalen Privatrecht, Zeitschrift für vergleichende Rechtswissenschaft 54 (1940/41), S. 168 - 212

[2575] Zum Meinungsstreit im einzelnen Sonnenberger, a.a.O. (Anm. 81), Rn. 36 - 48

[2576] Sonnenberger, a.a.O., Rn. 253 bezeichnet sie als "Normen staats- oder gemeinschaftsordnenden Charakters". Siehe auch Maier, H.G., Extraterritorial Jurisdiction at a Crossroads: an Intersection Between Public and Private International Law, AJIL 82 (1982), S. 280 - 320, 289

Währungs- und Devisenrecht[2577], wenn es Devisenverkehrsbeschränkungen enthält, welche grenzüberschreitende Zahlungen behindern. Eingriffsnormen enthält auch das Preisrecht. So schreibt das Güterkraftverkehrsgesetz[2578] in § 20a zwingend Frachtsätze, in § 22 Beförderungsentgelte und in § 40 Beförderungstarife des Umzugsverkehrs für die Güterbeförderung in der Bundesrepublik Deutschland vor[2579].

Daneben gibt es auch Eingriffsnormen des Zivilrechts, das heißt auch international zwingende privatrechtliche Normen, welche nicht nur dem Gruppenschutz, sondern einem allgemeinen öffentlichen Interesse dienen[2580]. Die Behandlung einfacher, nur intern zwingender Normen des Privatrechts, die im Privatinteresse ergehen, erfolgt kollisionsrechtlich nach dem Schuldstatut[2581] oder nach besonderen Kollisionsregeln, wie sie in Art. 29 EGBGB für Verbraucherverträge und in Art. 30 EGBGB für Arbeitsverträge enthalten sind, die international zwingenden Normen werden dagegen mit den öffentlichrechtlichen Normen zusammen als Eingriffsnormen bezeichnet, deren kollisionsrechtliche Behandlung noch diskutiert wird.

Für den sachlichen Sonderfall des normorientierten Kollisionsrechts im Bereich des Wirtschafts - Eingriffsrechts ist der Begriff des Wirtschaftskollisionsrechts[2582] geprägt worden, der einmal von den Besonderheiten

---

2577 Vgl. hierzu Hahn, H. J., Währungsrecht (1990); Martiny, in: Münchener Kommentar. Bürgerliches Gesetzbuch. Einführungsgesetz, Internationales Privatrecht, 2. Aufl. (1990), nach Art. 34, Anh. I und II

2578 in der Fassung der Bekanntmachung vom 10.3.1983 mit nachfolgenden Änderungen, BGBl. III 924 - 1

2579 Nach Sonnenberger, a.a.O. (Anm. 81), Rn. 44 handelt es sich um verkehrspolitisches Ordnungsrecht

2580 Kropholler, a.a.O. (Anm. 436), S. 17; Martiny, a.a.O. (Anm. 2581), Rn. 6

2581 Martiny, a.a.O. in: Münchener Kommentar. Bürgerliches Gesetzbuch. Einführungsgesetz, Internationales Privatrecht, 2. Aufl. (1990), Art. 34, Rn. 6, 24, 39; Kropholler, a.a.O. (Anm. 436), S. 17

2582 Siehr, a.a.O. (Anm. 2572), S. 46: sein Gegenstand sind wirtschaftsrechtlich erhebliche Sachverhalte, welche Auslandsberührung haben. Veelken, W., Interessenabwägung im Wirtschaftskollisionsrecht (1988); Schnyder, A.K., Wirtschaftskollisionsrecht (1990); Basedow, J., Entwicklungslinien des internationalen Kartellrechts, NJW 42 (1989), S. 627 - 638, 628; ders, Wirtschaftskollisionsrecht. Theoretischer Versuch über die ordnungspolitischen Normen des Forumstaates, RabelsZ 52 (1988), S. 8-38; Schubert, M., Internationale Verträge und Eingriffsrecht - ein Beitrag zur Methode des Wirtschaftskollisionsrechts, RIW 33 (1987), S. 730 - 746. Siehr, K., Ausländische Eingriffsnormen im inländischen Wirtschaftskollisionsrecht, RabelsZ 52 (1988), S. 41-102. Nach Drobnig, U., Das Profil des Wirtschaftskollisionsrechts, RabelsZ 52 (1988), S. 1 - 7, 2 hat das Wirtschaftskollisionsrecht zwei Arten von Kollisionsnormen: "Einerseits die Regel über die Abgrenzung der öffentlichen Wirtschaftsinteressen verschiedener Staaten gegeneinander, andererseits diejenigen Regeln, welche die Wirkung jener Abgrenzung auf die Rechte und Interessen der einzelnen Partner des Wirtschaftsverkehrs in ihren

wirtschaftsrechtlicher Regelungen ausgeht und zum anderen vom ungleichen Rang inländischen und ausländischen Eingriffsrechts[2583], der eine Anwendung des sachverhaltsorientierten allgemeinen Kollisionsrechts unmöglich macht. Das Wirtschaftskollisionsrecht ist bisher fast ausschließlich in der internationalprivatrechtlichen Lehre diskutiert und konzeptionell entwickelt worden, obwohl es sehr starke öffentlichrechtliche Bezüge hat und in besonderem Maße Staatsinteressen, daneben aber auch Privatinteressen berücksichtigt. Es kann nicht vollständig als Teilbereich des internationalen öffentlichen Rechts angesehen werden, weil es daneben auch privatrechtliche Eingriffsnormen erfaßt.

Im vorliegenden Zusammenhang ist im engeren Sinne nur derjenige Teil des Wirtschaftskollisionsrechts von Bedeutung, der sich auf das öffentliche Wirtschaftsrecht in seiner Auswirkung auf zivilrechtliche Rechtsverhältnisse bezieht. Das Wirtschaftskollisionsrecht muß unterscheiden zwischen der Anwendung eigener Eingriffsnormen und derjenigen fremder Staaten. Da es als Kollisionsrecht mit Sachverhalten zu tun hat, welche einen Bezug zum Ausland haben, stellt sich dabei die Frage nach dem territorialen beziehungsweise extraterritorialen Regelungsbereich der eigenen oder der fremden Eingriffsnormen. Dabei geht es im Wirtschaftskollisionsrecht aber nicht ausschließlich um ausländisches Recht mit extraterritorialem Anwendungswillen. Denn der im Inland vor Gericht verhandelte Sachverhalt kann sich ausschließlich im Ausland abgespielt haben, so daß auch dort geltende rein territoriale Eingriffsnormen eine Rolle spielen können.

Aufgrund der aufgezeigten Besonderheiten bedarf es für diesen Rechtsbereich besonderer Kollisionsnormen. In der Lehre ist bezweifelt worden, ob im Wirtschaftskollisionsrecht die Unterscheidung zwischen Kollisionsnormen und materiellrechtlichen Normen überhaupt sinnvoll ist[2584]. Denn jedenfalls das öffentliche Wirtschaftsrecht ist bisher dadurch gekennzeichnet, daß entweder die materiellrechtliche Norm selbst ihren - einseitigen - Regelungsbereich festlegt oder eine gleichsam wie die Klammer gezogene Norm über den Regelungsbereich erfüllt diese Funktion, wie dies bei § 98 Abs. 2 GWB der Fall ist[2585]. Schnyder[2586] hat darauf hingewiesen, daß im Wirtschaftskollisionsrecht nur ausnahmsweise allseitige Kollisionsnormen in Frage kämen, dagegen häufig einseitige Kollisionsnormen aus den Normen des Sachrechts destilliert werden müßten.

---

grenzüberschreitenden privatrechtlichen Beziehungen erfassen." Regelungsgegenstand ist die Wirtschaft

2583 Kropholler, a.a.O. (Anm. 436), S. 19

2584 Veelken, W., Interessenabwägung im Wirtschaftskollisionsrecht (1988), S. 19 f.

2585 Veelken, a.a.O., S. 19 f.

Das Wirtschaftskollisionsrecht muß sich im internationalprivatrechtlichen Bereich auch mit dem insbesondere durch Abwehrgesetze aufgetretenen Phänomen auseinandersetzen, daß es nicht nur darum geht, welches Recht Anwendung finden soll, sondern auch darum, welches Recht aufgrund zwingenden inländischen Rechts keine Anwendung finden darf[2587]. Dies bedeutet, daß auch negative Kollisionsnormen erforderlich sind.

2. Ordre Public und zwingendes Recht

Die Gleichwertigkeit der Rechtsordnungen erfährt im internationalen Privatrecht in einem wesentlichen Punkte eine Korrektur: es gibt Normen des ordre public, welche in jedem Staat der Anwendung fremden Rechts vorgehen. Dieser Gedanke war bereits in Art. 6 des französischen Code Civil formuliert worden[2588]. Der gleiche Gesichtspunkt findet sich heute in Art. 6 EGBGB. Der ordre public, "Gesetze von streng positiver, zwingender Natur", war bei Savigny, der übrigens diesen Begriff nicht verwendete, nur als Ausnahme konzipiert[2589]. Beispielhaft nennt er die Handlungsunfähigkeit, die Formen der Eigentumsübertragung, aber auch sittlich gebotene Gesetze wie den Ausschluß der Polygamie und Normen, welche "beruhen auf Gründen des öffentlichen Wohls (publica utilitas), mögen diese nun mehr einen politischen, einen polizeilichen, oder einen volkswirthschaftlichen Charakter an sich tragen".

Durch die italienische Schule des internationalen Privatrechts[2590], insbesondere durch Mancini, wurde der ordre public zu einem entscheidenden kollisionsrechtlichen Gesichtspunkt. Denn Mancini ersetzte die Anknüpfung an den Wohnsitz bei Savigny durch das Staatsangehörigkeitsprinzip[2591], welches insbesondere die personenrechtlichen Gebiete des Erb- und Familienrechts beherrschte. Das Korrektiv für die damit verstärkte Anwendung ausländischen Rechts war der ordre public. Daneben sah Mancini den zweiten entscheidenden Anknüpfungspunkt im Territorium, insbesondere für das Grundstücksrecht, aber auch für das öffentliche Recht der lex fori.

[2586] Schnyder, A.K., Wirtschaftskollisionsrecht (1990), S. 113

[2587] Veelken, W., Interessenabwägung im Wirtschaftskollisionsrecht (1988), S. 22 f.

[2588] "On ne peut déroger, par des conventions particulières, aux lois qui intéressent l'ordre public et les bonnes moeurs"

[2589] Savigny, a.a.O. (Anm. 2573), S.33

[2590] Hierzu Kegel, a.a.O. (Anm. 384), S. 121

[2591] Ebenso in Deutschland Frankenstein, E., Internationales Grenzrecht (1926), S. 36 ff.

Die italienische Schule akzentuierte auch die Unterscheidung zwischen dem ordre public interne und dem ordre public international[2592], welche die Maßstäbe des ordre public betrifft je nachdem, ob sie nur aus der innerstaatlichen Rechtsordnung stammen oder aus dem Völkerrecht und internationalen anerkannten nichtrechtlichen Verhaltensregeln[2593].

In der deutschen Rechtsprechung wurde deutsches zwingendes Recht, wozu auch das hier thematisierte öffentliche Wirtschaftsrecht gehört, lange Zeit über den ordre Public des Art. 30 EGBGB alter Fassung[2594] vorrangig angewendet[2595]. Die Anwendung von zwingendem inländischem Recht abweichend von dem an sich durch das Kollisionsrecht berufenen Recht wurde als die "positive Funktion" des ordre public bezeichnet[2596] Heute ist weitgehend anerkannt, daß zwingende öffentlichrechtliche Regeln[2597] - seien es diejenigen des Forumstaates, seien es diejenigen anderer Staaten - nicht über die ordre public - Klausel zur Anwendung kommen. Dies zeigt sich im deutschen Recht bereits daran, daß die vorrangige Anwendung zwingenden Rechts in Art. 34 EGBGB ausdrücklich geregelt ist.

Der ordre public hat jedenfalls nach modernem Recht die Funktion, die kollisionsrechtliche Anwendung ausländischen Rechtes abzuwehren[2598] (die sogenannte "negative Funktion" des ordre public[2599]), welches mit wesentlichen ordnungsbildenden Normen der lex fori im Widerspruch steht und ihnen schlechthin widerspricht[2600]. Hierzu gehören nach aus-

---

2592 Kegel, a.a.O. (Anm. 384), S. 328

2593 Vgl. Kropholler, a.a.O. (Anm. 436), S. 220 - 222; Jayme, E., Methoden der Konkretisierung des ordre public im Internationalen Privatrecht (1989), S. 62. Siehe auch BGHZ 22, 162, 163; BGHZ 35, 329, 337

2594 "Die Anwendung eines ausländischen Gesetzes ist ausgeschlossen, wenn die Anwendung gegen die guten Sitten oder gegen den Zweck eines deutschen Gesetzes verstoßen würde"

2595 Vgl. Kegel, a.a.O. (Anm. 384), S. 92 ff., Martiny, in: Münchener Kommentar. Bürgerliches Gesetzbuch. Einführungsgesetz, Internationales Privatrecht, 2. Aufl. (1990), Art. 34, Rn. 85; Sonnenberger, in: Münchener Kommentar. Bürgerliches Gesetzbuch. Einführungsgesetz, Internationales Privatrecht, 2. Aufl. (1990), Art. 6, Rn. 31 - 33 mit Verweisen auf die Rechtsprechung des Reichsgerichts

2596 Hierzu Kropholler, a.a.O. (Anm. 436), S. 217; Martiny, a.a.O. (Anm. 2595), Rn. 31

2597 Zur Frage der privatrechtlichen Abdingbarkeit der Durchsetzung öffentlichrechtlicher Regeln Fedozzi, P., De l'efficacité extraterritoriale des lois et des actes de droit public, RdC 27 (1929 II), S. 141-242, 150

2598 Sonnenberger, in: Münchener Kommentar. Bürgerliches Gesetzbuch. Einführungsgesetz, Internationales Privatrecht, 2. Aufl. (1990), Art. 6, Rn. 33

2599 Kropholler, a.a.O.

2600 Kegel, a.a.O. (Anm. 384), S. 329. Diese Formel war vom BGH zum alten Art. 30 EGBGB geprägt worden. Es sei darauf abzustellen, "ob das Ergebnis der Anwendung des ausländischen Rechts zu den Grundgedanken der deutschen Regelung und der in ihnen liegenden Gerechtigkeitsvorstellungen in so starkem Widerspruch steht, daß es von uns

drücklicher gesetzlicher Anordnung auch die Grundrechte, welche ja zunächst nur die deutsche Staatsgewalt binden und nicht unmittelbar auf ausländische Rechtsakte anwendbar sind. Die Thematik der Behandlung von Eingriffsnormen sollte vom ordre public unterschieden werden. Eigene Eingriffsnormen werden direkt[2601], ausländische dagegen möglicherweise aufgrund einer Sonderanknüpfung[2602] kollisionsrechtlich angewendet.

3. Eingriffsnormen der lex fori

Zwingende Regeln des nationalen öffentlichen Wirtschaftsrechts gehen dem an sich kollisionsrechtlich anwendbaren ausländischen Recht immer vor, wenn sie dies intendieren[2603], also lex specialis zur Kollisionsnorm sind. Dabei ergibt sich entweder aus der Regelung selbst[2604], aus einer eigenen abweichenden Kollisionsnorm, wie sie etwa in § 98 Abs. 2 GWB für das deutsche Kartellrecht vorliegt, oder im Regelfall aus der Tatsache, daß eine Norm des öffentlichen Rechts, in jedem Falle von allen Hoheitsträgern im Inland zu beachten und anzuwenden ist, wie dies etwa von der Grundrechtsbindung der deutschen öffentlichen Gewalt nach Art. 1 Abs. 3 GG gilt[2605]. Die Vorrangigkeit der nationalen Eingriffsnormen, soweit sie angewendet werden wollen[2606], ergibt sich daraus, daß der nationale Rechtsetzer jederzeit eine Normenhierarchie festsetzen kann und dies mit der Qualifizierung einer Norm als für ihren Regelungsbereich zwingend auch tut. So finden etwa das Kartellverbot oder die Vorschriften über die Fusionskontrolle in der Bundesrepublik grundsätzlich ausschließlich Anwendung[2607].

---

für untragbar gehalten wird" (BGHZ 50, 370 f.). Sie umschreibt auch heute noch den Kern des Gedankens des ordre public.

2601 Martiny, a.a.O. (Anm. 2581), Rn. 96, der allerdings eine Anwendung des ordre public in Fällen für möglich hält, welche von § 34 nicht erfaßt werden. Dies dürfte aber bei inländischen zwingenden Vorschriften mit Anwendungswille auf die konkrete Sachgestaltung nicht relevant werden.

2602 Kropholler, a.a.O. (Anm. 436), S. 217

2603 Kropholler, a.a.O. (Anm. 436), S. 419; Martiny, a.a.O. (Anm. 2581) Rn. 85 - 90; Lipstein, K., Conflict of Public Laws - Visions and Realities, Festschrift Imre Zajtay (1982), S. 357-378, 377

2604 So etwa § 61 des deutschen Börsengesetzes

2605 Deshalb kann Habscheid,W.J., Territoriale Grenzen der staatlichen Rechtsetzung, Berichte der Deutschen Gesellschaft für Völkerrecht, Heft 11 (1973), S. 46 ff., 50 nicht zugestimmt werden, der diesen Vorrang als Konsequenz einer ungeschriebenen Kollisionsregel ansieht

2606 Vgl. Martiny, a.a.O. (Anm. 2581), Rn. 85. Ein Beispiel hierfür ist § 61 Börsengesetz

2607 Wengler, W., Law Concerning Unfair Competition and the Conflict of Laws, American Journal of Comparative Law 4 (1955), S. 167 - 188, 179

Es wäre auch mit der Bindung der Gerichte an innerstaatliches öffentliches Recht nicht zu vereinbaren, wenn zu einer Leistung aus einem Exportgeschäft verurteilt würde, welches einem deutschen Exportverbot widerspräche. Wenn der nationale Gesetzgeber zwingende Eingriffsnormen erläßt, so kann er ihren Anwendungsbereich selbst bestimmen. Er kann private Interessen gegen sein Ordnungsinteresse abwägen und die Norm entsprechend formulieren. Wenn er ausdrücklich oder inzident entsprechende Spielräume läßt, dann kann der Rechtsanwender sie unter kollisionsrechtlichen Gesichtspunkten ausfüllen, wo nicht, ist alle Staatsgewalt an dieses zwingende Recht im Inland gebunden. Die zivilrechtliche Sonderproblematik ist hier, wer die Risiken dieses öffentlichrechtlichen Verbots letztlich zu tragen hat. Dies ist aber eine Frage der Zurechnung der daraus entstehenden Schäden und in dieser Gestaltung dann ein genuin zivilrechtliches Problem, welches die Risikosphären betrifft. Eine Leistungsklage wäre aufgrund des Exportverbots abzulehnen, eine Schadensersatzklage müßte nach den allgemeinen Grundsätzen des Gesetzes und notfalls durch die Herausarbeitung einer auf die spezifische Situation angepaßten Verteilung der Risikosphären entschieden werden.

Nach der Reform des Internationalen Privatrechts im Jahre 1986 stellt Art. 34 EGBGB klar, daß inländische Eingriffsnormen immer anzuwenden sind, also sowohl ausländischem entgegenstehenden Recht vorgehen als auch einer Rechtswahl der Parteien[2608]. Die Vorschrift ist wörtlich aus Art. 7 Abs. 2 des EWG - Übereinkommens über das auf vertragliche Schuldverhältnisse anzuwendende Recht[2609] übernommen und weist im Wortlaut wie auch in diesem internationalen Bezug darauf hin, daß sie von einer direkten Anwendung eigener zwingender Normen aufgrund deren materieller Bestimmung, nicht nur von einer kollisionsrechtlichen Verweisung ausgehen[2610]. Dies entspricht auch dem Charakter des öffentlichen Rechts, welches alle Staatsorgane unmittelbar direkt bindet, also auch den Richter, der bei seiner kollisionsrechtlichen Überlegung auf eine solche zwingende Norm stößt.

Somit konzentriert sich die rechtliche Problematik auf die Frage des Anwendungswillens, der sich aus der materiellrechtlichen Regelung oder aus einer dazu geschaffenen Kollisionsnorm ergehen kann. Er wird re-

---

2608 Sonnenberger, a.a.O. (Anm. 81), Rn. 49 f. ; Martiny, a.a.O. (Anm. 2581), Rn. 4

2609 Vom 19.6.1980 (BGBl. 1986 II, S. 810): "Dieses Übereinkommen berührt nicht die Anwendung der nach dem Recht des Staates des angerufenen Gerichtes geltenden Bestimmungen, die ohne Rücksicht auf das auf den Vertrag anzuwendende Recht den Sachverhalt zwingend regeln."

2610 Dieser Gesichtspunkt wird auch unter dem Begriff der "lois d'application immédiate" in der Doktrin diskutiert, vgl. dazu Kropholler, a.a.O. (Anm. 436), S. 88 f. m.w.N.; Martiny, a.a.O. (Anm. 2581), Rn. 4

gelmäßig durch den sachlichen und persönlichen Regelungsbereich und durch den räumlichen Geltungsbereich der Norm umrissen. Allerdings zeigt etwa § 98 Abs. 2 GWB, daß der Regelungsbereich über den Geltungsbereich hinausgehen kann. Hier wird nun in der kollisionsrechtlichen Lehre von Schnyder vorgeschlagen, daß ein solcher Anwendungswille im Lichte eines kollidierenden ausländischen Regelungswillens daraufhin überprüft werden solle, ob er im konkreten Falle zurückstehen wolle[2611]. Ein Kriterium sei, ob beide Rechtsordnungen bei Auswirkungen aus ähnlichen ordnungspolitischen Gesichtspunkten extraterritoriale Jurisdiktion ausüben wollten.

Weiter seien die Auswirkungen auf die internationale Ordnung und die Folgen einer Durchsetzung zu berücksichtigen. Falls unter diesen Gesichtspunkten der inländische Anwendungswille fortbestehe, so müsse die lex fori angewendet werden. Diese Überlegungen sind durchaus sachgerecht, erfordern aber, daß der Gesetzgeber den Richter hierzu ermächtigt, weil nämlich die Berücksichtigung ausländischer staatlicher Anwendungs - Interessen gegen diejenigen des eigenen Staates von der allgemeinen Befugnis des Richters im internationalen Privatrecht nicht mehr gedeckt ist.

Eingriffsnormen der lex fori ebenso wie diejenigen eines anderen Staates müssen sich an den Voraussetzungen des Völkerrechts für die Ausübung der Jurisdiktion messen lassen. Diese werden noch zu erörtern sein. Wenn ein Richter zu dem Ergebnis käme, daß die Norm der lex fori gegen das Völkerrecht verstößt, so kommt es auf die Regeln seines Verfassungsrechts an, ob er sie anwenden muß oder nicht anwenden darf. In der Bundesrepublik Deutschland ist wegen des Vorrangs der allgemeinen Regeln des Völkerrechts nach Art. 25 GG[2612] das letztere der Fall. Wenn es sich um einen Verstoß gegen eine völkervertragsrechtliche Norm handelt, dann ist in Deutschland entscheidend, ob die innerstaatliche Eingriffsnorm gegenüber dem Vertragsgesetz nach Art. 59 Abs. 2 GG lex anterior oder posterior ist[2613].

4. Eingriffsnormen des Auslands

Die kollisionsrechtliche Behandlung von Eingriffsnormen einer ausländischen Rechtsordnung richtet sich nicht nach den Grundsätzen des Art. 34 EGBGB. Dabei ist zunächst zu betonen, daß es nicht um die direkte

---

2611 Schnyder, A.K., Wirtschaftskollisionsrecht (1990), S. 295 ff.

2612 Hierzu Rudolf, W., Völkerrecht und deutsches Recht (1967), , S. 240 ff.

2613 Rudolf, a.a.O., S. 212 - 214. Echte Kollisionen sind aber in jedem Fall zunächst aufgrund des Grundsatzes der völkerrechtsfreundlichen Anwendung möglichst zu vermeiden, s. Rudolf a.a.O., S. 213

Durchsetzung ausländischer hoheitlicher Anordnungen geht. Denn der Rechtsbefehl der Auslandsnorm gilt nicht für die Organe des Forumstaates[2614]. Vielmehr ist im Rahmen des zivilrechtlichen Kollisionsrechts nur die Rede von der Berücksichtigung der Einwirkungen ausländischen Eingriffsrechts bei der Beurteilung zivilrechtlicher Fragen nach deutschem Kollisionsrecht. Diese Berücksichtigung beruht auf deutscher Hoheitsgewalt. Andererseits darf man aber nicht übersehen, daß damit die deutsche Staatsgewalt mittelbar ausländisches Eingriffsrecht in seiner privatrechtsgestaltenden Qualität durchsetzt beziehungsweise die gerichtliche Voraussetzung für eine Durchsetzung schafft. Denn die zivilrechtlichen Wirkungen ausländischer Eingriffsnormen sind gerade zu dem Zwecke geschaffen worden, daß nicht zivilrechtlich etwas durchsetzbar ist, was durch hoheitliche Anordnung geboten wird.

Eine solche Durchsetzung durch ausländische Hoheitsgewalt wird vom allgemeinen Völkerrecht weder angeordnet noch ausgeschlossen. Sie kann im Wege der Rechtshilfe ebenso wie durch Anerkennung oder Rechtsanwendung im Erkenntnisverfahren oder im Verwaltungsverfahren direkt oder indirekt erfolgen, soweit dies ein Staat als im eigenen Interesse ansieht oder sich völkervertragsrechtlich entsprechend verpflichtet hat.

Hinsichtlich der staatlichen Interessen kann man von der Regel ausgehen, daß jeder Staat nur seine eigenen Staatsziele verwirklichen will, nicht dagegen diejenigen ausländischer Staaten, welche in deren Eingriffsnormen verkörpert sind[2615]. Die Durchsetzung ausländischer Eingriffsnormen kann aber je nach Fallgestaltung auch inländische Staatsziele fördern. So kann ein Staat aus Gegenseitigkeitserwägungen an der Durchsetzung ausländischer Eingriffsnormen interessiert sein, um eine Durchsetzung inländischen Eingriffsrechts in einem umgekehrten Falle auch durch ausländische Gerichte gewährleistet zu sehen. Weiter kann ein Staat auch an der Förderung gleicher Ordnungsziele des Auslandes, die den seinen entsprechen, interessiert sein, wie etwa sicherheitspolitischer Interessen in einem gemeinsamen Militärbündnis. Dies gilt um so mehr, wenn gemeinsame Ziele durch internationale Vereinbarung anerkannt sind, wie dies etwa beim internationalen Kulturgüterschutz der Fall ist.

a) Anwendung ausländischer Eingriffsnormen

Bei der Frage nach der Anwendung ausländischer Eingriffsnormen ergeben sich zwei Teilfragen. Die erste ist diejenige nach der Anwendung

---

[2614] Sonnenberger, a.a.O. (Anm. 81), Rn. 51

[2615] Vogel, a.a.O. (Anm. 43), S. 317 f.; Sonnenberger, a.a.O. (Anm. 81), Rn. 255

der Eingriffsnormen der ausländischen lex causae, also des aufgrund des inländischen Kollisionsrechts allgemein auf den Fall anwendbaren Rechts. Dies wäre etwa der Fall, wenn der Erfüllung eines Liefervertrages, auf den amerikanisches Recht anwendbar ist, ein amerikanisches Exportverbot entgegensteht, also der Liefergegenstand aus den USA ausgeführt werden müßte.

Die andere Fragestellung ergibt sich dann, wenn ein Lieferanspruch, der in Deutschland nach der amerikanischen lex causae zu beurteilen ist und sich auf Ware bezöge, welche aus einem Betrieb des Lieferanten in Venezuela geliefert werden müßte, deswegen nicht erfüllt werden könnte, weil dem venezolanisches Ausfuhrrecht entgegenstünde. Dann wäre die Eingriffsnorm einem dritten Recht, neben der lex fori und der lex causae, zu entnehmen.

In der Rechtsprechung des Bundesgerichtshofs wird bisher die Anwendung fremder öffentlichrechtlicher Eingriffsnormen grundsätzlich ausgeschlossen[2616]. Diesen Grundsatz hat der BGH mit der Territorialität des Rechts begründet. Es werde von der Vorstellung beherrscht, daß die Bestimmungen des öffentlichen Rechts grundsätzlich nicht über die Landesgrenzen des rechtsetzenden Staates hinaus wirken. Dies gelte, wenn die Eingriffsnorm[2617] der "Verwirklichung wirtschafts- oder staatspolitischer Ziele des rechtsetzenden Staates selbst dient."

Dies könne anders zu beurteilen sein, wenn Verfügungsbeschränkungen fremden öffentlichen Rechts "ausschließlich oder vorwiegend dem Schutz oder den Interessen der einzelnen dienen oder einen billigen Ausgleich zwischen ihnen bezwecken"[2618]. Diese Einschränkung - ein obiter dictum - , welche die Abgrenzung der Eingriffsnormen von einfachem zwingendem Recht betreffen[2619], ist jedoch in der Rechtsprechung bisher nicht zur praktischen Anwendung gekommen.

[2616] Grundlegend BGHZ 31, 367, 370 f. Vgl. hierzu und zur geschichtlichen Entwicklung des Problems vor dieser Entscheidung Kreuzer, K., Ausländisches Wirtschaftsrecht vor deutschen Gerichten: zum Einfluß frendstaatlicher Eingriffsnormen auf private Rechtsgeschäfte (1986), S. 13 ff.; Drobnig, U., Die Beachtung von ausländischen Eingriffsgesetzen - eine Interessenanalyse, in: Barfuß, W. u. a. (Hrsg.), Festschrift für Karl H. Neumayer (1985), S. 159 - 179, 160

[2617] der BGH verwendet diesen Begriff jedoch nicht

[2618] BGHZ 31, 367, 371. Allerdings hat der BGH in allen bisher entschiedenen Fällen festgestellt, daß die in Frage stehenden ausländischen Eingriffsnormen nur dem Staatswohl dienen, vgl. Drobnig, U., Die Beachtung von ausländischen Eingriffsgesetzen - eine Interessenanalyse, in: Barfuß, W. u. a. (Hrsg.), Festschrift für Karl H. Neumayer (1985), S. 159 - 179, 167

[2619] Dieses Problem spielt nur im Zivilrecht eine Rolle

Aus dem vom BGH angewendeten Grundsatz der Territorialität der Wirkung von Eingriffsnormen leitet der Gerichtshof aber den weiteren Grundsatz ab, daß die Norm dann zu beachten und zu vollziehen sei, wenn die ausländischen Behörden sie durchgesetzt haben, in der Lage wären, es durchzusetzen[2620], oder wenn entsprechende völkervertragsrechtliche Verpflichtungen der Bundesrepublik Deutschland im Inland bestünden. Der Gesichtspunkt der Durchsetzbarkeit auf dem fremden Territorium wird offensichtlich nicht mit physischer Gewalt gleichgesetzt. Vielmehr geht es hier darum, ob der Streitgegenstand im Geltungsbereich der fremden Rechtsordnung belegen ist. In diesem Fall wendet der BGH ausländische Eingriffsnormen an oder erkennt ausländische Rechtsakte, welche in Konkretisierung einer Eingriffsnorm ergangen sind, wie etwa Enteignungen, an.

Auch in der Solschenizyn - Entscheidung[2621] hat der BGH diesen Grundsatz angewendet mit der Folge, daß ein Verfügungsverbot zu Lasten der Urheber mit sowjetischer Staatsangehörigkeit aufgrund des sowjetischen Außenhandelsmonopols als öffentlichrechtliche Beschränkung außerhalb der UdSSR nicht zur Anwendung kommen könne, da das Monopol auf das sowjetische Territorium beschränkt sei. Die Belegenheit des Urheberrechts im konkreten Falle außerhalb der Sowjetunion ermögliche auch keine tatsächliche Durchsetzung.

Die Theorie des BGH ist die einfachste und auch klarste Lösung des Problems der Anwendung ausländischer Eingriffsnormen, welche aber mit dem Zweck des privatrechtlichen Kollisionsrecht in Konflikt steht, nämlich der Findung einer realen, auch im Ausland durchsetzbaren Entscheidung[2622]. Denn die Nichtberücksichtigung zwingenden Rechts eines Staates mit engen Verbindungen zum Sachverhalt beschwört die Gefahr herauf, daß eine entsprechende inländische Entscheidung in einem anderen Staat nicht vollstreckt werden wird, in dem sich aber möglicherweise der einzige erfolgversprechende Vollstreckungsgegenstand befindet.

Der Bundesgerichtshof geht für die Begründung seiner These von einem Axiom aus: "Sowohl im Völkerrecht wie im internationalen Privat- und

---

2620 BGHZ 31, 367, 372 unter Berufung auf RGZ 121, 337, 344; 126, 196, 204. Auch diese Einschränkung hat in Praxis bisher keine Rolle gespielt, vgl. Drobnig, U., Die Beachtung von ausländischen Eingriffsgesetzen - eine Interessenanalyse, in: Barfuß, W. u. a. (Hrsg.), Festschrift für Karl H. Neumayer (1985), S. 159 - 179, 168. Drobnig weist darauf hin, daß es bei der Rechtsprechung nicht um Machtinteressen im Sinne Kegels geht, sondern um die tatsächlich ausgeübte Macht, a.a.O. S. 172

2621 BGHZ 64, 183, 189. Vgl. hierzu Heini, A., Die Anwendung wirtschaftlicher Zwangsmaßnahmen im internationalen Privatrecht, Berichte der deutschen Gesellschaft für Völkerrecht, Heft 22 (1982), S. 37 - 53, 39 f.

2622 Hierzu Kegel, a.a.O. (Anm. 384), S. 89

Verwaltungsrecht gilt der Grundsatz, daß die Wirkung von Staatshoheitsakten an den Gebietsgrenzen der tätig werdenden Staatsgewalt endet (Territorialitätsprinzip)"[2623]. Diesen Grundsatz hat der Gerichtshof in seiner Entscheidungspraxis zum internationalen Enteignungsrecht aufgestellt und zieht daraus den Schluß, daß hoheitliche Enteignungsmaßnahmen eines Staates nur dasjenige Vermögen erfassen, das der Gebietshoheit dieses Staates unterliegt und daß sie nicht über seine Grenzen hinausgreifen[2624]. Soweit er aber daraus den "Grundsatz der Nichtanwendung ausländischen öffentlichen Rechts" ableitet[2625], setzt er Anerkennung, also das Ausgehen von einer im Ausland geschaffenen Rechtslage, gleich mit der Rechtsanwendung, das heißt der Schaffung einer Rechtslage im Inland.

Es ist aber ein Unterschied, ob ein Staat etwas - wie dies bei der Anerkennung einer Auslandsenteignung geschieht - einfach hinnimmt, so wie es im fremden Staat geschehen ist, nur mit der Korrekturmöglichkeit des eigenen ordre public, oder ob er aufgrund eigenen Kollisionsrechts aktiv die Bedingungen der Anwendung der fremdstaatlichen Rechtsnorm setzt und die Anwendung ablehnt oder vornimmt. Weiterhin setzt der Bundesgerichtshof den Regelungsbereich einer Rechtsnorm gleich mit ihrem Geltungsbereich, ohne den Unterschied zwischen beiden zu berücksichtigen.

In der Schweiz entschied das Bundesgericht[2626], öffentliches Recht gelte nach einem allgemein anerkannten Grundsatz des Völkerrechts nur in jenem Staat, der es erläßt. Ausländisches öffentliches Recht könne daher in der Schweiz nur dann angewendet werden, wenn dies die schweizerische Rechtsordnung selbst verlange oder wenn es kollisionsrechtlich als Eingriffsnorm vorwiegend zum Schutze privater Interessen diene. Hinsichtlich des Währungsrechts entschied die italienische Corte di Cassazione 1939[2627], daß die Währungsgesetze ausländisches öffentliches Recht ohne politischen Charakter seien. Sie würden deshalb auch im Inland angewendet, wenn sie nicht dem Ordre Public des Gerichtsstaats widersprächen. Dies werde auch durch die gegenseitigen Verbindungen im Wirtschaftsleben der Staaten gefordert. Darüber hinaus sei die Gegenseitigkeit gewährleistet. Im Fall war deutsches Recht als lex causae ohnehin anwendbar, so daß auch dies die Anwendung der deutschen Eingriffs-

---

2623 BGHZ 25, 134, 143, vgl. auch BGHZ 9, 34, 38; 12, 79, 84; 17, 74, 78; 18, 1, 8; 23, 333, 336; 25, 127, 129

2624 So etwa BGHZ 25, 134, 143; 104, 240 - 246

2625 So in BGHZ 31, 367, 371; vgl. hierzu auch Heiz, R., Das fremde öffentliche Recht im internationalen Kollisionsrecht (1959) S. 68 - 76

2626 BGE 82 I (1956), s. 197 - 198

2627 28.02.1939 - Vaghi gegen Reichsbank, Annual Digest 1938 - 1940, Nr. 56

norm rechtfertige. Dagegen wandte das Schweizerische Bundesgericht im Jahre 1938 amerikanische und deutsche Abwertungsgesetzgebung, welche die Goldklauseln in zivilrechtlichen Verträgen unwirksam machen sollten, nicht an[2628].

Auch ein Teil des Schrifttums geht von einer ähnlichen Begrenzung des Regelungsbereichs ausländischen öffentlichen Rechts aus[2629]. J. Schulze[2630] sieht dieses Recht in seiner Anwendung grundsätzlich beschränkt auf den unmittelbaren Zwangsbereich des Staates, also regelmäßig auf sein Territorium und will Ausnahmen nur davon machen, wenn die Norm ohne physischen Vollzug tatsächlich vollzogen ist[2631], oder wenn - als Gesichtspunkt des positiven ordre public - ein unabweisbares öffentliches Interesse des Inlands die Anwendung der ausländischen Norm gebietet. Auch hier werden Regelungs- und Geltungsbereich nicht ausreichend unterschieden.

Der Gesichtspunkt der Territorialität der Geltung von Eingriffsnormen führt aber nicht denknotwendig zu dem Schluß, daß ihre Anwendung im Inland ausgeschlossen ist, wenn ein entsprechender Regelungswille vorliegt, denn dies liegt in der freien, am Nutzen einer solchen Anknüpfung orientierten Entscheidung der lex fori. F.A. Mann fordert, daß der Richter das ausländische öffentliche Recht der lex causae ebenso anwenden solle wie das Zivilrecht[2632]. Heiz[2633] verneint grundsätzlich, daß dem deutschen internationalen Privatrecht eine Entscheidung für die Anwendung ausländischen öffentlichen Rechts zu entnehmen sei. Dies trifft aber etwa im Hinblick auf die Staatsangehörigkeit, welche das Personalstatut (Art. 5

2628 Allgemeine Elektrizitätsgesellschaft Berlin und Siemens und Halske AG BGE 64 II S. 88, 94, 96

2629 Heini, A., Die Anwendung wirtschaftlicher Zwangsmaßnahmen im internationalen Privatrecht, Berichte der deutschen Gesellschaft für Völkerrecht, Heft 22 (1982), S. 37 - 53, 43 f.; Sperduti, G., Droit international privé et droit public étranger, Journal de Droit International 104 (1977), S. 5 - 15 sieht allerdings durch die fortschreitende Entwicklung des öffentlichen Rechts zu einer koordinationsrechtlichen Struktur die Einführung dieses Rechts in das privatrechtliche Koordinationsrecht für möglich an. Die Fragestellung hier ist umgekehrt danach, ob die kollisionsrechtlichen Regel für das öffentliche Recht im Internationalen Privatrecht mit denjenigen des internationalen öffentlichen Rechts harmonisiert werden können. Für den Grundsatz, daß ein im Ausland durchgesetzes Rechtsverhältnis auch im Inland anerkannt werden sollte Heini, A., Jurisdiktion und Jurisdiktionsgrenzen im internationalen Privatrecht, Schweizerisches Jahrbuch für internationales Recht 41 (1985), S. 93 - 98, 94

2630 Schulze, J., Das öffentliche Recht im internationalen Privatrecht (1972) S. 266

2631 "Vollzugsstand ohne Vollzug"

2632 Mann, F.A., Conflict of Laws and Public Law, RdC 132 (1971 I), S. 107 - 196. 182 ff.

2633 Heiz, R., Das fremde öffentliche Recht im internationalen Kollisionsrecht (1959) S. 68 ff.

EGBGB) bestimmt, nicht zu. Das gleiche gilt für Status - Rechtsnormen oder - Rechtsakte gem. Art. 7 - 10 EGBGB.

Weiter ist hier auf Art. 27 Abs. 3 EGBGB zu verweisen, der den Grundsatz der freien Rechtswahl bei vertraglichen Schuldverhältnissen einschränkt. Wenn nämlich der Sachverhalt im Zeitpunkt der Rechtswahl nur mit einem Staat verbunden ist, so kann die Wahl des Rechts eines anderen Staates, auch wenn sie durch die Prorogation eines Gerichts in einem anderen Staat ergänzt wird, nicht die Anwendung der zwingenden Bestimmungen des Staates berühren, mit dem diese Bindungen bestehen. Diese Vorschrift erfaßt, anders als Art. 34 EGBGB auch ausländische zwingende Normen und zwar alle, nicht nur die international zwingenden Eingriffsnormen[2634].

Wenn der Grundsatz von Heiz bereits im EGBGB jedenfalls nicht vollständig seine Stütze findet, so ist auch zu verneinen, daß es sich dabei wenigstens um den Regelfall handelt. Denn die Rechtsprechung des Bundesgerichtshofs, die eine Ausnahme für im Ausland vollzogene Rechtsakte macht, durchbricht diese Regel erheblich. Sie war dem Gesetzgeber bei der Novellierung des EGBGB auch bekannt, der bewußt die Rechtsfragen der Eingriffsnormen für das ausländische öffentliche Recht - wie noch zu erörtern sein wird - offenließ. Auch kann angesichts dieser Praxis Heiz nicht zugestimmt werden, nach dem die Anwendung ausländischen öffentlichen Rechts gegen den ordre public des inländischen Rechts verstößt. Es wäre auch eine unerklärliche Form sachwidriger Selbstbindung, wenn das deutsche Kollisionsrecht sich in diesem Sinne festgelegt hätte, obwohl das wohlverstandene Eigeninteresse des Inlandes eine Anwendung oder Anerkennung ausländischen Rechts fordern kann. Praxis und überwiegende Lehre gehen hiervon auch aus[2635]. Völkerrecht steht dem nicht entgegen[2636] Nur der Umfang der Anwendung ausländischer Eingriffsnormen ist umstritten.

b) Anerkennung ausländischer Hoheitsakte

Die Anerkennung ausländischer Hoheitsakte, also der Ausführung ausländischer Eingriffsnormen im Ausland, taucht häufig in Form einer Vorfrage eines zivilrechtlichen Rechtsverhältnisses auf. So kann eine Kollisionsnorm von einer Vorfrage ausgehen, die nach ausländischem öffentli-

---

[2634] Vgl. Martiny, in: Münchener Kommentar. Bürgerliches Gesetzbuch. Einführungsgesetz, Internationales Privatrecht, 2. Aufl. (1990), Art. 27 Rn. 62 - 72

[2635] Zu den verschiedenen theoretischen Ansätzen vgl. Siehr, a.a.O. (Anm. 2572), S. 69 - 84; vgl. auch Großfeld, B., Internationales Unternehmensrecht (1986), S.121 ff.

[2636] Kegel, G./Seidl-Hohenveldern, I., On the Territoriality Principle in Public International Law, Hastings International and Comparative Law Review 5 (1981), S. 245-290

chem Recht zu entscheiden ist. Wenn Art. 7 EGBGB die Rechts- und Geschäftsfähigkeit einer Person nach dem Recht der Staates bestimmt, dem sie angehört, so hängt die Anwendung dieser Kollisionsnorm von der Frage ab, nach welchem Recht die Staatsangehörigkeit zu bestimmen ist (kollisionsrechtliche Vorfrage). Wenn § 110 BGB, der "Taschengeldparagraph" bestimmte Rechtsgeschäfte von Minderjährigen als wirksam ansieht, so ist die Frage, ob ein Ausländer, der im Ausland das Geschäft abgeschlossen hat, minderjährig war, ein Problem des materiellen Rechts (materiellrechtliche Vorfrage). Die Frage, nach welchem Recht diese Vorfrage zu entscheiden ist, hängt aber wiederum von der Entscheidung der Grundsatzfrage ab, nach welchem Kollisionsrecht Vorfragen zu behandeln sind[2637].

Die Anerkennung eines ausländischen Hoheitsakts kann auch Bestandteil der Hauptfrage des konkreten Rechtsfalles sein. Wenn eine Person, welche im Ausland enteignet wurde, im Inland auf Herausgabe eines Gegenstandes klagt, welche zur Masse des enteigneten Gutes gehört, so gehört zur Entscheidung der Frage, ob der Kläger Eigentümer ist auch eine Entscheidung darüber, ob die ausländische Enteignung anerkannt wird. Die Rechtsfragen der Anerkennung wurden bereits in Kapitel I erörtert. Sie stellen sich im Zivilrecht in der Fallgestaltung der fremdnützigen Anerkennung. Eine Verpflichtung hierzu besteht auch im Zivilrecht nicht, mit Ausnahme der Anerkennung der Staatsangehörigkeit.

c) Materiellrechtliche Berücksichtigung ausländischer Eingriffsnormen

Ausländische Eingriffsnormen können im nationalen Zivilrecht als Wertungen oder als Fakten materiellrechtlich Bedeutung haben[2638]. Auch diese Form der Auslandswirkung einer Norm geschieht nur durch die souveräne Entscheidung des Forumstaats, ist also keine unmittelbare Durchsetzung von Recht im Ausland. Dies wird etwa daran sichtbar, daß

[2637] Vgl. Sonnenberger, a.a.O. (Anm. 81), Rn. 284 ff.; Kegel, a.a.O. (Anm. 384), 231 m.w.N und Kropholler, a.a.O. (Anm. 436), S. 195 ff. Im deutschen Recht wird nach herrschender Auffassung eine Vorfrage selbständig nach deutschem Kollisionsrecht entschieden (selbständige Anknüpfung)

[2638] Vgl. hierzu Sonnenberger, a.a.O. (Anm. 81), Rn. 56 f.; 288 - 293; Lipstein, K., Conflict of Public Laws - Visions and Realities, Festschrift Imre Zajtay (1982), S. 357-378; Kreuzer, a.a.O. (Anm. 2616), S. 52; Habscheid,W.J., Territoriale Grenzen der staatlichen Rechtsetzung, Berichte der Deutschen Gesellschaft für Völkerrecht, Heft 11 (1973), S. 46 ff., 51 ff.; Drobnig, U., Die Beachtung von ausländischen Eingriffsgesetzen - eine Interessenanalyse, in: Barfuß, W. u. a. (Hrsg.), Festschrift für Karl H. Neumayer (1985), S. 159 - 179, 161; Heini, A., Die Anwendung wirtschaftlicher Zwangsmaßnahmen im internationalen Privatrecht, Berichte der deutschen Gesellschaft für Völkerrecht, Heft 22 (1982), S. 37 - 53, 45

Verstöße gegen ausländische Eingriffsnormen, welche Verbote enthalten, kein Nichtigkeitsgrund nach § 134 BGB sein können, weil solche Verbote ohne eine kollisionsrechtliche Anordnung des Forums überhaupt keine normative Wirkung auf die Rechtsordnung des ausländischen Staates haben[2639]. Der Forumstaat kann die Unwerturteile ausländischer Normen in die Beurteilung eigener wertbezogener Normen mit einbeziehen. So können die guten Sitten, welche nach § 138 BGB ein Rechtsgeschäft nichtig machen, auch unter Berücksichtigung ausländischer Ordnungsnormen bestimmt werden, wenn diese zugleich deutsche Interessen verkörpern.

Dies können etwa gleichgelagerte Sicherheitsinteressen sein. Als zu Zeiten des kalten Krieges die USA Embargos gegen Staaten des Warschauer Paktes verhängt hatte, um die Lieferung von Gütern, die auch militärisch genutzt werden konnten, zu verhindern, befand der Bundesgerichtshof[2640] daß ein Vertrag zweier Deutscher über die Lieferung von Borax aus den USA nach Rostock in der damaligen DDR gegen § 138 BGB verstoße, weil die amerikanischen Ausfuhrsperren "der Aufrechterhaltung des Friedens und der freiheitlichen Ordnung des Westens dienen. Die Maßnahmen lagen daher nicht nur im amerikanischen Interesse, sondern im Interesse des gesamten freiheitlichen Westens und damit auch im Interesse der Bundesrepublik Deutschland". Deshalb sei das verabredete Geschäft, welches aus reinen Gewinninteressen unter Täuschung der Überwachungsbehörden zustandegekommen sei, sittenwidrig.

Es erscheint jedenfalls nicht auf den ersten Blick evident, daß die westliche Verteidigungspolitik Bestandteil der Sittenordnung der NATO - Staaten geworden ist oder daß die Täuschung von Behörden sittenwidrig ist. Diese Subsumtion unter § 138 ("unanständig, unsauber und mit den Übungen des "ehrbaren" Kaufmannsstandes unvereinbar"[2641]) ist angesichts von dessen unbestimmter Formulierung zwar noch möglich, sie bringt aber auch die Gefahr mit sich, diese Norm jeder Kontur zu berauben und eröffnet die Möglichkeit, alle politischen Überzeugungen jedenfalls der Mehrheit in den Bereich der guten Sitten zu erheben. Außerdem, darauf wurde bereits hingewiesen[2642], kann § 138 etwa Gegenseitigkeitsinteressen des Staates hinsichtlich der Rechtsanwendung wohl kaum noch, jedenfalls in methodisch vertretbarer Weise, abdecken. Man hätte

---

[2639] BGHZ 59, 82, 86; 69, 295, 296. Dies ist unabhängig von der Tatsache, daß sie eine persuasive, also faktische Wirkung auf Normadressaten im Ausland haben können, wie oben bereits erörtert wurde. Für eine Ausdehnung der Anwendung des § 134 BGB auf ausländische Verbotsgesetze Kegel, a.a.O. (Anm. 384), S. 719

[2640] BGHZ 34, 169, 177; vgl auch BGH NJW 1962, 1436

[2641] BGHZ 34, 169, 178

[2642] Vgl. oben Seite 669

deshalb die im Ergebnis zu begrüßende Entscheidung besser auf die Sonderanknüpfung an amerikanisches Recht stützen können, was aber angesichts der ablehnenden Haltung des BGH zur Anwendung ausländischen Eingriffsrechts von vornherein ausschied.

In einem weiteren Fall wurde eine Transaktion als sittenwidrig angesehen, weil sie "dem nach heutiger Auffassung allgemein zu achtenden Interesse aller Völker an der Erhaltung von Kulturwerten an Ort und Stelle zuwiderhandelt" und deshalb "als verwerflich betrachtet werden" müsse[2643]. Es ging um die Ersatzpflicht einer Versicherung für den Verlust einiger Figuren aus einer Sendung von Masken und Figuren afrikanischer Kunst von Nigeria aus Hamburg. Der Export verstieß gegen nigerianisches Recht. Die Verknüpfung mit den deutschen guten Sitten sieht der Bundesgerichtshof darin, daß in der UNESCO mit dem Abschluß des Abkommens zur Bekämpfung der unerlaubten Ausfuhr von Kulturgütern vom 14.11.1970[2644] durch die weltweite Staatengemeinschaft dokumentiert sei, daß " die Ausfuhr von Kulturgut entgegen den Verboten eines Staates seit langem als ein gemeinschädliches und die Verständigung zwischen den Nationen hinderndes Verhalten" angesehen wird. "Die Ausfuhr von Kulturgut entgegen einem Verbot des Ursprungslandes verdient daher im Interesse der Wahrung der Anständigkeit im internationalen Verkehr mit Kunstgegenständen keinen bürgerlichrechtlichen Schutz..... ".

Auch hier ist das Ergebnis zu begrüßen, die Begründung aber sprengt ebenfalls das Minimum an Konturierung, welches man § 138 BGB zugestehen sollte. Denn die vorstehend erwähnte Entscheidung kann auf alle Interessen ausgedehnt werden, welche die Staaten weltweit zum Gegenstand einer Konvention machen. Daß hier ein Normengefüge entsteht, welches auch innerstaatlich über die direkte Anwendbarkeit und nationale Umsetzung hinaus berücksichtigt werden sollte, steht außer Frage. Ausländische Eingriffsnormen, welche solchen internationalen Schutz - Entscheidungen widersprechen, sollten aber nicht in den Rang der Sittenordnung erhoben und mit dem menschlichen Anstandsgefühl in Zusammenhang gebracht werden. Zum einen sind diese Kategorien ethisch und gerade für die Anbindung des Rechts an die Ethik zu wertvoll, als daß man durch staatliche Willensbildung formulierte Schutzziele mit ihnen verknüpfen sollte aus der vermeintlichen Notwendigkeit heraus, eine Verbots - Norm für den erstrebten Zweck finden zu müssen. Zum anderen wird damit eine politische Entscheidung in eine Frage der guten Sitten umgemünzt, welche hierdurch ohne Not aller politischen Aspekte

---

[2643] BGHZ 59, 82, 86

[2644] ILM 10 (1971), S. 289

wie etwa demjenigen des Gegenseitigkeitsinteresses entkleidet wird[2645]. Kegel berücksichtigt dies[2646], wenn er eine gleichberechtigte Anwendung der §§ 138 und 134 BGB vertritt, wobei erstere auf "mala quia prohibitum" und die zweite auf "mala in se" Anwendung finden sollen.

Während bei der Anwendung des § 138 die hinter der ausländischen Eingriffsnorm stehende Entscheidung des fremden Normsetzers in das Wertungsgefüge der guten Sitten nach der deutschen Zivilrechtsordnung inkorporiert wird, können faktische Situationen, welche durch die stattfindende oder drohende Durchsetzung ausländischer Eingriffsnormen im Ausland entstehen, auch als gegebene Voraussetzungen ("data") die Tatbestandsmerkmale inländischer Normen erfüllen und somit einen Einfluß auf das zivilrechtliche Rechtsverhältnis nach der lex fori ausüben. Aus diesem Grunde wird die Lehre von der materiellrechtliche Berücksichtigung ausländischer Eingriffsnormen auch "Datumtheorie" genannt[2647].

So hat etwa das Reichsgericht[2648] das Bestehen eines englischen Handelsverbots mit dem Feinde als Grund für die Unmöglichkeit eines Liefervertrages angenommen und dabei betont, daß hier nicht das englische Gesetz angewendet werde, sondern, daß die "Augen vor dem Bestehen der englischen Act" nicht verschlossen werden könnten, welches ein Hindernis für die Vertragserfüllung sei. Der BGH[2649] hat ein Importverbot für Bier nach der schiitischen Revolution im Iran zum Anlaß dafür genommen, einen Vergleichsvertrag über Pflichten aus einem Bier - Importvertrag nach dem Iran nach den Grundsätzen über den Wegfall der Geschäftsgrundlage anzupassen, weil die beiderseitigen Verpflichtungen

---

2645 Danach ist aber die neuere Rechtsprechung des BGH nicht zu beanstanden, wonach die bewußte Verletzung ausländischer Embargobestimmungen jedenfalls dann sittenwidrig im Sinne des § 826 BGB sei, wenn dadurch sehenden Auges und bedenkenlos die Gefährdung von Vermögensinteressen unbeteiligter Dritter gefährdet werden, nicht zu beanstanden, vgl. BGH NJW 1991, 634, 635; 1993, 194, 195

2646 a.a.O. (Anm. 384), S. 719

2647 Vgl Martiny, a.a.O. (Anm. 2581) Rn 27, 49 - 53, Schubert, M., Internationale Verträge und Eingriffsrecht - ein Beitrag zur Methode des Wirtschaftskollisionsrechts, RIW 33 (1987), S. 730 - 746, 736. Eine entsprechende Praxis ist auch etwa in Japan bekannt, vgl. International Law Association of Japan. Japan Branch Committee to the International Committee on extraterritorial Jurisdiction, the Japanese Annual of International Law 33 (1990), S. 140 - 153, 149 f.

2648 RGZ 93, 182, 184

2649 BGH NJW 1984, 1746

durch dieses Verbot in ein grobes Mißverhältnis geraten seien. Auch in Frankreich gibt es eine ähnliche Praxis[2650].

Allgemein stößt die materiellrechtliche Berücksichtigung ausländischer Eingriffsnormen nach deutschem Recht an die Grenze, daß zunächst überhaupt dieses Recht kollisionsrechtlich als anwendbar berufen sein muß. Sie ist dort keine mögliche Lösung, wo ein ausländisches Recht angewendet werden müßte, welches keine den erwähnten deutschen Regeln vergleichbaren Generalklauseln enthält. Somit sind die materiellrechtliche Lösung und die gleich zu erörternde Sonderanknüpfung funktionell nicht deckungsgleich. Darüber hinaus ist es eine Lösung, welche die Anwendungsinteressen der beteiligten Staaten nicht klar definiert, weil die entsprechenden Generalklauseln nicht für diese Gesichtspunkte formuliert wurden[2651]. Diese Form der Anwendung ausländischer Eingriffsnormen dient also nicht der dogmatischen Klarheit.

Die materiellrechtliche Berücksichtigung der Wirkung von Eingriffsnormen ist aber außerhalb der Leistungsansprüche weiter von zentraler Bedeutung. Denn wenn die Nichtleistung einen Schaden verursacht, so muß diese Folge nach den allgemeinen Grundsätzen der Leistungsstörungen oder nach solchen Grundsätzen behandelt werde, welche konkret für die Riskosphären bei solchen Leistungshindernissen kollisionsrechtlich herauszubilden sind. Hier stellt sich die Frage nach der privatrechtlichen Gerechtigkeit, über die Frage der Zulässigkeit der Leistung jedoch wird durch öffentliches Recht entschieden.

d) Einheitsanknüpfung

Wenn man im Grundsatz die Anwendung fremder Eingriffsnormen bejaht, so stellt sich die Frage nach der Anknüpfung im Einzelfall. Die Schuldstatutstheorie geht von einer Einheitsanknüpfung aus[2652]. Die Normen der lex causae, welche durch Parteivereinbarungen oder aufgrund sonstiger kollisionsrechtlicher Anknüpfung das Schuldverhältnis regieren, sollen auch insoweit angewendet werden, als es sich um Ein-

---

[2650] Tribunal de Commerce de Lille 05.07.1965 - Sirius v. Bracht, ILR 47 S. 119: Eine Enteignung im Ausland ist force majeure und befreit den Enteigneten von Leistungspflichten

[2651] Basedow, J., Entwicklungslinien des internationalen Kartellrechts, NJW 42 (1989), S. 627 - 638, 633

[2652] Vgl. hierzu Kreuzer, a.a.O. (Anm. 2616), S. 55 - 58; Kropholler, a.a.O. (Anm. 436), S. 419 f.; Martiny, a.a.O. (Anm. 2581), Rn. 26; Mann, F.A., Conflict of Laws and Public Law, RdC 132 (1971 I), S. 107 - 196, 165; Schubert, M., Internationale Verträge und Eingriffsrecht - ein Beitrag zur Methode des Wirtschaftskollisionsrechts, RIW 33 (1987), S. 730 - 746, 732

griffsnormen handelt. Damit wird also das allgemeine Kollisionsrecht auf zwingende und dispositive Normen insgesamt angewendet. Dies erscheint aber nicht sachgemäß, weil die sachverhaltsorientierten Kollisionsnormen primär der privatrechtlichen Gerechtigkeit dienen, nicht der Durchsetzung ordnungspolitischer Interessen der Staaten. Aus diesem Grunde schließt Art. 34 EGBGB eben die normale kollisionsrechtliche Anknüpfung bei inländischen Eingriffsnormen aus. Gerade die bereits erörterten besonderen Anwendungs- oder Nichtanwendungsinteressen der Staaten hinsichtlich der Eingriffsnormen bleiben bei der Einheitsanknüpfung unberücksichtigt.

Bei der Anwendung ausländischer Eingriffsnormen muß berücksichtigt werden, daß hierdurch die Rechtsfolgen dieser Normen durchgesetzt werden. Die herkömmlichen Kollisionsnormen enthalten aber keine Gesichtspunkte einer sachgerechten Abwägung von staatlichen Anwendungs- und Durchsetzungsinteressen. Gerade für die einseitige Bevorzugung des Schuldstatuts aufgrund der Gesichtspunkte privatrechtlicher Interessen, welche für die allgemeinen Kollisionsnormen entscheidend sind, ist keine ausreichende Begründung ersichtlich[2653].

e) Sonderanknüpfung

(1) Grundsatz

Der Grundsatz, wonach ausländisches öffentliches Recht vor deutschen Gerichten keine Anwendung findet, wird auch vom Bundesgerichtshof nicht mehr in vollem Umfang aufrechterhalten[2654] und auch in der Lehre weitgehend abgelehnt[2655]. Immer mehr im Vordringen in der Literatur und auch in der europäischen Staatenpraxis ist die Lehre von der Sonderanknüpfung bei ausländischen zwingenden Normen[2656]. Sie geht da-

---

[2653] Kreuzer (a.a.O.); Kropholler (a.a.O.)

[2654] BGHZ 31, 367, 371

[2655] Basedow, J., Entwicklungslinien des internationalen Kartellrechts, NJW 42 (1989), S. 627 - 638, 632

[2656] Kreuzer, a.a.O. (Anm. 2616), S. 59 - 65; Habscheid,W.J., Territoriale Grenzen der staatlichen Rechtsetzung, Berichte der Deutschen Gesellschaft für Völkerrecht, Heft 11 (1973), S. 46 ff., 54 ff.; Schiffer, J., Sonderanknüpfung ausländischen "öffentlichen" Rechts durch Richterrecht in der internationalen Handelsschiedsgerichtsbarkeit?, IPRax 11 (1991), S. 84 - 87; Basedow, J., Private Law Effects of Foreign Export Controls - An International Case Report -, GYIL 27 (1984), S. 109 - 141, 140 f.; Drobnig, U., Die Beachtung von ausländischen Eingriffsgesetzen - eine Interessenanalyse, in: Barfuß, W. u. a. (Hrsg.), Festschrift für Karl H. Neumayer (1985), S. 159 - 179; Schubert, M., Internationale Verträge und Eingriffsrecht - ein Beitrag zur Methode des Wirtschaftskollisionsrechts, RIW 33 (1987), S. 730 - 746, 734; Schwander, I., Lois d'application immédiate,

von aus, daß die Grundvoraussetzungen des internationalen Privatrechts - die Gleichwertigkeit der Rechtsordnungen und die am Sachverhalt orientierte Gerechtigkeit - bei Eingriffsnormen keine vorrangige Anwendung finden. Hier geht es vielmehr um den unbedingten Anwendungswillen eines Normsetzers bezüglich der Eingriffsnorm, um die Verschiedenheit und zuweilen gar Gegensätzlichkeit der staatlichen Ordnungsvorstellungen und öffentlichen Ziele, um Divergenz oder Gleichklang der staatlichen Interessen[2657]. Der Anwendungswille, welcher hinter jeder Eingriffsnorm steht, kann den Entscheidungsgleichklang und die Vollstreckbarkeit einer Entscheidung im anderen Staat gefährden. Die Anwendung fremder Eingriffsnormen geschieht dabei - anders als die derjenigen der lex fori - aufgrund des Kollisionsrechts, nicht aus eigener Hoheit des fremden Staates[2658].

Die Theorie von der Sonderanknüpfung führt zu einer Zweispurigkeit des kollisionsrechtlichen Ansatzes. Während nach Savigny allgemein nicht die Rechtsnorm mit ihrem Anwendungswillen und ihrem Regelungsbereich der entscheidende Gesichtspunkt der Rechtswahl ist, muß die Sonderanknüpfung gerade diese Gesichtspunkte der ausländischen zwingenden Norm zum Ausgangspunkt ihrer Überlegung nehmen. Auch ist ein solcher Ansatz für Normen mit unbedingtem Anwendungswillen, wie diejenigen des öffentlichen Wirtschaftsrechts, besonders geeignet, um eine differenzierte Antwort auf die Frage nach der Bedeutung ausländischen öffentlichen Rechts im innerstaatlichen Recht zu finden. Pauschale Lösungen, wie sie der Bundesgerichtshof unter Verweis auf ein Territorialitätsprinzip vertritt (Nichtanwendung im Inland), beruhen auf einer im Ausland durchaus unterschiedlich und teilweise weniger klar vollzogenen Trennung zwischen Zivilrecht und öffentlichem Recht[2659], berücksichtigen mögliche nationale Anwendungsinteressen nicht und sind darüber hinaus jedenfalls rechtlich weder vom nationalen Recht noch vom Völkerrecht geboten. Eine Pflicht zur Nichtanwendung ausländischer Eingriffsnormen gibt es nationalrechtlich nur, wenn sie anwendungswilligen inländischen Eingriffsnormen zuwider laufen. Soweit ein Staat ausländisches Recht anwenden will, so überläßt ihm das Völkerrecht hierbei

---

Sonderanknüpfung, IPR-Sachnormen und andere Ausnahmen von der gewöhnlichen Anknüpfung im internationalen Privatrecht (1975). Aus dem angelsächsischen Schrifttum vgl. etwa Lipstein, K., Conflict of Public Laws - Visions and Realities, Festschrift Imre Zajtay (1982), S. 357-378, 377.

[2657] Zur Verbindung von Schuldstatutstheorie und Sonderanknüpfungslehre Schubert, M., Internationale Verträge und Eingriffsrecht - ein Beitrag zur Methode des Wirtschaftskollisionsrechts, RIW 33 (1987), S. 730 - 746, 736

[2658] Martiny, a.a.O. (Anm. 2581), Rn. 99 nennt dies "Unilateralisierung". Ebenso Kreuzer, a.a.O. (Anm. 2616), S. 62

[2659] Martiny, a.a.O. (Anm. 2581), Rn 36

völlige Freiheit, soweit diese Anwendung nicht völkerrechtliche Rechte anderer Staaten verletzt[2660].

Bei der Frage der Anwendung ausländischer Eingriffsnormen führt die Normorientierung der kollisionsrechtlichen Entscheidung zu einer Präponderanz des Machtinteresses der Staaten[2661]. Würde dieses alleine ausschlaggebend sein, so wäre die Entscheidung über die Anwendung ausländischen Rechts vorgegeben: diese Anwendung käme außerhalb des Machtbereiches des Normsetzers nicht in Betracht. Hier muß aber auch berücksichtigt werden, daß es weitere staatliche Interessen gibt: etwa ein Interesse an der Anwendung eigener Eingriffsnormen im Ausland, welche nur auf der Basis der Gegenseitigkeit zu erreichen ist (Gegenseitigkeitsinteresse) oder ein Interesse an der gemeinsamen gleichgerichteten Regelung grenzüberschreitender Sachverhalte und an der Bildung gleicher Regelungsstandards in den einzelnen Staaten, um solche Grenzüberschreitungen durch Gewährung von Rechtssicherheit zu ermutigen (Solidaritätsinteresse)[2662].

Der Gesichtspunkt der Rechtssicherheit wird bei dem Problem der Sonderanknüpfung immer als wesentlich zu beachten sein, er erfordert aber nicht, daß man die konzeptionellen Nachteile der Einheitsanküpfung akzeptieren muß. Auch eine Kumulationslösung, nach der Eingriffsnormen des Schuldstatuts durch die Sonderanknüpfung korrigiert werden können, räumt diese Einwände nicht aus[2663].

Grundvoraussetzung einer Sonderanknüpfung wie jeder kollisionsrechtlichen Rechtsanwendung ist in jedem Fall, daß beide Staaten, derjenige, der die Eingriffsnorm erlassen hat und derjenige, welcher sie kollisionsrechtlich anwenden will, über den Sachverhalt überhaupt Jurisdiktion in Übereinstimmung mit dem Völkerrecht besitzen. Auch das Kollisionsrecht ist Ausübung staatlicher Hoheitsgewalt und damit durch die Regeln des Völkerrechts gebunden[2664]. Nur kann diese Jurisdiktion sich

---

2660 Daran wäre etwa zu denken, wenn eine ausländische Eingriffsnorm völkerrechtliches Fremdenrecht verletzt oder eine verbotene Einmischung in die inneren Angelegenheit eines Drittstaats wäre. Verletzt sie dagegen nur völkerrechtliche Rechte des Forumstaates, so dürfte dieser - was unwahrscheinlich ist - sie trotzdem anwenden. Volenti non fit iniuria

2661 Drobnig, U., Die Beachtung von ausländischen Eingriffsgesetzen - eine Interessenanalyse, in: Barfuß, W. u. a. (Hrsg.), Festschrift für Karl H. Neumayer (1985), S. 159 - 179, 165

2662 Drobnig, U., Die Beachtung von ausländischen Eingriffsgesetzen - eine Interessenanalyse, in: Barfuß, W. u. a. (Hrsg.), Festschrift für Karl H. Neumayer (1985), S. 159 - 179, 165

2663 Vgl. dazu Martiny, a.a.O. (Anm. 2581), Rn. 40 f. m.w.N.

2664 Schubert, M., Internationale Verträge und Eingriffsrecht - ein Beitrag zur Methode des Wirtschaftskollisionsrechts, RIW 33 (1987), S. 730 - 746, 746 spricht davon, daß

im internationalen Privatrecht aus der prozessualen internationalen Zuständigkeit ergeben. Liegt keine Jurisdiktion für die Anwendung eigenen materiellen Rechts vor, dann muß entweder eine Entscheidung aufgrund des Rechts eines Staates ergehen, der solche Jurisdiktion hat, oder eine Entscheidung müßte abgelehnt bzw. der Klageanspruch müßte abgewiesen werden, weil er in der lex fori keine Grundlage findet. Diese Situation könnte bei der Vereinbarung der Zuständigkeit eines Staates eintreten, der selbst keine materiellrechtliche Jurisdiktion über den Streitgegenstand hat.

(2) Kollisionsrecht als Richterrecht

In der Bundesrepublik Deutschland ist das Kollisionsrecht nur hinsichtlich des allgemeinen Teils, des Personenrechts, der vertraglichen Schuldverhältnisse, des Familienrechts und des Erbrechts, eines Teils des Deliktsrechts und - im Bereich der Eingriffsnormen - der innerstaatlichen zwingenden Normen in gewissem Umfang gesetzlich geregelt. Der größte Teil des Rechts der nichtvertraglichen Schuldverhältnisse und das Sachenrecht sind Gegenstand von Rechtsprinzipien, welche in der Rechtsprechung entwickelt wurden und als Richterrecht fortexistieren.

Das Bundesverfassungsgericht erkennt an, daß zivilrechtliche Normen der Fortbildung offen sind, wenn die materiellen Gerechtigkeitsvorstellungen einer gewandelten Gesellschaft dies verlangen[2665]. Dann sei ein diskutables Ergebnis, welches auf "jedenfalls den Regeln zivilrechtlicher Hermeneutik nicht offensichtlich widersprechenden Wege gewonnen wurde", verfassungsrechtlich nicht zu beanstanden. Dabei seien auch die Lehre und Rechtsprechung zu berücksichtigen. Eine Kompetenz zur Füllung von Rechtslücken im privatrechtlichen Kollisionsrecht ist daher in ständiger Rechtstradition anerkannt[2666], mithin gewohnheitsrechtlich abgesichert, wenn man nicht bereits in der Bindung des Richters an "Gesetz und Recht" nach Art. 20 Abs. 3 eine ausdrückliche Zulassung der richterlichen Rechtsfortbildung sehen will.

Da Eingriffsnormen jedoch ganz überwiegend öffentlichrechtlicher Natur sind, fragt sich, ob die vorgenannten Gedanken auch hierauf anwendbar sind. Da wegen Art. 34 EGBGB diese Problematik nur hinsichtlich ausländischer Eingriffsnormen auftaucht, kommt es jedoch nicht auf die

---

das Denken in völkerrechtlichen und supranationalen Kategorien die Atmosphäre aufheize. Der Staat ist aber in jedem Fall an das Völkerrecht gebunden, gleich, wie man dessen Regelungsbestand beurteilen mag

[2665] BVerfGE 34, 269

[2666] Hierzu Kropholler, a.a.O. (Anm. 436), S. 30; Sonnenberger, a.a.O. (Anm. 81), Rn. 173; Martiny, a.a.O. (Anm. 2581), Rn.46 - 48

Charakterisierung dieser Normen nach eigenem Recht an. Wenn sie aufgrund des internationalen Privatrechts angewendet werden, ist dies eine Frage der Rechtsfortbildung, welche immer noch im Bereich des Privatrechts bleibt. Aber darauf kommt es letztlich nicht an. Daß richterliche Rechtsfortbildung unter dem Grundgesetz in allen Rechtsbereichen generell zulässig ist, ergibt sich teilweise aus gesetzlichen Grundlagen[2667], ist aber auch ganz allgemein im Falle von Lücken im Recht anerkannt[2668], soweit die Grenzen des Wortlauts und Sinns der geschriebenen Rechtsnormen und der Verfassung eingehalten werden[2669].

Bei einer Anwendung dieser - bereits in Kapitel IV genauer ausgeführten - Grundsätze auf die Fragen des zivilrechtlichen Kollisionsrechts ist erstens zu bedenken, daß die Sonderanknüpfung im EGBGB an einigen Stellen, wie bereits dargestellt[2670] vom Gesetzgeber ausdrücklich als kollisionsrechtliche Lösung anerkannt ist, so daß einer erweiternden Anwendung dieser Methode gesetzgeberische Referenzpunkte zur Verfügung stehen. Zum zweiten ist die materiellrechtliche Berücksichtigung ausländischer Eingriffsnormen ebenfalls anerkannt, eine methodische Neuorientierung dieser Berücksichtigung im Rahmen einer umfassenderen Lösung durch Sonderanknüpfung wäre also kein völliges Novum. Drittens bedeutet der Vorbehalt der Bundesrepublik gegen Art. 7 Abs. 1 des Römischen Schuldrechtsabkommens keine Absage des Gesetzgebers gegen den Grundsatz der Sonderanknüpfung, sondern nur gegen die Form, in welche sie im Wortlaut des Abkommens gegossen wurde[2671]. Wenn also in der Rechtsprechung unter Berücksichtigung des Gesichtspunktes der Rechtssicherheit entsprechende Lösungen gefunden würden, dürfte dies über die Grenzen verfassungsrechtlich zulässiger Rechtsfortbildung nicht hinausgehen[2672].

2667 §§ 137 GVG, 11 Abs.4 VWGO, 80 Abs.1 OWiG, 1 Abs.4 FGO, 43 Satz 2 SGG, 45 Abs.2 Satz 2 ArbGG

2668 BVerfGE 34,269,287 f.; 49, 304, 318; 65, 196, 210 ff.; 69, 188, 203; 71, 354, 362 f.; vgl. auch Kirchhof, P., Richterliche Rechtsfindung, gebunden an "Gesetz und Recht", NJW 39 (1986), S. 2275 - 2280 m.w.N.; Larenz, a.a.O. (Anm. 2038), S. 366 - 436; Bydlinski, a.a.O. (Anm. 2028), S. 472 - 500; Engisch, K., Einführung in das juristische Denken, 8. Aufl. (1989), S. 138 - 160

2669 BVerfGE 3, 242; 13, 164; 59, 330, 334; 69, 315, 369; 71, 354; 362 f.; 78, 20, 24. Aus der gleichgerichteten Rechsprechung der obersten Bundesgerichte vgl. etwa BGHZ 3, 315; 4, 157; 11, 35; 17, 275; BSG 2, 168; 6, 211

2670 Vgl. oben Seite 680

2671 Somit verbleibt eine Regelungslücke. Ebenso Martiny, a.a.O. (Anm. 2581), Rn. 46

2672 Vgl. hierzu allgemein Schiffer, J., Sonderanknüpfung ausländischen "öffentlichen" Rechts durch Richterrecht in der internationalen Handelsschiedsgerichtsbarkeit?, IPRax 11 (1991), S. 84 - 87, 85 f.

Das Kollisionsrecht, jedenfalls im Privatrecht, ist ein Bereich, in dem neben gesetzlichen Teilregelungen bewußt den Richtern ein Spielraum zur Rechtsschöpfung eröffnet wurde. Aus richterlicher Praxis gepaart mit der "opinio iuris" entstand Gewohnheitsrecht, welches teilweise auch heute noch Gültigkeit hat. Dieser Bereich ist aber - insbesondere für die Sonderanknüpfung an ausländische Eingriffsnormen - noch richterlicher Rechtsfortbildung insoweit offen, als der Gesetzgeber noch keine eigenen Vorgaben gegeben hat. Hinsichtlich der eigenen Eingriffsnormen ist dies in Art. 34 EGBGB geschehen. Für fremde Eingriffsnormen ist die Rechtsordnung auf Grenzen und Vorgaben zu untersuchen. Diese können in gesetzlichen Regelungen, in bewußter Nichtregelung durch den Gesetzgeber, in gewohnheitsrechtlichen Vorgaben, aber auch in unmittelbar anwendbaren völkerrechtlichen Verträgen zu finden sein.

Den Ausbau der Kollisionsnormen für Eingriffsnormen insbesondere des Wirtschaftseingriffsrechts zu allseitigen Kollisionsnormen hat Zweigert[2673] verlangt[2674]. Habscheid[2675] sieht im Kartellrecht die Existenz einer allseitigen Kollisionsnorm des Inhalts, daß jede Kartellabsprache dem Recht des Staates unterliege, auf dessen Markt sich die Wettbewerbsbeschränkung verwirkliche. Nur für diesen Markt aber sei auch die mögliche Nichtigkeit auszusprechen, eventuell also eine Teilnichtigkeit des ganzen Geschäfts, wenn auch noch andere Märkte betroffen sind, in denen kein Kartellrechtsverstoß vorliegt. Er ist aber auch generell der Auffassung, daß das Auswirkungsprinzip die allgemeine allseitige Kollisionsnorm für die Anknüpfung international zwingenden Rechtes sei[2676]. Soweit die Auswirkung reicht, sei das zwingende Recht des betroffenen Staates anzuwenden, das auch die lex causae im Konfliktsfall verdrängt.

Andere Autoren sind in dieser Frage zurückhaltender und sehen allseitige Kollisionsnormen im internationalen öffentlichen Recht zum gegenwärtigen Zeitpunkt lediglich ausnahmsweise als nötig und wünschenswert an, weil die ordnungspolitischen Interessen der Staaten nicht nach den gleichen Maßstäben wie die verschiedenen internationalprivatrechtlichen Interessen gemessen werden sollen[2677]. Hoffmann[2678] formuliert:

2673 Zweigert, K., Internationales Privatrecht und öffentliches Recht, Fünfzig Jahre Institut für Internationales Recht an der Universität Kiel (1965), 124-157, 129, 137 ff.;

2674 Für den begrenzten Bereich des Kartell - Deliktsrechts hat Art. 137 Abs. 1 des neuen schweizerischen IPR - Gesetzes (IPRax 1988, S. 1376, vgl. dazu Schnyder, A. K., Das neue IPR - Gesetz (1988)) eine allseitige Anknüpfungsnorm: "Ansprüche aus Wettbewerbsverhinderung unterstehen dem Recht des Staates, auf dessen Markt der Geschädigte von der Behinderung unmittelbar betroffen ist"

2675 Habscheid,W.J., Territoriale Grenzen der staatlichen Rechtsetzung, Berichte der Deutschen Gesellschaft für Völkerrecht, Heft 11 (1973), S. 46 ff., 62 f.

2676 A.a.O., S. 70 ff.

2677 Sonnenberger, a.a.O. (Anm. 81), Rn. 276

"Führt die Anwendung ausländischen Rechts zu einer sachgerechteren Entscheidung als die deutschen Rechts, so ist davon auszugehen, daß der Rechtsanwendungsbefehl auf das fremde Rechts verweist."

Mestmäcker[2679] sieht angesichts der verschiedenartigen ordnungspolitischen Vorstellungen der Staaten wenig Aussichten auf allseitige Kollisionsnormen, aber die Möglichkeit zu staatlicher Selbstbeschränkung aus dem Gesichtspunkt der "comity" und damit zu einem Zustand zwischen einseitigen und allseitigen Kollisionsnormen. Schnyder[2680] hat vorgeschlagen, daß bei fehlendem Interesse der lex fori fremde Eingriffsnormen Anwendung finden könnten, wenn sie völkerrechtsgemäß seien. Von Bar will davon ausgehen, ob die politischen Zwecke, welche die ausländische Eingriffsnorm verfolgt, aus der Sicht der einheimischen Rechtsordnung billigenswert sind oder nicht[2681].

Basedow[2682] weist darauf hin, daß eine allseitige Anwendung von Wirtschaftsverwaltungsrecht nicht der Ordnungsfunktion dieses Rechts gerecht wird. Nicht die Gerechtigkeit ist der ausschlaggebende Gesichtspunkt wenn er vorschlägt, im Kartellrecht im Einzelfall einseitig eine Sonderanknüpfung vorzunehmen gleich ob die anzuwendende Norm dem Schuldstatut oder einem dritten Recht entnommen wird. Allerdings ist in den Fällen, in denen die lex fori ihren Ordnungswillen gegenüber dem überwiegenden ausländischen Interesse zurücknimmt, durchaus eine allseitige Kollisionsnorm wünschenswert, welche festlegt, ob in diesem Fall ein ausländisches Recht angewendet werden soll und welches Recht dies im Falle mehrerer ausländischer Rechtsordnungen wäre.

Dies müßte jedenfalls in dem Teil des Rechtsbefehls, welcher die Nichtanwendung der eigenen zwingenden öffentlichrechtlichen Norm zum Inhalt hat, vom Gesetzgeber vorgegeben werden, damit die grundsätzliche Bindung des Richters hieran modifiziert wird. Den zweiten Teil der kollisionsrechtlichen Entscheidung kann der Gesetzgeber dagegen dem Richter überlassen.

2678 Hoffmann, a.a.O. (Anm. 808), S. 851 - 870, 865

2679 Mestmäcker, E.J., Staatliche Souveränität und offene Märkte, Konflikte bei der extraterritorialen Anwendung von Wirtschaftsrecht, RabelsZ 52 (1988), S. 205-251, 217 - 224

2680 Schnyder, A.K., Wirtschaftskollisionsrecht (1990), S. 298

2681 Bar, C. von, Internationales Privatrecht, 1. Band (1987), S. 235 ff.

2682 Basedow, J., Entwicklungslinien des internationalen Kartellrechts, NJW 42 (1989), S. 627 - 638, 633

(3) Rechtspraxis

Die Sonderanknüpfung liegt dem Art. 7 Abs. 1 des EWG - Übereinkommens über das auf vertragliche Schuldverhältnisse anzuwendende Recht[2683] zugrunde, der bestimmt

> "Bei der Anwendung des Rechts eines bestimmten Staates auf Grund dieses Übereinkommens kann den zwingenden Bestimmungen des Rechts eines anderen Staates, mit dem der Sachverhalt eine enge Verbindung aufweist, Wirkung verliehen werden, soweit diese Bestimmungen nach dem Recht des letztgenannten Staates ohne Rücksicht darauf anzuwenden sind, welchem Recht der Vertrag unterliegt. Bei der Entscheidung, ob diesen zwingenden Bestimmungen Wirkung zu verleihen ist, sind ihre Natur und ihr Gegenstand sowie die Folgen zu berücksichtigen, die sich aus ihrer Anwendung oder ihrer Nichtanwendung ergeben würden."

Die Regelung des Absatzes 2 dieser Vorschrift hinsichtlich der generellen Anwendung inländischer zwingender Normen wurde in Art. 34 EGBGB für Deutschland übernommen, Abs. 1 dagegen nicht, weil die Bundesrepublik gemäß Art. 22 Abs. 1 lit. a) einen Vorbehalt hinsichtlich seiner Nichtanwendung einlegte[2684]. Begründet wurde dies durch die Auffassung von Bundesrat, Bundestag und schließlich auch Bundesregierung, daß diese Regel "eine nicht vertretbare Rechtsunsicherheit" zur Folge habe[2685].

Allerdings bedeutet der deutsche Vorbehalt zu Art. 7 Abs. 1 der Römischen Schuldrechtskonvention keine generelle Absage des Gesetzgebers an die Sonderanknüpfung. Vielmehr befürchtete man aufgrund der unbestimmten Formulierung dieser Vorschrift einerseits eine Arbeitsüberlastung der Gerichte, welche eine Vielzahl von ausländischen Rechtsordnungen auf ihre Anwendungswilligkeit überprüfen müßten. Auch wollte man vermeiden, daß aufgrund des Kriteriums der "engen Beziehung" die Entscheidungspraxis der Gerichte nicht mehr vorhersehbar sein würde[2686]. Diese Haltung zeigt eine allgemeine Reserviertheit gegenüber offenen Anwendungskriterien, wie sie insbesondere in der amerikanischen Lehre und Praxis eine Rolle spielen, und eine Bevorzugung klar

---

[2683] Vom 19.6.1980 (BGB. 1986 II, S. 810), im folgenen wird insofern vom "Römischen Schuldrechtsabkommen" gesprochen

[2684] Auch Großbritannien und Luxemburg haben einen entsprechenden Vorbehalt eingelegt, vgl. Martiny, a.a.O. (Anm. 2581), Rn. 44

[2685] Bundestags - Druchsache 10/504, S. 100

[2686] Auch Sonnenberger, a.a.O. (Anm. 81), Rn. 281 sieht dieses Kriterium als substanzlosen Begriff an

formulierter objektiver Kollisionsnormen. Die Schließung der hierdurch offenbleibenden Lücke in der deutschen Gesetzgebung bleibt aber weiter Aufgabe der Gerichte[2687], wobei diese die Gefahr einer Rechtsunsicherheit durch die Leitlinien der Rechtsprechung möglichst minimieren müssen.

Die Sonderanknüpfung kommt auch in Art. 19 Abs. 1 des schweizerischen IPR - Gesetzes zum Ausdruck, wonach die " Bestimmung eines anderen Rechts, die zwingend angewandt sein will, berücksichtigt werden [kann], wenn nach schweizerischer Rechtsauffassung schützenswerte und offensichtlich überwiegende Interessen einer Partei es gebieten und der Sachverhalt mit jenem Recht einen engen Zusammenhang aufweist"[2688]. Andere Staaten, wie etwa Japan[2689], kennen eine Sonderanknüpfung dagegen überhaupt nicht.

Völlig unbekannt ist die Sonderanknüpfung auch in der deutschen Rechtspraxis nicht. Einen speziellen Fall der Sonderanknüpfung findet man in Art. 3 Abs. 3 EGBGB für das Familien- und Erbrecht unter Bezugnahme auf die Belegenheit von Vermögensgegenständen. Die Sonderanknüpfung findet auch in der Bundesrepublik Deutschland in der Rechtsprechung bisher schon Anwendung, wenn sie staatsvertraglich vorgeschrieben ist. So bestimmt etwa Art. VIII 2 (b) des Abkommens von Bretton Woods über die Gründung des Internationalen Währungsfonds[2690] :

> "Aus Devisenkontrakten, welche die Währung eines Mitglieds berühren und den von diesem Mitglied in Übereinstimmung mit diesem Übereinkommen aufrechterhaltenen oder eingeführten Devisenkontrollbestimmungen zuwiderlaufen, kann in den Hoheitsgebieten nicht geklagt werden".

Damit werden solche Beschränkungen weltweit durchsetzbar[2691]. Diese Bestimmung wird überwiegend nicht als eine Vorschrift über fehlende

---

[2687] Kropholler, a.a.O. (Anm. 436), S. 423, Sonnenberger, a.a.O. (Anm. 81), Rn. 52. Aus den Materialien ergibt sich, daß die konkrete Fassung des Abkommens, nicht aber die Theorie der Sonderanknüpfung generell abgelehnt wurde

[2688] Zitiert nach Kropholler, a.a.O. (Anm. 436), S. 422

[2689] International Law Association of Japan. Japan Branch Committee to the International Committee on extraterritorial Jurisdiction, the Japanese Annual of International Law 33 (1990), S. 140 - 153, 149

[2690] Articles of Agreement. International Monetary Fund. Übereinkommen über den Internationalen Währungsfonds vom 1./22. Juli 1944 i.d.F. vom 30.4.1976, deutscher Text in BGBl.1978 II,S.13. Hierzu Seuss, M., Extraterritoriale Geltung von Devisenkontrollen. Art. VIII 2 b S. 1 des Übereinkommens über den internationalen Währungsfonds (1991)

[2691] Vgl. Obeyesekere, S.C.A., International Economic Co-operation Through International Law: The IMF Agreement and the Recognition of Foreign Exchange Control Regulations, GYIL 27(1984), S. 142-195, 191. Erstaunlich sind des wegen die drei Ent-

Gerichtsbarkeit angesehen, sondern als Pflicht zu einer kollisionsrechtlichen Anwendung der ausländischen Eingriffsnorm[2692], zu einer Sonderanknüpfung.

(4) Kriterien

Die Voraussetzungen einer Sonderanknüpfung sind im einzelnen umstritten sowohl hinsichtlich von Eingriffsnormen der lex causae wie auch solcher von Drittstaaten. Ihre Anwendung bedarf im vorliegenden Zusammenhang keiner abschließenden Erörterung. Vielmehr geht es hier darum, die möglichen Voraussetzungen zu betrachten, um dadurch eine Vergleichsbasis für die Problemstellungen des internationalen öffentlichen Rechts zu gewinnen.

(a) Anwendungswille

Als erste Bedingung wird genannt, daß die Eingriffsnorm überhaupt "angewendet werden will"[2693]. Diese etwas paradoxe Formulierung ist nichts anderes als die Frage danach, ob der zur Entscheidung anstehende Sachverhalt sachlich, persönlich und territorial zum Regelungsbereich der Eingriffsnorm gehört, über deren Anwendung zu entscheiden ist. Der ausländische Rechtsakt entscheidet, wie auch ein inländischer, zunächst selbst ausdrücklich oder inzident, wie weit sein Regelungsbereich gehen soll[2694]. Der Anwendungswille ist, wenn der Sachverhalt sich nicht auf dem Territorium des regelnden Staates abgespielt hat, identisch mit dem Willen zu extraterritorialer Rechtsanwendung.

Der Anwendungswille darf aber nicht das einzige Kriterium sein, er ist vielmehr eine Mindestvoraussetzung, der die weiteren Überlegungen

---

scheidungen in der SacheAllied Bank International v. Banco Credito Agricola de Cartago, 556 F.Supp. 1440 (S.D.N.Y. 1983); 733 F.2d 23 (2nd Cir. 1984); 757 F.2d 516 (2nd Cir. 1985). Hierzu Coyne, R.P., Allied Bank III and United States Treatment of Foreign Exchange Controls: The Effects of the Act of State Doctrine, The Principle of Comity, and Article VIII, Section 2(b) of the International Monetary Fund Agreement, Boston College International & Comparative Law Review 9 (1986), S. 409 - 450; Espinosa, R. C., The extraterritoriality of exchange control regulations under the IMF articles of agreement. Philippine Law Journal 62 (1987) S. 227 - 278; vgl. auch in England: Court of Appeal 04.10.1966 - Sharif v. Azad, ILR 41, S. 230

[2692] Zum Meinungsstreit siehe Sonnenberger, a.a.O. (Anm. 81), Rn. 267

[2693] Kropholler, a.a.O. (Anm. 436), S. 421; Martiny, a.a.O. (Anm. 2581), Rn 33; Zweigert, K., Nichterfüllung aufgrund ausländischer Leistungsverbote, RabelsZ 14 (1942), S. 283 - 307, 295

[2694] Sonnenberger, a.a.O. (Anm. 81), Anm. 279 f. spricht von dem "ausländischen Grenzkriterium", welches neben dem "deutschen Anknüpfungselement" geprüft werden muß

über andere Anknüpfungsgesichtspunkte auslöst. Schurig schlägt vor[2695], den Anwendungswillen allseitig zu berücksichtigen, insbesondere, ob der Forumstaat im gleichen Falle - mutatis mutandis - eine eigene Normanwendung beanspruchen würde. Dies ist aber ein Gesichtspunkt der Gegenseitigkeit, die nicht mit der Frage des selbstgewählten Regelungsbereiches verknüpft werden sollte.

(b) Enge Verbindung

Alle weiteren vorgeschlagenen Kriterien der Sonderanknüpfung liegen in der Entscheidungsgewalt des Forumstaates. Dies gilt zunächst von der Frage, ob der zu entscheidende Sachverhalt eine enge Verbindung[2696] mit dem Staat besitzt, der die Eingriffsnorm erlassen hat, sei es lokal durch den Ort der Erfüllung, der Niederlassung oder des Aufenthalts, durch die Belegenheit von Sachen und Forderungen oder durch die Auswirkungen auf dem Staatsgebiet, sei es personal durch die Staatsangehörigkeit der beteiligten Personen[2697]. Dieser Gesichtspunkt wird im Grundsatz zunächst von dem völkerrechtlichen Gebot des hinreichenden Anknüpfungspunktes umfaßt, muß also darüber hinausgehen[2698] und den Maßstab der Intensität der Verbindung höher ansetzen[2699] durch die Forderung einer engen Beziehung.

Die "enge Beziehung" enthält zum einen sicherlich den völkerrechtlichen Gedanken des hinreichenden Anknüpfungspunkts als Voraussetzung staatlicher Jurisdiktion. Sie hat aber auch einen Aspekt der Gerechtigkeit gegenüber Privaten. Denn diese werden durch die enge Beziehung auf die Anwendbarkeit des Rechts auf den konkreten Sachverhalt hingewiesen, sie können ihr Rechtsverhältnis entsprechend gestalten. Die Eingriffsnorm gehört - vom Standpunkt objektivierter Sorgfalt aus - zu ihrem Erwartungshorizont. Zweigert sieht bei ausländischen Leistungsverboten die enge Beziehung darin, daß die den Leistungsvorgang vermittelnde Wertbewegung sich ganz oder zum Teil im Gebiet des Verbotslandes abspielt[2700].

2695 Schurig, K., Zwingendes Recht, "Eingriffsnormen" und neues IPR, RabelsZ 54 (1990), S. 217 - 248

2696 Martiny, a.a.O. (Anm. 2581), Rn. 32 spricht auch von "genügend enger Verbindung". Vgl. auch Kropholler, a.a.O. (Anm. 436), S. 422. Kropholler fordert weiter einen gewissen Interessen- oder Wertegleichklang.

2697 Ausführlich hierzu Martiny, a.a.O. (Anm. 2595), Art. 34, Rn. 97 - 123

2698 A. A. Kreuzer, a.a.O. (Anm. 2616), S. 91 ff.

2699 Martiny, a.a.O. (Anm. 2581), Rn. 101

2700 Zweigert, K., Nichterfüllung aufgrund ausländischer Leistungsverbote, RabelsZ 14 (1942), S. 283 - 307, 295

Das Erfordernis der engen Beziehung ist ein generelles Anknüpfungskriterium, welches der Praxis des amerikanischen Kollisionsrechts näher steht als der historisch gewachsenen Übung und rechtlichen Regelung in kontinentaleuropäischen Rechtssystemen, welche mit konkreten Anknüpfungspunkten wie Territorium, Belegenheit, Staatsangehörigkeit, Geschäftssitz oder Wohnsitz arbeitet. Hieraus ergab sich in der deutschen Praxis ein Argument für die Befürchtung der Rechtsunsicherheit. In der Lehre wird deshalb teilweise gefordert, bereichsspezifische Anknüpfungselemente zu konkretisieren[2701].

(c) Inländisches Anwendungsinteresse

Eine weitere kollisionsrechtliche Überlegung, welche die Lehre von der Sonderanknüpfung dem Richter abverlangt, ist die Notwendigkeit, eine ausländische Eingriffsnorm inhaltlich daraufhin zu überprüfen, ob ein inländisches Anwendungsinteresse an ihr besteht[2702] oder ob das ausländische Anwendungsinteresse inländischen Interessen zuwiderläuft, denn ausländische Eingriffsnormen erfahren keine Gleichbehandlung mit inländischen[2703]. Dieser Gedanke findet sich auch im vorstehend zitierten Art. 7 Abs. 1 S. 2 des römischen Schuldrechtsabkommens, dessen Formulierung in seiner mangelnden Kontur teilweise Kritik erfahren hat, ohne daß die Notwendigkeit und rechtsstaatliche Möglichkeit einer solchen kollisionsrechtlichen Abwägung in Frage gestellt wird[2704].

Der erste Aspekt des inländischen Anwendungsinteresses betrifft den Inhalt einer Norm. Das römische Schuldrechtsabkommen umschreibt dies mit den Begriffen "Natur", "Gegenstand" und "Anwendungsfolgen". Diese Gesichtspunkte sind zu bewerten im Lichte der politischen und wirtschaftlichen Ordnungs - Zielsetzungen. Ein ausländisches Exportverbot, das Reexporte von Waren mit Ursprung im eigenen Land auch aus dem Gerichtsstaat verbieten würde, könnte in einem konkreten Fall als nicht anwendbar bewertet werden[2705]. Das gleiche gilt von Feind-

---

2701 Sonnenberger, a.a.O. (Anm. 81), Rn. 281

2702 Sonnenberger, a.a.O. (Anm. 81), Rn. 53; Kreuzer, a.a.O. (Anm. 2616), S. 91 spricht von "Nostrifizierung". Vgl auch Schurig, K., Kollisionsrecht und Sachrecht (1981) S. 70

2703 Daneben können solche Eingriffsnormen, die auch gleichzeitig den Ausgleich privater Interessen verfolgen, auch noch das Problem internationalprivatrechtlicher Interessenabwägung stellen, vgl. hierzu Sonnenberger, a.a.O. (Anm. 81), Rn. 58 - 60

2704 Kropholler, a.a.O. (Anm. 436), S. 424 f.

2705 Vgl. etwa den Sachverhalt der Entscheidung des Bezirksgerichts Den Haag im Sensor - Fall, abgedruckt in ILM Bd.22, S.66 ff., und in RabelsZ Bd.47, S.141 ff. mit Anm. J. Basedow, S.147

handelsverboten gegen den Gerichtsstaat[2706]. Weiterhin würden unter diesen Gesichtspunkt alle Gesichtspunkte des inländischen ordre public fallen, so daß die Vorbehaltsklausel des Art. 6 EGBGB nicht besonders angewendet werden müßte; ihre Wertung vielmehr in die Sonderanknüpfung integriert und damit die unmittelbare Anwendung des Art. 6 auf die Bewertung ausländischen Privatrechts beschränkt würde[2707]. Diese Prüfung bedeutet im übrigen nicht, daß nur solche ausländischen Eingriffsnormen angewendet werden sollten, die in vollem Umfang der Ausgestaltung der inländischen Rechtsordnung entsprechen.

Basedow[2708] unterscheidet zwischen Normen des Institutionenschutzes, welche aus comity - Überlegungen eine freundliche Anwendung ausländischen Rechts zulassen und Normen des Guppenschutzes, welche im Zweifel eine inländische gegen eine ausländische Gruppe schützen sollen und der Sonderanknüpfung deshalb unter kollisionsrechtlichen Gesichtspunkten nur eingeschränkt unterliegen. Bei Normen des Institutionenschutzes will er dagegen eine Anknüpfung an das Auswirkungsprinzip vornehmen und die miteinander möglicherweise in Konflikt stehenden Staateninteressen im Völkerrecht miteinander versöhnen. Das Problem dieser Abgrenzung liegt darin, daß staatliche Interessen häufig auch dem gemeinen Wohl der Personen im Inland dienen sollen, so daß eine klare Trennung nicht immer vorgenommen werden kann.

Ein zweiter Aspekt ist eher formaler Natur. Die Erforderlichkeit eines inländischen Anwendungsinteresses ist eine Konsequenz der Tatsache, daß Staaten kollisionsrechtlich aus eigener Entscheidung fremdes Recht anwenden und die Bereitstellung rechtlicher Ressourcen (Gerichte, Vollstreckungsorgane) hierfür nur dann erfolgen sollte und wird, wenn ein eigenes Interesse daran besteht. Dieses Interesse kann sich aus der Zusammenarbeit der Staaten, aus gemeinsamen politischen Zielen, aus dem Schutz und der Förderung gemeinsamer Werte oder aus dem Wunsch nach Gegenseitigkeit der Rechtsverfolgung ergeben[2709]. Ein weiteres Interesse, dasjenige an einer realen, auch im Ausland durchsetzbaren[2710]

2706 Zweigert, K., Internationales Privatrecht und öffentliches Recht, Fünfzig Jahre Institut für Internationales Recht an der Universität Kiel (1965), 124-157, 132

2707 Ebenso Martiny, a.a.O. (Anm. 2581), Rn. 121

2708 Basedow, J., Wirtschaftskollisionsrecht. Theoretischer Versuch über die ordnungspolitischen Normen des Forumstaates, RabelsZ 52 (1988), S. 8-38, 38

2709 Martiny, a.a.O. (Anm. 2581), Rn. 30; insofern kann es durchaus eine Rolle spielen, ob ein fremder Staat die Gegenseitigkeit zu wahren bereit ist, weil es um staatliche Interessen geht, nicht, oder nicht vorrangig, um privatrechtliche Interessen, wie Martiny, a.a.O., Rn. 99 meint. Wie hier Kreuzer, a.a.O. (Anm. 2616), S. 94

2710 Schurig, K., Zwingendes Recht, "Eingriffsnormen" und neues IPR, RabelsZ 54 (1990), S. 217 - 248, 248

Entscheidung stellt die Machttheorie[2711] in den Vordergrund, wonach ausländische Eingriffsnormen - neben den Fällen der Interessengleichheit - dann angewendet werden sollen, wenn der regelnde Staat die tatsächliche Durchsetzungsgewalt hat. Er muß diese Gewalt bereits ausgeübt haben oder sie mit Gewißheit noch ausüben[2712]. Dieser Gesichtspunkt muß sorgfältig gegen andere Interessen abgewogen werden.

Ein Staat kann ausländisches Recht auch aus dem Grund anwenden, um in vergleichbaren Fällen auch eine Anwendung seines eigenen Rechts im Ausland zu erreichen. Dieses Motiv kann auch hinter der historischen Entstehung des internationalen Privatrechts vermutet werden. Wenn es dort von Gerechtigkeits - Bestreben getragen war, so ist es doch auch den öffentlichen Interessen hinter den Eingriffsnormen nicht fremd. Denn diese Interessen können sich auch - wie die extraterritoriale Jurisdiktion zeigt - auf Auslandssachverhalte erstrecken.

Es wäre verfehlt, wenn man die internationalprivatrechtliche Fragestellung auf den Gesichtspunkt verkürzen wollte, ob der Forumstaat das öffentliche Recht des ausländischen Staates mittelbar durchsetzen wolle. Hinsichtlich des Gegenseitigkeitsinteresses ist diese Komponente sicherlich vorhanden, aber das Interesse an einer auch im Ausland durchsetzbaren Entscheidung hat bereits eine Doppelfunktion. Einerseits ist der Staat daran interessiert, seine knappen gerichtlichen Dienste nur für eine effektive Streitentscheidung zur Verfügung zu stellen. Andererseits aber ist auch für die Parteien eine nicht auch im Ausland effektive Entscheidung möglicherweise unbefriedigend und im Ergebnis unnütz.

Weiterhin spielen auch im Bereich der normorientierten kollisionsrechtlichen Anwendungsentscheidung zugunsten ausländischen Rechts Gesichtspunkte privatrechtlicher Gerechtigkeit eine Rolle. Wenn die Parteien die Gestaltung ihres Rechtsverhältnisses unter Berücksichtigung öffentlichrechtlicher Normen von Staaten getroffen haben, zu welchen es räumliche Beziehungen hat, etwa durch den Erfüllungsort oder den Abschlußort, dann ist eine Anwendung dieser Normen, soweit die anderen Anwendungskriterien erfüllt sind, interessengerecht und diese Interessen sollten gegen die Anwendungsinteressen der beteiligten Staaten abgewogen werden[2713].

[2711] Vgl. insbesondere Kegel, a.a.O. (Anm. 384), § 23 I; kritisch Martiny, a.a.O. (Anm. 2581), Rn. 29, 37

[2712] Martiny, a.a.O. (Anm. 2581), Rn. 30

[2713] Vgl. etwa Basedow, J., Entwicklungslinien des internationalen Kartellrechts, NJW 42 (1989), S. 627 - 638, 632. Soweit Basedow die privatrechtlichen Gesichtspunkte allerdings in Zivilverfahren absolut zu setzen scheint (und dies im Unterschied zu den Interessen eines Wirtschaftskollisionsrecht sieht), schätzt dies die Bedeutung der Staa-

Insofern ist die Interessenlage bei der Frage der Anwendung fremder Eingriffsnormen nicht völlig unterschiedlich von derjenigen bezüglich dispositiver zivilrechtlicher Normen. Sie wird nur um die staatlichen Anwendungsinteressen ergänzt und erhält damit einen anderen Akzent. Man kann diese individualgerichteten Gesichtspunkte unter dem Begriff der gerechtfertigten Erwartungen zusammenfassen, wie er auch in den amerikanischen Interessenabwägungs - Katalogen auftaucht.

(5) Abwägung und Rechtssicherheit

Dies alles bedeutet zunächst keine Abwägung der Interessen, sondern eine einseitige Interessenfeststellung. Wenn aber Kooperationsgesichtspunkte oder gemeinsame Werte eine Rolle spielen, so müßten notwendig das eigene Interesse an der Anwendung um dieser Interessen oder um eines möglicherweise vorhandenen Gegeninteresses willen gegen die Stärke des Anwendungswillens des regelnden Staates abgewogen werden. Auch hierin wird ein Grund für mögliche Rechtsunsicherheit gesehen.

Der Gesichtspunkt der Rechtsunsicherheit dürfte nach der bisherigen Praxis aber nicht ausschlaggebend sein. Denn die materiellrechtliche Berücksichtigung ausländischer Eingriffsnormen etwa über § 138 BGB ist nicht berechenbarer als eine Sonderanknüpfung. Eine Ermessensentscheidung des Richters bleibt unvermeidbar. Dies würde aber in der Entscheidungspraxis zur Herausbildung von Fallgruppen führen, was im Kollisionsrecht wie auch in der Praxis zu den Generalklauseln wie etwa §§ 138, 242 BGB oder §§ 1 und 3 UWG durchaus üblich ist. Das Kollisionsrecht ist jedenfalls teilweise immer eine Domäne des Richterrechts gewesen. Die in der Anfangsphase einer solchen Kasuistik notwendige Rechtsunsicherheit erscheint tragbar wenn man bedenkt, daß ansonsten die inländischen Interessen an einer solchen Sonderanknüpfung nicht wahrgenommen werden könnten.

Auch der Gesichtspunkt einer Überlastung der Gerichte, wie er im Gesetzgebungsverfahren zur IPR - Reform und zum Römischen Schuldvertragsabkommen geäußert wurde, dürfte nicht gegen eine Sonderanknüpfung sprechen. In der Regel dürfte der Kreis der in Frage kommenden Staaten überschaubar sein, weil die Parteien und der Ort der erforderlichen Parteihandlungen offensichtlich sind und die Belegenheit der möglichen Vollstreckungsgegenstände von den Parteien ermittelt

---

teninteressen, die bei der Sonderanknüpfung von Eingriffsnormen eine erhebliche Rolle spielen, zu gering ein.

werden können[2714]. Außerdem ist die Mitwirkung der Parteien im Zivilprozeß bei der Feststellung von Eingriffsnormen, welche auf den Sachverhalt angewendet werden wollen, durch ein spezifisches eigenes Interesse an deren Ermittlung angeraten.

Ein weiterer streitiger Punkt in der Lehre von der Sonderanknüpfung ist die Frage, ob allseitige Kollisionsnormen auch für diese Fälle aufgestellt werden sollten[2715] oder ob im Einzelfall eine Evaluierung der vorstehend genannten Voraussetzungen erfolgen sollte. Die erstere Lösung könnte die Befürchtung der Rechtsunsicherheit etwas zerstreuen, würde aber andererseits nicht darauf Rücksicht nehmen, daß das Anwendungsinteresse des Forumstaates je nachdem, welcher andere Staat die fragliche Eingriffsnorm erlassen hat, sehr unterschiedlich sein kann[2716]. Außerdem würden solche allseitigen Kollisionsnormen angesichts der unterschiedlichen Auffassungen der Staaten über ordnungspolitische Gesichtspunkte im Wirtschafts - Eingriffsrecht mit dem grundsätzlichen Vorrang inländischer Eingriffsnormen nach Art. 34 EGBGB in Konflikt geraten. Und schließlich würde jedenfalls eine richterrechtliche Entwicklung solcher allseitiger Kollisionsnormen wohl gegen die Grenzen der richterlichen Rechtsfortbildung nach dem Verfassungsrecht verstoßen. Einer Lösung über eine Begrenzung des Anwendungswillens inländischer Eingriffsnormen bei auslandsverknüpften Sachverhalten ist daher nicht nur methodisch der Vorzug zu geben, sie ist auch der einzig zulässige Weg einer richterrechtlichen Fortentwicklung, wenn nicht der Gesetzgeber selbst eine Regelung trifft.

(6) Rechtsfolgen

Wenn eine Sonderanknüpfung vorgenommen wird, so heißt dies, daß der Richter die fremde Eingriffsnorm anwendet. Hinsichtlich der zivilrechtlichen Rechtsfolgen der Norm bedeutet dies aber nicht, daß diese nunmehr alle ohne weiteres der Eingriffsnorm entnommen werden. Da es sich um eine kollisionsrechtliche Rechtsanwendung handelt, kann dieses Recht auch hier Modifikationen der Anwendung bestimmen[2717]. Die privatrechtlichen Folgen etwa eines Leistungsverbots aufgrund eines außenwirtschaftsrechtlichen Exportverbots bestimmen sich nach der lex

---

[2714] Martiny, a.a.O. (Anm. 2581), Rn. 45

[2715] So etwa Zweigert, K., Internationales Privatrecht und öffentliches Recht, Fünfzig Jahre Institut für Internationales Recht an der Universität Kiel (1965), 124-157 S. 131 f.; Habscheid,W.J., Territoriale Grenzen der staatlichen Rechtsetzung, Berichte der Deutschen Gesellschaft für Völkerrecht, Heft 11 (1973), S. 46 ff., 62 ff für das Kartellrecht

[2716] Sonnenberger, a.a.O. (Anm. 81), Rn. 54 f.

[2717] Martiny, a.a.O. (Anm. 2581), Rn. 55 ff.

causae, also dem Vertragsstatut[2718]. Die Rechtsfolge der Eingriffsnorm begründet in diesem Fall den Ausgangspunkt für die zivilrechtliche Beurteilung der Konsequenzen dieser Rechtsfolge, die etwa ein Leistungshindernis bedeuten kann.

(7) Normenkollision und internationale Harmonisierung

Obwohl der Grundsatz besteht, daß die Sonderanknüpfung auf selbständiger nationaler Entscheidung beruht, so bleibt doch zu berücksichtigen, daß es sich um eine kollisionsrechtliche Entscheidung handelt, welche den spezifischen Bedürfnissen des Kollisionsrechts Rechnung tragen sollte. So ist es notwendig, die Kriterien einer Sonderanknüpfung international durch gleichförmige Praxis[2719] und möglicherweise durch völkervertragsrechtliche Abmachungen so zu harmonisieren[2720], daß der Gesichtspunkt des Entscheidungsgleichklangs, welcher zu einer realen, möglichst weitgehend in anderen Staaten vollstreckbaren Entscheidung führt, so weitgehend wie möglich erreicht wird.

Dies setzt voraus, daß die Staaten das öffentliche Regelungsinteresse anderer Staaten hinsichtlich des zur Entscheidung anstehenden Sachverhalts dann akzeptieren und durchsetzen, wenn diese eine enge Verbindung dazu haben, die völkerrechtlichen Grenzen ihrer Jurisdiktionshoheit eingehalten haben und wenn die weiteren Voraussetzungen einer Sonderanknüpfung gegeben sind. Dies ist dann unproblematisch, wenn der Forumstaat und Drittstaaten kein eigenes ordnungspolitisches Interesse daran haben[2721]. Ist dies jedoch bei einem oder mehreren weiteren Drittstaaten der Fall, welche ebenfalls eine in concreto anwendungswillige Eingriffsnorm erlassen haben, dann liegt eine Normenhäufung vor, welche gelöst werden muß. Es liegt nahe, für diesen Fall die Norm des Staates, welcher die engste Beziehung zum Sachverhalt aufweist und dessen Interesse daher am stärksten bewertet wird, anzuwenden.

2718 Vgl. hierzu Martiny, a.a.O. (Anm. 2581), Rn. 57 m.w.N. Zu den Problemen der Sonderanknüpfung an drittstaatliche Eingriffsnormen a.a.O. Rn. 59 f.

2719 Daß dabei zunächst Staaten einseitig in der Erwartung einer entsprechenden Neuorientierung der Rechtspraxis anderer Staaten eine Vorreiterrolle übernehmen und somit nicht durch den Hinweis auf noch fehlende Gegenseitigkeit die Entwicklung einer solchen Praxis gebremst wird, ist durchaus nicht zu beanstanden.

2720 Vgl. hierzu auch Basedow, J., Wirtschaftskollisionsrecht. Theoretischer Versuch über die ordnungspolitischen Normen des Forumstaates, RabelsZ 52 (1988), S. 8-38, 38; Keller, M. / Siehr, K., Allgemeine Lehren des internationalen Privatrechts (1986), S. 188

2721 Martiny, a.a.O. (Anm. 2581), Rn. 119

Hier ist aber nicht zu verkennen, daß dies ein Hemmnis für Entscheidungsgleichklang sein kann. Denn dem Richter eines anderen Staates wird hier abverlangt, hoheitliche Interessen des Auslands gegeneinander abzuwägen[2722]. Er ist dann zwar neutral, aber diese "Schiedsrichterrolle" werden die betroffenen Staaten häufig nicht notwendig akzeptieren. Die Bewertung staatlicher Interessen ist eine sehr subjektive Sicht, was durch die Einbettung der konkreten Interessen in einen größeren ordnungspolitischen Zusammenhang verstärkt wird. Ohne einen für alle Staaten verbindlichen Maßstab bleibt also die Auflösung von Normenkonflikten eine einseitige Wertung nationaler Gerichte, deren Akzeptanz fraglich ist. Einen solchen Maßstab können die Staaten vertraglich vereinbaren. Aus dem allgemeinen Völkerrecht kann er aber jedenfalls, wie dargelegt, nicht abgeleitet werden.

Die aufgezeigte Problemstellung verstärkt sich noch in dem Falle, in dem eine Eingriffsnorm der lex fori mit einer im Wege der Sonderanknüpfung anwendbaren ausländischen Eingriffsnorm kollidiert. Die inländische Norm ist für den deutschen Richter verbindlich. Art. 34 EGBGB verpflichtet ihn, sie immer anzuwenden. Nur wenn diese Vorschrift durch allseitige Kollisionsnormen modifiziert würde, könnte der Richter der ausländischen Eingriffsnorm den Vorrang geben. Das gleiche gälte dann, wenn der Gesetzgeber dem Richter die Vollmacht dazu gäbe, inländische und ausländische Interessen etwa im vorgenannten Sinne - der Feststellung der engsten Beziehung - gegeneinander abzuwägen.

D. Problematik im öffentlichen Recht

1. Erweiterte Fragestellung

Im klassischen Internationalen Verwaltungsrecht ging es lediglich um die Frage, inwieweit die staatlichen Regelungsinteressen einseitig auch im Wege der Auslandsanknüpfung auf ausländische Sachverhalte mit lediglich inländischer Rechtsfolge angewendet werden sollten. Darüber hinaus gibt es die eigennützige Anerkennung fremder Hoheitsakte und Anwendung fremden Rechts als Inhalt eigener Regelung. Seltener als im Privatrecht ist bisher die fremdnützige Anerkennung zu Zwecken der Rechtshilfe aufgetreten. Ein internationales öffentliches Recht als echtes Kollisionsrecht hat nur dann eine Funktion, wenn ein Bedürfnis hiernach im Entstehen ist, welches über die bisherigen Grundsätze des internationalen Verwaltungsrechts hinausgeht. Dies bedeutet, daß im öffentlichen Recht die Feststellung des gemeinsamen Interesses aller

2722 Martiny, a.a.O. (Anm. 2581), Rn. 120

Staaten notwendig wäre[2723], welches dort die Funktion einnehmen würde, die im zivilrechtlichen Kollisionsrecht der Gesichtspunkt der Gleichwertigkeit der Rechtsordnungen und das Streben nach internationalprivatrechtlicher Fallgerechtigkeit besitzt.

Die Betrachtung der Jurisdiktionsstreitigkeiten hat ergeben, daß die völkerrechtlichen Grenzen staatlicher Jurisdiktion Interessen - Konflikte nicht verhindern können. Insbesondere bei den sich überschneidenden Jurisdiktionsbereichen über gemeinsamen Angelegenheiten können sich solche Konflikte ergeben. Dies könnte das Motiv für die Entwicklung eines echten öffentlichrechtlichen Kollisionsrechts sein, welches - ex ante oder ex post - durch staatliche Selbstbeschränkung des Regelungsbereichs solche Konflikte zu vermeiden hilft. Hier müßten echte Kollisionsnormen entwickelt werden.

Die Funktion solcher Kollisionsnormen im internationalen öffentlichen Recht wäre, könnte man ein entsprechendes Recht in der existierenden Rechtsordnung durch Verwaltungspraxis und Richterspruch oder jedenfalls de lege ferenda entwickeln, vom internationalen Privatrecht verschieden. Denn im Zivilrecht bezeichnen sie die Bestimmung derjenigen Anknüpfung, welche die Ziele des internationalen Privatrechts, insbesondere hinsichtlich der Gerechtigkeit und einer effektiven Entscheidung, am besten fördert. Im öffentlichen Recht würden sie Normen bezeichnen, welche die potentiell auftretenden oder tatsächlich aufgetretenen Regelungsinteressen der Staaten an einem gemeinsamen Sachverhalt durch Zurückstehen des einen Staats hinter dem anderen im Sinne einer optimalen Lösung des Interessenkonflikts jedenfalls abschwächen, wenn nicht gar verhindern könnten.

Das völkerrechtliche Minimum an Konfliktregeln würde durch das kollisionsrechtliche Optimum ergänzt. Dieses Optimum bedeutet nicht, daß ein einheitlicher Standard materieller Regelung weltweit erreicht werden müßte. Konfliktreduzierung bedeutet keine Einheitlichkeit. Sie ist vielmehr getragen von einem gemeinsamen Interesse der Staaten an einer möglichst weitgehenden Effektivität ihrer Rechtsordnungen auch in den Fällen grenzüberschreitender Sachverhalte. Diese Interessen sind es, welche zunächst betrachtet werden müssen.

[2723] Wiebringhaus, H., Das Gesetz der funktionellen Verdoppelung, 2. Aufl. (1959), 88 spricht sogar von einer völkerrechtlichen Verpflichtung, kollisionsrechtliche Probleme nach dem Grundsatz der internationalen Solidarität im Sinne des internationalen Rechtsempfindens und Gerechtigkeitsgefühls. Rechtspolitisch ist dies sehr wünschenswert

2. Interessenlage

Die hoheitlichen Interessen wandeln sich mit den Existenzbedingungen der Staaten. Es verwundert deshalb nicht, daß eine zunehmende internationale Verflechtung staatlichen Lebens einen Interessenwandel mit sich bringt. Die Gesichtspunkte des Interesses an der Anwendung eigenen Rechts und der Anerkennung eigener Hoheitsakte im Ausland, die effektive Durchsetzung eigenen Rechts angesichts der Tatsache, daß staatliche Grenzen zwar für Personen, Waren und Kapital, nicht aber für die Durchsetzung der Staatsgewalt durchlässig sind, die Koordinierung der hoheitlich vorgegebenen Ordnungen für die Wirtschaft global und individuell zur Sicherung der optimalen Funktionalität der internationalen Wirtschaft haben eine gesteigerte Bedeutung in einer Zeit, in der die Staaten die Liberalisierung des grenzüberschreitenden Wirtschaftsverkehrs unter gewissen Mühen der Überwindung protektionistischer Hindernisse fortzuentwickeln entschlossen sind .

Hieraus ergib sich grundsätzlich ein Bedürfnis zu internationaler Harmonisierung der materiellrechtlichen Regeln. Wo dies aber wegen fortdauernder ordnungspolitischer Differenzen nicht oder noch nicht möglich ist, sollte wenigstens eine gemeinsame Interessenlage den Staaten ein miteinander harmonisiertes öffentlichrechtliches Kollisionsrecht nahelegen. Dies könnte durch völkervertragsrechtliche Verpflichtungen geschehen, aber auch durch einseitige Entwicklung nationalen Kollisionsrechts als Angebot an die anderen Staaten, dem zu folgen. In diesem Sinne ist die Interessenabwägung in der amerikanischen Rechtsprechung zu sehen.

Das vorrangige staatliche Interesse ist die Gegenseitigkeit der Achtung eigener ordnungspolitischer Entscheidungen und der daraus folgenden Regelungen durch andere Staaten, so weit dies mit der eigenen Regelung vereinbar ist. Dies gilt sowohl für territoriale wie für extraterritoriale Regelungen. Der Aufenthaltsstaat des Adressaten kann ein Interesse daran haben, daß dessen Teilnahme an der inländischen Ordnung nicht durch Regelungen ausländischer Staaten gestört oder gelenkt wird. Da beide an einem Jurisdiktionskonflikt beteiligten Parteien in diese Lage geraten können, müßten sie ein gemeinsames Regelungsinteresse an einem Interessenausgleich haben, soweit die Konstellation des Einzelfalls einen solchen Ausgleich erlaubt.

Umgekehrt ist aber derjenige Staat, an dessen Wirtschaftsordnung eine Person aus dem Ausland teilnimmt, auch daran interessiert, daß er bei dieser Teilnahme die gleichen Rechtsregeln beachtet wie jeder andere Teilnehmer. Er hat also ein Interesse daran, daß nicht der Aufenthaltsstaat des Adressaten diesem die Befolgung der extraterritorialen Anordnungen durch Abwehrmaßnahmen unmöglich macht. Auch dieses Interesse müßte gegenseitig sein, denn der Aufenthaltsstaat hat in der gleichen Situation bei umgekehrten Vorzeichen ein gleiches Interesse. Faßt man beide vorstehenden Situationen zusammen, so müßten alle beteiligten Staaten ein Interesse an der Gegenseitigkeit der Achtung einerseits der territorialen wie auch andererseits der extraterritorialen Regelungen haben. Dies ist hinreichender Anlaß, durch ein Kollisionsrecht dieses gemeinsame Interesse mit den konkreten gegenteiligen Regelungsinteressen zu versöhnen.

Die selbe Konstellation der Interessengleichheit aus dem Gesichtspunkt der Gegenseitigkeit heraus ergibt sich beim Zusammentreffen einer territorialen Freiheit mit einer extraterritorialen Anordnung. Der immer bestehende Interessengegensatz im konkreten Fall ist der Anlaß zu einer Abwägung der Wahrung der gemeinsamen Gegenseitigkeits - Interessen gegen die Durchsetzung der miteinander unvereinbaren Interessen. Gleiches gilt von den anderen oben herausgearbeiteten Konfliktsituationen. Das Gegenseitigkeitsinteresse kann den Anwendungswillen hinsichtlich der miteinander in Konflikt stehenden Interessen relativieren und bei einer Interessenabwägung eine entscheidende Rolle spielen.

Ein weiteres gemeinsames Staateninteresse besteht in der Rechtssicherheit für die Wirtschaftssubjekte, welche ihre Aktivitäten unter Berücksichtigung der bestehenden Rechtslage planen müssen, um wirtschaftlich effektiv vorgehen zu können und unnötige Kostenbelastungen für Rechtsstreitigkeiten und fehlgeleitete Investitionen zu vermeiden. Dieses Interesse müßte unbedingt sein. Belastungen der Adressaten, welche aus Gründen anderer, etwa sozialpolitischer oder fiskalischer Interessen trotz Einbußen an wirtschaftlicher Effizienz für notwendig erachtet werden, müßten von vornherein klar sein. Die Erwartungen der Wirtschaftssubjekte hinsichtlich solcher Belastungen müßten von Anfang an einer möglichst eindeutigen Rechtslage entsprechen.

Und schließlich müßten die Staaten daran interessiert sein, die Attraktivität der Ausnutzung von Rechtsunterschieden durch die Wirtschaftssubjekte durch Rechtsharmonisierung in dem Maße zu verringern, in dem ein Wettbewerb der Wirtschaftssysteme von ihnen gemeinsam als Gefahr für die Durchsetzung sozialer oder sonstiger allgemeinpolitischer Ziele angesehen wird. Hier muß wieder der Gesichtspunkt des erwünschten und produktiven wirtschaftlichen Wettbewerbs der Staaten mit in Rechnung gestellt werden. Aber wenn die Staaten gleiche oder ähnliche Interessen hinsichtlich der genannten Ziele haben, so könnten diese im Einzelfall höher bewertet werden als der wirtschaftliche Vorteil, welcher aus einem möglichst liberalen rechtlichen Regelungsrahmen resultieren könnte.

Alle diese Interessen lassen es angeraten erscheinen, über den bisherigen Stand des internationalen Verwaltungsrechts hinaus ein internationales öffentliches Recht zu entwickeln. Wo dies die bisherigen Normen des Verwaltungsrechts aufgrund eines Ermessensspielraums erlauben, kann dies aufgrund der lex lata erfolgen, wo nicht, ist der Gesetzgeber aufgerufen, entsprechende Spielräume zu schaffen.

3. Unterschiede und Gemeinsamkeiten mit dem zivilrechtlichen Kollisionsrecht

Im öffentlichen Recht geht es um die Anwendung des Rechts durch die Verwaltung und um die Kontrolle der Verwaltungsgerichte über diese Rechtsanwendung. Bei Jurisdiktionskonflikten steht die Rücknahme des eigenen Regelungswillens zugunsten einer fremden staatlichen Regelung in Frage. Insoweit hat das fremde Recht Bedeutung, nicht aber wird es an Stelle der eigenen Regelung angewandt. Allseitige Kollisionsnormen scheiden im internationalen öffentlichen Recht aus. Denn einerseits bedarf es nicht der Anwendung fremden Rechts im Verwaltungs- und Gerichtsverfahren, weil jeder Staat selbst zur Durchsetzung seines Rechts ein solches Verfahren durchführen kann. Andererseits könnte ein fremder Staat Ermessensspielräume aufgrund eines solchen Rechts auch gar nicht eigenverantwortlich ausfüllen, weil er nicht die unvertretbare Abwägung des anderen Staates ersetzen kann.

Eigennützige Anerkennung und Anwendung fremder Hoheitsakte geschehen nicht aufgrund einer Kollisionsnorm, sondern durch Übernahme des Inhalts bzw. des Ergebnisses der Anwendung des fremden Rechts in das eigene Recht. Die fremdnützige Anerkennung geschieht zu Zwecken der Rechtshilfe und ist ebenfalls kein Problem des Kollisionsrechts. Die Zurücknahme der Anwendung eigenen Rechts ist kein Problem der Anerkennung fremder Hoheitsakte, sondern nur der Berücksichtigung der hinter ihnen stehenden Interessen und der Sicherstellung, daß nicht inländisches Recht aufgrund seiner Persuasionswirkung die Effektivität des ausländischen Rechts mindert.

Allerdings kennt das internationale öffentliche Recht durchaus Anerkennungsprobleme. Die Rechtsprechung des Bundesgerichtshofs zur Anerkennung ausländischer vollzogener Enteignungen gehört ebenso hierher wie die Anerkennung von Exportverboten bei gemeinsamen außenpolitischen und außenwirtschaftlichen Interessen. Die Qualifikation dieser Anerkennung als fremdnützig, wegen der Achtung der ausländischen Interessen, wäre aber irreführend, da es sich hier auch um eigene Interessen handelt, bei der Enteignung um die Gegenseitigkeit, bei den Exportverboten um sicherheitspolitische Interessen. Solche Anerkennung bedarf im öffentlichen Recht der Ermächtigung durch den Gesetzgeber, wenn hieraus Belastungen für eine Person entstehen. Man sollte aber insoweit nicht von einer Kollisionsnorm reden, weil hier die eigenen Interessen immer den Ausschlag geben. Die Einräumung solcher Anerkennungsmöglichkeiten ist aber durchaus auch ein wichtiger Gesichtspunkt des internationalen öffentlichen Rechts.

Auch im internationalen Privatrecht geht es wie im öffentlichen Recht um den Regelungswillen der eigenen Eingriffsnormen. Die Beurteilung etwa der Unwirksamkeit eines Kartellvertrages ist davon abhängig, ob die lex fori extraterritoriale Regelungen auch dann durchsetzen will, wenn daraus ein Regelungskonflikt mit ausländischem Recht entsteht. Aber das Problem der Sonderanknüpfung bezieht sich auch auf die Anwendung der Eingriffsnormen fremder Staaten. Dieser Gesichtspunkt der internationalprivatrechtlichen Gerechtigkeit und der effektiven, im Ausland durchsetzbaren Entscheidung geht jedoch über die Problematik des internationalen öffentlichen Rechts hinaus.

Beiden Kollisionsrechten ist hinsichtlich der Anwendung öffentlichen Rechts der Gedanke gemeinsam, daß es auf den Anwendungswillen des Normsetzers ankommt. Während aber im internationalen öffentlichen Recht dieser Anwendungswillen unmittelbar um seiner selbst, um seiner Ordnungsfunktion willen, eine Rolle spielt, ist er im internationalen Privatrecht hinsichtlich der fremden Eingriffsnormen ein Gesichtspunkt der Durchsetzbarkeit einer Entscheidung. Nur hinsichtlich eigener Eingriffsnormen liegt in beiden Rechtsbereichen die gleiche Problemlage vor. Dabei geht es um die unmittelbare Anwendung und Durchsetzung eigenen öffentlichen Rechts[2724]. Aber auch hier ist das internationale Privatrecht weiter, indem es auch die international zwingenden Normen des materiellen Privatrechts berücksichtigt.

[2724] Dies wird in der internationalprivatrechtlichen Lehre teilweise anderes gesehen, weil man sich von den öffentlichrechtlichen Schranken befreien möchte. Die privatrechtliche Lehre vom Wirtschaftskollisionsrecht will die Vernunftidee des Rechts instrumentalisieren und private wie staatliche Interessen gleichermaßen berücksichtigen; vgl. Mestmäcker, E.J., Staatliche Souveränität und offene Märkte, Konflikte bei der extraterritorialen Anwendung von Wirtschaftsrecht, RabelsZ 52 (1988), S. 205-251, 211 - 217; Zweigert, K., Internationales Privatrecht und öffentliches Recht, in: Fünfzig Jahre Institut für Internationales Recht an der Universität Kiel (1965), S. 124 - 157, 131 will gar das Territorialitätsprinzip völlig auch aus dem das Verwaltungsrecht betreffenden Kollisionsrecht verbannen. Wegen der unterschiedlichen Funktionen und Ausgangspunkte beider Kollisionsrechte ist aber im internationalen öffentlichen Recht und im Einfluß zwingender innerstaatlicher Normen auf das internationale Privatrecht das hoheitliche Anwendungsinteresse weder vom Zweck noch von der verfassungsrechtlichen Lage her als ein kollisionsrechtlicher Gesichtspunkt unter gleichberechtigten anderen einzuordnen. Es bleibt vorrangig

Ein weiterer Unterschied ergibt sich aus den unterschiedlichen Funktionen der Rechtsanwendung. Zwar ist einem Zivilgericht die mittelbare Durchsetzung des Anwendungswillens von öffentlichem Recht der lex fori aufgegeben. Hierbei kommt es dann zu den gleichen Fragen hinsichtlich der Auflösung von Jurisdiktionskonflikten wie im internationalen öffentlichen Recht. Aber Zivilgerichte dienen auch der Entscheidung von Rechtsstreitigkeiten zwischen Privatpersonen, welche durch die prorogatio fori und die Wahl des materiellen Rechts Fälle vor das Gericht bringen können, die überhaupt nicht den Regelungswillen des Gesetzgebers der lex fori über den konkreten Fall berühren. Auch hier tritt das Problem der Sonderanknüpfung auf. Nur ist das eigene Recht in diesen Fällen nicht interessiert, was bei der Anwendung von Art. 34 EGBGB berücksichtigt werden kann.

Verwaltungsbehörden und Verwaltungsgerichte aber sind ausschließlich mit der Durchsetzung der hoheitlichen Interessen des betreffenden Staates und dem Schutz des Bürgers hiergegen befaßt. Die Auflösung von Jurisdiktionskonflikten durch Berücksichtigung der Interessen fremder Staaten führt nicht zu einer Sonderanknüpfung, sondern entweder zu einer unmittelbaren, öffentlichrechtlich und staatspolitisch motivierten Begrenzung des eigenen Regelungswillens oder zu seiner Durchsetzung auch gegen die ausländischen Interessen.

Aus allen diesen Unterschiedlichkeiten heraus erscheint es nicht geraten, das Wirtschaftskollisionsrecht des internationalen Privatrechts mit dem internationalen öffentlichen Recht zu verbinden. Neben gleichgerichteten Fragestellungen gibt es auch voneinander zu unterscheidende Probleme. Nur hinsichtlich der eigenen öffentlichrechtlichen Eingriffsnormen muß das Zivilgericht, wenn diese ihm einen entsprechenden Entscheidungsspielraum lassen, nach den Grundsätzen des internationalen öffentlichen Rechts entscheiden. Bei fremden Eingriffsnormen hingegen trifft es eine Entscheidung aufgrund des zivilrechtlichen Internationalen Privatrechts.

4. Internationales Öffentliches Recht als öffentlichrechtliches Kollisionsrecht

Das internationale öffentliche Recht weist eine doppelte Verbindung zum Begriff des öffentlichen Rechts auf. Zunächst ist es selbst öffentliches Recht, weil es Hoheitsträgern im öffentlichen Interesse und zur Verfolgung öffentlicher Ziele die Anwendung von Rechtsnormen vorschreibt. Bereits oben wurde erörtert, daß Anwendung eigenen oder fremden öffentlichen Rechts nicht im Belieben der Hoheitsorgane eines Staates steht. In der Bundesrepublik Deutschland etwa müssen die Gerichte und Verwaltungsorgane nach den Anweisungen des Gesetzgebers handeln. Dies bezieht sich auch auf das Kollisionsrecht. Denn der Gesetzgeber ist es, welcher entweder selbst seine Kriterien vorgibt oder der Verwaltung und den Verwaltungsgerichten die Entwicklung solcher Kriterien gestattet.

Das internationale öffentliche Recht bestimmt also über den Regelungsbereich des öffentlichen Rechts als Gesamtheit der Rechtsnormen, bei denen mindestens ein Zuordnungssubjekt ein Träger von Staatsgewalt gerade in seiner Eigenschaft als Hoheitsträger ist[2725]. Es ist ein Rechtsanwendungsrecht wie das internationale Privatrecht, aber es bestimmt über die Anwendung des öffentlichen Rechts und ist dabei an die gleichen staatsrechtlichen Voraussetzungen gebunden wie das materielle öffentliche Recht. Ausgangspunkt ist dabei nicht die Gleichwertigkeit der Rechtsordnungen wie im zivilrechtlichen Kollisionsrecht. Vielmehr geht es im internationalen öffentlichen Recht um den Ordnungs- und Regelungswillen eines jeden einzelnen Staates, welcher an den Zielen der Ordnung und der allgemeinen Politik orientiert und damit einseitig und unvertretbar ist.

Nur diese Ziele sind es auch, welche im internationalen öffentlichen Recht eines Staates eine Rolle spielen. Dies heißt nicht, daß dieses nicht die Interessen Privater mit in Rechnung stellen kann. Grundrechte und subjektive öffentliche Rechte müssen, die Interessen an Rechtssicherheit und wirtschaftlicher Effizienz sollen Berücksichtigung finden. Aber nicht eine Fallgerechtigkeit zugunsten Privater ist der Ausgangspunkt eines solchen Kollisionsrechts, sondern die Wahrung eigener Regelungs - Interessen des Staates im Konflikt mit denjenigen eines anderen Staates. Das internationale öffentliche Recht im Bereich des öffentlichen Wirtschaftsrechts muß im Schnittpunkt von Ordnungsrecht und Außenpolitik angesiedelt werden.

5. Institutioneller Aspekt

a) Fallgestaltungen

Die Konfliktsituation kann sich in unterschiedlichen innerstaatlichen Verfahrenslagen stellen. Jurisdiktionskonflikte nehmen in seltenen Fällen ihren Ausgang bereits von der Veröffentlichung eines neuen Gesetzes eines Staates. Dies war etwa beim Pipeline - Fall im Außenwirtschaftsrecht der Fall. Hier stellt sich zunächst, wenn noch keine konkrete nationale Rechtsanwendung stattgefunden hat, nur die Problematik der Kon-

---

2725 Ehlers, D., Verwaltung und Verwaltungsrecht, in: Erichsen / Martens, Allgemeines Verwaltungsrecht, 9. Aufl. (1992), S. 23

sultation zwischen den Regierungen und der Findung eines Ergebnisses in Verhandlungen, welches allen betroffenen Interessen möglichst gerecht wird. In diesen Verhandlungen können alle politischen Gesichtspunkte berücksichtigt werden, insbesondere aber die noch zu erörternden Aspekte einer beiderseitigen kollisionsrechtlichen Beschränkung. Über die innerstaatliche Umsetzung dieses Ergebnisses wurde bereits in Kapitel IV etwas gesagt.

Häufiger brechen Konflikte angesichts einer konkreten innerstaatlichen Verfahrenssituation auf: in einem Gerichtsverfahren oder in einem Verwaltungsverfahren. Während bei Konsultationen zwischen Regierungen der politische Aspekt im Vordergrund steht, der danach in rechtliche Folgerungen übersetzt werden muß, ist dieses Verfahren rein rechtlich bestimmt. Hier ist der Ansatzpunkt für die Notwendigkeit eines Kollisionsrechts, das allein in diesem Verfahrensstadium Konflikte verhindern oder lösen kann.

Insoweit gibt es aber nur ganz konkrete Konfliktsfälle, die überhaupt denkbar sind. Wenn während eines Gerichtsverfahrens die Anordnung einer Herausgabe von Dokumenten ergeht, so muß das Gericht möglicherweise bereits innerstaatlich aufgrund eines Zeugnisverweigerungsrechts ein ausländisches Herausgabeverbot berücksichtigen, in jedem Fall muß es in der Bundesrepublik Deutschland aufgrund Art. 25 GG das ausländische Verbot beachten. Nur die Bundesregierung kann in diesem Fall den ausländischen Staat unter Hinweis auf einen Interessenkonflikt bitten, das Verbot aufzuheben. Das Gericht selbst kann nicht aufgrund einer Interessenabwägung darüber hinweggehen[2726]. Es kann und muß aber selbst beurteilen, ob das ausländische Verbot völkerrechtsgemäß ist, ob es also einen hinreichenden Anknüpfungspunkt hat und die erörterten Grenzen der Jurisdiktionshoheit einhält. Kollisionsrechtliche Erwägungen brauchen in dieser Fallgestaltung aber nicht angestellt werden.

Das gleiche gilt in einem Verwaltungsverfahren, etwa im Kartell - Untersuchungsverfahren, wenn die betroffene Person geltend macht, sie habe ein beanstandetes Verhalten aufgrund der Anweisung einer fremden Regierung vorgenommen oder ein verlangtes Verhalten sei im ausländischen Aufenthaltsstaat verboten. Diese Verteidigung muß auch ein Verwaltungsgericht bei der Überprüfung des Verwaltungshandelns berücksichtigen. In beiden Fällen braucht es keinerlei kollisionsrechtlicher Über-

2726 Bisher sind keine Fallgestaltungen bekannt worden, in denen ein anderer Staat Interessen gegen eine Herausgabe von Dokumenten geltend gemacht hätte und kein Abwehrgesetz erlassen hat. Man braucht also die Fallgestaltung, in der Anordnung gegen Freiheit steht, in diesen Fällen nicht kollisionsrechtlich zu würdigen. Wenn ein Staat die Herausgabe verhindern will, so wird er dies durch ein rechtliches Verbot tun können

legungen, weil der Handlungsspielraum der Hoheitsträger durch das Völkerrecht beschränkt ist. Auch hier muß die Regierung beim ausländischen Staat vorstellig werden, um eine Beseitigung der gegenteiligen Anordnung zu erreichen.

Eine kollisionsrechtliche Problematik taucht auch nicht auf, wenn eine Freiheit des innerstaatlichen Rechts mit einer ausländischen Anordnung in Konflikt steht. Hier gibt es kein innerstaatliches Verfahren, um dies geltend zu machen, da der ausländische Staat hier immer iure imperii handelt und der Fall deshalb bereits wegen der Staatenimmunität nicht justitiabel wäre. Hier bleibt ebenfalls nur die Konsultation der Regierungen.

Somit bleibt als mögliche Verfahrensgestaltung, in der kollisionsrechtliche Erwägungen innerstaatlich angestellt werden könnten, einmal diejenige, daß eine nationale extraterritoriale Regelung erlassen oder durchgesetzt werden soll, welche den Regelungsinteressen oder den Ordnungsinteressen eines anderen Staates zuwiderläuft, ohne daß dieser Staat völkerrechtsgemäß eine Abwehr - Regelung auf eigenem Territorium erlassen hat. Zum anderen ist hier der Fall zu berücksichtigen, daß eine eigene Regelung erlassen werden soll, die ausländischer extraterritoriale Regelung widerspricht. Beides kann vor Verwaltungsbehörden und Gerichten ebenso eine Rolle spielen, wie auch vor Zivilgerichten, wenn es um die Anwendung eigener Eingriffsnormen geht. In beiden Fällen geht es darum, aus eigenem nationalem Interesse zu entscheiden, ob man im konkreten Falle als vorrangig bewerteten ausländischen Regelungsinteressen den Vortritt lassen will.

b) Verwaltungsverfahren

Für den zweiten Fall, der Abwehrmaßnahme, kann als Beispiel § 11 des Gesetzes über die Aufgaben des Bundes auf dem Gebiet der Seeschiffahrt[2727] dienen, ein Abwehrgesetz im erwähnten Komplex der amerikanischen Untersuchungen gegen Schiffahrts - Linienkonferenzen. Danach kann der Bundesverkehrsminister eine Verordnung erlassen, welche die Herausgabe von Dokumenten über die Schiffahrts-Angelegenheiten an ausländische Behörden verbietet oder von einer Erlaubnis abhängig macht. Daraufhin erging die Verordnung vom 14.12.1966[2728], wonach eine solche Übermittlung von Dokumenten, Filmen oder Bändern an ausländische Behörden von der vorherigen Erlaubnis des Ministers abhängig ist.

[2727] vom 24.5.1965, BGBl. 1965 II, S. 833
[2728] BGBl. 1966 II, S. 1542

Ausdrückliche Bestimmungen über die Ausübung eines Genehmigungsermessens enthält die Vorschrift ebensowenig wie über die Berücksichtigung ausländischer Interessen. Hierbei muß man auf das Ermächtigungsgesetz zurückgehen, welches auf den Schutz der Freiheit der wirtschaftlichen Betätigung in Deutschland verweist. Über den kollisionsrechtlichen Aspekt ist auch hier nichts gesagt. Allerdings ist der ganze Regelungszweck dieses Gesetzes darauf angelegt, daß inländische Interessen höher bewertet werden als die ausländischen an der Herausgabe der Informationen. Wenn man also hierin eine kollisionsrechtliche Ermächtigung sehen kann, so bleibt das Problem, ob das Fehlen jeglicher Ermessensorientierung für diesen Fall überhaupt rechtsstaatlichen Grundsätzen genügt.

Für die erste Fallgestaltung, den Erlaß einer eigenen extraterritorialen Anordnung, kann exemplarisch auf das Kartellrecht verwiesen werden. Wenn ein im Ausland geschlossenes Kartell sowohl die Teilnahme an der Wirtschaftsordnung eines ausländischen Staates wie auch der Bundesrepublik Deutschland betrifft, so kann das Bundeskartellamt ein Verfahren nach den §§ 51 ff. GWB einleiten. Es kann das Kartell nach § 37 a untersagen, muß aber dabei die oben erläuterten völkerrechtlichen Grenzen einhalten. Wenn nun ein Interessenkonflikt mit einem anderen betroffenen ausländischen Staat auftritt, so fragt sich, in welcher Weise dies im Verfahren berücksichtigt werden kann. Nach ganz herrschender Meinung wird das Verfahren nach § 37 a vom Opportunitätsprinzip beherrscht[2729]. Die Behörde hat ein Ermessen, ob sie ein Untersagungsverfahren einleitet. Auch in der Literatur wird eine Berücksichtigung fremdstaatlicher Interessen unter dem Gesichtspunkt des kartellrechtliche Opportunitätsprinzips hinsichtlich der Verfahrenseinleitung als zulässig angesehen[2730].

Allerdings gibt es weder in § 1 noch in § 37 a GWB einen Hinweis darauf, daß auch bei Entscheidungen in einem eingeleiteten Verfahren nicht nur wettbewerbspolitische, sondern auch außenpolitische Interessen berücksichtigt werden dürfen. Die Bundesregierung scheint dies jedoch zu beja-

---

[2729] Vgl. Schmidt in: Immenga, U. / Mestmäcker, E.-J., GWB. Kommentar (1992), § 51 Rn. 7 ff.

[2730] Rehbinder in: Immenga, U. / Mestmäcker, E.-J., GWB. Kommentar (1992), § 98 Abs. 2 , Rn. 38; Meessen, a.a.O. (Anm. 39), S. 259 ff.; Kevekordes, J., Auslandszusammenschlüsse im internationalen und materiellen Kartellrecht (1986) , S. 140 ff.; Stockmann, K., Die Einflußnahme ausländischer Regierungen auf das Zustandekommen privatrechtlicher Wettbewerbsbeschränkungen und ihre völkerrechtliche Bedeutung für die Anwendbarkeit des GWB, WuW 23 (1973), S. 419, 428; Bär, R., Kartellrecht und internationales Privatrecht (1965), S. 408; Martinek, M., Das internationale Kartellprivatrecht (1987) , S. 20 f.;

hen. Das Bundeswirtschaftsministerium drückte in einem Schreiben an das Bundeskartellamt vom 9. 8. 1972 die Erwartung aus, das Amt werde im Rahmen seines "pflichtgemäßen Ermessens" von der Verfolgung ausländischer Selbstbeschränkungsabkommen absehen, welche der Minister als im deutschen öffentlichen Interesse liegend bezeichnete[2731].

Allerdings hat das Bundeskartellamt selbst § 1 dahingehend restriktiv ausgelegt, daß eine Abwägung des Kartellverbots gegen andere, im Einzelfall höherrangige Rechtsgüter wie etwa Gesundheitsschutz, Umweltschutz oder auch allgemeine wirtschaftspolitische Interessen zulässig sei[2732]. Dies wird andererseits von einem Teil der Literatur als Überschreitung der festgelegten Grenzen des § 1 GWB abgelehnt[2733] und darauf hingewiesen, daß es hierfür das "Ministerkartell" nach § 8 GWB gibt, wonach der Bundesminister für Wirtschaft auf Antrag auch unter anderem aus überwiegenden Gründen des Gemeinwohls ein Kartell genehmigen kann, welches gegen § 1 verstößt. Insbesondere wird eingewendet, daß dann auch jedes Zivilgericht § 1 GWB durch Interessenabwägung restriktiv auslegen könne, was zu einer großen Rechtsunsicherheit führe und vor allen Dingen das Monopol der Kartellbehörde, Verstöße gegen § 1 GWB nach §§ 2 - 8 legalisieren zu können, durchbreche.

Letzterer Gesichtspunkt ist in der Tat systematisch stichhaltig. Da § 8 eine Interessenabwägung über die Wettbewerbspolitik hinaus ausdrücklich dem Minister zuordnet, ist eine restriktive Auslegung durch das Bundeskartellamt und die Zivilgerichte nicht zulässig. Auch der Gesichtspunkt, daß der Minister das Kartellamt entsprechend anweisen könne, trägt hiergegen nicht, denn das Gesetz sieht vor, daß der Minister die rechtliche und politische Verantwortung für die Ausnahme vom Kartellverbot selbst durch eigene Entscheidung übernehmen muß, so daß eine solche Anordnung nicht rechtmäßig wäre. Entscheidender ist aber, daß Zivilgerichte keine Erwägungen anstellen dürfen, welche nicht von der Regelung des § 1 GWB gedeckt sind.

Dies bedeutet aber auch, daß de lege lata Zivilgerichte im Rahmen der Auslegung dieser Vorschriften nicht die Interessen fremder Staaten berücksichtigen dürfen. Dies rechtfertigt sich auch nicht aus einer erweitern-

---

2731 Tätigkeitsbericht des Bundeskartellamts 1972, S. 30 f., vgl. auch 1976, S. 37 f. Siehe hierzu auch Immenga in: Immenga, U. / Mestmäcker, E.-J., GWB. Kommentar (1992), § 1, Rn. 380

2732 WuW / E BKartA 145 - Doppelstecker. Vgl. hierzu Immenga, a.a.O., Rn. 374 ff.

2733 Immenga, a.a.O., Rn. 390 ff.; ders., a.a.O., § 8, Rn. 12 ff. m.w.N.; Fikentscher, W., Wirtschaftsrecht, Bd. 2 (1983) , S. 223; Emmerich, V., Kartellrecht, 6. Aufl. (1991), S. 74

den Auslegung des § 98 Abs. 2 GWB[2734], weil dieser der gleiche Gesichtspunkt entgegensteht, wie er gegen eine restriktive Auslegung des § 1 GWB geltendgemacht wurde. Die Berücksichtigung von Gesichtspunkten außerhalb der Wettbewerbspolitik ist im GWB dem Bundesminister für Wirtschaft vorbehalten.

Somit kann das Bundeskartellamt Interessen anderer Staaten nur bei der Frage der Verfahrenseinleitung nach dem Opportunitätsprinzip berücksichtigen, während der Bundesminister für Wirtschaft sie bei einer Ausnahmeentscheidung nach § 8 GWB durchaus auch materiellrechtlich beachten kann. Dies bedeutet aber auch, daß das Kammergericht bei einer Kontrolle der Entscheidung des Bundeskartellamts zwar die Einhaltung der völkerrechtlichen Grenzen der extraterritorialen Jurisdiktion aufgrund von § 98 Abs. 2 GWB überprüfen muß, daß es aber neben den erarbeiteten Gesichtspunkten nicht sonstige ausländische Interessen berücksichtigen darf, weil diese nicht Gegenstand der Entscheidung des Bundeskartellamts sein dürfen. Diese Rechtslage de lege lata ist unbefriedigend, weil damit alle Kollisionserwägungen als Interna der Verwaltung im außerrechtlichen Bereich bleiben. Zur Herausbildung eines Kollisionsrechts kann das Amt damit nicht beitragen. Auch sind seine Opportunitätsentscheidungen in keiner Weise vorhersehbar.

Das gleiche gilt in den anderen Bereichen des Kartellrechts, in denen das Opportunitätsprinzip gilt, wie etwa bei der Mißbrauchsaufsicht[2735] und im Bußgeldverfahren[2736], nicht dagegen bei Antragsverfahren und bei der Fusionskontrolle[2737]. Hier gibt es aber die Möglichkeit der Ministererlaubnis nach § 24 Abs. 3 GWB, die neben einem wettbewerbspolitischen Gesichtspunkt auch die "ein überragendes Interesse der Allgemeinheit" berücksichtigen kann [2738]. In diesem letzteren Falle kann man auch kollisionsrechtliche Gesichtspunkte des Interessenausgleichs mit anderen Staaten mit einbeziehen.

Für die präventive Fusionskontrolle gäbe es im übrigen die Möglichkeit, Unternehmen durch einstweilige Anordnung nach § 56 GWB von dem vorläufigen Vollzugsverbot während des Anmeldeverfahrens zu befrei-

---

2734 Befürwortet etwa von Meessen, a.a.O. (Anm. 39), S. 259 ff; Kevekordes, J., Auslandszusammenschlüsse im internationalen und materiellen Kartellrecht (1986) , S. 140 ff. und Bär, R., Kartellrecht und internationales Privatrecht (1965), S. 408

2735 § § 22 GWB

2736 § 47 OWiG

2737 § 24 Abs. 2 GWB

2738 Kevekordes, J., Auslandszusammenschlüsse im internationalen und materiellen Kartellrecht (1986) , S. 144; Meessen, K. M., Kollisionsrecht der Zusammenschlußkontrolle (1984), S. 55

en[2739]. In dieser Vorschrift ist über die Gesichtspunkte und Grenzen des Ermessens der Behörde nichts gesagt, es sind aber keine Bedenken dagegen ersichtlich, daß sie nicht Interessen ausländischer Staaten dabei berücksichtigen könnte, weil sie bei Abschluß des Verfahrens ein Fusionsverbot immer noch aussprechen kann.

Eine kollisionsrechtliche Zurückhaltung ist auch möglich bei Beschränkungen von Rechtsgeschäften und Handlungen im Außenwirtschaftsverkehr nach § 7 Abs. 1 AWG und von Handlungen Deutscher in fremden Wirtschaftsgebieten nach Abs. 3 dieser Vorschrift, welche ergehen können unter anderem, um "zu verhüten, daß die auswärtigen Beziehungen der Bundesrepublik Deutschland erheblich gestört werden". Hier wird man umgekehrt auch die Interessen ausländischer Staaten gegen eine solche Beschränkung mit berücksichtigen dürfen. Ein anderes Beispiel für die Ermächtigung zur Berücksichtigung auch der Interessen fremder Staaten im EG - Recht ist die EWG - Verordnung Nr. 264/84[2740], die in Art. 10 Abs. 1 vorsieht, daß Gegenmaßnahmen gegen unerlaubte Handelspraktiken von Drittländern geeignete Gegenmaßnahmen ergriffen werden können, wenn es im Interesse der Gemeinschaft liegt[2741].

Soweit es also das materielle Recht zuläßt, können bereits de lege lata eine Behörde und die sie kontrollierenden Gerichte Interessen anderer Staaten und von Privatpersonen kollisionsrechtlich berücksichtigen. Soweit dies nicht oder - im Falle des Opportunitätsprinzips bei einer Verfahrenseinleitung - nicht zufriedenstellend möglich ist, ist der Gesetzgeber aufgerufen, entsprechende Ermessensspielräume zu schaffen. Im Kartellrecht ist dies in den Fällen nicht unbedingt notwendig, in denen der Bundesminister für Wirtschaft solche Gesichtspunkte bei Ausnahmeentscheidungen berücksichtigen kann, aber dies ist nur in eng umgrenzten Fallgestaltungen, dem Kartellverbot und der Fusionskontrolle vorgesehen. Für andere Bereiche müßte man entweder dem Bundesminister eine gleiche Kompetenz geben oder der Behörde ein kollisionsrechtliches Ermessen einräumen.

Wegen der außenpolitischen Dimension der kollisionsrechtlichen Entscheidung ist eine Beteiligung der Bundesregierung an solchen Verwaltungsverfahren, wenn sie sie nicht selbst durchzuführen hat, wünschenswert. Ihre Stellung dabei bestimmt sich je nach Art der Verwal-

---

[2739] KG WuW/E OLG 2419, 2420 - Synthetischer Kautschuk II; Kevekordes, a.a.O., S. 119; Schmidt, in: Immenga, U. / Mestmäcker, E.-J., GWB. Kommentar (1992), § 56, Rn. 20

[2740] Vom 17.9.1984, ABl. 1984 L 252, 1; Kunig, P. / Lau, N. / Meng, W. (Hrsg.), International Economic Law. Basic Documents, 2. Aufl. (1993), Doc. 35

[2741] Vgl. hierzu die Entscheidung EuGH 22.6.89 - Fediol, 70/87 - Slg. 1989, 1825, welche ein individuelles Klagerecht auf eine ermessensfehlerfreie Entscheidung in dieser Angelegenheit bejaht

tung. Bei der Durchführung von Bundesgesetzen in Landeseigenverwaltung kann sie formlos oder mit den Mitteln des Art. 84 GG auf eine kollisionsrechtliche Berücksichtigung eigener und fremder Jurisdiktionsinteressen einwirken, bei der Bundesauftragsverwaltung mit den Aufsichtsmitteln des Art. 85 Abs. 3 GG und bei der Bundeseigenverwaltung mit den Regelungskompetenzen des Art. 86 und dem Recht zu Einzelweisungen, welches aus der unmittelbaren Hierarchie innerhalb der Bundesverwaltung folgt[2742]. Letzteres ist in den Zentralbereichen der Jurisdiktionskonflikte, dem Außenwirtschaftsrecht und dem Kartellrecht, so weit es durch das Bundeskartellamt[2743] durchgeführt wird, der Fall.

Im Bereich der Verwaltungsverfahren ist noch ein weiterer Aspekt zu berücksichtigen, welcher die Rechtssicherheit fördern könnte. Denn eine kollisionsrechtliche Abwägung über die Zulässigkeit einer Handlung bleibt angesichts der auf den Einzelfall bezogenen Bedeutung staatlicher Interessen notwendig schwer vorhersehbar. Da aber die Jurisdiktion entweder einen Bezug zum Territorium, den besonderen Voraussetzungen der Personalhoheit oder eine Teilnahme an der inländischen Ordnung voraussetzt, ist eine Kollision in den meisten Fällen bereits im Planungsstadium der Aktivität der Wirtschaftssubjekte vorhersehbar. Wenn es nun um die Erteilung von Genehmigungen, wie etwa im Außenwirtschaftsverkehr, geht, ist eine Entscheidung ex ante unschwer durch die Einleitung eines Verfahrens aufgrund eines Antrags erreichbar. Das gleiche gilt bei der Fallgestaltung der präventiven Fusionskontrolle.

Wenn es dagegen um Freiheiten geht, welche unter dem Vorbehalt eines behördlichen Verbots oder einer straf- bzw. ordnungswidrigkeitenrechtlichen Sanktion stehen, so könnte Rechtssicherheit durch ein Negativattest - Verfahren bzw. eine Möglichkeit des Antrags auf eine Ausnahmegenehmigung wie im Kartellrecht geschaffen werden, welche die Klärung des Anwendungsbereichs der nationalen Regelung vor dem Beginn irgendwelcher Investitionen und Tätigkeiten erlauben, aus denen unnötige Kosten entstehen könnten. Solche Verfahren müßten, um eine effektive Verbesserung darzustellen, zügig abgewickelt werden können, so daß man an die Einführung von zeitlichen Fristen denken könnte, nach deren Ablauf eine Zulässigkeit als bescheinigt gilt.

[2742] Lerche, in: Maunz - Dürig, Grundgesetz, Art. 86, Rn. 101 m.w.N.

[2743] Vgl. hierzu auch § 49 GWB hinsichtlich allgemeiner Weisungen. Nach ganz h.M. sind auch Einzelweisungen zulässig, vgl. hierzu aber differenzierend Klaue, in: Immenga, U. / Mestmäcker, E.-J., GWB. Kommentar (1992), § 48, Rn. 11 - 15

Vorbild dieses Vorschlags ist das Freistellungsverfahren nach Art. 85 Abs. 3 EWGV sowie das Negativattest nach Art. 2 der Verordnung Nr. 17[2744]. Er gilt grundsätzlich de lege ferenda für alle Fälle, in denen der Behörde gesetzlich ein kollisionsrechtliches Ermessen eingeräumt werden soll. Wo ein solches Ermessen bereits besteht, sollte eine solche Möglichkeit, wo sie fehlt, nachträglich vorgesehen werden. Im deutschen GWB ist sie nicht erwähnt, aber das Kammergericht hat entschieden, daß das Bundeskartellamt ein Negativattest durch feststellenden Verwaltungsakt erteilen kann[2745]. Daraus entsteht dann, bei Vorliegen der formellen Voraussetzungen, zumindest die Bindungswirkung der Zusage nach § 38 VwVfG. Allerdings hat der Gesetzgeber ausdrücklich die Einführung eines Antragsverfahrens auf ein solches Attest abgelehnt[2746]. Dies sollte angesichts der Problematik der Regelungskonflikte mit ausländischen Staaten überdacht werden.

c) Gerichtsverfahren

Eine weitere Facette des kollisionsrechtlichen Problems taucht bei den privatrechtsgestaltenden Normen des öffentlichen Rechts auf. Nach § 1 GWB ist ein Kartell unter den weiteren Voraussetzungen dieser Vorschrift unwirksam und nach § 134 BGB damit nichtig[2747]. Nach § 31 AWG und § 134 BGB wäre auch ein Vertrag, dessen Erfüllung einem außenwirtschaftsrechtlichen Verbot zuwiderlaufen würde, nichtig. Hier muß man differenzieren. Soweit eine zukünftige Leistung eingeklagt wird und das Verbot durch eine Verwaltungshandlung konkretisiert wird, kann es im Wege des verwaltungsrechtlichen Verfahrens aufgehoben und damit das Verbot beseitigt werden. Die Verwaltung kann dann, wenn ihr dies erlaubt ist, kollisionsrechtliche Erwägungen anstellen. Wenn das Verbot ipso iure gilt, wie etwa § 1 GWB, so muß der Richter selbst und erstmalig über die Unwirksamkeit entscheiden[2748].

Anders ist es, wenn Streitgegenstand vergangene Vertragsverletzungen sind. Denn auch die Aufhebung eines Verbotsgesetzes für die Zukunft

---

[2744] Verordnung (EWG) Nr.17/62 vom 6.2.1962 ABl. 1962 Nr. 13, 204, zuletzt geändert durch den Beitrittsvertrag vom 12. 6. 1985, ABl. 1985 L 301, 1

[2745] KG WuW/E OLG 3685 - Aral

[2746] Vgl. hierzu Emmerich in: Immenga, U. / Mestmäcker, E.-J., GWB. Kommentar (1992), § 37 b, Rn. 32

[2747] Mayer - Maly in: Münchner Kommentar zum Bürgerlichen Gesetzbuch (2.Aufl. 1984), § 134, Rn. 54

[2748] Deville, R., Die Konkretisierung des Abwägungsgebotes im internationalen Kartellrecht (1990), S. 137 ff. fordert grundsätzlich, daß Abwägungen in Kartellstreitigkeiten durch die Kartellbehörde vorgenommen werden müßte. De lege lata ist kein Ansatzpunkt für eine solche Beschränkung der Gerichte

könnte nicht die Nichtigkeitsfolge des § 134 BGB für die Vergangenheit beseitigen[2749]. Hier stellt sich dann die Frage, ob das Zivilgericht trotz klarer Gesetzeslage kollisionsrechtliche Erwägungen anstellen dürfte. Dem widerspricht Art. 34 EGBGB, wenn der Anwendungswille des Gesetz- oder Verordnungsgebers oder der anordnenden Verwaltung auch das fragliche Geschäft mit Auslandsbezug erfassen wollte. Dies ist bei unbedingter Formulierung regelmäßig gegeben. Im Falle des Kartellrechts ergibt sich dies sogar eindeutig aus § 98 Abs. 2 GWB, der über die Anknüpfung hinaus keine kollisionsrechtlichen Gesichtspunkte enthält.

Damit ist mangels einer Ermächtigung an den deutschen Zivilrichter, kollisionsrechtliche Erwägungen zur Relativierung des Anwendungswillens der öffentlichrechtlichen Verbotsnorm der lex fori anzustellen, eine solche Befugnis nicht gegeben. Eine Berufung auf die "comity of nations" bleibt ihm verschlossen, er muß sich an das Recht halten[2750]. Auch eine vom ihm zu schließende Lücke ist in diesem Fall nicht zu sehen. Schließlich gilt seine gewohnheitsrechtliche Ermächtigung zur Findung eines gerechten Ergebnisses durch privatrechtliche Kollisionsregeln gegenüber öffentlichem Recht nicht. Hier ist er an die Vorgaben des Gesetzgebers gebunden.

Eine Zurücknahme des Regelungsbereichs einer öffentlichrechtlichen privatrechtsgestaltenden Norm der lex fori aus Gründen der Interessenkollision mit einem anderen Staat durch die Zivilgerichte wäre also nur dann möglich, wenn der Gesetzgeber einen entsprechenden Spielraum öffnen würde. Dies wäre auch wünschenswert, weil ansonsten derjenige Teil der Jurisdiktionskonflikte kollisionsrechtlich nicht gelöst werden könnte, die im Rahmen eines Zivilprozesses über vergangenes Verhalten auftreten. Allerdings ist hierbei zu berücksichtigen, daß Jurisdiktionskonflikte zumindest auch außenpolitische Konflikte sind. Kollisionsrechtliche Entscheidungen des öffentlichen Rechts in diesem Bereich unterscheiden sich deswegen grundsätzlich vom zivilrechtlichen Kollisionsrecht.

Außenpolitik gehört aber zum zentralen Tätigkeitsbereich der Exekutive[2751]. Wenn auch die Berücksichtigung von Interessen fremder Staaten aufgrund gesetzlicher Ermächtigung durch Zivilgerichte nicht als Einbruch in diesen Bereich zu werten wäre, der die Gewaltenbalance nach dem Grundgesetz berührte, so sollte hierbei doch die Regierung stärker beteiligt werden. Über die Möglichkeiten einer Legalisierung eines Tat-

---

2749 RGZ 138, 52, 55; LG Hamburg, MDR 1976, 402; Mayer - Maly, a.a.O., Rn. 20

2750 Meessen, K. M., Zu den Grundlagen des internationalen Wirtschaftsrechts, Archiv des öffentlichen Rechts 110 (1985), S. 398 - 418, 406; ders. ., Kollisionsrecht der Zusammenschlußkontrolle (1984), S. 31, 50

2751 BVerfGE 68, 1, 87

bestands für die Zukunft im Wege der Ausnahmegenehmigung hinaus sollte sie jedenfalls im Verfahren hinsichtlich des Interessenkonflikts angehört werden. Dieser Gesichtspunkt soll gleich noch erörtert werden.

Darüber hinaus wurde bereits der Gesichtspunkt erörtert, daß die Möglichkeit eines Negativattests oder einer Freistellungsentscheidung einer Behörde vor Beginn einer wirtschaftlichen Aktivität als für die Rechtssicherheit und die ökonomische Effizienz wünschenswert angesehen wird. Ein Negativattest bindet zunächst nur die Behörde. Wo ein Gericht selbständig über eine Verbotsnorm wie etwa § 1 GWB zu entscheiden hat, ist es hieran nicht gebunden. Eine Freistellungsmöglichkeit dagegen würde den Verbotstatbestand selbst im konkreten Fall aufheben. Hierdurch wäre die Berücksichtigung ausländischer Interessen optimal gewährleistet, weil so die zur Beurteilung am ehesten aufgrund ihrer wirtschafts- und außenpolitischen Kompetenz berufene Exekutive gewährleisten könnte, daß der Staat gegenüber dem Ausland mit einer einheitlichen Rechtsposition auftritt.

Dies würde auch nicht gegen die Gewaltenteilung verstoßen, weil der Gesetzgeber mit einer Freistellungsmöglichkeit durch die Exekutive die Rechtslage gestaltet, von welcher die Gerichte dann auszugehen haben[2752]. Das Problem einer Uneinheitlichkeit der möglichen Ergebnisse einer gerichtlichen Kontrolle spricht hiergegen nicht. Eine Nichtbeachtung der Freistellung wegen Nichtigkeit müßte vom Zivilgericht selbst beurteilt werden, etwaige Meinungsverschiedenheiten mit den Verwaltungsgerichten müßten durch den Gemeinsamen Senat der obersten Gerichtshöfe des Bundes nach Art. 95 Abs. 3 GG[2753] behoben werden.

Ein allgemeines Problem ist aufgrund häufiger Kritik bei gerichtlichen Kollisionsrechtsentscheidungen im öffentlichen Recht zu erwägen, nämlich die grundsätzliche Eignung der Gerichte für solche Entscheidungen überhaupt, bei denen es nicht oder nicht überwiegend um Privat-, sondern um staatliche Interessen geht. Nach dem Wiederaufleben des Westinghouse - Rechtsstreits im Jahre 1982 nahm die britische Regierung in einem Aide-mémoire an das amerikanische Außenministerium[2754] negativ Stellung zum Problem einer Interessenabwägung durch Gerichte, weil es sich um zwischenstaatliche Konflikte handele. Auch der amerikanischen Praxis ist von Gerichten klare Kritik an dem "Balancing of In-

---

[2752] Zu einem Fall der Ausfüllung strafrechtlicher Tatbestände durch die Verwaltung BVerfGE 75, 329, 346 f.

[2753] Vgl. das Gesetz zur Wahrung der Einheitlichkeit der Rechtsprechung der obersten Gerichtshöfe des Bundes vom 19.6.1968 (BGBl 1968 I, S. 661)

[2754] Abgedruckt in Lowe, A.V., Extraterritorial Jurisdiction (1983), S. 175 - 176

terests Approach" geäußert worden. Im Uranium-Antitrust-Fall[2755] lehnte Richter Marshall eine Interessenabwägung durch Gerichte grundsätzlich ab, weil es ihnen an Erfahrung und Kompetenz fehle, um gegensätzliche Staateninteressen zu bewerten.

In der Laker-Entscheidung aus dem Jahre 1984[2756] stellte Richter Wilkey fest, das Gericht sei zur Abwägung von Staateninteressen "ill-equipped". Letztlich bestreitet er die rechtliche Natur dieses Abwägungsvorganges, den er als politischen Kompromiß qualifiziert. Hierzu aber bemerkt er : "The Courts are no organs of political compromise." Man könnte meinen, daß das Restatement selbst im Kommentar zu § 403[2757] diese Bemerkung im Auge hat bei der Feststellung, die Konfliktregel von § 403 Abs. 3 werde in erster Linie für die Regierung von Bedeutung sein, könne aber auch im Gerichtsverfahren eine Rolle spielen.

Im Bereich des Umweltrechts entschied ein amerikanisches Gericht, daß bei der Interessenabwägung staatliche Verhandlungen der beste Weg seien[2758]: "Other states may strike balances of interests that differ substantially from those struck by Congress. The traditional method of resolving such differences in the international community is through negotiations and agreement rather than through the imposition of one particular choice by a state imposing its law extraterritorially."

Hinsichtlich einer Abwägung durch nationale Gerichte wird auch in der Literatur immer wieder eingewendet, daß diese gar nicht in der Lage seien, die nationalen Interessen des eigenen Staates und diejenigen fremder Staaten gegeneinander zu gewichten[2759]. Nur die Regierungen könnten

---

[2755] In re Uranium Antitrust Litigation, 480 F.Supp. 1138, 1148 (N.D.Ill. 1979)

[2756] Laker Airways Ltd. v. Sabena Belgium World Airlines, 731 F.2d 909 (D.C. Cir.1984)

[2757] Ziff. 6 zu § 403

[2758] United States v. Mitchell, 553 F 2 d 996 (1977)

[2759] Maier, H.G., Extraterritorial Jurisdiction at a Crossroads: an Intersection Between Public and Private International Law, AJIL 82 (1982), S. 280 - 320, 299 f.; Kadish, S. A., Comity and the International Application of the Sherman Act: Encouraging the Courts to Enter the Political Arena, Northwestern Journal of International Law and Business 4 (1982), S. 130-171, 164 - 166; Vischer, F., The United States Jurisdictional Concepts viewed from Abroad, Regulations, Wirtschaft und Recht 35 (1983), S. 97, 104; April, S./ Fried, J.T., Compelling Discovery and Disclosure in Transnational Criminal Litigation - A Canadian View, New York University Journal of International Law and Politics 16 (1984), S. 961-972, 968; Teitelbaum, D.E., Strict Enforcement of Extraterritorial Discovery, Stanford Law Review 38 (1986), S. 841 - 890, 861 ff.; Browne, L.B., Extraterritorial Discovery: An Analysis Based on Good Faith, Columbia Law Review 83 (1983), S. 1320-1350, 1335; Veelken, W., Interessenabwägung im Wirtschaftskollisionsrecht (1988), S. 81 f.; Mestmäcker, E.J., Staatliche Souveränität und offene Märkte, Konflikte bei der extraterritorialen Anwendung von Wirtschaftsrecht, RabelsZ 52 (1988), S. 205-251, 250 f.; Robinson, D.R., Conflicts of Jurisdiction and the Draft Restatement, Law and Policy in

eine solche Abwägung vornehmen. Ebenso ist verneint worden, daß der EuGH nach der Gewaltenteilung innerhalb der Gemeinschaft dazu berechtigt sei, in Erweiterung seiner gemeinschaftsrechtlichen Entscheidungsgrundlagen das Interesse ausländischer Staaten in seine Entscheidung mit einzubeziehen[2760].

Zum anderen wird immer wieder eingewendet, daß die Abwägung von Staateninteressen durch Gerichte meistens zur Präponderanz der Interessen des eigenen Staates führe[2761]. Wenn nationale Organe wie etwa Gerichte zur Abwägung des Interesses fremder Staaten gegenüber dem des eigenen Staates verpflichtet werden, so besteht die Gefahr, daß die Staatsorgane natürlicherweise die Interessen des eigenen Staats besser verstehen und eine gewisse Neigung haben werden, sie zu bevorzugen[2762].

Die Praxis, insbesondere die comity - Abwägungen der amerikanischen Gerichte, bestätigt diese Befürchtung durchaus[2763]. Als Paradebeispiel einer gelungenen richterlichen Interessenabwägung wird dagegen die Asahi-Entscheidung des amerikanischen Supreme Court[2764] angesehen, welche die Gerichtshoheit der Vereinigten Staaten im dort entschiedenen Fall konkret zugunsten Japans verneinte. Ob der Asahi-Fall wirklich ein Beweis für die Unparteilichkeit der Interessenabwägung vor Gerichten

---

International Business, 15 (1983), S. 1147-1155 , 1152 ff.; Vagts, D.F., The Scope of Application and Enforcement of U.S. Laws, Regulations, Wirtschaft und Recht 35 (1983), S. 72 - 97, 95; Castel, J.-G., Extraterritoriality in international trade: Canada and United States of America practices compared (1988) , S. 278; Jacobs, D.M., Extraterritorial Application of Competition Laws, The International Lawyer 13 (1979), S. 645 - 665, 664; Sandage, J.B., Forum Non Conveniens and the Extraterritorial Application of United States Anti Trust Law, Yale Law Journal 94 (1985), S. 1693-1711. Grippando, J.M., Declining to Exercise Extraterritorial Antitrust Jurisdiction on Grounds of International Comity: An Illegitimate Extension of the Judicial Abstention Doctrine, Virginia Journal of International Law 23 (1983), S. 395 - 428 sieht darin sogar einen Mißbrauch richterlicher Befugnisse; Veelken, W., Interessenabwägung im Wirtschaftskollisionsrecht (1988), S. 81 f.

2760 Bessey, T.L., Comity and Computers in the Common Market: The IBM Case, Northwestern Journal of International Law and Business 4 (1982), S. 626-646, 646

2761 Maier, H.G., Extraterritorial Jurisdiction at a Crossroads: an Intersection Between Public and Private International Law, AJIL 82 (1982), S. 280 - 320, 299; Neale, A.D./ Stephens, M.L., International Business and National Jurisdiction (1988), S. 179 ff.; Tepass, M., Resolving extraterritoriality conflicts in antitrust: two case studies and proposals of solution, Connecticut Journal of International Law 5 (1990) S. 565 - 623, S.620 ff.

2762 Slot, P.J./ Grabandt, E., Extraterritoriality and Jurisdiction, Common Market Law Review 23 (1986), S.545-565, 553

2763 Gerber, D. J., Beyond Balancing: International Law Restraints on the Reach of National Laws, Yale Journal of International Law 10 (1985), S. 185 - 221, 205 f.

2764 Asahi Metal Industry Co., Ltd. v. Superior Court of California, Solano County, etc., 107 S.Ct. 1026 = ILM 26 (1987), S. 702

ist, muß bezweifelt werden. Es handelt sich zum einen in der höchstrichterlichen Rechtsprechung bisher um einen sehr vereinzelten Fall. Die meisten anderen aus den USA bekannten Entscheidungen, aber auch die IBM-Entscheidung der EG-Kommission und die Zellstoff-Entscheidung des Europäischen Gerichtshofs in Luxemburg, welche Interessenabwägungen vorgenommen haben, haben sehr summarisch den Interessen des eigenen Hoheitsträgers Vorrang gegeben.

Zum anderen aber ist der Asahi-Fall zentral mit Fragen des internationalen privatrechtlichen Deliktsrechts beschäftigt, also mit einer Materie, welche ohnehin als zwischen den Staaten weniger streitig qualifiziert werden kann. Bei Rechtsfragen des öffentlichen Wirtschaftsrechts dagegen werden zentrale öffentliche, insbesondere ordnungspolitische Interessen der Staaten angesprochen, bei denen man durchaus Zweifel haben kann, ob unabhängige nationale Gerichte oder gar nationale Verwaltungsbehörden unparteiisch auch zwischen dem eigenen Staat und fremden Staaten entscheiden können.

Dies ist aber einmal durchaus eine Parallele zum Phänomen des Heimwärtsstrebens nationaler kollisionsrechtlicher Entscheidungen, wie es auch im zivilrechtlichen Kollisionsrecht - wie bereits erörtert wurde - bekannt ist. Auch ist nicht ersichtlich, daß diese Entscheidung bei den Regierungen unparteiischer ausfallen würde. Wenn man den nationalen Richtern und Behörden klare Vorgaben für die Abwägungskriterien, also ein taugliches "tertium comparationis" vorgeben könnte, dann wäre die richterliche Abwägung durchaus ein rechtlich kontrollierbarer Vorgang. Im übrigen sollte man auch nicht übersehen, daß auch im zivilrechtlichen Kollisionsrecht - wie oben gezeigt - der Richter seit langem auch staatliche Interessen, die letztlich ebenfalls politischer Natur sind, mit abwägt.

Man kann grundsätzlich nicht von einer politischen Indifferenz der Gerichte ausgehen. Diese, insbesondere die Verwaltungs- und Verfassungsgerichte, üben innerstaatlich bei Abwägungen von privaten Rechten und staatlichen Eingriffszielen eine hochpolitische Funktion aus. Eine generelle Ungeeignetheit der Gerichte zur Abwägung von Staateninteressen kann nicht angenommen werden[2765]. Sie wenden Recht an, aber zu dieser Anwendung gehören insbesondere im Verfassungs-, aber auch im Verwaltungsrecht Abwägungen von Positionen, denen immer eine politische Dimension eigen ist.

2765 Trautman, D.T., The Role of Conflicts Thinking in Defining the International Reach of American Regulatory Legislation, Ohio State Law Journal 22 (1961), S. 586 - 627; Meessen, K. M., Kollisionsrecht der Zusammenschlußkontrolle (1984), S. 28 f.

Auch im Bereich von Jurisdiktionskonflikten kann man eine Interessenabwägung durch die Gerichte nicht als untauglich bezeichnen[2766]. Immerhin bleibt das Problem, daß die Gerichte bei ihren kollisionsrechtlichen Überlegungen Entscheidungen im Bereich der Ordnungs- und der Außenpolitik treffen müßten, welche ihnen nicht durch detaillierte Ermessensregeln vorgegeben werden können. Denn das Gewicht der staatlichen Interessen ist in der Zeit variabel. Ein wirtschaftspolitisches Interesse an der Erhaltung von Arbeitsplätzen etwa durch Zulassung überlebensfähiger Unternehmensgrößen, welches mit der ausländischen Fusionskontrolle kollidiert, ist in Zeiten der Vollbeschäftigung anders zu gewichten als in Zeiten wachsender Arbeitslosigkeit. Abwägungen von Staateninteressen können also nur konkret im Fall ad hoc vorgenommen werden.

Damit ist ein Richter alleine im Einzelfall aber möglicherweise deswegen überfordert, weil er nicht wirtschaftspolitische Verantwortung trägt, sondern das Recht anwendet. Die ordnungspolitischen Staateninteressen sind aber nicht alleine aus Rechtsprinzipien ableitbar. Gleiches gilt für außenpolitische Interessen. Im Verwaltungsrecht könnten die Gerichte den Behörden für eine kollisionsrechtliche Abwägung einen weiten Ermessensspielraum einräumen. Im Zivilrecht dagegen muß das Gericht selbst entscheiden. Hier wäre zu wünschen, daß vor einer solchen Entscheidung, wollte man sie den Zivilgerichten überhaupt einräumen, eine obligatorische Anhörung der Regierung erfolgen müßte.

Im deutschen Zivilprozeßrecht ist bislang hierfür keine formale Position eröffnet. Zu denken wäre de lege ferenda an eine verfahrensrechtliche Position, welche im amerikanischen Recht als "amicus curiae"[2767] bekannt ist, wonach die amerikanische Regierung bei Gericht ihre Rechtsansicht durch Schriftsatz kundgeben darf. Hierdurch würde einerseits nicht die richterliche Selbständigkeit und die Gewaltenteilung nach Art. 20 Abs. 2 und Art. 97 Abs. 1 GG beschränkt, aber andererseits gleichzeitig sichergestellt, daß alle relevanten außenpolitischen Gesichtspunkte der eigenen Regierung und - durch deren Vermittlung - der fremden Regierungen dem Gericht zur Kenntnis gebracht würden. Auch bisher kann aber die Regierung sich schon formlos an die Gerichte wenden, eine solche Klarstellung im Prozeßrecht wäre aber wegen ihrer Hinweisfunktion auf eine Berücksichtigung der eigenen und der fremden staatlichen Interessen durchaus wünschenswert. De lege lata bleibt nur die formlose Mitteilung einer Stellungnahme durch die Bundesregierung.

[2766] Kaffanke, J., Nationales Wirtschaftsrecht und internationale Wirtschaftsordnung (1990), 137 ff.

[2767] Rule 29 der Federal Rules of Appelate Procedure

Im amerikanischen Rechtskreis ist als eine Form kollisionsrechtlicher Zurückhaltung die Anwendung der forum non conveniens - doctrine vorgeschlagen worden[2768], um unerwünschte Konsequenzen der Anknüpfung an das Auswirkungsprinzip zu vermeiden. Diese Möglichkeit bietet das deutsche Prozeßrecht nicht. Sie ist auch de lege ferenda keine wünschenswerte Option unter dem Gesichtspunkt, daß es sich um Konflikte der materiellen Regelung handelt, welche durch Völkerrecht und durch kollisionsrechtliche Berücksichtigung der Interessen hinter fremdem Recht zu einer Entscheidung über die Anwendung des eigenen materiellen Rechts führen sollten. Zuständigkeitsfragen der Gerichte sollten hier keine Rolle spielen.

Alle diese Überlegungen setzen aber voraus, daß eine Behörde oder ein Gericht materiellrechtlich dazu befugt sind, im Wege kollisionsrechtlicher Abwägung gegen Interessen anderer Staaten den Regelungsbereich des inländischen Rechts bei Auslandssachverhalten zu beschränken und Regelungsfolgen nicht auszusprechen, welche bei reinen Inlandssachverhalten ausgesprochen werden könnten. Es bleibt zu prüfen, welchen Anforderungen solche Abwägungsermächtigungen im Sinne eines internationalen öffentlichen Rechts verfassungsrechtlich entsprechen müßten.

6. Normativer Aspekt

a) Kollisionsnormen

Wenn die Staatsorgane, Verwaltungsbehörden wie Gerichte, im öffentlichen Recht eine ausdrückliche Ermächtigung des Gesetzgebers zur Zurücknahme der deutschen Regelung bei auslandsverknüpften Sachverhalten aufgrund kollisionsrechtlicher Überlegungen benötigen, so zeigt dies die Notwendigkeit echter öffentlichrechtlicher Kollisionsnormen in dem oben umrissenen Wortsinn. Eine solche Norm könnte aber verschiedene mögliche Inhalte haben. Beispiele existierender Ermessensnormen, welche kollisionsrechtliche Erwägungen erlauben, wurden bereits genannt. Sie gestatten sehr pauschal die Erwägung einer "Störung der außenpolitischen Beziehungen", "überragender Interessen der Allgemeinheit" oder "überwiegender Gründe des Gemeinwohls".

Hierbei geht es, wie dies allgemein im internationalen Verwaltungsrecht festgestellt werden konnte, nicht um generelle Kollisionsnormen, sondern um solche, die im Rahmen der Sachnorm als Ermessensspielraum inzi-

---

2768 Sandage, J.B., Forum Non Conveniens and the Extraterritorial Application of United States Anti Trust Law, Yale Law Journal 94 (1985), S. 1693-1711, 1706 f.

dent eine Modifikation des Regelungsbereiches erlauben. Über diese Formulierungen hinaus könnte die Ermessensnorm weitere Richtlinien für die Ausübung enthalten, welche die kollisionsrechtlichen Gesichtspunkte verdeutlichen könnten oder man könnte eine oder mehrere Kollisionsnormen als Teil des allgemeinen Verwaltungsrechts entwickeln, welche alle Jurisdiktionskonflikte mit ausländischen Staaten erfassen. Letztlich könnte auch in der Lehre und Praxis ein Katalog kollisionsrechtlicher Gesichtspunkte entwickelt werden, welcher die offenen Ermessensspielräume gestaltend ausfüllt und bei kasuistischer Entwicklung als Leitmaßstab fungiert.

b) Bestimmtheit

Die Bestimmtheit der Kollisionsnormen eines internationalen öffentlichen Rechts ist nicht nur ein Postulat des Interesses eines Staates und der Adressaten des öffentlichen Rechts aus Gründen der Rechtssicherheit, sie ist in der Bundesrepublik Deutschland auch durch das Rechtsstaatsprinzip und durch den Gesetzesvorbehalt der Entwicklung eines internationalen öffentlichen Rechts verfassungsrechtlich verpflichtend vorgegeben. Da dieses Recht nicht mit einem System von Anknüpfungspunkten arbeiten kann, wie dies im deutschen internationalen Privatrecht der Fall ist, sondern die Abwägung von miteinander im Konflikt stehenden Staateninteressen vorgeben muß, ist die Frage der Bestimmtheit für die Verfassungsmäßigkeit von Kollisionsnormen von besonderer Bedeutung.

Jurisdiktionskonflikte entstehen ad hoc. Da die gegeneinander stehenden Interessen sachlich und in ihrer Bedeutung zur jeweiligen Zeit durch wandelbare politische und wirtschaftliche Gesichtspunkte geprägt sind, ist eine Sicherheit der Entscheidung aus der Formulierung der Kollisionsnorm heraus nicht zu gewährleisten. Erst im Zusammenspiel mit den Umständen des konkreten Falles kann diese Entscheidung vorhergesagt werden. Kollisionsnormen haben daher notwendig einen Unschärfebereich, welcher mit der relativen Offenheit der auf ihr beruhenden Abwägung korreliert.

Die rechtsstaatlich tolerierbare Unschärfe der Anwendungsvoraussetzungen einer Norm muß im Verhältnis zu ihrem Charakter beurteilt werden. Die Kollisionsnormen des internationalen öffentlichen Rechts, um die es hier geht, sind dadurch bestimmt, daß sie es erlauben, den Anwendungsbereich einer öffentlichrechtlichen Norm zu beschränken, einer belastenden, pflichtbegründenden Norm, denn nur so ist es denkbar, daß eine Kollision mit ausländischen Regelungsinteressen entsteht. Die Kollisionsnorm soll es also erlauben, daß Belastungen zurückgenommen werden dürfen.

Hieraus ergibt sich allerdings noch nicht notwendig, daß deswegen die Kollisionsnormen nur begünstigender Natur sein könnten. Denn man muß auch überlegen, ob diese Begünstigung möglicherweise Dritte belasten kann. Hier gibt es im wirtschaftlichen Bereich den Gesichtspunkt der Wettbewerbsfreiheit und -gleichheit[2769]. Wenn Teilnehmer an der inländischen Wirtschaftsordnung aus dem Ausland wegen der kollisionsrechtlichen Zurückhaltung der Bundesrepublik Deutschland im konkreten Fall bestimmten Regeln des Wettbewerbs nicht in gleicher Strenge unterliegen wie inländische Wettbewerber, so werden diese wirtschaftlich möglicherweise benachteiligt.

Allerdings ergibt sich hieraus noch keine Ungleichbehandlung gleicher Fälle im Sinne von Art. 3 GG, der auch die Pflicht zur Gleichbehandlung von Wettbewerbern bei der Gestaltung der ordnungspolitischen Schranken für ihr wirtschaftliches Handeln normiert[2770]. Denn die Tatsache, daß hier ein Teilnehmer am Wettbewerb gleichzeitig noch an einer ausländischen Wirtschaftsordnung teilnimmt und der Staat deshalb bei seiner Jurisdiktion auf die Interessen des anderen Staates völkerrechtlich Rücksicht nehmen muß, ist sowohl ein sachlich vertretbarer hinreichenden Grund zur Sonderbehandlung[2771] wie auch ein Unterschied von solcher Art und solchem Gewicht, daß er die ungleiche Behandlung rechtfertigen kann[2772]. Denn hier geht es ja nicht um die Besserstellung eines Wettbewerbsteilnehmers, sondern um den völkerrechtlich notwendigen und außenpolitisch gerechtfertigten Interessenausgleich mit dem fremden Staat.

Unter der Voraussetzung, daß die ordnungspolitisch motivierten Regeln des öffentlichen Wirtschaftsrechts jeweils mit den Grundrechten vereinbar sind, kann also eine kollisionsrechtlich rechtmäßig motivierte Beschränkung ihrer Anwendung unter Rücksichtnahme auf Regelungsinteressen eines anderen Staates keine Grundrechtsbeschränkung Dritter sein, wenn sie nicht im Einzelfall willkürlich angewendet wird. Daraus folgt, daß sie zwar zur Befreiung von Gerichten und Verwaltung von der strikten Gesetzesbindung zugunsten einer Ermächtigung zur Berücksichtigung von Kollisionsgesichtspunkten, also quasi als actus contrarius, durch Gesetz erfolgen muß, daß dies aber nicht dem grundrechtlich mo-

---

[2769] Vgl. hierzu Schmidt, R., Öffentliches Wirtschaftsrecht. Allgemeiner Teil (1990) , S. 453 - 466

[2770] Vgl. Badura, P., Wirtschaftsverwaltungsrecht, in: von Münch, I. / Schmidt - Aßmann, E. (Hrsg.), Besonderes Verwaltungsrecht (9.Aufl. 1992), S. 179 - 264, 202 f.

[2771] BVerfGE 33, 44, 51; 71, 39, 58; 75, 108, 157

[2772] BVerfGE 55, 72, 88; 58, 369; 60, 123; 60, 329; 62, 256; 72, 148; 75, 78, 105 und NJW 90,2246. Siehe hierzu Wendt, Der Gleichheitssatz, NVwZ 1988, 778.

tivierten Gesetzesvorbehalt im Sinne der Wesentlichkeitsrechtsprechung des Bundesverfassungsgerichts[2773] unterliegt.

Somit bleibt die weitere Frage, wie bestimmt Kollisionsnormen gefaßt sein müssen, um allgemeinen rechtsstaatlichen Anforderungen zu entsprechen. Eine solche Norm müßte mit weiten unbestimmten Rechtsbegriffen hinsichtlich des eigenen und des fremden Regelungsinteresses arbeiten. Diese sind grundsätzlich zulässig[2774] und in ihrer zulässigen Offenheit von den Besonderheiten des jeweiligen Regelungsgegenstandes und der Regelungsintensität bestimmt[2775]. Sie können weiter formuliert sein vor allem bei vielgestaltigen Sachverhalten[2776], oder bei Erwartung sich rasch verändernder Fakten[2777]. Allerdings müssen die Grenzen eines Beurteilungsspielraums abgesteckt werden, damit Rechtssicherheit und gerichtliche Überprüfbarkeit gewährleistet bleiben[2778]. Weiter müßte die Möglichkeit zu kollisionsrechtlicher Selbstbeschränkung bei Vorliegen der Tatbestandsvoraussetzungen in das Ermessen von Behörden und Gerichten gestellt werden, damit die Erforderlichkeit im Einzelfall sachgerecht berücksichtigt werden könnte.

Veelken[2779] hat geltend gemacht, eine vage Ermächtigungsnorm zur kollisionsrechtlichen Interessenabwägung verstieße gegen das Rechtsstaatsprinzip, weil in jedem Falle dem Adressaten bis zur Rechtsanwendung unbekannt bleibe, ob eine Norm auf ihn Anwendung fände. Hierbei muß man aber berücksichtigen, daß es sich um reine Ausnahme - Ermächtigungen handelt, die aber nicht ein subjektives Recht des Begünstigten entstehen lassen sollen, sondern eine Möglichkeit der Berücksichtigung fremdstaatlicher Interessen und der Gewährleistung von Rechtssicherheit eröffnen. Eine Ausnahme räumt dem Adressaten mehr ein, als ihm grundrechtlich zusteht, wenn die Verpflichtung, von der eine Ausnahme gemacht werden soll, ihrerseits grundrechtlich unbedenklich ist.

Im Falle des § 34 c Abs. 3 EStG, der bestimmte, daß die obersten Finanzbehörden der Länder mit Zustimmung des Bundesministers der Finanzen die auf ausländische Einkünfte entfallende deutsche Einkommensteuer ganz oder zum Teil erlassen oder einen Pauschbetrag festsetzen können,

---

2773 Vgl. etwa BVerfGE 33, 1, 10 ff.; 33, 125, 158 f.; 33, 303, 337; 34, 165, 192 f.; 41, 251, 259 f.; 45, 400, 417 f.; 47, 46, 78f.; 49, 89, 126 ff.; 58, 257, 268

2774 BVerfGE 21, 73, 79; 31, 255, 264; 37, 132, 142

2775 BVerfGE 48, 210, 221f.; 49, 89, 133

2776 BVerfGE 11, 234, 237; 21, 1, 4; 28, 175, 183

2777 BVerfGE 8, 274, 326; 14, 245, 251; 49, 89, 139 f.

2778 BVerfGE 6, 32, 42; 20, 150, 158; 21, 73, 78 ff.

2779 Veelken, W., Interessenabwägung im Wirtschaftskollisionsrecht (1988), S. 88. A. A. Meessen, K. M., Zu den Grundlagen des internationalen Wirtschaftsrechts, Archiv des öffentlichen Rechts 110 (1985), S. 398 - 418, 407

wenn es aus wirtschaftlichen Gründen zweckmäßig ist oder die Anwendung von § 34 c Abs. 1 besonders schwierig ist, hat das Bundesverfassungsgericht festgestellt[2780], daß es sich dabei nicht um eine vage Generalklausel handele, sondern daß das Gesetzesprogramm "angesichts der zunehmenden internationalen Verflechtung der Wirtschaft, der Ausweitung der internationalen Wirtschaftsbeziehungen, der unterschiedlichen Verhältnisse zwischen Industrie- und Entwicklungsländern und der Notwendigkeit, einen Beitrag zur Konkurrenzfähigkeit der deutschen Wirtschaft auf den ausländischen Märkten zu leisten", hinreichend deutlich sei. Hierdurch würden ausreichende Grenzen des Ermessens der Behörden festgelegt, das darüber hinaus auch an das Willkürverbot und den Verhältnismäßigkeitsgrundsatz gebunden sei.

Auch in diesem Fall ging es unter anderem um die Abwägung deutscher Fiskalinteressen gegen die wirtschaftlichen Interessen der Entwicklungsländer, deren Steueranreize durch die deutsche Anrechnungsmethode neutralisiert werden können. Die gleichen Beurteilungskriterien würden gelten bei einer Ermächtigung, im Falle von Jurisdiktionskonflikten eigene und fremde staatliche Interessen gegeneinander abzuwägen. Allerdings müßte sich zumindest aus dem Regelungsprogramm des Gesetzgebers ergeben, daß eine solche Abwägung vorgenommen werden dürfte. Wenn im Außenwirtschaftsrecht die außenpolitischen Interessen der Bundesrepublik Deutschland genannt sind, so dürfte dies der Fall sein.

Hinsichtlich des bereits erwähnten § 7 Abs. 1 Nr. 3 AWG, wonach zur Verhütung einer erheblichen Störung der auswärtigen Beziehungen der Bundesrepublik Deutschland Rechtsgeschäfte und Handlungen im Außenwirtschaftsverkehr beschränkt werden können, hat das Bundesverfassungsgericht[2781] befunden, daß diese Ermächtigung, welche der Wahrung der gemeinsamen Interessen mit befreundeten Staaten ebenso gilt wie auch der Wahrung deutscher Interessen gegenüber anderen Staaten, den rechtsstaatlichen Anforderungen der Bestimmtheit auch nach Art. 103 Abs. 2 GG als Grundlage einer ordnungswidrigkeitenrechtlichen Ahnung genügt. Das Regelungsprogramm dieser Norm sei ausreichend bestimmt, wenn man das Erfordernis der Notwendigkeit einer Beschränkung nach § 2 Abs. 1 AWG hinzunehme.

Es handele sich um unbestimmte Rechtsbegriffe, bei denen die Bundesregierung eine Einschätzungsprärogative habe, was aber deswegen nicht zu beanstanden sei, weil im Bereich der auswärtigen Beziehungen die Regierung bereits von Verfassungs wegen allgemein einen breiten Raum

---

[2780] BVerfGE 48, 210, 226 f.

[2781] NJW 1992, S. 2624

politischen Ermessens habe[2782]. Diese Überlegung, der zuzustimmen ist, betrifft generell auch Ermächtigungen zur Anstellung kollisionsrechtlicher Abwägungen, welche angesichts der in der wandelbaren konkreten Interessenkonstellationen vom Gesetzgeber nie im voraus selbst vollzogen und auch nicht ausreichend konkret vorgegeben werden kann.

Bei den Ministergenehmigungen im Kartell- und Fusionskontrollrecht werden vorrangige Interessen der Wirtschaft und des Gemeinwohls als Maßstab berufen. Sowohl § 8 als auch § 24 Abs. 3 GWB dürften nach grammatikalischer wie historischer Auslegung genügen, um auch die Berücksichtigung außenpolitischer Interessen an der Minimierung eines Jurisdiktionskonflikts zu erlauben[2783]. Dagegen ist die restriktive Auslegung des § 1 GWB durch das Bundeskartellamt im oben erörterten Sinne schon aus rechtsstaatlichen Gründen nicht zulässig, weil sich aus dem GWB keinerlei Anhaltspunkte hierfür ergeben und somit die Vorschrift, wollte man ihr diesen Inhalt beilegen, den Bestimmtheits - Anforderungen nicht entspräche.

Dagegen ist das Opportunitätsprinzip, welches etwa im Kartellrecht zum Aufhänger für kollisionsrechtliche Zurückhaltung gemacht werden könnte, verfassungsrechtlich nicht zu beanstanden. Es kann nur bei der Verfolgung von Verletzungstatbeständen eingesetzt werden. Das Rechtsstaatsprinzip fordert nicht, daß bei deren Verletzung grundsätzlich Sanktionen hieran geknüpft werden müßten[2784]. Vielmehr begrenzt einerseits das Willkürverbot ein zulässigerweise eingeräumtes Eingreifermessen, zum anderen muß der Einzelne wissen, daß und unter welchen Voraussetzungen die Verwaltung Sanktionen ergreifen darf. Dann ist die Überlassung der Bestimmung öffentlicher Interessen am tatsächlichen Eingreifen an die Verwaltung rechtsstaatlich unbedenklich, wenn diese Interessen sich sachlich rechtfertigen lassen.

Der Gesetzgeber läßt dieses Eingreifen grundsätzlich zu, aber er verpflichtet nicht zu dieser Belastung, wenn sie aus sachlichen Gründen nicht notwendig erscheint. Das öffentliche Interesse am Eingreifen muß auch relativ zu den Risiken eines Jurisdiktionskonflikts mit einem ausländischen Staat und seiner Rückwirkung auf die wirtschaftlichen und sonstigen Beziehungen bestimmt werden. Grenze ist auch hier das Willkürverbot und das objektive Vorliegen von Gründen, um derentwegen kollisionsrechtliche Zurückhaltung geübt wird.

[2782] Unter Berufung auf BVerfGE 68, 1, 67; 68, 176, 191

[2783] Zu den Inhalten dieser Ermächtigungen vgl. Immenga in: Immenga, U. / Mestmäcker, E.-J., GWB. Kommentar (1992), § 8, Rn. 30 ff; Mestmäcker, a.a.O., § 24, Rn. 290 ff.

[2784] BVerfGE 9, 137, 148 ff.

Diese Überlegungen zeigen, daß de lege ferenda öffentlichrechtliche Normen, welche den Behörden und - bei privatrechtsgestaltenden Normen - den Zivilgerichten die Berücksichtigung ausländischer Regelungsinteressen zum Zwecke der kollisionsrechtlichen Zurückhaltung und Konfliktlösung durchaus sowohl mit einer sehr weiten Formulierung eines tatbestandlichen unbestimmten Rechtsbegriffs hinsichtlich der außen- und wirtschaftspolitischen Interessen der Bundesrepublik Deutschland als auch mit der Einräumung eines Ermessens - Spielraums bei der Durchsetzung von Sanktionen einhergehen können. Dies gilt, so weit es sich um die Reduzierung oder um den Verzicht auf gesetzlich grundsätzlich zulässige Belastungen handelt.

Dieser Spielraum könnte vom Gesetzgeber weiter eingeschränkt werden, wenn er im Verwaltungsverfahrensrecht die bei einer kollisionsrechtlichen Abwägung zu berücksichtigenden Gesichtspunkte präzisieren würde. Auch wäre eine solche Präzisierung durch Verwaltungsrichtlinien im konkreten Falle denkbar. Ein anderer Weg der Bildung von Ermessensrichtlinien wäre das Entstehen einer Kasuistik bei Verwaltungsentscheidungen und ihrer verwaltungsgerichtlichen Überprüfung anhand von Gesichtspunkten, welche wissenschaftlich vorbereitet werden können. Angesichts der Fülle möglicher Gesichtspunkte und der Tatsache, daß die Abwägung in jedem Falle eine einzigartige Wertung nach dem konkreten Sachverhalt erfordert, sind aber beide Lösungen nur von relativem Wert für die Bestimmbarkeit der zu treffenden Entscheidung.

Alle diese Überlegungen zeigen, daß bei der Rechtsanwendung ex post aufgrund dieser notwendigen Offenheit der Kollisionsnormen die aus ökonomischen Gründen notwendige Vorhersehbarkeit der einzelnen kollisionsrechtlichen Entscheidung kaum gewährleistet werden kann. Hier wird deutlich, daß in solchen Fällen die Eröffnung von Negativattest - Verfahren oder, wegen der Bindung auch von Zivilgerichten noch besser, von Ausnahmegenehmigungs - Möglichkeiten zur Gewährleistung eines Optimums auch ökonomischer Rationalität staatlicher Tätigkeit unverzichtbar erscheint.

c) Verwaltungskontrolle durch Gerichte

Kollisionsnormen müssen also mit unbestimmten Rechtsbegriffen und Rechtsfolge - Ermessen einhergehen. Nach Art. 19 Abs. 4 GG besteht aber eine Kontrollmöglichkeit der Ausfüllung dieser Spielräume durch die Verwaltungsgerichte. Auch wenn man davon ausgeht, daß sie nicht im Interesse Privater, sondern ausschließlich zur Berücksichtigung eigener und fremder staatlicher Interessen bei Jurisdiktionskonflikten eingeräumt sind, so schließt dies eine Klage Privater vor den Verwaltungsgerichten hinsichtlich der Anwendung oder Nichtanwendung einer solchen Kollisionsnorm nicht grundsätzlich aus. Denn es ist vorstellbar, daß Kartellteilnehmer geltendmachen, die außenpolitisch motivierte Ausnahme vom Kartellverbot sei einem anderen gewährt, ihnen aber willkürlich versagt worden. So ist das Willkürverbot ersichtlich der Haupt - Grund, warum Verwaltungsgerichte vor der Frage der Überprüfung der kollisionsrechtlichen Entscheidung der Verwaltung stehen könnten.

Die Probleme der gerichtlichen Verwaltungskontrolle von kollisionsrechtlich motivierten Verwaltungsentscheidungen und damit der Beteiligung der Gerichte an der Entwicklung einer kollisionsrechtlichen Kasuistik soll anhand einer hypothetischen Fallgestaltung des Kartellrechts erörtert werden. Hierbei soll von folgendem Sachverhalt ausgegangen werden. Ein Kartell von Baustoff - Produzenten in einem Land, welches nicht der EWG angehört, ist in einer für den Fortbestand dieses Industriezweigs prekären Lage zustandegekommen und wurde von der Regierung dieses Landes als Strukturkrisenkartell genehmigt. Damit soll ein "ruinöser Preiswettbewerb" vermieden werden. Neben den Inlandslieferungen sind die Kartellteilnehmer auch in nicht unerheblichem Maß durch Exporte auf dem Markt in der Bundesrepublik Deutschland vertreten. Die ihnen bekannte und nicht unerwünschte Folge ist auch eine spürbare Beschränkung des Preiswettbewerbs auf diesem Markt. Die Tatbestandsmerkmale des Art. 85 EWGV sind nicht gegeben, so daß Prüfungsmaßstab alleine § 1 GWB ist.

Auf eine Verfahrenseinleitung des Bundeskartellamts hin stellen die Kartellteilnehmer einen Antrag auf Ministergenehmigung nach § 8 GWB. Nach Konsultation des ausländischen Staates lehnt der Bundesminister für Wirtschaft diesen Antrag ab. Hiergegen erheben die Antragsteller Beschwerde nach § 62 Abs. 1 GWB zum zuständigen Kartellsenat des OLG Düsseldorf[2785]. Sie machen geltend, in einem gleichgelagerten Fall habe der Minister einem Kartell aus einem anderen Land eine Genehmigung erteilt, die Ablehnung sei willkürlich. Dieser entgegnet, daß in jenem anderen Falle die ausländische Regierung eine schwere Schädigung ihrer Wirtschaftsordnung geltendgemacht habe, wenn eine deutsche Verfügung zur Auflösung des Kartells geführt hätte, um den wichtigen deutschen Markt nicht zu verlieren.

Damals habe die ausländische Regierung erhebliche außenpolitische Schwierigkeiten angedroht, unter anderem die Verweigerung des Abschlusses eines dringend benötigten Rechtshilfeabkommens, und auch ansonsten angekündigt, daß man die Unterstützung deutscher Vor-

---

[2785] § 62 Abs. 4 GWB

schläge zu einer Friedenssicherungsmission in den Vereinten Nationen verweigern werde. Im vorliegenden Fall dagegen habe die ausländische Regierung ein gewisses, aber kein starkes eigenes Interesse am Bestehen des Kartells geäußert und lediglich mitgeteilt, sie sehe eine negative Entscheidung als ein unfreundliches Verhalten an. Eigene wirtschaftliche Interessen der Bundesrepublik am Bestand des Kartells bestünden nicht, der Verstoß gegen § 1 GWB sei gegeben.

In diesem Fall ist das Gericht aufgerufen zu prüfen, ob die Darlegungen des Ministers seine Ablehnung nach der Ermächtigungsgrundlage des § 8 GWB dergestalt rechtfertigen, daß diese jedenfalls nicht willkürlich erscheint. Es handelt sich einerseits um eine Ermessensvorschrift, denn der Minister "kann" eine Erlaubnis erteilen. Zum anderen kann er dies unter der Voraussetzung, daß die Beschränkung des Wettbewerbs "ausnahmsweise" "aus überwiegenden Gründen der Gesamtwirtschaft und des Gemeinwohls notwendig ist". Letzteres sind unbestimmte Rechtsbegriffe. Auch wenn man nicht annehmen kann, daß angesichts der Schutzrichtung dieser Rechtsbegriffe hierdurch den Antragstellern ein subjektives Recht auf ermessensfehlerfreie Entscheidung eingeräumt wurde, so wäre doch der Willküreinwand nur dadurch zu prüfen, daß man das Vorliegen der unbestimmten Rechtsbegriffe feststellt und gleichzeitig dann, daran orientiert, ein vernünftiges Differenzierungskriterium hinsichtlich der Ermessensausübung.

Die Begründung der Bundesregierung weist darauf hin, daß die außenpolitischen Konflikte im einen Fall als erheblich stärker beurteilt wurden als im anderen. Die Umstände des früheren Falles legen eine Beurteilung der Konsequenzen eines Kartellverbots als gemeinwohlschädlich nahe. Ist aber eine diplomatische Verstimmung nicht oder weniger gemeinwohlschädlich? Hier muß eine Wertung vorgenommen werden, was die Frage nach einem Beurteilungsspielraum eröffnet.

Die Überprüfung der Ermessensbetätigung und der Ausfüllung eines unbestimmten Rechtsbegriffes erfordert eine vollständige Information des Gerichts über die Fakten, die dem zugrundeliegen. Hier könnten bei außenpolitisch relevanten Informationen Geheimhaltungsinteressen vorliegen. Dem kann durch die Regelung des § 99 VwGO Rechnung getragen werden, denn zu den Nachteilen für das Wohl des Bundes gehört auch die Offenbarung von diplomatischen Informationen, welche das Verhältnis zu anderen Staaten belasten würden. Da aber regelmäßig andere Staaten ihre Interessen in offiziellen Protesten oder sonstigen Noten formulieren werden und die deutschen Interessen ohne sensitive Details von der Exekutive so dargestellt werden können, daß das Gericht eine Willkür bei der Entscheidung ausschließen kann, wird dieses Problem kaum von Bedeutung sein.

Anders wäre es nur, wenn die Einschätzung der Bundesregierung auf geheimdienstlichen Informationen beruht, die der Geheimhaltung bedürfen[2786]. Grundsätzlich ist es aber möglich, das Gericht so ausreichend zu informieren, daß der alleine relevante Willkürvorwurf überprüft werden kann. Einer Überprüfung der Verwaltungsentscheidung unter kollisionsrechtlichen Gesichtspunkten steht also von der Möglichkeit, das Gericht ausreichend über die Grundlagen der Entscheidung zu informieren, grundsätzlich nichts im Wege.

Fraglich ist dagegen der Umfang der Prüfungsbefugnis. § 70 Abs. 5 S. 2 GWB bestimmt, daß eine Würdigung der gesamtwirtschaftlichen Lage und Entwicklung der Nachprüfung des Beschwerdegerichts entzogen sei. Diese gesetzliche Einräumung eines Beurteilungsspielraums muß ihrerseits auf ihre Vereinbarkeit mit Art. 19 Abs. 4 GG geprüft werden[2787]. § 8 GWB enthält den Begriff der überwiegenden Gründe der Gesamtwirtschaft und des Gemeinwohls. In der Literatur wird teilweise dieser gesamte Begriff als von § 70 Abs. 5 S. 2 GWB umfaßt angesehen[2788], teilweise wird auch hinsichtlich des Begriffes des Gemeinwohls eine gerichtliche Überprüfbarkeit grundsätzlich als zulässig angesehen, wobei aber der Behörde ein weiter Beurteilungsspielraum eingeräumt wird[2789].

Das Kammergericht[2790] hat diese Vorschrift deswegen als mit Art. 19 Abs. 4 GG vereinbar angesehen, weil die der Würdigung zugrundeliegenden Tatsachen alle richtig erfaßt sein müßten und dies auch vom Gericht nachgeprüft werden könne, also nur der Schluß aus diesen Tatsachen der Überprüfung entzogen sei, soweit nicht allgemeingültige Bewertungsgrundsätze oder Denkgesetze verletzt oder sachfremde Erwägungen angestellt worden seien. Es dehnt hinsichtlich der Ausnahmegenehmigung des Bundesministers für Wirtschaft nach § 24 Abs. 3 GWB dessen Präro-

---

[2786] BVerwGE 49, 89; 50, 264; 75, 13; 74, 116

[2787] Diese wird von Soell, H., Das Ermessen der Eingriffsverwaltung (1973), S. 48 ff. bejaht, wobei eine augenscheinliche, offenkundige Verkennung der verbindlichen Richtlinien des Gesetzgebers vom Gericht überprüft werden dürfe. Ansonsten handele es sich "gegenüber der üblichen verwaltungsprozessualen Regelung um ein Mehr", nicht um ein Weniger an gerichtlicher Kontrolle (a.a.O. S. 61, dort Fn. 69). Schmidt, K., Kartellverfahrensrecht - Kartellverwaltungsrecht - Bürgerliches Recht (1977), S. 573 sieht die Vorschrift als die Verankerung der political question - Doktrin im Kartellverwaltungsrecht an

[2788] Hinz in: Gesetz gegen Wettbewerbsbeschränkungen. Gemeinschaftskommentar (Hrsg. W. Benisch) (4. Aufl.1980 ff.) § 70 Rn. 23, der aber wohl nur wirtschaftliche Einschätzungen unter dem Gesichtspunkt des Gemeinwohls unter diesen gesetzlichen Beurteilungsspielraum faßt

[2789] Immenga in: Immenga, U. / Mestmäcker, E.-J., GWB. Kommentar (1992), § 8, Rn. 58 ist der Ansicht, die Kontrolldichte sei gleich wie bei dem Begriff der Gesamtwirtschaft

[2790] KG WuW / OLG 1937, 1938 f. - Thyssen-Hüller. Vgl. auch BGHZ 49, 367, 369 - Fensterglas IV

gative auch auf die nach dieser Vorschrift anzustellenden Gemeinwohlüberlegungen aus, weil diese gegen die Wettbewerbsbeschränkung abgewogen werden müßte, was eine eigene wirtschaftspolitische Entscheidung sei. Gleiches wird man auch bei der nach § 8 GWB vorzunehmenden Abwägung der vorliegenden Wettbewerbsbeschränkung einerseits und ihrer von der Gesamtwirtschaft oder vom Gemeinwohl geforderten Notwendigkeit andererseits annehmen können. Auch eine kollisionsrechtliche Entscheidung müßte eine solche Abwägung vornehmen und ist damit letztlich auch eine wirtschaftspolitische Entscheidung, welche gleichwertig außenpolitische Elemente beinhaltet.

Geht man hiervon aus, so stellt sich die Frage, ob die Einräumung eines solchen - auch kollisionsrechtlichen - Beurteilungsspielraums mit der Rechtsschutzgarantie des Grundgesetzes vereinbar ist. Eine Relativierung dieser Garantie durch die Einräumung unüberprüfbarer Spielräume bei der Ausfüllung unbestimmter Rechtsbegriffe ist in Lehre und Rechtsprechung umstritten[2791]. Jedenfalls bei wirtschaftspolitisch prognostischen Entscheidungen wird ein solcher Spielraum jedoch überwiegend in der Lehre und auch in der Rechtsprechung des Bundesverwaltungsgerichts bejaht[2792]. Hinzu kommt, daß das Bundesverfassungsgericht bei außenpo-

---

[2791] Vgl. hierzu Bachof, O., Beurteilungsspielraum, Ermessen und unbestimmter Rechtsbegriff, JZ 1955, S. 97 - 102 ; ders., Begriff und Wesen des sozialen Rechtsstaat, VVDStRL 12 (1954), S. 37 - 84, 69 - 72; Wolff, H.J. / Bachof, O., Verwaltungsrecht I (9.Aufl. 1974), S. 185 - 194; Ule, C.H., Zur Anwendung unbestimmter Rechtsbegriffe im Verwaltungsrecht, in: Gedächtnisschrift für W. Jellinek (1955), S. 309 - 330; ders., Verwaltungsprozeßrecht (9. Aufl. 1987), S. 7 ff.; Jesch, D., Unbestimmter Rechtsbegriff und Ermessen in rechttheoretischer und verfassungsrechtlicher Sicht, Archiv des öffentlichen Rechts 82 (1957), S. 163 - 249; Badura, P., Gestaltungsfreiheit und Beurteilungsspielraum der Verwaltung, bestehend aufgrund und nach Maßgabe des Gesetzes, in: Festschrift für O. Bachof (1984), S. 169 - 189; Ossenbühl, F., Vom unbestimmten Gesetzesbegriff zur letztverbindlichen Verwaltungsentscheidung, DVBl. 89 (1974), S. 309 - 313; Schmidt-Aßmann, in: Maunz-Dürig, GG, Artikel 19 Absatz 4, Rn. 180ff.; Hill, H., Rechtsstaatliche Bestimmtheit oder sutuationsgerechte Flexibilität des Verwaltungshandelns, DÖV 40 (1987), S. 885 - 895; Scholz, R., Verwaltungsverantwortung und Verwaltungsgerichtsbarkeit, VVDStRL 34 (1976), S. 145 - 220; Wahl, R., Risikobewertung der Exekutive und richterliche Kontrolldichte - Auswirkungen auf das Verwaltungs- und das gerichtliche Verfahren, NVwZ 10 (19919, S. 409 - 418; grundsätzlich ablehnend Rupp, H.H., Grundfragen der heutigen Verwaltungsrechtslehre (2. Aufl. 1991), S. 212 - 221; ders., Ermessensspielraum und Rechtsstaatlichkeit, NJW 22 (1969), S. 1273 - 1278; ders., "Ermessen", "unbestimmter Rechtsbegriff" und kein Ende, in: Festschrift für W. Zeidler, Bd. 1 (1987), S. 455 - 466. Das Bundesverfassungsgericht ist insoweit zurückhaltend, vgl. etwa BVerfGE 61, 82, 110 f.; BVerfG NJW 1991, 2009, 2010; NJW 1991, 1471, 1473; NVwZ 1992, 361

[2792] Vgl. hierzu umfassend Tettinger, P.J. Rechtsanwendung und gerichtliche Kontrolle im Wirtschaftsverwaltungsrecht (1980), S. 421 - 465; BVerwG DVBl. 1972, 895; DVBl. 1979, S. 877; BVerwGE 72, 300, 316 f.; 79, 208, 213 ff.; 81, 185, 190 ff.; 82, 295, 299 ff.;

litischen und außenwirtschaftlichen Entscheidungen der Bundesregierung eine weite Einschätzungsprärogative bereits aufgrund ihrer verfassungsrechtlichen Aufgabenstellung eingeräumt hat[2793], was bereits oben zustimmend erörtert wurde.

Bei der Frage nach der Regelungs- und Kontrolldichte von Ermächtigungen zu kollisionsrechtlichen Erwägungen muß man darüber hinaus zunächst davon ausgehen, daß Art. 19 Abs. 4 GG nicht selbst einen umfassenden Rechtsschutz für alles staatliche Handeln anordnet, sondern den Schutz anderweitig begründeter Rechte vor Eingriffen durch die Verwaltung[2794]. Eine Ermächtigung zur Zurücknahme einer eigenen Regelung zugunsten der gegenteiligen Regelungsinteressen eines anderen Staates begründet aber keine Rechtsposition derjenigen, welche durch diese Zurücknahme dadurch begünstigt werden, daß das nationale Recht nicht mit seiner vollen Eingriffswirkung angewendet und durchgesetzt wird, immer vorausgesetzt, daß die volle Anwendung ihrerseits verfassungsgemäß und rechtmäßig ist. Nur eine willkürliche Differenzierung könnte hier zur Rechtswidrigkeit führen.

Zu deren Feststellung aber bedarf es nicht der Nachprüfung der kollisionsrechtlichen Entscheidung in jedem einzelnen Fall. Vielmehr ist die Relation der miteinander verglichenen Entscheidungen ausschlaggebend, das Vorliegen eines sachgemäßen Differenzierungskriteriums. Aus der einzig möglichen Prozeßsituation heraus prüft das Verwaltungsgericht also nicht, ob die Verwaltung im ersten oder im zweiten Fall die Relation der eigenen und die fremden Interessen richtig bewertet hat, sondern ob die Unterschiede zwischen beiden Fallgestaltungen es rechtfertigen können, die Kläger ohne Diskriminierung nicht von der vollen Anwendung des Kartellrechts freizustellen. Denn auf eine richtige Bewertung der Staateninteressen hat der individuelle Kläger keinen Anspruch, nur auf eine richtige Differenzierung oder Gleichsetzung aufgrund dieser Bewertung. Hierbei kann das Gericht dann auch berücksichtigen, ob die kollisionsrechtliche Entscheidung von falschen Tatsachen oder sachfremden Überlegungen ausging oder ob die Abwägung ansonsten erkennbar fehlsam ist[2795], wobei hier angesichts der außenpolitischen Abwägung eine solche Grenzziehung besonders schwierig sein wird und die Pflicht zu

---

2793 BVerfGE 68, 1, 67; 68, 176, 191; NJW 1992, S. 2624

2794 BVerfGE 15, 275, 282; 61, 82, 110 f.; 78, 214, 226; Schmidt - Aßmann, E., in: Maunz - Dürig, Grundgesetz, Art. 19 Abs. IV, Rn. 11 - 13. Ebenso Schenke, W.-R., in: Kommentar zum Bonner Grundgesetz, Art. 19 Abs. 4, Rn. 438; Maurer, H., Allgemeines Verwaltungsrecht, 8. Aufl. (1992), S. 130

2795 So die Prüfungskriterien des BVerwG bei der Kontrolle wirtschaftspolitischer Beurteilungsspielräume, vgl. etwa BVerwG DVBl. 1979, 877, 878; BVerwGE 82, 295, 299 ff.

einer weitgehenden Zurückhaltung der Gerichte aufgrund der eigenen verfassungsrechtlichen Verantwortung der Bundesregierung für die Außenpolitik[2796] sich bereits aus dem Grundgesetz selbst ergibt.

Wenn also im konkreten Fall die Verwaltung aufgrund der unterschiedlichen Bewertung der Konflikts - Intensität in beiden Fällen zu dem Ergebnis kommt, daß eine Zurücknahme der eigenen Regelung im zweiten Falle nicht notwendig sei, so ist dies ein ausreichendes Differenzierungskriterium, unterstellt, die Durchsetzung der eigenen Regelung sei per se rechtmäßig. Die einzelne Entscheidung der Bundesregierung in jedem Kollisionsfall verletzt nach der dargelegten Begründung der Regierung nicht die äußersten Grenzen der Einschätzungsprärogative.

Die nächste Frage ist diejenige nach der Einräumung eines Entschließungsermessens in dem Fall, in dem eine Vorrangigkeit ausländischer Regelungsinteressen unter dem Gesichtspunkt des Gemeinwohls der Bundesrepublik Deutschland festgestellt wird. Bei Koppelungsvorschriften[2797] hat die Rechtsprechung des Bundesverwaltungsgerichts regelmäßig eine getrennte Prüfung der unbestimmten Rechtsbegriffe auf der Tatbestandsseite und des Ermessens auf der Rechtsfolgenseite vorgenommen[2798], bei Grundrechtseingriffen aber auch eine Schrumpfung des Ermessens dann angenommen, wenn der unbestimmte Rechtsbegriff klar ausgefüllt wurde[2799]. Der gemeinsame Senat der obersten Bundesgerichte hat dagegen in einer umstrittenen Entscheidung zu § 131 der Abgabenordnung eine einheitliche Ermessensentscheidung angenommen[2800].

Daß der Verwaltung in den Fällen staatspolitisch motivierter kollisionsrechtlicher Erwägungen ein weites Ermessen eingeräumt werden darf, wurde bereits oben bejaht, so daß es hier nur um die Ausübung dieses Ermessens geht. Die Frage der richtigen Ermessensentscheidung würde aber nur dann vor Gericht eine Rolle spielen können, wenn ein Kläger ein Recht auf fehlerfreie Ermessensausübung hätte, weil nur dann die Verwaltungsentscheidung seine Rechte im Sinne von § 113 Abs. 1 VwGO verletzen könnte. Die Rechtsstellung der Kläger im angenommenen Fall ist aber zunächst geprägt von der grundsätzlichen Anwendbarkeit des innerstaatlichen Kartellverbots. Daß diese Anwendbarkeit durch die kollisionsrechtliche Entscheidung zurückgenommen werden könnte, geschieht nicht in seinem Interesse, sondern ausschließlich im öffentlichen

---

[2796] BVerfGE 68, 1, 87

[2797] Vgl. hierzu Maurer, H., Allgemeines Verwaltungsrecht, 8. Aufl. (1992), S. 125 f.

[2798] BVerwGE 40, 353, 356; 45, 162, 164 ff.; 46, 175, 176 f.; 56, 71, 75

[2799] BVerwGE 18, 247, 250 zu § 35 Abs. 2 des Bundesbaugesetzes

[2800] BVerwGE 39, 355, 363 ff. gegen die Stellungnahme des Bundesverwaltungsgerichts. Vgl. aber BVerwGE 72, 1, 5

Interesse der Bundesrepublik Deutschland an der Vermeidung von Staatenkonflikten. Nur um die Wahrung dieses Interesses geht es, Privatinteressen sind hierbei gar nicht zu berücksichtigen. Damit fehlt es an einem Anspruch auf fehlerfreie Ermessensentscheidung[2801], so daß die Ermessensausübung in diesem Falle vom Gericht nicht überprüft werden kann.

Der Vorwurf, eine solche weite Ermächtigung zur kollisionsrechtlichen Abwägung von Staateninteressen sei zu vage, als daß der Bürger sich auf das anwendbare Recht einrichten könne, geht fehl. Denn grundsätzlich muß sich der Bürger darauf einrichten, daß etwa das Kartellverbot oder ein Ausfuhrverbot auf ihn Anwendung finden. Wenn diese Verbote wegen der Interessen eines anderen Staates im Einzelfall aufgehoben würden, so würde diese Ausnahme nicht zu seinen Gunsten gemacht, sondern ausschließlich im öffentlichen Interesse. Allerdings entsteht hierdurch das Problem der Planbarkeit einer unternehmerischen Entscheidung, welches - wie bereits ausgeführt - nur durch eine vorherige Prozedur der Ausnahmegenehmigung oder des Negativattests beseitigt werden könnte.

E. Berücksichtigung fremder Interessen

Nachdem vorstehend Bedürfnis, Fallgestaltungen und rechtsstaatliche Bedingungen für Kollisionsnormen des internationalen öffentlichen Rechts erörtert wurden, soll nunmehr der mögliche Inhalt kollisionsrechtlicher Überlegungen betrachtet werden. Dabei geht es sowohl um die zu berücksichtigenden Interessen wie auch um Lösungen für typisierte Kollisionsfälle, ohne daß dabei die Erforderlichkeit einer Einpassung solcher Lösungsvorschläge in die Besonderheiten des konkreten Falles übersehen werden dürfte.

1. Geltendmachung der Interessen

Die Interessen anderer Staaten können nur von ihnen selbst in ihrer Bewertung festgestellt werden. Dies geschieht zunächst in diplomatischen Kontakten. Die Bundesregierung kann diese Interessen zusammen mit einer Bewertung der eigenen gegenteiligen Interessen an die zuständigen Behörden weitergeben. Auch im Verfahren vor Verwaltungsbehörden sollten ausländische Staaten angehört werden[2802]. Dies ist in Deutschland, der EG und in den USA in Kartellsachen auch durchaus üblich und eine

---

[2801] Vgl. hierzu Kopp, F.O., Verwaltungsgerichtsordnung (9. Aufl. 1992), § 42, Rn. 71

[2802] Deville, R., Die Konkretisierung des Abwägungsgebotes im internationalen Kartellrecht (1990), S. 133 - 135

Konsequenz der Konsultation nach den Regeln der OECD. Auf diese Weise kann sichergestellt werden, daß die Parameter eines möglichen Jurisdiktionskonflikts dem regelnden Staat umfassend bewußt sind.

In Zivilgerichtsverfahren können entweder die Bundesregierung oder die Parteien auf entsprechende Interessen hinweisen. Hierbei reicht es aber nicht aus, daß die Parteien eigene Interessenbehauptungen aufstellen. Sie können jedoch etwa offizielle Schriftstücke ausländischer Staaten zur Stützung eigenen Vortrags einreichen, welche solche Interessen feststellen. Gerade für diesen Fall wäre es aber wünschenswert, wenn prozeßrechtlich die Möglichkeit geschaffen würde, hierzu vom Gericht obligatorisch eine Stellungnahme der Bundesregierung einholen zu lassen.

2. Materielle Aspekte

a) "Balancing of interests" in den USA

In den USA hat sich die Praxis des "balancing of interest" als eine von Kingman Brewster für das Kartellrecht vorgeschlagene "jurisdictional rule of reason"[2803] herausgebildet. Über die gerichtliche und Regierungspraxis wurde bereits in Kapitel II berichtet. Die Interessenabwägungs - Methode, wie sie in der amerikanischen Rechtsprechung verwendet wird, ist nicht Ausdruck einer völkerrechtlichen Verpflichtung, sondern der kollisionsrechtlichen "comity of nations". Sie ist eine topische Methode[2804], die nicht nur Staateninteressen, sondern auch Privatinteressen berücksichtigt, auch dies ein Hinweis auf ihre kollisionsrechtliche Funktion. Daß diese Methode Wurzeln im Kollisionsrecht und damit in dem Bereich der Comity, nicht des Völkerrechts hat[2805], zeigt sich im Vergleich mit dem erörterten Abwägungskatalog des § 6 des Restatement (Second) Conflict of Laws[2806]. Diese Methode wurde durch die "governmental in-

---

[2803] Brewster,K., Antitrust and American Business Abroad (1958), S. 301 - 308; vgl. auch Gilioli, E.L., Defining Jurisdictional Limits in International Antitrust: Should the EEC Adopt the Timberlane Approach?, Fordham International Law Journal 5 (1982), S. 469-508, 498

[2804] Veelken, W., Interessenabwägung im Wirtschaftskollisionsrecht (1988), S. 50

[2805] Maier, H.G., Extraterritorial Jurisdiction at a Crossroads: an Intersection Between Public and Private International Law, AJIL 82 (1982), S. 280 - 320, 295 führt ihn auf die von Huber beeinflußte Konzeption von Joseph Story zurück. Vgl. auch Immenga, U., Extraterritoriale Rechtsanwendung zwischen Recht und Politik, in: Barfuß, W. u.a. (Hrsg.), Festschrift für Karl H. Neumayer (1985), S. 323-335, 330

[2806] American Law Institute, Restatement of the Law (Second), Conflict of Laws (1971), vgl. oben, a.a.O. (Anm. 658)

terest analysis" von Currie auf staatliche Interessen orientiert angewendet[2807].

Der erste wichtige Abwägungskatalog in der Tradition dieser Synthese war in § 40 des Restatement (Second) enthalten, der einen großen Einfluß auf die dargestellte Rechtsprechung hatte. Es stellt fest, daß jeder Staat völkerrechtlich verpflichtet ist, seine eigenen Interessen gegenüber denjenigen des Staates anzuwenden im Lichte folgender Faktoren:

> "(a) vital national interests of each of the states
>
> (b) the extent and the nature of the hardship that inconsistent enforcement actions would impose upon the person
>
> (c) the extent to which a required conduct is to take place in the territory of the other state,
>
> (d) the nationality of the person, and
>
> (e) the extent to which enforcement by action of either state can reasonably be expected to achieve compliance with the rule prescribed by that state."

Diese Regel ist eine bewußte Parallele zu kollisionsrechtlichen Regeln: "The parallel between conflict of laws doctrine and the present section is clear. In both cases the question is not one of lack of jurisdiction but of the desirability of exercising power in a hardship situation (from the standpoint of the person concerned) or of international difficulty or tension (from the standpoint of the states concerned)."

Ähnlich, aber detaillierter ist der Abwägungskatalog der Mannington Mills - Entscheidung. Eine Doppelfunktion bei der völkerrechtlichen Bewertung der Anknüpfung wie bei der kollisionsrechtlichen Selbstbeschränkung prägt den Abwägungskatalog des § 403 des Restatement (Third)[2808].Er basiert auf den Überlegungen von Andreas Lowenfeld, welcher bereits 1969 einen eigenen ähnlichen Katalog vorgelegt hatte[2809]. Den Versuch der gesetzlichen Fixierung eines Katalogs abzuwägender Interessen stellte die DeConcini-Bill dar, die aber nicht Gesetz wurde. Senator DeConcini hatte im Jahre 1987 im Congress einen Antrag zur Ergänzung des Clayton Act durch eine Section 21 a eingebracht[2810], welche

---

[2807] Currie, B., Notes on Methods and Objectives in the Conflicts of Laws, Duke Law Journal 1959, S. 171 - 181, 178; vgl. oben Seite 158

[2808] Vgl. oben Seite 635

[2809] Lowenfeld, A. F., Public Law in the International Arena, RdC 128 (1969 III), S. 315 - 445, 328 f.

[2810] S. 572, 100th Cong., 1st Sess., 133 Cong. Rec. 2293 (1987). Vgl. hierzu Kaffanke, J., Jüngste Entwicklungen zur extraterritorialen Anwendung der Wettbewerbsgesetze in den USA, WuW 37 (1987), S. 277-287, 286 f.; Sennett, M./ Gavil, A.I., Antitrust Jurisdie Abwägung der Interessen anderer Staaten zur gesetzlichen Pflicht machen sollte.

Dieser Vorschlag war eng an die Formulierungen der Entscheidung Mannington Mills und des Restatement (Third) angelehnt. Diese Formulierungen sind identisch mit denjenigen des Antitrust - Guide 1988 des amerikanischen Justizministeriums[2811]. Das Abkommen über die Zusammenarbeit und Koordination auf dem Gebiete des Antitrust zwischen der Regierung der Vereinigten Staaten und der Kommission der europäischen Gemeinschaften kommt dem ebenfalls sehr nahe[2812].

In der Übersicht all dieser Kataloge tauchen immer wieder folgende Kriterien auf: Ordnungspolitische und außenpolitische Interessen der Staaten, Stärke des Konflikts, Härte für die Adressaten und ihre Erwartungen, Lokalisierung des Regelungsgegenstands, Staatsangehörigkeit und Verschulden der Adressaten, Teilnahme an der Wirtschaftsordnung, Gegenseitigkeit und die Durchsetzbarkeit extraterritorialer Regelungen. Es handelt sich um zu berücksichtigende Gesichtspunkte, nicht um Abwägungsmaßstäbe. Sie erlauben eine Identifizierung der Interessen, nicht aber eine Gewichtung.

Die Praxis des "balancing of interests" wird in der Literatur teilweise als zu unbestimmt kritisiert[2813]. Mangelnde Rechtssicherheit, Bevorzugung eigener nationaler Interessen und der privatrechtlich kollisionsrechtliche Hintergrund dieser Methodik werden als für das öffentliche Wirtschaftsrecht ungeeignet angesehen[2814]. Dies wird auch vor dem Hintergrund gesagt, daß die zugrundeliegende "governmental interest analysis" von Brainerd Currie letzten Endes in einem "true conflict" das Interesse des

---

diction, Extraterritorial Conduct and Interest-Balancing, The International Lawyer 19 (1985), S. 1185 - 1214, 1202 f.

[2811] Final version, Trade Reg. Rep. (CCH) Extra Edition No. 24 vom 10.11.1988. Deutsch: Die Anwendung der Antitrust - Gesetzes auf internationale Transaktionen. Richtlinien des US - Justizministeriums, S. 54 f.

[2812] ILM 30 (1991), S. 1487; deutsch in WuW 1992, S. 36. Siehe oben Seite 431. Vgl. hierzu kritisch Mozet, P., Das Abkommen zwischen der EG und den USA über die Zusammenarbeit der Kartellbehörden, EuZW 3 (1992), S. 201 - 203

[2813] Rosic, E.A., The Use of Interest Analysis in the Extraterritorial Application of United States Antitrust Law, Cornell International Law Journal 16 (1983), S. 147-192, 163 f.; Deville, R., Die Konkretisierung des Abwägungsgebotes im internationalen Kartellrecht (1990), S. 31 ff.

[2814] Lowe, A.V., Extraterritorial Jurisdiction, The British Practice, RabelsZ 52 (1988), S. 157-204, 202 f.; Maier, H.G., Interest Balancing and Extraterritorial Jurisdiction, American Journal of Comparative Law 31 (1983), S. 579 - 597, 581 ff.; Hoechner, K.M., A Swiss Perspective on Conflicts of Jurisdiction, Law and Contemporary Problems 50 (1987), S. 271-282, 279 f.; Kadish, S. A., Comity and the International Application of the Sherman Act: Encouraging the Courts to Enter the Political Arena, Northwestern Journal of International Law and Business 4 (1982), S. 130-171

Gerichtsstaats immer vorzieht[2815]. Insbesondere wird geltend gemacht, daß staatliche Interessen, die autonom festgelegt und bewertet werden, vom Ansatz her inkommensurabel sind[2816]. Aus diesem Grunde wird die Diplomatie als das geeignete Feld eines Interessenausgleichs der Staaten vorgezogen[2817] und angeregt, daß sich Gerichte überhaupt nicht mit ausländischen Interessen befassen sollen[2818].

Insoweit ist insbesondere von Bedeutung der bereits erwähnte Angriff von Richter Wilkey auf die Konzeption des § 403 Abs. 2 des Restatement (Third) in der Laker-Entscheidung aus dem Jahre 1984[2819]. Er sieht die Interessenabwägung als vorübergehendes Phänomen des nationalen Rechts ohne völkerrechtliche Verpflichtung, bei dem letzten Endes doch den Interessen des Forumstaates der Vorrang eingeräumt werde[2820].

Anders als die "balancing of interests" - Doktrin der amerikanischen Gerichte möchte Baxter[2821] in einem "comparative impairment test" die miteinander im Konflikt stehenden Staateninteressen daraufhin gegeneinander abwägen, daß das Recht des Staates mit dem größten Rechtsanwendungsinteresse Anwendung findet. Allerdings bedeutet dies eine Quantifizierung von Staateninteressen, deren Maßstab im Unklaren bleibt. Der Staat, der diese Abwägung vornimmt, kann sein eigenes Interesse unter dem Gesichtspunkt der "externen Regelungsziele" zurückstellen[2822]. Aber auch hier wird einem Gericht kein klarerer Abwägungsmaßstab mitgegeben. Diese Methode will zwar die interne Ordnung des anderen Staates möglichst wenig tangiert sehen. Aber trotzdem fehlt es an einer Gewich-

---

2815 Rosic, E.A., The Use of Interest Analysis in the Extraterritorial Application of United States Antitrust Law, Cornell International Law Journal 16 (1983), S. 147-192, 166 ff.; Juenger, F.K., Conflict of Laws: A Critique of Interest Analysis, American Journal of Comparative Law 32 (1984), S. 1-50, 50 nennt die Methode "shallow sophistry"

2816 Maier, H.G., Interest Balancing and Extraterritorial Jurisdiction, American Journal of Comparative Law 31 (1983), S. 579 - 597, 592

2817 Maier, a.a.O.

2818 Note, Beyond the Rhetoric of Comparative Interest Balancing: An Alternative Approach to Extraterritorial Discovery Conflicts, Law and Contemporary Problems 50 (1987), S. 95 - 115, 105

2819 Laker Airways Ltd. v. Sabena Belgium World Airlines, 731 F.2d 909 (D.C. Cir.1984)

2820 Die Fußnote zum Originalzitat [Nr.153] lautet: "Bank of Canada v. Interbank Card Association, 666 F.2d 6 (2d Cir.1981); In re Uranium Antitrust Lititgation, 617 F.2d 1248 (7th Cir.1980)"

2821 Baxter, I.F.G., International Business and Choice of Law, International and Comparative Law Quarterly 36 (1987), S. 92 - 115, vgl. auch Veelken, W., Interessenabwägung im Wirtschaftskollisionsrecht (1988), S. 49 m. w. N.

2822 Vgl. hierzu auch Rosic, E.A., The Use of Interest Analysis in the Extraterritorial Application of United States Antitrust Law, Cornell International Law Journal 16 (1983), S. 147-192, 171

tung des "comparative impairment" und damit an eine Wertung der Regelungsziele.

Außerhalb der USA ist die Interessenabwägung zwar als Entscheidungsfaktor genannt worden - so in der EWG und in Deutschland, aber ohne daß konkrete Kriterien angegeben worden wären. Nur das deutsche Kammergericht hat einen Gesichtspunkt der Interessenabwägung formuliert: den Schwerpunkt eines Zusammenschlußtatbestandes und seiner Auswirkungen[2823]. Auch in der Literatur werden Gesichtspunkte der Interessenabwägung und der Kollisionsauflösung genannt. Mozet[2824] will die Staatsangehörigkeit der Beteiligten, den Schwerpunkt einer Auswirkung und die Priorität der Verfahrenseinleitung berücksichtigen. Kuhlmann[2825] will das Ausmaß der jeweiligen Souveränitätsbeeinträchtigung zum Maßstab wählen, welches sich primär in der Stärke der jeweiligen Auswirkung niederschlage.

Meessen[2826] vertritt einen Grundsatz der freundlichen Zulassung ausländischen Wirtschaftsrechts aufgrund fundamentaler Gemeinsamkeiten der Wirtschaftsrechte und des Inlandsinteresses an der Funktionsfähigkeit des internationalen Wirtschaftsrechts. Insoweit sei der Grundsatz der Nichtanwendbarkeit ausländischen öffentlichen Rechts verfehlt. Ausländisches Recht werde aufgrund inländischen Rechts angewendet. Er konkretisiert diesen Grundsatz[2827] für drei Sachbereiche: die Anerkennung ausländischer Enteignungen gegen Entschädigung, die Beachtung ausländischer Reexportverbote, welche vor Import ins Inland verhängt werden und den inländischen Wirtschaftsverkehr und inländische Interessen nicht stören, und die Anerkennung ausländischer Betriebsgenehmigungen im Recht des Umweltschutzes, wenn ein formeller und materieller Mindeststandard nach inländischem Recht gewährleistet bleibt.

Stern will als Gesichtspunkt der Kollisions - Auflösung berücksichtigen, welcher Staat die engere Verbindung mit dem Sachverhalt hat[2828]. Grossfeld und Rogers[2829] schlagen einen "shared values approach" vor, der eine

---

2823 KG WuW/E OLG 2411 und 2419 - Synthetischer Kautschuk I und II

2824 Mozet, P., Internationale Zusammenarbeit der Kartellbehörden (1991), S. 117 - 121

2825 Kuhlmann, U., Drittstaatsbezogene Unternehmenszusammenschlüsse im EWG-Kartellrecht (1990), S. 103

2826 So etwa in Meessen, K. M., Zu den Grundlagen des internationalen Wirtschaftsrechts, Archiv des öffentlichen Rechts 110 (1985), S. 398 - 418, 407 ff.

2827 A.a.O., S. 418

2828 Stern, B., Quelques observations sur les règles internationales relatives à l`application extraterritoriale du droit, Annuaire Français du Droit International 32 (1986), S. 7 - 52, 51

2829 Grossfeld, B. / Rogers, C.P., A Shared Values Approach Jurisdictional Conflicts in International Economic Law, ICLQ 32 (1983), S. 931 - 947

Identifizierung gemeinsamer Regelungsinteressen zum Ausgangspunkt der Interessenabwägung macht. Sie wollen bei Handlungen darüber hinaus das Recht des Territoriums regelmäßig vorgehen lassen. Deville[2830] will eine einzelfallbezogene Analyse dahingehend vornehmen, daß er Ziele der Wirtschaftspolitik, der allgemeinen Politik und Gesichtspunkte des Unternehmensinteresses voneinander trennen. Die wirtschaftspolitischen Ziele will er in einer Kosten - Nutzen - Analyse danach quantifizieren, welcher Staat mit der Durchsetzung seines Interesses ein größeres Wirtschaftswachstum erzielen kann. Ausländische allgemeinpolitische Interessen seien von Behörden und Gerichten nicht zu berücksichtigen, sondern müßten diplomatisch geltend gemacht werden. Bei Unternehmensinteressen müßten nur widersprüchliche Entscheidungen kollisionsrechtlich vermieden werden. Als ein weiterer Gesichtspunkt wird von Ordover vorgeschlagen, die wirtschaftstheoretischen Prognosen über die Wirksamkeit einer Wirtschaftspolitik in die Abwägung mit einzubeziehen[2831].

Castel[2832] will die Kriterien der Konfliktlösung orientieren an der Rechtssicherheit und Vorhersehbarkeit für die Wirtschaft einerseits und an der Wahrung der wirtschaftlichen Souveränität andererseits, was aber nicht mit dem Grundsatz einer strikten Territorialität zu verwechseln wäre. Staatenkonflikte im Falle grundsätzlich zulässiger extraterritorialer Jurisdiktion wären durch Identifikation gemeinsamer Interessen zunächst im konkreten Falle und später durch eine gleichförmige Gesetzgebung zu harmonisieren. Turner[2833] will das Interesse eines Staates an der Regelung von Wettbewerbsbeschränkungen eigener Staatsangehöriger im Ausland besonders stark bewerten.

Donfee und Friedman[2834] fordern eine Berücksichtigung der Ordnungspolitik für die Märkte der beteiligten Staaten und der Art der Wirt-

---

2830 Deville, R., Die Konkretisierung des Abwägungsgebotes im internationalen Kartellrecht (1990), S. 72 ff.

2831 Ordover, J.A., Conflicts of Jurisdiction: Antitrust and Industrial Policy, Law and Contemporary Problems 50 (1987), S. 165-178, 174

2832 Castel, J.-G., Extraterritoriality in international trade: Canada and United States of America practices compared (1988), S. 281 ff.

2833 Turner, D.F., Die Lösung von Zuständigkeitskonflikten bei der Anwendung nationaler Wettbewerbsvorschriften, WuW 31 (1982), S. 5 - 13, 8

2834 Donfee, T.W./Friedman, A.S., The Extraterritorial Application of United States Antitrust Laws: A Proposal for an Interim Solution, Ohio State Law Journal 45 (1984), S. 883 - 932, 925. Ihr Abwägungskatalog ist ansonsten den in der amerikanischen Praxis vorgeschlagenen sehr ähnlich: "The significant economic or national interests of the effected foreign nations including an analysis of the marketing policies of the affected nations, the extent to which the suit arises from the regulation of a prime natural resource or a primary industry of any affected nation and activities which were required, enschaftstätigkeit, insbesondere eine besondere Behandlung der Gewinnung von Bodenschätzen und der Urproduktion. Turner will ein überragendes Interesse eines Staates an der Wettbewerbsstruktur des Inlandsmarktes berücksichtigen[2835]. Rosenthal[2836] verweist auf die goldene Regel in Jurisdiktionskonflikten: Ein Staat sollte einem anderen Staat oder seinen Staatsangehörigen nichts antun, was er selber nicht für akzeptabel halten würde.

b) Kollisionsrechtliche Abwägungen

Die Kataloge abzuwägender Interessen sind inhaltlich und methodisch zu bewerten. Zum letzteren Gesichtspunkt ist zu sagen, daß sie eine Prüfliste aller zu berücksichtigenden Aspekte sind, welche sowohl bei den Konsultationen zwischen Regierungen wie auch bei der kollisionsrechtlichen Entscheidung nationaler Behörden und Gerichte zugrundegelegt werden können, daß sie aber keinerlei Bewertungsgesichtspunkte enthalten und damit per se für eine rechtliche Entscheidung unzureichend sind. Legt man sie den Überlegungen der comity oder einer kollisionsrechtlich verstandenen reasonableness zugrunde, so wird deutlich, daß die eigentliche Entscheidung nach politischen Opportunitätsgesichtspunkten vollzogen wird, deren Maßstab die subjektiv begründete Vernunft des Entscheidungsträgers ist. Die einzige Beurteilung einer solchen Entscheidung kann anhand der Konsens stiftenden Evidenz erfolgen, also ausschließlich ex post und außerrechtlich.

Die deutsche kollisionsrechtliche Tradition bemüht sich jedoch, solche Entscheidungen durch Regeln zu typisieren und daher wenigstens in begrenztem Maße vorhersehbar zu machen. In diesem Sinne soll hier eine Typisierung von Fallgruppen versucht werden, die angesichts der denkbaren Vielzahl von Konflikts - Konstellationen aber sicherlich nicht abschließend sein kann. Zunächst jedoch sollen die Gesichtspunkte für solche Fallgruppen vorbereitet werden durch eine Auseinandersetzung mit

---

couraged or approved by any affected nations, and the extent and manner in which the president believes continuation of the antitrust lawsuit and any potential judgment therefrom may adversely affect the significant economic or other national interests of any affected nation; the counterveiling significant economic or other national interests of the United States; the contents of any consultations conducted pursuant to a Notification and Consultation Accord; the possible effects upon United States foreign relations if the court exercises jurisdiction and grants relief; and whether a treaty with any affected nation has addressed the issue".

2835 Turner, D.F., Die Lösung von Zuständigkeitskonflikten bei der Anwendung nationaler Wettbewerbsvorschriften, WuW 31 (1982), S. 5 - 13, 8

2836 Rosenthal, D.E., Ten Principles for Resolving Jurisdictional Conflicts, International Practitioner's Notebook 32 (1986), S. 1 - 4, den zahlreichen Abwägungskriterien, welche in Lehre und Praxis für eine Interessenabwägung vorgeschlagen wurden. Sie sind nämlich durchaus nicht alle für diese kollisionsrechtliche Abwägung tauglich.

Soweit ein Vorrang der Anordnung, die sich auf das Territorialprinzip stützt, vorgeschlagen wird, ist dies beim Konflikt sich widersprechender Anordnungen bereits vom Völkerrecht gefordert, beim Zusammenstoß von Anordnung und Freiheit aber ist die Begründung eines solchen Vorrangs nicht ersichtlich, wie bereits erörtert wurde. Überhaupt ist im öffentlichen Wirtschaftsrecht jeglicher Gesichtspunkt der Verbindung einer angeordneten Handlung mit dem Territorium bei kollisionsrechtlichen Erwägungen unangebracht, denn hier geht es um die Teilnahme an der Wirtschaftsordnung, während das Territorium demgegenüber als formaler Aspekt zurücktritt. Kollisionsrecht muß die Bedeutung der unterschiedlichen Regelungen für die jeweilige Wirtschaftsordnung feststellen und sie gegeneinander abwägen. Nur in diesem Sinne kann auch eine Feststellung des Schwerpunkts der Auswirkungen sinnvoll sein.

Aus dem gleichen Grund ist auch die Staatsangehörigkeit der Adressaten einer Regelung kein tauglicher kollisionsrechtlicher Gesichtspunkt, soweit es um einen Konflikt mit einer Regel geht, welche auf die Ordnungshoheit gestützt ist. Denn die Personalhoheit alleine gibt kein Recht auf eine Verteidigung eigener Staatsangehöriger gegen völkerrechtsmäßige Jurisdiktion ihrer Aufenthaltsstaaten und auch keinen Anspruch auf eine Tolerierung der Verletzung fremden Ordnungsrechts.

Die Berücksichtigung vitaler Interessen kann einerseits im Sinne des Schutzprinzips zu sehen sein und ist dann eine vernünftige Erwägung, der Regelung aufgrund dieses Prinzips in der Regel den Vortritt zu lassen. Unterhalb seiner Schwelle aber ist ein solcher Gesichtspunkt nur bei gleichgerichteten Sicherheitsinteressen von Bedeutung. Im rein politisch - wertenden Beurteilungsbereich verbleibt der Gesichtspunkt der Stärke des Konflikts, er ist aber letztlich der Endpunkt einer kollisionsrechtlichen Beurteilung von Staatenkonflikten, welcher die Selbstbeschränkung nahelegt.

Das Problem der privaten Härte bei gegensätzlichen Anordnungen mit einem Befolgungskonflikt können angesichts des völkerrechtlich geforderten Vorrangs der territorialen Anordnung nur dann auftreten, wenn diese ihrerseits unter Verstoß gegen die völkerrechtlichen Voraussetzungen der Jurisdiktionshoheit ergangen ist. Für diesen Fall der Auseinandersetzung mit einer fremden Völkerrechtswidrigkeit ist aber kollisionsrechtliche Selbstbeschränkung nicht das Mittel der Wahl. Vielmehr muß hier in jedem Einzelfall eine politische Lösung gefunden werden. Auch andere verwandte Gesichtspunkte wie die Bedeutung von Verletzungshandlungen auf dem Territorium sind ebenso zu beurteilen.

Auch kein tauglicher Gesichtspunkt ist die Durchsetzbarkeit einer Regelung im In- oder Ausland. Ist sie im Ausland möglich, so gibt es keinen Jurisdiktionskonflikt. Ist sie nur im Inland möglich, so ergibt sich hieraus kein Grund, materielle Jurisdiktion zurückzunehmen. Ist sie auch im Inland nicht möglich, so verbleibt immer noch die Persuasionswirkung, auch hinsichtlich einer zukünftigen Vollstreckung im Inland. Nicht die Vollstreckungsmöglichkeit, sondern nur das materielle Regelungsinteresse sollte bei einer kollisionsrechtlichen Entscheidung den Ausschlag geben.

Die subjektive Absicht oder Kenntnis des Adressaten hinsichtlich der Verletzungshandlung ist ebenfalls kein angemessener Gesichtspunkt. Denn hier hat bereits das Völkerrecht jedenfalls die Kenntnismöglichkeit bei angemessener Anstrengung verbindlich gemacht. Graduelle Unterschiede zwischen den verschiedenen Formen der Kenntnis von der Absicht bis zur Fahrlässigkeit aber sind keine kollisionsrechtlichen Überlegungen, sondern solche des Verschuldens, welche aber keine Bedeutung für die Bewertung des zu verhindernden Schadens der eigenen Wirtschaftsordnung besitzen.

Ein bedeutender kollisionsrechtlicher Gesichtspunkt ist dagegen derjenige der Gegenseitigkeit, also der Wille, eigene Jurisdiktion in einem umgekehrten Fall bei einem gleichen Gefälle der Interessen in der Bewertung ebenfalls vorrangig bewertet sehen zu wollen. So weit man gegen eine ratio naturalis oder kollisionsrechtlich verstandene reasonableness als objektivierbare Maßstäbe erkenntnistheoretische Bedenken hat, ist der Gesichtspunkt der Gegenseitigkeit der einzige Aspekt, welcher die rationale Entwicklung eines internationalen öffentlichen Rechts zur Lösung von Jurisdiktionskonflikten in Aussicht stellt und die Evidenz der Rechtfertigung von konkreten Entscheidungen ermöglicht.

Die Gegenseitigkeit ist auch der zentrale Gesichtspunkt der gemeinsamen Interessen der Staaten an einem öffentlichrechtlichen Kollisionsrecht. Wird sie durch vertragliche Regelungen konkretisiert, so sind diese selbstverständlich zu berücksichtigen. Wird das gemeinsame Interesse der Staaten darüber hinaus durch ähnliche materielle Regelungsinteressen und Ordnungsvorstellungen geprägt, so wird die relative Bedeutung der Befolgung oder Nichtbefolgung der einen oder der anderen Regelung häufig nur zu quantitativen Unterschieden der Schäden in beiden Ordnungen führen, welche leichter ausgeglichen werden können. Dann wird man auch die Priorität der Verfahrenseinleitung als Aspekt akzeptieren können, welche ansonsten kein tauglicher Gesichtspunkt ist.

Ebenfalls nur unter diesem Gesichtspunkt ist der Aspekt der engeren Verbindung mit einem Staat effektiv, der durch die Gemeinsamkeit als Maßstab überhaupt bewertbar wird. Der Schwerpunkt der Auswirkungen wäre ebenfalls nur bei einem solchen gemeinsamen Maßstab der Gegenseitigkeit bestimmbar, ansonsten aber wäre er ohne relative Bewertungsmöglichkeit. Aber auch bei Fehlen gemeinsamer sachlicher Interessen ist die Gegenseitigkeit durchaus ein tauglicher Maßstab, wie gleich noch zu sehen sein wird.

Ein weiterer wichtiger Aspekt ist die Rechtssicherheit, die aber angesichts der notwendigen Offenheit der Kollisionsnormen nicht durch diese, sondern nur durch verfahrensrechtliche Möglichkeiten eines Negativ - Attests oder einer Ausnahmegenehmigung sichergestellt werden kann. Die Eröffnung kollisionsrechtlicher Ermessensspielräume ist unter rechtsstaatlichen Gesichtspunkte zulässig, sie bleibt jedoch hinter den Bedürfnissen der Wirtschaftssubjekte nach vorheriger Einbeziehung der Rechtslage in ihre Planungen zurück. Deshalb ist hier eine verfahrensrechtliche Lösung unabdingbar.

Angesichts all dieser Überlegungen kann man von folgenden typisierten Kollisionsregeln ausgehen, welche hier exemplarisch in dem Bewußtsein erörtert werden, daß auch andere Konfliktsitutationen auftreten können, bei denen dann diese Grundsätze entsprechend angewendet werden müssen. Bei der Kollision von Personal- und Territorialhoheit sollte der Sitzstaat vor dem Heimatstaat regelmäßig den Vorrang haben, soweit es um die Teilnahme an der Wirtschaftsordnung des ersteren geht. Das reine Treueverhältnis kann aber eine Rolle spielen, wenn es um ein sicherheitspolitisch motiviertes Reexportverbot an eigene Staatsangehörige im Ausland geht.

Dieses berechtigte Anliegen des Heimatstaats ist dann abzuwägen gegen das Interesse des Staates an der Vornahme von Exportgeschäften, in dessen Wirtschaftsordnung die Ausländer tätig sind. Hier werden dann gleichgerichtete Sicherheits- und Allianzinteressen ebenso zu berücksichtigen sein wie die Bedeutung der Exportgeschäfte für die Wirtschaft des Aufenthaltsstaats der Adressaten des Verbots. Ein wichtiger Gesichtspunkt ist auch die Gegenseitigkeitserwartung dieses Staates in vergleichbaren umgekehrten Situationen.

Ansonsten sollte die Kollisionsentscheidung im internationalen öffentlichen Wirtschaftsrecht grundsätzlich nicht nach den Gesichtspunkten erfolgen, wessen Staatsangehörigkeit der Adressat einer Anordnung hat oder wo das angeordnete Verhalten zu lokalisieren ist, sondern nach der Bedeutung des Verhaltens für die zwei oder mehreren Wirtschaftsordnungen, in denen der Adressat tätig ist. Bei gleichgerichteten Ordnungsinteressen kann es eine Rolle spielen, ob ein Staat etwa durch seine Außenwirtschaftspolitik oder seine Wettbewerbspolitik die Anliegen auch des anderen Staates, wenn auch durch andere Mittel, rechtlich absichern oder gewährleisten kann. Hier würde sich auch eine Durchsetzung fremder Hoheitsakte im Wege der Rechtshilfe und - mittelbar - durch eine Anwendung seiner privatrechtsgestaltenden Rechtsnormen im Wege der Sonderanknüpfung anbieten.

Wo dieser grundsätzliche Gleichklang der Regelungsinteressen nicht vorliegt, wo etwa zusätzlich der Wettbewerb der Wirtschaftsordnungen im Vordergrund steht, kann der Gesichtspunkt der Gegenseitigkeit, die goldene Regel, von der Rosenthal spricht, ein Leitgesichtspunkt sein, um kollisionsrechtliche Entscheidungen zu treffen. Denn auch unterschiedliche Wirtschaftssysteme müssen miteinander in einer internationalen Wirtschaftsordnung existieren, ohne sich durch Regelungskonflikte gegenseitig in ihrer internen Effektivität und Geschlossenheit erheblich zu beeinträchtigen. Eine Gewichtung der Interessen aufgrund des Gesichtspunkts der Gegenseitigkeit hat einen gemeinsamen Maßstab, weil das eigene Interesse in einem vergleichbaren umgekehrten Fall aufgrund der eigenen ordnungspolitischen Vorgaben abgewogen werden kann gegen das Interesse an der Durchsetzung der eigenen Regelung im konkreten Konfliktsfall.

Wenn etwa ein Staat vor der Entscheidung steht, gegen ein Reexportverbot, welches ein anderer Staat seinen Staatsangehörigen im Ausland auferlegt, mit einer Leistungsverpflichtung durch die eigenen Gerichte zu antworten, so kann es bei dieser Entscheidung - neben der Frage, ob der ausländische Staat die Grenzen des Völkerrechts eingehalten hat - auch eine Rolle spielen, ob mit dem Verbot gemeinsame Sicherheitsinteressen verfolgt werden und ob sich ein Staat in dem umgekehrten Falle eines eigenen Exportverbots bei ähnlichen Auswirkungen auf ausländische wirtschaftliche Interessen ebenfalls eine vorrangige Berücksichtigung der eigenen Interessen wünschen würde. Er kann dann die Bedeutung des Exportverbots gegen die wirtschaftlichen Interessen im Rahmen seiner eigenen Ordnung abwägen und sich möglicherweise zu einer eigenen Achtung und Durchsetzung des fremden Verbots entschließen, wenn eine Gegenseitigkeit durch ähnliche kollisionsrechtliche Erwägungen auf der anderen Seite erwartet werden kann.

In all diesen Fällen wird auch die Auswirkung der Durchsetzung der eigenen Regelung auf die eigene und die fremde Wirtschaftsordnung eine Rolle spielen. Dieser Gesichtspunkt ist zwar möglichweise quantifizierbar, aber er wird durch die ordnungspolitischen Interessen relativiert. Denn hier muß es nicht um konkrete Gewinne und Verluste gehen, vielmehr kann die gleichmäßige Einhaltung ordnungspolitischer Regelungen auch bei relativ geringfügigen wirtschaftlichen Konsequenzen ein grundsätzliches Anliegen sein. Hier wird man nur in der konkreten Fallgestaltung Abwägungen treffen können.

Ein wesentlicher verfahrensrechtlicher Gesichtspunkt der Kollisionsveringerung sind die Gestaltung von Klagebefugnissen und die Strafsanktionen. Wenn Private zur Durchsetzung von öffentlichen Interessen eingesetzt werden, wie dies etwa bei den kartellrechtlichen Privatklagevorschriften der Fall ist, ist eine Berücksichtigung kollisionsrechtlicher Interessen nur dann möglich, wenn dem Gericht eigenverantwortlich entsprechende Spielräume unter Beteiligung der Exekutive bei der Geltendmachung eigener und fremder Interessen eröffnet werden. Die Durchsetzung des ordnungsrechtlichen Regelungsanspruchs angesichts von Jurisdiktionskonflikten sollte immer unter der Bedingung einer kollisionsrechtlichen Erwägung und Entscheidung zumindest eines Staatsorgans stehen. Weiter sollte eine sachgemäße Behandlung dadurch gesichert werden, daß nicht Privatklagen durch unangemessen hohe "punitive damages" zu Konfliktstoff führen. Eine unnötige Disproportionalität der Rechtsfolgen sollte generell vermieden werden.

F. Verbesserung durch Kooperation und Internationalisierung

Die Schwächen der Interessenabwägung liegen aber auf der Hand: zwischen Regierungen stehen politische Aspekte im Vordergrund, welche auch durch die macht- und wirtschaftspolitischen Gewichte der Staaten geprägt werden und damit dem Gedanken der Ordnung internationaler Beziehungen durch das Recht nicht förderlich sind[2837]. Bei den Gerichten und Verwaltungsbehörden können kollisionsrechtliche Gesichtspunkte konkretisiert werden, aber auch hier bleiben notwendig Entscheidungsspielräume. Insbesondere die Erwartung der Gegenseitigkeit ist bei Vorleistungen unsicher und könnte bei Zweifeln zu einer präventiven Durchsetzung der eigenen Regelung führen.

Deswegen wäre es zu wünschen, wenn die Staaten selbst im gemeinsamen Interesse solche Unvollkommenheiten beseitigten[2838]. Hierzu sind mehrere Optionen unterschiedlicher Intensität vorhanden. Zunächst gäbe es verfahrensrechtliche Ansätze über die reinen Konsultationsmechanismen hinaus. So wäre etwa an eine obligatorische Streitschlichtung globaler oder regionaler Natur zu denken, welche die für die Interessen-

[2837] Vgl. hierzu Hermann, A.H., Conflicts of National Laws with International Business Activity: Issues of Extraterritoriality (1982), S. 68 ff.

[2838] So auch Juenger, F.K., Constitutional Control of Extraterritoriality?: A Comment on Prof. Brilmayer`s Appraisal, Law and Contemporary Problems 50 (1987), S. 39-46, 42 ff.

abwägung notwendige Kasuistik herausbilden könnte[2839]. Dies würde auch das Problem der möglichen Präponderanz eigener Interessen bei innerstaatlichen Entscheidungen beseitigen[2840]. Zur Überwindung bilateraler Streitigkeiten könnte man an gemeinsame Kommissionen denken nach dem Vorbild der gemeinsamen Ausschüsse der Freihandelsabkommen zwischen der EWG und den EFTA - Staaten.

Weiter kann durch internationale Übereinkommen gemeinsames Recht geschaffen werden[2841]. Dies wird jedoch nur in Bereichen gleichgerichteter Ordnungspolitik akzeptabel sein, wie dies etwa zwischen Australien und Neuseeland der Fall ist, aber auch zwischen den USA und den EG - Mitgliedstaaten möglich wäre. Die erfolglosen Ansätze der UNO haben gezeigt, daß etwa die Bildung einer Welt - Kartellbehörde noch in weiter Ferne liegt und auch angesichts der unterschiedlichen ordnungspolitischen Vorstellungen der Staaten auf der Welt möglicherweise nie erreichbar sein wird[2842], wahrscheinlich aber auch gar nicht wünschenswert ist, weil der Wettbewerb der Wirtschaftssysteme durchaus politisch erstrebenswert bleibt. In regionalen Bereichen, dies zeigt die EWG und die Zusammenarbeit mit den EFTA - Staaten, aber auch diejenige zwischen Australien und Neuseeland, gibt es hier bereits eher Harmonisierungsmöglichkeiten.

Zum anderen könnten gemeinsame kollisionsrechtliche Regeln geschaffen werden, welche zumindest teilweise die Rechtssicherheit, insbesondere im Verein mit einer nachfolgenden kasuistischen Praxis, verbessern könnten. Hier würden auch die Gegenseitigkeitserwartungen konkretisiert werden können. Schließlich kann man noch als Minimum daran denken, daß die gemeinsamen Regelungsinteressen in Verhaltenskodizes festgelegt werden, die dann bei einem Interessenausgleich und bei der

---

2839 So etwa Hermann, A.H., Conflicts of National Laws with International Business Activity: Issues of Extraterritoriality (1982), S. 70. Der Bericht der Internationalen Handelskammer, a.a.O., S. 88 ff. schlägt eine Institutionalisierung bei der OECD vor

2840 Nobel, P., Internationalisierung der Tatbestände und nationalstaatliches Recht, Aussenwirtschaft 39 (1984), S. 91 - 118, S. 116 f.

2841 Vgl. hierzu Report of the International Chamber of Commerce Committee on the Extraterritorial Application of National Laws, Doc. IME (86) 24, S. 81 ff.; Nobel, P., Internationalisierung der Tatbestände und nationalstaatliches Recht, Aussenwirtschaft 39 (1984), S. 91 - 118, S. 113; Brown, J.A., Extraterritoriality: Current Policy of the United States, Syracuse Journal of International Law and Commerce 12 (1986), S. 493 - 519, 517 ff.; Demaret, P., L'extraterritorialité des lois et des relations transatlantiques: une question de droit ou de diplomatie?, Revue Trimestrielle de Droit Européen (21) 1985, S. 1 - 39, 39; Hoechner, K.M., A Swiss Perspective on Conflicts of Jurisdiction, Law and Contemporary Problems 50 (1987), S. 271-282, 279 ff.

2842 Skeptisch auch Mozet, P., Internationale Zusammenarbeit der Kartellbehörden (1991), S. 114 ff.

Interessenabwägung einen Leitmaßstab enthalten[2843] und somit die Erwartung gegenseitiger Rücksichtnahme fördern. Die Bedenken gegen deren Effektivität wurden aber bereits früher geäußert.

G. Teilergebnis

Auch wenn die Voraussetzungen der völkerrechtlichen Jurisdiktionshoheit eingehalten werden, können fortbestehende Jurisdiktionskonflikte im öffentlichen Wirtschaftsrecht eine Selbstbeschränkung der Staaten durch Kollisionsrecht nahelegen. Im internationalen Privatrecht hat sich die Frage der Anwendung eigener oder fremder Eingriffsnormen als Problemkreis entwickelt, der - im Gegensatz zur klassischen fallorientierten Gerechtigkeit - sich am Durchsetzungswillen der nationalen Normen, insbesondere derjenigen des öffentlichen Rechts orientiert. Eigene Eingriffsnormen müssen dabei so weit angewendet werden, als ihr Regelungsbereich nach dem Willen des Normsetzers reichen soll. Bei fremden Eingriffsnormen taucht das Problem der Sonderanknüpfung auf.

Im öffentlichen Recht stellt sich nur das erste Problem. Während im klassischen internationalen Verwaltungsrecht kein Bedürfnis nach einem eigenen Kollisionsrecht besteht, verändert sich dies durch das Aufkommen der Jurisdiktionskonflikte. Internationales öffentliches Recht ist dabei der Komplex von Normen, welcher nicht das sachliche Regelungsinteresse betrifft, sondern die Relativierung des Norm - Anwendungswillens im Einzelfall aufgrund dieses Interesses beim Konflikt mit ausländischem Interesse. Nach einem solchen Recht besteht ein Bedürfnis aus drei Gesichtspunkten: Gegenseitigkeit zur Gewährleistung der Effektivität des Rechts auch bei grenzüberschreitenden Sachverhalten, Begrenzung der Ausnutzung von Rechtsunterschieden hierbei und Rechtssicherheit zur Wahrung ökonomischer Effektivitätsinteressen.

Die kollisionsrechtliche Fragestellung des internationalen öffentlichen Rechts taucht nur dann auf, wenn es um die Zurücknahme, das heißt die Abschwächung oder den Verzicht auf eigene, per se völkerrechtsgemäße Regelungen geht. Bei der eigen- oder fremdnützigen Anerkennung ausländischer Hoheitsakte spielen zwar auch Gegenseitigkeitsüberlegungen eine Rolle, sie ist aber keine echte kollisionsrechtliche Frage. Die Zurücknahme einer eigenen Regelung steht sowohl bei eigenen selbständigen materiellrechtlichen Regelungen wie auch bei Abwehrregelungen gegen ausländische extraterritoriale Jurisdiktion in Frage. Sie kommt allgemein dann in Frage, wenn ein nationales Interesse daran besteht, die Anwen-

[2843] Hierzu für das Kartellrecht Bryde, B.-O., Internationale Verhaltensregeln für Private. Völkerrechtliche und verfassungsrechtliche Aspekte (1981), S. 33

dung eigenen Rechts hinter im konkreten Falle als höherrangig bewerteten ausländischen Regelungsinteressen ganz oder teilweise zurückzustellen.

Eine solche Rücknahme bedarf gesetzlicher Ermächtigung, weil ansonsten Behörden und Gerichte das eigene Recht strikt anzuwenden haben. Solche Ermächtigungen finden sich de lege lata etwa im Außenwirtschaftsrecht, bei den Ministererlaubnissen im GWB oder in Gestalt des verfahrensrechtlichen Opportunitätsprinzips im Kartellrecht. In anderen Bereichen bedarf internationales öffentliches Recht der gesetzlichen Eröffnung von Entscheidungsspielräumen durch unbestimmte Rechtsbegriffe und Rechtsfolgeermessen für Behörden wie für die Zivilgerichte.

Im Zivilprozeß ist flankierend die Möglichkeit einer obligatorischen Anhörung der Bundesregierung zu den Fragen der zu berücksichtigenden Interessen wünschenswert. Die notwendige Offenheit von Normen, die zu kollisionsrechtlichen Abwägungen ermächtigen, steht im Konflikt mit den Bedürfnissen der Wirtschaft nach - über die rechtsstaatlichen Mindestanforderungen hinausgehender - Vorhersehbarkeit der Rechtslage bereits im Planungsstadium ihrer Aktivitäten. Hier sollte man verfahrensrechtlich die Möglichkeit von Negativattesten und Ausnahmegenehmigungen für die Fälle der Jurisdiktionskonflikte schaffen.

Kollisionsnormen des internationalen öffentlichen Rechts sind wegen ihres Zwecks, die Zurücknahme von belastenden Regelungen zu ermöglichen, per se keine Grundrechtseinschränkungen. Aus diesem Grunde und wegen der vielgestaltigen Sachverhalte sowie der rasch sich ändernden faktischen Grundlagen dürfen sie auch verfassungsrechtlich weite unbestimmte Rechtsbegriffe sowie Ermessens - Ermächtigungen enthalten. Die einzelne Kollisionsentscheidung durch die Behörden ist nur hinsichtlich des Diskriminierungsverbots Gegenstand verwaltungsgerichtlicher Kontrolle. Die verfassungsrechtlich begründeten weiten Beurteilungsspielräume der Exekutive sind dabei zu achten. Ein Anspruch auf ermessensfehlerfreie Entscheidung besteht nicht.

Hinsichtlich des Inhalts kollisionsrechtlicher Überlegungen sind die Gesichtspunkte, welche die amerikanischen Abwägungskataloge anführen, per se zwar berücksichtigenswert, sie enthalten aber keine Abwägungsmaßstäbe. Solche den Staaten gemeinsamen Maßstäbe können sich entweder aus gemeinsamen ordnungspolitischen oder sicherheitspolitischen Interessen ergeben. In diesen Fällen gibt es dann auch einen Maßstab für die Beurteilung der engeren Verbindung eines Sachverhalts mit einem Staat oder des Schwerpunkts der Auswirkungen eines geregelten Verhaltens. Auch können die Staaten hier dem zuerst eingeleiteten Verfahren im Einzelfall den Vortritt lassen und sich gegenseitig Rechtshilfe gewähren.

Wo keine solchen materiellen gemeinsamen Interessen existieren, kann das Gegenseitigkeitsinteresse der Staaten einen gemeinsamen Maßstab kollisionsrechtlicher Abwägung bieten. Grundsätzlich sollte man im Wirtschaftsordnungsrecht nicht Interessen am Territorialitäts- oder Personalitätsprinzip festmachen. Es kommt darauf an, welche Auswirkung die miteinander in Konflikt stehenden Regelungen in den Wirtschaftsordnungen der Staaten haben, an denen die Adressaten teilnehmen. Gesichtspunkte des Schutzprinzips sollten regelmäßig Vorrang vor rein ordnungspolitischen Interessen haben. Der Gesichtspunkt der Gegenseitigkeit gewährleistet, daß sich ein Staat verantwortlich in die Position des anderen Staates versetzen und die beiderseitigen Interessen selbständig gegeneinander abwägen kann, ohne daß immer das eigene Interesse höher bewertet wird.

Zur Vermeidung von Jurisdiktionskonflikten sollte in allen konfliktsträchtigen Bereichen gesetzlich eine Möglichkeit zur kollisionsrechtlichen Berücksichtigung fremder Staateninteressen geschaffen werden. Dabei sollte die Exekutive vor Zivilgerichten die Abwägung der Interessen begründen können. Der Gesichtspunkt der Rechtssicherheit sollte im Verwaltungsverfahren durch die Möglichkeit zu Ausnahmegenehmigungen oder Negativattesten bereits im Stadium der Planung wirtschaftlicher Aktivitäten gewährleistet werden. Auch könnten Konflikte dadurch reduziert werden, daß die Geltendmachung öffentlichrechtlicher Verbotsnormen durch Private nicht unnötig ausgeweitet und eine unnötige Disproportionalität von Rechtsfolgen vermieden wird. In diesen Bereichen ist durchaus die Entwicklung eines internationalen Konsenses denkbar.

Die Entwicklung eines internationalen öffentlichen Rechts in den Staaten alleine aufgrund der Gegenseitigkeitserwartung beinhaltet jedoch weiterhin Unsicherheiten. Deswegen ist eine allmähliche Internationalisierung eines solchen Rechts wünschenswert: durch internationale Streitentscheidung, durch vertragsrechtliche Regelungen, durch die Koordinierung der Ordnungspolitik und, wo dies möglich erscheint, durch gemeinsame Verwaltungsverfahren. Gleichwohl bleibt die einseitige Entwicklung eines internationalen öffentlichen Rechts ein erster wichtiger Schritt hin zu einer rationalen Auflösung von Jurisdiktionskonflikten, die das Völkerrecht alleine nicht verhindern kann.

Summary: Extraterritorial Jurisdiction in Public Economic Law

Jurisdiction in its three aspects - normative prescription, enforcement and adjudication - is a genuine part of a state's sovereign power. It refers to territory in a double sense. Acts of jurisdiction can only be enforced autonomously in the territory of the regulating state (area of validity, "Geltungsbereich"). The area in which persons, matters and legal relationships subject to regulation are located ("Regelungsbereich") may, however, be narrower or larger than the regulating state's territory. In the latter case, jurisdiction is extraterritorial. The undisputedly existing jurisdiction over nationals abroad is a well-known example of extraterritorial jurisdiction.

Extraterritorial jurisdiction may give rise to regulations creating rights or obligations abroad that can, however, only be enforced within the territory of the regulating state. This type of "extraterritorial regulation" has to be distinguished from "territorial regulation with extraterritorial links" connecting persons, acts or legal relationships abroad with rights or duties within the regulating state, such as the taxation of economic activities abroad. Both regulatory schemes are relevant under public international law for they may influence - to a different degree - the legally secured order of the economy in another state. The third type of extraterritorial jurisdiction is the least disputed one: enforcement abroad; this is clearly conditioned by public international law to be lawful only with the permission of the territorial sovereign. Extraterritorial regulation and jurisdiction with extraterritorial links, however, are highly disputed at present.

Public economic law is part of constitutional and administrative law. It is the body of law that marks the limits and the general lines of development of private efforts in the economy according to the concept of an economic order developed by a state. Extraterritorial regulation in administrative law is a fairly recent phenomenon due to the increasing importance of trans-border economic intercourse and to the also equally increasing tendency of states with market economies to govern their economies by basic legal rules including distributory and restraining rules. This has generated many state conflicts particularly in antitrust law, but also in other areas of public economic law.

Extraterritorial jurisdiction became a subject of disputes between states when international economic relations grew, when private as well as public law was applied to persons and subject matters abroad, and when orders or prohibitions were extended to persons and matters located on foreign territory. Transnational economic relations involve the participation of people and enterprises from abroad in a state's domestic economy through the import of goods and services or the governing of behaviour of local affiliates by foreign parent companies. These activities may create a need for extraterritorial jurisdiction. If goods, services and participation may cross the border of a state they should not benefit from the fact that they originate from outside the state's territorial boundaries of jurisdiction. Otherwise it would be easy to circumvent burdensome legal regulation by producing or dealing first abroad and then subsequently importing goods, services or capital.

Extraterritorial jurisdiction in public economic law consequently is - if it is not an deliberate abuse in order to damage the interests of other states - the reaction of a state to persons participating in the national economic order either partly or entirely from abroad or to persons participating in a foreign legal order by acts that are performed in the home state, or by money as well as goods located there. In the first case the state may be interested in guaranteeing the equal legal position of all competitors in the national market (e.g. as to merger law requirements), in the second, in preventing economic behaviour that is detrimental to its own interests (e.g. export of weapons). Thus the increasing importance of extraterritorial jurisdiction is the necessary corollary to liberalisation of the international economy.

If persons are bound by extraterritorial jurisdiction of their home states concerning their actions on foreign territory in a foreign economic order, this may result in conflicts of jurisdiction. If the foreign state, in the economic order of which such persons participate, regulates their activities at home, this may also conflict with jurisdictional acts of the home state. In both cases foreign states face a possibly significant influence of foreign extraterrritorial jurisdiction within their territory. This may contradict their own concept of what should be lawful in their own economic order. A command may conflict with a prohibition, a prohibition with a command or a freedom. A particular freedom may either be proof of disinterest or of a legal position granted deliberately to foster goals of common welfare or safeguarding individual positions.

The more important such concepts are to states, the more there is a probability that conflicts between states will result that will be difficult to resolve and will affect their political relationships. Resolving such conflicts by means of international law is, thus, in the interest of all states that want to secure the same goal, namely the effective implementation of national legal rules even beyond the border in order to preclude any evasion of legal duties. But conflicts between opposing laws are also economically detrimental for private persons. International business needs certainty about the applicability of legal rules in a given situation. Otherwise, unnecessary cost and distortions of the optimum economic flow may result. This is the factual background of the increasing number of conflicts between states in the field of extraterritorial jurisdiction.

Extraterritorial jurisdiction may have considerable potential for persuading a party to act in conformity with national local rules since the regulating state may exert sufficient pressure to induce compliance by taking action with regard to assets of the addressee within its territory or threatening to penalize him when entering its territory. Thus, even if enforcement abroad is difficult, this does not mean that conflicts cannot arise, because a state may willingly and by an act of public authority induce a behaviour on foreign territory that is contrary to the local law.

In the field of public economic law, extraterritorial jurisdiction has mainly arisen in recent times concerning areas of the regulation of competition such as merger law and antitrust law, and in the areas covering the control of most sensitive economic activities, such as dealing with securities and strategic or double-use goods as well as in foreign trade law in the special fields of anti - boycott and anti - corruption laws. Another field of conflict has been the law of administrative and court procedure. This is understandable, especially by virtue of the fact that such procedure is very important for the persuasive effect of substantive extraterritorial jurisdiction.

In administrative law, procedural jurisdiction is always closely linked to substantive law jurisdiction because the control by administrative courts or supervisory bodies always concerns the administration's activity under national law, the basis of all of its actions. The enforcement of claims of foreign states against individuals is generally refused under the German code of procedure for administrative courts although such claims could be dealt with out of an interest in reciprocal help between states.

Extraterritorial jurisdiction generates different reactions by the foreign states involved. By way of positive reaction they can offer their legal assistance, recognise foreign state acts, apply foreign law or simply refrain from applying their own law. Negative reactions may be diplomatic protests, protective legislation or reprisals under public international law. Recognition may foster either the interests of foreign law or the proper interests of the recognising states. A duty to recognise foreign state acts under international law exists only with regard to foreign nationality in conformity with international law. The "act of state doctrine" is national law, not the result of international obligations. It is a decision to deal rationally with conflicts of law. The application of foreign law also is generally (without treaty obligations) a unilateral decision under national law, not a legal obligation. In both cases, consequently, there is a general reservation in favour of the national public policy.

Thus, there are two effects of extraterritorial jurisdiction that may cause legal problems. The first is of a direct nature and involves the lawfulness of enforcement abroad. There is general consent that state acts cannot be enforced abroad without consent or assistance of the territorial sovereign, so that there is very little leeway for doubts about the lawfulness of a state act performed abroad. There are only marginal disputes about acts without force, mere information about state acts and the activities of private persons on behalf of the states.

The second effect is indirect and concerns persuasion in order to induce a behaviour in conformity with the law that is based on extraterritorial links. This is not merely a practical problem of a spillover effect since it is caused by a deliberate normative action of states designed to obtain compliance of persons with respect to their behaviour or assets abroad. Such state acts aim at a particular result within a foreign legal or economic order on foreign territory.

Extraterritorial jurisdiction raises a double set of legal questions, the first of which is directed at about its legal limits under public international law and the second its optimum design to avoid conflicts and economic losses. Both aspects together should be an incentive for states to create rules of public international law as well as of conflict of laws that adjust limits and conflict rules in order to obtain the best results. But theoretical efforts to provide concepts for achieving this goal should not overlook the fact that, as long as states do not agree to something different, there already now exist legal rules about the lawful reach of jurisdiction in public international law that must be observed.

It is therefore necessary to apply a two-pronged approach to find international legal rules governing extraterritorial jurisdiction and the resolution of conflicts in this field. The first step is the identification of public international limiting rules, the second, the statement or the proposal of a conflict of laws approach to govern conflicts of jurisdiction. The fundamental point of departure for legal reasoning about the problem is the recognition that extraterritorial jurisdiction is not unlawful in general. This is confirmed by the assertion of jurisdiction over nationals abroad as well as the partly positive reactions of states to such jurisdiction. It is also shown by the historical development of the law. The principle of strict territoriality, consequence of the rising importance of national sovereignty, is a relatively recent phenomenon. While private law has developed a completely different approach under the conflict of law doctrines, it was in criminal law that rules about the limits of extraterritorial jurisdiction were first developed. An interesting approach to extraterritorial jurisdiction in history can be found in the British Commonwealth practice allowing it "for the peace, order and good government".

The second important factor in dealing with the present problems is the recognition that there are two complementary approaches that serve different goals but have to be considered together. First, there is the public international law question whether in principle a state has the power to exercise extraterritorial jurisdiction and where the limits of this power are. Second, the power that has been verified under public international law should be evaluated carefully with regard to its factual effects in order to find out whether it entails optimum solutions to the conflicting interests of states and the international economy. This is the conflict of laws approach.

In principle every state is sovereign on its own territory and may exclude any other state from prescribing and/or enforcing law there. This sovereignty is not only related to the territory ("Territorialhoheit") but also to the development, enforcement and defence of the state order within the territory ("Ordnungshoheit"). Part of this order is the economy as designed by the state's own sovereign decision and regulated by its economic law. While private law is a framework for the legal relationships between individuals, public economic law is the tool of the state for regulating the scope and the limits of the economic order with compelling force, for example with regard to the conditions of competition or of imports and exports.

Public international law protects territorial sovereignty and the sovereignty to develop and enforce a freely chosen economic order by the principle that every intervention in the internal affairs of other states is prohibited. This protection is strengthened by the concepts of sovereign equality and of the right of peoples to self-determination. However, these limitations under public international law however are no longer effective if cross-border activities are part of two economic orders and, thus, no longer constitute the internal affairs of only one single state. Nevertheless this does not mean that both states can influence such matters irrespective of each other's interest. The right to intervene in the state order of another state to regulate common affairs by exercising extraterritorial jurisdiction is conditioned by the principle of proportionality: such intervention must be necessary and effective. This follows from the basic norm according to which that the sovereignty and independence of states is to be protected by international law to the greatest possible extent.

Jurisdiction exclusively grounded on extraterritorial links exists predominantly in tax law and - very rarely - in foreign trade regulation. In this connection the only the question concerns the legality of the links under public international law, as for example when a state lifts the veil of the independent legal personality of subsidiary companies. Practice shows that a sufficiently tight relationship is always necessary between the state and the addressee or the subject matter of a state act abroad, as demonstrated for example by seat, domicile or nationality, or presence in the territory. Since such jurisdiction is always legally effective autonomously only within the territory of the acting state, international problems are only conceivable if there are detrimental effects abroad. However, there are seemingly no controversies between states in that respect.

Extraterritorial regulation exists in regard to all matters researched here with the exception of tax law. The scope of links applied to this end varies. Security interests in international trade law, anti-boycott and anti-corruption law go along with relatively broad connecting factors addressing all persons who have particular relations with the state: nationality, residence or legal control. The only connecting factors seriously disputed in these areas are the "nationality of goods and technology" and company control within an internationally organised group of companies.

The most intensively disputed connecting factor is the effect of an act performed abroad within the territory of the regulating state, which is used in international trade regulation and predominantly in securities and antitrust law. This effect may be more specifically defined to deal with a particular effect on the economy of the regulating state and, furthermore, qualified as "significant" or "substantial". Moreover, a "direct effect" and - to different degree - an intent concerning the appearance of this effect is often required. There is little homogeneity in formulating these qualifications of the effect among different states as well as among different courts within the United States.

It is often required that the effect be "actual", but in antitrust law it may also be sufficient in practice that the effect be the typical consequence of a change in the structure of a company influencing the market. Thus, in this case, it may only be necessary to predict the effect - as the connecting factor - to a sufficiently evident degree. There are also disputes between states about the sufficiency of an indirect effect as a connecting factor that is based on the sound economic behaviour of private participants in the market: producers, traders and consumers.

The decisions concerning the Laker Case in the United States and the Wood Pulp Case in the EEC show attempts to evaluate the principle of effects as a variation of the principle of territoriality. But it is not appropriate to focus on the local emergence of the effects. A better approach is to concentrate on the fact that sufficiently intensive effects constitute a participation of the actors in the economic order of the target state by importing goods and services from abroad.

Participation in a foreign economic order is also the reason for trans-border control of an international group of companies in merger law. The notion of participation does not entail a lifting of the veil as occurs through the extension of the principle of nationality in international trade law. Participation in the economic order generates the power of the state affected to issue regulations with extraterritorial scope on the basis of its sovereignty over this order. It is not nationality or the territorial aspect that is decisive. Any state may protect its economic policy principles, such as competition, against violations by foreign participants in its economic order. It may also protect the other domestic and foreign participants in this order against damages affecting their economic competitiveness and their ability to participate effectively in this order. Participation, thus, goes beyond the passive personality principle because it allows the state to protect not only its own nationals.

The fact that a regulation conflicts with a contrary regulation in another state is dealt with differently in practice. While in the USA this is only considered as one factor in a conflicts resolution, in EEC law it is considered as an excuse for not complying with extraterritorial rules. In Germany there is no practice concerning this issue. The self-restraint exercised in cases of conflict is gradual. There may be a rule that an extraterritorial regulation is only applicable if there is a parallel rule, for example under criminal law or antiboycott legislation in the state where the addressee is present. In the merger and competition law of the US, self-restraint is exercised only as a matter of international comity. In trade law and securities law no practice of self-restraint exists in this sense.

In merger law the presumed effect of the merger is considered being a sufficient link to justify legal regulation also with respect to companies abroad. In Germany the courts recognise a duty under public international law to restrict the prohibition of a merger, if possible, so that regulation relates only to the domestic effects on competition; in other states there are similar restrictions without the recognition of a legal duty.

There is no legal concept for cases where the domestic prohibition jeopardises the international merger as a whole.

While in the US balancing of conflicting state and individual interests is widely accepted as a conflict of laws method in order to avoid unnecessary state conflicts, this practice is not universally accepted. Some German courts assume a duty under public international law to balance interests, while in the EEC such a duty nor is there a consistent practice. An antitrust co-operation agreement between the US and the EEC seems to prove that both sides now accept a legal duty to balance mutual interests. In the practice of the EEC and Germany there is some, although not consistent, evidence that the duty not to intervene in the domestic affairs of other state is seen as a legal limit for exercising extraterritorial jurisdiction.

The identification of an effect as a connecting factor has been subject to frequent diplomatic protests. However, those protests often criticise not the principle but its application. One persistent objector, the United Kingdom, has made clear recently that it opposes the principle but is ready to accept its consequences if the effects are considered as interference in the economic order on the national territory. A great number of states has accepted the effects doctrine laid out in the UN Code on Restrictive Business Practices. Practical conflicts have increasingly been resolved through the help of the consultation mechanism by the OECD. Some states have concluded bilateral consultation agreements. The most elaborate agreement in this respect, recognising the effects doctrine and a duty to balance mutual interests, is in force between the EEC and the US.

Practice in international trade law and securities law shows that diplomatic conflicts do not arise despite application of the effects doctrine if there is a consensus about the scheme and the goal of extraterritorial regulation between states. It is possible that international customary law may develop in these areas superseding general international law. One example is the consensus of states about an extraterritorial supervision of banks. This, however, does not preclude possible conflicts in cases of parallel jurisdiction. In matters such as tax law, where extraterritorial jurisdiction exists only as jurisdiction with extraterritorial links, disputes exclusively concern the lawfulness of referral to these links.

The potential for conflicts is evident in areas involving divergent policies such as merger and competition law. In international trade law there are both areas of consensus and areas of differences. In the latter areas, e.g. the restriction of re-exports of goods by economic sanctions or security controls, there has been ample conflict between states with different interests. Such conflict has been resolved by diplomatic means.

In public economic law territoriality and nationality are not disputed as connecting factors. The extension of the nationality principle to residents has not met any protests. Its extension to affiliate companies abroad is only considered lawful if the aim in founding such companies is the evasion of rules of the domestic law applicable to the parent company. The unity of a transnational group of companies acting together with respect to a given national economic order is not a question of nationality but rather of participation in this order that is governed by the economic sovereignty of the state concerned. This approach is accepted as lawful at least between the US and the EEC.

"Nationality" of goods and technology, invoked as connecting factor by the US, has been rejected by many industrialised nations. The doctrine of effects seems to be partially accepted in securities law and - at least among the EEC, Germany and the USA - in merger and competition law. There is a common difficulty in researching legal problems that involve the area of extraterritorial jurisdiction: practice is not universal and practical solutions are not always clear as to whether they are pragmatic or reflect a conviction in respect of applicable law.

The exercising of extraterritorial jurisdiction by the courts is only a problem for private (i.e. civil) law courts. Here, the practice shows that every connecting factor, no matter how distant it may be, has been accepted. But conflicts have arisen in the areas of administrative and court procedure, especially when procedural acts were designed to enforce substantive extraterritorial jurisdiction in public economic law. Procedural enforcement grounded on some personal or material link to the enforcing state is a powerful basis of persuasion to follow a state's legal commands even when the addressee is abroad. Procedural jurisdiction, however, is different from substantive jurisdiction. It may be based on particular links that have developed in legal history are universal and reflect a considerable consensus among states.

But procedural jurisdiction also has to be measured by the yardstick of general public international law limits. When procedural acts only generate internal duties of parties or witnesses, or when such acts have only internal consequences, they are within these limits. If they generate duties to be performed abroad, however, they may conflict with the sovereignty of other states and with the duty not to intervene in the domestic affairs of these states. Foreign states may highlight their interests particularly by means of blocking statutes. But these statutes also need justification under public international law. Problems in this regard have mostly arisen in private law procedures while in criminal law disputes only exist in connection with procedures held in absentia and defendants kidnapped abroad by foreign state agents in order to be presented to the domestic court. If procedural jurisdiction exists, a state, nevertheless, is not automatically authorised to apply its own substantive law. It first has to be shown that this law, under public international law standards, also applies to the subject matter, especially when the subject matter is extraterritorially linked.

State practice shows little consistency. In all fields of regulation researched here a connecting factor was needed to justify extraterritorial jurisdiction, but the necessary degree of closeness of this link is disputed. International law rules about jurisdiction do not make a difference as to whether a regulation belongs to public or private law, while the conflict of laws rules in both fields may be considerably different.

There are very few treaty rules concerning extraterritorial jurisdiction. A formulation of rules of general customary international law is difficult for there are relatively few states that exercise their extraterritorial jurisdiction and the resulting rules cannot be extended automatically to other states. Criminal law has the most developed rules in the field but, here also, an extension to other fields of law is not automatically possible. Rules about the territorial scope of application of private law are developed to serve maximum justice between individuals and can therefore not be transferred to public law which is governed by public regulatory interests. Thus, public international law rules have to be derived from the general principles of public law.

The sovereignty of states is protected by international law, but its scope is also delimited by this law. No assumption exists that states are free to act if there are no specific prohibitions under international law. If specific rules are lacking, one has to resort to the general principles of public international law, asking whether there are structures and limits for newly arising principles to be derived from the general principles. This method of filling lacunae is only allowed if an area is not deliberately excluded because freedom to act was to be granted to the states. Furthermore, it is necessary that the general principles allow only for one single rule to be derived for application to a new phenomenon. If several possibilities are methodically possible, the choice between them is not the task of the scholar or the judge, but of the states.

Sovereignty over territory and nationals justifies reference to territoriality and nationality as connecting factors for establishing jurisdiction. Objective territoriality is legitimised by the existence of sovereignty over a territory and over the legal and economic order within this territory.

Nationality jurisdiction is customarily extended to legal residents. Its extension to affiliate companies abroad is not customarily accepted and cannot be derived from the principle of sovereignty over nationals. The same applies to passive personality as a connecting factor.

The principle of protection of state security justifies extraterritorial jurisdiction in public economic law only in case of war or situations just short of war. Sovereignty over the legal and economic order justifies regulation of all types of participation in the economic order of the regulating state, e. g. the exertion of the governing power over a subsidiary by a parent company from abroad or the predictable domestic effects of acts undertaken abroad. Sovereignty over the state order ("Ordnungshoheit") does not justify the exercise of a "prolongated" jurisdiction over goods and technologies that have been legally exported. A contractual submission of individuals to the jurisdiction of a state does not generate any additional right by this state vis-à-vis other states. The principle of non-intervention is not altered by such a contract.

Sovereignty over a state order justifies every regulation by the state concerned with regard to participation in this order. This applies to effects of actions abroad if they are substantial, direct and predictable with due diligence. Regulation may also be justified if the effects are transferred across the border by intentional co-operation of several persons. Typical and dangerous effects may be prevented. Intended effects that did not materialise independently from the intent of the acting persons may be regulated for preventive reasons.

As a general rule every state needs a sufficient link for asserting extraterritorial jurisdiction: territory, nationality, state security or participation in the state order, especially the economic order. Any point of contact is sufficient that pertains to the development and safeguard of the three main factors of sovereignty: territory, nationals and order. A state may apply its public economic law extraterritorially to regulate the conditions of participation in its order. Lawful extraterritorial regulation is - in a time of increasing international economic relations - an indispensable factor of economic self-determination of States, i.e. of their freedom to reconcile economic needs with other political aims.

Lawful extraterritorial legislation, as an exception to the principle of exclusive territorial sovereignty, makes indivisible acts and behaviour relating to two or more state orders a common affair of two or several states subject to this regulation. In the case of such acts and behaviour, the protection of the domaine réservé as distributive factor of competences is no longer applicable so that extraterritorial jurisdiction does not constitute unlawful intervention - although there are legal limits to jurisdiction and rules as to the settlement of disputes arising in this regard. If, however, the subject matter of jurisdiction can be divided, the principle of non-intervention requires restriction of jurisdiction to the part that is relevant to the domestic legal order of the regulating state.

Conflicts may arise based on the possible parallel occurrence of sufficient connecting factors to two or more states. Since states are obligated under the Charter of the UN to resolve their disputes peacefully they must take into consideration the conflicting interests of other states without being obligated to reach a particular result. Conflict resolving rules apart from the duty to engage in consultation over conflicts of jurisdiction do not exist in public international law. Binding decisions of international organisations, such as those of the UN under Chapter 7 of the Charter, may create priorities with respect to conflicting jurisdictional rules.

There are apparently no legal limits to territorial jurisdiction with extraterritorial links. Extraterritorial regulation generating only domestic legal consequences have not been opposed by other states in procedural law. There is no general legal duty to balance state interests, although contractual obligation between the US and the EEC in this regard. In the US practice shows that this is considered as a matter of the comity of nations. These findings indicate that conflict resolving rules of public international law concerning extraterritorial jurisdiction are only a minimum standard that should be complemented by national rules on conflict of laws.

One relevant international law rule, although heavily disputed, is that in case of the direct opposition of two legal commands the one based on territorial sovereignty must prevail. This is not only true if a state is liable for behaviour within its territory but generally, since the territorial sovereign has a monopoly on enforcement on its territory. It would contradict this monopoly, granted and preserved by public international law, if states were allowed to enforce something that is prohibited on the territory of other states. The one exception is if a regulation based on territorial jurisdiction is itself illegal under public international law. If an extraterritorial regulation conflicts with a territorial freedom, neither is prevailing in principle. If, however, a regulation on participation in a foreign legal order is countered by a contrary foreign regulation, the latter prevails.

One other limit of extraterritorial jurisdiction under international law involves the principle of good faith, according to which justified expectations of foreign states created by the behaviour of a regulating state are not to be betrayed, for example by applying sanctions to a restrictive business practice that has been encouraged by this state.

Generally, states must remain within the limits set by international law in protecting territory, nationality and state order, and, must therefore refrain from implementing regulations that are unnecessary and disproportionate to the protection at issue. Finally, a state must abstain from inflicting damages to another state that threaten its existence. All of these limits may be derived from the general principles of international law. They should be united under the term of abuse of rights, because they restrain a right to exercise jurisdiction, belonging in principle to all states, under the special conditions of a particular case.

State organs must observe these limits. Courts must do so if international law is applicable in the domestic legal order. On the other hand courts are not obligated by public international law to balance conflicting domestic and foreign interests, for comity is not a rule of law and equity does not contain any yardstick for determining the result of such balancing. The balancing concept of the Restatement (Third) of foreign relations law of the US mixes international law and conflict of laws rules by means of a legal method that could not be followed by German courts under the rules of German constitutional law. Balancing of interests, as a rule of public international law, imposes a procedural duty on governments in consultations. This approach does not provide any rules concerning substantive results. It is up to the states involved to develop standards for this in common practice or, at a minimum to follow their common interests by exercising unilateral self-restraint.

Since the conflict-resolving rules of public international law at present are by far not sufficient to achieve meaningful, predictable and effective dispute settlement, conflict of laws rules are needed and have to be developed. Very few currently exist in this field. This approach is also necessary for creating legal certainty for the economy. Only if conflicts of extraterritorial jurisdiction are governed by predictable, already-existing and well-known principles can international economic transactions avoid being burdened with cost factors that may make them risky and inefficient.

The conflict of laws approach has to be rooted in the well-known principles of legal reasoning, bearing in mind, however, that these principles are different in private, criminal and administrative law. Private international law has developed, since Savigny, according to the axiom idea that national laws are basically equivalent. In public economic law, however, the rules of private international law are not appropriate, for public law is a means for the state to enforce its concepts on state order, while private international law aims at achieving maximum justice between private persons. A given state's public law cannot be treated by another state as equivalent to its own public since the two states may have different views about the right order. Particularly views on the best economic order may differ widely from state to state and even be opposed as a result of conflicting goals. Criminal law is closer to public law in general, but the common concepts developed as "international criminal law" reflect the particular problems of criminal prosecution and cannot automatically be transferred to public economic law.

"International administrative law" has historically been developed as a concept parallel to private law, but the fact that administrative law generally reflects the particular interest of the legislating state indicates that it differs in principle from private international law. It is common for national administrative law to refer to foreign law and foreign state acts, and it may even recognise these acts, but this is hardly due to a state interest to do international justice. Administrative law normally is designed to regulate the order on the territory of the regulating state according to the public interest of this particular state. Administrative regulations may be internationally co-ordinated, as is particularly the case for tax law, but they take as their starting point the state's interest in achieving a just solution for the individual. Their scope is determined by the national interest that may, however, in specific cases be served best by being co-ordinated it with the interests of other states.

In international administrative law, therefore, there was traditionally no need for conflict of laws rules. This changed when conflicts of jurisdiction arose in public economic law. There is an increasing need for conflict rules in public law ("Internationales Öffentliches Recht") to balance state's interest in applying their own rules against their interest in avoiding conflicts of jurisdiction with foreign states. Additional reasons for the development of such rules are the need for reciprocity to guarantee the effectiveness of the law in transnational matters, for limitation of the possibility to use differences in the law of states for private purposes and for security about the applicable law to facilitate economic effectiveness.

The need for conflict rules in public law arises only if jurisdiction belongs in principle to two or more states, and conflicting rules have to reconciled. This is different from the question of recognition of foreign laws, which may be necessary for other reasons. Self-restraint concerns a state's use of its own jurisdictional power as well as its enactment of blocking statutes against foreign extraterritorial jurisdiction. At the core of the decision to exercise self-restraint is the evaluation that foreign regulatory interests are prevailing in a specific case.

Under German law the exercise self-restraint needs a statutory authorisation since all authorities and courts have to apply strictly and are the law without any discretionary powers in this regard. Such authorisation can already be found in specific cases in trade law and in merger and competition law. Apart from these cases there is at present no leeway for practising self-restraint. This could be changed by granting discretionary powers to the relevant state organs to take foreign state interests into consideration. It would be advantageous if the German federal government were granted a status comparable to the amicus curiae in US law in order to help courts in the assessment of conflicting interests.

The fact that conflict rules necessarily have to be open and broadly formulated this may clash with the need of the economic actors for predictability and certainty about legal regulation. This could be resolved by granting a right to file for preliminary exemptions or statements of legality. Such conflict rules enabling self-restraint or granting specific exemptions are in conformity with the German constitution even if their wording is broad, for they impinge neither on the addresses' statutory or constitutional rights nor on those of third parties. The discretionary decisions are subject to judicial control, but there is a wide margin of appreciation for the authorities. There is no right of individuals to a specific decision.

Criteria must be established for decisions to exercise self-restraint. The balancing catalogues developed in the US practice are helpful for individualising the different interests to be considered, but they do not contain any help for the assessment of the value of such interests and thus for the balancing method itself. Appropriate criteria can be developed in public law matters by examining common policy interests concerning state order and security. Where this occurs, the assessment a the closer connection to a particular state as well as of the centre of gravity of the effects of the regulated activities will have a basis of common consent. Here, states may also be easily willing to grant legal assistance to each other. If there are no common interests regarding state order and security, the desire to secure reciprocal effective enforcement of extraterritorial regulation may be a criterion.

In principle, state interests in public economic law should not be defined as solely related to territory or nationality. The decisive factor should be the influence of the conflicting rules on the economic orders of the states concerned, in which the addressees participate. Interests pertaining to the protective principle, i.e. to basic state security, should always prevail over interests of mere economic policy. Reciprocity assures that states take responsibility to assess foreign interests in the same way as their own interests, without automatically preferring the latter. Such a balancing method would also prevent unnecessary resort to blocking statutes. The grant of unnecessary rights to third parties to bring a claim for enforcing domestic law should be avoided in order to minimise the areas of conflict and concentrate them under state control. Furthermore disproportionate damages (such as the treble damages scheme) as a remedy for such claims should be avoided.

States' interest in reciprocal effectiveness of the enforcement of their legal rules could serve as an incentive for them to develop common treaty rules or at least a co-ordinated practice. However, unilateral developments based only on expectations of reciprocity contain uncertainties. A progressive internationalisation of the administration of conflict rules would therefore be advantageous. This could be achieved through international settlement of disputes, through treaties, by co-ordination of economic policies and, possibly, through common administrative procedures. Nevertheless the unilateral development of conflict rules is a first important step to rational resolution of conflicts of jurisdiction that cannot be resolved under the present insufficient rules of public international law.

Literaturverzeichnis

Abbott, K.W., Collective Goods, Mobile Resources, and Extraterritorial Trade Controls, Law and Contemporary Problems 50 (1987), S.117 - 152

Abramovsky, A., Extraterritorrial jurisdiction: the United States unwarranted attempt to alter international law in United States v. Yunis. Yale Journal of International Law 15 (1990), S. 121-161

Act of State and Extraterritorial Reach: Problems of Law and Policy (J.R. Lacey, Hrsg.) (1983)

Adomeit, G.W., Exportpreiskontrollen im Auftrag fremder Staaten auf deutschem Territorium, Der Betrieb 1986, S. 2527-2530

Ahrens, D., Fusionskontrolle internationaler Unternehmenszusammenschlüsse, RIW/AWD 20 (1974), S. 654 - 658

Akehurst, M., Jurisdiction in International Law, British Yearbook of International Law 46 (1972/73), S. 145-257

Alder, C., Zur Rechtsstellung schweizerischer Unternehmen vor den EWG-Behörden, Basler Juristische Mitteilungen 1969, S. 48-72

Alexy, R., Rechtssystem und praktische Vernunft, Rechtstheorie 18 (1987), S. 405 - 419

Allely, C.M.J., Laker Airways v. Sabena: Comity and Conflict, Law and Policy in International Business 17 (1985), S. 157-176

Allen, N.L., The Development of European Economic Antitrust Jurisdiction Over Alien Undertakings, Legal Issues of European Integration 1974, Heft 2, S. 35-78

American Law Institute, Restatement of the Law (Second), Conflict of Laws (1971)

American Law Institute, Restatement of the Law (Second), Foreign Relations Law of the United States (1965)

American Law Institute, Restatement of the Law, Third, The Foreign Relations Law of the United States (1987)

Amira, K. von, Vom Wesen des Rechts, in: Maihofer, W.(Hrsg.), Begriff und Wesen des Rechts (1973), S. 69 - 84

Andrews, D.R., Act of State - Executive Determination, ZaöRV 35 (1975), S. 795-814

Annual Digest of Public International Law Cases (1932) (Hrsg. J.F. Williams/H. Lauterpacht)

Antitrust Guide for International Operations, Revised March 1, 1977, United States Department of Justice, Antitrust Division, January 26, 1977, abgedruckt in [1977-78 Extra Edition] Trade Reg.Rep. (CCH), No.226

Appleton, A.E., Dresser Industries: The Failure of Foreign Policy Trade Controls under the Export Administration Act, Maryland Journal of International Law and Trade 8 (1984), S. 122-143

April, S./ Fried, J.T., Compelling Discovery and Disclosure in Transnational Criminal Litigation - A Canadian View, New York University Journal of International Law and Politics 16 (1984), S. 961-972

Areeda, P., Antitrust Analysis, 3. Aufl. (1980)

Atwood, J.R. / K.Brewster, Antitrust and American Business Abroad, 2. Aufl. (1981)

Atwood, J.R., Conflicts of Jurisdiction in the Antitrust Fields: The Example of Export Cartels, Law and Contemporary Problems 50 (1987), S. 153-164

Atwood, J.R., The Export Administration Act and the Dresser Industries Case, Law and Policy in International Business 15 (1983), S. 1157-1161

Audeoud, O., Dossier: Les lois de blocage. Symposium: Blocking Statutes. III. (fin). Droit et pratique du commerce international. International Trade Law and Practice XII (1986), S. 617-632

Audit, B., Extra-territorialité et commerce international: L'affaire du Gazoduc Sibérien, Revue critique de droit international privé 72 (1983), S. 401-434

Austin, J., The Province of Justice Determined (Ausgabe 1955)

Austin, R.P., Regulatory Principles and the Internationalization of Securities Markets, Law and Contemporary Problems 50 (1987), S. 221-250

Autenrieth, K., Die grenzüberschreitende Fusionskontrolle in Theorie und Praxis (1982)

Avis de droit de la Direction du droit international public du Département fédéral des affaires étrangères, du 19 octobre 1979, Annuaire suisse de droit international Bd. XXXVII (1981), S. 247 - 253

Baker, D.I., Extraterritorial Applications of United States Antitrust Law: Problems for Canada - Recommendations for the United States and Canada, Canadian-U.S. Law Journal 2 (1979), S. 152-165

Baker, N., Reaching for Documents in a Foreign Country: Marc Rich & Company v. United States, Houston Journal of International Law 8 (1985), S. 119-130

Bär, R., Kartellrecht und internationales Privatrecht (1965)

Bar, C. von, Internationales Privatrecht, 1. Band (1987)

Barack, B., The Application of the Competition Rules (Antritrust Law) of the European Economic Community to Enterprises and Arrangements External to the Common Market, (1981)

Barbash, David M., Same boss, different rules: an argument for extraterritorial extension of Title VII to protect U.S. citizen employed abroad by U.S. multinational corporations, Virginia Journal of International Law 30 (1990) S. 479-515

Barbolak, M.P., Laker Airways: Recognizing the Need for a United States - United Kingdom Antitrust Treaty, Dickinson Journal of International Law 4 (1985), S. 39-64

Barish, S.M., International Paper Chase: Federal Grand Jury Subpoena Duces Tecum in Conflict with Swiss Nondisclosure Law. Marc Rich & Co., A.G. v. United States, Brooklyn Journal of International Law 11 (1985), S. 149-169

Barlow, E.E., Enforcing Securities Regulations through Bilateral Agreements with the United Kingdom and Japan: An Interim Measure or a Solution?, Texas International Law Journal 23 (1988), S. 251-268

Barlow, P., The Extraterritorial Application of United States Antitrust Laws and International Air Transportation (1987)

Barnes, A.D., Expanding the Transnational Scope of Federal Subject Matter Jurisdiction under the Commodity Exchange Act, North Carolina Journal of International Law and Commerce Regulation 10 (1985), S. 239-250

Barounos, D./D.F.Hall/J.R.James, EEC Anti-Trust Law. Principles and Practice (1975)

Basedow, J., Das amerikanische Pipeline-Embargo vor Gericht - Anmerkung, RabelsZ 47 (1983), S. 141(147) -172

Basedow, J., Entwicklungslinien des internationalen Kartellrechts, NJW 42 (1989), S. 627 - 638

Basedow, J., Private Law Effects of Foreign Export Controls - An International Case Report - , GYIL 27 (1984), S. 109 - 141

Basedow, J., Wirtschaftskollisionsrecht. Theoretischer Versuch über die ordnungspolitischen Normen des Forumstaates, RabelsZ 52 (1988), S. 8-38

Bauer, K.-A., Das Recht der internationalen Bankenaufsicht (1985)

Baxter, I.F.G., International Business and Choice of Law, International and Comparative Law Quarterly 36 (1987), S. 92 - 115

Bazex, M. u.a., L'application extraterritoriale du droit économique (1987)

Beatson, J. / Matthews, M. H., Administrative Law. Cases and Materials (1989)

Beck, B., Die extraterritoriale Anwendung amerikanischen Wettbewerbsrechts unter besonderer Berücksichtigung länderübergreifender Fusionen, WuW 34 (1984), S. 447-464

Beck, B., Die extraterritoriale Anwendung nationalen Wettbewerbsrechts unter besonderer Berücksichtigung länderübergreifender Fusionen: eine rechtsvergleichende Studie (1986)

Bederman, D.J., Extraterritorial Domicile and the Constitution, Virginia Journal of International Law 28 (1988), S. 451-494

Behrens, P., Die ökonomischen Grundlagen des Rechts (1986)

Beitzke, G. Extraterritoriale Wirkung von Hoheitsakten, in: Strupp-Schlochauer, Wörterbuch des Völkerrechts, Bd.1 (1960), S.504

Bellamy, C. / G.D.Child, Common Market Law of Competition (3.Aufl. 1987)

Bellamy, C.W. / P.M. Roth, Extraterritorial Application of competition Law to International Mergers an Acquisitions, Revue Internationale de la Concurrence 1991, S. 3 - 13

Bellis, J.-F., International Trade and the Competition Law of the European Economic Community, Common Market Law Review 16 (1979), S. 647-683

Berber, F., Lehrbuch des Völkerrechts, Bd. 1, 2. Aufl. (1975)

Bergbohm, K., Jurisprudenz und Rechtsphilosophie (1892)

Berger, M., Jurisdiction over Foreign Corporation on the Basis of its Subsidiary's Activities in New York: Bulova Watch Co. v. K. Hattori & Co.,Brooklyn Journal of International Law 9 (1983), S. 91 - 113

Bergeron, P., Antitrust Guide: On the Extraterritorial Applications of the U.S. Antitrust Laws and their Effects on Developing Countries (1982)

Berlin, D. / Collins, Dossier: les lois de blocages. Symposium: Blocking Statutes. III. (fin). Droit et pratique du commerce international. International Trade Law and Practice XII (1986), S. 563-616

Bernhardt, R., Ungeschriebenes Völkerrecht, ZaöRV 36 (1976), S. 50 - 75

Bessey, T. L., Comity and Computers in the Common Market: The IBM Case, Northwestern Journal of International Law and Business 4 (1982), S. 626-646

Beyerlin, U., Grenzüberschreitender Umweltschutz und allgemeines Völkerrecht, in: Staat und Völkerrechtsordnung. Festschrift für Karl Doehring (1989), S. 37 - 61

Bin Cheng, General Principles of Law (1963)

Binding, K., Handbuch des Strafrechts, Bd.1 (1885)

Bischoff, J.M./ Kovar, R., L'application du droit communautaire de la concurrence aux entreprises établies à l'extérieur de la communauté, Journal de Droit International 102 (1975), S. 675-727

Biscottini, G., L'efficacité des actes administratifs étrangers, RdC 104 (1961 III), S. 635-697

Blakesley, C.L., Extraterritorial Application of Criminal Law, in: The American Society of International Law, Proceedings of the 85th Annual Meeting (1991), S.386 - 388, 387

Blakesley, C.L., United States Jurisdiction over Extraterritorial Crime, Journal on Criminal Law and Criminology 73 (1982), S. 1109-1163

Blechman, M.D., Remarks on Subject Matter Jurisdiction, Vanderbilt Journal of Transnational Law 17 (1984), S. 59-68

Bleckmann, A., Analogie im Völkerrecht, Archiv des Völkerrechts 15 (1977), S. 161 - 180

Bleckmann, A., Die Handlungsfreiheit der Staaten, Österreichische Zeitschrift für öffentliches Recht und Völkerrecht 29 (1978), S. 173-196

Bleckmann, A., Grundprobleme und Methoden des Völkerrechts (1982)

Bleckmann, A., The Personal Jurisdiction of the European Community, CMLRev 17 (1980), S. 467-485

Bleckmann, A., Zur Anerkennung ausländischer Verwaltungsakte im Europäischen Gemeinschaftsrecht, Juristenzeitung1985, S. 1072 - 1077

Bleckmann, A., Die völkerrechtlichen Grundlagen des internationalen Kollisionsrechts (1992)

Blejec, I.F., Extraterritorial Jurisdiction of U.S. Courts Regarding the Use of Subpoenas Duces Tecum to Obtain Discovery in Transnational Litigation: The Search for a Limiting Principle, New York University Journal of International Law and Politics 16 (1984), S. 1135-1166

Blythe, M.A., The Extraterritorial Impact of the Anti-Trust Laws: Protecting British Trading Interests, American Journal of Comparative Law 31 (1983), S. 99-129

Boatwright, S., Reversing the Expansive Trend of Extraterritorial Subject Matter Jurisdiction over Bad Conduct under Rule 10 b-5 of the Securities Exchange Act of 1934, Texas International Law Journal 23 (1988), S. 487-504

Böckenförde, E.-W., Entstehung und Wandel des Rechtsstaatsbegriffs, in: Recht, Staat, Freiheit (1991), S. 143 - 169

Böckenförde, H., Die Teilung Deutschlands und die deutsche Staatsangehörigkeit, in: Epirrhosis. Festgabe für Carl Schmitt (1968), S. 423 - 463

Bockslaff, Das völkerrechtliche Interventionsverbot als Schranke außenpolitisch motivierter Handelsbeschränkungen (1987)

Bockslaff, The Pipeline Affair of 1981/82: A Case History, German Yearbook of International Law 27 (1984), S. 28-37

Böckstiegel, K.H./ Schlafen, D., Die Haager Übereinkommen über die Zustellung und die Beweisaufnahme im Ausland, NJW 1978. S. 1073 - 1077

Bodin, J. , Les Six Livres de la République (1583), deutsche Übersetzung von G. Niedhart (1976)

Böhmer, C., Spannungen im deutsch-amerikanischen Rechtsverkehr in Zivilsachen, NJW 48 (1990), S. 3049 - 3054

Born, G.B., Recent British Responses to the Extraterritorial Application of United States Law: The Midland Bank Decision and Retaliatory Legislation involving Unitary Taxation, Virginia Journal of International Law 26 (1985), S. 91-108

Born, G.B., Reflections on Judicial Jurisdiction in International Cases, Georgia Journal of International Law and Comparative Law 17 (1987), S. 1-44

Born, Gary, B. / Hoing, Scott, Comity and the lower courts: post-aérospatiale applications of the Hague Evidence Convention. International Lawyer 24 (1990), S. 393-407

Bosch, U., Das Bankgeheimnis in Konflikt zwischen US-Verfahrensrecht und deutschem Recht, IPRax 4 (1984), S. 127 - 135

Bothe, M., Der Rechtsschutz ausländischer Nachbarn gegen umweltbelastende Anlagen im Grenzbereich, Festschrift zur 150-Jahr-Feier des Rechtsanwaltsvereins Hannover (1981), S. 42-61

Botticelli, C., Recent Canadian Blocking Legislation: A Vehicle to Foster Extraterritorial Discovery Cooperation between the United States and Canada?, Fordham International Law Journal 10 (1987), S. 671-688

Bourquin, M., Règles Générales du Droit de la Paix, RdC 35 (1931 I), S. 5-229

Brandt, C.D. (Hrsg.), Vorschläge zum Erlaß einer Urkundenvorlageverordnung nach den Haager Beweisaufnahme-Übereinkommen (1987)

Brenscheidt, M., Neuere Entwicklungen im US-amerikanischen Wirtschaftsrecht mit extraterritorialem Anwendungsbereich, RIW/AWD 25 (1979), S. 88-97

Brewer, T.L., International Regulation of Restrictive Business Practices, Journal of World Trade Law 16 (1982), S. 108-118

Brewster,K., Antitrust and American Business Abroad (1958)

Brierly, J.L., The "Lotus" Case, Law Quarterly Review 44 (1928), S. 155

Brilmayer, L. / Paisley, K., Personal Jurisdiction and Substantive Legal Relations: Corporations, Conspiracies, and Agency, California Law Review 74 (1986), S. 1 - 40

Brilmayer, L., The Extraterritorial Application of American Law: A Methodological and Constitutional Appraisal, Law and Contemporary Problems 50 (1987), S. 11-38
Brinkhaus, J., Das Britische Abwehrgesetz von 1980 (1989)
Brohm, W., Wirtschaftsrecht - Anrecht und Aufgabe, Die Öffentliche Verwaltung 32 (1979), S. 18 - 27
Brown, J.A., Extraterritoriality: Current Policy of the United States, Syracuse Journal of International Law and Commerce 12 (1986), S. 493 - 519
Browne, L.B., Extraterritorial Discovery: An Analysis Based on Good Faith, Columbia Law Review 83 (1983), S. 1320-1350
Brownlie,I., Principles of Public International Law, 2.Aufl. (1973)
Bruha, T., Handelsembargo gegen Argentinien durch EWG-Verordnung?, DVBl.1982, 674 - 682
Bruns, V., Völkerrecht als Rechtsordnung, ZaöRV 1(1929), S. 1-56
Bryde, B.-O., Internationale Verhaltensregeln für Private. Völkerrechtliche und verfassungsrechtliche Aspekte (1981)
Bühler, O., Steuerrecht, Internationales, in: Strupp,K. / Schlochauer, H.J. (Hrsg.), Wörterbuch des Völkerrechts, Bd.3 (1962), S. 377 - 390
Bunte, K., Völkerrechtliche Fragen bei Auslandszusammenschlüssen, WuW 31 (1981), S. 605-618
Burdeau, G., Der Staat als Institution, in: Institution und Recht (Schnur, R., Hrsg.) (1968), S. 294 - 311
Bushman, K., The British Protection of Trading Interests Act of 1980, Journal of International Law and Economics 14 (1980), S. 253 - 280
Bydlinski, F., Juristische Methodenlehre und Rechtsbegriff, 2.Aufl. (1991)
Cabanellas, G., The Extraterritorial Effects of Antitrust Law on Transfer of Technology Transactions (1988)
Campbell, A., EC Competition Law. A Practitioner's Textbook (1980)
Canada: Foreign Extraterritorial Measures Act, International Legal Materials 24 (1985), S. 794-796
Canaris, C.-W., Die Feststellung von Lücken im Gesetz, 2. Aufl. (1983)
Candon, A.E., International Service of Administrative Process, George Washington Journal of International Law and Economics 16 (1981), 119 - 141
Canenbley, C. (Hrsg.), Enforcing Antitrust against Foreign Enterprises (1981)
Capitani, W.de, The Swiss Banks and the United States Securities Laws, Regulations, Wirtschaft und Recht 35 (1983), S. 182
Capotorti, F. u.a., Il fenomeno delle concentrazioni di imprese nel diritto interno e internazionale (1989)
Carmel, R.S., The Extraterritorial Application of the Federal Securities Code, Connecticut Law Review 7 (1975), S. 669-710
Carnelutti, A./Delon, F., Les états face aux effets extra-territoriaux du droit de la concurrence des Etats-Unis d`Amérique - l`exemple de la France, Revue Francaise de Droit Aérien 37 (1982), S. 15-41
Carreau, D. / Juillard, P. / Flory, T., Droit international économique (2.Aufl.1980)
Carroll, A.J., The Extraterritorial Enforcement of U.S. Antitrust Laws and Retaliatory Legislation in the United Kingdom and Australia, Denver Journal of International Law and Policy 13 (1984), S. 377-386
Carswell, R. Economic Sanctions and the Iran Experience, Foreign Affairs 60 (1981), S. 247-265
Carter, H.M., The Jurisdiction of Federal Courts as Limited by the Citizenship and Residence of the Parties (1899, Nachdruck 1983)

Cartoon, B.J., The Westinghouse Case: Collective Response to the Extraterritorial Enforcement of United States Anti Trust Laws, South African Law Journal100 (1983), S. 731-741

Castel, J.-G., Compelling Disclosure by a Non-Party Litigant in Violation of Foreign Bank Secrecy Laws: Recent Developments in Canada-United States Relations, Canadian Yearbook of International Law 23 (1985), S. 261-284

Castel, J.-G., Extraterritoriality in international trade: Canada and United States of America practices compared (1988)

Castel, J.-G., The Extraterritorial Effects of Antitrust Laws, RdC 179 (1983 I), S. 9-144

Cavers, D., A Critique of the Choice-of-Law Problem, Harvard Law Review 47 (1933), S. 173

Chambault, J.- F., Le juge administratif français et le droit international de l'environnement. Réflexion sur un arrêt récent, RGDIP 90 (1986), S. 597-623

Chase, A., Aspects of Extraterritorial Criminal Jurisdiction in Anglo-American Practice, The International Lawyer 11 (1977), S. 555-565

Cincannon, C.P., The Dresser Case: One Step too Far, New York Journal of International and Comparative Law 5 (1984), S. 191-230

Cira, C.A.jr., Current Problems in the Extraterritorial Application of the U.S. Antitrust Law, Journal of International Law and Economics 13 (1978/79), S. 157-162

Cohen-Tanugi, L., Les juridictions américaines face au lois étrangères interdisant la communication de renseignements économique, Revue critique de droit international privé 72 (1983), S. 213-247

Coing, H., Grundzüge der Rechtsphilosophie, 4. Aufl. (1985)

Collins, L., Blocking and Clawback Statutes: The United Kingdom Approach, Journal of Business Law 1986, S. 452-465

Collins, L., The Hague Evidence Convention and Discovery: A serious Misunderstanding?, ICLQ 35 (1986), S. 765-786

Common Market and American Antitrust (Rahl,J.A. Hrsg.) (1970)

Connelly, M.Q., Multinational Securities Offerings: A Canadian Perspective, Law and Contemporary Problems 50 (1987), S. 251-270

Control of International Restrictive Business Practices, Proceedings of the American Society of International Law 69 (1975), S. 170-192

Corcoran, J.I.W., The Trading with the Enemy Act and the controlled Canadian Corporation, McGill Law Journal 14 (1968), S. 174-208

Corso, L., Section 10(b) and transnational securities fraud: a legislative proposal to establish a standard for extraterritorial subject matter jurisdiction, George Washington Journal of International and Economic Law 23 (1989), S. 573-608

Cox, S.E., The Interrelationship of Personal Jurisdiction and Choice of Law: Forging New Theory Through Asahi Metal Industry Co. v. Superior Court, University of Pittsburgh Law Review 49 (1987), S. 189 - 227

Coyne, R.P., Allied Bank III and United States Treatment of Foreign Exchange Controls: The Effects of the Act of State Doctrine, The Principle of Comity, and Article VIII, Section 2(b) of the International Monetary Fund Agreement, Boston College International & Comparative Law Review 9 (1986), S. 409 - 450

Craig, W.L., Application of the Trading with the Enemy Act to Foreign Corporations Owned by Americans: Reflections on Fruehauf v. Massardy, Harvard Law Review 83 (1970), S. 579-602

Crawford, J., Jurisdiction to Restrain Foreign Proceedings, BYIL 57 (1986), S. 414-417

Crockett, C.H., Extraterritorial Expropriation, Indiana Law Review 13 (1980), S. 655-680

Currie, B., Notes on Methods and Objectives in the Conflicts of Laws, Duke Law Journal 1959, S. 171 - 181

Curtius, F., Ueber Staatsgebiet und Staatsangehörigkeit, Archiv des öffentlichen Rechts 9 (1894), S. 1 - 22
D'Amato, A., Rubin, A.P., What does Tel-Oren Tell Lawyers, AJIL 79 (1985), S. 92 - 113
Daffada, A., The Protection of Trading Interests Act of 1980 - Britain's Latest Weapon in the Fight against United States Antitrust Laws, Fordham International Law Journal 4 (1981), S. 341-389
Dahm, G., Völkerrecht, 2 Bde. (1958)
Dahm, G.,/ Delbrück,J./ Wolfrum,R., Völkerrecht, (2. Aufl.), Bd. I/1 (1989)
Damrosch, L.F., Politics Across Borders: Nonintervention and Nonforcible Influence over Domestic Affairs, AJIL 83 (1989), S. 1-50
Danaher, M.J., Anti-Antitrust Law: The Clawback and Other Features of the United Kingdom Protection of Trading Interests Act, 1980, Law and Policy in International Business 12 (1980), S. 947 - 972
Daschbach, R.J., The Evolution of American Maritime Policy and its Implications, Journal of Maritime Law and Commerce 11 (1980) S. 387 - 394
Däubler, W., Grundprobleme des internationalen Arbeitsrechts, AWD 18 (1972), S. 1-12
Davidow, J., Antitrust, International Policy and Merger Control, Journal of International Law and Economics 15 (1981), S. 519
Davidow, J., Cartels, Competition Laws and the Regulation of International Trade, New York University Journal of International and Politics 15 (1983), S. 351 - 376
Davidow, J., Extraterritorial Antitrust and the Concept of Comity, Journal of World Trade Law 15 (1981), S. 500 - 520
Davidson, R.M., The Canadian Response to the overseas Reach of United States Antitrust Law: Stage I and Stage II Amendments to Combines Investigation Act, Canada - United States Law Journal 2 (1979), S. 166 - 175
DeBoer, T.M. / Knotting, R., Der niederländische Richter und das US-Gasröhren-Embargo, IPrax 4 (1984), S. 108 - 112
Dechsling, R., Die Verhältnismäßigkeit (1989)
Demaret, P., L'extraterritorialité des lois et des relations transatlantiques: une question de droit ou de diplomatie?, Revue Trimestrielle de Droit Européen (21) 1985, S. 1 - 39
Der Grundsatz der Verhältnismäßigkeit in Europäischen Rechtsordnungen (Hrsg. Deutsche Sektion der Internationalen Juristenkommission) (1985)
Der Justizkonflikt mit den Vereinigten Staaten von Amerika (W.J. Habscheid Hrsg.) (1986)
Deringer, A., The Common Market Competition Rules with Particular Reference to Non Member Nations, ICLQ, 12 (1963), S. 582 - 590
DeSouza, P.J., The Soviet Gas Pipeline Incident: Extension of Collective Security Responsibilities to Peacetime Commercial Trade, Yale Journal of International Law 10 (1984), S. 92 - 117
Deville, R., Die Konkretisierung des Abwägungsgebotes im internationalen Kartellrecht (1990)
Dicke, D.C., Die Intervention mit wirtschaftlichen Mitteln im Völkerrecht (1978)
Didier, K.A., The Expanding Territorial Jurisdiction of the Sherman Antitrust Act: Intent and Effects in the Balance?, Loyola L.A. International and Comparative Law Journal 6 (1093), S. 463 - 482
Die Anwendung der Antitrust - Gesetze auf internationale Tansaktionen: Richtlinien des US - Justizministeriums (1991)
Doehring, K., Allgemeine Staatslehre (1991)
Doehring, K., Die allgemeinen Regeln des völkerrechtlichen Fremdenrechts und das deutsche Verfassungsrecht (Beiträge zum ausländischen öffentlichen Recht und Völkerrecht, 39) (1963)
Doehring, K., Die Pflicht des Staates zur Gewährung diplomatischen Schutzes (1959)

Dolzer, R., Eigentum, Enteignung und Entschädigung im geltenden Völkerrecht (1985)
Donfee, T.W./Friedman, A.S., The Extraterritorial Application of United States Antitrust Laws: A Proposal for an Interim Solution, Ohio State Law Journal 45 (1984), S. 883 - 932
Donner, R., Regulation of Nationality in International Law (1983)
Dreier, R., Der Rechtsstaat im Spannungsverhältnis zwischen Gesetz und Recht, in: Recht - Staat - Vernunft (1991), S. 73 - 94
Drobnig, U., Das Profil des Wirtschaftskollisionsrechts, RabelsZ 52 (1988), S. 1 - 7
Drobnig, U., Die Beachtung von ausländischen Eingriffsgesetzen - eine Interessenanalyse, in: Barfuß, W. u. a. (Hrsg.), Festschrift für Karl H. Neumayer (1985), S. 159 - 179
Dulckeit, G. / Schwarz, F. / Waldstein, W., Römische Rechtsgeschichte, 8. Aufl. (1989)
Dyal, G.E., The Canada-United States Memorandum of Understanding Regarding Application of National Antitrust Law: New Guidelines for Resolution of Multinational Antitrust Enforcement Disputes, Northwestern Journal of International Law and Business 6 (1984/1985), S. 1065 - 1095
Earls, R.B., Extraterritorial Application of Fraud Provisions of the Commodity Exchange Act, Washington and Lee Law Review 41 (1984), S. 1215-1242
Ebenroth, C.T., Konkurrierende institutionelle Vereinbarungen und Internationalisierung der Wirtschaft, Rechtstheorie 19 (1988), S. 199-229
Ebenroth, C.T./ Autenrieth, K., Die Fusionskontrolle beim Zusammenschluß ausländischer Unternehmen unter indirekter Beteiligung eines inländischen Unternehmens, Der Betriebs-Berater 36 (1986), S. 16 - 24
Eeckman, P., L'application de l'article 85 du Traité de Rome aux ententes étrangères á la C.E.E. mais causant des restrictions à la concurrence à l'intérieur du Marché Commun, Revue Critique de Droit International Privé 54 (1965), S. 499-528
Ehrenzweig, A.A., Private International Law (1967)
Ehrenzweig, A.A., Private International Law. A comparative Treatise on American International Conflicts Law, Including the law of Admiralty, Bd.2 (1973)
Einsele, D., Rest- bzw. Spaltgesellschaft auch bei Entschädigung? Ein Problem des internationalen Enteignungsrechts im Spiegel des Art.14 Abs.3 GG, RabelsZ 51(1987), S. 603-631
Ellicott, J., Extraterritorial Trade Controls - Law, Policy and Business, in: Private Investors Abroad (Hrsg. Landwehr, M.L.) (- 1983), S. 1-35
Ellinger, E.P., Extraterritorial Aspects of Bank Secrecy, Journal of Business Law 1985, S. 439-446
Ellis, J.J.A., Extraterritorial Application of Anti-Trust Legislation, Netherlands International Law Review 17 (1970), S. 51-67
Ellis, J.J.A., The extra-territorial effect of the Community antitrust legislation outside the Member States, in: Droit Communautaire et Droit National, Semaine de Bruges 1965 (1965), S. 361-380
Ellscheid, G., Das Naturrechtsproblem. Eine systematische Orientierung, in: Kaufmann, A. / W. Hassemer (Hrsg.), Einführung in Rechtsphilosophie und Rechtstheorie der Gegenwart, 5. Aufl. (1989), S. 143 - 211
Elsener, F., Extraterritorial Application of U.S.Antitrust Laws: The Viewpoint of a European Corporate Lawyer, Regulations, Wirtschaft und Recht 35 (1983), S. 130 - 140
Emmerich, V., Kartellrecht, 6. Aufl. (1991)
Engisch, K., Einführung in das juristische Denken, 8. Aufl. (1989)
Environment and Trade: The Relation of International Trade and Environmental Policy (Rubin, S.J. / Graham, T.R.,Hrsg.), (1982)

Ergec, R., La compétence extraterritoriale à la lumière du contentieux sur le gazoduc Euro-Sibérien (1984)
Erichsen, S., Das Liability - Projekt der ILC, ZaöRV 51 (1991)
Eser, G., Kollisionsrechtliche Probleme bei grenzüberschreitenden Arbeitsverhältnissen, RIW 38 (1992), S. 1 - 5
Espinosa, R. C., The extraterritoriality of exchange control regulations under the IMF articles of agreement. Philippine Law Journal 62 (1987) S. 227 - 278
Eucken, W., Grundsätze der Wirtschaftspolitik, 6. Aufl. (1990)
Eure, P.K., Extraterritoriality: Australian Limitations on Foreign Judgments and Discovery, Harvard International Law Journal 26 (1985), S. 578-584
Extraterritorial Application of Laws and Responses thereto (Hrsg. C.J. Olmstead) (1984)
Fastenrath, U., Lücken im Völkerrecht (1991)
Fawcett, J.J., Jurisdiction and Subsidiaries, Journal of Business Law 1985, S. 16-25
Fazzone, P.B., Business Effects of the Extraterritorial Reach of the U.S. Export Control Laws, New York University Journal on International Law and Politics 15 (1983), S. 545-594
Fedozzi, P., De l'efficacité extraterritoriale des lois et des actes de droit public, RdC 27 (1929 II), S. 141-242
Feldman, M.B., The Restructuring of National Security Controls under the 1985 Amendments to the Export Administration Act: Multilateral Diplomacy and the Extraterritorial Application of United States Law, Stanford Journal of International Law 21 (1985), S. 235-279
Fera, R.D., The European Economic Community and the Vredeling Proposal: The Debate to Temper Ideology with Realism, California Western International Law Journal 16(1986), S. 250-281
Ferid, M., Internationales Privatrecht, 3. Aufl. (1986)
Fickel, F., Zur Entwicklung des Enteignungskollisionsrechts, AWD 20 (1974), S. 584-587
Figa, P.S., The Capacity of Foreign Sovereigns to Maintain Private Federal Antitrust Actions, Cornell International Law Journal 9 (1975), S. 137 - 153
Fikentscher, W., De fide et perfidia, Der Treuedanke in "Staatsparallelen" des Hugo Grotius aus heutiger Sicht, Berichte der Bayerischen Akademie für Wissenschaften, philosophisch-historische Klasse (1979), S. 1 ff.
Fikentscher, W., Third World Trade Partnerships: Supranational Authority vs. National Extraterritorial Antitrust - A Plea for "Harmonized" Regionalism, Michigan Law Review 82 (1984), S. 1489-1509
Fikentscher, W., Wirtschaftsrecht, 2 Bde. (1983)
Fincham, C.B.H., Domestic Jurisdiction (1948)
Fine, R.J., Extra Territorial Application of Restrictive Trade Practice Legislation: A Restatement of Underlying Conflicts, Il diritto degli scambi internazionali 6 (1967), S. 29-40
Fischer, K., Zur internationalen Zuständigkeit deutscher Gerichte nach § 23 ZPO, RIW 1990, S. 794 - 797
Fischer, P., Multinationale Unternehmen und das Völkerrecht, Die Vereinten Nationen und Österreich 23 (1974), S. 24-29
Fischer, O., Die Methode der Rechtsfindung im Internationalen Recht, Jherings, Jahrbücher für die Dogmatik des Bürgerlichen Rechts 65 (1915)
Folz, H.E., Die Geltungskraft fremder Hoheitsäusserungen (1975)
Fox, E.M., Extraterritoriality, Antitrust, and the New Restatement: Is "Reasonableness" the Answer?, New York University Journal of International Law and Politics 19 (1987), S. 565-601
Frank, R., Öffentlich-rechtliche Ansprüche fremder Staaten vor inländischen Gerichten, RabelsZ 34 (1970), S. 56-75

Frankenstein, E., Internationales Grenzrecht (1926)

Frankfurter Kommentar zum Gesetz gegen Wettbewerbsbeschränkungen (Hrsg. Glassen, H./H. v. Hahn u.a.) (Loseblattslg., Stand 1987)

Frei, L., The Service of Process and the Taking of Evidence on Behalf of U.S. Proceedings - the Problem of Granting Assistance, Regulations, Wirtschaft und Recht 35 (1983), S. 196 - 210

Fricke, M., Neues vom Vermögensgerichtsstand?, NJW 45 (1992), S. 3066 - 3069

Fricker, C.V., Gebiet und Gebietshoheit (1901)

Friedli, G., Statements on International Legal Assistance from the Viewpoint of one of the large Swiss Banks, Regulations, Wirtschaft und Recht 35 (1983), S. 245 - 247

Friedman, A.S. , Laker Airways: The Dilemma of Concurrent Jurisdiction and Conflicting National Policies, Brooklyn Journal of International Law 11 (1985), S. 181-236

Friedman, H.M., Confronting the Arab Boycott, Harvard International Law Journal 19 (1978), S. 443

Frisinger, J. Extraterritoriale Anwendung des USA-Antitrustrechtes und "Personal Jurisdiction" über ausländische Gesellschaften, RIW/AWD 1972, S. 12-21

Frisinger, J., Die Anwendung des EG-Wettbewerbsrechts auf Unternehmen mit Sitz in Drittstaaten, RIW/AWD 1972, S. 553-560

Fugate, W.L., Antitrust Aspects of the Revised Restatement of Foreign Relations Law, Virginia Journal of International Law 25 (1984), S. 49-71

Gaines, S. E., The Extraterritorial Reach of U.S. Environmental Legislation and Regulations, in: Environment and Trade (Rubin, S.J/Graham, T.R.) (1982), S. 102 - 134

Gamm, O.- F. Frhr. v. Anwendung deutschen Wettbewerbsrechts auf auslandsbezogene Sachverhalte, Europäisches Wirtschafts- und Steuerrecht 2 (1991), S. 166 - 169

Gandenberger, O., Der einfluß der Einkommen- und Körperschaftsteuer auf die internationalen Wirtschaftsströme, in: Vogel, K. (Hrsg.), Grundfragen des Internationalen Steuerrechts (1985), S. 33 - 48

Ganjaei, A., Matsushita Electric Industrial Co. Ltd. v. Zenith Radio Corp.: The Death Knell for Predatory Price Fixing and the Avoidance of a Standard for the Foreign Sovereign Compulsion Defense, Denver Journal of International Law and Policy 15 (1987), S. 395-419

Garland, G.J., The Effects Test vs. Act of State Considerations: A Comparison of the OPEC and Westinghouse Decisions, University of Colorado Law Review 53 (1981-82), S. 677 - 689

Garvey, G.E., American Retreat from Extraterritorial Antitrust Enforcement, Consequences of new Legislative Policies for an International Competitive Economy, RabelsZ 51 (1987), S. 401-436

Garvey, G.E., The Foreign Trade Antitrust Improvements Act of 1981, Law and Policy in International Business 14 (1982), S. 1-46

Geck, W. K., Anerkennung, in: Strupp-Schlochauer, Wörterbuch des Völkerrechts, Bd.1 (1960), S. 55

Geck, W. K., Hoheitsakte auf fremdem Staatsgebiet, in: Strupp-Schlochauer, Wörterbuch des Völkerrechts, Bd.1 (1960), S. 795 - 796

Geiger, R., Grundgesetz und Völkerrecht (1985)

Geimer, R., Internationales Zivilprozeßrecht (1987)

Gentili, A., De iure belli libri tres (1612) (Hanoviae apud Haeredes Guilielmi Antonii)

Gentili,A., Hispanicae advocationis libri duo (1661), Reproduktion und englische Übersetzung in The Classics of International Law (Hrsg. J.B.Scott)(2 Bde.,1921)

Georgieff, A., Kollisionen durch extraterritoriale staatliche Regelungen im internationalen Wirtschaftsrecht: eine Untersuchung zu jüngsten Entwicklungen auf den Gebieten des Exportkontrollrechts und des Kartellrechts (1989)

Gerber, D. J., Beyond Balancing: International Law Restraints on the Reach of National Laws, Yale Journal of International Law 10 (1985), S. 185 - 221

Gerber, D. J., Extraterritorial Discovery and the Conflict of Procedural Systems: Germany and the United States, American Journal of Comparative Law 34 (1986), S. 745-788

Gerber, D.J., The Extraterritorial Application of the German Antitrust Laws, AJIL 77 (1983), S. 756-783

Gerber, D.J.,Beyond Balancing: International Law Restraints on the Reach of National Laws, Yale Journal of International Law 10 (1985), S. 185 - 221

Gerber,D.J., International Discovery after Aerospatiale: The quest for an analytical framework, AJIL 82 (1988), S. 521-555

Gerlach, A., Die Intervention (1987)

Gesetz gegen Wettbewerbsbeschränkungen. Gemeinschaftskommentar (Hrsg. W. Benisch) (4. Aufl.1980 ff.)

Giese, F., Gebiet und Gebietshoheit, in: Anschütz, G./ Thoma, R. (Hrsg.), Handbuch des Deutschen Staatsrechts, Bd.1 (1930), § 19, S.225-234

Gilioli, E.L., Defining Jurisdictional Limits in International Antitrust: Should the EEC Adopt the Timberlane Approach?, Fordham International Law Journal 5 (1982), S. 469-508

Gillmeister, F., Ermittlungsrechte im deutschen und europäischen Kartellordnungswidrigkeitsverfahren (1985)

Gleiss, A. / Hirsch, M., Kommentar zum EWG-Kartellrecht (3.Aufl. 1978)

Goldfarb, J.R., Extraterritorial compliance with NEPA amid the current wave of environmental alarm, Boston College Environmental Affairs Law Review 18 (1991), S. 543 - 603

Goldman, B., Le champs d'application territoriale des lois sur la concurrence, RdC 128 (1969 II), S. 637 - 729

Goldman, B., Les effets juridiques extra-territoriaux de la politique de concurrence, RMC 15 (1972), S. 612 - 623

Gotlieb, A.E., Extraterritoriality: A Canadian Perspective, Northwestern Journal of International Law and Business 5 (1983), S. 449 - 461

Grace, A.D., Law of Liquidations: The Recognition and Enforcement of Foreign Liquidation Orders in Canada and Australia - a critical comparison, ICLQ 35 (1986), S. 664-703

Graf von Westphalen, F., Preiskontrollen von Drittstaaten auf dem Territorium der Bundesrepublik Deutschland und ihre rechtliche Zulässigkeit, RIW/AWD 26 (1980), S. 88-98

Graham, W.C., Foreign Extraterritorial Measures Act, Canadian Business Law Journal 11 (1986), S. 410-444

Graham, W.C., Reflections on United States Legal Imperialism: Canadian Sovereignty in the Context of North American Economic Integration, International Journal (Toronto) 40 (1985), S. 478-509

Gramlich, L., Außenwirtschaftsrecht (1991)

Grandman, V.R., New Imperialism: The Extraterritorial Application of United States Law, The International Lawyer 14 (1980), S. 257-266

Graupner, F. Die Bedeutung der Wettbewerbsregeln des EWG-Vertrages für Unternehmen in Ländern außerhalb der Europäischen Wirtschaftsgemeinschaft, RI-W/AWD (1963), S. 1-3

Grewlich, K.W., Die UN-Konvention über einen Verhaltenskodex für Linienkonferenzen, ZaöRV 35 (1975), S. 742-758

Griessbach, L., Grundsätze des US-Export Administration Amendments Act of 1985, RIW 1985, S. 924 - 928

Griffin, J.P., A Critique of the Justice Department's Antitrust Guide for International Operations, Cornell International Law Journal 11 (1978), S. 215-254
Griffin, J.P., American Antitrust Law and Foreign Governments. An Introduction to the Problem, Journal of International Law and Economics 13 (1978/79), S. 137-148
Griffin, J.P., Perspectives on the Extraterritorial Application of U.S. Antitrust and other Laws (1979)
Griffin, J.P., United States Antitrust Laws and Transnational Business Transactions: An Introduction, The International Lawyer 21 (1987), 307 - 341
Griffin, J.P./Bravin, M.N., Beyond Aérospatiale: A commentary on foreign discovery provisions of the Restatement (Third) and the proposed amendments to the Federal Rules of Civil Procedure, International Lawyer 25 (1991), S. 331 - 349
Grippando, J.M., Declining to Exercise Extraterritorial Antitrust Jurisdiction on Grounds of International Comity: An Illegitimate Extension of the Judicial Abstention Doctrine, Virginia Journal of International Law 23 (1983), S. 395 - 428
Groeben, H.v. / Thiesing, J. / Ehlermann, C.-D., Kommentar zum EWG - Vertrag, 4. Aufl. (1991)
Grof, A., Allgemeine Klagebefugnis von Ausländern bei grenzüberschreitenden Umweltbeeinträchtigungen ?, Natur und Recht 1987, S. 262 - 265
Grof, A., Grundsatzfragen des internationalen Verwaltungsrechts am Beispiel des Umweltrechts, in: Mellinghoff/Trute (Hrsg.), Die Leistungsfähigkeit des Rechts (1987), S. 303 - 324
Grof, A., Zum "Internationalen Verwaltungsrecht", Juristische Blätter 108 (1986), S. 209 - 216
Grossfeld, B. / Junker, A., Das CoCom im internationalen Wirtschaftsverkehr (1991)
Grossfeld, B. / Rogers, C.P., A Shared Values Approach Jurisdictional Conflicts in International Economic Law, ICLQ 32 (1983), S. 931 - 947
Grossfeld, B., Basisgesellschaften im internationalen Steuerrecht (1974)
Grossfeld, B., Internationales Unternehmensrecht (1986)
Grossfeld, B., Praxis des internationalen Privat- und Wirtschaftsrechts (1975)
Groux, J. "Territorialité" et droit communautaire, Revue trimestrielle de droit européen 23 (1987), 5-33
Guggenheim, P. Les deux éléments de la coutume en droit international, in: Etudes en l'Honneur de Georges Scelle, Bd. 1 (1950), S. 275 ff.
Guggenheim, P., Lehrbuch des Völkerrechts Bd. 1 (1948)
Gupta, M.D., The Evidence Convention: Supreme Law of the Land?, Wisconsin International Law Journal 1984, S. 183-201
Gutzwiller, M., Zitelmanns völkerrechtliche Theorie des IPR, Archiv für Rechts- und Sozialphilosophie 16 (1922/23), S. 468 - 481
Habscheid,W.J., Territoriale Grenzen der staatlichen Rechtsetzung, Berichte der Deutschen Gesellschaft für Völkerrecht, Heft 11 (1973), S. 46 ff.
Hacking, D. Lord, Increasing Extraterritorial Impact of US Laws: A Cause for Concern Amongst Friends of America, Northwestern Journal of International Law and Business 1 (1979), S. 1-10
Haedrich, H., Intervention, in: Strupp-Schlochauer, Wörterbuch des Völkerrechts, Bd.2 (1961), S. 144
Hahn, H. J., Währungsrecht (1990)
Hahn, H. v., Fusionskontrolle bei Auslandszusammenschlüssen, WuW 33 (1983), S. 448-460
Haigh, G.W., International Law and Extraterritorial Application of the Antitrust Laws, Yale Law Journal 63 (1953/54), S. 640 - 662
Hailbronner, K., Rechtswirkungen des EG-Südafrika-Kodex, RIW/AWD 28 (1982), S. 111-117

Halpern, J., "Exorbitant Jurisdiction" and the Brussels Convention: Towards a Theory of Restraint, Yale Studies of World Public Order 9 (1983), S. 369-387

Hamel, W., Das Wesen des Staatsgebietes (1933)

Hamlin, J.W., Exporting United States Law: Transnational Securities Fraud and Section 10 (B) of the Securities Exchange Act of 1934, Connecticut Journal of International Law 3 (1988), S. 273-415

Hanappel, W., Staatsangehörigkeit und Völkerrecht (1986)

Hanisch, H., Aktuelle Probleme des internationalen Insolvenzrechts, Schweizerisches Jahrbuch für internationales Recht 36 (1980), S. 109-136

Hantke, W., Die Verschärfung des Außenwirtschaftsrechts, NJW 45 (1992), S. 2123 - 2125

Happe, C.-M., Die grenzüberschreitende Wirkung von nationalen Verwaltungsakten (1987)

Harding, C.S. P., Jurisdiction in EEC Competition Law. Some Recent Developments, Journal of World Trade Law 11 (1977), S. 422-440

Harfield, H., The Implications of U.S. Extraterritorial Discovery Proceedings Against Multinational Corporations for the Judiciary, New York University Journal of International Law and Politics 16 (1984), S. 973-983

Harms, W., Richter, B., § 24 a GWB, in: Gesetz gegen Wettbewerbsbeschränkungen und Europäisches Kartellrecht. Gemeinschaftskommentar (Begr. v. Müller-Henneberg/Schwarz, Hrsg. W. Benisch), 4. Aufl. 13. Lieferung (1990)

Hart, H.L.A., Legal and Moral Obligations, in: Melden, A. (Hrsg.), Essay in Moral Philosophy (1983), S. 87 - 93, zitiert nach Hoerster, N. (Hrsg.), Recht und Moral (1987), S. 50 - 56

Hart, H.L.A., The Concept of Law (1961)

Hartley, T.C., Comity and the Use of Antisuit injunctions in International Litigation, American Journal of Comparative Law 35 (1987), S. 487-511

Hasford, H., Die Jurisdiktion der Europäischen Gemeinschaften. Zur extraterritorialen Wirkung des Gemeinschaftsrechts (1977)

Havers, M., Good Fences Make Good Neighbors: A Discussion of Problems Concerning the Exercise of Jurisdiction, The International Lawyer 17 (1983), S. 784-795

Hawes, S. J., The Sovereign Compulsion Defence in Antitrust Actions and the Role of Statements by Foreign Governments, Washington Law Review 62 (1987), S. 129-149

Hay, P., Refining Personal Jurisdiction in the United States, ICLQ 35 (1986), S. 32-62

Haymann, M., Extraterritoriale Wirkungen des EWG-Wettbewerbsrechts (1974)

Hegel, G. W. F., Grundlinien der Philosophie des Rechts oder Naturrecht und Staatswissenschaft im Grundrisse (1821), § 182 ff.

Heidenhain, M., Europäische Fusionskontrolle für Zusammenschlüsse ohne gemeinschaftsweite Bedeutung, EuZW 1 (1990), S. 84 - 86

Hein, W., Recht und Praxis der Ahndungsvorschriften des US-Export Administration Act, RIW 32 (1986), S. 496-501

Heini, A., Die Anwendung wirtschaftlicher Zwangsmaßnahmen im internationalen Privatrecht, Berichte der deutschen Gesellschaft für Völkerrecht, Heft 22 (1982), S. 37 - 53

Heini, A., Jurisdiktion und Jurisdiktionsgrenzen im internationalen Privatrecht, Schweizerisches Jahrbuch für internationales Recht 41 (1985), S. 93 - 98

Heise, C.J., Die Vorlage im Ausland belegener Geschäftsunterlagen (Diss. Göttingen 1975)

Heiz, R., Das fremde öffentliche Recht im internationalen Kollisionsrecht (1959)

Heldrich, A., Internationale Zuständigkeit und anwendbares Recht (1969)

Heller, H., Staatslehre (Bearbeitung G.Niemeyer) 6.Aufl. (1983)

Henry, D.J., Pretrial Discovery in USA - Extraterritorialer Einfluß auf Durchsetzung und Benutzung von gewerblichen Schutzrechten, GRURInt.1983, S. 82-97
Herdegen, M., Die Achtung fremder Hoheitsrechte als Schranke nationaler Strafgewalt, ZaöRV 47 (1987), S. 221-242
Herman, L.L., The Code of Conduct for Liner Conferences: Frustrations on the Road to Utopia, Canadian Yearbook of International Law 14 (1976), S. 257-269
Hermann, A.H., Conflicts of National Laws with International Business Activity: Issues of Extraterritoriality (1982)
Hermann, D.H.J., Extraterritorial Criminal Jurisdiction in Securities Laws Regulation, Cumberland Law Review 16 (1985/86), S. 207-228
Hermanns, F., Extraterritoriale Rechtsanwendung, in: Wettbewerb als Herausforderung und Chance. Festschrift für W. Benisch (1969), S. 439 - 451
Hermanns, F., Völkerrechtliche Grenzen für die Anwendung kartellrechtlicher Verbotsnormen (1969)
Herndl, K., Lotus-Fall, Strupp-Schlochauer, Wörterbuch des Völkerrechts, Bd.2 (1961), S. 433
Herrmanns, F., Völkerrechtliche Grenzen für die Anwendung kartellrechtlicher Verbotsnormen (1969)
Heumann, H.G. / Seckel, E., Handlexikon zu den Quellen des römischen Rechts, Bd.1 (1906)
Hight, D.H., United States v. First National Bank of Chicago: Limiting American Extraterritorial Authority to Order the Production of Documents in Violation of Foreign Law, De Paul Law Review 33 (1983), S. 183-206
Hirschberg, L., Der Grundsatz der Verhältnismäßigkeit (1981)
Hitzler, G., Systeme der Fusionskontrolle (1979)
Hobbes, Th. Elementa philosophica III: de cive (Hrsg. G. Gawlick 1959)
Hobbes, Th., Leviathan (1651) (Übers. W. Euchner, 4. Aufl. 1991)
Hoechner, K.M., A Swiss Perspective on Conflicts of Jurisdiction, Law and Contemporary Problems 50 (1987), S. 271-282
Hoerster, N., Die moralische Pflicht zum Rechtsgehorsam, zitiert nach Hoerster, N. (Hrsg.), Recht und Moral (1987), S. 129 - 14 Hoerster, N., Die moralische Pflicht zum Rechtsgehorsam, zitiert nach Hoerster, N. (Hrsg.), Recht und Moral (1987), S. 129 - 14
Hoffmann, G., Internationales Verwaltungsrecht in: von Münch, I. (Hrsg.), Besonderes Verwaltungsrecht, 7. Aufl. (1985), S. 851 - 870
Hollweg, R.E., The Sabbatino Amendment: Congressional Modification of the American Act of State Doctrine, ZaöRV 29 (1969), S. 316-330
Holmes, W.C., Government Antitrust Actions and Remedies Involving Foreign Commerce: Procedural and Substantive Limitations, Northwestern Journal of International Law and Business 4 (1982), S. 105-129
Holthausen, D., Die Strafbarkeit von Auslandstaten Deutscher und das völkerrechtliche Interventionsverbot, NJW 45 (1992), 214 - 216
Homburger, E., Zur extraterritorialen Anwendung der amerikanischen Antitrustgesetze, Schweizerische Juristenzeitung 54 (1958), S. 99 - 102
Homburger, E./ Jenny, H., Internationalrechtliche Aspekte des EWG-Wettbewerbsrechts. Zur Anwendung der wettbewerbsrechtlichen Bestimmungen des EWG-Vertrages auf in Nichtmitgliedstaaten veranlaßte Wettbewerbsbeschränkungen, (1966)
Horn, N., Uniformity and Diversity in the Law of International Commercial Contracts, in: Horn / Schmitthoff (Hrsg.), The Transnational Law of International Commercial Transactions (1982), S. 3 - 18

Houtte, H. van, Jugement sur les effets en Belgique des nationalisations francaises, Revue belgique de droit international 16 (1986), S. 652-653
Howaldt, J.P. - Fischer, E., Richtlinien über die Anwendung US-amerikanischen Kartellrechts auf internationale Sachverhalte, RIW/AWD 1979, S. 239-242
Huber, E. R., Wirtschaftsverwaltungsrecht, Bd. 1, 2. Aufl. (1953)
Huber, Ulrich, Auswirkungstheorie, extraterritoriale Rechtsanwendung und nationale Verbotsgesetze, Studienvereinigung Kartellrecht e.V., IX. Internationales EG-Kartellrechts-Forum Brüssel 1981 (1982), S. 11 - 51
Huber, Ulricus, Praelectionum Juris Civilis Tomi Tres, Ausgabe Leipzig (1707)
Hübner, U, Die methodische Entwicklung des internationalen Wirtschaftsrechts (1980)
Hug, W., Die Anwendbarkeit der kartellrechtlichen Bestimmungen des Montanvertrages und des Vertrages über die Europäische Wirtschaftsgemeinschaft auf in Nichtmitgliedstaaten veranlaßte Beschränkungen des Wettbewerbs im Gemeinsamen Markt, in: Kartelle und Monopole im modernen Recht (1961), Bd. II, S. 603-637
Hülsen, H.-V. von, Kanada und Europäische Reaktionen auf die US "pre-trial discovery", RIW/AWD (28) 1982, S. 537-555
Hunter, R., The Extraterritorial Application of the Constitution - Unalienable Rights?, Virginia Law Review 72 (1986), S. 649-676
Huntley, A.K., The Protection of Trading Interests Act 1980: Some Jurisdictional Aspects of Enforcement of Antitrust Laws, International and Comparative Law Quarterly 30 (1981), S. 213-233
Igal Strausberg, G., Erdos v. United States: Expansion of Extraterritoriality and Revival of Extraterritoriality, Georgia Journal of International and Comparative Law 3 (1973), S. 257-270
Iluyomade, B.O., The scope and Content of a Complaint of Abuse of Right in International Law, Harvard International Law Journal 16 (1975), S. 47 - 92
Immenga, U. / Mestmäcker, E.-J., GWB. Kommentar (1992)
Immenga, U., Die extraterritoriale Anwendung des EWG-Kartellrechts nach dem Farbstoff-Urteil des Europäischen Gerichtshofes, Zeitschrift für Schweizerisches Recht 91 (1972), 1.Halbband, S. 417-432
Immenga, U., Extraterritoriale Rechtsanwendung zwischen Recht und Politik, in: Barfuß, W. u.a. (Hrsg.), Festschrift für Karl H. Neumayer (1985), S. 323-335
Institut de Droit International, Annuaire 56 (1975) Resolution
International Law Association of Japan. Japan Branch Committee to the International Committee on extraterritorial Jurisdiction, The Japanese Annual of International Law 33 (1990), S. 140 - 153
International Restrictive Business Practices?, Proceedings of the American Society of International Law 71 (1977), S. 213-234
Ipsen, K. Völkerrecht, 3. Aufl. (1990)
Isay, E., Internationales Verwaltungsrecht, in: Stier-Somlo, F. / Elster, A. (Hrsg.), Handwörterbuch der Rechtswissenschaft, Bd.3 (1928), S. 344-356
Iwasaki, K., Japanese Court`s Competence, Jurisdiction for International Litigations, European Transport Law 19 (1984), S. 559-582
Jacobs, D.M., Extraterritorial Application of Competition Laws, The International Lawyer 13 (1979), S. 645 - 665
Jacquet, J.-M., La norme juridique extraterritoriale dans le commerce international, Journal du Droit International 112 (1985), S. 327-405
Janis, M.W., The Doctrine of Forum Non Conveniens and the Bhopal Case, NILR 34 (1987), S. 192-204
Jayme, E., Methoden der Konkretisierung des ordre public im Internationalen Privatrecht (1989)

Jeffrey, M.: The implications of the Woodpulp case for the European Communities. Leiden Journal of International Law 4 (1991) S. 75 - 107
Jellinek, G., Allgemeine Staatslehre, 3.Aufl. (1914)
Jellinek, W., Die zweiseitigen Staatsverträge über die Anerkennung ausländischer Zivilurteile (1953)
Jenks, C. W., The Common Law of Mankind (1958)
Jennings, R., The Proper Reach of Territorial Jurisdiction: A Case Study of Divergent Attitudes, Georgia Journal of International and Comparative Law 2 (1972), S. 35-42
Jennings, R.Y., Extraterritorial Jurisdiction and the United States Antitrust Laws, BYIL 33 (1957), S. 147-175
Jennings, R.Y., The Limits of State Jurisdiction, Nordisk Tidskrift for International Ret 32 (1962), S. 209-229
Jescheck, H.-H., Strafrecht, Internationales, in: Strupp-Schlochauer, Wörterbuch des Völkerrechts, Bd.3 (1962), S. 396
Joelson, M.R., International Antitrust: Problems and Defences, Law and Policy in International Business 15 (1983), S. 1121-1134
Jöhr, W. A., Walter Eucken, in: Geschichte der politischen Ökonomie (Hrsg. Recktenwald, H. C.) (1971), S. 580 - 598
Jones, R.T., Extraterritoriality in U.S. Antitrust: An International "Hot Potatoe", The International Lawyer 11 (1977), S. 415-435
Jordan, J.P. / Leiner, F.C., American Jurisdiction over Foreign Corporations in Product Liability Law Suits: The ASAHI Decision and Beyond, JWTL 21 (1987), S. 31-44
Jovanovic, S. , Restriction des compétences discretionnaires des états en droit international public (1988)
Juenger, F.K., Conflict of Laws: A Critique of Interest Analysis, American Journal of Comparative Law 32 (1984), S. 1-50
Juenger, F.K., Constitutional Control of Extraterritoriality?: A Comment on Prof. Brilmayer`s Appraisal, Law and Contemporary Problems 50 (1987), S. 39-46
Juenger, F.K., Judicial Jurisdiction in the United States and the European Communities: A Comparison, Michigan Law Review 82 (1984), S. 1195-1212
Juenger, F.K., Möglichkeiten einer Neuorientierung des internationalen Privatrechts, NJW 26 (1973), S. 1521 - 1526
Juenger, F.K., The "Extraterritorial" Application of American Antitrust Law and the New Foreign Relations Law Restatement, WuW 40 (1990), S. 602 - 618
Junker, A., Der lange Arm amerikanischer Gerichte: Gerichtsgewalt, Zustellung und Jurisdictional Discovery, IPRax 6 (1986), S. 197-204
Kadish, S. A., Comity and the International Application of the Sherman Act: Encouraging the Courts to Enter the Political Arena, Northwestern Journal of International Law and Business 4 (1982), S. 130-171
Kaffanke, J., Jüngste Entwicklungen zur extraterritorialen Anwendung der Wettbewerbsgesetze in den USA, WuW 37 (1987), S. 277-287
Kaffanke, J., Nationales Wirtschaftsrecht und internationale Wirtschaftsordnung (1990)
Kaffanke, J., Nationales Wirtschaftsrecht und internationaler Sachverhalt, ArchVR 27 (1989), S. 129 - 155
Kahn, T. J., The Protection of Trading Interests Act of 1980: Britain`s Response to U.S. Extraterritorial Antitrust Enforcement, Northwestern Journal of International Law and Business 2 (1980), S. 476-516
Kaiser, G., Conflict of Laws and the Extraterritorial Effect of Commercial Regulation, Queen s Law Journal 1 (1972), S. 384-440
Kaiser, J.H., Internationale und nationale Zuständigkeit im Völkerrecht der Gegenwart, Berichte der deutschen Gesellschaft für Völkerrecht 7 (1967), S. 1- 23
Kalinowski, J.von, World Law of Competition, Overview (Loseblatt, 1982 -)

Kant, I. Die Metaphysik der Sitten, Teil 1: Metaphysische Anfangsgründe der Rechtslehre (1797 / 1798)
Karmel, R.S., The Extraterritorial Application of the Federal Securities Code, Connecticut Law Review 7 (1975), S. 669 - 710
Kaufmann-Kohler, G., Enforcement of United States Judgments in Switzerland, Regulations, Wirtschaft und Recht 35 (1983), S. 211 - 244
Kegel, G., Die Rolle des öffentlichen Rechts im internationalen Privatrecht, In: Völkerrecht, Recht der Internationalen Organisationen, Weltwirtschaftsrecht. Festschrift für Ignaz Seidl - Hohenveldern, (Hrsg. Böckstiegel, K.H. u.a.), S. 243 - 278
Kegel, G., Internationales Privatrecht (6.Aufl.1987)
Kegel, G./Seidl-Hohenveldern, I., On the Territoriality Principle in Public International Law, Hastings International and Comparative Law Review 5 (1981), S. 245-290
Keith, A.B., Responsible Government in the Dominions, Bd.1 (1928)
Keller, M. / Siehr, K., Allgemeine Lehren des internationalen Privatrechts (1986)
Kelsen, H., Allgemeine Staatslehre (1925)
Kelsen, H., Reine Rechtslehre, 2. Aufl. (1960)
Kelsen, H./ Tucker, R.W., Principles of International Law, 2. Aufl. (1966)
Kennedy, K.C., Stretching the Long-Arm in Asahi Metal Industry Co., Ltd. v. Superior Court: World Wide Jurisdiction after World-Wide Volkswagen?, Boston University International Law Journal 4 (1986), S. 327-350
Kerber, M., Zur Reform des französischen Wettbewerbsrechts, Wirtschaft und Wettbewerb 38 (1986), S. 373 - 378
Kerry, M.J., Extraterritorial Application of Competition Law, in: A. Kean (Hrsg.), Essays in Air Law (1982), S. 125-146
Kerse, C.S. , EEC Antitrust Procedure (2.Aufl. 1988)
Kersten, H.C., Zur Anwendbarkeit des GWB auf ausländische Unternehmenszusammenschlüsse mit Inlandswirkungen, WuW 29 (1979), S. 721 - 732
Kestenbaum, L., Antitrust`s "Extraterritorial" Jurisdiction: A Progress Report on the Balancing of Interests Test, Stanford Journal of International Law 18 (1982), S. 311-346
Kestenbaum, L., The Antitrust Challenge for the Arab Boycott: Per se theory, Middle-East Politics, and United States v. Bechtel Corporation, Texas Law Review 54 (1976), S. 1411-1431
Kestenbaum, L., The Arab Boycott in U.S. Law: Flawed Remedies for an International Trade Restraint, Law and Policy in International Business 10 (1978), S. 769-814
Kestenbaum, L./ Olson, J.W., Federal Amicus Intervention in Private Antitrust Litigation Raising Issues of Extraterritoriality: A Modest Proposal, The International Lawyer 16 (1982), S. 587 - 598
Kevekordes, J., Auslandszusammenschlüsse im internationalen und materiellen Kartellrecht (1986)
Kewenig, W.A., Die Anwendung wirtschaftlicher Zwangsmaßnahmen im Völkerrecht, Berichte der Deutschen Gesellschaft für Völkerrecht 22(1982), S. 7-35
Kieffer, D. de u.a., Extraterritorial Application of U.S. Export Controls - The Siberian Pipeline, Proceedings of the American Society of International Law 77 (1983), S. 241-271
Kirchhof, P., Richterliche Rechtsfindung, gebunden an "Gesetz und Recht", NJW 39 (1986), S. 2275 - 2280 m.w.N
Kirschner, K., The Extraterritorial Application of Title VII of Civil Rights Act, Labour Law Journal 34 (1983), S. 394-407
Kiss, A.-C., L'abus de droit en droit international (1953)
Klein, E., Statusverträge im Völkerrecht (1980)

Kleinberg, J.P., The Extraterritorial Application of the Antitrust Laws of the United States, Hastings International and Comparative Law Review 8 (1985), S. 187-196
Kleinmann, W., Grenzüberschreitende räumlich relevante Märkte in der Fusionskontrolle, Betriebsberater 38 (1983), S. 781-786
Kleinmann, W./R. Bechthold, Kommentar zur Fusionskontrolle und Mißbrauchsaufsicht (2.Aufl.1989)
Kloepfer, M., Grenzüberschreitende Umweltbelastungen als Rechtsproblem, DVBl. 99 (1984), S. 245-255
Kluge, V., Das internationale Steuerrecht der Bundesrepublik, 2. Aufl. (1983)
Knebel, H.-W., Die Extraterritorialität des Europäischen Kartellrechts, EuZW 2 (1991), 265 - 274
Knechtle, A., Grundfragen des internationalen Steuerrechts (1976)
Koch, F., Vertragsrechtliche Auswirkungen der US-Exportbeschränkungen, RIW 1985, S. 921 - 924
Koch, H., Auslandskonkurs und Unterbrechung des Inlandsprozesses, NJW 42 (1989), S. 3072
Koch, H., Zur Praxis der Rechtshilfe im amerikanisch-deutschen Prozeßrecht. Ergebnisse einer Umfrage zu den Haager Zustellungs- und Beweisübereinkommen, IPRax 1985, S. 245-249
Koch, N., in: Kommentar zum EWG-Vertrag (Hrsg.E. Grabitz), vor Art.85, Rn. 11-18
Kochinke, C., Durchsetzung des US-(Re-)Exportkontrollrechts gegen ausländische Unternehmen, Computer und Recht 4 (1988), S. 542 - 547
Kolb, E., Zur Systematik des Wirtschaftsverwaltungsrechts, in: Um Recht und Freiheit. Festschrift für F. A. Frhr. v. d. Heydte (Hrsg. Kipp, H. u.a.) (1977), S. 981 - 1004
Kolvenbach, W., EG-Richtlinie über die Information und Konsultation der Arbeitnehmer (Vredeling-Initiative), Der Betrieb 1982, S. 1457-1466
König, K., Die Anerkennung ausländischer Verwaltungsakte (1965)
Koonjy, D.A., Tamari v. Bache: An Extraterritorial Application of the Commodity Exchange Act, Law and Policy in International Business 17 (1985), S. 647-674
Korah, V., An Introductory Guide to EEC Competition Law and Practice, 2. (1981)
Kovar, R., Droit communautaire de la concurrence et droit international, Cahiers de droit européen (1986), S. 127-150
Krabbe, H, Die Lehre von der Rechtssouveränität (1906)
Kranz, J., Notion de souveraineté et le droit international, Archiv des Völkerrechts 1992, S. 144 - 173
Kraus, H.-M., Policing Internationalized U.S. Capital Markets: Methods to Obtain Evidence Abroad, The International Lawyer 18 (1984), S. 89 - 108
Kreuzer, K., Ausländisches Wirtschaftsrecht vor deutschen Gerichten: zum Einfluß fremdstaatlicher Eingriffsnormen auf private Rechtsgeschäfte (1986)
Kronstein, H., Das Recht der internationalen Kartelle (1967)
Kronstein, H., Internationale Kartelle, in: Strupp-Schlochauer, Wörterbuch des Völkerrechts (Bd.2 1961), S. 209
Kronstein, H., The Law of International Cartels (1973)
Kropholler, J., Europäisches Zivilprozeßrecht, 2. Aufl. (1987)
Kropholler, J., Internationale Zuständigkeit in: Handbuch des internationalen Zivilverfahrensrechts, Bd. 1 (1982), Kapitel III
Kropholler, J., Internationales Privatrecht (1990)
Krüger, H., Allgemeine Staatslehre (1964)
Kruithof, M.R., The Application of the Common Market Anti-Trust Provisions to International Restraints of Trade, CMLRev 2 (1964/65), S. 69-94
Krumbein, H., Die extraterritoriale Wirkung des Antitrust-Rechts (Diss. Köln 1967)

Kuh, S. H., R. v. Banville: An Extraterritorial Application of Canada's Fair Trail Law, A.S. I.L.S. International Law Journal 8 (1984), S. 103 - 141
Kuhlmann, U., Drittstaatsbezogene Unternehmenszusammenschlüsse im EWG-Kartellrecht (1990)
Kuhmann, T., Das Ermittlungsverfahren im Internationalen Kartellrecht der USA (1988)
Kunig, P. / Lau, N. / Meng, W. (Hrsg.), International Economic Law. Basic Documents (1989)
Kunig, P., Das völkerrechtliche Nichteinmischungsprinzip (1981)
Kunig, P., Völkerrecht und Fusionskontrolle, WuW 34 (1984), S. 700-707
Kuyper, P.J., European Community Law and Extraterritoriality: some Trends and New Developments, ICLQ 33 (1984), S. 1013-1021
Kuyper, P.J., Sanctions against Rhodesia. The EEC and the implementation of General International Legal Rules, CMLR 12 (1975), 231 - 244
Kuyper, P.J., The European Community and the US Pipeline Embargo: Comments on Comments, German Yearbook of International Law 27 (1984), S. 72-96
Lacorne, D., Malentendus transatlantiques, Revue du droit public et de la science politique 1987, S. 419-441
Lagoni, R., Oil and Gas Deposits Across National Frontiers, AJIL 73 (1979), S. 215 - 241
Lalive, P., L'application du droit public étranger, Annuaire de l'Institut de Droit International 56 (1975), S. 157-218, 219-278, 375-410
Lange, D. / Born, G. (Hrsg.), The Extraterritorial Application of National Laws (1987)
Lange, D., Der Justizkonflikt zwischen den USA und Europa dargestellt am Beispiel des Falles "Laker", in: Der Justizkonflikt mit den Vereinigten Staaten von Amerika (W.J. Habscheid Hrsg.) (1986), S. 56 - 90
Lange, D./ Sandage, B., The Wood Pulp Decision and its Implications for the Scope of EC Competition Law, Common Market Law Review 26 (1989), S. 137 - 165
Langen, E./Niederleithinger,E./Ritter,L./Schmidt,U. Kommentar zum Kartellgesetz (6.Aufl.1982)
Larenz, K., Methodenlehre der Rechtswissenschaft, 6. Aufl. (1991)
Larenz, K., Richtiges Recht (1979)
Lauterpacht, H., Private Law Sources and Analogies of International Law (2.Aufl.1970)
Lauterpacht, H., The Function of Law in the International Community (1933)
Law Reform Commission of Canada, Extraterritorial Jurisdiction (1984)
Lebedoff, G./ Raievski, C., A French Perspective on the U.S. Ban on Soviet Gas Pipeline Equipment, Texas International Law Journal 1983, S. 483 - 507
Leenen, A.T.S. , Extraterritorial Application of the EEC-Competition Law, in: Netherlands Yearbook of International Law 15 (1984), S. 139-166
Leflar, R. A., American Conflicts Law 3. Aufl. (1977)
Leibholz, G., Das Verbot der Willkür und des Ermessensmißbrauches im völkerrechtlichen Verkehr der Staaten (1929)
Leidig, J., The uncertain status of the defence of foreign sovereign compulsion: Two proposals for change, Virginia Journal of International Law 31 (1991), S. 321 - 349
Leigh, M., Discrimination in Employment Act - Extraterritorial Application - U.S. Citizens Employed Abroad, AJIL 80 (1986), S. 179-181
Leigh, M., Export Controls - Extraterritorial Effect of U.S. Economic Sanctions against Libya - Failure of London Branch Bank to Pay Demands, AJIL 82 (1988), S. 132-136
Lenoble, J., Responsabilité internationale des états et contrôle territorial, Revue Belge de Droit International 16 (1981/82), S. 95 - 110
Lerche, P., Übermaß und Verfassungsrecht (1961)
Levin, E.R., The Conflict between United States Securities Laws on Insider Trading and Swiss Bank Secrecy Laws, Northwestern Journal of International Law and Business 7 (1985), S. 318-350

Leyton-Brown, D., Extraterritoriality in Canadian-American Relations, International Journal (Toronto) 36 (1980), S. 185-207
Libow, D.A., The Laker Antitrust Litigation: The Jurisdictional "Rule of Reason" applied to Transnational Injunctive Relief, Cornell Law Review 71 (1986), S. 645-667
Liebscher, V., Territorialitätsprinzip bei Finanzvergehen, insbesondere Schmuggel, Zeitschrift für Rechtsvergleichung 84 (1983), S. 308-312
Linder, L., Fremdfinanzierter Aktien-Erwerb in den USA durch ausländische Anleger, Zeitschrift für das gesamte Handels- und Gesellschaftsrecht 142 (1978), S. 342-366
Lindrup, G., Laker: The Issues of Jurisdiction and Public Policy, New Law Journal 135 (1985), S. 50-52, 90-92
Lipstein, K., Conflict of Public Laws - Visions and Realities, Festschrift Imre Zajtay (1982), S. 357-378
Lipstein, K., Principles of the Conflict of Laws, National and International (1981)
Liszt, F.v., Das Völkerrecht, 11.Aufl. (1918)
Litman, H., Considerations of Choice of Law in the Doctrine of Forum Non Conveniens, California Law Review 74 (1986), S. 565 - 601
Livermore, S., Dissertations on The Questions which arise from the Contrariety of the Positive Laws of Different States and Nations (1828)
Lo, M., IBM v. Commissioner: The Effects Test in the EEC, Boston College International and Comparative Law Review 10 (1987), S. 125 - 133
Locke, J., Two Treatises of Government (Ausgabe P. Laslett, 1960)
Loebenstein, International Mutual Assistance in Administrative Matters (1972)
Loitz, K.M., Neues Investitionsgesetz in Kanada, RIW 1986, S. 870 - 871
Longstreet, J.H., United States v. Bechtel Corporation: Antitrust and the Arab Blacklist, Vanderbilt Journal of Transnational Law 11 (1978), S. 299-321
Longstreth, B., Toward Neutral Principles of International Securities Regulation, Regulations, Wirtschaft und Recht 35 (1983), S. 164
Loss, L., Exterritoriality in the Federal Securities Code, Harvard International Law Journal 1979, S. 305 - 330
Lowe, A. V., Ends and Means in the Settlement of International Disputes over Jurisdiction, Review of International Studies 11 (1985), S. 183 - 198
Lowe, A.V., Blocking Extraterritorial Jurisdiction: The British Protection of Trading Interests Act, 1980, AJIL 75 (1981), S. 257-282
Lowe, A.V., Ends and Means in the Settlement of International Disputes over Jurisdiction, Review of International Studies 11 (1985), S. 183-198
Lowe, A.V., Extraterritorial Jurisdiction (1983)
Lowe, A.V., Extraterritorial Jurisdiction and Extradition, ICLQ 36 (1987), S. 398 - 410
Lowe, A.V., Extraterritorial Jurisdiction, The British Practice, RabelsZ 52 (1988), S. 157-204
Lowe, A.V., International Law Issues Arising in the "Pipeline" Dispute: The British Position, GYIL 27 (1984), S. 54-71
Lowe, A.V., Public International Law and the Conflict of Laws: The European Response to the United States Export Administration Regulations, International and Comparative Law Quarterly 33 (1984), S. 515-530
Lowe, A.V., The Problems of Extraterritorial Jurisdiction: Economic Sovereignty and the Search for a Solution, International and Comparative Law Quarterly 34 (1985), S. 724-746
Lowe, A.V., The Problems of Extraterritorial Jurisdiction: Economic Sovereignty and the Search for a Solution, ICLQ 34 (1985), S. 724 - 746
Lowenfeld, A. F., Jurisdiction, Choice of Law, and Conflict Resolution, Boston University International Law Journal 4 (1986), S. 91 - 97
Lowenfeld, A. F., Public Law in the International Arena, RdC 128 (1969 III), S. 315 - 445

Lowenfeld, A. F., Public law in the International Arena: Conflict of Laws, International Law, and some Suggestons for their Interaction, RdC 163 (1979 II), S. 311 - 445
Lowenfeld, A. F., U.S. law enforcement abroad: the Constitution and international law, continued, AJIL 84 (1990), S. 444 - 493
Lowenfeld, A., Act of State and Department of State, AJIL 66 (1972), S. 795-814
Lowenfeld, A., Trade Controls for Political Ends (1983)
Lowenfeld, A.F., Jurisdiction to Prescribe: Some Contributions from an International Lawyer, Boston University International Law Journal 4 (1986), S. 91-97
Lowenfeld, A.F., Sovereignty, Jurisdiction and Reasonableness: A Reply to A.V. Lowe, American Journal of International Law 75 (1981), S. 629-638
Macintosh, R.M., The Impact of Extraterritoriality on World Banking, Canadian Business Law Journal 11 (1986), S. 274-290
Mack, J. / Ziegenhain, J., Der Gerichtsstand des Vermögens im Spannungsfeld zwischen Völkerrecht und deutschem internationalen Prozeßrecht, NJW 45 (1992), S. 3062 - 3066
Mahari, J., Zuständigkeitskonflikte zwischen Rechtsordnungen (1987)
Maier, H.G. / McCoy, T.R., A Unifying Theory for Judicial Jurisdiction and Choice of Law, American Journal of Comparative Law 39 (1991), 249 - 292
Maier, H.G., Baseball and Chicken Salad: A Realistic Look at Choice of Law, Vanderbilt Law Review 44 (1991), S. 827 - 846
Maier, H.G., Extraterritorial Discovery: Cooperation, Coercion and the Hague Evidence Convention, Vanderbilt Journal of Transnational Law 19 (1986), S. 239-264
Maier, H.G., Extraterritorial Jurisdiction at a Crossroads: an Intersection Between Public and Private International Law, AJIL 82 (1982), S. 280 - 320
Maier, H.G., Interest Balancing and Extraterritorial Jurisdiction, American Journal of Comparative Law 31 (1983), S. 579 - 597
Maier, H.G., Resolving Extraterritorial Conflicts, or "There and Back again", Virginia Journal of International Law 25 (1984), S. 7 - 48
Maier, H.G., The principles of sovereignty, sovereign Equality, and national self-determination, in: International Law and International Security (Stephan III, P.B. / Klimenko, B.M. Hrsg.) (1990), S.251 - 246
Makarov, A.N., Grundriß des Internationalen Privatrechts (1970)
Malkin, H.A., Extraterritorial Application of United States Commodity and Securities Laws to Market Transaction in an Age of Intercontinental Trading Links, Northwestern Journal of International Law and Business 7 (1985), S. 351-379
Mallery, K.P., Grunenthal GmbH v. Hotz: An Undue Extension of Subject Matter Jurisdiction under the Extraterritorial Application of the Federal Securities Laws, Brooklyn Journal of International Law 11 (1985), S. 579-614
Mangoldt, H. von, Anerkennung der Staatsangehörigkeit und effektive Staatsangehörigkeit natürlicher Personen im Völkerrecht und im internationalen Privatrecht, Berichte der deutschen Gesellschaft für Völkerrecht Heft 20(1988), S. 37-98
Mann, F. A., The extremism of American extraterritorial jurisdiction. ICLQ 39 (1990), S. 410 - 412
Mann, F.A., Conflict of Laws and Public Law, RdC 132 (1971 I), S. 107 - 196
Mann, F.A., Prerogative Rights of Foreign States and the Conflict of Laws, in: Studies in International Law (1973), S. 492 - 514
Mann, F.A., Staatliche Aufklärungsansprüche und Völkerrecht, in: Völkerrecht als Rechtsordnung, internationale Gerichtsbarkeit, Menschenrechte, Festschrift für H. Mosler, Beiträge zum ausländischen öffentlichen Recht und Völkerrecht 81 (1983), S. 529 - 544
Mann, F.A., The Doctrine of International Jurisdiction Revisited after 20 Years, RdC 186 (1984 III), S. 9 - 116

Mann, F.A., The Doctrine of Jurisdiction in International Law, RdC 111 (1964 I), S. 7 - 162
Mann, F.A., The Dyestuff case in the Court of Justice of the European Communities, ICLQ 22 (1973), S. 35 - 50
Mann, F.A., The English Approach to the Extraterritorial Effect of Foreign Antitrust Legislation with special Reference to the EEC, in: Droit communautaire et droit national, Semaine de Bruges 1965 (1965), S. 381 -387
Mann, F.A., Völkerrechtswidrige Enteignungen vor nationalen Gerichten, NJW 14 (1961), S. 705 - 710
Mann, F.A., Zur staatlichen Hoheitsgewalt über ausländische Tochtergesellschaften und Zweigniederlassungen inländischer Unternehmen, Schweizerische Juristenzeitung 82 (1986), S. 21-28
Mannick, C.V., Antitrust: British Restrictions on Enforcement of Foreign Judgments. Protection of Trading Interests Act, 1980, c.11, Harvard International Law Journal 21 (1980), S. 727-735
Marcus, D., Soviet Pipeline Sanctions: The President's Authority to Impose Extraterritoriality Controls, Law and Policy in International Business 15 (1983), S. 1163-1167
Marcuss, S. J., Extraterritoriality: U.S. Antiboycott Law and the Foreign Corrupt Practices Act, Law and Policy in International Business 15 (1983) 1135 - 1146
Markert, K., Die Anwendung des Gesetzes gegen Wettbewerbsbeschränkungen auf internationale Wettbewerbsbeschränkungen, in: Zehn Jahre Bundeskartellamt (1968), S. 205 - 229
Markert, K., Internationale Kartelle und Rechtsordnung, BB 1968, S. 217.
Marston, G., State Territory and Territorial Jurisdiction, British Yearbook of International Law 55 (1984), S. 519 - 548
Martens, D.-R., Erfahrungen mit Rechtshilfeersuchen aus den USA nach dem Haager Beweisaufnahmeübereinkommen, RIW/AWD 1981, S. 725 -733
Martin, J., From Schoenbaum to Scherk: The Continuing Question of Subject Matter Jurisdiction in an International Securities Transaction, Houston Law Review 12 (1975), S. 924 - 942
Martinek, M., Das internationale Kartellprivatrecht (1987)
Marx, D., International Shipping Cartels: A Study of Industrial Self-Regulation by Shipping Conferences (1969)
Matscher, F. , Gibt es ein Internationales Verwaltungsrecht?, in: Fs. f. G. Beitzke (1979), S. 641 - 649
Maurer, H., Allgemeines Verwaltungsrecht, 8. Aufl. (1992)
May, T., The Status of Federal Maritime Commission Shipping Regulations under Principles of International Law, Georgia Law Journal 54 (1966), S. 794 - 856
Mayer,P., Le role du droit public en droit international privé, Revue internationale de droit comparé, Revue Internationale de Droit Comparé 1986, S. 467 - 485
Mayer-Wegelin, H. / H. Ebel, Kartellrecht (Loseblattsammlung Stand 1987)
McCabe, G.G., The Extraterritorial Application of U.S. Securities Law in the Absence of Fraud Charges: Plessey v. GEC, Law and Policy in International Business 18 (1986), S. 649-670
McCredie, J.A., The role of law enforcement in extraterritorial jurisdiction: Law and policy considerations for the future, Emory International Law Review 10 (1991), S. 103 - 161
McDougal, M.S. , Jurisdiction, in: U.S. Naval War College, International Law Studies 62 (1980), S. 634 - 645
McDougal, M.S. / Feliciano, F.P., Law and Minimum World Public Order (1961)
McFadden, E.J., Extraterritoriality: Swiss Supreme Court Refuses United States Request for Information Concerning Insider Trading, Harvard International Law Journal 25 (1984), S. 456-483

McWhorter, J., Hands across the water: should Title VII of the civil Rights Act of 1694 have extraterritorial application, Houston Journal of International Law 12 (1989), S. 125 - 142

Meessen, K. M., Zu den Grundlagen des internationalen Wirtschaftsrechts, Archiv des öffentlichen Rechts 110 (1985), S. 398 - 418

Meessen, K. M., Competition of Competition Laws, Northwestern Journal of International Law and Business 10 (1989), S. 17 - 30

Meessen, K. M., Kollisionsrecht der Zusammenschlußkontrolle (1984)

Meessen, K.M., Antitrust Jurisdiction under Customary International Law, AJIL 78 (1987), S. 783-810

Meessen, K.M., Conflicts of Jurisdiction under the New Restatement, Law and Contemporary Problems 50 (1987), S. 47-70

Meessen, K.M., Der räumliche Anwendungsbereich des EWG-Kartellrechts und das allgemeine Völkerrecht, EuR 8 (1973), S. 18-38

Meessen, K.M., Die New Yorker Resolution der Internationalen Law Association zu den völkerrechtlichen Grundsätzen des internationalen Kartellrechts, RIW / AWD 18 (1972), S. 560-565

Meessen, K.M., Extraterritoriality of Export Control: A German Lawyer's Analysis of the Pipeline Case, GYIL 27 (1984), S. 97-108

Meessen, K.M., Extraterritoriality of Export Control: A German Lawyer's Analysis of the Pipeline Case, GYIL 27 (1984), S. 97-108

Meessen, K.M., Kollisionsrecht als Bestandteil des allgemeinen Völkerrechts: völkerrechtliches Minimum und kollisionsrechtliches Optimum, in: Festschrift für F.A. Mann (1977), S. 227 - 239

Meessen, K.M., Völkerrechtliche Grundsätze des internationalen Kartellrechts (1975)

Meessen, K.M., Zusammenschlußkontrolle in auslandsbezogenen Sachverhalten, Zeitschrift für das gesamte Handelsrecht und Wirtschaftsrecht 143 (1979), S. 273 - 287

Mehren, v., A.T./Trautmann, D.T., Jurisdiction to adjudicate, Harvard Law Review 79(1965/66), S. 1121-1179

Meier, G. Zur Kompetenz der EG-Mitgliedstaaten zur Durchführung von Sanktionsbeschlüssen des Sicherheitsrats der Vereinten Nationen, RIW/AWD 25 (1979), 247 - 250

Meili, F., Das internationale Civilprozeßrecht, 1. Teil (1904)

Meili, F., Ein Specimen aus der holländischen Schule des internationalen Privatrechts, Zeitschrift für Internationales Privat- und Strafrecht, 8 (1898), S. 189 - 200

Meister, H., Transborder Data Flows und extraterritoriale Rechtsanwendung, Datenschutz und Datensicherung 1987, S. 183-185

Melvin, V.A., Tel-Oren v. Libyan Arab Republic: Redifining the Alien Tort Claims Act, Minnesota Law Review 70 (1985), S. 211-240

Meng, W., Conditionality of IMF and World Bank Loans: Tutelage Over Sovereign States, Verfassung und Recht in Übersee 21 (1988), S.263-277

Meng, W., Das Recht Internationaler Organisationen - Eine Entwicklungsstufe des Völkerrechts (1979)

Meng, W., Die Kompetenz der EWG zur Verhängung von Wirtschaftssanktionen gegen Drittländer, ZaöRV 42 (1982), S. 780 - 803

Meng, W., Neue Entwicklungen im Streit um die Jurisdiktionshoheit der Staaten im Bereich der Wettbewerbsbeschränkungen, ZaöRV 41 (1981), S. 469 - 513

Meng, W., Völkerrechtliche Zulässigkeit und Grenzen wirtschaftsverwaltungsrechtlicher Hoheitsakte mit Auslandswirkung, ZaöRV 44 (1984), S. 675 - 783

Meng, W., Regeln über die Jurisdiktion der Staaten im amerikanischen Restatement (Third) of Foreign Relations Law, Archiv des Völkerrechts 27(1989), S. 156-194

Merciai, P., The Euro-Siberian Gas Pipeline Dispute - A Compelling Case for Adoption of Jurisdictional Codes of Conduct, Maryland Journal of International Law and Trade 8 (1984), S. 1-52

Mertens, D.-R., Erfahrungen mit Rechtshilfeersuchen aus den USA nach dem Haager Beweisaufnahmeübereinkommen, RIW/AWD 1981, S. 725

Mestmäcker, E.J., Europäisches Wettbewerbsrecht (1974)

Mestmäcker, E.J., Staatliche Souveränität und offene Märkte, Konflikte bei der extraterritorialen Anwendung von Wirtschaftsrecht, RabelsZ 52 (1988), S. 205-251

Mestmäcker,E., Die Prävention in der Fusionskontrolle, Festschrift für Coing, Band 2 (1982), S.373 - 394

Mestral, A.L.C. de / Gruchalla - Wesiersky, T., Extraterritorial application of export control legislation (1990)

Metzger, D., The Restatement of Foreign Relations Law of the United States: Bases and Conflicts of Jurisdiction, New York University Law Review 41 (1966), S. 7

Miaja de la Muela, A., Les principes directeurs des règles de compétence territoriale de tribunaux internes en matière de litiges comportants un élément international, RdC 135 (1972 I), S. 3-96

Michaels, D., Subject Matter Jurisdiction over Transnational Securities Fraud: A suggested Roadmap to the new Standard of Reasonableness, Cornell Law Review 71 (1986), S. 919-948

Miller Struve, G., Discovery from Foreign Parties in Civil Cases before U.S. Courts, New York University Journal of International Law and Politics, S. 1101-1113

Moessle, K.P., The Basic Structure of United States Securities Law Enforcement in International Cases, California Western International Law Journal 16 (1986), S. 1-51

Mössle, K.P., Extraterritoriale Beweisbeschaffung im Internationalen Wirtschaftsrecht (1990)

Moltrecht, E., Inlandsfolgen des ausländischen Konkursverfahrens, RIW 1986, S. 93-95

Mook, K.-G., Internationale Rechtsunterschiede und nationaler Wettbewerb: rechtliche Möglichkeiten zur Abwehr von Wettbewerbsstörungen und ihre Grenzen (1986)

Moore, R.H., The Laker Jurisdictional Affair: The Judiciary Temporarily Avoids a Political Showdown, Wake Forest Law Review 20 (1984), S. 951-974

Morgan, E.M., Criminal Process, International Law and Extraterritorial Crime, University of Toronto Law Journal 38 (1988), S. 245-277

Morgenstern, F. / Knapp, B., Multinational Enterprises and the Extraterritorial Application of Labor Law, ICLQ Bd.27 (1978), S.769 - 793

Morrison, F.L., Conflicts of Jurisdiction, GYIL 29 (1986), S. 417-434

Morse, D.D. /Powers, J.S., U.S. Export Controls and Foreign Entities: The unanswered questions of pipeline diplomacy, Virginia Journal of International Law 23 (1983), S. 537-567

Moshinsky, M., State Extraterritorial Legislation and the Australia Act 1986, Australian Law Journal 61 (1987), S. 779-785

Mosler, H., The International Society as a Legal Community (1980)

Mosler, H., Völkerrecht als Rechtsordnung, ZaöRV 36 (1976), S. 6 - 49

Mössner, J. M., Die Methoden zur Vermeidung der Doppelbesteuerung - Vorzüge Nachteile, aktuelle Probleme, in: Vogel, K. (Hrsg.), Grundfragen des Internationalen Steuerrechts (1985), S. 135 - 171

Mozet, P., Das Abkommen zwischen der EG und den USA über die Zusammenarbeit der Kartellbehörden, EuZW 3 (1992), S. 201 - 203

Mozet, P., Internationale Zusammenarbeit der Kartellbehörden (1991)

Müller, J.P., Vertrauensschutz im Völkerrecht (1971)

Müller, P., Deutsche Steuerhoheit über ausländische Tochtergesellschaften (1970)

Münch, F., Die Martens'sche Klausel und die Grundlagen des Völkerrechts, ZaöRV 36 (1976), S. 347 - 373

Murphy, D.T., Moderating Antitrust Subject Matter Jurisdiction: The Foreign Trade Antitrust Improvements Act and the Restatement of Foreign Relations Law (Revised), University of Cincinnati Law Review 54 (1986), S. 779 - 827

Nagel, H., Internationales Zivilprozessrecht, Bd. 2 (1984)

Nanda, V.P., Litigation of International Disputes in U.S. Courts (1986)

Nassr-Esfahani, S./ Wenckstern, M., Der Rheinversalzungsprozeß. Grenzüberschreitender Umweltschutz zwischen Zivilrecht, Öffentlichem Recht und Völkerrecht, RabelsZ 49 (1985), S. 741 - 786

Nawiasky, H., Allgemeine Rechtslehre, 2.Aufl. (1948)

Nawiasky, H., Allgemeine Staatslehre (1956)

Neale, A./ Shenefield, H.M. u.a., Jurisdictional Conflicts arising from Extraterritorial Enforcement. Antitrust and Competition Laws, Antitrust Law Journal 54 (1985), S. 711-770

Neale, A.D./ Stephens, M.L., International Business and National Jurisdiction (1988)

Nebel, Rolf, Internationale Verhaltensregeln über wettbewerbsbeschränkende Geschäftspraktiken (1986)

Nerep, E., Extraterritorial Control of Competition under International Law, with Special Regard to US Antitrust Law (1983)

Neuhaus, P. H., Die Grundbegriffe des internationalen Privatrechts (1962)

Neuhaus, P. H., Internationales Zivilprozeßrecht und Internationales Privatrecht, RabelsZ 20 (1955), S. 201 - 269

Neuhaus, R.K., Das Rechtsmißbrauchsverbot im heutigen Völkerrecht (1984)

Neumayer, K.H., Betrachtungen zum internationalen Konzernrecht, Zeitschrift für Vergleichende Rechtswissenschaft 83 (1984), S. 129 - 177

Neumeyer, K., Internationales Verwaltungsrecht, Bd.4 (1936)

Niederleithinger, E., Zur Problematik einer Präventivkontrolle von Auslandszusammenschlüssen, WuW 31 (1981), S. 469-472

Nijenhuis, E., Antitrust Suits Involving Foreign Commerce: Suggestions For Procedural Reform, University of Pennsylvania Law Review 135 (1987), S. 1003 - 1054

Nincic, M. / Wallensteen, P., Dilemmas of Economic Coercion: Sanctions in World Politics (1983)

Nixon, J.B./ Burns, J.H., An Examination of the Legality of the Use of the Foreign Investment Review Act by the Government of Canada to control Intra- and Extraterritorial Commercial Activities by Aliens, ICLQ 33 (1984), S. 57 - 80

Nobel, P., Internationalisierung der Tatbestände und nationalstaatliches Recht, Aussenwirtschaft 39 (1984), S. 91 - 118

Nordmann, E., Die Beschaffung von Beweismitteln aus dem Ausland durch staatliche Stellen (1979)

Norton, J. J., Extraterritorial Jurisdiction of US Antitrust and Securities Laws, ICLQ 28 (1979), S. 575-597

Norton, J. J., The European Court of Justice Judgment in United Brands: Extraterritorial Jurisdiction and Abuse of Dominant Position, Denver Journal of International Law and Policy 8 (1979), S. 379-414

Note, Antisuit Injunctions and International Comity, Virginia Law Review 71 (1985), S. 1039-1070

Note, Beyond the Rhetoric of Comparative Interest Balancing: An Alternative Approach to Extraterritorial Discovery Conflicts, Law and Contemporary Problems 50 (1987), S. 95 - 115

Note, Export Controls - Extraterritorial Effect of U.S. Economic Sanctions against Libya - Failure of London Branch Bank to Pay Demands. Libyan Arab Foreign Bank v. Bankers Trust Co., American Journal of International Law 82 (1988), S. 132 - 136

Note, Extraterritorial Application of the Export Administration Act of 1979 under International and American Law, Michigan Law Review 81 (1983), S.1308-1336

Note, Extraterritorial Application of the Securities Exchange Act of 1934, Columbia Law Review 69 (1969), S. 94-111

Note, Extraterritorial Application of U.S. Export Controls - the Siberian Pipeline, Proceedings of the American Society of International Law 77 (1983), S. 241-271

Note, Extraterritorial Application of United States Law: The Case of Export Controls, University of Pennsylvania Law Review 132 (1984), S. 355-390

Note, Extraterritorial Jurisdiction and Jurisdiction Following Forcible Abduction: A New Precedent in International Law, Michigan Law Review 72 (1974), S. 1087-1113

Note, Extraterritorial Subsidiary Jurisdiction, Law and Contemporary Problems 50 (1987), S. 71-93

Note, Extraterritorial Trade Restrictions for Political Purposes: Ours and Theirs, Proceedings of the American Society of International Law 70 (1976), S. 34-41

Note, In re Japanese Electronic Products Antitrust Litigation: Sovereign Compulsion, Act of State, and the Extraterritorial Reach of the United States Antitrust Laws, The American University Law Review 36 (1987), S. 721 - 772

Note, Industrial Investment Development Corp. v. Mitsui & Co.. An Application of the Extra - Territorial Jurisdiction of the United States Antitrust Laws, Brooklyn Journal of International Law 9 (1983), S. 115 - 129

Note, Predictability and Comity: Towards Common Principles of Extraterritorial Jurisdiction, Harvard Law Review 98 (1985), S. 1310 - 1330

Note, Reassessment of International Application of Antitrust Laws: Blocking Statutes, Balancing Tests, and Treble Damages, Law and Contemporary Problems 50 (1987), S. 197 - 220

Note, The Arab Boycott: The Anti Trust Challenge of United States v. Bechtel in Light of the Export Administration Amendments of 1977, Harvard Law Review 92 (1979), S. 1440 -1460

Note: Beyond the Rhetoric of Comparative Interest Balancing: An Alternative Approach to Extraterritorial Discovery Conflicts, Law and Contemporary Problems 50 (1987), S. 95-116

Note: Effects Test vs. Act of State Considerations: A Comparison of the OPEC and Westinghouse Decisions, University of Colorado, Law Review 53 (1982), S. 677-689

Note: Extraterritorial Application of the securities Exchange Act of 1934, Columbia Law Review 69 (1969), S. 95 - 111

Note: Extraterritorial Subsidiary Jurisdiction, Law and Contemporary Problems 50 (1987), S. 71-94

Note: Federal Trade Commission v. Compagnie de Saint- Gobain-Pont-A-Mousson: International Service of Administrative Process, George Washington Journal of International Law and Economics 16 (1981), S. 119-141

Note: Predictability and Comity: Toward Common Principles of Extraterritorial Jurisdiction, Harvard Law Review 98 (1985), S. 1310-1330

Note: Reassessment of International Application of Antitrust Laws: Blocking Statutes, Balancing Tests and Treble Damages, Law and Contemporary Problems 50 (1987), S. 197-220

Note: Swiss Bank Secrecy and United States efforts to obtain Information from Swiss Banks, Vanderbilt Journal of Transnational law 1988, S. 63-125

Novicoff, M.L., Blocking and Clawing Back in the Name of Public Policy: The United Kingdom's Protection of Private Economic Interests against Adverse Foreign

Educations, Northwestern Journal of International Law and Business 7 (1985), S. 12-36

Nowak, A., Die EWG - Richtlinie über die Unterrichtung und Anhörung der Arbeitnehmer (sogenannte Vredeling - Richtlinie) und ihr Verhältnis zum Arbeitsrecht der Bundesrepublik Deutschland (1985)

Nowak, G.T., Above All, Do No Harm: the Application of the Exon-Florio Amendment to Dual-Use Technologies, Michigan Journal of International Law 13 (1992), S. 1002 - 1031

Nujenhuis, E., Antitrust Suits Involving Foreign Commerce. Suggestions for Procedural Reform, University of Pennsylvania Law Review 135 (1987), S. 1003-1054

Nussbaum, W., Das internationale Konkursrecht der Schweiz (1980)

O'Brien, K.A., Cleary v. United States Lines, Inc. The Protections of the ADEA Held not to Apply to American Citizens Employed Abroad, North Carolina Journal of International Law and Commerce Regulation 9 (1983), S. 173-186

O'Connell, D.P., International Law, 2 Bde., 2.Aufl. (1970)

O'Connell, D.P., The Doctrine of Colonial Extra-Territorial Legislative Incompetence, Law Quarterly Review 75 (1959), S. 318-332

O'Laughlin, K.M., Extraterritorial Application of Canadian Foreign Investment Review, Northwestern Journal of International Law and Business 8 (1987), S. 436-454

O'Neill, S., The Foreign Corrupt Practices Act: Problems of Extraterritorial Application, Vanderbilt Journal of Transnational Law, 12 (1979), S. 689-720

Obeyesekere, S.C.A., International Economic Co-operation Through International Law: The IMF Agreement and the Recognition of Foreign Exchange Control Regulations, GYIL 27(1984), S. 142-195

OECD, Guide to Legislation on Restrictive Business Practices (2. Aufl. 1970), ergänzt bis 1981

OECD, Restrictive Business Practices of Multinational Enterprises, Report of the Committee of Experts on Restrictive Business Practices (1977)

Oehler, D., Internationales Strafrecht (2.Aufl.1983)

Oehler, D., Neuerer Wandel in den Bestimmungen über den strafrechtlichen Geltungsbereich in den völkerrechtlichen Verträgen, in: Festschrift für Karl Carstens (1984), S. 435-448

Oeter, S., Neue Wege der Exportkontrolle im Bereich der Rüstungsgüter, Zeitschrift für Rechtspolitik 25 (1992), S. 49 - 55

Okresek, W., Hoheitsakte auf fremdem Staatsgebiet. Eine Betrachtung anhand praktischer Fälle, Österreichische Zeitschrift für öffentliches Recht und Völkerrecht 35 (1985), S. 325 - 344

Olsen, R.M., Discovery in Federal Criminal Investigations, New York University Journal of International Law and Politics, S. 999-1029

Onkelinx, I.T., Conflict of International Jurisdiction: Ordering the Production of Documents in Violation of the Law of the Situs, Northwestern University Law Review 64 (1969), S. 487-534

Oppenheim, L. / Lauterpacht, H., International Law, 8. Aufl. (1955)

Oppermann, T., Der U.S. - Export Administration Act als Grundlage für Exportrestriktionen, RIW 1982, S. 1828 - ?

Oppermann, T., Nichteinmischung in die inneren Angelegenheiten, ArchVR 14 (1968/70), S. 321- 342

Oppermann, T., Nichteinmischung in innere Angelegenheiten - Zur Abgrenzung der Nichteinmischung gegenüber Intervention und Interzession, Archiv des Völkerrechts 14(1970), S. 321-342

Ordover, J.A., Conflicts of Jurisdiction: Antitrust and Industrial Policy, Law and Contemporary Problems 50 (1987), S. 165-178

Osius, V.M., Extraterritorial Application of U.S. Export Laws: Dresser Industries, Wisconsin International Law Journal 1983, S. 138-159

Ouchakov, N., La compétence interne des états et la non-intervention dans le droit international contemporain, RdC 141 (1974 I), S. 1 - 86

Owen, R.B., Extraterritorial Application of U.S. Trade and Financial Controls: Freezings, Vestings, Embargoes etc., Regulations, Wirtschaft und Recht 35 (1983), S. 142 - 153

Pansius, D.K., Resolving Conflicts with Foreign Nondisclosure Laws, Denver Journal of International Law and Policy 12 (1982), S. 13-34

Pape, W., Das Japanische am Kartellrecht Nippons, WuW 42 (1992), S. 482 - 493

Papier, H.J. / Olschewski, B.D., Vollziehung ausländischer Verwaltungsakte, DVBl.91 (1976), S. 475-482

Paschos, G., Die wirtschaftliche Intervention im Völkerrecht der Gegenwart. Diss. Heidelberg 1974 (1974)

Paulick, H., Territorialitätsprinzip und Spaltungstheorie (dargestellt am Beispiel der ehemaligen sudetendeutschen Genossenschaften), Studien zum Staats- und Völkerrecht, S. 181-200

Peffekoven, R., Anrechnung versus Freistellung - zur ökonomischen Analyse internationaler Besteuerungsprinzipien, Außenwirtschaft 39 (1984), S. 137 - 150

Pengilley, W., Extraterritorial Effects of United States Commercial and Antitrust Legislation: A View from "Down Under", Vanderbilt Journal of Transnational Law 16 (1983), S. 833-885

Pentzlin, F., Der universelle ordre public im Wirtschaftsrecht als ein Ordnungsprinzip des innerstaatlichen Rechts (1985)

Perelman, Ch., Le raisonnable et le déraisonnable en droit, Archives de Philosophie du droit 23 (1978), S. 35 - 42

Perkins, J.W., In re Japanese Electronic Products Antitrust Litigation: Sovereign Compulsion, Act of State and the Extraterritorial Reach of the United States Anti-Trust Laws, American University Law Review 36 (1987), S. 721-772

Pestalozza, C., Kollisionsrechtliche Aspekte der Unterscheidung von öffentlichem Recht und Privatrecht, Die Öffentliche Verwaltung 27 (1974), S. 188 - 193

Pestalozza, C., Öffentliches Recht als zwingendes Sonderrecht für den Staat, DÖV 1974, S. 188-193

Petersmann, E. U., Rechtsprobleme der deutschen Interimsgesetzgebung für den Tiefseebergbau, ZaöRV 41 (1981), S. 265 - 328

Peterson, E.D., Transnational securities fraud jurisdiction under Section 10(b): the case for a flexible and expansive approach. Washington & Lee Law Review 47 (1990), S. 637 - 661

Pfeifer, H., Anti-Boycott Legislation, Harvard International Law Journal 19 (1978), S. 349-372

Picciotto, S. , Jurisdictional Conflicts, International Law and the International State System, International Journal of the Sociology of Law 11 (1983), S. 11-40

Picone, P., L'Applicazione extraterritoriale delle regole sulla concorrenza e il diritto internazionale, in: Il Fenomeno delle concentrazioni di imprese nel diritto interno e internazionale (1989), S. 81 - 206

Pinera-Vàzquez, S.B., Extraterritorial jurisdiction and international banking: a conflict of interests, University of Miami Law Review 43 (1988), S. 449 - 491

Pitney, H.C., Sovereign Compulsion and International Antitrust: Conflicting Laws and Separating Powers, Columbia Journal of Transnational Law 25 (1987), S. 403 - 432

Plambeck, C.T., Holding the Antitrust Line: Laker Airways v. Sabena Belgien World Airlines, North Carolina Journal of International Law and Commerce Regulation 10 (1985), S. 251-261

Politis, N., Le problème des limitations de la souveraineté et la théorie de l'abus des droits dans les rapports internationaux, RdC 6(1925 II), S. 5-121

Portatius, A. von, Wettbewerbspolitik in internationalen Organisationen, WuW 29 (1979), S. 229 - 236

Preuschen, R. Frhr. v., Anwendung fremder Devisenkontrollbestimmungen im Geltungsbereich des Abkommens von Bretton Woods?, AWD 15 (1969), S. 56-59

Puttler, A., Völkerrechtliche Grenzen von Export- und Reexportverboten (1989)

Quaritsch, H., Staat und Souveränität, Bd.1 (1970)

Quintin, Y.P., Transferts de technologie et application extra-territoriale des contrôles sur les exportations américaines à la lumière de l'"Export Administration Act" de 1985, Revue critique de droit international privé 76 (1987), S. 493 - 547

Qureshi, A.H., Unitary Taxation and General International Law, Bulletin for International Fiscal Documentation 41 (1987), S. 56-84

Rabe, D. / Schütte, M., Die erste Verordnung des Rates zur Anwendung des EWG-Kartellrechts (Art. 85 und 86 EWGV) auf den Seeverkehr, RIW 34 (1988), S. 701 - 705

Raape, L./Sturm, F., Internationales Privatrecht Bd. 1 (1977)

Rabel, E., The Conflict of Laws Bd.I, 2.Aufl. (1958)

Radbruch,G., Rechtsphilosophie, 8.Aufl. (1973)

Radnitzky, E., Die rechtliche Natur des Staatsgebietes, Archiv für öffentliches Recht 20 (1906), S. 313 - 355

Radnitzky, E., Zur Lehre von der Gebietshoheit und der Exterritorialität, Archiv für öffentliches Recht 28 (1914), S. 454 - 480

Radvan, M., The Hague Convention on Taking of Evidence Abroad in civil or Commercial Matters: Several Notes concerning its Scope, Methods and Compulsion, New York University Journal of International Law and Politics, S. 1031-1059

Raffel, K., Extraterritoriality - Enforcement of United States Court Orders Conflicting with Foreign Law or Policy - Securities and Exchange Commission v. American Institute Counselors, Inc. Civil No.75/1965, Harvard International Law Journal 17 (1976), S. 679-693

Raifman, G.R., The Effect of the U.S. -Swiss Agreement on Swiss Banking Secrecy and Insider Trading, Law and Policy in International Business 15 (1983), S. 565 - 611

Ramsey, S. D., The United States - Australian Antitrust Cooperation Agreement: A Step in the Right Direction, Virginia Journal of International Law 24 (1983), S. 127-169

Randall, K.C., Federal Jurisdiction over International Law Claims: Inquiries into the Alien Tort Statute, New York University Journal of International Law and Politics 18 (1985), S. 1-72

Randall, K.C., Further Inquiries into the Alien Tort Statute and a Recommendation, New York University Journal of International Law and Politics 18 (1986), S. 473-539

Randall, K.C., Universal Jurisdiction under International Law, Texas Law Review 66 (1988), S. 785-841

Randelzhofer, A., Staatsgewalt und Souveränität, in: Handbuch des Staatsrechts (Hrsg. Isensee, J. / Kirchhof, P.) (1987), S. 691 - 707

Ranouil, V./ Pinto, R., Dossier: les lois de blocages. Symposium: Blocking Statutes. III. (fin). in: Droit et pratique du commerce international. International Trade Law and Practice XII (1986), S. 513-562

Rauscher, B., Von der Territorialität der Sozialgesetze, Vierteljahresschrift für Sozialrecht 10 (1982), S. 319-324

Rauschning, D., Klagebefugnis von Auslandsbewohnern gegen eine inländische Atomanlagengenehmigung, ArchVR 25 (1987), S. 312-332

Raymond, J.M., A new Look at the Jurisdiction in Alcoa, AJIL 61 (1967), S. 558 - 570

Recaséns - Siches, L., La logique matérielle du raisonnement juridique, in: Le raisonnement juridique (Hrsg. H. Hubien) (1971), S. 129-136

Rees, F., Australia Resists U.S. Extraterritoriality Business Law Review 4 (1983), S. 261
Rehbinder, E., Extraterritoriale Wirkungen des deutschen Kartellrechts (1965)
Reichlin, K., Schweizerischer Staatsschutz gegen ausländisches Wirtschaftsrecht, Schweizerisches Zentralblatt für Staats- und Gemeindeverwaltung 65 (1964), S. 89 - 101
Reimer, G., Zur Zuständigkeit von US-Gerichten bei internationalen Streitigkeiten, Zeitschrift für Luft- und Weltraumrecht 34 (1985), S. 130 -140
Remien, O., Außenwirtschaftsrecht in kollisionsrechtlicher Sicht, RabelsZ 54 (1990), S. 431 - 478
Report of the International Chamber of Commerce Committee on the Extraterritorial Application of National Laws, Doc.IME (86) 24
Research in International Law (under the auspices of the Faculty of the Harvard Law School). II. Jurisdiction with Respect to Crime, AJIL 29 (1935), Supplement, S. 439 - 635
Reu, F., Die staatliche Zuständigkeit im internationalen Privatrecht (1938)
Reuland, R.C.F. , Interference with non-national ships on the high seas: peacetime exceptions on the exclusivity rule of flag-state jurisdiction. Vanderbilt Journal of Transnational Law 22 (1989), S. 1161 - 1229
Reynolds, M.J., Extra-Territorial Aspects of Mergers and Joint Ventures: The EEC Position, European Competition Law Review 6 (1985), S. 165-184
Rheinstein, M., The Constitutional Basis of Jurisdiction, University of Chile Law Report 22 (1955), S. 775 - 824
Rigaux, F. / Verhoeven, J., Nationalisations et relation internationales - à propos de la loi française no.82/155 du 11 février 1982, Journal des Tribunaux 101 (1982), S. 489-498
Rigaux, F., Droit économique et conflits de souveraineté, RabelsZ 52 (1988), S. 104-155
Rill, J. F., Internationale Antitrust - Politik aus der Sicht des amerikanischen Justizministeriums, WuW 42 (1992), S. 505 - 514
Rinck, G. / Schwarck, E., Wirtschaftsrecht, 6. Aufl. (1986)
Rishikesh, D., Extraterritoriality versus sovereignty in international antitrust jurisdiction. World Competition 14 (1991), S. 33 - 66
Ristau, B.A., International Judicial Assistance (Civil and Commercial) (1984-) , Loseblatt-Ausgabe
Ritter, W., Das Prinzip Rücksicht, BB 18 (1984), S. 1109
Ritter,W. Entwicklungstendenzen des internationalen Steuerrechts, BB 18 (1984), S. 353
Rittner, F., Wirtschaftsrecht (1979)
Rittner, F., Wirtschaftsrecht, in: Staatslexikon Bd.8, Sp. 819
Robinson, D.R., Conflicts of Jurisdiction and the Draft Restatement, Law and Policy in International Business, 15 (1983), S. 1147-1155
Rogers, C.P., Still Running Against the Wind: A Comment on Antitrust Jurisdiction and Laker Airways Ltd. v. Sabena, Belgian World Airlines, Journal of Air Law and Commerce 50 (1985), S. 931-967
Rogers, J.M, The Alien Tort Statute and how Individuals "Violate" International Law, Vanderbilt Journal of Transnational Law 1988, S. 47-62
Rohnke, C., Verhaltenskontrolle multinationaler Unternehmen durch extraterritoriale Anwendung nationalen Rechts und internationaler Richtlinien: Eine Interessenanalyse unter besonderer Berücksichtigung der Entwicklungsländer (1987)
Roppel, M., Extraterritorial application of securities laws between the United States and Canada, Gonzaga Law Review 24 (1988/89), S. 391 - 414
Rosdeitcher, S. S. , Foreign Blocking Statutes and U.S. Discovery: A Conflict of National Policies, New York University Journal of International Law and Politics, S. 1060-1074

Rosenthal, D.E. / W.Knighton, National Laws and International Commerce (1982)
Rosenthal, D.E. / Yale-Loehr, S. , Two Cheers for the LSI Restatement's Provisions on Foreign Discovery, New York University Journal of International Law and Politics, S. 1075-1100
Rosenthal, D.E., Ten Principles for Resolving Jurisdictional Conflicts, International Practitioner's Notebook 32 (1986), S. 1 - 4
Rosic, E.A., In personam Jurisdiction over Foreign Parent Corporations, A.S. I.L.S. International Law Journal 6 (1982), S. 19-42
Rosic, E.A., The Use of Interest Analysis in the Extraterritorial Application of United States Antitrust Law, Cornell International Law Journal 16 (1983), S. 147-192
Roth, H., Die Fusionskontrolle internationaler Unternehmenszusammenschlüsse, RabelsZ 45 (1981), S. 501-544
Roulet, J.D., Le caractère artificiel de la théorie de l'abus de droit en droit international public (1958)
Rousseau, C., Droit International Public Bd. 1 (1970), Bd. 3 (1977)
Rousseau, C., L'indépendence de l'état dans l'ordre international, RdC 73 (1948 II), S. 171-252
Rousseau, J.J., Du contrat social (1762), édition Garnier Flammarion (1966)
Rudolf, W., Haftung für rechtmäßiges Verhalten im Völkerrecht, in: Festschrift für Otto Mühl (1981), S. 535 - 552
Rudolf, W., Territoriale Grenzen der staatlichen Rechtsetzung, Berichte der Deutschen Gesellschaft für Völkerrecht, Heft 11 (1973), S. 7 - 45
Rudolf, W., Über die territorialen Grenzen der Steuergesetze, in: Recht und Wirtschaft in Geschichte und Gegenwart, Festschrift für J. Bärmann (1975), S. 769 - 786
Rudolf, W., Völkerrecht und deutsches Recht (1967)
Rudolph, H., Stadt und Staat im Römischen Italien (1935)
Rundstein, S., La structure du droit international privé et ses apports avec le droit des gens, Revue du droit international 36 (1936), S. 314 ff.
Rutledge, D.K., Sherman Act Litigation: A Modern Generic Approach to Objective Territorial Jurisdiction and the Act of State, Dickinson Law Review 84 (1980), S. 645 - 667
Ryser, W., Extraterritorialité et droit fiscal, Außenwirtschaft 39 (1984), S. 119 - 136
Sachs, M.V., The international reach of rule 10b-5: the myth of congressional silence, Columbia Journal of Transnational Law 28 (1990), S. 677 - 721
Sadoff, M.J., The Hague Evidence Convention: Problems at Home of obtaining Foreign Evidence, The International Lawyer 20 (1986), S. 659 -676
Sager, M.A., Tamari v. Bache & Co. (Lebanon) S. A.L.: The Extraterritorial Application of the Antifraud Provisions of the Commodity Exchange Act, Brooklyn Journal of International Law 11 (1985), S. 615 - 649
Salmon, J.J.A., Le concept de raisonnable en droit international public, in: Mélanges offerts à Paul Reuter (1981), S. 447 - 478
Samie, N., Extraterritorial Enforcement of U.S. Antitrust Laws: The British Reaction, Maryland Journal of International Law and Trade 7 (1981/82), S. 58 - 66
Samie, N., Extraterritorial Enforcement of United States Antitrust Laws: The British Reaction, The International Lawyer 16 (1982), S. 313-320
Sandage, J.B., Forum Non Conveniens and the Extraterritorial Application of United States Anti Trust Law, Yale Law Journal 94 (1985), S. 1693-1711
Sandberg, S. , The Extraterritorial Reach of American Economic Regulation: The Case of Securities Law, Harvard International Law Journal 17 (1976), S. 315-334
Sandrock, O., Das Kollisionsrecht des unlauteren Wettbewerbs zwischen dem internationalen Immaterialgüterrecht und dem internationalen Kartellrecht, GRUR Int. (1985), S. 507-522

Sarkessian, J., Jurisdiction over Alien Corporations based on the Activities of their Subsidiaries in the Forum: Whither the Doctrine of "Corporate Separateness"?, Fordham International Law Journal 9 (1985/86), S. 540-595
Sauseda, J.E., Antitrust-Protection of British Interests from Foreign Antitrust Judgments - Protection of Trading Interests Act, 1980, Texas International Law Journal 16 (1981), S. 163-167
Sauveplanne, J.G., Recognition and Acts of State in the Conflict of Laws, NTIR 7 (1960), S. 17 - 58
Savigny, F.C. von, System des heutigen Römischen Rechts, Bd. 8 (1849)
Schack, H., Internationale Zuständigkeit als Strafe für die Nichtbefolgung von Discovery-Befehlen, IPRax 4 (1984), S. 168
Schack, H., Internationales Zivilverfahrensrecht (1991)
Schack, H., Jurisdictional Minimum Contacts Scrutinized - Innerstaatliche und internationale Zuständigkeit US-amerikanischer Gerichte (1983)
Schaub, D., Zur Problematik einer Präventivkontrolle von Auslandszusammenschlüssen, WuW 31 (1981), S. 472-478
Scheuner, Intervention und Interventionsverbot, Vereinte Nationen 1980, S. 149 - 156
Schiffer, J., Sonderanknüpfung ausländischen "öffentlichen" Rechts durch Richterrecht in der internationalen Handelsschiedsgerichtsbarkeit?, IPRax 11 (1991), S. 84 - 87
Schlesinger, R.B., Comparative Law (1980)
Schlochauer, H.J., Die extraterritoriale Wirkung von Hoheitsakten nach dem öffentlichen Recht der Bundesrepublik Deutschland und nach internationalem Recht (1962)
Schlochauer, H.J., Die Theorie des abus de droit im Völkerrecht, Zeitschrift für Völkerrecht 17(1933), S. 373 - 394
Schlosstein, J. B., Title VII, FCN treaties, and U.S. branches of foreign business enterprises: limited discrimination "of their choice". Wisconsin International Law Journal 8 (1989), S. 189 - 250
Schluep, W.R., Was ist Wirtschaftsrecht ?, in: Festschrift für Walter Hug (1968), S. 25 - 95
Schmidt, K., Kartellverfahrensrecht - Kartellverwaltungsrecht - Bürgerliches Recht (1977)
Schmidt, R., Öffentliches Wirtschaftsrecht. Allgemeiner Teil (1990)
Schmidt-Hermesdorf, J., Internationale Rechtshilfe in Kartellsachen, RIW/AWD 32 (1986), S. 180-186
Schmidt-Rimpler, W., Wirtschaftsrecht, in: Handwörterbuch der Sozialwissenschaften Bd. 12, S. 686 - 731
Schmidt-Trenz, H.J., Außenhandel und Territorialität des Rechts (1990)
Schmitthoff, C.M., Nature and Evolution of the Transnational Law of Commercial Transactions, in: Horn / Schmitthoff (Hrsg.), The Transnatinal Law of International Commercial Transactions (1982), S. 19 - 31
Schneider, C., Alien Tort Claims Act, Virginia Journal of International Law 26 (1986), S. 785-798
Schnyder, A. K., Interessenabwägung im Kollisionsrecht - Zu Brainerd Curries "governmental interest analysis", Zeitschrift für Schweizerisches Recht 105 (1986), S. 101 - 119
Schnyder, A.K., Wirtschaftskollisionsrecht (1990)
Schreiber, P., The Proper Reach of Territorial Jurisdiction: A Case Study of Divergent Attitudes, Georgia Journal of International and Comparative Law 2 (1972), S. 43-54
Schreuer, C., Die Behandlung internationaler Organakte durch staatliche Gerichte (1977)
Schricker, G., Altes und Neues zur Enteignung von Markenrechten, GRUR 1977, S. 434-446
Schröder, J., Internationale Zuständigkeit (1971)
Schröder, M., Wirtschaftssanktionen der Europäischen Gemeinschaften gegenüber Drittstaaten, dargestellt am Beispiel des Iranembargos, GYIL 23 (1980), 111 - 125

Schubert, M., Internationale Verträge und Eingriffsrecht - ein Beitrag zur Methode des Wirtschaftskollisionsrechts, RIW 33 (1987), S. 730 - 746
Schüle, A., Rechtsmißbrauch, in: Strupp-Schlochauer, Wörterbuch des Völkerrechts, Bd.3 (1962), S. 69 - 71
Schüle, A., Rechtsmißbrauch, in: Strupp-Schlochauer, Wörterbuch des Völkerrechts, Bd.3 (1962), S. 69 - 71
Schulze, J., Das öffentliche Recht im internationalen Privatrecht (1972)
Schurig, K., Kollisionsrecht und Sachrecht (1981)
Schurig, K., Zwingendes Recht, "Eingriffsnormen" und neues IPR, RabelsZ 54 (1990), S. 217 - 248
Schütze, R., Deutsches Internationales Zivilprozeßrecht (1985)
Schwander, I., Lois d'application immédiate, Sonderanknüpfung, IPR-Sachnormen und andere Ausnahmen von der gewöhnlichen Anknüpfung im internationalen Privatrecht (1975)
Schwartz, I. E., Deutsches internationales Kartellrecht (1. Aufl. 1968)
Schwartz, I.E., Anwendbarkeit nationalen Kartellrechts auf internationale Wettbewerbsbeschränkungen, in: Kartelle und Monopole im modernen Recht (1961) Bd. II, S. 673 - 699
Schwarze, J., Europäisches Verwaltungsrecht, Bd.2 (1988)
Schwarzenberger, G. / Brown, E. D., A Manual of International Law, 6. Aufl. (1976)
Schwarzenberger, G., Uses and Abuses of the Abuse of Rights in International Law, Grotius Society Transactions 42(1957), S. 147 - 179
Scoles, E.F. / Hay,P., Conflict of Laws (1982)
Scott, P., Extraterritorial Discovery and the Hague Evidence Convention after Société Nationale Industrielle Aérospatiale: An American Interests Approach to Comity, Yale Journal of International Law 13 (1988), S. 366 -387
Seidel, S. , Extraterritorial Discovery in International Litigation (1984)
Seidl - Hohenveldern, I., International Economic Law (1989)
Seidl - Hohenveldern, I., Völkerrecht (6.Aufl. 1987
Seidl-Hohenveldern, I., Die Rechtsbeständigkeit der Spaltungstheorie, RIW/AWD 22 (1976), S. 133 - 135
Seidl-Hohenveldern, I., Die Verstaatlichung von Kupferbergbaubetrieben in Chile, AWD 20 (1974), S. 421 - 428
Seidl-Hohenveldern, I., Kartellbekämpfung im Gemeinsamen Markt und das Völkerrecht, AWD 6 (1960), S. 225 - 233
Seidl-Hohenveldern, I., Spaltungstheorie und Bundesverfassungsgericht, JZ 30 (1975), S. 80 - 83
Seidl-Hohenveldern, I., Territorialität von Konfiskationsmaßnahmen gegenüber ausländischen juristischen Personen in Österreich, RIW 32 (1986), S. 464 - 467
Seidl-Hohenveldern, I., Vermögensrechtliche Auswirkungen der politischen Umwälzung im Iran auf die Bundesrepublik Deutschland, RIW/AWD 25 (1979), S. 149 - 156
Seidl-Hohenveldern, I., Völkerrechtliche Erwägungen zum deutschen internationalen Kartellrecht, AWD 9 (1963), S. 73
Seidl-Hohenveldern, I., Völkerrechtliche Grenzen bei der Anwendung des Kartellrechts, AWD 17 (1971), S. 53 - 60
Sennett, M./ Gavil, A.I., Antitrust Jurisdiction, Extraterritorial Conduct and Interest-Balancing, The International Lawyer 19 (1985), S. 1185 - 1214
Seuss, M., Extraterritoriale Geltung von Devisenkontrollen. Art. VIII 2 b S. 1 des Übereinkommens über den internationalen Währungsfonds (1991)
Shapiro, D.L., Jurisdiction and Discretion, New York University Law Review 60 (1985), S. 543 - 589

Shearer, I.A., Problems of Jurisdiction and Law Enforcement against Delinquent Vessels, ICLQ 35 (1986), S. 320 - 343
Shenefield, J.H., Extraterritorial Application of United States Antitrust Laws: Economic Imperialism or Correcting the Evil at the Source, Wirtschaft und Recht 35 (1983), S. 116 - 129
Shenefield, J.H., Extraterritoriality in Antitrust, Law and Policy in International Business 15 (1983), S. 1109 - 1120
Shenefield, J.H., Thoughts on Extraterritorial Application of the United States Antitrust Laws, Fordham Law Review 52 (1932), S. 350 - 373
Shor, M.T., Environmental Restrictions: Extraterritorial Reach of United States Environmental Quality Standards, Harvard International Law Journal 22 (1981), S. 676 - 683
Siegrist, D., Hoheitsakte auf fremdem Staatsgebiet (1987)
Siehr, K., Ausländische Eingriffsnormen im inländischen Wirtschaftskollisionsrecht, RabelsZ 52 (1988), S. 41-102
Siemssen, D., Eine Analyse der Anknüpfungen für die internationale Zuständigkeit im internationalen Zivilprozeß (Diss.Hamburg 1966)
Simon, A.M./ Waller, S. W., A Theory of Economic Sovereignty: An Alternative to Extraterritorial Jurisdictional Disputes, Stanford Journal of International Law 22 (1986), S. 337 - 361
Sinan, I.M., The Extra-Territorial Application of EEC Antitrust Laws - Learning form the US, Assuntos Europeos 2 (1983), S. 29 - 52
Slater, M., L`application extraterritoriale du droit communautaire, Cahiers de Droit Européen 22 (1986), S. 309 - 324
Slot, P.J./ Grabandt, E., Extraterritoriality and Jurisdiction, Common Market Law Review 23 (1986), S. 545 - 565
Small, D.H., Managing Extraterritorial Jurisdiction Problems: The United States Government Approach, Law and Contemporary Problems 50 (1987), S. 283 - 302
Soell, H., Das Ermessen der Eingriffsverwaltung (1973)
Soley, D.A., Hunt v. Galtieri: A Hypothetical Scenario for Holding International Aggressors Civilly Liable in American courts, Emory Law Journal 33 (1984) S. 211
Sonnenberger, H.J., Anerkennung der Staatsangehörigkeit und effektive Staatsangehörigkeit natürlicher Personen im Völkerrecht und im internationalen Privatrecht, Berichte der deutschen Gesellschaft für Völkerrecht Heft 20(1988), S. 9 - 36
Sorensen, C. E., Drug trafficking on the high seas: a move toward universal jurisdiction under international law. Emory International Law Review 4 (1990), S. 207 - 230
Sornarajah, M., Extraterritorial Jurisdiction over Crimes in Singapore, Malaysia and the Commonwealth, Malaysia Law Review 29 (1987), 200 -218
Spellberg, E., Extraterritorial Discovery: Extension of Jurisdiction by the Eleventh Circuit, Hastings International and Comparative Law Review 7 (1984), S. 595 - 621
Sperduti, G., Droit international privé et droit public étranger, Journal de Droit International 104 (1977), S. 5 - 15
Spolidoro, M.S., New Italian Antitrust Law, International Business Lawyer 19 (1991), S. 506 - 511
Spothelfer, P.E., Völkerrechtliche Zuständigkeiten und das Pipeline - Embargo (1990)
Sprague, H., Choice of Law: A Fond Farewell to Comity and Public Policy, California Law Review 74 (1986), S. 1447 - 1477
Stanford, J.S. , Extraterritorial Application of United States Antitrust Law: A Canadian Comment, Canada - United States Law Journal 2(1979), S. 176 -178
Stark, D.P., Marc Rich: An Expansion of United States Criminal Jurisdiction over Foreign Defendants, Northwestern Journal of International Law and Business 6 (1986), S. 615 - 645

Stebbings, R.Y., Export Controls: Extraterritorial Conflict - the Dilemma of the Host Country Employee, Case Western Reserve Journal of International Law 19 (1987), S. 303 - 341

Steindorff, E., Annotation on the decision of the European Court in the Dyestuff cases, CMLRev 9 (1973), S. 502 - 510

Steindorff, E., Einführung in das Wirtschaftsrecht der Bundesrepublik Deutschland, 2. Aufl. (1985)

Steindorff, E., Kooperativer Unternehmenszusammenschluß und Kartellverbot. Erste Bemerkungen zum Rothmans-Morris-Urteil des EuGH, ZHR 152 (1988), S. 57-65

Steindorff, E., Verwaltungsrecht, Internationales, Strupp-Schlochauer, Wörterbuch des Völkerrechts, Bd.3 (1962), S. 581 - 584

Stenger, G., Das Handelsembargo im Außenwirtschaftsrecht (1988)

Stephanou, C.A., La compétence internationale des états en matière de règlementation des pratiques commerciales restrictives, Revue Hellénique de Droit International 28 (1972), S. 243 - 287

Stern, B., Quelques observations sur les règles internationales relatives à l`application extraterritoriale du droit, Annuaire Français du Droit International 32 (1986), S. 7 - 52

Stiefel, E., "Discovery"-Probleme und Erfahrungen im deutsch-amerikanischen Rechtshilfeverkehr, RIW/AWD 1979, S. 509 - 520

Stiefel, E.C. / Petzinger, W., Deutsche Parallelprozesse zur Abwehr amerikanischer Beweiserhebungsverfahren?, RIW/AWD 1983, S. 242 - 249

Stiefel, E.C. / Stürner, R., Die Vollstreckbarkeit US-amerikanischer Schadensersatzurteile in exzessiver Höhe, Versicherungsrecht 1987, S. 829 - 846

Stober, R., Wirtschaftsverwaltungsrecht, Bd. I, 5. Aufl. (1987)

Stockmann, K., Kartellbehördliche Ermittlungen im Ausland, WuW 25 (1975), S. 243 - 254

Stoephasius, H.P. v., Die Anwendung des europäischen Kartellrechts auf Unternehmen mit Sitz in Drittstaaten, Diss.Göttingen (1971)

Stoephasius, H.P. v., Die internationale Zuständigkeit der Kommission der Europäischen Gemeinschaften in Kartellverfahren, WRP (1972), S. 568 -571

Stolleis, M., Staat und Staatsräson in der frühen Neuzeit (1990)

Story, J., Commentaries on the Conflict of Laws (2.Aufl.1841)

Stoufflet, J., La compétence extraterritoriale du droit de la concurrence de la CEE, JDI 98 (1971), S. 487 - 500

Struve, G.M., Discovery from Foreign Parties in Civil Cases Before U.S. Courts, International Law and Politics 16 l(1984), S. 1101 - 1113

Stultz, E.A., Swiss Bank Secrecy and United States Efforts to Obtain Information from Swiss Banks, Vanderbilt Journal of Transnational Law 21 (1988), S. 63 - 118

Stürmer, U., Deutsche Banken unter amerikanischem Insider-Recht, RIW/AWD 1979, S. 452 - 458

Stürmer, U., Die extraterritoriale Anwendung amerikanischer Anlegerschutzbestimmungen (1978)

Stürmer, U., Die neuere Entwicklung der extraterritorialen Anwendung amerikanischer Securities Regulations, RIW/AWD 1983, S. 641 - 646

Stürmer, U., Extraterritoriale Anwendung des US-amerikanischen Rechts, RIW/AWD 1984, S. 239 - 240

Stürner, R., Die Gerichte und Behörden der USA und die Beweisaufnahme in Deutschland, Zeitschrift für vergleichende Rechtswissenschaft 81 (1982), S. 159 - 214

Stuyt, A.M., The General Principles of Law as applied by International Tribunals to Disputes on Attribution and Exercise of State Jurisdiction (1946)

Suy, E., Réflexions sur la distinction entre la souveraineté et la compétence territoriale, Internationale Festschrift für Alfred Verdross (1971), S. 493-508

Swaebe, G., American Antitrust Policy in an International Context: A Survey of Jurisdictional Issues, New York Law School Journal of International and Comparative Law 2 (1981), S. 487-529

Taylor, G.D.S., The Content of the Rule Against Abuse of Rights in International Law, BYIL 46 (1972/73) , S. 323 - 352

Taylor, G.R., The Extraterritoriality of the Australian Antitrust Law, Journal of International Law and Economics 13 (1978/79), S. 273-310

Teich, U., Internationales Enteignungsrecht: Kann die deutsche Souveränität eine Frage der Belegenheit von Vermögenswerten oder des Prozentsatzes von Gesellschaftsanteilen sein?, RIW/AWD 24 (1978), S. 11-14

Teitelbaum, D.E., Strict Enforcement of Extraterritorial Discovery, Stanford Law Review 38 (1986), S. 841 - 890

Tepass, M., Resolving extraterritoriality conflicts in antitrust: two case studies and proposals of solution, Connecticut Journal of International Law 5 (1990) S. 565 - 623

Tettinger, P.J., Rechtsanwendung und gerichtliche Kontrolle im Wirtschaftsverwaltungsrecht (1980)

Tezcan, D., Territorialité et conflits de juridictions en droit pénal international (1983)

Thadden, E. von, Der vorbehaltene Betätigungsbereich der Staaten (1934)

The Law Commission, Criminal Law. Report on the Territorial and Extraterritorial Extent of the Criminal Law (Law Com. No.91) (1978)

Thomas, B.S. , Extraterritoriality in an Era of Internationalization of the Securities Markets: The Need to revisit Domestic Policies, Rutgers Law Review 35 (1983), S. 453 - 471

Thomas, K.S. , Extraterritorial Extension of FTC Subpoena Power, North Carolina Journal of International Law and Commerce Regulation 7 (1982), S. 143 - 151

Thompson, R.W., United States Jurisdiction over Foreign Subsidiaries: Corporate and International Law Aspects, Law and Policy in International Business 15 (1983), S. 319 - 400

Tilmann, W., Wirtschaftsrecht (1986)

Tittmann, H.H., Extra-Territorial Application of U.S. Export Control Laws of Foreign Subsidiaries of U.S. Corporations: An American Lawyer`s View from Europe, The International Lawyer 16 (1982), S. 730 - 737

Tixier, G. / Gest, G. / Kerogues, J., Droit fiscal international (2.Aufl.1980)

Tixier, G., La règle de "reasonableness" dans la jurisprudence anglo-américaine, Revue du droit public et de la science politique (1956), S. 276 -298

Toepke, U., EEC Competition Law. Business Issues and Legal Principles in Common Market Antritrust Cases, Loseblattsammlung (1982 -)

Toms, W.C., A French Response to the Extraterritorial Application of United States Anti-Trust Laws, European Competition Law Review 5 (1984), S. 167 - 202

Townsend, J.B., Extraterritorial Antitrust: The Sherman Antitrust Act and U.S. Business Abroad (1980)

Trautman, D.T., The Role of Conflicts Thinking in Defining the International Reach of American Regulatory Legislation, Ohio State Law Journal 22 (1961), S. 586 - 627

Trechsel, S., Neuer Zündstoff im Justizkonflikt Schweiz - USA. Die Zustellungspflicht gemäß 18 U.S.C. § 3506, in: Geheimnisschutz (Hrsg. R. Zäch) (1986), S. 49 - 152

Trifu, S. , La notion de l'abus de droit dans le droit international (1940)

Trimble, P.R., A Revisionist View of Customary International Law, UCLA Law Review 33 (1986), S. 665 - 732

Trinklein, J.M., Extraterritorial Discovery. Hague Evidence Convention - The Hague Convention Procedures are not Exclusive, and Courts may issue Discovery Orders using Alternative Means, Virginia Journal of International Law 25 (1984), S. 249 - 280

Trittmannn, R., A., Extraterritoriale Beweisaufnahmen und Souveränitätsverletzungen im deutsch - amerikanischen Rechtsverkehr. Archiv des Völkerrechts 27 (1989), S. 195 - 217

Trossevin, M.E., Extraterritorial Discovery under the Hague Evidence Convention, Villanova Law Review 31 (1986), S. 253 - 290

Turner, D.F., Die Lösung von Zuständigkeitskonflikten bei der Anwendung nationaler Wettbewerbsvorschriften, WuW 31 (1982), S. 5 - 13

Ulmer, P. / Klaue, S. , Adressaten des Europäischen Kartellrechts unter besonderer Berücksichtigung der Anilinfarben-Entscheidung der europäischen Kommission, in: Deringer, A. u.a., Fragen des europäischen Kartellrechts (1970), S. 51-70

United States Congress, Senate. Committee on Foreign Relations. Sub-Committee on International Economic Policy, Soviet-European Gas-Pipeline: Hearing before the Sub-Committee on International Economic Policy of the Committee on Foreign Relations, United States Senate, 97th Congress, 2nd Session, on United States Assertion of Extraterritoriality with Respect to the Soviet European Gas-Pipeline, March 3, 1982, Doc.Nr.Y 4.F. 76/2 - So 8/13

Ustor, E., The Content of the Legal Rule of Non-Intervention in the International Affairs of Other States, Questions of International Law 2 (1964), S. 189 -204

Vagts, D.F. / Becket, W. u.a., Jurisdictional Conflicts arising from Extraterritorial Enforcement. The Broader Context of the Conflict, Antitrust Law Journal 54 (1985), S. 771 - 835

Vagts, D.F., A Turnabout in Extraterritoriality, American Journal of International Law 76 (1982), S. 591 - 594

Vagts, D.F., The Pipeline Controversy: An American Viewpoint, GYIL 27 (1984), S. 38 - 53

Vagts, D.F., The Scope of Application and Enforcement of U.S. Laws, Regulations, Wirtschaft und Recht 35 (1983), S. 72 - 97

Vattel, E. de, Le droit de gens ou Principes de la loi naturelle (1758) Übers. W. Euler (1959)

Veelken, W., Interessenabwägung im Wirtschaftskollisionsrecht (1988)

Veltins, M.A., Neueste Entwicklungen der extraterritorialen Anwendung des US-Antitrust-Rechts, RIW / AWD 28 (1982), S. 157 - 161

Verdonnet, J.F., Sur l`application extraterritoriale du droit de la concurrence (1972)

Verdross, A. / Simma, B. Universelles Völkerrecht, 3. Aufl. (1984)

Verdross, A., Die ausschliessliche Zuständigkeit der Staaten nach der Satzung der Vereinten Nationen, Scritti in onore T.Perassi, Bd.2(1957), S. 379 - 387

Verdross, A., Die systematische Verknüpfung von Recht und Moral, in: Sauer, E. (Hrsg.), Forum der Rechtsphilosophie (1950), zitiert nach: Hoerster, N., Recht und Moral (1987), S. 42 - 46

Verdross, A., Le Domaine réservé des États en Droit International, Schriftenreihe der Deutschen Gruppe der AAA 1(1957), S. 25-35

Verdross, A., Le Principe de la non intervention dans les affaires relevant de la compétence nationale d'un état et l'article 2 (7) de la Charte des Nations Unies, in: Mélanges Offerts a Charles Rousseau (1974), S. 267 - 276

Verdross, A., Völkerrecht, 5. Aufl. (1964)

Verzijl, J.H.W., Le domaine réservé de la compétence nationale exclusive, Scritti in onore T.Perassi, Bd.2 (1957), S. 391 - 403

Verzijl, J.H.W., The Controversy Regarding the So-Called Extraterritorial Effect of the American Antitrust Laws, NTIR 8 (1961), S. 3 - 30

Victor, A.P. / Chou, J.G., United States Antitrust Jurisdiction over Overseas Disputes after Title IV of the 1982 Export Trading Company Act and Timberlane, Fordham International Law Journal 10 (1986), S. 1 - 21

Vincent, R.J., Non-intervention and International Order (1974)

Vischer, F., The United States Jurisdictional Concepts viewed from Abroad, Regulations, Wirtschaft und Recht 35 (1983), S. 97

Vogel, K., Der räumliche Anwendungsbereich der Verwaltungsrechtsnorm (1965)

Vogel, K., Doppelbesteuerungsabkommen, 2. Aufl. (1990)

Vogel, K., Grundfragen des Deutschen Außensteuerrechts, in: Vogel, K. (Hrsg.), Grundfragen des Internationalen Steuerrechts (1985), S. 3-31

Vogel, K., Qualifikationsfragen im internationalen Verwaltungsrecht. Dargestellt an der Qualifikation tschechoslowakischer Dienstverhältnisse im Rahmen des Gesetzes zu Art.131 GG, Archiv des öffentlichen Rechts 84 (1959), S. 54-73

Vogler,T., Das neue Gesetz über die internationale Rechtshilfe in Strafsachen, Neue Juristische Wochenschrift 1983, S. 2114

Vogt, H., die Geltung von Gesetzen über das Staatsgebiet hinaus (Diss. Heidelberg 1960)

Voss, A., Rechtsmißbrauch im Völkerrecht (1940)

Wagner, B., Die Konzentrationskontrolle in der EWG und ihre Bedeutung für Zusammenschlüsse schweizerischer Unternehmen (1982)

Walchshöfer, A., Die deutsche internationale Zuständigkeit in der streitigen Gerichtsbarkeit, Zeitschrift für Zivilprozeß 80 (1967), S. 165-229

Waldock, C.H.M, The Plea of Domestic Jurisdiction before International Legal Tribunals, BYIL 31(1954), S. 96 - 142

Wallace, C.D., Legal Control of the Multinational Enterprise (1982)

Wallace, D., Extraterritorial Jurisdiction, Law and Policy in International Business 15 (1983), S. 1099 - 1107

Waller, S. W. / Simon, A.M., Analysing Claims of Sovereignty in International Economic Disputes, Northwestern Journal of International Law and Business 7 (1985), S. 1 - 11

Waller, S. W., Redefining the Foreign Compulsion Defense in U.S. Antitrust Law: The Japanese Auto Restraints and Beyond, Law and Policy in International Business 14 (1982), S. 747 - 817

Waller, S.W., Bringing meaning to interest balancing in transnational litigation, Vanderbilt Journal of Transnational Law 23 (1991), S. 925 - 966

Wambold, J.J., The Extraterritorial Application of the Antifraud Provisions of the Securities Acts, Cornell International Law Journal 11 (1978), S. 137 -153

Wassermeyer, F., Die beschränkte Steuerpflicht, in: Vogel, K. (Hrsg.), Grundfragen des Internationalen Steuerrechts (1985), S. 49 - 77

Watson, J.S. , Autointerpretation, Competence, and the Continuing Validity of Article 2(7) of the UN Charter, AJIL 71(1977), S. 60 - 83

Wayne, R.S. , Extraterritorial Application of the Export Administration Amendments of 1977, Georgia Journal of International and Comparative Law 8 (1978), S. 741 - 761

Wehser, E., Die Intervention nach gegenwärtigem Völkerrecht, in: Zwischen Intervention und Zusammenarbeit (1979)

Weiland, S.C., The Use of Offshore Institutions to Facilitate Criminal Activity in the United States, International Law and Politics 16 (1984), S. 1115 - 1134

Weimar, R., Regelungsbefugnis des Bilanzrichtlinien-Gesetzgebers für Auslandssachverhalte, Der Betrieb 40 (1987), S. 521 - 525

Weintraub, R.J., Asahi Sends Personal Jurisdiction Down the Tubes, Texas International Law Journal 23 (1988), S. 55 - 71

Weintraub,R., Commentary on the Conflict of Laws (2. Aufl.1980)
Weis, P., Nationality and Statelessness in International Law (2.Aufl. 1979)
Weiß, K., Die Anerkennung ausländischer Verwaltungsakte (1932)
Wellbaum, L.R., International Human Rights Claims after Tel-Oren v. Libyan Arab Republic: Swan Song for the Legal Lohengrin?, Hastings International and Comparative Law Review 9 (1985), S. 107 - 147
Welter, E., Walter Eucken, in: Geschichte der politischen Ökonomie (Hrsg. Recktenwald, H. C.) (1971), S. 568 - 580
Wengler, W., Die Anknüpfung des zwingenden Schuldrechts im internationalen Privatrecht, Zeitschrift für vergleichende Rechtswissenschaft 54 (1940/41), S. 168 - 212
Wengler, W., Internationales Privatrecht, in: Das Bürgerliche Gesetzbuch, Kommentar (hrsg. von Mitgliedern des Bundesgerichtshofs - BGB-RGRK) (12.Aufl.1981), 6, 1. Teilband
Wengler, W., Law Concerning Unfair Competition and the Conflict of Laws, American Journal of Comparative Law 4 (1955), S. 167 - 188
Wengler, W., Völkerrecht, 2 Bde (1964)
Wengler, W., Wege zur rechtlichen Steuerung des Verhaltens von Ausländern im Ausland und das internationale Privatrecht, IPRax 3 (1983), S. 145 - 153
Wenz, G., Entwicklung, Verfahren und Politik der Zusammenschlußkontrolle in Großbritannien (1991)
Weser, M., Bases of Judicial Jurisdiction in the Common Market Countries, American Journal of Comparative Law 10 (1961), S. 322 - 344
Whitney, W.D., Sources of Conflict between International Law and the Antitrust Laws, Yale Law Journal 63 (1953 / 54), S. 662
Wieacker, F., Geschichtlich Wurzeln des Prinzips der verhältnismäßigen Rechtsanwendung in: Festschrift für Robert Fischer (1979), S. 867 - 881
Wiebringhaus, H., Das Gesetz der funktionellen Verdoppelung, 2. Aufl. (1959)
Wielebinski, J.J., Extending Extraterritorial Accommodations in Foreign Insolvency Proceedings, Syracuse Journal of International Law and Commerce 14 (1987), S. 1 - 20
Wildhaber, L., Jurisdiktionsgrundsätze und Jurisdiktionsgrenzen im Völkerrecht, Schweizerisches Jahrbuch für Internationales Recht 41 (1985), S. 99 - 109
Wildhaber, L., Sovereignty and International Law, in: Mc Donald,R.St.J. / Johnson, D.M., The Structure and Process of International Law (1983), S. 425 - 452
Wilson, R., United States Commercial Treaties and International Law (1960)
Wiszniewska, I., On the Draft of Antimonopoly Legislation in Poland, Swiss Review of International Competition Law 1984, S. 7 - 19
Wolfrum, R., Die grenzüberschreitende Luftverschmutzung im Schnittpunkt von nationalem Recht und Völkerrecht, DVBl. 99 (1984), S. 493 - 501
Womack, M., Extraterritorial Jurisdiction - Mere Intent to Violate Criminals Statute is Sufficient to Maintain Jurisdiction under the Objective Territorial Principle, Texas International Law Journal 16 (1981), S. 149 - 158
Wood, D.P., Conflicts of Jurisdiction in Antitrust Law: A Comment on Ordover and Atwood, Law and Contemporary Problems 50 (1987), S. 179 -188
Wuppermann, M., Internationale Enteignung im Brennpunkt nationaler richterlicher Nachprüfung, AWD 19 (1973), S. 505-509
Zabel, R.B., Extraterritoriality, Harvard International Law Journal 26 (1985), S. 569-577
Zaucha, J.J., The Soviet Pipeline Sanctions: The Extraterritorial Application of U.S. Export Controls, Law and Policy in International Business 15 (1983), S. 1169 - 1179
Zimmerman, J.M., Extraterritorial Application of Federal Labour Laws: Congress`s Flawed Extension of the ADEA, Cornell International Law Journal 21 (1988), S. 103-126

Zippelius, R., Allgemeine Staatslehre, 11.Aufl. (1991)
Zippelius, R., Rechtsphilosophie, 2. Aufl. (1989)
Zitelmann, E. Internationales Privatrecht, Bd. 1 (1897)
Zwarensteyn, H., Some Aspects of the Extraterritorial Reach of the American Antitrust Laws (1970)
Zweigert, K., Internationales Privatrecht und öffentliches Recht, in: Fünfzig Jahre Institut für Internationales Recht an der Universität Kiel (1965), S. 124 - 157
Zweigert, K., Nichterfüllung aufgrund ausländischer Leistungsverbote, RabelsZ 14 (1942), S. 283 - 307

SACHREGISTER

Max-Planck-Institut für ausländisches öffentliches Recht und Völkerrecht

Beiträge zum ausländischen öffentlichen Recht und Völkerrecht

Hrsg.: J. A. Frowein, H. Steinberger, R. Wolfrum

Bde. 27–59 erschienen im Carl Heymanns Verlag KG Köln, Berlin (Bestellung an: Max-Planck-Institut für Völkerrecht, Berliner Str. 48, 69120 Heidelberg); ab Band 60 im Springer-Verlag Berlin, Heidelberg, New York, London, Paris, Tokyo, Hong Kong, Barcelona, Budapest

---

117 Rudolf *Bernhardt* (Ed.): **Interim Measures Indicated by International Courts.** 1994. XII, 156 Seiten. Geb. 98,– DM

116 Thilo *Marauhn:* **Der deutsche Chemiewaffen-Verzicht.** 1994. XXII, 400 Seiten (7 Seiten English Summary). Geb. 128,– DM

115 Andreas *Zimmermann:* **Das neue Grundrecht auf Asyl.** 1994. XXVI, 437 Seiten (8 Seiten English Summary). Geb. 128,– DM

114 Axel *Wilke:* **Der völker- und gemeinschaftsrechtliche Schutz der Tätigkeit des Auslandskorrespondenten.** 1994. XVI, 317 Seiten (5 Seiten English Summary). Geb. 148,– DM

113 Peter-Tobias *Stoll:* **Technologietransfer. Internationalisierungs- und Nationalisierungstendenzen.** 1994. XXXII, 452 Seiten (11 Seiten English Summary). Geb. 128,– DM

112 Jörg *Polakiewicz:* **Die Verpflichtungen der Staaten aus den Urteilen des Europäischen Gerichtshofs für Menschenrechte.** 1993. XXI, 392 Seiten (8 Seiten English Summary). Geb. 138,– DM

111 Matthias *Hartwig:* **Die Haftung der Mitgliedstaaten für Internationale Organisationen.** 1993. XXI, 371 Seiten (9 Seiten English Summary). Geb. 148,– DM

110 Juliane *Kokott:* **Beweislastverteilung und Prognoseentscheidungen bei der Inanspruchnahme von Grund- und Menschenrechten.** 1993. XXIV, 482 Seiten (11 Seiten English Summary). Geb. 198,– DM

109 **Das Minderheitenrecht europäischer Staaten. Teil 2** (In Vorbereitung)

108 Jochen Abr. *Frowein*/Rainer *Hofmann*/Stefan *Oeter* (Hrsg.): **Das Minderheitenrecht europäischer Staaten. Teil 1.** 1993. XIII, 536 Seiten. Geb. 90,– DM

107 Stefan *Richter:* **Die Assoziierung osteuropäischer Staaten durch die Europäischen Gemeinschaften.** 1993. XIX, 285 Seiten (11 Seiten English Summary). Geb. 128,– DM

106 Jochen Abr. *Frowein* (Hrsg.): **Die Kontrolldichte bei der gerichtlichen Überprüfung von Handlungen der Verwaltung.** 1993. XIV, 370 Seiten. Geb. 165,– DM

105 Georg *Nolte:* **Beleidigungsschutz in der freiheitlichen Demokratie.** 1992. XX, 294 Seiten. (7 Seiten English Summary). Geb. 128,– DM

104 Thomas *Giegerich:* **Privatwirkung der Grundrechte in den USA.** Die State Action Doctrine des U.S. Supreme Court und die Bürgerrechtsgesetzgebung des Bundes. 1992. XXIII, 518 Seiten (18 Seiten English Summary). Geb. 198,– DM

103 Stefan *Oeter:* **Neutralität und Waffenhandel.** 1992. XVI, 290 Seiten (6 Seiten English Summary). Geb. 128,– DM

102 Rüdiger *Wolfrum:* **The Convention on the Regulation of Antarctic Mineral Resource Activities.** An Attempt to Break New Ground. 1991. VII, 205 Seiten. Geb. 85,– DM

101 Jochen Abr. *Frowein*/Torsten *Stein:* **Rechtliche Aspekte einer Beteiligung der Bundesrepublik Deutschland an Friedenstruppen der Vereinten Nationen.** 1990. IX, 129 Seiten. Geb. 78,– DM

100 Wolfgang *Benedek:* **Die Rechtsordnung des GATT aus völkerrechtlicher Sicht.** 1990. XXIII, 557 Seiten. Geb. 248,– DM

99 Matthias *Herdegen:* **Gewissensfreiheit und Normativität des positiven Rechts.** 1989. XV, 330 Seiten. Geb. 148,– DM

98 **Staat und Völkerrechtsordnung, Festschrift für Karl Doehring.** 1989. XIV, 1067 Seiten. Geb. 380,– DM

97 Rainer *Hofmann:* **Die Ausreisefreiheit nach Völkerrecht und staatlichem Recht.** 1988. XIV, 337 Seiten (7 Seiten English Summary). Geb. 148,– DM

96 Ulrich *Beyerlin:* **Rechtsprobleme der lokalen grenzüberschreitenden Zusammenarbeit.** 1988. XXII, 571 Seiten (6 Seiten English Summary, 6 Seiten Résumé français). Geb. 178,– DM

95 Ulrich *Wölker:* **Zu Freiheit und Grenzen der politischen Betätigung von Ausländern.** Der politische Gebrauch der Meinungs-, Versammlungs- und Vereinigungsfreiheit der Ausländer nach innerstaatlichem Recht, Völkerrecht und Europarecht. 1987. XXI, 264 Seiten (7 Seiten English Summary, 7 Seiten Résumé français). Geb. 98,– DM

94 Jochen Abr. *Frowein*/Torsten *Stein* (Hrsg.): **Die Rechtsstellung von Ausländern nach staatlichem Recht und Völkerrecht/The Legal Position of Aliens in National and International Law/Le régime juridique des étrangers en droit national et international.** 1987. XLVI, 2.135 Seiten. (In zwei Bänden, die nur zusammen abgegeben werden.) Geb. 480,– DM

93 Rudolf *Bernhardt*/John Anthony *Jolowicz* (Eds.): **International Enforcement of Human Rights.** Reports submitted to the Colloquium of the International Association of Legal Science, Heidelberg 28–30 August 1985. 1987. VIII, 265 Seiten. Geb. 84,– DM

92 Juliane *Kokott:* **Das interamerikanische System zum Schutz der Menschenrechte.** 1986. XII, 166 Seiten (6 Seiten English Summary). Geb. 78,– DM

91 Rolf *Kühner:* **Vorbehalte zu multilateralen völkerrechtlichen Verträgen.** 1986. XI, 307 Seiten (6 Seiten English Summary). Geb. 98,– DM

90 Daniel *Thürer:* **Bund und Gemeinden.** Eine rechtsvergleichende Untersuchung zu den unmittelbaren Beziehungen zwischen Bund und Gemeinden in der Bundesrepublik Deutschland, den Vereinigten Staaten von Amerika und der Schweiz. 1986. XVII, 352 Seiten (7 Seiten English Summary). Geb. 118,– DM

89 Helmut *Damian:* **Staatenimmunität und Gerichtszwang.** Grundlagen und Grenzen der völkerrechtlichen Freiheit fremder Staaten von inländischer Gerichtsbarkeit in Verfahren der Zwangsvollstreckung oder Anspruchssicherung. 1985. XV, 261 Seiten (11 Seiten English Summary). Geb. 78,– DM

88 Rudolf *Dolzer:* **Eigentum, Enteignung und Entschädigung im geltenden Völkerrecht.** 1985. XIII, 331 Seiten (3 Seiten English Summary). Geb. 118,– DM

87 Norbert *Wühler:* **Die internationale Schiedsgerichtsbarkeit in der völkerrechtlichen Praxis der Bundesrepublik Deutschland.** 1985. XIII, 239 Seiten (5 Seiten English Summary). Geb. 88,– DM

86 Peter *Malanczuk:* **Region und unitarische Struktur in Großbritannien.** Die verfassungsrechtliche und verwaltungsorganisatorische Bedeutung der Region in England, Wales und Schottland. 1984. XIII, 296 Seiten (5 Seiten English Summary). Geb. 98,– DM

85 Rüdiger *Wolfrum:* **Die Internationalisierung staatsfreier Räume.** Die Entwicklung einer internationalen Verwaltung für Antarktis, Weltraum, Hohe See und Meeresboden. 1984. XX, 757 Seiten (11 Seiten English Summary). Geb. 198,– DM

SPRINGER NATURE

GPSR Compliance

The European Union's (EU) General Product Safety Regulation (GPSR) is a set of rules that requires consumer products to be safe and our obligations to ensure this.

If you have any concerns about our products, you can contact us on ProductSafety@springernature.com

In case Publisher is established outside the EU, the EU authorized representative is:

Springer Nature Customer Service Center GmbH
Europaplatz 3
69115 Heidelberg, Germany

MIX
Papier | Fördert
gute Waldnutzung
FSC® C083411

Kolibri 360 GmbH
Ferdinand-Jühlke-Straße 7
99095 Erfurt, Deutschland
produktsicherheit@kolibri360.de